夏海 著

国学流变

上

中华书局

图书在版编目（CIP）数据

国学流变/夏海著. —北京：中华书局，2024.6
ISBN 978-7-101-16590-6

Ⅰ.国… Ⅱ.夏… Ⅲ.古代哲学-研究-中国 Ⅳ.B21

中国国家版本馆 CIP 数据核字（2024）第 061846 号

书　　名	国学流变（全二册）	
著　　者	夏　海	
责任编辑	吴麒麟	
责任印制	陈丽娜	
出版发行	中华书局	
	（北京市丰台区太平桥西里 38 号　100073）	
	http：//www.zhbc.com.cn	
	E-mail：zhbc@zhbc.com.cn	
印　　刷	河北新华第一印刷有限责任公司	
版　　次	2024 年 6 月第 1 版	
	2024 年 6 月第 1 次印刷	
规　　格	开本/920×1250 毫米　1/32	
	印张 34　插页 4　字数 800 千字	
印　　数	1-10000 册	
国际书号	ISBN 978-7-101-16590-6	
定　　价	198.00 元	

目　录

下　册

自　序

　　《国学流变》实为一部中国学术思想简史。研究著述过程辛苦，收获却是硕果累累。最大的收获就是充分领略了中华文明的无限风光，深切感悟了中华文明的源远流长。

　　按照黄帝纪年，中华文明已有五千年历史，人们比较熟悉的上古文明有黄帝、炎帝、唐尧、虞舜和夏、商、周三代。即使有文字根据的上古文明，也可追溯到商朝的甲骨文，约为三千五百年历史，商朝已确立比较完整的中国文字书写系统。上古文明的完成则在周朝，其建立的礼乐文化和血缘宗法制度，积淀为传统社会和中华民族的文化基因。面对如此悠久绵长、辉煌灿烂的中华文明，作为炎黄子孙，我们骄傲而自豪。

　　中华文明是世界上唯一没有中断历史的文明，汉字功不可没。文明的主要载体和标志是文字，中华民族把文字诞生看成是一件惊天动地的大事件。黄帝史官"苍颉作书，而天雨粟，鬼夜哭"（《淮南子·本经训》），犹如天降粮食大雨，百鬼夜里哭泣。汉字是世界上持续使用时间最长的文字，也是上古时期各大文字体系中唯一传承者。汉字是象形文字，经历了从表形到表意再到形声的造字过程。仓颉"见鸟兽蹄远之迹，知分理之可相别异也，初造书契"；"仓颉之初作书，盖依类象形，故谓之文。其后形声相益，即谓之字。文者，物象之本；字者，言孳乳而浸多也"(《说文解字叙》)。当然，汉字不是个人的创造，而是中华民族集体的智慧。在汉字的发展过程中，甲骨文具有里程碑意义。甲骨文是商朝后期王室用于占卜记事而刻在龟甲和兽骨上的文字，现已发现约15万片甲骨和4500多个单字，其中能够识别的为1500个单字。甲骨文初步建构了"象形、会意、形声、指事、转注、假借"的造字方法，展现出汉字独特的魅力。秦始皇"书同文"政策具有关键作用，不仅统一了文字，巩固了政治统一，而且为中华文明的源远流长夯实了根基。汉字最大的特点是结构稳定，深具时间和空间巨大的穿透力和凝聚性。在时间上，汉字古今一贯，能够顺畅地串联起中国悠久的历史；在空间上，汉字四海一贯，能够顺畅流泻于九州大地，沟通不同的方言，更能沟通多元一体的中华民族。我们应当像爱护自己的眼睛一样爱护汉字。

文明的核心是学术思想。任何文明的发展都是学术思想的创新和进步，而学术思想的停滞，必然导致文明的衰落，乃至湮灭于历史的长河之中。先秦时期，中华文明的天空群星璀璨，诸子百家争鸣，建构了博大精深的学术思想体系。他们是儒家、道家、阴阳家、法家、名家、墨家、纵横家、杂家、农家（《汉书·艺文志》），与世界上其他文明的先哲们一起造就了"轴心时代"，发生了"终极关怀的觉醒"①。由于诸子百家的学术思想更具开放性和包容性，能够在历史长河中吸收消化融合外来文明和异族文化，为中华文明源远流长提供生生不息的源头活水。中华文明吸收消化了佛教文明。佛教产生于古代印度，于西汉末年传入中国，"汉哀帝元寿元年，博士弟子景卢受大月氏王使伊存口受《浮屠经》曰复立者其人也"②，逐步融入中国文化，最后成为

---

① ［德］卡尔·雅斯贝斯著，魏楚雄、俞新天译：《历史的起源与目标》，华夏出版社1989年版，第8页。

② 《三国志·魏书·乌丸鲜卑东夷传》裴松之注引鱼豢《魏略·西戎传》。

中华文明的重要组成部分。至于异族文化，中国历史上有过多次少数民族入主中原，他们不仅没有消解中国文化，反而被中国文化所融合，进而为中华文明贡献了养分，补充了新鲜血液，使得中华文明更显旺盛蓬勃的生命力。开放包容是中华文明源远流长的原生密码，只有开放包容，中华文明才能在历史长河中不择细流，奔涌向前。

"汤之《盘铭》曰：苟日新，日日新，又日新"（《礼记·大学》），创新发展促进和保障了中华文明源远流长。中华文明自诞生之日起，从来没有停下前进的脚步，而是适应时代需要和社会政治经济文化发展，学术思想不断推陈出新，引领中华民族前行。先秦诸子百家之后，先是发展出汉朝经学。汉武帝在秦朝统一政治的基础上，统一了思想文化，"孝武初立，卓然罢黜百家，表章六经"（《汉书·武帝纪赞》）。汉朝经学是先秦儒学的第一次更新，重视注释经典的名物。次是发展出魏晋玄学。魏晋南北朝的名士们不愿受到名教束缚，而要崇尚老子、庄子，清淡玄理，不务实事，追求个性和自由，"越名教而任自然"（嵇康《释私论》）。再是发展出隋唐佛学。佛教自西汉传入五百年后，经过格义会通，终于在中国生根开花结果，形成了中国的禅宗，"但持《金刚经》一卷，即得见性，直了成佛"（《坛经》）。继之发展出宋朝理学。宋朝理学家以儒学为基础，汲纳佛、道精义，主张性即理，贯通哲学、历史、伦理、教育诸学科，建构了庞大精微的程朱理学体系。宋朝理学是先秦儒学的第二次更新，注重阐述经典的义理。随后发展出明朝心学。心学属于理学的范畴，阳明心学与程朱理学的差异在于心、性谁为形上本体的不同观念。传统社会末期，则是发展出清朝朴学，致力复归于汉学注释经典的传统。创新发展是中华文明源远流长的原生动力，只有创新发展，中华文明才能在世界格局中占据主动，赢得未来。

现在，中华文明又一次站在了创新发展的历史关口。自1605年利玛窦编辑出版《乾坤体义》算起，西学传入中国已有四百多年历史；自1840年中国迈入近代化算起，西学传入中国已近二百年历史。西学东渐，西方文明的输入，使得中华文明面临严峻挑战和难得机遇。中华文明曾经从容应对了佛教文明的挑战，必将坚韧不拔地应对西方文明的挑战。只要坚持中华优秀传统文化的主体地位不动摇，坚持学习吸收消化融合西方文明不停步，开放包容、创新发展，中华文明就一定能够走向世界，再创辉煌。

是为序。

夏海谨记于癸卯年夏月

绪　言

　　"国学流变"，按字面理解，是研究认识国学和传统文化的发展变化，描述演进轨迹，找出运行规律，实质是在书写传统社会思想史。所谓思想史，是指理论化的社会思想意识发展史，包括历史上的社会思潮、思想学派和思想家的观念。钱穆有一个解读："佛经上说：'有生灭心，有相续心。'普通人心都是刹那起灭，一刻儿想这，一刻儿想那，很少能专注一对象，一问题，连续想下。相续心便成了思想。有些人能对一事实一问题，穷年累月，不断注意思索，甚至有毕生竭精殚虑在某一问题上的，这些便成为思想家。但宇宙间，人生界，有几件大事，几个大问题，虽经一两个人穷老思索，也获不到结论，于是后人沿他思路，继续扩大继续深入，如是般想去，便成为思想史。有些注意这问题，有些注意那问题，有些注意问题之这一面，有些注意问题之那一面。注意对象不同，思路分歧，所得结果也不一致，这就形成思想史上的许多派别。"①

一、学案方式

　　传统社会虽无思想史，却有思想史研究之实。先秦时期就有

―――――――――

① 钱穆著：《中国思想史》，九州出版社2012年版，第1页。

了思想史研究，那时的研究是初浅的，只是以思想家及其观点为主线，区分学术派别，判断学术优劣。《庄子·天下》是最早的一篇思想史论文，把春秋战国时期的各种思想分为儒家、道家、墨家等七个学派，感叹"百家往而不反，必不合矣！后世之学者，不幸不见天地之纯，古人之大体，道术将为天下裂"。《荀子·非十二子》列举了六种学说、十二个代表人物，批判各种思想学说，认为只有孔子的儒家学说能够"总方略，齐言行，壹统类，而群天下之英杰而告之以大古，教之以至顺"。《韩非子·显学》强调"世之显学，儒、墨也。儒之所至，孔丘也。墨之所至，墨翟也"。他站在法家立场给予了批判，认为儒家和墨家"无参验而必之者，愚也；弗能必而据之者，诬也。故明据先王，必定尧、舜者，非愚则诬也。愚诬之学，杂反之行，明主弗受也"。

两汉期间更有研究，首先是司马谈的《论六家要旨》。他把先秦时期的思想学派分为儒、道、墨、法、名和阴阳六家，"《易·大传》：'天下一致而百虑，同归而殊涂。'夫阴阳、儒、墨、名、法、道德，此务为治者也，直所从言之异路，有省不省耳"。司马谈认为道家思想最为完美，"道家使人精神专一，动合无形，赡足万物"；其余五家则各有所长，各有所短（《史记·太史公自序》）。《汉书·艺文志》对先秦时期的思想学派进行了比较全面的研究，认为真正有影响且称得上学派的只有十家，这就是儒家、道家、阴阳家、法家、名家、墨家、纵横家、杂家、农家和小说家。由于小说家不入流，十家又称为"九流十家"。《汉书·艺文志》认为，诸子百家思想都是为了投诸侯君主之所好，"皆起于王道既微，诸侯力政，时君世主，好恶殊方，是以九家之术蜂出并作，各引一端，崇其所善，以此驰说，取合诸侯"。《汉书·艺文志》指出，诸子百家思想看似对立，实则同一，皆源自六经，"其言虽殊，辟犹水火，相灭亦相生也。仁之与义，敬之与和，相反而皆相成也。……今异家者各推所长，穷知究虑，以明其指，虽有蔽短，合其要归，亦《六经》之支与流裔"。《汉书·艺文志》强调，诸子百家思想各有长短，如能舍短取长，融会贯通，就会有益于人生，有功于社会，"仲尼有言：'礼失求诸野。'方今去圣久远，道术缺废，无所更索，彼九家者，不犹愈于野乎？若能修六艺之术，而观此九家之言，舍短取长，则可以通万方之略矣"。此外，《史记·儒林列传》《后汉书·儒林列传》都是写学人的传记，也有明显的思想史韵味，"旧史中之《儒林传》《艺文志》，颇言各时代学术渊源流别，实学术史之雏形。然在正史中仅为极微弱之附庸而已"①。

魏晋南北朝和隋唐没有专门的思想史专著，却以"辨章学术，考镜源流"为宗旨，开启了目录学传统。宋明以后，主要运用"学案"方式研究思想史。学案之学指学术、学派；案则指考察、按据。学案是介绍各家学术而分别为之立案，叙述学术源流及其学说内容和师门传承，考按学术事件而加以论断的专门史学著述，是传统社会思想史研究的成熟做法和主要特征。"学案体史籍以学者论学资料的辑录为主体，合其平生传略及学术总论为一堂，据以反映一个学者、一个学派乃至一个时代的学术风貌，从而具备了晚近所谓学术史的意义。"②学界一般认为，学案体与佛学有关，"唐宋以还，佛教大昌，于是有《佛祖通载》《传灯录》等书，谓为宗教史也可，谓为学术史也可。其后儒家渐渐仿效"③。而肇始者则为南宋朱熹，著有《伊洛渊源录》。伊洛指河南的伊川和洛水，北宋程颐、程颢曾在这一区域活动和居住。朱熹以二程为中心，溯源探流，排列了宋朝理学谱系。《伊洛渊源

---

① 梁启超著：《中国近三百年学术史》，中华书局2020年版，第487页。
② 陈祖武：《我与中国学案史》，载《文史知识》1996年第5期。
③ 梁启超著：《中国近三百年学术史》，中华书局2020年版，第487页。

录》围绕二程，运用墓志铭、遗事等传记资料，概述了包括周敦颐、邵雍、张载及其子弟四十六人的生平行状、学术大要、门户渊源，建构了相当规模的宋朝理学史。比较宋明之前的思想史研究，"它已将人物传记从正史《儒林传》中剥离出来而成独立的学术史著作，学术人物的去取不再受正史体例的限制，故而它能够全面反映某一学派或某一时代的学术面貌"①。

学案体集大成者则是明末清初的黄宗羲，其所著《明儒学案》六十三卷，上起明初方孝孺、曹端，下迄明末刘宗周、孙奇逢，涵盖明代儒学所有代表人物，实为一部明代儒学史。《明儒学案》的重点是阐述阳明心学，篇幅达二十六卷，入案学者约为百人。黄宗羲认为，阳明心学之前，明代之学术是朱子学独尊的天下，"此亦一述朱，彼亦一述朱"。王阳明以"良知"立教，开辟出了一条崭新的理学路径，意义重大，"无姚江则古来之学脉绝矣"。与《伊洛渊源录》相比，《明儒学案》在体裁上增加了序论，提纲挈领地介绍了各家学术思想的论点和要义，传家的精神风貌更加彰显，人们对传主的认识更加便捷。在内容上，基本囊括有明一代主要的学术派别，视野更加开阔，治学态度更加客观。尤为重要的是，《明儒学案》使朱熹开创的学案体史书臻于完善而成熟定型，其基本结构由三个部分组成，先是卷首冠以总论，即每一学案之前作一篇小序，简述这个学派的源流及宗旨；继之是案主的传略，有的案主不止一人，扼要评述每个学者的生平经历、著作情况、学术思想及其师承关系；后是案主学术资料选编，或著作节录，或语录选辑，其间有作者自己的按语。三个部分浑然一体，各家学术风貌洞若观火。此后，传统社会的思想史研究，基本遵循《明儒学案》之编纂格局和学术规范。梁启超指出：黄

---

① 周春健：《〈伊洛渊源录〉与学案体》，载《湖北大学学报（哲学社会科学版）》2006年第6期。

宗羲"所著《明儒学案》，中国之有学术史，自此始也"①。

二、西方范式

　　中国的学术思想研究历史悠久，却缺乏抽象的思辨、理论的体系和逻辑的方法。王国维认为："中国人之所长，宁在于实践方面。而于理论之方面，则以其具体的知识为满足。至于分类之事，则除迫于实际之需要外，殆不欲穷究也。"②19世纪末，随着西方思想尤其是进化论、天赋人权理论和自然科学方法的输入，中国的学术思想观念发生了深刻的变化，传统的学术逐步转向现代学术。对于思想史而言，其基本特点是按照西方的理论范式研究阐述中国的思想史；主要争议是思想史研究的规范性和学科定位问题。近代以来，中国思想史研究大体经历了栖身于哲学史的研究和相对独立的研究。早期哲学史的研究受到西方哲学的直接影响，是孕育思想史的母胎，具有重要意义。

　　哲学史研究的代表人物是胡适。胡适于1919年出版了《中国哲学史大纲》，影响极大，"书出不到两个月，即再版，到1922年已出到第八版"。社会评价很高，"此书是中国近代以来，第一本用现代学术方法系统研究中国哲学史的书。近年颇多学者承认，此书的出版，是中国哲学史学科成立的标志"③。不过，所谓现代学术方法，不宜过分赞誉，实为西方哲学的范式，借鉴西方哲学的理论和方法研究中国哲学的发展。这并不是中国学术思想的创新，而是西方学术思想的移植。金岳霖指出："胡适之先生的《中国哲学史大纲》就是根据于一种哲学的主张而写出来的。我们看

---

① 梁启超著:《清代学术概论》，中华书局2016年版，第26页。
② 《王国维遗书》（第三册），上海书店1983年版，第529页。
③ 胡适撰:《中国哲学史大纲》，上海古籍出版社2019年版，"导读"第1页。

那本书的时候，难免一种奇怪的印象，有的时候简直觉得那本书的作者是一个研究中国思想的美国人。"①

胡适对于哲学史的研究对象、目的与方法作了界定和全面阐述。在对象方面，认为哲学是"研究人生切要的问题，从根本上着想，要寻一个根本的解决"②。而人生的切要问题不止一个，哲学的门类也有许多种，包括宇宙论、知识论、伦理学、教育哲学、政治哲学和宗教哲学。哲学史是"这种种人生切要问题，自古以来，经过了许多哲学家的研究，往往有一个问题发生以后，各人有各人的见解，各人有各人的解决方法，遂致互相辩论。有时一种问题过了几千百年，还没有一定的解决法……若有人把种种哲学问题的种种研究法和种种解决办法，都依着年代的先后和学派的系统，一一记叙下来，便成了哲学史"③。从研究对象分析，胡适没有明确区分"哲学"与"思想"两个概念，他的"哲学"一词与"思想"一词是可以互换的。从他对哲学史料的认识还可得到印证，"哲学史的史料，大概可分为两种：一为原料，一为副料"。原料是指历史上各哲学家的著作；副料是关于哲学家的传记、轶事、评论、学案、书目④。这与传统社会的学案体研究何其相似乃尔！胡适的哲学史研究，也是思想史研究，两者很难划分清楚，区隔开来。

在目的方面，胡适注重追求知识和真理，强调考察历史上哲学思想的真实面貌及其演变的因果关系，认为研究哲学史的第一要务是明变，"在于使学者知道古今思想沿革变迁的线索"。次则求因，"不但要指出哲学思想沿革变迁的线索，还须要寻出这些

① 冯友兰著：《中国哲学史》，华东师范大学出版社2000年版，第437页。
② 胡适撰：《中国哲学史大纲》，上海古籍出版社2019年版，第1页。
③ 同上书，第2页。
④ 同上书，第8页。

沿革变迁的原因"①。再则评判，"要把每一家学说所发生的效果表示出来。这些效果的价值，便是那种学说的价值"。胡适指出："这些效果，大概可分为三种：（甲）要看一家学说在同时的思想和后来的思想上发生何种影响。（乙）要看一家学说在风俗政治上发生何种影响。（丙）要看一家学说的结果可造出什么样的人格来。"②在方法方面，胡适主要采用实证方法，以史料为依据，参照西方理论范式，还原中国哲学史的原貌，勾勒中国哲学发展的脉络轨迹，"我所用的比较参证的材料，便是西洋的哲学"③。胡适把实证方法称为"述学"，"是用正确的手段，科学的方法，精密的心思，从所有的史料里面，求出各位哲学家的一生行事、思想渊源沿革和学说的真面目"④。具体而言，"第一步须搜集史料。第二步须审定史料的真假。第三步须把一切不可信的史料全行除去不用。第四步须把可靠的史料仔细整理一番：先把本子校勘完好，次把字句解释明白，最后又把各家的书贯串领会，使一家一家的学说，都成有条理有统系的哲学。做到这个地位，方才做到'述学'两个字"⑤。

　　相对独立的研究，其代表人物是钱穆和侯外庐。他们都明确自己是做思想史研究，钱穆著有《中国思想史》，侯外庐主编了《中国思想通史》。不同于哲学史研究，思想史研究是以社会思潮为主题，兼及哲学思想和其他方面思想的研究。钱穆与侯外庐也有差异，前者重在追求知识和真理，后者比较注重价值判断。

　　钱穆于1952年出版了《中国思想史》，认为思想史研究的对

---

① 　胡适撰：《中国哲学史大纲》，上海古籍出版社2019年版，第3页。
② 　同上书，第3—4页。
③ 　同上书，第24页。
④ 　同上书，第7页。
⑤ 　同上书，第25页。

象，就是对宇宙和人生基本看法的历史进行研究，"有文化有历史的民族，必然能对宇宙人生中某几件大事，某几个问题，认真思索。经历了几百年乃至几千年的悠长岁月，其实也仅能说对宇宙人生中某几件事，某几个问题，有了他们一些意见，还待以后继续阐发，继续证成。这是某民族的思想史"[①]。研究的重点是生与死问题，"人类对宇宙，对人生，有一个最迫切最重大的问题，便是'生和死'的问题。这是凡能用思想的人首先会遇到的问题。这一问题，上接宇宙论，下接人生论，是宇宙、人生紧密接触紧密联系着的问题。不仅是其他一切问题之开始，也将是其他一切问题之归宿"[②]。钱穆指出，思想史研究的目的是探求真相，服务于中华民族的发展，"本书旨在指示出中国思想之深远的渊源，抉发出中国思想之真实的生命。学者由此窥入，明体可以达用，博古可以通今。庶乎使中国民族之将来，仍可自有思想，自觅出路"[③]。钱穆强调，必须立足于中国实际，运用中国思想史资料进行研究，"我们该从中国思想之本身立场来求认识中国思想之内容，来求中国思想本身所自有之条理组织系统，进展变化，与其派别之分歧。此始成为中国的思想史"。这是钱穆研究的主要特色，他非常担心将中国思想与西方思想混同起来，湮没进去，"我们不能说西方思想已获得了宇宙人生真理之大全，同样不能说中国思想对此宇宙人生之真理则全无所获；亦不能说中国思想对宇宙人生真理之所获，已全部包括在西方思想之所获之中。如是始可确定中国思想史在世界人类思想史中之地位与价值"[④]。

关于研究方法，钱穆主张"史料学"的方法，即从史料而

---

① 钱穆著：《中国思想史》，九州出版社2012年版，第2页。
② 同上书，第3页。
③ 同上书，"例言"第13页。
④ 同上书，"自序"第8页。

不是从理论出发，以史料为依据重现历史思想的原貌及其发展脉络。钱穆不赞同运用西方范式来研究中国思想史，"今天的世界问题，最主要者，还是一个思想问题。在西方，宗教与科学，唯心与唯物，个人主义与社会主义，理性主义与经验主义，处处矛盾，处处冲突。但在中国思想史里，则并不见有此种矛盾与冲突之存在"。钱穆认为，立足于中国思想之本身立场进行研究，要详察思想家，"每一思想家之生卒年代及其师友渊源，生活出处，以及时代背景，均为研究思想史者必须注意之项目"；要考核史料的可靠，"书籍之真伪及其著作年代必先经考核"，须有极精密的考订和极坚强的证据 ①。要兼及其他相关学科，"研治思想史，决不当不注意及通史与文化史"。要比较中西思想，"研治中国思想史，最好能旁通西方思想，始可探讨异同，比较短长。本书关于此点，仅能微引端绪，甚望读者勿轻易略过" ②。

　　侯外庐是马克思主义学者，他主编的《中国思想通史》规模宏大，体系完备，凡五卷六册，洋洋260万言，上起殷周，下迄近代，系统阐述了中国学术思想的发生发展历程。此书最大特点是运用马克思主义的哲学观来研究中国思想史，这部著作的编写"特别是对唯物主义的优良传统应给以足够的注意，另一方面在不少的论题必须对过去唯心主义的研究给以批判" ③。有的学者认为："《中国思想通史》不仅是迄今学术界最为完整的一部中国思想通史，也是目前仍无人能整体超越的中国思想史巨著。" ④

　　《中国思想通史》的研究对象，主要是探寻古人的社会意识和世界意识，追踪他们的理性运行轨迹。第一卷"序"说得很清

① 钱穆著：《中国思想史》，九州出版社2012年版，"例言"第11页。
② 同上书，"例言"第12页。
③ 侯外庐主编：《中国思想通史》（第一卷），人民出版社1957年版，"序言"第1页。
④ 张海燕：《二十世纪的中国思想史研究》，载《中国史研究动态》2002年第1期。

楚，"是综合了哲学思想、逻辑思想和社会思想在一起编著的，所涉及的范围比较广泛"。《中国思想通史》在内容方面，十分重视社会思潮的研究，第一卷论述了殷周礼乐文明、孔墨显学与诸子百家之学。第二卷涉及两汉思想，着重论述儒学的官学化与神学化、正宗思想与异端思想、无神论与有神论、唯物主义与唯心主义的对立，以及今古文之争和汉末清议。第三卷着重论述了由汉末经师的融通古今、不拘师法，到魏晋名士的风流放诞、发言玄远的经济政治原因，以及清谈玄学的政治根源。第四卷分上、下两册，论述隋唐宋元明各代思想学术，涉及经学、佛学、史学思想，理学以及反理学思潮。第五卷以王夫之思想开篇，以维新先驱龚自珍的历史预言结束，论述了明清之际至鸦片战争前的早期启蒙思想。

关于研究目的，侯外庐认为，既要追求知识和理性，又要为现实生活服务。在1947年版《中国思想通史》第一卷的"中国学术研究所序"中，阐述了著书的方针和目标，一是辨章学术，考镜源流，"阐明社会进化与思想变革的相应推移，人类新生与意识潜移的密切关系"。二是"斯书更持重各时代学人的逻辑方法之研究，以期追踪着他们的理性运行的轨迹，发现他们的学术具体的道路，更由他们剪裁或修补所依据的思想方法，寻求他们的社会意识及世界认识"。三是比较研究，"一方面要全般地说明中国思想在世界文化发展中所扮演的角色"，"他方面更要具体地指出中国思想发展的特别传统与其运行的特别路向"。后来，侯外庐又对撰写《中国思想通史》的原则与规范进行了总结，承继和发展完善了1947年版的思想。一是社会历史阶段的演进，与思想史阶段的演进，存在着什么关系。二是思想史、哲学史出现的范畴、概念，用它们代表的具体思想，在历史的发展中，有怎样的先后不同。范畴，往往掩盖着思想实质，如何分清主观思想与客观范畴之间的区别。三是人类思想的发展与某一时代个别思想学说的形成，其间有什么关系。四是各学派之间的互相批判与吸收，如何究明其条理。五是世界观与方法论相关联，但有时也会出现矛盾，如何明确其间的主导与从属的关系①。

关于研究方法，侯外庐不反对史料学和实证的方法，更主张方法论与世界观相结合，史料学与价值判断相联系，“我们的入手处，是根据古人对思想史的批判（案：即史料，后来称之为‘证件’）来开始的”。同时，“我们也并非完全依据这些著作，主要在于把这样的文献作为证件，再用科学方法来进行解剖”②。《中国思想通史》自觉运用唯物史观对历史上的思想现象进行分析和论证，把思想史研究与社会结构理论相结合，注重经济基础对上层建筑和意识形态的决定作用，从历史上的社会存在来说明或解释历史上的社会意识，强调思想的演变其实是对社会演变的反映，中国历代的思想变迁乃是历代社会变迁的产物。以《中国思想通史》第五卷为例，侯外庐认为，明清时期的中国为“资本主义萌芽阶段”，出现了农业与手工业的分离和带有资本主义劳动性质的城市手工业工厂。与此相适应，明清时期的社会意识也产生了一种类似西方的“个人自觉的近代人文主义”。侯外庐肯定王夫之的著作含有“人权平等”及进化论的内容；认为黄宗羲的《明夷待访录》好比西方的《人权宣言》，“具有人权平等、自由放任的道理”③；指出顾炎武“以天下之权寄之天下之人”的政治思想，反映了“市民的民主要求”④。侯外庐从社会史入手研究思想史，明显区别于胡适、钱穆的纯思想史研究，开辟了新的研究

① 侯外庐著：《韧的追求》，生活·读书·新知三联书店1985年版，第267页。
② 侯外庐主编：《中国思想通史》（第一卷），人民出版社1957年版，第18页。
③ 侯外庐主编：《中国思想通史》（第五卷），人民出版社1956年版，第3页。
④ 同上书，第288页。

范式，影响是相当大的。

三、两者结合

综观思想史的研究，既涉及中学，又涉及西学；既有传统的方法，又有西方的范式。研究思想史，不仅要继承传统方法，而且要借鉴西方范式，促进中学与西学相结合。对于传统的方法，梁启超依据"学案体"，提出思想史研究的四个必要条件，"第一，叙一个时代的学术，须把那时代重要各学派全数网罗，不可以爱憎为去取。第二，叙某家学说，须将特点提挈出来，令读者有很明晰的观念。第三，要忠实传写各家真相，勿以主观上下其手。第四，要把各人的时代和他一生经历大概叙述，看出那人的全人格"①。

对于西方的范式，自胡适第一个自觉运用和系统研究中国哲学史后，现已为大多数人所接受，称为现代学术方法。即使像钱穆那样坚持中国文化本位的学者，"无思想之民族，决不能独立自存于世界之上"，也主张思想史研究"最好能旁通西方思想，始可探讨异同，比较短长"②。人们对西方范式的疑虑，不是西方范式的科学性问题，而是西方范式的研究如何避免主观随意性，使之更好地反映真实的中国学术思想史。陈寅恪认为，运用科学方法整理国故，看上去很有条理，却可能不真实，"著者有意无意之间，往往依自身所遭际之时代，所居处之环境，所薰染之学说，以推测解释古人之意志"，所论中国古代哲学者，"大抵即谈其今日自身之哲学者也"，"其言论愈有条理统系，则去古人学说之真相愈远"。陈寅恪强调，以现代学术方法研究中国思想

---

① 梁启超著：《中国近三百年学术史》，中华书局2020年版，第100页。

② 钱穆著：《中国思想史》，九州出版社2012年版，"例言"第12页。

史，必须有一种同情之心，深入了解古代思想家，才可能契合中国的实际，"神游冥想，与立说之古人，处于同一境界，而对于其持论所以不得不如是之苦心孤诣，表一种之同情"①。

近代以来，学习借鉴西方范式，主要是理论化的借鉴。中国传统思想家惯于用格言、警句、比喻、事例等形式来表达思想，不重视严密的论证和体系化建构。钱穆认为，西方思想向外觅理，而中国思想向内觅理，"因此对超越外在之理颇多忽略。不仅宗教、科学不发达，即哲学亦然。若以西方哲学绳律中国思想，纵谓中国并未有纯正哲学，亦非苛论"②。通过借鉴西方范式，"西洋哲学之形式上的系统，实是整理中国哲学之模范"③。学科分类的借鉴。中国传统学术思想的分类是笼统而混沌的，划分为经、史、子、集四个部类，经是指儒家经典，史是记载历史人物、历史事件及其兴废治乱的历史书籍，子是指诸子百家及其学说的书籍，集是指一个作者或几个作者的诗文集。通过借鉴西方范式，现代的学科分类已经取代传统分类，大的方面可分为人文、社会和自然学科。对于思想史而言，可分为哲学、政治、经济、科学、法律、军事等思想门类，"思想史是理论化的人类社会、思想意识的发展史。……中国历史上的政治思想、经济思想、哲学思想、科学思想、法律思想、军事思想等等，都是中国思想史的研究对象。关于思想史，既可以作分门别类的研究，例如分门别类研究哲学思想、法律思想、美学思想等等；也可以是综合研究中，应以反映某一历史时期的社会思潮为主要内容"④。

科学方法的借鉴。传统的思想史研究不太重视方法的研究

① 陈寅恪:《冯友兰〈中国哲学史〉上册审查报告》，载《学衡》1931年第74期。
② 钱穆著:《中国思想史》，九州出版社2012年版，"自序"第2页。
③ 冯友兰:《怎样研究中国哲学史》，载《出版周刊》1937年第233期。
④ 张岂之主编:《中国思想史》，西北大学出版社1993年版，"原序"第3页。

和运用,胡适的《中国哲学史大纲》则是自觉应用科学方法的范例。最基础的方法是证明,即审定史料之法,要重视证据。"审定史料乃是史学家第一步根本工夫。西洋近百年来史学大进步,大半都由于审定史料的方法更严密了。凡审定史料的真伪,须要有证据,方能使人心服。"①最重要的方法是分析,只有通过分析的方法,才能反映真相,揭示本质,"例如程子、朱子的哲学,何以不同于孔子、孟子的哲学?陆象山、王阳明的哲学,又何以不同于程子、朱子呢?这些原因,约有三种:(甲)个人才性不同。(乙)所处的时势不同。(丙)所受的思想学术不同"②。最鲜明的方法是系统化。系统化也就是理论化、体系化,这是著书立说根本的方法,也是中西学术思想的重大差别。"凡能著书立说成一家之言的人,他的思想学说,总有一个系统可寻,决不致有大相矛盾冲突之处。故看一部书里的学说是否能联络贯串,也可帮助证明那书是否真的。"③《中国哲学史大纲》是一部运用系统化方法的成功之作,胡适非常重视考订作者生平,依据考订的结论,定其时代先后,在指出各家各派哲学与其对应时代的关系的同时,又指出前后递嬗和互相影响的关系,"我做这部哲学史的最大奢望,在于把各家的哲学融会贯通,要使他们各成有头绪条理的学术"④。

研究思想史,特别要处理好与哲学史的关系。学界对思想史研究的对象和内容,认识并不一致,甚至大相径庭。胡适认为,思想史就是哲学史。侯外庐认为,思想史研究包括哲学思想、逻辑思想和社会思想研究。钱穆认为,中国的思想史可谓之"人文

① 胡适撰:《中国哲学史大纲》,上海古籍出版社2019年版,第15页。
② 同上书,第3页。
③ 同上书,第16页。
④ 同上书,第24页。

教"，"中国思想乃主就人生内在之普遍共同部分之真理而推扩融通及于宇宙界自然界"①。改革开放以来，有的学者认为，思想史是关于社会矛盾的认识发展史，"我认为思想史主要是研究各个历史时期反映或提出解决当时社会矛盾的各种思想，特别是接触到当时社会矛盾焦点的思想"②。有的认为，"思想史是一门综合学科，涉及历史、哲学、政治、经济、法律、道德、科学等各个领域"。"当然，思想史也不是包罗万象的，仍然有一定的范围，或称之为科学的限定。只有以理论形式出现的思想内容才是思想史的研究对象。所以，确切地说，思想史就是理论化的人类社会思想意识的发展史，思想史就是研究人类历史上社会思想意识发展、演变及其规律的学科。"一般而言，学界比较赞同思想史主要是对人类社会思想意识发生和演变情况的研究。赞同思想史应以人为中心，重点关注人性问题，人与自然的关系，人与人的关系，人与自身的关系。这些研究及其思想成果，建构了一个民族的基本精神和集体人格。赞同思想史应当包括哲学思想的研究，"因为哲学是人类思想的精华，无论中国思想史还是西方思想史，哲学思想都是政治思想、经济思想、教育思想的理论基础。哲学是思想史的主干，丢掉哲学思想，就等于抽掉了思想史这座大厦的大梁"③。

思想史包括哲学思想，却不能等同于哲学思想，否则，思想史就成了哲学史。思想史与哲学史联系密切，区分难度很大，任继愈认为："'五四'以来，就已出版的关于中国哲学史的著作来看，有哲学史、思想史、政治思想史、学术史、学术思想史等

① 钱穆著：《中国思想史》，九州出版社2012年版，"自序"第4页。
② 李锦全：《试论思想史与哲学史的联系和区别》，载《哲学研究》1984年第4期。
③ 张岂之：《试论思想史与哲学史的相互关系》，载《哲学研究》1983年第10期。

等。名色不同，它们所涉及的对象倒是差不多的。"①即便如此，也应勉为其难进行区分，具体表现为对象不同。哲学史研究的是思维问题，研究人类如何以理性思维方式认识自然、社会和人生一般规律的历史，而思想史研究的是社会问题，研究每一历史时期的社会政治经济状态如何影响人们社会思想意识的形成，而社会思想意识又如何直接或间接地推动和阻碍社会的发展。从本质上说，历史上任何一个思想家和思想学派，最后的归宿都是对社会问题的研究和反思，从而形成了不同的思想范畴，建构了绚丽多彩的中华文明，诚如司马迁所言，诸子百家"各著书言治乱之事，以干世主"（《史记·孟子荀卿列传》）。内容不同，哲学史围绕思维与存在的关系问题，研究本体论、宇宙观、辩证法和认识论的发展历史，而思想史则围绕社会思潮的演变，研究哲学、政治、经济、伦理、科学、教育等思想的发展历史。范围不同，哲学史主要研究形上和抽象思辨问题，思想史既要研究形上的问题，更要研究形下和现实社会的具体问题。方法不同，哲学史更多地采用哲学诠释的方法来梳理、分析中国学术思想史，"我们今日的学术思想，有这两个大源头，一方面是汉学家传给我们的古书；一方面是西洋的新旧学说。这两大潮流汇合以后，中国若不能产生一种中国的新哲学，那就真是辜负了这个好机会了"②。思想史则重视运用社会史的研究方法，从社会历史的发展中寻找发现学术思想的演变轨迹，"思想史系以社会史为基础而递变其形态。因此，思想史上的疑难就不能由思想的本身运动要求得解决，而只有从社会的历史发展里来剔抉其秘密"③。运用社会史的研究方法，尤其要注重对社会思潮的考察，力图把握社会思潮与

①　参见包遵信：《哲学史和思想家怎样分家》，载《读书》1981年第12期。

②　胡适撰：《中国哲学史大纲》，上海古籍出版社2019年版，第7页。

③　侯外庐主编：《中国思想通史》（第一卷），人民出版社1957年版，第28页。

社会历史的联系及其所反映的时代特点，进而研究不同学派及其代表人物的思想特色和历史地位。

　　研究思想史，要找准中国学术思想的源头。学术思想有流变，必有源头，无源头则无流变。追根溯源，科学合理地把握中国学术思想的源头所在，是思想史研究的前提和首要条件。传统教育一般追溯到三皇五帝，据说20世纪初北大有的教授就是从三皇五帝讲起，讲了两年才讲到商朝。实际上，迄今为止，不仅三皇五帝的情况说不清楚，即使夏朝、商朝的情况也说不清楚，"唐、虞、夏、商的事实，今所根据，止有一部《尚书》。但《尚书》是否可作史料，正难决定"。"我认为《尚书》或是儒家造出的'托古改制'的书或是古代歌功颂德的官书。无论如何，没有史料的价值。"[1]不仅今人说不清楚，古人也已说不清楚。孔子就说，夏朝、商朝的礼制已无证据，"夏礼，吾能言之，杞不足征也；殷礼，吾能言之，宋不足征也。文献不足故也。足，则吾能征之矣"（《论语·八佾》）。荀子则指出，由于年代久远，三皇五帝没有事迹留存下来，"五帝之外无传人，非无贤人也，久故也。五帝之中无传政，非无善政也，久故也"。"是以文久而灭，节族久而绝"（《荀子·非相》）。既然三皇五帝和夏朝、商朝都缺乏可信的资料，中国学术思想的源头只能确定在周朝，而周朝分为西周和东周。在战国时期，西周王朝的书籍已经找不到了，"北宫锜曰：'周室班爵禄也，如之何？'孟子曰：'其详不可得闻也，诸侯恶其害己也，而皆去其籍。'"（《孟子·万章下》）在没有新的考古发现之前，中国学术思想的源头，似乎确定在东周即春秋战国时期，是比较科学合理的。

　　1917年初，胡适到北大讲授中国哲学史，就抛弃了三皇五帝

---

[1]　胡适撰：《中国哲学史大纲》，上海古籍出版社2019年版，第18页。

等半神话、半正史的材料，而是从春秋战国讲起。蔡元培认为这是用"扼要的手段"，进行了一场思想的革命，"适之先生认定所讲的是中国古代哲学的思想发达史，不是中国民族的哲学思想发达史，所以截断众流，从老子、孔子讲起。这是何等手段！"①而且，春秋战国时期恰巧与世界的"轴心时代"重叠，这说明中华文明的发展与其他主要文明的发展几乎是同步的，同样具有世界意义。德国思想家雅斯贝斯认为，轴心时代是人类文明的重大突破和"终极关怀的觉醒"，世界上各个文明都出现了伟大的精神导师，"在中国，孔子和老子非常活跃，中国所有的哲学流派，包括孟子、庄子、列子等诸子百家都出现了。像中国一样，印度出现了《奥义书》和佛陀，探究了一直到怀疑主义、唯物主义、诡辩派和虚无主义的全部范围的哲学可能性"。"希腊贤哲如云，其中有荷马，哲学家巴门尼德、赫拉克利特和柏拉图，许多悲剧作者，以及修昔底德和阿基米德。在这数世纪内，这些名字所包含的一切，几乎同时在中国、印度和西方这三个互不知晓的地区发展起来。"②

《国学流变》一书将以春秋战国时期为源头，以各个历史时期的社会思潮演变为线索，围绕人性论、天人关系以及人与社会关系，探寻传统社会学术思想的发展变化轨迹和规律。所谓思潮，就是一个历史时期内思想领域的主要倾向，一般都是跨越哲学、政治、宗教、文学艺术、教育乃至社会生活的诸多领域，进而集中反映了当时社会政治经济与学术思想的相互联系。"思想都是实在世界（自然和社会）的运动的反映，而个别思想之所以能够汇合而成为思潮，也正因为它们是在某一历史时期反映了同

① 胡适撰：《中国哲学史大纲》，上海古籍出版社2019年版，"序"第2页。
② ［德］卡尔·雅斯贝斯著，魏楚雄、俞新天译：《历史的起源与目标》，华夏出版社1989年版，第8页。

一的实在世界的结果。"①任何社会思潮的形成，都是文化进步的标志，"凡'思'非皆能成'潮'；能成'潮'者，则其'思'必有相当之价值，而又适合于其时代之要求者也。凡'时代'非皆有'思潮'；有思潮之时代，必文化昂进之时代也"②。本书绪言概述思想史研究的对象、内容和方法。全书主体共分七章，第一章是先秦诸子，第二章是汉朝经学，第三章是魏晋玄学，第四章是隋唐佛学，第五章是宋朝理学，第六章是明朝心学，第七章是清朝朴学。"余论"部分简述明末尤其是1840年以来，西学东渐对于传统社会学术思想的影响和变化，以及人们对于中学与西学及其相互关系的复杂看法。

每一章都由三个板块组成，即时代背景、社会思潮和学术思想代表人物。时代背景力图囊括影响中国社会政治经济发展的各种事件，社会思潮努力描述当时社会的所言所行、所思所想，而代表人物则包括思想家及其思想范畴和学术观点。胡适认为，研究思想史，一定要找出前因后果，"要不懂他的前因，便不能懂得他的真意义。要不懂他的后果，便不能明白他在历史上的位置。这个前因，所含不止一事。第一是那时代政治社会的状态。第二是那时代的思想潮流"③。时代背景和社会思潮是思想学术的前因。尤其是社会思潮，与思想家有着十分密切的关系。社会思潮是群体性的心理认同和社会响应，而思想家及其观念是社会思潮的核心和主体。一个社会思潮只有具备了思想内核，才能形成自己原创性的活水源头，才能较长时期保持自己的活力和激情，才能在理论上说服人，在思想上吸引人，成为改造主客观世界的理论力量和思想武器。

① 《杜国庠文集》，人民出版社1962年版，第337页。
② 梁启超著：《清代学术概论》，中华书局2016年版，第1页。
③ 胡适撰：《中国哲学史大纲》，上海古籍出版社2019年版，第27页。

《国学流变》实为思想小史。冯友兰认为："历稽载籍，良史必有三长：才、学、识。学者，史料精熟也；识者，选材精当也；才者，文笔精妙也。著小史者，意在通俗，不易展其学，而其识其才，较之学术巨著尤为需要。"①既然是思想史，首先应该提供史料，以叙述史实而不是以议论为主；既然是小史，由于篇幅所限，重点不在史料考证，而在义理和辞章。对于史料选材，当然是尽心尽力，每一时期只选择三位有代表性且有历史影响的思想家，而略去其他思想家，即使是在当时很有影响的思想家；每一位思想家只选择其学术思想观念，而略去了其师友渊源、学派传承和生活背景；每一位思想家只选择其主要思想观点，而略去了其与思想史关系不大的学术内容。

绪言已经明白，那我们就开始传统社会学术思想的历史旅行，追逐国学流变及其每一次的波浪起伏，登上峰顶，壮观天地风光；潜入谷底，涵泳苦难辉煌。在中华文明历史长河的漫游中，让灵魂得到净化，思想得到升华，人格得到镕铸！

---

① 冯友兰著：《中国哲学简史》，新世界出版社2004年版，"自序"第1页。

第一章　先秦诸子

先秦动乱不已，却是中国学术思想的黄金时期。诸子百家争鸣，百花齐放，建构了博大精深的中华学术思想体系，描绘了"轴心时代"壮丽的中国画卷，塑造了中华文明开放包容的品格。诸子百家实为"九流十家"，真正对传统社会产生重大影响的是儒家、道家和法家。儒家和道家孕育了中华民族的精神结构，儒家和法家指导着传统社会的政治运作。

第一节　先秦风云

先秦概念属于历史学范畴，是一个弹性很大的时空概念。远期可追溯到原始社会及三皇五帝，人类尚处于蒙昧和文明起源时代；中期可追溯到夏禹、殷商和西周王朝，人类进入文明发展时代；近期则是指东周时期，即春秋战国，人类进入文明突破的"轴心时代"。任何学术思想都是历史的产物和时代的精华，先秦诸子百家不是凭空产生的，而是春秋战国的时势造就的。诸子百家形成的学术思想，奠定了传统社会的文化基础，铸就成中华民族的精神基因，汇集为中华文明的源头活水，浩浩荡荡，奔向远方。迄今为止，中国人仍在饮用着诸子百家的学术思想之水，诸子百家还在哺育滋养着中华民族。

一、春秋战国

春秋战国是一个大变革的时代，既有大动乱又有大治理，既有大破坏又有大建设，旧的社会结构逐渐崩溃解体，新的社会结构正在孕育诞生。与此相适应，春秋战国可谓中国的轴心时代，中华文明的天空群星璀璨，中华大地涌动着诸子百家，这是中国进入文明社会后首次出现的空前活跃的学术思想争鸣。

中国进入文明社会，首先是夏朝，约建立在公元前2070年。

夏禹由虞舜禅让而登帝位，"帝舜荐禹于天，为嗣。十七年而帝舜崩。三年丧毕，禹辞辟舜之子商均于阳城。天下诸侯皆去商均而朝禹。禹于是遂即天子位，南面朝天下，国号曰夏后，姓姒氏"。夏禹是传统文化公认的先圣，且与唐尧、虞舜齐名，理应继续实行禅让制度，却由其子启继承了帝位。史书认为，这不是夏禹的本意，夏禹原本选择了伯益作为接班人，由于伯益的德才不如夏启，诸侯和百姓自发地选择了夏启，"十年，帝禹东巡狩，至于会稽而崩。以天下授益。三年之丧毕，益让帝禹之子启，而辟居箕山之阳。禹子启贤，天下属意焉。及禹崩，虽授益。益之佐禹日浅，天下未洽。故诸侯皆去益而朝启，曰：'吾君帝禹之子也。'于是启遂即天子之位，是为夏后帝启"。夏启的帝位不是禅让的，而是继承的，它标志着中国由原始社会进入了奴隶社会，社会中出现了不可调和的剥削阶级与被剥削阶级，国家诞生了。原始社会的"氏族制度已经过时了。它被分工及其后果即社会之分裂为阶级所炸毁。它被国家代替了"[①]。按照中国的话语体系，夏启继承帝位，就是由"公天下"变成了"家天下"，建立了第一个世袭王朝。夏朝传国14代17王，约470年历史，最后一任夏桀暴虐，"帝桀之时，自孔甲以来而诸侯多畔夏，桀不务德而武伤百姓，百姓弗堪。乃召汤而囚之夏台，已而释之。汤修德，诸侯皆归汤，汤遂率兵以伐夏桀。桀走鸣条，遂放而死"（《史记·夏本纪》）。

公元前17世纪初，商汤在伊尹的辅佐下，打败夏桀，征服诸侯，建立商王朝，"汤乃兴师率诸侯，伊尹从汤，汤自把钺以伐昆吾，遂伐桀"；"于是汤曰'吾甚武'，号曰武王。桀败于有娀之虚，桀奔于鸣条，夏师败绩。汤遂伐三㚇，俘厥宝玉，义

---

① 《马克思恩格斯文集》（第4卷），人民出版社2009年版，第188页。

伯、仲伯作《典宝》。汤既胜夏，欲迁其社，不可，作《夏社》。
伊尹报。于是诸侯毕服，汤乃践天子位，平定海内"。商朝传国
17代31王，有500余年历史。"商朝的世数所以多于夏，大约是
因其行兄终弟及之制而然。"①商朝最后一任是纣王，也是个暴虐
之君，荒淫无耻，酒池肉林，横征暴敛，严刑酷法，"好酒淫乐，
嬖于妇人。爱妲己，妲己之言是从。于是使师涓作新淫声，北里
之舞，靡靡之乐。厚赋税以实鹿台之钱，而盈钜桥之粟。益收狗
马奇物，充仞宫室。益广沙丘苑台，多取野兽蜚鸟置其中。慢于
鬼神。大聚乐戏于沙丘，以酒为池，悬肉为林，使男女倮相逐其
间，为长夜之饮。百姓怨望而诸侯有畔者，于是纣乃重刑辟，有
炮格之法"。纣王的暴虐，导致民怨沸腾，诸侯叛逆，"周武王于
是遂率诸侯伐纣。纣亦发兵距之牧野。甲子日，纣兵败。纣走，
入登鹿台，衣其宝玉衣，赴火而死。周武王遂斩纣头，县之白
旗"（《史记·殷本纪》）。从此，纣王和夏桀作为历史上最昏庸
无道的暴君，被永久地钉在了历史的耻辱柱上。后世凡遇昏君暴
君，皆以夏桀、商纣比附，真是遗臭万年。

公元前11世纪，周武王讨伐商纣暴虐无道，建立西周王
朝，改帝号为王。武王大败商朝军队于牧野，纣王自杀，"殷民
大说。于是周武王为天子。其后世贬帝号，号为王"（《史记·殷
本纪》）。西周王朝传国11代12王，约275年历史。西周王朝建
立是一个时间节点，而西周制度建立是一个过程，历经周文王、
武王和成王三代努力，"西伯曰文王，遵后稷、公刘之业，则古
公、公季之法，笃仁，敬老，慈少。礼下贤者，日中不暇食以待
士，士以此多归之"。武王是贤臣相辅，延续文王功业，"即位，
太公望为师，周公旦为辅，召公、毕公之徒左右王，师修文王绪

---

① 吕思勉著：《中国通史》，上海古籍出版社2009年版，第315页。

业"。建立西周后，分封功臣，"于是封功臣谋士，而师尚父为首封。封尚父于营丘，曰齐。封弟周公旦于曲阜，曰鲁。封召公奭于燕。封弟叔鲜于管，弟叔度于蔡。余各以次受封"。病逝后，其子继位，为周成王，"后而崩，太子诵代立，是为成王"。由于成王年少，周公旦摄政，"成王少，周初定天下，周公恐诸侯畔周，公乃摄行政当国"（《史记·周本纪》）。

对于西周王朝的建立，周公居功至伟。他高风亮节，不仅摄政成王，而且还政成王，"周公行政七年，成王长，周公反政成王，北面就群臣之位"（《史记·周本纪》）。他礼贤下士，不仅身居高位，以身作则，而且告诫子孙谦虚低调，"我文王之子，武王之弟，成王之叔父，我于天下亦不贱矣。然我一沐三捉发，一饭三吐哺，起以待士，犹恐失天下之贤人。子之鲁，慎无以国骄人"（《史记·鲁周公世家》）。他功勋卓著，不仅辅佐成王稳定政局，摄政之初，"管、蔡畔周，周公讨之，三年而毕定"。而且，制礼作乐，定亲疏，决嫌疑，别同异，明是非，建立西周社会的典章制度和道德规范，"初作《大诰》，次作《微子之命》，次《归禾》，次《嘉禾》，次《康诰》《酒诰》《梓材》"（《史记·周本纪》）。《尚书·大传》赞颂周公功绩，"一年救乱，二年克殷，三年践奄，四年建侯卫，五年营成周，六年制礼作乐，七年致政成王"。西周礼乐制度影响深远，儒家认周公是元圣，孔子是圣人，孟子是亚圣。孔子对周公顶礼膜拜，一旦不能梦见周公，就惶惶然，"甚矣，吾衰也！久矣吾不复梦见周公"（《论语·述而》）。王国维认为："中国政治与文化之变革，莫剧于殷周之际"；"殷、周间之大变革，自其表言之，不过一姓一家之兴亡与都邑之移转；自其里言之，则旧制度废而新制度兴，旧文化废而新文化兴。又自其表言之，则古圣人之所以取天下及所以守之者，若无以异于后世之帝王；而自其里言之，则其制度、文物与其立制之本意，乃出于万世治安之大计，其心术与规摹，迥非后世帝王所能梦见也"①。

东周分为春秋和战国两个时期，是西周的延续，却完全不同于西周。西周创建王朝，制作礼乐，东周则是王朝分崩离析，制度礼崩乐坏。东周开启于公元前770年，周平王东迁；落幕于公元前221年，秦始皇统一中国。周平王东迁是中国上古史的一件大事，对于周王朝而言，东迁区分了西周与东周，表明西周的终结以及东周的开始。西周时期，周天子是天下宗主，能够约束诸侯行为，保持天下太平，"溥天之下，莫非王土；率土之滨，莫非王臣"（《诗经·小雅·北山》）。东周时期，周天子逐步丧失宗主地位，王室衰弱，无力控制诸侯的力量；天下无道，社会进入动乱纷争年代，"天下有道，则礼乐征伐自天子出；天下无道，则礼乐征伐自诸侯出"（《论语·季氏》）。对于中国历史而言，东迁意味着奴隶社会开始向封建社会过渡。经济上是贵族制向地主制过渡，西周时期，实行宗子世袭不得买卖的宗族土地所有制；东周时期，逐步演变为个人私有可以买卖的家族土地所有制。政治上是分封制向郡县制过渡，西周时期，天子是"封建亲戚，以藩屏周"，巩固周王朝的统治。"武王克商，光有天下，其兄弟之国者十有五人，姬姓之国者四十人，皆举亲也。"（《左传·昭公二十八年》）东周时期，分封制逐渐瓦解，废除了"世卿世禄"，演变为中央集权的郡县制；官员职守选贤任能，不再必须由贵族担当。文化上是神权制向民本制过渡。西周时期，天是人们心目中的最高主宰，自然界和人类社会的一切事情都可以在天那里得到终极解释，"死生有命，富贵在天"（《论语·颜渊》）。东周时期，天的信仰发生动摇，"天道远，人道迩，非所及也"（《左

---

① 王国维著：《殷卜辞与周冕》，中国文史出版社2018年版，第77—78页。

传·昭公十八年》)。人的自我意识已经觉醒,"夫民,神之主也"(《左传·桓公六年》);"国将兴,听于民,将亡,听于神"(《左传·庄公三十二年》)。

关于春秋和战国两个时期的界线,一般认为是公元前476年,即周敬王四十四年,"冬,叔青如京师,敬王崩故也"(《左传·哀公十九年》)。有的认为是"三家分晋"的公元前403年,还有的认为是韩、赵、魏三家灭掉智氏的公元前453年。无论哪一条分界线,都认为此前为春秋时期,此后为战国时期。春秋名称源于鲁国史官的记录,后来孔子整理修订为《春秋》。《春秋》记录了从鲁隐公元年(公元前722年)至鲁哀公十四年(公元前481年)的大事,大体与春秋的年代相当,学界便把史书的春秋作为一个时代的名称。春秋时期,周王室虽然衰弱,尚能在形式上维持宗主地位,诸侯已经坐大,纷纷割据称霸,不再朝见周天子,实际上是与周王室共主天下。春秋是"尊王攘夷",以霸主的形式治理天下,先后形成了齐桓公、晋文公、宋襄公、秦穆公和楚庄王五位霸主。齐桓公是春秋首霸,也是典型,"是时周室微,唯齐、楚、秦、晋为强。晋初与会,献公死,国内乱。秦穆公辟远,不与中国会盟。楚成王初收荆蛮有之,夷、狄自置。唯独齐为中国会盟,而桓公能宣其德,故诸侯宾会"。桓公在管仲的辅佐下改革内政,联络诸侯,国力强盛,"桓公既得管仲,与鲍叔、隰朋、高傒修齐国政,连五家之兵,设轻重鱼盐之利,以赡贫穷,禄贤能,齐人皆说"。公元前679年,齐桓公开始称霸,"七年,诸侯会桓公于甄,而桓公于是始霸焉"。在桓公一生中,多次以霸主身份会合诸侯,挟天子以伐不服,"寡人兵车之会三,乘车之会六,九合诸侯,一匡天下"。桓公称霸期间,基本做到了尊重周王室。公元前663年,山戎侵燕,燕向齐告急,桓公率军伐山戎,保卫了燕国。得胜返回,燕庄公要送至齐国境内,桓公加以劝阻，认为不符合规制，"燕庄公遂送桓公入齐境。桓公曰：'非天子，诸侯相送不出境，吾不可以无礼于燕。'"同时，要求燕国尊重周天子的宗主地位，"于是分沟割燕君所至与燕，命燕君复修召公之政，纳贡于周，如成康之时。诸侯闻之，皆从齐"（《史记·齐太公世家》）。

会盟是诸侯争霸的主要方式，也是与周王室共天下的基本做法。所谓会盟，是指诸侯间会面和结盟的仪式，一般由强大的诸侯召集，其他诸侯前来开会，商讨解决周天子与诸侯及诸侯间发生的问题。春秋前期，比较著名的有葵丘会盟，是齐桓公称霸的巅峰。当时，周惠王想废掉太子郑，立自己爱妃生的儿子带为太子。桓公通过会盟帮助太子郑保住了位置。不久，周惠王死，太子郑即位为周襄王。公元前651年夏，"公会宰周公、齐侯、宋子、卫侯、郑伯、许男、曹伯于葵丘"，"寻盟，且修好"。周襄王为了感谢桓公保位，特地送上不少赏品，许可不下拜谢恩。桓公还是注意自己的诸侯身份，"王使宰孔赐齐侯胙，曰：'天子有事于文武，使孔赐伯舅胙。'齐侯将下拜。孔曰：'且有后命。天子使孔曰："以伯舅耋老，加劳，赐一级，无下拜。"'对曰：'天威不违颜咫尺，小白余敢贪天子之命无下拜？恐陨越于下，以遗天子羞，敢不下拜？'下，拜；登，受"。秋天，又在葵丘会盟，并宣读盟约，内容是不准将祸水引向别国，不准因别国灾荒而不卖给粮食，不准更换太子，不准以妾代妻，等等。"秋，齐侯盟诸侯于葵丘，曰：'凡我同盟之人，既盟之后，言归于好。'"（《左传·僖公九年》）春秋中后期，比较著名的是弭兵会盟。弭兵会盟的背景是晋、楚两大诸侯争斗，夹在其间的郑、宋小国不堪其负，"民急矣！姑从楚以纾吾民。晋师至，吾又从之。敬共币帛，以待来者，小国之道也。牺牲玉帛，待于二竟，以待强者，而庇民焉"（《左传·襄公八年》）。特点是由弱小的宋国倡导，而不是大国牵头。目标是争取和平，以承认晋、楚大国利益为前提，不再发生战争。弭兵会盟先后有两次，第一次是公元前579年，由宋大夫华元发起，晋、楚响应，各派代表会于宋，订立盟约，"凡晋、楚无相加戎，好恶同之；同恤灾危，备救凶患；若有害楚，则晋伐之；在晋，楚亦如之；交贽往来，道路无壅；谋其不协，而讨不庭。有渝此盟，明神殛之，俾队其师，无克胙国"（《左传·成公十二年》）。三年后，楚国背盟而战败。第二次是公元前546年，由宋大夫向戌发起，晋、楚等十四诸侯会盟于宋，议定以晋、楚两大国为盟主，除齐、秦两个较大的诸侯外，其他原来从属于晋、楚的诸侯要互朝晋、楚，承担晋、楚给予的任务。史称此会为"向戌弭兵"，使得晋、楚及其他诸侯四十多年没有发生大的战争。弭兵会盟有着重要意义，给诸侯国带来了相对长时间的和平，为各国发展生产、安定百姓生活以及诸侯之间、族群之间往来融合创造了条件。

战国名称原指当时连年参加战争的强国，"冠带战国七，而三国边于匈奴"（《史记·匈奴列传》）。作为一个时代的名称，则源于汉刘向编辑的《战国策》，"万乘之国七，千乘之国五，敌侔争权，盖为战国"。战国时期，是周王室灭亡、诸侯争雄的年代。公元前403年，韩、赵、魏三家分晋而位列诸侯，形成了秦、魏、赵、韩、齐、楚、燕七国的局面，周王室共主地位已经丧失。明末清初顾炎武指出："春秋时，犹尊礼重信，而七国则绝不言礼与信矣。春秋时，犹宗周王，而七国则绝不言王矣。春秋时，犹严祭祀，重聘享，而七国则无其事矣。春秋时，犹论宗姓氏族，而七国则无一言及之矣。春秋时，犹宴会赋诗，而七国则不闻矣。春秋时，犹有赴告策书，而七国则无有矣。邦无定交，士无定主，此皆变于一百三十三年之间。"（《日知录》卷一三）战国时期，新兴的地主阶级相继在诸侯国掌权。为了进一步打击分封的贵族势力，他们纷纷在国内开展变法，影响较大的有魏国李悝变法、楚国吴起变法以及秦国商鞅变法。商鞅变法最为彻底，使秦国从边陲小国转变为西边大国，夯实了统一中国的基础。战国时期，合纵连横，兼并更加激烈。秦国采取连横战略，"事一强以攻众弱"；其余六国则采取合纵战略，"合众弱以攻一强"（《韩非子·五蠹》）。公元前221年，秦始皇横扫六合，一统天下，建立了中国历史上第一个统一的封建王朝。

二、社会动荡

春秋战国是一个社会大动荡时期，"社稷无常奉，君臣无常位"（《左传·昭公三十二年》），具体表现在战争频仍。据史书记载，春秋时期有大小战争480多次，其中36名君主被臣下或敌国杀死，52个诸侯国被消灭；战国时期有大小战争230多次，而且规模不断扩大，双方动辄出动几万甚至几十万人。战争的主要功能是兼并弱小国家，扩大领土范围。春秋初年见于记载的有148个诸侯国，由于周天子不能控制诸侯，那些拥有较强经济、军事实力的诸侯，以寻求土地和人口为目的，竞相吞并临近的弱小诸侯，"诸侯之宝三：土地、人民、政事"（《孟子·尽心下》）。春秋末年只剩下周、鲁、齐、晋、楚、宋、郑、卫、秦、吴、越11国，其中兼并弱小国家最多的是晋、楚、齐、秦，以及后起的吴、越等诸侯国；即使兼并较少的，鲁国也兼并了9个，宋国兼并了6个。战国时期形成七雄的局面，兼并更加剧烈。秦王政执政后，十七年灭韩，十九年灭赵，二十二年灭魏，二十五年灭楚灭燕，二十六年灭齐；翦灭六国，"平一宇内"（《史记·秦始皇本纪》）。

春秋时期，一般是五霸牵头进行战争。公元前656年，春秋首霸齐桓公一年竟三次打仗，进攻了三个诸侯国。春天是率领诸侯攻打蔡国，"三十年春，齐桓公率诸侯伐蔡，蔡溃"。夏天是攻打楚国，理由是楚国给周天子的祭祀用品不充足，齐国要履行监督之责，"遂伐楚。楚成王兴师问曰：'何故涉吾地？'管仲对曰：'昔召康公命我先君太公曰："五侯九伯，若实征之，以夹辅周室。"赐我先君履，东至海，西至河，南至穆陵，北至无棣。楚贡包茅不入，王祭不具，是以来责。昭王南征不复，是以来问。'楚王曰：'贡之不入，有之，寡人罪也，敢不共乎！昭王之出不复，君其问之水滨。'"战争结局是双方签订和约，"齐师进次于陉。夏，楚王使屈完将兵扞齐，齐师退次召陵。桓公矜屈完以其众。屈完曰：'君以道则可；若不，则楚方城以为城，江、汉以为沟，君安能进乎？'乃与屈完盟而去"。秋天是攻打陈国，"过陈，陈袁涛涂诈齐，令出东方，觉。秋，齐伐陈"（《史记·齐太公世家》）。

战国时期，主要是七雄之间的战争，尤其是秦国与其他诸侯国的战争。秦昭襄王时期，大将白起一生征战，职务由左更而大良造而武安君，攻城略地，杀人无数。昭襄王十三年即公元前294年，"左更白起攻新城"；"十四年，左更白起攻韩、魏于伊阙，斩首二十四万，虏公孙喜，拔五城"；"十五年，大良造白起攻魏，取垣，复予之。攻楚，取宛"；二十七年，"白起攻赵，取代光狼城"；"二十八年，大良造白起攻楚，去鄢、邓，赦罪人迁之"；"二十九年，大良造白起攻楚，取郢为南郡，楚王走"；"三十一年，白起伐魏，取两城"；"四十三年，武安君白起攻韩，拔九城，斩首五万。四十四年，攻韩南阳，取之"。更为著名的是长平之战，前后耗时三年，秦国大获全胜，赵国由一流强国被打成弱国。长平之战是个转折点，六国再也没有实力抗秦，秦国统一中国只是个时间问题。"四十七年，秦攻韩上党，上党降赵，

秦因攻赵，赵发兵击秦，相距。秦使武安君白起击，大破赵于长平，四十余万尽杀之。"（《史记·秦本纪》）

战争还掠夺财富，迫使弱小国家纳贡进赋。以郑国与晋国为例，晋国是大国，郑国是小国。据《左传》记载，早在鲁襄公二十二年，"夏，晋人征朝于郑"。郑国子产说郑之于晋，"不朝之间，无岁不聘，无役不从"。鲁襄公三十一年，子产又说："以弊邑褊小，介于大国，诛求无时，是以不敢宁居，悉索敝赋，以来会时事"。鲁昭公十三年，子产认为，郑属于男服等级，不能按公侯的等级进贡，"郑伯，男也，而使从公侯之贡，惧弗给也，敢以为请"。诸侯国之间应当休甲兵，归于友好，"诸侯靖兵，好以为事。行理之命，无月不至，贡之无艺，小国有阙，所以得罪也。诸侯修盟，存小国也。贡献无极，亡可待也，存亡之制，将在今矣"。

战争具有破坏作用，但在一定程度上促进了文化交流，促进了周边戎狄蛮夷接受华夏文化。比较典型的事例是王子朝奔楚。春秋时期，东周王国、宋国和鲁国是当时的文化中心，且王国文化对诸侯的影响仍然很大。公元前520年，周景王死，贵族刘蚠等欲扶保姬猛（即周悼王）。王子朝是周景王的庶长子，他很不甘心，于是在贵族尹国等的支持下，联合失去职位的百官和百工，举兵攻打并杀害了姬猛。晋国反对王子朝，拥立周敬王。经过五年战争，王子朝兵败，率召氏、毛氏、尹氏等旧宗族，携带王室中的典籍逃到文化落后的楚国，"十一月辛酉，晋师克巩。召伯盈逐王子朝。王子朝及召氏之族、毛伯得、尹氏固、南宫嚚，奉周之典籍以奔楚"（《左传·昭公二十六年》）。楚国由此替代东周王国，与宋国、鲁国并立为文化中心。这些文化中心不是虚名的，它造就了不同的思想学派，鲁国诞生了孔子的儒家，宋国孕育了墨翟的墨家，楚国形成了老子的道家。

战争是社会政治经济的集中展示，实质反映了社会结构的剧烈变动。西周建立的血缘宗法制度，主要是分封制和立嫡之制，"欲观周之所以定天下，必自其制度始矣。周人制度之大异于商者，一曰立子立嫡之制，由是而生宗法及丧服之制，并由是而有封建子弟之制，君天子、臣诸侯之制。二曰庙数之制。三曰同姓不婚之制。此数者，皆周之所以纲纪天下"①。王国维赞誉道："有立子之制，而君位定；有封建子弟之制，而异姓之势弱，天子之位尊；有嫡庶之制，于是有宗法、有服术，而自国以至天下合为一家；有卿、大夫不世之制，而贤才得以进；有同姓不婚之制，而男女之别严。且异姓之国，非宗法之所能统者，以婚媾、甥舅之谊通之。于是天下之国大都王之兄弟、甥舅，而诸国之间亦皆有兄弟、甥舅之亲。周人一统之策，实存于是。此种制度，固亦由时势之所趋，然手定此者，实惟周公。"②

立嫡之制是宗法制的核心内容，由氏族公社后期的父系家长制发展演变而来。初期的作用是为了规范氏族或宗族内部的权益分配关系，后来则演变为以区分嫡庶之间权位分配为核心的宗法制度。夏朝已有宗法萌芽，"大人世及以为礼，城郭沟池以为固"（《礼记·礼运》）。唐孔颖达疏曰："'大人世及以为礼'者，'大人'谓诸侯也。'世及'，诸侯传位自与家也。父子曰'世'，兄弟曰'及'，谓父传与子，无子则兄传与弟也，以此为礼也。"（《礼记注疏》）夏朝王位继承基本做到了父死子继，"从禹至桀十七君，十四世"（《史记·夏本纪》裴骃《集解》引"徐广曰"），其中传子十三，传弟二，回传嫡子一。商朝则是父死子继与兄终弟及相结合，自汤至于帝辛二十九帝中，以弟继兄者凡十四帝，"父死子继，兄死弟及，天下通义也"（《史记·宋微子世家》）。

---

① 王国维著：《殷辂与周冕》，中国文史出版社2018年版，第78页。
② 同上书，第88页。

西周则完善定型了立嫡之制，"呜呼！有王虽小，元子哉！"（《尚书·召诰》）周文王、武王以嫡长子为太子的具体做法是，"文王之为世子，朝于王季日三。鸡初鸣而衣服，至于寝门外，问内竖之御者曰：'今日安否何如？'内竖曰：'安。'文王乃喜。及日中，又至，亦如之。及莫，又至，亦如之"。武王为世子，向文王学习，"武王帅而行之，不敢有加焉。文王有疾，武王不说冠带而养。文王一饭，亦一饭；文王再饭，亦再饭。旬有二日乃间"。武王病死，成王年幼，周公则以世子之法教育成王，让儿子伯禽陪伴成王见习。成王如有做不到的地方，则痛打伯禽，以便成王懂得如何做好太子，以及父子、君臣、长幼之道，"抗世子法于伯禽，欲令成王之知父子、君臣、长幼之道也；成王有过，则挞伯禽，所以示成王世子之道也"（《礼记·文王世子》）。西周自武王至幽王，传国11代12王，坚持了嫡长子继承制。

立嫡之制的特点是嫡为大宗，庶为小宗。小宗之嫡在本支中为大宗，庶仍为小宗。宗法制与君权制相结合，就形成了分封制。分封制是"授民授疆土"。具体而言，"故天子建国，诸侯立家，卿置侧室，大夫有贰宗，士有隶子弟，庶人工商，各有分亲，皆有等衰"（《左传·桓公二年》）。周天子依据血缘区分大宗、小宗和远近亲疏，对各级贵族分封统治地区，给予世袭官职，以建立各级政权和血缘大家族。周天子自称是上天的元子，上天赋予他土地和臣民，行使所有权。天子算是天下的大宗，诸侯尊奉他为大宗子。天子按照服和爵的原则进行分封，服定贡赋的轻重，爵定位次的尊卑。服是五服，分为侯、甸、男、采、卫；爵是五爵，分为公、侯、伯、子、男。侯、甸、男、卫称外服，封在外服的是国家；采称内服，封在内服的是卿大夫采邑。天子先分土地和臣民给诸侯，既封同姓诸侯，也封异姓诸侯。大诸侯国附近封许多同姓小国，小国君尊奉大国君为宗子。一国的国君是大宗，分给同姓卿大夫采邑，采邑主尊奉国君为宗子。采邑主分小块土地给同姓庶民耕种，同姓庶民尊奉采邑主为宗子。同姓庶民有自由民的身份，不同于一般的农奴。从而建立了等级森严的宗法制度，"天有十日，人有十等。下所以事上，上所以共神也。故王臣公，公臣大夫，大夫臣士，士臣皂，皂臣舆，舆臣隶，隶臣僚，僚臣仆，仆臣台。马有圉，牛有牧，以待百事"（《左传·昭公七年》）。

　　春秋战国时期，血缘宗法制逐步解体。一方面是公室衰微，另一方面是大夫专政，礼乐征伐已经不是"自诸侯出"，而是"自大夫出"。西周王朝以分封建立了诸侯国，以世族建立了卿大夫采邑。卿大夫所在的氏族，也是一个严密的宗法组织，有一定的世袭封土，在其采邑内可以自由筑城，可以建立军队，还有宗亲和家宰帮助治理政事。由于卿大夫世世代代拥有土地和权力，称为世族。世族凭借其优越的权势和地位，在诸侯国内世代为官，执掌国政。春秋战国时期，诸侯的权力大都落入了卿大夫的世族手中，于是有了"三家分晋""田氏代齐"等历史事件。宋司马光的《资治通鉴》就是从"三家分晋"开始记载，周威烈王二十三年，"初命晋大夫魏斯、赵籍、韩虔为诸侯"。韩非对"田氏代齐"念兹在兹，仅在《韩非子·外储说右下》中就三次论及，强调君臣不能共享权力，尤其不能共享赏罚之大权，"赏罚共则禁令不行"。血缘宗法制解体的同时，地缘社会结构应运而生。地缘社会缘于编户齐民制度，形成一家一户的小家庭，既挖了血缘社会的墙脚，又奠定了地缘社会的基础，"管子于是制国：五家为轨，轨为之长；十轨为里，里有司；四里为连，连为之长；十连为乡，乡有良人焉"（《国语·齐语六》）。商鞅变法时，"令民为什伍，而相牧司连坐"（《史记·商君列传》）。春秋战国的社会大动荡，诸侯的连年征战，给老百姓带来了沉重的负担和痛苦，却也给先秦诸子及百家争鸣提供了学术思想自由的空间。统治者忙于军事和争霸，放松了对思想文化的管控和禁锢，而诸侯分裂，战国并列，也给读书人和思想家带来了机遇，最大的机遇就是"此处不留爷，自有留爷处"。

三、政治变革

春秋战国是一个政治大变革时期，君权由原来的君主和贵族等级分权制转变为中央集权和君主专制；官制由原来的世卿世禄制转变为根据才能和功绩的选贤任能制度，产生了依靠食禄而不是依靠世袭的官僚阶层和文官系统。有的学者认为，中国能够保持统一，实与官僚制有着密切关系，"春秋战国的列国制度，终于转化为坚实的皇朝体制。以文官制度和市场经济两个大网，将广大的中国融合为一体"[①]。

在君权方面，早在商朝就建立了以君主为中心的政治制度。君主是从原始社会的氏族族长、部落联盟的军事、政治、宗教首领的世袭化逐渐演变而来，直到殷商时代，君主与部落、诸侯的君臣等级名分才确定下来。董作宾根据考古资料，认为"殷王是四方诸侯的共主，当时的天下，只有一个王，所以有'天无二日，民无二王'之说"；"殷代是正在实行封建制度，有的是方伯和诸侯"[②]。西周灭殷后，沿袭了殷商的君主制，进一步强化了君权，"君天下，曰天子。朝诸侯，分职授政任功，曰予一人"（《礼记·曲礼》）。古代社会最重要的政治活动是宗教祭祀和军事国防，"国之大事，在祀与戎"（《左传·成公十三年》）。君主既是

---

① 许倬云著：《说中国》，广西师范大学出版社2015年版，第75页。
② 参见曾繁康著：《中国政治制度史》，台湾华冈出版有限公司1979年版，第18、19页。

祭祀领袖，又是军事统帅，国家的祭祀只能由天子主持，"礼：不王不禘。王者禘其祖之所自出，以其祖配之。诸侯及其大祖，大夫士有大事，省于其君，干袷及其高祖"（《礼记·大传》）。西周和殷商都主张君权神授，却有着明显区别，殷商的君权是自然而然的，"天命玄鸟，降而生商，宅殷土芒芒。古帝命武汤，正域彼四方"（《诗经·商颂·玄鸟》）。西周的君权却有着人文精神和伦理道德内涵，"惟乃丕显考文王，克明德慎罚"；"惟时怙冒，闻于上帝，帝休。天乃大命文王，殪戎殷"（《尚书·康诰》）。大意是，周文王的功绩被上帝知道了，上帝很高兴，就降大命于文王，消灭殷商。

春秋战国时期，分封的君权制度不断瓦解和衰落。先是周天子成了诸侯手中的傀儡；继之是诸侯所属的卿大夫纷纷篡夺诸侯的权位；后是卿大夫手下的"陪臣"，又篡夺了卿大夫的权力。君权的削弱是从破坏嫡长制开始的，一般路径是"并后、匹嫡、两政、耦国"（《左传·桓公十八年》）。并后是"妾如后"，匹嫡是"庶如嫡"，两政是"臣擅命"，耦国是"都如国"。其中，并后和匹嫡是直接破坏立嫡之制。以周王室为例，周桓王欲废太子，立少子克。将此事托于周公黑肩。桓王死，太子立，为庄王。黑肩与王子克勾结，欲弑庄王而立克，庄王杀黑肩，克逃往燕国，"二十三年，桓王崩，子庄王佗立。庄王四年，周公黑肩欲杀庄王而立王子克。辛伯告王，王杀周公。王子克奔燕"。然而，庄王并未接受教训，他在王位巩固之后，就宠幸爱妾及其儿子，"庄王嬖姬姚，生子颓，颓有宠"。颓后来竟然夺取嫡子惠王的位置，"及惠王即位，夺其大臣园以为囿，故大夫边伯等五人作乱，谋召燕、卫师，伐惠王。惠王奔温，已居郑之栎。立釐王弟颓为王。乐及遍舞，郑、虢君怒。四年，郑与虢君伐杀王颓，复入惠王"（《史记·周本纪》）。不仅周王室破坏嫡长制，诸侯也是如此，鲁惠公为长子息娶宋女为妻，因漂亮夺为己有，并生子允，立为太子，"息长，为娶于宋。宋女至而好，惠公夺而自妻之。生子允。登宋女为夫人，以允为太子"。好在惠公去世时，允年少，息已摄政，才保住王位，是为鲁隐公，"及惠公卒，为允少故，鲁人共令息摄政，不言即位"。嫡长制的破坏，就是宗法制的破坏，必然导致朝纲解纽，政局不稳，还会削弱君权，使得君权的合法性和合理性受到怀疑。

诡异的是，在分封君权弱化的同时，集中的君权却在强化。春秋战国时期，普遍认为分封的君权不合时宜，"昔者吴起教楚悼王以楚国之俗曰：'大臣太重，封君太众。若此，则上逼主而下虐民，此贫国弱兵之道也。不如使封君之子孙三世而收爵禄，绝减百吏之禄秩，损不急之枝官，以奉选练之士。'"(《韩非子·和氏》) 要求建立中央集权和君主专制，法家给予了理论论证，韩非主张君权至上，"事在四方，要在中央。圣人执要，四方来效"(《韩非子·扬权》)。管子则指出，君主集权，政令统一，是最好的政治秩序，"天子出令于天下，诸侯受令于天子，大夫受令于君，子受令于父母，下听其上，弟听其兄，此至顺矣"(《管子·君臣上》)。秦始皇统一中国，将法家理论付诸实践，建立了君主专制的中央集权制度。当时，秦始皇与群臣商谈更改皇朝的名号问题，丞相王绾、御史大夫冯劫、廷尉李斯都溜须拍马，"今陛下兴义兵，诛残贼，平定天下，海内为郡县，法令由一统，自上古以来未尝有，五帝所不及。臣等谨与博士议曰：古有天皇，有地皇，有泰皇，泰皇最贵。臣等昧死上尊号，王为泰皇。命为制，令为诏，天子自称曰朕"。秦始皇听后决定，"去泰著皇，采上古帝位号，号曰皇帝。他如议"(《史记·秦始皇本纪》)。秦始皇积极践行君主专制政治，"天下之事无小大皆决于上，上至以衡石量书，日夜有呈，不中呈，不得休息。贪于权势至如此"。

他还幻想皇权家族化，永远据为己有，"朕为始皇帝。后世以计数，二世三世至于万世，传之无穷"（《史记·秦始皇本纪》）。

在官制方面，西周围绕分封制建立了众多的政府机构。周天子握有最高的政治、经济、军事、司法以及宗教祭祀方面的权力。辅佐周天子的是三公，即太傅、太师、太保。在三公之下由太宰总理朝政，具体分为民事、神事和王事三个职官系统。民事系统是"天子之五官，曰司徒、司马、司空、司士、司寇。典司五众"，司徒负责土地、人口以及耕种籍田等；司马负责军事、军赋；司空负责百工、劳役；司寇与司士，负责刑狱司法等事务。神事系统是"天子建天官，先六大。曰大宰、大宗、大史、大祝、大士、大卜，典司六典"，负责宗教祭祀以及帮助周天子决策、制定诰命、发布文告和记录历史等事务。王事系统是"六府""六工"，负责王室内部事务。六府负责府库工作，"天子之六府，曰司土、司木、司水、司草、司器、司货。典司六职"。六工负责制造器物，为天子服务，"天子之六工，曰土工、金工、石工、木工、兽工、草工。典制六材"（《礼记·曲礼下》）。地方诸侯的官制基本仿效王室，按照公、侯、伯、子、男的不同爵位，分别设有各自的职官系统。诸侯还要按照礼制的规定定期向周天子纳贡、朝觐，乃至出兵征伐。

春秋战国是官制变革时期。最终秦朝围绕中央集权建立了一套以公卿为首、金字塔型的官僚机构和文官系统。皇帝是官僚机构的核心，中央层面设置三公九卿。三公是丞相、太尉和御史大夫，各司其职，共同对皇帝负责。丞相是文官的首领，辅助皇帝，协理万机；太尉是武官的首领，主管军事国防；御史大夫为副丞相，协理国政，监督监察百官。九卿是奉常，负责宗庙礼仪；郎中令，掌管皇帝安全和传达命令；卫尉，负责皇宫的警卫部队；太仆，掌管皇宫的车马仪仗；廷尉，负责司法和刑罚；典客，掌管少数民族地区事务；宗正，负责宗室亲属事务；治粟内史，掌管粮食粮仓；少府，负责为皇宫征收山海地泽之税。地方层面是郡县制，"分天下以为三十六郡，郡置守、尉、监"。守治民，尉管兵，监负责监督官吏，类似于"三公"。郡以下设县，置令、长。县以下设乡、亭，"十里一亭，亭有长。十亭一乡，乡有三老、有秩、啬夫、游徼"（《汉书·百官公卿表序》）。三老掌教化，啬夫主诉讼，游徼禁盗贼。郡县制替代分封制，有利于加强中央集权和君主专制。

客观地说，秦王朝的官制与西周王朝在形式上虽然有着区别，在本质上却没有什么差异，都是为了履行统治和管理事务而设置相应的政府架构及其文官系统。两者真正的差异不在于政府架构及其职权如何分配，而在于文官系统以及如何选人用人。钱穆认为："一国的政权，究竟该交付与哪些人，这是第一义。至于政府内部各项职权之究应如何分配，这已属第二义。"[1]西周王朝实行世卿世禄制，周天子或诸侯之下的贵族，世世代代，父死子继，乃至卿大夫这样的官员，都享有所封的土地及其赋税收入。春秋战国普遍推行变法运动，一个重要目的就是废除世卿世禄等贵族特权，改为按才能和功绩选人用人。李悝变法要求根据"食有劳而禄有功"的原则，授予有功劳的人一定的职位和爵禄，取消那些无功于国家而又过着奢侈生活的人的世袭特权。商鞅变法是坚决废除世卿世禄，"宗室非有军功论，不得为属籍"；实行论功行赏，按军功大小授予相应的爵位，根据爵位的高低占有数量不等的田宅和臣妾，"明尊卑爵秩等级，各以差次名田宅，臣妾衣服以家次。有功者显荣，无功者虽富无所芬华"（《史记·商君列传》）。变法沉重打击了世卿世禄制，为建立中央集权的官

---

[1] 钱穆著：《中国历代政治得失》，生活·读书·新知三联书店2001年版，"前言"第8页。

僚制提供了前提条件。秦国的官僚制应运而生，初步形成了以荐举、军功为特色的官员选拔制度；各级官僚不世袭，主要凭借才能和功绩由君主任命，并辅之以考绩上计①和监督监察制度。春秋战国的政治大变革尤其是文官系统的建立，从积极方面思考，就是为读书人找到了一条人生出路，促进了社会阶层流动，激发了社会的内生活力。对于学术思想而言，则是有利有弊，有利的是鼓励年轻人读书学习，可以为学术思想研究提供人才保证；不利的是形成了官本位传统，为官从政优于学问学术，研究人与人的关系重于人与自然的关系，限制了学术思想的研究天地和想象空间。

四、经济发展

春秋战国是一个经济大发展时期，城市大量兴建，出现了"三里之城，七里之郭"（《孟子·公孙丑下》），形成了"千丈之城、万家之邑相望"（《战国策·赵策三》）。城市是文明的重要标志，表面是人口的聚集，实质却是生产力的发展、工商业的兴盛和社会分工的进一步细化。以齐国都城为例，西周初期，姜太公被封于营丘即临淄，当时此处还是一片不毛之地，"昔太公封于营丘，辟草莱而居焉，地薄人少"（《盐铁论·轻重》）。姜太公到封地后，注重发展工商业和农业生产，取得显著成效，"太公至国，修政，因其俗，简其礼，通商工之业，便鱼盐之利，而人民多归齐，齐为大国"（《史记·齐太公世家》）。春秋时期，齐国城市建设已是理性科学，考虑自然地理条件，"凡立国都，非于大山之下，必于广川之上，高毋近旱而水用足，下毋近水而沟

①　战国时，地方官员要将一年的治理状况在年终时向国君报告，称为上计。秦汉继承并完善了这一官员考核制度。

防省，因天材，就地利，故城郭不必中规矩，道路不必中准绳"（《管子·乘马》）。考虑土地面积和人口多少，"夫国城大而田野浅狭者，其野不足以养其民；城域大而人民寡者，其民不足以守其城"（《管子·八观》）。考虑开垦土地，发展生产，"地之守在城，城之守在兵，兵之守在人，人之守在粟，故地不辟则城不固"（《管子·权修》）。战国时期，临淄俨然成了繁华都市，"临淄甚富而实，其民无不吹竽鼓瑟，击筑弹琴，斗鸡走犬，六博蹋鞠者。临淄之涂，车毂击，人肩摩，连衽成帷，举袂成幕，挥汗成雨，家敦而富，志高而扬"（《战国策·齐策一》）。

　　城市发展必然带来商业繁荣，各诸侯国形成了以都城为中心的商业经济体系，"燕之涿、蓟，赵之邯郸，魏之温、轵，韩之荥阳，齐之临淄，楚之宛、陈，郑之阳翟，三川之二周，富冠海内，皆为天下名都"（《盐铁论·通有》）。秦国先后都城雍、栎阳和咸阳，三城均为商业都会，雍是"隙陇蜀之货物而多贾"；栎阳是"北却戎翟，东通三晋，亦多大贾"；咸阳是"四方辐辏并至而会"。商业发展必然依靠商人，最为著名的是范蠡。他辅佐越王勾践打败吴王夫差后，即"乘扁舟浮于江湖，变名易姓"，自谓陶朱公，从事商业经济。"朱公以为陶天下之中，诸侯四通，货物所交易也"，"十九年之中三致千金"，其"子孙修业而息之，遂至巨万"。由于范蠡经商成功，还塑造了陶朱公的文化品牌，"故言富者皆称陶朱公"（《史记·货殖列传》）。商业发展离不开货币，"易县燕下都发现许多手工业遗址外，还采集和发掘了数以万计的各国货币。有燕国货币三万四千余枚，赵国货币一千一百余枚，魏国货币一百二十余枚，韩国货币六十余枚，另外还有西周等国货币"[①]。商业发展更离不开手工业发展。手工

---

① 严文明主编：《中华文明史》（第一卷），北京大学出版社2006年版，第284—285页。

业是商业之母，商业是从手工业分离出来的，手工业和商业都是城市的基础。春秋战国时期，手工业已较为发达，号称"百工"，金工、木工、车工、漆工、陶工、皮带工、纺织工、制盐工比比皆是。手工业与农业以及手工业之间经过商业互通有无，才能使百工得食，城市有效运转，"子不通功易事，以羡补不足，则农有余粟，女有余布；子如通之，则梓匠轮舆皆得食于子"（《孟子·滕文公下》）。

农业是传统社会最重要的经济部门，春秋战国由于科技和生产力的进步，取得了重大发展，主要表现在普及牛耕、兴修水利和铁器的使用。牛耕技术推动了农业发展。在农业生产靠手工劳动的年代，耕牛是最强大的动力。原先牛一般用于祭祀，"王坐于堂上，有牵牛而过堂下者，王见之，曰：'牛何之？'对曰：'将以衅钟。'"（《孟子·梁惠王上》）而在春秋时期，牛已被运用于农业耕作。史书记载，晋国范氏、中行氏的子孙逃到齐国，把原来用来祭祀宗庙的牛改用于耕地，"今其子孙将耕于齐，宗庙之牺为畎亩之勤"（《国语·晋语九》）。春秋中后期，牛耕已成为一项制度，在全国范围推广，无论成年人还是未成年人，每年春季都要为朝廷耕作三天，"距国门以外，穷四竟之内，丈夫二犁，童五尺一犁，以为三日之功。正月令农始作，服于公田，农耕"（《管子·乘马》）。牛耕技术明显提高了农业劳动生产率，据研究，若五尺童男子驱牛耕地一天，相当于以前成年男子人力耕地三天的工作量[1]。

兴修水利，推动了农业发展。春秋战国时期，开凿了邗沟、鸿沟、郑国渠等著名的运河和水渠。郑国渠原为韩国的阴谋，意欲通过巨资的工程，消耗秦国的国力，疲秦自保。当工程进行一

---

[1]　田昌五、漆侠著：《中国封建社会经济史》（第一卷），齐鲁书社、文津出版社1996年版，第70页。

半时，秦国识破了阴谋，韩国派的水利专家郑国予以辩解，说我开始是间谍，但现在对秦国是有利的，"始臣为间，然渠成亦秦之利也"。秦国认同郑国的说法，结果是有力地促进了农业生产，为富国强兵打下了良好基础，"秦以为然，卒使就渠。渠就，用注填阏之水，溉泽卤之地四万余顷，收皆亩一钟，于是关中为沃野，无凶年，秦以富强，卒并诸侯，因命曰郑国渠"（《史记·河渠书》）。战国时期，最著名的水利工程是都江堰。秦国李冰父子总结前人的治水经验，因势利导，治理岷江，变水害为水利，兴修完成了举世闻名的都江堰工程。李冰父子不仅在岷江上修筑了分水坝，而且修建了120个渠堰灌溉成都平原，受益农田一百多万亩，实现了"水旱从人，不知饥馑，时无荒年，天下谓之天府也"（《华阳国志·蜀志》）。

铁器的广泛使用，更是推动了农业发展。如果说青铜器是殷商科技发展的标志，那么，铁器则是春秋战国时期科技发展的标志。《国语·齐语》记载了青铜与铁在社会生活中的不同功用，青铜用于制造兵器，铁用于制造农业和手工业的工具，"美金以铸剑戟，试诸狗马；恶金以铸锄、夷、斤、斸，试诸壤土"。大意是，青铜用来铸造剑戟，然后用狗马来试验是否锋利；铁用来铸造农具，然后用土壤来试验是否合用。铁器与农业经济相结合，产生了铁犁牛耕的生产方式，相较原先用木材、石块制作的耒耜、石犁等生产工具，是农业科技的重大进步。铁器的使用，不仅提高了农业生产率，而且加大了开垦荒地的力度，扩大了耕地面积。铁器还推动了农业生产从粗放经营向精耕细作的转变。概言之，铁器对于农业和手工业的发展具有划时代的意义。恩格斯指出："铁已在为人类服务，它是在历史上起过革命作用的各种原料中最后和最重要的一种原料。所谓最后的，是指直到马铃薯的出现为止，铁使更大面积的田野耕作，广阔的森林地区的开垦，成为可能；它给手工业工人提供了一种其坚硬和锐利非石头或当时所知道的其他金属所能抵挡的工具。"①无论牛耕技术，兴修水利，还是铁器的运用，都大大促进了农业经济发展，提高了农作物单位面积的产量，能够养活更多的人从事精神产品和社会公共管理，"耕者之所获，一夫百亩，百亩之粪。上农夫食九人，上次食八人，中食七人，中次食六人，下食五人"（《孟子·万章下》）。

生产力的发展必然带来经济制度的变革，原先的井田制被破坏，公田变为私田，土地由贵族所有制转变为地主私有制。西周时期，土地为国家所有，不得互相转让和买卖，"天子在上，诸侯不得以地相与也"（《穀梁传·桓公元年》）。春秋战国时期，诸侯、贵族与周天子争夺公田，进而把公田转为私田。公元前645年，"晋于是乎作爰田"（《左传·僖公十五年》）。孔颖达疏："爰，易也，赏众以田，易其疆畔。"杨伯峻认为："晋惠既以大量田土分赏众人，自必变更旧日田土所有制。"②土地所有制的变化，必然带来税收制度和国家管理方式的变化。管仲相齐时，实行"相地而衰征"（《国语·齐语六》），就是土地不分公田、私田，一律按田地数量或亩产多少分等纳税。鲁国则实行"初税亩"，无论公田、私田一律按田亩收税，"初者何？始也。税亩者何？履亩而税也"（《公羊传·宣公十五年》）。在当时的历史条件下，土地私有制是生产关系与经济基础领域的巨大进步，改变了农民与统治者的关系，调动了农民和地主的积极性。春秋战国的经济大发展，促进了土地私有制和农业科技互相结合，推动了生产力发展，使农业生产有了更多的剩余产品，为先秦诸子及其百家争鸣奠定了坚实的物质基础。

---

① 《马克思恩格斯文集》（第4卷），人民出版社2009年版，第182页。

② 杨伯峻著：《春秋左传注》，中华书局1990年版，第362页。

五、文化繁荣

春秋战国是一个文化大繁荣时期，百家争鸣，星光灿烂。文化繁荣集中表现在士人的出现，为学术思想发展奠定了人才基础。没有士人阶层的形成和成熟，就不可能出现诸子百家，也不可能形成中国的轴心时代。《说文解字》释"士"为"事也。数始于一，终于十。从一从十。孔子曰：'推十合一为士。'凡士之属皆从士"。大意思，士是善于办事的人。天地之数，从一开始，到十结束。字形采用一与十搭配。孔子认为，能够从众多事物中推演归纳出一个根本道理的人，就是高明的士。所有与士相关的字，都采用"士"作偏旁。清段玉裁注曰："引申之，凡能事其事者称士。"这说明士是替人做事的，在政治经济方面处于依附地位，而在文化知识方面，因掌握着知识和技能，故处于优势地位，"士竞于教"（《左传·襄公九年》）。西周时期，士属于贵族的一部分，处于贵族的最底层，受到较多约束，不得有僭越之举。春秋战国时期，士的地位下降，被称为士人，已经成为老百姓的一部分，"士农工商四民者，国之石民也"（《管子·小匡》）。西周时期，士的社会地位比较稳定，人员规模是一个变化不大的常量。春秋战国时期，由于社会结构和阶级关系的急剧变化，士人大量增加，成为一个迅速崛起的社会阶层。世卿世禄制的解体，使得上层贵族下移，出现了"三后之姓，于今为庶"的状况。没落的贵族降为士人，以其知识和技能依附于人，求得温饱和发展。下层庶民上升，使潜在于民间的优秀人才充分施展自己的才能，得以脱颖而出。士既是西周的底层贵族，又是春秋战国的"四民"之首，恰巧处于贵族与平民两个集团上下过渡的交汇之处，贵族的下降和庶民的上升，自然促成士人数量的骤增。

士由贵族变成百姓，意味着社会结构中产生了一个特殊的知识阶层，不仅使学术研究、思想创造和文化发展由潜在的可能变成了生动的实践，而且成为统治者手中的一张王牌，谁重视人才，谁就能治平天下。诸侯普遍重视士人的作用，对人才的争夺蔚然成风，"夫争天下者，必先争人"（《管子·霸言》）。魏文侯"过闾而式"；齐桓公礼聘管仲；勾践出车行舟四处访贤，逢士"必问其名"；燕昭王筑黄金台，"卑身厚币以招贤者"。秦初时不过是一个西戎贫弱的蕞尔小国，却在人才竞争中不甘落后，从诏布求贤令开始，千方百计网罗才俊，"使诸侯之士斐然争入事秦"（《史记·太史公自序》）。人才竞争最著名的故事是"四公子养士"，"当是时，魏有信陵君，楚有春申君，赵有平原君，齐有孟尝君，皆下士喜宾客以相倾"。"方争下士，招致宾客，以相倾夺，辅国持权。"（《史记·吕不韦列传》）其中孟尝君田文亲与舍人共饮食，"倾天下之士，食客数千人"（《史记·孟尝君列传》）。春申君黄歇"客三千余人，其上客皆蹑珠履"（《史记·春申君列传》）。信陵君魏无忌"为人仁而下士，士无贤不肖皆谦而礼交之，不敢以其富贵骄士。士以此方数千里争往归之，致食客三千人"（《史记·魏公子列传》）。平原君赵胜为安抚士人手刃爱妾，"得敢死之士三千人"（《史记·平原君虞卿列传》）。战国"四公子"礼贤下士，广招宾客，演绎了毛遂自荐、鸡鸣狗盗、窃符救赵等历史典故。人才竞争最亮丽的篇章是李斯的《谏逐客书》。当郑国渠的间谍案发生后，秦王室贵族大做文章，"皆言秦王曰：'诸侯人来事秦者，大抵为其主游间于秦耳，请一切逐客。'李斯议亦在逐中"。在秦始皇犹豫不决之际，李斯乃上千古名文《谏逐客书》，大声疾呼，"是以太山不让土壤，故能成其大；河海不择细流，故能就其深；王者不却众庶，故能明其德。是以地无四方，民无异国，四时充美，鬼神降福，此五帝、三王之所以无敌也"（《史记·李斯列传》），从而坚定了秦始皇广纳贤才、一统天下的决心和雄心。

文化繁荣表现在私学的出现。西周时期，"学在官府"，只有贵族子弟才能享有受教育的权利，"国学者，在国城中王宫左之小学也"（《周礼正义》）。春秋战国时期，"天子失官，学在四夷"（《左传·昭公十七年》）。士人阶层的出现，为创办私学提供了条件。私学的出现，既普及了教育，为平民子弟争取了受教育的权利，又培养造就了大批士人。士人与私学互相促进，共同发展。孔子是中国创办私学第一人，坚持有教无类，"子曰：'自行束脩以上，吾未尝无诲焉。'"（《论语·述而》）坚持"学而优则仕"，鼓励弟子学成之后进入仕途，以知识和技能供职于官场，服务于社会，造福于百姓，"如有用我者，吾其为东周乎！"（《论语·阳货》）坚持开放办学，吸引来自全国各地和社会各阶层的学子，"孔子以诗书礼乐教，弟子盖三千焉，身通六艺者七十有二人"（《史记·孔子世家》）。即使墨子，也有弟子三百人，"有游于子墨子之门者，身体强良，思虑徇通，欲使随而学。子墨子曰：'姑学乎！吾将仕子。'劝于善言而学"（《墨子·公孟》）。士人与私学相结合，必然迎来学术思想的繁荣和兴盛。

文化繁荣还表现在汉字的成熟。汉字是世界上为数不多的几种独立形成的古老文字之一，中国人对汉字充满着敬畏，对汉字的创生充满了神秘感，"昔者苍颉作书，而天雨粟，鬼夜哭"（《淮南子·本经训》）。汉字到底什么时候产生，还是个谜和可以讨论的问题。现在看到的最早的汉字体系是殷墟甲骨文，自1899年发现以来，已出土有字甲骨15万余片，单字4500多个，总字数达100万左右。甲骨文已形成完整的文字体系，所反映内容大多是商朝统治者进行占卜的记录，小部分为一般记事刻辞。甲骨文之后有金文，是指铸刻在青铜器上的文字。据容庚《金文编》，金文应用年代上自商朝早期，下至秦六国，约有1200年历史，单字有3700多个，其中可识别的为2420个。春秋战国时期，已是篆书流行；秦统一中国后，书同文，李斯受命在大篆籀文的基础上，进行简化，统一为小篆文字，"秦始皇初兼天下，丞相李斯乃奏同之，罢其不与秦文合者。斯作《仓颉篇》，中车府令赵高作《爰历篇》，太史令胡毋敬作《博学篇》，皆取史籀大篆，或颇省改，所谓小篆者也"（《说文解字叙》）。汉字造法为"六书"，一象形，意指通过描画事物的形象造字；二指事，在象形的基础上加象征符号造字；三形声，表示意义的形旁和表示读音的声旁相结合造字；四会意，用两个或两个以上的符号组成新字；五假借，借用读音不同的字和形旁来组字；六转注，字的意义发生变化而转作他用，其本义用另一个字来注解和代替。转注不是造字，而是用字，都是两字一对。严格地说，造字"六书"，其中象形和指事是造字法，形声、会意和假借是组字法，转注是用字法。春秋战国时期，汉字已发展为一个成熟的、富有逻辑性的文字系统，具有强大的生成新字的能力，拥有巨大的表达潜能，完全能够胜任记录汉语的任务。汉字是中华文明的重要载体，深刻影响着中华民族的思维方式和文学表现方式，对于维护中国的统一和中华文明的连续性，发挥着无比重要的作用。汉字及其语言是学术思想的栖居之所，其成熟定型为中华文明进入轴心时代夯实了基础，为中华学术思想不断演进发展提供了可靠载体。

文化繁荣更表现在学术研究机构的设立。稷下学宫是其典范，创建于齐威王初年，是战国时期学术思想的圣地和主要依托。稷下学宫是世界上第一所由官方举办、私家主持的高等学府，集咨政、教育和学术为一体，历时150多年，几乎与战国中后期并存，随着齐国被秦国灭亡而消失。稷下学宫用高官厚禄吸引诸子百家，"齐王嘉之，自如淳于髡以下，皆命曰列大夫，为开第康庄之衢，高门大屋尊宠之。览天下诸侯宾客，言齐能致天下贤士也"。稷下学宫聚集了当时所有的学者和思想家，容纳了当时所有的思想学派，兴盛时汇集天下贤士多达千人，"宣王喜文学游说之士，自如驺衍、淳于髡、田骈、接予、慎到、环渊之徒七十六人，皆赐列第，为上大夫，不治而议论，是以齐稷下之士复盛，且数百千人"（《史记·田敬仲完世家》）。孟子曾游走于稷下学宫，荀子则三次担任学宫的主持，"田骈之属皆已死。齐襄王时，而荀卿最为老师。齐尚修列大夫之缺，而荀卿三为祭酒焉"（《史记·孟子荀卿列传》）。稷下学宫不仅集聚了人才，而且取得了丰硕的学术思想成果，包含政治、经济、军事、哲学、历史、教育、道德伦理、文学艺术以及天文、地理、历、数、医、农等学科。当时就有《宋子》《因子》《蜎子》《捷子》等学术著作问世，稷下学者还参与了《管子》《晏子春秋》等书的编撰。司马光在《稷下赋》中写道："致千里之奇士，总百家之伟说。"郭沫若认为，稷下学宫"发展到能够以学术思想为自由研究的对象，这是社会的进步，不用说也就促进了学术思想的进步"[①]。春秋战国的文化大繁荣，意义重大。如果说士人阶层的产生，为百家争鸣提供了人才支撑，那么，私学的出现则为百家争鸣提供了社会基础。如果说汉字的成熟为百家争鸣提供了表达方式，那么，稷下学宫的兴起，则为百家争鸣提供了可靠平台。如果说社会政治经济的变革，为百家争鸣提供了必要条件，那么，文化的繁荣发展，则为百家争鸣提供了充分条件。风云际会，中国的轴心时代呼之欲出，赫然出现在世界东方。

---

① 郭沫若著：《十批判书》，东方出版社1996年版，第158页。

第二节　百家争鸣

先秦社会思潮的最大特点是"活"，讨论着各种问题，涌现出各种思想，形成了各种学术。先秦社会思潮的载体是百家争鸣，思想家辈出。社会思潮与思想家既有联系又有区别，区别在于社会思潮既有思想内容又有实践品格，与实际生活和下层民众有着更为密切的关系，能够得到群体性的认同和心理表达，甚至会演变成声势浩大的社会实践和群众运动，而思想家主要提出思想观点，是课堂上的知识和书本里的学问。联系在于两者都属于社会意识形态，而思想家是社会思潮的主体和核心，特别是一些持续时间长、社会影响大和具有明确奋斗目标的社会思潮，都存在着思想家自觉创造而形成的思想内核。没有思想内核的社会思潮，可能会很时髦，却不会有生命力和影响力。先秦诸子都是思想家，总是思考宇宙和人生的根本性问题，解构过时的价值观念，建构新式的理论体系，以反映时代精神和历史进程。

一、九流十家

任何思想家及其学术思想的形成和演变，不仅受到时代背景影响，而且受到社会思潮影响。时代背景和社会思潮是作用于思想家的主要因素，如果说时代背景是基础性影响，那么，社会思潮的影响则更为直接。先秦社会的大变革给了诸子百家相对宽松的社会氛围，使他们能够比较自由地思考问题和生产精神产品，而尖锐复杂的社会矛盾和政治危机，则迫使诸子百家探索、寻求解决矛盾问题的理论与方法。正是因为春秋战国的纷争混乱环境，催生了中国的轴心时代。拥有不同背景的诸子百家，代表各自不同的阶级、阶层或利益集团，纷纷发表自己的观点和看法，进而描绘了轴心时代的中国画卷，促成了学术思想繁荣，诞生了中国历史上思想与文化最为激动人心的百家争鸣。

根据《汉书·艺文志》记载，先秦"诸子百八十九家，四千三百二十四篇"。先秦时期，庄子、荀子、韩非等已开始对诸子百家进行分类研究。汉朝的分类研究趋于成熟，司马谈认为，诸子百家实为儒、道、墨、法、名和阴阳六家。司马谈着力分析了六家思想的长处和短处，阴阳家的短处是注重吉凶祸福的预兆，禁忌避讳很多，使人受到束缚而多有畏惧，"大祥而众忌讳，使人拘而多所畏"；长处是"春生夏长，秋收冬藏，此天道之大经也，弗顺则无以为天下纲纪，故曰'四时之大顺，不可失也'"。儒家的短处是"博而寡要，劳而少功，是以其事难尽从"；长处是"列君臣父子之礼，序夫妇长幼之别，虽百家弗能易也"。墨家的短处是"俭而难遵，是以其事不可遍循"；长处是"强本节用，则人给家足之道也。此墨子之所长，虽百家弗能废也"。法家的短处是"不别亲疏，不殊贵贱，一断于法，则亲亲尊尊之恩绝矣。可以行一时之计，而不可长用也。故曰'严而少恩'"；长处是"尊主卑臣，明分职不得相逾越，虽百家弗能改也"。名家的短处是刻细烦琐，纠缠不清，使人不能反求其意，一切取决于概念名称却失去了一般常理，所以说它使人受约束而容易丧失真实性，"苛察缴绕，使人不得反其意，专决于名而失人情，故曰'使人俭而善失真'"；长处是"控名责实，参伍不失，此不可不察也"。司马谈最崇拜道家，认为道家思想完美无缺，综合各家之长，"其为术也，因阴阳之大顺，采儒、墨之善，撮名、法之要，与时迁移，应物变化，立俗施事，无所不宜。指约而易操，事少而功多"（《史记·太史公自序》）。

司马谈之后，淮南王刘安从社会环境角度阐述了诸子百家产生的根源，"孔子修成康之道，述周公之训"，"故儒者之学生焉"；"墨子学儒者之业，受孔子之术，以为其礼烦扰而不悦"，"故节财、薄葬、闲服生焉"；"齐桓公之时天子卑弱，诸侯力征"，"故管子之书生焉"；"晋国之故礼未灭，韩国之新法重出"，"故刑名之书生焉"；"秦国之俗，贪狼强力，寡义而趋利"，"故商鞅之法生焉"；六国诸侯"握其权柄，擅其政令"，"故纵横修短生焉"（《淮南子·要略》）。西汉末年，刘向、刘歆父子奉命整理群书，著有《七略》。《七略》是历史上第一部目录学著作，在唐末已佚失，其内容却完好地保存于《汉书·艺文志》，条分缕析地介绍了诸子百家的学术思想源流，认为真正有影响且称得上学派的只有十家，即儒家、道家、阴阳家、法家、名家、墨家、纵横家、杂家、农家和小说家。由于小说家不入流，"诸子百家，其可观者九家而已"。传统社会一直认可《汉书·艺文志》的分类；近代以来，学术界虽有不同看法，却也拿不出更好的分类办法。迄今为止，《汉书·艺文志》的分类仍是最好、最权威的，清章学诚给予高度评价，认为是"辨章学术，考镜源流"（《校雠通义》）。《汉书·艺文志》对九流十家思想的利弊进行了具体分析。

儒家代表人物有孔子、孟子与荀子。《汉书·艺文志》的描述可知，儒家学派源于掌管教化的官员，称为司徒，他们以孔子为宗师，以仁义为核心，以六经为内容，以辅助君王为主要目的。"儒家者流，盖出于司徒之官，助人君顺阴阳明教化者也。

游文于六经之中，留意于仁义之际，祖述尧舜，宪章文武，宗师仲尼，以重其言，于道最为高。孔子曰：'如有所誉，其有所试。'唐虞之隆，殷周之盛，仲尼之业，已试之效者也。然惑者既失精微，而辟者又随时抑扬，违离道本，苟以哗众取宠。后进循之，是以五经乖析，儒学浸衰，此辟儒之患。"

道家代表人物有老子和庄子。根据《汉书·艺文志》的描述，道家学派源于史官，他们熟谙历史的成败得失，关注的是君主统治术，认为君主要坚守清虚和卑弱之道，才能驾驭群臣，治平天下。"道家者流，盖出于史官，历记成败存亡祸福古今之道，然后知秉要执本，清虚以自守，卑弱以自持，此君人南面之术也。合于尧之克攘，《易》之嗛嗛，一谦而四益，此其所长也。及放者为之，则欲绝去礼学，兼弃仁义，曰独任清虚可以为治。"

阴阳家出自道家，代表人物是邹衍。司马迁说他"深观阴阳消息，而作怪迂之变。《终始》《大圣》之篇十余万言。其语闳大不经，必先验小物，推而大之，至于无垠"（《史记·孟子荀卿列传》）。《汉书·艺文志》则指出："阴阳家者流，盖出于羲和之官，敬顺昊天，历象日月星辰，敬授民时，此其所长也。及拘者为之，则牵于禁忌，泥于小数，舍人事而任鬼神。"大意是，阴阳学派出于天文历法之官。他们观测推算日月星辰的运行，告诉百姓农作的时间。这是他们的长处。等到拘谨的人来实行，就会受到禁忌的牵掣，放弃人事而从事于迷信鬼神之事。

法家代表人物有商鞅、申不害和慎到，而集大成者是韩非。《汉书·艺文志》的描述可知，法家学派源于掌管司法的官员，主张赏罚分明，有功者必赏，有罪者必罚。如果让刻薄者施行法家学说，就会放弃仁义，以至于残害至亲，恩将仇报。"法家者流，盖出于理官，信赏必罚，以辅礼制。《易》曰'先王以明罚饬法'，此其所长也。及刻者为之，则无教化，去仁爱，专任刑法而欲以致治，至于残害至亲，伤恩薄厚。"

名家有两个派别，一个是惠施的合同异学派，多从名的相对性来论证其同；另一个是公孙龙的离坚白学派，提出了"白马非马"的著名论题。根据《汉书·艺文志》的描述，名家学派源于礼官，重视名位的区别和礼仪的不同。如果用那些喜欢揭发他人隐私的人来施行名家学说，就会增添混乱。"名家者流，盖出于礼官。古者名位不同，礼亦异数。孔子曰：'必也正名乎！名不正则言不顺，言不顺则事不成。'此其所长也。及警者为之，则苟钩鈲析乱而已。"

墨家创始人为墨翟。《汉书·艺文志》的描述可知，墨家学派源于看守宗庙之官，他们崇尚俭朴，坚持博爱，尊重贤能，迷信鬼神。如果愚蠢之人施行墨家学说，就会因节俭来反对礼节，推行博爱而不分亲疏之别。"墨家者流，盖出于清庙之守。茅屋采椽，是以贵俭；养三老五更，是以兼爱；选士大射，是以上贤；宗祀严父，是以右鬼；顺四时而行，是以非命；以孝视天下，是以上同：此其所长也。及蔽者为之，见俭之利，因以非礼，推兼爱之意，而不知别亲疏。"

纵横家创始人为鬼谷子，战国时人，其姓名、籍贯不详，以隐于鬼谷之地而得名，曾收苏秦、张仪、公孙衍为徒，主要从事政治外交活动。苏秦长于合纵之学，张仪惯于连横之术。根据《汉书·艺文志》的描述，纵横家学派源于接待宾客之官，他们从事外交活动，能够权衡事情，见机行事。如果由邪恶之人施行纵横术，就会弄虚作假而抛弃诚信。"纵横家者流，盖出于行人之官。孔子曰：'诵《诗》三百，使于四方，不能专对，虽多亦奚以为？'又曰：'使乎，使乎！'言其当权事制宜，受命而不受辞，此其所长也。及邪人为之，则上诈谖而弃其信。"

杂家代表人物是秦国的吕不韦及汉朝的刘安。杂家与道家关系密切，不是一个有意识、有传承的学派。胡适认为："杂家是道家的前身，道家是杂家的新名。汉以前的道家可叫做杂家，秦以后的杂家应叫做道家。研究先秦汉之间的思想史的人，不可不认清这一件重要事实。"①《汉书·艺文志》记载："杂家者流，盖出于议官。兼儒、墨，合名、法，知国体之有此，见王治之无不贯，此其所长也。及荡者为之，则漫羡而无所归心。"

农家代表人物是许行。他们祖述神农，强调耕桑，以足衣食；力主"农本商末"，推动统治者确立为基本国策和社会大众共同的认知。《汉书·艺文志》的描述可知，农家学派源于主管农业之官。他们播种百谷，致力于耕作和蚕桑，这是他们的长处。如果让鄙陋的人施行农家学说，就会使君臣一起耕作，打乱上下等级秩序。"农家者流，盖出于农稷之官。播百谷，劝耕桑，以足衣食，故八政一曰食，二曰货。孔子曰'所重民食'，此其所长也。及鄙者为之，以为无所事圣王，欲使君臣并耕，悖上下之序。"

小说家代表人物是虞初，为西汉人，"小说九百，本自虞初"（张衡《西京赋》）。根据《汉书·艺文志》的描述，小说家学派，应当出于收集民间传说的小官。是由街谈巷语、道听途说的人所创造的。孔子说即使是小道，也一定有可观的地方，而君子是不干的。民间有小智慧的人来进行传播，也使它连续不被遗忘。如果有时有一句话可采用，这也是草野狂夫的议论。"小说家者流，盖出于稗官。街谈巷语，道听途说者之所造也。孔子曰：'虽小道，必有可观者焉，致远恐泥，是以君子弗为也。'然亦弗灭也。闾里小知者之所及，亦使缀而不忘。如或一言可采，此亦刍荛狂夫之议也。"

---

① 胡适著：《中国中古思想史长编》，上海古籍出版社2012年版，第26页。

二、儒道与法

社会思潮纷繁复杂，却有着主流与支流的区别，主流反映社会思潮本质，支流丰富社会思潮内容。先秦社会思潮号称诸子百家，春秋时期实际只有三家，即儒家、墨家和道家；战国时期虽是百家争鸣，也只有"九流十家"，具有主流性质的名为三家，实有四家。韩非认为是儒、墨两家，"世之显学，儒、墨也"（《韩非子·显学》）；孟子则是道、墨两家，"天下之言不归杨，则归墨"（《孟子·滕文公下》）。法家晚成，却是秦始皇统一中国的思想武器和理论指导，其影响丝毫不亚于儒、道、墨三家。墨家在秦汉之际基本绝迹，对于传统社会几无影响。秦汉之后，真正具有影响力的名为两家，实有三家。南北朝刘昼认为是儒、道两家，"道者玄化为本，儒者德化为宗，九流之中，二化为最"（《刘子·九流》）。儒家与道家形成了阴阳互补的文化结构。法家被统治者明贬暗用，却与儒家一起建构了外儒内法的政治结构，恰如汉宣帝所言："汉家自有制度，本以霸王道杂之。"（《汉书·元帝纪》）在传统社会，塑造中华民族精神的是儒家和道家，指导中国政治运作的是儒家和法家。

儒家的创始人是孔子。孔子是中华民族的圣人，在中华文明的天空中，他是最明亮的道德之星；他对中华民族的贡献，可以媲美世界上其他民族的任何一位圣人先哲对于本民族的恩泽。孔子很有现实感，弟子评价是"夫子温、良、恭、俭、让"。北宋邢昺解读为"敦柔润泽谓之温，行不犯物谓之良，和从不逆谓之恭，去奢从约谓之俭，先人后己谓之让"（《论语注疏》）。这说明孔子自身就是道德楷模。孔子是中国古代最伟大的思想家，其历史贡献在于创立了仁的学说，提出了礼义、智信、忠孝、敏慧一

系列道德规范，建构了中华民族的伦理道德大厦，成为中华民族
赖以生存发展的道德根基和思想基础，深深积淀为中华民族的文
化基因。

　　仁是孔子思想的最高范畴，以致人们把孔子思想简称为仁
学。"仁"字产生比较晚，甲骨文和金文中至今尚未发现仁字，
春秋时期得到广泛应用，原义指两个人在一起，表示互相之间都
有亲近的愿望。孔子之前，仁的概念没有受到特别重视，只是人
的德行之一。孔子把仁从全部德行中提炼升华，作为最高的道德
原则、标准和境界，赋予新的丰富的内涵。冯友兰指出："孔子对
于中国文化之贡献，即在一开始试将原有的制度，加以理论化，
予以理论的根据。"[①]孔子理论化的根据就是仁，围绕仁建构儒家
理论体系，全面而系统地阐述了儒家的伦理、政治、人文和教育
思想。孔子不关心形上问题，只关心人世间的事情，"季路问事
鬼神。子曰：'未能事人，焉能事鬼？'曰：'敢问死？'曰：'未
知生，焉知死？'"（《论语·先进》）他把仁奉为金科玉律，以仁
观照个体生命和社会政治领域，深远地影响了中国历史和传统文
化。一定意义上说，正是仁的理念，导致中西文化发展的差异。
中国传统是仁的文化，关注人文领域，充满了伦理道德色彩；而
西方传统是智的文化，关注自然领域，洋溢着科学理性精神。

　　仁者爱人是孔子思想的核心，"樊迟问仁。子曰：'爱人。'"
（《论语·颜渊》）仁者爱人，正面回答了人与人之间的关系问题，
强调人与人之间要互相尊重、互相关爱、互相帮助。整体而言，
孔子的思想属于伦理范畴，仁者爱人真诚体现了孔子以人为本的
人文关怀、人道主义和人性光辉。孔子自己是爱人的典范，尊重
生命，维护人的尊严，"厩焚。子退朝，曰：'伤人乎？'不问马"

---

① 冯友兰著：《中国哲学史》，生活·读书·新知三联书店2009年版，第79页。

（《论语·乡党》）。仁者爱人包括对己和对人两方面的内容，对己是克己，遵守礼制规范，加强道德修养，达到仁的境界，"颜渊问仁。子曰：'克己复礼为仁。一日克己复礼，天下归仁焉。为仁由己，而由人乎哉？'"（《论语·颜渊》）对人是爱人，由亲而疏，推而广之，扩而充之，实现人与人之间互相友爱，"弟子入则孝，出则弟，谨而信，泛爱众，而亲仁"（《论语·学而》）。仁者爱人也是对人性问题的回答。孔子没有明确人性是善还是恶，只是说了"性相近，习相远也"（《论语·阳货》）。分析孔子的全部思想，却不能否认有着强烈的性善倾向。仁者爱人本身就蕴含着丰富的性善内涵，如果人性不是善的，人与人之间是防备、猜忌和侵害，那怎么能做到互相尊重和友爱呢？只有人性是善的，将他人视为与自己一样有着共同的生理需求和心理情感的族类，当作亲人来对待，设身处地为他人着想，体谅、同情、善待他人，才能做到"君子敬而无失，与人恭而有礼。四海之内，皆兄弟也"（《论语·颜渊》）。

　　道家的创始人是老子。老子是中华民族的智者，在中华文明的天空中，他是最耀眼的智慧之星；在人类文明的天空中，他可以和其他任何民族的星宿媲美。老子的历史贡献在于创立了道的学说，建构了中华民族抽象思辨和理性思维的哲学大厦。中国哲学以先秦为代表，一般以社会为出发点，着力研究人与人及其与社会的关系，十分关注人生和政治问题，且局限于社会领域探讨人生和政治问题，带着浓厚的伦理道德色彩。人是中国哲学的主题，伦理道德是中国哲学的主流。老子却是个异数，他的学说主题也是人，却是人的生存而不仅仅是人生。所谓生存，相当于西方哲学的"存在"范畴，并非简单地指"生命的存活"，而是指"生成着的存在"。老子以道为逻辑前提，注释拓展，创建了道家思想体系，进而对天下万事万物的存在、生长和归宿作出了本原性思考，为人的生存和社会的发展提供了形上根据。

道是老子思想的最高范畴，老子把道看成是天下万事万物的本原和始基，无形中消解了"上帝""天命"等宗教和迷信观念，实现了古代思想史上的革命。在古代社会，统治者为了证明统治的合法性和权威性，需要借助宗教和超自然的力量，这就是天命观。不过，殷商和周朝的天命观有着明显差异。殷商的天命观带着浓厚的原始社会巫术传统，核心概念是"帝"或上帝。殷商的帝与祖先合二而一，是殷商族群专有的守护神，而不是所有族群的守护神，更不是普遍的裁判者。"周虽旧邦，其命维新。"（《诗经·大雅·文王》）周朝天命观的核心概念是"天"，比起殷商的"帝"有了明显进步，主要表现在周朝的天是所有族群的保护神，具有普遍性、公正性和人文性。为了论证取代商朝的合理性，周朝赋予天命以伦理意义和道德内容，提出"以德配天"观念，认为君主只有敬德保民，才能实现天人合一，得到上天的保佑。尽管周朝的天命观有了进步，而春秋末世的战乱、苛政、重赋、酷刑，不仅意味着社会混乱和价值失序，而且意味着"天命摇坠"和精神世界的危机。老子对当时的社会生存状况进行哲学反思，对统治者的天命观进行思想批判，提出以道的观念取代"帝"和"天"的概念，以哲学取代宗教，"道冲而用之或不盈，渊兮似万物之宗。挫其锐，解其纷，和其光，同其尘。湛兮似或存，吾不知谁之子，象帝之先"（《老子》第四章）。这实质是中国古代思想史上的一场深刻革命，砍掉了天、帝和天命的头，为中华文明减少宗教色彩、增强理性光芒开辟了道路。

道法自然是老子思想的精髓，"人法地，地法天，天法道，道法自然"（《老子》第二十五章）。道法自然，正面回答了人与自然的关系问题，认为人是自然的一部分，只有顺应天地自然法则和规律，才能获得精神的自由和人生的超越。整体而言，老子的思想属于哲学范畴，道法自然集中体现了老子的抽象思维、形上追求和终极关怀。道法自然在本体论方面，道是世界本原，超越天地万物的现象性和表征性，具有永恒性和普适性。道是天地万物存在的根本原因，天地万物都归根于道，都可以从道那里得到解释，"执古之道，以御今之有。能知古始，是谓道纪"（《老子》第十四章）。在宇宙观方面，道是宇宙的源头，具有无穷的创造力，"道生一，一生二，二生三，三生万物"（《老子》第四十二章）。道与宇宙在时序上是先后关系，却不受时间和空间的限制，不会因为天地万物的生生灭灭而受到影响，"有物混成，先天地生。寂兮寥兮，独立不改，周行而不殆，可以为天下母"（《老子》第二十五章）。在辩证法方面，道就是矛盾，"天下皆知美之为美，斯恶已；皆知善之为善，斯不善已。故有无相生，难易相成，长短相较，高下相倾，音声相和，前后相随"（《老子》第二章）。矛盾的对立统一运动，创生了宇宙和天地万物。在认识论方面，道不是实有，而是存在，无形无名无状，只能通过理性直觉来认识和体悟，"是以圣人不行而知，不见而名，不为而成"（《老子》第四十七章）。

法家的代表人物是韩非。比较孔子、老子，韩非不是法家的创始人，却是集大成者。法家能够自立门户，完善定型，并对传统社会政治产生重大而深远的影响，应归功于韩非。否则，法家可能会像名家、阴阳家、纵横家那样被历史淹没，或者像墨家那样，在秦汉之后即销声匿迹。韩非是中国古代伟大的思想家，却与孔子、老子有着明显差异，不仅是思想内容差异，而且还有人格特质的差异，"如果说孔子的伟大是中正的伟大，老子的伟大是超越的伟大，那么韩非的伟大，则是倾斜的伟大"①。韩非重视

① 杨义著：《韩非子还原》，中华书局2011年版，第5页。

法治，却不是法律专家，而是政治思想家，他以法为核心，法、术、势三位一体，建构完善了法家政治理论，指导着传统社会的中央集权和君主专制实践。

唯法为治是韩非思想的主题，"故治民无常，唯法为治"（《韩非子·心度》）。唯法为治，正面回答了人与政治的关系，间接回答了人性问题，主张政治统治和管理国家，必须坚持以法治国。整体而言，韩非的思想属于政治范畴，唯法为治集聚着韩非所有的政治理念和方法举措。在依据方面，根源于人性恶，"凡治天下，必因人情。人情者，有好恶，故赏罚可用；赏罚可用，则禁令可立而治道具矣"（《韩非子·八经》）。韩非没有使用善恶概念来讨论人性问题，只是认为"好利恶害，夫人之所有也"（《韩非子·难二》）。但韩非实际是个性恶论者，"韩非子以为人之性，本无有善。凡人皆挟自为心，只知有利而已矣。韩非受学荀卿，卿言性恶，韩非之人性论，实继承荀卿性恶说，此无可讳言也"[1]。在作用方面，法治是君主治国的重器和主要工具，"人主之大物，非法则术也"（《韩非子·难三》）。在内容方面，法治就是赏与罚，"法者，宪令著于官府，刑罚必于民心，赏存乎慎法，而罚加乎奸令者也"（《韩非子·定法》）。而且，韩非是重刑主义者，"夫严刑者，民之所畏也；重罚者，民之所恶也。故圣人陈其所畏以禁其邪，设其所恶以防其奸，是以国安而暴乱不起"（《韩非子·奸劫弑臣》）。在形式方面，法治要求公平公正，"明主之国，官不敢枉法，吏不敢为私，货赂不行"（《韩非子·八说》）。尤其要做到法律面前人人平等，"法不阿贵，绳不挠曲。法之所加，智者弗能辞，勇者弗敢争。刑过不避大臣，赏善不遗匹夫"（《韩非子·有度》）。

---

[1] 熊十力著：《韩非子评论》，台湾学生书局1978年版，第16—17页。

三、追根溯源

儒家、道家和法家思想，不是无源之水和无本之木，而是源远流长，生生不息。儒家从源头分析，既是一个阶层，又是一种思想资源。作为一个阶层，《说文解字》释"儒，柔也，术士之称。从人，需声"。学界据此认为，儒家是从巫师术士演化而来。章太炎认为，儒者是指一种以宗教为生的职业，负责治丧、祭神等宗教仪式，"儒本求雨之师，故衍为术士之称"①。胡适认为，儒者为殷遗民，而这些人于亡国之后，沦落为执丧礼者。因已遭亡国，其文化只能以柔弱之势存在②。马王堆帛书《要》的出土，也予以了证实。在《要》文中，孔子说："后世之士疑丘者，或以《易》乎？吾求其德而已，吾与史巫同涂而殊归者也。"周朝曾明确儒是官僚系统的一部分，也是一项职业，"四曰儒，以道得民"（《周礼·天官》）。一般而言，儒是凭借道德之术治民；儒的本义为柔和，与刚强相对，亦即儒是以柔和手段治理天下的，自然反对一味使用暴力手段治国安邦。孔子创立的儒家，既非一个阶层也非一种官僚职业，而是以学术和政治为志业的知识团体与思想学派。在儒家学派中，有着人品高低、志趣大小之分，"子谓子夏曰：'女为君子儒，无为小人儒。'"（《论语·雍也》）

作为思想资源，按照《论语》最后一篇"尧曰"，孔子的思想源头可追溯到尧舜时代，"尧曰：'咨！尔舜！天之历数在尔躬，允执其中。四海困穷，天禄永终。'舜亦以命禹"（《论语·尧曰》）。在孔子看来，天下为公，是大同世界，属于人类社会最美好的理想，尧舜时代"大道之行也，天下为公。选贤与能，讲

① 章太炎著：《国故论衡》，商务印书馆2010年版，第149页。

② 胡适著：《说儒》，漓江出版社2013年版，第96页。

信修睦。故人不独亲其亲，不独子其子，使老有所终，壮有所用，幼有所长，矜、寡、孤、独、废疾者皆有所养，男有分，女有归。货恶其弃于地也，不必藏于己；力恶其不出于身也，不必为己。是故谋闭而不兴，盗窃乱贼而不作，故外户而不闭，是谓大同"（《礼记·礼运》）。孔子还认为，夏商周三代虽然是天下为家，却是小康社会，政治统治和国家管理也是可圈可点，"禹、汤、文、武、成王、周公，由此其选也。此六君子者，未有不谨于礼者也。以著其义，以考其信，著有过，刑仁讲让，示民有常。如有不由此者，在势者去，众以为殃，是谓小康"（《礼记·礼运》）。孔子不仅研究历史，而且整理文化典籍，"殷因于夏礼，所损益，可知也；周因于殷礼，所损益，可知也。其或继周者，虽百世，可知也"（《论语·为政》）。通过历史研究和文化典籍整理，孔子更多地接受了"民惟邦本，本固邦宁"的民本观念和"施实德于民""明德慎罚"（《尚书》）的德政思想，创建了以"仁"为核心的思想体系和儒家学派。

儒家学派是儒家思想的主体，没有儒家学派，儒家思想就不可能得到巩固，更不可能传承和发展。最早的儒家学派就是孔子和他的弟子，"弟子盖三千焉，身通六艺者七十有二人"（《史记·孔子世家》）。孔子分四个门类对优秀的十位学生作出评价，"德行：颜渊、闵子骞、冉伯牛、仲弓。言语：宰我、子贡。政事：冉有、季路。文学：子游、子夏"（《论语·先进》）。孔子之后，儒分为八，各自认为代表了孔子的正统思想，"有子张之儒，有子思之儒，有颜氏之儒，有孟氏之儒，有漆雕氏之儒，有仲良氏之儒，有孙氏之儒，有乐正氏之儒"（《韩非子·显学》）。儒家内部产生不同的派别，在当时未必是坏事，不仅说明了孔子思想的丰富性和开放性，而且从不同角度传播光大了孔子的思想。真正对捍卫孔子思想和形成儒家学派有决定作用的是孟子与荀子。在儒学发展史上，孟子与荀子是孔子之后的两座高峰，前者从性善论出发，继承发展了孔子的仁与义思想；后者从性恶论出发，继承发展了孔子的仁与礼思想。学界普遍看到了孟子与荀子的差别，有的认为："在儒家思想中，孟子代表了其中理想主义的一派，稍后的荀子则是儒家的现实主义一派。"[①]有的认为，孟子"把他的世界观、人性论、仁政学说紧密地组织在一起，形成先秦唯心主义哲学的一个重要派别"；"荀子是战国时期杰出的唯物主义思想家"[②]。无论孟子与荀子有多大差别，他们都尊崇孔子，归于儒家范畴，有功于捍卫和发展儒家思想。如果说孔子是儒家思想的原点，那么，孟子和荀子就是最重要的支点。一般而言，任何思想学派的形成很大程度上取决于支点的确立，只有原点与支点连成一线，才可能形成文化传统。从这个意义上说，儒家文化传统与其说是以孔子为主建构的思想大厦，倒不如说是以孔孟荀为代表、以仁义礼为基础建构的思想大厦。

　　道家从源头分析，可以追溯到轩辕黄帝，所以汉初称为"黄老之学"。真正使道家成为一门学问和一家学派的，则是先秦掌管历史及其典籍的官员。传统社会很重视历史记录，每个朝代都设置有记录历史的官员，"古之王者世有史官。君举必书，所以慎言行，昭法式也。左史记言，右史记事，事为《春秋》，言为《尚书》"（《汉书·艺文志》）。史官既记录帝王的言行，又熟悉历史典籍，久而久之，就对历史的发展及其规律有了认识和把握，进而作出理论思考和形上抽象，逐步形成了道家思想和学派。老子本人就是"周守藏室之史也"（《史记·老子韩非列传》）。

①　冯友兰著：《中国哲学简史》，新世界出版社2004年版，第63页。
②　任继愈主编：《中国哲学史》（第一册），人民出版社1979年版，第145—146、209页。

道字最早出现于西周的青铜器铭文，本义是道路，为人行走。清段玉裁释"道"，"从辵首。道，人所行也"（《说文解字注》）。道字从行从首，行是道路，首是方向，道是按照一定的方向在道路上行走迈进。先秦思想家面对动乱不已的社会现实，苦苦寻觅匡正时弊的良方妙药，不约而同地把目光投注于道，不断地对道的概念进行改造和加工，逐步从道路的含义演化为事物的本原、规律、境界、方法和途径，成为各方都认同的思想范畴。《易经·系辞上》"一阴一阳之谓道"，意指事物的基本规律；《管子·任法》"故法者，天下之至道也"，意指政治原则；《论语·里仁》"朝闻道，夕死可矣"，意指自然界和人世间的大道理。有的思想家还把道与天联系起来，称之为"天之道"，意指日月星辰运行的法则；把道与人联系起来，称之为"人之道"，意指社会运行和人事活动的法则。在先秦思想家中，唯有老子从哲学高度认识道，把道抽象升华为形上范畴，建立了完整而严密的道家思想体系，以阐述自然界、人类社会和个体生命的终极意义。英国学者李约瑟高度评价道家思想，"中国人性格中有许多最吸引人的因素都来源于道家思想。中国如果没有道家思想，就像是一株深根已经烂掉的大树"[1]。

道家思想资源不仅有丰富的史官经验，而且有遥远上古时代的回忆。老子不吝笔墨描绘了一幅安宁平和的上古社会图景，政治是小国寡民，经济是自耕自种、自生自息，社会场景是人性自然流露，其乐融融，"小国寡民，使有什伯之器而不用，使民重死而不远徙。虽有舟舆，无所乘之；虽有甲兵，无所陈之；使人复结绳而用之。甘其食，美其服，安其居，乐其俗。邻国相望，鸡犬之声相闻，民至老死不相往来"（《老子》第八十章）。老子

---

[1] ［英］李约瑟：《中国科学技术史》（第二卷），科学出版社、上海古籍出版社1990年版，第178页。

的回忆不是宽泛的原始社会，而是母系氏族社会。老子从母系社
会汲取哲思的灵感和源泉，还以女性为喻象阐述其玄思妙想。《老
子》通篇充满了母性主题和女性特点，无论母、雌、谷、阴、牝、
玄牝等表现女性性别的词语，还是水、静、柔、弱、韧等表现女
性特点的词语，都能形象化地阐明和论证道的思想。老子的哲思
与女性的特质有着高度契合，"我有三宝，持而保之：一曰慈，
二曰俭，三曰不敢为天下先。慈，故能勇；俭，故能广；不敢为
天下先，故能成器长"（《老子》第六十七章）。人们从这段话中
仿佛看到了一位母系氏族女首领的生动形象和具有的全部美德，
所谓"慈"，是氏族女首领赢得人们爱戴的基本美德，既有母性
的爱护备至、细致入微的柔情，又有女性忍辱负重、无私曲成的
宽容。慈爱并非软弱，故慈能勇。"俭"是女性重要的美德，也
是氏族女首领善于持家、管理氏族经济社会生活的基本手段。母
系社会生产力低下，没有节俭，原始人类就难以生存；只有节俭，
才能用得更多、用得长久，维系人类的生存。千百年来，女性总
是节俭持家，节俭是女性的象征。节俭并非吝啬，故俭能广。"不
敢为天下先"，意指女性阴柔之美，表现出氏族女首领宽容谦和、
温良忍让的高尚品德。谦卑并非软弱，"故能成器长"。成器，指
的是成就器具，造就万物，意指所以能成为造就万物的母体。

先秦时期，道家有着重要影响，阵容也不小。老子之后，比
较著名的道家代表人物有关尹、列子和杨朱。《吕氏春秋》认为
"关尹贵清"，具体化为"在己无居，形物自著。其动若水，其静
若镜，其应若响。芴乎若亡，寂乎若清，同焉者和，得焉者失。
未尝先人而常随人"（《庄子·天下》）。"列子贵虚"，能够淡然对
待世俗的幸福，"夫列子御风而行，泠然善也，旬有五日而后反。
彼于致福者，未数数然也"（《庄子·逍遥游》）。"杨朱贵己"，
贵己也就是为我，"杨子取为我，拔一毛而利天下，不为也"（《孟

子·尽心上》)。战国时期，道家内部分化为不同学派，除老庄学派外，还有杨朱学派、黄老学派、彭蒙田骈慎到学派、老子学派和宋尹学派，其中黄老学派最为兴盛。黄老学派不仅成了稷下学宫的主导思想，而且成了田齐治国的指导思想。黄老学派尊奉黄帝和老子为始祖，思想主旨为"贵清静而民自定"。在社会政治领域，主张君主"无为而治"，让民众自我管理，不要过多干预民众生活；还主张"省苛事，薄赋敛，毋夺民时"。特别是"不贵治人贵治己"，因俗简礼、与时迁变、除衍存简、休养生息的思想，成了中国历史上大乱之后统治者必然采取的救世良方。黄老学派通过稷下学宫和百家争鸣，一枝独秀而艳压群芳，极大地重塑了战国末期的思想格局。当然，先秦时期，真正传承道家思想的是庄子。庄子从本体论、认识论、政治论和人生论各个角度，全面继承发展了老子的思想，将老子以道治国为主旨的政治思想转变为以道佑人为主旨的生命哲学，"道之真以治身，其绪余以为国家，其土苴以治天下"(《庄子·让王》)，由此开始了道家对人的价值和存在方式的追问与探讨。道家思想及其学派能够在中华文明历史长河中绵延不绝，庄子是最重要的支点。

　　法家从源头分析，是先有实践，后有思想学派。春秋时期已有法治实践，主要表现在成文法的产生。法律由不成文演进为成文，是社会的重大进步，也是以法治国的标志性事件。公元前536年，"郑人铸刑书"(《左传·昭公六年》)。晋杜预注曰："铸刑书于鼎，以为国之常法。"(《春秋经传集解》)这是历史上最早公布的内容比较全面的成文法，由子产主持制定。子产是郑穆公之孙，春秋时期著名的政治家，孔子评价很高，称其为从政的君子，"子谓子产：'有君子之道四焉：其行己也恭，其事上也敬，其养民也惠，其使民也义。'"(《论语·公冶长》)成文法的公布意味着政治统治由温情脉脉的礼治模式转向公事公办的法治模式，最大效应是冲击和削弱了周朝分封贵族的特权。当时，晋国的叔向就表示反对，写信批评子产不应该预先公布刑法，强调先王们之所以不公布成文法，就是害怕百姓起争夺之心，"昔先王议事以制，不为刑辟，惧民之有争心也"。叔向认为，一旦公布成文法，百姓就会难以管理，以刑法为依据而起争夺之心，"民知有辟，则不忌于上，并有争心，以征于书"（《左传·昭公六年》）。对于公布成文法，孔子也持反对态度。公元前513年晋国铸造刑鼎，"晋赵鞅、荀寅帅师城汝滨，遂赋晋国一鼓铁，以铸刑鼎，著范宣子所为刑书焉"。孔子认为，晋国不应公布成文法，而应遵守旧礼，使贫贱分明而不得逾位，"夫晋国将守唐叔之所受法度，以经纬其民，卿大夫以序守之，民是以能尊其贵，贵是以能守其业。贵贱不愆，所谓度也。文公是以作执秩之官，为被庐之法，以为盟主"。公布成文法，则会使贵贱逾位，国将不国，"今弃是度也，而为刑鼎，民在鼎矣，何以尊贵？贵何业之守？贵贱无序，何以为国？"因而晋国公布成文法，就会灭亡，"晋其亡乎！失其度矣"（《左传·昭公二十九年》）。

成文法的公布与实践，并不意味着已经形成法家学派，却为法家学派的崛起提供了生动的实践经验和宝贵的思想资料。经过战国时期的百家争鸣，法家学派的兴盛就是瓜熟蒂落、水到渠成了。比较诸子百家，法家是先秦相对晚出的学派，活跃于战国中后期，在《庄子·天下》《荀子·非十二子》等先秦文献中并没有发现法家的概念，也没有列举法家学术思想类型。不过，庄子和荀子都谈到了慎到这一法家的重要人物及其学派，尽管他们采取了批判态度，却足以说明战国中后期法家已经引起人们的重视，还被认为是一家思想观点。庄子认为，慎到学派是"公而不党，易而无私，决然无主，趣物而不两，不顾于虑，不谋于知，于物无择，与之俱往"（《庄子·天下》）。荀子指出，慎到学派

"尚法而无法，下修而好作，上则取听于上，下则取从于俗，终日言成文典，反紃察之，则偶然无所归宿，不可以经国定分，然而其持之有故，其言之成理，足以欺惑愚众"（《荀子·非十二子》）。大意是，慎到学派崇尚法治而不以礼为法，轻视贤能而好自作主张，整日讲述着法律条文，等到审查研究时，却脱离实际，不能够用来治理国家、研究名分。

法家形成是一个过程，其中李悝是法家思想的早期开创者，商鞅是中期代表，韩非则是最后的集大成者，"先秦尊君权任法术之思想至李、尸、慎诸子殆已约略具体。然严格之法治思想必候商鞅而后成立。韩非则综集大成，为法家学术之总汇"①。李悝是战国初期的政治家，辅佐魏文侯在魏国实行变法，被认为"在严密意义上是法家的始祖"②。他编撰制定了中国第一部成文法典，名为《法经》。《法经》是以刑为主的刑法和刑事诉讼法的集合体，它所确立的体系和原则，乃至某些条文，不仅保留在历朝历代的法典之中，而且对历朝历代的立法也有很大影响，"秦汉旧律，其文起自魏文侯师李悝。悝撰次诸国法，著《法经》。以为王者之政莫急于盗贼，故其律始于《盗》《贼》。盗贼须劾捕，故著《网》《捕》二篇。其轻狡、越城、博戏、借假、不廉、淫侈、逾制以为《杂律》一篇，又以《具律》具其加减。是故所著六篇而已，是皆罪名之制也"（《晋书·刑法志》）。商鞅是战国中期的政治家，辅佐秦孝公在秦国两次变法，史称"商鞅变法"，使秦国国富兵强，成为战国七雄之一，"行之十年，秦民大说，道不拾遗，山无盗贼，家给人足。民勇于公战，怯于私斗，乡邑大治"（《史记·商君列传》）。商鞅通过变法实践，形成了较为完整的法治思想，"法令者，民之命也，为治之本也"（《商君书·定

---

① 萧公权著：《中国政治思想史》，商务印书馆2011年版，第221页。
② 郭沫若著：《十批判书》，东方出版社1996年版，第328页。

分》）。商鞅变法还是法家思想形成的关键环节，《商君书》使法家思想达到了比较成熟的程度，而变法成功证明了法家理论的有效性和实用价值。韩非生活于战国晚期，主要继承吸收了商鞅之法、申不害之术和慎到之势，使之融会贯通、改造创新，建构了完整的法家政治理论体系。韩非不是照搬照抄，而是批判地继承。他认为商鞅的不足在于没有术，"无术，以知奸"；申不害的不足在于没有法，"不擅其法，不一其宪令，则奸多"（《韩非子·定法》）；从而集先秦法家各派之大成而又超越了各派，成为中国历史上最有影响的思想家之一和法家代表人物。

四、互补协同

先秦时期，儒道墨法都是社会思潮的主流，各领风骚，儒家影响整个社会，道家影响士大夫，墨家影响基层平民，法家影响统治者。传统社会，儒道法同为社会思潮的主流，却不能一视同仁。自汉武帝"罢黜百家，表章六经"之后，儒家是主流中的明流，道家是主流中的暗流，法家是不入流的暗流。范文澜指出："儒道两家是封建统治阶级不可偏废的两个重要学说。儒家是一条明流，它拥护贵贱尊卑的等级制度，使统治者安富尊荣；道家是一条暗流，它阐明驾驭臣民的法术，使统治者加强权力。"[1]范文澜的道家实际包括法家，司马迁早就慧眼独具，把韩非和老子合在一起作《老子韩非列传》。

无论内容还是形式，概念还是论点，儒道法的思想都是大相径庭，泾渭分明，有着明显的差异。然而，深入分析儒道法，却是差异中有同一。原因在于儒道法的背景相同，都生活在春秋战

---

[1]　范文澜著：《中国通史简编》（修订本　第一编），人民出版社1964年版，第273—274页。

国时期。他们面对同样的历史趋势，这就是春秋战国的社会形态
由奴隶制向封建制转变，政治体制由君主和贵族等级分封制走向
君主专制、中央集权和官僚体制，全国局势由分裂趋于统一，华
夏族与周边族群以政治认同和文化认同为纽带而日趋融合。他们
身处同样的生存环境。西周灭亡，都城东迁，周王室衰微而愈加
溃败，统治秩序日益败坏；诸侯争霸不已，征战讨伐、攻城略地，
春秋初期140多个诸侯国逐步演变为14国，尔后相继出现了所谓
"春秋五霸"和"战国七雄"；纲纪解纽，周王室与诸侯之间是"大
宗"不尊和"小宗"叛乱，诸侯内部是弑君杀父、内乱不止；礼
崩乐坏，旧的价值观念和行为准则失效了，旧的政治经济秩序瓦
解了，新生的思想观念和体制机制还没有建立起来，老百姓不仅
朝不保夕，而且无所适从。这些乱象的集中表现就是战争，"春
秋无义战"。

他们围绕同样的主题，即"治乱兴废和世道人心"，全面检
讨和反思西周以来的自然观念、社会观念和人文观念，研究探索
拯救时世、匡正时弊的对策措施，以"救群生之乱，去天下之祸，
使强不凌弱，众不暴寡，耆老得遂，幼孤得长，边境不侵，君臣
相亲，父子相保，而无死亡系虏之患"（《韩非子·奸劫弑臣》）。
他们怀抱同样的意愿，献计献策于统治者。诸子百家都离不开为
政治服务，"他们的目的不外想拿各人自己的一套议论主张，游
说诸侯，乘机爬上统治地位，成为最高统治者周围的显赫人物。
他们的任务不外想拿各人自己的一套议论主张，实行于当时，来
巩固统治者的权位，维护统治与服从的社会秩序"①。孔子、韩非
倡导入世，自不待言，即使老子这样的哲思者，也不能例外。他
们著书立说的潜意识，就是"学成文武艺，货与帝王家"。他们

---

① 张舜徽著：《周秦道论发微　史学三书平议》，华中师范大学出版社2005年版，第
7页。

追寻同样的梦想，面对春秋乱世，有识之士试图从理论上探索战乱的根源，寻求实现和平相处的社会方案；思想家进而探究人生的哲理，抒发自己的理想抱负。他们共同的政治理想和目标，就是要消除动乱，治国安邦，实现天下太平，百姓安居乐业。孔子、老子以及韩非是出类拔萃的思想伟人，他们提出了不同的社会政治思想，却怀抱着同一志向，生长在同一土壤。树虽不同，根脉相连，真是剪不断理还乱。

儒道法不仅在差异中有同一，而且在对立中呈现出互补协同。林语堂指出："道家及儒家是中国人灵魂的两面。"[①]老子是哲学家，他超凡脱俗，大智若愚，微妙玄通，具有隐士风度；学老子，读《老子》，可以获取智慧灵感。孔子是伦理学家，他入世进取，学而不厌，诲人不倦，具有阳刚之气；学孔子，读《论语》，可以提升道德境界。智慧和道德是多么美好的品质，谁人不希望兼修而得之呢？道家的基本特征是返璞归真，认为人的自然本性是纯朴的，社会原始状态是和谐的，人的堕落和社会的动乱是因为社会进步及其文饰太多。只有返璞归真、见素抱朴，人性才能纯和，社会才会太平。儒家的基本特征是人文化成，要以人为中心，以伦常为基础，重修身，重教育，重后天，实现人格塑造。老子与孔子、道家与儒家互补协同，铸造了中华民族之魂，凝聚成集体无意识，使得同一个中国人既表现出道家精神，崇尚自然，知足常乐，追求个性自由，又表现出儒家精神，重家庭，重伦理，重信义。

儒家与道家的互补协同，一是表现在阴阳互补。老子认为："万物负阴而抱阳，冲气以为和。"（《老子》第四十二章）然而，老子没有发展阳刚思想，而是崇尚阴柔，称颂水德，"上善若水。

---

① 林语堂著：《我这一生——林语堂口述自传》，万卷出版公司2013年版，第172页。

水善利万物而不争，处众人之所恶，故几于道"(《老子》第八
章)；赞美女性，"谷神不死，是谓玄牝，玄牝之门，是谓天地
根。绵绵若存，用之不勤"(《老子》第六章)。孔子则不然，他
崇尚"天行健，君子以自强不息"(《周易·象传》)，要求君子
"可以托六尺之孤，可以寄百里之命，临大节而不可夺也"(《论
语·泰伯》)；寄情自然界是"岁寒，然后知松柏之后彫也"(《论
语·子罕》)。老子尚阴，孔子尊阳，一阴一阳，刚柔相济。二是
表现在隐显互补。传统思想文化是儒显道隐，道中有儒、儒中有
道。道家是隐的，讲逍遥，讲道法自然，主张从容地生活，保留
可进可退的灵活；儒家是显的，讲参与，讲社会责任感，主张以
天下为己任，治国平天下。道家崇尚自然无为，始终与社会现实
保持着距离，在大部分历史时期都处于在野的地位；儒家则声名
显赫，几乎都居于社会思想文化的正宗和主导地位，是政治、教
育和道德领域的指导思想。三是表现在虚实互补。中国抽象思维
最发达的是老子及道家思想。老子之道是超乎形象、具有无限生
机的宇宙之源和价值本体，它把人的精神从世俗生活中解脱出
来，甚至要超越社会道德，从形上本体的高度看待自然、社会
和个体生命。孔子则专注于"内圣外王"，着力阐述其政治主张
和伦理思想，对终极价值是"敬鬼神而远之"，因而抽象思辨贫
乏。冯友兰把老子与孔子的思想概括为"极高明而道中庸"，认
为极高明即玄虚精神，主要来自道家，道中庸即入世精神，主要
来自儒家，两者的统一便是中国哲学精神①。此外，道家重个人，
儒家重群体；道家重自由，儒家重规范；道家重人性返璞，儒家
重人性进步，也是互补协同关系，推动着中华民族精神的进步和
人格的完善。

① 冯友兰著：《新原道》，生活·读书·新知三联书店2007年版，第30页。

　　儒法互补协同。如果说儒道互补更多积淀在传统社会士大夫和知识分子的文化心理结构之中，那么，儒法协同则主要集中在历代封建王朝的政治结构之中。传统社会的政治结构是王道和霸道互相结合，王道强调德治，霸道坚持法治，"以力假仁者霸，霸必有大国；以德行仁者王，王不待大"（《孟子·公孙丑上》）。王道是儒家的治国主张，提倡以民为本、保民而王，认为仁义道德是治国的基本原则和方法；霸道是法家的治国主张，倡导以君主和朝廷为中心，认为威权和法治是治国的基本原则和方法。思想家为了政治理论的纯洁性，会走极端，儒家强调王道，法家鼓吹霸道，而政治家则要从政治力量此消彼长的现实出发，促进儒法互补，协同王道与霸道。曹操指出："治平尚德行，有事赏功能"；"夫治定之化，以礼为首；拨乱之政，以刑为先"（《三国志·魏书·武帝纪》及裴松之注）。在中国历史上，国家能够做到长期稳定和发展，往往依靠儒法互补政治结构的协调和均衡。反之，国家出现动乱，往往是儒法互补政治结构的失衡和瓦解。

　　儒法能够互补协同，是因为两者具有同一性，具体化为治国的目标一致，都是为了维护君主权力。法家是君主的忠实拥趸，维护君权和君主专制不遗余力，法、术、势都是为了君权的至高无上和独一无二，"道无双，故曰一。是故明君贵独道之容"（《韩非子·扬权》）。儒家似乎温和一些，也是君权的忠实维护者，"天下有道，则礼乐征伐自天子出；天下无道，则礼乐征伐自诸侯出"（《论语·季氏》）。当弟子问为官从政的首要任务是什么时，孔子认为是正名。所谓正名，就是维护君权，"齐景公问政于孔子。孔子对曰：'君君，臣臣，父父，子子。'公曰：'善哉！信如君不君，臣不臣，父不父，子不子，虽有粟，吾得而食诸？'"（《论语·颜渊》）二者治国的底色相同，都是主张人治。无论儒家的德治，还是法家的法治，都把国家治乱归因于人，把治国安邦的希望寄托在统治者身上。差别在于儒家寄希望于统治者的个人道德，法家则寄希望于统治者的集权专制。儒家明确倡导人治，当鲁哀公问如何治理国家，孔子回答："文武之政，布在方策。其人存，则其政举，其人亡，则其政息。"（《礼记·中庸》）荀子通过阐述法与人的关系，进一步强调人治的重要性，"法者，治之端也；君子者，法之原也。故有君子则法虽省，足以遍矣；无君子则法虽具，失先后之施，不能应事之变，足以乱矣"（《荀子·君道》）。法家虽然强调法治，底色却是人治。法治只是君主的手段和工具，用来治国、治臣和治民，而君主却逍遥于法律之外，置身于法律之上，无所谓守法不守法。臣民则必须无条件地服从君主之法，"尽力守法，专心于事主者为忠臣"（《韩非子·忠孝》）。

儒法能够互补协同，还因为两者在内容上具有互补性。儒家主张德治，以道德教化来规范民众行为，"道之以政，齐之以刑，民免而无耻。道之以德，齐之以礼，有耻且格"（《论语·为政》）。然而，社会生活中存在着暴力和犯罪，道德没有约束力，教化也无能为力，法家则给予了补充，坚持以法律法规来约束民众的行为，"故善为主者，明赏设利以劝之，使民以功赏而不以仁义赐；严刑重罚以禁之，使民以罪诛而不以爱惠免。是以无功者不望，而有罪者不幸矣"（《韩非子·奸劫弑臣》）。儒家主张修身自律，不太关注吏治，"自天子以至于庶人，壹是皆以修身为本"；通过修身，实现"齐家治国平天下"（《礼记·大学》）。对于吏治，强调以身作则，而不重视法律约束和严格管理，"季康子问政于孔子曰：'如杀无道，以就有道，何如？'孔子对曰：'子为政，焉用杀？子欲善而民善矣。君子之德风，小人之德草，草上之风，必偃。'"（《论语·颜渊》）然而，国家出现之后，必然产生官吏，执掌社会公共权力。有权力就有腐败，绝对的权力意味着绝对的腐败，这就必须加强吏治和官员的管理。吏治关系着国家的兴衰存亡，"人主者，守法责成以立功者也。闻有吏虽乱而有独善之民，不闻有乱民而有独治之吏"。法家则给予了补充，主张"明君治吏不治民"（《韩非子·外储说右下》）。要对官吏定名分，察政绩，明赏罚，"君以其言授之事，专以其事责其功。功当其事，事当其言，则赏；功不当其事，事不当其言，则罚"（《韩非子·二柄》）。法家要求建立一套职责明确、赏罚分明的法律体系，建设一支充分法治化的官僚系统，"使其群臣不游意于法之外，不为惠于法之内，动无非法"（《韩非子·有度》），从而确保以法治国方略的组织实施和贯彻落实。

第三节　孔子

　　孔子（公元前551—前479年）是儒家创始人和中华文明的奠基者，是中国古代最伟大的思想家。孔子思想的最高范畴是仁，"苟志于仁矣，无恶也"（《论语·里仁》，本节凡引用《论语》一书，只注篇名）。孔子以仁为基础创立的儒家学说，深远而广泛地影响了中华民族和传统社会的发展。先秦时期尊孔子为"天纵之圣""天之木铎"；传统社会尊孔子为圣人、至圣先师、至圣文宣王、大成至圣文宣王先师。宋人甚至认为，"天不生仲尼，万古如长夜"（《朱子语类》卷九三）。孔子对于世界也有重要影响，联合国教科文组织将孔子列为"世界十大文化名人"。无论我们承认与否，任何一个中国人都烙上了孔子的印记，任何一个中国人的内心深处都积淀着儒学的文化基因。

一、其人其事

　　孔子生活在春秋末期，早年在鲁国求学和工作；中年周游列国，"推销"自己，宣介其政治理念；晚年专注于讲学和传经布道。司马迁敬仰孔子，"《诗》有之：'高山仰止，景行行止。'虽不能至，然心向往之。余读孔氏书，想见其为人"（《史记·孔子世家》太史公曰）。司马迁超规格为孔子作传，《史记》有《孔子世家》篇。唐张守节予以解释，"孔子无侯伯之位，而称世家者，太史公以孔子布衣传十余世，学者宗之，自天子王侯，中国言'六艺'者宗于夫子，可谓至圣，故为世家"（《史记正义》）。

从《史记·孔子世家》分析，孔子是春秋时期鲁国人，"鲁襄公二十二年而孔子生。生而首上圩顶，故因名曰丘云。字仲尼，姓孔氏"。孔子早年贫且贱却好礼，三岁丧父，由寡母颜氏带大，过着清贫的生活；曾经受到权臣季氏门人阳虎的羞辱，"季氏飨士，孔子与往。阳虎绌曰：'季氏飨士，非敢飨子也。'孔子由是退"。但是，"孔子为儿嬉戏，常陈俎豆，设礼容"，当时就有很大声望，以致鲁国大夫孟釐子临死前告诫其嗣懿子，"今孔丘年少好礼，其达者欤？吾即没，若必师之"。孔子曾经在鲁国为官从政，最早是管理仓库和畜牧的基层官员，"尝为季氏史，料量平；尝为司职吏而畜蕃息"。他最为重要的官职是56岁时在鲁国当大司寇，兼任代理宰相，而且政绩斐然，"与闻国政三月，粥羔豚者弗饰贾；男女行者别于涂；涂不拾遗；四方之客至乎邑者不求有司，皆予之以归"。齐国恐惧孔子在鲁国执政，使用离间计，让鲁国权臣季桓子荒于政事，耽于淫乐，"桓子卒受齐女乐，三日不听政；郊，又不致膰俎于大夫"。孔子不满季氏所为和鲁国政治，于是"遂行，宿乎屯"，带领弟子周游列国14年，宣扬自己的政治主张和人生理念。

在周游列国过程中，孔子屡屡碰壁，却能乐观对待，不计较别人的嘲讽和扭曲形象，"孔子适郑，与弟子相失，孔子独立东郭门。郑人或谓子贡曰：'东门有人，其颡似尧，其项类皋陶，其肩类子产，然自要以下不及禹三寸，累累若丧家之狗。'子贡以实告孔子。孔子欣然笑曰：'形状，末也。而谓似丧家之狗，然哉！然哉！'"孔子多次被困，却能坦然面对，淡然处之。有时是困于饥饿，孔子和弟子将去楚国为政，厄于陈蔡，"乃相与发徒役围孔子于野。不得行，绝粮。从者病，莫能兴"。在如此困境中，"孔子讲诵弦歌不衰"，教育学生要坚守节操。有时是差点丧了性命，一次是路过匡城，"将适陈，过匡，颜刻为仆，以其策指之曰：'昔吾入此，由彼缺也。'匡人闻之，以为鲁之阳虎。阳虎尝暴匡人，匡人于是遂止孔子。孔子状类阳虎，拘焉五日"。即使性命攸关，孔子仍然信心坚定，想到自己肩负的历史使命，"匡人拘孔子益急，弟子惧。孔子曰：'文王既没，文不在兹乎？天之将丧斯文也，后死者不得与于斯文也。天之未丧斯文也，匡人其如予何！'"另一次是在宋国，"孔子去曹适宋，与弟子习礼大树下。宋司马桓魋欲杀孔子，拔其树"。弟子催促孔子赶快离开，孔子还是信心满满，不忘使命，"弟子曰：'可以速矣。'孔子曰：'天生德于予，桓魋其如予何！'"（《史记·孔子世家》）孔子抑郁不得志，却能百折不挠，意志坚定，"子路宿于石门。晨门曰：'奚自？'子路曰：'自孔氏。'曰：'是知其不可而为之者与？'"孔子晚年自知不能用于世，不能实现人生理想，不能被人理解，却能包容宽容，坚守忠恕之道，"子曰：'莫我知也夫！'子贡曰：'何为其莫知子也？'子曰：'不怨天，不尤人。下学而上达，知我者其天乎！'"（《宪问》）

孔子一生从事教育和文献整理工作，取得巨大成就。在教书育人方面，"孔子以诗书礼乐教，弟子盖三千焉，身通六艺者七十有二人"。在文献整理方面，最重要的成就是整理修订撰写《诗经》《尚书》《春秋》《礼经》《易经》《乐经》，"自此可得而述，以备王道，成六艺"。对于《诗经》，孔子重点做了删改工作，由三千多篇减至三百零五篇，作出风、雅、颂的分类，"古者《诗》三千余篇，及至孔子，去其重，取可施于礼义，上采契后稷，中述殷周之盛，至幽厉之缺，始于衽席，故曰：'《关雎》之乱以为《风》始，《鹿鸣》为《小雅》始，《文王》为《大雅》始，《清庙》为《颂》始。'"且配以音乐,"三百五篇孔子皆弦歌之,以求合《韶》《武》《雅》《颂》之音"。对于《尚书》和礼经,孔子做了整理工作,"孔子之时,周室微而礼乐废,《诗》《书》缺。追迹三代之礼,序《书传》,上纪唐虞之际,下至秦缪,编次其事。曰:'夏礼吾能言之,杞不足征也。殷礼吾能言之,宋不足征也。足,则吾能征之矣。'观殷夏所损益,曰:'后虽百世可知也,以一文一质。周监二代,郁郁乎文哉。吾从周。'故《书传》《礼记》自孔氏"。对于《易经》,孔子调整卦辞和爻辞的次序,作出解释和说明,"孔子晚而喜《易》,序彖、系、象、说卦、文言。读《易》,韦编三绝。曰:'假我数年,若是,我于《易》则彬彬矣。'"对于乐经,孔子做了订正工作,"孔子语鲁大师:'乐其可知也。始作翕如,纵之纯如,皦如,绎如也,以成。''吾自卫反鲁,然后乐正,《雅》《颂》各得其所。'"给诗三百配乐,也是在整理乐经。对于《春秋》,孔子根据史料,不仅修订,而且撰稿,"乃因史记作《春秋》,上至隐公,下讫哀公十四年,十二公。据鲁,亲周,故殷,运之三代。约其文辞而指博。故吴楚之君自称王,而《春秋》贬之曰'子';践土之会实召周天子,而《春秋》讳之曰'天王狩于河阳':推此类以绳当世。贬损之义,后有王者举而开之。《春秋》之义行,则天下乱臣贼子惧焉"(《史记·孔子世家》)。

　　总体而言,孔子是"述而不作,信而好古"(《述而》),其言行主要记载于《论语》一书,"论语者,孔子应答弟子、时人及弟子相与言而接闻于夫子之语也。当时弟子各有所记,夫子既卒,门人相与辑而论纂,故谓之论语"。今通行本《论语》20篇、492章,其中记录孔子与弟子及时人谈论之语444章,孔门弟子相互谈论之语48章。弟子谈论之语,实际也是孔子思想的反映。汉初《论语》有三个版本,一是鲁人口头传授的《鲁论语》20篇,二是齐人口头传授的《齐论语》22篇，三是从孔子住宅夹壁中发现的《古论语》21篇。《论语》的形成是一个过程，"汉兴，有齐、鲁之说。传《齐论》者，昌邑中尉王吉、少府宋畸、御史大夫贡禹、尚书令五鹿充宗、胶东庸生，唯王阳名家。传《鲁论语》者，常山都尉龚奋、长信少府夏侯胜、丞相韦贤、鲁扶卿、前将军萧望之、安昌侯张禹，皆名家。张氏最后而行于世"(《汉书·艺文志》)。西汉末年，张禹以《鲁论语》为根据，与《齐论语》合二为一，得到普遍认同，"诸儒为之语曰：'欲为《论》，念张文。'由是学者多从张氏，余家浸微"(《汉书·张禹传》)。东汉末年，郑玄以张禹本为基础，参照《齐论语》《古论语》作注，从而形成了流传于今的《论语》。

《论语》是一部语录体著作，也是研究孔子思想最基本的资料。钱穆认为，古代散文可分为两个时期，第一期为"史"的散文，政治性强，以《尚书》《左传》为代表，有的记言，有的记事，有的既记言又记事，都是由史官记录下来的官书。第二期为"子"的散文，属于思想范围，以《论语》和先秦诸子的著述为代表，都是由私家和平民写作。从文体而言，子由史演变而来，"子者，史之流变也"。《论语》为早期"子"的散文，全书没有完整的篇章结构，内容也不连贯，各篇各章只有零星记载而已，并非要文章传世[①]。尽管如此，《论语》却是儒家最重要的典籍，是与孔子相关的最可信资料。《论语》是一部伟大的人类经典，任何人阅读《论语》，都会惊奇地发现：孔子不仅远比此前的思想者成熟，而且也比此后的思想者成熟；任何时候阅读《论语》，都会不由自主地折服：孔子本人当年从来没有说错什么，只有后人曾经理解错了什么。北宋二程认为："学者当以《论语》《孟子》为本。《论

---

① 钱穆著：《中国文学史》，天地出版社2016年版，第38—39页。

语》《孟子》既治，则六经可不治而明矣。"（《河南程氏遗书》卷二五）《论语》形成于战国时期，在唐代进入经书行列。宋代更是影响广泛，开国宰相赵普有"半部《论语》治天下"之称；朱熹则将《论语》与《大学》《中庸》《孟子》合称"四书"，并和《诗》《书》《礼》《易》《春秋》一起并称"四书五经"。南宋之后，"四书五经"被传统社会定为科举考试的基本科目和知识分子的必读书目。

二、仁爱论

仁爱是孔子思想的基础和主要内容。德国哲学家黑格尔认为，孔子是一个实际的世间智者，在他那里主要是一些善良的、老练的、道德的教训。他的道德教训给他带来最大的荣誉，他的教训是最受中国人尊重的权威[①]。"孔子贵仁"（《吕氏春秋·不二》），孔子全部思想内敛于仁的理念。《说文解字》解释"仁，亲也。从人从二"。亲也，就是仁为差序之爱，亲亲为大。从人，比较容易理解，是指一个站立着的人。从二，内容则比较丰富，可理解为复数的数字，不仅指一个人，而且指一个人之外的其他人，仁由此引申出人与人、人与群体、人与社会的关系；还可理解为天、地，中国传统文化中有天地人"三才"之说，仁是要求人从二不从三，只效法天地，怀天地之本性，不怀个人之私欲。从仁字结构分析，仁与人密切相关；仁字的结构已经蕴含儒家仁学的端倪和要义。孔子选择仁来概括他对人的生存状态的全部思考，确是名实相副、名正言顺。学界对仁有着多种理解，或爱人或忠恕，或立人或达人，都清晰地凸显了仁的人际关系内涵。

[①] ［德］黑格尔著，贺麟、王大庆译:《哲学史讲演录》（第一卷），商务印书馆2011年版，第150页。

　　"仁"字出现比较晚，而仁的思想却有着深厚的历史渊源。孔子既知识渊博又博学多才，他依据春秋社会现实，以夏、商、周三代为基本范围，以周文王、武王和周公之治为重点，对古代的人道和民本思想进行了深入研究，充分吸收其中的精神营养，进而升华为仁的范畴，抽象为具有形上本体意义的道德规范和境界。在《论语》及有关著述里，尧舜和夏商周尤其是西周的历史记载，都可以找到仁的内容，孔子从中汲取了民本的思想资源。黄帝的"抚万民"，帝喾的"知民之急，仁而威，惠而信"（《史记·五帝本纪》），尧的大哉之为君，舜的"有臣五人，而天下治"（《泰伯》），大禹的"知人则哲，能官人；安民则惠，黎民怀之"（《尚书·皋陶谟》），周公的"保惠庶民"，管仲的"民到于今受其赐"（《宪问》），这些爱民、惠民、保民的思想观点构成了孔子之仁的本色。孔子汲取了尚贤的思想资源。尚贤属于政治范畴，却和人有着紧密联系，选一贤人，则民众受惠；用一恶人，则百姓遭殃。舜禹以功德受禅，舜举皋陶，汤举伊尹，泰伯"三以让天下"，齐国的鲍叔牙荐管仲，郑国的子皮荐子产，这些知贤、用贤、荐贤、举贤、让贤的事迹丰富了孔子之仁的内容。孔子汲取了志士仁人的精神养分。尧、舜、禹、皋陶、伊尹、周公、太公望、微子、箕子、比干、伯夷、叔齐、管仲等言论行为和功业政绩，有的属于为政以德，有的是廉洁自爱、保持节操，有的属于忠于明君，有的是出身低微而从政爱民。孔子敬慕志士仁人，志士仁人影响孔子之仁。正是这些历史渊源和思想资源，成就了孔子之仁。孔子不仅是伟大的仁者，而且是仁学大师。

　　孔子之仁的核心是爱人，"樊迟问仁。子曰：'爱人。'"（《颜渊》）爱人是指人与人之间应当互亲互爱，这是一种人性的光辉，基本涵盖了孔子之仁的主旨，可以理解为儒家思想的总纲。孔子认为，爱人是要把人当人看，对人类有起码的爱心和同情心。

"樊迟问仁。子曰：'居处恭，执事敬，与人忠；虽之夷狄，不可弃也。'"（《子路》）爱人是要推己及人，支持和帮助他人，"夫仁者，己欲立而立人，己欲达而达人。能近取譬，可谓仁之方也已"（《雍也》）。爱人是个体的主动选择和自觉自愿的实践，而不是外力的强制和勉为其难的行动，"仁远乎哉？我欲仁，斯仁至矣"（《述而》）。仁者爱人是孔子之仁的经典表述，概括了孔子对于理想的人格境界和社会秩序的憧憬。无论立人还是达人，都不是强加于人，而是由正己做起，引导和影响他人。这表明人生在世除了关注自身的存在，还要关注他人的存在，应该平等地对待他人，尊重他人。在人与人交往的过程中，应该有宽广的胸怀，把自己作为参照物，凡是自己愿意做的事情，都要去帮助他人；凡是自己不愿意做的事情，都不要强加于他人。

爱人的前提是克己。孔子认为，克己就是约束自己，而约束自己是多层次的。要在礼制上约束自己，"颜渊问仁。子曰：'克己复礼为仁。一日克己复礼，天下归仁焉。为仁由己，而由人乎哉？'颜渊曰：'请问其目。'子曰：'非礼勿视，非礼勿听，非礼勿言，非礼勿动。'颜渊曰：'回虽不敏，请事斯语矣。'"如果说仁是人性、道德和境界，那么，礼则是理性、规范和秩序。仁与礼的结合，是自由与秩序的平衡。追求自由是人类与生俱来的天性，建构秩序是社会存在的必要前提。克己复礼，礼是在自觉遵守秩序的基础上，最大限度地享受人生的自由。要从内心上约束自己，"仲弓问仁。子曰：'出门如见大宾，使民如承大祭。己所不欲，勿施于人。在邦无怨，在家无怨。'"孔子在这段话中提出了"己所不欲，勿施于人"的著名观点，与《圣经》所说的"无论何事，你们愿意人怎样待你，你们也要怎样待人"一起，被世界公认为黄金道德律，是人类文明共守的"伦理底线"，也是人类社会普遍存在的关于道德最经典和最有权威的论述。一定意义上说，"己所不欲，勿施于人"是孔子的象征和孔子思想的标志。要从言语上约束自己，"司马牛问仁。子曰：'仁者，其言也讱。'曰：'其言也讱，斯谓之仁矣乎？'子曰：'为之难，言之得无讱乎？'"（《颜渊》）孔子非常反感花言巧语的人，他多次说过"巧言令色，鲜矣仁"（《学而》）。《论语》中反复强调说话要谨慎，"君子欲讷于言而敏于行"（《里仁》）；君子"敏于事而慎于言"（《学而》）；"君子耻其言而过其行"（《宪问》）。要从利益上约束自己，见利思义，先劳后获，"（樊迟）问仁。（子）曰：'仁者先难而后获，可谓仁矣。'"（《雍也》）孔子要求以仁义为依据，正确对待利益和财富，"富与贵，是人之所欲也；不以其道得之，不处也。贫与贱，是人之所恶也；不以其道得之，不去也。君子去仁，恶乎成名？"（《里仁》）

仁者爱人是有差序的。在孔子看来，仁是血缘亲情的自然流露，又是血缘亲情的升华。首先要从家人、亲人开始，这是最大的仁，"仁者，人也，亲亲为大"（《礼记·中庸》）。亲亲的要义是孝，孝敬父母。父母作为人人可知而且不可回避的血缘亲属，孝是与生俱来、人人都可以体会到的情感。人们在孝敬父母过程中，能够领略到人之为人的意义，感受到自身生命力量的来源，好像有一种源头活水在我们的血脉中流淌。而对父母的孝敬，则表明我们的存在是对这一血脉的呵护和坚守，进而展示的是个体有希望、人类有未来。亲亲的重要含义是悌，兄友弟恭。如果说父母是人们纵向上不可回避的血缘亲属，那么，兄弟姐妹则是横向上不可回避的血缘亲属，人们在兄友弟恭的过程中可以体会到亲情的温暖和坦诚。从亲亲出发，孔子为仁找到了根基，正如他的弟子所说："孝弟也者，其为仁之本与！"孔子爱人的对象不局限于亲亲，不局限于父母双亲和兄弟姐妹，也不局限于家族关系中的近亲和宗法关系中的远亲，而是涉及社会上所有的人，或者说是在社会交往中遇到的所有人，都要关心他们、爱护他们，"弟子，入则孝，出则弟，谨而信，泛爱众，而亲仁"（《学而》）。从亲亲到泛爱众，说明孔子的仁爱思想是以血缘家庭为中心，逐步扩展开来的差序结构，亲亲是因为血缘关系，泛爱众则因为"四海之内皆兄弟也"（《颜渊》），亲亲之爱与泛爱众之爱在本质上是一致的，而表现形式是有差异的。这种差异主要不是等级地位的差异，更多的是由于不同的社会和家庭角色引起的不同伦理道德规范要求，这就不能在亲亲与泛爱众之间简单地画等号，不能像墨家那样提倡兼相爱，不能无差别地去爱任何人。否则，就会人伦失范，社会失序。孟子猛烈抨击兼爱的观点，"杨氏为我，是无君也；墨氏兼爱，是无父也。无父无君，是禽兽也"（《孟子·滕文公下》）。

仁的理念自身集聚着宏大的正能量，包含了所有的优秀品德。如果仁自身没有丰富的内涵，那就不可能树立起爱人的光辉品德。"子张问仁于孔子。孔子曰：'能行五者于天下为仁矣。'请问之。曰：'恭、宽、信、敏、惠。恭则不侮，宽则得众，信则人任焉，敏则有功，惠则足以使人。'"（《阳货》）孔子认为，由于仁是一切优秀道德品质的集合体，必须全面践行仁的理念。要通过好学来践行仁的理念，"好仁不好学，其蔽也愚"（《阳货》）。而好学本身就是仁的表现，"子夏曰：'博学而笃志，切问而近思，仁在其中矣。'"（《子张》）通过遵守礼制来践行仁的理念，"恭而无礼则劳，慎而无礼则葸，勇而无礼则乱，直而无礼则绞"（《泰伯》）。通过朋友帮助来践行仁的理念，"曾子曰：'君子以文会友，以友辅仁。'"（《颜渊》）孔子特别强调要结交朋友中的仁人，"子贡问为仁。子曰：'工欲善其事，必先利其器。居是邦也，事其大夫之贤者，友其士之仁者。'"通过其他优秀品德来践行仁的理念，"知及之，仁不能守之；虽得之，必失之。知及之，仁能守之，不庄以莅之，则民不敬。知及之，仁能守之，庄以莅之，动之不以礼，未善也"（《卫灵公》）。孔子指出，全面践行仁的理念是一个长期过程，需要艰苦的努力。"曾子曰：'士不可以不弘毅，任重而道远。仁以为己任，不亦重乎？死而后已，不亦远乎？'"（《泰伯》）全面践行仁的理念，也是一项崇高的使命。为了仁，可以献出自己的一切，甚至是生命，"志士仁人，无求生以害仁，有杀身以成仁"（《卫灵公》）。

三、德治论

德治是孔子基本的政治主张。仁是孔子思想的出发点，目的不仅是为了人生修身，更是为了治国平天下。某种程度上可以说，孔子的学说和实践，都是为了阐述德治思想，恢复礼乐秩序，"子曰：'为政以德，譬如北辰，居其所而众星共之。'"孔子之所以推崇德治，是因为运用政治手段和法律惩处来治理国家，不可能增强人们的道德自律，也不可能养成人们的耻感意识。没有道德自律和耻感意识，人们虽然也会服从统治者的管理，却不会心悦诚服。而实施德治，用礼来约束，就能实现人心的归顺，"道之以政，齐之以刑，民免而无耻。道之以德，齐之以礼，有耻且格"（《为政》）。毋庸置疑，现代政治的显著特征是法治。但是，法治作为社会治理的基础，并没有否定德治应有的作用和功能。研究孔子的德治思想，汲取德治的精华，运用德治的有益成分，补充和完善法治的思想和实践，在现代社会仍然有着重要的价值和意义。

三代之治是孔子德治思想的组成部分。所谓三代之治，意指夏、商、周三个朝代，是中国历史上治理最好的朝代。儒家特别推崇并加以褒扬，王阳明认为："唐、虞以上之治，后世不可复也，略之可也；三代以下之治，后世不可法也，削之可也；惟三代之治可行。"（《传习录上》）在孔子看来，三代之治的榜样是尧、舜，代表是禹、文王、周公。孔子赞誉尧，不吝溢美之词，"大哉，尧之为君也！巍巍乎，唯天为大，唯尧则之。荡荡乎，民无能名焉。巍巍乎其有成功也，焕乎其有文章！"赞美舜是多方面的，认为舜和禹都很伟大，"巍巍乎，舜、禹之有天下也，而不与焉"（《泰伯》）；认为舜会当君王，"无为而治者，其舜也与？夫何为哉？恭己正南面而已矣"（《卫灵公》）。无为而治是道家的治国方略，儒家则在坚持君王自身德行和选贤任能的前提下，认可无为而治的思想理念。三国何晏注释："言任官得其人，故无为而治。"（《论语集解》）赞美禹既伟大又完美，"禹，吾无间然矣。菲饮食而致孝乎鬼神，恶衣服而致美乎黻冕，卑宫室而尽力乎沟洫"（《泰伯》）。赞美商汤会用人，"汤有天下，选于众，举伊尹，不仁者远矣"（《颜渊》）。赞美周文王、周公创立的典章文物和礼乐文明，"郁郁乎文哉！吾从周"（《八佾》）。孔子对周公倾心佩服，一旦长时间没有梦见周公，就会感叹自己衰老了，"甚矣吾衰也，久矣吾不复梦见周公"（《述而》）。孔子推崇三代之治，主要是想从夏商周那里取得德治思想的历史依据和经验养料，并不是照搬照套夏商周治国安邦的具体做法。

正人正己是孔子德治思想的关键所在。只有正己，才能正人。德治的主体是统治者，首先要求统治者修德，进而实现以德治国。在孔子看来，统治者修德，就是要以身作则。"季康子问政于孔子。孔子对曰：'政者，正也。子帅以正，孰敢不正？'"（《颜渊》）在两千多年前，孔子就已认识到政治的本质是公平公正、公道正派、正义正直。《论语》中多次要求统治者以身作则，"其身正，不令而行；其身不正，虽令不从"（《子路》）。孔子强调统治者以身作则，是因为在德治社会里，统治者的行为对于老百姓具有表率和引领作用，"子为政，焉用杀？子欲善而民善矣。君子之德风，小人之德草。草上之风，必偃"（《颜渊》）。同时，要求统治者爱民，正确处理统治者与老百姓的关系，"道千乘之国，敬事而信，节用而爱人，使民以时"（《学而》）。爱民就是统治者不要向老百姓过度索取，"哀公问于有若曰：'年饥，用不足，如之何？'有若对曰：'盍彻乎？'曰：'二，吾犹不足，如之何其彻也？'对曰：'百姓足，君孰与不足？百姓不足，君孰与足？'"（《颜渊》）大意是，鲁哀公向孔子弟子有若请教，年景不好，国家用度不够，应该怎么办。有若回答要实行十分抽一的税率。哀公认为，十分抽二自己还不够，怎么能十分抽一。有若回答，如果百姓的用度够了，你也就够了。"百姓足，君孰与不足？百姓不足，君孰与足？"这段话把统治者与老百姓的关系说得非常透彻，老百姓满意了，君王还有什么不满意的呢？老百姓富足了，君王还有什么不富足的呢？这就是德治社会的重要保障。

孝悌为本是孔子德治思想的社会根基。如果说德治的主体是统治者，那么，德治的客体就是老百姓。在孔子看来，对百姓要进行道德教化，使他们成为自律和有耻感的人，这样才能实行德治。道德教化是孔子德治思想的重要组成部分，强调在老百姓富裕之后，就要进行道德教化。"子适卫，冉有仆。子曰：'庶矣哉！'冉有曰：'既庶矣，又何加焉？'曰：'富之。'曰：'既富矣，又何加焉？'曰：'教之。'"（《子路》）对于家庭而言，道德教化要强调孝悌。孝悌是德治的基础，家庭筑牢孝悌的堤坝，社会就能稳定。"其为人也孝弟，而好犯上者，鲜矣；不好犯上，而好作乱者，未之有也。君子务本，本立而道生。"（《学而》）孝的核心是要从内心敬重父母、顺从父母，"子游问孝。子曰：'今之孝者，是谓能养。至于犬马，皆能有养；不敬，何以别乎？'"（《为政》）对于社会而言，道德教化要强调忠诚。忠诚是德治的重要支点，社会营造忠诚的氛围，国家就能安宁，"定公问：'君使臣，臣事君，如之何？'孔子对曰：'君使臣以礼，臣事君以忠。'"（《八佾》）忠诚不是愚忠，不是唯唯诺诺，而是敢于犯颜直谏，说出不同观点，反映真实情况，"子路问事君。子曰：'勿欺也，而犯之。'"（《宪问》）孝与忠密切相关，孝是忠的基础和前提，忠是孝的延伸和拓展。一个人在家里能够尽孝，就能对国家尽忠；即使不直接为官从政，也是参与政治，能够影响其他人对国家尽忠。"或谓孔子曰：'子奚不为政？'子曰：'《书》云："孝乎惟孝，友于兄弟，施于有政。"是亦为政，奚其为为政？'"（《为政》）孔子认为，孝和忠都有利于德治，因而经常把孝、忠联系在一起论述，"子夏曰：'贤贤易色；事父母，能竭其力，事君，能致其身；与朋友交，言而有信。虽曰未学，吾必谓之学矣。'"（《学而》）

礼制规范是孔子德治思想的基本措施。在孔子看来，实行德治，必须坚持礼制规范，不能发生越礼、僭礼的行为，"有子曰：'礼之用，和为贵。先王之道，斯为美，小大由之。'"（《学而》）坚持礼制规范，必须要正名。子路问孔子，假如卫出公让您去治理国家，您将先从哪里着手呢？孔子说，必须正名吧。子路说，您真的迂腐到这个地步了吗，为什么要先正名呢？孔子听了非常生气，狠狠批评了子路，强调不能正名，就办不成任何事情，就建立不了礼乐制度，就管理不好老百姓，"野哉，由也！君子于其所不知，盖阙如也。名不正则言不顺，言不顺则事不成，事不成则礼乐不兴，礼乐不兴则刑罚不中，刑罚不中则民无所错手足。故君子名之必可言也，言之必可行也。君子于其言，无所苟而已矣"（《子路》）。正名，就是立规矩、定制度，建立合理的等级秩序，"齐景公问政于孔子。孔子对曰：'君君，臣臣，父父，子子。'公曰：'善哉！信如君不君，臣不臣，父不父，子不子，虽有粟，吾得而食诸？'"（《颜渊》）在君君、臣臣、父父、子子的等级秩序中，只要做到君礼臣忠、父慈子孝，各自遵守相应的规矩和礼制，国家就好治理了，德治也就实现了。正名，还要坚决反对越礼、僭礼的行为。春秋时期，政治极为混乱，出现了所谓君不君、臣不臣的现象。齐景公所以要问政于孔子，其中一个重要原因就是他受制于权臣陈桓，陈桓的势力很强大，随时都有篡权的可能。孔子对于这种"礼崩乐坏"局面极为担忧，对越礼、僭礼行为极为痛恨，他猛烈抨击当时一些权臣的非礼行为，"孔子谓季氏：'八佾舞于庭，是可忍也，孰不可忍也？'"（《八佾》）

用人以直是孔子德治思想的组织保证。现代政治学认为，领导的主要职责是决策和用人；在一定的条件下，用人比决策还要重要。《论语》多处提到要"举贤人"，用正直的人。在孔子看来，用什么样的人，关乎民心向背，"哀公问曰：'何为则民服？'孔子对曰：'举直错诸枉，则民服；举枉错诸直，则民不服。'"（《为政》）这里的直就是正直的人，也就是圣贤、君子和忠信之人、有才能之人；枉是狂妄的人、邪曲的人。孔子认为，正直应是人的本性，"人之生也直，罔之生也幸而免"（《雍也》）。《论语》举了两个人的例子说明正直之人的表现，其中一个是微生高，"子曰：'孰谓微生高直？或乞醯焉，乞诸其邻而与之。'"（《公冶长》）孔子说，谁说微生高这个人正直呢？有人向他要点醋，他自己没有却不说没有，而到邻居家讨来给别人。这个例子说明，正直是与真实联系在一起的。不真实的人，也就是不正直的人。另一个是澹台灭明，"子游为武城宰。子曰：'女得人焉耳乎？'曰：'有澹台灭明者，行不由径，非公事，未尝至于偃之室也。'"（《雍也》）这个例子说明，正直的人办事光明磊落，从不走后门，也不搞旁门左道；正直的人在运用公共权力执行公共事务时，是公事公办，不讲私情。孔子指出，选人用人要有正确的方法，这就是知人和细察。知人是选人用人的基础。弟子仲弓担任季氏的家宰，问孔子怎样知人用人，"焉知贤才而举之？"孔子回答要知人善任，"举尔所知。尔所不知，人其舍诸？"（《子路》）知人的方法是细察，"视其所以，观其所由，察其所安，人焉廋哉？人焉廋哉？"（《为政》）在细察过程中，不能简单地以言论为依据，"君子不以言举人，不以人废言"（《卫灵公》）。细察还要关注是否言行一致，"子曰：'始吾于人也，听其言而信其行；今吾于人也，听其言而观其行。'"（《公冶长》）通过细察，就能够知人，看清楚个人的动机、行为和内心，进而决定是否可用，以利于选贤任能。

四、教育论

孔子是中国历史上创办私学的第一人，也就是第一位具有现代意义的老师，有着丰富的教育思想。他一生中教出了许多有才干的学生，弟子三千，贤人七十二，有些弟子还陪伴他周游列国并随时学习。这说明孔子的教育思想有着坚固的实践基础。更重要的是，孔子的教育思想蕴含着许多合理成分和智慧光芒，至今读来，仍然令人叹为观止。对于解决现代教育中存在的一些问题，孔子的思想也不无借鉴和指导意义。

"有教无类"是孔子最重要的教育思想。远古时期，由于生产力水平低下，不可能有更多的剩余产品来供养教育文化事业，教育只能为王公贵族所垄断，平民子弟没有机会入学接受教育，"国学者，在国城中王宫左之小学也"（《周礼正义》）。具体表现为图书典籍藏于宫廷之中，平民没有条件阅读；学校设在宫廷和官府，平民子弟不可能进入其中学习；以吏为师、学宦不分，为贵族弟子专享教育权利提供了制度保证。春秋战国时期，一方面，生产力有了一定程度的发展，能够提供更多的剩余产品以发展教育文化事业；另一方面，"天子失官，学在四夷"，私人办学有了生长和发展的空间和可能。孔子顺应历史潮流，响亮地提出了"有教无类"的口号，即不分贫贱富贵，不分南北东西，不分年龄大小，任何人都有进入学校读书的权利。这就从思想观念上冲毁了王公贵族垄断教育的堤坝，为平民子弟争得了受教育的权利，进而成为中华文明发展史上具有划时代意义的创举。有教无类，是推进中华文明和教育事业发展的强大动力。

平民子弟接受教育，要有一定的经济基础。在古代，学生的学费主要靠个人和家庭负担，"子曰：'自行束脩以上，吾未尝无诲焉。'"（《述而》）孔子说，只要带上十条干肉来求学的，我从来没有不给予教诲的。孔子重视教育是因为教育可以改变一个人的命运，"子曰：'君子谋道不谋食。耕也，馁在其中矣；学也，禄在其中矣。君子忧道不忧贫。'"（《卫灵公》）孔子认为，君子只关心真理而不关心衣食，只担心得不到真理而不担心摆脱不了贫穷。这段话有两层含义值得关注，一层是教育、求学为了追求真理和知识，另一层是学习可以改变命运，这和现代"知识改变命运"的观念，异曲同工，一脉相承，而孔子在两千多年前就把这个道理说出来了，而且说得很透彻。

教书育人是孔子教育思想的主要内容。"子以四教：文、行、忠、信。"（《述而》）"文"是指知识、学问以及文章的文采、字句和条理；"行"是指个人的行为、品德；"忠"是对国家、父母的责任心；"信"就是对社会、朋友的信义。教育应当包括道德教育和知识教育两方面的内容，这在孔子的教育思想中是非常明确的。"陈亢问于伯鱼曰：'子亦有异闻乎？'对曰：'未也。尝独立，鲤趋而过庭。曰："学《诗》乎？"对曰："未也。""不学《诗》，无以言。"鲤退而学《诗》。他日，又独立，鲤趋而过庭。曰："学

《礼》乎？"对曰："未也。""不学礼，无以立。"鲤退而学《礼》。闻斯二者。'陈亢退而喜曰：'问一得三。闻《诗》，闻《礼》，又闻君子之远其子也。'"（《季氏》）陈亢是孔子的弟子，伯鱼是孔子之子孔鲤。这段话既让我们认识了孔子无私的胸怀，对待学生，无论是谁都一视同仁；又让我们认识了孔子的教育内容，既要学《诗》，就是知识教育，又要学《礼》，就是道德教育。

孔子更重视学生的道德教育，"子以四教"有两个半字涉及道德教育，即"忠""信"和"行"的一半；一个半字涉及知识教育，即"文"和"行"的一半。通过简单的比较，可以看出孔子把道德教育放在首要位置。孔子甚至认为，一个人学习知识是容易的，而实践道德规范则困难得多，"文，莫吾犹人也。躬行君子，则吾未之有得"。孔子始终用一种忧患的心情来看待道德教育，"德之不修，学之不讲，闻义不能徙，不善不能改，是吾忧也"（《述而》）。在强调道德教育的同时，孔子并没有忽视知识教育，"小子何莫学夫《诗》？《诗》可以兴，可以观，可以群，可以怨。迩之事父，远之事君；多识于鸟兽草木之名"（《阳货》）。其中"迩之事父，远之事君"，强调的还是道德教育，即学习知识是为了服务于孝与忠的道德规范。

因材施教是孔子教育思想的重要方法。朱熹赞扬并概括了孔子的教学方法，"孔子教人各因其材"（《四书章句集注》）。孔子没有直接提出因材施教的观点，却有着丰富的因材施教思想和实践。首先是多方面观察学生，对学生有一个透彻的了解。孔子经常对他的学生作出分析，"柴也愚，参也鲁，师也辟，由也喭"（《先进》）。大意是，高柴这个学生愚笨，曾参迟钝，颛孙师偏激，仲由鲁莽，各人情况是不同的。即使是自己非常喜欢的学生颜回，也要反复观察才能真正了解，才能正确评价其资质，"子曰：'吾与回言终日，不违，如愚。退而省其私，亦足以发。回也不愚！'"（《为政》）孔子观察和了解学生，是为了更好地教育学生，对于不同性格和资质的学生，采取不同的教育方法，"子路问：'闻斯行诸？'子曰：'有父兄在，如之何其闻斯行之？'冉有问：'闻斯行诸？'子曰：'闻斯行之。'公西华曰：'由也问闻斯行诸，子曰："有父兄在。"求也问闻斯行诸，子曰："闻斯行之。"赤也惑，敢问。'子曰：'求也退，故进之；由也兼人，故退之。'"（《先进》）这是因材施教的典型例子，针对不同学生的不同性格给予不同的解答，子路性格冲动，所以要阻止他急于行动；冉有生性谦退，所以要鼓励他积极行动。孔子不仅亲身实践因材施教，而且从理论上加以概括，"中人以上，可以语上也；中人以下，不可以语上也"（《雍也》）。尽管学生资质不同、性格不同，孔子却要求教师对待学生要一视同仁，不能因为学生性格不同特别是资质一般的学生，就有急躁情绪或缺乏耐心。孔子反复告诫要学而不厌，诲人不倦，"若圣与仁，则吾岂敢！抑为之不厌，诲人不倦，则可谓云尔已矣！"（《述而》）正是这种学而不厌、诲人不倦的精神，使得弟子对孔子的学问和人品非常崇敬，"颜渊喟然叹曰：'仰之弥高，钻之弥坚。瞻之在前，忽焉在后。夫子循循然善诱人，博我以文，约我以礼，欲罢不能。既竭吾才，如有所立，卓尔。虽欲从之，末由也已。'"（《子罕》）

现代教育经常遇到这样一个困境：是灌输式教学，还是启发式教学？是应试教育，还是素质教育？孔子的教育思想和实践为我们摆脱这一困境提供了借鉴。在孔子看来，教育要重视培养学生良好的学习精神。一方面要培养学生对学习的兴趣。培养学生的学习兴趣是不断递进的，最低层面是让学生知道学习的重要性，较高层面是让学生喜爱学习，最高层面是让学生感到学习的快乐，"子曰：'知之者不如好之者，好之者不如乐之者。'"（《雍也》）另一方面要培养学生诚实的学习态度，"子曰：'由，诲女知之乎？知之为知之，不知为不知，是知也。'"（《为政》）而要让学生成为"乐之者"，养成良好的学习习惯，就要激励学生。孔子以自己为例，鼓励学生要勤奋学习，"我非生而知之者，好古，敏以求之者也"。在教育方式上，应多采取启发式教育，"子曰：'不愤不启，不悱不发。举一隅不以三隅反，则不复也。'"（《述而》）在学习方法上，孔子重视学思结合，要求学生学有所思，思有所获，"学而不思则罔，思而不学则殆"。孔子特别重视温故知新，要求学生对学过的知识和道理要经常复习，通过复习加深理解，"温故而知新，可以为师矣"（《为政》）。孔子注重虚心向别人学习，"三人行，必有我师焉：择其善者而从之，其不善者而改之"（《述而》）。孔子还提出要向自己的学生学习，"子谓子贡曰：'女与回也孰愈？'对曰：'赐也何敢望回？回也闻一以知十，赐也闻一以知二。'子曰：'弗如也，吾与女弗如也。'"（《公冶长》）一个老师敢于在学生面前承认自己在某些方面不如学生，这是多么博大的胸襟，何等崇高的师德师风！

　　孔子学为人师，行为世范，用他的言论和行为告诉人们一个最重要的教育道理，这就是教师必须以身作则、为人师表。无论学生还是老师，好学都是基本的做人品格。孔子不仅要求学生好学，自己首先做到了好学。他不承认自己是圣人、仁者和君子，却始终强调自己好学，"十室之邑，必有忠信如丘者焉，不如丘之好学也"（《公冶长》）。把学习看作一件快乐的事情，《论语》开篇就是"学而时习之，不亦说乎？"孔子的好学是废寝忘食。有人向弟子打听孔子的情况，弟子没有回答，尤其是没有回答孔子的好学精神，孔子很不满意，"叶公问孔子于子路，子路不对。子曰：'女奚不曰，其为人也，发愤忘食，乐以忘忧，不知老之将至云尔。'"（《述而》）孔子的好学是谦虚谨慎、不耻下问。弟子问卫国的孔文子为什么被谥以"文"呢？孔子回答："敏而好学，不耻下问，是以谓之'文'也。"(《公冶长》)孔子自己就是不耻下问的榜样，《论语》有两处说到孔子"入太庙，每事问"。孔子的好学是学而不厌、永不满足，"默而识之，学而不厌，诲人不倦，何有于我哉？"(《述而》)孔子的好学是终身学习、至死方休，"吾十有五而志于学"(《为政》)，到了知天命的年龄，孔子希望"加我数年，五十以学《易》，可以无大过矣"(《述而》)。孔子在临死前的半天还在读书学习，"孔子病，商瞿卜期日中。孔子曰：'取书来，比至日中何事乎？'圣人之好学也，且死不休，念在经书，不以临死之故，弃忘道艺，其为百世之圣，师法祖修，盖不虚矣！"(《论衡·别通》)

五、君子论

朱熹指出："圣贤千言万语，只是教人做人而已。"(《朱子语类》卷一三)孔子思想说到底就是教人如何做人，只有把人做好了，才能做好工作，才能处理好人际关系，才能齐家治国平天下。孔子教人做一个什么样的人呢？就是要做一名君子。孔子的理想人格是君子，君子的基本特征是文质彬彬，"质胜文则野，文胜质则史。文质彬彬，然后君子"(《雍也》)。人格一词是舶来品。古代汉语中没有人格一词，只有人性和品格的概念。中文中的人格一词是近代从日文中引进的，而日文的人格一词源于英文的意译，英文人格一词又源于拉丁语。拉丁语的人格最初是指演员在舞台上戴的面具，类似于中国京剧的脸谱。舞台上的不同面具扮演不同角色，表现不同的人物性格。后来心理学引申其含义，认为在人生的大舞台上，人也会根据社会角色的不同来变换面具，面具是人格的外在表现，人格是面具背后的真实自我。现代心理学一般认为，人格是人类所独有的，由先天获得的遗传素质与后天环境互相作用而形成的综合体，包括性格、气质、品德、信仰、良心等要素，能代表人类灵魂本质及其个性特点。哲学的研究则比较宏观，认为人格是指人之为人的资格，是对人的本质规定，马克思指出："人的本质不是单个人所固有的抽象物，在其现实性上，它是一切社会关系的总和。"[①]中国古代虽无人格一词，却有丰富的人格思想；先秦儒家虽无心理学知识，却从伦理道德角度探讨了人格，"仁也者，人也。合而言之，道也"（《孟子·尽心下》）。孔子依据仁的范畴，推演和建构起儒家的理想人格。

　　圣人也是孔子的人格理想，而《论语》很少论及圣人，也没有直接言说圣人的具体品格。在孔子看来，圣人伟岸高大，一般人难以企及，"圣人，吾不得而见之矣；得见君子者，斯可矣"（《述而》）。《论语》一书"圣人""圣者""圣"的概念仅出现过六次，而"君子"出现了一百余次。孔子认为，君子是既理想又现实的人格，是通过修身可以达到的做人的理想境界。作为伦理范畴，君子寄托着孔子太多的人生理想。《论语》有四处是孔子直接回答弟子提问来描述君子品质的，有七处是用数字来描绘君子形象的。君子的品质与形象相辅相成，多视角、多层次地展示了君子应该具备的内在素质和外在风貌。

　　孔子直接回答弟子的提问。第一处认为君子是一个谨言敏行、诚信守诺的人，"子贡问君子。子曰：'先行其言而后从之。'"（《为政》）第二处认为君子是一个内省不疚、不忧不惧的人，"司马牛问君子。子曰：'君子不忧不惧。'曰：'不忧不惧，斯谓之君子已乎？'子曰：'内省不疚，夫何忧何惧？'"（《颜渊》）孔子强调的是，一个人无论做人做事，在内心反省自己时，觉得没有

---

① 《马克思恩格斯文集》（第1卷），人民出版社2009年版，第501页。

令自己愧疚的言论和行为，就可以称为君子了。第三处认为君子内圣外王，是一个既重视自我修身又承担社会责任的人，"子路问君子。子曰：'修己以敬。'曰：'如斯而已乎？'曰：'修己以安人。'曰：'如斯而已乎？'曰：'修己以安百姓。修己以安百姓，尧舜其犹病诸？'"第四处认为君子是一个具备了"智、清、勇、艺、礼"品格的人，"子路问成人。子曰：'若臧武仲之知，公绰之不欲，卞庄子之勇，冉求之艺，文之以礼乐，亦可以为成人矣。'"在孔子那里，成人即完美的人，与君子是同一序列的概念，可以作君子理解。这段话的大意是，像鲁国大夫臧武仲那么有智慧，孟公绰那么清心寡欲，卞庄子那么勇敢，以及冉求那么多才多艺，加上高度的礼乐修养，就可以算是成人了。然而，孔子可能认为这个要求太高了，一般人很难做到，随即补充道，"今之成人者何必然？见利思义，见危授命，久要不忘平生之言，亦可以为成人矣"（《宪问》）。由此说明见利思义、临危不惧、诚实守信，是君子人格最基本的要求；同时说明君子人格是可以分出层次的，塑造和实现君子人格是一个长期努力、逐步完善的过程。

《论语》用数字描绘君子的形象，可区分为孔子和弟子两部分，孔子更多地从内容上描绘君子的形象。第一处是"子谓子产：'有君子之道四焉：其行己也恭，其事上也敬，其养民也惠，其使民也义。'"（《公冶长》）孔子谈到子产时，认为子产具备了恭、敬、惠、义四种合乎君子之道的品行。第二处是"子曰：'君子道者三，我无能焉：仁者不忧，知者不惑，勇者不惧。'子贡曰：'夫子自道也。'"（《宪问》）这段话简洁而全面地反映了孔子对君子本质的认识，只有具备了仁、智、勇品格的人，才算是真正的君子。第三处是"孔子曰：'君子有三戒：少之时，血气未定，戒之在色；及其壮也，血气方刚，戒之在斗；及其老也，血气既衰，戒之在得。'"孔子是在告诫人们，追求君子人格，需要用人的一生去努力，而不是一朝一夕的兴致所至，也不是一时一事的权宜之计。第四处是"孔子曰：'君子有三畏：畏天命，畏大人，畏圣人之言。小人不知天命而不畏也，狎大人，侮圣人之言。'"这段话与前一段话互相联系、内在统一，前一段话所戒在事，这段话所畏在心。于事有所戒，于心也要有所畏。作为君子，可以不忧不惑不惧，却不能没有敬畏之心，否则就会无法无天。第五处是"孔子曰：'君子有九思：视思明，听思聪，色思温，貌思恭，言思忠，事思敬，疑思问，忿思难，见得思义'"（《季氏》），从而在眼见、耳听、脸色、外貌、言语、办事等方面，对君子的外在表现和内心追求提出了道德规范。弟子则主要从面貌上描绘君子的形象。一次是曾子的描绘，曾子生了病，孟敬子来慰问，曾子强调君子要在神情、脸色和言辞三个方面严格要求自己，"曾子言曰：'鸟之将死，其鸣也哀；人之将死，其言也善。君子所贵乎道者三：动容貌，斯远暴慢矣；正颜色，斯近信矣；出辞气，斯远鄙倍矣。笾豆之事，则有司存。'"（《泰伯》）另一次是子夏的描绘，"君子有三变：望之俨然，即之也温，听其言也厉"（《子张》）。子夏从另一个视角描绘君子的形象，也是一个君子应当留给他人的主观感受。通过几组数字的引述和分析，可以勾勒出孔子心目中的君子形象，本质是"仁、智、勇"；日常的行为规范是"九思"；边界是于事有所戒惧，于心有所敬畏；为官从政、建立事功时，要躬行"恭、敬、惠、义"，做到喜怒哀乐不形于色，给人的印象是庄重、可亲和严厉。

　　孔子的君子人格，是与小人相联系的。君子与小人是矛盾对立的，有着明显差别，在心胸方面，"君子坦荡荡，小人长戚戚"（《述而》）。君子的胸怀是宽广的，无论处于顺境还是逆境，都能做到乐观豁达；小人的心胸是狭隘的，总是怨天尤人，心里装满了忧愁、苦闷和痛苦。具体而言，君子与小人对待人的原则不同，"君子成人之美，不成人之恶。小人反是"（《颜渊》）。处理人际关系不同，"君子易事而难说也。说之不以道，不说也；及其使人也，器之。小人难事而易说也。说之虽不以道，说也；及其使人也，求备焉"。日常生活中的态度不同，君子安静坦然，小人则是傲慢无礼，"君子泰而不骄，小人骄而不泰"（《子路》）。

在义和利方面，"君子喻于义，小人喻于利"（《里仁》）。义与利是衡量君子与小人的重要标准，君子想问题办事情，只考虑按照道德的要求去做，而不问是否有利可图；小人则不然，只考虑是否有利可图，而不问道德上是否可行。孔子还认为，义不仅是为人处世的行为准则，而且是君子的重要品质，"君子义以为质，礼以行之，孙以出之，信以成之。君子哉！"（《卫灵公》）孔子不反对利益，却反对不义之财，"不义而富且贵，于我如浮云"（《述而》）。孔子认为，遇到困境时，最能判别君子与小人的差异。有一次孔子带弟子到陈国时断了粮，跟随的人都饿病了，没有人走得动。子路不高兴地问，君子也会陷入困境吗？孔子回答："君子固穷，小人穷斯滥矣。"（《卫灵公》）在和与同方面，"君子和而不同，小人同而不和"（《子路》）。君子之和，既是大家一起团结共事、互相协调，又能求同存异，允许保持不同的个性，允许存在不同的看法，允许发表不同的意见；小人之同，是以利益为纽带，搞小圈子，同流合污，一旦利益缺失，就会互相拆台，检举揭发，树倒猢狲散。在工作中，君子以忠信道义团结人，小人则是结党营私，"君子周而不比，小人比而不周"（《为政》）。遇到问题时，君子不推诿，反省自己，小人则反其道而行，"君子求诸己，小人求诸人"（《卫灵公》）。通过比较君子与小人，反衬了君子人格的伟岸磊落，更加丰富充实了君子形象。

任何民族都有自己的理想人格，中华民族的理想人格是君子。君子人格是中华民族最深层最本质的规定；君子人格是中华文明结出的最甜美最壮观的果实。君子人格寄托着我们的人生理想，是我们人生追求的目标，期望在有生之年，尤其是老之将至的时候，自我评价是君子，他人评价也是君子，人生则无憾矣。君子人格美好，却不是天生丽质，也不是自然长成，而是艰苦修身、严格自律的结果，就像"宝剑锋从磨砺出，梅花香自苦寒来"。君子人格壮丽，却不可能立竿见影，也不可能一蹴而就，而是坚持不懈和终身修炼的结果。即使圣人，也需要一辈子的修为，"子曰：'吾十有五而志于学，三十而立，四十而不惑，五十而知天命，六十而耳顺，七十而从心所欲，不逾矩。'"(《为政》) 君子人格尊贵，却难以简单从事，也难以心想事成，而是一步一个脚印的结果。好学是起步，没有好学，就没有君子，"子曰：'吾尝终日不食，终夜不寝，以思，无益，不如学也。'"(《卫灵公》) 崇仁是核心，"虽有周亲，不如仁人"(《尧曰》)。力行是关键，"好学近乎知，力行近乎仁，知耻近乎勇"(《礼记·中庸》)。孔子建构的君子人格，值得每一个中国人用一生去追求和践行。

孔子是中华民族的圣人，《论语》是中国人的圣经。孔子及其思想哺育了中华民族，塑造了中华民族的人格，是中华民族的集体无意识。儒家文化代代相传，已经沉淀为中华民族共同的心理结构和普遍的精神因素。孔子是中华民族最有影响力的思想家，类似于西方文化的柏拉图。英国哲学家怀特海认为，一部西方哲学史不过是为柏拉图作注脚而已[1]。套用怀特海的话语，整个中华传统文化也不过是在为孔子作注脚而已。

---

[1] ［英］怀特海著，杨富斌译：《过程与实在》，中国人民大学出版社2013年版，第32页。

第四节　老子

　　老子（约公元前571—前471年）是道家创始人和中华文明的奠基者，是中国古代伟大的思想家。如果说孔子研究的是伦理和为人之道，那么，老子探究的则是哲学和为天之道。在先秦诸子中，老子是唯一一个比较自觉研究哲学本体论的思想家。老子思想的最高范畴是道，"反者，道之动；弱者，道之用。天下万物生于有，有生于无"（《老子》第四十章，本节凡引用《老子》一书，只注篇章号）。老子以道为基础，涵盖自然界、人世间和人生哲学，建构了道家思想大厦，对于中华民族和传统社会的发展有着深远而广泛的影响。老子及其思想在国外尤其是西方社会也有很大影响，法国哲学家德里达认为："整个西方思想和民族精神，都是以逻各斯为中心概念。逻各斯是西方民族精神的最高概念，道是中华民族精神的最高概念，二者惊人地相似，可以说是逻各斯与道同在。"[1]据联合国教科文组织统计，除了《圣经》，《老子》是被译为外国文字最多的文化经典。

---

[1]　参见李世东、陈应发、杨国荣著：《老子文化与现代文明》，中国社会出版社2008年版，第249页。

一、其人其事

老子其人其书，近代以来争议颇多。研读老子，绕不开司马迁。司马迁提供了最早的有关老子的信息，也为争论埋下了伏笔。《史记·老子韩非列传》记载如下：

老子者，楚苦县厉乡曲仁里人也，姓李氏，名耳，字聃，周守藏室之史也。孔子适周，将问礼于老子。老子曰："子所言者，其人与骨皆已朽矣，独其言在耳。且君子得其时则驾，不得其时则蓬累而行。吾闻之，良贾深藏若虚，君子盛德，容貌若愚。去子之骄气与多欲、态色与淫志，是皆无益于子之身。吾所以告子，若是而已。"孔子去，谓弟子曰："鸟，吾知其能飞；鱼，吾知其能游；兽，吾知其能走。走者可以为罔，游者可以为纶，飞者可以为矰。至于龙，吾不能知，其乘风云而上天。吾今日见老子，其犹龙邪！"老子修道德，其学以自隐无名为务。居周久之，见周之衰，乃遂去。至关，关令尹喜曰："子将隐矣，强为我著书。"于是老子乃著书上下篇，言道德之意五千余言而去，莫知其所终。或曰：老莱子亦楚人也，著书十五篇，言道家之用，与孔子同时云。盖老子百有六十余岁，或言二百余岁，以其修道而养寿也。自孔子死之后百二十九年，而史记周太史儋见秦献公曰："始秦与周合，合五百岁而离，离七十岁而霸王者出焉。"或曰儋即老子，或曰非也，世莫知其然否。老子，隐君子也。老子之子名宗，宗为魏将，封于段干。宗子注，注子宫，宫玄孙假，假仕于汉孝文帝。而假之子解为胶西王卬太傅，因家于齐焉。世之学老子者则绌儒学，儒学亦绌老子。"道不同不相为谋"，岂谓是邪？李耳无为自化，清静自正。

从《史记》记载分析，司马迁明确表达了以下几层意思：春秋时期有老子其人，姓李名耳字聃，为周守藏室之史；老子曾著书上下篇，言道德之意五千余言；老子崇尚无为自化，清静自正；孔子曾问礼于老子；道家与儒家为不同学派，相互排斥。关于老子和老莱子，应为两人是无疑的，却同在春秋时期，同为孔子的老师。老子是史官，著书言"道德"，而老莱子是位隐者，终身不仕，著书十五篇，"孔子之所严事：于周则老子；于卫，蘧伯玉；于齐，晏平仲；于楚，老莱子；于郑，子产；于鲁，孟公绰"（《史记·仲尼弟子列传》）。关于老子与太史儋，由于两人都是周朝史官，且名中"聃"与"儋"的古音相同而字义相通，容易引起混淆。但是，老子与太史儋应是两个人，太史儋见秦献公的时间是公元前374年，此时老子仍在世的话则为200余岁，这是不可能的。而且，两人的处世原则和理念截然不同，老子虽为史官，关心政治，却选择避世归隐，最后西出函谷关，不知所终；太子儋则志于入仕，积极为秦献公献计谋策。司马迁在记载两人时持谨慎态度，用了"或曰""盖"等存疑之词。关于老子生活的年代，老子的年龄大于孔子，应为春秋末期，这可从两方面得到证明，一方面，孔子问礼于老子，这不仅《史记》多有记载，而且在《庄子》《礼记》《左传》等战国时期的文献史料中也有记载。另一方面，1993年湖北郭店竹简本的发现，据科学技术测定，竹简本形成的时间大约在公元前300年之前，说明在战国中期《老子》一书已存在并流传，那么，作为著者的老子就应生活在更早的年代。

尽管《老子》一书声名远播、历久传诵，却像老子其人一样，也是争议不断、认识不一，主要问题是作者是谁和成书时间。关于作者是谁，大体有三种观点，基本的观点认为历史上确有老子其人，《老子》一书应为老子所作。另一种认为"《老子》，战国好事者，剽窃庄周书作也"，还有一种认为"《老子》一书实非一人所能作，今传本《老子》如果把他看作是绝对完整的一人而言，则矛盾百出，若认为是纂辑成书，则《老子》作者显然不止一人"①。关于成书时间，也有三种观点，基本的观点认为老子早于孔子，《老子》成书于春秋末期。另一种认为，《老子》成书于战国时期；还有一种认为，《老子》成书于秦汉之际或汉文帝时。无论如何，《老子》的作者及成书时间，或许是"烟波微茫信难求"，而《老子》一书却是历史上真实的存在，"云霓明灭或可睹"。综合分析，老子应早于孔子，《老子》一书应为老子所著。传统社会流传的《老子》版本，是魏晋时期王弼的注本。《老子》一书言简而意丰，疏朗而浑融，隽永而透达，逻辑而系统，是一本专著而不是纂辑；《老子》理论前后一贯，层层推论演进，自成一家之言，这样严谨而连贯的著作，一般应出于一人的手笔，即可认为是老子自著。

在先秦诸子百家中，老子是真正的哲学家，建构了中华民族抽象思维和理性思辨的整体框架。黑格尔给予很高评价，"中国哲学中另有一个特异的宗派，这派是以思辨作为它的特性"；"这派的主要概念是'道'，这就是'理性'"；"这一派的哲学和与哲学密切相关的生活方式的创始人是老子"②。老子通过批判反思和抽象思辨，提炼升华为道这一哲学范畴，"道冲而用之或不盈，渊兮似万物之宗"（第四章）。老子之道，既是万物生成的本原，又是现象存在的本体；既是无名无象的超验存在，又是天地人事的经验存在。道是老子思想的理论基础和逻辑前提，对于天地万物的存在、生长和归宿作出了本原性的思考，为人的生存和社会的发展提供了形上依据。比较孔子的儒家学说与老子的道家

① 朱谦之：《老子史料学》，载《世界宗教研究》2002年第2期。
② ［德］黑格尔著，贺麟、王大庆译：《哲学史讲演录》（第一卷），商务印书馆2011年版，第124—126页。

学说，两者有着明显差别，孔子学说只有伦理内容，老子学说却具有哲学思辨色彩。孔子学说的主题是人，是人生而不是人的存在。孔子提倡人道有为，关注的是人伦秩序而不是人存在的根据和终极价值，他努力从宗法制度和血缘纽带里探寻政治统治和道德生活的普适原则，这就是仁者爱人的伦理学说。老子学说的主题也是人，却是人的生存而不仅仅是人生。老子提倡天道无为，关注的是人存在的根据及其终极价值，思考的是人作为有生命的存在根据何在，其生命的根源在哪里，人应当如何生存、怎样生存才符合人之存在的本性等高度抽象的形上问题，由此建构了道法自然的哲学体系。

　　研究老子及其《老子》一书，应当重视老子思想的特点。老子思想的最大特点是玄而又玄思维。中国学术思想一般关心社会而不关心自然领域，具有浓重的伦理道德色彩，以致学界有人认为中国没有哲学，先秦时代没有像古希腊那样的哲学。老子是个异数，他虽然从政治和人生问题出发进行研究，却没有局限于社会领域，而是拓展到宇宙范围来研究社会问题，从而把先秦思想提升到形上高度，抽象升华为本体范畴。这是老子对中华文明最大的贡献，也是老子被称为中国哲学之父的主要根据。道是老子思想的根基，创生天地万物而又内在于万物之中。道不能被感觉知觉，只能通过理性直觉的思维方式进行把握。老子思想的主要特点是批判反省思维。面对春秋末年的乱世，老子对文明基本持一种批判的态度。古今中外许多思想家都批判过文明，但只有老子把整个文明都拿来批判，"大道废，有仁义；慧智出，有大伪；六亲不和，有孝慈；国家昏乱，有忠臣"（第十八章）。老子认为，当时倡导和力图恢复的仁义礼教，都是统治者积极有为的结果，不仅不是解决问题的手段，而且还是造成问题的根源。仁义是一套宣传说辞，让人变得虚伪无耻；礼教成了一套干瘪僵硬的桎梏，似乎在强制地拉着人们前行；知识和巧智产生了更多的麻烦，似乎变成了互相之间的算计关系。因而老子明确提出了"无为"和"自然"的主张。批判性思维并不是否定一切，而是在接受已有的各种观点之前必须进行审查和质疑，这是人类应具备的健康的思维能力。

老子思想的重要特点是"正言若反"思维。钱锺书认为："夫'正言若反'，乃老子立言之方，五千言中触处弥望。"[①]老子的正言若反，主要是对事物本质和规律的认识，这就是矛盾，"故有之以为利，无之以为用"（第十一章）。矛盾是老子最具原创性和穿透力的思想，具有强大的辐射能力，渗透于宇宙、社会和政治等诸多方面，形成了一种运用得非常普遍、通达和经得起阐释的语言方式。在宇宙方面，矛盾由观念推衍到宇宙时空，演化为相反相成的认知视境；在社会方面，矛盾由宇宙时空转变为人生社会，演化为以曲求全的生存原则；在政治方面，矛盾由人生社会集中于政治领域，演化为柔弱胜刚强的谋略方针。同时，正言若反是一种语言风格和修辞手法，将一些对立的概念组织在一起，以说明相互之间的联系、区别、转化和流动。这不仅增添了老子思想的内涵，而且加强了表达效果，使研读《老子》更加耐人寻味。正言若反与批判性思维密切关联，批判性思维是正言若反的本质内容，正言若反是批判性思维的最好表达方式。

老子思想的另一特点是善用比喻。中国哲学不善于定义概念和范畴，却善于运用故事或比喻来阐述深奥的道理。思想家的比喻，总是建立在想象的基础上，产生出某种感觉效果，使抽象化的思辨获得形象生动的间接表达。老子是比喻高手，所用喻体卓尔不群、个性鲜明，老子思想最主要的喻体是水、女性和婴

---

① 钱锺书著：《管锥编》（二），生活·读书·新知三联书店2001年版，第717页。

儿。以水喻道，是生命源泉的形象追索；以女性喻道，是生命原始力量的深情回忆；以婴儿喻道，是生命原初状态的天真体验。在《老子》第六十四章中，老子一连用了三个比喻，可谓密集之至，说明事物从微小发展至壮大以及防患于未然、治之于未乱的道理，"其安易持，其未兆易谋，其脆易泮，其微易散。为之于未有，治之于未乱。合抱之木，生于毫末；九层之台，起于累土；千里之行，始于足下"。

二、天道论

天道是老子思想的基础，也是老子哲学的全部内容。哲学一词源于古希腊，意为"热爱智慧、追求真理"，19世纪由日本学者翻译并进入中国；哲在汉字中有"善于思辨、学问精深"的含义，所以哲学一词既符合古希腊的原意，又有中国的文化基础，从而被广泛接受和运用。但是，中国哲学传统与西方哲学传统有着明显差异，中国哲学侧重于探究"人与人"的关系，以"有知探索未知"的方式归纳提炼政治道理和伦理准则；西方哲学侧重于探究"人与物"的关系，以"有知验证未知"的方式提炼升华为科学道理和自然法则。

雅斯贝斯在《大哲学家》一书中将老子列为"原创性形而上学家"。为什么称老子为"形而上学家"呢？这就需要弄清楚哲学与形而上学两个概念及其相互关系。对于哲学的概念，古今中外一直存有争议，却普遍认为哲学是研究整个世界一切事物、现象的共同本质和普遍规律。哲学研究的基本范围还是由古希腊学者奠定的，主要是形而上学、知识论和伦理学。由此可见，哲学与形而上学的关系是主从关系，形而上学属于哲学范畴，是哲学的重要组成部分，是指哲学中探究天地万物根本原理的那一部分内容。在西方，形而上学又形成了本体论、宇宙论和生命科学。本体论，研究天地万物之上、一切现象之外的终极实在；宇宙论，研究宇宙的生成、变化和时空结构；生命科学，研究生命的起源、进化和本质及其与宇宙、终极实在的关系。老子提出道的概念，把道作为宇宙的根源和终极存在，较好地解释了天地万物的共同本质和普遍规律。老子用道来思考和解读形而上学问题，就是天道。

天道阐述人与自然的关系。对于中国思想史的发展而言，老子之道具有里程碑意义，否定了天命和神的存在。任何民族的文化都是从宗教开始的，都有天命和鬼神的观念。在中国古代思想史上有一条不成文的规则，那就是统治者均以天命神权来诠释王朝、皇权的合法性；思想家都把天命作为解释一切社会、政治和历史现象的重要依据。春秋战国是天命鬼神逐步衰落的时期，然而，当时的思想家大都保留着天命鬼神的观念，即使像孔子这样比较理性的思想家，仍强调要"畏天命"，认为"祭如在，祭神如神在"（《论语·八佾》）。唯有老子彻底抛弃了天命鬼神观念，强调"道法自然"。同时，老子之道奠定了中国古代一元本体论哲学的理论基础。先秦思想家在论及世界本原时，大都还是多元本体论者，他们认为世界的本质和起源是多元的，而不是一元的，由此产生了"八卦"说、"五行"说以及"阴阳"说。唯有老子以"道"为天地万物本原和起源的本体论哲学，取代以往的多元本体论。此外，老子之道决定了中国古代两种互相对立的哲学路线的发展方向。老子之后，一些哲学家把道解释为无或无有，建构起精神本体论的哲学路线，魏晋玄学就是精神本体论的代表；另一些哲学家则把道解释为精气、元气，建构起物质本体论的哲学路线，稷下道家的精气说和黄老学派的元气说就是物质本体论的代表。当然，老子之道的贡献不仅在于思想发展史中的地位和作用，更在于它深刻的思想内涵和耀眼的智慧结晶。

天道是本体论。老子以抽象思维方式探究回答了世界本原问题，认为道就是世界的本原。作为世界本原，道超越了天地万物的现象和表征，具有永恒性和普适性。道不可能被感觉感知，只能通过理性直觉来把握，这是因为道无形无物。道的无形表现在"视之不见名曰夷，听之不闻名曰希，搏之不得名曰微。此三者不可致诘，故混而为一"。道的无物表现在既不显得光亮，也不显得阴暗，而是绵绵不绝而不可名状，"其上不曒，其下不昧，绳绳不可名，复归于无物。是谓无状之状、无物之象。是谓惚恍。迎之不见其首，随之不见其后"（第十四章）。《老子》第一章开篇就指出："道可道，非常道；名可名，非常名。"这是本体论的表述，思想非常深刻，意指那些可说可名的东西都不是永恒的，因而也不可能成为世界的本原。名随形而定，既然道为无形，那就不可名了。有趣的是，老子还是命名了自己理解的世界本原，叫做道。老子似乎感到了自我矛盾，无奈地说："吾不知其名，字之曰道，强为之名曰大。"（第二十五章）这是因为道并非绝对和静止的虚无。道是实存而不是实有，实存就是空无所有，"道之为物，惟恍惟惚。惚兮恍兮，其中有象；恍兮惚兮，其中有物。窈兮冥兮，其中有精；其精甚真，其中有信"（第二十一章）。有的学者根据这段话，将道理解为似无实有、似有实无，这是不符合原意的。比较合理的解释，道应是似无非无、似有非有。

天道是宇宙论。哲学不仅要探究世界的本原，而且要探究宇宙万物的起源和发展变化。作为宇宙论，道是超越宇宙万物的具体存在而又内在于万物的形上本体，具有无穷的创造力，蕴含着无限的可能性，"谷神不死，是谓玄牝。玄牝之门，是谓天地根。绵绵若存，用之不勤"（第六章）。道与宇宙万物的关系，在时序上是先后关系。道不受时间和空间的限制，不会因宇宙万物的生灭变化而有所影响，"吾不知谁之子，象帝之先"（第四章）。王安石注云："'象'者，有形之始也；'帝'者，生物之祖也。故《系辞》曰：'见乃谓之象。''帝出乎震。'其道乃在天地之先。"在本质上是母与子关系。道创生宇宙万物类似于母亲孕育生命。老子经常用母亲来比喻道，循环运行创生万物，既形象又传神，"寂兮寥兮，独立不改，周行而不殆，可以为天下母"（第二十五章）。王弼注云："寂寥，无形体也。"《老子》第五十二章更是明确用母与子的关系比喻道与万物的关系，"天下有始，以为天下母。既得其母，以知其子；既知其子，复守其母，没身不殆"。在演化上是有与无的关系。道创生宇宙万物是个运动变化的过程，而有与无就是道的运动方式，就是道由形而上转入形而下、由无形质落向有形质的过程，"无，名天地之始；有，名万物之母。故常无，欲以观其妙；常有，欲以观其徼。此两者同出而异名，同谓之玄"（第一章）。老子认为，道就是无，无中生有，进而开始有与无的运动，"道生一，一生二，二生三，三生万物"（第四十二章）。

天道是辩证法。这是老子哲学最深刻的思想，也是老子给中外思想史留下最鲜明的印记。老子是辩证法大师，《老子》有着无比丰富而深刻的辩证法思想。老子之道根本的生命力在于矛盾，在于对立面的存在。老子认为，相反相成是道运动的基本内容。天下万事万物都有它的对立面，由于有对立面，才能形成天地万物及其发展变化。《老子》第二章首先指出，人类社会关于美丑、善恶的价值是在对立面统一中形成的，"天下皆知美之为美，斯恶已；皆知善之为善，斯不善已"。继而指出天下万事万物也是相反相成的，"故有无相生，难易相成，长短相较，高下相倾，音声相和，前后相随"。相反相成，必然走向物极必反。

任何事物都包含着否定性因素，事物的发展总是由肯定向否定方向运行；当否定性成为主导因素，事物也就走向了自己的反面，"祸兮福之所倚，福兮祸之所伏。孰知其极？其无正？正复为奇，善复为妖"（第五十八章）。

老子认为，正像若反是道运动的重要标志。任何事物的本质与现象既可能是统一的，也可能是矛盾的，《老子》第二十二章从六个方面阐明事物正像若反的道理，提醒人们要从反面关系中观看正面，这比只看到正面更有积极意义，"曲则全，枉则直，洼则盈，敝则新，少则得，多则惑。是以圣人抱一为天下式"。同时，提醒人们要重视对立面的作用，说明反面作用比正面作用更大，"大成若缺，其用不弊。大盈若冲，其用不穷。大直若屈，大巧若拙，大辩若讷"（第四十五章）。老子认为，循环往复是道运动的必然现象。任何事物运动都会复归返本，回到原初状态和原来的出发点。《老子》充满了返本思想，认为道与历史的运行，都是依照循环的方式，"大曰逝，逝曰远，远曰反"（第二十五章）。王弼注云："逝，行也。"张岱年认为："大即道，是所以逝之理，由大而有逝，由逝而愈远，宇宙乃是逝逝不已的无穷的历程。"① 老子指出，复归返本是永恒规律，"夫物芸芸，各复归其根。归根曰静，是谓复命。复命曰常，知常曰明。不知常，妄作，凶"（第十六章）。大意是，万物返回本根叫做静，静叫做回归本原。回归本原是永恒的规律。认识永恒的规律，叫做明智；不认识永恒的规律，轻举妄动，就会出乱子。

天道是认识论。认识论是指研究人类认识的本质及其发展过程的哲学理论。老子没有更多地探究人的认识问题，《老子》一书涉及认识论的篇章也不多，但这并不表明老子哲学中没有认识

① 张岱年著：《中国哲学大纲》，中国社会科学出版社1982年版，第94页。

论因素。从老子谈论常道与非常道、常名与非常名来分析，老子在一定程度上意识到了思维与存在的差异性，认为道是不能言说的，能够言说的就不是常道，实质是说明人的认识不可能与客体完全同一，人们不可能完全认识道，只能不断地趋近于道。老子认为，道不能靠感性经验和理性思维去认识，而要靠理性直觉去体悟。老子的认识论十分重视人的抽象思辨和直觉思维，更加关注主体自我的心灵作用。由于重视心灵的体悟，老子强调理性直观自省，认为不需要直接观察考察，只要冥思苦想，就能推知天下事理，了解自然法则，"不出户，知天下；不窥牖，见天道。其出弥远，其知弥少。是以圣人不行而知，不见而名，不为而成"（第四十七章）。由于重视心灵的体悟，老子对学习知识和学道悟道作了区分，"为学日益，为道日损。损之又损，以至于无为，无为而无不为"（第四十八章）。为学指的是一般的求知活动，而知识要通过学习才能不断增加和丰富，所以是"日益"。为道指的是认识道、体悟道，这是一种内心的精神修炼，与为学相反，要减少知识，抛弃成见，祛除心灵的遮蔽，以达到清静无为的悟道之境。由于重视心灵的体悟，老子要求达到空明清静的最佳心态，进而认识事物的本质和规律，"致虚极，守静笃，万物并作，吾以观复"（第十六章）。冯友兰认为，老子所讲的认识方法，主要是"观"，"'观'要照事物的本来面貌，不要受情感欲望的影响，所以说'致虚极，守静笃'，这就是说，必须保持内心的安静，才能认识事物的真相"[1]。

---

① 冯友兰著：《三松堂全集》（第七卷），河南人民出版社2000年版，第266页。

三、治道论

治道是老子思想的本质，也是老子政治思考的全部内容。治平天下是老子思想的目的，治道就是政治哲学，研究阐述以及处理人与人、人与社会的关系。南怀瑾在讲解《老子》之前，做过一个意味深长的比喻："儒家像粮食店，绝不能打。否则，打倒了儒家，我们就没有饭吃——没有精神粮食；佛家是百货店，像大都市的百货公司，各式各样的日用品俱备，随时可以去逛逛，有钱就选购一些回来，没有钱则观光一番，无人阻拦，但里面所有，都是人生必需的东西，也是不可缺少的；道家则是药店，如果不生病，一生也可以不必去理会它，要是一生病，就非自动找上门去不可。"[①]人吃五谷杂粮，哪有不得病的道理，所以在社会生活中，药店是绝对不可缺少的。当然，南怀瑾所说的"生病"，主要不是指人的身体生病，而是指人的心灵生病；主要不是指个体生病，而是指社会生病，指统治者治理国家出了问题，造成了社会动乱。因此，老子开的药店是政治药店，就是要治疗各种社会疾病，促进社会的康复有序。老子的政治思考既有天道的理论构想，又有治道的实践模式，《老子》从头到尾讲的都是统治术。研读《老子》，就会感到有一种指点帝王、激扬文字的气势。

作为治道，老子之道具有强烈的批判性。老子经常站在老百姓和弱势群体的立场，揭露社会制度的弊端，抨击统治阶级的腐朽。面对统治者的剥削和厚敛重税，老子予以激烈批判，认为老百姓之所以饥饿，在于统治者吞吃税赋太多；老百姓之所以难治，在于统治者恣意妄为；老百姓之所以轻死，在于统治者奉养

---

① 《南怀瑾选集》(第二卷)，复旦大学出版社2003年版，第6页。

奢厚，"民之饥，以其上食税之多，是以饥。民之难治，以其上之有为，是以难治。民之轻死，以其求生之厚，是以轻死。夫唯无以生为者，是贤于贵生"（第七十五章）。面对统治者的严刑峻法，《老子》第七十四章开篇就对滥刑杀人提出抗议，"民不畏死，奈何以死惧之！"语出反诘，振聋发聩。接着指出："若使民常畏死，而为奇者吾得执而杀之，孰敢？"王弼注云："诡异乱群，谓之奇也。"最后指出："常有司杀者杀，夫代司杀者杀，是谓代大匠斫。夫代大匠斫者，希有不伤其手矣。"司杀者、大匠，意指天道，即警告统治者不要代替天道去杀人，不要越权杀人，这就如同代替木匠去砍木头一样。那些代替木匠砍木头的人，很少有不砍伤自己手的。面对统治者的不公和贫富差距过大，老子将自然规律与社会运行规则进行对比，强调天道的公平，"天之道，其犹张弓与！高者抑之，下者举之；有余者损之，不足者补之"。同时激烈批判人道的不公平，"天之道，损有余而补不足。人之道则不然，损不足以奉有余"（第七十七章）。老子批判社会现实最精彩的部分是强烈地反对战争，反对战争的实质是尊重生命，防止滥杀民众，充满着人性光辉和人道主义温情。《老子》第三十章开篇就指出统治者不能靠军事和战争逞强天下，"以道佐人主者，不以兵强天下，其事好还"。接着指出战争的残酷性，"师之所处，荆棘生焉。大军之后，必有凶年"。继而指出明智的统治者是善用兵者，达到目的就行，不敢用兵力来逞强。战胜了不要自满，战胜了不要自夸，战胜了不要骄傲，战胜了也是出于不得已，战胜了千万不能逞强，"善有果而已，不敢以取强。果而勿矜，果而勿伐，果而勿骄，果而不得已，果而勿强"。

　　老子在批判春秋乱世和统治无道的过程中，建构起道家的政治学说，后人一般称之为"君人南面之术"。这是有道理的，因为治道主要是说给统治者听的，是对统治者提出要求，概言之就是统治术。但是，治道是政治原理而不是具体的统治权谋和官僚技术；治道的理论基础是天道，天道是形上的，阐述道与天地万物的关系，形而下入政治共同体后，就是治道，重点是君王与百姓的关系。天道效法自然，治道效法天道，就是奉行无为而治，"道常无为而无不为，侯王若能守之，万物将自化"（第三十七章）。无为而治是对统治者的基本要求，是治道的根本原则。围绕无为而治，老子提出了系统完整的政治学说。

"小国寡民"，是老子之道对统治者治国图景的理想要求。任何思想家都要设计理想的政治图景和治理目的，这既为统治者提供奋斗目标，又为统治者注入行为动力。《老子》第八十章集中描述了老子的政治理想图景，这就是"小国寡民"。在这样的社会生活中，先进的器械以及交通工具，甚至连文字都可以弃而不用，更没有战争和杀戮，"使有什伯之器而不用，使民重死而不远徙。虽有舟舆，无所乘之；虽有甲兵，无所陈之；使人复结绳而用之"。什伯之器，意指十倍百倍于人力的器械。在这样的社会生活中，自给自足，人民过着纯朴自然的古代村社生活，"邻国相望，鸡犬之声相闻，民至老死不相往来"。在这样的社会生活中，人民安居乐业，生活幸福，即"甘其食，美其服，安其居，乐其俗"。如果说小国寡民带有桃花源的虚幻和小农经济的浓厚色彩，那么，这四句话、十二字则是老子理想社会的价值所在，具有时空超越性。

对于小国寡民社会，老子强调绝圣弃智和绝仁弃义。我们知道，老子注重正言若反。一般人观察分析事物，往往注意正面形象而忽视反面作用，而老子更多关注的是事物的反面作用和负面影响。老子认为，智慧和仁义都有着反面作用。在智慧方面，老子主要不是指知识智慧，而是指心智，即虚伪狡诈的心智。老子既看到了智慧与大伪的区别，又看到两者之间的联系。智慧的出现和不断发展，一方面增强了人们认识和改造世界的能力，另一方面也随之出现了阴谋诡计和狡诈虚伪，这正是智慧的反面作用，是智慧给人类社会带来的负面影响。《老子》第六十五章明确反对以智治国，一开篇就赞颂古代优秀治国者，"古之善为道者，非以明民，将以愚之"。河上公注云："不以道教民明智巧诈也。"愚"使朴质不诈伪"（《老子道德经河上公章句》）。接着猛烈抨击以智治国的祸害，"民之难治，以其智多。故以智治国，国之贼；不以智治国，国之福"。最后指出："知此两者，亦稽式。常知稽式，是谓玄德。玄德深矣，远矣，与物反矣，然后乃至大顺。"大意是，认识以智治国和不以智治国的差别，就是治国的法则。守住这个法则，就是玄德。玄德深远，与万物复归于大道，然后达到太平之治。

在仁义方面，老子看到了大道之废与仁义兴起之间的密切关系，提倡仁义往往是因为社会上存在着大量的不仁不义行为，两者总是相反相成、互相依存的。而且看到了仁义的负面作用，仁义既可用来提高人们的道德水平，维持社会秩序，也可以成为野心家和阴谋家文饰自己、沽名钓誉的手段以及攻击他人的武器，"故失道而后德，失德而后仁，失仁而后义，失义而后礼。夫礼者，忠信之薄而乱之首"（第三十八章）。因此，老子憧憬小国寡民社会，"绝圣弃智，民利百倍；绝仁弃义，民复孝慈；绝巧弃利，盗贼无有。此三者，以为文不足，故令有所属，见素抱朴，少私寡欲"（第十九章）；"绝学无忧"（第二十章）。抛弃聪明与智巧，民众才能获利百倍；抛弃仁与义的法则，民众才能回归孝慈；抛弃机巧与货利的诱惑，盗贼才能消失。要让民心有所归属，就要外表单纯而内心淳朴，少有私心而降低欲望。

"不知有之"，是老子之道对统治者治国水平的理想要求。《老子》一书实质是帝王之学，教导帝王如何治国安邦。按照自然无为原则，老子将统治者的治国水平分为四个等次，最好的君主，百姓都不知道他的存在；次一等的君主，有百姓亲近他赞扬他；再次一等的君主，百姓都畏惧他；最下等的君主，百姓都敢于蔑视侮辱他。核心是要诚实、诚信地对待百姓，缺乏诚信的统治者，也就得不到百姓的信任。"太上，不知有之。其次，亲而誉之。其次，畏之。其次，侮之。信不足，焉有不信焉。"（第十七章）王弼对"太上"注云："太上，谓大人也。大人在上，故曰太上。大人在上，居无为之事，行不言之教，万物作焉而不为始，故下知有之而已，言从上也。"林语堂对最下等的君主作出解释："最末等的国君，以权术愚弄人民，以诡诈欺骗人民，法令不行，人民轻侮他。这是什么缘故呢？因为这种国君本身诚信不足，人民当然不相信他。"①对于"太上，不知有之"，有的版本作"下知有之"，意义大体相同，即指老百姓仅仅知道君主的存在。老子认为，统治者治国的最高境界是老百姓"不知有之"或仅仅是"下知有之"，不扰民，不折腾，让老百姓感觉不到外在的强力，自由自在而有序地生活。

那么，统治者如何做到"不知有之"呢？这涉及君主与臣属的关系。君主治理天下一般是通过臣属的行为间接实现的。君主要达到"不知有之"的目的，首先要效法天道的"不自生"，真正做到无私心，"天长地久。天地所以能长且久者，以其不自生，故能长生。是以圣人后其身而身先，外其身而身存。非以其无私邪？故能成其私"（第七章）。这是君主驾驭臣属的前提和赢得臣属信任的基础。关键是秉要执本，清虚以自守，卑弱以自恃。具体来说，君无为而臣有为，庄子作了全面阐述，认为上有为或下无为，都不是君臣的正常关系，"上无为也，下亦无为也，是下

---

① 林语堂著：《老子的智慧》，陕西师范大学出版社2006年版，第86页。

与上同德；下与上同德，则不臣。下有为也，上亦有为也，是上与下同道；上与下同道，则不主。上必无为而用天下，下必有为为天下用。此不易之道也"（《庄子·天道》）。君要愚而臣要智，"我愚人之心也哉！沌沌兮！俗人昭昭，我独昏昏；俗人察察，我独闷闷。澹兮其若海，飂兮若无止。众人皆有以，而我独顽似鄙。我独异于人，而贵食母"（第二十章）。如果从君主与臣属的关系来理解，大意是，君主真是愚人的心胸啊，终日混混沌沌。臣属都自我炫耀，君主却糊里糊涂。臣属都工于算计，君主独茫然无知。心是那样辽阔，就像大海无边无垠；思绪像疾风劲吹，飘扬万里没有尽头。臣属都各有所用，君主独显得鄙劣无能。君主是这样的与臣属不同，君主寻求道的滋养。君要静而臣要动，"得道者必静，静者无知，知乃无知，可以言君道也"（《吕氏春秋·君守》）。老子认为，君主治理国家要做到虚静，在处理事情时，自己不动声色，让臣属纷纷议论；自己不直接动手，让臣属去处置。即使君主要有所作为，也要尽量减少动作，"治大国若烹小鲜"（第六十章）。法家吸收了老子这一思想，认为君主不动声色，可以使群臣不知道君主的喜好，从而更有利于驾驭臣属。老子的政治学说容易被误解为阴谋权术，其原因大概在于此，却不符合老子治道无为的本意。

"圣人之治"，是老子之道对统治者治国品格的理想要求。圣人是老子为世俗统治者树立的执政和治国安邦的榜样，也是实现老子政治理想的人事保证。任何事都是人做的，没有人什么事也做不成，没有合适的人什么事也做不好，这是最基本的政治道理。对于政治而言，好的政治需要好的统治者。在老子看来，他的小国寡民图景和无为而治原则，只有具备圣人品格的统治者才能担当和组织实施。这是因为圣人能够忍辱负重，"是以圣人云：'受国之垢，是谓社稷主；受国不祥，是为天下王。'正言若反"

（第七十八章）。社稷是古代帝王祭祀的土神和谷神，后指称国家。大意是，能够承受一国的耻辱，就可以成为国家的君主；能够承受一国的灾祸，就可以成为天下的君主。这是因为圣人能够守道不争。世人都喜欢追逐事物的显相和正面现象，喜欢求全求盈求多，从而容易引起社会纷争；圣人则不然。《老子》第二十二章以圣人为例阐述不争之道理，圣人守道，作为天下事理的范式，不自我表扬，所以是非分明；不自以为是，所以声名昭彰；不自我夸耀，所以能建立功勋；不自高自大，所以能领导众人，"是以圣人抱一为天下式。不自见故明，不自是故彰，不自伐故有功，不自矜故长"。接着指明不争的良好效果，"夫唯不争，故天下莫能与之争。古之所谓曲则全者，岂虚言哉！诚全而归之"。

这是因为圣人能够尊重百姓，摒弃主观意志和欲望，不以自我成见作为判断是非好恶的标准，宽容待人、和光同尘，以百姓意愿为意愿，"圣人无常心，以百姓心为心。善者，吾善之；不善者，吾亦善之，德善。信者，吾信之；不信者，吾亦信之，德信"。同时，圣人之治浑厚淳朴，显得安详和合，让天下人的心归于浑朴。百姓都运用自己的聪明，耳目各有所关注，圣人却孩童般地看待他们，"圣人在天下歙歙，为天下浑其心。圣人皆孩之"（第四十九章）。这是因为圣人能够无为而无不为。无为不是无所作为，而是无为而治，统治者尽量减少强制性的作为，充分尊重老百姓的权利和能力，达到治理好老百姓的目的，"故圣人云，我无为而民自化，我好静而民自正，我无事而民自富，我无欲而民自朴"（第五十七章）。统治者的无为、好静、无事、无欲，归根结底是无为而治，是要有作为，即让老百姓自化、自正、自富和自朴。这是多么美好的治理图景啊！

四、人道论

人道是老子思想的归宿，也是老子人生思考的全部内容。中国哲学一向不为知识而求知识，而是为人生而求做人，道德色彩比较浓厚，伦理思想比较丰富。老子也不例外。先秦思想家们都以拯救乱世、匡正时弊为宗旨，而其出发点和落脚点却在人生。他们都在研究人道，思考生命的意义和价值，都在着力建立与其基本理论相符合的理想人格理论。理想人格是人道的逻辑前提和追求目标。冯友兰指出："由于哲学探究的主题是内圣外王之道，所以学哲学不单是要获得这种知识，而且是要养成这种人格。"[①]

先秦思想家都有自己的理想人格，其哲学底蕴和思想内涵却有着很大差异。孔子贵仁，依据于仁建立了君子的理想人格。君子不仅要品德高尚，而且要建功立业，不仅自己要道德高尚，而且要推己及人、惠及百姓，"子路问君子。子曰：'修己以敬。'曰：'如斯而已乎？'曰：'修己以安人。'曰：'如斯而已乎？'曰：'修己以安百姓。修己以安百姓，尧舜其犹病诸？'"（《论语·宪问》）墨家贵兼，倡导"兼相爱，交相利"，在此基础上建立了贤人的理想人格。先秦时期，贤人是辅佐君主统一天下的有才能和有德行的人。墨家最推崇贤人，认为贤人是政治的根本，"国有贤良之士众，则国家之治厚；贤良之士寡，则国家之治薄"（《墨子·尚贤上》）。法家贵法，力主法治，其理想人格是尊主卑臣，"故明主之畜臣，臣不得越官而有功，不得陈言而不当。越官则死，不当则罪。守业其官，所言者贞也，则群臣不得朋党相为矣"（《韩非子·两柄》）。老子贵柔，主张无为，建构起圣人的理

① 冯友兰著：《三松堂全集》（第六卷），河南人民出版社2000年版，第12页。

想人格。围绕圣人，提出了柔、愚、啬、朴、慈、俭、静、弱等人格规范，形成了理想人格的思想体系。

老子的理想人格，迥异于孔子、墨家、法家的理想人格，最大的差异在于理论基础不同。老子思想的理论基础是道，道与其说是一个伦理范畴，不如说是一个哲学范畴。老子依据道建构的理想人格，具有本体论意义，因而思想更深刻，逻辑更彻底；其他先秦思想家的理想人格只有伦理学意义。研究先秦思想家的理想人格，不能不涉及道德范畴，先秦思想家一般是在伦理学意义上使用道德范畴，而且道与德是合并使用的。在老子哲学中，道与德是分开使用的，道是哲学概念，更多地表达本体论的内容，德是社会学概念，更多地表达价值论的内容。《老子》一书分为上下篇，上篇第一章至第三十七章为"道经"，主要阐述道的原旨；下篇第三十八章至第八十一章为"德经"，主要说明道的作用。全书浑然一体，贯穿着尊道贵德的思想。所谓德，王弼注云："德者，得也。常得而无丧，利而无害，故以德为名焉。何以得德？由乎道也。"道与德的关系是道为体、德为用，德是道与天地万物的联系和转化机制，道通过德落实于天地万物，内化到每一个个体的事物中，成为每一个个体事物的本质和特性，"道生之，德畜之，物形之，势成之。是以万物莫不尊道而贵德。道之尊，德之贵，夫莫之命而常自然"（第五十一章）。对于人生而言，德既是道的实现，也是道的主体化。道实际上是生命的源泉和根本，是一种潜能或潜在性存在；德则是主体实现的原则，是一个价值范畴，由修德而复道，说明道也是一个价值本体。

老子之道形而下到人生层面，其所显现的特性而为人类所体验所效法者，都是属于德的活动范围，这就是人道。人道思考的是人与自身的关系，研究人的德行问题。人道既是道德哲学，又是德行之学。在人道那里，德虽然源于道，却不再是本体论范畴，而是一个主体的实现原则，变成了人生修养或修身的问题。修身的本质是处理人与道的关系，修身的水平不同，导致人与道的不同关系。有的人修身好，与道就接近，甚至能够合一；有的人修身不够，则与道不合一，甚至远离。老子把他们区分为上德与下德、有德与无德之人。出乎本性的是上德，迫于外在规范的是下德，"上德不德，是以有德；下德不失德，是以无德。上德无为而无以为，下德为之而有以为。上仁为之而无以为，上义为之而有以为，上礼为之而莫之应，则攘臂而扔之"（第三十八章）。上德是无为之德，纯乎本性，无心为之，不自知有德，不自居有德，却能成就德的最高境界；下德是有为之德，出乎规范，刻意为之，以德自居，孜孜以求，最后归于无德。老子推崇的是上德，上德之人就是圣人，就是有道之士，就是具有高尚道德修养的人。如何通过修身，达到上德境界，老子之道提供了思路和方法。

复归婴儿，保持精神上的纯真，这是人道的内修本领。婴儿是生命的象征，无知无欲、自然天真、纯洁朴实，而婴儿却有着无限发展的潜力和可能。老子从婴儿身上看到了人心灵修养的本质和途径，他运用婴儿的比喻，具体阐述了主体内在的道德和性情修养。老子认为，上德之人必然如婴儿般纯洁天真，"含德之厚，比于赤子"。婴儿的心灵与肉体是统一的，具有旺盛的生命力。这种生命力不仅表现在每个人的人生都是从婴儿开始的，逐步走向少年、青年、中年和老年，更表现在婴儿尚处在本能状态，没有是非心，没有苦乐感，无所畏惧，心灵十分强壮，"蜂虿虺蛇不螫，猛兽不据，攫鸟不搏。骨弱筋柔而握固，未知牝牡之合而全作，精之至也。终日号而不嗄，和之至也"（第五十五章）。当然，婴儿强壮不是身体的强壮，而是精神的强壮。婴儿在天真无邪中充满着生机和活力，整个身体都处在积极的正面状态。

在老子看来，人生离开婴儿之后，心灵与肉体逐步分化，就难以在精神上保持婴儿状态、在心灵上保持本真品质了。随着年龄的增长，人生逐步远离婴儿状态，不可避免地产生欲望和知性。有了欲望，必然出现各种机巧，以满足欲望；有了知性，必然发生对象的认识，以求获得知识。人的欲望和知性过分膨胀，就会失掉人的本真，导致异化，即人创造的物质和精神产品不为人所驾驭，反过来奴役和支配人的身心和言行。老子认为，保持本真就是明白道理，贪图欲望就会加速衰老和死亡，"知和曰常，知常曰明，益生曰祥，心使气曰强。物壮则老，谓之不道，不道早已"（第五十五章）。

老子指出，人的一生要想保持心灵与肉体的统一，实现人与道的合一，就要不断修身，具体路径是复归于婴儿。修身不是为学而是为道，为学是增进知识，主要通过求知活动逐渐积累和不断增多。老子并不反对知识，而是反对功利性的求知活动。为道是提升道德品质，主要通过内省，减少心计，抛弃成见。为学属于知识论，为道属于修身范畴，两者有着不同功能，不能互相代替。复归于婴儿，并不是人的肉体回归到婴儿时期。时间的单向性和生命的唯一性，决定了人离开婴儿时期之后，只能走向老年和死亡，不可能回到生机勃勃的婴儿状态。肉体不能回归，心灵却能回归，精神可以永远保持婴儿般的纯朴和本真。老子正是从心灵和精神角度，阐述人生复归于婴儿的道理，"知其雄，守其雌，为天下溪。为天下溪，常德不离，复归于婴儿。知其白，守其黑，为天下式。为天下式，常德不忒，复归于无极。知其荣，守其辱，为天下谷。为天下谷，常德乃足，复归于朴"（第二十八章）。这段话所说的"复归"，都是一个意思，是指人的德行复归，如婴儿般纯真，摒弃一切杂念，遵从道的运行和规律。

向水学习，坚守行为上的柔弱，这是人道的处世方法。如果说复归婴儿是人生修养对内的心灵指导，那么，向水学习则是人生修养对外的行为指导。人的对内修养是主体内在的道德与性情修养，对外修养则是应对社会和人际关系的方法总和，二者圆融自洽地形成了老子人道的全部实践内容。老子人道的主要特质是柔弱，即为人处世要谦虚内敛、低调居下。老子是从形上的角度认识柔弱的，柔弱是道的重要组成部分，与矛盾一起促成了道的运动。老子认为，天地万物中最能体现柔弱品格的就是水，世界上没有比水更柔弱的事物了，"天下莫柔弱于水，而攻坚强者莫之能胜，其无以易之"。然而，老子感叹天下都知道水的好处和柔弱的作用，却没有人能实行，"天下莫不知，莫能行"（第七十八章）。老子之人道就是希望人们向水学习，以柔弱的态度和谦虚的方法立身处世。

在老子看来，水的柔弱表现在不争。我们知道，无论动物还是植物，一切生命形式都离不开水，而水却流向低处，安居低洼，不争高于天下，不争宠于自然。老子对水这一看似简单而平常的自然现象，作出了全新的人文解释，这是一种与世无争的高贵品质，不仅反映了精神上的谦卑，而且体现了为人处世的低调态度。人道的核心是善，天地万物之中，最能显示道德之善的是水，"上善若水。水善利万物而不争，处众人之所恶，故几于道"（第八章）。河上公注云："上善之人，如水之性。"（《老子道德经河上公章句》）王弼注云："道无水有，故曰'几'也。"不争就是水滋养万物而不居功自傲，不占有和主宰它们，这是最高的道德，"故道生之，德畜之：长之，育之，亭之，毒之，养之，覆之。生而不有，为而不恃，长而不宰，是谓玄德"（第五十一章）。老子认为，水的柔弱表现在处下。处下实际上也是不争的一种表现，更是谦卑精神的具体展示。谦卑处下的实质是包容宽容、胸怀博大，能够随物赋形。水没有固定的形状，也不刻意塑造某种形状，而是自然给予什么形状，水就成为什么形状。谦卑处下能够随遇而安，水遇到高山，就绕道而行；遇到低洼，就安居积蓄，不计较、不逞强，不自傲、不邀宠。更重要的是，无论在高处还是在低洼，水都不择细流，不计清浊，不避污泥，有容乃大、无私奉献。老子赞美水的谦卑处下，"江海所以能为百谷王者，以其善下之，故能为百谷王"（第六十六章）。老子指出，水的柔弱还表现在以柔克刚。水看似柔弱，却有着异乎寻常的力量。水滴石穿，水既可以润物无声、滋润心灵，又可以销蚀利剑、穿透顽石。老子从中会意到了一种人文力量，那就是顽强的韧性和坚定的意志；辩证地看到了柔弱与刚强的关系，那就是柔弱胜刚强，"天下之至柔，驰骋天下之至坚，无有入无间，吾是以知无为之有益"。不过，老子仍然感叹"不言之教，无为之益，天下希及之"（第四十三章）。这说明人向水学习，修身养性，并不是一件容易的事情。

圣人标准，超越自我，完善人生，这是人道的理想目标。无论内修心灵，还是外修立身，都需要有一个目标指引，这不仅可以明确修身的努力方向，而且可以为修身提供前进的动力。老子之人道设定的修身目标就是圣人，圣人是老子理想人格的具体化形象。有趣的是，老子熟悉先秦及以前的历史和历史人物，而翻遍《老子》全书，却没有提到一个历史上的人物，更没有拿任何一个历史人物来比附圣人。好在《老子》一书多处议论圣人，使得圣人形象呼之欲出，臻于完美。老子认为，圣人是与道合一的人。圣人是道的完美化身，不仅在本体论上得到道的全部内容，而且通过致虚静的内省方法，在认识论的意义上也把握了蕴含在他们自身中的道的全部内容。人道某种意义上可说是圣人之道。

这是因为普通人常常为贪欲所诱惑，失去了道的本性；唯有圣人，才能尊天道、法自然和明人事。《老子》经常将天之道与圣人之道对应起来加以阐述，譬如，"天之道，利而不害。圣人之道，为而不争"（第八十一章）。又如，"天之道，不争而善胜"（第七十三章）；圣人"以其不争，故天下莫能与之争"（第六十六章）。再如，天之道"不言而善应，不召而自来"（第七十三章）；"是以圣人处无为之事，行不言之教"（第二章）。

在老子看来，圣人在政治上是无为而治的，"为者败之，执者失之。是以圣人无为，故无败；无执，故无失。民之从事，常于几成而败之。慎终如始，则无败事。是以圣人欲不欲，不贵难得之货。学不学，复众人之所过。以辅万物之自然而不敢为"（第六十四章）。大意是，有所作为就会失败，有所把持就会失去。所以圣人无所作为，无所把持。慎重对待事情的终结，就像对待开始一样，就不会有失败之事。所以圣人以不欲为欲，不看重难得的奇物；以不学为学，抛弃众人的过失而复归于根本，辅助万物自然成长而不敢作为。老子认为，圣人在立身上是无知无欲的。贪婪、骄奢淫逸、纵情声色，必然导致人的心灵与肉体的矛盾，使得精神发狂，"五色令人目盲，五音令人耳聋，五味令人口爽，驰骋畋猎令人心发狂，难得之货令人行妨"。畋猎指打猎，难得之货为稀世珍品。圣人守住内心的平静，不贪图物质享乐和感官享受，"是以圣人为腹不为目，故去彼取此"（第十二章）。王弼注云："为腹者以物养己，为目者以物役己，故圣人不为目也。"老子指出，圣人在处世上是乐于助人的。圣人不私自积藏财货，他尽量帮助别人，自己反而更充足，他尽量给予别人，自己反而更富有，"圣人不积，既以为人，己愈有；既以与人，己愈多"（第八十一章）。

老子与孔子都是中国历史上的思想巨人。对于中华文明而言，老子与孔子的思想交相辉映，光焰万丈，泽被华夏。老子是智慧大师，崇尚自然无为；孔子是道德大师，强调进取有为，他们共同建构了中华民族阴阳互补的精神结构。老子及其思想使得人生富有弹性，能够进入无己、无功、无名的化境，在平淡中感悟生命真谛，在宁静中追求永恒无限。

第五节　韩非

　　韩非（约公元前280—前233年）是法家的集大成者，是中国古代伟大的思想家。法是韩非思想的最高范畴，"吾以是明仁义爱惠之不足用，而严刑重罚之可以治国也"（《韩非子·奸劫弑臣》，本节凡引用《韩非子》一书，只注篇名）。韩非以道为指导，以法为核心，建构了法、术、势三位一体的思想大厦，为传统社会的中央集权和君主专制提供了理论依据。韩非的法家思想对传统社会的政治运行产生了重大而深远的影响。秦始皇看到韩非的《孤愤》《五蠹》之书说："嗟乎，寡人得见此人与之游，死不恨矣。"（《史记·老子韩非列传》）在漫长的传统社会里，统治者大多是"习文法吏事，而又缘饰以儒术"（《史记·平津侯主父列传》），名义上是运用儒家思想治理国家，实际是运用法家思想治理国家。汉宣帝直言不讳地教训时为太子的汉元帝，"汉家自有制度，本以霸王道杂之，奈何纯任德教，用周政乎"（《汉书·元帝纪》）。

一、其人其事

　　韩非生活于战国末期，出身韩国贵族，具有浓郁的政治情结，曾积极上书韩王言政，主张以法治国，却不被采纳，反遭猜疑。在报国无门的境况下，韩非退而著书立说，为秦始皇所重视，遂到秦国出使。韩非在秦国并没有得到重用，反而遭到李斯、姚贾的陷害，冤屈入狱后被逼自杀。司马迁慧眼独具，将老子与韩非合并作《老子韩非列传》，具体记载如下：

> 韩非者，韩之诸公子也。喜刑名法术之学，而其归本于黄老。非为人口吃，不能道说，而善著书。与李斯俱事荀卿，斯自以为不如非。非见韩之削弱，数以书谏韩王，韩王不能用。于是韩非疾治国不务修明其法制，执势以御其臣下，富国强兵而以求人任贤，反举浮淫之蠹而加之于功实之上。以为儒者用文乱法，而侠者以武犯禁。宽则宠名誉之士，急则用介胄之士。今者所养非所用，所用非所养。悲廉直不容于邪枉之臣，观往者得失之变，故作《孤愤》《五蠹》《内外储》《说林》《说难》十余万言。

从《史记》记载分析，韩非是韩国贵族之子，他的思想内容是刑名法术，理论根基是黄老之学。韩非和李斯都是荀子的学生，韩非说话结巴，表达能力不强，却善于思考写作，李斯自以为学业成就不如韩非，为后来的陷害埋下了伏笔。韩非关注政治，对韩国的衰弱和治国状况不满，"疾治国不务修明其法制，执势以御其臣下，富国强兵而以求人任贤，反举浮淫之蠹而加之于功实之上"。韩非还对儒、墨两家持批判态度，认为"儒者用文乱法，而侠者以武犯禁"。韩非屡屡上书，要求以法治国，变革图强，韩王却不予理睬，更没有重用。韩非悲感自己及廉洁正直的人不能容于韩国之君，于是考察古今成败得失，总结历史经验教训，著书立说十余万言。司马迁欣赏韩非的著作，全文照录了《说难》，主要阐述游说、进言或说服君主的内容和办法。司马迁感叹，韩非深知游说之道却死于游说君主之中，"余独悲韩子为《说难》而不能自脱耳"。

《韩非子》一书汇集了韩非的文章，司马迁具体点明了六篇著作，明确著有十余万言；《汉书·艺文志》记载"《韩子》五十五篇"。关于《韩非子》，人们有着一些不同的看法。在由谁编定成书的问题上，有的认为是汉代刘向整理内府图书时编辑而成，有的认为是秦国主管图书档案的人整理编辑而成。更大的分歧在于《韩非子》一书到底有多少是由韩非撰写的。任继愈将《韩非子》五十五篇文章分为五组，第一组确认不是韩非的文章有四篇；第二组确认是后来法家的文章有五篇；第三组关于古代历史故事的传说有八篇，是法家引用材料的工具书；第四组是对老子思想的解说有两篇；第五组属于韩非论文中的主要部分有二十八篇。任继愈认为，第一组最不可靠，第五组最可靠，第二、三、四组可作为参考性资料，存疑待考①。胡适更为悲观，甚至连司马迁的记录也不信，"《韩非子》十分之中，仅有一二分可靠，其余都是加入的。那可靠的诸编如下：《显学》《五蠹》《定法》《难势》《诡使》《六反》《问辩》。此外如《孤愤》《说林》《说难》《内外储》，虽是司马迁所举的篇名，但是司马迁的话是不很靠得住的。我们所定这几篇，大都以学说内容为根据"②。不过，一般认为，除《存韩》等个别文章外，《韩非子》中大部分文章可理解为韩非的著作，或体现韩非思想的著作。有的学者指出，《韩非子》的著作确实存在差异，"我们正好根据这些差异，清理出几条基本线索，看其嬗变的轨迹，结果《韩非子》五十五篇的多数，都可以加以早、中、晚期的归类，还原出一个有生命气息的韩非思想发展过程"③。

《韩非子》专门论证和阐述了君主专制思想，按照现代学科分类，是中国古代一部无与伦比的政治学名著。《韩非子》汇集

---

① 参见王宏斌著：《慧通韩非子》，九州出版社2007年版，第13—14页。

② 胡适著：《中国哲学史大纲》，上海古籍出版社2019年版，第321—322页。

③ 杨义著：《韩非子还原》，中华书局2011年版，第89页。

了先秦法家的政治主张，论述了以法治处理复杂政务民事的政治原理，形成了法、术、势三位一体的中央集权和君王专制的思想模式。在法、术、势三者关系中，韩非最推崇的是法，认为法是唯一标准，要求全面推行法治，"明主之国，令者，言最贵者也；法者，事最适者也。言无二贵，法不两适，故言行而不轨于法令者必禁"（《问辩》）。最优先的是术，以便君主能够有效地驾驭群臣，"人主之大物，非法则术也"（《难三》）。熊十力认为："韩非之书，千言万语，壹归于任术而严法，虽法术兼持，而究以术为先。"①《韩非子》虽然以思想内容见胜，却不可忽视其文学成就。全书体裁多样、风格各异，众体皆备、绚丽缤纷，笔锋犀利、文风峻刻，富有逻辑和文学色彩。韩非是出色的辞章家，他推进了专题议论文走向更加成熟，格局宏大，结构严密，"论事入髓，为文刺心"（门无子《韩子迂评跋》）；开创了驳难文体，一般是先举史实，后发议论，尽显驳辩痛快、酣畅淋漓风采；创新了韵文写作技巧，在句式、韵律和手段方法上超越了先秦诸子；改进了文风，做到观点鲜明、文笔优美，分析精辟、逻辑谨严，文辞遒劲、斩钉截铁，在文字、语言、修辞方面都对中国文学发展作出了重要贡献。

《韩非子》实际上是一部帝王学著作，令人不禁想到16世纪意大利政治学者马基雅维利，他也对君主的统治术进行了专门研究，著有《君主论》。《君主论》鼓吹君主制，主要内容是论述君主如何取得政权和巩固政权。在马基雅维利看来，人性是自私和邪恶的，"关于人类，一般地可以这样说，他们是忘恩负义、容易变心的，是伪装者、冒牌货，是逃避危难、追逐利益的"②。君主为了巩固自己的统治，可以采取任何手段。国家权力不以道德

① 熊十力著：《韩非子评论与友人论张江陵》，上海书店出版社2007年版，第22页。
② ［意大利］马基雅维利著，潘汉典译：《君主论》，商务印书馆2017年版，第81页。

和宗教为根据，只要对统治有利，不论道德或不道德的手段，基督教或异教的方法，都可以采用。马基雅维利认为，君主进行统治，必须把暴力与欺骗结合起来，学会同时扮演狮子和狐狸两种角色，既有狮子的凶猛，又有狐狸的狡猾，"他就应该效法狐狸和狮子。因为狮子不能够防止自己落入陷阱，而狐狸则不能够抵御豺狼。因此一位君主必须是狐狸，以便认出那些陷阱；同时又是狮子，以便使豺狼恐惧"①。马基雅维利甚至指出，为达到目的可以不择手段，不讲信义，不讲道德和情感，"目的总是证明手段是正确的"②。一位君主最好让人民认为仁慈，而不是残酷，但不能过分仁慈，必要时不怕承担残酷的罪名。至于受人民爱戴还是让人民畏惧，"对此二者必须有所取舍时，对于君主来说，也许令人畏惧比受人爱戴更安全"③。比较韩非与马基雅维利、《韩非子》与《君主论》，既有差别又有同一。差别在于，两人生活年代不同，相差了1700多年；两人著书的目的不同，前者是为封建专制社会提供理论依据，后者是为新生的资产阶级制造舆论氛围。同一在于，两人都研究君人南面之术，选取了同样的人性预设，认可了同样的统治手段。不过，韩非更冷峻，走得更极端。同一还在于，《韩非子》与《君主论》命运相同，问世以来表面上都受到了责骂或封禁，实际却成了大大小小专制君主的教科书，受到统治者的顶礼膜拜。

二、人性论

人性是韩非最关心的问题，也是古今中外普遍关心的问题。

---

① ［意大利］马基雅维利著，潘汉典译：《君主论》，商务印书馆2017年版，第84页。

② 同上书，第74页。

③ 同上书，第80页。

人性论是政治思想的基础，不同的人性论必然推导出不同的政治治理模式。基于人性善的假设，必然强调个体的自觉和自我约束，建构德治型社会模式；基于人性恶的假设，则主张对个体行为的外在规范和强制，建构法治型社会模式。先秦思想家为了推行自己的政治观念，都从理论上探讨了人性问题，而基本的观点只有性善或性恶。孟子主张性善，认为人性善是先天固有的本质，"人性之善也，犹水之就下也。人无有不善，水无有不下"（《孟子·告子上》）。荀子则强调性恶，明确"人之性恶，其善者伪也"（《荀子·性恶》）。韩非师从荀子，实质继承了人性恶思想，具体化为好利恶害之心，"人无毛羽，不衣则不犯寒；上不属天而下不著地，以肠胃为根本，不食则不能活。是以不免于欲利之心"（《解老》）。熊十力认为："韩非子以为人之性，本无有善。凡人皆挟自为心，只知有利而已矣。韩非受学荀卿，卿言性恶，韩非之人性论，实继承荀卿性恶说，此无可讳言也。"[1]而且，韩非彻底撕碎了人与人之间存有的温情脉脉面纱，认为无论父子、夫妇，还是君臣、朋友，人人都"用计算之心以相待"（《六反》），不是互相利用、买卖交换，就是钩心斗角、尔虞我诈，从而把荀子性恶论推向了极端，"中国哲学人性恶的理论，由儒家荀子倡其说，而由法家韩非立其说，性恶论至此已被推到极点"[2]。

韩非继承了荀子的人性论，却有着明显的差异。最明显之处在于概念不同，荀子言性恶，韩非言好利，"好利恶害，夫人之所有也"（《难二》）。《荀子》一书有"性恶"篇，专门阐述性恶的思想，而《韩非子》一书从未出现性恶的概念，也没有把性与恶联系在一起的相关论断。最根本的差异在于判断依据不同，荀

---

[1] 熊十力著：《韩非子评论》，台湾学生书局1978年版，第16—17页。

[2] 张立文主编：《性》，中国人民大学出版社1996年版，第54页。

子的人性恶是依据价值和理性思辨作出的判断，而韩非的好利是依据事实和经验体会作出的判断。荀子以善与恶作为分析框架，对人的好利之性作出价值判断，认为人性是恶的。韩非不是从抽象、空洞的善恶概念出发，而是从历史与现实中的实际行为及其相互关系立论，认为利益是人们一切行为的出发点。韩非所讲的利益，既指经济利益，也指名誉、名声等社会需求，"利之所在，民归之；名之所彰，士死之"（《外储说左上》）。韩非突破了善与恶的分析框架，以一种自然主义的笔触对人性只作事实描述，不作道德评价。最重要的差异在于逻辑结论不同，荀子明确提出人性恶的观点，却认为人性具有向善的可能，是可以改变的，"人之欲为善者，为性恶也"。而改变人性的主要途径是仁义道德，"古者圣王以人之性恶，以为偏险而不正，悖乱而不治，是以为之起礼义、制法度，以矫饰人之情性而正之，以扰化人之情性而导之也"（《荀子·性恶》）。韩非则完全否定仁义道德的作用，"故行仁义者非所誉，誉之则害功"（《五蠹》）。韩非认为人的好利本性是先天的，不可能改变，也无须改变，正好被君主利用来推行法治，"凡治天下，必因人情"（《八经》）。韩非与荀子在人性的概念、判断依据和逻辑结论方面呈现出的差异，正是韩非对荀子人性思想的创新和发展，他脱离荀子而成为法家的主要代表人物，荀子则留在了儒家阵营。

　　好利恶害是韩非人性论的基本观点。在韩非看来，好利恶害是人性的普遍现象，无论王公贵族还是一般平民，都有利欲之心；人们不论做什么事情，无不有其自私自利的目的。农民不辞辛劳地耕作，是因为有利，可以富裕起来；战士不怕丢失性命而去打仗，是因为有利，可以由此显贵，"夫耕之用力也劳，而民为之者，曰：可得以富也。战之为事也危，而民为之者，曰：可得以贵也"（《五蠹》）。医生为人治病，不嫌病人脏和臭，是因为有利,"医善吮人之伤,含人之血,非骨肉之亲也,利所加也"。造船的人希望人们富裕,做棺材的人希望人们早死,并不是造船的人仁慈而做棺材的人不怀好心,而是利之所驱,"故舆人成舆,则欲人之富贵;匠人成棺,则欲人之夭死也。非舆人仁而匠人贼也,人不贵则舆不售;人不死则棺不买。情非憎人也,利在人之死也"。即使君主身边的显贵也好利恶害,"后妃、夫人、太子之党成而欲君之死也,君不死则势不重。情非憎君也,利在君之死也。故人主不可以不加心于利己死者"(《备内》)。

好利恶害是人天生具有的本性,自古而今皆是如此。韩非是进化论者,将历史发展分为上古、中古、近古三个时期,上古为有巢氏、燧人氏,中古为尧舜夏禹,近古为殷周王朝。在韩非看来,各个时期或为名或为利都在进行争夺,"上古竞于道德,中世逐于智谋,当今争于气力"。对于实际利益的偏好和争夺,一方面,上古之世人们之所以不争,是因为无利可争。由于人口稀少,资源丰足,不需要为利而争;即使争夺,也是无利可图,"古者丈夫不耕,草木之实足食也;妇人不织,禽兽之皮足衣也。不事力而养足,人民少而财有余,故民不争。是以厚赏不行,重罚不用,而民自治"。当今之世人们之所以争夺,在于人口激增,财货紧缺,不争就得不到利益,"今人有五子不为多,子又有五子,大父未死而有二十五孙。是以人民众而货财寡,事力劳而供养薄,故民争;虽倍赏累罚而不免于乱"。另一方面,上古之人之所以推让王位,是因为王位不仅无利可图,而且是个苦差事,像尧的生活,是住茅屋,吃粗粮,穿兽皮和粗布衣服,待遇还不如现在一个看门的人,"尧之王天下也,茅茨不翦,采椽不斫;粝粢之食,藜藿之羹;冬日麑裘,夏日葛衣;虽监门之服养,不亏于此矣"。夏禹治理天下时,则像奴隶般地辛苦劳动,"禹之王天下也,身执耒臿以为民先,股无胈,胫不生毛,虽臣虏之劳,不苦于此矣"。所以，古时让渡王位，只不过是让渡看门人的微薄待遇和奴隶般的劳役，不值得特别赞誉，"以是言之，夫古之让天子者，是去监门之养，而离臣虏之劳也，古传天下而不足多也"。当今之世，人们之所以争夺官位，在于利益的驱动，有利可图且较为丰厚，"今之县令，一日身死，子孙累世絜驾，故人重。是以人之于让也，轻辞古之天子，难去今之县令者，薄厚之实异也"（《五蠹》）。

好利恶害的影响既广且深。广是指普遍性，所有人都有好利恶害之心，深是指好利恶害已经深入到血缘亲情关系之中。像父子之间这样的至亲关系，都会从自身利益出发考虑对方，"子、父，至亲也，而或谯或怨者，皆挟相为而不周于为己也"（《外储说左上》）。父母与子女是人间最亲近的关系，也是好利恶害，生了男孩就祝贺，生了女孩就溺死，"且父母之于子也，产男则相贺，产女则杀之。此俱出父母之怀衽，然男子受贺，女子杀之者，虑其后便，计之长利也"（《六反》）。不仅父母以好利恶害之心对待子女，子女对待父母也是如此。如果父母没有好好抚养孩子，孩子就会抱怨，长大后还会报复，不好好孝敬父母，"人为婴儿也，父母养之简，子长而怨；子盛壮成人，其供养薄，父母怒而诮之"（《外储说左上》）。韩非进而感慨道："父母之于子也，犹用计算之心以相待也，而况无父子之泽乎？"（《六反》）除了父母与子女之间有好利恶害之心外，夫妻之间也存有好利恶害之心，"卫人有夫妻祷者而祝曰：'使我无故，得百束布。'其夫曰：'何少也？'对曰：'益是，子将以买妾。'"（《内储说下》）大意是，卫国人有一对夫妻向神明求福，妻子的祈求是没灾没病，得到一百捆布。丈夫问她要的为什么这么少，妻子回答说，超过这个数字，你会用它来买妾。兄弟之间也存有好利恶害之心，像齐桓公那样，竟然为了王位而杀掉了自己的兄长，"或曰：千金之家，其子不仁，人之急利甚也。桓公，五伯之上也，争国而杀其兄，其利大也"（《难四》）。

好利恶害更存在于君臣之间。君与臣就是利害算计的关系，"君臣之际，非父子之亲也，计数之所出也"。齐桓公的三个宠臣为了自己的利益，不顾亲情和自身性命，易牙为了让齐桓公吃到人肉，杀了自己的儿子，"易牙为君主味，君惟人肉未尝，易牙烝其子首而进之"。竖刁为了帮助齐桓公管理后宫，竟然自宫，"君妒而好内，竖刁自宫以治内"。开方为了服务好齐桓公，竟十五年不去看望老母亲，"开方事君十五年，齐、卫之间不容数日行，弃其母，久宦不归"。韩非认同管子的评论，易牙是"人情莫不爱其子，今弗爱其子，安能爱君？"竖刁是"人情莫不爱其身，身且不爱，安能爱君？"开方是"其母不爱，安能爱君？"（《难一》）韩非告诫君主不能信任臣子和任何人，否则就会受制于人，"人主之患，在于信人。信人，则制于人"。不能信任臣子和任何人，是因为君臣之间不是骨肉之亲，"人臣之于其君，非骨肉之亲也，缚于势而不得不事也"。而且，"为人臣者，窥觇其君心也，无须臾之休，而人主怠傲处其上，此世所以有劫君弑主也"（《备内》）。韩非认为，君主不可信任任何人，却可利用人人皆有好利恶害之心，驾驭群臣，治理天下，"君有道，则臣尽力而奸不生；无道，则臣上塞主明而下成私"。明主之道的核心是掌握赏罚权力，"有赏者君见其功，有罚者君知其罪。见知不悖于前，赏罚不弊于后"。还要辅以其他政治手段，"一人不兼官，一官不兼事；卑贱不待尊贵而进论，大臣不因左右而见；百官修通，群臣辐凑"（《难一》）。

三、法治论

法是韩非思想的核心，集聚着韩非所有的政治理念和方法举措。韩非之法是一种"编著之图籍"的法律条文，是一种"设之于官府"的统治工具，是一种"布之于百姓"的行为规范，"法者，编著之图籍，设之于官府，而布之于百姓者也"（《难三》）。更重要的是，法的基本内容就是赏罚，"法者，宪令著于官府，刑罚必于民心，赏存乎慎法，而罚加乎奸令者也"（《定法》）。大意是，所谓法，就是法令由官府明确制定，刑罚在民众心中扎根，奖赏严格守法的人，惩罚触犯禁令的人。韩非之法思想内容广博，含义深刻。

法是国家治理的唯一手段，"故治民无常，唯法为治"（《心度》）。在韩非看来，只要有了法，就有了规矩。有了规矩，一个中等才能的君主，也能治理好国家，"使中主守法术，拙匠执规矩尺寸，则万不失矣"。反之，即使尧这样的圣君也难以治理国家，就像传说中的奚仲，虽然是一个优秀的造车匠，连一个车轮也做不成；王尔是一个能工巧匠，却有一半的产品不符合标准，"释法术而任心治，尧不能正一国；去规矩而妄意度，奚仲不能成一轮；废尺寸而差短长，王尔不能半中"（《用人》）。有了法，就能老有所养，幼有所长，边境安宁，消除灾祸，实现天下大治，"故其治国也，正明法，陈严刑，将以救群生之乱，去天下之祸，使强不凌弱，众不暴寡，耆老得遂，幼孤得长，边境不侵，君臣相亲，父子相保，而无死亡系虏之患，此亦功之至厚者也"（《奸劫弑臣》）。有了法，国家就能强大，没有法，国家只会衰弱。国家没有永远强大的，也没有永远弱小的。国家的强大与弱小取决于对待法的态度。坚决奉行法者必强，无力奉行法者必弱，"国无常强，无常弱。奉法者强，则国强；奉法者弱，则国弱"。韩非举例说明法对于国家强弱的至关重要性，正是因为有了法，"故有荆庄、齐桓，则荆、齐可以霸；有燕襄、魏安釐，则燕、魏可以强"（《有度》）。

法是君主治国的重器和主要工具，"人主之大物，非法则术也"。在韩非看来，法之所以是君主治国的重器，在于依靠君主一人之力难以治国，"以一人之力禁一国者，少能胜之"（《难三》）。在于君主时间不够用，精力供应不足，"夫为人主而身察百官，则日不足，力不给"。还在于君主不仅是感官和心智不够用，而且臣下会用欺骗手段。君主用眼睛，臣下会修饰外观；君主用耳朵，臣下会修饰声音；君主用心思，臣下会夸夸其谈，"且上用目，则下饰观；上用耳，则下饰声；上用虑，则下繁辞"。韩非认为，君主只有依靠法才能治国，"先王以三者为不足，故舍己能而因法数，审赏罚。先王之所守要，故法省而不侵"。只有依靠法，才能防止聪明机巧的人、阴险浮躁的人和奸邪之人，君主"独制四海之内，聪智不得用其诈，险躁不得关其佞，奸邪无所依"。只有依靠法，地方官员才不敢造次，"远在千里外，不敢易其辞"。君主身边的官员也不敢造次，"势在郎中，不敢蔽善饰非，朝廷群下，直凑单微，不敢相逾越"。只有依靠法，君主才能维护权势，治国才能游刃有余，"故治不足而日有余，上之任势使然之"（《有度》）。韩非指出，君主以法治国，是为了保护老百姓的利益，"圣人之治民，度于本，不从其欲，期于利民而已"。以法治国，不是憎恨老百姓，而是真正爱护老百姓，"故其与之刑，非所以恶民，爱之本也"（《心度》）。以法治国是法律加官吏，这是明君统治的秘诀，"明主之国，无书简之文，以法为教；无先王之语，以吏为师"（《五蠹》）。这段话实际道出了韩非政治思想的精神实质和全部内容，即以法治国，一靠法律，二靠官吏。君主能够以一己之力控制国家，就在于法律规范了所有人的行为，官吏保证了法律的执行。法治是明君统治天下的根本措施，"故明君操权而上重，一政而国治。故法者，王之本也；刑者，爱之自也"（《心度》）。法治是君主在陆地行走的车马，在水中渡河的船和桨。君主没有车马，就难以在陆地行走；没有船和桨，就难以在水中渡河；没有法治，就难以统治天下，更难以称王称霸，"治国之有法术赏罚，犹若陆行之有犀车良马也，水行之有轻舟便楫也，乘之者遂得其成。伊尹得之，汤以王；管仲得之，齐以霸；商君得之，秦以强"（《奸劫弑臣》）。

法治的核心是赏与罚，"故善为主者，明赏设利以劝之，使民以功赏而不以仁义赐；严刑重罚以禁之，使民以罪诛而不以爱惠免。是以无功者不望，而有罪者不幸矣"（《奸劫弑臣》）。韩非认为，赏与罚的依据在于人性好利恶害，"人情者，有好恶，故赏罚可用；赏罚可用，则禁令可立，而治道具矣。君执柄以处势，故令行禁止"（《八经》）。赏与罚有着不同功能，赏的功能是劝人向善，罚的功能是止人作恶，"圣王之立法也，其赏足以劝善，其威足以胜暴，其备足以必完"。通过奖赏，使有功之人地位高，竭力之人赏赐多，尽忠之人名声好，从而达到天下大治，"治世之臣，功多者位尊，力极者赏厚，情尽者名立"（《守道》）。赏与罚不能走形式、做样子，而要厚赏重罚。只有厚赏重罚，才能调动人们为君主效劳的积极性，"赏莫如厚，使民利之；誉莫如美，使民荣之；诛莫如重，使民畏之；毁莫如恶，使民耻之。然后一行其法，禁诛于私家，不害"（《八经》）。韩非经常把赏与罚相提并论，实际却是个重刑主义者，认为重刑能够巩固君主地位，保证社会安定，"夫严刑重罚者，民之所恶也，而国之所以治也；哀怜百姓，轻刑罚者，民之所喜，而国之所以危也"（《奸劫弑臣》）。比较而言，罚比赏更有作用，所以要重罚少赏。重罚少赏更能体现君主的爱民之心，"重刑少赏，上爱民，民死赏；多赏轻刑，上不爱民，民不死赏"。君主不仅要重罚少赏，而且要轻罪重罚。轻罪重罚有利于"以刑去刑"，防止民众犯罪，"重刑明民，大制使人，则上利。行刑，重其轻者，轻者不至，重者不来，此谓以刑去刑。罪重而刑轻，刑轻则事生，此谓以刑致刑，其国必削"（《饬令》）。应该说，重刑思想的产生，与当时动乱的社会背景不无关系。

厚赏重罚是立法的原则，而执法的原则是一视同仁，信赏必罚。在韩非看来，执法最基本的原则是公平，犹如概是用来量平斗斛，而官吏是为了保证公平执法，"概者，平量者也；吏者，平法者也。治国者，不可失平也"。公平就要做到赏罚得当，如果不能赏罚得当，连神仙也无可奈何，尧也不能治理好国家，"利所禁，禁所利，虽神不行；誉所罪，毁所赏，虽尧不治"。同时，要避免私怨和私恩，实现"以罪受诛，人不怨上"；"以功受赏，臣不德君"（《外储说左下》）。因而韩非反复强调："明主之国，官不敢枉法，吏不敢为私，货赂不行。"（《八说》）执法最重要的特征是法律面前人人平等，"诚有功，则虽疏贱必赏；诚有过，则虽近爱必诛"（《主道》）。尽管韩非之法的平等是在君主专制前提下的平等，是有限度的平等，却是政治思想理论的重要进步。除了君主拥有不受法律制裁的特权外，无论君主的宠臣，还是达官贵人，所有的臣民，一旦触犯法律，都必须受到惩处，任何人不能幸免。至于平民百姓，只要有功，都可以封赏。韩非之法的可贵，就在于打破了封建贵族的特权；韩非之法的进步，就在于平等意识的增长和平民地位的认可。韩非之法确实在保护君主特权，同时也为全体臣民提供了保障。只要大家遵法守法，谁也不能无法无天，谁也不会被诬陷加害。

执法必须严格谨慎，既不能仁爱也不能暴虐，"仁者，慈惠

而轻财者也；暴者，心毅而易诛者也"。在韩非看来，仁者容易
放纵犯罪，"慈惠，则不忍；轻财，则好与"；而暴者则会滥杀无
辜，"心毅，则憎心见于下；易诛，则妄杀加于人"。仁者容易赏
罚不明，"不忍，则罚多宥赦；好与，则赏多无功"。而暴者容易
造成怨恨和背叛，"憎心见，则下怨其上；妄诛，则民将背叛"。
无论仁者还是暴者，都不利于严格执法，都在破坏法治，都会导
致国家灭亡，"故仁人在位，下肆而轻犯禁法，偷幸而望于上；
暴人在位，则法令妄而臣主乖，民怨而乱心生。故曰：仁暴者，
皆亡国者也"（《八说》）。执法必须"法不阿贵"，这是韩非之法
最有价值的部分，充满着智慧与人性之光。在二千多年的传统社
会中，"王子犯法，与庶民同罪"，一直是人们的期盼，更是政治
清明的标志。无论立法还是执法，无论赏与罚，还是厚赏重罚，
都必须把法律作为社会唯一被认可的强制性行为规范，"法不阿
贵，绳不挠曲。法之所加，智者弗能辞，勇者弗敢争。刑过不避
大臣，赏善不遗匹夫"（《有度》）。

四、术治论

《韩非子》一书运用"法"的概念有436次，"术"的概念有
163次，"势"的概念有178次。单纯从统计数字分析，无疑法
是韩非的基本概念，韩非是以法为基础建构法家思想体系。然
而，从思想内容分析，韩非却更重视术在政治统治中的地位和作
用。韩非的全部思想都服务服从于君主专制的需要，术是专门为
君主设计的统治手段，法则是为臣子设计的管理措施，"君无术
则弊于上，臣无法则乱于下，此不可一无，皆帝王之具也"（《定
法》）。不言而喻，韩非对术的关注优先于对法的关注，郭沫若认
为韩非不应是法家，而是法术家，"严格地说时，应该称为'法

术家'"。因为韩非"采取了君主本位的立场，故他对于'术'便感觉着特殊的兴趣。他的书中关于'术'的陈述与赞扬，在百分之六十以上"①。

术治是韩非思想中最精彩的部分，也是后人非议最多的部分。术有两层含义，一层是课能术或形名术，意指君主考察选拔官吏的方法，"术者，因任而授官，循名而责实，操杀生之柄，课群臣之能者也。此人主之所执也"（《定法》）。另一层是权谋术或治奸术，意指君主驾驭群臣、防奸止奸的各种手段，其特点是"不欲见"，不宜公开，"术者，藏之于胸中，以偶众端，而潜御群臣者也"（《难三》）。相对而言，法比术公开透明，术隐蔽而神秘；课能术比权谋术的透明度要高，权谋术更加隐蔽。在韩非看来，术产生的主要原因在于人性，君臣形成了不同的利害诉求，"臣主之利相与异者也。何以明之哉？曰：主利在有能而任官，臣利在无能而得事；主利在有劳而爵禄，臣利在无功而富贵；主利在豪杰使能，臣利在朋党用私"（《孤愤》）。由于君臣有着不同利益，君臣之间只能是一种互相利用的买卖关系，"臣尽死力以与君市，君垂爵禄以与臣市"（《难一》）。由于是买卖利用关系，君主就不能信任臣下，不能相信臣下有忠心诚意，只有用术驾驭臣下，迫使臣下不得不忠。君主如果无术，无论怎样用人，都是失败的，"无术以任人，无所任而不败"。具体而言，"任智则君欺，任修则君事乱，此无术之患也"（《八说》）。

术与法既有联系又有区别，最大的区别在于术是君主驾驭群臣的手段，"此人主之所执也"；法是官吏管理百姓的依据，"此臣之所师也"。在韩非看来，术与法更多的是联系而不是区别，当有人问"申不害、公孙鞅，此二家之言孰急于国"，韩非

---

① 郭沫若著：《十批判书》，东方出版社1996年版，第331页。

认为不能这样比较和评价，因为术与法都是君主治理国家必须具备的东西，两者缺一不可，就像人饿了需要吃饭，寒了需要穿衣，吃饭和穿衣都是维持生命必须具备的东西，"人不食，十日则死；大寒之隆，不衣亦死。谓之衣食孰急于人，则是不可一无也，皆养生之具也"。当有人问："徒术而无法，徒法而无术，其不可何哉？"韩非认为术与法必须紧密结合在一起，才能治理好国家，才有可能称王天下或统一天下。韩非以申不害辅佐韩昭侯十七年为例，指出韩国不能称霸称王的原因，在于申不害有术无法，"故托万乘之劲韩，十七年而不至于霸王者，虽用术于上，法不勤饰于官之患也"。申不害不注重法令的统一，导致奸臣在新法与旧法之间牟取私利，抵消了用术带来的益处，"申不害不擅其法，不一其宪令则奸多。故利在故法前令则道之，利在新法后令则道之，利在故新相反，前后相悖，则申不害虽十使昭侯用术，而奸臣犹有所谲其辞矣"。又以商鞅为例，商鞅辅佐秦孝公变法却不能成就帝王之业，在于商鞅有法无术，"商君虽十饰其法，人臣反用其资。故乘强秦之资，数十年而不至于帝王者，法不勤饰于官，主无术于上之患也"。商鞅变法很有成效，"公孙鞅之治秦也，设告相坐而责其实，连什伍而同其罪，赏厚而信，刑重而必。是以其民用力劳而不休，逐敌危而不却，故其国富而兵强"。商鞅变法由于无术，变法的结果就不能得到很好利用，"然而无术以知奸，则以其富强也资人臣而已矣"。当有人问："主用申子之术，而官行商君之法，可乎？"韩非认为，申不害和商鞅的缺点不仅在于没有把术与法结合起来，而且在于申不害之术和商鞅之法自身也不够完善，"申子未尽于术，商鞅未尽于法也"；"故曰：二子之于法术，皆未尽善也"（《定法》）。韩非不主张简单地用申不害之术和商鞅之法，实质是要采用他所倡导的法，更要采用他所倡导的术。

韩非之术广博深邃，不能简单地用权谋两字加以概括，其中的课能术，主要用于考核官吏、检验人才，许多内容至今仍有一定的参考价值。课能术也称形名术，所谓形，泛指各种客观事物的实际情况；名指事物的名称。任何事物都有形有名，形是名的内容，名是形的形式。形名术是考核官吏的形与名是否互相符合的办法，简称为"形名参同""审合刑名"，"名实相持而成，形影相应而立"(《功名》)。在《韩非子》一书中，形名术内容丰富。如果以言论为名，那么根据言论去做的事情和取得的功绩就是形，形名术要求事情与功绩必须合乎言论。如果以法令为名，那么执法办事就是形，执法办事必须合乎法令。如果以赏罚毁誉为名，那么功罪就是形，赏罚毁誉必须合乎功罪。如果以职务和地位为名，那么职权与实绩就是形，职权与实绩必须合乎职务和地位。韩非认为，考核既要看官员的职权与功效是否相称，又要看官员的言语与行为是否相称，相称就给予奖赏，不相称则予以处罚，"审合刑名者，言与事也。为人臣者陈而言，君以其言授之事，专以其事责其功。功当其事，事当其言，则赏；功不当其事，事不当其言，则罚"(《二柄》)。

课能术及审合刑名，一是考核官员的言行是否一致，既不能言大而行小，又不能言小而行大。无论哪一种情况，对于君主统治而言，都是有害的，必须加以处罚，"故群臣其言大而功小者则罚，非罚小功也，罚功不当名也；群臣其言小而功大者亦罚，非不说于大功也，以为不当名也，害甚于有大功，故罚"(《二柄》)。二是考察官员的德才表现，杜绝那些德不配位、能不配位的人混迹于官场。韩非为此讲述了一个"滥竽充数"的故事，重点不是指责南郭处士，而是批评齐宣王用人无术，导致贤否不分、智愚混杂。"齐宣王使人吹竽，必三百人。南郭处士请为王吹竽，宣王说之，廪食以数百人。宣王死，湣王立，好一一听之，处士逃。"(《说难》)三是考核官员履职情况，既要防止履职不力，更要防止超越职权的行为。对于君主权威而言，臣子超越职权的害处甚于履职不力，"故明主之畜臣，臣不得越官而有功，不得陈言而不当。越官则死，不当则罪。守业其官，所言者贞也，则群臣不得朋党相为矣"(《二柄》)。

如果说课能术具有较多的合理因素，那么，权谋术则含有更多的不合理因素。作为政治思想资源，课能术可以继承和采用，权谋术只能扬弃，更多取否定的态度。权谋术属于"鬼道"，鬼道不讲道义，追求狡诈诡谲，隐秘多变，给人以神秘莫测的威慑，"明主之行制也天，其用人也鬼。天则不非，鬼则不困"(《八经》)。在韩非看来，虚静无为是君主实施权谋术的前提，也是君主自我神化的重要手段。虚静无为，不是什么事也不做，只是表面上装得无所欲、无所好，没有个人成见，以使臣子无法窥见君主的偏好；去其智，绝其能，不表现聪明才智，以使臣子不好揣测君主的意向；掩其迹，匿其端，深居简出，以使臣子感到君主神秘莫测，产生敬畏心理。虚静与无为的联系在于二者是一个整体，缺一不可；区别在于虚静更多是内心的表现，无为则是行动的展示。虚静，意指抓住要害，以静制动，"圣人执要，四方来效。虚而待之，彼自以之。四海既藏，道阴见阳。左右既立，开门而当"。无为则是按事物的规律办事，不来回折腾，不要经常变更法令，"勿变勿易，与二俱行。行之不已，是谓履理也"。无为与权谋有联系，让臣子积极地各司其职，履职尽责，恰如让鸡来负责报晓，让猫来负责抓老鼠，"夫物者有所宜，材者有所施，各处其宜，故上无为。使鸡司夜，令狸执鼠，皆用其能，上乃无事"(《扬权》)。

驾驭群臣是君主权谋术的要害。韩非明确提出了七种管理控制臣子的办法，"七术：一曰众端参观，二曰必罚明威，三曰信赏尽能，四曰一听责下，五曰疑诏诡使，六曰挟知而问，七曰倒言反事。此七者，主之所用也"。这些权谋术并非都是阴谋，它在君主专制条件下，却是权谋的有机组成部分。七术可分为三个类别，一个类别是"众端参观"和"一听责下"，强调君主了解实情，全面观察考核臣下的言行。"众端参观"是从多方面验证臣下的言行，避免不进行检验，就不能知道真实情况，而偏听偏信就会受到臣下蒙蔽，"观听不参则诚不闻，听有门户则臣壅塞"。"一听责下"是一一听取臣下的言论，以便督责他们的行动，进而深入了解臣下的愚智情况，防止发生滥竽充数的现象，"一听则愚智不分，责下则人臣不参"。另一个类别是"必罚明威"和"信赏尽能"，强调君主运用赏罚手段诱导或迫使臣下忠心以尽力。"必罚明威"是对犯罪者坚决惩罚以显示君主的威严，要求君主不能仁爱太多，不能威严不足，否则会损害君主权威和以法治国，"爱多者则法不立，威寡者则下侵上。是以刑罚不必则禁令不行"。"信赏尽能"是对立功者一定要奖赏，以使臣下竭尽才能，要求君主信守承诺，该奖励的必须奖励，该奖多少就奖多少，"赏誉薄而谩者下不用，赏誉厚而信者下轻死"（《内储说上》）。还有一个类别是"疑诏诡使""挟知而问"和"倒言反事"，强调君主测试臣下是否忠诚，以防奸、察奸和去奸。"疑诏诡使"，是用可疑的命令诡诈地使用臣下，以考察他们是否忠诚。具体化为君主屡次召见一些臣子来让他们长久地等待在身边而不任用他们做事，奸邪之人就会感到害怕而像鹿一样逃散。派人去办事而又通过另外的事来询问，臣下就不敢弄虚作假了，"数见久待而不任，奸则鹿散。使人问他则不鬻私"。"挟智而问"，是拿已经知道的情况来询问臣下，以测试他们言论的真假，帮助君主既了解到原先不知道的情况，又弄清楚原先不清楚的事情，"挟智而问，则不智者至；深智一物，众隐皆变"。更重要的是，通过"挟智而问"，可以了解臣下是否忠诚，"韩昭侯握爪，而佯亡一爪，求之甚急，左右因割其爪而效之。昭侯以此察左右之不诚"。"倒言反事"，意指说与本意相反的话和做与实情相反的事来刺探臣下的阴谋，"以尝所疑则奸情得"。譬如卫嗣公，为了知道边境集市的真实情况，故意派人扮作商客经过集市，受到关市官员的故意刁难，行贿后才被放行。事后卫嗣公告知关吏，关吏不仅害怕，而且认为卫嗣公明察秋毫，"嗣公为关吏曰：'某时有客过而所，与汝金，而汝因遣之。'关市乃大恐，而以嗣公为明察"（《内储说上》）。

五、势治论

在韩非的思想中，法、术、势是一个有机整体，互相联系，不可分割。其中势是法与术的前提，法与术是势的运用，君主只有处势，才能抱法和行术；一旦失势，既不可能抱法，也不可能行术。从这个意义上说，势比法与术更重要，"贤人而诎于不肖者，则权轻位卑也；不肖而能服于贤者，则权重位尊也。尧为匹夫，不能治三人；而桀为天子，能乱天下，吾以此知势位之足恃，而贤智之不足慕也"（《难势》）。任何君主都是国家与权势的统一，国家是权势存在的根据，没有国家，就没有权势；权势是君主存在的依据，没有权势，也成不了君主。任何君主不仅要有国家，而且要有权势，"国者，君之车也；势者，君之马也"。君主不处势，就如同君主放弃了车与马，"夫不处势以禁诛擅爱之臣，而必德厚以与天下齐行以争民，是皆不乘君之车，不因马之利，释车而下走者也"（《外储说右上》）。

韩非强调势的重要性，是因为"势者，胜众之资也"（《八经》）。如同龙蛇因为有云雾之势，才能成为飞龙和腾蛇；力道不足的弩因为有风之势，才能把箭射到高处，"夫弩弱而矢高者，激于风也"（《难势》）。短木因为立于高山之势，才能俯视山河，"故立尺材于高山之上，下临千仞之溪，材非长也，位高也"。千斤重物因为有舟船之势，才能浮在水面运行，"千钧得船则浮，锱铢失船则沉，非千钧轻而锱铢重也，有势之与无势也"。人世间更是如此，"夫有材而无势，虽贤不能制不肖"（《功名》）。尧是一位圣王，如果没有权势，在进行教化时，就没有人会听从，一旦南面而王，就能令行禁止，"尧教于隶属而民不听，至于南面而王天下，令则行，禁则止。由此观之，贤智未足以服众，而势位足以缶贤者也"（《难势》）。孔子是天下圣人，鲁哀公是一个不高明的君主，由于没有权势，孔子只能臣服于哀公，"民者固服于势，势诚易以服人，故仲尼反为臣而哀公顾为君"。孔子不是因为仁义而臣服于哀公，"仲尼非怀其义，服其势也。故以义则仲尼不服于哀公，乘势则哀公臣仲尼"。韩非由此批判儒家的仁义治国论，"今学者之说人主也，不乘必胜之势，而务行仁义，则可以王，是求人主之必及仲尼，而以世之凡民皆如列徒，此必不得之数也"（《五蠹》）。

　　韩非将势分为自然之势与人设之势。所谓自然之势，是指生下来就获得的权势，类似于继承权。自然之势是固定的，而继承者有贤与不肖之分，贤人得势，则势治而国家平安；不肖者继承，则势乱而国家动荡。继承者贤与不肖，非人力所能控制，只能听凭于命运，"夫尧、舜生而在上位，虽有十桀、纣不能乱者，则势治也；桀、纣亦生而在上位，虽有十尧、舜而亦不能治者，则势乱也。故曰：'势治者则不可乱，而势乱者则不可治也。'此自然之势也，非人之所得设也"。韩非一般不关注自然之势，而重视人设之势，"吾所为言势者，言人之所设也"。人设之势是坚持势治，反对贤治。势治与贤治，类似于法治与人治，"若吾所言，谓人之所得势也而已矣，贤何事焉？"势治与贤治矛盾而不相容，"夫贤之为不可禁，而势之为道也无不禁，以不可禁之贤与无不禁之势，此矛盾之说也。夫贤势之不相容亦明矣"（《难势》）。

人设之势寄希望于具有中等才能的君主，而不是聪慧圣明的贤人，更不是暴虐无道的昏君。韩非认为，像尧舜这样的圣明君主和桀纣这样的昏君暴君，历史上都是很少见的，大多数是既不杰出也不低劣的君主，"且夫尧、舜、桀、纣千世而一出，是比肩随踵而生也。世之治者不绝于中，吾所以为言势者，中也"。中等才能的君主只要握有权势，守住法度，就能治理好国家，"中者，上不及尧、舜，而下亦不为桀、纣。抱法处势则治，背法去势则乱"。如果废势背法而等待贤治，就会经常有乱世而少有治世，"今废势背法而待尧、舜，尧、舜至乃治，是千世乱而一治也"。反之，坚持势治，则多有治世而少有乱世，"抱法处势而待桀、纣，桀、纣至乃乱，是千世治而一乱也"。势治与贤治两者完全不可同日而语，治理结果就像骑着好马分道而驰，两者相距越来越远，"且夫治千而乱一，与治一而乱千也，是犹乘骥骝而分驰也，相去亦远矣"。只有贤治而无势治，尧舜也无能为力，"无庆赏之劝，刑罚之威，释势委法，尧、舜户说而人辩之，不能治三家"。韩非强调指出："夫势之足用亦明矣，而曰'必待贤'，则亦不然矣。"（《难势》）

韩非力主君主专制集权，树立独一无二的权威，占据至高无上的权势。韩非一方面从形上之道论证君主必须专制集权，认为道是万物的根据，"夫道者，弘大而无形；德者，核理而普至。至于群生，斟酌用之，万物皆盛，而不与其宁"。道产生万物，"道者，下周于事，因稽而命，与时生死。参名异事，通一同情"。道普遍存在于万事万物之中，根据对事物的考察而为其取不同的名称，让它们随着时间的推移产生和死亡。万事万物的名称各有不同，而以道观之则没有实质区别。然而，道与万物不同，独一无二而又支配一切。道的独一无二必然要求君主专制，君主专制集权就是体现道的本质规定，"故曰：道不同于万物，德不同于阴阳，衡不同于轻重，绳不同于出入，和不同于燥湿，君不同于群臣。凡此六者，道之出也。道无双，故曰一。是故明君贵独道之容"。另一方面是运用比喻说明君主必须专制集权，就像一个鸟窝不能有两只雄鸟，否则就会争斗不已，"一栖两雄，其斗嗷嗷"；一个家庭不能有两个人同时尊贵，否则家务就难以作出决断，"一家二贵，事乃无功"；夫妻二人不能同时主持家务，否则儿子就会无所适从，"夫妻持政，子无适从"（《扬权》）。

君主专制集权，绝不能把权势借给臣下使用，"权势不可以借人。上失其一，臣以为百。故臣得借则力多，力多则内外为用，内外为用则人主壅"。在韩非看来，权势是君主的深潭，臣下是深潭里的鱼。鱼一旦离开深潭就不会回来，君主失去权势就很难收回，"势重者，人主之渊也；臣者，势重之鱼也。鱼失于渊而不可复得也，人主失其势重于臣而不可复收也"（《内储说下》）。韩非指出，任何权力都不能借给臣下使用，听政权、用财权、号令权、教化权、用人权都必须牢牢掌握在君主手中。否则，就会威胁君主的地位和权势，"臣闭其主，则主失位；臣制财利，则主失德；臣擅行令，则主失制；臣得行义，则主失名；臣得树人，则主失党。此人主所独擅也，非人臣之所以得操也"（《主道》）。韩非强调，君主尤其不能把赏罚之权借给臣下使用。赏罚之权是国家最为锐利的武器，是治国最为重要的手段，只能君主独自掌握，任何人不得染指，"赏罚者，利器也。君操之以制臣，臣得之以拥主。故君先见所赏，则臣鬻之以为德；君先见所罚，则臣鬻之以为威。故曰：'国之利器，不可以示人。'"（《内储说下》）

君主的权势不能借给臣下使用，也不能与臣下共同使用。共同使用权势，就会分散权力，不能做到令行禁止，"赏罚共则禁令不行"。韩非举例加以说明，一为造父是驾驭能手，原因在于他独掌马鞭和马缰绳的权力，"造父御四马，驰骤周旋而恣欲于马。恣欲于马者，擅辔策之制也"。不过，造父有时也不能控制马的行为，"马惊于出彘而造父不能禁制者，非辔策之严不足也，威分于出彘也"。二为王子於期也是驾驭能手，他能根据马的喜好，专门用草料和水来控制马匹，"王子於期为驸驾，辔策不用而择欲于马，擅刍水之利也"。不过，王子於期有时也不能控制马匹的行为，"马过于圃池而驸驾败者，非刍水之利不足也，德分于圃池也"。三为王良、造父共同驾驭一辆马车，前者掌握着马笼头的左边，后者掌握着马笼头的右边，那肯定不能行远，原因在于共享用驾马的权力，"故王良、造父，天下之善御者也，然而使王良操左革而叱咤之，使造父操右革而鞭笞之，马不能行十里，共故也"。四为田连、成窍都是操琴的能手，如果让二人共弹一张琴，田连在琴首弹拨，成窍在琴尾按捺，那肯定不能成曲，原因在于共同享用弹琴的权力，"田连、成窍，天下善鼓琴者也，然而田连鼓上、成窍擫下而不能成曲，亦共故也"。韩非由此引出结论：君臣绝对不能共享权势，"夫以王良、造父之巧，共辔而御，不能使马，人主安能与其臣共权以为治？以田连、成窍之巧，共琴而不能成曲，人主又安能与其臣共势以成功乎？"（《外储说右下》）

韩非之法为秦始皇统一中国提供了思想武器，为传统社会的君主专制与中央集权提供了理论基础。无论褒与贬，都无法回避和不容忽视。但是，韩非的法治与现代法治有着本质的差异，绝不能混淆。差异在于逻辑起点不同，韩非的法治以君主为逻辑起点，目的是更好地维护君主的专制统治；即便有积极意义，也仅限于君主为了富国强兵而一统天下时使用的手段。现代法治则以公民权利为逻辑起点，目的是维护公民权利，限制国家权力。差异在于精神实质不同，韩非的法治以权力否定权利，是君主用来驾驭群臣和统治民众的工具；现代法治以权利制约权力，是民众用来维护自身权利、限制国家权力的重要制度保障。差异在于人文内涵不同，韩非的法治缺乏人文意识，不尊重人的生命，以重刑为特点，目的是防范人民，维护君主专制的统治秩序；现代法治尊重人的生命，体现人文精神，目的是防止国家权力侵犯公民权利。差异在于理论基础不同，韩非的法治崇拜权力，歌颂权力，不担心权力的负面作用，只担心权力影响的缩小和权力作用的减弱。现代法治则认为权力是不可靠的，始终对权力抱有警惕，不是担心权力受约束，而是担心权力不受约束；不是担心权力影响会缩小和权力作用被削弱，而是担心权力具有的天然扩张性和自我膨胀能力。由于韩非的法治与现代法治有着这些差异，"法不阿贵""奉法者强"等思想就湮没在专制集权之中，失去了应有的光泽。对于韩非之法的历史作用和现实意义，不能评价过高、赞誉过盛。尤其在现代社会，无论如何都不能混淆韩非的法治与现代法治的内容，避免走入误区、引向歧途，以利于更好地建设法治国家和现代社会。

历史上对韩非及法家的评价总体是负面的，"考之前史，则韩非、李斯惨刻无恩，诖误人主之术，非仁人之所忍言也"（《朱文公文集》卷二一）。然而，韩非是先秦社会真正的政治思想家，他无情地揭示了人世间和政治领域的真实情况及其运行规律，从而与儒家一起共同建构了传统社会外儒内法的政治结构。苏东坡看得很明白，"自汉以来，学者耻言商鞅、桑弘羊，而世主独甘心焉，皆阳讳其名，而阴用其实"（《东坡志林·司马迁二大罪》）。

第二章　汉朝经学

　　汉朝是先秦儒学的第一次更新，那就是经学。汉承秦制，政治上的统一必然要求思想文化的统一。汉武帝顺应历史潮流，实施"罢黜百家，表章六经"的文化政策，使得儒学从先秦诸子中脱颖而出，从此成为官方意识形态并占据传统社会的文化主导地位。汉朝经学全面而系统地注疏儒家经典和阐发儒家思想。

第一节 大汉雄风

汉朝开启于公元前202年，汉高祖刘邦称帝；落幕于公元220年，曹丕取代汉献帝刘协称帝，建立魏国，由此进入三国时代。汉承秦制，共同建构了中国和中华民族。如果说秦朝搭建了中国的架构，那么，汉朝则夯实了中国的基础，完善定型了中国的架构。汉越秦朝，汉武帝独尊儒术，儒学由此成为传统社会的文化主体和官方意识形态。如果说秦始皇是政治上统一了中国，那么，汉武帝是文化上统一了中国。只有统一的政治和文化，才能实现大一统的中国。对于中国历史而言，汉朝最大贡献是族群意识的形成和文化主体的建立。汉代之后，民族共同体意识觉醒，许多中国的主流族群自称为"汉人"，华夏文字被称为"汉字"，华夏诸族逐渐被称为"汉族"，"汉族之名，起于刘邦称帝之后"[1]。汉朝是秦朝之后的第一个大一统王朝，是封建社会寿命最长的王朝，也是中国历史上最强盛的王朝之一，"明犯强汉者，虽远必诛"（《汉书·陈汤传》）。

一、西汉东汉

汉朝延续约420年，分为西汉、新朝和东汉三个时期。秦末

---

[1] 吕思勉著：《先秦史》，上海古籍出版社1983年版，第22页。

农民起义推翻秦朝后，刘邦被封为汉王；楚汉争霸，刘邦战胜项羽，建立汉朝，定都长安，史称西汉。公元9年，西汉外戚王莽自立为帝，改国号为新，"革汉而立新，废刘而兴王"，史称新朝。新朝短命，末年爆发绿林、赤眉起义，汉朝宗室刘秀乘势而起，公元25年称帝于鄗城，后定都洛阳，史称东汉。史学家一般不承认王莽政权的合法性，认为新朝是汉朝的一部分，西汉与东汉又称前汉与后汉。

西汉享国210年，历12帝，可圈可点有刘邦初创、文景之治和汉武文治武功。刘邦是开国皇帝，基本沿袭秦制，略有增损，搭建了汉朝的基本框架。汉初，政治动荡，社会混乱，经济凋敝，"汉兴，接秦之弊，丈夫从军旅，老弱转粮饷，作业剧而财匮，自天子不能具钧驷，而将相或乘牛车，齐民无藏盖"（《史记·平准书》）。面对百废待兴、百业待举的现实，刘邦听取陆贾等谋士的建议，在治国理念上，由秦朝的法家思想转变为黄老之道，"道莫大于无为，行莫大于谨敬。何以言之？昔舜治天下也，弹五弦之琴，歌《南风》之诗，寂若无治国之意，漠若无忧天下之心，然而天下大治"（《新语·无为》）。在治国方略上，由以力服人转变为以德服人，"陆生时时前说称《诗》《书》。高帝骂之曰：'乃公居马上而得之，安事《诗》《书》！'陆生曰：'居马上得之，宁可以马上治之乎？……行仁义，法先圣，陛下安得而有之？'高帝不怿而有惭色，乃谓陆生曰：'试为我著秦所以失天下，吾所以得之者何，及古成败之国。'"（《史记·郦生陆贾列传》）在经济政策上，由穷兵黩武转变为休养生息，减轻税赋，缩减财政开支，凡事力求简约，"轻田租，什五而税一，量吏禄，度官用，以赋于民"（《汉书·食货志》）。时任丞相萧何、曹参信奉黄老之道，坚决贯彻落实刘邦简化政务的旨意，"汉五年，已并天下，诸侯共尊汉王为皇帝于定陶。叔孙通就其仪号。高帝悉去秦苛仪法，为简易"（《史记·刘敬叔孙通列传》）。在政治制度上，由郡县制转变为郡国并行制。在统一战争过程中，刘邦分封了七个异姓诸侯王，称帝后分封刘姓子弟共有九国，朝廷只辖十五个郡。诸侯王在封国内为国君，拥有一定的军权、政权和财权，处于半独立状态，埋下了中央与地方矛盾的隐患。然而，刘邦实行分封制，看似是倒退，实为巩固汉政权，"当时的功臣，所以不敢推翻刘氏，和汉朝国姓分封之多，确实是有关系的，所以封建不能说没有一时之用"①。

　　政治制度更大的转变，是重振皇帝的威严，君权地位不断得到加强。西汉立国之初，君臣共创基业，地位相对平等；君威尚未树立，君臣之间没有那么多礼仪和礼数，"群臣饮酒争功，醉或妄呼，拔剑击柱"。刘邦不满意，于是让儒生叔孙通制定相关朝仪，突出君权，加强君威，"汉七年，长乐宫成，诸侯群臣皆朝十月"。一番朝仪后，君臣相见，"自诸侯王以下莫不振恐肃敬"。同样是喝酒，增加了许多规矩，群臣再也不敢喧哗造次，"复置法酒。诸侍坐殿上皆伏抑首，以尊卑次起上寿。觞九行，谒者言'罢酒'。御史执法举不如仪者辄引去。竟朝置酒，无敢谨哗失礼者"。刘邦甚为满意，重奖叔孙通，确实感到了皇帝的威严，"于是高帝曰：'吾乃今日知为皇帝之贵也。'乃拜叔孙通为太常，赐金五百斤"（《史记·刘敬叔孙通列传》）。君权的加强不仅表现在庙堂，而且延伸到家庭。"六年，高祖五日一朝太公，如家人父子礼。太公家令说太公曰：'天无二日，土无二王。今高祖虽子，人主也；太公虽父，人臣也。奈何令人主拜人臣！如此，则威重不行。'后高祖朝，太公拥篲，迎门却行。高祖大惊，下扶太公。太公曰：'帝，人主也，奈何以我乱天下法！'"（《史

① 吕思勉著：《中国通史》，上海古籍出版社2009年版，第339页。

记·高祖本纪》)

　　文景之治是指汉文帝、汉景帝造就的治世。文景时期，在治国理念和实践上，继续坚持无为而治，"除刻削之法，去烦苛之事"(《淮南子·览冥训》)。在政治制度上，采取削藩和废分封的措施。汉初分封，具有权宜性质，刘邦在位时，主要隐患在于异姓诸侯王，通过不同手段，将其一一翦除。而文景之时，隐患则转化为同姓诸侯王，公元前154年发生了吴王刘濞为首的"七国之乱"。文景之治采纳贾谊的"众建诸侯而少其力"的谋略，逐步削弱诸侯王的权力，加强中央集权。汉文帝借重新分封齐国和淮南国之机，将齐国一分为六，淮南国一分为三；汉景帝则采取晁错的建议削藩，"削之亦反，不削之亦反。削之，则反亟，祸小；不削，反迟，祸大"(《史记·吴王濞列传》)。平定"七国之乱"后，分封势力得到根本性削弱，诸侯王国由汉高祖时的42个减为26个，中央直辖郡则由15个增加到44个。在经济政策上，进一步落实与民休息的举措。汉文帝在位时连续免除天下田租；汉景帝即位后，下诏"令民半出田租，三十而税一也"，使之成为定制，这是传统社会田赋税收最低的时期。经过文景之治，汉朝实现了政治清明，社会稳定，经济发展，国库充盈，"京师之钱累百巨万，贯朽而不可校。太仓之粟陈陈相因，充溢露积于外，腐败不可食。众庶街巷有马，仟伯之间成群，乘牸牝者摈而不得会聚。守闾阎者食粱肉；为吏者长子孙；居官者以为姓号。人人自爱而重犯法，先行谊而黜愧辱焉"(《汉书·食货志》)。

　　汉武帝有着雄才大略，文治武功光耀后世。汉武帝即位之初，就以策问方式征询治国之道，所得结论是"临渊羡鱼，不如归而结网"，应当实行"更化"(《汉书·董仲舒传》)。所谓更化，就是对内对外的改革，"不变更制度，后世无法；不出师征伐，天下不安"(《资治通鉴》卷二二)。汉武帝最深远的是文化改革，实施独尊儒术的文化政策。他采纳丞相卫绾的奏议，扬弃法家之治国理念，"所举贤良，或治申、商、韩非、苏秦、张仪之言，乱国政，请皆罢"（《汉书·武帝纪》）；采纳董仲舒的建议，确立儒家思想为治国纲领，"诸不在六艺之科、孔子之术者，皆绝其道，勿使并进"（《汉书·董仲舒传》）。文化改革统一了思想，确立了官方意识形态，具有里程碑意义。最重要的是政治改革，加强了君主专制和中央集权。在中央政府，是削弱相权，集权于皇帝。汉武以身边的尚书令为主，结合侍中、给侍中、常侍等亲信，组成"内朝"，或称"中朝"，为决策机构；以丞相为首的三公九卿组成的朝廷称"外朝"，为执行机构。在地方政府，是实行"推恩令"，从根本上解决诸侯王势力，"到武帝，又用主父偃之计，令诸侯得以其地分封自己的子弟，在平和的手腕中，把'众建诸侯而少其力'一语，彻底实行了。封建政体反动的余波，至此才算解决"①。

最激动人心的是对外政策，由安抚忍让转变为主动出击和全面进攻，巩固边防，拓展疆域。秦始皇统一中国时，疆域已十分辽阔，据琅琊台石刻记载，是西至流沙，东到东海，北至大夏，南到北户。汉武帝则在秦朝疆域的基础上，北伐匈奴，西通西域，设置使者校尉；张骞三次出使，开辟"丝绸之路"。南平百越，东定朝鲜，使得汉朝疆域较秦朝扩大了近一倍。最令人钦佩的是敢于认错，汉武晚年下达"罪己诏"，认为"朕即位以来，所为狂悖，使天下愁苦，不可追悔。自今事有伤害百姓，靡费天下者，悉罢之"（《资治通鉴》卷二二）；明确"当今务在禁苛暴，止擅赋，力本农，修马复令，以补缺，毋乏武备而已"（《汉书·西域传下》）。最值得佩服的是慧眼识珠，汉武遗命托孤于霍

---

① 吕思勉著：《中国通史》，上海古籍出版社2009年版，第339页。

光，辅佐幼主汉昭帝，拥立汉宣帝，使西汉多了一位拥有正式庙号的开明皇帝，真正实现了西汉中兴。霍光虽为权臣，却能做到忠于西汉王朝，是昭宣中兴的关键人物。司马光给予高度评价，认为汉武帝所犯暴虐与秦始皇相差无几，却能"晚而改过，顾托得人，此其所以有亡秦之失而免亡秦之祸乎！"（《资治通鉴》卷二二）

王莽新朝是汉朝政治的奇葩事件。西汉末年，政权逐渐旁落到以孝元皇后王政君为核心的外戚集团手中。王莽是孝元皇后之侄，工于权谋，矫情伪饰，却能"勤劳国家，直道而行"，于公元前1年复任大司马；公元6年，仿周公辅成王故事，以摄政名义称"假皇帝""摄皇帝"，辅佐孺子婴；公元9年，自立为帝，建国号为"新"，史称新朝；公元23年，为农民起义军所杀。王莽前后掌权24年，称帝15年。所谓奇葩，是指王莽篡汉，竟然开创了中国历史上通过禅让成功称帝的先河，王莽称帝又是包括刘姓皇室在内的王公贵族一步一步推举上去的。元始五年即公元5年正月，举国推举王莽为安汉公，"是时，吏民以莽不受新野田而上书者前后四十八万七千五百七十二人，及诸侯王、公、列侯、宗室见者皆叩头言，宜亟加赏于安汉公"。元始五年末，明确王莽为摄政，"泉陵侯刘庆上书言：'周成王幼少，称孺子，周公居摄。今帝富于春秋，宜令安汉公行天子事，如周公。'群臣皆曰：'宜如庆言。'"西汉经学家、皇族刘歆论证"居摄之义，所以统立天功，兴崇帝道，成就法度，安辑海内也"。居摄元年即公元6年，王莽为假皇帝，"五月甲辰，太后诏莽朝见太后称'假皇帝'"（《汉书·王莽传》）。

王莽称帝后，实施一系列经济、政治改革，世谓"王莽变法"或"王莽改制"，其中最重要的是土地制度改革。西汉末年，土地兼并空前严重，地主与农民的矛盾十分尖锐。王莽的出现客观上顺应了变革潮流，为医治社会痼疾和平息沸腾民怨提供了机遇，"所以王莽是根本无所谓篡窃的。他只是代表时代潮流，出来实行改革的人"①。然而，王莽食古不化，崇古若狂，他以西周社会为样板，以《周礼》为指南，旨在废除私有制，公平分配社会财富，一称帝即颁布"王田""私属"令。王田是以"井田"形式实行封建土地国有制，私人不得买卖，规定一家男口不满八人，而田亩超过一井（九百亩）者，应自动把超过的田亩分给族人、邻居或同村朋友；没有土地的按一夫一妇百亩授足。私属是明确奴隶、婢女的归属，不允许自由买卖。王莽的王田改革实际是逆流反动，用过时的井田制取代当时进步的封建土地私有制，不仅损害了地主阶级的利益，而且也没能让广大农民获得土地，反而加深了农民的灾难。王田制实施三年后即被取消，宣告失败。绿林、赤眉农民起义，使得喜剧开始的王莽新朝走到了历史尽头，终以悲剧落下了帷幕。王莽改革的失败不在于托古改制，而在于泥古不化，企图解决问题的王莽，变成了被问题解决的王莽。史称王莽为商人杜吴所杀，校尉公宾斩王莽首级悬于宛市之中，军人分裂莽身，争相杀者数十人，百姓"共提击之，或切食其舌"（《汉书·王莽传》）。

对于王莽新朝，历代史家的评价都是负面的，王莽被称为"伪君子"，白居易诗云："赠君一法决狐疑，不用钻龟与祝蓍。试玉要烧三日满，辨材须待七年期。周公恐惧流言后，王莽谦恭未篡时。向使当初身便死，一生真伪复谁知？"班固称其为乱臣贼子，"自书传所载乱臣贼子无道之人，考其祸败，未有如莽之甚者也"（《汉书·王莽传赞》）。近代以来，评价王莽相对客观理性。钱穆认为："故王莽非处心积虑，亦非篡位，即使是假装数十

_____
① 吕思勉著：《中国通史》，上海古籍出版社2009年版，第349页。

年，亦算不错矣"；"王莽理想高远，但无手段，只是一位书生，有点迂，而且不近人情"①。吕思勉更是认为王莽变法是中国政治史的重大转折，此前政治家们尚思变法进取，此后则是安于现状，苟安偷且，"自王莽举行这样的大改革而失败后，政治家的眼光，亦为之一变。根本之计，再也没有人敢提及。社会渐被视为不可以人力控制之物，只能听其迁流所至。'治天下不如安天下，安天下不如与天下安'，遂被视为政治上的金科玉律了。所以说这是中国历史上的一个大转变"②。

东汉享国195年，传14帝，刘秀为开国皇帝，与其兄长刘縯以"复高祖之业"相号召，起兵反莽；称帝后经过13年苦战，相继消灭赤眉军，平定隗嚣、公孙述、卢芳等割据政权，实现全国统一，恢复汉室江山。继立的汉明帝、汉章帝，富有才干，勤于政事，使得东汉王朝进入鼎盛时期，史称明章之治，社会稳定，政治清明，经济得到恢复和发展。此后东汉王朝走向衰落，主要表现为外戚干政，宦官乱政。外戚干政和宦官乱政，始终是传统社会的政治祸害。汉和帝以下诸帝均年幼即位，年寿不长，且多无子嗣。皇帝年幼不能亲政，则由皇太后临朝称制，实权掌握在太后父兄手中。皇帝长大后，不满外戚干政，多借助宦官才能亲政，宦官得以掌控朝政。皇帝亲政后又重用外戚，由此形成戚宦之争，出现外戚宦官交替专政的恶性循环局面。公元184年爆发黄巾起义，朝廷令各州郡自行募兵平定动乱，进而导致地方豪强拥兵自重，从根本上动摇了东汉的统治，埋下了汉朝灭亡和分裂割据的种子。公元220年，曹丕称帝，东汉覆灭，进入魏、蜀、吴三国时期。

在汉朝历史上，刘秀是可以和汉高祖、汉武帝媲美的皇帝，

① 钱穆讲授，叶龙记录整理：《中国通史》，天地出版社2018年版，第56页。
② 吕思勉著：《中国通史》，上海古籍出版社2009年版，第351页。

不仅恢复了汉室，而且出现了治世，史称光武中兴。在东汉皇帝中，刘秀是最优秀的，宋陈亮评价："自古中兴之盛，无出于光武矣。奋寡而击众，举弱而覆强，起身徒步之中甫十余年，大业以济，算计见效，光乎周宣。"（《陈亮集》卷五《酌古论》）令人不解的是，年少时的刘秀并无大的志向，见到一位美女，认为人生最大的目标是做个保卫皇宫之官和娶得美女，"仕官当作执金吾，娶妻当得阴丽华"。登基执政后，刘秀却成了传统社会颇有作为的帝王。他倡导"柔道"治国，采取一系列政令和措施，恢复政治稳定，促进经济和文化发展，缓和西汉末年以来的社会危机，"柔者德也，刚者贼也，弱者仁之助也，强者怨之归也，故曰有德之君，以所乐乐人"（《后汉书·臧宫列传》）。

政治上，继续加强中央集权。西汉末年，丞相改名大司徒，丞相制演变为大司徒、大司空、大司马的三公制，"正三公官分职"（《汉书·哀帝纪》）。刘秀删去"大"字，改为司徒、司空和太尉，"诏曰：'昔契作司徒，禹作司空，皆无"大"名，其令二府去"大"。'又改大司马为太尉"，进一步削弱三公的权力，把一切行政权力归于设于中朝由皇帝直接指挥的尚书台。同时，实行精兵简政。还在统一战争期间，刘秀就下令裁撤机构和人员，以节省政府开支，"诏曰：'夫张官置吏，所以为人也。今百姓遭难，户口耗少，而县官吏职所置尚繁，其令隶、州牧各实所部，省减吏员。县国不足置长吏可并合者，上大司徒、大司空二府。'于是条奏并省四百余县，吏职减损，十置其一"（《后汉书·光武帝纪》）。此外，轻易不言战事。公元51年，大臣上书要求乘北匈奴衰弱之际，发兵灭之，以立"万世刻石之功"，刘秀则诏曰："今国无善政，灾变不息，百姓惊惶，人不自保，而复欲远事边外乎？""苟非其时，不如息人。"（《后汉书·臧宫列传》）

经济上，针对东汉初年生产凋敝、人口锐减的实际，刘秀推行与民休养生息的政策，一是薄赋敛，恢复西汉初期三十税一的赋制。二是省刑法，两次下令减轻刑罚，赦免罪囚；六次下诏解放奴婢，三次下诏禁止虐杀奴婢，"天地之性人为贵。其杀奴婢，不得减罪"（《后汉书·光武帝纪》）。三是偃武修文，不尚边功，"知天下疲耗，思乐息肩，自陇、蜀平后，非警急，未尝复言军旅"（《资治通鉴》卷四三）。刘秀为了抑制地主豪强兼并土地，缓和地主与农民的矛盾，下令"度田"，清查全国民田数量、户口、百姓年龄，作为赋税的依据，"诏下州郡检核垦田顷亩及户口年纪，又考实二千石长吏阿枉不平者"（《后汉书·光武帝纪》）。度田政策尽管遭到地主豪强的强烈反抗，却对兼并土地有着抑制作用。文化上，刘秀坚持加强儒学的统治地位，兴建太学，设置博士，各以家法传授诸经。还礼遇名士，成就了历史上少有的皇帝与名士的佳话，最典型的例子是严光。刘秀与严光是太学同学，相处甚好，称帝后多次邀请严光入朝为官，却遭到拒绝，"昔唐尧著德，巢父洗耳。士故有志，何至相迫乎！"刘秀不以为忤，反而认为人各有志，不得勉强，"自古明王圣主，必有不宾之士。伯夷、叔齐不食周粟，太原周党不受朕禄，亦各有志焉"（《后汉书·逸民列传》）。

二、中央集权

汉朝政治上继承了秦始皇创立的中央集权制度。西周实行的是分封制和"世卿世禄"制，秦始皇统一中国后，废除分封制，实行郡县制；废除世袭制，实行官僚制，除皇室一家世袭外，其余所有官位均不得世袭，不得传给自己的子孙，"自周衰，官失而百职乱，战国并争，各变异。秦并天下，建皇帝之号，立百官之职"(《汉书·百官公卿表序》);"秦遂并兼四海,以为周制微弱,终为诸侯所丧,故不立尺土之封,分天下为郡县"(《汉书·地理志》)。中央集权的本质是君主专制,基本组织结构是皇帝加内官和外官。中央集权创始于秦朝,继承、完善和定型则在西汉王朝,"汉承秦制,改立郡县,主有专己之威,臣无百年之柄"(《后汉书·班彪列传》)。中央集权绵延二千余年,终结于清朝,内聚着传统社会政治体制所有的基因密码,既适应了历史发展趋势,也造成了治与乱的循环怪圈。

皇帝名号源于秦始皇,皇帝意识却是源远流长。早在殷商时期,就有帝的概念,"天命玄鸟,降而生商,宅殷土芒芒。古帝命武汤,正域彼四方"(《诗经·商颂·玄鸟》)。皇帝意识源于君权观念,"天佑下民,作之君,作之师"(《尚书·泰誓》)。古代社会形成了完整的君权观念,认为君权至高无上,"皇建其有极";"惟皇作极";"凡厥庶民,极之敷言,是训是行,以近天子之光。曰:天子作民父母,以为天下王"(《尚书·洪范》)。君权是无远弗届的权力,"普天之下,莫非王土。率土之滨,莫非王臣"(《左传·昭公七年》)。君权是集中统一的权力,"明君如身,臣如手;君若号,臣如响;君设其本,臣操其末;君治其要,臣行其详;君操其柄,臣事其常"(《群书治要》引《申子·大体》)。君权是神授的权力,"有夏服(受)天命"(《尚书·召诰》),这是君权神授最早的记载。周朝毛公鼎铭文记载:"丕显文武,皇天引厌厥德,配我有周,膺受大命"。秦始皇的玉玺则刻有"受命于天,既寿永昌"。儒家则对君权进行理论概括与升华,涂上了浓重的伦理道德色彩,从而传承维护了悠久的君权观念。孔子认为君权至上,"为政以德,譬如北辰,居其所而众星共之"(《论语·为政》)。在此基础上,儒家指出君臣关系是道义道德关系,"子路曰:'不仕无义,长幼之节,不可废也。君臣之义，如之何其废之？欲洁其身，而乱大伦。君子之仕也，行其义也。'"（《论语·微子》）君臣关系有上下之别，不可混淆僭越，"子路问：'卫君待子而为政，子将奚先？'子曰：'必也正名乎！'"（《论语·子路》）君臣关系是君礼臣忠，不是主奴关系，"君使臣以礼，臣事君以忠"（《论语·八佾》）。在孔子那里，虽有忠君思想，却不是传统社会末期的愚忠现象，"君要臣死，不得不死"；虽有君尊臣卑，却是君臣权利与义务的相对均衡，如果君不能以礼使臣，臣就可以不服从君的指令。

中央集权的组织形式是内官与外官的有机统一体。内官亦称中央机构，实行分事而治，由三公和九卿组成。三公是皇帝的行政、军事助手，九卿具体负责各项行政事务。三公为丞相、太尉和御史大夫，九卿为太常、光禄勋、卫尉、太仆、廷尉、鸿胪、宗正、司农和少府。"虽远在夏书甘誓之篇，即有六卿之官的记载。然而吾人遍考先秦古籍，似乎直至春秋之时，周室及各国诸侯，其重要文官……皆和后世九卿六部之官的职掌不同。"[1]太常为首卿，在秦朝称奉常，主要负责祭祀，"太常……掌礼仪祭祀。每祭祀，先奏其礼仪；及行事"（《后汉书·百官志》）。光禄勋在秦朝称郎中令，"武帝太初元年，更名光禄勋"，主要负责宫廷的门卫。卫尉是秦时官职，"景帝初，更名中大夫令，后元年复为卫尉"，主要负责皇宫的卫兵。卫尉与光禄勋"虽同守卫宫殿，而卫尉之所主者乃是兵卫，郎中令之所主者则为郎卫，故其职责，又各有所不同"[2]。太仆是秦时官职，西汉承继，主要负责皇帝车马出行，"太仆，掌舆马"。廷尉是秦时官职，"景帝中六年，更名大理。武帝建元四年，复为廷尉"，主要负责刑法。大鸿胪在秦朝称典客，"景帝中六年，更名大行令。武帝太初元年，更

---

[1]　曾繁康著：《中国政治制度史》，华冈出版有限公司1979年版，第78页。

[2]　同上书，第92页。

名大鸿胪"，主要负责外交事务，"掌诸归义蛮夷"。宗正是秦时官职，主要负责皇帝家族的事务，"宗正，秦官。掌亲属。有丞。平帝元始四年，更名宗伯"。大司农在秦朝称治粟内史，"景帝后元年，更名大农令。武帝太初元年，更名大司农"（《汉书·百官公卿表序》），主要负责财政经济，"掌诸钱谷金帛诸货币"（《后汉书·百官志》）。少府是秦时官职，主要负责皇室经济，"掌山海池泽之税，以给共养"（《汉书·百官公卿表序》）。东汉应劭注曰："掌山泽陂池之税，名曰禁钱，以给私养，自别为藏。少者，小也，故称少府。"（《汉官仪》）钱穆认为，汉朝的九卿设置，"我们可以看出汉代政治，还有很多是在古代封建制度下遗留的陈迹，然而那时已化家为国了，原来管皇帝家务的，现在也管到国家大事了"①。

三公之中，丞相地位最高，"丞相者，朕之股肱，所与共承宗庙，统理海内，辅朕之不逮，以治天下也"（《汉书·孔光传》）。丞相实为皇帝的副官，"依照文字学原义，丞是副贰之意。所谓相，也是副。就如现俗称傧相，这是新郎新娘的副，新郎新娘不能做的事，由傧相代理来做。所以丞是副，相也是副，正名定义，丞相就是一个副官。是什么人的副官呢？他该就是皇帝的副官"②。丞相可以是一人，也可以是二人，秦为二人，称左右丞相，左丞相为首，"始皇出游，左丞相斯从，右丞相去疾守"（《史记·秦始皇本纪》）。西汉时为一人，"高帝即位，置一丞相。十一年，更名相国"，"孝惠、高后置左右丞相。文帝二年复置一丞相"（《汉书·百官公卿表序》）。论及丞相，不能不谈到宰相。宰相"一人之下，万人之上"，是传统社会君主之下最高长官的通称，宰为主宰，相有辅佐之意。史书记载殷商是伊尹为相，周

① 钱穆讲授，叶龙记录整理：《中国通史》，天地出版社2018年版，第8页。

② 钱穆著：《中国历代政治得失》，生活·读书·新知三联书店2001年版，第5页。

朝是周公为太宰，皆为辅佐君主掌管最高行政权力的官员，太宰与相合一即为宰相。宰相概念始见于韩非，"明主之吏，宰相必起于州郡，猛将必发于卒伍"（《韩非子·显学》）。丞相与宰相职责相同，名分却不同，丞相是正式官职，秦朝首先设置，秦武王"二年，初置丞相，樗里疾、甘茂为左右丞相"（《史记·秦本纪》）。西汉全程设置，末年改为大司徒，东汉则没有设置。宰相不是正式官职，而是约定俗成的称呼。而且，宰相的职责历代都存在，只是名称不同；丞相的官职是大多数朝代都没有设置。"为什么又叫宰相呢？在封建时代，贵族家庭最重要事在祭祀。祭祀时最重要事在宰杀牲牛。象征这一意义，当时替天子诸侯乃及一切贵族公卿管家的都称宰。到了秦、汉统一，由封建转为郡县，古人转'化家为国'，一切贵族家庭都倒下了，只有一个家却变成了国家。于是他家里的家宰，也就变成了国家的政治领袖。"①

外官系指地方行政，实行分地而治，一般由郡与县两级组成。郡县虽由秦朝定制，却产生于战国时期。魏国已有郡守，"文侯以吴起善用兵，廉平，尽能得士心，乃以为西河守"（《史记·孙子吴起列传》），肩负保卫守土和治理百姓的双重任务；楚国已有县制，"楚王奉孙吴以讨于陈，曰：'将定而国。'陈人听命，而遂县之"（《左传·昭公十一年》）。秦始皇吞并六国后，有大臣建议实行分封制，遭到李斯反对，主张"今海内赖陛下神灵一统，皆为郡县"，得到秦始皇支持，"天下共苦战斗不休，以有侯王。赖宗庙，天下初定，又复立国，是树兵也。而求其宁息，岂不难哉！"于是"分天下以为三十六郡，郡置守、尉、监"（《史记·秦始皇本纪》）。西汉初期，汉高祖实行郡国并行制，汉文帝、景帝和武帝则逐步削弱并取消诸侯国，缩小郡的规模，增设

---

① 钱穆著：《中国历代政治得失》，生活·读书·新知三联书店2001年版，第5—6页。

郡的数量，最多时达到130个郡，"本秦京师为内史，分天下作三十六郡。汉兴，以其郡太大，稍复开置，又立诸侯王国。武帝开广三边。故自高祖增二十六，文、景各六，武帝二十八，昭帝一，讫于孝平，凡郡国一百三。……汉极盛矣"（《汉书·地理志》）。

在汉朝的国家体系中，郡居于承上启下的关键位置；郡守负责郡的全部行政工作，与中央机构的九卿同级，郡守可以调到中央任九卿，九卿派出来可以作郡守。汉朝郡的设置分为三种类型，即三辅郡、普遍郡和边郡。在京师附近者为三辅郡，官员设置为"内史，周官，秦因之，掌治京师。景帝二年，分置左右内史。右内史武帝太初元年更名京兆尹，属官有长安市、厨两令丞，又都水、铁官两长丞。左内史更名左冯翊，属官有廪牺令丞尉。又左都水、铁官、云垒、长安四市四长丞皆属焉"。在内地者为普遍郡，在边地者为边郡，其官员设置为"郡守，秦官，掌治其郡。秩二千石，有丞，边郡又有长史，掌兵马，秩皆六百石。景帝中二年，更名太守"（《汉书·百官公卿表序》）。郡守主掌民政，权力很大，在其郡内无所不包，无所不统，具有政治、经济、文化教育、工商农业、治安和司法等权力。其中人事权远超后世郡守，"盖其时惟守相命于朝廷，而自曹掾以下，无非本郡之人"；"其辟用之者，即出于守相，而不似后代之官，一命以上，皆由于吏部"（《日知录》卷八）。还有统率军队的权力，"上乃召拜广为右北平太守"，"广在郡，匈奴号曰'汉飞将军'，避之，数岁不入界"（《汉书·李广传》）。汉朝重视郡守任职的稳定，考核优秀的升迁，合格的留任，以便其长期经略，安定百姓和人心，汉宣帝"以为太守，吏民之本也，数变易，则下不安，民知其将久，不可欺罔，乃服从其教化。故二千石有治理效，辄以玺书勉励，增秩赐金，或爵至关内侯。公卿缺，则选诸所表，以次用之。是故汉世良吏，于是为盛，称中兴焉"（《汉书·循吏传》）。

县为地方基层组织，汉朝一个郡管辖10至20个县，总县数在1110至1400个之间；县令长俸禄一般为五六百石，少则三四百石，多则如长安令，为一千石。汉朝县的分类，就区域而言，方圆百里为一县；就等级而言，区分为万户以上的县和万户以下的县；就名称而言，则分为县、国、邑、道不同称谓，县"万户以上为令，减万户为长"；"县大率方百里，其民稠则减，稀则旷"；"列侯所食县曰国，皇太后、皇后、公主所食曰邑，有蛮夷曰道"。县令主持全县政务，"县令、长，掌治其县"（《汉书·百官公卿表》），具有统一而完整的权力，"皆掌治民，显善劝义，禁奸罚恶，理讼平贼，恤民时务。秋冬集课，上计于所属郡国"（《后汉书·百官志》）。关于显善劝义，就是办理教育文化事务，"郡国县官有好文学，敬长上，肃政教，顺乡里，出入不悖，所闻，令相长丞上属所二千石"（《汉书·儒林传》）。关于"禁奸、罚恶、平贼"，就是维持地方治安，魏相"以对策高第，为茂陵令。顷之，御史大夫桑弘羊客诈称御史止传。丞不以时谒，客怒缚丞。相疑其有奸，收捕，案致其罪，论弃客市，茂陵大治"（《汉书·魏相传》）。关于理讼，就是掌握司法权力，王尊"转守槐里，兼行美阳令事。春正月，美阳女子告假子不孝，曰：'儿常以我为妻，妒笞我。'尊闻之，遣吏收捕验问，辞服。尊曰：'律无妻母之法，圣人所不忍书，此经所谓造狱者也。'尊于是出坐廷上，取不孝子县磔著树，使骑吏五人张弓射杀之。吏民惊骇"（《汉书·王尊传》）。关于恤民时务，就是负责一切民政事务，"召信臣……出补谷阳长，举高第，迁上蔡长。其治视民如子，所居见称述"（《汉书·循吏传》）。关于秋冬集课，就是考核监督县吏。汉朝中央控制地方主要采取上计和选派刺史的方式，"每郡每年都要向中央上计簿,计簿就是各项统计表册,也就是地方的行政成绩。一切财政、经济、教育、刑事、民事、盗贼、灾荒,每年有一个簿子,分项分类,在九十月间呈报到中央,这叫做上计。中央特派专员到地方来调查的叫刺史。全国分为十三个调查区,每一区派一个刺史,平均每一刺史的调查区域,不会超过九个郡。他的调查项目也有限制,政府规定根据六条考察,六条以外,也就不多管。地方实际行政责任,是由太守负责的"①。

由秦开创、汉完善定型的中央集权制度对于传统社会有利有弊,总体而言是利大于弊,巩固了统一的多民族国家,实现了社会稳定,推动经济文化发展,保障了中华民族绵延不绝、生生不息。毛泽东诗云"百代都行秦政法",说明中央集权制度有着历史合理性。同时,不能否定中央集权制度的弊端,最大的弊端是君主专制,具体表现为皇权与相权的关系。汉朝注意到了皇权与相权的区别,皇帝是国家元首,丞相是政府首脑,负政治上一切实际责任。西汉初期还赋予了丞相较大的、相对独立的权力,"宰相者,上佐天子理阴阳,顺四时,下育万物之宜,外镇抚四夷诸侯,内亲附百姓,使卿大夫各得任其职焉"(《史记·陈丞相世家》)。西汉也是传统社会唯一几乎全程设置丞相一职的王朝。然而,就是在西汉,皇权已经开始侵夺相权。汉代皇室有六尚职位,即尚衣、尚食、尚冠、尚席、尚浴和尚书,前五尚负责皇帝私人的衣服饮食起居,只有尚书管文书,是皇帝秘书,"通掌图书、秘记、章奏之事,及封奏,宣示内外而已"(《通典·职官四》)。汉武帝利用尚书取代丞相的决策权力,"汉武帝游宴后庭,始令宦者典事尚书,谓之中书谒者。则中书、尚书,只是一所"(《文献通考·职官考三》)。至汉成帝,尚书成了国家政治

① 钱穆著:《中国历代政治得失》,生活·读书·新知三联书店2001年版,第11页。

的中枢，"建白以为'尚书百官之本，国家枢机'"（《汉书·佞幸传》）。东汉则取消丞相，将相权分散为司徒、司空和太尉三公，而三公只是地位崇高而已，实权仍在尚书，掌握在皇帝手中，"光武皇帝慍数世之失权，忿强臣之窃命，矫枉过直，政不任下，虽置三公，事归台阁。自此以来，三公之职，备员而已"（《汉书·仲长统传》）。君主专制是"皇帝好，事情也做得好。皇帝坏了，而政治上并不曾有管束皇帝的制度，这是东汉政治制度上的一个大问题，也是将来中国政治制度史上一个大问题"①。

在君主专制的前提下，传统社会所有的政治弊端都已在汉朝显现，深远地影响着历史进程。一是外戚干政，系指古代皇帝的母亲和妻子方面的亲戚，利用皇帝年幼或无能把持朝政的现象。外戚干政几乎贯穿整个汉朝，刘邦开国之时，就有吕后干政，武帝之后有霍光专权，王莽是通过外戚篡夺皇位。东汉和帝以下诸帝均年幼即位，外戚干政达到顶峰，先后有窦宪、梁冀、何进等专权。外戚干政不仅造成了社会政治的动乱，而且也给整个家族带来了祸害，"夫女宠之兴，繇至微而体至尊，穷富贵而不以功，此固道家所畏，祸福之宗也。序自汉兴，终于孝平，外戚后庭色宠著闻二十有余人，然其保位全家者，唯文、景、武帝太后及邛成后四人而已"；"其余大者夷灭，小者放流，乌呼！鉴兹行事，变亦备矣"（《汉书·外戚传赞》）。二是宦官乱政。东汉是历史上宦官极为猖獗的时期之一，始于汉和帝，登峰造极于汉桓帝。汉桓帝十五岁即位，是东汉后期即位年龄最大的，为了亲政掌权，他与唐衡等五个宦官歃血为盟，调动羽林军，以迅雷不及掩耳之势消灭外戚梁冀集团。此后则论功行赏，就是五名宦官同日封侯，开始执掌大权，任人唯亲，排斥异己，为所欲为，政治日

① 钱穆著：《中国历代政治得失》，生活·读书·新知三联书店2001年版，第32页。

益黑暗腐败,"五侯宗族、宾客虐遍天下,民不堪命,起为寇贼"(《后汉书·党锢列传》)。桓帝之后,灵帝为了讨好宦官,竟说"张常侍是我公,赵常侍是我母"(《后汉书·张让列传》)。三是地方侵政。汉朝政治的主要隐患是外戚干政和宦官乱政,却不能忽视地方侵政的问题。西汉初期先发生异姓诸侯王叛乱,后发生同姓诸侯王七国之乱,由此表明汉朝中央与地方关系已经出现问题。唐柳宗元认为,原因在于实行分封制,而不在于郡县制,"有叛国而无叛郡"(柳宗元《封建论》)。某种意义上说,外戚干政、宦官乱政和地方侵政,是构成传统社会治乱循环的直接原因和主要因素。

三、重农抑商

汉朝四百年,汉武帝是最有作为的皇帝,奠定了国家对内对外的格局,对外确立了中华民族的基本生存空间,向南和向西的版图扩张接近极限,向北则处于战略优势之中;对内确立了基本的政治秩序,深化完善了官僚制度,解决了诸侯国问题。王朝的长期稳定,为经济发展提供了坚实保障,也为传统社会政府管理经济树立了样板。汉朝不仅政治影响深远,建构了传统社会的政治体制,而且经济影响不可忽视,搭建了传统社会的经济框架。

汉朝很有意思,经常召开规模较大、时间较长的会议,围绕政治、经济、文化方面的重大问题,进行讨论和争辩,以期统一认识,制定治国安邦的方针政策。盐铁会议是一次重要的经济会议,公元前81年,霍光以汉昭帝名义召开,主要讨论汉武帝时的内外政策,尤其是经济政策之得失。桓宽著有《盐铁论》,比较完整地记录了会议情况,"至宣帝时,汝南桓宽次公治《公羊春秋》,举为郎,至庐江太守丞,博通善属文,推衍盐铁之议,增广条目，极其论难，著数万言，亦欲以究治乱，成一家之法焉"
（《汉书·公孙刘田王杨蔡陈郑传赞》）。会议时间长，历时五个
月。当年二月开始，"诏有司问郡国所举贤良文学民所疾苦。议
罢盐铁榷酤"；七月结束，"秋七月，罢榷酤官，令民得以律占
租，卖酒升四钱"。应劭注曰："武帝时，以国用不足，县官悉自
卖盐铁、酤酒。昭帝务本抑末，不与天下争利，故罢之。"（《汉
书·昭帝纪》）与会人数多，一方是朝廷官员，有丞相车千秋、
御史大夫桑弘羊，以及丞相府和御史大夫的属官；另一方是贤良
文学六十余人。贤良是已经取得功名的儒生，文学是在某种学问
上有一定成就的名士，留下姓名的有茂陵唐生、鲁国万生、汝南
朱子伯、中山刘子雍和九江祝生等。会议的主题名义上是盐铁酒
由官方专卖，还是由民间经营，实质是农与商孰轻孰重、儒家与
法家的不同观念之争。贤良文学主张农本商末，以农致富，"夫导
民以德，则民归厚。示民以利，则民俗薄。俗薄则背义而趋利，
趋利则百姓交于道而接于市。老子曰：'贫国若有余。非多财也。
嗜欲众而民躁也。'是以王者崇本退末，以礼义防民欲，实菽粟货
财。市、商不通无用之物，工不作无用之器。故商所以通郁滞，
工所以备器械，非治国之本务也"。而桑弘羊则坚持汉武时的政
策，"边用度不足，故兴盐、铁，设酒榷，置均输，蕃货长财，
以佐助边费"（《盐铁论·本议》）。主张发展官营工商业，"富国
何必用本农，足民何必井田也"（《盐铁论·力耕》）；"富在术数，
不在劳身；利在势居，不在力耕"（《盐铁论·通有》）。盐铁会议
的结果是贤良文学占了上风，也表明了汉朝相对宽松的学术思想
氛围。

　　桓宽则站在儒家立场，作出不同评价，"观公卿贤良文学之
议，'异乎吾所闻'"。他高度认同贤良文学，还赞赏贤良文学的
人品，"闻汝南朱生言，当此之时，英俊并进，贤良茂陵唐生、

文学鲁国万生之徒六十有余人咸聚阙庭，舒六艺之风，陈治平之原，知者赞其虑，仁者明其施，勇者见其断，辩者骋其辞，断断焉，行行焉，虽未详备，斯可略观矣。中山刘子推言王道，挢当世，反诸正，彬彬然弘博君子也。九江祝生奋史鱼之节，发愤懑，讥公卿，介然直而不挠，可谓不畏强圉矣"。对于朝廷官员则予以否定，主要是否定人品，而不是观点，认为桑弘羊"据当世，合时变，上权利之略，虽非正当，巨儒宿学不能自解，博物通达之士也。然摄公卿之柄，不师古始，放于末利，处非其位，行非其道，果陨其性，以及厥宗"。丞相车千秋"履伊、吕之列，当轴处中，括囊不言，容身而去，彼哉！彼哉！"那些丞相府和御史大夫的属官"不能正议以辅宰相，成同类，长同行，阿意苟合，以说其上，'斗筲之徒，何足选也'"（《汉书·公孙刘田王杨蔡陈郑传赞》）。

汉朝经济发展迅速。在农业方面，耕田面积不断扩大，耕作技术明显改进，单位面积产量不断提高。能够养活更多的人口，至西汉末年，民户达一千三百万户，人口为五千九百万人，垦田是八百二十七万顷。农业发展的显著标志是农具的改进和兴修水利。汉朝已广泛使用铁犁牛耕技术，具体表现为二牛抬杠，"用耦犁，二牛三人"（《汉书·食货志》）。铁犁牛耕动力强劲，翻土量大，动作连续，操作方便，其生产效率远远超过了先秦社会的耒耜类农具，"农，天下之大业也，铁器，民之大用也。器用便利，则用力少而得作多，农夫乐事劝功。用不具，则田畴荒，谷不殖，用力鲜，功自半。器便与不便，其功相什而倍也"（《盐铁论·水旱》）。汉朝的中心在黄河流域，治理黄河对于农业经济有着重要意义。公元前109年，汉武帝征发数万士卒堵塞黄河决口，并筑拦河大坝，使河水归槽北行，"梁、楚之地复宁，无水灾"（《汉书·沟洫志》）。这是中国古代第一次大规模治理黄河，安澜功效长达一百余年。在手工业方面，冶铁业快速发展，既有大企业，又有小铁匠。大企业如临邛的卓王孙，自赵国迁来之后，"即铁山鼓铸，运筹策，倾滇、蜀之民，富至僮千人，田池射猎之乐，拟于人君"（《史记·货殖列传》）。小铁匠们"家人相一，父子戮力，各务为善器，器不善者不集。农事急，挽运衍之阡陌之间，民相与市买，得以财货五谷新弊易货；或时贳民。不弃作业。置田器，各得所欲"（《盐铁论·水旱》）。纺织业以丝织业最为进步，既有国营又有民营。国营丝织业不生产商品，主要是为皇室和官府织造服装。民营丝织业则区分为专业生产和家庭副业生产，专业以生产商品为主，技术比较精良；家庭则是自己生产，自己享用，自给自足。在商业方面，直接表现是涌现了一批富商大贾，促进商品流通和商业活动，"汉兴，海内为一，开关梁，弛山泽之禁，是以富商大贾周流天下，交易之物莫不通，得其所欲"（《史记·货殖列传》）。间接表现则是"都会"的形成，关中地区有长安，河南地区有洛阳，东吴地区有苏州，岭南地区有广州。它们是所在经济区域的商品集散之地，不仅调节本区内的商品分配，也沟通各都会乃至各地区之间的物资交流。

　　在经济发展的同时，汉朝积累了丰富的政府管理经济经验，无论利弊，都对传统社会产生了深远影响。重农抑商是基本经验。传统社会是自给自足的自然经济，而农业是决定性的生产部门，也是自然经济的代表产业。有的学者研究认为，从战国到清中期，占经济主导地位的一直是五到八口之家的小农家庭，耕种32亩左右的土地[1]。历代统治者都把重农抑商作为基本国策，要求重视农业，以农为本，限制工商业发展。重农抑商肇始于先秦时期，商鞅认为："圣人知治国之要，故令民归心于农"（《商君

---

[1]　刘守刚、刘雪梅：《〈盐铁论〉与皇朝财政的基因》，载《上海财经大学学报》2012年第3期。

书·农战》）；"重关市之赋，则农恶商，商有疑惰之心。农恶商，商疑惰，则草必垦矣"（《商君书·垦令》）。大意是，加重交通要道市集上商品的税收，那么农民就不敢轻易经商，商人也会对经商持怀疑的态度。农民不敢经商，商人对商业缺乏信心，那么荒地就能得到开垦了。韩非则明确提出重农抑商思想，"夫明王治国之政，使其商工游食之民少而名卑，以寡趣本务而趋末作"（《韩非子·五蠹》）。重农抑商完善定型于汉朝，主要用困和辱的办法来抑制商业行为，"天下已平，高祖乃令贾人不得衣丝乘车，重租税以困辱之"（《史记·平准书》）。具体措施有官营禁榷，对于有利可图的工商业收归官营，禁止民营。重征商税，"贾人倍算"，加倍征收商贾的算赋。汉武帝实行"算缗""告缗"，用征重税和鼓励告发偷漏税的方式对商贾进行打击和限制。子孙不得为官，"孝惠、高后时，为天下初定，复弛商贾之律，然市井之子孙亦不得仕宦为吏"（《史记·平准书》）。汉朝法律规定商人不得衣丝乘车，"贾人毋得衣锦绣……操兵，乘骑马"（《汉书·高帝纪》）。汉朝定型的重农抑商政策成了历代封建王朝最基本的经济指导思想，虽有历史的合理性，却也阻碍商品经济和契约文明的发展，尤其是封建社会末期，更是阻碍了市场经济和近代社会的产生。

休养生息是有智慧的经验。西汉之初，社会经济残破，民不聊生。刘邦及其大臣总结秦朝短命而亡的教训，采取"反秦之弊，与民休息"政策，具体化为军队复员务农，"帝乃西都洛阳。夏五月，兵皆罢归家"。明确"以有功劳行田宅"，根据官兵功绩大小，爵位高低，赐予数量不等的土地进行农业生产。招抚流亡人员，"民前或相聚保山泽，不书名数，今天下已定，令各归其县，复故爵田宅，吏以文法教训辨告，勿笞辱"。大意是，以前聚逃于山泽之中以避秦乱而未列入户籍的百姓，可以各归本里，恢复原来的爵级与土地房屋，各地官吏要按照法令来晓以义理。这一政策使得流民重新获得了社会地位和土地财产，实现了劳动力与土地资源的重新结合，有力地促进了农业生产，安定了人民生活。释放奴婢，"民以饥饿自卖为人奴婢者，皆免为庶人"（《汉书·高帝纪》），使一些成为奴隶的劳动力提高了社会地位和身份，一定程度上缓和了社会矛盾，稳定了社会秩序。轻徭薄赋，"上于是约法省禁，轻田租，什五而税一，量吏禄，度官用，以赋于民"（《汉书·食货志》）。实行什伍税一，节省财政开支，更多地让利于民，让民众获得实惠。约法省刑，"与父老约，法三章耳：杀人者死，伤人及盗抵罪。余悉除去秦法"（《史记·高祖本纪》）。汉初的休养生息政策，历经几代统治者执行了七十年，取得显著成效，"汉兴七十余年之间，国家无事，非遇水旱之灾，民则人给家足，都鄙廪庾皆满，而府库余货财"（《史记·平准书》）。社会风气也明显好转，"汉兴，扫除烦苛，与民休息；至于孝文，加之以恭俭；孝景遵业，五六十载之间，至于移风易俗，黎民醇厚"（《汉书·景帝纪》）。至为关键的是，与民休养生息政策，成了历代王朝建立之初的不二选择，这是汉朝贡献给传统社会治国安邦最宝贵的经验。

盐铁专卖是有争议的经验。西汉前期，工商业得到了极大发展，涌现了一批富商大贾，他们主要得益于暴利性资源商品，这就是盐和铁。汉武帝时，由于讨伐匈奴和救济灾民而使国家府库大空，富商大贾却不肯为国家承担责任，"或滞财役贫，转毂百数，废居居邑，封君皆氏首仰给焉。冶铸鬻盐，财或累万金，而不佐公家之急，黎民重困"（《汉书·食货志》）。于是，汉武帝下令盐铁国营，垄断对盐和铁的产销，类似于现代的专卖政策。在中央的大司农之下设盐铁丞，负责盐铁专营。在盛产铁的地区设铁官，负责铁矿的开采、冶炼及铁器的产销；不产铁的地区设小铁官，主要任务是收集民间废弃铁器，进行改铸，再供民间使用。各铁官直接隶属盐铁丞，所获利益归于大司农。盐铁专卖思想见于管子"惟官山海为可耳"（《管子·海王》），作为政策却是汉武时首创。汉武帝的财政助手桑弘羊认为，盐铁专卖既能增加财政收入，又不影响百姓生活，"盐、铁之利，所以佐百姓之急，足军旅之费，务蓄积以备乏绝，所给甚众，有益于国，无害于人"（《盐铁论·非鞅》）。盐铁专卖不仅具有经济意义，而且具有政治意义，"令意总一盐、铁，非独为利入也，将以建本抑末，离朋党，禁淫侈，绝并兼之路也"（《盐铁论·复古》）。盐铁专卖政策，西汉时就有争议，盐铁会议专题进行辩论。客观地说，盐铁专卖对于西汉王朝是有利有弊，利大于弊。所谓利，主要在于"充实了财政，支持了经略四方，奠定了祖国南部、西南部和西域的边疆"[1]。弊则在于依仗官势，欺压用户，只管数量，不管质量，"郡国多不便县官作盐铁，铁器苦恶，贾贵，或强令民卖买之"（《史记·平准书》）。对于中国历史而言，很难用利弊加以评判，实质是如何认识政府与市场的关系。在资源配置过程中，是政府为主还是市场为主，一直影响着历朝历代统治者的经济决策，进而影响着市场体系的完善和经济的健康发展。

土地私有是利弊参半的经验。春秋战国时期，西周的井田制逐渐遭到破坏，土地私有开始产生，商鞅变法时明确"除井田，民得买卖"（《汉书·食货志》）。能够合法地买卖土地，说明秦国已经确立土地私有制。秦始皇统一中国后即下令"使黔首自实田"（《史记·秦始皇本纪》裴骃《集解》引"徐广曰"），承认土地私有制，要求各民户据实登记田亩，以便"履亩而税"。土地私有是废除分封制的重要措施，汉朝沿袭秦朝的政策，土地私有

---

① 张传玺主编：《中华文明史》（第二卷），北京大学出版社2006年版，第12页。

权更加巩固，皇族刘康有"私田八百顷"（《后汉书·济南安王康列传》）；号称儒家丞相的张禹"为人谨厚，内殖货财，家以田为业。及富贵，多买田至四百顷，皆泾、渭溉灌，极膏腴上贾，它财物称是"（《汉书·张禹传》）。土地买卖关系更加发达，贫者出卖土地，"臣禹年老贫穷，家訾不满万钱，妻子糠豆不赡，裋褐不完。有田百三十亩，陛下过意征臣，臣卖田百亩，以供车马"（《汉书·贡禹传》）。富者购买土地，"卓王孙不得已，分予文君僮百人，钱百万，及其嫁时衣被财物。文君乃与相如归成都，买田宅，为富人"（《史记·司马相如列传》）。秦汉之时土地私有是历史的进步，极大地调动了地主和农民的生产积极性，提高了农业生产率，"今以众地者，公作则迟，有所匿其力也；分地则速，无所匿迟也"（《吕氏春秋·审分览》），还稳定了西汉政权，"邑里无营利之家，野泽无兼并之民，万里之统，海内赖安"（《东观汉记·杜林传》）。

同时，土地私有必然带来土地兼并，农民失地，贫富分化，"富者田连阡陌，贫者无立锥之地"，从而导致政治动乱和社会不稳定。统治者就要想办法平均地权，遏制土地兼并。董仲舒提出了"限田"建议，"古井田法虽难卒行，宜少近古，限民名田，以澹不足，塞并兼之路"。汉哀帝时明确采取限田政策，"今累世承平，豪富吏民訾数巨万，而贫弱俞困……宜略为限"（《汉书·食货志》）。王莽新朝则用井田制的办法阻止土地兼并，"古者，设庐井八家，一夫一妇田百亩，什一而税，则国给民富而颂声作"；"敢有非井田圣制，无法惑众者，投诸四裔"（《汉书·王莽传》）。无论实行限田政策，还是恢复井田制，都无法阻碍土地兼并和贫富分化的趋势。这实际反映了传统社会的痼疾，就是地主与农民的矛盾，矛盾的焦点是土地归属问题。一般而言，新的王朝建立，都会推行平均地权政策，让广大农民耕者有其田，休养生息。而后则是地主阶级巧取豪夺，大量兼并土地，导致失地农民越来越多，民不聊生。最后爆发农民起义，推翻旧的王朝，建立新的王朝。传统社会就是一个治与乱、土地分散与集中周而复始的循环过程，而汉朝则是这个过程的创始者。

第二节　经学思潮

　　春秋战国的社会思潮是百家争鸣；秦朝以法为教、以吏为师，思想文化是万马齐喑。汉武帝独尊儒术，容易误解汉朝的社会思潮也是单调沉闷，其实不然。汉朝确实是经学流行，儒家占据思想文化的主导地位，"自武帝立五经博士，开弟子员，设科射策，劝以官禄，讫于元始，百有余年，传业者浸盛，支叶蕃滋，一经说至百余万言，大师众至千余人"（《汉书·儒林传赞》）。经学流行，却不是大树底下不长草，道、法、医、农、纵横、阴阳、五行、术数、方士等各家各派照样存在，具有真才实学的仍然可以为官从政，"至今上即位，博开艺能之路，悉延百端之学，通一伎之士，咸得自效。绝伦超奇者为右，无所阿私"（《史记·龟策列传》太史公曰）。而且，佛教在西汉末年传入中国，道教在东汉末年创立。如果说春秋战国是百花齐放，那么，汉朝就是一枝独秀。更重要的是，汉朝融合春秋战国与秦朝各自特点，在一枝独秀与百花齐放之间实现了均衡。

一、复兴文化

　　秦始皇统一中国后，为了定法教于一尊，采纳李斯"焚书坑儒"建议。所谓焚书，就是保留秦国的史书和博士官所收藏的《诗》《书》以及医药、卜筮、种植等书籍，烧毁其他各国的史书和其余书籍，"臣请史官非秦记皆烧之。非博士官所职，天下敢有藏《诗》、《书》、百家语者，悉诣守、尉杂烧之。有敢偶语《诗》《书》者弃市。以古非今者族。吏见知不举者与同罪。令下三十日不烧，黥为城旦。所不去者，医药卜筮种树之书。若欲有学法令，以吏为师"。坑儒则是以妖言惑众的罪名，在咸阳逮捕并坑杀四百六十余名儒生和方士（《史记·秦始皇本纪》）。焚书坑儒意在维护国家统一，却不能否认是对文化的摧残破坏，"及至秦之季世，焚《诗》《书》，阬术士，六艺从此缺焉"（《史记·儒林列传》）。面对文化萧条的局面，汉朝及时废除秦朝的"妖言令"和"挟书律"，"省法令妨吏民者，除挟书律"，创造相对宽松的社会环境，促进文化复兴（《汉书·惠帝纪》）。

复兴是治国之道的灵活运用。汉朝不拘泥于一家之言，而是审时度势，不断调整治国之道，先黄老，后儒家；外示儒术，内用法治。西汉初期，统治集团内部已形成共识，秦朝由于奉行法家思想治国，严刑峻法，二世而亡，教训深刻，必须改弦易辙。刘邦让谋士陆贾总结秦亡教训，"陆生乃粗述存亡之征，凡著十二篇。每奏一篇，高帝未尝不称善，左右呼万岁，号其书曰'新语'"（《史记·郦生陆贾列传》）。陆贾认为，秦亡在于事烦法滋，"蒙恬讨乱于外，李斯治法于内，事逾烦天下逾乱，法逾滋而天下逾炽，兵马益设而敌人逾多。秦非不欲治也，然失之者，乃举措太众、刑罚太极故也"（《新语·无为》）。建议实行黄老之术，无为而治，与民休息，"是以君子之为治也，块然若无事，寂然若无声，官府若无吏，亭落若无民，闾里不讼于巷，老幼不愁于庭，近者无所议，远者无所听，邮无夜行之卒，乡无夜召之征，犬不夜吠，鸡不夜鸣"（《新语·至德》）。刘邦固然不懂学术思想，却很理性智慧，从善如流，选择了正确的治国之道，由秦朝的法家治国转变为黄老治国。

西汉前期，君臣一心奉行黄老思想，前后七十余年，成效斐然，创造了"文景之治"。汉惠帝和吕后在丞相曹参、陈平的辅佐下，"君臣俱欲休息乎无为，故惠帝垂拱，高后女主称制，政不出房户，天下晏然。刑罚罕用，罪人是希。民务稼穑，衣食滋殖"（《史记·吕太后本纪》）。曹参"萧规曹随"，曾为齐丞相，"其治要用黄老术，故相齐九年，齐国安集，大称贤相"（《史记·曹相国世家》）。陈平继曹参而为丞相，"少时，本好黄帝、老子之术"（《史记·陈丞相世家》）。汉文帝更是崇尚黄老思想，"即位，有司议欲定仪礼，孝文好道家之学，以为繁礼饰貌，无益于治，躬化谓何耳，故罢去之"（《史记·礼书》）。认真躬行实践，"即位二十三年，宫室苑囿狗马服御无所增益，有不便，辄弛以利民"；"上常衣绨衣，所幸慎夫人，令衣不得曳地，帏帐不得文绣，以示敦朴，为天下先"（《史记·孝文本纪》）。汉景帝也是黄老思想的拥趸，"以《黄子》《老子》义体尤深，改子为经，始立道学，敕令朝野悉讽诵焉"（《焦氏笔乘》卷三）。令人感兴趣的是，文景之治竟得益于窦太后。她是文帝之妻，景帝之母，武帝之祖母，笃信黄老之术，影响朝政达四十五年。当汉武帝要改变治国方略，由尊崇黄老转变为独尊儒术时，遇到了太后的抵制，"太后好黄老之言，而魏其、武安、赵绾、王臧等务隆推儒术，贬道家言，是以窦太后滋不说魏其等。及建元二年，御史大夫赵绾请无奏事东宫。窦太后大怒，乃罢逐赵绾、王臧等，而免丞相、太尉"（《史记·魏其武安侯列传》）。

汉武帝即位六年后，窦太后去世，实现了治国之道的转变，推崇儒术和有为而治，"武安君田蚡为丞相，黜黄老、刑名百家之言，延文学儒者以百数，而公孙弘以治《春秋》为丞相封侯，天下学士靡然向风矣"（《汉书·儒林传》）。汉武尊儒，却没有废弃百家，而是"悉延百端之学"，这在用人上最为明显，既用儒家又用法家和杂家。张欧是法家，"孝文时以治刑名侍太子，然其人长者。景帝时尊重，常为九卿。至武帝元朔中，代韩安国为御史大夫"（《汉书·张欧传》）。主父偃是杂家，"学长短纵横术，晚乃学《易》、《春秋》、百家之言"（《汉书·主父偃传》），多次献良策于汉武，一年四次升迁，最后为齐王相。即如公孙弘，作为中国历史上第一个文人宰相，也不是一个纯儒，曾"习文法吏事，缘饰以儒术"，又"著《公孙子》，言刑名事"（《西京杂记》）。汉武名为儒学治国，实为儒法兼用，王霸同举；援法入儒，外儒内法，"夫刑罚，所以防奸也；内长文，所以见爱也"（《汉书·武帝纪》）。和平年间用儒家，战乱时期靠法家，"守成尚文，遭遇右武"（《史记·平津侯主父列传》）。

复兴是文化逐渐繁荣。具体表现在图书的收集整理，为文化繁荣夯实基础，"汉兴，改秦之败，大收篇籍，广开献书之路"（《汉书·艺文志》）。收集古籍从刘邦开始，萧何组织实施，"沛公至咸阳，诸将皆争走金帛财物之府分之，何独先入收秦丞相御史律令图书藏之"（《史记·萧相国世家》）。汉武帝进一步推动图书收集，"迄孝武世，书缺简脱，礼坏乐崩，圣上喟然而称曰：'朕甚闵焉！'于是建藏书之策，置写书之官，下及诸子传说，皆充秘府"。汉成帝不仅收集图书，"至成帝时，以书颇散亡，使谒者陈农求遗书于天下"，而且大力开展图书整理工作，"诏光禄大夫刘向校经传诸子诗赋，步兵校尉任宏校兵书，太史令尹咸校数术，侍医李柱国校方技。每一书已，向辄条其篇目，撮其指意，录而奏之"。汉哀帝继续推动图书的收集整理，取得很大成果，"会向卒，哀帝复使向子侍中奉车都尉歆卒父业。歆于是总群书而奏其《七略》，故有《辑略》，有《六艺略》，有《诸子略》，有《诗赋略》，有《兵书略》，有《术数略》，有《方技略》"。《辑略》为总论，其余六略为全部古籍的具体目录，"六略三十八种，五百九十六家，万三千二百六十九卷”。其中，六艺“一百三家，三千一百二十三篇”；诸子“百八十九家，四千三百二十四篇”；诗赋“百六家，千三百一十八篇”；兵书“五十三家，七百九十篇，图四十三卷”；术数“百九十家，二千五百二十八卷”；方伎“三十六家，八百六十八卷”（《汉书·艺文志》）。

新兴学科的发展，也是文化繁荣的重要标志。东汉桑钦著有《水经》，是地理学开山之著，第一部记述全国范围内河川水系的专著。《水经》记有137条水道，补以支流小水1252条，逐一探求源流，述其变迁，详记所经郡县、山陵、原隰、城邑、关津及地理、历史、名胜古迹，对有关史事多有考证。桑钦认为，黄河源自昆仑山，“在西北，去嵩高五万里，地之中也。其高万一千里。河水出其东北陬，屈从其东南流，入渤海”（《水经注·河水》）。汉朝最重要的贡献是历史学，《史记》和《汉书》都是史学的皇皇巨著。《史记》是中国历史上第一部纪传体通史，记载了上起传说中的黄帝时代下至汉武帝太初四年间，共3000多年的历史。《史记》分为本纪、表、书、世家、列传五个部分，本纪是全书的提纲，以王朝更替为体，按年月时间记述帝王的言行和政绩；表是用表格简列世系、人物和史事；书则记载制度发展，涉及礼乐、社会经济、天文兵律、河渠地理等内容；世家记述子孙世袭的王侯封国和重要人物事迹；列传是帝王诸侯外其他方面代表人物的生平事迹和少数民族的传记。《史记》首创纪传体的编史方法，以本纪、世家和列传为主体，以人物为中心来记载历史，具有相当的科学性，为后代史家所继承，成为传统史书编纂的主要体例。《史记》实现了史才、史学和史识的有机统一。史才和史学是“究天人之际，通古今之变，成一家之言”；史识是历史和人生的使命感，“仆窃不逊，近自托于无能之辞，网罗天下放失旧闻，考之行事，稽其成败兴坏之理”；“仆诚已著此书，

藏之名山，传之其人，通邑大都，则仆偿前辱之责，虽万被戮，岂有悔哉？"（《汉书·司马迁传》）

复兴是汉朝教育发达。太学、郡国学和私学同步发展，为复兴文化提供了人才保障。东汉后期，太学生达到三万多人，约占人口总数的0.53%。兴办太学是汉朝教育制度的最大特点，也是继孔子创办私学之后又一个具有里程碑意义的事件。公元前124年，汉武帝采纳董仲舒的建议，在长安城设立太学，"愿陛下兴太学，置明师，以养天下之士；数考问以尽其材，则英俊宜可得矣"。在汉武和董仲舒看来，设立太学是为了培养造就国家的栋梁之材，"夫不素养士而欲求贤，譬犹不琢玉而求文采也。故养士之大者，莫大乎太学；太学者，贤士之所关也，教化之本原也"（《汉书·董仲舒传》）。汉武之后的统治者都重视太学，东汉刘秀称帝后，戎马未歇，即兴文教，恢复太学，"光武中兴，爱好经术，未及下车，而先访儒雅，采求阙文，补缀漏逸。先是，四方学士多怀协图书，遁逃林薮。自是莫不抱负坟策，云会京师。……于是立五经博士，各以家法教授"。汉明帝亲临太学行礼并讲授儒经，听讲的官员、学者成千上万，"明帝即位，亲行其礼"；"飨射礼毕，帝正坐自讲，诸儒执经问难于前，冠带缙绅之人，圜桥门而观听者盖亿万计"（《后汉书·儒林列传》）。

太学的教授称博士，汉武帝初设五经博士，专门讲授《诗》《书》《礼》《易》《春秋》等儒家经典。博士一职非汉武创举，汉武的创新在于博士只为儒家设置，不再是可有可无、可多可少的政治学术顾问，而是国家限额、遴选严格、擢迁优渥、执掌尊重的政府官员和学界领袖。他们担负着为国家培养、选拔优秀官吏的重任，承担着奉旨巡行天下、观风览俗、了解掌握民情的职责，进而成为朝廷的喉舌和道德教化之官。五经博士不是五人，而是各种经典有着不同学派，各个学派分别设置博士，汉武时为7人，汉宣帝时增至12人，王莽新朝则是30人，新增《公羊传》《榖梁传》《左传》《尔雅》等课程。东汉初，博士员额确定为14名，即著名的"今文经十四博士"体制。博士经常采取考试选拔，年龄一般在五十以上，品行端正、精通经典，身无伤病、亲属清白。太学的学生称为博士子弟，汉武时为五十人，汉昭帝时为一百人，汉宣帝时为二百人，汉元帝时增至一千人，汉成帝时为三千人。王莽为了篡汉，极力笼络儒者，太学生增至一万余人。不过，王莽的太学生没有成为新朝的建设者，反而成了掘墓人，以致开创东汉王朝的人"皆有儒者气象"。钱穆认为："秦是中国第一个统一政府，是贵族的；汉是中国第一个士人政府，是平民的。"①西汉与东汉也有区别，西汉是真正的平民政府，"刘邦为秦时之亭长，古代十里一亭，即有一派出所，而泗水亭长尚有一二亭卒。跟刘邦得天下的革命集团均是平民社会中人"②。东汉则是书生政府，光武帝是太学生，"东汉时到处是太学生"③。太学生内由太常选拔，外由郡国察举，年龄在十八岁以上，相貌端正，享有免除赋役的特权。太学的教学活动，除了博士讲授之外，博士间互有学术交流，师生间也常常展开讨论，"汉立博士之官，师、弟子相诃难，欲极道之深，形是非之理"（王充《论衡·明雩篇》）。太学设立的直接目的是培养选拔官员，间接地为汉朝的文化复兴提供了人才支撑，有力推动了文化的不断发展和繁荣。

---

① 钱穆讲授，叶龙记录整理:《中国通史》，天地出版社2018年版，第40页。
② 同上书，第41页。
③ 同上书，第64页。

二、独尊儒术

独尊儒术是汉朝社会思潮最鲜明的标记，确立了官方意识形态，实现了思想文化"大一统"。秦始皇扫平六合，以郡县制代替分封制，建立了以皇帝为核心的中央集权制度，在政治上统一了中国。秦朝国运短促，未能在文化上统一中国。任何一个国家，政治上的统一必然要求文化上的统一，没有文化上的统一，就不可能巩固和发展政治上的统一，国家还是会分崩离析。政治统一与文化统一，是国家统一的基本条件。汉武帝独尊儒术，完成了中国文化上的统一，"孝武初立，卓然罢黜百家，表章六经"（《汉书·武帝纪赞》）。秦皇与汉武相结合，共同缔造了中国；政治统一与文化统一相结合，确保了中华民族悠然畅游于历史长河之中，巍然屹立于世界民族之林。

传统社会家国同构，是建立在农耕经济基础上的宗法-政治社会，十分重视思想文化的统一。家长制是传统社会的基础乃至政治依托，明确了宗法原则，严明了嫡与庶、长与幼、宗子与别子的名分差别，发展为嫡长子继承制。西周社会在政治上将宗法制转化为分封等级制，在文化上贯彻"亲亲"与"尊尊"精神，实行以礼治国。礼治把宗法原则和政治原则伦理化，上古三代一脉相承，"殷因于夏礼，所损益可知也；周因于殷礼，所损益可知也"（《论语·为政》）。西周有所损益不在于继承，而在于重大创新，成就礼治的完美型态，受到儒家的赞美。春秋战国王权衰落，礼崩乐坏，各国争雄，烽烟四起，诸子百家心急如焚，纷纷提出自己的救世方案，希望得到君主青睐而付诸实施，并成为文化统一的依据，"夫阴阳、儒、墨、名、法、道德，此务为治者也。直所从言之异路，有省不省耳"（《史记·太史公自序》）。客观地说，法家在先秦社会占了上风，是诸侯君主称霸争雄的指导思想，"当是之时，秦用商君，富国强兵；楚、魏用吴起，战胜弱敌；齐威王、宣王用孙子、田忌之徒，而诸侯东面朝齐。天下方务于合纵连衡，以攻伐为贤，而孟轲乃述唐、虞、三代之德，是以所如者不合"（《史记·孟子荀卿列传》）。秦始皇坚持法家思想，统一天下，却二世而亡，这说明法家可以取天下，而不能治天下；法家可以辅佐君主实现政治上的统一，而无法实现文化上的统一，成为主导的意识形态，"夫并兼者高诈力，安定者贵顺权，此言取与守不同术也。秦离战国而王天下，其道不易，其政不改，是其所以取之守之者无异也。孤独而有之，故其亡可立而待。借使秦王计上世之事，并殷、周之迹，以制御其政，后虽有淫骄之主，而未有倾危之患也。故三王之建天下，名号显美，功业长久"（《史记·秦始皇本纪》引贾谊《过秦论》）。汉朝只能在政治上继承秦朝的遗产，而在文化上则须另辟蹊径，探求新路。

西汉王朝实现思想文化统一，走了漫长的路程。汉初统治者不喜欢法家，也不喜欢儒家，"沛公不好儒，诸客冠儒冠来者，沛公辄解其冠，溲溺其中。与人言，常大骂"（《史记·郦生陆贾列传》），不得不奉行黄老之术，清静无为，与民休息，以期修复长期战乱后的社会政治经济窘境。黄老之术既是治国之道，也是文化上的指导思想。刘邦实际采纳了陆贾无为而治的主张，"百姓歌之曰：'萧何为法，讲若画一；曹参代之，守而勿失。载其清靖，民以宁壹。'"（《汉书·曹参传》）文景之治实在是得益于黄老之术，"汉时，曹参始荐盖公能言黄老，文帝宗之。自是相传，道学众矣"（《隋书·经籍志》）。汉景帝不好儒学，"窦太后好黄帝老子言，景帝及诸窦不得不读《老子》尊其术"（《汉书·外戚传》）。黄老治国成效显著，"至武帝之初七十年间，国家亡事，非遇水旱，则民人给家足"（《汉书·食货志》）。然而，任何思想学术都有其局限性，黄老之术也不例外。剖析理论本质，黄老之术属于自由主义或无政府主义的范畴，显然与中央集权和君主专制的治国方略相抵触，难以成为官方的意识形态。纵观历史实践，黄老之术既不适合乱世，也不适合治世，一般只适用于由乱到治的历史阶段，而法家则适用于乱世，儒家更适用于治世。根据现实政治的需要，汉武帝亲政时，面临诸侯离心的内忧和匈奴侵扰的外患，需要有所作为，而文景之治建立的国力基础，使得汉武也有能力有所作为。董仲舒迎合汉武的心理，及时提出了"更化"主张，即从无为转向有为，从黄老顺其自然转变为儒家道德教化，"更化则可善治，善治则灾害日去，福禄日来。《诗》云：'宜民宜人，受禄于天。'为政而宜于民者，固当受禄于天。夫仁、谊、礼、知、信，五常之道，王者所当修饬也。五者修饬，故受天之祐，而享鬼神之灵，德施于方外，延及群生也"（《汉书·董仲舒传》引《天人三策》）。

由西汉初期的不喜儒家到独尊儒术，虽然是政治家操盘的结果，却不能忽视思想家的作用，主要是陆贾、贾谊和董仲舒。陆贾是汉初的谋士学者，贾谊是汉文帝时人，董仲舒是汉景帝、武帝时最重要的儒家学者。他们批判秦政，陆贾认为，秦二世而亡，既是法家的严刑峻法所致，也是因为混淆了取天下与治天下的不同方略，"且汤武逆取而以顺守之，文武并用，长久之术也。昔者吴王夫差、智伯极武而亡；秦任刑法不变，卒灭赵氏"（《史记·郦生陆贾列传》）。对于秦亡原因，汉初思想家是有共识的，贾谊也发表过类似的议论，"仁义不施而攻守之势异也"（《史记·秦始皇本纪》引贾谊《过秦论》）。董仲舒明确指出："至周之末世，大为亡道，以失天下。秦继其后，独不能改，又益甚之，重禁文学，不得挟书，弃捐礼谊而恶闻之，其心欲尽灭先王之道，而颛为自恣苟简之治，故立为天子十四岁而国破亡矣"（《汉书·董仲舒传》引《天人三策》）。他们提出对策和理论依据，不约而同想到了儒家，坚持仁义治国，主张道德教化，"仁者道之纪，义者圣之学。学之者明，失之者昏，背之者亡。陈力就列，以义建功，师旅行阵，德仁为固，仗义而强，调气养性，仁者寿长，美才次德，义者行方。君子以义相褒，小人以利相欺。愚者以力相乱，贤者以义相治。《穀梁传》曰：'仁者以治亲，义者以利尊。万世不乱，仁义之所治也。'"（《新语·道基》）有趣的是，他们都不是纯儒，陆贾的"思想虽有道家色彩，但其理论体系和基本口号都是儒家的，是先秦儒学向汉代儒学转变的第一步"[1]。贾谊则是援法入儒，礼法并重，"仁义恩厚者，此人主之芒刃也；权势法制，此人主之斤斧也。势已定，权已足矣，乃以仁义恩厚因而泽之，故德布而天下有慕志。今诸侯王皆众髋髀也，释斤斧之制，而欲婴以芒刃，臣以为刃不折则缺耳"（《新书·制不定》）。董仲舒则是一个杂家，以《公羊传》为依据，吸收法家、道家、阴阳家的思想，建立新的儒学体系，"从董子的代表作《春秋繁露》与《天人三策》的思想内容来看，它确实不是'纯儒'，而是熔炼百家的'杂儒'"[2]。

　　汉武帝独尊儒术是一个艰难过程，政治上阻力重重。即位之初，汉武就要群臣举荐贤良方正直言极谏之士，丞相卫绾建议不要举荐法家人士，"所举贤良，或治申、商、韩非、苏秦、张仪之言，乱国政，请皆罢"（《汉书·武帝纪》），得到汉武认可。卫绾明黜法家，暗弃黄老，因为法家"喜刑名法术之学，而其归本于黄老"（《史记·老子韩非列传》），实际揭开了独尊儒术的序幕。卫绾去职后，汉武任命窦婴为丞相，田蚡为太尉，他们同心

---

① 张传玺主编：《中华文明史》（第二卷），北京大学出版社2006年版，第127页。

② 庄树宗、王四达：《"罢黜百家"还是"熔炼百家"——论董仲舒思想的"杂家"特征及其历史影响》，载《江苏社会科学》2010年第4期。

协力，掀起了独尊儒术运动，"婴、蚡俱好儒术，推毂赵绾为御史大夫，王臧为郎中令。迎鲁申公，欲设明堂，令列侯就国，除关，以礼为服制，以兴太平"，却遭到窦太后等黄老学派的打压，窦婴、田蚡被免职，赵绾、王臧下狱自杀，申公"疾免以归，数年卒"，独尊儒术遭遇挫折（《汉书·窦田灌韩传》）。直到窦太后去世，才在政治上完成了独尊儒术，"及窦太后崩，武安侯田蚡为丞相，绌黄老、刑名百家之言，延文学儒者数百人"。代表性人物是公孙弘，"以《春秋》白衣为天子三公，封以平津侯。天下学士靡然向风矣"（《史记·儒林列传》）。组织上提供人事保障，汉武即位第五年，"置五经博士"（《汉书·武帝纪》）。汉初就有博士之职，涉及诸子百家学科，儒学只有《诗经》和《春秋》博士。汉武设立五经博士，只有儒家，而没有诸子百家，夯实了独尊地位。儒家博士加强文献整理和学科建设，"初，《书》唯有欧阳，《礼》后，《易》杨，《春秋》公羊而已。至孝宣世，复立大小夏侯《尚书》，大小戴《礼》，施、孟、梁丘《易》，穀梁《春秋》。至元帝世，复立京氏《易》。平帝时，又立《左氏春秋》、《毛诗》、逸《礼》、古文《尚书》，所以罔罗遗失，兼而存之，是在其中矣"（《汉书·儒林传》）。理论上采纳董仲舒的观点，"《春秋》大一统者，天地之常经，古今之通谊也。今师异道，人异论，百家殊方，指意不同，是以上亡以持一统；法制数变，下不知所守。臣愚以为诸不在六艺之科、孔子之术者，皆绝其道，勿使并进。邪辟之说灭息，然后统纪可一而法度可明，民知所从矣"（《汉书·董仲舒传》引《天人三策》）。董仲舒的观点高屋建瓴，逻辑严谨，尽显儒家治国安邦和教化社会的意义与作用，既从理论上阐明了独尊儒术的重要性与必要性，又坚定了汉武帝独尊儒术的决心和信心。

独尊儒术的重要意义在于确立了"大一统"理念。大一统源自《公羊传》。《春秋》开篇第一句话是"元年，春，王正月"。《公羊传·隐公元年》解释"元年者何？君之始年也。春者何？岁之始也。王者孰谓？谓文王也。曷为先言'王'而后言'正月'？王正月也。何言乎'王正月'？大一统也"。一是元，统是始，元始是包括政治社会在内的天下万事万物的本体。大一统最早是言西周王朝，为王朝更替提供理论依据，强调君主一统天下的权威和稳定的社会秩序，"王者受命，制正月以统天下，令万物无不一一皆奉之以为始，故言大一统也"（徐彦《春秋公羊传注疏》）。春秋战国时，诸子百家都潜藏着大一统的文化基因，儒家发扬光大了大一统思想，孔子是"天下有道，则礼乐征伐自天子出"（《论语·季氏》），孟子主张天下"定于一"（《孟子·梁惠王上》）。汉朝则丰富了大一统的内涵，由强调君主的权威尊严，扩充为国家在政治与文化上的统一，司马谈从史学角度告诫司马迁，"今汉兴，海内一统，明主贤君忠臣死义之士，余为太史而弗论载，废天下之史文，余甚惧焉，汝其念哉！"（《史记·太史公自序》）董仲舒从理论上强化大一统思想，坚信大一统是自然界的基本法则，也是人类社会的普遍规律。大一统首先是一统于天，"以人随君，以君随天"；"屈民而伸君，屈君而伸天"（《春秋繁露·玉杯》）。然后，则是一统于王，"君人者，国之元。发言动作，万物之枢机"（《春秋繁露·立元神》）；"唯天子受命于天，天下受命于天子。一国则受命于君。君命顺，则民有顺命；君命逆，则民有逆命"（《春秋繁露·为人者天》）。汉武帝和董仲舒共同完成了大一统理念的型塑，成为中华民族的基本共识，是传统社会维护国家统一的思想武器。"《春秋》所以大一统者，六合同风，九州共贯也"（《汉书·王吉传》），意指《春秋》所推崇的大一统，就是全国各地风俗教化相同，九州方圆政令贯通划一。

独尊儒术的高明之处在于允许诸子百家的存在。汉武帝将儒学定于一尊，只是抬高儒学的地位，使之成为官方意识形态和治国安邦的指导思想，而没有废除儒家以外的各家思想学术，更没有禁绝其他学派的发展。汉朝诸子百家的思想没有得到官方鼓励，却仍然存在，获得了不同程度的发展；研究整理诸子百家的人物和著作，在数量上相当可观。据《汉书·艺文志》记载：道家研究者三十七家，著述九百九十三篇；阴阳家研究者二十一家，著述三百六十九篇；法家研究者十家，著述二百一十七篇；名家研究者七家，著述三十六篇；墨家研究者六家，著述八十六篇；纵横家研究者十二家，著述百七篇；杂家研究者二十家，著述四百三篇；农家研究者九家，著述百一十四篇；小说家研究者十五家，著述千三百八十篇。关键是汉朝统治者对于诸子百家有着理性而智慧的认识，认为诸子百家并不是势不两立，有你无我，而是同宗同源，相反相成，"其言虽殊，辟犹水火，相灭亦相生也。仁之与义，敬之与和，相反而皆相成也，《易》曰：'天下同归而殊途，一致而百虑。'今异家者各推所长，穷知究虑，以明其指，虽有蔽短，合其要归，亦《六经》之支与流裔"（《汉书·艺文志》）。由于汉朝统治者的明智，独尊儒术没有发展为秦朝"焚书坑儒"的暴政，反而在实现思想文化统一的基础上，促进了诸子百家的复兴和发展，从而证明思想意识的统一与社会思潮的多元并不矛盾对立。

独尊儒术的组织保障在于为官从政。汉朝独尊儒术，不仅是宣传倡导，而且是躬行实践，通经致用。皇帝诏书，群臣奏议，无不援引儒家经典，以为决策和政策建议的依据。具体化为国有大疑，辄引《春秋》为断；大河泛滥，则取《禹贡》治水；天灾人祸，更以《洪范》规谏。汉元帝的老师萧望之是儒学专家，"好学，治《齐诗》，事同县后仓且十年。以令诣太常受业，复事同学博士白奇，又从夏侯胜问《论语》《礼服》。京师诸儒称述焉"。他以前将军光禄勋身份受命辅政，即推荐儒生；与同事周堪一起，用儒家思想影响汉元帝，指导治国安邦，"望之、堪本以师傅见尊重，上即位，数宴见，言治乱，陈王事。望之选白宗室明经达学散骑谏大夫刘更生给事中，与侍中金敞并拾遗左右。四人同心谋议，劝道上以古制，多所欲匡正，上甚向纳之"（《汉书·萧望之传》）。不仅是价值导向，而且是高官厚禄加以诱导，"遗子黄金满籝，不如一经"（《汉书·韦贤传》）。许多有造诣的经学专家，相继为官入仕，秉钧当轴。汉武帝初即位，任用《鲁诗》专家赵绾为御史大夫，王臧为郎中令；其后《春秋》专家公孙弘封侯拜相，《尚书》专家倪宽官至御史大夫。昭帝时，《韩诗》专家蔡义历官少府、御史大夫，进而封侯拜相。宣帝时，《鲁诗》专家韦贤由长信少府跃居丞相之位；《易经》专家梁丘贺官至少府，魏相历官大司农、御史大夫，乃至丞相；《齐诗》专家萧望之历官少府、大鸿胪、御史大夫。汉元帝更加重用儒学专家，《公羊》专家贡禹、《鲁诗》专家薛广德官至御史大夫，《易经》专家五鹿充宗官至尚书令、少府，《鲁诗》专家韦玄成、《齐诗》专家匡衡、《论语》专家张禹、《穀梁》专家翟方进官至丞相，《穀梁》专家刘向官至宗正，《齐诗》专家师丹官至大司空，等等。儒生入仕为官，真是利弊参半，固然有利于在全社会倡导尊崇儒学和道德教化的风气，却也带来了学术思想功利化的倾向。学术思想功利化，既会阻碍学术思想本身的发展，更会阻碍学术思想对于社会政治发挥的舆论约束和思想引导作用。

三、今文古文

独尊儒术，使得儒家由先秦的子学提升到经学的地位，汉武帝并没有使用独尊儒术的观点，而是"表章六经"。经的原意是织布机上纵向的线，引申为标准、原则，进一步引申为真理，"恒久之至道，不刊之鸿教"(《文心雕龙·宗经》)。经学是对儒学的尊称，意指儒学是最高最有价值的学术思想，"经学是我国历史上训解和阐述儒家经典的学问"①。经学的范围是发展变化的，先秦已有六经之说，"孔子谓老聃曰：'丘治《诗》《书》《礼》《乐》《易》《春秋》六经，自以为久矣，孰知其故矣。'"(《庄子·天运》)后因《乐》经失传，实为五经。汉朝增加《论语》《孝经》，为七经；唐朝增加《尔雅》，将《礼》经分为《周礼》《仪礼》《礼记》，《春秋》分为《左传》《公羊传》《榖梁传》，为十二经；宋朝增加《孟子》，为十三经，儒家经典至此完善定型。从重要性分析，儒家经典可分为经、传、记三个类别，其中经的地位最高，传、记的地位次之。经一般指先秦六经，传指《春秋》经之《左传》《公羊传》《榖梁传》，记是《论语》《孟子》《礼记》《孝经》。《尔雅》属辞书，主要解释词义。

汉朝政治环境的宽松，社会思潮的活跃，不仅表现在儒家外部诸子百家学说的存在及其研究整理和发展，而且表现在儒家内部争议不断，《春秋》三传之争和今文古文之争，贯穿汉朝儒学发展和政治演进全过程。汉朝统治者的高明在于允许不同意见的存在，而且可以进行讨论，尤其是官方组织的讨论。为了协调儒家内部的争议，统一大家的认识，汉朝先后组织了石渠阁会议和白虎观会议，讨论对儒家经典的不同理解，由君主称制临决。如果说盐铁会议讨论的重点是经济政策，那么，石渠阁和白虎观会议则是讨论文化政策。无论讨论经济还是文化，汉朝统治者都不是为了放任不同观念的自由存在和发展，而是为了统一思想认

---

① 皮锡瑞：《经学通论》之"出版说明"，中华书局1982年版。

识，加强对文化秩序和意识形态领域的控制。尽管如此，却不能否认统治者的大度包容，对于学术思想的促进作用，这也是大汉雄风的组成部分和重要标志。

公元前51年，汉宣帝决定召开石渠阁会议，"诏诸儒讲《五经》同异，太子太傅萧望之等平奏其议，上亲称制临决焉"（《汉书·宣帝纪》）。会议主要讨论《公羊》与《穀梁》的异同，汉宣帝意欲排抑《公羊》学而扶植《穀梁》学，"乃召《五经》名儒太子太傅萧望之等大议殿中，平《公羊》《穀梁》同异，各以经处是非。时《公羊》博士严彭祖、侍郎申挽、伊推、宋显，《穀梁》议郎尹更始、待诏刘向、周庆、丁姓并论"。参加会议前后有二十多人；讨论议题有三十多个，分两个阶段进行，先是《公羊》派表示不同意见，后是《穀梁》派胜出，"《公羊》家多不见从，愿请内侍郎许广，使者亦并内《穀梁》家中郎王亥，各五人，议三十余事。望之等十一人各以经谊对，多从《穀梁》。由是《穀梁》之学大盛"（《汉书·儒林传》）。会议成果汇成《石渠议奏》，也称《石渠论》，所辑议奏155篇，其中《书》议奏42篇，《礼》议奏38篇，《春秋》议奏39篇，《论语》议奏18篇，其他有关五经的杂议18篇。《石渠议奏》已佚，只在唐杜佑《通典》有所保存。会议结果是《穀梁》与《公羊》并立于学宫，"初，《书》唯有欧阳，《礼》后，《易》杨，《春秋》公羊而已。至孝宣世，复立大小夏侯《尚书》，大小戴《礼》，施、孟、梁丘《易》，穀梁《春秋》"（《汉书·儒林传》）。增设博士，"乃立梁丘《易》、大小夏侯《尚书》、穀梁《春秋》博士"（《汉书·宣帝纪》）。汉宣帝钟情《穀梁》学，在于《穀梁》重亲亲之道，崇尚礼治。清钟文烝认为："明《春秋》之正人心之书也"；"《穀梁》多特言君臣、父子、兄弟、夫妇，与夫贵礼贱兵，内夏外夷之旨，明《春秋》为持世教之书也"（《春秋穀梁经传补注·论传》）。

公元79年，大臣杨终上表汉章帝，"宣帝博征群儒，论定《五经》于石渠阁。方今天下少事，学者得成其业，而章句之徒，破坏大体。宜如石渠故事，永为后世则"（《后汉书·杨终列传》）。于是，章帝决定仿照石渠阁会议，召开白虎观会议，"下太常，将、大夫、博士、议郎、郎官及诸生、诸儒会白虎观，讲议《五经》同异，使五官中郎将魏应承制问，侍中淳于恭奏，帝亲称制临决，如孝宣甘露石渠故事，作《白虎议奏》"（《后汉书·章帝纪》）。会议的主题是讨论五经同异，"议欲减省"，内容几乎涵盖思想、社会、政治和礼俗各个层面。会议连续开了一个多月，"考详同异，连月乃罢"（《后汉书·儒林列传》）。与会人员是当时的知识和行政精英，可考者计有13人，既有今文学派，又有古文学派。今文学派有明《春秋》的杨终，习《鲁诗》的鲁恭、魏应，精欧阳《尚书》的丁鸿，长于《公羊春秋》的李育，善解《严氏春秋》的楼望；古文学派有贾逵和班固，"诏鸿与广平王羡及诸儒楼望、成封、桓郁、贾逵等，论定《五经》同异于北宫白虎观"（《后汉书·丁鸿列传》）。会议成果《白虎议奏》已佚失，现存的是《白虎通义》，由班固辑录，"天子会诸儒讲论《五经》，作《白虎通德论》，令固撰集其事"（《后汉书·班固列传》）。《白虎通义》计44篇，每篇一个主题，每一主题下有若干子题，计314个子题；编纂方式为每一问题均主一说，而后以"一曰""或曰"列他说，"《白虎通》杂论经传，多以前一说为主，'或曰'皆广异闻也"（陈立《白虎通疏证》）。白虎观会议讨论的内容丰富，涉及天人关系、名号系统、情性理论、教化纲常及汉制变迁。《白虎通义》广泛征引诸经，包括施、孟、梁丘三家的《易》，伏生、欧阳、夏侯三家的《尚书》；鲁、齐、韩三家的《诗》；《春秋》主公羊，也采穀梁和左氏；《礼》采二戴和《周礼》；还有《论语》和《孝经》。因此，白虎观会议和《白虎通义》，用学术眼光看，"是对汉代思想整合的结果；从知识角度看，它可视为儒学的百科全书；而从社会政治的层面看，它是东汉的'宪法'"①。汉宣帝、章帝毕竟是有作为的君主，召开石渠阁会议和白虎观会议，让儒士们畅所欲言地论辩，充分展示其宽容性和"礼贤下士"的统治姿态，而"称制临决"，则表明思想文化的裁决权还是在君主手中。恩威兼济，刚柔并用，是传统社会控制思想文化和文人学者的有效手段。

儒家内部的争论，集中表现在儒学门派较多，"经有数家，家有数说"（《后汉书·郑玄列传论》）。儒家经典的权威性源于孔子的神圣性，其解读和经传必须证明是"祖于孔子"和"师徒相传"。汉朝经学十分重视师门传承，西汉主师法，"述所闻，诵所学，道师之言，虆能勿失耳"（《汉书·董仲舒传》）。东汉重家法，指一家之学；太学设十四家博士，令其"各以家法教授"（《后汉书·儒林列传》）。弟子门生一般不得改动师法和家法，却可在守而不失的基础上加以润饰和增删。不同的师法和家法，形成了不同的经传版本，对于经文的解读更是五花八门，"汉兴，言《易》自淄川田生；言《书》自济南伏生；言《诗》，于鲁则申培公，于齐则辕固生，燕则韩太傅；言《礼》，则鲁高堂生；言《春秋》，于齐则胡毋生，于赵则董仲舒"。以《易》学为例，西汉时期就有田何、京房、费直和高相四家。最早传授《易经》的是田何，门生众多，汉惠帝曾亲自登门受业，"田何以齐田徙杜陵，号杜田生，授东武王同子中，洛阳周王孙、丁宽、齐服生，皆著《易传》数篇。……要言《易》者本之田何"。京房的易学偏重于明灾异，"刘向校书，考《易》说，以为诸《易》家说皆祖田何"；"大谊略同，唯京氏为异"；费直的易学"长于

_____

① 许抗生、聂保平、夏清著：《中国儒学史》（两汉卷），北京大学出版社2011年版，第405页。

卦筮，亡章句，徒以《彖》《象》《系辞》十篇文言解说上下经"；高相的易学是"亦亡章句，专说阴阳灾异"（《汉书·儒林传》）。其他经文也是如此，《诗经》学有四家，即《鲁诗》《齐诗》《韩诗》《毛诗》；《春秋传》有五种，即《公羊传》《穀梁传》《左传》《邹氏传》《夹氏传》，其中"邹氏无师，夹氏未有书"，便失传了（《汉书·艺文志》）。儒家经典版本多，解读杂，必然造就不同门派。不同门派各自以为正统，排斥其他门派，从而引起了儒学内部广泛而深远的争议和辩论。

先是《春秋》三传之争。《春秋》经言简义深，因而产生了左氏、公羊和穀梁三传和注释，《左传》以具体史实论证《春秋》的纲目；《公羊传》释史简略，着重阐释《春秋》的微言大义；《穀梁传》以语录和对话体方式解读《春秋》的思想发展脉络。晋范宁认为："《左氏》艳而富，其失也巫；《穀梁》清而婉，其失也短；《公羊》辩而裁，其失也俗。"（《春秋穀梁传集解序》）自从董仲舒以《公羊传》为圭臬，提出了一套系统的政治学说之后，儒家内部争议集中于《春秋》三传。西汉是《公羊传》与《穀梁传》之争；东汉是以《左传》为主，《左传》《穀梁传》与《公羊传》之争。《公羊》与《穀梁》之争始于董仲舒与江公，前者善辩，后者口拙，结果董仲舒胜出，汉武帝以《公羊传》为朝廷内外政策指导思想，兴起一场复古更化运动。"瑕丘江公，受《穀梁春秋》及《诗》于鲁申公，传子至孙为博士。武帝时，江公与董仲舒并。仲舒通《五经》，能持论，善属文。江公呐于口，上使与仲舒议，不如仲舒。而丞相公孙弘本为《公羊》学，比辑其议，卒用董生。于是上因尊《公羊》家，诏太子受《公羊春秋》，由是《公羊》大兴。"（《汉书·儒林传》）

后是今文古文之争。东汉时的《左传》与《公羊传》之争已经演变为今文经学与古文经学之争。西汉今文经学占据了主导地位，汉武帝所设五经博士皆传今文经学。西汉末年和东汉时期，围绕《左传》，今文经学与古文经学发生了几次大的争论。第一次争论发生于汉哀帝时，西汉宗室、古文学家刘歆与五经博士对决，"及歆亲近，欲建立《左氏春秋》及《毛诗》《逸礼》《古文尚书》皆列于学官。哀帝令歆与《五经》博士讲论其义，诸博士或不肯置对"。刘歆指责今文经学"专己守残，党同门，妒道真，违明诏，失圣意，以陷于文吏之议，甚为二三君子不取也"。遭到今文经学反击，"奏歆改乱旧章，非毁先帝所立"。结果刘歆败北，"歆由是忤执政大臣，为众儒所讪，惧诛，求出补吏为河内太守"（《汉书·楚元王传》）。第二次争论发生于汉光武时，今文学家范升与古文学家陈元辩论。当时，尚书令韩歆上书建议"为《费氏易》《左氏春秋》立博士"。范升反对，认为"《左氏》不祖孔子而出于丘明，师徒相传又无其人，且非先帝所存，无因得立"。陈元则指出"知丘明至贤，亲受孔子"，《左传》是至音至宝，"夫至音不合众听，故伯牙绝弦；至宝不同众好，故卞和泣血。仲尼圣德，而不容于世，况于竹帛余文，其为雷同者所排，固其宜也。非陛下至明，孰能察之！"结果是古文经学胜出，"书奏，下其议，范升复与元相辩难，凡十余上。帝卒立《左氏》学，太常选博士四人，元为第一"（《后汉书·陈元列传》）。第三次争论发生于汉章帝时，今文学家李育与古文学家贾逵激烈辩论，"育以《公羊》义难贾逵，往返皆有理证，最为通儒"（《后汉书·儒林列传》）。汉章帝为了统一对经学的认识，召开白虎观会议。今文经学在白虎观会议仍然占据优势地位，在《白虎通义》中，称引《春秋》传甚多，其中五十八条出自《公羊传》，四条出自《穀梁传》，不见出自《左传》者①。学界一般认为，白虎观会议之后，

---

① 陈苏镇著：《汉代政治与〈春秋〉学》，中国广播电视出版社2001年版，第417页。

"以《公羊》学重新获得独尊地位为标志，儒家内部关于拨乱反正之道的探索与争论宣告结束。从此，董仲舒'以德化民'的学说和主张，在先秦儒学的基础上积淀下来，为其后儒学和政治的进一步发展提供了新的理论基础，继续影响着以儒家思想为中心的文化整合进程"[①]。

今文经学与古文经学的论争还伴随着谶纬神学。谶纬是两种不同概念，"儒者多称谶纬，其实谶自谶，纬自纬，非一类也"。"谶者诡为隐语，预决吉凶"；"纬者经之支流，衍及旁义"（《四库全书总目·易纬坤灵图》）。应验是谶的最大特点，"立言于前，有征于后，故智者贵焉，谓之谶书"（《汉书·张衡传》）。谶言出现比较早，历史最早的记录是秦穆公之言，"公孙支书而藏之，秦谶于是出矣"（《史记·赵世家》）。纬与经相对，是横的意思，"纬，围也。反复围绕以成经也"（《释名·释典艺》）。西汉时期，纬是比附依于儒家经典尤其是《易经》，"平帝世，竟以明《易》为博士讲《书》祭酒。善图纬，能通百家之言。王莽时，与刘歆等共典校书"。后来苏竟劝说刘龚投降汉光武，主要依据是"图谶之占，众变之验"（《汉书·苏竟传》）。由此可见，西汉的谶书和纬书已经成为政治预言书。汉光武"宣布图谶于天下"（《后汉书·光武帝纪》），谶与纬终于结合在一起，变为一个成熟的概念，也形成了相应的文本，计有《河图》九篇，《洛书》六篇，"又别有三十篇，云自初起至于孔子，九圣之所增演，以广其意。又有《七经纬》三十六篇，并云孔子所作，并前合为八十一篇"（《隋书·经籍志》）。谶纬在东汉被奉为"秘经"，汉光武"多以决定嫌疑"（《后汉书·桓谭列传》），汉明帝命东平王刘苍正定五经章句，"皆命从谶"（《隋书·经籍志》）。谶纬的内容庞杂，既

---

① 张传玺主编：《中华文明史》（第二卷），北京大学出版社2006年版，第145页。

有解释六经及文字训诂，又有天文、地理、历法、古史、神话传说、典章制度等方面的知识。在谶纬神学中，孔子变成了神，他把《春秋》经的解释权交给了公羊高，"传我书者，公羊高也"（徐彦《春秋公羊传注疏》引《春秋纬说题辞》），也交给了董仲舒，"后世修吾书，董仲舒"（《后汉书·钟离意列传》李贤注引《意别传》）。谶纬的思想基础则是董仲舒所构造的天人感应学说，实质是以《公羊传》为核心的今文经学的衍生形态。汉光武时，古文经学得而复失，今文经学再次复兴，与谶纬有着密切关系。汉光武立《左传》之学，设置博士，由于古文学家大多不懂或不好谶纬，"于是诸儒以《左氏》之立，论议欢哗，自公卿以下，数廷争之。会封病卒，《左氏》复废"（《后汉书·陈元列传》）。贾逵总结古文学家失利原因在于《穀梁》《左氏》"二家先师不晓图谶，故令中道而废"（《后汉书·贾逵列传》）。

纵观东汉王朝，今文经学始终占据着官方地位，却已江河日下，难以为继；古文经学没有获得官方地位，却是大师辈出，蓬勃发展。汉和帝时，今文经学衰落已见端倪，所录取的太学生不尊师法与家法，随意解读经典，没有真才实学，"伏见太学试博士弟子，皆以意说，不修家法，私相容隐，开生奸路。每有策试，辄兴诤讼，论议纷错，互相是非"；"今不依章句，妄生穿凿，以遵师为非义，意说为得理，轻侮道术，浸以成俗"（《后汉书·徐防列传》）。汉安帝时，今文经学更见衰落，太学老师不讲学，弟子懒得学，校舍荒芜，"自安帝览政，薄于艺文，博士倚席不讲，朋徒相视怠散，学舍颓敝，鞠为园蔬，牧儿荛竖，至于薪刈其下"。汉顺帝重建校舍，增补老师，扩招学生，意图振兴今文经学，"顺帝感翟酺之言，乃更修黉宇，凡所造构二百四十房，千八百五十室。试明经下第补弟子，增甲乙之科员各十人，除郡国耆儒皆补郎、舍人"。汉质帝时，要求官宦子弟必须入学，

"本初元年，梁太后诏曰：'大将军下至六百石，悉遣子就学，每岁辄于乡射月一飨会之，以此为常。'自是游学增盛，至三万余生"。然而，今文经学已是"无可奈何花落去"，名儒不复存在，即使存在，也是擅改经书，兜售私货，"然章句渐疏，而多以浮华相尚，儒者之风盖衰矣。党人既诛，其高名善士多坐流废，后遂至忿争，更相信告，亦有私行金货，定兰台漆书经字，以合其私文"（《后汉书·儒林列传》）。

官方今文经学衰落的同时，民间的古文经学却是兴旺发达，人才济济，其中比较重要的是贾逵。他出身书香世家，其父贾徽是著名儒者，贾逵"悉传父业"，"尤明《左氏传》《国语》，为之《解诂》五十一篇"，一生"所著经传义诂及论难百余万言，又作诗、颂、诔、书、连珠、酒令凡九篇，学者宗之，后世称为通儒"。对于古文经学，贾逵的贡献在于调和古文今文，认为两者大同小异，"臣谨摘出《左氏》三十事尤著明者，斯皆君臣之正义，父子之纪纲。其余同《公羊》者什有七八，或文简小异，无害大体"。差别是"《左氏》义深于君父，《公羊》多任于权变"。贡献在于与谶纬相结合，以利于君主认可，成为官学，"臣以永平中上书言《左氏》与图谶合者，先帝不遗刍荛，省纳臣言，写其传诂，藏之秘书"；"《五经》家皆无以证图谶明刘氏为尧后者，而《左氏》独有明文。《五经》家皆言颛顼代黄帝，而尧不得为火德。《左氏》以为少昊代黄帝，即图谶所谓帝宣也。如令尧不得为火，则汉不得为赤。其所发明，补益实多"。今文经学推崇谶纬，古文经学持反对态度，这说明贾逵深谙权宜之道，懂得变通之法。贡献在于提升了古文经学地位，几与今文经学并列。由于贾逵的游说，汉章帝令其招收今文经学的学生，讲授古文经学，"令逵自选《公羊》严、颜诸生高才者二十人，教以《左氏》"。诏令学生学习古文经学，"乃诏诸儒各选高才生，受《左氏》《穀梁春秋》

《古文尚书》《毛诗》，由是四经遂行于世"。要求贾逵撰述《尚书》《诗经》古文今文的异同，"逵数为帝言《古文尚书》与经传《尔雅》诂训相应，诏令撰欧阳、大小夏侯《尚书》古文同异。逵集为三卷，帝善之。复令撰齐、鲁、韩《诗》与毛氏异同"（《后汉书·贾逵列传》）。

更重要的是马融，年轻时曾随大儒挚恂学习，"初，京兆挚恂以儒术教授，隐于南山，不应征聘，名重关西，融从其游学，博通经籍。恂奇融才，以女妻之"。一生仕途不顺，"三迁，桓帝时为南郡太守。先是融有事忤大将军梁冀旨，冀讽有司奏融在郡贪浊，免官，髡徙朔方。自刺不殊，得赦还，复拜议郎，重在东观著述，以病去官"。生活奢侈享乐，"善鼓琴，好吹笛，达生任性，不拘儒者之节。居宇器服，多存侈饰。尝坐高堂，施绛纱帐，前授生徒，后列女乐，弟子以次相传，鲜有入其室者"（《后汉书·马融列传》）。心胸不宽，欲加害弟子郑玄。郑玄曾师从马融，马融害怕郑玄学问和名声超过自己，在郑玄完成学业回归家乡的途中，"恐玄擅名而心忌焉。玄亦疑有追，乃坐桥下，在水上据屐。融果转式逐之，告左右曰：'玄在土下水上而据木，此必死矣。'遂罢追。玄竟以得免"（《世说新语·文学》）。然而，马融对于古文经学却有重大贡献，一方面是遍注儒家经典，"注《孝经》《论语》《诗》《易》《三礼》《尚书》《列女传》《老子》《淮南子》《离骚》，所著赋、颂、碑、诔、书、记、表、奏、七言、琴歌、对策、遗令，凡二十一篇"。在注释《左氏春秋》时，看到贾逵和郑众的注疏，不以为然，"乃曰：'贾君精而不博，郑君博而不精。既精既博，吾何加焉！'但著《三传异同说》"。另一方面是培养大量学生，有利于扩大和深化古文经学影响，"融才高博洽，为世通儒，教养诸生，常有千数"。名师出高徒，"涿郡卢植，北海郑玄，皆其徒也"（《后汉书·马融列传》）。

最重要的是郑玄，为古文经学一代宗师和汉代经学集大成者。郑玄先学今文经，"遂造太学受业，师事京兆第五元先，始通《京氏易》《公羊春秋》《三统历》《九章算术》"。后学古文经，"又从东郡张恭祖受《周官》《礼记》《左氏春秋》《韩诗》《古文尚书》。以山东无足问者，乃西入关，因涿郡卢植，事扶风马融"。对于谶纬也有研究，"时睹秘书纬术之奥"；"会融集诸生考论图纬，闻玄善算，乃召见于楼上，玄因从质诸疑义，问毕辞归"。郑玄学问精深博大，批驳今文经学大儒何休的观点，受到后者赞扬，"时任城何休好《公羊》学，遂著《公羊墨守》《左氏膏肓》《穀梁废疾》；玄乃发《墨守》，针《膏肓》，起《废疾》。休见而叹曰：'康成入吾室，操吾矛，以伐我乎！'"郑玄从学于古文经学大儒马融，辞别时后者虽有妒杀之心，也不得不加以赞扬，"融喟然谓门人曰：'郑生今去，吾道东矣。'"郑玄一生守节不仕，多次拒绝朝廷征辟，辞官不就，"灵帝末，党禁解，大将军何进闻而辟之。州郡以进权戚，不敢违意，遂迫胁玄，不得已而诣之。进为设几杖，礼待甚优。玄不受朝服，而以幅巾见。一宿逃去"。郑玄志向高远，忠于学问。从师承关系分析，郑玄以古文为主，兼通今文，"经传洽孰，称为纯儒，齐鲁间宗之"；目标是"但念述先圣之元意，思整百家之不齐"。郑玄遍注儒家经典；不仅注释，而且著述，传承弘扬儒家思想，"凡玄所注《周易》《尚书》《毛诗》《仪礼》《礼记》《论语》《孝经》《尚书大传》《中候》《乾象历》，又著《天文七政论》《鲁礼禘祫义》《六艺论》《毛诗谱》《驳许慎五经异义》《答临孝存周礼难》，凡百余万言"（《后汉书·郑玄列传》）。

一般认为，郑玄有大功于古文经学，"只有在马融、郑玄出现之后，特别是在郑玄独注《易》《书》《诗》《礼》及支持服虔完成《春秋左氏传解》之后，古文经学才在儒家五经领域全面彻底压倒今文经学"。"至此，汉代古文经学与今文经学长达二百年左右的斗争实际已经结束。斗争的结果是：古文经学由原先的萧条不振而趋于繁荣兴盛，最后彻底压倒今文经学；今文经学则由原先的繁荣兴盛而趋于萧条衰落，最后彻底被古文经学所压倒。"①事实也是如此，郑氏《诗笺》行，而齐、鲁、韩三家《诗》废；郑注《尚书》行，而欧阳、大小夏侯三家《尚书》废；郑注《易》行，而施、孟、梁丘、京氏《易》废；郑注《礼》行，而大小戴之《礼》废；郑注《论语》行，而齐、鲁《论语》废②。但是，如果放宽视野，消除门户之见，郑玄对于古文经学的贡献，实质是对于儒学的贡献。无论古文经学还是今文经学，都是儒学，都是汉朝社会思潮的主体。当时，郑玄面对的虽是今文经学没落，实为儒学的衰败，"自秦焚《六经》，圣文埃灭。汉兴，诸儒颇修艺文；及东京，学者亦各名家。而守文之徒，滞固所禀，异端纷纭，互相诡激，遂令经有数家，家有数说，章句多者或乃百余万言，学徒劳而少功，后生疑而莫正"。郑玄的贡献不仅有利于古文经学，更有利于儒学的发展振兴，"郑玄括囊大典，网罗众家，删裁繁诬，刊改漏失，自是学者略知所归。王父豫章君每考先儒经训，而长于玄，常以为仲尼之门不能过也。及传授生徒，并专以郑氏家法云"（《后汉书·郑玄列传论》）。而且，郑玄注释儒家经典，是择善而从，兼收并蓄，没有囿于古文经学。他注《尚书》用古文，注《孝经》多用今文，注《仪礼》并用今文、古文；注《诗经》，发挥旁通，合为一家之学，成为后世儒学的重心所在③。郑玄在训诂、校勘、考据等方面都有创新，融会贯通，自成

---

① 寇养厚：《东汉中后期的今古文经学之争及其盛衰变化》，载《苏州大学学报（哲学社会科学版）》2001年第2期。

② 皮锡瑞著，周予同注释：《经学历史》，中华书局1959年版，第149页。

③ 赵吉惠等主编：《中国儒学史》，中州古籍出版社1991年版，第310—311页。

家法，既适用古文经学，也适用今文经学，更适用后世儒学的研究进步。汉魏之际，郑学几倾天下，地位不可撼动，而魏晋南北朝时期，儒学则是在郑学的基础上发展演进。

今文经学与古文经学既有联系又有区别，联系在于两者都宗奉孔子，都把六经作为儒家的基本典籍。区别在于对待孔子的态度不同，今文经学崇奉孔子，尊孔子为托古改制的"素王"，把孔子定位为思想家、政治家、教育家；古文经学崇奉周公，尊孔子是"述而不作，信而好古"的先师，把孔子定位为史学家。区别在于文字和传本不同，今文经是指汉初由儒者背诵、口耳相传的经文和解释，用当时的隶书记录下来的儒家经典；古文经则是汉初发现的由先秦时期的古籀文字记录下来的经典，主要是景帝时河间献王以重金在民间征集所得的古文经书，以及汉武时鲁恭王从孔子故宅壁间所发现的古文经籍，"及鲁恭王坏孔子宅，欲以为宫，而得古文于坏壁之中。《逸礼》有三十九，《书》十六篇。天汉之后，孔安国献之。遭巫蛊仓卒之难，未及施行。及《春秋》左氏丘明所修，皆古文旧书，多者二十余通，臧于秘府，伏而未发"（《汉书·楚元王传》）。区别在于对经典的认识不同，今文经学认为儒家经典寄托了孔子托古改制的理想，蕴含着孔子为后世所制定的法典；古文经学则认为经典是制度之书和道德之书，记载着王道理想和伦理等级规范，"《左氏》崇君父，卑臣子，强干弱枝，劝善戒恶，至明至切，至直至顺"（《后汉书·贾逵列传》）。区别在于研究重点不同，今文经学重在阐发六经的微言大义，致力于经世致用；古文经学重在训诂，考证六经的内容与意涵，不太关注现实政治。区别在于研究途径不同，今文经学主张由浅入深，认为六经的排列顺序是《诗》《书》《礼》《易》《春秋》，其中《诗》《书》是符号教育，《礼》《乐》是道德实践，《易》《春秋》是孔子思想精华所在，非高才不能领悟，列于最后；古文经学按照六经产生时代的早晚来排列，认为顺序是《易》《书》《诗》《礼》《春秋》。今文经学与古文经学虽有区别，但联系是主要方面，它们同祖同宗，只是对治国安邦提出了不同的方案和策略。冯友兰认为："儒家内部思想分歧两翼，今文学派实际是早期儒家中理想主义的一翼的继续，而古文学派则是早期儒家中现实主义一翼的继续。换句话说，今文学派可能是源自以孟子为首的一派，而古文学派可能是源自以荀子为首的另一派。"①

---

① 冯友兰著：《中国哲学简史》，新世界出版社2004年版，第179页。

第三节　董仲舒

　　董仲舒（公元前179—前104年）是西汉著名的思想家和今文经学大师。天是董仲舒思想的最高范畴，"无天而生，未之有也。天者，万物之祖，万物非天不生"（《春秋繁露·顺命》，本节凡引《春秋繁露》一书，只注篇名）。从天而降，董仲舒以天人感应为哲学基础，以仁政王道为价值主体，融合阴阳五行学说，兼容并蓄道、法思想，建构了以儒学为核心的政治哲学体系，为建设大一统社会提供了理论依据。董仲舒属于儒家范畴，与汉武帝君臣同心，倡导独尊儒术，使儒家思想成为官方意识形态，共同完成了传统社会思想文化的统一。董仲舒不是纯儒，他的贡献在于"最明确地把儒家的基本理论与战国以来风行不衰的阴阳家的五行宇宙论，具体地配置安排起来，从而使儒家的伦常政治纲领有了一个系统论的宇宙图式作为基石"[1]。

一、其人其事

　　董仲舒是重要的历史人物，《汉书》专门为其立传，对其生平记载比较简略，而对"天人三策"的记载十分详细。董仲舒是

---

[1]　李泽厚著：《中国古代思想史论》，人民文学出版社2021年版，第121—122页。

思想上的高人，影响了汉武帝的执政理念及汉朝的政治走向，在结束汉初实行的黄老之术，转向以儒学为主导的治国安邦过程中，发挥了至关重要的作用。在政治上，董仲舒并没有得到汉武帝的重用，更没有取得什么政绩。与思想成就相比，董仲舒是政治上的矮子。他的经历可分为年轻时教书育人；中年为官从政；晚年则隐居乡间，著书立说。史书简略记载了年轻时的董仲舒，出生在河北景县，"广川人也"，所学专业是孔子的《春秋》，很早成名被选聘为博士之官，"少治春秋，孝景时为博士"。简略的记载把董仲舒的个性特点刻画得非常鲜明，他讲学一般不直接面对学生，有的学生甚至没有见过他的面，"下帷讲诵，弟子传以久次相授业，或莫见其面"。董仲舒好学，少年时太专注学业，"盖三年不窥园，其精如此"。其父为了分散其注意力，使其能够适当休息，特地建了一个花园。第一年春光明媚，百花盛开，家人约去花园玩，董却不观赏，而是手捧竹简，学《春秋》，背《诗经》；第二年造了假山，小伙伴都去玩了，董却头也不抬，继续在竹简上写着诗文；第三年，花园建成了，全家中秋赏月，却不见董的踪影，原来是找先生去研讨学问了。唐颜师古注曰："虽有园圃，不窥视之，言专学也。"董仲舒重视修身养性，赢得学生的尊敬，"进退容止，非礼不行，学士皆师尊之"（《汉书·董仲舒传》）。

史书详细记载了汉武帝的三次策问和董仲舒的对策，"武帝即位，举贤良文学之士前后百数，而仲舒以贤良对策焉"。策问的主要内容是天人关系，对策被称为"天人三策"。第一次策问，汉武关注的是王道的依据和本质。他希望效仿五帝三王，重建王道社会，"伊欲风流而令行，刑轻而奸改，百姓和乐，政事宣昭，何修何饬而膏露降，百谷登，德润四海，泽臻草木。三光全，寒暑平，受天之祐，享鬼神之灵，德泽洋溢，施乎方外，延及群生"。然而，"三代受命，其符安在？灾异之变，何缘而起？性命之情，或夭或寿，或仁或鄙，习闻其号，未烛厥理"。董仲舒杂糅先秦儒家的天命论和阴阳术数理论，总结历史经验给予回答，"臣谨案《春秋》之中，视前世已行之事，以观天人相与之际"，认为"命者天之令也，性者生之质也，情者人之欲也。或夭或寿，或仁或鄙，陶冶而成之"。董仲舒主张天人感应，王道的依据在于天，本质是德治；天道阳生而阴杀，王道是阳德阴刑，德为主刑为辅，"王者欲有所为，宜求其端于天。天道之大者在阴阳。阳为德，阴为刑；刑主杀而德主生。是故阳常居大夏，而以生育养长为事；阴常居大冬，而积于空虚不用之处。以此见天之任德不任刑也。天使阳出布施于上而主岁功，使阴入伏于下而时出佐阳；阳不得阴之助，亦不能独成岁。终阳以成岁为名，此天意也"。董仲舒建议以德治国，以刑辅助，而不能颠倒本末，违逆天道，"王者承天意以从事，故任德教而不任刑。刑者不可任以治世，犹阴之不可任以成岁也。为政而任刑，不顺于天，故先王莫之肯为也。今废先王德教之官，而独任执法之吏治民，毋乃任刑之意与！孔子曰：'不教而诛谓之虐。'虐政用于下，而欲德教之被四海，故难成也"（《汉书·董仲舒传》）。只有实施德治，才能重建王道社会。

第二次策问，汉武帝关注的是如何建设王道社会，像虞舜那样无为而治，还是像周文王那样积极有为，"盖闻虞舜之时，游于岩郎之上，垂拱无为，而天下太平。周文王至于日昃不暇食，而宇内亦治。夫帝王之道，岂不同条共贯与？何逸劳之殊也"。董仲舒回答，无论虞舜还是文王，无论无为还是有为，治国之道是相通的，差别在于所处时代不同，遇到的问题不同，"帝王之条贯同，然而劳逸异者，所遇之时异也"。虞舜能够无为而治，原因在于唐尧留下良好的治理基础，社会政治稳定，百姓安居乐业，"天下和洽，万民皆安仁乐谊，各得其宜，动作应礼，从容中道"。而文王必须积极有为，在于商纣暴虐无道，百姓民不聊生，社会是一副烂摊子，"当此之时，纣尚在上，尊卑昏乱，百姓散亡，故文王悼痛而欲安之，是以日昃而不暇食也"。董仲舒指出，建设王道社会关键是选贤任能，尧舜能够无为而治，是因为有许多贤臣辅佐，"臣闻尧受命，以天下为忧，而未以位为乐也。故诛逐乱臣，务求贤圣，是以得舜、禹、稷、卨、咎繇。众圣辅德，贤能佐职，教化大行"。而文王积极有为，也因为选贤任能，吸引了姜太公等众多贤人辅助，"文王顺天理物，师用贤圣，是以闳夭、大颠、散宜生等亦聚于朝廷。爱施兆民，天下归之，故太公起海滨而即三公也"。董仲舒建议，一方面要选拔贤能，"遍得天下之贤人，则三王之盛易为，而尧舜之名可及也。毋以日月为功，实试贤能为上，量材而授官，录德而定位，则廉耻殊路，贤不肖异处矣"。另一方面要建立学校，培养贤能，"臣愿陛下兴太学，置明师，以养天下之士，数考问以尽其材，则英俊宜可得矣。今之郡守、县令，民之师帅，所使承流而宣化也；故师帅不贤，则主德不宣，恩泽不流"（《汉书·董仲舒传》）。

第三次策问，汉武帝关注的是治道的稳定和文化的统一，"夫三王之教所祖不同，而皆有失，或谓久而不易者道也，意岂异哉"。大意是，三王的教化，最初各不相同，却都有不足；有人说道是恒久不变的，这两种说法有什么不同吗？董仲舒回答，治国之道源自天，三王之道是相通的，"道之大原出于天，天不变，道亦不变，是以禹继舜，舜继尧，三圣相受而守一道"。董仲舒认为，三王之道的本质是道德教化，"故孔子曰：'天地之性人为贵。'明于天性，知自贵于物；知自贵于物，然后知仁谊；知仁谊，然后重礼节；重礼节，然后安处善；安处善，然后乐循理；乐循理，然后谓之君子"。董仲舒强调要独尊儒术，实现思想文化的统一，"《春秋》大一统者，天地之常经，古今之通谊也。今师异道，人异论，百家殊方，指意不同，是以上亡以持一统；法制数变，下不知所守。臣愚以为诸不在六艺之科、孔子之术者，皆绝其道，勿使并进。邪辟之说灭息，然后统纪可一而法度可明，民知所从矣"（《汉书·董仲舒传》）。

　　史书记载了董仲舒的晚年生活，最令人惊诧的经历是受到同事兼朋友公孙弘和主父偃的陷害，说明人心险恶，官场无情。"天人三策"在思想上深刻影响了汉武帝，而在政治上，董仲舒却没能在朝廷任职，先后两次外放担任诸侯王的管家。一次是汉武选派的，"对既毕，天子以仲舒为江都相，事易王"；另一次是被权臣公孙弘设计的，有加害的意图，"仲舒以弘为从谀，弘嫉之。胶西王亦上兄也，尤纵恣，数害吏二千石。弘乃言于上曰：'独董仲舒可使相胶西王。'"易王和胶西王都很骄横，却对董仲舒给予了礼遇，"易王，帝兄，素骄，好勇。仲舒以礼谊匡正，王敬重焉"；"胶西王闻仲舒大儒，善待之"。董仲舒运用阴阳五行学说推演政治生态，由此受到主父偃的陷害，差点送命，"先是辽东高庙、长陵高园殿灾，仲舒居家推说其意，草稿未上，主父偃候仲舒，私见，嫉之，窃其书而奏焉。上召视诸儒，仲舒弟子吕步舒不知其师书，以为大愚。于是下仲舒吏，当死，诏赦之。仲舒遂不敢复言灾异"。晚年的董仲舒专心著书立说，主要著有《春秋繁露》，着力阐述经学大义，"仲舒所著，皆明经术之意，及上疏条教，凡百二十三篇。而说《春秋》事得失，《闻举》《玉杯》《蕃露》《清明》《竹林》之属，复数十篇，十余万言，皆传于后世。掇其切当世施朝廷者著于篇"（《汉书·董仲舒传》）。清皮锡瑞认为："董子传《公羊》，《春秋繁露》所载，皆言经义，且皆与《公羊传》合。是董子之于经学，尤为专门名家。"（《经学讲义底稿》）

　　董仲舒的基本思想源于《春秋》。《春秋》是孔子删改编撰的一部儒家经典，阐发了儒家的社会历史观，"故西观周室，论史记旧闻，兴于鲁而次《春秋》，上记隐，下至哀之获麟。约其辞文，去其烦重，以制义法，王道备，人事浃"（《史记·十二诸侯年表序》）。孔子弟子和儒家传人都重视《春秋》这部经典，弟子子夏认为："有国家者不可不学《春秋》。不学《春秋》，则无以见前后旁侧之危，则不知国之大柄、君之重任也。故或胁穷失国，掩杀于位，一朝至尔。苟能述《春秋》之法，致行其道，岂徒除祸哉！乃尧舜之德也。"（《俞序》）传人孟子指出："世衰道微，邪说暴行有作，臣弑其君者有之，子弑其父者有之。孔子惧，作《春秋》，《春秋》，天子之事也。是故孔子曰：'知我者其惟《春秋》乎！罪我者其惟《春秋》乎！'"（《孟子·滕文公下》）对于孔子之《春秋》，有着公羊、穀梁和左氏三种不同的解读，董仲舒继承的是公羊《春秋》，其创始人为子夏，从战国到汉初的传播途径是"子夏传与公羊高，高传与其子平，平传与其子地，地传与其子敢，敢传与其子寿。至汉景帝时，寿乃共弟子齐人胡毋子都著于竹帛"（徐彦《春秋公羊传注疏》引戴宏《公羊传序》）。西汉期间，公羊《春秋》已是大行其道，占据统治地位，董仲舒是其中的佼佼者，"言《春秋》于齐、鲁自胡毋生，于赵自董仲舒"；"故汉兴至于五世之间，唯董仲舒名为明于《春秋》，其传《公羊氏》也。胡毋生，齐人也，孝景时为博士，以老归教授，齐之言《春秋》者，多受胡毋生，公孙弘亦颇受焉"。董仲舒根据公羊《春秋》，为大一统的政治文化格局寻求形上依据和解决方案，"以《春秋》灾异之变推阴阳所以错行，故求雨闭诸阳，纵诸阴，其止雨反是"（《史记·儒林列传》）。董仲舒推崇公羊《春秋》，深深影响了汉朝儒学及学术思想的发展，引发了《春秋》三传之争。所谓今古文之争，虽不限于《春秋》，实质是《春秋》三传之争的另一种表现形式。

二、天人感应

天人感应是董仲舒思想的基础和鲜明特征，试图沟通幽远天道与现实人事的联系。在现代科学看来，天人感应的许多认识是荒诞的，而在汉朝乃至整个传统社会，天人感应却是合理的形上依据，既系统总结了先秦关于天人关系的零散认识，又圆融解释了秦汉大一统社会的正当性。天道与人事互通互融，人事秉承天道的内在结构，天道反馈人事的善恶邪正，当人事与天道冲突矛盾时，人事可以通过改过迁善来恢复天人之间的和谐，以期达到天道的境界。"董仲舒的成就，不在于开创全新的观念体系，而在于综合儒家以及道法阴阳诸派既有思想，创造性地有机组合成全面的系统哲学，从而为大一统文化格局提供足够坚实的理论基础。"①

天人关系是中国哲学的核心问题，道家否定天的终极性，却没有否定天的存在，"域中有四大，而王居其一焉。人法地，地法天，天法道，道法自然"（《老子》第二十五章）。儒家则承认天的终极性，"获罪于天，无所祷也"（《论语·八佾》）。孔子没有展开讨论，儒家内部发生分歧，孟子主张天人合一，"尽其心者，知其性也。知其性，则知天矣。存其心，养其性，所以事天也"（《孟子·尽心上》）。尽心就是知性，知性就是知天；存心就是养性，养性就是事天，从而把心、性、天统一起来。荀子则强调天人相分，"故明于天人之分，则可谓至人矣"；认为陨星、树鸣是天地的自然现象和阴阳的自然变化，与现实人事没有什么关系，"星队、木鸣，国人皆恐。曰：是何也？曰：无何也，是

---

① 许抗生、聂保平、夏清著：《中国儒学史》（两汉卷），北京大学出版社2011年版，第104页。

天地之变，阴阳之化，物之罕至者也。怪之可也，而畏之非也"（《荀子·天论》）。不过，儒家的主导意识是天人合一，董仲舒给予全面而系统的论证，认为"以类合之，天人一也"。天与人的联系是全方位的，既包括有形的人体，又包括潜在的人性，还包括社会组织方式。在董仲舒看来，天有意志也有性情，是事物的本体，"天地人，万物之本也。天生之，地养之，人成之。天生之以孝悌，地养之以衣食，人成之以礼乐，三者相为手足，合以成体，不可一无也"（《立元神》）。人也源自天，没有天就没有人，"为生不能为人，为人者天也。人之人本于天，天亦人之曾祖父也，此人之所以乃上类天也"（《为人者天》）。

　　董仲舒的贡献是运用阴阳五行学说解释天人关系，丰富充实了天人合一思想。阴阳五行是先秦阴阳家的思想，最初阴阳与五行是分离的，"阴阳"原指自然现象，意为物体对于日光的向背，向日为阳，背日为阴，"既景乃冈，相其阴阳"（《诗经·大雅·公刘》）。后来演变为天地之气，用以解释地震等自然现象，"夫天地之气，不失其序。若过其序，民乱之也。阳伏而不能出，阴迫而不能烝，于是有地震"（《国语·周语上》）；进而解释天下万事万物，"万物负阴而抱阳，冲气以为和"（《老子》第四十二章）。董仲舒认为，天是由阴阳之气构成的，阴阳之气沟通了形上之天与形下万物之间的联系，天通过阴阳之气由形上的存在转化天下万事万物，"天地之常，一阴一阳。阳者，天之德也，阴者，天之刑也。迹阴阳终岁之行，以观天之所亲而任"（《阴阳义》）。阴阳变化引起春夏秋冬四季变化，"春夏阳多而阴少，秋冬阳少而阴多"；"春秋之中，阴阳之气俱相并也。中春以生，中秋以杀。由此见之，天之所起其气积，天之所废其气随。故至春少阳东出就木，与之俱生；至夏太阳南出就火，与之俱暖"（《阴阳终始》）。阴阳之气组成天地万物，两者地位却不对等，而是阳上阴下、阳实阴空、阳重阴轻，"是故夏出长于上，冬入化于下者，阳也；夏入守虚地于下，冬出守虚位于上者，阴也。阳出实入实，阴出空入空。天之任阳不任阴，好德不好刑，如是也"（《阴阳位》）。阴阳之气与人的关系如同鱼与水的关系，是联系天与人的中介，"天地之间，有阴阳之气，常渐人者，若水常渐鱼也。所以异于水者，可见与不可见耳，其澹澹也。然则人之居天地之间，其犹鱼之离水，一也。其无间若气而淖于水，水之比于气也，若泥之比于水也"（《天地阴阳》）。

"五行"见于《尚书》，原指五种物质元素，"一曰水，二曰火，三曰木，四曰金，五曰土。水曰润下，火曰炎上，木曰曲直，金曰从革，土爰稼穑。润下作咸，炎上作苦，曲直作酸，从革作辛，稼穑作甘"（《尚书·洪范》）。管子将阴阳与五行作了初步整合，"是故阴阳者天地之大理也，四时者阴阳之大经也，刑德者四时之合也。刑德合于时则生福，诡则生祸"（《管子·四时》）。战国时期的邹衍是阴阳五行学说的集大成者，提出五行生克论和五德终始说。所谓五行生克，意指五行既相生又相克，相生表现为水生木，木生火，火生土，土生金，金生水；相克是指水克火，火克金，金克木，木克土，土克水。五德终始则是将五行生克说与王朝更替联系起来，认为每个王朝都与五行中的某一个相对应，按照五行生克的规律进行王朝的更替，"凡帝王者之将兴也，天必先见祥乎下民"。先秦之前王朝更替的次序是黄帝为土德，"土气胜，故其色尚黄，其事则土"；夏禹为木德，"木气胜，故其色尚青，其事则木"；商汤为金德，"金气胜，故其色为尚白，其事则金"；西周为火德，"火气胜，故其色尚赤，其事则火"。而替代周朝则为水德，"代火者必将水，天且先见水气胜。水气胜，故其色尚黑，其事则水。水气至而不知，数备将徙于土"（《吕氏春秋·应同》）。五行生克为秦始皇找到了理论依据，统一中国后便以水德自居，并建立了相应的制度，"方今水德之始，改年始，朝贺皆自十月朔。衣服旄旌节旗皆上黑。数以六为纪，符、法冠皆六寸，而舆六尺，六尺为步，乘六马。更名河曰德水，以为水德之始"（《史记·秦始皇本纪》）。

董仲舒将当时流行的阴阳五行学说融入儒家的政治思想体系之中，升华为形上依据。董仲舒不是简单地继承先秦的五行学说，而是将阴阳与五行完善地结合起来。从数字而言，阴阳是偶数，五行是奇数，将二平分为五，是一件难事。董仲舒则是在阴阳与五行之间掺入一个四季，"天地之气，合而为一，分为阴阳，判为四时，列为五行"（《五行相生》）。阴阳二气按照一年四季运行变化，分为少阳、太阳、少阴、太阴，分别配以春、夏、秋、冬，进而与五行相配，"木名春，火名夏，金名秋，水名冬"（《五行对》）。四季只能配四行，五行之土无以相配，董仲舒的办法是依据上古太阳历，将一年分为五个季，即在夏与秋之间增设一个"季夏"，与土相配。同时，将一年分为十个月，每季二个月、七十二天。每年的冬至既是一年之终，又是新的一年之始。按照阴阳五行学说，每年的运行是：冬至后的第一个七十二日，阴阳之气干燥混浊呈青色，属木的时令，为春季；第二个七十二日，阴阳之气光明而呈红色，属火的时令，为夏季；第三个七十二日，阴阳之气潮湿混润而呈黄色，属土的时令，为季夏；第四个七十二日，阴阳之气暗淡光弱而呈白色，属金的时令，为秋季；第五个七十二日，阴阳之气清静寒冷而呈黑色，属水的时令，为冬季。董仲舒不仅配土以时间，而且配土以空间，"木居左，金居右，火居前，水居后，土居中央"。在一年之中，土既有时间，又有空间，还有黄的颜色，臻于完善。为了适应汉朝的政治需要，董仲舒调整了五行秩序，原为水、火、木、金、土，现为"天有五行：一曰木，二曰火，三曰土，四曰金，五曰水。木，五行之始也；水，五行之终也；土，五行之中也。此其天次之序也"（《五行之义》）。突出了土的位置，"土者五行最贵者也，其义不可以加矣，五声莫贵于宫，五味莫美于甘，五色莫盛于黄"（《五行对》）。赋予土以重任，具有兼管其他四行的职责，"土者五行之主也"；"土居中央，为之天润。土者，天之股肱也。其德茂美，不可名以一时之事。故五行而四时者，土兼之也"（《五行之义》）。董仲舒之所以强调土的作用，是因为从汉高祖到汉武帝，皆认为汉朝属于土德，"以正月为岁首，而色上黄，官名更印章以五字"（《史记·孝武本纪》）。土属中，色黄，就是通过尊土而重王，以维护大一统和君主专制。

董仲舒明确提出天人感应学说。首先认为天人相合，"天地之符，阴阳之副，常设于身，身犹天也，数与之相参，故命与之相连也"。具体表现为人副天数，人体是天象的完美再现，"天以终岁之数，成人之身，故小节三百六十六，副日数也；大节十二分，副月数也；内有五脏，副五行数也；外有四肢，副四时数也；乍视乍瞑，副昼夜也；乍刚乍柔，副冬夏也；乍哀乍乐，副阴阳也；心有计虑，副度数也；行有伦理，副天地也。此皆暗肤著身，与人俱生"（《人副天数》）。天人相合不仅表现在人的形体，而且表现在人的性情，"人之形体，化天数而成；人之血气，化天志而仁；人之德行，化天理而义；人之好恶，化天之暖清；人之喜怒，化天之寒暑；人之受命，化天之四时。人生有喜怒哀乐之答，春秋冬夏之类也。喜，春之答也；怒，秋之答也；乐，夏之答也；哀，冬之答也。天之副在乎人，人之情性有由天者矣"（《为人者天》）。更表现在人的道德品质也源自天，"今善善恶恶，好荣憎辱，非人能自生，此天施之在人者也"；"天施之在人者，使人有廉耻"（《竹林》）。

次则认为天是神明之天，具有赏罚功能，"天地之物有不常之变者，谓之异，小者谓之灾。灾常先至而异乃随之。灾者，天之谴也；异者，天之威也。谴之而不知，乃畏之以威。《诗》云：'畏天之威。'殆此谓也"。天的赏罚功能主要适用于政治领域。如果君主治国有失误，天先是用灾害警告，接着用怪异现象恐吓，最后是用灾祸进行惩罚，"凡灾异之本，尽生于国家之失，国家之失乃始萌芽，而天出灾害以谴告之；谴告之而不知变，乃见怪异以惊骇之；惊骇之尚不知畏恐，其殃咎乃至"（《必仁且智》）。在董仲舒看来，天的赏罚表现为两种情况，一种是天谴说，即由天的意志引起的灾变。在解读《春秋》"成公三年'二月甲子，新宫灾'"时，认为天为了惩戒成公不孝而落雷将其父庙烧掉，"成居丧亡哀戚心，数兴兵战伐，故天灾其父庙，示失子道，不能奉宗庙也"。另一种是感应说，即由阴阳二气引发的灾变。在解读《春秋》"襄公二十四年'秋，大水'"时，指出民众苦于战争而生怨恨，导致阴气聚集招来水灾，"先是一年齐伐晋，襄使大夫帅师救晋，后又侵齐，国小兵弱，数敌强大，百姓愁怨，阴气盛"。一般而言，董仲舒常用天谴说解释火灾现象，感应说解释水灾现象。在解读《春秋》"桓公十四年'八月壬申，御廪灾'"时，运用的是天谴说，"以为先是四国共伐鲁，大破之于龙门。百姓伤者未瘳，怨咎未复，而君臣俱惰，内急政事，外侮四邻，非能保守宗庙终其天年者也，故天灾御廪以戒之"。在解读《春秋》"庄公十一年'秋，宋大水'"时，运用的是感应说，指出鲁与宋的战争导致百姓生怨，阴气过盛，"时鲁、宋比年为乘丘、鄑之战，百姓愁怨，阴气盛，故二国俱水"。当然，董仲舒不是机械地运用，而是灵活地运用，有时也会用感应说解释火灾，以便解释灾变现象更合理。在解读《春秋》"昭公九年'夏四月，陈火'"时，认为陈国臣子太狠毒，导致阳气集聚，"陈夏征舒杀君，楚严王托欲为陈讨贼，陈国辟门而待之，至因灭陈。

陈臣子尤毒恨甚，极阴生阳，故致火灾"（《汉书·五行志》）。

再则认为同类相动，天人感应。天人能够互相感应，在于它们本质相似，性情相通。天地万物之性都是避开与其相异的事物，而亲近与其相同的事物。所以气相同的事物就会相互会合，频率相同的声音就会发生共鸣，这种效验是很明显的，"百物去其所与异，而从其所与同。故气同则会，声比则应，其验皦然也"。犹如水避干而就湿，火避湿而就干，"今平地注水，去燥就湿；均薪施火，去湿就燥"。又似演奏音乐，必须五音俱全，互相呼应，"试调琴瑟而错之，鼓其宫则他宫应之，鼓其商而他商应之。五音比而自鸣，非有神，其数然也"。由于天人本质一致，人是天的副本和缩影，"天有阴阳，人亦有阴阳"。天的变化必然引起人的变化，人的变化也会对天产生影响，"天地之阴气起，而人之阴气应之而起；人之阴气起，而天地之阴气亦宜应之而起，其道一也"。对于人而言，阴忧而阳喜，阴容易使人生病和困睡，阳则使人高兴快乐，"天将阴雨，人之病故为之先动，是阴相应而起也。天将欲阴雨，又使人欲睡卧者，阴气也。有忧，亦使人卧者，是阴相求也；有喜者，使人不欲卧者，是阳相索也"。对于社会政治而言，天人感应更是鲜明突出，"帝王之将兴也，其美祥亦先见；其将亡也，妖孽亦先见"。因而"《尚书大传》言：'周将兴之时，有大赤乌衔谷之种，而集王屋之上者，武王喜，诸大夫皆喜。周公曰：茂哉！茂哉！天之见此以劝之也。'"（《同类相动》）

三、三纲五常

三纲五常是董仲舒思想的主要内容，对于构建传统社会秩序和管理模式意义重大。传统社会建立的政权、族权、夫权和神权上层建筑，正是三纲思想的产物和载体。所谓三纲，系指君为臣纲、父为子纲和夫为妻纲，"天子受命于天，诸侯受命于天子，子受命于父，臣妾受命于君，妻受命于夫，诸所受命者，其尊皆天也，虽谓受命于天亦可"（《顺命》）。五常是指仁义礼智信，"五常之道，王者所当修饬也。五者修饬，故受天之祐，而享鬼神之灵，德施于方外，延及群生也"（《汉书·董仲舒传》）。在传统社会，三纲是要建立稳定有序的人伦秩序；五常属于教化措施，用以塑造和提升人们的道德素质与品格。三纲五常既为传统社会秩序奠定了合法性依据，又为传统政治运行提供了导向性理念。传统社会选择三纲五常作为执政理念和治国方略，是因为三纲五常体现了古代中国农业社会的特征，适应了由农耕文明所形成的血缘宗法社会结构的需要。对于一个地域广阔、人口众多的统一国家，三纲五常在一治一乱循环往复的历史进程中有力地维护了社会的稳定和"大一统"的格局。

董仲舒不是三纲五常的开创者，而是全面论证第一人。三纲五常思想的源头主要在先秦儒家。对于三纲观点，孔子明确了君臣和父子关系，却没有论及夫妇关系，"齐景公问政于孔子。孔子对曰：'君君，臣臣，父父，子子。'公曰：'善哉！信如君不君，臣不臣，父不父，子不子，虽有粟，吾得而食诸？'"（《论语·颜渊》）孔子认为君臣关系是君礼臣忠，"定公问：'君使臣，臣事君，如之何？'孔子对曰：'君使臣以礼，臣事君以忠。'"（《论语·八佾》）父子关系是父慈子孝，兄友弟恭，"子游问孝。子曰：'今之孝者，是谓能养。至于犬马，皆能有养；不敬，何以别乎？'"（《论语·为政》）孟子则强调了人伦问题，含有父子、君臣、夫妇、长幼和朋友五对关系，"人之有道也，饱食、暖衣、逸居而无教，则近于禽兽。圣人有忧之，使契为司徒，教以人伦：父子有亲，君臣有义，夫妇有别，长幼有叙，朋友有信"

（《孟子·滕文公上》）。孟子特别重视君臣和父子关系，"杨氏为我，是无君也；墨氏兼爱，是无父也。无父无君，是禽兽也"；认为妻子要顺从丈夫，"以顺为正者，妾妇之道也"（《孟子·滕文公下》）。在三纲中，君为臣纲是关键。然而，在孔子看来，君臣之间的权利是相对均衡的，其权利与义务具有一定的对称性，君要讲规矩，臣才会忠诚；到孟子那里，君臣之间的天平似乎更倾向于臣子一边，依据君主的表现，君臣既可以是手足关系，又可以是犬马关系，还可以是土芥关系，"君之视臣如手足，则臣视君如腹心；君之视臣如犬马，则臣视君如国人；君之视臣如土芥，则臣视君如寇仇"（《孟子·离娄下》）。吊诡的是，先秦时期儒家重视人伦和君臣父子夫妇关系，却没有归纳概括为三纲理念。明确提出三纲观点的是法家代表人物韩非，"臣事君，子事父，妻事夫。三者顺则天下治，三者逆则天下乱，此天下之常道也"（《韩非子·忠孝》）。这从一个侧面说明董仲舒并不是纯粹的儒者，而是熔炼百家的杂儒，他筛选了先秦诸子百家有利于大一统和汉朝政治的思想元素，把它们熔铸成一种迎合中央集权和君主专制的新的儒学体系。

董仲舒依据天人感应学说论证三纲思想。他把天看作是三纲的形上本体，"天出至明，众知类也，其伏无不照也。地出至晦，星日为明，不敢暗。君臣、父子、夫妇之道取之此"（《观德》）。三纲是天有意志的产物和体现，"天为君而覆露之，地为臣而持载之；阳为夫而生之，阴为妇而助之；春为父而生之，夏为子而养之；秋为死而棺之，冬为痛而丧之。王地之三纲，可求于天"（《基义》）。重点运用阴阳理念加以论证，"天地之常，一阴一阳"（《阴阳义》）。他认为："君臣、父子、夫妇之义，皆取诸阴阳之道。君为阳，臣为阴；父为阳，子为阴；夫为阳，妻为阴。"在阴阳关系中，阳与阴的作用不同，阳在前，承担实际事务；阴在后，常常守在空虚的地方，"阴阳二物，终岁各壹出，壹其出，远近同度而不同意。阳之出也常县于前而任事；阴之出也，常县于后而守空处"（《基义》）。阴与阳的地位不同，阳居于主导地位，阴处于从属地位，"阴之中亦相为阴，阳之中亦相为阳。诸在上者皆为其下阳，诸在下者皆为其上阴。阴犹沈也，何名何有？皆并一于阳，昌力而辞功"（《阳尊阴卑》）。阴与阳的分量不同，阳为百份而阴只占一份，"天出阳为暖以生之，地出阴为清以成之。不暖不生，不清不成。然而计其多少之分，则暖暑居百而清寒居一"（《基义》）。在君臣、父子、夫妻关系中，君、父、夫占阳位，享有支配权，臣、子、妻处阴位，只能服从和被支配，"丈夫虽贱皆为阳，妇人虽贵皆为阴"（《阳尊阴卑》）。

　　君臣、父子、夫妻关系尽管有上下、尊卑及贵贱之分，而董仲舒更强调他们之间的互相配合，指出阴与阳以及亲情既对立又统一，是自然界和人类社会的基本规律，"物莫无合，而合各有阴阳"；"凡物必有合。合必有上，必有下，必有左，必有右，必有前，必有后，必有表，必有里。有美必有恶，有顺必有逆，有喜必有怒，有寒必有暑，有昼必有夜，此皆其合也"。君臣、父子、夫妻关系也如阴阳关系，不仅需要互相配合，"阴者，阳之合；妻者，夫之合；子者，父之合；臣者，君之合"。而且需要互相渗透和兼有，"阳兼于阴，阴兼于阳；夫兼于妻，妻兼于夫；父兼于子，子兼于父；君兼于臣，臣兼于君"。阳与阴不可能单独发生作用，只有共生共存，才能发挥作用，"阴道无所独行，其始也不得专起，其终也不得分功，有所兼之义。是故臣兼功于君，子兼功于父，妻兼功于夫，阴兼功于阳，地兼功于天"。阴与阳配合发生作用的形式多样，或升或降，或左或右，或亲近或疏离，或增加或减少，"举而上者，抑而下也；有屏而左也，有引而右也；有亲而任也，有疏而远也；有欲日益也，有欲日损也"。无论多少种形式,阴与阳都必须参与,不能有阳无阴,也不能有阴无阳,只能是阴阳共同存在于事物的统一体中,而比例有所不同而已。阴阳增益其用途而减少其损害,有时候减损少而增益多,有时减损多而增益少。减少但不会让它到灭绝的地步,增多也不会让它到满溢的地步,"益其用而损其妨,有时损少而益多,有时损多而益少。少而不至绝,多而不至溢"(《基义》)。

关于五常理念,仍然源于先秦儒家。孔子以仁为核心,融合义、礼、智、信等思想观念和道德范畴,创立了儒家学说。在孔子看来,仁的基本含义是爱人,"樊迟问仁。子曰:'爱人。'"(《论语·颜渊》)义是人的本质规定,指引其他道德规范,"君子义以为质,礼以行之,孙以出之,信以成之。君子哉!"(《论语·卫灵公》)礼是社会规范和道德约束,没有礼,社会就会失序和混乱,"非礼,无以节事天地之神也;非礼,无以辨君臣、上下、长幼之位也;非礼,无以别男女、父子、兄弟之亲,昏姻、疏数之交也"(《礼记·哀公问》)。知是知识和智慧,也是人的道德品质,"君子道者三,我无能焉:仁者不忧,知者不惑,勇者不惧"(《论语·宪问》)。信为诚信,是人立身处世的根本,"人而无信,不知其可也。大车无𫐐,小车无𫐄,其何以行之哉?"(《论语·为政》)不过,孔子没有提出五常理论,只是凸显了仁的统率作用和基础地位,"子张问仁于孔子。孔子曰:'能行五者于天下,为仁矣。'请问之。曰:'恭、宽、信、敏、惠。恭则不侮,宽则得众,信则人任焉,敏则有功,惠则足以使人。'"(《论语·阳货》)孟子是儒家五常理念形成过程中的关键人物,发挥了承前启后的作用。他从性善论出发,把孔子的伦理道德思想,提炼升华为仁义礼智和恻隐、羞恶、恭敬、是非"四心","乃若其情,则可以为善矣,乃所谓善也。若夫为不善,非才之罪也。恻隐之心,人皆有之;羞恶之心,人皆有之;恭敬之心,人皆有之；是非之心，人皆有之。恻隐之心，仁也；羞恶之心，义也；恭敬之心，礼也；是非之心，智也。仁义礼智，非由外铄我也，我固有之也，弗思耳矣"（《孟子·告子上》）。孟子的四心说距离儒家的五常理念，只有一步之遥了。

董仲舒在"天人三策"中提出了五常理念，而论证阐述则是一个过程。"天人三策"强调了仁义礼的道德教化作用，"渐民以仁，摩民以谊，节民以礼"（《汉书·董仲舒传》）。颜师古注曰："渐谓浸润之，摩谓砥砺之也。"而后论证了仁与义的关系，仁是关爱他人，义是自我修身，"是故《春秋》为仁义法，仁之法在爱人，不在爱我；义之法在正我，不在正人"（《仁义法》）。论证了仁与智的关系，仁与智不可分离，仁者同时是智者，"仁而不智，则爱而不别也；智而不仁，则知而不为也。故仁者所以爱人类也，智者所以除其害也"（《必仁且智》）。至于诚信，董仲舒多次与礼并用，主张诚信重于土地，礼法贵于身体，"《春秋》尊礼而重信。信重于地，礼尊于身"。诚信与礼法是普遍法则和天然道理，"《春秋》贤而举之，以为天下法，曰礼而信。礼无不答，施无不报，天之数也"（《楚庄王》）。更重要的是，董仲舒运用五行学说论证了五常理念，赋予了形上依据，"行者，行也，其行不同，故谓之五行。五行者，五官也，比相生而间相胜也"（《五行相生》）。在论证过程中，董仲舒突出了仁的基础作用，"仁之美者在于天。天，仁也"（《王道通三》）。突出了五行的伦理道德价值，"是故木受水而火受木，土受火，金受土，水受金也。诸授之者，皆其父也；受之者，皆其子也。常因其父以使其子，天之道也。是故木已生而火养之，金已死而水藏之。火乐木而养以阳，水克金而丧以阴，土之事火竭其忠。故五行者，乃孝子忠臣之行也"（《五行之义》）。突出了五常、五行与政治的联系，木的属性是仁，居于东方，象征春天，为司农的行为规范，"东方者木，农之本。司农尚仁"。金的属性是义，居于西方，象征秋天，为司徒的行为规范，"西方者金，大理，司徒也。司徒尚义"。水的属性是礼，居于北方，象征冬天，为司寇的行为规范，"北方者水，执法，司寇也。司寇尚礼"。火的属性是智，居于南方，象征夏天，为司马的行为规范，"南方者火也，本朝。司马尚智"。土的属性是信，居于中央，象征季夏，为司营的行为规范，"中央者土，君官也。司营尚信"。董仲舒指出，五行相生相克，五种官职相互依存，顺应则生，悖逆则克，"故为治，逆之则乱，顺之则治"。司农负责农耕，"田官者木，故曰水生木"；司马负责军队，是朝廷的高官要职，"本朝者，火也，故曰木生火"；司营类似于宰相，"司营者，土也，故曰火生土"；司徒负责社会治安，"司徒者，金也，故曰土生金"；司寇负责执法和牢狱，"司寇者，水也，故曰金生水"（《五行相生》）。

四、德主刑辅

德主刑辅是董仲舒政治思想的核心，也是阴阳五行学说在政治领域的具体运用，"阳为德，阴为刑。刑反德而顺于德"（《阳尊阴卑》）。德主刑辅源于孔子，德治是治国安邦的最高境界，"为政以德，譬如北辰，居其所而众星共之"；德治与法治效果不同，前者让人心悦诚服，后者使人勉强服从，"道之以政，齐之以刑，民免而无耻；道之以德，齐之以礼，有耻且格"（《论语·为政》）。董仲舒继承发展孔子的思想，把崇尚德治转变为德主刑辅的政治哲学，"故圣人法天而立道，亦溥爱而亡私，布德施仁以厚之，设谊立礼以导之。春者天之所以生也，仁者君之所以爱也；夏者天之所以长也，德者君之所以养也；霜者天之所以杀也，刑者君之所以罚也。繇此言之，天人之征，古今之道也"

（《汉书·董仲舒传》）。

任何政治哲学都需要人性预设，人性的预设始终是政治哲学的根基。先秦儒家的人性论分歧甚大，孔子没有明确人性是善还是恶，只是说"性相近，习相远也"（《论语·阳货》），而孔子思想的主要继承者，却对人性产生了截然相反的两种不同看法。孟子是性善论者，"滕文公为世子，将之楚，过宋而见孟子。孟子道性善，言必称尧舜"（《孟子·滕文公上》）。孟子认为，人性之善在于人有良知良能，"人之所不学而能者，其良能也；所不虑而知者，其良知也。孩提之童无不知爱其亲者，及其长也，无不知敬其兄也。亲亲，仁也；敬长，义也；无他，达之天下也"（《孟子·尽心上》）。荀子是性恶论者，"人之性恶，其善者伪也"。一般而言，人之向善向好，都是因为人性为恶的缘故，"凡人之欲为善者，为性恶也。夫薄愿厚，恶愿美，狭愿广，贫愿富，贱愿贵，苟无之中者，必求于外。故富而不愿财，贵而不愿势，苟有之中者，必不及于外。用此观之，人之欲为善者，为性恶也"（《荀子·性恶》）。无论性善还是性恶，孟子与荀子都不否认后天和环境的作用。孟子主张内省，反求诸己，"爱人不亲，反其仁；治人不治，反其智；礼人不答，反其敬。行有不得者皆反求诸己，其身正而天下归之"（《孟子·离娄上》）。荀子强调礼法规范，化性起伪，"古者圣人以人之性恶，以为偏险而不正，悖乱而不治，故为之立君上之势以临之，明礼义以化之，起法正以治之，重刑罚以禁之，使天下皆出于治，合于善也"（《荀子·性恶》）。

董仲舒不是性善论者，也不是性恶论者，而是运用阴阳学说的综合论者，从而为德主刑辅提供了人性论依据。诚如王充所言："董仲舒览孙、孟之书，作情性之说，曰：'天之大经，一阴一阳；人之大经，一情一性。性生于阳，情生于阴。阴气鄙，阳气仁。曰性善者，是见其阳也；谓恶者，是见其阴者也。'若仲舒之言，谓孟子见其阳，孙卿见其阴也"(《论衡·本性》)。董仲舒认为，人性是个混合体，善恶参半，仁贪并存，"人之诚，有贪有仁。仁、贪之气，两在于身。身之名，取诸天。天两有阴阳之施，身亦有贪、仁之性"(《深察名号》)。董仲舒把人性分为三种情况，提出"性三品"观点，"圣人之性，不可以名性；斗筲之性，又不可以名性；名性者，中民之性"(《实性》)。其中，圣人生而为善，纯善而无恶，斗筲之人教而不化，难以向善。圣人和斗筲之性都是天生如此，不可能改变，也不能代表普通人之性，只有中民之性才能称之为性，"名性不以上，不以下，以其中名之"。董仲舒喻性与善为禾与米的关系，禾不可能都变成米，人也不可能都是善的，"故性比于禾，善比于米：米出禾中，而禾未可全为米也；善出性中，而性未可全为善也。善与米，人之所继天而成于外，非在天所为之内也"(《深察名号》)。中民之性存在着可塑性，既可以向善也可以为恶，关键在于教化，犹如卵需孵化，才能成为幼禽，茧需沸水蒸煮之，才能成为真丝，"中民之性如茧如卵，卵待覆二十日，而后能为雏；茧得缲以涫汤，而后能为丝；性待渐于教训，而后能为善。善，教训之所然也，非质朴之所能至也"。教化是圣人和王者的教育感化，"性者，天质之朴也；善者，王教之化也。无其质，则王教不能化；无其王教，则质朴不能善"(《实性》)。

董仲舒运用阴阳学说论证德主刑辅，"恶之属尽为阴，善之属尽为阳。阳为德，阴为刑"。阴与阳、德与刑有着不同表现和作用，"阳气暖而阴气寒，阳气予而阴气夺，阳气仁而阴气戾，阳气宽而阴气急，阳气爱而阴气恶，阳气生而阴气杀"。德主刑辅符合天道，原因在于"天之显经隐权，前德而后刑也"。天以阳和德为常道，以阴和刑为权变，阳顺阴逆，德主刑辅，两者互相结合，相辅相成，"刑反德而顺于德，亦权之类也。虽曰权，皆在权成。是故阳行于顺，阴行于逆。逆行而顺者，阳也；顺行而逆者，阴也。是故天以阴为权，以阳为经。阳出而南，阴出而北；经用于盛，权用于末"。还在于"天之近阳而远阴，大德而小刑也"。天喜好仁爱而厌恶凶暴，"天之好仁而近，恶戾之变而远"；重视德教而轻视刑罚，偏爱阳而忽略阴，"先经而后权，贵阳而贱阴也。故阴，夏入居下，不得任岁事；冬出居上，置之空处也。养长之时，伏于下，远去之，弗使得为阳也；无事之时，起之空处，使之备次陈、守闭塞也"。作为君主，就要按照上天的要求，治国安邦以德为主、以刑为辅，"是故人主近天之所近，远天之所远；大天之所大，小天之所小。是故天数右阳而不右阴，务德而不务刑"（《阳尊阴卑》）。德主刑辅必须加强道德教化，"古之王者明于此，是故南面而治天下，莫不以教化为大务。立大学以教于国，设庠序以化于邑……教化行而习俗美也"（《汉书·董仲舒传》）。

董仲舒运用君权天授论证德主刑辅。君权天授，意谓君主的地位是上天的安排，权力由上天赋予，这是传统社会政治统治合法性的基石。君权天授的观念非董仲舒所创，而是古已有之。董仲舒联系西汉的现实政治，融合儒家思想，进行了创新性改造和阐述，认为君主要从上天获得地位和权力，"唯天子受命于天，天下受命于天子，一国则受命于君"（《为人者天》）。董仲舒认为，天为道德之天，赋予天以仁义内容，"天，仁也。天覆育万物，既化而生之，有养而成之，事功无已，终而复始，凡举归之以奉人，察于天之意，无穷极之仁也。人之受命于天也，取仁于天而仁也"。由于天不仅是神明之天，而且是道德之天，君主更要从上天那里获得仁政之道，"是故王者唯天之施，施其时而成之，法其命而循之诸人，法其数而以起事，治其道而以出法，治其志而归之于仁"。君主只有认识和实践仁政之道，才能与天地参，贯通天地人之间的联系，"古之造文者，三画而连其中，谓之王。三画者，天地与人也，而连其中者，通其道也。取天地与人之中以为贯而参通之，非王者孰能当是？"（《王道通三》）董仲舒指出，君权天授要求君主必须践行仁政之道，坚持德主刑辅的治国方略，"天道之大者在阴阳，阳为德，阴为刑，刑主杀而德主生"（《汉书·董仲舒传》）；君主要"多其爱而少其严，厚其德而简其刑，以此配天"（《基义》）。

君权天授涉及天、君、民的关系，先秦儒家倡导民本思想，"民为贵，社稷次之，君为轻。是故得乎丘民而为天子"（《孟子·尽心下》）。董仲舒为了适应大一统的政治需要，实际将民本转变为君本，认为老百姓要服从君主，君主要服从天意，"《春秋》之法：以人随君，以君随天"，甚至要"屈民而伸君，屈君而伸天"。董仲舒指出，屈民伸君，缘于老百姓需要君主，"缘民臣之心，不可一日无君；一日不可无君，而犹三年称子者，为君心之未当立也，此非以人随君耶？"（《玉杯》）还缘于政治统治和社会稳定的需要，"未有去人君之权，能制其势者也；未有贵贱无差，能全其位者也"（《王道》）。董仲舒希望，屈君伸天不是无法无天，而是要使君主的权力能够受到约束。约束君权，要求君主遵循天道，"天高其位而下其施，藏其形而见其光。高其位，所以为尊也；下其施，所以为仁也；藏其形，所以为神；见其光，所以为明。故位尊而施仁，藏神而见光者，天之行也。故为人主者法天之行"（《离合根》）。要求君主以身作则，否则就会遭受天谴，"元者，始也，言本正也；道，王道也；王者，人之始也。王正，则元气和顺，风雨时，景星见，黄龙下；王不正，则上变天，贼气并见"（《王道》）。传统社会实现了屈民伸君，却没有做到屈君伸天，通过天人感应来限制君权滥用。屈民伸君变成了历史事实，而屈君伸天只能停滞于理论构想，这是董仲舒的悲哀，也是传统社会无力改变的事实。

董仲舒运用王道思想论证德主刑辅，"为政而任刑，谓之逆天，非王道也"（《阳尊阴卑》）。王道是儒家梦寐以求的理想社会。在董仲舒看来，王道社会是天降甘露，风调雨顺，五谷丰登，社会祥和，"故天为之下甘露，朱草生，醴泉出，风雨时，嘉禾兴，凤凰麒麟游于郊"。榜样是五帝三王，治国一方面以德为主，"五帝三王之治天下，不敢有君民之心，什一而税，教以爱，使以忠，敬长老，亲亲而尊尊。不夺民时，使民不过岁三日。民家给人足"。另一方面以刑为辅，"囹圄空虚，画衣裳而民不犯。四夷传译而朝，民情至朴而不文"（《王道》）。大意是，监狱里面空荡荡的，处罚轻微而百姓却不违犯法律。四方的人通过翻译来朝见君王，民风极其淳朴，不会花言巧语。董仲舒认为，德与刑的关系也是礼与法的关系，礼是德治的表现形式，刑是法治的主要内容，在政治运作和社会制度化建构过程中，分别承担着不同功能，"礼禁未然之前，法施已然之后。法之所为用者易见，而礼之所为禁者难知"（《史记·太史公自序》）。董仲舒坚持"刑者不可任以治世"（《阳尊阴卑》），坚决反对秦朝的暴政和法家的严刑峻法，"今汉继秦之后，如朽木粪墙矣，虽欲善治之，亡可奈何。法出而奸生，令下而诈起，如以汤止沸，抱薪救火，愈甚亡益也"（《汉书·董仲舒传》）。刑法只是政治的补充，教化才是政治的根本，"教，政之本也。狱，政之末也"。在刑罚过程中，不仅要重视罪犯行为的结果，更要重视行为的动机，区别情况加以对待，"《春秋》之听狱也，必本其事而原其志。志邪者不待成，首恶者罪特重，本直者其论轻"。通过对犯罪动机的惩处，着力消除为恶的动机，促使惩罚本身有助于道德教化，从根本上杜绝再次发生类似的犯罪，"故折狱而是也，理益明，教益行；折狱而非也，暗理惑众，与教相妨"(《精华》)。

　　史书评价："仲舒遭汉承秦灭学之后，六经离析，下帷发愤，潜心大业，令后学者有所统一，为群儒首。"(《汉书·董仲舒传》)董仲舒是汉朝排在首位的思想家，也是儒学发展中的重要代表人物。他创立的学术思想体系，从政治上巩固了西汉王朝的中央集权和君主专制，在思想上确立了儒学的正统地位，上承孔子，下启朱熹，进而对传统社会的学术流变和政治实践产生了重要的影响。

第四节　扬雄

扬雄（公元前53—公元18年）是西汉著名的思想家和文学家，也是传统社会同时兼有思想家与文学家头衔的第一人。他的《甘泉赋》《河东赋》《羽猎赋》《长杨赋》，师承司马相如，既驰骋想象，铺排夸饰，又典丽深湛，词语蕴藉，是汉赋的代表之作。而扬雄更喜欢思想家的历史定位，认为辞赋是"童子雕虫篆刻"，"壮夫不为"（《法言·吾子》）。玄是扬雄学术思想的最高范畴，也是天下万事万物的本原和起源，"夫玄也者，天道也，地道也，人道也"（《太玄·玄图》）。从玄的理念出发，扬雄以儒学为基础，糅合道家思想，建构了儒主道辅、本道兼儒的"玄儒"体系，"道、德、仁、义、礼，譬诸身乎！夫道以导之，德以得之，仁以人之，义以宜之，礼以体之，天也。合则浑，离则散。一人而兼统四体者，其身全乎！"（《法言·问道》）玄儒思想奠定了扬雄在儒学史上的地位，司马光甚至将扬雄推崇为孔子之后第一人，"孔子既没，知圣人之道者非子云而谁？孟与荀殆不足拟，况其余乎？"（《读玄》）

一、其人其事

《汉书》对扬雄比较偏爱，用了较大篇幅单独立传，颜师古注《汉书》时，因篇幅过长而分为上下两篇。在《汉书》中，人物传记分上下篇的，只有扬雄和司马相如两个人。《汉书》的偏爱在于扬雄的文学艺术和学术思想成就。在文学艺术方面，《汉书》仅举枚乘、司马相如和扬雄三人，而且特别推崇司马相如和扬雄。班固认为："伏惟相如《封禅》，靡而不典；扬雄《美新》，典而亡实。然皆游扬后世，垂为旧式"（《典引》）。在学术思想方面，扬雄有功于汉朝儒学的复兴，"近者陆子优繇，《新语》以兴；董生下帷，发藻儒林；刘向司籍，辩章旧闻；扬雄覃思，《法言》《太玄》：皆及时君之门闱，究先圣之壸奥，婆娑乎术艺之场，休息乎篇籍之囿，以全其质而发其文，用纳乎圣德，列炳于后人，斯非其亚与"（《汉书·叙传》）。扬雄可与孟子、荀子相媲美，"自孔子后，缀文之士众矣，唯孟轲、孙况、董仲舒、司马迁、刘向、扬雄。此数公者，皆博物洽闻，通达古今，其言有补于世。传曰'圣人不出，其间必有命世者焉'，岂近是乎？"（《汉书·楚元王传赞》）。

《汉书》记载了扬雄的家世及青少年好学、中年仕宦和晚年生活的经历。扬雄是四川成都人，出身于有着贵族血统的地主家庭，祖先是西周王族，"扬雄字子云，蜀郡成都人也。其先出自有周伯侨者，以支庶初食采于晋之扬"。战国时期，扬雄的先祖是做官的，后来没落了，且受到仇家的威胁，不得不迁徙到四川郫县定居下来，变为农耕之家，"楚汉之兴也，扬氏溯江上，处巴江州，而扬季官至庐江太守。汉元鼎间避仇复溯江上，处岷山之阳曰郫，有田一廛，有宅一区，世世以农桑为业。自季至雄，五世而传一子，故雄亡它扬于蜀"（《汉书·扬雄传》）。"一廛"约为一百亩田地，说明扬雄的家庭不是一般的农耕之家，而是家境殷实的中小地主家庭。

青少年的扬雄博览群书，"雄少而好学，不为章句，训诂通而已，博览无所不见"。清心寡欲，"为人简易佚荡，口吃不能剧谈，默而好深湛之思，清静亡为，少耆欲，不汲汲于富贵，不戚戚于贫贱，不修廉隅以徼名当世。家产不过十金，乏无儋石之储，晏如也"。胸有大志，"自有大度，非圣哲之书不好也；非其意，虽富贵不事也"。令人感兴趣的是，扬雄青少年时并不爱好学术思想，而是喜欢文学艺术，"顾尝好辞赋"（《汉书·扬雄传》），他自己也承认"少而好赋"（《法言·吾子》）。扬雄好赋是向司马相如学习。司马相如是汉赋的奠基者，被誉为赋圣和词宗，扬雄以司马相如为榜样，以其辞赋为学习的范本，"先是时，蜀有司马相如，作赋甚弘丽温雅，雄心壮之，每作赋，常拟之以为式"。同时向屈原学习，认为"屈原文过相如"；同情屈原的遭遇，却不主张投江而死，而应听天由命，安时处顺，"悲其文，读之未尝不流涕也。以为君子得时则大行，不得时则龙蛇，遇不遇命也，何必湛身哉"。他学习屈原的方式很特殊，先是反其意而学习，"乃作书，往往摭《离骚》文而反之，自岷山投诸江流以吊屈原，名曰《反离骚》"。后是顺其意而学习，"又旁《离骚》作重一篇，名曰《广骚》；又旁《惜诵》以下至《怀沙》一卷，名曰《畔牢愁》"。由于学赋有成，扬雄得以离开蜀郡来到京城，以文才为朝廷征召，待诏承明殿，"孝成帝时，客有荐雄文似相如者。上方郊祀甘泉泰畤、汾阴后土，以求继嗣，召雄待诏承明之庭"（《汉书·扬雄传》）。

扬雄青少年时，最重要的经历是拜师求学于严遵，"扬雄少时从游学"。严遵，字君平，西汉晚期蜀中隐士，"蜀有严君平，皆修身自保，非其服弗服，非其食弗食"。严遵对于扬雄的人生产生了重要影响。在严遵那里，扬雄学习掌握了道家思想。严遵所著《老子指归》是西汉道家学术的代表作，也是老子思想流传的重要版本，"博览亡不通，依老子、严周之指著书十余万言"(《汉书·王贡两龚鲍传》)。严遵本不同于注释类作品体裁，不是那种注重词语考证和解释的注本，而是先引用老子思想的原文，然后进行指归分析，加以发挥和论证。严遵以韵文形式对《老子》进行理论阐述，条理清晰，内容深邃博大，实际是《老子》的再创作。他沿着道法自然的思路，论证本体思想，认为道、德、神明、太和四个层次的演进创生了天地万物，构造了一个以虚无为源、以气化为流的宇宙生成体系。他坚持无为而治的原则，推演政治思想，认为"有为乱之首也，无为治之元也"。无为不是无所作为，而是君无为臣有为，"尊天敬地，不敢忘先；修身正法，去己任人；审实定名，顺物和神；参伍左右，前后相连；随时循理，曲因其当；万物并作，归之自然。此治国无为也"。他运用见素抱朴的逻辑，阐述养生思想，认为全其性命是养生的主题，"自今及古，飞鸟走兽、含气有类之属，未有不欲得而全其性命者也"；原则是无欲无取，"无欲则静，静则虚，虚则实，实则神"；方法是保精养神，从而做到"筋骨便利，耳目聪明，肌肤润泽，面理有光"(《老子指归》)。严遵不仅懂得养生，而且也会养生，"君平年九十余，遂以其业终，蜀人爱敬，至今称焉"(《汉书·王贡两龚鲍传》)。

在严遵那里，扬雄学到了淡泊宁静的人格。严遵清心寡欲，每天占卜为生，一生不求仕进，"君平卜筮于成都市"，"裁日阅数人，得百钱足自养，则闭肆下帘而授《老子》"。品德高尚，劝人向善向好，"卜筮者贱业，而可以惠众人。有邪恶非正之问，则依蓍龟为言利害。与人子言依于孝，与人弟言依于顺，与人臣言依于忠，各因势导之以善，从吾言者，已过半矣"。扬雄十分尊重老师，到京城为官后，多次推荐严遵，"仕京师显名，数为朝廷在位贤者称君平德"。且是严遵的真正知音，"杜陵李强素善雄，久之为益州牧，喜谓雄曰：'吾真得严君平矣。'雄曰：'君备礼以待之，彼人可见而不可得诎也。'强心以为不然。及至蜀，致礼与相见，卒不敢言以为从事，乃叹曰：'扬子云诚知人！'"扬雄高度评价老师，认为严遵洁身自好，深沉无欲，不为苟合取容之事，不操苟且求利之业，犹如随侯之珠、和氏之璧，是国家的宝贝，"蜀严湛冥，不作苟见，不治苟得，久幽而不改其操，虽随、和何以加诸？举兹以旃，不亦宝乎！"通过严遵及其事迹，扬雄认识到君子良好名声的获得，不是靠富贵，也不是靠钱财，更不是靠官位，而是靠修身和积德，"或问：君子疾没世而名不称，盍势诸名卿可几？曰：君子德名为几"（《汉书·王贡两龚鲍传》）。

中年的扬雄为官从政，始终淡泊名利，"及莽篡位，谈说之士用符命称功德获封爵者甚众，雄复不侯，以耆老久次转为大夫，恬于势利乃如是"。仕途坎坷，历仕汉成帝、哀帝、平帝三朝，没有得到升迁，而同期的官员都已跻身朝廷的最高官职。王莽新朝，差点送命，"莽诛丰父子，投棻四裔，辞所连及，便收不请。时雄校书天禄阁上，治狱使者来，欲收雄，雄恐不能自免，乃从阁上自投下，几死"（《汉书·扬雄传》）。扬雄仕途不顺，却在辞赋方面取得重大成绩，奠定他在汉赋和文学史上的地位，"歇马独来寻故事，文章两汉愧扬雄"。扬雄的辞赋别具一格，既有对文采的追求，认为辞赋必丽，更有对讽谏的重视，所创作的四大名赋，非讽即谏。《甘泉赋》是不满于甘泉宫的豪奢，劝诫汉成帝戒奢从俭，"正月，从上甘泉，还，奏《甘泉赋》以风"。《河东赋》鼓励汉成帝把追慕先圣的愿望付诸行动，"雄以为临川羡鱼，不如归而结罔，还，上《河东赋》以劝"。《羽猎赋》则是批评汉武帝广开上林苑的"夺民"之举，"故聊因《校猎赋》以风"。《长杨赋》是揭露汉成帝举行的大规模围猎，"是时，农民不得收敛。雄从至射熊馆，还，上《长杨赋》。聊因笔墨之成文章，故藉翰林以为主人，子墨为客卿以风"。不过，事与愿违，扬雄所奏之赋的讽谏之意没有被理解，反而是赋的华丽之美给人留下了深刻印象，以致君主更多地注目于赋的恢宏气势和优美辞藻，后世则理解为粉饰太平，歌功颂德。扬雄由此彻底改变了对赋的看法，认为讽谏是辞赋的立身之本，如果起不到讽谏作用，就应放弃辞赋及其创作，"雄以为赋者，将以风也，必推类而言，极丽靡之辞，闳侈巨衍，竞于使人不能加也，既乃归之于正，然览者已过矣。往时武帝好神仙，相如上《大人赋》，欲以风，帝反缥缥有陵云之志。繇是言之，赋劝而不止，明矣。又颇似俳优淳于髡、优孟之徒，非法度所存，贤人君子诗赋之正也，于是辍不复为"（《汉书·扬雄传》）。

晚年的扬雄重点研究学术思想，主要成就是《太玄》《法言》，"实好古而乐道，其意欲求文章成名于后世，以为经莫大于《易》，故作《太玄》；传莫大于《论语》，作《法言》"（《汉书·扬雄传》）。扬雄由文学家转身为思想家，直接原因在于汉赋注重堆砌辞藻，缺乏思想内容，不能发挥讽谏作用，"以为靡丽之赋，劝百而风一，犹骋郑卫之声，曲终而奏雅，不已戏乎？"（《汉书·司马相如传赞》）间接原因在于学术思想经天纬地，玄妙深远，高于文学艺术，"若夫闳言崇议，幽微之涂，盖难与览者同也。昔人有观象于天，视度于地，察法于人者，天丽且弥，地普而深。昔人之辞，乃玉乃金"。更深层次原因在于士大夫用进退藏的生存之道，扬雄不能像司马相如、东方朔那样被朝廷重用，致力于立功，只能退而求其次，专注于立言，"司马长卿窃訾于卓氏，东方朔割炙于细君。仆诚不能与此数公者并，故默然独守吾《太玄》"。扬雄的人生转身付出了清贫寂寞的代价，"家素贫，耆酒，人希至其门"。而扬雄泰然处之，守得住清贫，耐得住寂寞，"刘歆亦尝观之，谓雄曰：'空自苦！今学者有禄利，然尚不能明《易》，又如《玄》何？吾恐后人用覆酱瓿也。'雄笑而不应"
（《汉书·扬雄传》）。

《太玄》"善言天地者以人事，善言人事者以天地"（《太玄·玄告》），以"玄"为主旨，汇集儒、道、易三家思想，将世界观与人生哲学融合在一起，探讨自然界的基本规律以及人生顺应自然、立身处世和趋利避害问题。《太玄》是扬雄的思想结晶和着力最多的著作，历史影响却不大。当时，很少有人能读懂，以致扬雄不得不作出说明和解释，"客有难玄太深，众人之不好也，雄解之，号曰《解难》"。后世则流传不广，"自雄之没至今四十余年，其《法言》大行，而《玄》终不显，然篇籍具存"（《汉书·扬雄传》）。《法言》的主旨是恢复孔子的正统儒学。在扬雄看来，西汉以来尤其是董仲舒恢复的儒学已被神学化和谶纬化，不是孔子儒学的原来面目，"雄见诸子各以其知舛驰，大氐诋訾圣人，即为怪迂，析辩诡辞，以挠世事，虽小辩，终破大道而或众，使溺于所闻而不自知其非也"（《汉书·扬雄传》）。扬雄要以孟子为榜样，批判今文学者和谶纬学说，以期恢复真正的圣人之道，"古者杨、墨塞路，孟子辞而辟之，廓如也。后之塞路者有矣，窃自比于孟子"（《法言·吾子》）。具体举措是"故人时有问雄者，常用法应之，撰以为十三卷，象《论语》，号曰《法言》"（《汉书·扬雄传》）。《法言》本于"法语之言，能无从乎"（《论语·子罕》），就是以圣人之道作为判断事物是非的准则之言，对于事情的是非给予论断的评判之言，"万物纷错则悬诸天，众言淆乱则折诸圣"（《法言·吾子》）。有的学者对扬雄及其《法言》评价甚高，"从对儒家文化的贡献看，最能代表儒学发展环节的当属孔子、扬雄、朱熹这三人——孔子是儒学原理的创造者，扬雄是儒学理论的解析人，朱熹是儒家实践方法的集大成者。他们分别代表的是原创、逻辑、操作这三方面。从这个层面讲，孔子、扬雄、朱熹三个人影响了中国2500年的文明进程。而扬雄的思想学说，从公元1世纪到12世纪，则是儒家学说的当然代表"①。

二、玄为本体

玄是扬雄思想的核心，"深者入黄泉，高者出苍天，大者含元气，纤者入无伦"（《汉书·扬雄传》）。扬雄从玄出发，演绎推理，形成了自己的哲学观。汉桓谭认为，扬雄之玄无所不包，是自然界、人类社会和人生的形上本体，"玄者，天也，道也。言圣贤著法作事，皆引天道以为本统，而因附属万类、王政、人事、法度"（《新论·闵友》）。从玄出发，不仅为儒家思想建立了哲学基础，而且论证了儒学的合理性，"夫天地设，故贵贱序。四时行，故父子继。律历陈，故君臣理。常变错，故百事析。质文形，故有无明。吉凶见，故善否著。虚实荡，故万物缠"（《太玄·玄摛》）。从玄出发，深刻感悟了人生之道，不羡慕权贵，自甘于宁静淡泊，"高明之家，鬼瞰其室，攫拿者亡，默默者存；位极者宗危，自守者身全。是故知玄知默，守道之极；爱清爱静，游神之廷；惟寂惟寞，守德之宅"（《汉书·扬雄传》）。

扬雄之玄集中于《太玄》一书。《太玄》是扬雄的哲学思想，以浑天说为基础，构筑宇宙生成图式，探讨天地万物发展规律，"大潭思浑天，参摹而四分之，极于八十一"（《汉书·扬雄传》）。《太玄》的基本结构是三方、九州、二十七部、八十一家、七百二十九赞，每"家"为一首，每首有四"重"，在方、州、部、家、赞之间，以"三"相生。对于《太玄》一书，自产

① 凤羽：《论扬雄的思想影响中国千余年》，载《文史杂志》2019年第2期。

生之日就存在不同看法，桓谭给予肯定，刘歆及班固则表达否定意见，"以为雄非圣人而作经，犹春秋吴楚之君僭号称王，盖诛绝之罪也"。令人感兴趣的是，司马光对于《太玄》一书的态度变化。先是不以为然，认为扬雄仿《易》作《玄》是多此一举，似有画蛇添足之嫌，"余亦私怪雄不赞《易》而别为《玄》，《易》之道其于天人之缊备矣，而雄岂有以加之？更乃为一书，且不知其焉所用之，故亦不谓雄宜为《玄》也"。后来，司马光为了研究《周易》，开始阅读《太玄》，读得很辛苦，几十遍后才略知概貌，"初则溟涬漫漶，略不可入，乃研精易虑，屏人事而读之数十过，参以首尾，稍得窥其梗概"。从此，司马光对《太玄》大加赞誉，认为是一部不可多得的经典，与《周易》的精神完全一致，"乃知《玄》者所以赞《易》也，非别为书以与《易》角逐也"。圣人看了以后，也会感到欣喜，"藉使圣人复生，视《玄》必释然而笑，以为得己之心矣"。《太玄》内容丰富，博大精深，"观《玄》之书，昭则极于人，幽则尽于神，大则包宇宙，小则入毛发，合天地人之道以为一，括其根本，示人所出，胎育万物而兼为之母，若地履之而不可穷也，若海挹之而不可竭也。盖天下之道虽有善者，蔑以易此矣"（《读玄》）。而且，司马光是在庆历中"始得《太玄》而读之"，在"疲精劳神三十余年"之后，元丰五年才完成《太玄集注》，仍以为"不能造其藩篱"（《太玄集注序》）。

《太玄》仿《周易》而作，《周易》以"卦"为基本单位，《太玄》以"首"为基本单位。司马光对《易》与《玄》的异同进行了详细比较，认为《易》与《玄》是道通理同，差异在于方法，"大抵道同而法异"，"殊途而同归，百虑而一致，皆本于太极两仪三才四时五行，而归于道德仁义礼也"。司马光指出，方法上的差异是《易》画有二，曰阴与阳；《玄》画有三，曰一二三。

《易》有六位，曰初二三四五上；《玄》有四重，"最上曰方，次曰州，次曰部，次曰家"。《易》有八卦相重，为六十四卦；《玄》以一二三错于方州部家，为八十一首，"凡家每首辄变，三首而复初，如中、周、礥之类是也。部三首一变，九首而复初，如中、闲、上之类是也。州九首一变，二十七首而复初，如中、羡、从之类是也。方二十七首一变，八十一首而复初，如中、更、减之类是也。八十一首以上不可复加，故曰'自然之道也'"。《易》每卦六爻，合为三百八十四爻；《玄》每首九赞，合为七百二十九赞，"首犹卦也，赞犹爻也。又曰：'观《易》者见其卦而名之，观《玄》者数其画而定之。玄首四重者，非卦也，数也。'故《易》卦六爻，爻皆有辞，《玄》首四重，而别为九赞以系其下。然则首与赞分道而行，不相因者也"。《易》有元亨利贞；《玄》有罔直蒙酋冥，"五者《太玄》之德。罔，北方也，于《易》为贞。直，东方也，于《易》为元。蒙，南方也，于《易》为亨。酋，西方也，于《易》为利。冥者未有形也。故《玄文》曰：'罔蒙相极，直酋相敹，出冥入冥，新故更代。'《玄》首起冬至，故分贞以为罔冥。罔者冬至以后，冥者大雪以前也"。《易》大衍之数五十，其用四十有九；《玄》天地之策各十有八，合为三十六策，其用三十三策。《易》有六七八九，谓之四象；《玄》有一二三，谓之三摹。《易》有象，《玄》有首；《易》有爻，《玄》有赞；《易》有象，《玄》有测；《易》有文言，《玄》有文；《易》有系辞，《玄》有摛、莹、掜、图、告；《易》有说卦，《玄》有数；《易》有序卦，《玄》有冲；《易》有杂卦，《玄》有错，"错者杂八十一首而说之"（《说玄》）。

玄的思想源于老子。尽管《太玄》模仿《周易》，却是继承了老子之道；尽管是批判性地继承，更多的却是老子哲学的翻版。具体表现在玄的概念属于老子，《老子》开篇就说："道可道，非常道；名可名，非常名。无，名天地之始；有，名万物之母。

故常无，欲以观其妙；常有，欲以观其徼。此两者同出而异名，同谓之玄。玄之又玄，众妙之门。"（《老子》第一章）关于玄的描述，几乎同于老子之道，两者都是无物无象、无形无状，扬雄的描述是"仰而视之在乎上，俯而窥之在乎下，企而望之在乎前，弃而忘之在乎后，欲违则不能，默而得其所者，玄也"（《太玄·玄摛》）。老子所描述的道，在感性上看不见、听不到、摸不着，"视之不见名曰夷，听之不闻名曰希，搏之不得名曰微"。在本质上却是浑然一体，真实存在，"此三者不可致诘，故混而为一。其上不皦，其下不昧，绳绳不可名，复归于无物。是谓无状之状、无物之象。是谓惚恍。迎之不见其首，随之不见其后"（《老子》第十四章）。关于玄与天下万事万物的关系，几乎照抄了老子之道，扬雄之玄是宇宙发生论，"玄有二道，一以三起，一以三生。以三起者，方、州、部、家也。以三生者，三分阳气，以为三重，极为九营，是谓同本离末，天地之经也"（《太玄·玄图》）。老子之道更是天下万事万物的本源，"道生一，一生二，二生三，三生万物。万物负阴而抱阳，冲气以为和"（《老子》第四十二章）。关于玄的矛盾运动，几乎在复述老子的辩证法思想，扬雄也承认其矛盾理念来自老子，"观大易之损益兮，览老氏之倚伏。省忧喜之共门兮，察吉凶之同域。瞰瞰著乎日月兮，何俗圣之暗烛？岂惕宠以冒灾兮，将噬脐之不及。若飘风不终朝兮，骤雨不终日"（《太玄赋》）。关于玄的人生意义，几乎是老子道法自然的完美演绎，"故为可为于可为之时，则从；为不可为于不可为之时，则凶"（《汉书·扬雄传》）。

扬雄之玄又不同于老子，最大的差异在于基本概念不同。老子以道为基本概念，推演其宇宙图景，"道冲而用之或不盈，渊兮似万物之宗。挫其锐，解其纷，和其光，同其尘。湛兮似或存，吾不知谁之子，象帝之先"（《老子》第四章）。扬雄以玄为基本概念，展示其宇宙发生论，"玄生神象二，神象二生规，规生三摹，三摹生九据"（《太玄·玄告》）。神象二意指阴阳，规指天。大意是，玄产生阴阳二气，阴阳二气产生天，天又产生天地人，是为三摹；天地人各有上中下，是谓九据。传统社会的思想家们很少运用玄的概念；即使同时代的人，也很难理解玄的概念和理论，"《玄》文多，故不著；观之者难知，学之者难成"（《汉书·扬雄传》）。《太玄》仿《周易》，也是基本概念不同。相传伏羲画八卦，易为基础，具有简易、变易和不易三方面内容。汉朝思想家普遍认为，易为天道，生成宇宙，"《易》著天地、阴阳、四时、五行"（《汉书·司马迁传》）。扬雄尊孔子，更是基本概念不同。孔子作《春秋》，元是一个概念，意指新的王朝开始，"元年，春，王正月"。董仲舒则将元的概念引申为事物的本体，"故元者为万物之本，而人之元在焉。安在乎？乃在乎天地之前"（《春秋繁露·重政》）；又是王道之始，"元者，始也，言本正也。道，王道也"（《春秋繁露·王道》）。桓谭看得清楚，"故宓羲氏谓之易，老子谓之道，孔子谓之元，而扬雄谓之玄"（《新论·正经》）。玄、易、道、元都是形上命题，意味着中国古人的哲学思考以及对宇宙奥秘的探索。

实际上，扬雄之玄有着多重含义，有时指天，"将郊上玄"；有时指清静，"人君以玄默为神，澹泊为德"（《汉书·扬雄传》）；有时指玄妙神奥，"罔之时，玄矣哉"（《太玄·玄文》）。这些含义都不是哲学的，也不是扬雄之玄的要义。从哲学而言，扬雄之玄是宇宙的本体和根源，天下万事万物由玄而生，却不见玄的形踪，"玄者，幽摛万类而不见形者也"。玄没有空间性，比虚无还原始；没有时间性，古今都一样，却能推化阴阳，生发元气，形成自然界和人类社会，"资陶虚无而生乎规，攔神明而定摹，通同古今以开类，摛措阴阳而发气。一判一合，天地备矣；天日回行,刚柔接矣;还复其所,终始定矣;一生一死,性命莹矣"。玄为本体,通过幽摛、资陶、规㩅、通同、摛措等运行变化,生成阴阳万物,这与扬雄的天文历法思想有关。古代历法的一年以冬至日夜半起算,《太玄》八十一首代表着一年时间,也是以代表冬至的"中"首开始。扬雄认为中首是近玄之象,意指阳气发生发展的趋势,而第四十一首是夏至,为"应"首,是远玄之象,表明阳气由盛转衰。天地万物随阳气的兴盛而生长,伴阳气的衰亡而枯萎,"冬至及夜半以后者,近玄之象也。进而未极,往而未至,虚而未满,故谓之近玄。夏至及日中以后者,远玄之象也,进极而退,往穷而还,已满而损,故谓之远玄"(《太玄·玄摛》)。

扬雄之玄具有丰富的辩证法要素,认为事物是矛盾对立的统一体,"天浑而㨨,故其运不已。地隤而静,故其生不迟。人驯乎天地,故其施行不穷。天地相对,日月相剈,山川相流,轻重相浮,阴阳相续,尊卑不相黩"(《太玄·玄告》)。矛盾是事物发展变化的动力,"是故日动而东,天动而西,天日错行,阴阳更巡。死生相樛,万物乃缠,故玄聘取天下之合而连之者也。缀之以其类,占之以其觚,晓天下之瞆瞆,茨天下之晦晦者,其唯玄乎!"任何事物或迟或早、或慢或快,都在向自己的对立面转化演进,"阳不极则阴不萌,阴不极则阳不牙。寒极生热,热极生寒。信道致诎,诎道致信。其动也日造其所无,而好其所新。其静也日减其所为,而损其所成"(《太玄·玄摛》)。扬雄通过雷与火的例子,阐明物极必反的道理,"雷隐隐而辄息兮,火犹炽而速灭。自夫物有盛衰兮,况人事之所极"(《太玄赋》)。

可惜的是,扬雄却把生动的辩证法机械地注入到了以"九"为基础的数的格式之中。扬雄特别喜欢"九"这个数字,认为天有"九天:一为中天,二为羡天,三为从天,四为更天,五为睟天，六为廓天，七为减天，八为沈天，九为成天"；地有"九地：一为沙泥，二为泽池，三为沚厓，四为下田，五为中田，六为上田，七为下山，八为中山，九为上山"；人有"九体：一为手足，二为臂胫，三为股肱，四为要，五为腹，六为肩，七为呀啼，八为面，九为额"（《太玄·玄数》）。扬雄指出，任何事物尤其是人事的发展变化都要经历九个过程，"思心乎一，反复乎二，成意乎三，条畅乎四，著明乎五，极大乎六，败损乎七，剥落乎八，殄绝乎九。生神莫先乎一，中和莫盛乎五，倨剧莫困乎九"。一为思想动机，二为反复思考，三为形成观念，四为进一步发展，五为明确，六为扩张，七为败损，八为剥落，九为覆灭。其中，最有生机在过程一，鼎盛辉煌在过程五，困顿剧变在过程九。扬雄明确，从一到九，可分为三个时期：一至三为成长时期，四至六为鼎盛时期，七至九为衰亡时期。数越少越好，越少是形式上不顺利而实质上顺利；越多越坏，越多是表面上富足而实际上贫乏。事物的生长与衰退纠缠在一起，环境的顺利与挫折交替发生着，"自一至三者，贫贱而心劳；四至六者，富贵而尊高；七至九者，离咎而犯灾。五以下作息，五以上作消。数多者见贵而实索，数少者见贱而实饶。息与消纠，贵与贱交"（《太玄·玄图》）。由于扬雄把九的理念推向了极端，虽然意识到了事物循环往复的发展变化，却没有看到事物否定之否定的螺旋式上升演进，最终由生气勃勃的辩证法走向了死气沉沉的循环论。

扬雄之玄还有积极的认识论意义。他反对先验论，否定先知的存在，认为先知就是看得清楚，听得明白，无非是明察秋毫之人，"先知其几于神乎！'敢问先知。'曰：'不知。知其道者其如视，忽、眇、绵作眴。'"（《法言·先知》）重视感性认识，强调知识的获取必须借助于耳目等感官的作用，才能看清天下事物，听到社会基层反映，"目上于天，耳入于渊，恭。测曰：目上耳下，聪察极也"（《太玄·睟》）。如果耳目闭塞，则会危害心的认知能力，"割其耳目，及其心腹，厉。测曰：割其耳目，中无外也"（《太玄·割》）。强调经验的重要，用以验证明与暗、远与近和大与小等各种认识，"君子之言幽必有验乎明，远必有验乎近，大必有验乎小，微必有验乎著。无验而言之谓妄"（《法言·问神》）。扬雄肯定感性经验，却没有否定理性认识和心的作用。在儒家那里，心既是内脏器官，又是认知器官，而且统领感性器官，"耳目鼻口形能，各有接而不相能也，夫是之谓天官；心居中虚以治五官，夫是之谓天君"（《荀子·天论》）。扬雄则把心与神联系在一起，"或问'神'。曰'心'"，认为人心是认识的关键，"人心其神乎！操则存，舍则亡"（《法言·问神》）。扬雄强调，无论感性认识还是理性认识，都必须以客观世界为对象，不能凭主观想象，"夫作者贵其有循而体自然也。其所循也大，则其体也壮。其所循也小，则其体也瘠。其所循也直，则其体也浑。其所循也曲，则其体也散"（《太玄·玄莹》）。难能可贵的是，扬雄还重视实践和知识的运用，"智也者，知也。夫智，用不用，益不益，则不赘亏矣"（《法言·问道》）。

三、纲纪教化

扬雄仕途不畅，"雄年四十余，自蜀来至游京师，大司马车骑将军王音奇其文雅，召以为门下史，荐雄待诏，岁余，奏《羽猎赋》，除为郎，给事黄门，与王莽、刘歆并。哀帝之初，又与董贤同官。当成、哀、平间，莽、贤皆为三公，权倾人主，所荐莫不拔擢，而雄三世不徙官"。而且贫病交加，"雄以病免，复召为大夫。家素贫"（《汉书·扬雄传》）。但是，扬雄念兹在兹的却是政治，致力于治平天下。他由喜欢辞赋转变为不愿作赋，是为了政治。初入仕时，扬雄爱好作赋，愿意当文学家，是因为辞赋具有讽谏功能，可以通过赋来劝诫君主，干预政治。当发现赋发挥不了讽谏作用，反而会助长君主好大喜功及自我感觉良好，就不再作赋，"或曰：'赋可以讽乎？'曰：'讽乎！讽则已；不已，吾恐不免于劝也。'"（《法言·吾子》）由文学家转变为思想家，专心致志于《太玄》《法言》，也是为了政治，"学之为王者事，其已久矣"（《法言·学行》）。桓谭认为，《太玄》《法言》是服务于君主的圣人之道，"今扬子之书文义至深，而论不诡于圣人，若使遭遇时君，更阅贤知，为所称善，则必度越诸子矣"（《汉书·扬雄传》）。

如果说《太玄》是扬雄的哲学思想，那么，《法言》就是扬雄的政治思想；如果说《太玄》仿《周易》而作，那么，《法言》就是仿《论语》而作，意在传承弘扬儒家的政治思想。《法言》全书共十三卷，分为学行、吾子、修身、问道、问神、问明、寡见、五百、先知、重黎、渊骞、君子、孝至等专题；每个专题约有三十条左右的语录或论述，内容广泛，涵盖哲学、政治、经济、伦理以及文学、艺术、科学、军事，乃至于历史上的人物、事件、学派和文献。《法言》宗经征圣，认为"仲尼，圣人也"（《法言·问明》），强调"惟五经为辩。说天者莫辩乎《易》，说事者莫辩乎《书》，说体者莫辩乎《礼》，说志者莫辩乎《诗》，说理者莫辩乎《春秋》。舍斯，辩亦小矣"（《法言·寡见》）。同时，能够做到兼容并蓄，批判性地论证汲取先秦诸子的合理因素，成就一家之言，"庄、杨荡而不法，墨、晏俭而废礼，申、韩险而无化，邹衍迂而不信"（《法言·五百》）。如果说董仲舒神化了孔子，那么，扬雄则是圣化了孔子。扬雄明确反对董仲舒的天人感应思想，当有人问，是天要亡项羽吗？扬雄回答，与天没有任何关系，"天曷故焉"。刘邦的成功和项羽的失败都在于人的智慧和力量，刘邦充分发挥了人的智慧和力量，项羽则反之，"汉屈群策，群策屈群力。楚憨群策，而自屈其力。自屈者负"（《法言·重黎》）。扬雄还否定人能成仙的观念，以伏羲、神农、黄帝、尧舜、文王、孔子等先圣为例，说明人是不可能成仙的，"吾闻虑羲、神农殁，黄帝、尧、舜殂落而死，文王，毕；孔子，鲁城之北。独子爱其死乎？非人之所及也，仙亦无益子之汇矣"。认为人的生死是自然规律，不可抗拒，"有生者，必有死；有始者，必有终，自然之道也"（《法言·君子》）。从文明的发展进步而言，扬雄的圣化比董仲舒的神化，更有利于传承和弘扬孔子及其儒家思想。

宗经征圣是扬雄政治思想的前提。在扬雄看来，人不同于禽兽，必须受礼义约束，禽兽则受本能控制。人与人还有差别，可分为众人、贤人和圣人，"鸟兽触其情者也。众人则异乎？贤人则异众人矣！圣人则异贤人矣！礼义之作有以矣夫！人而不学，虽无忧，如禽何？"（《法言·学行》）他们之间的差别在于圣人是神，贤人重义，众人关心日常生活，"圣人耳不顺乎非，口不肆乎善；贤者耳择，口择；众人无择焉。或问'众人'。曰：'富、贵、生。''贤者'。曰：'义。''圣人'。曰：'神。'"（《法言·修身》）圣人通天地，合阴阳，高不可攀，"圣人仰天则常，穷神掘变，极物穷情，与天地配其体，与鬼神即其灵，与阴阳埏其化，与四时合其诚。视天而天，视地而地，视神而神，视时而时，天地神时皆驯而恶入乎逆！"（《太玄·玄文》）圣人能够顺从天意，不忧不惧，"或曰：'孔子之事多矣。不用，则亦勤且忧乎？'曰：'圣人乐天知命。乐天而不勤，知命则不忧。'"圣人能够为人师表，"或问'治己'。曰：'治己以仲尼。'"（《法言·修身》）圣人是做人的榜样，能够决定弟子的命运，"师哉！师哉！桐子之命也。务学不如务求师。师者，人之模范也"（《法言·学行》）。圣人胸有大知识，懂得大道理，而不是只有小知识，懂得小道理，"师之贵也，知大知也。小知之师，亦贱矣"（《法言·问明》）。扬雄强调孔子是圣人，以孔子的思想为思想，以孔子的言论为言论，"好书而不要诸仲尼，书肆也；好说而不要诸仲尼，说铃也。君子言也无择，听也无淫"（《法言·吾子》）。

宗奉孔子和儒家思想，却没有否定先秦诸子的学术思想。通过比较，扬雄指出，孔子是正道，诸子是它道，"适尧、舜、文王者为正道，非尧、舜、文王者为它道。君子正而不它"。孔子重视礼乐，诸子轻视礼乐，"圣人之治天下也，碍诸以礼乐。无则禽，异则貉。吾见诸子之小礼乐也，不见圣人之小礼乐也"（《法言·问道》）。孔子是儒者，诸子是伎者，"通天、地、人，曰儒；通天、地而不通人，曰伎"（《法言·君子》）。扬雄不仅没有否定先秦诸子，而且注意汲取其思想养料，以丰富自己的学术观点。对于老子，汲取哲学理念而否定伦理观点，"老子之言道德，吾有取焉耳；及捶提仁义，绝灭礼学，吾无取焉耳"。对于庄子和邹衍，汲取少欲和自持的观念，"或曰：'庄周有取乎？'曰：'少欲。''邹衍有取乎？'曰：'自持。'至周罔君臣之义，衍无知于天地之间，虽邻不亲也"。对于法家，汲取法治理念而否定刻薄寡恩，"申、韩之术，不仁之至矣。若何牛羊之用人也？"对于兵家，汲取谋略而否定诡计，"曰：'不战而屈人兵，尧、舜也；沾项渐襟，尧、舜乎？衔玉而贾石者，其狙诈乎！'或问：'狙诈与亡，孰愈？'曰：'亡愈。'"（《法言·问道》）

扬雄政治思想的基础仍然是人性论，他认为人性不是善，也不是恶，而是善恶同在，相混相杂，很难分清，"人之性也，善恶混。修其善则为善人，修其恶则为恶人。气也者，所以适善恶之马也与？"（《法言·修身》）扬雄的人性论既不是孟子的性善论，又不是荀子的性恶论，与董仲舒的"贪仁之性"也有着很大的不同，徐复观品评："其说盖综合孟子性善、荀子性恶之论，直承董仲舒'人之诚，有贪有仁，仁贪之气，两在于身。天有阴阳之施，身亦有贪仁之性，与天道一也'的说法。但仲舒以为天道是任阳而抑阴，阴的作用，远不如阳的作用大，所以究其极，董氏实际还是主张性善的。扬雄则知孔子未尝言阴阳。故在言性上斥阴阳观念而不用，亦不受董氏'任阳而抑阴'的影响"[①]。那么，善恶混的人性怎样才能为善向好呢？扬雄指出，只有靠后天的努力，主要办法是修身。修身有内外两个途径，一个是向外学习，"学者，所以修性也。视、听、言、貌、思，性所有也。学则正，否则邪"（《法言·学行》）。学习的重点是向圣贤学习，"或问：'公孙龙诡辞数万以为法，法与？'曰：'断木为棋，捖革为鞠，亦皆有法焉！不合乎先王之法者，君子不法也。'"（《法言·吾子》）学习的最高境界是能够实践和推广应用，"学，行之，上也；言之，次也；教人，又其次也；咸无焉，为众人"（《法言·学行》）。另一个是内心修炼。心是人生的主宰，只有修好心，才能修好身，内在的修心比外在的学习更重要，"初一，内其明，不用其光。测曰：内其明，自窥深也。次二，君子视内，小人视外。测曰：小人视外，不能见心也"（《太玄·视》）。

《法言》专门有《修身》篇；全书十三篇中，论述修身的内容有五篇之多。扬雄认为，修身的意义是要让人成其为人，而不是禽兽，进而超凡入圣，"天下有三门：由于情欲，入自禽门；由于礼义，入自人门；由于独智，入自圣门"。修身是为了让人生取得成功，"珍其货而后市，修其身而后交，善其谋而后动，成道也"。修身的目的是提高人的道德素养，"修身以为弓，矫思以为矢，立义以为的，奠而后发，发必中矣"。修身的内容是儒

---

①　徐复观：《扬雄论究》，载台湾《大陆杂志》1975年第3期。

家伦理，"或问'仁、义、礼、智、信之用'。曰：'仁，宅也；义，路也；礼，服也；智，烛也；信，符也。处宅，由路，正服，明烛，执符，君子不动，动斯得矣。'"（《法言·修身》）。修身如同水一样，日夜不停地流淌，注满洼地再向前流去，是一个渐进的过程，也是一辈子的事情，而不可能立竿见影，顿悟成佛，"或问'进'。曰：'水。'或曰：'为其不舍昼夜与？'曰：'有是哉！满而后渐者，其水乎！'"（《法言·学行》）修身的理想境界是修心，发挥主体的内在自觉性和积极性，只有其心向往，才能其事必成，犹如孔子学习文王而成了文王那样的圣人，"或问'神'。曰：'心。''请问之。'曰：'潜天而天，潜地而地。天地，神明而不测者也。心之潜也，犹将测之。况于人乎？况于事伦乎？''敢问潜心于圣。'曰：'昔乎，仲尼潜心于文王矣，达之。'"（《法言·问神》）善恶混的人性论必然要求修身，推演到政治领域，治国安邦必然也要求以修身为本，尤其君主必须人正心正，以身作则，"或问：'何以治国？'曰：'立政。'曰：'何以立政？'曰：'政之本，身也。身立则政立矣。'"（《法言·先知》）

扬雄政治思想的主要内容是纲纪教化，"或苦乱。曰：'纲纪。'曰：'恶在于纲纪？'曰：'大作纲，小作纪。如纲不纲，纪不纪，虽有罗网，恶得一目而正诸？'"在理想上，他憧憬的是大同社会，认为统治者要想老百姓之所想，恶老百姓之所恶，"或问'为政有几？'曰：'思、斁。'"所谓思，就是关心民生和老百姓的疾苦，男耕女织，让民众生有所养，壮有所事，死有所安，"老人老，孤人孤，病者养，死者葬，男子亩，妇人桑，之谓思"。斁是要避免老无所依，病无所养，死无所葬，不能田园荒芜，织机空置，"若汙人老，屈人孤，病者独，死者逋，田亩荒，杼轴空之谓斁"。对于现实社会，扬雄痛恨恶政，指出民众反对三种恶政，即制度好而吏治腐败，吏治好而制度暴虐，制度与吏治都坏，"或问民所勤。曰：'民有三勤。'曰：'何哉所谓三勤？'曰：'政善而吏恶，一勤也；吏善而政恶，二勤也；政、吏骈恶，三勤也。'"无论哪一种恶政，本质都是相通的，视民如草芥，不顾老百姓死活，"禽兽食人之食，土木衣人之帛，谷人不足于昼，丝人不足于夜，之谓恶政"（《法言·先知》）。大意是，如果统治者豢养许多珍禽异兽，使百姓没有粮食吃；大肆装修亭台楼阁，使百姓没衣穿；种田的人夜以继日地劳动，还满足不了当权者的嗜欲；纺织的人没日没夜地劳动，还满足不了当权者的奢侈，这就叫恶政。关于治国方略，扬雄主张礼法兼治，刑德并举，要求法度彰而礼乐著，反对法度废而礼乐亏，"在昔虞、夏，袭尧之爵，行尧之道，法度彰，礼乐著，垂拱而视天下民之阜也，无为矣。绍桀之后，纂纣之余，法度废，礼乐亏，安坐而视天下民之死，无为乎？"（《法言·问道》）比较礼治与法治，扬雄更推崇礼治，坚持道德教化，"君子为国；张其纲纪，谨其教化。导之以仁，则下不相贼；莅之以廉，则下不相盗；临之以正，则下不相诈；修之以礼义，则下多德让。此君子所当学也。如有犯法，则司狱在"（《法言·先知》）。扬雄强调礼治，却又充分肯定法治；既体现了儒家的本色，又反映了现实主义倾向。他摒弃原始儒家"迂远而阔于事情"的浪漫，集中展示了秦朝之后传统社会的政治统治精神，这就是外儒内法、阳儒阴法，诚如清陆陇其所言："自汉而后，显弃申商之名，而阴用其术者多。"（程树德《论语集释》引《松阳讲义》）

四、文质相副

扬雄就其本质而言，首先是思想家，然后才是文学家；就其经历而言，先成为文学家，后成为思想家。在扬雄之前，没有一人同时头戴思想家与文学家的桂冠。先秦时期，文史哲混一，学科没有分类，诸子百家主要以思想家的面目扬名立世。《诗经》是现存最早的诗歌总集。战国时期，产生了辞与赋两种文学体裁，辞为诗歌，以抒情为主，成熟于楚国，刘向将其汇编成《楚辞》，屈原是楚辞的代表人物。赋为有韵的散文，以叙事为主，昌盛于汉朝，产生了一批辞赋家，"陆贾扣其端，贾谊振其绪，枚、马同其风，王、扬骋其势，皋、朔已下，品物毕图"（《文心雕龙·诠赋》）。然而，无论诗人还是辞赋家，都是文学家，而不是思想家。梁元帝萧绎认为，思想家必须精通儒家经典，而文学家则局限于辞赋写作，"夫子门徒，转相师受，通圣人之经者，谓之儒。屈原、宋玉、枚乘、长卿之徒，止于辞赋，则谓之文"（《金楼子·立言》）。扬雄兼具思想家与文学家，在于他既有思想性的代表作《太玄》和《法言》，又有文学性的代表作《反骚》和"四赋"，"皆斟酌其本，相与放依而驰骋云"（《汉书·扬雄传》）。

扬雄是名副其实的文学家，原因在于汉朝的文史哲已经分家，文学开始走向自觉，辞赋作为文学体裁比较完善定型，作为文学形式逐渐独立于史书和学术思想著作。一般而言，先秦时期没有文学家，是因为没有独立的文学形式和成熟的文学体裁。那时虽有"文"的概念，却不是指文学作品，而是泛指一切文化现象。有的是指儒家经典，"弟子入则孝，出则弟，谨而信，泛爱众，而亲仁。行有余力，则以学文"（《论语·学而》）。朱熹注"文"为"《诗》《书》六艺之文"（《四书章句集注》）。有的是指人的品行仪表，"质胜文则野，文胜质则史。文质彬彬，然后君子"（《论语·雍也》）。有的是指人的学习状态，"敏而好学，不耻下问，是以谓之文也"（《论语·公冶长》）。先秦时期也有"文学"和"文章"的概念，主要是指古代文献资料，"文学：子游，子夏"（《论语·先进》），"子贡曰：'夫子之文章，可得而闻也。夫子之言性与天道，不可得而闻也。'"（《论语·公冶长》）。汉朝则公认辞赋是独立的文学形式，它竞相铺采摛文，追求繁文博采，崇尚文辞靡丽，虽有"劝百讽一"的社会功能，更多的却是娱耳目、悦心意的审美存在。汉宣帝把辞赋与郑卫之音、倡优博弈相提并论，"'不有博弈者乎？为之犹贤乎已！'辞赋大者与古诗同义，小者辩丽可喜，辟如女工有绮縠，音乐有郑卫，今世俗犹皆以此虞说耳目；辞赋比之，尚有仁义风谕，鸟兽草木多闻之观，贤于倡优博弈远矣"（《汉书·王褒传》）。辞赋的独立，使得汉朝名家辈出，名作纷呈，扬雄只是其中的杰出代表。

　　与汉朝其他文学家相比，扬雄的特殊在于他还是一位思想家。扬雄的辞赋创作众体兼备，涉及领域广泛，而且时间悠长，可分为入仕前、入仕初期和入仕后期三个阶段。入仕前创作"反骚"系列，包括《反骚》《广骚》《畔牢愁》《天问解》，存世仅有《反骚》一篇，却昭示着扬雄早期的思想倾向和艺术风格。通观《反骚》，是隐一腔激愤于无穷哀怨之中，哀屈原为"凤皇翔于蓬陼兮，岂驾鹅之能捷"；怨屈原"知众嫭之嫉妒兮，何必颲垒之蛾眉"；遗憾其未能"懿神龙之渊潜"，"固时命之所有"（《汉书·扬雄传》），认为在混浊之世宜如许由、老子潜性隐身，而不应效彭咸捐躯。《反骚》反映了激愤之思、比兴之词和婉转悱恻之情。入仕初期创作大赋系列，"四赋"是扬雄辞赋创作的巅峰，着力展现了儒家入世思想。大赋系列有模仿司马相如的痕迹，却已形成了自己的风格。从作品内容分析，于铺陈颂美之中更有诚谕之义，表达对身世安危和王朝前途的忧患；从作品艺术分析，寓深思于丽词，于瑰丽峻极的美境中显示隽永的理趣；从作品形式分析，则显得短小灵活，便于扩大题材，放飞思绪。入仕后期创作太玄系列，包括《解嘲》《解难》《太玄赋》《逐贫赋》，明显表露了道家隐世情怀。太玄系列以思想取胜，却不可低估其艺术价值，一方面是营造了"玄静""仙游"的艺术审美境界，另一方面是创作了西汉辞赋中罕见的哲理小赋。《太玄赋》以骚体之形式，写深邃之哲理，述理精密，遣境开阔；《逐贫赋》首创四字句法，于装饰形式中骋纵横之气，志隐味浓，开东汉说理小赋之先河。清浦铣认为"赋四字为句，起于子云《逐贫》，次则中郎《青衣》、子建《蝙蝠》"（《复小斋赋话》）。更重要的是，扬雄不仅直接从事文学创作，而且建构了自己的文学观，在文学史上影响深远。

扬雄围绕"文与质"的关系展开自己的文学观。文与质是传统社会思想文化的重要范畴。先秦时期就有文与质的概念，却与文学理论无关，一般是指人的品格和仪容，文为文饰与仪容，质为质朴与品格，儒家要求两者统一协调，"棘子成曰：'君子质而已矣，何以文为？'子贡曰：'惜乎，夫子之说君子也，驷不及舌。文犹质也，质犹文也。虎豹之鞹犹犬羊之鞹。'"（《论语·颜渊》）。汉朝则拓展了文与质的范围，司马迁运用于历史领域，"是以物盛则衰，时极而转，一质一文，终始之变也"（《史记·平准书》）。董仲舒运用于政治领域，"王者以制，一商一夏，一质一文。商、质者主天，夏、文者主地，《春秋》者主人"（《春秋繁露·三代改制质文》）。扬雄则不仅与阴阳结合起来，运用于形上本体研究，"阴敛其质，阳散其文。文质班班，万物粲然"（《太玄·文》），而且运用于文学领域，以文与质为标准评价屈原的《离骚》，"何文肆而质䡅"（《反骚》）。朱熹注曰："肆，放也。䡅，狭也。言其文词放肆，而性狷狭也。"（《楚辞集注》）《太玄·玄莹》则明确概括了其思想与文学的文质理念，提出了约、要、浑、沈的审美标准，以防文章之繁散轻浮，"务其事而不务其辞，多其变而不多其文。不约则其指不详，不要则其应不博，不浑则其事不散，不沈则其意不见。是故文以见乎质，辞以睹乎情，观其施辞，则其心之所欲者见矣"。

扬雄一生思想的发展是儒与道冲突和融合的过程，其文学观的指导思想也是儒与道的互相结合。从文与质的关系分析，儒家偏于质，具体化为强调文学要宗经征圣，向孔子学习，"山岿之蹊，不可胜由矣；向墙之户，不可胜入矣。曰：'恶由入？'曰：'孔氏。孔氏者，户也。'"宗经征圣既要有形式，又要有内容，没有内容就不是真正的宗经征圣，只是披着虎皮的羊，"或曰：'有人焉，自云姓孔而字仲尼，入其门，升其堂，伏其几，袭其裳，则可谓仲尼乎？'曰：'其文是也，其质非也。''敢问质？'曰：'羊质而虎皮，见草而说，见豺而战，忘其皮之虎矣。'"（《法言·吾子》）道家偏于文，主张文学要崇尚自然，追求审美，"或问'天'。曰：'吾于天与？见无为之为矣。'或问：'雕刻众形者，匪天与？'曰：'以其不雕刻也。如物刻而雕之，焉得力而给诸？'"（《法言·问道》）。崇尚自然，扬雄还拟文于水，认为文学创作可以自由驰骋，"鸿文无范，恣于川。测曰：鸿文无范，恣意往也"（《太玄·文》）；拟文于气，"玄之辞也，沉以穷乎下，浮以际乎上，曲而端，散而聚，美也不尽于味，大也不尽其汇，上连下连，非一方也"（《太玄·玄告》）。

扬雄文学观的基本理念是文质相副，文质相副也是事与辞相称、华与美相副。文质相副是经，"或问：'君子尚辞乎？'曰：'君子事之为尚。事胜辞则伉，辞胜事则赋，事、辞称则经。足言足容，德之藻矣！'"（《法言·吾子》）文质相副是礼，"《礼》多仪。或曰：'日昃不食肉，肉必干；日昃不饮酒，酒必酸。宾主百拜而酒三行，不已华乎？'曰：'实无华则野，华无实则贾，华实副则礼。'"（《法言·修身》）扬雄用玉来比喻论证文质相副，"或曰：'良玉不雕，美言不文，何谓也？'曰：'玉不雕，玙璠不作器；言不文，典谟不成经。'"（《法言·寡见》）运用动物来比喻论证文质相副，"圣人虎别，其文炳也；君子豹别，其文蔚也；辩人狸别，其文萃也"（《法言·吾子》）。大意是，圣人像虎一样，文采辉煌炫耀；君子像豹一样，文采鲜明华美；辩人像狸一样，文采浓郁荟萃。这段话每句都是前半句言人之质，后半句言人之文，强调做人必须文质相副，为文也必须文质相副。扬雄更重视质，较多地论述了质的内容。他认为质是道，文以载道，"《典》《谟》之篇，《雅》《颂》之声，不温纯深润，则不足以扬鸿烈而章缉熙。盖胥靡为宰，寂寞为尸；大味必淡，大音必希；大语叫叫，大道低回。是以声之眇者不可同于众人之耳，形之美者不可棍于世俗之目，辞之衍者不可齐于庸人之听"（《汉书·扬雄传》）。质是情，文以达情，"故言，心声也；书，心画也。声画形，君子小人见矣，声画者，君子小人之所以动情乎"。质是事，文以记事，"或曰：'述而不作，《玄》何以作？'曰：'其事则述，其书则作。'"（《法言·问神》）扬雄没有忘记对文的阐述，最重要的是区分了诗人之赋与辞人之赋，"或问：'景差、唐勒、宋玉、枚乘之赋也，益乎？'曰：'必也淫。''淫，则奈何？'曰：'诗人之赋丽以则，辞人之赋丽以淫。如孔氏之门用赋也，则贾谊升堂，相如入室矣。如其不用何？'"扬雄崇尚的是诗人之赋，文质相副，文以载道，反对的是词人之赋，文质分离，文重于质，只有华丽的文辞，没有厚实的内容，"或曰：'女有色，书亦有色乎？'曰：'有。女恶华丹之乱窈窕也，书恶淫辞之涵法度也。'"（《法言·吾子》）扬雄的文学思想上承先秦儒道，下启刘勰、韩愈，直接影响了班固，在文学史上发挥了重要作用。

扬雄是一个矛盾体，既尊崇儒家，又不忘道家。扬雄的自我认同也是一个矛盾体，扬雄希望以思想家名世，后人却更多地理解为文学家；扬雄希望以《太玄》赢得名声，后世却更多地知道

《法言》。对扬雄的历史评价还是一个矛盾体，韩愈把他与荀子并列，认为是"大醇而小疵"的儒者（《读荀子》）；司马光评价更高，把他看作是孔子之后最大的儒者。而北宋程颐则认为："荀卿才高，其过多；扬雄才短，其过少。韩子称其'大醇'，非也。若二子，可谓大驳矣。"（《河南程氏遗书》卷一八）客观地说，无论思想史还是儒学史，扬雄的影响都远远小于孟子，也小于荀子，甚至小于董仲舒，这就是历史的吊诡之处，也是历史的辩证法。

第五节　王充

　　王充（公元27—约97年）是东汉著名的思想家，是汉朝古文经学的代表人物。他以气为主要范畴，坚持天道自然无为，建构思想理论体系。王充思想斑杂，思想基础可归于道家，"夫天道，自然也，无为。如谴告人，是有为，非自然也。黄老之家，论说天道，得其实矣"（《论衡·谴告篇》，本节凡引用《论衡》一书，只注篇名）。而思想内容则归于儒家，批判儒学的宗教倾向，却尊崇孔子为圣人，"念在经书，不以临死之故，弃忘道艺，其为百世之圣，师法祖修，盖不虚矣"（《别通篇》）。作为思想家，王充最鲜明的特征是批判精神，力图通过独立思考来质疑当时盛行的学术思想，尤其是谶纬迷信和天人感应学说，"是故《论衡》之造也，起众书并失实，虚妄之言胜真美也。故虚妄之语不黜，则华文不见息；华文放流，则实事不见用。故《论衡》者，所以铨轻重之言，立真伪之平"（《对作篇》）。冯友兰认为："王充以他的思想为一百年后道家的复兴准备了道路。"①

一、其人其事

　　《后汉书》对王充作了记载，篇幅不长，基本反映其生平事

---

① 冯友兰著：《中国哲学简史》，新世界出版社2004年版，第181页。

迹;《论衡》有《自纪篇》，是王充的自传，比较充分地记录了其人生轨迹和思想认识。根据自传和史书记载，王充"字仲任，会稽上虞人也，其先自魏郡元城徙焉"(《后汉书·王充列传》)。王充的经历并不复杂，而个性鲜明，思想丰富。

就经历而言，王充是早年求学、中年仕宦和晚年著书。早年求学艰难，"充少孤"；"家贫无书，常游洛阳市肆，阅所卖书"(《后汉书·王充列传》)。然而，王充年少聪慧，"八岁出于书馆，书馆小僮百人以上，皆以过失袒谪，或以书丑得鞭。充书日进，又无过失。手书既成，辞师受《论语》《尚书》，日讽千字。经明德就，谢师而专门，援笔而众奇。所读文书，亦日博多"(《自纪篇》)。幸得名师指点，就是史学家班固的父亲班彪，"后到京师，受业太学，师事扶风班彪"。在洛阳书店读书是"一见辄能诵忆，遂博通众流百家之言"(《后汉书·王充列传》)。中年仕宦不顺，王充曾经做过一些地方小官，"在县，位至掾功曹；在都尉府，位亦掾功曹；在太守，为列掾五官功曹行事。入州为从事"(《自纪篇》)，却不入流，不合众，"仕郡为功曹，以数谏争不合去"(《后汉书·王充列传》)。王充自我解释为淡泊名利，"在乡里，慕蘧伯玉之节；在朝廷，贪史子鱼之行。见污伤，不肯自明；位不进，亦不怀恨"(《自纪篇》)[1]。晚年著书立说，勤奋刻苦，"闭门潜思，绝庆吊之礼，户牖墙壁各置刀笔"(《后汉书·王充列传》)。颇有成就，著有《讥俗节义》《政务》《养性》和《论衡》。可惜的是，除《论衡》外，其余书籍都已失传。

就个性而言，王充特立独行，自小就与众不同。儿童大多喜欢玩耍，王充却喜好读书和礼仪，比较早熟，少年老成，"建武

---

[1]　史鱼、蘧伯玉是孔子肯定的历史人物，"子曰：'直哉，史鱼！邦有道如矢，邦无道如矢。君子哉，蘧伯玉！邦有道则仕，邦无道则可卷而怀之。'"(《论语·卫灵公》)

三年，充生。为小儿，与侪伦遨戏，不好狎侮。侪伦好掩雀、捕蝉、戏钱、林熙，充独不肯。诵奇之。六岁教书，恭愿仁顺，礼敬具备，矜庄寂寥，有巨人之志"。长大之后，撰文著述，言谈举止，也是个性鲜明，"才高而不尚苟作，口辩而不好谈对，非其人，终日不言。其论说始若诡于众，极听其终，众乃是之。以笔著文，亦如此焉；操行事上，亦如此焉"。尤其是论著，当时就受到批评，指其文章不迎合大众心理，不符合人们常识，"文贵夫顺合众心，不违人意，百人读之莫谴，千人闻之莫怪。故管子曰：'言室满室，言堂满堂。'今殆说不与世同，故文刺于俗，不合于众"。王充给予反驳，认为文章贵在真实而不是虚伪，议论贵在正确而不是错误，"论贵是而不务华，事尚然而不高合。论说辩然否，安得不谲常心、逆俗耳？众心非而不从，故丧黜其伪，而存定其真。如当从众顺人心者，循旧守雅，讽习而已，何辩之有？"王充自信地说："盖独是之语，高士不舍，俗夫不好；惑众之书，贤者欣颂，愚者逃顿。"更能显现个性的是，王充敢于披露家族的低微及难堪，说自己的父祖经常寻衅滋事，与人结怨，"世祖勇任气，卒咸不揆于人。岁凶，横道伤杀，怨仇众多。会世扰乱，恐为怨仇所擒，祖父汎举家担载，就安会稽，留钱唐县，以贾贩为事。生子二人，长曰蒙，少曰诵，诵即充父。祖世任气，至蒙、诵滋甚，故蒙、诵在钱唐，勇势凌人。末复与豪家丁伯等结怨，举家徙处上虞"。王充不以为耻，反以为荣，举了许多历史典故论证祖辈不高尚，后辈未必不优秀，"士贵雅材而慎兴，不因高据以显达。母骊犊骍，无害牺牲；祖浊裔清，不榜奇人"（《自纪篇》）。王充的个性容易招致后人误解或非议，唐刘知幾指出："《论衡》之《自纪》也，述其父祖不肖，为州闾所鄙，而己答以瞽顽舜神，鲧恶禹圣。夫自叙而言家世，固当以扬名显亲为主。苟无其人，阙之可也。至若盛矜于己，而厚辱其先，

此何异证父攘羊，学子名母？必责以名教，实三千之罪人也。"（《史通·序传》）

就思想而言，王充著述多，文章长，内容丰富。他不满世态炎凉、人情世故，著述《讥俗节义》，"充升擢在位之时，众人蚁附；废退穷居，旧故叛去。志俗人之寡恩，故闭居作《讥俗节义》十二篇"。他忧虑君主治国无方，著述《政务》，"充既疾俗情，作《讥俗》之书；又闵人君之政，徒欲治人，不得其宜，不晓其务，愁精苦思，不睹所趋，故作《政务》之书"。他希望延年益寿，长命百岁，著述《养性》，"年渐七十，时可悬舆，仕路隔绝，志穷无如。事有否然，身有利害。岁白齿落，日月逾迈。俦伦弥索，鲜所恃赖。贫无供养，志不娱快，历数冉冉，庚辛域际，虽惧终徂，愚犹沛沛，乃作《养性》之书，凡十六篇"。且颇有养生心得，主要是"养气自守，适食则酒，闭明塞聪，爱精自保，适辅服药引导，庶冀性命可延，斯须不老"。他痛恨汉朝儒学走上了歧路，造假作伪，著述《论衡》，"伤伪书俗文多不实诚，故为《论衡》之书"。王充认为，汉朝的儒学门户林立，所传内容都是道听途说，真假难辨，误人子弟，"夫贤圣殁而大义分，蹉跎殊趋，各自开门。通人观览，不能钉铨。遥闻传授，笔写耳取，在百岁之前。历日弥久，以为昔古之事，所言近是，信之入骨，不可自解"。必须加以澄清，所以写了《论衡》这本书。此书内容丰富，对问题的辩论很激烈，对于一切浮华虚伪的言论，无不加以考证订正。目的是要消除那些华而不实的文章，保存敦厚朴素的本质；矫正当时流行的不良风俗，恢复伏羲时代那种纯朴的习俗，"故作实论，其文盛，其辩争，浮华虚伪之语，莫不澄定。没华虚之文，存敦庞之朴；拨流失之风，反宓戏之俗"（《自纪篇》）。

王充所著四书，只有《论衡》流传下来。《论衡》名为85篇，实有84篇，其中《招致篇》有名无文，不知何时佚失。《论衡》充分展示了王充的思想，从自然主义出发，反复诘辩，不离其宗，全面批判当时流行的天人感应学说。天人感应是董仲舒的主要观点，批判天人感应，实质是批判董仲舒，而董仲舒是汉朝大儒，独尊儒术的倡议者，批判董仲舒，容易误解为批判儒家学说。加上《论衡》有《问孔》《刺孟》篇，更容易误解王充是在否定孔子及其儒家思想。事实上，王充批判汉儒，却不否定先秦儒家；批判董仲舒，却尊崇孔子，"或以贤圣之臣，遭欲为治之君，而终有不遇，孔子、孟轲是也。孔子绝粮陈、蔡，孟轲困于齐、梁，非时君主不用善也，才下知浅，不能用大才也"（《逢遇篇》）。清熊伯龙指出："《论衡》之宗孔子，显而易见。其《齐世篇》，则称孔子以断尧、舜；其《实知篇》，则称孔子以辩偶人；其《知实篇》，则称孔子以论先知；其《卜筮篇》，则称孔子以论蓍龟；其《本性篇》，则称孔子以定性道。他篇之引孔子者不可胜数。"（《无何集》）

《论衡》的流传富有传奇色彩，先隐后显。开始只有蔡邕、王朗等少数人秘传，尔后才广为流布，"既作之后，中土未有传者，蔡邕入吴会始得之，常秘玩以为谈助。故时人嫌伯喈得异书。或搜求其帐中隐处，果得《论衡》数卷持去。邕丁宁之曰：'惟我与尔共之，勿广也。'其后王郎来守会稽，又得其书。及还许下，时人称其才进。或曰：'不见异人，当得异书。'问之，果以《论衡》之益。繇是遂见传焉。流行四方，今殆千载"（宋庆历杨刻本《论衡》序）。褒贬不一。唐朝之前以褒为主，三国谢承指出："充之天才，非学所加，虽前世孟轲、孙卿，近汉扬雄、刘向、司马迁，不能过也。"[①]宋朝以后则以贬为主，清赵坦指

---

① 参见黄晖撰：《论衡校释》（下），中华书局2018年版，第1075页。

出："王充，汉儒之惬戾者也"；"周秦而下，诸子百家杂出，以淆圣人之道，背仁义者莫如申、韩，至充之《论衡》则又甚焉"（《宝瞾斋文录·书〈论衡〉后》）。近代以来，又给予充分肯定，胡适指出："王充的哲学是中古思想的一大转机。他不但在破坏的方面打倒迷信的儒教，扫除西汉的乌烟瘴气，替东汉以后的思想打开一条大路，并且在建设的方面，提倡自然主义，恢复西汉初期的道家哲学，替后来魏、晋的自然派哲学打下一个伟大的新基础。"[1]

二、批判精神

批判精神是王充思想的主要特征，"《诗》三百，一言以蔽之，曰：'思无邪。'《论衡》篇以十数，亦一言也，曰：'疾虚妄。'"（《佚文篇》）传统社会以农业为主，日出而作、日落而息，春种秋收、循环不已，由此形成了崇拜祖先，以经验为主的思维方式。人们于经验习惯是遵守而不是批判，于现状习惯是守成而不是创新。因而王充的批判精神弥足珍贵。对于思想史而言，王充的主要贡献与其说是学术，倒不如说是批判精神，清莫伯骥指出："后来如金李纯甫、明李卓吾著书，每与孔孟为难，当导源于此。言论解放，不为古今人束缚，表现怀疑派哲学精神，王氏实开其端"；"诘难既多，劣者败退，优者长存，而哲理因之演进"[2]。

王充的批判精神与汉朝的社会风气密切相关。汉朝盛行天人感应和谶纬神学，学术思想的最大弊端就是造假与虚妄。通过造假和虚妄，力图使圣人神秘化和儒学宗教化。天人感应因董仲舒

---

① 参见黄晖撰：《论衡校释》（下），中华书局2018年版，第1119页。

② 同上书，第1191页。

倡导而蔚为大观，其思想源头则可追溯到先秦时期。早在先秦时期，天人感应已被用来解释天人之间的交互作用关系。《尚书·洪范》认为君主的施政态度能够影响天气的变化，"曰休征：曰肃，时雨若；曰乂，时旸若；曰哲，时燠若"。大意是，君主严肃恭敬，天就会降及时雨；治理有方，天气就会晴朗；比较明智，气候就会温暖。否则，君主行为不好，狂妄就会有涝灾，不诚信就会有旱灾，安逸就会有热灾，"曰咎征：曰狂，恒雨若；曰僭，恒旸若；曰舒，恒燠若"。《周易》为天人感应提供了形上根据，无论卦象还是爻辞都体现了"同声相应，同气相求"的感应原则。孔子实际承认了天人感应，"邦大旱，毋乃失诸刑与德乎？"（楚竹简《鲁邦大旱》）董仲舒则是对天人感应思想系统化和理论化，认为天创造人是为了贯彻和体现自己的意志，如果违背了天意，必然会引起天的震怒，出现各种灵异，以天谴告和惩罚，"凡灾异之本，尽生于国家之失"（《春秋繁露·必仁且智》）。

谶纬神学也可追溯到先秦时期，谶是预测吉凶的隐语；纬是解读儒家经典的类书。谶纬神学盛行于西汉东汉之际，奉孔子为教主，神化君主皇权，将儒学发展为儒教。王莽当政，大搞谶纬神学，"麟凤龟龙，众祥之瑞，七百有余"，努力为自己登基造势，"是月，前辉光谢嚣奏武功长孟通浚井得白石，上圆下方，有丹书著石，文曰：'告安汉公莽为皇帝。'符命之起，自此始矣"（《汉书·王莽传》）。光武中兴，更是把谶纬神学推向高潮，其登基得益于《河图赤符伏》的谶纬造作，"刘秀发兵捕不道，卯金修德为天子"。建武中元元年，"起明堂、灵台、辟雍，及北郊兆域。宣布图谶于天下"（《后汉书·光武帝纪》），即朝廷施政用人及一切重大事项，都要依靠谶纬来决策。谶纬神学荒诞不经，违反科学，一方面继承发展天人感应思想，认为国家治乱兴衰，都是天命的安排，其兴，必有福祥；其亡，必有妖孽。

天还会谴告人，"人主自恣，不循古，逆天暴物，祸起，则日蚀"（《春秋纬·运斗枢》）。另一方面则神化帝王圣人，认为他们不同于凡人，汉高祖是"母名含始，是为昭灵后。昭灵后游于洛池，有玉鸡衔赤珠，刻曰玉英，吞此者王。昭灵后取而吞之，又寝于大泽，梦与神遇。是时雷电晦冥，太上皇视之，见蛟龙在其上，遂有身而生季，是为高帝。高帝隆准而龙颜，美须髯，左股有七十二黑子"（《宋书·符瑞志》）。对于天人感应和谶纬神学，王充深恶痛绝，"世间书传多若等类，浮妄虚伪，没夺正是。心愤涌，笔手扰，安能不论？"立志对当时一切虚妄的迷信和伪造的假书进行严肃批判，"《论衡》就世俗之书订其真伪，辩其实虚"（《对作篇》）。

王充重点批判天人感应学说。天人感应的逻辑前提是天有意志和目的，王充认为天无意志、无目的，不会因故生人及万物。具体是否定"故"概念，"儒者论曰：'天地故生人。'此言妄也。夫天地合气，人偶自生也，犹夫妇合气，子自生也。夫妇合气，非当时欲得生子，情欲动而合，合而生子矣。且夫妇不故生子，以知天地不故生人也"。儒者以制陶和冶炼为例，论证天有意志和目的，"案陶冶者之用火烁铜燔器，故为之也"。王充予以反驳，指出制陶和冶炼是人为的，而能否制出陶器和炼成铜器，却不是人能左右的，"今夫陶冶者，初埏埴作器，必模范为形，故作之也；燃炭生火，必调和炉灶，故为之地。及铜烁不能皆成，器燔不能尽善，不能故生也"（《物势篇》）。同时，王充运用"偶"的概念说明天地万物是机缘巧合而自然产生的，指出工匠用竹木打造器具，竹木有的部分使用了，有的抛弃了，完全是偶然现象，"长数仞之竹，大连抱之木，工技之人，裁而用之，或成器而见举持，或遗材而遭废弃。非工伎之人有爱憎也，刀斧如有偶然也"。做饭有的硬有的软；酿酒有的甜有的苦，都是偶然形成，非人工有意为之，"蒸谷为饭，酿饭为酒，酒之成也，甘苦异味；饭之熟也，刚柔殊和。非庖厨酒人有意异也，手指之调有偶适也"。人事也是如此，有许多偶然性。人有贤愚善恶之别，祸福却和贤愚善恶无关，而是幸运不幸运，"凡人操行，有贤有愚，及遭祸福，有幸有不幸"；"并时遭兵，隐者不中；同日被霜，蔽者不伤。中伤未必恶，隐蔽未必善，隐蔽幸，中伤不幸"。做事有对有错，赏罚却和对错无关，具有偶然性，"举事有是有非，及触赏罚，有偶有不偶"；"俱欲纳忠，或赏或罚；并欲有益，或信或疑。赏而信者未必真，罚而疑者未必伪，赏信者偶，罚疑不偶也"（《幸偶篇》）。

由于天无意志无目的，自然不会有什么天人感应。在王充看来，天地万物自然而为，五谷杂粮与人没有必然联系，"天者，普施气万物之中，谷愈饥而丝麻救寒，故人食谷、衣丝麻也。夫天之不故生五谷丝麻以衣食人，由其有灾变不欲以谴告人也。物自生，而人衣食之；气自变，而人畏惧之"（《自然篇》）。王充认为，人在天地间非常渺小，根本不可能影响天地的运行变化，"故人在天地之间，犹蚤虱之在衣裳之内，蝼蚁之在穴隙之中。蚤虱蝼蚁为顺逆横从，能令衣裳穴隙之间气变动乎？蚤虱蝼蚁不能，而独谓人能，不达物气之理也"。人不能影响天地变化，却能感知天地变化，"天气变于上，人物应于下矣"；"故天且雨，蝼蚁徙，丘蚓出，琴弦缓，固疾发，此物为天所动之验也。故天且风，巢居之虫动；且雨，穴处之物扰，风雨之气感虫物也"（《变动篇》）。王充指出，天与人没有感应关系，天道运行与人事无关，"在天之变，日月薄蚀。四十二月日一食。五六月月亦一食。食有常数，不在政治。百变千灾，皆同一状，未必人君政教所致"。唐尧、商汤都是圣君，他们当政期间也会遭遇水旱灾害，这是自然现象，与政治无关，"仁惠盛者，莫过尧、汤，尧遭洪水，汤遭大旱。水旱，灾害之甚者也，而二圣逢之，岂二圣政之所致哉？天地历数当然也。以尧、汤之水旱，准百王之灾害，非德所致。非德所致，则其福祐，非德所为也"（《治期篇》）。天谴说更是无稽之谈，天有灾异，就像人有疾病一样，与政治没有关系，"身中病，犹天有灾异也。血脉不调，人生疾病；风气不和，岁生灾异。灾异谓天谴告国政，疾病天复谴告人乎？"政治有灾异，就像酿酒蒸肉失误一样，与天灾没有关系，"酿酒于罃，烹肉于鼎，皆欲其气味调得也。时或咸苦酸淡不应口者，犹人勺药失其和也。夫政治之有灾异也，犹烹酿之有恶味也。苟谓灾异为天谴告，是其烹酿之误，得见谴告也。占大以小，明物事之喻，足以审天"（《谴告篇》）。

王充批判神化帝王和圣人的做法。"儒者论圣人，以为前知千岁，后知万世，有独见之明，独听之聪，事来则名，不学自知，不问自晓，故称圣，则神矣。"其中一个例子是孔子，儒者认为孔子留下一本秘籍，"孔子将死，遗谶书"；作出三个预言，都应验了。一个是预言秦始皇要到孔子家里，"曰：'不知何一男子，自谓秦始皇，上我之堂，踞我之床，颠倒我衣裳，至沙丘而亡。'其后，秦王兼吞天下，号始皇，巡狩至鲁，观孔子宅，乃至沙丘，道病而崩"。另一个是预言董仲舒将整理孔子之书，"曰：'董仲舒乱我书。'其后，江都相董仲舒，论思《春秋》，造著传记"。还有一个是预言秦朝将止于秦二世胡亥，"曰：'亡秦者，胡也。'其后，二世胡亥，竟亡天下。用三者论之，圣人后知万世之效也"。王充批驳"此皆虚也"，根据自己所掌握的历史事实，重点论证第一个预言的虚妄，认为秦始皇没有到过鲁国，"案始皇本事，始皇不至鲁，安得上孔子之堂，踞孔子之床，颠倒孔子之衣裳乎？"既然第一个预言是虚假的，那么其他预言也是虚假的，"谶记何见，而云始皇至鲁？至鲁未可知，其言孔子曰'不知何一男子'之言，亦未可用。'不知何一男子'之言不可用，则言'董仲舒乱我书'，亦复不可信也"。王充反对神化圣人，却不否定圣人的智慧。圣人无非是能够类比和推理，从过去的经验预测未来的情况，"凡圣人见祸福也，亦揆端推类，原始见终，从闾巷论朝堂，由昭昭察冥冥"。但是圣人与神者有着本质区别，两者之间绝对不能画等号，"夫贤圣者，道德智能之号；神者，眇茫恍惚无形之实。实异，质不得同；实钧，效不得殊。圣神号不等，故谓圣者不神，神者不圣"（《实知篇》）。

王充批判崇古非今的论调。传统社会没有宗教崇拜，却有祖先崇拜，今不如古，崇古非今就很有市场。在形体寿命方面，"语称上世之人，侗长佼好，坚强老寿，百岁左右；下世之人，短小陋丑，夭折早死"。王充认为，古今都有圣人治理，怎么会有差异，"夫上世治者，圣人也；下世治者，亦圣人也。圣人之德，前后不殊，则其治世，古今不异"。古今天地元气相同，更不会有形体寿命差异，"上世之天，下世之天也，天不变易，气不改更。上世之民，下世之民也，俱禀元气。元气纯和，古今不异，则禀以为形体者，何故不同？夫禀气等，则怀性均；怀性均，则体同；形体同，则丑好齐；丑好齐，则夭寿适"。在道德素质方面，"语称上世之人，质朴易化；下世之人，文薄难治"。王充指出，古今都在进行道德教化，怎么会有差异，"上世之人，所怀五常也；下世之人，亦所怀五常也。俱怀五常之道，共禀一气而生，上世何以质朴？下世何以文薄？"古今都有文与质的差异，也有兴与衰的循环，更不会有古朴今文，"文质之法，古今所共。一质一文，一衰一盛，古而有之，非独今也"。王充进一步说明社会是在进化，历史并没有倒退，"彼见上世之民，饮血茹毛，无五谷之食，后世穿地为井，耕土种谷，饮井食粟，有水火之调；又见上古岩居穴处，衣禽兽之皮，后世易以宫室，有布帛之饰"。在忠孝节义方面,"语称上世之人,重义轻身,遭忠义之事,得己所当赴死之分明也,则必赴汤趋锋,死不顾恨";"今世趋利苟生,弃义妄得,不相勉以义,不相激以行,义废身不以为累,行隳事不以相畏"。王充认为,古今都有仁义之士,怎么会古有今无,"夫上世之士,今世之士也,俱含仁义之性,则其遭事,并有奋身之节。古有无义之人,今有建节之士。善恶杂厕,何世无有?"(《齐世篇》)

在治平天下方面,"语称上世之时,圣人德优,而功治有奇"。尧舜之后则是一代不如一代,商汤和周武是"其德劣而兵试,武用而化薄。化薄,不能相逮之明验也。及至秦、汉,兵革云扰,战力角势"。王充指出,古今都有圣人之治,怎么会有差异,"夫天地气和,即生圣人,圣人之治,即立大功。和气不独在古先,则圣人何故独优?"古今圣人之治有差异,在于当时的历史条件不同,命运不同,"尧、舜之禅,汤、武之诛,皆有天命,非优劣所能为,人事所能成也。使汤、武在唐、虞,亦禅而不伐;尧、舜在殷、周,亦诛而不让。盖有天命之实,而世空生优劣之语"。王充嘲笑那些崇古非今者,是重视所闻而忽视所见,喜好记录古事而不愿记录今事,"述事者好高古而下今,贵所闻而贱所见。辩士则谈其久者,文人则著其远者。近有奇而辨不称,今有异而笔不记"(《齐世篇》)。王充不无自豪地称颂汉朝,认为今胜于古,汉朝好于周朝,"唐世黎民雍熙,今亦天下修仁,岁遭运气,谷颇不登,迥路无绝道之忧,深幽无屯聚之奸。周家越常献白雉,方今匈奴、善鄯、哀牢贡献牛马。周时仅治五千里内,汉氏廓土,收荒服之外。牛马珍于白雉,近属不若远物。古之戎狄,今为中国;古之裸人,今被朝服;古之露首,今冠章甫;古之跣跗,今履商舄。以盘石为沃田,以桀暴为良民,夷坎坷为平均,化不宾为齐民,非太平而何?"王充怕被误解为阿谀奉承,歌功颂德，特地说明，"非以身生汉世，可褒增颂叹，以求媚称也。核事理之情，定说者之实也"（《宣汉篇》）。

三、唯物论者

恩格斯指出："全部哲学，特别是近代哲学的重大的基本问题，是思维与存在的关系问题。"[1]唯物主义把物质看作第一性的东西，把精神看作第二性的东西，认为物质是不依赖主观意识的客观存在，是世界的本质。唯心主义则认为精神是第一性的东西，物质是第二性的东西，世界是人的主观意识的产物，或在人的意识之外，存在着一个精神主体，天下万事万物不过是精神主体的产物。从唯物与唯心的角度分析，王充是唯物论者，具体表现为元气自然论，"元气，天地之精征也，何凶而恶之？人，物也；子，亦物也。子生与万物之生何以异？讳人之生谓之恶，万物之生又恶之乎？"（《四讳篇》）王充认为，气是世界最基本的物质，天地万物皆由气构成，气的运动变化创生了天地万物，且是一个自然而然的过程。

气是中国哲学的基本概念，"是最细微最流动的物质，以气解释宇宙，即以最细微最流动的物质为一切之根本"，"要而言之，中国古典哲学中所谓气，是指占空间、能运动的客观存在"[2]。先秦诸子已对气进行研究，既有物质之气，又有精神之气。道家认为，气是客观存在，"通天下一气耳"（《庄子·知北游》）；是宇宙的根源，"夫有形者生于无形，则天地安从生？故曰有太易，有太初，有太始，有太素。太易者，未见气也；太初者，气之始也；太始者，形之始也；太素者，质之始也。气形质

---

[1] 《马克思恩格斯文集》（第4卷），人民出版社2009年版，第277页。

[2] 张岱年著：《中国哲学大纲》，中国社会科学出版社1982年版，第39页。

具而未相离，故曰浑沦"。气是构成天下万事万物共同的元素和最细微的质料，"清轻者上为天，浊重者下为地，冲和气者为人。故天地含精，万物化生"（《列子·天瑞》）。人也是由气聚合而成，"人之生，气之聚也；聚则为生，散则为死"（《庄子·知北游》）。气分阴阳，阴阳交互运行，推动宇宙的生成演化，"太一出两仪，两仪出阴阳。阴阳变化，一上一下，合而成章"；"万物所出，造于太一，化于阴阳"（《吕氏春秋·大乐》）。儒家则赋予气以人文因素，"一阴一阳之谓道，继之者善也，成之者性也。仁者见之谓之仁，知者见之谓之知，百姓日用而不知，故君子之道鲜矣"（《周易·系辞上》）。孟子鼓励人们善养浩然之气，把气看作是一种道德精神，充溢于宇宙空间，"其为气也，至大至刚，以直养而无害，则塞于天地之间。其为气也，配义与道"（《孟子·公孙丑上》）。

汉朝思想家普遍认同气的概念，把气看作是客观实体，"升已而降，降者谓天；降已而升，升者谓地。天气下降，气流于地；地气上升，气腾于天。故高下相召，升降相因，而变作矣"（《素问·六微旨大论》）。还把气广泛运用于社会经济政治各个领域，尤其是中医领域，"百病生于气也，怒则气上，喜则气缓，悲则气消，恐则气下，寒则气收，炅则气泄，惊则气乱，劳则气耗，思则气结"（《素问·举痛论》）。诊病在于望气，"凡欲诊病者，必问饮食居处，暴乐暴苦，始乐后苦，皆伤精气，精气竭绝，形体毁沮"。治病在于调气，"治病之道，气内为宝，循求其理，求之不得，过在表里。守数据治，无失俞理，能行此术，终身不殆"（《素问·疏五过论》）。董仲舒重视气的存在，"天、地、阴、阳、木、火、土、金、水，九，与人而十者，天之数毕也"；认为人和气的关系，就像鱼和水的关系，鱼离不开水，人也离不开气，差别在于气比水更稀薄；水看得见，气看不见，"天地之间，有阴阳之气，常渐人者，若水常渐鱼也。所以异于水者，可见与不可见耳，其澹澹也。然则人之居天地之间，其犹鱼之离水，一也。其无间若气而淖于水。水之比于气也，若泥之比于水也"。然而，董仲舒却不是唯物论者，而是唯心论者，原因在于主张天人感应，"是天地之间，若虚而实，人常渐是澹澹之中，而以治乱之气与之流通相殽"；认为天有天志和天意，"天意难见也，其道难理。是故明阳阴、入出、实虚之处，所以观天之志；辨五行之本末、顺逆、小大、广狭，所以观天道也。天志仁，其道也义。为人主者，予夺生杀，各当其义，若四时；列官置吏，必以其能，若五行；好仁恶戾，任德远刑，若阴阳。此之谓能配天"（《春秋繁露·天地阴阳》）。

王充与董仲舒最大的差异在于逻辑预设不同。王充否定天有意志和目的，认为天地是客观存在，"夫天者，体也，与地同。天有列宿，地有宅舍，宅舍附地之体，列宿着天之形。形体具，则有口乃能食。使天地有口能食祭，食宜食尽。如无口，则无体，无体则气也，若云雾耳，亦无能食如"（《祀义篇》）。王充充分论证天道自然无为，根本原因在于气，"谓天自然无为者何？气也"。在天道自然方面，天地没有口目，就没有欲望，也就没有意志，"何以知天之自然也？以天无口目也。案有为者，口目之类也。口欲食而目欲视，有嗜欲于内，发之于外，口目求之，得以为利，欲之为也。今无口目之欲，于物无所求索，夫何为乎？何以知天无口目也？以地知之。地以土为体，土本无口目。天地，夫妇也，地体无口目，亦知天无口目也。使天体乎？宜与地同。使天气乎，气若云烟，云烟之属，安得口目？"而且，天地不可能有千千万万只手去分别创生万事万物，"春观万物之生，秋观其成，天地为之乎？物自然也？如谓天地为之，为之宜用手，天地安得万万千千手，并为万万千千物乎？"万物存在犹如母亲怀胎，都是自然长成的，"诸物在天地之间也，犹子在母腹中也。母怀子气，十月而生，鼻口耳目，发肤毛理，血脉脂腴，骨节爪齿，自然成腹中乎，母为之也？偶人千万，不名为人者，何也？鼻口耳目非性自然也"。在天道无为方面，天道顺应四时运行，物就能自然生长，"天道无为，故春不为生，而夏不为长，秋不为成，冬不为藏。阳气自出，物自生长；阴气自起，物自成藏"。天道顺应动物本性，动物才不会失去生存的家园，"天道无为，听恣其性，故放鱼于川，纵兽于山，从其性命之欲也。不驱鱼令上陵，不逐兽令入渊者，何哉？拂诡其性，失其所宜也"。天道顺应客观规律，不言语不知道不干预，"夫天无为，故不言。灾变时至，气自为之。夫天地不能为，亦不能知也。腹中有寒，腹中疾痛，人不使也，气自为之"。如果说各种灾害都是天道有意为之，那就像牛生马、桃生李一样荒唐，"夫天地之间，犹人背腹之中也，谓天为灾变，凡诸怪异之类，无小大薄厚，皆天所为乎？牛生马，桃生李，如论者之言，天神入牛腹中为马，把李实提桃间乎？"（《自然篇》）

否定天有意志和目的后，王充强调气是世界的本体，是天地万物原始的物质基础，"天地，含气之自然也"（《谈天篇》）。王充一般称气为元气，有时也称为精气、阴阳之气和五行之气，认为气之所以是天下万事万物的本原，是因为它具有时间上的永恒性，"天地不生，故不死；阴阳不生，故不死。死者，生之效；生者，死之验也。夫有始者必有终，有终者必有死。唯无终始者，乃长生不死"（《道虚篇》）。空间上的无限性，"天去人高远，其气莽苍无端末乎！"（《变动篇》）物质上的不灭性，"气不可灭"（《变虚篇》）；"阴阳之气，凝而为人，年终寿尽，死还为气"。状态上的无形性，"元气荒忽"（《论死篇》）；"气若云烟"（《变虚篇》）。元气无形无状，那些有形状的都不是元气，"且夫薏苡，草也；燕卵，鸟也；大人迹，土也，三者皆形，非气也，安能生人？"（《奇怪篇》）王充把作为世界本原的气与具体事物区分开来，富有哲学韵味，类似于"存在"或"物质"概念的升华抽象，在思想史上具有重要意义。

王充是先秦以来从唯物的角度全面描述和论证宇宙图景第一人，他的元气自然论影响深远，魏晋的范缜、宋朝的张载和清朝的王夫之在不同的历史时期继承发扬了王充的思想和精神。王充强调天地万物都由元气组成，"万物之生，皆禀元气"（《言毒篇》）。日月由气组成，"夫日者，火之精也；月者，水之精也"（《说日篇》）。风、雨、云、雷、水等由气组成，"夫风者，气也"（《感虚篇》）；"气渥为雨"（《雷虚篇》）；"山气为云"（《艺增篇》）；"夫雷，天气也"（《难岁篇》）；"为水旱者，阴阳之气也"（《明雩篇》）。动植物由气组成，鱼是"水精自为之也"，草是"地气自出之也"（《讲瑞篇》），"夫虫，风气所生"（《商虫篇》）。甚至，妖魔鬼怪也由气组成，"鬼，阳气也，时藏时见"；"鬼者，人所见得病之气也"（《订鬼篇》）。用气来解释妖魔鬼怪，破除了神秘化，实际是否定其存在。人是自然界的一部分，与其他事物没有差别，"人，物也；物，亦物也"（《齐世篇》）。即使富贵之人，也没有差别，"虽贵为王侯，性不异于物。物无不死，人安能仙？"（《道虚篇》）原因在于人是由元气组成，"气积而为人"（《道虚篇》）；"人禀气而生，含气而长"（《命义篇》）；"然则人生于天地也，犹鱼之于渊，虮虱之于人也，因气而生，种类相产"（《物势篇》）。人与其他事物的差别不在于元气物质，而在于智慧精神，"'天地之性人为贵'，贵其识知也"（《别通篇》）；"夫倮虫三百六十，人为之长。人，物也，万物之中有知慧者也"（《辨祟篇》）。

既然气是天地万物的始基，为什么会产生不同的事物？王充从质与量两个方面加以论证，在质的方面，不同的气类产生不同的事物。干旱是火气的变异，洪灾是水气的变异，"夫旱，火变也；湛，水异也"（《感虚篇》）。人是精气集合，"含精气之徒"（《幸偶篇》），也是阴阳之气的结合，"夫人之所以生者，阴、阳气也。阴气主为骨肉，阳气主为精神。人之生也，阴、阳气具，故骨肉坚，精气盛。精气为知，骨肉为强，故精神言谈，形体固守"（《订鬼篇》）。在量的方面，人与动物以及人与人之间富贵贫贱的区别，都因为禀受元气的厚薄精粗不同，"俱禀元气，或独为人，或为禽兽。并为人，或贵或贱，或贫或富。富或累金，贫或乞食；贵至封侯，贱至奴仆。非天禀施有左右也，人物受性有厚薄也"（《幸偶篇》）。王充还用类的概念说明同样的气产生不同的事物，"因气而生，种类相产。万物生天地之间，皆一实也"（《物势篇》）。飞鸟、走兽与人是不同的类别，鸟有毛羽，兽有蹄足，人能走不能飞，互相之间不能混同，"案能飞升之物，生有毛羽之兆；能驰走之物，生有蹄足之形。驰走不能飞升，飞升不能驰走，禀性受气，形体殊别也。今人禀驰走之性，故生无毛羽之兆，长大至老，终无奇怪"。人属于蹄足动物，是不可能学道升仙的，"好道学仙，中生毛羽，终以飞升。使物性可变，金木水火可革更也？虾蟆化为鹑，雀入水为蜃蛤，禀自然之性，非学道所能为也"（《道虚篇》）。

王充全面论证了人与气的关系，认为人在受命之初，禀气之时，命运已经注定，"凡人受命，在父母施气之时，已得吉凶矣"（《命义篇》）；"人生性命当富贵者，初禀自然之气，养育长大，富贵之命效矣"（《初禀篇》）。王充的命定论与其否定天有意志似乎是矛盾的，而在科技水平不发达的古代社会，面对许多无法解释的自然和社会现象，却是一种合理的选择，"自王公逮庶人，圣贤及下愚，凡有首目之类，含血之属，莫不有命。命当贫贱，虽富贵之，犹涉祸患矣；命当富贵，虽贫贱之，犹逢福善矣。故命贵，从贱地自达；命贱，从富位自危。故夫富贵若有神助，贫贱若有鬼祸"（《命禄篇》）。寿命已经注定，禀气厚者长寿，薄者短命，"夫禀气渥则其体强，体强则其命长；气薄则其体弱，体弱则命短。命短则多病，寿短"（《气寿篇》）。富贵贫贱也已注定，犹如天上有众星，众星有大小、尊卑之序，所施之气可区分为贵贱尊卑。人禀富贵之气则富贵，禀贫贱之气则贫贱，"至于富贵所禀，犹性之所禀之气，得众星之精。众星在天，天有其象。得富贵象则富贵，得贫贱象则贫贱，故曰在天。在天如何？天有百官，有众星。天施气，而众星布精，天所施气，众星之气在其中矣。人禀气而生，含气而长，得贵则贵，得贱则贱；贵或秩有高下，富或资有多少，皆星位尊卑小大之所授也"（《命义篇》）。

王充论证了人的形体与精神的关系，认为精神是不能脱离形体而独立存在的，"人之所以生者，精气也，死而精气灭。能为精气者，血脉也。人死血脉竭，竭而精气灭，灭而形体朽，朽而成灰土，何用为鬼？"精神只有依靠形体，才能发挥作用。人健康就聪明，人生病就神情恍惚，人死后就没有知觉，"人之所以聪明智惠者，以含五常之气也；五常之气所以在人者，以五藏在形中也。五藏不伤，则人智惠；五藏有病，则人荒忽，荒忽则愚痴矣。人死，五藏腐朽，腐朽，则五常无所托矣，所用藏智者已败矣，所用为智者已去矣"。在形神关系上，王充是坚定的唯物论者，坚持形体第一性，精神第二性，精神必须依附于形体，明确提出了一个重要的哲学命题："形须气而成，气须形而知，天下无独燃之火，世间安得有无体独知之精？"（《论死篇》）

四、效验方法

效验方法是王充的认识论。王充从唯物立场出发，重视经验和感性认识，"凡论事者，违实不引效验，则虽甘义繁说，众不见信"（《知实篇》）。《论衡》主要采用实验和推理的途径进行效验，实验是实地考察和经验观察，推理是类比和推类验之，"唯圣心贤意，方比物类，为能实之"（《薄葬篇》）。胡适赞誉效验方法，"这种重效验的方法，依我看来，大概是当时的科学家的影响。但是科学家的方法固然注重证验，不过我们要知道证验是科学方法的最后一步。科学方法的第一步是要能疑问。第二步是要能提出假设的解决。第三步方才是搜求证据来证明这种假设。王充的批评哲学的最大贡献就是提倡这三种态度：疑问，假设，证据。他知道单有证验是不够用的，证验自身还须经过一番评判，方才站得住"[1]。

王充在批判圣人生而知之、神而先知的过程中建立效验认识论，"论圣人不能神而先知，先知之间，不能独见，非徒空说虚言，直以才智准况之工也，事有证验，以效实然。何以明之？"王充从十六个方面论证了圣人不能先知。譬如，孔子不能先知卫国大夫公叔文子，"孔子问公叔文子于公明贾曰：'信乎，夫子不言、不笑、不取，有诸？'对曰：'以告者过也。夫子时然后言，人不厌其言；乐然后笑，人不厌其笑；义然后取，人不厌其取。'孔子曰：'岂其然乎？岂其然乎？'天下之人，有如伯夷之廉，不取一芥于人，未有不言不笑者也。孔子既不能如心揣度，以决然否，心怪不信，又不能达视遥见，以审其实，问公明贾乃知其

① 参见黄晖撰：《论衡校释》（下），中华书局2018年版，第1115页。

情。孔子不能先知"。又如，孔子不能先知一国的政事，"陈子禽问子贡曰：'夫子至于是邦也，必闻其政。求之与？抑与之与？'子贡曰：'夫子温良恭俭让以得之。'温良恭俭让，尊行也。有尊行于人，人亲附之。人亲附之，则人告语之矣。然则孔子闻政以人言，不神而自知之也"。再如，孔子不能先知老子，"孔子曰：'游者可为纶，走者可为矰。至于龙，吾不知。其乘云风上升！今日见老子，其犹龙邪！'圣人知物知事。老子与龙，人、物也；所从上下，事也，何故不知？如老子神，龙亦神，圣人亦神，神者同道，精气交连，何故不知？以孔子不知龙与老子言之，圣人不能先知"。王充不承认孔子生而知之，却承认孔子勤奋，才智超过常人，"圣人据象兆，原物类，意而得之；其见变名物，博学而识之。巧商而善意，广见而多记，由微见较，若揆之今睹千载，所谓智如渊海。孔子见窍睹微，思虑洞达，材智兼倍，强力不倦，超逾伦等耳！"同时，认为孔子是人不是神，"目非有达视之明，知人所不知之状也。使圣人达视远见，洞听潜闻，与天地谈，与鬼神言，知天上地下之事，乃可谓神而先知，与人卓异。今耳目闻见，与人无别；遭事睹物，与人无异，差贤一等尔，何以谓神而卓绝？"圣人与贤人一样，没有本质区别，只有才智高下之别，"夫圣犹贤也，人之殊者谓之圣，则圣贤差小大之称，非绝殊之名也"（《实知篇》）。

效验认识论重视感性认识，认为任何人都必须通过耳目感官去接触外界事物，才能获得认知，"实者，圣贤不能性知，须任耳目以定情实。其任耳目也，可知之事，思之辄决；不可知之事，待问乃解"。王充举例加以论证，其中目见的例子，说明立于墙西的圣人，不见墙东之人，是不可能知道这个人的模样，"使一人立于墙东，令之出声，使圣人听之墙西，能知其黑白、短长、乡里、姓字，所自从出乎？"耳闻的例子说明，不问是不会知道已死之人的身份及其所犯的法律，"沟有流堑，泽有枯骨，发首陋亡，肌肉腐绝，使人询之，能知其农商、老少，若所犯而坐死乎？"（《实知篇》）实验的例子说明，雷电不是天怒，而是像火一样的自然现象，"何以验之，雷者火也？以人中雷而死，即询其身，中头则须发烧焦，中身则皮肤灼焚，临其尸上闻火气，一验也。道术之家，以为雷烧石，色赤，投于井中，石焦井寒，激声大鸣，若雷之状，二验也。人伤于寒，寒气入腹，腹中素温，温寒分争，激气雷鸣，三验也。当雷之时，电光时见火，若人之耀，四验也。当雷之击时，或燔人室屋，及地草木，五验也。夫论雷之为火有五验，言雷为天怒无一效，然则雷为天怒，虚妄之言"（《雷虚篇》）。耳目既可以直接感知事物，也可以间接感知事物，孔子通过听歌而知兽名，"若孔子之见兽，名之曰狌狌"；"案孔子未尝见狌狌，至辄能名之"；"孔子名狌狌，闻昭人之歌"。司马迁通过观画而知张良的形象，"太史公之见张良，似妇人之形矣"；"太史公与张良异世，而目见其形"；"太史公之见张良，观宣室之画也"。孔子和司马迁的例子，不仅说明感官可以间接感知事物，而且说明间接感知需要正确的方法，"夫听声有术，则察色有数矣。推用术数，若先闻见，众人不知，则谓神圣"。这也是圣贤区别于常人的地方，"阴见默识，用思深秘。众人阔略，寡所意识，见贤圣之名物，则谓之神"（《实知篇》）。

王充重视耳目感官的作用，却没有夸大其作用，认为"耳目之用，均也。目不能见百里，则耳亦不能闻也。陆贾曰：'离娄之明，不能察帷薄之内；师旷之聪，不能闻百里之外。'"当时传说孔子与颜渊同登泰山而目力不一，前者能看到吴国昌门外的白马，后者只能看到白颜色，"颜渊与孔子俱上鲁太山，孔子东南望，吴阊门外有系白马，引颜渊指以示之，曰：'若见吴昌门乎？'颜渊曰：'见之。'孔子曰：'门外何有？'曰：'有如系练之状.'"原因在于孔子是圣人,颜渊是贤人,颜渊的精神不如孔子,"孔子抚其目而正之,因与俱下。下而颜渊发白齿落,遂以病死。盖以精神不能若孔子,强力自极,精华竭尽,故早夭死"。王充认为传说是虚假的,"如实论之,殆虚言也"。理由之一是经典没有记载,"案《论语》之文,不见此言;考《六经》之传,亦无此语。夫颜渊能见千里之外,与圣人同,孔子、诸子,何讳不言?"更重要的理由是人的感官作用有限,不是千里眼、顺风耳,"盖人目之所见,不过十里;过此不见,非所明察,远也"(《书虚篇》)。即使"离娄,古之名目者,黄帝时人也。……能视于百步之外,见秋毫之末"(《孟子·离娄》赵岐注),也不可能见到千里之外的东西,"案鲁去吴,千有余里,使离朱望之,终不能见,况使颜渊"。离娄、颜渊不能看到吴国昌门的白马,孔子也不可能见到,"人目之视也,物大者易察,小者难审。使颜渊处昌门之外,望太山之形,终不能见。况从太山之上,察白马之色?色不能见,明矣。非颜渊不能见,孔子亦不能见也"(《书虚篇》)。

效验认识论注意到了理性认识,认为必须用心对感性认识进行思考和判断,否则难以分清是非,判明真假,"苟以外效立事是非,信闻见于外,不诠订于内,是用耳目论,不以心意议也。夫以耳目论,则以虚象为言,虚象效,则以实事为非。是故是非者,不徒耳目,必开心意"(《薄葬篇》)。人的认识不仅要闻见于外,而且要诠订于内,不仅要用耳目,而且要开心意,对耳目所见所闻进行去粗取精、去伪存真的理性思考。王充关注理性认识,是因为耳目感知有时会遇假象,如果不加分析,则会以假乱真,产生错误认识。即使圣人,如果没有分析判断,也会被假象蒙蔽,"颜渊炊饭,尘落甑中,欲置之则不清,投地则弃饭,掇而食之。孔子望见,以为窃食"(《知实篇》)。

　　王充批评墨家缺乏理性认识。他赞成墨家的薄葬主张，却反对有鬼论，"若墨家之以杜伯为据，则死无知之实可明，薄葬省财之教可立也"。墨家的薄葬主张与有鬼论是矛盾的，有鬼就不能薄葬，否则会使鬼发怒害人，"墨家之议，自违其术，其薄葬而又右鬼。右鬼引效，以杜伯为验。杜伯死人，如谓杜伯为鬼，则夫死者审有知，如有知而薄葬之，是怒死人也"。墨家的有鬼论，在于没有理性分析和判断，而没有理性认识，也是墨家学术思想在秦汉之间中绝的原因，"墨议不以心而原物，苟信闻见，则虽效验章明，犹为失实。失实之议难以教，虽得愚民之欲，不合知者之心，丧物索用，无益于世，此盖墨术所以不传也"（《薄葬篇》）。王充的理性认识是朴素的，实质是类比推理，既有归纳推理，又有演绎推理，即以同类事物发展的情形可以看出此一事情的好坏祸福，根据过去和现在的经验可以推演未来的结果，"放象事类以见祸，推原往验以处来事"，就像周公与姜太公互相都能预知对方治国的结果，"周公治鲁，太公知其后世当有削弱之患；太公治齐，周公睹其后世当有劫弑之祸。见法术之极，睹祸乱之前矣"。一般而言，圣贤都能做到类比推理，"追观上古，探察来世。文质之类，水火之辈，贤圣共之；见兆闻象，图画祸福，贤圣共之；见怪名物，无所疑惑，贤圣共之"（《实知篇》）。

　　效验认识论强调学习的重要性，认为人生短暂和精力有限，不可能事事都去感知，许多事情须通过学习才能知道，"所谓圣者，须学以圣"。任何人都只能是学而知之，帝王和圣人都必须学习，"人才有高下，知物由学。学之乃知，不问不识。子贡曰：'夫子焉不学？而亦何常师之有？'孔子曰：'吾十有五而志乎学。'五帝、三王，皆有所师"（《实知篇》）。王充指出，学习不能局限于一经一说和一门一派，"夫孔子之门，讲习五经，五经皆习，庶几之才也。颜渊曰：'博我以文。'才智高者，能为博矣。颜渊之曰'博'者，岂徒一经哉？我不能博五经，又不能博众事，守信一学，不好广观，无温故知新之明，而有守愚不览之暗，其谓一经是者"。学习必须兼收并蓄，诸子百家无一遗漏，"百家之言，令人晓明，非徒窗牖之开，日光之照也。是故日光照室内，道术明胸中"。学习必须广泛阅读，博古通今，否则就是聋人、盲人，不能算成熟的人，"人目不见青黄曰盲，耳不闻宫商曰聋，鼻不知香臭曰痈。痈、聋与盲，不成人者也。人不博览者，不闻古今，不见事类，不知然否，犹目盲、耳聋、鼻痈者也"。儒生要广泛阅读，普通人更要广泛阅读，"儒生不览，犹为闭暗，况庸人无篇章之业，不知是非，其为闭暗，甚矣"（《别通篇》）。

效验认识论关注实践的积极意义，认为实践是获得知识的重要途径，"耕夫多殖嘉谷，谓之上农夫；其少者，谓之下农夫。学士之才，农夫之力，一也。能多种谷，谓之上农；能博学问，谓之上儒"（《别通篇》）。王充以刺绣织锦为例，说明实践是获取知识和提高技能的源泉，恒女钝妇日见日为，也能刺绣织锦，"齐部世刺绣，恒女无不能。襄邑俗织锦，钝妇无不巧。日见之，日为之，手狎也"。反之，如果不见不为，即使容易的事，才士和巧女也不能办成。不能把事办好的原因是实践不够，而不是才智不足，"使材士未尝见，巧女未尝为，异事诡手，暂为卒睹，显露易为者，犹愦愦焉。方今论事，不为希更，而曰材不敏；不曰未尝为，而曰知不达。失其实也"（《程材篇》）。更重要的是，学以致用是认识的目的，"凡贵通者，贵其能用之也"；"为世用者，百篇无害；不为用者，一章无补"（《自纪篇》）。王充强调，只知树木而不会伐木作屋的，就不是木匠；只知花草而不会采药的，就不是医生，"入山见木，长短无所不知；入野见草，大小无所不识。然而不能伐木以作室屋，采草以和方药，此知草木所不能用也"。读书很多却不能运用于实践之中，就是一个书呆子，"夫通人览见广博，不能掇以论说，此为匽生书主人。孔子所谓'诵《诗》三百，授之以政，不达'者也，与彼草木不能伐采，一实也"（《超奇篇》）。

效验认识论运用于人性分析，王充经验地得出三种人性，中人以上的人，是生而为善；中人以下的人，是生而为恶；而中人则是善恶混合，既有善性又有恶性，"余固以孟轲言人性善者，有中人以上者也；孙卿言人性恶者，中人以下者也；扬雄言人性善恶混者，中人也"（《本性篇》）。王充运用元气自然论解释人性有善有恶的问题，"禀气有厚泊，故性有善恶也"。人有五常之气，恶人就是缺少仁义之气，"残则授仁之气泊，而怒则禀勇渥也。仁泊则戾而少愈，勇渥则猛而无义，而又和气不足，喜怒失时，计虑轻愚。妄行之人，罪故为恶。人受五常，含五脏，皆具于身。禀之泊少，故其操行不及善人"。人之善恶，犹如酿酒有浓有淡，"犹酒或厚或泊也，非厚与泊殊其酿也，曲蘖多少使之然也。是故酒之泊厚，同一曲蘖；人之善恶，共一元气，气有少多，故性有贤愚"。王充认为，人性之善恶是可以变化的，对于不同的人，应采取不同的教育和管理办法，善的教化鼓励，恶的禁止防范，"论人之性，定有善有恶。其善者，固自善矣；其恶者，故可教告率勉，使之为善。凡人君父审观臣子之性，善则养育劝率，无令近恶；恶则辅保禁防，令渐于善"（《率性篇》）。尤其是中人之性，更要重视教化的作用，"夫中人之性，在所习焉。习善而为善，习恶而为恶"（《本性篇》），也要重视后天环境的作用，"蓬生麻间，不扶自直；白纱入缁，不练自黑。彼蓬之性不直，纱之质不黑，麻扶缁染，使之直黑。夫人之性犹蓬纱也，在所渐染而善恶变矣"（《率性篇》）。

"千人之诺诺，不如一士之谔谔"（《史记·商君列传》)，王充与董仲舒、扬雄不同，董仲舒、扬雄都做过官，都得到了君主的赏识，而王充一直生活在社会底层，处于权力的边缘，容易养成批判精神，"王充《论衡》实汉代批评哲学第一奇书"①。批判精神在传统社会是非常宝贵的资源，思想只有通过批判才能进步，学术只有通过质疑才能发展。遗憾的是，王充开创的批判精神没有得到后人的发扬光大，使得传统社会发展守成有余而创新不足；回忆过去的辉煌有余，面向未来的探索不足，这或许是我们应当汲取的历史教训。

① 梁启超著：《梁启超论清学史二种》，复旦大学出版社1985年版，第373页。

第三章　魏晋玄学

　　魏晋南北朝崇尚老子、庄子，建构了高远宏阔的玄学思想体系。玄学不否定孔子和儒学，而是会通儒道，调和融合道家与儒家思想。魏晋名士反对汉朝经学的烦琐及其对人性的束缚，追求思想解放和个性自由，在清谈中努力为天下万事万物探寻一个形上依据，促进理性思辨和抽象思维能力的发展完善。

第一节　魏晋风度

魏晋南北朝（公元220—589年）是动乱的年代，也是朝代更迭最为频繁的时期之一。如果说汉朝是治，魏晋南北朝则是乱；汉朝是统一，魏晋南北朝则是分裂。东汉覆灭，是魏、蜀、吴三分天下；西晋短暂统一，接下来就是南北分裂，"上述共历时三百九十二年，统一中国，严格来说，只有晋武帝的十五年。至愍帝为匈奴所捉，故可说是中国的分崩时期"[1]。分裂与动乱，给老百姓带来深重灾难，"白骨露于野，千里无鸡鸣"（曹操《蒿里行》），也给学术思想发展提供了相对宽松的环境，儒学主导、玄学昌盛，佛教输入、道教勃兴，从而形成了魏晋风度。魏晋风度不仅属于文学和名士，而且是整个时代精神的写照，鲁迅概括为政治"尚刑名"，文章尚"清峻"，人生"尚通脱"[2]。形成了对于中华民族影响至深而远的三大文化流派，这就是儒、释、道，"万物森罗，不离两仪所有；百法纷凑，无越三教之境"（陶弘景《茅山长沙馆碑》）。

---

① 钱穆讲授，叶龙记录整理：《中国通史》，天地出版社2018年版，第81页。

② 《鲁迅全集》（第1卷），新疆人民出版社1995年版，第784页。

一、统一大势

《三国演义》卷首语指出："话说天下大势，合久必分，分久必合。"中国的历史是一部统一与分裂交替进行的历史，从分裂的春秋战国走向秦汉的大一统，从分裂的魏晋南北朝走向隋唐的大一统，从分裂的五代十国和宋、辽、金对峙走向元、明、清持续三朝的大一统，统一始终是历史的主流和大势所趋。魏晋南北朝是一个分裂的时代，前后建立了30余个大小王朝，可分为三国、晋朝和南北朝三个时期。

三国（公元220—280年）位于汉朝之后、晋朝之前，先后产生了曹魏、蜀汉和东吴三个政权。三国孕育于东汉末年，朝政混乱，先是外戚干政，后是宦官乱政。汉桓帝与宦官合谋诛杀权臣和外戚梁冀，开启了宦官长期乱政的黑暗年代，"手握王爵，口含天宪"；"天朝政事，一更其手，权倾海内，宠贵无极，子弟亲戚，并荷荣任"（《后汉书·朱穆列传》）。宦官乱政，必然激起官僚士大夫的强烈不满和深切忧虑，酿成了历史上著名的党锢之祸。所谓党锢之祸，是指东汉桓帝、灵帝时，士大夫与宦官发生的党争事件，事件因宦官以"党人"罪名禁锢士人终身而得名。第一次是汉桓帝时，河南尹李膺诛杀教唆杀人的术士张成，"河内张成善说风角，推占当赦，遂教子杀人。李膺为河南尹，督促收捕，既而逢宥获免，膺愈怀愤疾，竟案杀之"。宦官利用此事为借口，唆使张成弟子牢修上书诬告，"初，成以方伎交通宦官，帝亦颇谇其占。成弟子牢修因上书诬告膺等养太学游士，交结诸郡生徒，更相驱驰，共为部党，诽讪朝廷，疑乱风俗"。桓帝震怒，下令逮捕党人二百多名。次年，在皇后父亲窦武等大臣请求下，赦免党人，但禁锢终身而不得录用为官，"明年，尚书霍谞、城门校尉窦武并表为请，帝意稍解，乃皆赦归田里，禁锢终身。而党人之名，犹书王府"。第二次是汉灵帝时，任命陈蕃为太傅，窦武为大将军，共同执政。他们重新起用李膺等党人，密谋诛杀宦官。事情败露，宦官杀死陈蕃、窦武及其宗族宾客姻亲，禁锢其门生故吏。党锢再起，历时十年，宦官诬告"共为部党，图危社稷"，导致"百余人皆死狱中"，"其死徒废禁者，六七百人"。公元176年，永昌太守曹鸾上书为党人诉冤，灵帝大怒，"即诏司隶、益州槛车收鸾，送槐里狱掠杀之。于是又诏州郡更考党人门生故吏父子兄弟，其在位者，免官禁锢，爰及五属"。两次党锢，伤及汉朝根本，为汉朝灭亡埋下伏笔，"其后黄巾遂盛，朝野崩离，纲纪文章荡然矣"（《后汉书·党锢列传》）。

三国形成是一个历史过程。对于开始的时期，有着不同看法，一般认为公元220年曹丕称帝，是三国的开始和东汉的灭亡。另一种观点则认为从184年开始，太平道首领张角以黄巾为标志，组织了数十万农民同时起义，"苍天已死，黄天当立；岁在甲子，天下大吉"（《后汉书·皇甫嵩列传》）。黄巾起义不到一年，就被镇压了，而东汉再无宁日，接着是群雄割据。各地军阀豪强趁镇压黄巾之机，着力发展自己的势力，割据一方，连年混战。其中，势力较大的是袁绍和曹操，袁绍掌握青、冀、幽、并四州，雄霸河北，气势强劲；曹操奉立东逃的汉献帝于许昌，"挟天子以令诸侯"，征讨各地群雄。200年官渡之战，曹操大败袁绍，进而基本统一了北方。208年，曹操率军南征，占领荆州后沿江而下，发生"赤壁之战"，遭到孙权、刘备联军的抵抗。周瑜以火攻之计烧毁战船和大破曹军，取得赤壁之战胜利，初步奠定三分天下的格局。曹操从此专力经营北方；刘备向西发展，攻占益州和西南地区；孙权则固守江南。220年，曹丕迫使汉献帝禅让帝位，定都洛阳，史称曹魏；221年，刘备在成都称帝，史称蜀汉；229年，孙权在建业称帝，史称东吴。三国的存在，并不是为了分裂，而是致力于统一，曹操强调"荡平天下，不辱主命"（《三国志·魏书·武帝纪》），诸葛亮则是"先帝虑汉、贼不两立，王业不偏安，故托臣以讨贼也"（《三国志·蜀书·诸葛亮传》裴松之注引《汉晋春秋》）。

三家归晋也经历了漫长时间，过程曲折复杂。先是蜀汉被曹魏所灭。公元263年，魏国分兵三路南平蜀汉，其中邓艾一路避开蜀军锋芒，抄阴平小路直取涪城，进逼成都，蜀汉后主刘禅投降，"艾至城北，后主舆榇自缚，诣军垒门。艾解缚焚榇，延请相见。因承制拜后主为骠骑将军。诸围守悉被后主敕，然后降下"（《三国志·蜀书·后主传》）。次是曹魏为晋朝所灭。曹魏后期，司马父子擅权。249年，司马懿发动"高平陵事变"，诛杀曹爽兄弟及其同党，使魏帝曹芳成为傀儡。司马懿死后，其子司马昭继续执政，废曹芳而立曹髦，又废曹髦而立曹奂，篡魏之心已是"路人皆知"。265年，司马昭死，其子司马炎继任丞相和晋王；同年底，逼迫曹奂让位，建立晋朝，史称西晋，"十二月壬戌，天禄永终，历数在晋。诏群公卿士具仪设坛于南郊，使使者奉皇帝玺绶册，禅位于晋嗣王，如汉魏故事"（《三国志·魏书·陈留王奂传》）。最后是东吴为晋朝所灭。279年底，晋朝水陆齐发，分六路大举进攻东吴，次年三月吴帝孙皓投降。持续近百年的分裂重新归于统一，"壬申，王濬最先到，于是受皓之降，解缚焚榇，延请相见。亻以皓致印绶于己，遣使送皓。皓举家西迁，以太康元年五月丁亥集于京邑"（《三国志·吴书·孙皓传》）。

晋朝（公元265—420年）上承三国，下启南北朝，分为西晋（265—316年）和东晋（317—420年）两个时期。两晋共传15帝，约155年历史。晋朝是一个令人费解的朝代，西晋为统一王朝，而东晋则偏安一隅，属于南朝一部分。西晋寿命很短，只有五十年；统一的时期更短，只有三十余年。西晋还产生了一个智障皇帝司马衷，留下荒唐笑话，"帝又尝在华林园，闻虾蟆声，谓左右曰：'此鸣者为官乎，私乎？'或对曰：'在官地为官，在私地为私。'及天下荒乱，百姓饿死，帝曰：'何不食肉糜？'其蒙蔽皆此类也"（《晋书·惠帝纪》）。晋明帝司马绍曾与大臣讨论西晋短命的缘由，认为是其先祖心术不正，谋逆篡国，"王导、温峤俱见明帝，帝问温前世所以得天下之由，温未答。顷，王曰：'温峤年少未谙，臣为陛下陈之。'王乃具叙宣王创业之始，诛夷名族，宠树同己，及文王之末高贵乡公事。明帝闻之，覆面著床曰：'若如公言，祚安得长！'"（《世说新语·尤悔》）当代学者也认为，西晋短命的原因在于司马懿父子篡权夺国，导致政俗败坏，"晋之宣、景、文，则诚所谓欺人孤儿寡妇狐媚以取天下者"；晋代臣僚"非乡愿之徒，则苟合之士，此等人而可以托孤寄命哉？"①

当然，晋朝覆亡的原因不在于如何夺取政权，而在于如何巩固政权。晋朝的失误在于后继者无能，尤其是司马衷的智障，导致皇后贾南风专权，"更娶南风，时年十五，大太子二岁。泰始八年二月辛卯，册拜太子妃。妒忌多权诈，太子畏而惑之，嫔御罕有进幸者"。贾后不仅控制司马衷，而且重用亲属，"侍中贾模，后之族兄，右卫郭彰，后之从舅，并以才望居位"，"后母广城君养孙贾谧干预国事，权侔人主"；勾结宦官，"专制天下，威服内外。更与粲、午专为奸谋，诬害太子，众恶彰著。初，诛杨骏及汝南王亮、太保卫瓘、楚王玮等，皆临机专断。宦人董猛参预其事。猛，武帝时为寺人监，侍东宫，得亲信于后，预诛杨骏，封武安侯，猛三兄皆为亭侯，天下咸怨"（《晋书·惠贾皇后传》）。贾后胡作非为，引起宗室和朝臣的不满，酿成"八王之乱"。失误在于体制有弊。司马炎接受曹魏灭亡的教训，认为曹魏能够禅让的主因是曹氏没有分封宗室以为皇室的屏藩，于是大搞分封制，封同姓王二十七国，公、侯、伯、子、男五百余国，所封户数几乎占全国户口的半数。受封宗室位高权大，诸王如出镇一方，则拥有军政大权，可自置官吏；如在朝为官，则居卿相之位，权倾朝野。八王之乱直接缘由是贾后乱政，根本原因在于分封制的弊端。公元300年，赵王司马伦杀死贾后，次年废掉惠帝自立为帝。然后是司马伦与齐王司马冏、长沙王司马乂、成都王司马颖、河间王司马颙互相残杀。305年，东海王司马越在山东起兵，次年相继杀死司马颖和司马颙，毒死晋惠帝，立司马炽为晋怀帝。"孝怀皇帝讳炽，字丰度，武帝第二十五子也。太熙元年，封豫章郡王。属孝惠之时，宗室构祸，帝冲素自守，门绝宾游，不交世事，专玩史籍，有誉于时"（《晋书·孝怀帝纪》）。八王之乱持续16年，严重消耗了西晋的国力，从此一蹶不振。311年，匈奴人建立的前赵政权，派刘曜攻破洛阳，晋怀帝被俘。晋朝拥立秦王司马邺为晋愍帝，都于长安。316年，刘曜又攻入长安，俘虏晋愍帝，西晋灭亡，"十一月乙未，使侍中宋敞送笺于曜，帝乘羊车，肉袒衔璧，舆榇出降"（《晋书·孝愍帝纪》）。317年，西晋南逃的贵族官僚拥立琅琊王司马睿为晋元帝，都于建康，基本控制了长江以南地区，史称东晋。

南北朝（公元420—589年）系指中国南方与北方处于分裂的时期，始于刘裕公元420年建立南朝宋，止于589年隋灭南朝陈。严格地说，南北朝应始于317年，西晋灭亡，东晋建立。当时的东晋只控制了南方的领土，北方处于分裂状态。南朝历经东晋、宋、齐、梁、陈，均定都于建康，即现在的南京。东晋历11帝，存在104年。420年，刘裕篡夺东晋政权，建立刘宋王朝，史称南朝宋，历8帝，存在59年。479年，萧道成篡夺刘宋政权，建立萧齐王朝，史称南齐，以区别于北齐，历7帝，存在23年。502年，萧衍篡夺萧齐政权，建立萧梁王朝，历4帝，存在55年。萧梁王朝是南朝中最为强盛的王朝，统治区域扩大充到淮北和汉中。557年，陈霸先篡夺萧梁政权称帝，国号陈，历5帝，存在32年，是南朝中版图最小的王朝。

北朝承自十六国，历经北魏、东魏、西魏、北齐和北周。西晋灭亡，北方进入十六国时代，史称"五胡十六国"。十六国是北方各民族纷纷建立的各霸一方的王国，自公元304年匈奴刘渊称王起，直到439年鲜卑拓跋氏消灭北凉止，历时135年；五胡是指少数民族的匈奴、鲜卑、氏、羌和羯族；统治区域包括北方和四川地区。十六国先后有一成、一夏、二赵、三秦、四燕和五凉，具体是巴氏李氏建立的成汉，匈奴赫连氏建立的夏国，匈奴刘氏建立的前赵，羯族石氏建立的后赵，氏族苻氏建立的前秦，羌族姚氏建立的后秦，鲜卑乞伏氏建立的西秦，鲜卑慕容氏建立的前燕、后燕和南燕，汉族冯氏建立的北燕，汉族张氏建立的前凉，氏族吕氏建立的后凉，汉族李氏建立的西凉，鲜卑秃发氏建立的南凉，匈奴沮渠氏建立的北凉。十六国彼此混战，只有前秦苻坚曾一度统一北方，由于兵败淝水，北方再次陷入分裂。南北继续对峙。十六国后，首先统一北方的是北魏。北魏由鲜卑拓跋珪建于公元386年，先定都山西大同，后迁都洛阳，逐步吞并十六国中的夏、北燕、北凉诸国。439年统一北方，统治区域北至蒙古高原，西至新疆东部，东北至辽西，南以秦岭、淮河为界，开启了北朝的历史。北魏至西魏，历17帝，存在171年，是魏晋南北朝立国时间最长的政权。534年，北魏分裂为东魏与西魏，隔黄河而治。东魏存在16年；550年，东魏大将高欢的儿子高洋夺取东魏称帝，建立北齐，历6帝，存在27年。西魏定都长安，历3帝，存在21年；557年，宇文觉夺取西魏政权称帝，建立北周，历5帝，存在24年。577年，北周消灭北齐，统一北方，进而攻取江北、淮南及长江北岸。581年，北周大臣杨坚受禅称帝，建立隋朝，北周覆灭。589年，杨坚消灭南朝陈，结束南北朝分裂，中国再度统一。

南北分裂不是中国人愿意接受的事实，无论南方还是北方，自分裂之日起就着手统一事业。东晋建立后，打出恢复中原的旗号，前后举行多次北伐和西征。比较著名的有祖逖北伐。祖逖闻鸡起舞，"以社稷倾覆，常怀振复之志"；公元317年，率部北伐，收复黄河以南大片领土，留下"击楫中流"的壮烈情怀，"帝乃以逖为奋威将军、豫州刺史，给千人廪，布三千匹，不给铠仗，使自招募。仍将本流徙部曲百余家渡江，中流击楫而誓曰：'祖逖不能清中原而复济者，有如大江！'辞色壮烈，众皆慨叹"（《晋书·祖逖传》）。桓温三次北伐。桓温是东晋率军北伐次数最多的将领，也是大志与野心并存，"桓公卧语曰：'作此寂寂，将为文、景所笑。'既而屈起坐曰：'既不能流芳后世，亦不足复遗臭万载邪？'"（《世说新语·尤悔》）354年，一伐前秦，率军一直打到长安附近；356年，二伐姚襄，击败羌族首领姚襄，收复洛阳；369年，三伐前燕，又一次出兵北伐，尽管大败而归，但统一之志可嘉。刘裕北伐西征。作为东晋大臣，刘裕于409年出兵北伐南燕，次年攻下南燕都城，俘虏皇帝慕容超；412年，组织部署攻入益州，消灭割据称王的谯纵；416年，乘后秦内乱西征关中，次年直捣国都长安，俘虏皇帝姚泓。东晋多次北伐谋求统一，北朝也没有闲着。前秦苻坚"性至孝，博学多才艺，有经济大志，要结英豪，以图纬世之宜"（《晋书·苻坚载记》），在统一北方之后，不顾众人反对，积极谋划南征，以期统一。383年，发动淝水之战，意图消灭东晋，一统天下，结果以失败告终。从统一的角度分析，苻坚是失败的英雄，虽败犹荣。最后还是由北朝完成统一大业，隋朝实现全国一统。

二、民族融合

中国自古就是统一的多民族国家，各民族共同缔造开发了中国的统一与疆域、历史与文化。公元前21世纪的夏朝是中国历史上最早的国家，疆域约涵盖今天的河南、山西和陕西等地区。唐朝的疆域，已控制北到黑龙江和贝加尔湖、南到岭南交趾、西到巴尔喀什湖和中亚两河流域的广大地区。清朝则奠定了现有中国的疆域。在中国的统一过程中，各民族都作出了贡献。原因在于统一是各民族共同的价值取向，在中国疆域内的所有民族都希望统一和争取统一，汉族则在其中发挥着主导作用，"我以为即使在鲜卑人、契丹人、女真人统治半个中国的时期，在蒙古人、满洲人统治整个中国的时期，汉人仍然在中国史上起着主导作用"①。原因更在于各民族的交往融合，为中国的统一提供了坚实基础。尽管各民族之间曾经发生过多次战争，但和平交往和互相融入始终是民族关系的主流。魏晋南北朝是中华民族交往融合的重要时期，"自魏晋到南北朝，少数民族融入汉族的总人口数多达千万，其中绝大多数是在南北朝时候完成民族融合历史进程的"。尤其"北朝民族大融合是中华民族发展史上的一个里程碑"②。

魏晋南北朝是民族大迁徙时期。自汉末至魏晋之际，原居西北至东北边远地区的少数民族纷纷入居内地，人数众多，广泛分布在北方各地，形成小聚居、大分散的错居杂处状态，"是以

① 《翦伯赞历史论文选集》，人民出版社1980年版，第114页。
② 《简明中国历史读本》，中国社会科学出版社2012年版，第195页。

东夷西戎，南蛮北狄，狂狡贪悍，世为寇仇者，皆感义怀惠，款塞内附，或委命纳贡，或求置官司。九服之外，绝域之氓，旷世所希至者，咸浮海来享，鼓舞王德，前后至者八百七十余万口"（《晋书·文帝纪》）。迁居中原的少数民族主要是匈奴、鲜卑、羯、羌、氐五族，史称"五胡内迁"。匈奴原居蒙古草原，司马迁认为是炎黄子孙，"其先祖夏后氏之苗裔也，曰淳维"（《史记·匈奴列传》）。汉时，匈奴分裂为南北两部。公元48年，南匈奴遣使请求内附，东汉划出北地、云中、雁门等缘边八郡安置，揭开北方民族大迁徙的序幕，"汉嘉其意，割并州北界以安之。于是匈奴五千余落入居朔方诸郡，与汉人杂处"。90年，漠北地区15个匈奴新部加入八郡匈奴。曹魏收复南匈奴部众，将其大部分安置在山西汾河流域。西晋时，匈奴加速南迁。265年，"塞外匈奴大水，塞泥、黑难等二万余落归化，帝复纳之，使居河西故宜阳城下"（《晋书·匈奴传》）。279年，"匈奴都督拔弈虚帅部落归化"，后又有"匈奴余渠都督独雍等帅部落归化"（《晋书·武帝纪》）。284年，"太康五年，复有匈奴胡太阿厚率其部落二万九千三百人归化。七年，又有匈奴胡都大博及萎莎胡等各率种类大小凡十万余口，谒雍州刺史扶风王骏降附。明年，匈奴都督大豆得一育鞠等复率种落大小万一千五百口，牛二万二千头，羊十万五千口，车庐什物不可胜计，来降，并贡其方物，帝并抚纳之"（《晋书·匈奴传》）。羯族实际是匈奴的一个分支，内附跟随匈奴进入山西的上党、武乡地区，后分散到太行山一带。它的历史很短暂，却在南北朝闪耀出光芒。后赵开国皇帝石勒就是羯族，"其先匈奴别部，分散居于上党武乡羯室，因号羯胡"（《魏书·石勒传》）。

　　羌族是华夏族的一部分，是一个古老的民族，"昔有成汤，自彼氐羌，莫敢不来享，莫敢不来王"（《诗经·商颂·殷武》）。

羌族世居青藏高原和甘肃西部地区，汉时大批羌人内迁，从地域上分为东羌与西羌，进入中原的为东羌，未进的为西羌。氐族与羌族有着密切联系，起源于四川松潘高原，分布在西北地区。晋孔晁注曰："氐羌，氐地羌，与羌不同，故谓之氐羌，今谓之氐矣。"（《逸周书·王会篇》孔晁注）"五胡乱华"是氐族首领李特打响第一枪，其子李雄于公元304年在成都称帝，建立成汉，为十六国时第一个少数民族政权。如果说匈奴和羯族是南迁，那么，氐族和羌族则是东进，西晋末年已占关中人口的一半，"且关中之人百余万口，率其少多，戎狄居半"（江统《徙戎论》）。十六国时期，前后赵四次强迁秦、陇氐羌人入关雍州，约一万七千多户；强迁秦、雍等州氐羌人入于关东的司翼、青、并等州，约二十七万余户。鲜卑是继匈奴之后在蒙古草原崛起的古代游牧民族，原居大兴安岭一带，后迁居匈奴故地，建立了统一的檀石槐汗国。魏晋南北朝时期，鲜卑是对中国影响最大的少数民族，也是内附最多的民族之一。西晋末，鲜卑拓跋禄官将国人分为三个部分，分别迁居河北以东和大同西北，"神元子昭帝禄官立。帝元年，分国为三部：一居上谷北，濡源西，东接宇文部，自统之。一居代郡之参合陂北，使文帝长子桓帝讳猗㐌统之。一居定襄之盛乐故城，使桓帝弟穆帝猗卢统之"（《北史·魏本纪》）。370年，前秦灭前燕，将鲜卑慕容部四万户迁往长安。386年，慕容颧率鲜卑四十余万人口东迁山西长子地区。398年，北魏开国皇帝拓跋珪正式迁都平城即山西大同，下令鲜卑"离散诸部，分土定居，不听迁徙，其君长大人，皆同编户"（《北史·贺讷传》）。自此，少数民族大规模内迁告一段落。

魏晋南北朝也是民族大融合时期。民族融合的主要原因在于汉族比较先进的文明。马克思指出："野蛮的征服者，按照一条永恒的历史规律，本身被他们所征服的臣民的较高文明所征服。"①
南北朝期间，少数民族建立过多个政权，有的少数民族非常强
大，甚至统一了北方。然而，无论匈奴、鲜卑，还是氐、羯、羌
族，他们在进入中原之前，都处于比汉族文明低的发展阶段，进
入中原之后，无法改变汉族先进的生产方式以及先进的经济和文
化，反而尊崇汉族文明，逐渐被同化。同化途径是渐进地从游牧
经济转变为农业或半农半牧经济。最早南迁的八郡匈奴进入汾河
流域之后，脱离了大漠南北的地理环境，只能从事农业生产。由
于长期与汉人相处，也适应了定居农业。西晋初年，内迁的南
匈奴已"降同编户"，"太原诸部亦以匈奴胡人为田客，多者数
千"（《晋书·王恂传》）。西晋之后，散居在山西、陕西北部方
圆八百里的南匈奴称为稽胡，已以麻布为衣和农业生产为主，辅
以蚕桑，"亦知种田，地少桑蚕，多麻布，其丈夫衣服及死亡殡
葬，与中夏略同"（《周书·稽胡传》）。鲜卑拓跋部更是积极转
向农业生产，北魏道武帝拓跋珪下令"息众课农"，鼓励新进入
都城的民众从事农业生产，"徙山东六州民吏及徒何、高丽杂夷
三十六万，百工伎巧十万余口，以充京师"；"诏给内徙新民耕牛，
计口受田"（《魏书·太祖纪》）。孝文帝拓跋宏更重视农业生产，
即位之初"诏工商杂伎，尽听赴农。诸州郡课民益种菜果"。在
位期间，反复强调农耕经济的重要，"今遣使者，循行州郡，与
牧守均给天下之田，还受以生死为断，劝课农桑，兴富民之本"
（《魏书·高祖纪》）。

　　同化途径是学习和接受汉文化。游牧经济是流动生活，逐
水草而居，而农业经济是定居生活，定居生活为少数民族学习接
受汉文化创造了有利条件和稳定环境。相比于武力征服和利益诱

---

① 《马克思恩格斯文集》（第2卷），人民出版社2009年版，第686页。

导，某种意义上说，文化是促进民族融合最重要的因素，一旦形成，便会稳如磐石，不可分离。十六国战乱频仍，各族统治者并没有忽略以汉文化为主体的文教事业。前赵“立太学于长乐宫东，小学于未央宫西，简百姓年二十五已下十三已上，神志可教者千五百人，选朝贤宿儒明经笃学以教之”(《晋书·刘曜载记》)。后赵设有经学、律学和史学祭酒。把历史设置为专门学科，是石勒首创。后秦姚兴让儒者教授于长安，诸生自远而至者万数千人。北魏迁都洛阳后设置国子学、太学及小学，加上律学、书学和算学，逐步形成“六学”体制，为隋唐所继承。北朝各少数民族政权，不仅重视汉文化教育，而且有组织、有计划地吸收引进汉文化经典。北凉政权于公元426年向南朝刘宋政权派出使臣，请得《周易》及子集诸书475卷；437年，又请得儒学、史学、文集、地志、天文历算等书籍20种，合154卷。少数民族统治者不仅组织学习汉文化，而且率先垂范，自己认真学习接受汉文化。前秦苻坚8岁便要求读书，以致其祖父诧异，“洪曰：‘汝戎狄异类，世知饮酒，今乃求学邪！’欣而许之”。苻坚博学多才，“亲临太学，考学生经义优劣，品而第之。问难五经，博士多不能对”(《晋书·苻坚载记》)。少数民族统治者不仅自己学习汉文化，而且祖孙几代都学习接受汉文化。前赵开国皇帝刘渊为匈奴族，自幼拜崔游为师，学习《毛诗》《尚书》，“《史》、《汉》、诸子，无不综览”。其子刘和“习《毛诗》《左氏春秋》《郑氏易》”(《晋书·刘渊载记》)，刘聪“年十四，究通经史，兼综百家之言”(《晋书·刘聪载记》)。刘曜之子刘熙自小受到汉文化熏陶。鲜卑八大贵族之一的陆俟，其第二代陆丽“好学爱士”。第三代陆琇“沈毅少言，雅好读书”，陆凯“谨重好学”。第四代陆恭之“所著文章诗赋凡千余篇”，陆旭“性雅澹，好《易》”。第六代陆卬“好学不倦，博览群书，《五经》多通大义”，卬之子乂“于

《五经》最精熟，馆中谓之石经。人为之语曰：'《五经》无对，有陆乂．'"（《北史·陆乂传》）魏晋南北朝少数民族学习接受汉文化，为民族融合提供了条件，夯实了基础。

民族大融合还得益于当时统治者的睿智开明和远见卓识，"以五胡论：固然有荒淫暴虐，如石虎、齐文宣、武成之流的，实亦以能服从汉族文化的居其多数"[①]。魏晋南北朝时期，无论汉族政权，还是少数民族建立的政权，都面临如何管理汉族与少数民族的问题。当时的统治者一般采取"胡汉分治"政策，既用中原王朝的制度管理汉族，又另设一套行政制度管理少数民族。前赵对于汉人居住区，"置左右司隶，各领户二十余万，万户置一内史，凡内史四十三"；对于少数民族部落则另设单于台，置大单于和左右辅，"各主六夷十万落，万落置一都尉"（《晋书·刘聪载记》），由少数民族首领任职。分治却不是分离，统治者大多反对胡汉分离。西晋初年，曾有大臣提出分离政策，被晋武帝否决，"侍御史西河郭钦上疏曰：'戎狄强犷，历古为患……裔不乱华，渐徙平阳、弘农、魏郡、京兆、上党杂胡，峻四夷出入之防，明先王荒服之制，万世之长策也．'帝不纳"（《晋书·匈奴传》）。西晋末年，江统曾上书晋惠帝，要求胡汉分离，"乃作《徙戎论》。其辞曰：'此等皆可申谕发遣，还其本域，慰彼羁旅怀土之思，释我华夏纤介之忧，惠此中国，以绥四方，德施永世，于计为长．'帝不能用"（《晋书·江统传》）。

更重要的是，统治者大多坚持民族融合的价值取向，最为典型的是北魏。北魏是继前秦之后又一个统一北方的少数民族政权，立国之后持续不断地推行民族融合政策，对于中华民族的形成和发展作出重大贡献。开国皇帝拓跋珪把国都从蒙古草原迁入

①　吕思勉著：《中国通史》，上海古籍出版社2009年版，第379页。

山西大同，"迁都平城，始营宫室，建宗庙，立社稷"。在国都设太学，学习汉文化，"令《五经》群书各置博士，增国子太学生员三千人"（《北史·太祖道武帝纪》）。其孙拓跋焘不仅开疆拓土，统一北方，而且"混一戎华"，大力推进民族融合，史称"聪明雄断，威灵杰立。籍二世之资，奋征伐之气，遂戎轩四出，周旋险夷。平秦陇，扫统万，翦辽海，荡河源，南夷荷担，北蠕绝迹，廓定四表，混一华戎，其为武功也大矣。遂使有魏之业，光迈百王"（《北史·世祖太武帝纪论》）。北魏甚至整个魏晋南北朝期间，民族融合最彻底的是孝文帝拓跋宏，全面推进汉化政策。他热爱汉文化，精通诸子经典，"雅好读书，手不释卷。《五经》之义，览之便讲。学不师受，探其精奥，史传百家，无不该涉。善谈《庄》《老》，尤精释义。才藻富赡，好为文章，诗赋铭颂，任兴而作"。亲政之初，他模仿汉王朝的礼仪，作明堂，建太庙，正祀典，拜祭圣王先贤，"丁酉，诏祀唐尧于平阳，虞舜于广宁，夏禹于安邑，周文于洛阳。丁未，改谥宣尼曰文圣尼父，告谥孔庙"。在位28年，实施一系列改革措施，政治上加强中央集权，着力整顿吏治，实施俸禄制度，"置官班禄，行之尚矣"；规范州、郡、县地方行政，严格监察和考课制度，以治绩优劣决定地方官员的升迁，"三载考绩，自古通经，三考黜陟，以彰能否。……朕今三载一考，考即黜陟。欲令愚滞无妨于贤者，才能不壅于下位。各令当曹考其优劣，为三等。六品以下，尚书重问；五品以上，朕将亲与公卿论其善恶。上上者迁之，下下者黜之，中中者守其本任"。健全基层政权，废除宗主督护制，实行三长制，五家立一邻长，五邻立一里长，五里立一党长，"立党、里、邻三长，定民户籍"（《魏书·高祖纪》）。经济上则是实行均田制和户调制。均田制是田归国家所有，按户口分配，男子十五岁以上，受露田四十亩，桑田二十亩；妇人受露田二十亩。年满七十岁，还田于官，桑田不还。露田和桑田不得买卖。户调制是国家规定税赋，按户纳税。三长制、均田制和户调制互相配合，稳定了社会秩序，保证了国家税收，"立三长，则课有常准，赋有恒分，苞荫之户可出，侥幸之人可止"（《魏书·李冲传》）。

拓跋宏推进民族融合的重要措施，是有谋略、有组织地分步迁都洛阳。公元493年，拓跋宏以南征为名，从平城出发，步骑百余万，"幸洛阳，周巡故宫基趾。帝顾谓侍臣曰：'晋德不修，早倾宗祀，荒毁至此，用伤朕怀。'遂咏《黍离》之诗，为之流涕"。次年，正式宣布把首都从平城迁到洛阳，二月回平城，"甲辰，诏天下，喻以迁都之意"；"三月壬辰，帝临太极殿，谕在代群臣以迁移之略"；十一月"己丑，车驾至洛阳"。第三年"九月庚午，六宫及文武尽迁洛阳"。拓跋宏排除万难，迁都洛阳，是促进民族融合的一个标志性事件和重要的政治选择。迁都洛阳后，革俗汉化，深入推动移风易俗，改变鲜卑及其他少数民族的社会传统和生活习俗，主动接受汉文化的浸润和熏陶。具体表现为穿汉装，"革衣服之制"，男女一律改穿汉装，禁穿鲜卑服装；"班赐冠服"（《魏书·高祖纪》），废除鲜卑式官服，改用汉式官服。用汉语，运用行政手段推行汉语，不用鲜卑语。汉语为正音，鲜卑语为北语，要求民众"断诸北语，一从正音"（《魏书·咸阳王禧传》），更要求"不得以北俗之语言于朝廷，若有违者，免所居官"。易汉姓，改鲜卑原有姓氏为汉姓，皇族拓跋氏改姓元氏，"诏改姓为元氏"；其他鲜卑姓氏则以音近者为准，丘穆陵氏改姓穆氏，步六孤氏姓陆氏，贺赖氏姓贺氏，尉迟氏姓尉氏等。葬汉地，"诏迁洛之民，死葬河南，不得还北。于是代人南迁者，悉为河南洛阳人"。依汉制，"诏改长尺大斗，依《周礼》制度，班之天下"（《魏书·高祖纪》）。更具深意的是，拓跋宏带头，鼓励鲜卑贵族与汉族士族通婚。拓跋宏的汉化改革，意义重大而深远，对于中华民族的融合发展有很大贡献。

三、门阀士族

门阀制度，又称士族制度，是指魏晋南北朝特有的历史现象，其特点是按家族的名望、官宦、家学和族风的不同等级，区别士庶在经济、政治和文化上的不同地位与特权。门阀是门第和阀阅的合称，门第之第源自大门开在通衢的特权，意指享有特权的显贵之家，"中正所铨，但存门第，吏部彝伦，仍不才举"（《魏书·世宗纪》）。阀阅一词最早见于司马迁的手笔，"古者人臣功有五品，以德立宗庙定社稷曰勋，以言曰劳，用力曰功，明其等曰伐，积日曰阅"（《史记·高祖功臣侯者年表序》）。阀阅形式上是指显贵家庭在大门两侧竖立的两根柱子，左边叫阀，喻有功劳，右边称阅，象征经历久远，世居高位；内容上则指有功勋的世家和巨室。门阀是指世代为官的名门望族；门阀制度源于东汉，形成于魏晋，鼎盛于东晋，没落于隋唐。

魏晋南北朝的门阀制度可说是先秦分封贵族制度的延续。西周王朝实行分封制，贵族有爵位和土地，"王者之制禄爵，公、侯、伯、子、男，凡五等。诸侯之上大夫卿、下大夫，上士、中士、下士，凡五等。天子之田方千里，公侯田方百里，伯七十里，子男五十里。不能五十里者，不合于天子，附于诸侯，曰附庸。天子之三公之田视公侯，天子之卿视伯，天子之大夫视子男，天子之元士视附庸"（《礼记·王制》）。周天子把最好的土地留给自己，其余的则分给王族和功臣。比较典型的是齐国和鲁国，鲁国分给王族周公，齐国分给功臣姜太公。除了爵位和土地，贵族还要世袭。没有世袭，就没有贵族，即如俗语所言"一代暴富，三代养贵"。先秦的贵族一般都传承世袭数百年，周公的鲁国分封于公元前1043年，前255年被楚国所灭，家族传袭798年；姜太公的齐国分封于公元前1046年，前386年被田齐取代，传袭660年。即使秦国，是后封的诸侯国，公元前770年至前221年，也传袭549年。秦始皇统一中国后，废分封，行郡县，从制度上铲除了贵族产生的土壤，而汉高祖刘邦一介布衣，从起义到登基称帝，不过用了7年时间，从实践方面埋葬了贵族制。"秦是中国第一个统一政府，是贵族的；汉是中国第一个士人政府，是平民的。"[1]刘邦的朝廷是"布衣将相之局"，来自"军功受益集团"，这些人绝大多数是底层百姓，其中著名的萧何是在衙门内当差，曹参是监狱官，陈平是穷苦人，周勃是吹箫的，韩信是要饭的，黥布是充军，樊哙是屠夫，只有张良是贵族出身。在汉高祖时，他们占据丞相、列卿、守相等职位的97%；惠帝时，占据81%；文帝时仍达50%[2]。此后逐步下降消失，文人和儒生登上了政治舞台，参与治平天下。

魏晋南北朝的门阀士族与先秦贵族有着相似之处，他们都世袭官位，汉时弘农郡的杨氏家族，四世居"三公"之位；汝南郡的袁氏家族，四世出了五位"三公"。而且，占有土地，西汉儒生丞相张禹"为人谨厚"，也是"内殖货财，家以田为业。及富贵，多买田至四百顷，皆泾、渭溉灌，极膏腴上贾，它财物称是"（《汉书·张禹传》）。东汉光武帝外公樊家，"世善农稼，好货殖"；"其营理财业，物无所弃，课役童隶，各得其宜。故能上下勠力，财利岁倍。至乃开广田土三百余顷。其所起庐舍，皆有重堂高阁，陂渠灌注。又池鱼牧畜，有求必给"（《后汉书·樊宏列传》）。然而，门阀士族与先秦贵族却有着很大差别。门阀士族

---

① 钱穆讲授，叶龙记录整理：《中国通史》，天地出版社2018年版，第40页。

② 参见李开元著：《汉帝国的建立与刘邦集团——军功受益阶层研究》第2章第2节，生活·读书·新知三联书店2000年版。

根于文化优势，先秦贵族根于政治经济特权，陈寅恪认为："所谓士族者，其初并不专用其先代之高官厚禄为其唯一表征，而实以家学及礼法等标异于其他诸姓。"①最大的差别在于先秦贵族爵位的世袭和土地的占有是合法的，而门阀士族世代为官没有法律依据，土地占有则是兼并的结果。土地兼并必然带来贫富两极分化，造成失地流民和社会不稳定，朝廷始终保持着警惕。汉武帝时，董仲舒就提出"限田"建议，"古井田法虽难卒行，宜少近古，限民名田，以澹不足，塞并兼之路"（《汉书·食货志》）。新朝王莽企图恢复井田制，"敢有非井田圣制，无法惑众者，投诸四裔"（《汉书·王莽传》）。魏晋南北朝则采取屯田或均田的方式，在土地公有的名义下一定程度地抑制土地兼并。从这个意义上说，门阀士族不是贵族，魏晋南北朝的门阀士族只能说是遥远先秦分封贵族的遗韵和绝响。

一般认为："门阀制度源于西汉以来的地方大姓势力，这种地方势力是在宗族乡里基础上发育滋长起来的。"②汉末及魏晋南北朝时的大姓可分为江南士族、北方郡姓和鲜卑军事贵族，"过江则有侨姓，王、谢、袁、萧为大。东南则有吴姓，朱、张、顾、陆为大。山东则有郡姓，王、崔、卢、李、郑为大。关中亦号郡姓，韦、裴、柳、薛、杨、杜为大。代北则有虏姓，元、长孙、宇文、于、陆、源、窦为大"（《唐会要》卷三六）。门阀士族有三个来源，一是源于乡里的豪族世家。庄园经济是魏晋南北朝的重要基础，而庄园经济的主体则是豪族世家。他们往往拥有成百上千的依附农、徒附，武断乡曲，隐匿人口，"豪人之室；连栋数百，膏田满野，奴婢千群，徒附万计。船车贾贩，周于四方；废居积贮，满于都城。琦赂宝货，臣室不能容；马牛羊豕，山谷

① 陈寅恪著：《唐代政治史述论稿》，上海古籍出版社1997年版，第69页。
② 唐长孺著：《魏晋南北朝隋唐史三论》，武汉大学出版社1992年版，第42页。

不能受"(《后汉书·仲长统列传》)。豪族世家经常"世仕州郡"而垄断地方政治；动乱时则会起兵投机，功成名就则跻身于开国功臣，升为显赫家族。二是源于官场的官僚世家。他们的起点不是乡里豪族，而是入仕朝廷，从事文书、法律、天文历算等专业性强的工作，按照"功次升进"和"以能取人"的原则升迁，逐步进入高层；世代居官，渐进发展为官僚世家。官僚世家专业化和组织化程度都比较高，影响力超过豪族世家。

　　三是源于士林中的学门世家。士林意指学者文人构成的文化活动圈子，它们能够左右社会声望的分配，影响朝廷选人用人的标准。而士与宗族的结合，便产生了中国历史上著名的"士族"①。汉时一些经学大师都有家学渊源，东汉经学家郑兴曾辅佐刘秀，"少学《公羊春秋》，晚善《左氏传》，遂积精深思，通达其旨，同学者皆师之"，"世言《左氏》者多祖于兴，而贾逵自传其父业，故有郑、贾之学"。其子郑众官至大司农，"从父受《左氏春秋》，精力于学，明《三统历》，作《春秋难记条例》，兼通《易》《诗》，知名于世"，"其后受诏作《春秋删》十九篇"(《后汉书·郑兴列传》)。贾逵是贾谊九世孙，曾为白虎观讲学，"父徽，从刘歆受《左氏春秋》，兼习《国语》《周官》，又受《古文尚书》于涂恽，学《毛诗》于谢曼卿，作《左氏条例》二十一篇。逵悉传父业，弱冠能诵《左氏传》及《五经》本文，以《大夏侯尚书》教授，虽为古学，兼通五家《穀梁》之说"；"尤明《左氏传》《国语》，为之《解诂》五十一篇"(《后汉书·贾逵列传》)。无论乡里还是官僚、学门豪族，都是以家族宗族为单位相互转化。"名士固然不一定从大姓、冠族中产生，但出于大姓、冠族的恐怕要占颇大比例。"②由于大姓、冠族的家世背景和优越的经

──────────

① 余英时著：《士与中国文化》，上海人民出版社1987年版，第220页。

② 唐长孺著：《魏晋南北朝史论拾遗》，中华书局1983年版，第28页。

济条件，使其子孙能够受到良好的教育，进而成为学门世家。良好的教育又以明经资格入仕为官于州郡朝廷，进而成为官僚世家。这种或以乡里、或以官场、或以士林为起点的"财富—教育—权势"循环互动，逐渐产生了魏晋南北朝的门阀士族。

门阀士族从形成到衰落是一个漫长的历史过程。追根溯源，门阀士族在西汉时期已初露端倪。封建土地私有制的发展，造就了一批田连阡陌的大地主，为门阀士族的产生提供了经济基础。当时，官僚、商人和地主都在兼并土地，汉武帝的丞相田蚡，"治宅甲诸第，田园极膏腴，市买郡县器物相属于道"（《汉书·田蚡传》）。酷吏宁成罢官回乡，"贳贷买陂田千余顷，假贫民，役使数千家"（《汉书·酷吏传》）。商人则是"大者积贮倍息，小者坐列贩卖，操其奇赢，日游都市，乘上之急，所卖必倍"；农夫"当具有者半贾而卖，亡者取倍称之息，于是有卖田宅鬻子孙以偿责者矣"。"此商人所以兼并农人，农人所以流亡者也。"（《汉书·食货志》）西汉中后期及东汉，官僚、商人和地主逐步"三位一体"，当年的豪强地主雅化为郡姓、大姓、名门、世族，门阀士族的经济基础已然成形。大土地所有制持续发展，封建人身依附关系更为强化，一部分豪族借其"世代簪缨"、族大人多和经学传家等优越条件，广占田土，拥有大量奴客家宾，还操纵官吏的选拔任用，从而逐步形成所谓的大族和名士，"上家累巨亿之赀，户地俟封君之土，行苞苴以乱执政，养剑客以威黔首"。另一方面，大量的自耕农破产之后转变为包括宾客、徒附、部曲和家兵在内的佃农，部分甚至沦为奴婢，"故下户踦岖，无所踦足，乃父子低首，奴事富人，躬率妻孥，为之服役。故富者席余而日织，贫者蹶短而岁蹴"（崔寔《政论》）。

魏晋之际是世家大族演进为门阀士族的分界线。三国及西晋时期，世家大族获得了许多特权，加强了自己的政治、经济地位。经济特权是户调制，将秦汉以来按人头征税改为按户征税，具体化为按人头征收的算赋和口赋改为按户征收绢绵。曹魏开其端，"其收田租亩四升，户出绢二匹、绵二斤而已，他不得擅兴发"（《三国志·魏书·武帝纪》裴松之注引王沈《魏书》）。西晋集大成，颁布"户调式"，第一次以法律形式确定了门阀士族在占田、荫客、税赋诸方面所享有的特权。在占田方面，明确按官品等级占田，让已然垄断五品以上高中级官位的门阀士族得以广占良田。在荫客方面，规定官吏可以按照品级的高低荫庇亲属、食客和佃农，多者至九族，少者也可三世。荫庇食客是六品以上三人，七、八品二人，九品及御前护卫一人。佃农是一、二品可荫五十户，三品十户，四品七户，五品五户，六品三户，七品二户，八、九品一户。在税赋方面，规定以丁男为户主的，每户每年交纳绢三匹、绵三斤；丁女及次丁男立户，减半征收。边郡民户只纳规定数目的三分之二，更远者纳三分之一。少数民族纳宽布一匹，远地或纳一丈。户调制使得大量编户农民以荫庇亲属、食客和佃农的身份合法地免除了大量国家税赋，成为门阀士族控制的劳动人口。

经济特权锻造了门阀士族的基础，却成就不了门阀士族。经济特权必须与政治特权相结合，才能造就魏晋南北朝的门阀士族。而政治特权就是九品中正制，使得门阀士族拥有选官特权，能够世袭官位。九品中正制是一种选官制度，上承西汉的察举征辟制，下启隋唐科举制，在中国古代政治史上占有重要地位，是传统社会三大选官制度之一。九品中正制形成于曹魏，是曹丕采纳了大臣陈群的建议设立的选官制度，曹丕"及即王位，封群昌武亭侯，徙为尚书。制九品官人之法，群所建也"（《三国志·魏书·陈群传》）。九品中正制的关键是设置中正，负责对某一地区人物的品评。中正有大小之分，州设大中正，郡设小中正。中正官最初由各州郡长官推举产生，晋以后改由朝廷三公中的司徒选授。品评人物是九品中正制的主要内容。各中正根据被品评人物的家世和行状确定品级，分为上上上中上下、中上中中中下、下上下中下下九品，作为朝廷选任官员的依据。从九品中正制的初衷分析，应以个人的行状即德行才能为主品评人物，"盖以论人才优劣，非为世族高卑"（《宋书·恩倖传》），实际却是家世为主，"上品无寒门，下品无势族"（《晋书·刘毅传》）。九品中正制的结果是势族有"世及之荣"，寒门无"寸进一路"，"选举之弊，至此而极"（赵翼《廿二史札记》卷八）。根据九品中正制，门阀士族获得了做官的特权。他们的子弟，年甫二十，就能以秘书郎、著作郎作为阶梯而青云直上，而寒门士人要到三十岁才能以小吏试用，"后门以过立试吏"（《梁书·武帝纪》）。更有甚者，"崔、卢、王、谢子弟，生发未燥，已拜列侯，身未离襁褓，而业被冠戴"（屠隆《鸿苞》卷五）。东晋时代，尚书令、尚书仆射、中书令、中书监等高官，几乎全被门阀士族所垄断。与九品中正相联系的是职官分清浊，那些清贵、清闲之位和文翰之职为清官，一般由门阀士族子弟占据，而文法吏职以及武职为浊官，门阀士族子弟既看不上也不愿担任，认为做地方官是"有损家代"（《北齐书·崔劼传》），做武官是"屈志戎旅"（《南史·王昙首传》）。浊官只能由寒门子弟承担，从而形成了门阀士族与寒门庶族的矛盾冲突，埋下了门阀士族衰落覆亡的种子。

东晋是门阀士族的鼎盛时期。公元318年，西晋灭亡，司马睿在南北门阀士族的支持下登基称帝，建立东晋。东晋是司马氏皇权与以王、庾、桓、谢为代表的北方士族和处于非主流地位的江南吴姓士族的联合体，名义上是司马氏与门阀士族"共天下"，实际却是"主威不树，臣道专行"（《宋书·刘穆之传论》），皇帝只是门阀士族利用的工具。门阀士族垄断政治大权，"朝权国命，递归台辅"(《宋书·武帝纪》)，而且，许多地方政权也由门阀士族掌控，"晋主虽有南面之尊，无总御之实，宰辅执政，政出多门，权去公家，遂成习俗"(《晋书·姚兴载记》)。终东晋之世，先后由王、庾、桓、谢四大家族主宰朝政，不仅是王与马共天下，而且是庾与马、桓与马、谢与马共天下，庾亮、庾翼兄弟号称"冠冕当世"；桓温炙手可热之时，可以废立皇帝；谢安为相时的谢氏家族，能够取得淝水大捷。晋安帝时，桓玄发难，公然篡夺了皇位。

物极必反，门阀制度在东晋高度发达，到南北朝则是衰败没落。首先是失去了经济和政治特权。经济上是均田制的实施，虽然没有触动门阀士族的既得利益，却有效地限制了他们兼并扩充土地。均田制对于招徕流民和豪强世族控制下的依附农民，开垦荒地，发展农业生产，也有着重要作用。到了隋朝，通过核籍把大批依附农民从门阀士族手中夺回作为国家的编户，削弱荫族荫客权。唐代两税法的实施，彻底废除了门阀士族经济上的特权。政治上则是"罢门资之选"，改革选官制度，不再把门第作为主要依据，"今之选举者，当不限资荫，唯在得人。苟得其人，自可起厮养，而为卿相，伊尹、傅说是也"(《周书·苏绰传》)。九品中正制自产生之日起，就受到质疑，"虽职名中正，实为奸府；事名九品，而有八损"(《晋书·刘毅传》)。尤其受到诟病的是按家世和门第选官，要求把才能和资历置于门第之上，"若才实拔群，进宜尚德，治阿之宰，不必计年，免徒之守，岂限资秩。自此以还，故当才均以资，资均以地"(《宋书·王华传》)，倡言"当使德厚者位尊，位尊者禄重；能薄者官贱，官贱者秩轻"(《宋书·周朗传》)。南梁裴子野认为："天下无生而贵者，是故道义可尊，无择负贩；苟非其人，何取代族！"(《通典·选举四》)隋朝取消九品中正制，始建进士科，实行科举选官，"隋氏罢中正，举选不本乡曲，故里闾无豪族，井邑无衣冠，人不土著，萃处京畿"；"五服之内，政决王朝，一命拜免，必归吏部"（《通典·选举五》）。唐朝继承完善科举制，彻底废除了门阀士族的政治特权。门阀士族没有经济政治特权，也就失去存在的基础，不可避免地走向了穷途末路。

同时，寒门庶族的崛起，为门阀士族的覆亡提供了人才支撑和官员储备。一方面是门阀士族的没落。他们的子弟无须立功立德，便可"平流进取，坐致公卿"（《南齐书·褚渊王俭传论》）。在朝不涉世务，以能干办事为浊，甚至以军功为耻；平时则宽衣薄带，涂脂抹粉，"出则车舆，入则扶持"（《颜氏家训·涉务》），已经没有什么实际本领，齐武帝认为："学士辈不堪经国，唯大读书耳。"（《南史·刘係宗传》）有的连书也懒得读了，"明经求第，则顾人答策；三九公宴，则假手赋诗"（《颜氏家训·勉学》）。和平时期，门阀士族子弟的无能尚能遮掩过去，一遇战乱，则原形毕露，败象丛生。东晋末年，孙恩、卢循起义，遇害的都是当时江左著名的王、谢、顾等士族子弟，琅琊王氏的王凝之，谢安的儿子谢琰以及"吴兴太守谢邈，永嘉太守谢逸，嘉兴公顾胤，南康公谢明慧，黄门郎谢冲、张琨，中书郎孔道，太子洗马孔福，乌程令夏侯愔等皆遇害"（《晋书·孙恩传》）。另一方面是寒门庶族的兴起。南朝时，朝廷掌机要、出征执兵权的大多是寒门子弟。他们出身卑微，地位低下，一旦被皇帝委以重任，必是受宠若惊，勤于公务，忠于朝廷。南齐刘係宗"以寒官累至勋品"，历仕南齐五朝君主，能力突出，政绩卓著，深受皇帝宠爱。齐武帝指责门阀士族无能经国，却强调"经国，一刘係宗足矣。沈约、王融数百人，于事何用"（《南史·刘係宗传》）。小吏出身的茹法亮任中书通事舍人，相当于皇帝的机要秘书，官位不高，也不清显，却"势倾天下，太尉王俭常谓人曰：'我虽有大位，权寄岂及茹公。'"（《南史·茹法亮传》）寒门庶族还通过典签等途径跻身政界。典签是地方长官属下掌管机要文书的小官，一般由寒门庶族担任；典签是君主控制地方的工具，被赋予监控地方长官的权力。有些典签一年之内几次回京城，向君主报告刺史、郡守等人的优劣表现，影响和决定地方长官的政治命运，因而"威行州郡，权重藩君"（《南史·吕文显传》）。寒门庶族的兴盛，替代了门阀士族，不仅没有影响传统社会的政治运行，而且使政治运行更有效率和成就，进而促成了隋唐的统一和盛唐气象。

魏晋南北朝是个乱世。乱世容易出英雄豪杰，也容易使普通人尤其是士大夫悲观，感叹世事无常，人生苦短，采取消极的人生态度，或及时行乐，或隐居林泉，或遁入空门。无论英雄豪杰还是普通人，都改变不了自然规律和社会法则："朱雀桥边野草花，乌衣巷口夕阳斜。旧时王谢堂前燕，飞入寻常百姓家。"（刘禹锡《乌衣巷》）

第二节 玄学昌盛

魏晋南北朝社会思潮比较活跃。两汉四百年，儒家思想一统天下，占据意识形态的正统地位，魏晋南北朝则是批判质疑儒家思想，"今之学者师商、韩而上法术，竞以儒家为迂阔，不周世用，此最风俗之流弊"（《三国志·魏书·杜恕传》）。批判质疑体现在清谈风尚，玄学昌盛，宗教意识觉醒，先秦诸子思想得到不同程度的复兴，其中法家最受重视，"近者魏武好法术，而天下贵刑名"（《晋书·傅玄传》）。名家得以张扬，"名者所以别同异，明是非，道义之门，政化之准绳也"；"墨子著书，作《辩经》以立名本，惠施、公孙龙祖述其学，以正别名显于世"（《晋书·隐逸传》）。兵家不能忽视，曹操作注《孙子兵法》，诸葛亮撰述《兵要》。纵横家也被关注，"淮南人刘陶善论纵横，为当时所推"（《三国志·魏书·钟会传》裴松之注引何劭《王弼传》）。

一、清谈风尚

清谈意指魏晋之际形成的一股社会风尚，士族名流相逢，文人骚客聚会，只谈玄理，不务实际，不谈国事，不言民生。清魏源指出："魏晋清谭之士林，东汉礼教节义之士林也"（《默觚下·治篇十》）。清谈始于曹魏，至东晋益胜，延及齐梁不衰，其肇始者和代表人物是何晏、王弼。何晏身居高位，"能清言，而当时权势，天下谈士，多宗尚之"（《世说新语·文学》刘孝标注引《文章叙录》）。曾与王弼谈论玄理，所谈观点被王弼一一驳倒，"何晏为吏部尚书，有位望，时谈客盈坐。王弼未弱冠，往见之。晏问弼名，因条向者胜理语弼曰：'此理仆以为极，可得复难不？'弼便作难，一坐人便以为屈"（《世说新语·文学》）。清谈也称清言，主要谈老子、庄子和《周易》的思想；它与俗言相对立，就是不谈如何治国安邦和富民强国等俗事。谁谈俗事，就会遭到讽刺和贬斥。清谈不仅有玄理与俗事之分，更有思想意识的不同流派之争。清谈推崇道家思想，无意定儒家于一尊，"魏之初霸，术兼名法。傅嘏、王粲，校练名理。迄至正始，务欲守文。何晏之徒，始盛玄论。于是聃、周当路，与尼父争涂矣"（《文心雕龙·论说》）。

清谈前身是清议，源自对为官从政人物的品鉴。清议与汉代选官制度密切相关，人物品评好，便可入仕做官，否则，就会被社会抛弃，"两汉以来，犹循此制，乡举里选，必先考其生平，一玷清议，终身不齿"（《日知录》卷一三）。汉代选官有察举和征辟两条途径，察举是一种自下而上的选官制度，由地方长官考察推荐人才给朝廷，经过试用考核再任命官职，始于汉文帝，"举贤良方正能直言极谏者，以匡朕之不逮。因各饬其任职，务省繇费以便民"（《史记·孝文本纪》）；汉武帝则"令郡国举孝廉各一人"（《汉书·武帝纪》）。征辟是一种自上而下的选官制度，意指朝廷和官府征召名望显赫的人士，委任官职，始于汉武帝，曾征召枚乘为官，"武帝自为太子闻乘名，及即位，乘年老，乃以安车蒲轮征乘"（《汉书·枚乘传》）。察举和征辟必然引发品评人物的风气，因为人物品评是选任官员的关键环节，朝廷以人物品评为依据，优则察举征辟，劣则淘汰放弃；士人也以人物品评为途径博取名望，以期进入仕途。人物品评既能发现人才，也能戳穿虚伪之徒，赵宣就是个典型。为了博取孝名，赵宣竟然在墓道里守丧20多年；按照礼制，守丧夫妻不能同居，他竟然生了五个孩子，"民有赵宣葬亲而不闭埏隧，因居其中，行服二十余年，乡邑称孝，州郡数礼请之。郡内以荐蕃，蕃与相见，问其妻子，而宣五子皆服中所生。蕃大怒曰：'圣人制礼，贤者俯就，不肖企及。且祭不欲数，以其易黩故也。况乃寝宿冢藏，而孕育其中，诳时惑众，诬污鬼神乎？'遂致其罪"（《后汉书·陈蕃列传》）。东汉末年，察举征辟走向了末途，"灵、献之世，阉官用事，群奸秉权，危害忠良。台阁失选用于上，州郡轻贡举于下。夫选用失于上，则牧守非其人矣；贡举轻于下，则秀、孝不得贤矣。故时人语曰：'举秀才，不知书。察孝廉，父别居。寒素清白浊如泥，高第良将怯如鸡。'又云：'古人欲达勤诵经，今世图官免治生。'盖疾之甚也"（《抱朴子·审举》）。而人物品评则由选人用人的依据转变为政治斗争的手段，官僚士大夫用来反对外戚干政和宦官专权，这就是清议。

清议重点是通过评论人物抨击时政，盛行于东汉末年，"桓灵之间，主荒政缪，国命委于阉寺，士子羞与为伍，故匹夫抗愤，处士横议，遂乃激扬名声，互相题拂，品核公卿，裁量执政，婞直之风，于斯行矣"（《后汉书·党锢列传》）。清议与清流相关联，清议依附于清流，清流是清议的基础。当时的清流以太学生和官僚士大夫为主体，他们希望救弊匡世。与清流相对立的是浊流，以外戚和宦官为主体，他们争权夺利，祸国殃民。汉末宦官专权，政治黑暗腐败，引起太学生和官僚士大夫不满，以郭林宗、贾伟节为首的太学生和以李膺、陈蕃为代表的官僚士大夫自上而下加以声讨，最后甚至联合外戚一起声讨宦官，并肩抗争浊流。已是官僚的李固、皇甫规屡屡上书抨击乳母封爵和宦官执政，"今封阿母，恩赏太过；常侍近臣，威权太重。臣案图书，灾异之发，亦以为然。今宜斥退邪佞，投之四裔；引纳方直，令在左右"（《后汉书·顺帝纪》）。太学生们多次抗议。冀州刺史朱穆与宦官斗争被桓帝问罪，数千太学生为其上书，痛斥宦官，"当今中官近习，窃持国柄，手握王爵，口含天宪，运赏则使饿隶富于季孙，呼吸则令伊、颜化为桀、跖。而穆独亢然不顾身害。非恶荣而好辱，恶生而好死也，徒感王纲之不摄，惧天网之久失，故竭心怀忧，为上深计。臣愿黥首系趾，代穆校作"（《后汉书·朱穆列传》）。同时，清议也在品评人物，着力在清流名士之间互相褒扬品行，"诸生三万余人，郭林宗、贾伟节为其冠，并与李膺、陈蕃、王畅更相褒重。学中语曰：'天下模楷李元礼，不畏强御陈仲举，天下俊秀王叔茂。'"（《后汉书·党锢列传》）清议通过品评人物标榜名士，目的仍是与宦官作斗争，实现政治清明。清流与浊流水火不容，最后导致党锢之祸，以清流失败和汉朝覆灭而告终，清议则随着历史的推进转变为魏晋名士的清谈。

　　清议转变为清谈的重要环节是"名理之学"，代表人物有崔寔、仲长统、王符、徐幹、刘真。名理之学是一种政治理论，围绕名与实的关系品评人物和时事，要求考核名实和辨名析理。王符认为："有号者必称于典，名理者必效于实，则官无废职，位无非人。"（《潜夫论·考绩》）汉末清议及品评人物逐渐脱离实际，重名不重实，轻则名实相违或名不副实；重则是非颠倒，黑白不分，"天下之士有三可贱：慕名而不知实，一可贱；不敢正是非于富贵，二可贱；向盛背衰，三可贱"（《意林》引仲长统《昌言》佚文）。名理之学坚持正名督实，突出实的重要性，名由实立，实由名显，"名者，所以名实也，实立则名从之，非名立而实从之也。故长形立而名之曰'长'，短形立而名之曰'短'。非长短之名先立，而长短之形从之也。仲尼之所贵者，名实之名也。贵名乃所以贵实也"（徐幹《中论·考伪》）。汉魏之际，人物品评由务虚转向务实，由儒家的孝廉标准转向不拘一格，唯才是举。曹操知人善任，眼光独到，"夫有行之士未必能进取，进取之士未必能有行也"。用人更重才能，"陈平岂笃行，苏秦岂守信邪？而陈平定汉业，苏秦济弱燕。由此言之，士有偏短，庸可废乎"（《三国志·魏书·武帝纪》）。曹丕即位，改革人事制度，由察举征辟制转向九品中正制，州郡皆置中正，考察识别人才，区分高下等级。

名理之学总结人物品评的务实做法，探索隐藏在人物品格背后的本质属性，其代表作是刘劭的《人物志》。刘劭认为，情性是人物品评的关键，"盖人物之本，出乎情性。情性之理，甚微而玄"。而人的情性是由元气、阴阳和五行构成的，"凡有血气者，莫不含元一以为质，禀阴阳以立性，体五行而著形。苟有形质，犹可即而求之。凡人之质量，中和最贵矣。中和之质，必平淡无味，故能调成五材，变化应节。是故观人察质，必先察其平淡，而后求其聪明"（《人物志·九征》）。中和之质也称中庸之德，是人才的基本素质和人物情性最高境界。一般人都是偏至之才，只有圣人，才能达到中庸境界，而"中庸之德，其质无名。故咸而不碱，淡而不䐕，质而不缦，文而不缋。能威能怀，能辨能讷；变化无方，以达为节"（《人物志·体别》）。刘劭以道家的无名解读儒家的中庸，被王弼、何晏继承和突破，由人事的具体学问上升为形上之学，由人物质性的无名，扩展为对天地万物的认识，"夫物之所以生，功之所以成，必生乎无形，由乎无名。无形无名者，万物之宗也"（王弼《老子指略》）。王弼、何晏催生了魏晋玄学，促成了清议转化为清谈的风尚。

名理之学既是清议的结束，又是清谈的开端，还是连接清议与清谈的桥梁和纽带，这就是人物的才性。清议和清谈都重视人物的才性，清议以才性品评人物，是认识的深化，摆脱了就事论事的局限，进而产生名理之学。"才性即名理也。"①早期的清谈与才性密切相关，曹魏的"锺会撰《四本论》"（《世说新语·文学》）。所谓"四本者，言才性同，才性异，才性合，才性离也。尚书傅嘏论同，中书令李丰论异，侍郎锺会论合，屯骑校尉王广论离。文多不载"②。魏晋的才性四本论是对汉朝选官制度的超越，就才性合与同而言，扩大了选人用人范围，从侧重于人的道德品行拓展为道德品行与才能才干兼而有之；就才性离与异而言，则是冲破了选人用人的藩篱，从只重视道德品行转变为更加重视人的才能和才干。而且，清谈者都精通名理和才性，"嘏常论才性同异，锺会集而论之"（《三国志·魏书·傅嘏传》）；锺会"及壮有才数技艺，而博学精练名理"（《三国志·魏书·锺会传》）。

　　清谈是清议的延续，两者在品评人物方面具有相通之处。清谈一词最早见于《后汉书》，实际是清议的意思，"孔公绪清谈高论，嘘枯吹生"（《后汉书·郑太列传》）。唐李贤注《后汉书》，认为"嘘枯吹生"是在品评臧否人物，"枯者嘘之使生，生者吹之使枯，言谈论有所抑扬也"。东汉末年，清谈和清议并没有严格区分，两者在人物品评上可以互称。许劭是东汉末年著名的人物评论家，定期举办"月旦评"，主持乡间清议；其从兄许靖"俱知名，并有人伦臧否之称"（《三国志·蜀书·许靖传》裴松之注引《蜀志》），也是个清谈人物，"靖虽年逾七十，爱乐人物，诱纳后进，清谈不倦"（《三国志·蜀书·许靖传》）。晋朝时，清议与清谈还可以互称，司马炎还是公子时，要求被评定人物等级，中正们评定他与郑默同级，"初，帝以贵公子当品，乡里莫

① 《汤用彤学术论文集》，中华书局1983年版，第206页。
② 余嘉锡著：《世说新语笺疏》，中华书局2007年版，第195页。

敢与为辈，求之州内，于是十二郡中正佥共举默"。司马炎称帝后，对郑默自谦地说："昔州里举卿相辈，常愧有累清谈。"（《晋书·郑默传》）南北朝时，清谈内涵已经十分明确，就是玄学之谈，有时还会混同于清议，"昔子建不欲妄赞陈琳，恐见嗤哂后代。今之过奢余论，将不有累清谈"（《梁书·伏挺传》）。清谈与清议都是品评人物，两者却有着明显差异。汉末清议人物，是为了发现人才，经世致用。曹操年轻时拜会尚书令乔玄，"玄谓曰：'天下方乱，群雄虎争，拨而理之，非君乎？然君实是乱世之英雄，治世之奸贼。恨吾老矣，不见君富贵，当以子孙相累。'"（《世说新语·识鉴》）而魏晋清谈人物，超脱世情，重在精神情操，竹林七贤之一王戎是吏部尚书，品评王衍，"太尉神姿高彻，如瑶林琼树，自然是风尘外物"；品评阮籍的族兄阮武，"清伦有鉴识，汉元以来，未有此人"（《世说新语·赏誉》）。

清谈与清议有着本质差异。一般认为，清议是议论政治，臧否人物；清谈则为理论思辨，形上探索。具体而言，两者的时间不同，清议发生在东汉末年，清谈形成于魏晋时期；依据不同，清议以儒家经典为圭臬，清谈以道家思想为指导；主体不同，清议主要是汉末的太学生和官僚士大夫，清谈主要是魏晋的门阀士族及其子弟；氛围不同，清议悲壮，不得不对抗政治腐败，清谈苍凉，不得不逃离黑暗政治；选择不同，清议是遵循儒家的积极入世精神，清谈是奉行道家的消极避世态度。更重要的是内容不同，清议是品评人物，抨击宦官，曾使宦官感到惊恐惧怕，"自此诸黄门常侍皆鞠躬屏气，休沐不敢出宫。帝怪问其故，并叩头泣曰：'畏李校尉。'"（《后汉书·党锢列传》）清谈是讨论哲学问题，辩论玄理内容。南齐大臣王僧虔曾作《诫子书》，告诫儿子，清谈需经艰苦磨炼，"张衡思侔造化，郭象言类悬河，不自劳苦，何由至此？"批评儿子读书不刻苦，"且论注百氏，荆州《八帙》，又《才性四本》《声无哀乐》，皆言家口实，如客至之有设也。汝皆未经拂耳瞥目，岂有庖厨不修，而欲延大宾者哉？"强调清谈玄理不易，东方朔"有云：'谈何容易。'见诸玄，志为之逸，肠为之抽，专一书，转诵数十家注，自少至老，手不释卷，尚未敢轻言"。王僧虔认为，研究老子，必须知道王弼、何晏以及马融、郑玄的不同观点，否则就是一件危险的事情，"汝开《老子》卷头五尺许，未知辅嗣何所道，平叔何所说，马、郑何所异，《指》《例》何所明，而便盛于麈尾，自呼谈士，此最险事"。谈论《周易》《庄子》《老子》，必须熟读其书，详解其意，"设令袁令命汝言《易》，谢中书挑汝言《庄》，张吴兴叩汝言《老》，端可复言未尝看邪？谈故如射，前人得破，后人应解，不解即输赌矣"。不读玄书，而清谈玄理，就是自欺欺人，"汝曾未窥其题目，未辨其指归；六十四卦，未知何名；《庄子》众篇，何者内外；《八帙》所载，凡有几家；《四本》之称，以何为长。而终日欺人，人亦不受汝欺也"（《南齐书·王僧虔传》）。

　　清谈与清议不仅有内容上的差异，而且有方式上的不同。清议一般不辩论，清谈则以辩论为主，绝大多数属于口谈，具有多种方式，譬如，主客两人对谈。有时是主人提出问题，客人给予答复，王弼"弱冠诣裴徽，徽问曰：'夫无者，诚万物之所资，圣人莫肯致言，而老子申之无已，何邪？'弼曰：'圣人体无，无又不可以训，故言必及有；老、庄未免于有，恒训其所不足'"。有时是主人就一个问题提出自己的看法，客人则质疑和提出不同看法，"谢公因子弟集聚，问：'《毛诗》何句最佳？'遏称曰：'昔我往矣，杨柳依依；今我来思，雨雪霏霏。'公曰：'訏谟定命，远猷辰告。'谓此句偏有雅人深致"。又如，一主多客或一客多主的对谈，无论主客双方有多少人，都须一人为主对谈。西晋裴遐善言玄理，结婚之日曾与郭象对谈，满座皆服，"裴散骑娶王太尉女，婚后三日，诸婿大会，当时名士，王、裴子弟悉集。郭子玄在坐，挑与裴谈。子玄才甚丰赡，始数交，未快；郭陈张甚盛，裴徐理前语，理致甚微，四坐咨嗟称快。王亦以为奇"。再如，自为主客的对谈，即自己提出问题，自己回答。有一次，谢安主持《庄子·渔父》篇的讨论，待大家发言后，作了一万言讲解，"于是四坐各言怀毕，谢问曰：'卿等尽不？'皆曰：'今日之言，少不自竭。'谢后粗难，因自叙其意，作万余语，才峰秀逸，既自难干，加意气拟托，萧然自得，四坐莫不厌心"（《世说新语·文学》）。清议强调观点正确，清谈则主张标新立异，见人之所未见，言人之所未言，探求义理之精微而达于妙处。如果没有观点新颖和吸引力，那就不会有人竟日清谈，废寝忘食。清谈还要有高超语言表达能力。刘惔和王濛都是东晋名士，二人交好，刘惔以清谈内容见胜，而王濛以清谈技巧见胜，"刘尹至王长史许清言，时苟子年十三，倚床边听。既去，问父曰：'刘尹语何如尊？'长史曰：'韶音令辞，不如我；往辄破的，胜我。'"（《世说新语·品藻》）

二、玄风独振

"有晋中兴，玄风独振。"（《宋书·谢灵运传》）魏晋南北朝时期，如果说清谈是社会风尚，那么，玄学则是社会思潮和思想的主流。清谈与玄学关系密切，清谈是玄学的表现形式，玄学是清谈的思想内容。内容决定形式，没有玄学，就没有清谈。玄的概念属于道家范畴，原意为深黑色，道家意谓玄妙神秘，深远莫测。明沈一贯注云："凡物远不可见者，其色黝然，玄也。大道之妙，非意象形称为可指，深矣，远矣，不可极矣，故名之曰玄。"（《老子通》）玄学是研究玄妙深远问题的学问，换言之，就是研究哲学和形上问题。玄学视老子、庄子为玄宗，以《老子》《庄子》《周易》"三玄"为本，调和儒道关系，解经作传，探求自然界、人类社会和人生的规律，在本体论层面深入研讨有与无、本与末、言与意、一与多及名教与自然等关系。玄学是中国思想史的革命，在思维形式方面，确立了思辨理性原则；在思维内容方面，从注重研究六合之内的形下问题转入六合之外的形上问题。"'玄学'的名字表明它是道家的继续，因此，我称它为'新道学'。"[1]玄学也是对汉朝经学的"中断"以及"改铸""重构"，有着极不相同的价值取向，它"奋力追求个体对现存、现实关系和社会网络（包括纲常名教）的彻底挣脱、超越，以便最后给出一个'绝对自我'"[2]。

魏晋玄学产生的原因是复杂的，主要是政治和文化因素的综合作用。政治作用是微妙的，不是政治安定和清明，而是政治动乱和黑暗促进了玄学。动乱是魏晋南北朝政治的主线。东汉末年，黄巾起义摧毁了汉朝的根基，董卓之乱使得风雨飘摇的汉朝分崩离析，此后四百年是血与火写就的历史，先是魏、蜀、吴三国鼎立，继之西晋短暂统一。西晋灭亡后，北方先有"五胡乱华"和十六国割据，后有北魏、东魏、西魏、北齐、北周的政权更迭；南方先有晋室渡江、偏安江南，后有刘宋、萧齐、萧梁、南陈王朝的相继替代。对于老百姓而言，动乱绝对是坏事；对于政治经济而言，动乱也不是好事。而动乱对于文化和学术思想却是个发展机遇。在传统社会，凡是大一统的时代，往往伴随着思想文化的统一，而大一统的瓦解，不同的思想文化却有了生长的空间。玄学就是在政治动乱的空间中出生发育长大。政治促进玄学，不仅表现在动乱，而且表现在黑暗，东汉末年"党锢之祸"

---

① 冯友兰著:《中国哲学简史》，新世界出版社2004年版，第187页。
② 冯达文著:《早期中国哲学略论》，巴蜀书社2016年版，第243页。

以及汉魏、魏晋之际的争夺政权，都是先拿士人即读书人开刀，杀鸡儆猴，十分残酷。党锢之祸使得"海内涂炭，二十余年，诸所蔓衍，皆天下善士"（《后汉书·党锢列传》）。第二次党锢之祸，宦官控制皇帝"制诏州郡大举钩党，于是天下豪桀及儒学行义者，一切结为党人"，"死徒废禁者，六七百人"（《后汉书·灵帝纪》）。

曹操具有雄才大略，用人不拘一格，对于推动魏晋思想文化发展有开拓之功。然而，他不能容忍心向汉朝的士人，坚决地杀害了孔融，"书奏，下狱弃市，时年五十六"。进而杀害了孔融家人，"妻、子皆被诛。初，女年七岁，男年九岁，以其幼弱得全，寄它舍。二子方弈棋，融被收而不动。左右曰：'父执而不起，何也？'答曰：'安有巢毁而卵不破乎！'主人有遗肉汁，男渴而饮之。女曰：'今日之祸，岂得久活，何赖知肉味乎？'兄号泣而止。或言于曹操，遂尽杀之。及收至，谓兄曰：'若死者有知，得见父母，岂非至愿！'乃延颈就刑，颜色不变，莫不伤之"（《后汉书·孔融列传》）。魏晋之际，司马氏集团杀害心向曹魏的士人也不手软。嵇康是曹操的孙女婿，司马昭当权后，不再为官，拒绝合作，被构陷杀害，"康将刑东市，太学生三千人请以为师，弗许。康顾视日影，索琴弹之，曰：'昔袁孝尼尝从吾学《广陵散》，吾每靳固之，《广陵散》于今绝矣！'时年四十。海内之士，莫不痛之"（《晋书·嵇康传》）。面对刀光剑影、腥风血雨的残酷政治，士人万念俱灰，迷惘而绝望，"魏晋之际，天下多故，名士少有全者，籍由是不与世事，遂酣饮为常"（《晋书·阮籍传》）。为了苟全性命于乱世，断绝了为官从政、建功立业的念想，开启了消极避世、隐居不仕的社会潮流；即使不得不入仕为官，也是身在庙堂，心存江湖，庙堂之事得过且过，江湖之隐念兹在兹。这是魏晋南北朝政治的损失，却为玄学的兴盛和文化的发展提供了人才保障。士人有了充足时间去思考研究问题，而不能联系现实，更不敢联系政治，于是，玄学应运而生，既填补了士人的精神空虚，又充实了士人的时间空闲。"夫玄学者，谓玄远之学。学贵玄远，则略于具体事物而究心抽象原理。论天道则不拘于构成质料，而进探本体存在。论人事则轻忽有形之粗迹，而专期神理之妙用。"① 文化因素是因为汉朝经学的衰落。两汉四百年间，儒学以经学的面目呈现于世，在思想文化领域具有绝对的统治地位。经学分为今文经学和古文经学，今文经学以春秋《公羊》学为主体，注重阐述儒家经典义理和"微言大义"，始终占据着两汉经学的官方地位；古文经学以《左氏》《穀梁》学为主体，注重从名物训诂角度来解释儒家经典，不断挑战今文经学，有时形成了很大的声势，却一直没有得到官方的正式认可。即使光武帝曾采纳古文经学家的建议，以李封为博士"立《左氏》学"，很快又是"《左氏》复废"（《后汉书·陈元列传》），今文经学强调天人感应，逐渐与谶纬迷信合流，显现出神秘化和宗教化的弊端，古文经学以释、注、笺、训、删等方式注经和考释儒家经典，不断趋于烦琐化和教条化，乃至于"一经说至百余万言"（《汉书·儒林传》），"说五字之文，至于二三万言"（《汉书·艺文志》）。东汉末年，在官方层面，无论今文经学还是古文经学，都趋向衰落式微，原为儒者梦寐以求的博士之官，已经无人问津，汉灵帝"诏曰：'顷选举失所，多非其人，儒法杂揉，学道浸微。处士荀爽、陈纪、郑玄、韩融、李楷耽道乐古，志行高洁，清贫隐约，为众所归。其以爽等各补博士。'皆不至"（袁宏《后汉纪·灵帝纪下》）。朝廷选拔官员，儒生耻与为伍，所选之人都是不学无术，还有不法之徒，灵帝"好学，自造《皇羲篇》五十章，因引诸生能为文赋者。本颇以经学相招，后诸为尺牍及

---

① 《汤用彤学术论文集》，中华书局1983年版，第214页。

工书鸟篆者，皆加引召，遂至数十人，侍中祭酒乐松、贾护，多引无行趣势之徒，并待制鸿都门下，憙陈方俗间里小事，帝甚悦之，待以不次之位。又市贾小民，为宣陵孝子者，复数十人，悉除为郎中、太子舍人"（《后汉书·蔡邕列传》）。官方经学的衰落并不是儒学的衰落，儒学以私学的形式仍然存在和延续，其中集大成者是郑玄。郑玄以古文经学为主，兼通今文经学，既遍注儒家经典，又撰文著述，宣扬儒家思想，比较著名的有《天文七政论》《鲁礼禘祫义》《六艺论》《毛诗谱》《驳许慎五经异义》《答临孝存周礼难》。

汉末官方经学的衰落，取而代之的是思想文化多元发展和自由开放讨论的格局；儒家独尊地位的受损，带来的是道家、法家、名家、兵家、纵横家等思想学说不同程度的复兴。政治家们关注社会秩序和王朝兴衰，重视运用法家思想指导实践，"太祖远筹演谋，鞭挞宇内，揽申、商之法术，该韩、白之奇策"（《三国志·魏书·武帝纪评》），而士人和学者却关注个体的生存，积极从道家那里寻找精神家园，酿成了玄学美酒，促成了玄学思潮。从理论上分析，魏晋玄学与经学相对立，在内容和方法上都突破了汉朝经学的局限，是一种新的理论形态。玄学一反经学重经验轻思辨、重形下轻形上、重秩序轻自由、重集体轻个体的倾向，试图超越现实的是非善恶和利害得失，为天下万事万物探求一个形而上学的根据，从而使传统学术思想从具有浓厚经验色彩的现实思维进入理性的抽象思辨王国，实现了中国学术思想文化史上的一次飞跃。玄学否定经学，却不否定儒学，而是调和孔老，会通儒道，"魏晋玄学，人多指为道家之学。其实不然。玄学乃儒道两家的混合"①。当时著名的玄学家积极解读道家经典，也重视

---

① 吕思勉著：《中国通史》，上海古籍出版社2009年版，第267页。

诠释儒家典籍。何晏著有《论语集解》，王弼有《周易注》和《论语释疑》，郭象有《论语体略》。他们不重章句，重在义理，以道家思想援引解释儒家经典，或在解释儒家经典时融入道家思想。政治家们也没有忘记孔子及其儒家，曹丕称帝第二年即下诏修复孔庙，封孔子后裔为侯，孔子"可谓命世之大圣，亿载之师表者也。遭天下大乱，百祀堕坏，旧居之庙，毁而不修，褒成之后，绝而莫继，阙里不闻讲颂之声，四时不睹蒸尝之位，斯岂所谓崇礼报功，盛德百世必祀者哉！其以议郎孔羡为宗圣侯，邑百户，奉孔子祀"（《三国志·魏书·文帝纪》）。

魏晋玄学讨论的议题甚多，主要是有无之辩以及名教与自然的关系。无论有无之辩，还是名教与自然的关系，一般都经历了正、反、合三个过程。对应的时代是，曹魏正始年间，何晏、王弼提出相关命题；魏晋禅代之际，竹林名士提出反对观点；西晋元康年间，郭象提出调和正反的思想。有与无是老子哲学的重要内容，也是老子辩证法的主要范畴，"反者道之动，弱者道之用。天下万物生于有，有生于无"（《老子》第四十章）。何晏、王弼继承发挥老子之无的思想，主张贵无论，吹响了魏晋玄学的号角。何晏直接将道等同于无和自然，认为道就是无，就是自然，"夫道者，惟无所有者也。自天地已来，皆有所矣。然犹谓之道者，以其能复用无所有也。故虽处有名之域而没其无名之象；由以在阳之远体，而忘其自有阴之远类也。夏侯玄曰：'天地以自然运，圣人以自然用。自然者，道也。'"（《列子·仲尼》张湛注引《无名论》）王弼则强调无是万物的根基，是形下世界背后的形上本体，"夫物之所以生，功之所以成，必生乎无形，由乎无名。无形无名者，万物之宗也"（《老子指略》）。王弼认为，有与无类似于母与子的关系，无生有，母生子，具有根本性，"凡有皆始于无，故未形无名之时，则为万物之始。及其有形有名之时，则长之育之，亭之毒之，为其母也。言道以无形无名始成万物，以始以成而不知其所以，玄之又玄也"（《老子》第一章注）。

何晏、王弼的贵无玄谈，必然在政治上鼓吹无为而治，既不符合门阀士族的长远利益，也不符合司马氏集团的政治作为，引发了各方纷争。西晋初年，裴頠提出崇有论，反对贵无论，认为无不能生有，"夫至无者，无以能生，故始生者，自生也。自生而必体有，则有遗而生亏矣。生以有为已分，则虚无是有之所谓遗者也"。裴頠强调无不利于事物发展，而有对于事物发展有积极作用，"心非事也，而制事必由于心，然不可以制事以非事，谓心为无也；匠非器也，而制器必须于匠，然不可以制器以非器，谓匠非有也"。裴頠更反对无为而治，崇尚儒家的有为政治，"惟夫用天之道，分地之利，躬其力任，劳而后飨"；"故大建厥极，绥理群生，训物垂范，于是乎在"（《晋书·裴頠传》）。元康年间，郭象则对有无之辩进行融通，他不完全同意王弼无是本体的观点，认为每个事物都是一个独立的绝对，是自有、自生的，"夫庄老之所以屡称无者何哉？明生物者无物，而物自生耳"（《庄子·在宥》注）；也不完全同意裴頠"有"以"有"为条件，主张"有"不需要任何条件，有不能生有，也不必恃有，"夫有之未生，以何为生乎？故必自有耳，岂有之所能有乎"（《庄子·庚桑楚》注）。郭象为此提出了"玄冥"和"独化"的概念，认为世间一切事物是独立地生成于某种浑然无别的神秘境界，"万物独化于玄冥之境"；它们的生成变化是自因的，独化是万物无法避免的宿命，"人之所因者，天也。天之所生者，独化也。人皆以天为父，故昼夜之变，寒暑之节，犹不敢恶，随天安之；况乎卓尔独化，至于玄冥之境，又安得而不任之哉？既任之，则死生变化，惟命之从也"（《庄子·大宗师》注）。

如果说有无之辩属于哲学范畴，那么，名教与自然的关系则属于政治伦理范畴。名教是"以名为教",即把儒家所宣传的道德观念及其行为规范定为名分,立为名目,称为名号,制为名节,以便进行教化。汉朝名教的核心是三纲五常,"名教大极,忠孝而已"(《宋书·郑鲜之传》)。名教与经学相辅相成,经学是名教的依据,名教弘扬经学。经学没落,名教必然受到冲击;玄学兴起,自然必然受到重视。自然的思想源于老子,"人法地,地法天,天法道,道法自然"(《老子》第二十五章)。王弼把自然看作是事物本身的法则和存在的根据,"万物以自然为性,故可因而不可为,可通而不可执也"(《老子》第二十九章注)。郭象则给予自然相对完整的哲学论述,认为自然就是天然,万事万物都是自己生成的,"自生耳,非我生也。我既不能生物,物亦不能生我,则我自然矣。自己而然,则谓之天然"(《庄子·齐物论》注)。玄学并不否定名教,而是反对司马氏集团虚伪的名教,以及司马氏集团借名教排除异己,行篡夺曹魏政权之实。对于名教与自然的关系,何晏、王弼主张名教出于自然。王弼在注释《老子》第三十二章时,认为朴就是道,也是自然,"朴之为物,以无为心也,亦无名"。朴散产生名分,自然产生名教,"始制,谓朴散始为官长之时也。始制官长,不可不立名分以定尊卑,故始制有名也"。何晏、王弼没有否定名教,何晏认为:"知父子相养不可废,反可废君臣之义耶?"(《论语集解·微子》)名教出于自然,不是论证名教的合理性,而是主张用自然来净化名教,以"不言之教"取代"以名为教"。不言之教,比以名为教更能彰显仁义道德,"用不以形,御不以名。故仁义可显,礼敬可彰也"(《老子》第三十八章注)。

竹林名士强调越名教而任自然,明确把名教与自然对立起来。嵇康指出:"夫称君子者:心不措乎是非,而行不违乎道者也。何以言之?夫气静神虚者,心不存于矜尚;体亮心达者,情不系于所欲。矜尚不存乎心，故能越名教而任自然；情不系于所欲，故能审贵贱而通物情。物情顺通，故大道无违；越名任心，故是非无措也。"（《晋书·嵇康传》引《释私论》）竹林名士是玄学中的激进派，嵇康"轻贱唐虞，而笑大禹"（《卜疑》）；"非汤武而薄周孔"（《与山巨源绝交书》）。阮籍呐喊，"礼岂为我设邪"（《晋书·阮籍传》）。他们批判揭露名教，嵇康认为名教违反人性，"推其原也，《六经》以抑引为主，人性以从欲为欢，抑引则违其愿，从欲则得自然；然则自然之得，不由抑引之《六经》，全性之本，不须犯情之礼律。故知仁义务于理伪，非养真之要术；廉让生于争夺，自然之所出也"（《难自然好学论》）。阮籍指出，名教是压迫和束缚人民的枷锁，"君立而虐兴，臣设而贼生，坐制礼法，束缚下民"。名教也是政治动乱的根源，"汝君子之礼法，诚天下残贼、乱危、死亡之术耳，而乃目以为美行不易之道，不亦过乎"（《大人先生传》）。尽管如此，竹林名士却不是真的反对名教，而是反对统治者的假名教。鲁迅指出："嵇阮之罪名，一向说他们毁坏礼教。但据我个人的意见，这判断是错的。魏、晋时代，崇奉礼教的看来似乎很不错，而实在是毁坏礼教，不信礼教的。表面上毁坏礼教者，实则倒是承认礼教，太相信礼教。"[1]阮籍就明确表达了维护名教的思想，"礼逾其制则尊卑乖，乐失其序则亲疏乱。礼定其象，乐平其心。礼治其外，乐化其内。礼乐正而天下平"（《乐论》）。元康年间的玄学倡导名教即自然，极力将名教与自然统一起来。郭象认为，"夫仁义自是人之情性，但当任之耳"（《庄子·骈拇》注）。郭象指出，名教与自然是事物的一体两面，"夫理有至极，外内相冥，未有极游外之致而不冥于内者也"（《庄子·大宗师》注）。名教与自然的人

_____

① 《鲁迅全集》（第1卷），新疆人民出版社1995年版，第791页。

格化代表是圣人与神人，两者也是统一的，"夫神人即今所谓圣人也"。圣人虽然过着世俗的生活，而在精神上却是清高的，"夫圣人虽在庙堂之上，然其心无异于山林之中"（《庄子·逍遥游》注）；"故圣人常游外以弘内，无心以顺有。故虽终日挥形，而神气无变，俯仰万机而淡然自若"（《庄子·大宗师》注）。

魏晋玄学的载体是魏晋名士。名士对于玄学至关重要，名士不存，玄学何附？名士古已有之，相当于隐士，"勉诸侯，聘名士，礼贤者"（《礼记·月令》），郑玄注曰："名士，不仕者。"西汉期间，学者追求为官从政，名士已由隐士转化为有名望而不拘礼节之人，"汉世之所谓名士者，其风流可知矣。虽弛张趣舍，时有未纯，于刻情修容，依倚道艺，以就其声价，非所能通物方，弘时务也"（《后汉书·方术列传论》）。魏晋名士源于东汉的慕名取士，却有很大不同。东汉没有形成名士风度，而魏晋名士成风，既有何晏、王弼等"正始名士"，又有阮籍、嵇康等"竹林名士"，还有裴楷、王衍等"中朝名士"。是真名士自风流，魏晋名士及其风度，作为一种理想人格，含义更宽泛，被传统社会知识分子奉为楷模，心向往之。魏晋名士以清谈、饮酒、服药和纵情山水为主要生活方式，特立独行而随情任性，无拘无束而逍遥自在，率直任诞而清俊通脱。王子猷夜访戴逵的故事，很能体现魏晋名士的飘逸潇洒、任性自在，"王子猷居山阴，夜大雪，眠觉，开室命酌酒，四望皎然。因起仿偟，咏左思《招隐诗》，忽忆戴安道。时戴在剡，即便夜乘小船就之。经宿方至，造门不前而返。人问其故，王曰：'吾本乘兴而行，兴尽而返，何必见戴！'"（《世说新语·任诞》）魏晋名士都精通道家思想，何晏是"少以才秀知名，好老庄言，作《道德论》及诸文赋著述凡数十篇"（《三国志·魏书·何晏传》）。王弼是"好论儒道，辞才逸辩，注《易》及《老子》"（《三国志·魏书·锺会传》）。阮籍是"博览群籍,尤好《庄》《老》。嗜酒能啸,善弹琴。当其得意,忽忘形骸"(《晋书·阮籍传》)。嵇康是"学不师受,博览无不该通,长好《老》《庄》";"常修养性服食之事,弹琴咏诗,自足于怀"(《晋书·嵇康传》)。郭象则是"少有才理,好《老》《庄》,能清言。太尉王衍每云:'听象语,如悬河泻水,注而不竭。'"(《晋书·郭象传》)他们根于道家,融合儒道,"在儒而非儒,非道而有道"(《晋书·王坦之传》),创新玄学,造就了"精神史上极自由、极解放,最富于智慧,最浓于热情的一个时代"[1]。

三、宗教意识

魏晋南北朝社会思潮活跃,不仅表现在玄学昌盛,建立了一种新的哲学自然观和社会意识形态,而且表现在宗教意识觉醒,道教已然成型,佛教传播流布。在道教产生和佛教输入之前,中国似乎没有完整形态的宗教,却有宗教信仰,融入宗法社会之中,这就是上天崇拜、祖先崇拜和鬼神崇拜,简言之为"敬天法祖祭鬼神"。玄学与道教、佛教关系密切,与道教关系不言而喻,它们同宗同源。道教"之原,出于老子。其自言也,先天地生,以资万类。上处玉京,为神王之宗;下在紫微,为飞仙之主。千变万化,有德不德,随感应物,厥迹无常"(《魏书·释老志》)。与佛教关系也是非同寻常。佛教于西汉末年传入中国时,人们把它看作是与黄老道家相似的学说,"晚节更喜黄老,学为浮屠斋戒祭祀"(《后汉书·楚王英列传》);东汉时,还把它看成是一种神仙道术,"道有九十六种,至于尊大,莫尚佛道也"(《弘明集》卷一《牟子理惑论》)。魏晋南北朝时期,玄风炽盛,玄佛相

---

[1]　宗白华著:《美学散步》,上海人民出版社1982年版,第177页。

通，玄学家喜谈佛理，高僧大德热衷于利用玄理格义佛教，为佛教传播提供了媒介和机遇，"释家性空之说，适有似于老庄之虚无。佛之涅槃寂灭，又可比老庄之无为"[①]。魏晋玄学的重大意义不在于催醒人们的宗教意识，而在于重塑了中华文化格局，形成了儒佛道三足鼎立之势。此后中华文化的走向是"以佛修心，以道养生，以儒治世"（宋孝宗《原道辨》）。

佛教和道教都属于宗教。一般认为，宗教不是迷信，而是关于超人间、超自然力量的一种社会意识，以及因此而对其表示信仰和崇拜的行为，是综合这种意识和行为并使它规范化、体制化的社会文化体系。作为社会意识形态，宗教具有特殊性，离不开神的观念，虚幻而颠倒地反映客观世界，要求人们信仰上帝、神灵、因果报应，把希望寄托于所谓的天国或来世。恩格斯指出："一切宗教都不过是支配着人们日常生活的外部力量在人们头脑中的幻想的反映，在这种反映中，人间的力量采取了超人间的力量的形式。"[②]宗教产生的原因在于社会的不合理以及人受到异己力量的支配。只要自然和社会异己力量的存在，人类不能真正主宰自己的命运，宗教就会存在，就有人需要信仰宗教去实现超越自我的终极关怀。宗教又是一种文化现象，与人类文明同步产生。人类早期文化主要是通过宗教形式表现出来。现在，宗教文化与世俗文化已经分离，但任何国家或民族的生产力与生产关系，经济基础与上层建筑，乃至风俗习惯，都可以看到宗教的影响和痕迹。文化一般包括精神、制度和物质三个层面的内容。宗教不仅影响世俗文化，而且自身也是自足的。它具有自己的思想体系以及世界观、人生观、价值观和思维方式、符号表达、审美情趣、心理特征，既能外化为宗教制度和道德规范，又能外化为

---

① 汤用彤著：《汉魏两晋南北朝佛教史》，中华书局1983年版，第240页。

② 《马克思恩格斯文集》（第9卷），人民出版社2009年版，第333页。

宗教建筑、典籍和艺术品。宗教还是人的复杂的精神现象。面对纷繁复杂的现实世界和不可预测的无常人生，任何人都会产生宗教情绪，追问左右世事人生背后不可控的神秘力量，有些人相信神秘力量的超自然性，就容易成为宗教信徒。宗教无论如何影响人的思想和行为，归根结底还是给人以信仰。人们一旦成为宗教信徒，就愿意把命运交付给幻想中的超自然、超人间的神灵，以期获得某种精神上的慰藉、心理上的平衡和感情上的满足。由于信仰与神圣相关，宗教就能拨动人的心弦，赋予人以激情，进而激发人为崇奉的神灵或灵魂拯救的献身行为。

宗教更是一种社会实体，是识、情、体、行多层结构的复合体系，包括宗教观念与思想、宗教感情与体验、宗教组织与制度以及宗教行为与仪轨的要素。宗教实体最核心的部分，是那些具有共同的宗教信仰与期望、情感与志趣、生活与需要、行为规范与价值取向的人群。有了宗教人群，就能形成各种宗教组织，建立各种宗教制度，修建各种宗教建筑，组织各种宗教活动，从而组成不同于其他实体的宗教实体。宗教是历史的产物，随着社会发展而变化。不同时期的宗教存在着很大差别，却都在反映人们对现实社会的不满，以及对理想社会的憧憬。宗教是世界普遍的现象，尽管不同地域不同民族有着不同的宗教，但任何宗教都劝善惩恶，"诸恶莫作，众善奉行，自净其意，是诸佛教"（《增一阿含经》）。1993年召开的世界宗教会议，通过《走向全球伦理宣言》，强调任何宗教都有四条不可取消的原则，即"珍惜生命，正直公平，言行诚实，相敬互爱"。任何宗教都提供幸福，以摆脱人生的痛苦。佛教认为人生是苦的，具体为"生、老、病、死，爱离别，怨长久，求不得，放不下"，摆脱苦难的办法是修行，或者是苦今生修来世。基督教认为人有原罪，只能靠上帝拯救。伊斯兰教认为人有私欲，必须通过"六信五功"的修炼来戒除，

"至于怕站在主的御前受审问，并且戒除了私欲的人，乐园必为他的归宿"(《古兰经》第七十九章)。任何宗教都有终极关怀，以化解人生的有限与无限、生存与死亡的矛盾和焦虑。美国神学家蒂利希认为，人们最终关怀的问题是自身的存在及其意义，而宗教就是人生的终极关怀，"这是一个终极的、无条件的、整体的和无限的关切的问题。人无限关切着那无限。他属于那无限，同它分离了，同时又在向往着它"。"人无条件地关怀着那么一种东西，它超越了人的一切内外条件，限定着人存在的条件。人终极地关怀着那么一种东西，它超越了一切初级的必然和偶然，决定着人终极的命运。"①

世界上有很多宗教，具有世界影响的是三大宗教，即基督教、伊斯兰教和佛教；三大宗教各自被一部分国家列为国教，基督教在欧美一些国家被列为国教，伊斯兰教在中东和北非一些国家被列为国教，佛教在东南亚一些国家被列为国教。慈悲、博爱、和平是三大宗教的真谛，也是所有宗教的共同目标，"你当以善待，像安拉善待你一样；你不要在地方上搬弄是非，安拉确是不爱搬弄是非者"(《古兰经》第二十八章)。基督教诞生于公元1世纪，创始人为耶稣。当时流传于罗马帝国统治下的地中海东部和巴勒斯坦地区，其教义是信仰上帝并管理世界；耶稣·基督是上帝的儿子，降世成人，救赎人类；在上帝面前，众生平等。基督教有三大流派，分为天主教、新教和东正教，现有信众约为20亿，其中天主教10亿多，新教6亿多，东正教3亿多。伊斯兰教诞生于公元7世纪，创始人为穆罕默德，其教义是信仰安拉为唯一的神，穆罕默德是安拉的使者；相信人死后复活，末日审判。伊斯兰教包括逊尼派和什叶派两大流派，逊尼

① 丁光训、金鲁贤、张庆熊编：《基督教大辞典》，上海辞书出版社2010年版，第842页。

派占多数，信众约为13亿。佛教诞生于公元前6世纪，发源于印度，创始人为释迦牟尼，其教义为四谛、八正道、十二因缘等，主张依经、律、论三藏，修持戒、定、慧三学。从传播途径分析，可分为北传佛教，是指由西北印度途径中亚地区往东传入中国、朝鲜、日本等地的佛教，也包括由尼泊尔传入西藏、内蒙古的藏传佛教。南传佛教，是指从印度传往斯里兰卡、缅甸、泰国、柬埔寨、老挝以及中国云南省傣族聚居区的佛教。汉传佛教是指在中国用汉语传授的佛教，以大乘为主。现有佛教信众约为4亿。

佛教约在西汉末年即公元前2年传入中国，源自"伊存授经"的故事，"汉哀帝元寿元年，博士弟子景卢受大月氏王使伊存口受《浮屠经》曰复立者其人也。《浮屠》所载临蒲（伊）塞、桑门、伯闻、疏问、白疏间、比丘、晨门，皆弟子号也"（《三国志·魏书·乌丸鲜卑东夷传》裴松之注引《魏略·西戎传》）。浮屠为佛陀的另一译法，浮屠经应指佛经。东汉末年，开始了大规模翻译佛经活动，分为两个系统，一为以安世高为代表的安息系统，另一为以支楼迦谶为代表的月氏系统。安世高相传是西域安息国王子，汉桓帝年间来到洛阳翻译佛经，是有确切记载最早的佛经译家。安世高译经数量很大，约为35部41卷（《综理众经目录》）；质量也高，"以汉桓之初，始到中夏。才悟几敏，一闻能达。至止未久，即通习华言。于是宣译众经，改胡为汉。出《安般守意》《阴持入》，大小《十二门》及《百六十品》。初，外国三藏众护撰述经要为二十七章，高乃剖析护所集七章，译为汉文，即《道地经》是也。其先后所出经、论，凡三十九部。义理明析，文字允正，辩而不华，质而不野。凡在读者，皆亹亹而不倦焉"（《高僧传·安清》）。安世高翻译的重点在禅和数，禅是指禅法，包括坐禅和禅观，为佛教修行的重要方式；数或称"阿毗昙""阿毗达磨",指的是佛教特有的一类学问,运用分类归纳的方法,按序数次第排列,对佛教名词、概念及理论进行解释、说明和阐发。支楼迦谶是西域月氏国人,稍晚于安世高来到洛阳译经,"汉灵帝时游于雒阳……传译梵文,出《般若道行》《般舟》《首楞严》等三经,又有《阿阇世王》《宝积》等十余部经,岁久无录"(《高僧传·支楼迦谶》)。而且,翻译的都是大乘佛教经典,尤其是般若类的经典。般若是大乘佛教的一个派别,最基本的含义是智慧,认为世间一切事物都是由因缘所生,没有固定不变的自性,即所谓"缘起性空"。一切世俗的认识及其面对的对象都是虚幻不实的,只有通过般若智慧,才能破除妄见,得到解脱,认识和把握世界的本质。

魏晋南北朝时期,佛教发展首先是得到了官方的首肯。五胡十六国时,后赵尊僧人佛图澄为国师,当有人建议禁止汉人出家时,皇帝石虎给予答复:"议云佛是外国之神,非天子诸华所可宜奉。朕生自边壤,忝当期运,君临诸夏。至于飨祀,应兼从本俗。佛是戎神,正所应奉。夫制由上行,永世作则。苟事无亏,何拘前代?其夷赵百蛮有舍其淫祀,乐事佛者,悉听为道"(《高僧传·佛图澄》)。前秦皇帝苻坚推崇僧人道安,攻克襄阳,就是为了得到道安,"朕以十万之师取襄阳,唯得一人半"(《高僧传·道安》)。苻坚把道安带到长安,备受礼遇,允许他主持数千人的大道场,领导僧团,组织翻译佛经。苻坚还派人征讨西域,嘱咐将领攻下龟兹后,立即把僧人鸠摩罗什送到长安。苻坚未能如愿,后秦皇帝姚兴则把鸠摩罗什请到了长安,待之以国师之礼,让他译经说法。东晋元、明二帝,崇信佛教,高僧多与宫廷来往,名僧竺法深"昔尝与元明二帝、王庾二公周旋"(《世说新语·方正》)。南方佛学的中心在庐山,道安的弟子慧远开创了净土宗。慧远不主动与官方来往,"自远卜居庐阜,三十余年影不出山，迹不入俗，每送客游履，常以虎溪为界焉"（《高僧传·慧远》）。然而，官方却主动拜访慧远，江州每一任刺史都与慧远交好，还帮助修建东林寺；几乎所有当时的名流或者权贵，只要到了江州，都愿意到庐山拜会慧远。梁武帝萧衍原来信奉道教，称帝后转信佛教，"耽事老子，历叶相承……今舍旧医，归凭正觉"（《广弘明集》卷四《舍道事佛疏文》）。而且信佛成瘾，竟至荒唐，曾四次脱下龙袍，换上袈裟，出家舍身佛寺，由群臣出钱或朝廷出资赎回。由于官方的认可、倡导和扶持，佛教在魏晋南北朝获得了极大发展。

同时，高僧大德辈出。北方有名的高僧先是道安，他在北方讲经，也在南方讲经，在襄阳住了十五年，每年讲《放光般若经》，奠定了佛学界的地位和名望。道安到长安后，不仅讲经，而且组织翻译包括《阿含经》在内的一批佛经，首次编纂了一部完整的汉译佛经目录，"自汉魏迄晋，经来稍多，而传经之人，名字弗说，后人追寻，莫测年代。安乃总集名目，表其时人，诠品新旧，撰为《经录》。众经有据，实由其功"（《高僧传·道安》）。道安在僧团的纪律和组织方面贡献更大，他主张僧人废除世俗姓氏而以"释"为姓；亲自制定"僧尼轨范"，规范僧团集体生活中讲经说法、衣食住行以及平时的宗教仪轨。道安促成了佛教的独立，既不混杂于道教等其他信仰，也不依附于玄学等思想形态。后是鸠摩罗什，他在长安前后居住近十二年，翻译出佛经35部，共294卷。鸠摩罗什既通梵语又懂汉语，翻译质量上乘，"手执胡本，口宣秦言。两释异音，交辩文旨"（《大正藏·大品经序》）。鸠摩罗什的译经和讲学活动，尤其是他重新翻译的大小品《般若经》以及《大智度论》，传播扩大了大乘般若学说，成为以后佛教各宗各派用来建立宗教理论体系的重要思想资源。鸠摩罗什有个重要弟子叫僧肇，著有《不真空论》，论证了佛教的"万法皆空"思想;《物不迁论》,否定了事物变化的连续性;《般若无知论》,着力论证了般若是佛教的最高智慧。僧肇所著合称《肇论》,是魏晋南北朝思想史上的重要著作。南方有名的高僧先是慧远,他在庐山修行、传教三十多年,"于是率众行道,昏晓不绝。释迦余化,于斯复兴。既而谨律息心之士,绝尘清信之宾,并不期而至,望风遥集"(《出三藏记集·慧远法师传》)。慧远著有《沙门不敬王者论》《三报论》《明报应论》,倡导弥陀净土信仰和修行"弥陀净土法门",成了净土宗的第一位祖师。后是竺道生,著有《二谛论》《佛性当有论》《法身无色论》《佛无净土论》《应有缘论》。他在讲解《大般泥垣经》时,提出"一阐提皆有佛性"的观点,一阐提是佛教特有的名词,意指断了"善根"的人,认为佛性普遍存在于一切众生之中,引发争议,最后被大家接受。

道教是中国本土的宗教,是在汉初黄老道家理论基础上,吸收古代神仙家的方术和民间巫术鬼神信仰而形成的宗教。道家的哲学理念,神仙家的养生方术,古代民间的巫术和鬼神崇拜活动,是道教构造其宗教神学、修炼方术和宗教仪式的三个重要来源。道教始于东汉末年张角创立的太平道和张陵的五斗米道,成熟定型于魏晋南北朝寇谦之的天师道和陆修静的上清派。寇谦之在北方发展道教,他创立北天师道,自称太上老君授予"天师"之位,要他"宣吾新科,清整道教,除去三张伪法,租米钱税,及男女合气之术",赐他《云中音诵新科之诫》二十卷,"专以礼度为首,而加之以服食闭练"(《魏书·释老志》)。北魏太武帝崇信道教,使得寇谦之的天师道几乎成为北魏境内唯一的宗教。陆修静在南方发展道教,他主张"祖述三张,弘衍二葛",没有完全否定五斗米教,经改革后,被称南天师道。陆修静更多的是收集上清、灵宝、三皇等不同派别的道教典籍进行整理,分为经戒、方药、符图等共1228卷，"总括三洞"，汇归一流，最后撰成《三洞经书目录》。此外，道教还有一个重要代表人物葛洪，他总结战国以来神仙方术理论，写成《抱朴子》一书，提出各种修炼成仙的办法，建构了一套成仙的理论体系。《抱朴子》是道教最重要的著作之一，全书分内外篇。《内篇》讲"神仙方药，鬼怪变化，养生延年，禳邪却祸之事"，《外篇》讲"人间得失，世事臧否"（《抱朴子·外篇·自叙》）。

道教的宗旨是"仙道贵生，无量度人"（《度人经》），相信人通过修炼，身形生命可以得到延续，精神生命可以得到升华，最后得道成仙。在道教看来，神仙是可学而实有的；神仙住在一个与现实社会相对立的彼岸仙界，无忧无虑，以金玉为宫室，伴随着不死之药和奇花异草。得道成仙之人可进入仙界，老而不死，或竦身入云，无翅而飞；或驾龙乘云，上造天阶；或化鸟成兽，浮游青山。道教是多神教，尊奉的神灵众多，天神、地祇、人鬼皆受奉祀，主要神灵是三清。所谓三清，指道教的最高神与教主，皆为道的化身，即玉清元始天尊、上清灵宝天尊和太清道德天尊。元始天尊造化天地，象征"天地未形，万物未生"的无极状态；灵宝天尊度化万物，象征"混沌始判，阴阳初分"的太极状态；道德天尊也称太上老君，老子是他的第十八个化身，其功能是教化世人，象征"冲气为和，万物化生"的冲和状态。

"道无术不行"，道寓于术中，由术而行道。道术杂而多端，主要有占卜、符箓、内丹、外丹、内观、守静、存思、守一、服气、行气、胎息、导引、辟谷、服饵、沐浴、按摩、武功、望气、观星、扶乩等。其中符箓，是指依凭天神所授的信符，按照诸神名册所定的职责，命令某神去执行；服气，也叫吐纳、食气，是吸收天地间的生气；胎息，就是像婴儿在母体胞胎之中，不以口鼻呼吸；辟谷，也叫断谷、绝粮、却粒，就是不吃五谷杂粮；服饵，也叫服食，意指服食丹药和草木药物达到长生的一种方法。与道术相联系的，还有一定的仪轨。譬如斋醮仪范，也称道场、法事，就是道士们在宫观中身着道袍、手持法器、演奏仙乐、吟唱道曲和翩翩起舞。斋为斋戒洁静，醮为祭祀祈祷。斋醮即供斋醮神，其法为清心洁身、筑坛设供，书表章以祷神灵，求福免灾。无论道术还是仪轨，其功能不外乎消灾祛病、修身养性和长生成仙。消灾祛病属于基本功能，长生成仙则是最高境界，而修身养性为中介层次，进而实现长生成仙。除修身养性外，道教的消灾祛病和长生成仙都有怪诞惑世的嫌疑。

道教与世界三大宗教有着不同特点，道教发展及其教义信仰、修持方术和制度仪式烙上了鲜明的中国文化印迹。道教的思想教义，融合自然法则与神圣法则、二元论宇宙观与多神信仰、出世精神与在世功德，符合中国哲学天人合一、内圣与外王结合的传统。道教的修持方术，主张性命双修，炼形养生与心性修养并重，巫术道法与科学技术混融不分，具有东方文化神秘主义的特性。道教的组织形式则上下兼备，民间性的非法教团与官方化的合法宗派交替发展，宫观管理制度形式多样，体现了传统社会组织集权管理的特点。尤其是道家各派，不管采取何种方式修炼，都是要追求肉身成仙、长生不死，更是不同于世界几大宗教。基督教、佛教、伊斯兰教都是鼓励人们追求死后天国乐园的生活，现实人生则是通往天国生活的桥梁。道教则不然，它既不像佛教认为人生为苦，也不像基督教认为人有原罪，而是认为人活着的时候就可以脱胎换骨，超凡入仙。某种意义上说，宗教是人生苦难的产物。道教现实感太强，不是没有看到人生的苦难困惑，而是看到了人生的种种不幸，却以乐观的态度来迎接不幸和苦难，以永生和成仙来摆脱不幸和苦难，进而永享此生的快乐。

第三节 王弼

　　王弼（公元226—249年）是魏晋玄学的创始人和代表人物。"无"是王弼思想的最高范畴，"道者何？无之称也，无不通也，无不由也。况之曰道，寂然无体，不可为象"（《周易注》）。王弼承继老子，从本与末、体与用、动与静等多个层次着力论证"以无为本"思想，建构了体系完备、抽象思辨的玄学理论。王弼不否定儒学，而是以无为本，会通儒道，融合一与爻以及《老子》与《周易》，"是故杂物撰德，辩是与非，则非其中爻，莫之备矣！故自统而寻之，物虽众，则知可以执一御也；由本以观之，义虽博，则知可以一名举也"（《周易略例·明象》）。在中国思想史上，王弼作出了杰出的贡献，"继承了传统，同时又开创了一个新的传统，如果哲学史上缺少王弼这样一个承先启后的重要环节，后来的玄学思潮、佛学的中国化以及理学的产生就很难想像了"①。

一、其人其事

　　王弼英年早逝，有立言无立功，正史中没有为其立传，只在

---

① 余敦康著：《魏晋玄学史》，北京大学出版社2004年版，第286页。

《三国志·魏书·锺会传》中附带提及，"初，会弱冠与山阳王弼并知名。弼好论儒道，辞才逸辩，注《易》及《老子》，为尚书郎，年二十余卒"。西晋何劭著有《王弼传》，使后世对王弼其人其事有了较多了解，弥补了正史记载的不足。此外，西晋张华著《博物志》，比较多地介绍了王弼的家世。东晋孙盛著有《魏氏春秋》，相对负面地评价了王弼的《周易注》，批评其重义理而轻象数，"《易》之为书，穷神知化，非天下之至精，其孰能与于此？世之注解，殆皆妄也。况弼以傅会之辩而欲笼统玄旨者乎？故其叙浮义则丽辞溢目，造阴阳则妙赜无间，至于六爻变化，群象所效，日时岁月，五气相推，弼皆摈落，多所不关。虽有可观者焉，恐将泥夫大道"（《三国志·魏书·锺会传》裴松之注引"孙盛曰"）。

根据《王弼传》分析，王弼短暂人生具有丰富色彩，主要是少年聪慧，"弼幼而察慧，年十余，好《老氏》，通辩能言"。当时的吏部高官都很赞赏，"时裴徽为吏部郎，弼未弱冠，往造焉。徽一见而异之"。特别是吏部尚书何晏"甚奇弼，叹之曰：'仲尼称后生可畏，若斯人者，可与言天人之际乎。'"何晏也是《老子》专家，与王弼交往后，自愧不如，自觉放弃研究，"何晏注《老子》未毕，见王弼自说注《老子》旨。何意多所短，不复得作声，但应之。遂不复注"（《世说新语·文学》）。多才多艺，"性和理，乐游宴，解音律，善投壶"。仕途不顺，"正始中，黄门侍郎累缺。晏既用贾充、裴秀、朱整，又议用弼。时丁谧与晏争衡，致高邑王黎于曹爽，爽用黎"。曹爽当时擅权当政，曾见过王弼，并不喜欢，"初除，觐爽，请间，爽为屏左右，而弼与论道，移时无所他及，爽以此嗤之。时爽专朝政，党与共相进用，弼通俊不治名高"。王弼实际上不适合为官从政，几次碰壁后，也就淡然处之，"弼在台既浅，事功亦雅非所长，益不留意焉"。心胸不宽，不能与人和谐相处，"初与王黎、荀融善，黎夺其黄门郎，于是恨黎，与融亦不终"；不识人情世故，"弼为人浅而不识物情"；喜欢讥笑人，不受人欢迎，"颇以所长笑人，故时为士君子所疾"（《王弼传》）。

然而，王弼确实才华横溢，"弼天才卓出，当其所得，莫能夺也"。与人辩论，常常胜出，还能使人诚服，"淮南人刘陶善论纵横，为当时所推。每与弼语，常屈弼"。钟会既是曹魏名将，又能善谈玄理，常常折服于王弼，"弼与钟会善，会论议以校练为家，然每服弼之高致"（《王弼传》）。王弼与何晏辩论，批驳其自以为精妙的玄理，得到何晏及众人的认同，"晏闻弼名，因条向者胜理语弼曰：'此理仆以为极，可得复难不？'弼便作难，一坐人便以为屈。于是弼自为客主数番，皆一坐所不及"（《世说新语·文学》）。关键是王弼不仅辩才出众，而且高论频频，以学术思想见胜。魏晋时期，争论比较激烈的属圣人是否有情感的命题，大多数人认为圣人无情，只有普通人才会陷于情欲。王弼却提出不同观点，认为圣人有情，与普通人无异。圣人高于普通人的不是无情，而是有超人的智慧，能够顺应自然，不会陷于情感不能自拔，"何晏以为圣人无喜怒哀乐，其论甚精，钟会等述之。弼与不同，以为圣人茂于人者神明也，同于人者五情也，神明茂故能体冲和以通无，五情同故不能无哀乐以应物，然则圣人之情，应物而无累于物者也。今以其无累，便谓不复应物，失之多矣"。在与荀融的辩论中，王弼尽管气量褊狭，过于苛刻，却进一步强调圣人有喜怒哀乐之情，即如孔子，遇到好学生颜渊会喜悦，而颜渊早死，也会哀痛，"弼注《易》，颍川人荀融难弼《大衍义》。弼答其意，白书以戏之曰：'夫明足以寻极幽微，而不能去自然之性。颜子之量，孔父之所预在，然遇之不能无乐，丧之不能无哀。又常狭斯人，以为未能以情从理者也，而今乃知自然之不可革。足下之量，虽已定乎胸怀之内，然而隔逾旬朔，何其相思之多乎？故知尼父之于颜子，可以无大过矣"（《王弼传》）。

王弼才华横溢，高论学术思想，不仅有史料依据，更在于著作等身，"弼注《老子》，为之指略，致有理统。著《道略论》，注《易》，往往有高丽言。太原王济好谈，病《老》《庄》，常云：'见弼《易注》，所悟者多。'"（《王弼传》）。依据历代史志及各类图书目录的著录，王弼有十余种著作，具体是《周易注》十卷、《周易略例》一卷、《论语释疑》三卷、《周易大演论》一卷、《老子道德经注》二卷、《玄言新纪道德》二卷、《老子指略》二卷、《道略论》、《老子杂论》一卷、《周易穷微》一卷、《易传纂图》三卷、《易辩》一卷、《王弼集》五卷。其中，比较可疑的有《周易穷微》《易辩》两书，均为宋代以后著录，而《易传纂图》，"查隋唐史志，并无纂图一类书名，至宋代图书之学兴，才有各种'纂图'出现"[1]。流传下来的只有《周易注》《周易略例》和《论语释疑》的佚文，以及《老子道德经注》《老子指略》。王弼著作等身，自有其学术思想传承，主要源自古文经学传统，"因汉鲁恭王、河间献王所得古文，参而考之，以成其义，谓之'古学'。当世之儒，又非毁之，竟不得行。魏代王肃，推引古学，以难其义。王弼、杜预，从而明之，自是古学稍立"（《隋书·经籍志》）。

源自荆州学派。所谓荆州学派，意指汉末避乱于荆州的士人学者在刘表治下形成的学派，倾向于古文经学，不排斥今文经学，兼容诸子之学。汤用彤认为："王弼之《易》注出，而儒家之形上学之新义乃成。新义之生，源于汉代经学之早生歧异，远有今古学之争，而近则有荆州章句之后定。王弼之学与荆州盖有密切之关系。"[2]源自家学传统。王弼家学深厚，先祖王龚、王畅是

① 王葆玹著：《正始玄学》，齐鲁书社1987年版，第175页。
② 《汤用彤全集》（第四卷），河北人民出版社2000年版，第73页。

东汉大臣，位列三公；王畅师事汉末易学大家荀爽，又传学于刘表，"同郡刘表时年十七，从畅受学"（《后汉书·王畅列传》）。继祖王粲为建安七子之一，把家学推向新的高度，"性善算，作算术，略尽其理。善属文，举笔便成，无所改定，时人常以为宿构；然正复精意覃思，亦不能加也。著诗、赋、论、议垂六十篇"（《三国志·魏书·王粲传》）。清焦循指出，王弼之学实源于王畅，"东汉末，以《易》学名家者，称荀、刘、马、郑。荀谓慈明爽，刘谓景升表。表之学受于王畅，畅为粲之祖父，与表皆山阳高平人。……粲二子既诛，业为粲嗣；然则王弼者，刘表之外曾孙而王粲之嗣孙，即畅之嗣玄孙也。弼之学，盖渊源于刘，而实根本于畅"（《周易补疏叙》）。

王弼从老庄思想出发，坚持"以无为本"，强调"言不尽意"，主张名教出于自然。王弼玄学是对汉朝经学形上依据和思想方法的否定。汉朝经学通过天人感应和谶纬迷信，将儒家思想神秘化。天人感应认为天有意志，天道变化与人事变迁密切相关，"木有变，春凋秋荣，秋木冰，春多雨。此繇役众，赋敛重，百姓贫穷叛去，道多饥人。救之者，省繇役，薄赋敛，出仓谷，振困穷矣"（《春秋繁露·五行变救》）。谶纬迷信泛滥于东汉，是继承天人感应思想，使之极端化。谶纬内容繁杂，覆盖政治经济、天文地理、历史神话各个方面，其"主导思想、理论基础则是董仲舒所构造的天人感应的神学目的论"[1]。天人感应和谶纬迷信的形上依据是天，认为天是终极本体，具有意志，能够主导和左右人世间的事情。王弼玄学则否定天，认为无是天地万物的根源和始基，"万物万形，其归一也。何由致一，由于无也"（《老子》第四十二章注，本节凡引《老子道德经注》一书，只注篇章号）。

---

[1] 钟肇鹏著：《谶纬论略》，辽宁教育出版社1991年版，第98页。

王弼否定天有意志，认为形上本体自然无为，"天地之中，荡然任自然，故不可得而穷，犹若橐籥也"（第五章注）。在思想方法上，天人感应和谶纬迷信没有抽象出一个形上本体，只能通过具体的天地运动变化，来描述宇宙的生成和发展及其图景，而王弼玄学则从宇宙万物的具体运动变化中抽象出"无"的形上本体，作为其理论的终极依据，"穷极虚无，得道之常，则乃至于不穷极也"（第十六章注）。

王弼否定经学的形上依据和思想方法，却不否定经学内容，更不否定儒家思想。一般认为，王弼尊崇老子，以《老子》为基础，构建其思想理论体系。事实是，王弼更尊崇孔子，认为孔子比老子更有智慧，老子要用"有"的概念来解读"无"的本体，还没有完全脱离具体事物来认识和把握形上本体，而孔子既不谈有也不论无，真正做到了超凡脱俗。时任吏部郎裴徽"问弼曰：'夫无者诚万物之所资也，然圣人莫肯致言，而老子申之无已者何？'弼曰：'圣人体无，无又不可以训，故不说也；老子是有者也，故恒言无所不足。'"（《王弼传》）王弼不否定儒家的基本理念，认同圣智、仁义和巧利等概念，"夫圣智，才之杰也；仁义，行之大者也；巧利，用之善也"。同时加以改造，使之奠基于道家的自然无为之上，"既知不圣为不圣，未知圣之不圣也；既知不仁为不仁，未知仁之为不仁也。故绝圣而后圣功全，弃仁而后仁德厚。夫恶强非欲不强也，为强则失强也；绝仁非欲不仁也，为仁则伪成也"（《老子指略》）。在学术思想研究中，王弼既重视道家思想，也不忽视儒家学说；既注《老子》，也注《周易》《论语》，援道入儒，融儒于道，极力调和孔老，促进儒道结合。孔子有一个重要思想，就是忠恕之道，"子曰：'参乎！吾道一以贯之。'曾子曰：'唯。'子出，门人问曰：'何谓也？'曾子曰：'夫子之道，忠恕而已矣。'"（《论语·里仁》）王弼用道家本体论释疑忠恕之道。孔子"吾道一以贯之",没有本体论内容,只是强调儒家思想有一个纲领和贯穿一根红线。王弼则上升到本体论,解释一就是本体,"贯,犹统也。夫事有归,理有会。故得其归,事虽殷大,可以一名举;总其会,理虽博,可以至约穷也。譬犹以君御民,执一统众之道也"。对于忠恕品德,王弼给予本体论的解读,"忠者,情之尽也;恕者,反情以同物者也。未有反诸其身而不得物之情,未有能全其恕而不尽理之极也。能尽理极,则无物不统,极不可二,故谓之一也。推身统物,穷类适尽,一言而可终身行者,其唯恕也"(《论语释疑》)。尽情为忠,扬弃了儒家之忠的具体内涵和道德教化,赋予忠以抽象意义;反情为恕,则抽空了儒家"己所不欲,勿施于人"的内涵,升华为一的形上本体,使儒家的伦理概念转化为道家的形上范畴,实质是为儒家思想奠定了本体论基础。

二、以无为本

"无"是王弼思想的根基,"以无为本"是王弼思想的核心,"天下之物,皆以有为生。有之所始,以无为本。将欲全有,必反于无也"(第四十章注)。王弼之无属于本体论范畴。在王弼看来,任何"有"都不能统摄天下万事万物,只有无才能从整体上把握宇宙万物。无不是实存,而是一个抽象的存在,王弼之"'无'什么都不是,正因为它什么都不是,所以它才能什么都是"①。作为形上本体,在道家思想中,还有道和一的范畴。王弼认为,无、道、一是同一序列的范畴,无就是道,"道以无形无名始成万物,以始以成而不知其所以,玄之又玄也"(第一章

① 冯友兰著:《中国哲学史新编》(第四册),人民出版社1986年版,第59—60页。

注）；无也是一，"万物万形，其归一也。何由致一？由于无也。由无乃一，一可谓无"（第四十二章注）。王弼没有用道或一作为玄学理论的前提，而是用无夯实自己思想的基础，更直接地要求人们不要被天下万事万物的现象所迷惑，而应该抛弃现象，探索宇宙万物及其运动背后的统一性、普遍性和必然性。

王弼之无本于老子。据有关研究，《老子》八十一章中，约有四十章用了"无"字，其中大多数并非是一个概念，而是一个副词或动词，只有少数几个可称为理论概念和思想范畴，最典型的是"天下万物生于有，有生于无"（《老子》第四十章）。老子思想的核心范畴是道，而无是唯一能与道并列同质的范畴，差别在于"正言若反"，道是肯定意义上的形上本体，无是否定意义上的形上本体，两者从不同角度探寻宇宙的本原和人生的终极价值。老子之无否定一切具体的、有限的、经验的内容，具有普遍性、包容性和超越性特征，能够把宇宙万物囊入其中。由于"无"没有任何具体的规定性，就能够打破"有"的坚硬外壳对事物发展的束缚，化解实存，生育万物，进而成为世界的本原和起源。老子之无远离感性知觉的范围，只能通过理性直觉把握其玄妙底蕴。"无"不是现实的"有"的缺失，也不是空间意义上的"无"，而是表达一种与经验世界完全不同的异质存在。"无"不是事实判断的"无"，而是存在论意义上的"无"，是价值判断中意义的虚无。老子之无有着一种深刻的生命意义，它虽然区隔了本体世界与现实世界，却昭示着把人们从痛苦中拯救出的自我解放道路，使主体自我进入一种宽阔、开放的精神空间，与客体世界实现亲密无间的接触，去洞察宇宙真谛，思考自然、社会和人生的终极目标。老子之无是天籁之音，既坚持了通过否定方式肯定终极存在的态度，又以生命体验的沉默自我赋予客体世界以空灵虚幻的意韵，奠定了中国哲学悠久绵长的诗性传统。

　　王弼之无超越老子。老子重视无的范畴，却不把无当作自己思想的最高范畴，更多的是用来说明道的存在。《老子》第十四章先用无的意象描述道的状态，"视之不见名曰夷，听之不闻名曰希，搏之不得名曰微。此三者不可致诘，故混而为一"。接着用无的概念论证道的存在，"其上不皦，其下不昧，绳绳不可名，复归于无物。是谓无状之状、无物之象。是谓惚恍。迎之不见其首，随之不见其后"。最后强调要通过无把握运用道的规律，"执古之道，以御今之有。能知古始，是谓道纪"。某种意义上说，老子之无从属于道，服务于道。王弼的超越在于将无视作玄学的基础和最高范畴，"魏正始中，何晏、王弼等祖述老庄，立论以为：天地万物皆以无为本。无也者，开物成务，无往不存者也。阴阳恃以化生，万物恃以成形，贤者恃以成德，不肖恃以免身。故无之为用，无爵而贵矣"（《晋书·王衍传》）。更大的超越在于形上本体与宇宙万物的关系，老子之道脱离天下万事万物，是至高无上的存在和实体。道与天下万事万物既有时空上的先后，又有空间上的差距，"道生一，一生二，二生三，三生万物。万物负阴而抱阳，冲气以为和"（《老子》第四十二章）。王弼之无则融入天下万事万物，而不是一个独立的存在，无与有不可分割，必须通过有才能认识无。无论时间还是空间，无都存在于宇宙万物之中，是宇宙万物赖以存在的共同根据，"夫无不可以无明，必因于有，故常于有物之极，而必明其所由之宗也"①。而且，老子之道既是本体论又是宇宙论，既关注世界的本原，又不忘世界的起源，"天下有始，以为天下母。既得其母，以知其子；既知其子，复守其母，没身不殆"（《老子》第五十二章）。王弼之无更多地具有本体论意义，他不再关注宇宙万物的起源和生成，而

① 楼宇烈校释：《王弼集校释》，中华书局1980年版，第548页。

是积极寻找统摄天下万事万物的本原和始基，"天地虽大，富有万物，雷动风行，运化万变，寂然至无，是其本矣"（《周易注·复卦》）。

王弼坚持以无为本，却没有忽视道的范畴。如果说老子更重视道的范畴，那么，王弼则把道与无等量齐观，而且认为无是道的本质规定，"穷极虚无，得道之常"（第十六章注）。在老子那里，道不是纯粹的无，"道之为物，惟恍惟惚。惚兮恍兮，其中有象；恍兮惚兮，其中有物"（《老子》第二十一章）。王弼则认为道是纯粹的无，没有任何质的规定性，"惟以空为德，然后乃能动作从道"（第二十一章注）。无更能体现道的精神，"道无形，不系，常不可名，以无名为常，故曰道常无名也"（第三十二章注）。无比道更容易让人认知，所以王弼以无代道，将老子的恍惚之道转化为逻辑抽象意义的无，认为无是天下万事万物赖以产生的根据，"无形无名者，万物之宗也"。无是什么都没有，听无声，看无形，摸无着，闻无味，"不温不凉，不宫不商。听之不可得而闻，视之不可得而彰，体之不可得而知，味之不可得而尝"。正因为什么都没有，无才能成为宇宙万物的产生之源，宇宙万物才能由无而来，"故其为物也则混成，为象也则无形，为音也则希声，为味也则无呈。故能为品物之宗主，苞通天地，靡使不经也"（《老子指略》）。张岱年指出："何、王皆为凡有皆始于无，无是一切之根本。万物皆资于无，莫不以无为宗。何王等的哲学，可谓'无的哲学'，认为无乃世界之基本。"[1]

王弼充分论证以无为本的理念，首先通过本与末的关系加以论证。在中国哲学史上，王弼是第一个把本与末作为一对哲学范畴加以探讨的，"《老子》之书，其几乎可一言而蔽之。噫，崇本

---

[1]　张岱年著：《中国哲学大纲》，中国社会科学出版社2004年版，第148页。

息末而已矣"。在王弼看来，本就是无，本与末是本质与现象的关系，两者相辅相成。任何事物都是本质与现象的统一，没有现象，本质无从显现；没有本质，事物无从定型。正如没有金、木、水、火四象，就无法显现大象的本质；没有宫、商、角、徵、羽五音，就无法显现大音的存在。大象大音通过四象、五音显现，而不是有所偏执，只通过某一象、音显现，"四象不形，则大象无以畅；五音不声，则大音无以至。四象形而物无所主焉，则大象畅矣；五音声而心无所适焉，则大音至矣"（《老子指略》）。王弼认为本与末不可分割，却强调以本为主，不能舍本逐末，就像母与子的关系，不能舍母存子，"母，本也；子，末也。得本以知末，不舍本以逐末也"（第五十二章注）。如果舍本逐末，必有遗憾和后患，"本在无为，母在无名。弃本舍母，而适其子，功虽大焉，必有不济；名虽美焉，伪亦必生"（第三十八章注）。王弼重视本与末的关系，反复论证崇本息末的命题。在政治领域，崇本息末是以道治国，而不是以正治国。以正治国是舍本逐末，必至于大动干戈，发动战争，"以道治国，崇本以息末；以正治国，立辟以攻末。本不立而末浅，民无所及，故必至于以奇用兵也"（第五十七章注）。在人生领域，崇本息末就是见素抱朴，少私寡欲，"故见素朴以绝圣智，寡私欲以弃巧利，皆崇本以息末之谓也"（《老子指略》）。在圣人领域，崇本息末就是"方而不割，廉而不刿，直而不肆，光而不耀"（《老子》第五十八章）。大意是，圣人方正而不割伤人，锋利而不刺伤人，率直而不放肆，光明而不耀眼。

　　其次，通过一与多的关系加以论证。一是无，也是本，王弼注《周易》时，认为"一即太极"；多也是末，其表述则是"万物万形"。在王弼看来，一与多包含了个别与一般的关系，一般寓于个别之中，"从无之有，数尽乎斯，过此以往，非道之流。

故万物之生，吾知其主，虽有万形，冲气一焉。百姓有心，异国殊风，而王侯得一者主焉。以一为主，一何可舍？"由于一是无，什么也没有，任何事物规定越多，离一越远。只有减少规定，才能接近本体，"愈多愈远，损则近之。损之至尽，乃得其极"（第四十章注）。王弼认为，一寓于多之中，却是多的主宰，多是由一派生的，不能离开它所依据的本体，"物无妄然，必由其理，统之有宗，会之有元，故繁而不乱，众而不惑。故六爻相错，可举一以明也；刚柔相乘，可立主以定也"。王弼强调，多不能治多，只能以一治多；众不能统众，只能以一统众，"夫众不能治众，治众者，至寡者也，故众之所以得咸存者，主必致一也"。王弼还以同人、大有、小畜等"五阳一阴"和师、比、谦、豫、复、剥等"五阳一阴"的卦象，论证以一治多、以一统众的道理，"夫少者，多之则贵；寡者，众之所宗也。一卦五阳而一阴，则一阴为之主矣；五阴而一阳，则一阳为之主矣！夫阴之所求者阳也，阳之所求者阴也。阳苟一焉，五阴何得不同而归之？阴苟只焉，五阳何得不同而从之？故阴爻虽贱，而为一卦之主者，处其至少之地也"。只有以一治多，以一统众，才能实现"繁而不扰乱，变而不忧惑，约以存博，简以济众"（《周易略例·明象》）。

第三，通过体与用的关系加以论证。体与用不是本与末的关系，而是无的两种不同功能特质，体揭示无是宇宙万物的根基，用指明无的空无虚寂，至广至大。老子更多地从用的角度阐述无的特质，"三十辐共一毂，当其无，有车之用。埏埴以为器，当其无，有器之用。凿户牖以为室，当其无，有室之用。故有之以为利，无之以为用"（《老子》第十一章）。王弼则从体与用两方面论证无的特质，用是无的重要特质，"以无为用，则莫不载也"（第三十八章注）。进而论证，"演天地之数，所赖者五十也。其用四十有九，则其一不用也。不用而用以之通，非数而数以之成，其易之太极也。四十有九，数之极也"①。然而，仅仅以无为用是不完整的，还必须以无为体。体是无的基本特质，"夫大之极也，其唯道乎！自此已往，岂足尊哉。故虽德盛业大，富有万物，犹各得其德。……虽贵，以无为用，不能舍无以为体也。舍无以为体，则失其为大矣。所谓失道而后德也"（第三十八章注）。第四，通过动与静的关系加以论证。静是无是本，动是有是末。王弼不否认事物的运动变化，却认为动是相对的，静是绝对的；变化是相对的，不变是绝对的，"复者，反本之谓也。天地以本为心者也。凡动息则静，静非对动者也；语息则默，默非对语者也"（《周易注·复卦》）。王弼指出，宇宙万物是无的体现，运动变化是静的展示，事物运动变化的根源在于无、在于静，"凡有起于虚，动起于静，故万物虽并动作，卒复归于虚静，是物之极笃也"（第十六章注）。王弼强调，事物运动变化起于静，最后还要复归于静，这是自然界的规律，也是人类社会的法则，"冬至，阴之复也；夏至，阳之复也。故为复，则至于寂然大静。先王则天地而行者也，动复则静，行复则止，事复则无事也"（《周易注·复卦》）。王弼主要通过范畴之间的关系论证以无为本的理念，却没有运用有与无的关系加以论证，原因在于玄学没有把有视作与无相对的一个实体，有只是无的补充，无才是有的本体，两者并不构成矛盾的统一体，"有之为有，恃无以生；事而为事，由无以成"（《列子·天瑞》张湛注引何晏《道论》）。

三、得意忘言

得意忘言是王弼的认识论和思想方法，"忘象者，乃得意者

---

① 楼宇烈校释：《王弼集校释》，中华书局1980年版，第547—548页。

也；忘言者，乃得象者也。得意在忘象，得象在忘言"（《周易略例·明象》）。王弼的得意忘言，不仅是《周易》研究方法之创新，而且是学术思想研究方法之创新；不仅扬弃了汉朝经学研究的旧方法，而且开创了魏晋玄学的新方法。钱穆认为："王充只是魏、晋新思想的陈涉、吴广，若论开国元勋，该轮到王弼。王弼在这一时期思想史的大勋绩，在其能确切指出前一时期思想界所运用的方法上之主要病根，而在正面提出另一新观点，好作此下一时期新思想之主要泉源。"[①]

王弼的得意忘言，是对言、象、意三者之间关系的认识，简言之，就是言意之辩。言、象、意是解读《周易》过程中产生的认识问题，也是理解《周易》的三个重要环节。言是指爻辞，象是指卦象，意指爻辞与卦象所含有的意义。《周易》在文字产生以前，是由卦爻象组成的符号系统。卦爻象既是认识和解释世界的分析框架，又作为象数通过占筮来预测吉凶祸福。文字产生之后，《周易》形成了卦爻辞的话语系统，以解释说明卦爻象。汉朝《周易》研究，牵强附会天道与人事的关系，最后走上了机祥灾变和支离烦琐的道路，要么把《周易》看作受阴阳卦气支配的宇宙全息，企图以象数学的方法，描绘宇宙生成及演化的全部图景；要么以《周易》为占筮工具，附会天象与人事之间的感应关系，以探测吉凶祸福的根源。王弼则予以批判质疑，首倡得意忘言，具有重要的思想认识和方法论意义。如果没有得意忘言的研究方法，就不可能产生魏晋玄学。对于学术研究而言，得意忘言的意义在于创新性，既改变了汉朝易学研究重象数轻义理的路径，又改变了汉朝经学研究重训诂考证轻义理阐明的偏颇。在于标准性，得意忘言的方法可以成为判别或衡量一种理论是否成立

① 钱穆著：《中国思想史》，九州出版社2012年版，第117页。

的标准和尺度，既适用于形上本体的研究，也适用于宇宙万物的研究。在于普适性，得意忘言的方法，在空间上适用于魏晋南北朝时期各种问题的研究，在时间上适用于后世思想、理论、文学、艺术的研究，乃至对经籍的解释、承传和发展。汤用彤认为："夫具体之迹象，可道者也，有言有名者也。抽象之本体，无名绝言而以意会者也。迹象本体之分，由于言意之辨。依言意之辩，普遍推之，而使之为一切论理之准量，则实为玄学家所发现之新眼光新方法。王弼首倡得意忘言，虽以解《易》，然实则无论天道人事之任何方面，悉以为之权衡，故能建树有系统之玄学。夫汉代固尝有人祖尚老庄，鄙薄事功，而其所以终未舍弃天人灾异通经致用之说者，盖尚未发现此新眼光新方法而普遍用之也。"①

言意之辩是个老话题，先秦时期已然成型。老子提出了象的概念，认为道既不能言说，也不能图示，"大音希声，大象无形，道隐无名"（《老子》第四十一章）。老子没有提出言与意的概念，实际认为言与意存在着矛盾，言不能尽意，"道可道，非常道；名可名，非常名"（《老子》第一章）。孔子也是如此，"子曰：'予欲无言。'子贡曰：'子如不言，则小子何述焉？'子曰：'天何言哉？四时行焉，百物生焉，天何言哉？'"（《论语·阳货》）墨子明确提出言与意的概念，认为只有通过思维的作用，才能把握语言背后的含义，"循所闻而得其意，心之察也"，也能表达自己真实的想法，"执所言而意得见，心之辩也"（《墨子·经上》）。真正指明言与意及其相互关系的是庄子，他认为世间的形色、名声，乃至语言、文字和书本，均不能把握事物的真实本质，"故视而可见者，形与色也；听而可闻者，名与声也。悲夫，世人以形色名声为足以得彼之情！夫形色名声果不足以得彼之情，则知

① 《汤用彤全集》（第四卷），河北人民出版社2000年版，第22—23页。

者不言，言者不知，而世岂识之哉？”进而明确提出言不尽意的观点，“世之所贵道者书也，书不过语，语有贵也。语之所贵者意也，意有所随。意之所随者，不可以言传也”（《庄子·天道》）。大意是，世人之重道往往重在书本，而书本不过是语言文字的堆积。语言文字的可贵不在其本身，而在所蕴含的意义。意义总是有所指向，却不能用语言文字来表达。庄子甚至认为，意也不能尽意，特别是对于形上本体而言，“可以言论者，物之粗也；可以意致者，物之精也；言之所不能论，意之所不能察致者，不期精粗焉”（《庄子·秋水》）。更重要的是，庄子还提出了得意忘言的观点，“荃者所以在鱼，得鱼而忘荃；蹄者所以在兔，得兔而忘蹄；言者所以在意，得意而忘言”（《庄子·外物》）。

　　言意之辩是个难以厘清的话题。言不尽意，还是言能尽意，始终存在着不同看法。《周易·系辞上》假托孔子之口，表达了这种矛盾心态，既认为“书不尽言，言不尽意”，又反问“然则圣人之意，其不可见乎？”还指出“圣人立象以尽意，设卦以尽情伪，系辞焉以尽其言，变而通之以尽利”。何劭《荀粲传》记载了荀氏兄弟对于言意关系的不同看法，“粲诸兄并以儒术论议，而粲独好言道，常以为子贡称夫子之言性与天道，不可得闻，然则六籍虽存，固圣人之糠秕”。荀粲之兄荀俣不同意其看法，引用《周易·系辞》中有利于自己的观点，强调言能尽意，“粲兄俣难曰：‘《易》亦云圣人立象以尽意，系辞焉以尽言，则微言胡为不可得而闻见哉？’”荀粲则予以反驳，“盖理之微者，非物象之所举也。今称立象以尽意，此非通于意外者也；系辞焉以尽言，此非言乎系表者也。斯则象外之意，系表之言，固蕴而不出矣”（《三国志·魏书·荀彧传》裴松之注引《晋阳秋》）。王弼不主张言能尽意，也不是言不尽意论者，而是致力于两者的结合。他认为意与言、象不可分割，意不能脱离言、象而悬空独立存在，一方面不能抛弃言、象而得意，必须寻言观象，寻象观意。只有通过听言观象，才能得意，"尽意莫若象，尽象莫若言"；"意以象尽，象以言著"。另一方面，又不能执着于言、象，而应忘言忘象才能得意。唐邢璹作注于王弼引用的筌蹄之喻，认为"蹄以喻言，兔以喻象。存蹄得兔，得兔忘蹄"，"求鱼在筌，得鱼弃筌"，都是说明"弃执而后得之"①。由此可见，王弼与言能尽意和言不尽意论者的区别，在于先得鱼兔而后忘筌蹄，非先舍鱼兔而忘筌蹄；在于先得言、象而后得意，非先舍言、象而后得意。

王弼通过言意之辩，厘清了《周易》的言、象、意之间的关系，也厘清了学术思想的言、象、意之间的关系。在王弼看来，言、象、意三者层次不同，意义和作用也不同。言与象的关系，是名与所指实物、言与其所指实象的关系；象与意的关系，是名言所指的实物实象与名言所指的实物实象背后的义理或意义的关系。王弼认为，认识的目的是意，而不是言和象，"《易》者象也，象之所生，生于义也"（《周易注·乾卦》）。象是达意的工具，言是明象的工具。达意要通过象，明象要通过言，"夫象者，出意者也；言者，明象者也。尽意莫若象，尽象莫若言"。由于言与象、象与意密切相关，可以把言、象作为认识意的工具和中介，"言生于象，故可寻言以观象；象生于意，故可寻象以观意"。王弼指出，言呈现出象及其意义，象表达出意。如果已经明确象及其意义，就可以把言忘掉；已经得到了意，就可以把象忘掉，"意以象尽，象以言著。故言者所以明象，得象而忘言；象者所以存意，得意而忘象"。王弼之所以要忘言忘象，是因为"存言者，非得象者也；存象者，非得意者也。象生于意，而存象焉，则所存者乃非其象也；言生于象，而存言焉，则所存者乃非其言

---

① 楼宇烈校释：《王弼集校释》，中华书局1980年版，第611页。

也"。大意是，执着于言，就掌握不到象的意义；固守着象，就掌握不了意的内涵。原因是象是从意产生的，固守着象，那么象就不是原来的象了；言是从象产生的，执着于言，那么言也不是原来的言了。王弼进一步认为，忘言是得象的条件，忘象是得意的条件。只有忘掉言，才能得到象；只有忘掉言和象，才能得到意，"故立象以尽意，而象可忘也"。如果不能忘言忘象，就失去了认识的目的，"一失其原，巧愈弥甚，纵复或值，而义无所取，盖存象忘意之由也"（《周易略例·明象》）。

王弼的认识论延续老子的理性直觉论。老子认为，对于道的认识，不能靠感性经验和理性思维，而要靠抽象思维和理性直觉，乃至于认识主体的心灵体悟，"不出户，知天下；不窥牖，见天道。其出弥远，其知弥少。是以圣人不行而知，不见而名，不为而成"（《老子》第四十七章）。王弼加以注释，认为道不可见、不可闻、不可触，所以不需要感性经验，"道视之不可见，听之不可闻，搏之不可得。如其知之，不须出户；若其不知，出愈远愈迷也"。而且，道自古就存在，今人不可能通过感性经验去认识，"道有大常，理有大致。执古之道，可以御今；虽处于今，可以知古始。故不出户、窥牖，而可知也"。在感性与理性、一般与个别的关系上，王弼不承认感性认识的作用，否定从个别到一般的认识过程，主张从一般到个别的认识途径，"得本以知末，不舍本以逐末"（第五十二章注）。本是一般，末是个别。王弼虽然要求知末，需要认识具体事物，却不主张先知末后得本，先感性认识后理性认识，而是强调要先得本后知末，完全颠倒了一般与个别的关系，"得物之致，故虽不行，而虑可知也。识物之宗，故虽不见，而是非之理可得而名也"（第四十七章注）。王弼沿袭老子的"玄览"思想，指出理性直觉要保持认识主体内心清静，没有污垢，也不受外物的干扰，"玄，物之极也。言能涤除邪饰，至于极览，能不以物介其明，疵其神乎？则终与玄同也”（第十章注）。王弼还沿袭老子"为道日损"的抽象思维方法，认为规定性越多的概念，所囊括包统的事物越少；规定性越少的概念，所囊括包统的事物越多。自然之道就像一棵树，枝叶越繁茂，细枝末叶离根就越远；枝叶越短少稀疏，离根就越近。离根近即是得其本，离根远则是失其本，"自然之道，亦犹树也。转多转远其根，转少转得其本。多则远其真，故曰'惑'也。少则得其本，故曰'得'也"（第二十二章注）。认识自然之道，就要用损的思维方法，裁去其枝枝叶叶，高度抽象，"愈多愈远，损则近之。损之至尽，乃得其极"（第四十二章注）。所谓损，是逻辑的抽象，而不是具体的减损。宇宙万物都是以道为本性而存在的，无论短长还是宽窄，都是自然合理的，是不能减损和增加的，"自然之质，各定其分，短者不为不足，长者不为有余，损益将何加焉？"（《周易注·损卦》）

四、名教出于自然

名教出于自然，是王弼的政治观和人生哲学。"所谓名教，乃是因名立教，其中包括政治制度、人才配合及礼乐教化等等"[1]，主要指儒家的纲常名分及其宗法制度，强调人为的治理和有为的政治。自然则是老子的重要思想范畴，是指非人为的自然界和人类社会的本然状态，"道之尊，德之贵，夫莫之命而常自然"（《老子》第五十一章）。在魏晋玄学那里，自然被赋予了法则的含义，意指自然界和人类社会运行的总规律。名教与自然的关系，是魏晋玄学争论的中心议题，也是魏晋时期社会政治问题

---

[1] 唐长孺著：《魏晋南北史论丛》，生活·读书·新知三联书店1955年版，第312页。

提升到形上思辨的争论。王弼提出了自己的看法，"始制，谓朴散始为官长之时也。始制官长，不可不立名分以定尊卑，故始制有名也"（第三十二章注）。有人根据这一注释概括出"名教出于自然"的论点，不是王弼的原话，却符合王弼的本意。王弼认为，人类的自然状态或原始社会解体后，必然产生名教之制，即制官长、立名分、定尊卑。名教由自然而生，自然是名教的根源，两者是对立与统一的关系。

名教与自然源自先秦儒家与道家的不同理念，儒家重视名教，"齐景公问政于孔子。孔子对曰：'君君，臣臣，父父，子子。'公曰：'善哉！信如君不君，臣不臣，父不父，子不子，虽有粟，吾得而食诸？'"（《论语·颜渊》）道家崇尚自然，"域中有四大，而王居其一焉。人法地，地法天，天法道，道法自然"（《老子》第二十五章）。儒道两家在理论形态上是不相容的，而在先秦时期却没有发生直接争论。与此相联系，还有名法问题，名法不属于儒家，而属于法家。名教坚持道德教化，名法推崇刑名法术，"凡治天下，必因人情。人情者，有好恶，故赏罚可用；赏罚可用，则禁令可立而治道具矣"（《韩非子·八经》）。汉朝独尊儒术，倡导名教之治，东汉以后尤甚。统治者奖掖"孝悌廉正"，要求社会每个成员忠孝守礼，恭行仁义，恪尽职责，不断促使人们认同儒家的纲常礼制和道德风尚。汉末名教之治遇到重大危机，欺世盗名现象不胜枚举，"汉初诏举贤良、方正，州郡察孝廉、秀才，斯亦贡士之方也。中兴以后，复增敦朴、有道、贤能、直言、独行、高节、质直、清白、敦厚之属。荣路既广，觖望难裁，自是窃名伪服，浸以流竞。权门贵仕，请谒繁兴"（《后汉书·左周黄列传论》）。

鉴于名教之治的各种弊端，三国时重视名法之治。一般而言，社会政治稳定，推崇名教之治；社会政治动乱，强调名法之治。三国属于动乱时期，必然要推行名法之治，"魏之初霸，术兼名法"（《文心雕龙·论说》）。统治者综核名实，赏功罚罪，希冀通过刑名法术手段，富国强兵，治平天下。名法之治最大的弊端是君主的苛察和专断，不仅没有解决名教的问题，反而造成君臣离心，国家政权与强宗豪雄、大姓名士之间的矛盾。曹操的谋士刘廙指出，君主"若多疑而自任也，则其臣不思其所以为国，而思其所以得于君。深其计而浅其事，以求其指㧑……此为天下共一人之智。以一人而独治于四海之内也，其业大，其智寡，岂不蔽哉"（《群书治要·刘廙政论》）。司马氏集团当政，口头清高，又祭起名教大旗，倡导"以孝治天下"，而其行为卑鄙，谋逆篡权，利用虚假禅让，夺取曹魏政权。魏晋时期，无论名教还是名法，都跌入了万劫不复的深渊，整个社会笼罩着悲观失望的氛围，人们既不信名法之治，更不信名教之治。名士风流，直接批判名教，甚至否定父母与子女之间有亲情关系，"父之于子，当有何亲？论其本意，实为情欲发耳。子之于母，亦复奚为？譬如寄物瓶中，出则离矣"（《后汉书·孔融列传》）。

名教的危机造成了汉朝经学的衰落，催生了魏晋玄学，其直接后果是引起名教与自然的争论。尽管魏晋名士有着不同看法，总体而言，都是以自然为基础，讨论名教与自然的关系，都没有否定名教。即如比较激进的竹林名士，提出了"越名教而任自然"的偏激观点，也没有完全否定名教。阮籍指出，社会中的名教是不可缺少的，"圣人以建天下之位，定尊卑之制，序阴阳之适，别刚柔之节。顺之者存，逆之者亡，得之者身安，失之者身危"（《通易论》）。他用礼与乐的关系说明名教与自然关系。礼是名教，乐是自然，两者结合，方能治国安邦，"刑教一体，礼乐外内也。刑弛则教不独行，礼废则乐无所立。尊卑有分，上下有等，谓之礼。人安其生，情意无哀，谓之乐"。"礼逾其制则尊卑乖，乐失其序则亲疏乱。礼定其象，乐平其心。礼治其外，乐化其内。礼乐正而天下平。"(《乐论》)名教与自然的关系，不仅是个理念问题，而且是实践的指导。如果否定名教，完全过着废弃礼法、放荡纵欲的自然生活，那必然会造成政治动荡和社会失序；如果否定自然，严格过着遵守宗法伦理规范的生活，那又不能冲决名教的罗网，实现个体的自由。魏晋名士都注意到了名教与自然密切联系，无非是有的偏重于自然，有的偏重于名教；有的强调矛盾对立多一些，有的认为统一协调多一些。王弼的贡献在于明确提出了名教与自然的统一性问题，并给予了充分的论证和阐述。他以注解的形式继承了《老子》崇尚自然的思想，又调和儒道关系，把名教与自然的关系创造性地解释为本末关系，着力从理论弥合儒道之间的对立关系。

　　本与末是王弼玄学的重要概念，崇本息末是王弼玄学的重要观点，意指以无为本，因任自然，抛却一切固有的观念，"以光鉴其所以迷，不以光照求其隐匿也。所谓明道若昧也，此皆崇本以息末，不攻而使复之也"(第五十八章注)。在王弼看来，名教与自然紧密相连，是统一的整体。而两者的关系不是平等的，自然是本和母，名教是末和子，名教绝对不能离开自然而独立存在，"守母以存其子，崇本以举其末，则形名俱有而邪不生，大美配天而华不作。故母不可远，本不可失"。王弼认为，名教是相对的，自然是永恒的，没有名教，自然照样存在；没有自然，则不可能有名教，所以不能用名教代替自然。犹如匠人制器，不能用形器代替匠人，"仁义，母之所生，非可以为母。形器，匠之所成，非可以为匠也"。而且，名教不能自圆其说，必须奠基于自然之上，才能完善圆满，"故仁德之厚，非用仁之所能也；行义之正，非用义之所成也；礼敬之清，非用礼之所济也。载之以道，统之以母，故显之而无所尚，彰之而无所竞。用夫无名，故名以笃焉；用夫无形，故形以成焉"。王弼强调，只有以自然为基础，名教才能成立，仁义道德才能施行，"夫载之以大道，镇之以无名，则物无所尚，志无所营，各任其贞事，用其诚，则仁德厚焉，行义正焉，礼敬清焉"。否则，名教就是虚假的，仁义道德也是虚伪的，"弃其所载，舍其所生，用其成形，役其聪明，仁则尚焉，义则竞焉，礼则争焉"（第三十八章注）。

王弼崇尚自然，却认同名教；强调本的重要，却不否定末的必要；精心作注《老子》，却也不忘释疑《论语》。在《论语释疑》仅存的四十余条、近二千字的佚文中，普遍论及儒家的仁、义、礼、乐、孝、敬、忠、恕等重要伦理范畴。王弼崇本举末，以自然无名解释儒家的伦理观念。他肯定儒家的孝和仁的规范，认为孝不是表现于外在形式，而是出于自然，发自内心的真情实感，否则，就是虚伪，甚至成为欺世盗名的工具，"自然亲爱为孝，推爱及物为仁也"。仁就是出于自然的爱，扩充推广开来，实现没有偏私的普遍的爱。肯定"兴于诗，立于礼，成于乐"的观点，认为观风、立礼、作乐是国家的礼乐制度，也是儒家为政的次序，"若不采民诗，则无以观风；风乖俗异，则礼无所立；礼若不设，则乐无所乐；乐非礼，则功无所济。故三体相扶，而用有先后也"。在诗、礼、乐三者中，王弼认为诗是基础，因为诗的形成源于人的喜怒哀乐等自然情感。人的自然情感与外在事物相接触，自然而然地形成诗歌。诗还来源于"风"，风又是民心、民志和民俗的体现，也是最自然的社会状态，"夫喜惧哀乐，民之自然，应感而动，则发乎声歌。所以陈诗采谣，以知民志风。既见其风，则损益基焉，故因俗立制，以达其礼也。矫俗检刑，民心未化，故又感以声乐，以和神也"。肯定礼敬乐和的理念，认为礼的本质在于敬，而不在于玉帛文饰；乐的本质在于和，而不在于钟鼓装点。如果礼一味地奉之以玉帛，乐一味地鸣之以钟鼓，那么，礼乐就不是出于自然的真情实感，"礼以敬为主，玉帛者，敬之用饰也。乐主于和，钟鼓者，乐之器也。于时所谓礼乐者，厚赘币而所简于敬，盛钟鼓而不合雅、颂，故正言其义也"（《论语释疑》）。

　　在名教与自然关系中，王弼认同名教的合理性，更重视自然的基础性。没有自然就没有名教，名教是从自然产生的。老子认为，人类曾经有一个非常自然的原始社会，称之为"朴"，或"小国寡民"社会（《老子》第八十章）。朴散即原始社会瓦解后，才产生了名教和人类文明，"朴散则为器，圣人用之则为官长"（《老子》第二十八章）。王弼注曰："朴，真也，真散则百行出，殊类生，若器也。圣人因其分散，故为之立官长。"名教是合理的，既是圣人在朴散之后不得已而设立的制度，又是人类社会发展的必然产物。圣人创立名教是顺势而为，"是以上德之人，唯道是用，不德其德，无执无用，故能有德而无不为，不求而得，不为而成，故虽有德而无德名也"（第三十八章注）。王弼认为，名教由自然而生，也须依自然而成，"神，无形无方也。器，合成也。无形以合，故谓之神器也"（第二十九章注）。名教的种种规范，以及维护名教的国家政权，都要因物之性去创设，而不能违反自然，人为造作，"利器，利国之器也。唯因物之性，不假刑以理物。器不可睹，而物各得其所，则国之利器也"（第三十六章注）。王弼指出，推行名教要顺应自然，不可借助强力，也不要执着于善与不善的区别，而是以善人作为不善之人的老师，不善之人作为善人的借鉴，"以善为师，不善为资，移风易俗，复使归于一也"（第二十八章注）。

　　名教出于自然，必须扎根于形上本体，这也是孔子的观念，"子欲无言，盖欲明本，举本统末，而示物于极者也"。名教容易陷入烦琐，趋于虚伪，"夫立言垂教，将以通性，而弊至于湮；

寄旨传辞，将以正邪，而势至于繁"。只有举本统末，才能避免名教的烦琐虚伪，"既求道中，不可胜御，是以修本废言，则天而行化。以淳而观，则天地之心见于不言；寒暑代序，则不言之令行乎四时"（《论语释疑》）。名教出于自然，必须关注诸子的思想和治国方略，分析其利弊得失。诸子的特点是"法者尚乎齐同，而刑以检之。名者尚乎定真，而言以正之。儒者尚乎全爱，而誉以进之。墨者尚乎俭啬，而矫以立之。杂者尚乎众美，而总以行之"。弊端是"夫刑以检物，巧伪必生；名以定物，理恕必失；誉以进物，争尚必起；矫以立物，乖违必作；杂以行物，秽乱必兴"。原因在于舍本逐末，"斯皆用其子而弃其母。物失所载，未足守也"（《老子指略》）。名教出于自然，必须崇本息末，择其善者而从之，以形上本体指导治国安邦，无为而治，无为而无不为，原因在于"自然已足，为则败也"，"智慧自备，为则伪也"（第二章注）。无为而治，是顺应自然，不是不要名教和名法之治，"夫邪之兴也，岂邪者之所为乎？淫之所起也，岂淫者之所造乎？故闲邪在乎存诚，不在善察；息淫在乎去华，不在滋章；绝盗在乎去欲，不在严刑；止讼存乎不尚，不在善听。故不攻其为也，使其无心于为也；不害其欲也，使其无心于欲也"（《老子指略》）。

名教出于自然，不仅是为了调和儒道矛盾，融通孔老关系，更是为现实政治服务的。王弼玄而又玄，似乎在疏离政治，实际是很关心政治的。当时，司马氏集团正与曹氏集团争斗，魏帝无力，曹爽辅政，司马懿坐大。王弼心向曹氏集团，通过解读《周易·大有》卦象，献计献策，认为魏帝是九五之尊，司马懿居九三位，曹爽居九四位。曹爽要坚决维护魏帝，不断排斥司马懿的权力，才能保住曹氏集团。大有卦象为，像一个柔弱的君主居于群臣之上，只有"既公且信……不言而教行"，才可得去；

九三位"与五同功，威权之盛，莫此过焉"，只有诸侯、王公可居此位，小人如居此位，则有危害，"公用斯位乃得通乎天子之道也。小人不克，害可待也"；九四位"上近至尊之威，下比分权之臣，其为惧也，可谓危矣。唯夫有圣知者，乃能免斯咎也。三虽至盛，五不可舍，能辩斯数，专心承五，常匪其旁，则无咎矣。旁谓三也"。意指居九四位的权臣夹在至尊和比他威权更大、声高震主的"分权之臣"之间，面临危难。只有专心追随君主，经常排斥九三位的权臣，才得无咎。

王弼真是个天才。英年早逝，就像流星划过天空，短促而无声响，令人扼腕叹息。创立玄学，才智卓绝，似恒星，如行星，悬垂在幽深而玄远的暗蓝色苍穹，不时地闪烁着智慧的光芒，点拨照亮着人们的前行之路。人生立言而不朽，王弼无憾也！

第四节　郭象

郭象（公元252—312年）是西晋玄学家，所著《庄子注》是魏晋玄学发展的高峰。郭象思想的形上本体是自然，"物有自然，理有至极，循而直往，则冥然自合"（《庄子·齐物论》注，本节凡引《庄子注》一书，只注篇名）；主要范畴是独化和玄冥，"神器独化于玄冥之境"（《庄子序》）。神器意指自生本体，对于自然而言，是指天地万物；对于社会而言，既指个体生命又指国家政治。郭象以自然为逻辑前提，通过独化和玄冥，旨在融合无与有、无为与有为、名教与自然，以及儒家与道家的关系，进而实现个体生命的自由和国家政治的稳定。有的学者指出："'玄冥'就是指一种昏暗幽深、混沌不分的状态。……万物正是在这样一种玄冥的状态中各自独化，突然产生的。同时，各自独化的万物又彼此相因，联系成为一个'玄冥之境'。"①

一、其人其事

郭象比王弼幸运，正史《晋书》为其立传，在其他史书中也有所提及，《世说新语》则有不少郭象的故事。然而，史书中虽

---

① 李尚信：《〈庄子注〉中的"独化"说及其现代意义》，载《管子学刊》2007年第1期。

有传，信息却缺失较多，主要是家世不明，没有记载成长经历。史书把郭象描述为清谈家的形象，"太尉王衍每云：'听象语，如悬河泻水，注而不竭。'"（《晋书·郭象传》）郭象似乎不愿享有清谈家的称誉，以为清谈误国，"然膏粱之子，均之戏豫，或倦于典言，而能辩名析理，以宣其气，以系其思，流于后世，使性不邪淫，不犹贤于博奕者乎！故存而不论，以贻好事也"（《天下》注）。郭象不喜欢清谈家形象，非不喜也，实际还是想为官从政，鱼与熊掌兼得。

综合分析史料，对郭象是褒贬不一，毁誉参半。在学术思想方面，褒大于贬。郭象少年时才华横溢，喜好道家学问，"郭象字子玄，少有才理，好《老》《庄》，能清言"（《晋书·郭象传》）。老庄研究，常人难以企及，"郭子玄有俊才，能言《老》《庄》，庾敳尝称之，每曰：'郭子玄何必减庾子嵩。'"（《世说新语·赞誉》）庄子研究，更是出类拔萃，"庄子《逍遥篇》，旧是难处，诸名贤所可钻味，而不能拔理于郭、向之外"（《世说新语·文学》），著有《庄子注》及"碑论十二篇"。在人品操守方面，则是贬大于褒，甚至就是贬。郭象官迷心窍，却是"千呼万唤始出来，犹抱琵琶半遮面"，具体表现为"州郡辟召，不就。常闲居，以文论自娱"。为官从政时，专权跋扈，惹得众人不满，"后辟司徒掾，稍至黄门侍郎。东海王越引为太傅主簿，甚见亲委，遂任职当权，熏灼内外，由是素论去之"。最令人诟病的是《庄子注》的著作权问题，史书认为是郭象剽窃了向秀。向秀是竹林名士之一，清悟有远识，雅好老庄之学，"先是注《庄子》者数十家，莫能究其旨统。向秀于旧注外而为解义，妙演奇致，大畅玄风。惟《秋水》《至乐》二篇未竟而秀卒"。郭象剽窃手段卑鄙，欺负孤儿寡母，"秀子幼，其义零落，然颇有别本迁流。象为人行薄，以秀义不传于世，遂窃以为己注，乃自注《秋

水》《至乐》二篇，又易《马蹄》一篇，其余众篇或点定文句而
已"（《晋书·郭象传》）。传统文化历来主张德才兼备，更是强调
以德为先。郭象的人品损害了自己的名声，"郭象乃一热中贪鄙
之人，当时达官贵人，皆注慕庄老，郭象慕贵达，故其注《庄》，
腼颜昧心，曲说媚势"。进而影响了对其学问的评价，郭象"如
此曲学阿世，奖励政治人物放旷不务责任，而尊之曰尧、舜无
为，此乃一种伪学。讲思想史，应当注意一种伪思想，此亦孟子
所谓'知言'之学也"①。

今本《庄子注》的著者归属已成中国学术思想史的一桩公案，
学界争论不休，众说纷纭，莫衷一是。一些学者根据《晋书·郭
象传》及《世说新语·文学》的资料，认为著者应为向秀，郭
象纯属抄袭剽窃，"当时谓象窃秀注为己有，此殆未必直抄其文
字，义解从同，即谓之窃矣。故《晋书》谓'今有向郭二书，其
义一也'。今读郭注，颇多破庄义以就己说者。而其说乃颇有似
于向秀之难嵇康。则郭之窃问，其狱自定矣"②。另一些学者根据
东晋张湛《列子注》、唐初陆德明《经典释文》及之后典籍只引
郭注而不引向注，认为著者应为郭象。其中，有的学者通过数据
统计分析，传统社会引用向注加起来约为210条，只占郭注2950
条的7%，郭注更能适应社会政治发展的需要，由此导致向注佚
而郭注存③。有的学者比较向注与郭注的异同，认为著者是郭象，
"今据庄子释文、列子注及他书所引，详加纂辑，得向有注郭无
注者四十八条，向郭注全异者三十条，向郭注相近者三十二条，
向郭注相同者二十八条。列此明证，然后知郭注之与向注，异者
多而同者少，盖郭虽有所采与向，实能推而广之，以自成其说者

---

① 钱穆著：《中国思想史》，九州出版社2012年版，第138页、140—141页。
② 钱穆著：《庄老通辨》，生活·读书·新知三联书店2005年版，第372页。
③ 康中乾著：《魏晋玄学》，人民出版社2008年版，第163—167页。

也"①。还有一些学者根据《晋书·向秀传》，采取折中态度，认为著作权应属向、郭二人，"现在流传的《庄子注》，虽然署名是郭象注，其实多半是向秀和郭象两人合著。《晋书·向秀传》中称，向秀著《庄子注》，郭象予以'增衍'，这看来较接近于事实"②。《庄子注》著者是谁，至今未有定论；在现有史料的条件下，今后可能也难有共识。既然如此，不如沿用史上惯例，《庄子注》著者仍为郭象。他在学习利用向秀注解的基础上，既有继承又有发展，赋予《庄子》文本新的生命意义，创立玄学新的思想形态。史书似乎也是如此记载，"秀乃为之隐解，发明奇趣，振起玄风，读之者超然心悟，莫不自足一时也。惠帝之世，郭象又述而广之"。实际上，著者是谁并不重要，重要的是《庄子注》的思想价值。无论著者是谁，都要充分肯定《庄子注》的历史地位和学术价值，它是迄今为止关于《庄子》的标准注解；它不仅是一部注解之书，更是一部原创性的哲学著作；它把魏晋玄学推向了新的发展阶段，"儒墨之迹见鄙，道家之言遂盛焉"（《晋书·向秀传》）。

郭象注《庄子》，因为《庄子》是传统文化经典。经典不仅以书写方式展示古人的思想，而且是民族文化之源，后人不断诠释经典，便形成了蔚为壮观的学术思想之流。经典诠释不仅是回溯文化之源，向古人探赜请教，更是怀着强烈的现实关怀，寻找当下的安顿生命之道以及治平天下方略。任何时代选择和解读经典，都不是为了经典本身，而是服务于社会政治现实的需要。魏晋名士选择《老子》《庄子》作为经典范本，在于先秦道家思想契合了他们对于时代的适应和心灵的安顿。郭象选择《庄子》作注，在于他高度认同庄子思想，更在于庄子思想能够容纳其异见

① 王叔岷著：《庄学管窥》，台北艺文印书馆1979年版，第130页。

② 冯友兰著：《中国哲学简史》，新世界出版社2004年版，第198页。

和创新。《庄子注》深深烙下了魏晋时代的印记，浓墨重彩地抹上了郭象的思想痕迹，实现了《庄子》视域与郭象视域的双向融合。郭象继承庄子，却不是庄子思想的简单翻版；《庄子注》诠释解读《庄子》，却在建构着有别于《庄子》的玄学思想。《庄子注》表面是在阐述庄子的思想，实质是在宣示郭象的理念。庄子要超越人间世，郭象要融入人间世，"与人群者，不得离人。然人间之事故，与世异宜，唯无心而不自用者，为能随变所适而不荷其累也"（《人间世》注）。郭象注《庄子》的主旨是要彰显内圣外王之道，把理想人格与社会统治秩序结合起来，"然庄生虽未体之，言则至矣。通天地之统，序万物之性，达死生之变，而明内圣外王之道。上知造物无物，下知有物之自造也。其言宏绰，其旨玄妙"（《庄子序》）。在人生实践中，面对功名利禄，庄子飘逸洒脱。当楚王邀请为官从政，庄子宁要生命自由，也不愿高居庙堂，"庄子钓于濮水，楚王使大夫二人往先焉，曰：'愿以境内累矣！'庄子持竿不顾，曰：'吾闻楚有神龟，死已三千岁矣。王巾笥而藏之庙堂之上。此龟者，宁其死为留骨而贵乎？宁其生而曳尾于涂中乎？'二大夫曰：'宁生而曳尾涂中。'庄子曰：'往矣！吾将曳尾于涂中。'"（《庄子·秋水》）郭象则是卑微猥琐，先是自命清高，不受"州郡辟召"，后是趋炎附势，"薰灼内外"，得志更猖狂。郭象由于人品不正，"极为片面地发展了庄学中最庸俗虚伪的一面，完全失去了庄学中抨击现实揭露黑暗的批判精神，失去了像嵇康、阮籍那种反抗性的进步意义"[1]。

郭象曲解庄子思想，却不妨碍《庄子注》的成功。这主要得益于方法论的成熟，既有继承性又有创新性，实现了郭象注《庄子》与《庄子》注郭象的完美统一。郭象注《庄子》，较好展现

---

[1] 李泽厚著：《中国古代思想史论》，人民文学出版社 2021 年版，第 167 页。

了庄子的思想面貌;《庄子》注郭象，则是全面论述了郭象的玄学理论。在郭象与《庄子》结合中，儒与道相处和谐，名教与自然合二而一，人的现实关怀与精神超越有了自己的家园。学界一般认为，寄言出意是郭象注释《庄子》的基本方法，也是郭象建立其哲学体系的基本方法①。寄言出意是指寄旨于言，而在出意。郭象认为，寄言出意是《庄子》文本的主要特征，意指庄子通过寓言故事或名人言行，运用寄托方法以表达出一般言语难以表达的微妙哲理。"今吾游于雕陵而忘吾身，异鹊感吾颡，游于栗林而忘真，栗林虞人以吾为戮，吾所以不庭也"（《庄子·山木》）。大意是，我来到雕陵园游玩忘记了自身，鸟碰到我的额头，我就追到栗林而忘了自己的真性，管园的人又来责骂我，所以我才不开心。郭象注曰："以见问为戮。夫庄子推平于天下，故每寄言以出意，乃毁仲尼，贱老聃，上掊击乎三皇，下痛病其一身也。"郭象的"寄言出意"与王弼的"得意忘言"相近，差别在于得意忘言，贵在得意;寄言出意，重在出意，为其注释《庄子》服务，就是可以忽视原意而自由发挥己见。《庄子·渔父》借助渔父之口，批评孔子不闻"大道"，不知"法天贵真"。郭象则通过注释，寄言出意，认为孔子是圣人，不仅能闻道，而且还创立大道，"此篇言无江海而间者，能下江海之士也。夫孔子之所放任，岂直渔父而已哉! 将周流六虚，旁通无外，蠕动之类，咸得尽其所怀，而穷理致命，固所以为至人之道也"。

辩名析理的方法。辩名析理是魏晋玄学的主要方法，也是魏晋时期各学派共享的逻辑思维方式，郭象不能例外，"名当其实，故由名而实不滥也"（《天道》注）。郭象重视注释《庄子》的词语，他从特定语境出发，解释词语含义，进而解释整个句子的意

① 汤一介著:《郭象与魏晋玄学》，北京大学出版社2000年版，第203—204页。

义。《庄子·齐物论》：“予恶乎知恶死之非弱丧而不知归者邪。”
郭象不仅解释“弱丧”的含义，而且顺势通释了整个句子的意
义，“少而失其故居，名为弱丧。夫弱丧者，遂安于所在而不知
归于故乡也”。他先解释词语的含义，又回到原文的语境之中，
边串讲边发挥，由此阐发出深刻的哲理。《庄子·齐物论》：“和
之以天倪，因之以曼衍，所以穷年也。”郭象先解释天倪，“自然
之分也”；接着串讲句子的大意，“和之以自然之分，任其无极之
化，寻斯以往”；后是阐发哲理，“则是非之境自泯，而性命之致
自穷也”。他有时是将词语译为口语，使句子的意义明白显豁。
《庄子·养生主》：“缘督以为经。”郭象使之口语化，“顺中以为
常也”。《庄子·齐物论》“罔两问景曰”也是如此，“罔两，景外
之微阴也”。《庄子·天道》：“而容崖然，而目冲然，而颡頯然，
而口阚然，而状义然，似系马而止也。”郭象立足语境，连续解
读六个饱含庄子风格的词语，容崖然是“进趋不安之貌”，目冲
然是“冲出之貌”，颡頯然是“高露发美之貌”，口阚然是“虓
豁之貌”，状义然是“踶跂自持之貌”，似系马而止也是“志在
奔驰”。

　　否定的方法。郭象注《庄子》，既正面阐述庄子的主题思
想，又批判否定庄子的一些观点，彰显其玄学义理。庄子目睹战
国时期严酷的社会现实，着力批判儒家的仁义道德学说，认为仁
义犹如“骈拇”，乃是多余的，“意仁义其非人情乎！彼仁人何其
多忧也？”（《庄子·骈拇》）郭象则从魏晋时代出发，力图调和
名教与自然的关系，在注释中明确驳斥庄子的观点，“夫仁义自
是人之情性，但当任之耳。恐仁义非人情而忧之者，真可谓多忧
也”。郭象一般都用“旧说”的概念进行批评否定。《庄子·至乐》
记述庄子梦见髑髅，两者之间反复论辩生与死的问题。髑髅对庄
子宣扬死的乐趣，庄子则要让髑髅起死回生，髑髅不愿意，“庄

子不信，曰：'吾使司命复生子形，为子骨肉肌肤，反子父母、妻子、闾里、知识，子欲之乎？'髑髅深矉蹙頞曰：'吾安能弃南面王乐而复为人间之劳乎！'"郭象予以批驳，认为不是庄子的观点，"旧说云庄子乐死恶生，斯说谬矣！"庄子是"齐物论"者，既不乐生乐死，也不恶生恶死，"若然，何谓齐乎？所谓齐者，生时安生，死时安死，生死之情既齐，则无为当生而忧死耳。此庄生之旨也"。《庄子·让王》塑造了一批高士形象，他们不羡慕名利，不追求权力，其中有卞随和务光。商汤让位于他们，二人不愿接受，投水而死，卞随"乃自投椆水而死"；务光"乃负石自沉于卢水"。郭象予以批驳，"旧说曰：'如卞随务光者，其视天下也，若六合之外，人所不能察也。斯则谬也。'"进而指出卞随、务光既没有以天下为念，也没有趋于六合之外，"夫轻天下者，不得有所重也；苟无所重，则无死地矣。以天下为六合之外，故当付之尧舜汤武耳"。卞随、务光不过是殉名慕高之人，"淡然无系，故泛然从众，得失无概于怀，何自投之为哉！若二子者，可以为殉名慕高矣，未可谓外天下也"。郭象正是通过寄言出意、辩名析理和否定的方法，改造创新《庄子》，建构自己的玄学理论。

二、独化自生

独化是郭象的重要思想范畴，独化自生是郭象的本体论。《庄子注》运用"独化"概念计有九处，其中三处在于注释"齐物论"，与"无待"范畴相联系；两处在于注释"大宗师"，与"相因"范畴相联系；四处在于注释"知北游"，与"自性"范畴相联系。郭象认为，独化是指天地万物的存在都是性分自足，既没有造物主生万物，也不需要造物主化万物，"是以涉有物之域，虽复罔两，未有不独化于玄冥者也。故造物者无主，而物各自造。物各自造而无所待焉，此天地之正也"。天地万物都是独尔自化，自生、自存、自然，无待于他物，"今罔两之因景，犹云俱生而非待也，则万物虽聚，而共成乎天，而皆历然莫不独见矣。……则化与不化，然与不然，从人之与由己，莫不自尔"（《齐物论》注）。

郭象注《庄子》，却不同于庄子，否定道为形上本体，多次表示不认同庄子关于道的理念。庄子继承老子，认为道是形上本体，先天地而存在，"有先天地生者物邪？物物者非物，物出不得先物也，犹其有物也，犹其有物也，无已！"（《庄子·知北游》）郭象不同意，指出在天地万物之前，没有道的存在，只有自然本体，"谁得先物者乎哉？吾以阴阳为先物，而阴阳者即所谓物耳。谁又先阴阳者乎？吾以自然为先之，而自然即物之自尔耳；吾以至道为先之矣，而至道乃至无也。既以无矣，又奚为先？然则先物者谁乎哉？而犹有物，无已，明物之自然，非有使然也"。庄子认为，道神鬼神帝，先天生地，既是自身的根据，也是天地万物的始基和起源，"夫道，有情有信，无为无形；可传而不可受，可得而不可见；自本自根，未有天地，自古以固存；神鬼神帝，生天生地"（《庄子·大宗师》）。郭象不同意，指出道即无，无不能生有，而是鬼神自神，天地自生，"无也，岂能生神哉！不神鬼帝，而鬼帝自神，斯乃不神之神也。不生天地，而天地自生，斯乃不生之生也。故夫神之果不足以神，而不神则神矣。功何足有，事何足恃哉！"庄子认为，道是天地日月和宇宙万物的主宰根据，"天不得不高，地不得不广，日月不得不行，万物不得不昌，此其道与！"（《庄子·知北游》）郭象不同意，指出天地广大、日月运行和万物昌盛，都是自然而然的事情，并不受道的支配，"言此皆不得不然而自然耳，非道能使然也"。郭象进而指出，道无能于天地万物的生成，"知道者，知其无能也；

无能也，则何能生我？我自然而生耳"（《秋水》注）。道也无功于天地万物的生长变化，"还用万物，故我不匮，此明道之赡物，在于不赡，不赡而物自得，故曰此其道与。言至道之无功，无功乃足称道也"（《知北游》注）。

在魏晋玄学史上，郭象的独化论与王弼的无本论是两座高峰，代表着两种不同类型的本体论。有的学者认为，王弼无本论是共相本体论，而郭象的独化论是具相本体论①。王弼继承先秦道家思想比较纯粹，他肯定道的范畴，"道以无形无名始成万物，以始以成而不知其所以，玄之又玄也"（《老子》第一章注）；把道与无统一起来，道就是无，无就是道，"穷极虚无，得道之常"（《老子》第十六章注）。王弼认为，无是天地万物的始基与根源，"天地虽大，富有万物，雷动风行，运化万变，寂然至无，是其本矣"（《周易注·复卦》）。郭象的继承则比较复杂，既不同于老庄，也不同于王弼。他否定道的范畴及其在宇宙万物创生和构成过程中的作用，"道，无能也。此言得之于道，乃所以明其自得耳。自得耳，道不能使之得也。我之未得，又不能为得也。然则凡得之者，外不资于道，内不由于己，掘然自得而独化也"（《大宗师》注）。否定无作为形上本体，"无既无矣，则不能生有。有之未生，又不能为生。然则生生者谁哉？块然而自生耳"（《齐物论》注）。魏晋玄学中还有一种观点，与无本论相对立，认为有是形上本体，"生以有为己分，则虚无是有之所谓遗者也"。其代表人物是裴頠，著有《崇有论》，强调"夫总混群本，宗极之道也；方以族异，庶类之品也；形象著分，有生之体也；化感错综，理迹之原也"（《晋书·裴頠传》）。郭象也运用"有"的概念，把"万有"看作是天地万物"自足其性"的独立存在，却不是崇有

---

① 姚军波：《试析郭象的独化范畴——兼论王弼、郭象本体论之异》，载《苏州科技学院学报（社会科学版）》2016年第4期。

论者，"夫有之未生，以何为生乎？故必自有耳，岂有之所能有乎？"明确反对有是形上本体，"此所以明有之不能为有而自有耳"（《庚桑楚》注）。就本体论而言，郭象的独化论是一种进步，比王弼的无本论更能圆融自洽解释天地万物的构成。无本论是一种无根的本体论，虽然能够统摄宇宙万物，却不能自本自根，需要依据理性思维，而不存在于现实世界。而独化论是一种有根的本体论，认为天地万物都是存在，有着自身的内在结构，即有是无的根，无是有的根，有与无互为其根。通过自本自根，天地万物各自在保持自身的同时又开放自身，促进自身运动变化；开放自身的同时又保持自身，使自身成为一个独一无二的存在。

独化论与"无待"关系密切。无待是庄子的重要思想，也是庄子崇尚生命和精神自由的重要概念。在庄子看来，即如他所称颂的鲲鹏"抟扶摇而上者九万里"，还是有待即有所依托的，没有达到无待的境界。鲲鹏有待于大风和空间，否则就难以展翅飞翔，"风之积也不厚，则其负大翼也无力。故九万里，则风斯在下矣，而后乃今培风；背负青天而莫之夭阏者，而后乃今将图南"。庄子憧憬的是无待境界，"若夫乘天地之正，而御六气之辩，以游无穷者，彼且恶乎待哉！"（《庄子·逍遥游》）郭象认同庄子之无待，从中抽象出独化范畴。《庄子·齐物论》有一段罔两问景的故事，"罔两问景曰：'曩子行，今子止；曩子坐，今子起。何其无特操与？'"郭象作注认为，罔两是景的影子，罔两是有待于景的，那景有待于谁呢，"世或谓罔两待景，景待形，形待造物者。请问：夫造物者有耶？无也？"一直追问下去，就会走到尽头即无待。无待就是独化，"若责其所待而寻其所由，则寻责无极，而至于无待，而独化之理明矣"。独化就是无待和无所依托，意指天地万物各自独立地存在，自主地变化，而不需要假于外物和造物主。在注释"吾待蛇蚹蜩翼邪"时，郭象认为，世人之所以不识蛇蚹蜩翼，就在于它们无待于外物，独化而生，"若待蛇蚹蜩翼，则无特操之所由，未为难识也。今所以不识，正由不待斯类而独化故耳"（《齐物论》注）。唐成玄英指出，一般人都理解蛇蚹为蛇下面的横鳞，蜩为蝉的翅膀，实际是错误的。昔诸讲人"皆云蛇蚹是腹下龃龉。蜩翼者，是蜩翅也。言蛇待蚹而行，蜩待翼而飞，影待形而有也，盖不然乎！"蛇蚹是指蛇蜕皮，蜩翼是指蝉的外壳，之所以引用蛇蚹蜩翼的例子，是无待而来，独化而生，"若使待翼而飞，待足而走，飞禽走兽，其类无穷，何劳独举蛇蚹，颇引为譬？即今解蚹者，蛇蜕皮也。蜩翼者，蜩甲也。言蛇蜕旧皮，蜩新出甲，不知所以，莫辩其然。独化而生，盖无待也"（《庄子注疏》）。

独化论与"相因"密切相关，"卓者，独化之谓也。夫相因之功，莫若独化之至也"（《大宗师》注）。独化是指一个事物；相因是指两个及两个以上事物之间的关系，也是任何事物存在的外在条件。郭象认为，天地万物都是独立的个体，都是自然而然的存在及其变化，"命之所有者，非为也，皆自然耳"；"故五亲六族，贤愚远近，不失分于天下者，理自然也"（《天运》注）。同时，独立不是孤立，任何事物都与其他事物存在着联系。事物之间的联系不是有待关系，需要互相依存，而是玄合关系，即无待关系。事物联系的双方不需要互相依存，一方并不以另一方的存在为目的，"故彼我相因，形景俱生，虽复玄合，而非待也"（《齐物论》注）。具体而言，相因是一种对生关系，没有天，何言地；没有阴，何言阳，"天地阴阳，对生也"；也是一种互有关系，没有是，何言非，没有治，何言乱，"是非治乱，互有也"。对生和互有关系，不是非此即彼的对立关系，而是双方共存的统一关系；双方只是肯定自己的存在，却不否定对方的存在，"夫天地之理，万物之情，以得我为是，失我为非；适性为治，失和为乱。然物无定极，我无常适，殊性异便，是非无主。若以我之所是，则彼不得非，此知我而不见彼者耳。故以道观者，于是非无当也，付之天均，恣之两行，则殊方异类，同焉皆得也"（《秋水》注）。相因关系，不仅肯定事物联系双方的存在，而且肯定双方的互相作用，这就是相与和相为，"虽手足异任，五藏殊官，未尝相与而百节同和，斯相与于无相与也；未尝相为而表里俱济，斯相为于无相为也"（《大宗师》注）。相与和相为具有重要意义，它们并不与事物分离，而是融合到事物的自在自为之中，进而把整个世界联系起来，"就在各个具体事物的自为之中，自然而然地产生了相为的作用，这种'相与于无相与，相为于无相为'的关系就把整个世界组成为一个普遍联系的有机的统一整体"①。

独化论与"自性"关系密切，"物各有性，性各有极，皆如年知，岂跂尚之所及哉！"（《逍遥游》注）自性是事物存在的根据，也是区别于其他事物的本质规定。自性是事物不得不如此，任何力量都不能加以改变，"性之所能，不得不为也；性所不能，不得强为，故圣人唯莫之制，则同焉皆得而不知所以得也"（《外物》注）。由于自性存在，事物才能独化自生。郭象认为，独化自生不是凝固不动，而是生生不息，"夫时不再来，今不一停，故人之生也，一息一得耳。向息非今息，故纳养而命续；前火非后火，故为薪而火传。火传而命续，由夫养得其极也，世岂知其尽而更生哉！"（《养生主》注）按照独化论，事物发展变化的动力在于自性，在于事物本身。郭象指出，事物的自性是完满的，自己就是自己存在的根据和原因，"苟足于其性，则虽大鹏无以自贵于小鸟，小鸟无羡于天池，而荣愿有余矣。故小大虽殊，逍遥一也"（《逍遥游》注）。因而自性不是纯粹的，而是复杂的，

---

① 余敦康著：《魏晋玄学史》，北京大学出版社2004年版，第363页。

自性既是有也是无，内聚着有与无的因素，有为自我性，无为非我性，两者矛盾对立，自生动力，"无也，则胡能造物哉；有也，则不足以物众形。故明众形之自物，而后始可与言造物耳"（《齐物论》注）。如果说相因是事物存在的外部条件，那么，自性则是事物存在的内在根据。相因与自性都在作用着事物的生成演绎和发展变化，而自性是根本性的作用，相因是辅助性的作用。自性通过有与无促进事物的独化自生。自性之有，体现事物的自我性，要以"独"来保持自己，自性之无，呈现事物的非我性，要以"化"来消解自己。自性是有与无的统一体，不是单纯的"有"而一"有"到底，也不是单纯的"无"而一"无"到底，而是有而无之，无而有之，处在动态的平衡之中，有无相生，生生不息。

独化论还与"玄冥"紧密联系，"卓尔独化，至于玄冥之境"。成玄英疏曰："玄者，深远之名也。冥者，幽寂之称。"（《庄子注疏》）玄冥意指一种幽深奥妙的境界。郭象认为，事物独化自生是一种玄妙深远的境界，既不能通过感性来认识，也不通过理性来把握，只能是直觉体悟，"玄冥者，所以名无而非无也"。玄冥之至，是重玄，"夫阶名以至无者，必得无于名表，故虽玄冥犹未极，而又推寄于参寥，亦是玄之又玄也"（《大宗师》注）。成玄英疏曰："参，三也。寥，绝也。一者绝有，二者绝无，三者非有非无，故谓之三绝也。夫玄冥之境，虽妙未极，故至乎三绝，方造重玄也。"（《庄子注疏》）郭象指出，玄冥是一种功能，意指天地万物自生、自存、自然，独而存在，化而无迹，"是以涉有物之域，虽复罔两，未有不独化于玄冥者也"（《齐物论注》）。玄冥还与人相联系，是一种主体之人到达的崇高精神境界。在具有玄冥境界的人的观照中，世间有所待之物便会不失其所待，而与人同达逍遥之境，"夫唯圣人与物冥而循大变，为能无待而常通，岂自通而已！又从有待者，不失其所待，不失则同于大通矣"(《逍遥游》注)。因此，玄冥不是一个实体，也不是一个天地万物均独化于此的场所，更不是一个凌驾万物之上的主宰，而是基于天地万物性分自足、各安其性的天然本性，通过人的精神提升，开显出来的与主体之人相关的境界。在玄冥境界中，万物独化自生，莫不性分自足，莫不逍遥自在。

三、自然本体

独化自生是郭象的本体论，却不是形上本体。那么，郭象的玄学有没有形上本体呢？答案是肯定的，这就是自然。任何哲学的思考，都不能回避本体问题。自然是郭象玄学的形上本体，"自生耳，非我生也。我既不能生物，物亦不能生我，则我自然矣。自己而然，则谓之天然。天然耳，非为也。故以天言之，所以明自然也"(《齐物论》注)。钱穆积极评价郭象的自然观，认为郭象使先秦道家的自然思想臻于完善，"故亦必俟有郭象之说，而后道家之言自然，乃始到达一深邃圆密之境界。后之人乃不复能驾出其上而别有所增胜。故虽谓中国道家思想中之自然主义，实成立于郭象之手，亦无不可也。虽谓道家之言自然，惟郭象所指，为最精卓，最透辟，为能登峰造极，而达于止境，亦无不可也"[①]。

自然的概念源自老庄思想，《老子》一书屡言自然，认为自然是道的本质规定，"道生之，德畜之，物形之，势成之。是以万物莫不尊道而贵德。道之尊，德之贵，夫莫之命而常自然"(《老子》第五十一章)。《庄子》一书基本沿袭老子之自然，认为天地万物是自生自灭，不需要外力作用，也不需要造物创生，"游

---

① 钱穆著:《庄老通辨》，生活·读书·新知三联书店2005年版，第436—437页。

心于淡，合气于漠，顺物自然而无容私焉，而天下治矣"(《庄子·应帝王》)。强调要顺应自然，"常因自然而不益生也"(《庄子·德充符》)。成玄英疏曰："因任自然之理，以此为常；止于所禀之涯，不知生分。"(《庄子注疏》)魏晋玄学确实是老庄思想的忠实继承者，更发扬光大了自然的要义。《老子》一书只有五处言及自然，王弼之注竟有二十七条论及自然。在注释"道法自然"时，认为道是自然，"道不违自然，乃得其性。法自然者，在方而法方，在圆而法圆，于自然无所违也。自然者，无称之言，穷极之辞也"(《老子》第二十五章注)。在注释"天地不仁"时，认为天地是自然，"天地任自然，无为无造，万物自相治理，故不仁也"(《老子》第五章注)。在注释"有无相生，难易相成，长短相较，高下相倾，音声相和，前后相随"时，认为天地万物是自然，"此六者，皆陈自然，不可偏举之明数也"(《老子》第二章注)。在注释"为者败之，执者失之"时，认为政治是遵循自然，无为而治，"万物以自然为性，故可因而不可为也。可通而不可执也"。在注释"圣人去甚去奢去泰"时，认为人生是顺应自然，清心寡欲，"圣人达自然之性，畅万物之情，故因而不为，顺而不施。除其所以迷，去其所以惑，故心不乱而物性自得之也"(《老子》第二十九章注)。

王弼重自然，却是"以无为本"，没有把自然作为形上本体；郭象则不同，对自然顶礼膜拜，以自然为其思想的形上本体。《庄子》一书只有四处言及自然，而郭象之注无处不显现或蕴含着自然之意。郭象既反对天地万物是由有意志的造物主所创生，也反对在现存的形形色色的万有万象之后有一个形上本体。如果一定要有造物主和形上本体，那就是自然，"万物万情，趣舍不同，若有真宰使之然也，起索真宰之朕迹，而亦终不得，则明物皆自然，无使物然也"(《齐物论》注)。钱穆比较王弼与郭象之自然，认为王弼是"谓自然生万物，而郭象独主万物以自然生。此两义显有辨"。王弼之自然只有继承没有创新，"仅亦为道与无之一新名词而已"。而郭象之自然是创新，以自然为逻辑前提，创立了新的玄学思想体系，"必至郭象注庄，乃始于此独造新论，畅阐自然之义，转用以解决宇宙创始，天地万物一切所从来之最大问题，彻始彻终，高举自然一义，以建立一首尾完整之哲学系统"[1]。钱穆还比较了汉朝经学与郭象之自然。汉初盛言自然，在《淮南子》一书中宣扬天地万物，尽属自然，"天下之事不可为也，因其自然而推之"。自然界是自然，"萍树根于水，木树根于土，鸟排虚而飞，兽蹍实而走，蛟龙水居，虎豹山处，天地之性也。两木相摩而然，金火相守而流，员者常转，窾者主浮，自然之势也"（《原道训》）。人类社会也是自然，"人性各有所修短，若鱼之跃，若鹊之驳，此自然者，不可损益"（《修务训》）。王充好言自然，著有《自然篇》，认为造化即自然，"天地合气，万物自生，犹夫妇合气，子自生矣"。灾害变化属于自然现象，没有造物的意志，"天尊贵高大，安能撰为灾变以谴告人？且吉凶蚩色见于面，人不能为，色自发也。天地犹人身，气变犹蚩色。人不能为蚩色，天地安能为气变？然则气变之见，殆自然也"。郭象的自然既超越王弼，更超越汉朝经学，消解了道家思想与汉朝经学的障碍，"若复以郭象之说，回视《淮南》《论衡》，将见二书所陈，肤薄平近，盖由其未能触及此宇宙创始之基本问题而予以解答，必俟郭象之说，始为创成一宇宙及自然创始之一完整系统，而有以沟通《庄》《老》与《淮南》《论衡》之隔阂"[2]。

自然为本体，必然要否定道为本体。老庄都是道为本体论者，老子是道在天地万物之先之上，"有物混成，先天地生，寂

---

[1] 钱穆著：《庄老通辨》，生活·读书·新知三联书店2005年版，第436页。

[2] 同上书，第436页。

兮寥兮，独立不改，周行而不殆，可以为天地母。吾不知其名，字之曰道，强为之名曰大"（《老子》第二十五章）。庄子几乎重复了老子道的本体思想，"夫道，覆载万物者也，洋洋乎大哉！君子不可以不刳心焉"（《庄子·天地》）。郭象不否定道的概念，在注"夫德，和也；道，理也"时，指出"和故无不得，道故无不理"（《缮性》注），却否定道为本体，"物皆自得之耳"。与其说道是本体，倒不如说自然为本体，两者合一，"故天者，万物之总名也。莫适为天，谁主役物乎？故物各自生而无所出焉，此天道也"（《齐物论》注）。庄子认为道性自足而完满，"天不得不高，地不得不广，日月不得不行，万物不得不昌，此其道与！"郭象则指出，不是道性自足而是自然而然，"言此皆不得不然而自然耳，非道能使然也"。庄子认为，道创生天地万物，"有先天地生者物邪？物物者非物，物出不得先物也，犹其有物也，犹其有物也，无已！"郭象则指出，不是道生万物，而是自然创生天地万物，"谁得先物者乎哉？吾以阴阳为先物，而阴阳者即所谓物耳。谁又先阴阳者乎？吾以自然为先之，而自然即物之自尔耳；吾以至道为先之矣，而至道者乃至无也。既以无矣，又奚为先？然则先物者谁乎哉？而犹有物无已，明物之自然，非有使然也"（《知北游》注）。《庄子·天地》连续以道为本体解读自然界和人类社会，郭象则以自然无为给予化解。庄子曰"玄古之君天下，无为也，天德而已矣"；郭象注云"任自然之运动"。庄子曰"以道观言而天下之君正"；郭象注云"无为者，自然为君，非邪也"。庄子曰"以道观分而君臣之义明"；郭象注云"各当其分，则无为位上，有为位下也"。庄子曰"以道观能而天下之官治"；郭象注云"官各当其所能则治矣"。庄子曰"以道泛观而万物之应备"；郭象注云"无为也，则天下各以其无为应之"。庄子曰"故通于天地者，德也"；郭象注云"万物莫不皆得，则天地通"。庄子曰"行于万物者，道也"；郭象注云"道不塞其所由，则万物自得其行矣"。

自然为本体，还要否定无的本体思想。老庄以道为本体，却把无与道等同起来，道即无，无也可认为是形上本体，"泰初有无，无有无名；一之所起，有一而未形"（《庄子·天地》）。郭象则予以否定，认为一不是无，"一者，有之初，至妙者也。至妙，故未有物理之形耳。夫一之所起，起于至一，非起于无也"。继而以独化自生的观念解读庄子之无，"然庄子之所以屡称无于初者，何哉？初者，未生而得生，得生之难，而犹上不资于无，下不待于知，突然而自得此生矣，又何营生于已生，以失其自生哉！"《庄子·庚桑楚》全面论证了无的本体思想，郭象则不断予以否定。庄子为了论证，提出天门的概念，"有乎生，有乎死；有乎出，有乎入。入出而无见其形，是谓天门"。郭象释为"天门者，万物之都名也。谓之天门。犹云众妙之门也"。庄子认为天门就是无，"天门者，无有也，万物出乎无有"。郭象则指出，天门不是无，如果是无，就没有天门，"死生出入，皆欻然自尔，未有为之者也。然有聚散隐显，故有出入之名；徒有名耳，竟无出入，门其安在乎？故以无为门。以无为门，则无门也"。庄子认为有不能生有，"有不能以有为有"；郭象不同意，"夫有之未生，以何为生乎？故必自有耳，岂有之所能有乎？"庄子认为有生于无，"必出乎无有"；郭象予以否定，无不能生有，"此所以明有之不能为有而自有耳，非谓无能为有也。若无能为有，何谓无乎！"庄子认为无就是空无所有，"而无有一无有"；郭象则指出，无不是纯无，而是有无内在的统一，"一无有则遂无矣。无者遂无，则有自欻生明矣"。庄子认为圣人游心于无的境界，"圣人藏乎是"；郭象则强调，圣人不是体无，而是无为，"任其自生而不生生"。郭象坚决否定无为本体，"非唯无不得化而为有也，有亦不得化而为无矣。是以夫有之为物，虽千变万化，而不得一为无也。不得一为无，故自古无未有之时而常存也"(《知北游》注)。

自然是自然生与自然化，郭象称为独化，"夫死者，独化而死耳，非夫生者生此死也。生者亦独化而生耳"。"死与生各成体。"(《知北游》注) 钱穆认为，郭象之自然即独化也，独化即自然也，"就字义言，独即自也，化即然也。自然之体，惟是独化。混而同之，则万物一体。分而别之，则物各成体"。自然是指"天地之间，一切皆独尔自化。此纯纯常常之大化，乃可节节解断，各足圆成，前不待后，后不待前，彼不因我，我不由彼。在此天地间，则可谓无独不化，亦无化不独。万形万有，莫不各尔独化"[1]。独化虽是郭象的核心思想，却不是名词，难以成为形上本体。自然是名词，作为形上本体升华为思想范畴，几无障碍。拓宽视野，从道家思想源头分析，无论老子还是庄子，自然都有形上意蕴，只不过被道与无的范畴遮蔽而已，郭象的贡献无非是让遮蔽的自然显现出来，并没有逸出道家的范畴，而是补充丰富充实了道家思想。郭象全面论证了自然本体的思想。自然是天，"天者，自然之谓也"(《大宗师》注)；"凡所谓天，皆明不为而自然"(《山木》注)。自然是天地万物创生的根据，"自然者，不为而自然者也。故大鹏之能高，斥鴳之能下，椿木之能长，朝菌之能短，凡此皆自然之所能，非为之所能也。不为而自能，所以为正也"(《逍遥游》注)。自然也是天地万物运行变化的原因，"夫死生之变，犹春秋冬夏四时行耳。故死生之状虽异，其于各安所遇，一也。今生者方自谓生为生，而死者方自谓生为死，则无生矣。生者方自谓死为死，而死者方自谓死为生，则无死

① 钱穆著:《庄老通辨》，生活·读书·新知三联书店2005年版，第438页。

矣"。自然不是外在于事物的，而是融入天地万物之中，贯通于自然界，"物各自然，不知所以然而然，则形虽弥异，其然弥同也"（《齐物论》注）。自然也贯通于人类社会，"工人无为于刻木，而有为于用斧。主上无为于亲事，而有为于用臣。臣能亲事，主能用臣。斧能刻木，而工能用斧。各当其能，则天理自然，非有为也"（《天道》注）。更重要的是，郭象把自然与性和理联系起来，虽然超越抑或扭曲了庄子的思想，却是创新之举，开掘了宋朝理学的先河，"各然其所然，各可其所可，则理虽万殊而性同得，故曰道通为一也"（《齐物论》注）。郭象甚至明确提出了天理的概念，"人生而静，天之性也。感物而动，性之欲也。物之感人无穷，人之逐欲无节，则天理灭矣"（《大宗师》注）。

四、名教即自然

名教即自然，是郭象的政治思想，是自然独化论在政治领域的运用，"夫仁义自是人情也，而三代以下，横共嚣嚣，弃情逐迹，如将不及，不亦多忧乎！"（《骈拇》注）成玄英疏曰："自，从也。三代，夏殷周也。嚣嚣，犹欢哗也。夫仁义者，出自性情，而三代以下，弃情徇迹，嚣嚣竞逐，何愚之甚！是以夏行仁，殷行义，周行礼，即此嚣嚣之状也。"（《庄子注疏》）郭象注《庄子》，与其说为了哲学，探讨形而上学问题，不如说为了政治，寻求治平天下方略。中国知识分子素有家国情怀，无论研究什么，都会殊途同归，落脚于政治领域。郭象寻求政治方略的重心，与其说是造福天下苍生百姓，不如说是安顿自己的个体生命。这是郭象的局限，也是郭象不良人品在学术思想上的显现，"故观其书，超然自以为已当，经昆仑，涉太虚，而游惚恍之庭矣。虽复贪婪之人，进躁之士，暂而揽其余芳，味其溢流，仿佛其音影，犹足旷然有忘形自得之怀，况探其远情而玩永年者乎！遂绵邈清遐，去离尘埃，而返冥极者也"（《庄子序》）。

名教与自然的关系，是魏晋玄学最关心的问题，也是学术思想与社会政治的交汇点。魏晋时期，厘清名教与自然的关系，学术思想就有了根基，社会政治也有了指南。汉朝禅让魏晋，魏晋取代汉朝，是王朝更替，却不意味治国理念的更替。儒家学说仍是魏晋政治实践的思想基础，名教依然是魏晋倡导的社会政治伦理规范，集中体现在以孝治天下。晋武帝曾下诏："士庶有好学笃道，孝弟忠信，清白异行者，举而进之；有不孝敬于父母，不长悌于族党，悖礼弃常，不率法令者，纠而罪之。"（《晋书·武帝纪》）然而，汉末的动乱，三国的纷争，晋朝统治者的口是心非、言行不一，使得儒家名教受到伤害而影响力下降，从而在魏晋名士中引起了名教与自然的争论。争论的焦点不是不要名教，而是名教的终极根源，以便为自己的行为寻找依据和提供说明。以王弼为代表的正始名士认为名教出于自然，不能背离人的情性，力图促进名教与自然的统一，"抱朴无为，不以物累其真，不以欲害其神，则物自宾而道自得也"（《老子》第三十二章注）。为了论证名教出于自然，王弼强调圣人与常人一样，也有喜怒哀乐之情；不同的是，常人容易为情所累，圣人则能超越情感，"应物而无累于物"。原因在于圣人有神明，"智慧自备"，能够做到有情而"动不违理"。何晏原先主张"圣人无情"，后来也接受了王弼的观点，"凡人任情，喜怒违理。颜回任道，怒不过分。……怒当其理，不移易也"（《论语集解·雍也》）。以阮籍、嵇康为代表的竹林名士则是"越名教而任自然"，放大名教与自然对立，希望抛弃虚伪名教的束缚而纯任自然本性。

名教即自然，是魏晋玄学发展的第三个阶段，也是魏晋玄学的最后一座高峰，犹如夕阳西下，留下了最后的光辉。郭象的观

点既不同于正始名士，也不同于竹林名士；既是正始和竹林名士
讨论的延续，又是名教与自然之辨的终结，实现了两者的有机结
合，达到了为现实政治服务的目的。"郭象的这种'任自然'的
观点，其实也就是'任名教'，它不仅要求统治者善于治人，还
要求被统治者自觉地治于人；这当然是'名教'。但它又宣称，
如此去治人，便是'无为'，如此的治于人，便是'自任'，这却
又成了'自然'。"①通过名教即自然，郭象论证名教和社会存在
的合理性。他以自然现象比附名教秩序，说明社会必然存在等级
差异，"夫时之所贤者为君，才不应世者为臣。若天之自高，地
之自卑，首自在上，足自居下，岂有递哉！虽无错于当，而必自
当也"（《齐物论》注）。成玄英疏曰："夫首自在上，足自居下，
目能视色，耳能听声，而用舍有时，故有贵贱，岂措情于上下而
递代为君臣乎？但任置无心，而必自当也。"（《庄子注疏》）尤其
是君主的存在，合乎自然之义，"千人聚，不以一人为主，不乱
则散。故多贤不可以多君，无贤不可以无君，此天人之道，必至
之宜"（《人间世》注）。礼法是名教的主要内容，它的存在是自
然的，"礼者，世之所以自行耳，非我制"；"刑者，治之体，非
我为"。礼法的存在是必要的，是政治统治的重要手段，礼者，
"顺世之所行，故无不行"；法者，"任治之自杀，故虽杀而宽"
（《大宗师》注）。成玄英疏曰："礼虽忠信之薄，而为御世之首，
故不学礼无以立。非礼勿动，非礼勿言。人而无礼，胡不遄死！
是故礼之于治，要哉！"而刑法所以"为治体者，以杀止杀，杀
一惩万，故虽杀而宽简。是以惠者民之雠，法者民之父"（《庄子
注疏》）。圣人只是利用礼法而已，没有改变其自然本性，"鸣者，
律之所生；言者，法之所出；而法律者，众之所为，圣人就用之

---

① 庞朴:《名教与自然之辨的辩证进展》，载《中国哲学》（第一辑），生活·读
书·新知三联书店1979年版，第119—120页。

耳，故无不当，而未之尝言，未之尝为也”(《寓言》注)。

郭象认为，名教的合理性源于自然本性，"文者自文，武者自武，非大人所赐也。若由赐而能，则有时而阙矣。岂唯文武，凡性皆然"(《则阳》注)。所以君主不要妄想改变文武官员的禀赋，而要顺其自然，量才使用。成玄英疏曰："文相武将，量才授职，各任其能，非圣与也。无私于物，故道德圆备。"(《庄子注疏》)自然本性不可改变，名教秩序也是固定的，"夫人之一体非有亲也，而首自在上，足自处下，府藏居内，皮毛在外，外内上下，尊卑贵贱，于其体中各任其极，而未有亲爱于其间也"(《天运》注)。就自然本性而言，名教没有等级差异，也没有贫富贵贱的区别，"苟足于天然而安其性命，故虽天地未足为寿而与我并生，万物未足为异而与我同得，则天地之生又何不并，万物之得又何不一哉！"具体事例是秋豪与泰山，它们在形状上确有巨大差别，而在本性上却是同一的，"夫以形相对，则大山大于秋豪也。若各据其性分，物冥其极，则形大未为有余，形小不为不足。于其性，则秋豪不独小其小，而大山不独大其大矣。若以性足为大，则天下之足未有过于秋豪也。其性足者为大，则虽大山亦可称小矣"；"大山为小，则天下无大矣；秋豪为大，则天下无小也。无小无大，无寿无夭，是以蟪蛄不羡大椿而欣然自得，斥鷃不贵天池而荣愿以足"(《齐物论》注)。郭象强调，由于名教秩序和社会等级出于自然本性，大家都应各安其命，各守其职，"天性所受，各有本分，不可逃，亦不可加"(《养生主》注)。安其性分，安分守己，属于公心，"夫臣妾但各当其分耳，未为不足以相治也。相治者，若手足耳目，四肢百体，各有所司，而更相御用也"。否则，就是为了一己私利，"若皆私之，则志过其分，上下相冒，而莫为臣妾矣。臣妾之才，而不安臣妾之任，则失矣。故知君臣上下，手足外内，乃天理自然，岂真人之所为

哉！"（《齐物论》注）

通过名教即自然，郭象论证内圣外王之道。内圣外王概念初见于道家，后为儒家所袭用，是指做人做事的最高境界，"是故内圣外王之道，暗而不明，郁而不发"（《庄子·天下》）。郭象注曰："全人难遇故也。"成玄英疏曰："玄圣素王，内也；飞龙九五，外也。"（《庄子注疏》）郭象注《庄子》，开宗明义就是要"明内圣外王之道"。郭象依据名教即自然，认为内圣即外王，"神人，即圣人也，圣言其外，神言其内"（《外物》注）。内圣是外王的基础，外王是内圣的显现，两者完美相融，"夫理有至极，外内相冥，未有极游外之致而不冥于内者也，未有能冥于内而不游于外者也"。神人不可知，圣人却是人世间的真实存在，内圣即外王，统一于圣人，"故圣人常游外以宏内，无心以顺有，故虽终日挥形而神气无变，俯仰万机而淡然自若"。郭象认为，常人只见其形，未睹其神，只看到圣人游外，看不到圣人弘内，"夫见形而不及神者，天下之常累也。是故睹其与群物并行，则莫能谓之遗物而离人矣；睹其体化而应务，则莫能谓之坐忘而自得矣。岂直谓圣人不然哉？乃必谓至理之无此"。庄子却是以孔子为例，开导世人既要睹圣人之形，更要睹圣人之神，"是故庄子将明流统之所宗，以释天下之可悟，若直就称仲尼之如此，或者将据所见以排之，故超圣人之内迹，而寄方外于数子。宜忘其所寄以寻述作之大意，则夫游外宏内之道坦然自明"（《大宗师》注）。郭象强调，圣人之所以能游外弘内，实现内圣外王，在于他无心无为，顺其自然。圣人是神人，"神人者，无心而顺物者也"；"神人无用于物而物各得自用，归功名于群才，与物冥而无迹，故免人间之害，处常美之实"（《人间世》注）。由于圣人无心而自然，应该成为君主或至尊者，"夫无心而任乎自化者，应为帝王也"。圣人之治就是自然无为，郭象注"夫圣人之治也，治外乎"，是"全其性分之内而已"；注"正而后行"，是"各正性命之分也"；注"确乎能其事者而已矣"，是"不为其所不能"；注"鸟高飞以避矰弋之害，鼷鼠深穴乎神丘之下以避熏凿之患"，是"禽兽犹各有以自存，故帝王任之而不为，则自成也"（《应帝王》注）。

通过名教即自然，郭象论证无为的思想，明确无为即是有为，"用其自用，为其自为，恣其性内，而无纤芥于分外，此无为之至易也"（《人间世》注）。郭象一般否定有为，"患难生于有为，有为亦生于患难，故平易恬淡交相成也"（《刻意》注），却肯定自为的有为，"凡自为者，皆无事之业也"（《达生》注）。自为是事物自身依其本性运动和变化，实质是无为，"率性而动，故谓之无为也"（《天道》注）。无为是天地万物最高的行为法则，无为不是什么事都不做，而是无为无不为。落实于社会政治领域，就是无为而治。社会人群有君主与臣民、统治者与被统治者的区分，无论君主还是臣民，无为而治的本质是同一的，都是要求人们按照自然本性自生自为，"性各有分，故知者守知以待终，而愚者抱愚以至死，岂有能中易其性者也"（《齐物论》注）。郭象的无为而治，实际是要求人们安分守己，不要违反名分等级，也不要危害社会秩序，更不要悖逆造反。同时，是为自己进入仕途和为官从政提供理论依据，以便心安理得地享受荣华富贵。

不同群体，有着不同的无为而治。对于君主而言，无为而治是君逸臣劳。君主在精神上要有无是无非、寂然无我的境界，"谓无是非，即复有谓"；"又不知谓之有无，尔乃荡然无纤芥于胸中也"（《齐物论》注）。在实践中，君臣各有不同的职责，君主之职是任人唯贤，"主上无为于亲事而有为于用臣"（《天道》注）。用臣旨在选拔任命合格的人才担任合适的官位，承担相应的职责。用臣要求君主清静无为，具体政务交由臣下负责，"君位无为而委百官，百官有所司而君不与焉。二者俱以不为而自得，则君道逸，臣道劳，劳逸之际，不可同日而论之者也"（《在宥》注）。否则，君主如果越俎代庖，替代臣下职责，就是违背自然本性，造成上下错位，乃至社会不安定，"夫在上者，患于不能无为而代人臣之所司，使咎繇不得行其明断，后稷不得施其播殖，则群才失其任而主上困于役矣。故冕旒垂目而付之天下，天下皆得其自为，斯乃无为而无不为者也"（《天道》注）。对于臣民而言，无为而治就是安分守己，在名教的社会网络中安于自己的社会角色，履行好社会角色赋予的权利与义务。无为不是隐居山林，而是生活于社会之中；无为不是一无所为，而是自然而为，以便安顿好各自的性命，"无为者，非拱默之谓也，直各任其自为，则性命安矣"（《在宥》注）。郭象指出，无为与有为并无差别，无为在心，有为在事；无为在理，有为在世，无为即是有为，表现为率性而为，顺应自然而不违自然，进而治平天下，使得社会成员各顺其性，各得其位，各安其所，"无为之体大矣，天下何所不无为哉！故主上不为冢宰之任，则伊吕静而司尹矣。冢宰不为百官之所执，则百官静而御事矣。百官不为万民之所务，则万民静而安其业矣。万民不易彼我之所能，则天下之彼我静而自得矣。故自天子以下至于庶人，下及昆虫，孰能有为而成哉？是故弥无为而弥尊也"（《天道》注）。

郭象，可惜了！就学术思想成就而言，他继承发展了道家思想，融合了儒道学术，创立了新的玄学理论，功莫大焉，在中国思想史上应该占据更重要的地位。然而，由于人品有瑕疵，郭象的历史地位有意无意地被贬低了。这就启示人们尤其是学者文人，不仅要有高质量的思想作品，更要有良好的道德操守，诚如圣人所言："质胜文则野，文胜质则史。文质彬彬，然后君子。"（《论语·雍也》）

第五节　道安

　　道安（公元312—385年）是魏晋南北朝高僧、佛学家和佛教领袖。道安身处晋朝，是当时佛教的集大成者，囊括大、小乘思想，涉及禅修、阿含、般若、毗昙和律仪各个领域，既推动佛教内部的融合，又促进佛学与玄学的结合。在内部方面，道安前期重实践，以传播小乘禅数学为主；后期重义理，转向倡导大乘般若学，进而创立本无宗，"本无立宗曰：如来兴世，以本无弘教。故《方等》深经，皆备明五阴本无"（《名僧传钞·昙济传》）。在外部方面，无和空是道安思想的主要范畴，无具有玄学底蕴，空则是佛学精髓，无空贯通，玄佛相融，本无宗也称性空宗，"安公本无者，一切诸法，本性空寂，故云本无"（吉藏《中观论疏》）。道安的本无不是推崇玄学，而是弘扬佛学；不是宇宙论，而是本体论，强调般若性空。道安有功于佛教在中国的落地生根，是佛教中国化的奠基者。

一、其人其事

　　正史中几无道安的记载，道安生平事迹见于《高僧传》，此书作者为释慧皎，生活于南朝萧梁期间，"会稽上虞人。学通内外，博训经律。住嘉祥寺，春夏弘法，秋冬著述"（《续高僧传·释慧皎》)。《高僧传》所载人物时间起自公元67年东汉王朝，终于公元519年萧梁期间，"始于汉明帝永平十年，终于梁天监十八年，凡四百五十三载，二百五十七人，又傍出附见者二百余人。开其德业，大为十例：一曰译经，二曰义解，三曰神异，四曰习禅，五曰明律，六曰遗身，七曰诵经，八曰兴福，九曰经师，十曰唱导"（《高僧传·叙录》）。

《高僧传》之前，已有《出三藏记集》《名僧传》等多部僧人传记问世。释慧皎不满意已有的传记资料，认为无论人物还是事迹，以往传记都不够全面，特别是有的褒贬过当，有的叙事空洞，不少还遗漏了远离世俗的高僧，"各竞举一方，不通今古；务存一善，不及余行。逮乎即时，亦继有作者。然或褒赞之下，过相揄扬；或叙事之中，空列辞费。求之实理，无的可称。或复嫌以繁广，删减其事，而抗迹之奇，多所遗削，谓出家之士，处国宾王，不应励然自远，高蹈独绝"。释慧皎决心写一部超越前人的僧人传记，在材料收集方面，付出了心血，"尝以暇日，遇览群作。辄搜捡杂录数十余家，及晋、宋、齐、梁春秋书史，秦、赵、燕、凉荒朝伪历，地理杂篇，孤文片记。并博咨古老，广访先达，校其有无，取其同异"。在书名取舍方面，绞尽了脑汁，"自前代所撰，多曰名僧。然名者，本实之宾也。若实行潜光，则高而不名；寡德适时，则名而不高。名而不高，本非所纪；高而不名，则备今录。故省名音，代以高字"（《高僧传·叙录》）。释慧皎取得了成功，由于体例完备、材料齐全、史实可靠及文辞婉约，《高僧传》问世后被誉为"不刊之书"，后世将其作为僧人传记的典范，犹如司马迁《史记》对于史书的意义。更重要的是，《高僧传》比较详细记录了从东汉到萧梁期间僧人的言行活动，是一把打开汉朝及魏晋南北朝佛教世界大门的钥匙，让人们能够全面了解佛教早期进入中国的情况。

根据《高僧传·道安》，道安是河北人，父母早亡，少年孤苦，"释道安，姓卫氏，常山扶柳人也。家世英儒，早失覆荫，为外兄孔氏所养"。相貌丑陋，任劳任怨，"至年十二出家。神性聪敏，而形貌甚陋，不为师之所重。驱役田舍，至于三年，执勤就劳，曾无怨色，笃性精进，斋戒无阙。数岁之后，方启师求经"。他的最大特点是记忆力强，令人叹为观止，"年七岁读书，再览能诵，乡邻嗟异"；出家之后，"师与《辩意经》一卷，可五千言。安赍经入田，因息就览，暮归，以经还师，更求余者，师曰：'昨经未读，今复求耶？'答曰：'即已暗诵。'师虽异之，而未信也。复与《成具光明经》一卷，减一万言，赍之如初，暮复还师。师执经覆之，不差一字。师大惊嗟而异之"。他最重要的机遇是游学于佛图澄。佛图澄宗小乘佛教，重点研究传播小乘禅数学。禅即"安般守意"，系指调谐呼吸、控制意念、专心于一的修行方法；数是指佛教戒、定、慧三部分之中，戒是根本，定与慧是其实践。定指的是禅，慧指的是修佛的诸多概念层次和排序。禅数学重视实践，主动融入社会政治现实，佛图澄积极参与石氏后赵政权活动，"时石勒屯兵葛陂，专以杀戮为威，沙门遇害者甚众。澄悯念苍生，欲以道化勒，于是杖策到军门"（《高僧传·佛图澄》）。佛图澄对道安前期思想影响很大，师徒相见甚欢，"后为受具戒，恣其游学。至邺，入中寺，遇佛图澄，澄见而嗟叹，与语终日"。佛图澄看好道安，"众见形貌不称，咸共轻怪，澄曰：'此人远识，非尔俦也。'"道安学问精进，得到普遍赞誉，"因事澄为师。澄讲，安每覆述，众未之惬。咸言：'须待后次，当难昆仑子。'即安后更覆讲，疑难锋起，安挫锐解纷，行有余力。时人语曰：'漆道人，惊四邻。'"（《高僧传·道安》）

道安进入佛门之后，人生可分为三个阶段，先在北方传播小乘教义。西晋灭亡，北方动乱，道安经历了后赵的内部之乱、冉魏挑起的战争以及慕容燕与冉魏、东晋的战争，颠沛流离，不断避难，在山西、河北、河南等地辗转。避难途中，道安坚持学习弘扬佛法，具体是不忘受学，"后避难潜于濩泽。太阳竺法济、并州支昙讲《阴持入经》，安后从之受业"。同学切磋，"与同学竺法汰俱憩飞龙山，沙门僧先、道护已在彼山，相见欣然，乃共披文属思，妙出神情"。开讲授徒，"时武邑太守卢歆，闻安清秀，使沙门敏见苦要之。安辞不获免，乃受请开讲，名实既符，道俗欣慕。至年四十五，复还冀部，住受都寺，徒众数百，常宣法化"。教化广布，"乃令法汰诣杨州，曰：'彼多君子，好尚风流。法和入蜀，山水可以修闲。'安与弟子慧远等四百余人渡河"南向。政治清醒，"石虎死，彭城王石遵墓袭嗣立，遣中使竺昌蒲请安入华林园，广修房舍。安以石氏之末，国运将危，乃西适牵口山。迨冉闵之乱，人情萧素。安乃谓其众曰：'今天灾旱蝗，寇贼纵横，聚则不立，散则不可。'遂复率众入王屋、女休山。顷之，复渡河依陆浑，山木食修学。俄而慕容俊逼陆浑，遂南投襄阳"（《高僧传·道安》）。

次在襄阳传播大乘般若学。般若即"智慧"，属于大乘佛教，认为一切世俗的认识及其面对的对象皆虚幻不实，只有般若智慧，才能帮助破除妄见，认识本质。道安正统思想强烈，南下原是为了追随晋室，却停于襄阳，原因在于东晋名士习凿齿的邀请，"时襄阳习凿齿锋辩天逸，笼罩当时。其先闻安高名，早已致书通好"。信中对于道安盛情相邀，推崇备至，"法师任当洪范，化洽幽深，此方诸僧，咸有思慕。若庆云东徂，摩尼回曜。一踞七宝之座，暂现明哲之灯。雨甘露于丰草，植栴檀于江湄。则如来之教，复崇于今日；玄波溢漾，重荡于一代矣"。又在于当地名流的欢迎，"四方学士，竞往师之，时征西将军桓朗子镇江陵，要安暂住，朱序西镇，复请还襄阳"。新建檀溪寺，受到多方资助，"安以白马寺狭，乃更立寺，名曰'檀溪'，即清河张殷宅也。大富长者，并加赞助，建塔五层，起房四百"。还在于晋孝武帝的褒奖，给予王公贵族一样的待遇，"安法师器识伦通，风韵标朗，居道训俗，徽绩兼著。岂直规济当今，方乃陶津来世。俸给一同王公，物出所在"（《高僧传·道安》）。

道安在襄阳度过了相对平静的15年，宣扬佛法与佛理研究两不误。在宣扬佛法方面，道安每年为大众讲两遍《放光般若经》，"安在樊沔十五载，每岁常再讲《放光般若》，未尝废阙"。师徒融洽，讲习相得，不搞奇门异术，也不借用权威，习凿齿评价甚高，"来此见释道安，故是远胜，非常道士，师徒数百，斋讲不倦。无变化伎术，可以惑常人之耳目；无重威大势，可以整群小之参差。而师徒肃肃，自相尊敬，洋洋济济，乃是吾由来所未见"。在佛理研究方面，道安感于"旧译时谬，致使深藏隐没未通，每至讲说，唯叙大意转读而已"。于是，分别为《道行品》作《集异注》，为《般若放光品》作《析疑难》《析疑略》《起尽解》，为《光赞般若经》作《析中解》《钞解》，以及著有《合放光光赞随略解》等，"安穷览经典，钩深致远，其所注《般若道行》《密迹》《安般》诸经，并寻文比句，为起尽之义，乃析疑甄解，凡二十二卷。序致渊富，妙尽深旨，条贯既叙，文理会通，经义克明，自安始也"（《高僧传·道安》）。道安一生著作颇多，约有54种，其中注解佛经19种，著述11种，为佛经作序24种。可惜的是，绝大多数已在岁月流逝中亡佚，现只有25篇完整存世，多为为佛经所作之序。此外，后继佛教学者的著述中还有一些引文存世。

后在长安译介佛经。公元378年，前秦苻坚视道安为"神器，方欲致之，以辅朕躬"，派兵围攻襄阳，武力抢夺人才，"坚谓仆射权翼曰：'朕以十万之师取襄阳，唯得一人半。'翼曰：'谁

耶？'坚曰：'安公一人，习凿齿半人也。'"（《高僧传·道安》）
道安再次分散徒众，其中昙翼去江陵，"晋长沙太守滕含，于江
陵舍宅为寺。安求一僧为纲领，安谓翼曰：'荆楚士庶，始欲师
宗，成其化者，非尔而谁！'翼遂杖锡南征，缔构寺宇，即长沙
寺是也"（《高僧传·昙翼》）。昙徽至荆州，"随安在襄阳，苻丕
寇境，乃东下荆州，止上明寺。每法轮一转，则黑白奔波。常顾
解有所从，乃图写安形，存念礼拜"（《高僧传·昙徽》）。慧远
入庐山，成为以后统摄南北的佛教中心，"伪秦建元九年，秦将
苻丕寇斥襄阳，道安为朱序所拘，不能得去，乃分张徒众，各随
所之。临路，诸长德皆被诲约，远不蒙一言。远乃跪曰：'独无训
勖，惧非人例。'安曰：'如公者，岂复相忧。'远于是与弟子数十
人，南适荆州，住上明寺。后欲往罗浮山，及届浔阳，见庐峰清
静，足以息心，始住龙泉精舍"（《高僧传·慧远》）。道安到长
安，已是风烛残年，仍然弘法不止，"既至，住长安五重寺，僧
众数千，大弘法化"。最多的工作是组织翻译佛经，"安既笃好
经典，志在宣法，所请外国沙门僧伽提婆、昙摩难提及僧伽跋澄
等，译出众经百余万言。常与沙门法和诠定音字，详核文旨，新
出众经，于是获正。孙绰为《名德沙门论》，自云：'释道安博物
多才，通经明理。'"道安还参与政治活动，奉晋室为正统，规劝
苻坚不要征伐东晋。苻坚"谓安曰：'朕将与公南游吴越，整六师
而巡狩，涉会稽以观沧海，不亦乐乎。'安对曰：'陛下应天御世，
有八州之贡富，居中土而制四海，宜栖神无为，与尧舜比隆。今
欲以百万之师，求厥田下下之土。且东南区地，地卑气厉，昔舜
禹游而不反，秦皇适而不归，以贫道观之，非愚心所同也。'"苻
坚不听，接着就是著名的淝水之战，"坚前军大溃于八公西，晋
军逐北三十余里，死者相枕，融马倒殒首，坚单骑而遁，如所谏
焉"（《高僧传·道安》）。

　　魏晋南北朝时期，道安是影响最大的高僧。在中国佛教史上，他有许多创新之举，影响深远而广泛。道安深明传统社会政治文化结构，看到了佛教事业与政治权力不可分割的联系，第一个提出"不依国主，则法事难立"的观点，这几乎成了后来的佛教领袖必须遵循的行为准则。第一个编纂佛经目录，"自汉魏迄晋，经来稍多，而传经之人，名字弗说，后人追寻，莫测年代。安乃总集名目，表其时人，诠品新旧，撰为《经录》"。后人称《经录》为《综理众经目录》，是中国历史上首部完备的汉译佛经目录，由此开创了中国佛教的史料学和目录学。第一个统一佛门释姓，立为规矩，"初魏晋沙门依师为姓，故各不同，安以为大师之本，莫遵释迦，乃以释命氏。后获《增一阿含》，果称四河入海，无复河名，四姓为沙门，皆称释种。既悬与经符，遂为永式"。第一个制定僧尼规范，对僧团集体生活中的讲经说法、食住以及平时的宗教仪轨作出详细规定，强化僧团的组织和纪律约束，"安既德为物宗，学兼三藏，所制《僧尼轨范》《佛法宪章》，条为三例：一曰行香定座上讲经上讲之法；二曰常日六时行道饮食唱时法；三曰布萨差使悔过等法"。僧尼规范，在当时就得到其他寺庙的认可，共同遵守，"天下寺舍，遂则而从之"（《高僧传·道安》）。即使今天，其基本形式和内容仍为各寺庙遵守，而没有很大变化。道安对于佛学在中国的发展居功至伟，"在佛教最初的适应阶段，道安似乎扮演了'中转站'的角色。他同时精通中观般若学和'玄学'，是中国和佛教文化融合的代表；同时接受了般若和中观佛经的训练，他也是将汉朝佛教最初的两大倾向联合起来。道安还在北传和南传佛教间建立起一座桥梁，将说一切有部经典介绍到南方，这些经典因弟子慧远而在南方流传。道安在为鸠摩罗什的到来和工作做好准备的同时，也为中国佛教史打开了新纪元"①。

二、本无宗

本无是大乘佛教的重要内容，也是道安思想的标志，"本无者，情尚于无多，触言以宾无。故非有，有即无；非无，无亦无"（僧肇《不真空论》）。佛教传入中国初期，是混沌的，并无大小乘之分，被视为神秘道术，"佛之言觉也。恍惚变化，分身散体，或存或亡，能小能大"；"蹈火不烧，履刃不伤，在污不辱，在祸无殃，欲行则飞，坐则扬光。故号为佛也"（《牟子理惑论》）。魏晋时期，佛教传播已经精细化，先是小乘，后是大乘。佛教是要帮助众生度过苦海而到达寂灭彼岸，其佛法有广有狭，有顿有渐，小乘又叫声闻乘，意指专修"苦集灭道"四谛，消除烦恼，以达到自身的解脱；大乘又叫菩萨乘，意指修"六波罗蜜"，既度自身，又度众生。在大小乘之间，还有中乘，亦称缘觉乘，意指没有佛法之时，有的人因缘悟道，得到解脱。由于缘觉乘只是个体超脱，也被划入小乘范围。当时传入的大乘佛经主要是《般若经》，这是印度后期佛教中的一个学派所编集的一部丛书。大乘般若学认为，现实世界的一切存在都是虚幻不实在的。道安自襄阳之后，每年都要为信众讲解两遍《放光般若经》，由此创立本无宗，宣介其本无思想。

本无实际是道家的概念，更是魏晋玄学何晏、王弼思想的核心，"魏正始中，何晏、王弼等祖述《老》《庄》，立论以为：天地万物皆以无为本。无也者，开物成务，无往不存者也"（《晋书·王衍传》）。道安以道家的概念来格义解读佛教大乘般若学，

---

① ［法］程艾蓝著，冬一、戎恒颖译:《中国思想史》，河南大学出版社2018年版，第429页。

实际是将佛教中国化。"格义是用原本中国的观念对比外来佛教的观念，让弟子们以熟悉的中国固有的概念去达到充分理解外来印度的学说的一种方法。"[①]格义是佛教早期中国化的主要方法，始于汉魏，兴于两晋，"汉末魏初，广陵、彭城二相出家，并能任持大照，寻味之贤，始有讲次，而恢之以格义，迂之以配说，下至法祖、孟详、法行、康会之徒"（释慧叡《喻疑》）。魏晋时期，老庄是文人士大夫的思想基础，玄学是社会思潮的主流，格义主要是用道家概念理解佛教思想，一般用"无为"来理解"涅槃"，用"守一"来理解"禅定"，用"自然""本无"来理解"性空"，用"道"来理解"菩提"。道家思想能够格义佛教原理，原因在于两者有着相通之处，佛教之空与道家之无能够互相诠释；佛教的安般守意之术与道家的淡泊自守、恬静自恃似曾相识；佛教的缘起性空论与道家的有生于无论颇为相似。道安指出："随天竺沙门所持来经，遇而便出，于十二部。毗曰罗部最多，以斯邦人，庄老教行，与方等经兼忘相似，故因风易行。"（《戒因缘经鼻奈耶序》）大意是，随天竺沙门来的佛经，一旦遇到便译出，多是十二部之中的阿毗昙类。据说，鸠摩罗佛译的最多，因为中土庄子和老子之说盛行，与方等部诸经比较，两者很相似，所以很容易流行。

当然，格义也运用儒家思想。《四十二章经》是第一部汉译佛经，宣扬人生无常和爱欲为蔽的佛教思想，却夹杂了"以礼从人"的儒家思想。相对而言，儒家的忠孝思想与佛教的出世理念有着很大差异，甚至是悖论。儒家格义佛教则须进行改造和转换，否则难以通融。在孝悌方面，佛教明确母亲的地位高于父亲，语序为"母和父"，早期汉译佛经统统改为"父和母"。《六

---

① 汤用彤著：《理学·佛学·玄学》，北京大学出版社1991年版，第283页。

方礼经》《善生子经》都有父母若不尽义务则不能得到子女赡养的经文，东晋重译时，都增加了"父母所为，恭顺不逆"和"父母正令不得违背"的内容。在忠君方面，最为典型的是慧远，著有《沙门不敬王者论》，认为"沙门尘外之人，不应致敬王者"。同时，强调如来之佛与周孔之教是殊途同归，"如来之与周、孔，发致虽殊，潜相影响；出处咸异，终期必同。故虽曰道殊，所归一也"。强调出家人没有违背孝亲之道，也不缺少忠君之敬，"如今一夫全德，则道洽六亲，泽流天下；虽不处王侯之位，固已协契皇极，在宥生民矣。是故内乖天属之重，而不逆其孝；外阙奉主之恭，而不失其敬也"（《高僧传·慧远》）。

中国传统学术思想发展的主要方法是注疏，注是对经书字句的注解，疏是对注的解释。经、注、疏三者关系是依经立义，注不破经，疏不破注。道安是运用传统注疏经典方法解释佛经的第一人，其中格义居于重要地位，通过概念比配，理解佛教义理。道安对待格义的态度似乎是矛盾的，既有不满，又无法弃之不用。他曾与僧光讨论过格义方法，认为格义方法不能正确反映佛经教义，"安曰：'先旧格义，于理多违。'先曰：'且当分析逍遥，何容是非先达。'安曰：'弘赞理教，宜令允惬，法鼓竞鸣，何先何后。'"（《高僧传·僧先》）道安指出，格义与义理分析有着不同作用，不能单一使用，否则容易迷失方向，弄不清楚佛教义理，"然凡谕之者，考文以征其理者，昏其趣者也；察句以验其义者，迷其旨者也。何则？考文则异同每为辞，寻句则触类每为旨。为辞则丧其卒成之致，为旨则忽其始拟之义矣"。道安强调，必须把格义与义理分析结合起来，"若率初以要其终，或忘文以全其质者，则大智玄通，居可知也"（《道行经序》）。大意是，循起初之义而察最终之要领，忘掉文章句意而弄清文章的本质，这是大智慧之人应当知道的。他对道家思想尤其是《老子》深有研究，着力运用老子的思想和语言格义佛教概念，析解佛教义理，促成佛道融合，推动佛教中国化。

在运用老子语言格义方面，道安有时是直接运用老子的概念，较多的是"道""无""无为"等概念；有些概念比较偏僻，也直接加以运用。老子认为："五色令人目盲，五音令人耳聋，五味令人口爽，驰骋畋猎令人心发狂，难得之货令人行妨。是以圣人为腹不为目，故去彼取此。"（《老子》第十二章）道安则直接运用了"无为"及"五音""五味"等概念，指出人们一旦进入大寂、无为的佛教境界，就不会留恋五音、五味的感官享受，"以大寂为至乐，五音不能聋其耳矣；以无为为滋味，五味不能爽其口矣。曜形浊世，拯擢难计"（《阴持入经序》）。更多的是间接运用老子的概念，比配佛教概念。老子认为："道可道，非常道。名可名，非常名。"（《老子》第一章）道安则用"可道"比配法慧，"菩萨来往所现法慧，可道之道也"，而"可道，故后章或曰世俗，或曰说已也"。意指可道是俗智和世俗之道，是认识一切"有为法"的智慧和离诸烦恼的智慧，是众生在修行中通过身与物、心与境接触后，产生的精彩感受，是靠语言表达和传授之道。用"常道"比配真慧，"菩萨来往所现真慧，明乎常道也"，而"常道，则或曰无为，或曰复说也"。意指常道是佛智和无为之道，是摆脱世俗之有相所得之真如实相，是众生在修行中获得的真实认识，是一种不能用语言表达和传授的、只能在心中存在的佛道。道安认为，可道与常道，法慧与真慧，都是禅智，不可或缺，"此两者同谓之智，而不可相无也"。可道与常道，都离不开般若智慧，从可道之俗智到常道之佛智，是一个超凡脱俗的过程，也是一种进入成佛境界的功夫。法慧与真慧同为说法度众，转凡成圣之要目。然而，般若波罗蜜是永恒不变的比照，更须借助般若而得到智慧，"斯乃转法轮之目要，般若波罗蜜之常例也"

（《合放光光赞略解序》）。关于"可名"与"常名"，道安是既格义又析理，认为能以言语命名之名，为可名，"方圆随器，合散从俗。随器故因质而立名，从俗故缘对而授药"。不能以言语命名之名，为常名，"立名无常名，则神道矣；授药无常药，则感而通故矣"。进而指出，佛教的常名、常药就是阿毗昙，修行不能离开阿毗昙，不能离开般若学，"阿毗昙者，数之苑薮也。其在赤泽，硕儒通人，不学阿毗昙者，盖阙如也"（《十法句义经序》）。

在运用老子思想析理方面，道安更是不遗余力，展示了深厚的老学底蕴，萦绕着浓郁的道家紫气。如果说道安对运用老子语言格义还有所保留，那么，对于运用老子思想析理，则是毫无疑问。安世高所译《十二门经》，是介绍如何修持四禅、四等、四空十二门禅法。四禅意指排除欲界烦恼干扰的基础上获得的心绪宁静、思维清晰的专注状态；四等指以一切众生为观想对象，以确立众生平等之观念的禅定；四空指灭除一切对色境的感受和思想的修持。道安作《十二门经序》，充分运用老子思想进行解读析理，运用"众人熙熙，如享太牢，如春登台"（《老子》第二十章），描绘世人沉湎贪、痴、嗔之中不能自拔的状态，"贪图恚圄，痴城至固，世人游此，犹春登台，甘处欣欣，如居花殿，嬉乐自娱，莫知为苦，尝酸速祸，困惫五道"。运用"挫其锐，解其纷"（《老子》第四章），展现修道之人从贪、痴、嗔之中解脱出来的欣然和快慰，"夫唯正觉，乃识其谬耳，哀倒悬之苦，伤蓬流之痛，为设之便，防萌塞渐，辟兹慧定，令自浣涤，挫锐解纷，返神玄路"。运用"强梁者不得其死"（《老子》第四十二章），说明教化平等的重要，"圣人见强梁者不得其死，故训之以等"。运用"虚其心，实其腹，弱其志，强其骨"（《老子》第三章），指出柔弱顺应的必要，"丹心儁亲，至柔其志，受垢含苦"。运用

"为之于未有，治之于未乱"（《老子》第六十四章），说明防患于未然的意义，"治之未乱，淳德遂厚"。运用"兕无所投其角，虎无所措其爪"（《老子》第五十章），指出教化和预防，可以使暴力无所作用，"兕不措角，况人害乎？"进而达到四等的境界，就是"慈无量，悲无量，喜无量，舍无量"。在《十二门经序》中，道安不仅运用道家思想学说，而且运用儒家进行格义析理，运用"泰伯其可谓至德也已矣"（《论语·泰伯》），说明德性与大道的关系，"苟非至德，其道不凝也"。运用"回虽不敏，请事斯语矣"（《论语·颜渊》），表达道安作序的谦虚之情，"安宿不敏"，"敢作注于句末。虽未足光融圣典，且发蒙者傥易览焉"。

道安正是在格义析理过程中，创立了本无宗，"释道安明本无义，谓无在万化之前、空为众形之始。夫人之所滞，滞在未有。若诧心本无，则异想便息"（《中观论疏》）。道安之本无论类似于王弼的"以无为本"思想，却不是玄学的继承发展，而是佛教的生成创新。道安为了在现实世界之外，追求一个无生无死、淡泊恬静、深湛澄清的彼岸世界，以便引导人们把天地万物这个俗谛看作是"空无自性"的真谛，从而运用玄学的贵无论，描绘出佛教的性空境界。道安认为，万化、众形是指天地万物和世间万象。天地万物之前的存在是无，世间万象之始的存在是空，"夫冥造之前，廓然而已"。无与空是形上本体和逻辑依据，却不是空无和虚无，"非谓虚豁之中，能生万有也"。它们与天地万物、世间万象的关系是自然，"至于元气陶化，则群像禀形。形虽资化，权化之本，则出于自然。自然自尔，岂有造之者哉！"（《六家七宗论》）道安指出，本无的境界也就是佛教般若的境界，"般若波罗蜜者，成无上正。真道之根也。正者，等也，不二入也"（《合放光光赞略解序》）。二入是指形成世间万象的"六根"和"六境"条件，六根指人的眼、耳、鼻、舌、身、意的感官，六境指人的色、声、香、味、触、法的感受。不二人要求不执着于天下万事万物的区别，而以空无观待万事万物，一切皆是虚无空寂。

道安实际把本无改铸成佛教所寻求的超越于现实之外的精神本体——等道，意指恒常永存之道在所有佛众面前是平等而同一的。作为形上本体，"等道有三义焉，法身也，如也，真际也。故其为经也，以如为首，以法身为宗也"。如指绝对不变的本体，是等本与末，消除一切对立。如就是自然如此，本与末都是这样，没有办法使它不这样。佛的兴起和消除，绵绵不绝地经常存在着，悠悠然然地到处都存在，这就是佛之名曰如，"如者，尔也，本末等尔，无能令不尔也。佛之兴灭，绵绵常存，悠然无寄，故曰如也"。法身亦称佛身，指一切佛典与佛理，是净有与无，排除任何存在，"法身者，一也，常净也。有无均净，未始有名。故于戒则无戒无犯，在定则无定无乱，处智则无智无愚，泯尔都忘，二三尽息，皎然不缁，故曰净也，常道也"。大意是，法身就是唯一，就是永远断除一切烦恼。有与无统统断除。犹如对于把持戒作为自觉行动的众生来说，他已不需要为自己是否持戒或犯戒而烦恼；对于已进入禅定状态的众生来说，他已不需要为自己是定是乱而烦恼；对于大智慧者来说，也不需要为自己是智是愚而烦恼。统统泯灭忘却，把戒、定、智与犯、乱、愚两个方面的矛盾，以及戒与犯、定与乱、智与愚三对矛盾全部消除。一身洁白没有一点墨斑，这才叫断除了一切烦恼，这才叫永恒之道。真际指事物的真实性，是齐为与无为，祛除人为因素。真际是无所显耀，淡泊恬静，不为物之所动，深湛澄清，混同一致。如果能够无为，则可以无所不为。有与无、假与实、在世与出世，所有一切，诸法有为。而般若波罗蜜，则深深静默。所以说它是无所有，是佛法中的真法，是普遍永恒的真理，"真际者，无所著也，泊然不动，湛而玄齐，无为也，无不为也。万法有为，而此法渊默，故曰无所有者，是法之真也"（《合放光光赞略解序》）。道安之本无，是一个无所有、无所著的空无境界，也是一个恒常不变的寂灭境界，更是一个不可认识、不可言说的神秘本体。

三、性空论

如果说本无是道安的本体论，那么，性空则是道安的认识论，"安法师立义以性空为宗，作《性空论》"（元康《肇论疏》）。道安的本体论还没有完全摆脱玄学贵无论的影响，僧肇从大乘般若的主旨出发，批评道安的本无论。根据佛理，非有只是说有不是真的有，非无只是说无也不是真的无，"寻夫立文之本旨者，直以非有非真有，非无非真无耳。何必非有无此有，非无无彼无？此直好无之谈，岂谓顺通事实，即物之情哉！"（《不真空论》）而道安的性空论已摆脱玄学的影响，最得大乘般若之真义。僧睿认为："亡师安和上，凿荒涂以开辙，标玄指于性空，落乖踪而直达，殆不以谬文为阂也，亹亹之功，思过其半，迈之远矣。"（《大品经序》）

性空论属于大乘般若学范畴。印度佛教在释迦牟尼逝世后百余年，由于对教义和戒律的不同理解，分裂为上座部和大众部，两者内部又分裂为不同学派。上座部坚持维护现状，大众部则主张改革。在佛陀观方面，上座部认为释迦是伟大的教主，却也有常人的烦恼，其言论未必是字字皆佛法；大众部则强调佛陀生来非凡，其神通广大，其言论字字句句皆是佛法。在世界观方面，上座部肯定过去、现在和未来的三世以及五蕴本身是真实的，大众部则提出世界空假不实的见解。在修行观方面，上座部主张循序渐进，累世修行；大众部则认为人先天具有清静的"心性"，其修行理论含有顿悟成分，比较简便易行。在教义方面，上座部被称为小乘佛教，大众部演化为大乘佛教。公元三至五世纪，大乘佛教逐步形成"空""有"两宗，从不同角度对佛教教义进行理论加工，使得佛教由早期的宗教形式演变为富于形上思辨的哲学形式。

大小乘佛教于东汉末年先后传入中国。小乘佛教主要由安世高系传入，重点是"禅数"内容。大乘佛教主要由支娄迦谶系传入，重点是般若性空的内容。支娄迦谶所译《般若道行经》影响最大，是趋入大乘佛教的有效途径，也是研究大乘般若学的入门之籍。由于初译，不够完善；传抄过程，失真更多。魏晋时汉人最早出家为僧的朱士行，"尝于洛阳讲《道行经》，觉文章隐质，诸未尽善，每叹曰：'此经大乘之要，而译理不尽。'誓志捐身，远求大本。遂以魏甘露五年，发迹雍州，西渡流沙。既至于阗，果得梵书正本，凡九十章，遣弟子不如檀，此言法饶，送经梵本还归洛阳"（《高僧传·朱士行》）。由是获得《放光摩诃般若经》，比《般若道行经》更完整，译本也更正确。传播之时，即在佛学界和名士中引起轰动，"《放光》寻出，大行华京，息心居士翕然传焉。中山支和上遣人于仓垣断绢写之，持还中山。中山王及众僧城南四十里幢幡迎经"（《合放光光赞略解序》）。道安先学习小乘禅数学，后学习大乘般若学，精通大小乘佛教，不仅为《道地经》《阴持入经》等小乘佛经作序，而且为《道行般若经》《放光》《光赞》等大乘佛经作序；不仅著述《安般守意解》等小乘教义，而且著述《性空论》《般若放光析疑准》等大乘教义。然而，道安更专心于大乘般若，自襄阳之后，"每岁常再讲《放光般若》"；在长安，注重解读大乘教义，"安常注诸经，恐不合理，乃誓曰：'若所说不甚远理，愿见瑞相。'乃梦见胡道人，头白眉毛长，语安云：'君所注经，殊合道理。我不得入泥洹，住在西域，当相助弘通，可时时设食。'后《十诵经》至，远公乃知和上所梦宾头卢也。于是立座饭之，处处成则"。注重与翻译大乘教义的鸠摩罗什遥相呼应，"安先闻罗什在西国，思共讲析，每劝坚取之。什亦远闻安风，谓是东方圣人，恒遥而礼之"（《高僧传·道安》）。

道安最大的思想成就是本无和性空，而本无和性空既源自大乘般若，又是大乘般若中国化比较正确的解读。般若是大乘空宗思想的主旨，意指一种特殊的智慧，修成般若智慧，就可以看出"诸法皆空"。大乘空宗由印度的龙树和提婆创立，是世界佛教史上第一个大乘教派，其核心思想可用"八不"来概述，"不生亦不灭，不常亦不断，不一亦不异，不来亦不出。未曾有一法，不从因缘生，是故一切法，无不是空者"（《中论》）。大乘般若学传入中国，东晋以前属于传译阶段，东晋以后由于对般若性空的理解发生分歧，出现了不同的解释派别，刘宋昙济概括为《六家七宗论》，"论有六家，分成七宗。第一本无宗，第二本无异宗，第三即色宗，第四识含宗，第五幻化宗，第六心无宗，第七缘会宗。本有六家，第一家分为二宗，故成七宗也"（释元康《肇论疏》卷上）。依据隋吉藏《中观论疏》，本无宗的代表人物为道安，思想主旨是"明本无义"。本无异宗的代表人物为竺法深和竺法汰，思想主旨是无中生有，万物皆从无而生，"未有色法，先有于无，故从无出有，即无在有前，有在无后，故称本无"。安澄注曰："夫无者何也？豁然无形，而万物由之而生者也。有虽可生，而无能生万物。"（《中论疏记》）即色宗的代表人物为支道林，思想主旨为色是空，并不靠自性而成为其有，"夫色之性，不自有色。色不自有，虽色而空。故曰：色即为空，色复异空"（《世说新语·文学》刘孝标注引《支道林集·妙观章》）。

识含宗的代表人物为于法开，思想主旨为天地万物虚假不实，犹如梦境，人之所以执着为有，在于心识的迷惑，故识含为空，"三界为长夜之宅，心识为大梦之主。今之所见群有，皆于梦中所见。其于大梦既觉，长夜获晓，即倒惑识灭，三界都空。是时无所从生，而靡所不生"。幻化宗的代表人物为道壹，思想主旨是世谛法为空，而真谛法不是真空，"世谛之法，皆如幻化"。安澄注曰："一切诸法，皆同幻化。同幻化故，名为世谛。心神犹真不空，是第一义。若神复空，教何所施？谁修道隔凡成圣？故知神不空。"（《中论疏记》）心无宗的代表人物为支愍度、竺法蕴和道恒，思想主旨是心不为外物所动，"色无者，但内止其心，不空外色"（《中论疏记》引《山门玄义》）。缘会宗的代表人物为于道邃，思想主旨是强调缘起法本身的虚假性，而不是缘起法的不存在，"明缘会故有，名为世谛；缘散故即无，称第一义谛"。僧睿则认为，六家之言皆有偏颇，"自慧风东扇，法言流咏已来，虽曰讲肄，格义迂而乖本，六家偏而不即"。道安的思想不属于六家，最得般若性空之真义，"性空之宗，以今验之，最得其实。然炉冶之功，微恨不尽，当是无法可寻，非寻之不得也"（《毗摩罗诘提经义疏序》）。

作为认识论，性空论是神秘而唯心的，既不重视理性认识，更不关注感性认识。在道安看来，般若智慧是认识的前提和基础，只有般若智慧，才能认识佛教的精神本体和证悟佛教的彼岸世界，"大哉智度，万圣资通，咸宗以成也"。般若智慧不属于感性认识，也不属于理性认识，要求有无皆忘，形名不记。对于一切色法，不仅要看它的实有，而且要看到它的空无，不仅要看到它的空无，而且连它的空无也要忘记，进入全然无想的状态，"地合日照，无法不周，不恃不处，累彼有名。既外有名，亦病无形，两忘玄莫，隤然无主，此智之纪也"。道安认为，站在诸法因缘的立场观察天地万物和世间万象，就会发现事物之间具有尊卑高下的等级差异，"执道御有，卑高有差，此有为之域耳"。原因在于没有依据事物的真如空性，未能涉猎诸法的本然真性，未能冥然吻合事物最初的无名状态，"非据真如，游法性，冥然无名也"。反之，就能获得智慧的奥妙，以到达彼岸，"据真如，游法性，冥然无名者，智度之奥室也"。道安指出，般若智慧是禅定，在禅定中，任凭事物千变万化，都能成功，"千行万定，莫不以成"；在禅定中，增长智慧，"众行得字，而智进，全名诸法参相成者，求之此列也"。般若智慧是心净，"从始发意，逮一切智，曲成决著，八地无染，谓之智也，故曰远离也"。般若智慧是禅观，而禅观须泯灭"空"与"有"。空是"三解脱"，即空解脱，无相解脱，无愿解脱；有是"四非常"，即无常、苦、空、非身，"三脱照空，四非明有，统鉴诸法，因后成用，药病双亡，谓之观也"。佛经是获得般若智慧的重要方法，不可须臾离开。禅观和般若两经卷帙浩繁，洋洋三十万言。修行者视为掌中宝，不管遭遇什么困境，不论遇到什么难事，都不会轻易地放弃，"明此二行，于三十万言，其如视诸掌乎。颠沛造次，无起无此也"（《道行经序》）。

般若智慧不是与生俱来的，必须经过修行。道安把禅学中的窒息思虚的修炼功夫，运用于般若修行，要求人们发挥心的作用，"执古以御有，心妙以了色"（《大十二门经序》）。发挥心的作用，就是要以"本无"法去消除融化末有，归之于虚无，"夫人之滞，滞在末有。宅心本无，则斯累豁矣。夫崇本可以息末者，盖此之谓也"（《高僧传·昙济》引《七宗论》）。在道安看来，修行目标是祛除邪僻之心，"夫邪僻之心，必有微著，是故禅法以四为差焉"。邪僻之心是指骄奢淫逸，"贪淫图者，荒色悖蒸，不别尊卑，浑心耽缅，习以成狂，亡国倾身，莫不由之"；

还指纸醉金迷，"虚迷空醉，不知为幻，故以死尸，散落自悟"。对于邪僻之心，要见微知著，不断加以克服，以使心绪宁静，"渐断微想，以至于寂，味乎无味，故曰四禅也"（《十二门经序》）。四禅也称"四禅定"，意指修禅的不同境界，分为初禅、二禅、三禅、四禅。修到四禅时，就能达到无知无欲的地步，进入不苦不乐的境界。道安认为，修行方法主要有安般和四禅。安般亦称"安那般那"，意指气息之出入，实为呼吸，"安般者，出入也。道之所寄，无往不因；德之所寓，无往不托。是故安般寄息以成守，四禅寓骸以成定也"。安般寄息有六阶差，即数、随、止、观、还、净，禅定也有四级别，"寄息故有六阶之差，寓骸故有四级之别"。对于安般阶差，要采取损的办法修行，"阶差者，损之又损之，以至于无为"。而对于禅定级别，须应用忘的办法修行，"级别者，忘之又忘之，以至于无欲也"（《安般注序》）。损和忘都是要去掉心中的各种愤懑和杂念，达到精神上的自我解脱。道安进一步论证，"防闲"不能息淫，"念空"不能息欲，只有做到"色解"和"形解"，才能进入性空的境界，达到本无的彼岸世界，"夫淫息存乎解色，不系防闲也。有绝存乎解形，不系念空也。色解则冶容不能转，形解则无色不能滞。不转者，虽天魔玉颜，窈窕艳姿，莫足倾之，之谓固也。不滞者，虽游空无识，泊然永寿，莫足碍之，之谓真也"（《大十二门经序》）。道安诗意般描绘修行到达性空和本无的境界，"彼我双废者，守于唯守也。故《修行经》以斯二法而成寂，得斯寂者，举足而大千震，挥手而日月扪，疾吹而铁围飞，微嘘而须弥舞。斯皆乘四禅之妙止，御六息之大辩者也"（《安般注序》）。

四、译缘人生

佛教传入中国，首先经历的是译经阶段。没有译经，看不懂佛典，佛教就不可能在中国生成和发展。这也符合外来文化进入任何一个国家或民族的一般规律，先是翻译介绍，次是解读领悟，后是融合创新。道安不懂梵文，却有着译缘人生，与佛经汉译结下了终身不解之缘。在襄阳期间，道安"寻文比句"，"析疑甄解"，分析比较各种佛经译本以及同一佛经的不同译本，探索更为正确的翻译。还整理佛经译本，编纂《综理众经目录》，"众经有据，实由其功"。在长安期间，道安对佛教最重要的贡献是组织译场，翻译佛经。他与前秦著作郎赵政担任译场主持和监督，与同学法和负责考证。译场成员二十余人，分工合作，环环紧扣，共"译出众经百余万言"（《高僧传·道安》）。译缘人生，是道安对佛教事业发展作出的重大贡献。在译缘人生中，道安形成了丰富的翻译思想，至今仍有理论价值和借鉴意义。

根据《综理众经目录》，从公元179年东汉光和年间至385年道安离世，前后二百年间，约有佛经译家17人，所译经、律、论244部，失源佛典309部，疑伪经26部，注经25部，计604部。这一时期佛经翻译最为活跃，代表人物有安世高，是最早有确切记载的佛经翻译家，东汉末年来到洛阳译经，"凡厥所出，数百万言。或以口解，或以文传"（《沙弥卜慧章句序》）。道安评价安世高的译经是重主旨而轻文字，还比较仓促，"然世高出经，贵本不饰，天竺古文，文通尚质，仓卒寻之，时有不达"（《大十二门经序》）。另一个人物是支楼迦谶，也在洛阳译经。支氏译经不多，留存更少，而支系却多译经，竺佛朔"亦以汉灵之时，赍《道行经》来适雒阳，即转梵为汉"。安玄"与沙门严佛调共出《法镜经》，玄口译梵文，佛调笔受，理得音正，尽经微旨，郢匠之美，见述后代"。还有支曜"译《成具定意》及《小本起》等"；康巨"译《问地狱事经》，并言直理旨，不加润饰"；康孟详"译《中本起》及《修行本起》"。至于翻译水准，似与安世高持平，优缺点相同，"安公校定古今，精寻文体，云：'似谶所出，凡此诸经，皆审得本旨，了不加饰，可谓善宣法要弘道之士也。'"（《高僧传·支楼迦谶》）还有一个人物是鸠摩罗什，稍晚于道安，二人曾遥相呼应，值得一提。佛经汉译，鸠摩罗什是个里程碑式的人物。他精通佛教义理，是为大师级；又精通梵语，熟悉汉语。公元401年到长安，前后住了十二年，译出佛经35部，约300卷。当时印度佛教的主要经典，都被鸠摩罗什翻译介绍给了中国。鸠摩罗什是中国历史上最著名的佛经翻译家，所译佛经质量上乘，义理正确，文字优美，表达流畅。鸠摩罗什弟子众多，其中最优秀的是僧肇、道融、僧睿和竺道生，号称"什门四圣"，对于南北朝时期佛教的发展，发挥着重要作用。鸠摩罗什更大的贡献在于促进了佛教一些学派和宗派的形成，他所译《中论》《百论》《十二门论》三部大乘中观佛经，是南北朝"三论宗"的依据；《成实论》，促进了"成实宗"的建立；《妙法莲华经》，是隋唐兴起的天台宗的基本经典；《阿弥陀经》，是唐代净土宗信奉的"三经"之一；《金刚般若经》，对禅宗的产生有着很大影响；《弥勒成佛经》《弥勒下生经》，是民间弥勒信仰依靠的经典。道安与鸠摩罗什没有直接交往，与其得意弟子慧远却多有交流，曾送袈裟和漉水囊，"今往比量衣裁，愿登高座为著之，并天漉之器，此既法物，聊以示怀"。还经常请教佛经的问题，"先闻君方当大出诸经，故来欲便相咨求，若此传不虚，众恨可言。今辄略问数十条事，冀有余暇一二为释，此虽非经中之大难，欲取决于君耳"（《高僧传·慧远》）。

　　道安不懂梵文，没有直接从事翻译工作，却慧眼独具，能对佛经的译者和译文作出精准评价。他评价安世高的翻译是深得佛旨，醇厚玄远，"有舍家开士，出自安息，字世高。大慈流洽，播化斯土，译梵为晋，微显阐幽。其所敷宣，专务禅观，醇玄道数，深矣远矣，是经其所出也"（《阴持入经序》）。在《大十二门经序》中，评价译文是辞正质朴，比其他佛经翻译更为详尽，"此经世高所出也。辞旨雅密，正而不艳，比诸禅经，最为精悉"。在《道地经序》中，评价安世高及其译文是直译与意译相结合，灵活运用，不失厚朴，安世高"越境流化，爰适此邦，其所传训，渊微优邃。又析护所集者七章，译为汉文，音近雅质，敦兮若朴，或变质从文，或因质不饰。皇矣世高，审得厥旨"。在《合放光光赞略解序》中，评价《放光》《光赞》是"同本异译"，《放光》是意译，文字简练，鲜明易观，却容易失去原意；《光赞》是直译，不失原意，却缺少文饰，比较艰涩难读。在《道行经序》中，认为朔佛的译文是直译，保留了原意，却在抄录过程中，增加了过多的文字修饰，"由是道行颇有首尾隐者，古贤论之，往往有滞"。在《四阿含暮钞序》中，认为译文完美，像佛经的宝珍和花环，"有阿罗汉名婆素跋陀，抄其膏腴以为一部，九品四十六叶，斥重去复，文约义丰，真可谓经之璎鬘也。百行美妙，辨是与非，莫不悉载也。幽奥深富，行之能事毕矣"。道安不仅赞誉好的译文，而且批评差的译文。在《增一阿含经序》中，批评《大爱道品》译文，舍弃经之切要和本原部分，"出《大爱道品》，乃不知是禁经，比丘尼法堪慊切真割而去之，此乃是大鄙可痛恨者也"。在《阿毗昙序》中，批评译者不分主次，没有抓住重点；语多重复，译文质量差，要求重译，"自四月二十日出，至十月二十三日乃讫。其人检校译人，颇杂义辞，龙蛇同渊，金鍮共肆者，彬彬如也。和忸然恨之，余亦深谓不可，遂令更出"。重译后，文字大大简化，胡本"四十八万二千三百四言"，"秦语十九万五千二百五十言。其人忘《因缘》一品，云'言数可与《十门》等也'"。

在长安期间，道安既是佛教领袖，又是译场主持，组织翻译第一本经典《十诵比丘戒本》时，却能从善如流，能够尊重译者的意见建议。翻译初始，道安以为佛经原文太啰嗦，叮咛反复，要求慧常在翻译时删繁就简，删去重复多余的语句，"考前常行世戒，其谬多矣。或殊失旨，或粗举意。昔从武遂法潜得一部戒，其言烦直，意常恨之。而今侍戒，规矩与同，犹如合符，出门应辙也。然后乃知淡乎无味，乃真道味也。而嫌其丁宁，文多及复称，即命慧常，令斥重去复"。没想到，慧常竟提出不同看法，"大不宜耳"。慧常认为，佛戒不能删改，犹如儒家经典，"此土《尚书》及与《河洛》，其文朴质，无敢措手，明只先王之法言而慎神命也"。佛戒也须保持原貌，属于佛家规矩，"戒犹礼也，礼执而不诵，重先制也，慎举止也。戒乃径广长舌相，三达心制，入辈圣士，珍之宝之，师师相付，一言乖本，有逐无赦。外国持律，其事实尔"。大意是，佛教之戒同于儒家之礼，礼是照此执行，而不是放在口头上诵读。一定要尊重先王之制，一举一动都要慎重。佛教之戒是释迦牟尼以他所具备的三种神通用心制定的，历代大德高师无不把它当作珍宝，一代一代地相托付，若有一言有违原本，往往要被逐出僧团，永不赦免。慧常指出，如果删改，佛戒可能会失去尊严和神秘感，"何至佛戒，圣贤所贵，而可改之以从方言乎？恐失四依不严之教也"。慧常恳请道安收回成命，坚守雅正的译文，"与其巧便，宁守雅正。译梵为秦，东教之士犹惑非之，愿不刊削以从饰也"。道安虚怀若谷，接受了慧常的建议，"众咸称善"，要求今后的学者重视译文的雅正，"将来学者，审欲求先圣雅言者，宜详揽焉"。道安胸怀博大，还把这件事详细记录下来，并把被删除成便约不繁的译文，比喻为掺了水的葡萄酒，形象而生动，"诸出为秦言，便约不烦者，皆蒲萄酒之被水者也"（《比丘大戒序》）。

任何翻译都涉及文与质、简与繁、直译与意译的关系，核心是直译与意译的关系。直译易转化为质而繁，意译则表现为文而简。道安对于直译与意译的关系，有一个认识变化过程，早期对佛经译文的研究、阐释和评价，主张文质互补，繁简结合。道安分析比较《道行经》与《放光品》两个异译本，认为前者是直译，保留原意，"桓灵之世，朔佛赍诣京师，译为汉文。因本顺旨，转音如已，敬顺圣言，了不加饰也"。《放光品》是意译，简洁流畅，缺点是传播转述困难，"斥重省删，务令婉便，若其悉文，将过三倍。善出无生，论空持巧，传译如是，难为继矣"。道安肯定两个译法都是可行的，都有利于传播弘扬佛教教义，"二家所出，足令大智焕尔阐幽。支谶全本，其应亦然"（《道行经序》）。分析比较《放光》与《光赞》两个异译本，认为前者是意译，文胜质，精炼简要，鲜明易观，"言少事约，删削复重，事事显炳，焕然易观也"；缺点是不能很好保留原意，"而从约必有所遗，于天竺辞及腾每大简焉"。《光赞》是直译，质胜文，能够保持原貌，"言准天竺，事不加饰。悉则悉矣，而辞质胜文也"；缺点是繁多复杂，"每至事首，辄多不便，诸反复相明，又不显灼也"。道安认为，直译与意译应互相结合，相辅相成，"考其所出，事周密耳。互相补益，所悟实多"（《合放光光赞略解序》）。

晚年在长安组织译场和主持翻译时，道安为了忠实于原文，正确译出佛经的主旨和本意，倾向于直译，以防译文有失。具体表述为"案本而传"。当时，与道安一同主持和监督译场的官方代表是赵政。他认为，翻译佛经宜直译，不宜意译，不能将梵文质朴的方言，改为本土世俗语言，"赵郎谓译人曰：'《尔雅》有

《释故》《释言》者，明古今不同也。昔来出经者，多嫌梵言方质，而改适今俗，此政所不取也。'"理由是佛经的文采和实质都是那个时代的产物，翻译时应紧扣原文，当文则文，当质则质，"何者？传梵为秦，以不闲方言，求知辞趣耳，何嫌文质？文质是时，幸勿易之。经之巧质，有自来矣。唯传事不尽，乃译人之咎耳"。道安赞同赵政的观点，强调众人都认同，"众咸称善。斯真实言也"。同时加以概括完善，认为除了语序不顺可以调整外，其余尽量保持原貌，"遂案本而传，不令有损言游字，时改倒句，余尽实录也"。道安因此对赵政的人品学识大加赞赏，认为是个识见广博、知识丰富的人，两人合作愉快，"余欣秦士忽有此经，掣海移岳，奄在兹域，载玩载咏，欲疲不能，遂佐对校，一月四日，然后乃知大方之家富"。还不惜贬低自己，以前是井蛙观天，"昔见之至夹也。恨八九之年，方窥其牖耳"。进而提出成就事业的一般法则，必须有志同道合者，"愿欲求如意珠者，必牢装强伴，勿令不周，沧海之实者也"（《鞞婆沙序》）。大意是，愿天下想求取如意珠的人，必须充实自己，并寻一个强壮的人作伴，不要以为不周游四海就能得到一切。客观地说，道安对赵政的赞誉，有客套虚饰的成分，实质是肯定直译在翻译时的重要性和必要性。晚年道安重视和强调直译，是一以贯之的，"近敕译人，直令转梵为秦，解方言而已，经之文质，所不易也"（《四阿含暮钞序》）。

对于翻译，道安最大的贡献在于提出"五失本、三不易"的观念。钱锺书认为："吾国翻译术开宗明义，首推此篇。"[①] 所谓"五失本"，意指译文与原文在语言形式、语体风格和内容上存在五种偏离的情况，不能做到忠实于原文，"译梵为秦，有五失

---

① 参见罗新璋编：《翻译论集》，商务印书馆1984年版，第28页。

本也",一是梵、汉语序不同,翻译时倒胡从秦,容易造成原文语言形式之失,"梵语尽倒,而使从秦,一失本也"。二是佛经重视内容,汉语重视文采,容易造成原文思想观点之失,"梵经尚质,秦人好文,传可众心,非文不合,斯二失本也"。三是佛经叙述详细,有时啰嗦重复,译文作出删减,容易造成内容流失,"梵经委悉,至于叹咏,叮咛反复,或三或四,不嫌其烦。而今裁斥,三失本也"。四是佛经在长行之后另有偈颂复述,类似汉文歇后语作总结时的言词,语多重复,译文时被删去,容易造成内容流失,"梵有义说,正似乱辞,寻说向语,文无以异。或千五百,划而不存,四失本也"。五是佛经讲完一事,转说他事时又重提前面说过的话,译文将会删去,容易造成内容流失,"事已全成,将更傍及,反腾前辞,已乃后说。而悉除此,五失本也"。"三不易",强调语境变化给翻译造成的困难,一是时代和习俗不同以及文风代变造成的古雅今俗,给翻译带来的困难,"然《般若经》三达之心,覆面所演,圣必因时俗有易而删雅古,以适今时,一不易也"。意为圣人是按照当时的习俗来传播佛法的,而今时代不同,习俗有异。删除高雅的古俗以适应现今之俗,不是一件容易的事情。二是创作主体与接受主体之间的智力差距,给翻译带来的困难,"愚智天隔,圣人叵阶,乃欲以千岁之上微言,传使合百王之下末俗,二不易也"。意为圣人的智慧本非凡人可及,要把千年前古代圣哲的微言大义传达给后世的浅俗之众,不是一件容易的事情。三是经典翻译过程中的接受和转达,给翻译带来的困难,"阿难出经,去佛未久,尊者大迦叶令五百六通迭察迭书。今离千年,而以近意量裁。彼阿罗汉乃兢兢若此,此生死人而平平若此,岂将不知法者勇乎?斯三不易也"(《摩诃钵罗若波罗蜜经钞序》)。大意为佛陀去世后,弟子阿难、大迦叶和五百罗汉合作译经时,尚且兢兢业业,反复斟酌,而今时隔千年，由平凡人来传译，不是一件容易的事情。道安于1600多年前就提出"五失本三不易"的观点，实是翻译思想的一大创新，无论当时还是现代，都有着重大影响。隋彦琮评价道安"详梵典之难易，诠译人之得失，可谓洞入幽微，能究深隐"（《辩证论》）。梁启超指出："要之翻译文学程式，成为学界一问题，自安公始也。"①

道安传奇人生的启示很多。就佛教事业而言，道安或许不是魏晋南北朝佛学造诣最高的僧人，却是对佛教发展贡献最大的高僧。他深究佛理，传播佛教，组织译经，建立规制，是魏晋南北朝综合推动佛教发展的第一人。就个人经历而言，如果以相貌论人，道安必然被淘汰出局。幸运的是，道安天赋异禀，悟性好，记忆力超群。而只是天赋异禀，道安不可能成就事业。天赋异禀必须与远大志向、勤奋努力和时势机缘相结合，才能造就一代高僧，促成千古风流。这就是道安对于后人最大的启示！

---

① 梁启超著：《文学与佛典》，中华书局2015年版，第17页。

第四章　隋唐佛学

　　隋唐佛学流行，也不否定孔子和儒学的主导地位。佛教自西汉末年传入中国，经过东汉和魏晋南北朝的磨合融通，终于在中国生根开花结果。佛教是世界三大宗教之一，相比于儒家和道家，具有信仰、逻辑思辨和抽象思维的优势。隋唐学术思想的最大成就是完成了佛教中国化，形成了中国佛学，主要代表是禅宗："菩提本无树，明镜亦非台。本来无一物，何处惹尘埃。"(《坛经·行由品》)

第一节 盛唐气象

隋唐（公元581—907年）是一个辉煌时代，造就了盛唐气象。隋唐结束了魏晋南北朝长达四百年之久的分裂动乱，中国再度走向统一、安定和繁荣；开拓了广大疆域，鼎盛时北至贝加尔湖以北和外兴安岭，西至中亚的咸海，东至库页岛，南至交趾地区；实现了全面发展，国力空前强盛，经济高度发达，文化大放异彩。隋唐是传统社会发展的巅峰，盛唐气象是后人憧憬向往的崇高境界。在当时的世界，欧洲处于黑暗的中世纪，美洲大陆还没有被发现，唯有东方的盛唐，光芒四射，万国来朝，王维诗云："绛帻鸡人报晓筹，尚衣方进翠云裘。九天阊阖开宫殿，万国衣冠拜冕旒。"（《和贾舍人早朝大明宫之作》）盛唐气象堪比大汉雄风，大汉之后，中国人自称为"汉人"；盛唐之后，海外多称中国人为"唐人"。

一、隋唐时代

隋唐是隋朝和唐朝两个朝代的合称。中国历史上有两个时期最为相似，一个是秦汉，汉承秦制；另一个就是隋唐，唐跟隋走。秦和隋奠定基础，汉和唐创造辉煌，"中国的汉、唐两代最好。汉代之前有短的秦朝，唐代之前有短的隋朝，唐有二百九十年，连隋共三百多年，这是中国第二复兴时期"①。隋唐皆定都于长安，且以洛阳为东都。隋唐的统治者源于胡汉文武混合之关陇集团，即南北朝时期的北魏和西魏，"融合其所割据关陇区域内的鲜卑六镇民族，及其他胡汉土著之人为一不可分离之集团"②。关陇集团的底色是汉文化，却融合了周边众多民族的文化，甚至还吸纳了许多外来文明的成果，因而"异于高氏（北齐）治下洛阳邺都及萧氏（南朝）治下建康江陵承袭的汉魏晋的二系统"③。汉文化吸纳融合少数民族文化，既增强了自身的生命力，又得到了各民族的认同，这是隋唐能够统一中国的文化因素和重要基础。

隋朝（公元581—618年）享国38年，历3帝，存续时间不长，却产生了两位有名的皇帝，一为隋文帝杨坚，二为隋炀帝杨广。杨广是昏君暴君，"罄南山之竹，书罪未穷；决东海之波，流恶难尽"（《旧唐书·李密传》），但他下令修建大运河却影响深远，功不可没。杨坚是开国皇帝，为关陇集团上层人物，著籍弘农杨氏，汉太尉杨震十四世孙。公元579年，杨坚辅佐年仅8岁的北周静帝，实际掌握着北周大权，"周帝拜高祖假黄钺、左大丞相，百官总己而听焉。以正阳宫为丞相府"，"都督内外诸军事"。581年，杨坚废静帝自立，建立隋朝，改元"开皇"，名义上却是禅让继位。静帝说："朕虽寡昧，未达变通，幽显之情，皎然易识。今便祗顺天命，出逊别宫，禅位于隋，一依唐虞、汉魏故事。""高祖三让，不许。"继而"遣大宗伯、大将军、金城公赵煚奉皇帝玺绂，百官劝进。高祖乃受焉"（《隋书·高祖纪上》）。隋文帝即位之初，隋朝与陈朝隔江对峙。588年，隋朝以50余万

① 钱穆讲授，叶龙记录整理：《中国通史》，天地出版社2018年版，第110页。

② 陈寅恪著：《唐代政治史述论稿》，上海古籍出版社1982年版，第15页。

③ 陈寅恪著：《隋唐制度渊源略论稿》，中华书局1977年版，第126页。

兵力，西起今重庆奉节，东至今江苏扬州，向陈朝发起全面进攻；次年灭陈，全国复归统一，开皇九年春正月丙子，隋将"贺若弼败陈师于蒋山，获其将萧摩诃。韩擒虎进师入建邺，获其将任蛮奴，获陈主叔宝。陈国平，合州三十，郡一百，县四百"（《隋书·高祖纪下》）。隋文帝在位25年，采取了一系列政治经济改革措施，不仅为唐朝所效仿传承，而且为唐朝的社会政治经济文化昌盛创造了条件。

隋文帝在经济上轻徭薄赋。主要是提高成丁年龄，"开皇三年正月，帝入新宫。初令军人以二十一成丁"，将徭役从每年30日减为20日，征调的绸绢减去一半，"减十二番，每岁为二十日役，减调绢一匹为二丈"。同时，推行均田制，整顿户籍，"高祖令州县大索貌阅，户口不实者，正长远配，而又开相纠之科。大功已下，兼令析籍，各为户头，以防容隐"（《隋书·食货志》）。所谓大索貌阅，是按户籍登记的年龄和本人体貌进行核对，检查是否谎报年龄，诈老诈小，将大量隐藏的户口从豪强手中查归国家，以增加政府控制的人口和赋税。在政治上，加强中央集权。即位之初就在中央设立尚书、门下、内史三省，使之互相制衡，初步形成三省六部制。用人则废除州县长官自任僚佐制度，改归中央吏部铨授，"尚书举其大者，侍郎铨其小者，则六品以下官吏，咸吏部所掌。自是海内一命以上之官，州郡无复辟署矣"（《通典·选举二》）；废除九品中正制，开启科举制，开皇十八年七月，皇帝诏令"以志行修谨、清平干济二科举人"。在文化上，偃武修文。多次诏令崇文守经，"禁卫九重之余，镇守四方之外，戎旅军器，皆宜停罢。代路既夷，群方无事，武力之子，俱可学文，人间甲仗，悉皆除毁。有功之臣，降情文艺，家门子侄，各守一经，令海内翕然，高山仰止"（《隋书·高祖纪下》）。注重网罗天下人才，"爰自东帝归秦，逮乎青盖入洛，四隩咸暨，九州攸同，江、汉英灵，燕、赵奇俊，并该天网之中，俱为大国之宝"（《隋书·文学传序》）。隋文帝治下，国强民富，"开皇十七年，户口滋盛，中外仓库，无不盈积。所有赉给，不逾经费，京司帑屋既充，积于廊庑之下，高祖遂停此年正赋，以赐黎元"（《隋书·食货志》）。隋朝祚命短暂，其创制之功不容忽视，"秦始皇创秦制，为汉以后各朝所沿袭；隋文帝创隋制，为唐以后各朝所遵循。秦、隋两朝都有巨大的贡献，不能因为历年短促，忽视它们在历史上的作用"①。

唐朝（公元618—907年）享国290年，历21帝，是当时世界上最强盛的国家，是传统社会政治经济文化高度发达的盛世，礼仪、政刑、典章制度全都自成体系。唐朝的分界线在于"安史之乱"，此前是发展兴盛，此后是衰落灭亡。具体又可分为初唐、盛唐、中唐和晚唐四个时期。唐朝的分期源于明高棅，原为文学概念，指的是唐诗的"声律兴象，文词理致，各有品格高下之不同，略而言之，则有初唐、盛唐、中唐、晚唐之不同"（《唐诗品汇总叙》）。后引申为历史概念，初唐包括唐高祖、唐太宗和唐高宗时期，约为65年，像初升的太阳，朝气蓬勃。盛唐指的是武则天临朝称制至安史之乱前夕，约为80年。李白绣口一开，就是半个盛唐，"天生我材必有用，千金散尽还复来"（《将进酒》）。中唐是指安史之乱至元和中兴，约为70年。盛唐底蕴虽在，却感到了阵阵凉意，"浔阳江头夜送客，枫叶荻花秋瑟瑟"（白居易《琵琶行》）。晚唐是"夕阳无限好，只是近黄昏"（李商隐《登乐游原》），以甘露之变为起点，宦官坐大挟持朝政，直至朱温篡唐，约70年。

关陇集团的李氏一族是唐朝的建立者，他们尊老子李耳为李

---

① 范文澜著：《中国通史简编》（修订本 第三编 第一册），人民出版社1965年版，第3—4页。

姓始祖，自诩是老子的后裔，实为胡汉血统与文化融合的典范，"若以女系母统言之，唐代创业及初期君主，如高祖之母为独孤氏，太宗之母为窦氏，即纥豆陵氏，高宗之母为长孙氏，皆是胡种，而非汉族。故李唐皇室之女系母统杂有胡族血胤，世所共知"①。李唐一族的胡汉融合，不仅不是缺失，反而是缔造盛唐的优势，"李唐一族之所以崛兴，盖取塞外野蛮精悍之血，注入中原文化颓废之躯，旧染既除，新机重启，扩大恢张，遂能别创空前之世局"②。唐朝开国皇帝李渊，最大功绩是统一天下，创立唐朝。李渊出身关陇贵族家庭，袭封唐国公，奉隋炀帝之命镇守太原。公元617年，太原起兵，"六月己卯，传檄诸郡，称义兵，开大将军府，置三军"。同年底，南下攻取长安，拥立隋炀帝之孙杨侑为帝，自领大丞相，"隋帝授高祖假黄钺、使持节、大都督内外诸军事、大丞相、录尚书事，进封唐王"。618年，逼杨侑禅位，五月"戊午，隋帝逊于位，以刑部尚书萧造、司农少卿裴之隐奉皇帝玺绶于唐王，三让乃受"（《新唐书·高祖纪》）。李渊主要缺点是优柔寡断，赏罚失当，不能妥善处理家事，导致"玄武门之变"。626年即武德九年，六月，李世民于玄武门诛杀皇太子李建成和齐王李元吉，"甲子，立为皇太子，庶政皆断决"；进而被迫让位，"八月癸亥，高祖传位于皇太子，太宗即位于东宫显德殿。遣司空、魏国公裴寂柴告于南郊。大赦天下"（《旧唐书·太宗纪》）。苏辙认为，唐朝的建立，李世民立下不世之功，而"立太子，高祖以长立建成，建成当之不辞。于是兄弟疑间，卒至大乱。夫建成不足言也，其咎在高祖"（《栾城后集·历代论·唐高祖》）。

　　李世民是唐朝第二位皇帝，实际是唐朝的开创者，"唐朝开

---

① 陈寅恪著：《唐代政治史述论稿》，上海古籍出版社1982年版，第1页。

② 陈寅恪著：《金明馆丛稿二编》，上海古籍出版社1982年版，第303页。

国之君虽为高祖，然其事业，实在大部分是太宗做的"①。他鼓动父亲李渊起兵反隋。当李渊进军遇到困难欲退缩时，进行哭谏，"太宗遂号泣于外，声闻帐中。高祖召问其故，对曰：'今兵以义动，进战则必克，退还则必散。众散于前，敌乘于后，死亡须臾而至，是以悲耳。'高祖乃悟而止"（《旧唐书·太宗纪》）。他率部平定四方，先是击破薛举和薛仁杲，武德元年，"仁杲将宗罗睺击实，太宗遣将军庞玉救实，玉军几败，太宗率兵出其后，罗睺败走，太宗追之，至其城下，仁杲乃出降"。次是消灭刘武周、宋金刚，"三年四月，击败宋金刚于柏壁"；"刘武周惧，奔于突厥，其将杨伏念举并州降"。后是平定窦建德和王世充，"四年二月，窦建德率兵十万以援世充，太宗败建德于虎牢，执之，世充乃降"（《新唐书·太宗纪》）。他缔造的"贞观之治"，是中国历史上少有的治世，"官吏多自清谨，制驭王公、妃主之家，大姓豪猾之伍，皆畏威屏迹，无敢侵欺细人。商旅野次，无复盗贼，囹圄常空。马牛布野，外户不闭。又频致丰稔，米斗三四钱，行旅自京师至于岭表，自山东至于沧海，皆不赍粮，取给于路。又山东村落，行客经过者，必厚加供待，或发时有赠遗。此皆古昔未有也"（《贞观政要·政体》）。当然，李世民不是完人，最受争议的是玄武门之变，武德九年"六月庚申，秦王以皇太子建成与齐王元吉同谋害己，率兵诛之"（《旧唐书·高祖纪》）。从古至今，历史学家一般对玄武门之变持同情理解甚至赞赏的态度，"中国人应该庆幸李世民先生夺嫡成功，李世民为中国带来名垂千古的贞观之治，成为治世的典范"②。然而，这毕竟不是一件可以夸耀后世的历史记载和愉快记忆。

---

① 吕思勉著：《中国通史》，上海古籍出版社2009年版本，第384页。
② 柏杨译：《现代语文版资治通鉴（45）：玄武门》，中国友谊出版公司1991年版，第90页。

武则天是中国历史上唯一的正统女皇帝，在重男轻女的传统社会是一个奇迹，可谓前无古人，后无来者。武则天的个人经历奇特，先被唐太宗纳入后宫，太宗死后削发为尼，后为唐高宗的皇后，"年十四，太宗闻其有色，选为才人。太宗崩，后削发为比丘尼，居于感业寺。高宗幸感业寺，见而悦之，复召入宫。久之，立为昭仪，进号宸妃。永徽六年，高宗废皇后王氏，立宸妃为皇后"。从政经历也是奇特，先是作为皇后参与朝政，"高宗自显庆后，多苦风疾，百司奏事，时时令后决之，常称旨，由是参豫国政"；进而共决朝政，"上元元年，高宗号天皇，皇后亦号天后，天下之人谓之'二圣'"。次是作为唐中宗、睿宗的皇太后，临朝称制，"弘道元年十二月，高宗崩，遗诏皇太子即皇帝位，军国大务不决者，兼取天后进止。甲子，皇太子即皇帝位，尊后为皇太后，临朝称制"。后是直接称帝。公元690年，武则天参政干政35年后，自己称帝，改国号为周，定都洛阳。在位十五年，直至705年，大臣张柬之等发动"神龙革命"，拥立唐中宗复辟，才被迫退位，长安五年正月"丙午，皇帝复于位。丁未，徙后于上阳宫。戊申，上后号曰则天大圣皇帝。十一月，崩，谥曰大圣则天皇后"。武则天是一位有见识有作为的皇帝，在位前后保持了社会安定，促进了经济发展，国家控制人口从唐高宗永徽三年的380万户增加到650万户，年均增长0.7%，是一个较高的增长率。维护了国家统一，具体为平定东北契丹叛乱；抵抗北边突厥侵扰；巩固西部边防，重设龟兹、于阗、疏勒、碎叶四镇，长寿元年"十月丙戌，武威道行军总管王孝杰败吐蕃，克四镇"（《新唐书·则天皇后纪》）。武则天更大的作为在于政治，通过打击门阀、扶植庶族和完善科举制度，终结了关陇集团从北周以来长达一个多世纪的统治，形成了皇权与官僚阶级相结合的政治体制，为开元盛世提供了体制保证和人才支撑。"及武后柄政，大崇文章之选，破格用人，于是进士之科为全国干进者竞趋之鹄的。当时山东、江左人民之中，有虽工于为文，但以不预关中团体之故，致遭屏抑者，亦因此政治变革之际会，得以上升朝列，而西魏、北周、杨隋及唐初将相旧家之政权尊位遂不得不为此新兴阶级所攘夺替代。故武周之代李唐，不仅为政治之变迁，实亦社会之革命。"①

　　李隆基即唐玄宗，是个毁誉参半的皇帝，他把盛唐推向了峰巅，又把盛唐送入了下行道，缓慢地滑向覆亡深渊。李隆基的政治生涯可分三个阶段，一是平定宫闱之乱。自武则天之后，唐朝政治不断受到宫闱的侵扰，先是韦皇后毒死唐中宗，以图效仿武则天；后是太平公主作乱，企图更换李隆基的太子地位，"玄宗之在东宫，为太平公主所忌，朝夕伺察，纤微闻于上。而宫闱左右，亦潜持两端，以附太平之势"（李德裕《次柳氏旧闻》）。李隆基则运用谋略，会同太平公主共谋杀死韦后、安乐公主及其党羽，拥立其父李旦为唐睿宗，自己为太子。登基之后，率先下手，一举消灭太平公主集团，开元元年"七月甲子，太平公主及岑羲、萧至忠、窦怀贞谋反，伏诛"（《新唐书·玄宗纪》）。二是创造开元盛世。唐玄宗在位45年，可分为开元与天宝两个阶段。开元的28年间，他励精图治，能够任用贤相，整饬吏治；去奢崇简，发展经济；调剂贫富，稳定社会，使唐朝达到鼎盛。杜甫诗云："忆昔开元全盛日，小邑犹藏万家室。稻米流脂粟米白，公私仓廪俱丰实。"（《忆昔》）三是引发安史之乱。天宝的15年间，唐玄宗骄傲自满，懒政怠政，政治上罢免张九龄等贤臣名相，起用"口有蜜，腹有剑"的李林甫和无德无能的杨国忠为相。地方政制上强化节度使制，集军、民、财大权于一身，又常以一人兼

---

① 陈寅恪著：《唐代政治史述论稿》，上海古籍出版社1982年版，第18页。

统两至三镇，乃至四镇。生活上追求奢欲，尤其是天宝四载，册封杨贵妃后，更是不理朝政，沉溺于声色不能自拔。唐玄宗天宝年间的作为，不仅毁了一世英名，而且直接带来了长达八年的"安史之乱"，毁掉了盛唐气象。纵观李隆基的人生，毛泽东的评价言简意赅，精辟入里，"唐明皇不会做皇帝，前半辈会做，后半辈不会做"[①]。

二、贞观之治

中国人善良淳朴，始终对治世和盛世抱有期待，希冀国家长治久安，百姓安居乐业。治世与乱世对举，意为太平清明之世，"受时与治世同，而殃祸与治世异，不可以怨天，其道然也"（《荀子·天论》）。盛世是指传统社会发展中的一些特定时期，统治者的文治与武功相得益彰，国家在较长时间保持着繁荣昌盛，"何天衢于盛世兮，超千载而垂绩"（《后汉书·崔骃列传》）。治世与盛世既有联系又有区别，联系在于治世为盛世奠定基础，盛世是治世发展的结果；区别在于治世时短，能够在一个朝代完成，盛世时长，需要几代人的持续努力，汉朝盛世，包括文景之治、汉武帝极盛和昭宣中兴，持续130年；唐朝盛世，从贞观之治、武后称帝到开元盛世，持续近130年；清朝盛世，从康熙中叶开始，包括雍正和乾隆年间，持续130年有余。治世不一定能发展成盛世，盛世则必须包括治世，传统社会是治世多，盛世少，治世多于盛世。然而，无论治世还是盛世，一般都是后期不如前期，后期都孕育着深刻的社会矛盾，奏起了由盛而衰的历史序章。

---

① 盛巽昌著:《毛泽东与中国史书》，上海辞书出版社2013年版，第108页。

在传统社会的观念中，治世和盛世既指大同社会，也指小康社会。大同社会是公天下，指的是唐尧虞舜之治；小康社会是家天下，指的是夏商周三代之治。儒家充分赞美大同社会，"大哉，尧之为君也！巍巍乎，唯天为大，唯尧则之。荡荡乎，民无能名焉。巍巍乎其有成功也，焕乎其有文章！"（《论语·泰伯》）也赞美小康社会，并以恢复小康社会为己任，"子畏于匡，曰：'文王既没，文不在兹乎？天之将丧斯文也，后死者不得与于斯文也；天之未丧斯文也，匡人其如予何？'"（《论语·子罕》）在儒家看来，无论大同社会还是小康社会，都是以仁治国，以德服人。大同社会是"规矩，方圆之至也；圣人，人伦之至也。欲为君，尽君道；欲为臣，尽臣道。二者皆法尧舜而已矣。不以舜之所以事尧事君，不敬其君者也；不以尧之所以治民治民，贼其民者也。孔子曰：'道二，仁与不仁而已矣。'"（《孟子·离娄上》）小康社会在于实施王道，而不是霸道，"以力假仁者霸，霸必有大国；以德行仁者王，王不待大。汤以七十里，文王以百里。以力服人者，非心服也，力不赡也。以德服人者，中心悦而诚服也"（《孟子·公孙丑上》）。不过，尧舜和夏商周三代之治具有理想色彩，更多地带有想象成分。秦汉之后，比较公认的传统社会的治世和盛世包括汉朝的文景之治和汉武盛世、唐朝的贞观之治和开元盛世，以及清朝的康雍乾盛世。

文景之治是传统社会第一个治世，是汉武盛世的基础，由汉文帝、汉景帝缔造；康雍乾盛世是最后一个盛世，由清圣祖、清世宗、清高宗缔造。贞观之治介于文景之治与康雍乾盛世历史大跨度的中间，在时间点上似乎也是居中，前于康雍乾盛世约一千年，后于文景之治约八百年。贞观之治的影响却是超越文景之治与康雍乾盛世，最令人称道，明朱翌评论："自三代而下，创业守文之君兼之者，唯唐太宗，汉之文、景、武、宣，皆不及也。其后永徽有贞观风，见《张说传》；开元有贞观风，见《姚崇传》；建中有贞观风，见《李吉甫传》，惜乎三君皆不克终，遂使太宗独称盛焉。"（《猗觉寮杂记》卷上）贞观之治，源自唐太宗的年号，系指唐太宗在位的23年间，以隋朝灭亡为借鉴，治国安邦所采取的一系列方针、政策和路线、措施，及其取得的成效，"贞观初，户不及三百万，绢一匹易米一斗。至四年，米斗四五钱，外户不闭者数月，马牛被野，人行数千里不赍粮，民物蕃息，四夷降附者百二十万人。是岁，天下断狱，死罪者二十九人，号称太平。此高祖、太宗致治之大略，及其成效如此"（《新唐书·食货志》）。唐太宗之后，传统社会有作为的政治家都把贞观之治作为自己追求的理想治世，历代帝王都把《贞观政要》作为自己的政治教科书。贞观之治的最大特点是明君贤臣、风云际会，励精图治、共创治世，从而奠定唐朝的立国规模，为唐玄宗的"开元盛世"夯实了基础。

明君贤臣是治世的核心，也是传统社会憧憬的理想政治，"舜有臣五人而天下治。武王曰：'予有乱臣十人。'孔子曰：'才难，不其然乎？唐虞之际，于斯为盛。'"（《论语·泰伯》）明君是治世的关键之关键。有明君不一定有治世，没有明君，绝对不可能有治世；贤臣是治世不可或缺的重要部分，既是明君的标志，又是治世的组织保障。贞观之治的明君是唐太宗，贤臣主要是凌烟阁二十四功臣[①]。就文臣而言，最为著名的是房玄龄、杜如晦和魏徵。房谋杜断，"盖玄龄善谋，如晦能断故也。二人深相得，同心徇国，故唐世称贤相，推房、杜焉"。魏徵是"状貌不逾中人，而有胆略，善回人主意，每犯颜苦谏；或逢上怒甚，征神色不移，上亦为霁威"（《资治通鉴》卷一九三）。史书记载，房玄龄"任

---

① 贞观十七年，唐太宗因怀念当初一同打天下的功臣，在长安城兴建凌烟阁，绘制二十四位开国功臣的人像于其中，以为纪念。

总百司，虔恭夙夜，尽心竭节，不欲一物失所。闻人有善，若己有之。明达吏事，饰以文学，审定法令，意在宽平。不以求备取人，不以己长格物，随能收叙，无隔卑贱。论者称为良相焉"。房玄龄认为："杜如晦聪明识达，王佐才也。若大王守藩端拱，无所用之；必欲经营四方，非此人莫可。"唐太宗称赞魏徵，"夫以铜为镜，可以正衣冠；以古为镜，可以知兴替；以人为镜，可以明得失。朕常保此三镜，以防己过。今魏徵殂逝，遂亡一镜矣"（《贞观政要·任贤》）。

贞观之治能够成为享有盛名的治世，首先在于坚持以民为本，"凡事皆须务本。国以人为本，人以衣食为本。凡营衣食，以不失时为本"（《贞观政要·务农》）。以民为本，就能正确认识统治者与老百姓的关系，"臣又闻古语云：'君，舟也；人，水也。水能载舟，亦能覆舟。'陛下以为可畏，诚如圣旨"。以民为本，就能选择正确的治国方略，采用王道而摒弃霸道，"贞观初，人皆异论，云当今必不可行帝道、王道，惟魏徵劝我。既从其言，不过数载，遂得华夏安宁，远戎宾服。突厥自古以来常为中国勍敌，今酋长并带刀宿卫，部落皆袭衣冠。使我遂至于此，皆魏徵之力也"（《贞观政要·政体》）。以民为本，就能落实惠民政策，"去奢省费，轻徭薄赋，选用廉吏，使民衣食有余"（《资治通鉴》卷一九二）。具体措施是精兵简政，中央部门官员由2000多人减为600余人，地方则是并省州县，节约财政开支。减轻刑罚，"太宗尝览《明堂针灸图》，见人之五藏皆近背，针灸失所，则其害致死，叹曰：'夫棰者，五刑之轻；死者，人之所重。安得犯至轻之刑而或致死？'遂诏罪人无得鞭背"（《新唐书·刑法志》）。释放宫女，"贞观初，太宗谓侍臣曰：'妇人幽闭深宫，情实可愍。隋氏末年，求采无已，至于离宫别馆，非幸御之所，多聚宫人。此皆竭人财力，朕所不取。且洒扫之余，更何所用？今将出之，任求伉俪，非独以省费，兼以息人，亦各得遂其性。'于是后宫及掖庭，前后所出三千余人"（《贞观政要·论仁恻》）。崇尚节俭，"夫安人宁国，惟在于君。君无为则人乐，君多欲则人苦。朕所以抑情损欲，克己自励耳"。与民休息，"若禾黍不登，则兆庶非国家所有。既属丰稔若斯，朕为亿兆人父母，安得不喜。唯欲躬务俭约，必不辄为奢侈。朕常欲赐天下之人，皆使富贵，今省徭薄赋，不夺其时，使比屋之人恣其耕稼，此则富矣。敦行礼让，使乡闾之间，少敬长，妻敬夫，此则贵矣。但令天下皆然，朕不听管弦，不从畋猎，乐在其中矣"（《贞观政要·务农》）。

坚持选贤任能，"为政之要，惟在得人。用非其才，必难致理。今所任用，必须以德行、学识为本"（《贞观政要·崇儒学》）。选贤任能，必须心胸广大，"吾为官择人，惟才是与。苟或不才，虽亲不用"；"如其有才，虽仇不弃"（《资治通鉴》卷一九四）。贞观时期的23年间，有24人任过宰相职务，其中隋朝的文臣、武将及地方官吏约为35%，房玄龄是隋朝的羽骑都尉，杜如晦任过隋朝的地方官。起义将领与担任过武装割据集团要职的人占30%左右，魏徵、徐茂公都是参加起义后归唐的，魏徵还是李建成的旧部和亲信。而且，不以门第为限，寒门与士族并用，魏徵、张亮、戴胄、侯君集、张行成等都是寒门出身。选贤任能，不仅重视高官的选用，而且重视新官的选用，着力推进科举制，"若列之于科目，则俊秀盛于汉、魏；而进士，隋大业中所置也。如侯君素、孙伏伽皆隋之进士也明矣。然彰于武德，而甲于贞观。盖文皇帝修文偃武，天赞神授，尝私幸端门，见新进士缀行而出，喜曰：'天下英雄入吾彀中矣。'"（《唐摭言》卷一）不仅重视中央官员的选用，而且重视地方官员的选用，"朕每夜恒思百姓间事，或至夜半不寐。惟恐都督、刺史堪养百姓以否。故于屏风上录其姓名，坐卧恒看，在官如有善事，亦具列于名下。朕居深宫之中，视听不能及远，所委者惟都督、刺史，此辈实理乱所系，尤须得人"(《贞观政要·论择官》)。选贤任能，必须赏罚分明。贞观元年，唐太宗大赏功臣，房玄龄、杜如晦封一千三百户，而堂叔李神通只封五百户，"神通曰：'义旗初起，臣率兵先至，今房玄龄、杜如晦等刀笔之人，功居第一，臣且不服。'"唐太宗回答："今计勋行赏，玄龄等有筹谋帷幄定社稷功，所以汉之萧何，虽无汗马，指纵推毂，故功居第一。叔父于国至亲，诚无所爱，必不可缘私滥与勋臣同赏耳。"(《旧唐书·宗室传》)

坚持从谏如流，"恒欲公等尽情极谏，公等亦须受人谏语，岂得以人言不同己意，便即护短不纳？若不能受谏，安能谏人？"(《贞观政要·求谏》)在贞观君臣看来，从谏如流是明君的标志，"太宗问魏徵曰：'何谓为明君暗君？'徵曰：'君之所以明者，兼听也；其所以暗者，偏信也。'"(《贞观政要·君道》)从谏如流有利于长治久安，"君臣本同治乱，共安危，若主纳忠谏，臣进直言，斯故君臣合契，古来所重。若君自贤，臣不匡正，欲不危亡，不可得也。君失其国，臣亦不能独全其家"(《贞观政要·君臣鉴戒》)。从谏如流是为了广开言路，实质是在统治集团内部实行一定的民主，以弥补君主个人能力与精力、智慧与才干的不足，"深知一人之耳目有限，思虑难周，非集思广益，难以求治；而饰非拒谏，徒自召祸也"(《廿二史札记》卷一九)。贞观年间，主纳忠谏，臣进直言，蔚然成风。臣下敢于讲真话，敢于对君主提出批评，前提是君主能够听谏纳谏，唐太宗则是典范。他鼓励臣下进谏，"陛下初即位，论元律师死，孙伏伽谏以为法不当死，陛下赐以兰陵公主园，直百万。或曰：'赏太厚。'答曰：'朕即位，未有谏者，所以赏之。'此导人使谏也"(《新唐书·魏徵传》)。他虚心纳谏，知过即改。贞观四年，唐太宗下令修建洛阳宫乾元殿，以备巡狩。给事中张玄素上书谏正，言语激烈，"承凋残之后，役疮痍之人，费亿万之功，袭百王之弊，以此言之，恐甚于炀帝远矣"。唐太宗很不高兴，"卿以我不如炀帝，何如桀纣？"张玄素毫不示弱，"若此殿卒兴，所谓同归于乱"。唐太宗感叹道："我不思量，遂至于此"，下令"所有作役，宜即停之"（《贞观政要·纳谏》）。他能够容忍犯颜直谏，即使触犯了"逆鳞"，也能忍受。有一次魏徵直谏，唐太宗实在受不了，以致起了杀心。好在长孙皇后以智慧劝阻，让唐太宗恢复了理智，"上尝罢朝，怒曰：'会须杀此田舍翁。'后问为谁，上曰：'魏徵每廷辱我。'后退，具朝服立于庭，上惊问其故。后曰：'妾闻主明臣直；今魏徵直，由陛下之明故也，妾敢不贺！'上乃悦"（《资治通鉴》卷一九四）。

三、科举取士

选贤任能始终是政治的关键，也是传统社会的一件大事。钱穆认为，在历代政治中，选官是最重要的，"中国历史上考试与选举两项制度，其用意是在政府和社会间打通一条路，好让社会在某种条件某种方式下来掌握政治、预闻政治和运用政治，这才是中国政治制度最根本问题之所在"[①]。秦汉以前，社会实行分封制和贵族政治，官爵以世袭为主，却已产生选举制度，"命乡，论秀士，升之司徒，曰选士。司徒论选士之秀者而升之学，曰俊士。升于司徒者，不征于乡；升于学者，不征于司徒，曰造士"。"大乐正论造士之秀者，以告于王，而升诸司马，曰进士。司马辨论官材，论进士之贤者，以告于王，而定其论。论定然后

---

① 钱穆著：《中国历代政治得失》，生活·读书·新知三联书店2001年版，"前言"第8页。

官之，任官然后爵之，位定然后禄之。"(《礼记·王制》)秦汉之后，实行郡县制和官僚政治，逐步废除世袭制，官员主要通过选举和考试的方法产生。汉朝是征辟察举制，魏晋南北朝是九品中正制，均以选举为主；隋唐开创科举制，以考官选士为主。

　　所谓科举制，就是分科举士和选拔人才，具体指朝廷开设科目、士人自由报考、主要以考试成绩决定取舍的选拔官员制度。一般认为，科举制创始于隋，确立于唐，完备于宋，延续于元、明、清，至1905年清末废止，时长达1300年之久。隋文帝开科举之端绪，正式要求分科取士。隋炀帝继续推进科举制，先是设立孝悌有闻、德行敦厚、节义可称、操履清洁、强毅正直、执宪不挠、学业优敏、文才美秀、才堪将略、膂力骁壮等十个科目，要求"文武有职事者，五品已上，宜依令十科举人。有一于此，不必求备"。后是"诏诸郡学业该通、才艺优洽，膂力骁壮、超绝等伦，在官勤奋、堪理政事，立性正直、不避强御四科举人"(《隋书·炀帝纪》)。尤为重要的是，隋朝已设立进士科，是科举制诞生的标志，"近炀帝始置进士之科，当时犹试策而已"(《旧唐书·杨绾传》)。唐朝继承了隋朝分科取士制度，"唐制，取士之科，多因隋旧"，主要通过明经和进士两科选拔官员(《新唐书·选举志》)。唐朝的贡献不在于继承，而在于健全了科举制度，使之取代征辟察举制和九品中正制，真正成为传统社会选拔官员的主渠道。此后各个朝代在考试科目、程序、场期、科第名称等方面不尽相同，却没有超越唐朝科举的范围。唐朝称贡举，还不叫科举，却涵盖了科举的全部内容。宋朝在内容和形式方面进一步完善科举制，最重要的完善是王安石变法，废置明经等考试科目，改应进士一科。宋神宗熙宁四年，"二月丁巳朔，罢诗赋及明经诸科，以经义、论、策试进士"(《宋史·神宗纪》)。王安石变法使得科举制分为两个阶段，此前400余年，分别由进士、明经、诸科选拔官员；而后800余年，只以进士一科选拔官员。

　　唐朝的科举制度，在考生来源方面，"由学馆者曰生徒，由州县者曰乡贡，皆升于有司而进退之"。生徒源于中央和地方政府创办的学校，在中央一级，学与馆分设，"凡学六，皆隶于国子监"，称之为国子学、太学、四门学、律学、书学和算学；"凡馆二：门下省有弘文馆，生三十人；东宫有崇文馆，生二十人"。乡贡源于学馆之外的考生，或自学成才者，通过自愿报名，经地方考试合格后参加省试，"每岁仲冬，州、县、馆、监，举其成者送之尚书省；而举选不繇馆、学者，谓之乡贡，皆怀牒自列于州县"。在考试科目方面，有常科和制科之别。常科每年举办，是选拔官员的主要措施，考试科目"有秀才，有明经，有俊士，有进士，有明法，有明字，有明算，有一史，有三史，有开元礼，有道举，有童子"。不同时期常科的科目有兴有废，而进士和明经两科基本保持稳定。制科不定期举办，是补充措施，由皇帝特旨召试，以满足对"非常之才"的需求，"其天子自诏者曰制举，所以待非常之才焉"；名目也多，"随其人主临时所欲，而列为定科者，如贤良方正、直言极谏、博通坟典达于教化、军谋宏远堪任将率、详明政术可以理人之类"（《新唐书·选举志》）。在考试内容方面，同于当时学校的课程设置，重点是《诗》《书》《易》《礼》《春秋》等儒家经典，以及时务和诗赋。在考试程序方面，唐朝实行解试和省试两级制。解试由地方政府组织，又称州试，是科举考试的第一级。考生只有在解试中合格，才能到京城参加尚书省组织的考试，称为省试。解试合格者称为得解举人，第一名为"解元"；省试合格者称为贡士，第一名为"会元"。宋朝则正式确立了殿试，由皇帝亲自组织考试，宋太祖开宝六年春三月"庚申，覆试进士于讲武殿，赐宋准及下第徐士廉等诸科百二十七人及第"（《宋史·太祖纪》），殿试第一名称为

"状元"。

唐朝虽然多科取士，主要科目却是明经与进士。相对而言，明经容易，得第率高，为10%—20%；进士困难，得第率为1%—2%，"大抵非精究博赡之才，难以应乎兹选"（《唐语林·补遗》）。明经重帖经、墨义，属于对经文及其注解的死记硬背。帖经类似于现代的填空，"凡举司课试之法，帖经者以所习经掩其两端，中间开唯一行，裁纸为帖。凡帖三字，随时增损，可否不一，或得四、得五、得六者为通"（《通典·选举三》）。墨义类似于现代的默写，"试场所问本经义疏，不过记出处而已。如吕申公试卷，问：'子谓"子产有君子之道四焉"，所谓四者何也？'答曰：'对："其行己也恭，其事上也敬，其养民也惠，其使人也义。"谨对。'试卷不誊录，而考官批于界行之上，能记则曰'通'，不记则曰'不'。十问之中四通，则合格矣。其误记者，亦只书曰'不'。而全不能记，答曰：'对未审。谨对。'"（《燕翼诒谋录》卷二）。进士重时务、诗赋，需要实际能力和文学才能。唐初，进士科仅试时务策五道；唐太宗时，加经史策一道；唐高宗时，加试帖经十帖、杂文两篇，形成先帖经、后杂文及策论的三场考试制度。杂文为箴、铭、论、表、赋等文体。唐玄宗时，增加诗赋考试。唐朝后期曾辩论进士科考试应重诗赋还是重经史，普遍主张"以义为先"，"以箴、论、表、赞代诗赋，而皆试策"（《新唐书·选举志》）。宋朝则取消诗赋考试，主张经术和策论取士，选拔通经致用的人才。王安石认为："今以少壮时，正当讲求天下正理，乃闭门学作诗赋，及其入官，世事皆所不习，此乃科法败坏人才，致不如古。"还取消帖经、墨义，实行以大义试经术，"试义者须通经、有文采，乃为中格，不但如明经墨义粗解章句而已"（《文献通考·选举考四》）。司马光指出："有司以帖经、墨义试明经，专取记诵，不询义理。其弊至于离经析注，务隐争难，多方以误之，是致举人自幼至老，以夜继昼，腐唇烂舌，虚费勤劳，以求应格。诘之以圣人之道，瞢若面墙，或不知句读，或音字乖讹。"(《起请科场札子》)因而进士科更为社会所重视，进士及第喻为"登龙门"，"进士科始于隋大业中，盛于贞观、永徽之际。缙绅虽位极人臣，不由进士者，终不为美，以至岁贡常不减八九百人。其推重谓之'白衣公卿'，又曰'一品白衫'；其艰难谓之'三十老明经，五十少进士'"(《唐摭言·散序进士》)。

唐代科举及第后，仅取得了做官的资格，还没有正式入仕为官。只有经过吏部的"关试"，合格者才能获得官职。吏部根据德才兼备原则，以"身、言、书、判"选人，"凡择人之法有四：一曰身，体貌丰伟；二曰言，言辞辩正；三曰书，楷法遒美；四曰判，文理优长。四事皆可取，则先德行；德均以才，才均以劳。得者为留，不得者为放"。关试科目分为博学宏词和拔萃，前者重文章，后者属司法判辞，"选未满而试文三篇，谓之'宏辞'；试判三条，谓之'拔萃'，中者即授官"(《新唐书·选举志》)。据史书记载，柳宗元以博学宏辞科授官，"第进士、博学宏辞科，授校书郎"(《新唐书·柳宗元传》)。白居易以拔萃科授官，"贞元中，擢进士，拔萃皆中，补校书郎。元和元年……为集贤校理，月中，召入翰林为学士"(《新唐书·白居易传》)。韩愈的经历比较曲折，25岁进士及第，却通不过吏部关试，"四举于礼部乃一得，三选于吏部卒无成"(《昌黎文集·上宰相书》)。多次上书宰相，也不被理睬，无奈之下只得"会董晋为宣武节度使，表署观察推官"(《新唐书·韩愈传》)。在董晋的帮助下，35岁才被授予秘书省校书郎的官职，正式踏上仕途。唐代科举及第且通过吏部关试后，可授予一定的散官和职事官，均为初级文官，"明经，上上第，从八品下；上中第，正九品上；上下第，正九品下；中上第，从九品下。进士、明法，甲第，从九品上；乙第，从九品下"（《新唐书·选举志》）。虽为初级文官，却升迁迅速，尤其是进士出身，更容易成为高官，"从唐宪宗到懿宗七朝，计有宰相133人，其中进士出身者104人，约占78%"[1]。

科举制能够取代隋唐之前的选官制度，关键在于方法的科学，突破了世卿世禄制的血统禁锢，修正了征辟察举制的主观性，改变了九品中正制的门第观念，形成了相对公平的选官环境，从而使选贤任能的政治理想付诸实践。方法科学在于公开考试。唐朝的科举考试是每年春天在京城举行春试，称"春闱"，"此岁之常选也"；地方则在前一年秋天举行秋试，称"秋闱"。春闱和秋闱成为历代科举沿袭的定制。在唐代，一般士人都可以参加科举考试，而现任官员、工商业者和宗室子弟不得应举，"礼部应进士举人等，自今已后，如有试官及不合选，并诸色出身人等，有应举者，先于举司陈状，准例考试"（《唐会要·贡举中》）。宋朝则取消了唐朝的种种限制，尤其是对待工商业者，"如工商杂类人内有奇才异行、卓然不群者，亦许解送"（《宋会要辑稿·选举》）。在于平等竞争，严禁请托、挟书、传义和代笔。对于考试官的亲戚故旧，另设考场进行考试，称为别头试，贞元六年，"礼部侍郎亲故移试考功，谓之别头"。创立封弥制度，封弥即糊名，将试卷上的应举人姓名、年甲、三代、乡贯等密封或去掉，以利于考官公正、准确地评定试卷，杜绝徇私舞弊行为，"试选人皆糊名，令学士考判"（《新唐书·选举志》）；宋朝的封弥制更严密，还创立誊录制度，以防考官通过笔迹辨认考生，"所纳卷子，径发下弥封所封卷头，不要试官知士人姓名，恐其私取故也。却于每卷上打号头，三场共一号，方发往誊录所

---

[1]　吴宗国著：《唐代科举制度研究》，辽宁大学出版社1992年版，第181页。

誊录卷子。依字号书写，对读无差，方纳入考试官各房考校。如卷子考中，发过别房覆考，如称众意，方呈主文，却于誊录所吊取真卷，点对批取，定夺魁选，伺候申省奏号，揭榜候取旨，差官下院拆号放榜"（《梦粱录》卷二）。在于择优录用。唐朝解试考试成绩合格后，才能参加省试；省试及第后，才能获得做官资格；吏部关试合格后，才能获得官职。这期间录取与否，没有门第的考虑，也没有人情的关系，只有考生的成绩，即如陆游所言"一切以程文为去留"（《老学庵笔记》卷五）。

科举制是中国的制度创新，"是周制的'选贤与能'同秦制的拔擢人才于底层相结合的产物，被中外人士盛称为中国的'第五大发明'"[1]。对于传统社会，科举制功莫大矣。它造就了世界上最早的完备的文官集团和官僚阶层，"此一制度导致候补者互相竞争官职与俸禄，因而使得他们无法联合起来形成封建官吏贵族。获取官职的机会对任何人开放，只要他们能证明自己有足够的学养"[2]。它促进了人员流动，"朝为田舍郎，暮登天子堂"。据统计，明清12000名进士和23000名举人，出身寒门小户的占一半左右，明代是55%，清代是37%[3]。它提升了官员队伍素质，唐朝290年间共取进士6646人，明经约为进士的2.5倍，约为1.66万人，二者合计约为2.32万人，平均每年科举及第约为80人。宋朝320年间共取正奏名进士约为4.3万人，诸科为1.7万人，合计

① 冯天瑜:《科举制度——中国"第五大发明"》，载《山西大学学报（哲学社会科学版）》2014年第1期。

② ［德］马克斯·韦伯著，洪天富译:《儒教与道教》，江苏人民出版社1995年版，第141页。

③ 参见冯天瑜:《科举制度——中国"第五大发明"》，载《山西大学学报（哲学社会科学版）》2014年第1期。

约6万人，平均每年取士188人①。这些读书人进入官员队伍，不仅增强了活力，而且提高能力和素养。它"取士不问家世"（《通志·氏族略》），扩大政治统治的基础，有利于社会的长治久安。隋唐之后，传统社会总体保持统一和稳定，实与科举制有着密切关系。科举制也是中国对世界的重要贡献，意大利人利玛窦较早将科举制介绍给西方社会，"标志着与西方一大差别而值得注意的另一重大事实是，他们全国都是由知识阶层，即一般叫做'哲学家'的人来治理的，井然有序地管理整个国家的责任，完全交给他们来掌握"②。最重要的贡献是影响了西方文官制度的建立，"现在欧美各国的考试制度，差不多都是学英国的。穷流溯源，英国的考试制度原来还是从我们中国学过去的。所以，中国的考试制度，就是世界上用以拔取真才的最古最好的制度"③。科举制也存在着弊端，最大的弊端是助长了官本位的社会风尚，"富家不用买良田，书中自有千钟粟。安居不用架高堂，书中自有黄金屋。娶妻莫恨无良媒，书中自有颜如玉。出门莫恨无人随，书中有马多如簇。男儿欲遂平生志，六经勤向窗前读"（《劝学诗》）。读书为了做官，做官成了读书人的价值取向，千军万马过独木桥，不仅制约了科学技术的发展，而且阻碍了学术思想的发展。"若要解决中国社会之积弊，则当使知识分子不再集中到政治一途，便该奖励工商业，使聪明才智转趋此道"④，更该奖励学术思想和科学技术，使聪明才智转趋此道，造就能够影响人类文明发

① 参见张希清：《简论唐宋科举制度的变迁（下）》，载《北京联合大学学报（人文社会科学版）》2010年第2期。
② 利玛窦、金尼阁著，何高济等译，何兆武校：《利玛窦中国札记》，中华书局1981年版，第58—59页。
③ 《孙大总统五权宪法讲演录》。
④ 钱穆著：《中国历代政治得失》，生活·读书·新知三联书店2001年版，第57页。

展的中国思想家和科学家。

四、藩镇之乱

唐朝的灭亡是多种因素综合作用的结果，病根在于君主专制永远无法克服的弊端，那就是权力不受制约，必然导致君主骄奢淫逸，官员腐败无能，百姓无可奈何、无能为力。譬如，唐末皇帝之一懿宗，17岁即位，在位14年。无论即位年龄，还是在位时间，按说是能够有所作为的，史书却描述他是"困民财而修净业，以谀佞为爱己，谓忠谏为妖言。争趋险诐之途，罕励贞方之节。见豕负涂之爱竖，非次宠升；焦头烂额之辅臣，无辜窜逐"；评论是"邦家治乱，在君听断。恭惠骄奢，贤良贬窜。凶竖当国，恺人满朝。奸雄乘衅，贻谋道消"（《旧唐书·懿宗纪赞》）。唐朝灭亡的直接因素是朋党之争、宦官专权和藩镇之乱。朋党之争是唐宪宗之后长达四十余年"牛李党争"，双方以人划线、此进彼退，朝争不休、互相倾轧，以致唐文宗叹曰："去河北贼易，去朝廷朋党难。"（《资治通鉴》卷二四五）宦官专权是玩君主于股掌之中，"自顺宗（李诵，805年在位）以后至唐亡，除敬宗（李湛，824—827年在位）外，八个皇帝都是宦官拥立的；两个皇帝（宪宗、敬宗）死于宦官之手；一个皇帝（李晔，888—904年在位）曾被宦官囚禁"[1]。唐朝灭亡最重要的因素是藩镇之乱，始于"安史之乱"，终于强藩朱温，"天子弱，方镇强，而唐遂以亡灭者"（《新唐书·兵志》）。

所谓藩镇，亦称方镇，是唐朝中后期设置的地方行政体制。唐初，没有藩镇，只有县州道和都督府的设置，"唐兴，高祖改

---

[1] 《简明中国历史读本》，中国社会科学出版社2012年版，第230页。

郡为州，太守为刺史，又置都督府以治之"。唐太宗时，"分天下为十道：一曰关内，二曰河南，三曰河东，四曰河北，五曰山南，六曰陇右，七曰淮南，八曰江南，九曰剑南，十曰岭南。至十三年定簿，凡州府三百五十八，县一千五百五十一"（《新唐书·地理志》）。另设有安东、安北、单于、安西、北庭、安南六大都护府，以"抚慰诸藩，辑宁外寇"（《旧唐书·职官志》），管理归附的少数民族地区。"唐兴，初未暇于四夷，自太宗平突厥，西北诸蕃及蛮夷稍稍内属，即其部落列置州县。其大者为都督府，以其首领为都督、刺史，皆得世袭。虽贡赋版籍，多不上户部，然声教所暨，皆边州都督、都护所领，著于令式。"（《新唐书·地理志》）藩镇的出现，与节度使制有关。节度使原为负责统兵、防御外敌的军事长官，"节度使掌总军旅，颛诛杀"（《新唐书·百官志》）。唐初沿袭隋朝旧制，在重要地区设置节度使。唐睿宗景云元年，"丁酉，以幽州镇守经略节度大使薛讷为左武卫大将军兼幽州都督。节度使之名自讷始"。景云二年，贺拔延嗣被任命为凉州都督，充河西节度使，负责断隔吐蕃、突厥，节度使自此成为正式官职。更与唐玄宗有关，开元、天宝年间，为了有利于戍边，以都督府为基础在沿边地区增设节度使。开元十一年正月"己巳，罢天兵、大武等军，以大同军为太原以北节度使，领太原、辽、石、岚、汾、代、忻、朔、蔚、云十州"；"五月，己丑，以王晙兼朔方军节度大使，巡河西、陇右、河东、河北诸军"（《资治通鉴》卷二一二）。唐玄宗时，计有九个节度使和一个经略使，即安西、北庭、河西三节度使防御西北边境；朔方、河东、范阳三节度使防御北部边境；平卢节度使防御东部边境；陇右、剑南节度使防御西南边境；岭南为经略使，防御南部边境。唐玄宗不仅增设了节度使，而且扩大了节度使的权力，由单一的负责军事逐步转变为军政统管，由负责一个州转变为负责二至三个州的军政长官。以朔方节度使为例，先后领关内支度营田使、领押诸藩部使及闲厩宫苑监牧使，兼盐池使、兼检校浑部落使、兼六城水运使。节度使由军事长官转变为镇守一方的封疆大吏，由此产生了藩镇。

唐玄宗增设节度使，仅使沿边地区藩镇化，而安史之乱后，则在全国藩镇化，除沿边地区设立藩镇外，内地也普遍设立藩镇。其中，唐肃宗、代宗设立藩镇最多，是全国藩镇化的主要时期，其目的为了聚集兵力拱卫京城，平定安史叛乱。譬如，任命郭子仪为河中节度使，"率回纥及安禄山战于河上，败之"；任命李光弼为河东节度使，"及安庆绪之众战于太原，败之"（《新唐书·肃宗纪》）。同时，为了便于管理，在东南地区也设立藩镇，将岭南经略使改为节度使，湖南观察使升为节度使。唐代宗大历末年，全国约有34个藩镇，《新唐书·方镇表》共列藩镇42个，实际应超过此数。据学者研究，至唐僖宗末年，全国藩镇约为56个[①]。藩镇分为四种类型，一是河北藩镇，包括魏博、成德、卢龙、易定、沧景、淮西、淄青等地。杜牧认为，河北藩镇最重要，"河北视天下，犹珠玑也；天下视河北，犹四支也。河北气俗浑厚，果于战耕，加以土息健马，便于驰敌，是以出则胜，处则饶，不窥天下之产，自可封殖。亦犹大农之家，不待珠玑然后以为富也。国家无河北，则精甲、锐卒、利刀、良弓、健马无有也"（《资治通鉴》卷二四四）。除卢龙由唐玄宗设置，其余均为安史之乱后设置。唐朝藩镇之乱主要发生在河北藩镇，从广德元年到乾符元年的110余年间，计发生171起藩镇动乱，河北藩镇凡65起，居各类藩镇之首。二是中原藩镇，包括宣武、忠武、武宁、河阳、义成、昭义、河东、陕虢、河中等地，属养

---

① 参见陈致平著：《中华通史》（第4卷），花城出版社1996年版，第29页。

兵之地，"尽宿厚兵以塞虏冲……不可他使"（《樊川文集·战论》）。中原藩镇是朝廷的依托，平时"国家常宿数十万兵以为守御"（《旧唐书·李吉甫传》），"严备常若有敌"（《新唐书·李芃传》）；战时则受朝廷调遣去征讨藩镇之乱，以及抵御外敌入侵，"唐自中世以后，收功弭乱"，"常倚镇兵"（《新唐书·方镇表序》）。有时，中原藩镇也会成为动乱之源，计有52起，仅次于河北藩镇。由于"将骄卒暴，则近忧且至，非所以和众而义民也；将诛卒削，则外虞实生，非所以扞城而固圉也"（柳宗元《送杨凝郎中使还汴宋诗后序》），中原藩镇之乱多为兵变，达32起。三是东南藩镇，包括浙东、浙西、淮南、江西、鄂岳、福建、湖南、荆南等地，属财源之地，"赋出于天下，江南居十九"（韩愈《送陆歙州参序并诗》）。朝廷对于东南藩镇的治理是限制兵力，多派儒将，从而使得"天下方镇，东南最宁"（常衮《代杜相公让河南等道副元帅表》）。四是边疆藩镇，包括西北边疆和西南边疆等地，大多在唐玄宗时设置，主要是防御外族入侵。重心是西北地区，朝廷不仅加强当地的兵力，而且还调集其他地区的兵力进行守备，唐代宗大历九年从河北、中原藩镇调集军队达二十八万人。

唐朝设置藩镇是弊大于利，"方镇之患，始也各专其地以自世，既则迫于利害之谋，故其喜则连衡而叛上，怒则以力而相并，又其甚则起而弱王室"（《新唐书·方镇表序》）。最直接的弊端就是安史之乱。安史之乱是唐玄宗末年至代宗初年，由藩镇将领安禄山和史思明发动的内乱。安禄山深得唐玄宗信任，平卢节度使兼范阳、河东节度使，掌握18万余兵力；史思明为安禄山的副将，平卢军马使。公元755年即天宝十四载，安禄山以诏讨杨国忠为名起兵谋反，"冬十一月，反范阳，诡言奉密诏讨杨国忠"，"兵凡十五万，号二十万，师行日六十里"。次年，自称大燕皇帝，"僭称雄武皇帝，国号燕，建元圣武"（《新唐书·安禄山传》）；六月，叛军攻占长安，唐玄宗出奔四川，途径马嵬坡，士兵哗变，不得已处死杨贵妃，"丁酉，次马嵬，左龙武大将军陈玄礼杀杨国忠及御史大夫魏方进、太常卿杨暄。赐贵妃杨氏死"（《新唐书·玄宗纪》）。同年，太子李亨即位，称唐肃宗，"七月辛酉，至于灵武。壬戌，裴冕等请皇太子即皇帝位。甲子，即皇帝位于灵武，尊皇帝曰上皇天帝，大赦，改元至德"（《新唐书·肃宗纪》）。至德二载，唐军收复长安，安禄山之子安庆绪杀父自立。761年，史思明被儿子史朝义所杀；次年，唐玄宗、肃宗相继病死，太子李豫即位，为唐代宗。767年，唐军攻占洛阳，史朝义被杀，叛军将领纷纷投降，广德元年"甲申，史朝义自杀，其将李怀仙以幽州降，田承嗣以魏州降"（《新唐书·代宗纪》）。持续七年之久的安史之乱落下帷幕。

对于中国历史而言，安史之乱是地方反叛中央的典型事件；对于唐朝而言，安史之乱不仅对百姓造成了大浩劫，对社会经济造成了大破坏，而且是唐朝由盛而衰的转折点，从此走上了衰落和败亡的不归路。其原因在于藩镇割据，尤其是成德、幽州和魏博"河北三镇"，朝廷无力收回兵权，长期割据一方。唐朝曾经试图削藩，既有成功的，也有不成功的，总体而言是不成功的。唐德宗削藩，结果以失败告终，被迫出逃，建中四年"十月，泾原节度使姚令言反，犯京师。戊申，如奉天"。经过奉天之难，唐德宗"深自惩艾，遂行姑息之政。由是朝廷益弱，而方镇愈强，至于唐亡，其患以此"（《新唐书·德宗纪》）。唐宪宗是成功的例子，先是魏博归顺，次是平定淮西，继而成德臣服、幽州效忠，后是击败淄青，全国实现政令畅通，"宪宗刚明果断，自初即位，慨然发愤，志平僭叛，能用忠谋，不惑群议，卒收成功。自吴元济诛，强藩悍将皆欲悔过而效顺。当此之时，唐之威令，几于复振"(《新唐书·宪宗纪》)。然而，好景不长，继任者唐穆宗昏庸，致使藩镇再成割据。907年，朱温得到河北三镇支持，逼迫唐哀帝让位，自立为梁，由此开启了五代十国的分裂历史。天祐四年四月"甲子，皇帝逊于位，徙于曹州，号济阴王。梁开平二年二月遇弒，年十七"(《新唐书·哀帝纪》)。

　　唐朝败于藩镇，苟延残喘也靠藩镇。藩镇确实削弱了唐朝，毁灭了盛唐，却维系了唐朝中后期一百多年的存在，"弱唐者，诸侯也，唐既弱矣，而久不亡者，诸侯维之也"(《宋史·尹源传》)。原因在于唐朝藩镇虽多，形成割据的只有河北藩镇，主要是河北三镇。河北藩镇割据源于唐朝在平定安史之乱过程中，力求苟安，措置失当，使得安史降将摇身一变成了由中央任命的节度使，"安、史乱天下，至肃宗大难略平，君臣皆幸安，故瓜分河北地，付授叛将，护养孽萌，以成祸根。乱人乘之，遂擅署吏，以赋税自私，不朝献于廷。效战国，肱髀相依，以土地传子孙，胁百姓，加锯其颈，利怵逆污，遂使其人自视由羌狄然。一寇死，一贼生，讫唐亡百余年，卒不为王土"(《新唐书·藩镇魏博传序》)。藩镇割据的集中表现是节度使职位父死子继、兄终弟及或偏裨擅立，朝廷只能事后追认，不能更改。河北三镇节度使前后凡57人，只有4人由朝廷任命[1]。即便如此，河北的藩镇是割据，而不是独立，他们仍对朝廷俯首称臣，在行政区划调整和官吏员额增减、进士科文人入幕等方面，也能遵守唐朝的法规敕令，"河朔兵力虽强，不能自立，须藉朝廷官爵威命以安军情"(《资治通鉴》卷二四八)。在于其余藩镇并不割据，也不对抗中央，具体而言，中原藩镇从军事上阻遏叛镇，边疆藩镇从武力上保护唐朝，东南藩镇从财力上支持朝廷。东南藩镇不仅在财力上

---

[1]　参见岑仲勉著：《隋唐史》，高等教育出版社1957年版，第268页。

支持中央，而且自身保持稳定和安宁，"东南之民，自六代以来，习尚柔和，而人能劝于耕织，勤俭足以自给而给公，故不轻萌猖狂之志"。王夫之认为："安、史作逆以后，河北乱、淄青乱、朔方乱、汴宋乱、山南乱、泾原乱、淮西乱、河东乱、泽潞乱，而唐终不倾者，东南为之根本也。唐立国于西北，而植根本于东南。"（《读通鉴论》卷二六）在于藩镇之间形成了既有联系又有制衡的复杂结构，其中，中原藩镇与河北藩镇是割据与反割据的斗争关系，中原藩镇与边疆藩镇是维系内外均势的平衡关系，东南藩镇与其他藩镇在财力上具有支持关系。无论政治还是经济，无论武力还是财力，即使是河北藩镇，都对朝廷有着不同程度的依赖关系，这使得藩镇一般不敢轻举妄动，公开反叛朝廷。

　　唐朝的藩镇问题，实质涉及中央与地方的关系。自秦始皇统一之后，中央与地方关系既是传统社会的老问题，也是中国政治的新问题。秦始皇废除分封制，实行郡县制，实际建立了单一制的国家结构。在单一制的基础上，传统社会处理中央与地方关系有秦、汉、唐三种做法，秦朝的做法是将权力集中于中央政府，"秦有天下，裂都会而为之郡邑，废侯卫而为之守宰。据天下之雄图，都六合之上游，摄制四海，运于掌握之内，此其所以得也"。西汉初期的做法是分封与郡县并存，"汉有天下，矫秦之枉，徇周之制，剖海内而立宗子，封功臣"，以致"封建之始，郡国居半"（柳宗元《封建论》）。唐朝中后期的做法是郡县藩镇化，主要是府兵制转为募兵制，朝廷的军队变成藩镇的军队，"盖唐有天下二百余年，而兵之大势三变，其始盛时有府兵，府兵后废而为彍骑，彍骑又废，而方镇之兵盛矣。及其末也，强臣悍将兵布天下"（《新唐书·兵志》）。尽管秦朝短命而亡，西汉和唐朝都有地方动乱，原因都不在于郡县的地方体制和单一制的国家结构。秦朝是"有叛人而无叛吏"；"咎在人怨，非郡邑之制失也"。西汉是"有叛国而无叛郡，秦制之得亦以明矣。继汉而帝者，虽百代可知也"。唐朝之"失不在于州而在于兵，时则有叛将而无叛州。州县之设，固不可革也"（柳宗元《封建论》）。历史表明，秦始皇创建的郡县制符合中国国情，是处理中央与地方关系的良好体制。中国这么大，人口这么多，自然条件恶劣和灾害频繁，需要一个强有力的中央政府。唐朝设置藩镇的问题在于赋予藩镇权力过多，而权力又过度集中于节度使，"府兵法坏而方镇盛，武夫悍将虽无事时，据要险，专方面，既有其土地，又有其人民，又有其甲兵，又有其财赋，以布列天下"（《新唐书·兵志》）。唐朝藩镇的教训是：在任何时候任何情况下，都要坚持单一制的国家结构，都要坚定地维护中央权威，都要平衡中央集权与地方分权的关系，注意调动地方积极性。

第二节　佛教广布

唐朝是中国历史上最强盛的时期，令人困惑的是，唐朝的学术思想却不发达，既没有独树一帜的思想理论和学术体系，更没有睥睨群雄的思想家和学问家。在社会思潮方面，唐朝似乎把它的强盛宏远都转化为诗歌的创作和繁荣，镕铸天地古今、乾坤日月于心中而舒展自如，"李白开元中谒宰相，封一板，上题曰：'海上钓鳌客李白。'宰相问曰：'先生临沧海，钓巨鳌，以何物为钩线？'白曰：'风波逸其情，乾坤纵其志。以虹蜺为线，明月为钩。'又曰：'何物为饵？'白曰：'以天下无义气丈夫为饵。'宰相竦然"（《唐语林》卷五）。把它的强盛开放转化为学习研究吸取融合佛教思想，使之逐步中国化，形成了"宗下"四宗、"教下"三宗以及"教外"禅宗的中国佛教。把它的强盛包容转化为三教并存，建构中华文明的精神支柱。尽管政治上尊儒术，而"整个思想界还是为佛教哲学思想所笼罩"[1]。

一、诗的王国

诗歌是唐朝最靓丽的文化品牌，唐朝是古代诗歌发展的巅

---

[1] 许启贤、张立文等主编：《传统文化与现代化》，中国人民大学出版社1987年版，第144页。

峰。清人编撰的《全唐诗》，共收录2200余位作家的诗歌48900多首；今人《全唐诗补编》再辑唐代诗人1000余家和唐诗4300余首。唐朝社会上自皇帝、公卿、官僚，下至布衣，旁及僧、道，几乎都会吟诗作诗。唐太宗李世民就是一位诗人，《全唐诗》卷一收录其诗88首，其中第一首描绘山河壮观和宫殿雄伟，虽乏诗意，却已隐现盛唐气象，"秦川雄帝宅，函谷壮皇居。绮殿千寻起，离宫百雉余。连薨遥接汉，飞观迥凌虚。云日隐层阙，风烟出绮疏"（《帝京篇》其一）。

诗歌是唐人的成名途径，一首好诗可让作者扬名立万。张若虚只有两首存诗，《春江花月夜》却是孤篇压倒全唐之作。全诗按照明月升起、月在中天和落月西沉的时间顺序，依次描写，一一抒情，展现出宏广的宇宙意识和深刻的终极关怀。在唐朝，甚至一句好诗也可使作者声名远播。宋葛立方认为："唐朝人士，以诗名者甚众。往往因一篇之善，一句之工，名公先达为之游谈延誉，遂至声闻四驰。'曲终人不见，江上数峰青'，钱起以是得名。'故国三千里，深宫二十年'，张祜以是得名。'微云淡河汉，疏雨滴梧桐'，孟浩然以是得名。'兵卫森画戟，宴寝凝清香'，韦应物以是得名。'野火烧不尽，东风吹又生'，白居易以是得名。'敲门风动竹，疑是故人来'，李益以是得名。'鸟宿池边树，僧敲月下门'，贾岛以是得名。'画栋朝飞南浦云，珠帘暮卷西山雨'，王勃以是得名。'华裾织翠青如葱，入门下马气如虹'，李贺以是得名。然观各人诗集，平平处甚多，岂皆如此句哉？"（《韵语阳秋》）

诗歌更是唐人的生活方式，一首好诗写出之后，通过传抄、演唱、题壁等不同方式，很快就流播开来，既使诗人声名鹊起，又使诗歌影响广泛。唐薛用弱《集异记》的旗亭画壁故事，生动描绘了一幅唐代市井社会风俗图，这就是酒楼里诗与酒、诗人与歌伎、歌唱与奏乐、谈笑与致礼，和谐协调，其乐融融。开元年间，同为边塞诗人的王昌龄、高适和王之涣游学洛阳，"一日，天寒微雪，三诗人共诣旗亭，贳酒小饮。忽有梨园伶官十数人，登楼会宴。三诗人因避席隈映，拥炉火以观焉。俄有妙妓四辈，寻续而至，奢华艳曳而至，都冶颇极。旋则奏乐，皆当时之名部也"。三位诗人一边欣赏歌女的演唱，一边约定谁的诗编入歌词多，谁就是最优秀诗人，"我辈各擅诗名，每不自定其甲乙。今者，可以密观诸伶所讴，若诗入歌词之多者，则为优矣"。四歌女中，先是演唱王昌龄的《芙蓉楼送辛渐》，"寒雨连江夜入吴，平明送客楚山孤。洛阳亲友如相问，一片冰心在玉壶"。接着演唱高适的《哭单父梁九少府》，"开箧泪沾臆，见君前日书。夜台何寂寞，犹是子云居"。继而演唱王昌龄的《长信秋词》，"奉帚平明金殿开，强将团扇共徘徊。玉颜不及寒鸦色，犹带昭阳日影来"。这时，王之涣有点尴尬，指着最美的一名歌女，说"待此子所唱，如非我诗，吾即终身不敢与子争衡矣！脱是吾诗，子等当须列拜床下，奉吾为师"。歌女果然唱了王之涣的《凉州词》，"黄沙远上白云间，一片孤城万仞山。羌笛何须怨杨柳，春风不度玉门关"。三位诗人互相调侃打趣，"诸伶不喻其故，皆起诣曰：'不知诸郎君，何此欢噱？'昌龄等因话其事。诸伶竞拜曰：'俗眼不识神仙，乞降清重，俯就筵席！'三子从之，饮醉竟日"。天宝年间，唐玄宗将诗歌纳入科举考试科目，不仅促进了唐诗的繁荣，而且使诗歌更加深入人心和融入人们的日常生活，"天宝十三年，玄宗御勤政楼，试博通坟典、洞晓玄经、辞藻宏丽、军谋出众等举人，命有司供食，既暮而罢。取辞藻宏丽外，别试诗赋各一首。制举试诗赋，自此始也"（《旧唐书·杨绾传》）。

中国有着悠久的诗歌传统，甚至可追溯到五帝三王，"诗之兴也，谅不于上皇之世"（郑玄《诗谱序》）。无论东方还是西方，诗歌是文学的起源，诗歌更是人们的心声和情志的反映，"诗言志，歌永言，声依永，律和声"（《尚书·尧典》）。所谓志，"是故审则宜类，以制六志"（《左传·昭公二十五年》）。杜预注云："为礼以制好、恶、喜、怒、哀、乐六志，使不过节。"孔颖达疏曰："此六志，《礼记》谓之六情。在己为情，情动为志，情志一也。"五帝三王时的诗歌已无从查考，中国现存最早的诗歌总集是《诗经》，收集了西周初年至春秋中叶五百多年的作品，计305篇。一般认为，《诗经》由孔子整理编辑而成，"古者《诗》三千余篇，及至孔子，去其重，取可施于礼义"；"三百五篇，孔子皆弦歌之，以求合《韶》《武》《雅》《颂》之音"（《史记·孔子世家》）。孔子立足于政治伦理编辑和评价《诗经》，"诗三百，一言以蔽之，曰：'思无邪。'"（《论语·为政》）他认为，诗能够提升语言表达和社会交际能力，"不学《诗》，无以言"（《论语·季氏》）；重视诗的政治价值和教化功能，陶冶人们的心灵和情操，"小子何莫学夫《诗》！《诗》可以兴，可以观，可以群，可以怨。迩之事父，远之事君。多识于鸟兽草木之名"（《论语·阳货》）。由此形成了儒家的诗教思想，"诗者，志之所之也，在心为志，发言为诗。情动于中而形于言，言之不足故嗟叹之，嗟叹之不足故永歌之，永歌之不足，不知手之舞之，足之蹈之也。情发于声，声成文谓之音。治世之音安以乐，其政和；乱世之音怨以怒，其政乖；亡国之音哀以思，其民困。故正得失，动天地，感鬼神，莫近于诗。先王以是经夫妇，成孝敬，厚人伦，美教化，移风俗"（《毛诗序》）。

《诗经》为儒家"六经"之一，且列"六经"之首，具有很高的艺术和审美价值。《诗经》可分类为风、雅、颂，风即音乐曲调，雅是西周王畿的乐调，颂是宗庙祭祀之乐。风包括许多地方音乐即十五"国风",有诗160篇,"风者,多出于里巷歌谣之作。所谓男女相与咏歌,各言其情者也"。雅分"大雅"和"小雅",大雅31篇,小雅74篇,计105篇;颂有"周颂""鲁颂""商颂",计40篇,"若夫雅颂之篇,则皆成周之世,朝廷郊庙乐歌之词:其语和而庄,其义宽而密,其作者往往圣人之徒"(《诗集传序》)。《诗经》的表现手法是赋、比、兴,赋是直接言说,比是比喻,兴是起兴。朱熹认为:"赋者,敷陈其事而直言之者也;比者,以彼物比此物也;兴者,先言他物,以引起所咏之词也。"(《诗集传》卷一)《诗经》产生之后,诗歌在不同时期有着不同的表现形式,战国时期有楚辞,相传是屈原创立的一种新诗体。汉朝是乐府诗,由政府设置专门机构来收集编纂民间带有音乐性的诗歌;还有《古诗十九首》,是乐府诗文人化的标志。魏晋南北朝前期是建安风骨,真是悲凉慷慨;后期是宫体诗,满纸风花雪月。唐诗既是以往诗歌的沿袭继承,更是以往诗歌的创新发展,"如果说中国是一个诗国,那么唐诗就是这诗国的高峰。唐诗不仅是中国诗歌史上的高峰,也是整个中华文明的一个亮点"[1]。

"唐诗这个名词,不但表明这些诗所产生的时代,它还有别的意义。对前代来说,它表明的是诗的一种新形式。对后代来说,它表明的是诗的一种独特的风格。"[2]唐诗的高峰意味着创新诗的体裁,确立了近体诗范式,"魏建安迄江左,诗律屡变。至沈约、鲍照、庾信、徐陵,以音韵相婉附,属对精致。及佺期、之问,又加靡丽。回忌声病,约句准篇,著定格律,遂成近体,如锦绣成文,学者宗尚。语曰:'苏、李居前,沈、宋比肩。'

---

[1] 袁行霈主编:《中华文明史》(第三卷),北京大学出版社2006年版,第326页。

[2] 施蛰存著:《唐诗百话(上)》,陕西师范大学出版总社有限公司2014年版,第85页。

谓唐诗变体，始自二公，犹汉人五言诗自苏武、李陵也"（《唐才子传》卷一）。近体诗有律诗与绝句之别，还有五言和七言之分，每一首诗和每一句诗都有固定字数，又有押韵、对仗、平仄的格律。律诗一般为八句，每两句成一联，计四联，习惯称为首联、颔联、颈联和尾联。颔联和颈联的上下句必须是对偶句。律诗要求全诗通押一韵，限平声韵；第二、四、六、八句押韵，首句可押可不押；每句中用字平仄相间，上下句中的平仄相对。绝句亦称"截句"，就是截取律诗四句，或截首尾二联，或截前二联或后二联，或截中间二联。近体诗将几个词语或意象并列在一起，由读者自由联想它们之间的关系，补充那些蕴含在字里行间的意趣，进而影响了中国人艺术趣味和文化心理。高峰意味着形成了与盛唐气象相适应，且区别于其他时代诗歌的风格，诚如元辛文房所言，唐诗"及其逸度高标，余波遗韵，临高能赋，闲暇微吟，旧格近体、古风乐府之类，芳沃当代，响起陈人，淡寂无枯悴之嫌，繁藻无淫妖之忌，犹金碧助彩，宫商自协，端足以仰绪先尘，俯谢来世，清庙之瑟，薰风之琴，未或简其沉郁，两晋风流，不相下于秋毫也"（《唐才子传》卷一）。同时，告别了南梁后期和陈朝所流行的宫体风格。宫体诗与梁简文帝萧纲有关，既指描写宫廷生活的诗体，更指在宫廷形成的诗风，"雅好题诗，其序云：'余七岁有诗癖，长而不倦。'然伤于轻艳，当时号曰'宫体'"（《梁书·简文帝纪》）。宫体诗风情调轻艳，柔软缓弱，辞藻靡丽，必然被大唐诗人抛弃。即使初唐诗人不脱宫体之遗风，却已开始超越，明王世贞认为："卢、骆、王、杨，号称四杰。词旨华靡，固沿陈隋之遗；翩翩意象，老境超然胜之。"（《艺苑卮言》）

　　高峰意味着整个唐朝的不同时期，都产生了优秀诗作和杰出诗人。初唐有"四杰"，他们是唐诗的奠基人，创作视野开阔，诗歌题材广泛，近体风格已然成形。宫体诗在卢照邻和骆宾王手里"由宫廷走向市井"；五律则在王勃和杨炯时期"从台阁移至江山与塞漠"①。王勃的《送杜少府之任蜀州》，把送别友人的寻常题材，描写得意气豪迈、胸襟博大和新颖别致，反映了初唐勃勃向上的朝气，"城阙辅三秦，风烟望五津。与君离别意，同是宦游人。海内存知己，天涯若比邻。无为在歧路，儿女共沾巾"。杜甫评价初唐四杰，"王杨卢骆当时体，轻薄为文哂未休。尔曹身与名俱灭，不废江河万古流"（《戏为六绝句》）。盛唐诗人辈出，迎来了唐诗发展的巅峰。除李白和杜甫之外，那里有山水田园派诗人代表王维和孟浩然，他们品味山水景色、旅途风光、隐逸生活和田园乐趣，诗风单纯明净、清丽优美。王维的《山居秋暝》，传神地描绘了秋日傍晚雨后空旷山间的优美景色，令人陶醉其中，"空山新雨后，天气晚来秋。明月松间照，清泉石上流。竹喧归浣女，莲动下渔舟。随意春芳歇，王孙自可留"。那里有边塞诗人代表高适和岑参，他们表现军旅生活的艰辛、异域风光的奇特和出征将士的豪情，诗风豪迈雄壮、慷慨激昂。岑参的《白雪歌送武判官归京》，喻大雪纷飞为梨花盛开，反映了诗人的豪情和奇思妙想，"北风卷地白草折，胡天八月即飞雪。忽如一夜春风来，千树万树梨花开"。中唐烙下了"安史之乱"深深的创伤，诗歌创作已失盛唐气象，却还能做到人才济济。那里有刘长卿、韦应物以及"大历十才子"，他们创作了众多山水田园诗，厌倦动荡不安的现实，向往隐逸安宁的生活。那里有白居易、元稹，他们倡导"文章合为时而著，歌诗合为事而作"（《与元九书》），掀起新乐府运动，要求诗能够讽喻时政，诗应写得平易浅近、明白晓畅。那里有不同风格的诗人，孟郊的奇绝险怪、

---

① 闻一多著：《唐诗杂论　诗与批评》，生活·读书·新知三联书店1999年版，第31页。

李贺的诡异瑰丽、刘禹锡的清峻明朗、柳宗元的简洁幽深、贾岛的萧瑟悲苦，组成了绚丽多彩的诗歌花园。晚唐国运衰败，诗人无力回天，诗歌创作充满了悲观颓唐情绪。即使如此，也不乏优秀诗人，杜牧的咏史诗，翻案求新，别出心裁，表现了怀古伤今的人文情怀；李商隐的"无题"诗，凄艳迷离，展示了男欢女爱的隐晦情感。清顾安认为，中晚唐的诗歌不如初盛唐，"五律至中、晚，法脉渐荒，境界渐狭，徒知炼句之工拙，遂忘构局之精深。所称合作，亦不过有层次、照应、转折而已。求其开阖跌荡，沉郁顿挫如初、盛者，百无一二"。"盖初、盛则词意兼工，而中、晚则瑕瑜不掩也。"（《唐律消夏录》）

　　高峰意味着盛唐贡献了最伟大的诗人李白和杜甫，他们是中国诗歌史上的双子星，前无古人，后无来者。他们竟是如此不同，李白飘逸，杜甫沉郁，"子美不能为太白之飘逸，太白不能为子美之沉郁"（《沧浪诗话·诗评》）。李白是诗仙，杜甫是诗圣，诗仙表明李白才气逼人，奇思敏捷，神采飞扬，不拘泥于声律对仗的约束，以无法之法展示自己潇洒风流。诗圣则是杜甫"为人性僻耽佳句，语不惊人死不休"（《江上值水如海势聊短述》）；其诗作构思端正，正中出奇，讲究声律对仗，重视锤字炼句，于工整严密之中显现大家风范。李白是个性自由的文化符号，"安能摧眉折腰事权贵，使我不得开心颜"（《梦游天姥吟留别》）；杜甫是忠厚仁爱的文化符号，"安得广厦千万间，大庇天下寒士俱欢颜"（《茅屋为秋风所破歌》）。然而，李白与杜甫只是个性和风格的差异，本质却是同一的。他们怀抱同样的济世理想，李白是"十五好剑术，遍干诸侯。三十成文章，历抵卿相。虽长不满七尺，而心雄万夫"（《与韩荆州书》）；杜甫是"致君尧舜上，再使风俗淳"（《奉赠韦左丞丈二十二韵》）。他们肩负同样的诗歌使命，共同缔造诗的王国，"五言律、七言歌行，子美神矣，七言律，圣矣。五七言绝，太白神矣，七言歌行，圣矣，五言次之。太白之七言律，子美之七言绝，皆变体，间为之可耳，不足多法也"(《艺苑卮言》)。他们反映同样的盛唐气象，李白的盛唐是雄奇，"日照香炉生紫烟，遥看瀑布挂前川。飞流直下三千尺，疑是银河落九天"(《望庐山瀑布》)。由于李白之诗太雄奇壮美了，以致苏东坡认为其他写庐山瀑布的诗都是"恶诗"，"帝遣银河一派垂，古来惟有谪仙词。飞流溅沫知多少，不与徐凝洗恶诗"(《戏徐凝瀑布诗》)。杜甫的盛唐是宏阔，"农务村村急，春流岸岸深。乾坤万里眼，时序百年心"(《春日江村五首》)。清蒋弱六评价，"从江村便想到万里，从春日便感及百年，何等胸次"(《杜诗镜铨》)；施补华认为："'百年''万里''日月''乾坤'，少陵惯用之字。"(《岘佣说诗》)是啊！只有李白的雄奇，洋溢着生命的自强不息，杜甫的宏阔，充盈着生命的厚德载物，才能真正展示盛唐气象和大唐魄力。

二、中国佛学

冯友兰区分了"中国佛学"与"佛学在中国"两个概念，其实也是"中国佛教"与"佛教在中国"的问题。他认为两者"的含意是不同的"。佛学在中国，意指佛教的某些宗派传入中国，其"影响仅限于某个圈子里，并仅限于某个时期。它们没有试图去接触中国思想界，因此，对中国人的思想发展也没有产生任何作用"。中国佛学即佛教中国化，"则是佛学传入中国后，与中国哲学思想接触后的发展"，"中道宗与道家思想的相互作用导致'禅宗'的兴起，它是佛家，而在思想上又是中国的，并形成中国佛教的一个宗派。它虽是佛家的一个宗派，却对中国哲学、文学、艺术产生了深远的影响"①。隋唐时期是佛教中国化的关键阶段，佛教因此在中国落地生根，成为中国文化的重要组成部分，深刻地影响着中国人的思维方式、生活习惯和社会风俗。

佛教自西汉末年传入中国后，约经历了四个阶段，第一阶段为汉朝，是佛教的传入期；第二阶段为魏晋南北朝，是佛教的成长期；第三阶段为隋唐王朝，是佛教的成熟期；第四阶段为宋朝及明、清王朝，是佛教的产果期，收获了宋朝理学和明朝心学。一般而言，佛教传入中国后，佛教中国化与中国佛教化是齐头并进、交叉进行的。然而，不同的阶段有着不同的重点，第一阶段和第二阶段集中在中国佛教化。中国佛教化不是中国成了佛教国家，而是佛教仍为外来文化，却在不断传入，逐步渗透到中国社会政治经济文化的各个领域。政治上基本得到了统治者的倡导和支持，梁武帝、武则天曾出家为僧尼；经济上形成了寺院经济，出现了僧侣地主阶层，纳入封建土地所有制范畴；社会上则涌现出大量佛教信众，成为民间信仰的重要组成部分；文化上由于长期的译经讲经、传法传禅，使得佛学成为一门专门学问，与儒家、道家鼎足而立。尤其是作为佛教的物化载体寺庙，在中国大地无处不有。史载，南朝梁武帝时，"都下佛寺五百余所，穷极宏丽。僧尼十余万，资产丰沃。所在郡县，不可胜言。道人又有白徒，尼则皆畜养女，皆不贯人籍。天下户口几亡其半"（《南史·郭祖深传》）。第三阶段和第四阶段则是佛教中国化，佛教已经融入中国文化之中，成为中华文明的有机组成部分。佛教中国化，先是表现为创立中国佛教。隋唐时期，许多思想家和高僧大德结合中国实际，对佛教的各种教义和法门进行辨析选择，积极地开宗立派。后是表现为以儒学为主体，汲取道家智慧，融合佛

① 　冯友兰著：《中国哲学简史》，新世界出版社2004年版，第210页。

教理念，创立儒佛道为一体的思想理论和学术体系，这就是宋朝理学和明朝心学。

隋唐时期，最有影响的是大乘佛经，主要经典有《般若经》《法华经》《华严经》《无量寿佛经》和《维摩诘经》。大乘佛教在印度，原只有"中观""唯识"二见和"般若""金刚"二乘，却没有形成宗派。传入中国后，经过长时期磨合融解，终于在隋唐结下了硕果，创立了中国的八大教派。隋朝创立了天台宗、三论宗；唐朝创立了法相宗、华严宗、净土宗、禅宗、律宗、密宗。其中，三论、天台是中国的中观，法相、华严是中国的唯识，净土、律宗、密宗、禅宗则是中国的独创，特别是禅宗，最能体现佛教般若精神，而又最具中国民族特色。三论、净土、律宗、密宗又称"宗下"四宗，主张依心境起观行，依宗奉行，以证"真如"本体。天台、华严、法相也称"教下"三宗，基于缘起之论，坚持通过文字明了佛理而起观行，以证实相。禅宗则不遵从经教，依祖师传承，称为"教外别传"。他们各自发展徒众，判教立宗，著书弘教，创立新的理论。他们各自奉一部或几部汉译佛经或论书为基本经典，不仅运用传统的注疏方式来阐述佛经教义，而且运用专论、语录、偈颂等多种文体来传播教派理念。他们各自创立教派，注重吸收儒家的伦理道德观念和道教的神仙长生思想，系统论述各自的宗教哲学和修行解脱理论，对于宇宙本体论和人自身的心性论作出了独具特色的论证阐述。隋唐时期还产生了藏传佛教。藏传佛教以其特有的文化形态，不仅成为西藏地区的主流意识形态，而且东进内地，北逾沙漠，西出喜马拉雅山，构成佛教另一幅流行画卷。

天台宗亦称法华宗，是最早创立的佛教宗派，其实际创始人为智𫖮。他长期在浙江天台山修行，人称天台大师，天台宗由此得名。天台宗以《法华经》为宗经；智𫖮一生综合般若空观、中道观和实相说，建立了以止观双修为中心的佛教思想体系。止为方法论，是宗教训练的禅定，观为世界观，是般若认知。止观双修既是修持方法，更是解脱途径，"泥洹之法，入乃多途，论其急要，不出止、观二法。所以然者，止乃伏结之初门，观是断惑之正要；止则爱养心识之善资，观则策发神解之妙术；止是禅定之胜因，观是智慧之由藉"（《修习止观坐禅法要》）。止观双修的基础是"一念三千"，一念为人心，三千为世间万象。心是世界的本原，世间万象纷然杂陈，却存于人的一念心，"三千在一念心。若无心而已，介尔有心，即具三千"（《摩诃止观》卷五上）。止观双修的前提是"一心三观"，即在心中同时认识和体悟空、假、中三谛，要求认识主体必须处于虚寂状态，借助佛教所说的义理，去认识特殊事物的真性。真性为中即实相，是假与空的统一，进而实现三谛圆融，"虽三而一，虽一而三，不相妨碍"（《摩诃止观》卷一下）。在天台宗看来，如能做到三谛圆融，就会认识世界的本来面目，获得佛的智慧，达到解脱的目的。

三论宗的创始人为吉藏。三论宗崇论不崇经，所宗之论是《中论》《百论》和《十二门论》，"诸佛为众生失道，是故说经；菩萨为众生迷经，是故造论"（《三论玄义》）。三论宗是不可知论，认为语言思维与客观实在之间有着一条不可逾越的鸿沟，语言思维以分别有无、是非等差别性为特点，不可能正确认识无任何差别性的客观实在，"文言终不得理"。三论宗主要观点是"二谛"论。二谛是佛教传统说法，把佛教的道理分作供普通人受用的"俗谛"和更高意义的佛法"真谛"。吉藏认为，二谛有三个层次，在普通人层次，以万物为"有"，就是俗谛；以万物为"无"，就是真谛。在第二层次，认为万物皆有或万物皆无，都是俗谛，真谛是万物非有非无。在第三层次，认为万物非有非无，也是俗谛，真谛是指万物非有非无，非"非有"、非"非无"。中道是不执着于二谛，既不是偏颇，又不是不偏颇，"诸法性空，世间颠倒谓有，于世人为实，名之为谛；诸贤圣真知颠倒性空，于圣人是实，名之为谛，此即二于谛，诸佛依此而说，名为教谛"（《大乘玄论》）。吉藏的思想虽然富有批判性，最后还是归于圆融无碍，"苦轮便坏"；"以内外并冥，大小俱寂，始名正理，悟斯正理，则发生正观。正观若生，则戏论斯灭"（《三论玄义》）。

法相宗亦称唯识宗，创始人为玄奘及其弟子窥基。法相宗继承印度瑜伽行派的思想，窥基概括所宗之经为"六经十一论"，主要是《解深密经》和《瑜伽师地论》。瑜伽行派着重分析事物现象，特别是分析人的"法相"，即主观意识现象，故名法相学；认为一切法相均由心"识"而起，又称唯识学。法相宗坚持"唯识无境"，认为宇宙是心的产物，世间万象是主观意识所产生出来的影像，意识之外没有独立的客观实在，"识性识相，皆不离心"（《成唯识论观心法要》卷七）。为了论证"唯识无境"，法相宗提出"八识"思想，即眼识、耳识、鼻识、舌识、身识、意识、末那识和阿赖耶识。八识分为心、意、识三类，"集起名心，思量名意，了别名识"（《成唯识论》卷五）。第一类为"阿赖耶识"，也称为心，其中藏有天下万事万物的因子，是根本识。第二类为"末那识"，又谓自我意识，以我为依据认识事物，容易产生我痴、我见、我慢、我爱"四大烦恼"。第三类为"了别境识"，即眼、耳、鼻、舌、身、意六识，其中前五识为感觉活动，第六识为知觉和思维活动。八识三类又称三能变，"此能变唯三，谓异熟、思量，及了别境识"（《成唯识论》卷一）。通过能变，实现转识成智和转染为净。在法相宗看来，了别境识和末那识执着于我，产生烦恼障；执着有法，产生所知障。只要破除二执，我法为空，心无所有，人的精神就可以从生死轮回中解脱，进入涅槃境界。

华严宗实际创始人为法藏，所宗之经是《华严经》。华严宗主张"法界缘起"，认为世间万象是因缘和合的幻相，没有任何真实性，"尘是心缘，心是尘因。因缘和合，幻相方生"（《华严义海百门》）。华严宗通过"四法界"论证法界缘起思想，强调心既是产生万有的本原，又能融入万有之中，成为世间万象的共同本质，"唯一真法界，谓总该万有，即是一心。然心融万有，便成四种法界"。四法界为"事法界"，指现象界。世间万象各有分位，具有无限差别，"界是分义，一一差别，有分齐故"。"理法界"，高于现象界，指本体界。理存在于一切事物之中，是世间万象的共同本原，"界是性义，无尽事法，同一性故"。"理事无碍法界"，高于本体界，指认识主体与客观存在的互相交融，"以理融事，事与理而融合也"。"事事无碍法界"，指佛的境界，也是认识的最高阶段，"一切分齐事法，一一如性融通，重重无尽故"（《注华严法界观门》）。华严宗指出，世间万象都是一心的产物，处于相互交融无碍的状态；认识是在理的指导下，通过理认识与事的关系，最后认识事与事之间的关系。

净土宗的创始人为道绰和善导，尊崇《阿弥陀经》与《观无量寿经》。净土是指佛所居住的世界，世俗众生所居住的地方为"秽土"。净土宗承继北魏昙鸾的思想，认为在末法时代，众生要依靠阿弥陀佛的救助往生西方极乐世界；只有念佛往生，才是众生得救的唯一法门，"当今末法，现是五浊恶世，唯有净土一门"（《安乐集》）。念佛有三种方式，一为称名念佛，意指口里念诵阿弥陀佛的名号；二为观想念佛，意指冥想佛的相好功德；三为实相念佛，意指思考佛法身非有非空的中道实相之理。净土实践分为正、杂二行，正行是专门根据净土经典而修习。具体有读诵正行，专门读诵《阿弥陀经》等佛经；观察正行，专门观想阿弥陀佛西方净土世界的庄严；礼拜正行，专门礼拜阿弥陀佛；称名正行，即称名念佛，念念不舍，以往生净土为期；赞叹供养正行，专门赞叹供养阿弥陀佛。杂行是其余的诸善万行。净土宗以称名念佛为主，倡导凭借佛的愿力而获得解脱。只要口念阿弥陀佛，就能往生净土，这种简便易行的念佛法门，备受民间欢迎。

禅宗实际创始人为慧能，以修禅为宗，尊崇《金刚经》，"但持《金刚经》一卷，即得见性，直了成佛"（《坛经》）。禅宗淡化佛经之于解脱的意义，反对盲目的坐禅，主张"不立文字，教外别传，直指人心，见性成佛"。所谓不立文字，教外别传，意指禅宗不依靠文字流传，是传统佛经之外传承的教义，源自释迦牟尼的"正法眼藏"这一微妙法门。据史料记载，佛陀在灵鹫山法会上拈花示众，大家不解其意，只有迦叶尊者破颜微笑，心领神会，知其意旨。佛陀对此解释，"吾有正法眼藏，涅槃妙心，实相无相，微妙法门，不立文字，教外别传"（《五灯会元》卷一）。由于直传佛祖的心印，以心传心，禅宗又称"佛心宗"。直指人心，见性成佛，意指修行的关键在于顿悟，认识自我的本心或本性。自我的本心或本性与佛性同一，认识和体悟本心或本性，就是成佛，由禅宗初祖菩提达摩所传。"达摩遥观此土，有大乘根器，遂泛海得得而来，单传心印，开示迷途，不立文字，直指人心，见性成佛。若怎么见得，便有自由分，不随一切语言传，脱体现成。"（《碧岩录·圣谛第一义》）禅宗不立文字，认同信众不需要阅读佛经，也能在日常的劳作中修身成佛，这对于文化素质低下的广大信众有着极大的吸引力和适应性。禅宗在晚唐和五代分为五家，即沩仰宗、临济宗、曹洞宗、云门宗和法眼宗，北宋中期临济宗又发展出黄龙派和杨岐派，俗称"五家七宗"或"五家七派"。

律宗有三派，其中南山宗的创始人之一为道宣，以佛教戒律为宗经。戒律是佛教的根本，戒住即法住，它约束佛教徒的行为，规范出家受戒仪轨和僧团生活纪律。佛教传入的同时，多种戒本也随之传入，魏晋时有《十诵律》《四分律》《摩诃僧祇律》《五分律》。南北朝时南方比较盛行《十诵律》，北方盛行《摩诃僧祇律》和《四分律》。道宣以《四分律》为主，综合多部律书及经典，建立律宗体系。律宗把佛教的一切戒律分为"止持"和"作持"两类，止持为诸恶莫作，是制止作任何恶行的一切规定，比丘有二百五十戒，比丘尼有三百四十八戒。作持是诸善奉行，包括受戒、说戒、安居、悔过以及衣食坐卧等种种规定。律宗逐步建立起一套中国式的寺院组织管理系统，一般称为"丛林清规"。公元8世纪，禅宗的马祖道一提倡农禅结合，门徒散居南方山林，自谋生计；其弟子百丈怀海重整佛戒清规，创立延续至今的"丛林制度"，史称"马祖创丛林，百丈立清规"。

　　密宗比较特殊，在中国的八大佛教宗派中，唯独密宗不由中国人创立，而由印度来华传教的善无畏、金刚智、不空三人创立，史称"开元三大士"。密宗尊崇《大日经》《金刚顶经》，主张即身成佛，意指不须经过累世修行，现世即可成佛。不空认为，"金刚顶瑜伽法门，是成佛速疾之路；其修行者，必能顿超凡境，达于彼岸"（《三朝所翻经请入目录流行表》）。在密宗看来，地、水、火、风、空、识是构成世间万象的基本要素，既是大日如来的佛身，也是众生的构成。然而，由于众生在身、口、意三方面受到谬误迷惑，才陷于生死轮回之中，不能解脱。如果按照《金刚顶经》修行瑜伽，做到身、口、意三密同时相应，就可即身成佛。身密是手结契印，语密是口诵真言，意密是心作观想，三密瑜伽是即身成佛的最重要法门。通过修习三密，修行者的姿态、语言和思维取得神秘功能，就会具备一种以"金刚心"和"金刚身"为特征的无上菩提，达到自身即是菩萨身的自觉。

三、三教鼎足

佛教自传入中国后，就产生了外来文化与本土文化的关系问题。总体而言，以儒道为代表的中国本土文化对于佛教文化，采取了开放包容的博大胸怀，演绎为认识理解和接纳融合的历史进程。隋唐之前侧重于理解，其后则是融合新生。按照哲学诠释学的观点，人在理解一种外来文化过程中，不能跃出自身而纯粹地进入对方，只能通过构成自身的文化"前理解"去认识外来文化，最终达到"视域融合"。前理解和视域实际是人们认识一切不曾相识事物的前提，德国哲学家伽达默尔称之为地平线，"视域的区域可以被看作是地平线，该区域包括从某一特定点所能看到的一切东西，该特定点指的是一个具有特殊的具有领导的地位。如果人没有了地平线，那么，他就不可能进行登高望远，那么也就高估了近在眼前的人。相反来讲，将地平线作为参照物，那么人就能够不局限于眼前的东西，而是能够具有更广阔的视野"[1]。佛教文化要与儒道文化相融合，必须借助中国人尤其是僧人的视域来解读，从而产生视域融合过程。视域融合不是导致两种异质文化的消亡，而是给两种异质文化一个认清自己和回到本身的机会，潜移默化地进行加工糅合，使之互相作用，互相借鉴，互相融合，创造出新的文化形态。在唐朝，印度佛教经过几百年的视域融合，终于产生了中国佛教，与儒、道真正形成了三足鼎立之势。

佛教本土化和融入中国文化，并不是一帆风顺的。由于是外来文化，必然与以儒家为主体的本土文化发生碰撞；由于是宗

---

① ［德］伽达默尔：《问题的逻辑》，载《哲学译丛》1986年第3期。

教，必然与以道家为指导思想的道教发生冲撞。具体表现为四次灭佛事件，史称"三武一宗灭佛"。第一次是北魏太武帝拓跋焘灭佛。拓跋焘原本信佛，"初即位，亦遵太祖、太宗之业，每引高德沙门，与共谈论，于四月八日，与诸佛像，行于广衢，帝亲御门楼，临观散花，以致礼敬"。后改信道教，"及得寇谦之道，帝以清净无为，有仙化之证，遂信行其术"（《魏书·释老志》）。公元444年即太平真君五年，因佛寺和僧人妖言惑众，拓跋焘下诏禁止王公和百姓私养僧人，"沙门之徒，假西戎虚诞，生致妖孽。非所以壹齐政化，布淳德于天下也。自王公已下至于庶人，有私养沙门、师巫及金银工巧之人在其家者，皆遣诣官曹，不得容匿。限今年二月十五日，过期不出，师巫、沙门身死，主人门诛"（《魏书·世祖纪》）。太平真君七年，拓跋焘率军镇压卢水胡人盖吴造反，途经长安，发现佛寺和僧人有不法行为，再次灭佛。先是在长安灭佛，"长安沙门种麦寺内，御驺牧马于麦中，帝入观马。沙门饮从官酒，从官入其便室，见大有弓矢矛盾，出以奏闻。帝怒曰：'此非沙门所用，当与盖吴通谋，规害人耳！'命有司案诛一寺，阅其财产，大得酿酒具及州郡牧守富人所寄藏物，盖以万计"。又闻"与贵室女私行淫乱。帝既忿沙门非法，浩时从行，因进其说。诏诛长安沙门，焚破佛像"（《魏书·释老志》）。后是在全国灭佛，"三月，诏诸州坑沙门，毁诸佛像"（《魏书·世祖纪》）。拓跋焘灭佛最为血腥残酷，"焘既惑其言，以伪太平七年，遂毁灭佛法。分遣军兵，烧掠寺舍，统内僧尼，悉令罢道。其有窜逸者，皆遣人追捕，得必枭斩。一境之内，无复沙门"（《高僧传·昙始》）。

　　三武一宗灭佛的缘由多种多样，既有政治原因，也有经济原因，更有文化原因，还有佛教自身不检点原因，宋宗赜禅师诗云："天生三武祸吾宗，释子还家塔寺空。应是昔年崇奉日，不能清俭守真风。"(《困学纪闻》卷二十）第二次是北周武帝宇文邕灭佛。宇文邕曾组织讨论佛教问题，容忍佛教存在，"集群臣及沙门、道士等，帝升高座，辨释三教先后，以儒教为先，道教为次，佛教为后"。然而，公元574年即建德三年，"初断佛、道二教，经像悉毁，罢沙门、道士，并令还民。并禁诸淫祀，礼典所不载者，尽除之"。建德六年灭北齐后，继续推行灭佛政策，"朕菲食薄衣，以弘风教，追念生民之费，尚想力役之劳。方当易兹弊俗，率归节俭。其东山、南园及三台可并毁撤。瓦木诸物，凡入用者，尽赐下民。山园之田，各还本主"(《周书·武帝纪》)。据《历代三宝记》记载，宇文邕灭佛共毁寺庙4万座，迫使300万僧尼还俗，重新成为国家编户，有效地增加了国家财力和兵源。第三次是唐武宗李炎灭佛。李炎崇信道教，排斥佛教，"以道士赵归真为左右街道门教授先生。时帝志学神仙，师归真。归真乘宠，每对，排毁释氏，言非中国之教，蠹耗生灵，尽宜除去，帝颇信之"。李炎年号会昌，灭佛贯穿于其五年多的执政生涯，故称"会昌法难"。执政之初，令僧尼中犯罪者和违规者还俗，没收其全部财产，"充入两税徭役"；执政之末宣布，"天下所拆寺四千六百余所，还俗僧尼二十六万五百人，收充两税户，拆招提、兰若四万余所，收膏腴上田数千万顷，收奴婢为两税户十五万人"(《旧唐书·武宗纪》)。第四次是后周世宗柴荣灭佛。显德二年即955年，柴荣下诏禁止私自出家；不许创建新的寺院，违反者课以严刑；未受敕额的寺院一律废毁；民间所藏佛像、铜器，限五十日内上交官府铸钱，违者甚至处死，"是岁，诸道供到帐籍，所存寺院凡二千六百九十四所，废寺院凡三万三百三十六，僧尼系籍者六万一千二百人"(《旧五代史·周书·世宗纪》)。

在中国佛教史上，灭佛是支流，主流却是容纳佛教，即使灭佛，也不是赶尽杀绝。唐武宗灭佛，仍要求"上州合留寺，工作精妙者留之"；"其上都、下都每街留寺两所，寺留僧三十人。上都左街留慈恩、荐福，右街留西明、庄严"（《旧唐书·武宗纪》）。后周世宗灭佛，还做到"诸道州府县镇村坊，应有敕额寺院，一切仍旧"；"天下诸县城郭内，若无敕额寺院，只于合停废寺院内，选功德屋宇最多者，或寺院僧尼各留一所，若无尼住，只留僧寺院一所"；"边远州郡无敕额寺院处，于停废寺院内僧尼各留两所"（《旧五代史·周书·世宗纪》）。隋唐时期，佛教已不属于外来文化，而是本土文化的重要组成部分。人们所关心的不是灭佛问题，而是佛与儒、道的排序问题。儒家始终保持着基础性地位，不存在排序问题。自汉代之后的汉族统治者，无论是否信奉道教或佛教，都维护儒家的正统地位；即使入主中原的异族统治者，也都维护儒家的正统地位，"古称儒学家者流，本出于司徒之官，可以正君臣，明贵贱，美教化，移风俗，莫若于此焉。故前古哲王，咸用儒术之士"（《旧唐书·儒学传序》）。无论汉族统治者还是异族统治者，都尊崇孔子的圣人地位。唐太宗下诏，"宣尼以大圣之德，天纵多能，王道藉以裁成，人伦资其教义，故孟轲称生人以来，一人而已。自汉氏驭历，魏室分区，爰及晋朝，暨于隋代，咸相崇尚，用存禋祀"（《封孔德纶为褒圣侯诏》）。所谓儒佛道排序问题，实质是在以儒学为正统意识形态的基础上，对于佛教与道教的排序，以显示各自地位的高低差异。

唐初是道先佛后。唐高祖李渊为了抬高皇族李姓的门第名望，便声称老子是唐朝皇族的始祖。此后的唐代君主皆予认同，尊崇道教为唐朝世代相传的祖训，最后一位唐哀帝李柷认为："玄元皇帝，肇基圣绪，敷佑神孙。璇派灵长，共乾坤而莫极；瑶图坚固，与日月而无穷。是以我朝追崇，奕叶昭祀。"（《改上清宫为太清宫诏》）道教获得政治地位，并非没有争议，唐初就发生了激烈争论。道士出身的太史令傅奕两次上表，请求"布李老无为之风，而民自化；执孔子爱敬之礼，而天下孝慈"。建议废除佛教，"胡佛邪教，退还天竺。凡是沙门，放归桑梓"（《请废佛法表》）。唐高祖交由群臣讨论，"唯太仆卿张道源称奕奏合理。中书令萧瑀与之争论曰：'佛，圣人也。奕为此议，非圣人者无法，请置严刑。'奕曰：'礼本于事亲，终于奉上，此则忠孝之理著，臣子之行成。而佛逾城出家，逃背其父，以匹夫而抗天子，以继体而悖所亲。萧瑀非出于空桑，乃遵无父之教。臣闻非孝者无亲，其瑀之谓矣！'瑀不能答，但合掌曰：'地狱所设，正为是人。'"（《旧唐书·傅奕传》）经过反复慎重考虑，武德八年即公元625年，唐高祖终于确定道先佛后的政策，下诏"老教、孔教，此土元基；释教后兴，宜崇客礼。今可老先，次孔，末后释宗"（《集古今佛道论衡》卷丙）。道先佛后虽有扬道抑佛倾向，却给予了佛教合法地位，"释迦阐教，清净为先，远离尘垢，断除贪欲。所以弘宣胜业，修植善根，开导愚迷，津梁品庶"（《旧唐书·高祖纪》）。更重要的是，三教并存原则充分展示了中华民族的开放气魄和包容胸襟，对于中华文明的发展具有里程碑意义。唐太宗和高宗继承道先佛后的政策，贞观十一年唐太宗颁布《令道士在僧前诏》，强调老子是自己的祖先，"朕之本系，出于柱史。今鼎祚克昌，既凭上德之庆；天下大定，亦赖无为之功。宜有改张，阐兹玄化。自今以后，斋供行立，至于称谓，其道士女冠，可在僧尼之前。庶敦本之俗，畅于九有；尊祖之风，贻诸万叶"。

武则天时期是佛先道后。公元690年，武则天正式称帝，半年之后改变道先佛后的政策，天授二年"夏四月，令释教在道法之上，僧尼处道士女冠之前"（《旧唐书·则天皇后纪》）。武则天主张佛先道后，原因在于她自小就信仰佛教，"朕幼崇释教，夙慕归依"（《三藏圣教序》）。还在于她曾经出家为尼，"及太宗崩，遂为尼，居感业寺。大帝于寺见之，复召入宫，拜昭仪"（《旧唐书·则天皇后纪》）。更在于她为了表达对李唐王朝的否定。唐初实施道先佛后政策，是借助道祖老子以抬高皇族李姓的门第名望，巩固李唐王朝统治。武则天以周代唐而称帝后，自然要反其道而行之，破李唐王朝之旧制，立武周王朝之新规。在宗教政策方面，就是要否定唐初的做法，改道先佛后为佛先道后。具体是唐高宗曾追尊老子为"太上玄元皇帝"，武则天则改为"老君"；唐高宗诏命将《老子》与《论语》《孝经》一并列为明经的考试科目，要求皇族及官员习诵《老子》，武则天是"罢举人习《老子》"（《资治通鉴》卷二〇五）；唐高宗下诏以《老子》为上经，武则天取消这一规定。武则天倡导佛先道后，却不禁止道教，而是让道教与佛教共存。她曾颁布一"制"一"敕"，要求佛教徒与道教徒和睦相处，不得互相诽谤诋毁。一"制"认为"佛道二教，同归于善，无为究竟，皆是一宗。比有浅识之徒，竞生物我，或因恚怒，各出丑言。僧既排斥老君，道士乃诽谤佛法，更相訾毁，务在加诸，人而无良，一至于此。且出家之人，须崇业行，非圣犯义，岂是法门。自今僧及道士敢毁谤佛道者，先杖决，即令还俗"（《禁僧道毁谤制》）。一"敕"强调"老释既自元同，道佛亦合齐重。自今后，僧入观不礼拜天尊，道士入寺不瞻仰佛像，各勒还俗，乃科违敕之罪"（《僧道并重敕》）。

唐睿宗之后是佛道不分先后。面对武则天及唐中宗时期佛教泛滥成灾的形势，"造寺不止，枉费财者数百亿；度人不休，免租庸者数十万"（《旧唐书·辛替否传》），唐睿宗即位之初，没有强行削减佛教势力，而是提高道教地位，认为"玄元皇帝，朕之始祖，无为所庇，不亦远乎"（《令西城昌隆公主入道制》），并送两个女儿出家入道，"金仙公主，始封西城县主。景云初进封。太极元年，与玉真公主皆为道士，筑观京师，以方士史崇玄为师"。道教提升意味着佛教地位下降，引起佛教徒不满，想方设法攻击诬陷，"群浮屠疾之，以钱数十万赂狂人段谦冒入承天门，升太极殿，自称天子。有司执之，辞曰：'崇玄使我来。'"（《新唐书·诸帝公主传》）为了平衡道教与佛教的关系，唐睿宗即位10个月后颁布《令僧道并行制》，明确佛道平等，是不分先后的关系，"朕闻释及玄宗，理均迹异；拯人救俗，教别功齐。岂于中间，妄生彼我"；"自今每缘法事集会，僧尼、道士、女冠等，宜令齐行并进"。后来，唐睿宗又重申佛道不分先后的政策，认为佛教与道教的教义无所轩轾，不分高下；对于佛教徒与道教徒同样严格要求，无所偏护，"真如设教，理归清静；黄老垂范，道在希微。僧尼、道士、女冠之流，并令修习真寂，严持诫行，不得假托功德，扰乱闾阎"（《申劝礼俗敕》）。唐朝对待三教的关系，实际成了传统社会的惯例：三教并存，儒家为基；佛道相处，时有差异。由于道教的信仰层面和理论精致程度不及佛教，佛教的总体影响大于道教，这可从寺观数量和信徒人数得到印证。据统计，唐朝末年共有道观1687所，道士776人，女冠988人，而佛寺则有5358所，僧75524人，尼50576人（《新唐书·百官志》）。

四、道统意识

道统概念彰显于韩愈，实质是要维护儒家的独尊地位。道统意识由来已久，从孟子开始，就已显露。即使佛教广布的隋唐，道统意识依然有着厚实的社会土壤。唐朝三教并立，客观上挑战了儒家的独尊地位。唐初统治者重视儒学的作用，唐高祖登基第二年就急于建造周公和孔子庙堂，"宜令有司于国子学立周公、孔子庙各一所，四时致祭"。唐太宗则尊孔子为先圣，着力扶持儒学，贞观二年"立孔子庙堂于国学，以宣父为先圣，颜子为先师。大征天下儒士，以为学官。数幸国学，令祭酒、博士讲论。毕，赐以束帛"。唐高祖、唐太宗的鼓励和褒奖，以致"儒学之盛，古昔未之有也"（《旧唐书·儒学传》）。

　　然而，此后的君主相对不够重视儒学，"高宗嗣位，政教渐衰，薄于儒术"。"则天称制，以权道临下，不吝官爵，取悦当时。其国子祭酒，多授诸王及驸马都尉"，他们"唯判祥瑞按三道而已"（《旧唐书·儒学传》）。唐玄宗分别为《孝经》《金刚经》和《道德经》作注，却没有突出儒家，而是崇尚道教，"开元之初，贤臣当国，四门俱穆，百度唯贞，而释、老之流，颇以无为请见"（《旧唐书·玄宗纪》）。唐武宗灭佛，也不是为了尊儒，而是为了崇道，"其奋然除去浮图之法甚锐，而躬受道家之箓，服药以求长年"（《新唐书·穆宗敬宗文宗武宗宣宗纪赞》）。终唐一朝，曾凸显过道家或佛教的地位，就是没有突出过儒学的地位。加上儒学既不重视魏晋玄学的思想资源，又不关注佛学的广泛影响，只是沿袭汉朝经学，拘泥训诂，限于名物，并没有什么创新和发展，无法直接与体系庞大的佛学和思辨玄远的道家相抗衡，而唐朝诗歌的繁荣又掩盖了儒学身躯，使得儒学显而不彰。唐朝儒学有所式微，独尊地位受到挑战，是不争的事实，诚如韩愈所言，"周道衰，孔子没，火于秦，黄老于汉，佛于晋、魏、梁、隋之间，其言道德仁义者，不入于杨，则入于墨；不入于老，则入于佛。入于彼，必出于此。入者主之，出者奴之。入者附之，出者污之"（《原道》）。中唐之后掀起古文运动，与儒学复兴相结合，呼吁"抵排异端，攘斥佛老"（《进学解》），强化道统意识，重振儒家的独尊地位。

　　唐朝儒学在义理和学术思想方面没有创新发展，并不表明无所事事，无所作为，而是在儒家经典的校勘训诂及注疏方面，做了大量工作，取得了显著成效，最大成果是《五经正义》。唐初经学混乱，既存在汉朝古今文之争的余绪，又新增了魏晋以来的北学与南学之争。北学笃守汉学，保持质朴深邃的特色；南学继承玄学，崇尚义理清通简要和华美风格，双方各持己见，莫衷一是。隋文帝开皇初年，"上令国子生通一经者，并悉荐举，将擢用之。既策问讫，博士不能时定臧否，祭酒元善怪问之，晖远曰：'江南、河北，义例不同，博士不能遍涉。学生皆持其所短，称己所长，博士各各自疑，所以久而不决也。'"（《隋书·房晖远传》）唐朝立国后着手解决经学的混乱问题，先是由颜师古于秘书省考订《五经》，勘正文字，后是由孔颖达等编撰《五经正义》，"太宗又以经籍去圣久远，文字多讹谬，诏前中书侍郎颜师古考定《五经》，颁于天下，命学者习焉。又以儒学多门，章句繁杂，诏国子祭酒孔颖达与诸儒撰定《五经》义疏，凡一百七十卷，名曰《五经正义》，令天下传习"（《旧唐书·儒学传》）。《五经正义》计有一百八十卷，其中《毛诗正义》四十卷、《尚书正义》二十卷、《礼记正义》七十卷、《周易正义》十四卷、《春秋正义》三十六卷。《五经正义》自贞观十二年开始编修，中经两次修订，至永徽四年最后编定，历时十五年，对旧注进行甄别，博采众说，严格从经，疏不破注，较好反映了汉儒以来的注疏及其他经说的研究成果，被确定为学校教材。《五经正义》的编定，标志着唐朝儒学进入了统一稳定的发展时期，"乃论归一定，无复歧涂"；"终唐之世，人无异词"（《四库全书总目·毛诗正义》）。而作为学校教材，"自唐至宋，明经取士，皆遵此本"；"以经学论，未有统一若此之大且久者"①。

---

① 皮锡瑞著：《经学历史·经学统一时代》，中华书局1959年版，第198页。

　　唐朝复兴经学，却维护不了儒学的独尊地位;《五经正义》
"注不违经，疏不破注"，保证了文本的正确性，统一了大家的认
识，却不能推陈出新，超越前人的注疏作义理的发挥，进而扩大
儒学的影响，推动儒学深入人心。除国家典章制度和基本道德规
范外，社会层面主要是士大夫的思想偏好和生活趣味，不断趋于
佛道二教，许多诗人墨客不是尊佛就是崇道。王维为诗佛，是受
佛教影响最大的诗人。他受佛教召唤，愿意皈依，"抖擞辞贫里，
归依宿化城"(《游化感寺》)。当案牍所累之时，佛门净地会给
诗人以心灵慰藉，"空山不见人，但闻人语响。返景入深林，复
照青苔上"(《鹿柴》)。诗人在此不提禅意和浮屠微旨，实是佛
理蕴于诗句，在空谷中静静地思考，悠然地徘徊徜徉。李白是诗
仙，深受道教影响，"五岳寻仙不辞远，一生好入名山游"。当儒
家的建功立业志向难以实现时，李白便选择了道家的逍遥，"早
服还丹无世情，琴心三叠道初成。遥见仙人彩云里，手把芙蓉朝
玉京。先期汗漫九垓上，愿接卢敖游太清"(《庐山谣寄卢侍御虚
舟》)。而且，唐朝不少高僧是由儒入佛。有的原本是儒生，禅宗
神秀"少览经史，博综多闻"(《宋高僧传·唐荆州当阳山度门寺
神秀》)。大悲禅师灵坦，七岁便童子及第，十三岁开始步入仕
途，二十岁历太子通事舍人，后遇高僧神会而出家。有的家学深
厚，唐灵化寺智该，其祖是周豫州刺史，"负文武之才雄，为邦
国之光彦";其父为隋巴西县令，"善政之美，著乎风俗"[1];自己
由于"承九流于庭训"，"贯六艺于家风"，打下坚实的儒学基础。
有的既有家学又是儒生，化度寺僧邕，"世传儒业，门多贵仕。
时方小学，齿胄上庠"(李百药《化度寺故僧邕禅师舍利塔铭》)。
任何时代，士大夫的精神追求都是当时社会思潮趋向和思想主流

---

① 吴钢:《全唐文补遗（第一辑）》，三秦出版社1994年版，第12页。

的集中反映。

隋唐要复兴儒学，恢复儒学的独尊地位，必须从批判佛教入手。批判佛教有两种态度，一种是坚决反对佛教，要求废除佛教。初唐是典型，其代表人物是傅奕和姚崇。傅奕向唐高祖上《请废佛法表》，认为佛教违背忠孝文化，"佛在西域，言妖路远，汉译胡书，恣其假托。故使不忠不孝，削发而揖君亲；游手游食，易服以逃租赋"。佛教影响政治权威，"且生死寿夭，由于自然；刑德威福，关之人主。乃谓贫富贵贱，功业所招，而愚僧矫诈，皆云由佛。窃人主之权，擅造化之力，其为害政，良可悲矣！"佛教伤害财政经济，"僧尼徒众，糜损国家，寺塔奢侈，虚费金帛"。佛教危及社会稳定，"洎于苻、石，羌胡乱华，主庸臣佞，政虐祚短，皆由佛教致灾也。梁武、齐襄，足为明镜。昔褒姒一女，妖惑幽王，尚致亡国；况天下僧尼，数盈十万，翦刻缯彩，装束泥人，而为魇魅，迷惑万姓者乎！"傅奕要求废除佛教，僧尼还俗，"今之僧尼，请令匹配，即成十万余户，产育男女，十年长养，一纪教训，自然益国，可以足兵。四海免蚕食之殃，百姓知威福所在，则妖惑之风自革，淳朴之化还兴"（《旧唐书·傅奕传》）。姚崇历任武后、睿宗、玄宗三朝宰相，他反对出家为僧，"佛不在外，求之于心"；"但发心慈悲，行事利益，使苍生安乐，即是佛身。何用妄度奸人，令坏正法"。他在遗言中指出佛教保不了国，"今之佛经，罗什所译，姚兴执本，与什对翻。姚兴造浮屠于永贵里，倾竭府库，广事庄严，而兴命不得延，国亦随灭。又齐跨山东，周据关右，周则多除佛法而修缮兵威，齐则广置僧徒而依凭佛力。乃至交战，齐氏灭亡，国既不存，寺复何有？修福之报，何其蔑如！"佛教也保不了命，"梁武帝以万乘为奴，胡太后以六宫入道，岂特身戮名辱，皆以亡国破家。近日孝和皇帝发使赎生，倾国造寺，太平公主、武三思、悖逆庶

人、张夫人等皆度人造寺，竞术弥街，咸不免受戮破家，为天下
所笑"。他告诫子孙，"夫释迦之本法，为苍生之大弊，汝等各宜
警策，正法在心，勿效儿女子曹，终身不悟也。吾亡后必不得为
此弊法"（《旧唐书·姚崇传》）。

另一种态度是以儒为主，援佛入儒，儒佛融合。早在周隋之
际，《颜氏家训》作者颜之推，比较儒家五常与佛家五戒，认为
儒佛本源同一，应互相借鉴，援佛入儒。他笃信佛教，却又坚持
儒家立场，在《颜氏家训》中指出，圣贤之书的主旨是"诚孝、
慎言、检迹"；人应活到老、学到老，"幼而学者，如日出之光；
老而学者，如秉烛夜行，犹贤乎瞑目而无见者也"。指出年轻人
应慎重交友，"与善人居，如入芝兰之室，久而自芳也；与恶人
居，如入鲍鱼之肆，久而自臭也"。指出在家庭教育中，父母应
成为孩子的榜样，"夫风化者，自上而行于下者也，自先而施于
后者也。是以父不慈则子不孝，兄不友则弟不恭，夫不义则妇不
顺矣"。隋末大儒王通也主张儒佛道融合，他承认佛教不一定适
合中国，"或问佛。子曰：'圣人也。'曰：'其教何如？'曰：'西
方之教也，中国则泥。轩车不可以适越，冠冕不可以之胡，古
之道也。'"（《中说·周公篇》）同时认为三教可以合一，"子读
《洪范谠义》，曰：'三教于是乎可一矣。'程元、魏徵进曰：'何谓
也？'子曰：'使民不倦。'"（《中说·问易篇》）王通指出，儒
佛道三教都有利于政治教化，不是国家覆亡的根源，"《诗》《书》
盛而秦世灭，非仲尼之罪也。虚玄长而晋室乱，非老庄之罪也。
斋戒修而梁国亡，非释迦之罪也。《易》不云乎，苟非其人，道
不虚行"（《中说·周公篇》）。中唐之后，更是主张儒佛融合，具
体表现在三教论衡，由朝廷组织讨论三教关系。从唐德宗开始，
在皇帝诞生之日召开三教讨论，成为常例，贞元十二年四月"庚
辰，上降诞日，命沙门、道士加文儒官讨论三教，上大悦"（《旧

唐书·德宗纪》)。白居易记录了唐文宗太和元年的一次讨论，普遍认为"儒门、释教，虽名数则有异同，约义立宗，彼此亦无差别。所谓'同出而异名，殊途而同归'者也"(《三教论衡·对僧问》)。古文运动倡导者之一柳宗元，也对佛教持融合态度，"儒以礼立仁义，无之则坏；佛以律持定慧，去之则丧"(《南岳大明寺律和尚碑》)。认为佛教与儒学相通，"浮图诚有不可斥者，往往与《易》《论语》合"，"不与孔子异道"(《送僧浩初序》)。

　　韩愈是坚决反佛的儒家代表，唐宪宗元和十四年，他冒死上奏《论佛骨表》，陈述前代帝王事佛得祸，乱亡相续，运祚不长；老百姓焚顶烧指，弃其业次，伤风败俗，传笑四方，吁请"以此骨付之水火，永绝根本，断天下之疑，绝前代之惑，使天下之人知大圣人之所作为出于寻常万万也"(《新唐书·韩愈传》)。然而，韩愈却仿效佛教传法世系的"法统"，相应构建儒家传承道义的"道统"，认为先王之道从尧始其端，传到孔子和孟子，一脉相承，"尧以是传之舜，舜以是传之禹，禹以是传之汤，汤以是传之文、武、周公，文、武、周公传之孔子，孔子传之孟轲。轲之死，不得其传焉"(《原道》)。更重要的是，韩愈借鉴佛教禅习方法，突出孟子的心性思想，"性也者，与生俱生也；情也者，接于物而生也"(《原性》)；还从《礼记》中发掘出《大学》的道德修养方法和人生境界，"传曰：'古之欲明明德于天下者，先治其国；欲治其国者，先齐其家；欲齐其家者，先修其身；欲修其身者，先正其心；欲正其心者，先诚其意。'然则古之所谓正心而诚意者，将以有为也"(《原道》)。韩愈的学生李翱则沿着借鉴融合佛教的道路，进一步发展孟子性善论，提出性善情恶的观点，"情有善有不善，而性无不善焉"(李翱《复性书中》)；"人之所以为圣人者，性也；人之所以惑其性者，情也。喜、怒、哀、惧、爱、恶、欲七者，皆情之所为也。情既昏，性斯匿矣，非性之过也；七者循环而交来，故性不能充也"（李翱《复性书上》）。运用天台宗"止观"、禅宗"无念"以及道家"主静"的思想，要求遏情复性，建立儒家的修养学说和方法，"或问曰：'人之昏也久矣，将复其性者，必有渐也，敢问其方。'曰：'弗虑弗思，情则不生。情既不生，乃为正思。正思者，无虑无思也。'曰：'已矣乎？'曰：'未也，此斋戒其心者也，犹未离于静焉。有静必有动，有动必有静，动静不息，是乃情也。《易》曰："吉凶悔吝，生于动者也。"焉能复其性耶？'曰：'如之何？'曰：'方静之时，知心无思者，是斋戒也；知本无有思，动静皆离，寂然不动者，是至诚也。'"（李翱《复性书中》）就其本质而言，韩愈、李翱也是儒佛融合论者，在理论形式和修养方法上借鉴融合佛家，而在理论原则和为学宗旨方面，与佛学划清界限并坚持排佛的路线和策略，既给儒学带来了新的生气和内容，又维护了道统，仍然保留甚至发扬了儒学的基本品格，"这是唐代儒学在排佛与融佛的过程中，不断探索改革所取得的成功经验与最高成果。为后来宋明理学的产生，并最终在理论上战胜、超越佛学，开启了新的路线和方向"[1]。

---

[1]　陈启智著：《中国儒学史》（隋唐卷），北京大学出版社2011年版，第25页。

第三节　玄奘

　　玄奘（公元600—664年）是佛教高僧、唯识宗创始人和佛经翻译大师。玄奘留给世人最深刻的印象是西行取经，历时十七年，往返五万里，翻越千山万水，历经千辛万苦，游历百三十八国，终于修成正果，"前后僧传往天竺者，首自法显、法勇，终于道邃、道生，相继中途，一十七返；取其通言华、梵，妙达文筌，扬导国风，开悟邪正，莫高于奘矣"（《续高僧传·玄奘》）。取经事迹演绎为文学名著《西游记》的艺术形象，玄奘是唐僧的原型，其生平事迹与唐僧相去甚远，故事远比唐僧丰富，且更具魅力。然而，由于艺术力量无穷，《西游记》流传广泛，传统社会多次改编为戏剧，现代社会又改编为电影和电视剧，唐僧已成为家喻户晓、妇幼皆知的文学典型，玄奘也因此成了中国佛教史上声名最响和影响最大的高僧。他不仅是佛教高僧和佛学名家，而且是探险家、旅行家、外交家和地理发现家。

一、其人其事

　　玄奘本姓陈，名祎，河南偃师人，出身于仕宦家庭，"释玄奘，本名祎，姓陈氏，汉太丘仲弓后也，子孙徙于河南，故今为洛州缑氏人焉。祖康，北齐国子博士。父惠，早通经术，长八尺，明眉目，拜江陵令，解缨而退"。玄奘一生与佛结缘，少时跟随其兄陈素居洛阳净土寺，习诵佛经，"兄素出家，即长捷法师也。容貌堂堂，仪局瑰秀，讲释经义，联班群伍，住东都净土寺。以奘少罹穷酷，携以将之，日授精理，旁兼巧论。年十一，诵《维摩》《法华》"（《续高僧传·玄奘》）。玄奘13岁破格剃度为僧，从景法师学《涅槃经》，随严法师习《摄大乘论》，"大业末出家，博涉经论"（《旧唐书·玄奘传》）。出家后，玄奘的经历是国内学经、西天取经和回国译经。

国内学经。隋末大乱，玄奘随兄西去长安，又到成都，"承沙门道基化开井络，法俗钦仰，乃与兄从之，行达长安，住庄严寺。又非本望，西逾剑阁，既达蜀都"。在成都，参与各家讲席，研习佛经，听讲有部诸论和《摄大乘论》，"即而听受《阿毗昙论》"；"至于《婆沙》广论，《杂心》玄义，莫不凿穷岩穴，条疏本干"。表现出惊人的记忆力和理解力，"时皆讶其忆念之力，终古罕类也。基每顾而叹曰：'余少游讲肆多矣，未见少年神悟若斯人也。'"玄奘21岁时，因不满于四川一方之隅，"私自惟曰：'学贵经远，义重疏通，钻仰一方，未成探赜。'"于是背兄出走，与商侣同行，经三峡至荆州，北转相州和赵州，最后入于长安，"正意已行，誓无返面，遂乃假缘告别，间行江硖"。沿途既讲且学，探索不止。其中，"沙门慧休，道声高邈，行解相富，夸罩古今，独据邺中，昌言传授，词锋所指，海内高尚；又往从焉。不面生来，相逢若旧，去师资礼，事等法朋，偏为独讲《杂心》《摄论》，指摘纤隐，曲示纲猷。相续八月，领酬无厌。休又惊异绝叹，抚掌而嗟曰：'希世若人，尔其是也。'"在长安，玄奘仍是拜师访学，质难问疑，"沙门道岳，宗师《俱舍》，阐弘有部，包笼领袖，吞纳喉襟，扬业帝城，来仪群学，乃又从焉。创迹京都，诠途义苑，沙门法常，一时之最，经论教悟，其徒如林。奘乃一举十问，皆陈幽奥，坐中杞梓，拔思未闻，由是驰誉道流，擅声日下"（《续高僧传·玄奘》）。玄奘国内所学是《涅槃经》和瑜伽行派及有部诸论，学经越多，疑惑越多，因而萌生西天取经念头，"法师既遍谒众师，备餐其说，详考其义，各擅宗途；验之圣典，亦隐显有异，莫知适从，乃誓游西方，以问所惑"（《大慈恩寺三藏法师传》卷一）。

西天取经。玄奘初衷是想解决南方摄论师与北方地论师关于佛性的争议，认为佛教经典翻译得不够正确，"遂使双林一味之旨，分成当现二常[①]；大乘不二之宗，析为南北两道；纷纭争论，凡数百年，率土怀疑，莫有匠决"（《大慈恩寺三藏法师传》卷一）。玄奘西行于唐太宗贞观二年，初始不太顺利，陈表出国，有诏不许，"时年二十九也，遂厉然独举，诣阙陈表，有司不为通引，顿迹京辇，广就诸蕃遍学书语，行坐寻授，数日便通。侧席面西，思闻机候"。玄奘实际是偷偷西行的，乘道俗逐丰就食之便，孤身孑影，偷出边卡，抵达高昌，"会贞观三年，时遭霜俭，下敕道俗随丰四出。幸因斯际，径往姑臧。渐至燉煌，路由天塞，裹粮吊影，前望悠然，但见平沙，绝无人径。回遑委命，任业而前，展转因循，达高昌境"。玄奘遇到了许多困难，也得到了众多帮助。譬如，"高昌王麴文泰特信佛经，复承奘告将游西鄙，恒置邮驲，境次相迎，忽闻行达，通夕立候"。与玄奘称兄道弟，"王命为弟，母命为子，殊礼厚供，日时恒致"。依依惜别，赠以厚礼，"麴氏流泪，执足而别，仍敕殿中侍郎赍绫帛五百匹，书二十四封，并给从骑六十人，送至突厥叶护牙所，以大雪山北六十余国皆其部统，故重遗达奘，开前路也"（《续高僧传·玄奘》）。在高昌王和西突厥可汗的赞助下，玄奘通过了中亚

---

① 当现二常，系指解释佛性的两种观点。当常认为，众生在将来都有成佛的可能性，而不必现在具有佛性；现常指出，佛性人人具有，未来成佛只是既有佛性的显现。

地区，终于进入印度境内。

　　玄奘游学印度全境，先是进入印度北境，"又东南七百，至滥波国，即印度之北境矣。言印度者，即天竺之正名，犹身毒、贤豆之讹号耳。论其境也，北背雪山，三垂大海，地形南狭，如月上弦，川平广衍，周九万里。七十余国，依止其中"。在印度北境，到迦湿弥罗参学二年，"国有大德名僧胜匠，奘就学《俱舍》、《顺正理》、因明、声明及《大毗婆沙》"。至磔迦国，从老婆罗门学《经百论》《广百论》；至那仆底国，随调伏光法师习《对法论》《显宗论》和《理门论》；至阇烂那达国，从大德月胄学《众事分毗婆沙》。次是进入中印度境，"至禄勒那国，就阇那崛多大德学《经部婆沙》"；又在秣底补罗国，"就蜜多犀那论师学萨婆多部《辩真论》"；在曲女城，"奘于此国学《佛使》《日胄》二毗婆沙于毗耶犀那三藏所，经于三月"。贞观八年到达王舍城，入那烂陀寺。后是游学印度东境、南境、西境诸国，在伊烂那钵伐多国，听两论师讲《毗婆沙》《顺正理》等论；在南桥萨罗国，从婆罗门学《集量论》；在驮那羯磔迦国，随两僧习《大众部根本阿毗达磨》；在建志城遇僧伽罗国两大德，问学《瑜伽要文》及僧加罗佛教情况；在钵伐多国居二年，"有数名德，学业可遵，又停二年，学正量部《根本论》《摄正法论》《成实论》等"。在印度期间，玄奘对那烂陀寺情有独钟，先后三次入寺。第一次前后历时五年，着重听戒贤法师讲《瑜伽师地论》，旁习瑜伽行派的其他论著和有部。第二次入寺，主要就该寺的般若跋陀罗，问学有部三藏及《声明》《因明》等论；还前"往杖林山胜军论师居士所……从学《唯识决择论》《意义论》《成无畏论》等，首尾二年"（《续高僧传·玄奘》）。第三次入寺，玄奘已反客为主，由学生变为老师，戒贤请他为寺众主讲《摄大乘》《唯识决择论》。

　　玄奘在印度的高光时刻，一是调和中观派与瑜伽行派。当时中观派以"二谛"说反对瑜伽行派的"三自性"说，玄奘著《会宗论》加以折中调解，"初，那烂陀寺大德师子光等，立《中》《百》论宗，破《瑜伽》等义，奘曰：'圣人作论，终不相违，但学者有向背耳。'因造《会宗论》三千颂，以呈戒贤诸师，咸称善"。二是胜辩南方正量部。"先有南印度王灌顶师，名般若鞠多，明正量部，造《破大乘论》七百颂"，"请与大乘师决胜"。印度戒日王要求予以批驳，"王作书与那烂陀寺，可差四僧善大小内外者谐行在所，拟有论义。戒贤乃差海慧、智光、师子光及奘为四，应命前往"。玄奘"备通其要，便指纤芥，申大乘义破之，名《制恶见论》千六百颂，以呈戒贤等师，咸曰：'斯论穷天下之勍寇也，何敌当之！'"三是论道曲女城大会。玄奘是论主，列会者有 18 国国王，僧众 3000 余人，婆罗门及尼乾外道 2000 余人，那烂陀寺僧 1000 余人。玄奘将论意写出，由明贤法师读示大众，并别悬一本于会场门外，让人问诘，"请奘升座，即标举论宗，命众征核，竟十八日无敢问者"。玄奘获得全胜，在那烂陀寺被推为十大德之一；小乘誉为"解脱天"，大乘"于时戒日王臣告曰：'东蕃童子王所有支那大乘天者，道德弘被，彼王所重，请往致之。'其'大乘天'者，即印度诸僧美奘之目也"（《续高僧传·玄奘》）。

会见戒日王，开启中印外交的历史，也是玄奘在印的高光时刻。戒日王统一了北印度，是戒日王朝的建立者，也是印度最有影响的帝王之一，"王号戒日，正法治世将五十载。言戒日者，谥法之名，此方薨后量德以赠，彼土初登即先荐号，以灭后美之，徒虚名耳。今犹御世，统五印度"。玄奘与戒日王未见面前，已是神交已久，戒日王多次约见，却未能成行。会见时，戒日王"曰：'弟子先请，何为不来？'答以'听法未了，故此延命'"。会见过程中，玄奘盛赞唐太宗，"王曰：'彼支那国有《秦王破阵乐》歌舞曲，秦王何人？致此歌咏？'奘曰：'即今正国之天子也，是大圣人，拨乱反正，恩沾六合，故有斯咏。'王曰：'故天纵之为物主也。'"会见之后，戒日王在首都曲女城特地召开大会，请玄奘宣讲大乘佛教教义，还让玄奘骑象巡游印度，宣扬佛法，掀起"中国热"。在玄奘请求回国时，挽留并邀请前往钵罗耶伽国的圣地施场，参加第六次五年一度的无遮大会，"于时僧众大悦，曰：'佛法重兴，乃令边人权智若此！'便辞东归，王重请住，观七十五日大施场相"。玄奘与戒日王的交往，是中印最早的外交活动，促进了中印双方的互相了解，"戒日及僧，各遣中使，赍诸经宝，远献东夏。是则天竺信命，自奘而通，宣述皇猷之所致也。使既西返，又敕王玄策等二十余人随往大夏，并赠绫帛千有余段，王及僧等，数各有差"（《续高僧传·玄奘》）。从公元641年开始，戒日王朝多次派遣外交使团前往唐朝，唐太宗也四次派外交使团访印，开创了两国友好交往的新篇章。

回国译经。第六次无遮大会后，玄奘踏上回国路程，"事讫辞还，王敕所部递送出境"。贞观十九年初，玄奘回到长安，受到热烈欢迎，"道俗相趋，屯赴阗阓，数十万众如值下生。将欲入都，人物喧拥，取进不前，遂停别馆，通夕禁卫，候备遮断，停驻道旁。从故城之西南至京师朱雀门街之都亭驿，二十余里，列众礼谒，动不得旋"。唐太宗在洛阳接见玄奘，大悦，与之谈论，支持玄奘从事佛经翻译，并提供各方面保障。在翻译场所方面，先是在弘福寺，"帝曰：'自法师行后，造弘福寺，其处虽小，禅院虚静，可为翻译。'"（《续高僧传·玄奘》）后移至条件更好的慈恩寺翻经院，"高宗在东宫，为文德太后追福，造慈恩寺及翻经院，内出大幡，敕《九部乐》及京城诸寺幡盖众伎，送玄奘及所翻经像、诸高僧等入住慈恩寺"。高宗显庆四年，迁往更为安静的玉华宫译经。在人力物力方面，唐太宗"敕右仆射房玄龄、

太子左庶子许敬宗，广召硕学沙门五十余人，相助整比"；唐高
宗继位，"又令左仆射于志宁，侍中许敬宗，中书令来济、李义
府、杜正伦，黄门侍郎薛元超等，共润色玄奘所定之经，国子
博士范义硕、太子洗马郭瑜、弘文馆学士高若思等，助加翻译"
（《旧唐书·玄奘传》）。在表彰奖励方面，唐太宗不仅推介所译
佛经，而且亲自为译著作序。贞观二十二年，"下敕：'新翻经论
写九本，颁与雍、洛、相、兖、荆、杨等九大州。'奘又请经题，
上乃出之，名《大唐三藏圣教序》"（《续高僧传·玄奘》）。

　　玄奘一生耽于译经，自己的著述不多。存世的著作主要是佛
经译著，即《大般若经》《解深密经》《大菩萨藏经》《瑜伽师地论》
《大毗婆沙论》《俱舍论》和《成唯识论》。《成唯识论》是玄奘
杂糅编译唯识十家对《唯识三十颂》的注疏，把瑜伽行派的唯识
学说加以精炼而成新的系统，集中反映了玄奘的唯识思想。弟子
窥基解释"唯识"时，认为"识"是世界本体，"唯遮境有，执
'有'者丧其真；'识'简心'空'，滞'空'者乖其实。所以晦斯
'空''有'，长溺二边；悟彼'有''空'，高履中道"（《成唯识
论述记序》）。玄奘在印度所作的《会宗论》《制恶见论》及《三
身论》均已不传。除佛经译著外，玄奘还根据唐太宗旨意，把
《老子》译为梵文，"寻又下敕，令翻《老子》五千文为梵言，以
遗西域。奘乃召诸黄巾，述其玄奥，领叠词旨，方为翻述"。玄
奘最有影响的著作是《大唐西域记》，"微有余隙，又出《西域传》
一十二卷，沙门辩机亲受"（《续高僧传·玄奘》）。该著根据玄奘
西行所见所闻，记载了古印度和中亚、南亚一百多个国家、地区
与城邦的地理概貌、民族状况、历史事实、风土人情、宗教信仰
和文化习俗，尤为珍贵的是分17个专题全面介绍了印度情况。这
是研究中古时期中国与西域的交通史及文化交流的重要文献，也
是研究古印度和中亚、南亚各国地理、历史和人文情况不可多得

的第一手资料，更是玄奘历史功绩的书面记载。

二、唯识无境

玄奘编著的《成唯识论》是唯识宗的奠基之作，而阐扬唯识教义的著作大多出自窥基之手，因而唯识宗创于玄奘，成于窥基，"性相义门，至唐方见大备也。奘师为《瑜伽》《唯识》开创之祖，基乃守文述作之宗。唯祖与宗，百世不除之祀也"（《宋高僧传·唐京兆大慈恩寺窥基》）。唯识宗倡导"心造诸法"，认为所有事物以及人的主观意识现象，都是由心识而起；坚持"唯识无境"，强调心识的想象力和创造力是无穷无尽的，识不受境的制约，而境却依识变化。唯识思想早在《华严经》已见端倪，通过《楞伽经》《解深密经》《大乘密严经》的传承发挥、弘扬光大，成为大乘佛教的思想前提和理论基础。从师承而言，唯识宗远接五世纪印度瑜伽行派，其始祖为弥勒，实际创始人是无著、世亲兄弟。弥勒著有《瑜伽师地论》，无著有《显扬圣教论》《摄大乘论》，世亲有《摄大乘论释》《唯识三十颂》《十地经论》。他们系统阐述和深入论证《解深密经》等所提出的心性思想，建立健全了唯识学说。

瑜伽行派别称大乘有宗，是法相与唯识的结合体，法相着重分析事物的现象，重点分析人的主观意识现象；唯识则是分析之结果，认定一切法相均由心识而起。所以，众生之识是世间万象的根源，众生自身也是识的产物。世间万象由识所变，其实是空幻的物象，只有识才是真实的存在。无著、世亲兄弟之后，唯识思想朝两个方向发展，一是更细致地构建认识主体的内涵，另一是着力论证唯识的认识论和方法论。前者又形成了两派，一派是以难陀、安慧为代表的唯识古学，或称无相唯识；另一派是以陈那、护法为代表的唯识今学，或称有相唯识。在无相唯识方面，难陀认为，任何认识主体都有"见分"与"相分"两种能力，见分是摄取对象的能力，相分是作为被摄取的对象。认识活动是主体将自己的见分去摄取自己的相分，而相分又是由见分转化而来。"难陀的唯识说与世亲比较接近，虽然有所发展，但基本精神还是来自世亲。难陀的发展是他明确提出相分是无体的，见分也无其行相。因此，后世称他的学说为'无相唯识说'。"①安慧也"主张相分不实在，连见分也是不实在的，亦无行相，所以也属'无相唯识说'"②。在有相唯识方面，陈那指出："相分引起见分，见分所得行相与相分一模一样，因此这个相分（所得）也就是内境。这样，第一，相分是有实体的，实在的；第二，见分也有其行相。这种唯识说一般称之为'有相唯识说'。"③护法也认为"'见''相'二分是一重关系，对于心的全体来说，这是比较外围的一部分。到了'自证'，就属于心的核心部分，属于内缘，而内缘复有能所，能，就是'证自证'，所，就是'自证'。这又是一重关系。由这两重关系就构成了四分说。唯识说发展到四分说算是最完备的了"④。玄奘所创唯识宗，主要是对有相唯识的传承和进一步发展。

识是玄奘思想的基本范畴。在玄奘看来，天下万事万物可以分为两种存在，一种是人和众生，即有意识的主体，另一种是无意识的客体，即世间万象。无论认识主体还是世间万象，都属于外境，都不是真实存在，只有识是真实的存在，"由此应知，实外无境，唯有内识，似外境生"（《成唯识论》卷二）。识是无法

---

① 《吕澂佛学论著选集》（四），齐鲁书社1991年版，第2224页。

② 同上书，第2226页。

③ 同上书，第2229页。

④ 同上书，第2232页。

用语言完全表达的存在，其本质为"真如"。真如之"真谓真实，显非虚妄；如谓如常，表无变易。谓此真实，于一切位常如其性，故曰真如，即是湛然不虚妄义"（《成唯识论》卷九）。而且，天下万事万物皆由人的识转变而来，"由假说我、法，有种种相转，彼依识所变"。玄奘认为，识产生世间万象，"'变'谓识体，转似二分……或复内识，转似外境……诸识生时，变似我、法，此我、法相，虽在内识，而由分别，似外境现……如患、梦者，患、梦力故，心似种种外境相现，缘此执为实有外境"。识产生认识主体。人生而有识，容易使人产生错觉，认为自身是真实的存在，即俱生我执；加上邪见的熏染，就会分别我执。分别我执易破，俱生我执难除。世间并没有真实之我，只有从无始以来，因果往复轮回的识，"定无实我，但有诸识。无始时来，前灭后生，因果相续，由妄熏习似我相现，愚者于中妄执为我"（《成唯识论》卷一）。玄奘提出唯识二分观念，强调识可产生认识能力和认识对象，"前所说三能变识及彼心所，皆能变似见、相二分，立转变名"（《成唯识论》卷七）。认识能力为见分，认识对象为相分，任何意识活动都有见分与相分。天下万事万物都是意识的见分与相分，离开见分与相分，就没有世间万象与认识主体，"依斯二分，施设我法。彼二离此，无所依故"（《成唯识论》卷一）。由于俱生我执和分别我执，人们容易把见分与相分当成外境，把虚幻之物当作真实存在，产生生死多变的烦恼和无法超脱轮回之苦。唯识宗坚持有识无境，万事万物似在意识之外，实在意识之中。

识的内涵丰富复杂，既包括感性认识，又包括理性认识；既是人的认识，又是形上本体。在玄奘看来，识分为八识，这就是眼识、耳识、鼻识、舌识、身识、意识、末那识、阿赖耶识。前五识相当于感性认识，它们各自与自己的对象发生作用。眼睛的作用是区别光色,耳朵是分辨声音,鼻子是嗅出气味,舌头是感觉味道,身体是感知所接触之物的压力和温度。感性认识必须具备与之相应的条件,一旦条件消失,则没有感性认识。譬如身识,只有接触到外界物体时,才会感到压力和温度,反之则无感觉。前五识的特点是"不深不续",间断而浮浅,仅是感觉而已,没有更多意蕴。第六识为意识,相当于理性认识,其作用是统率、协调各种感性认识,通过综合事物的颜色、声音、气味、口味和质地,形成对事物的整体印象。意识的特点是"深而不续","内外门转",范围不限于前五识的感觉,而是对象的"一切法",又名"法识"。意识可以和感性认识联系在一起活动,也可以脱离感性认识,自由自在地思考和想象,或者进行纯粹的逻辑推理。意识可以像前五识那样,依靠外境起作用,也可以脱离前五识,依靠更深层的内识起作用,区分外境和认识能力,以便建立逻辑的"自我"。意识建立的自我是浅层次的,既不连续又不牢固。第七识是末那识,与前六识的区别是末那识以第八识作为自己的认识对象,而前六识都是以外境为认识对象。末那识也建立自我,却不是意识的自我,而是阿赖耶识的自我,类似于西方精神分析学所说的潜意识中的自我。末那识的自我是牢固的,不随外境的变化而变化。第八识是阿赖耶识,它是前七识的总根据,蕴藏着世间万象的所有种子,具备一切作用的所有潜力。

世间万象都是由识演变而来,识具有能变的特质。能变是识的关键,没有能变,识就无法产生万事万物。能变可分为三类情况,"此能变唯三:谓异熟、思量,及了别境识"(《成唯识论》卷一)。异熟为初能变,思量为次能变,了别境识为三能变。玄奘认为,在三类八识中,具有决定意义的是初能变,"初阿赖耶,异熟、一切种"(《成唯识论》卷二)。阿赖耶识包含三层内容,就自相而言,阿赖耶是藏敛之意,谓之能藏、所藏、执藏,藏有一切种子，藏有区别主客体的潜能。它能摄藏诸法的一切种子识，而被末那识执之为我，是变现一切的本质。就果相而言，异熟为种子因果相循之意，内含种子质变、时变和类变，即能变而熟，或异时而熟或异类而熟。由于阿赖耶识藏有无数善、恶种子，其中某些部分成熟的时候，就会转成欲、色、无色"三界"和天、人、阿修罗、地狱、恶鬼、旁生"六道"中各种善、恶果报应。就因相而言，阿赖耶识能摄藏一切善恶种子，也称"种子识"，"依止赖耶识，一切诸种子，心如境界现，是说为世间"（《密严经》）。次能变"是识名末那；依彼转、缘彼，思量为性、相"，依彼转和缘彼，是指末那识只有依靠阿赖耶识，方能升起；思量为性相，意谓末那识需要经常思量以阿赖耶识为自我，次能变只有依靠初能变的变显而变显。末那识也是污染识，以阿赖耶识为依据，将其见分转变为相分，认识能力转变为认识对象，于是产生"我执"；如果将相分误认为外境，又会产生"法执"。我执容易产生四大烦恼，"此四常起，扰浊内心，令外转识恒成杂染"（《成唯识论》卷四）。末那识若染善，可助长阿赖耶识中的无漏种子；若染恶，则会熏习无漏种子，助长有漏种子，诱偏其他六识。末那识实际是联系阿赖耶识变现出前六识和外境的桥梁与纽带。三能变"差别有六种，了境为性、相"（《成唯识论》卷五）。六种即眼识、耳识、鼻识、舌识、身识、意识，都是以了别外境为特点。前五识获得局部感觉，"性门外转"，意识是综合感觉的思维，"内外门转"。在三类八识中，初能变是次能变和三能变的依据；阿赖耶识是根本识，其他七识为转识。八识之间根据"依"和"转"的规律互相依存，却又流转不息。依者，一切依靠因缘而生；转者，依缘则有流转，不可固定。第七识依第八识而转，其过程是连续无间断的；第六识依第七识而转，前五识与第六识、七识的依转关系大致是附属与主宰的关系，而阿赖耶识是其他七识依存流转的核心，"为彼依者，谓与转识作所依止。以能执受五色根故，眼等五识依之而转；又与末那为依止故，第六意识依之而转，末那、意识，转识摄故"（《成唯识论》卷三）。

修行成佛是佛教任何宗派的目的。在方法上，唯识宗与其他宗派的差异在于不讲涅槃、解脱，而讲转依、体悟。所谓转依，系指舍染为净，转凡入圣，转烦恼为菩提，转生死为涅槃。唯识宗强调转依，是因为阿赖耶识不是心性本净，而是具有善恶、染净双重属性。转依是唯识宗的主要修行方法。在玄奘看来，识有三自性，转依就是依据三自性中的佛性修行。一是遍计执自性，"由彼彼遍计，遍计种种物，此遍计所执，自性无所有"（《唯识三十颂》）。人们普遍以为世间万象是实有的，分别加以计较，实际却是不存在的，都无自性，都是虚幻假有，"谓能遍计，虚妄分别，即由彼彼虚妄分别，遍计种种所遍计物，谓所妄执蕴、处、界等，若法、若我自性差别。此所妄执自性差别，总名遍计，所执自性。如是自性，都无所有，理、教推征不可得故"（《成唯识论》卷八）。二是依他起自性，"分别缘所生"（《唯识三十论》），意指一切意识活动都是相互依存而生，世间万象依众缘所生，众缘依心识而生灭。众缘有因缘、等无间缘、所缘缘和增上缘，"由斯理趣，众缘所生心，心所体，及相、见分，有漏、无漏、皆依他起，依他众缘而得起故"。依他起自性说明世间万象的幻有，"众缘所引自心，心所虚妄变现，犹如幻事、阳焰、梦境、镜像、光影、谷响、水月、变化所成，非有似有"（《成唯识论》卷八）。三是圆成实自性，"圆成实于彼，常远离前性"（《唯识三十论》）。圆成实自性是去除遍计执自性，了解世间万象都依心识而生灭，我、法本空，认识主体和客观事物都是空寂，"二空所显圆满、成就、诸法实性，名圆成实。显此遍、常，体非虚谬……此即于彼依他起上常远离前遍计所执，二空所显真如为性"（《成唯识论》卷八）。圆成实自性是唯识的终极理论，认识到圆成实自性即可成就佛境，"一圆满，二成就，三法实性。具此三义，名圆成实"（《成唯识论述记》）。转依还要从三自性中确立三无性，即依遍计所执立"相无性"，依依他起立"生无性"，依圆成实立"胜义无性"。三自三无性的前两对是修行手段，后一对是修行目的，属于"真俗二谛"范畴，"一者虚妄，谓遍计所执；二者真实，谓圆成实性。……一者世俗，谓依他起；二者胜义，谓圆成实。为简世俗，故说实性"（《成唯识论》卷九）。在佛性与成佛问题，唯识宗似与其他宗派有着差异。其他宗派都认为人人具有佛性和人人都能成佛，唯识宗却坚持一阐提人不能成佛的五性分别论。它把修行之人分为声闻、独觉、如来、不定和无性有情五种种姓，认为无性有情种姓虽然是生命，却只有识而没有无漏种，即使修行乃至苦行，也不能成佛。唯识宗的五性分别论，受到广泛批评。

三、因明逻辑

古希腊逻辑学、古印度因明学和古代中国的名辩学，是世界逻辑史上三颗瑰丽的明珠，交相辉映，竞放异彩。章太炎认为，逻辑和名辩不如因明理想和充实，因明应视为标准论式，"辩说之道，先见其恉，次明其柢，取譬相成，物故可形。因明所谓宗、因、喻也。印度之辩，初宗、次因、次喻。大秦之辩，初喻体、次因、次宗，其为三支比量一矣。《墨经》以因为故，其立量次第：初因、次喻体、次宗，悉异印度、大秦"。"大秦与墨子者，其量皆先喻体后宗，先喻体者，无所容喻依，斯其短于因明。立量者，常则也。"（《国故论衡·原名》）玄奘熟谙因明学，而因明逻辑传入中国并非始于玄奘。早在4世纪中叶，因明逻辑

就随着佛教典籍进入中国，后魏西域三藏吉迦夜与沙门昙曜翻译
的《方便心经》、陈天竺三藏真谛译出世亲的《如实论》和三藏
毗目智仙共昙曜支译出龙树的《回诤论》，都是印度的因明学著
作，却没能传播开来。只有玄奘所译的《因明入正理论》《因明
正理门论》，以及他与窥基共同完成了因明与唯识的结合，才使
因明学在中国广为传播。

因明是印度佛家五明之一，"一曰声明，释诂训字，诠目流
别。二工巧明，伎术机关，阴阳历数。三医方明，禁咒闲邪，药
名针艾。四谓因明，考定正邪，研核真伪。五曰内明，究畅五
乘，因果妙理"（《大唐西域记》卷二）。因明是一种思维和推理
的方法，"明此因义，故曰因明"（窥基《因明大疏》卷一）。因
明在辩论的时候立宗、因、喻三支，宗是辩论中提出的观点；因
是支持观点的论据和理由；喻是论例，运用大家公认的常识和一
些事情作为比喻。以胜论派对声生论者所立之意为例，宗是"声
为无常"，因是"所作性故"，喻是"譬如瓶等"。大意是，声音
是不可能长久的，原因在于它是造作出来的，而所有造作的东
西，都是无常的，犹如瓶子属于造作，也是不可能长久的。在
宗、因、喻三支中，因是最重要的，所以称为因明。因明的要义
是"能立与能破，及似唯悟他。现量与比量，及似唯自悟"（《因
明入正理论》）。自悟，意指自己要把事情搞清楚，既靠现量也靠
比量。量是对事物的正确认识，不用名词概念的叫现量，用名词
概念来推论的叫比量。悟他，系指自己的观点，能被他人认同接
受，叫能立；他人的主张，我能否定它，叫能破。因明作为佛教
各宗各派共同遵守的论辩逻辑，在悟他门中，依论辩双方所使用
概念或判断是否共许，其论式可以分为三种比量，即自比量、他
比量和共比量，"凡因明法，若自比量，宗、因、喻中皆须依自，
他共亦尔"（窥基《因明大疏》卷五）。三种比量的三支组成都很

纯粹，自比量宗、因、喻三支都必须依自，不得有他、共；他比量宗、因、喻三支都必须依他，也不得混有自、共。"因明之旨，本欲立正破邪"（窥基《因明大疏》卷一），共比量兼具立正破邪二义，自比量是只立不破，他比量是只破不立。在三种比量中，共比量破他功能最强，他比量次之，自比量无此功能；立自功能亦以共比量最强，自比量次之，他比量则无此功能。三种比量的应对是，如果敌方立的是共比量，己方应以共比量破之；敌方立的是自比量，己方应以他比量破之；敌方立的他比量，己方以自比量破之。一一对应，不可错乱。"立依自、他、共，敌对亦须然，名善因明，无疏谬矣。"（窥基《因明大疏》卷五）

因明逻辑发展有三个传统，即印度梵文因明传统。因明学创始于印度，经历了三个发展阶段，先是古因明，代表人物有无著、世亲兄弟，侧重于总结论辩的经验和方法，主要是论辩的性质、场所，所依据的知识、态度和失误，以及论辩前需要思考和注意问题。次是新因明，代表人物有商羯罗主和陈那。商羯罗主属于中观派，陈那属于唯识今学，他们突出逻辑内容，重点创建能立和能破学说，五支论式演变为三支论式，发展了推理谬误论。后是认识论因明，代表人物有后期的陈那和法称，他们在阐述立与破的同时，探讨了认识的起源、认识的形式和认识的可靠性问题。藏传因明传统，始于8世纪后半叶，分为前弘和后弘期。前弘期是因明初传，藏文翻译了《因滴论》《正理滴论》等因明著作；后弘期为因明再传，重点翻译了《释量论》等著作。藏传因明主要传承法称的《量释论》《量决定论》，而法称的"二论"却是陈那晚年代表作《集量论》的注释。藏传因明传承的是印度认识论逻辑，赋予浓厚的宗教色彩，鼓励信众脱俗成佛。藏传因明是佛教各派僧众的必修课，僧徒入寺一般要花十几年的时间才能修完全部规定的课程，掌握破他、立自和断净的辩论式体裁。汉传因明传统，由玄奘创立。他既不遵循印度梵文的传统，也不传承法称的因明学说，既不发展认识论逻辑，也不把因明当作脱俗成佛的工具，而是依据陈那的早期代表作，强调因明的论辩功能，着力研究发展因明的逻辑内容及立破论式及其规则。玄奘熟悉陈那晚年所著却不翻译，说明他不愿将认识论混入逻辑之中，将因明纳入佛教的认识论范畴，建立了比较纯正的因明逻辑传统。

玄奘对于汉传因明的贡献在于，他是第一个系统学习印度因明学的中国人。贞观二年冬，玄奘到达北印度迦湿弥罗国，始学因明逻辑。该国称法师不顾年迈体衰，白天为玄奘讲授佛经，晚上传授因明课程，"国有大德名僧胜匠，奘就学《俱舍》、《顺正理》、因明、声明及《大毗婆沙》"。贞观三年，玄奘到中印度的至那仆底国学习《对法论》和《理门论》，在《对法论》中有关于《瑜伽师地论》七因明的论述，属于古因明范围；《理门论》则是陈那新因明的代表作。贞观五年秋，玄奘第一次来到那烂陀寺，一住就是5年，听从戒贤法师讲授《瑜伽师地论》三遍，《因明》和《集量》各两遍。尔后，玄奘继续游学五印，在侨萨罗国，向一位精通因明的婆罗门学习《集量论》；在钵伐多国，"有数名德，学业可遵，又停二年，学正量部《根本论》《摄正法论》《成实论》等"（《续高僧传·玄奘》）。此时的玄奘已然是因明学大师，在杖林山，帮助老师胜军纠正了其建立的"诸大乘经皆是佛说"一则共比量，将"两俱极成"修改为"自许极成"，使之成为自比量。在那烂陀寺，玄奘运用因明逻辑驳倒了一个"顺世外道"的挑战者，"有顺世外道来求论难，书四十条义悬于寺门，若有屈者，斩首相谢"。寺院却无人敢于应对挑战者，"诸僧同疑，恐有觖负，默不陈对"。玄奘挺身而出，战而胜之，"奘停既久，究达论道，告众请对，何得同耻！各立旁证，往复数番，通解无路，神理俱丧，溘然潜伏。预是释门，一时腾踊"。可贵的是，在战胜挑战者后，寺僧要求挑战者按约斩首，玄奘表现出宽厚博大的慈悲心胸，"彼既屈已，请依先约，奘曰：'我法弘恕，不在刑科。禀受我法，如奴事主。'"（《续高僧传·玄奘》）

贡献在于，玄奘第一个翻译新因明名著。玄奘从印度带回因明著作36部，两年之后先后译出新因明专著两种，贞观二十一年译出商羯罗主的《因明入正理论》；贞观二十三年译出陈那的《因明正理门论》，后又译出《观所缘缘论》。玄奘还翻译了两本新因明应用方面的范本，一本是大乘中观派清辩的《大乘掌珍论》，另一本是陈那门人护法的《广百论本》。玄奘门徒定宾认为，玄奘唯识比量的因明格式仿效了《掌珍论》，而宗、因、喻三支的内容又像护法解释唯识理论所立的量，"此量头仿掌珍，身象唯识"[1]。此外，玄奘还翻译古因明著作，翻译无著的《显扬圣教论》，其因明部分沿袭弥勒学说；翻译安慧编著的《阿毗达磨杂集论》，含有承述并发挥的七因明内容；翻译《瑜伽师地论》，首次提出因明学概念，阐述了大乘佛教的辩论术和逻辑体系；翻译《大乘阿毗达磨集论》，将弥勒的七因明通称为论轨决择。古因明著作的翻译，一方面填补了从《方便心论》到世亲《如实论》之间的空白，使汉地学者能够全面了解古因明学的发展轨迹，另一方面则是收集保存了古因明学的主要资料。由于印度佛教自10世纪起开始衰落，至13世纪溃灭，因明经卷随之大量散失，唯有中国比较完整地保存着因明经卷梵文原本及中文译本，许多因明经卷已成为世界上最珍贵乃至唯一的版本，《因明正理门论》中译本就是世界上现存最早的版本。由此可见，对于中国而言，玄奘翻译因明著作有功；对于世界而言，玄奘保存因明著作有功，包

---

① 郑伟宏：《论玄奘的因明学成就》，载《法音论坛》1999年第5期。

括印度学者在内的世界各国学者如要研究因明学及其历史，都必须借助中国保存的因明文献。

贡献在于，玄奘培育了第一批因明弟子。玄奘翻译因明，讲授因明，培养出一批因明造诣颇高的弟子，其中才华横溢者为窥基，"基为元魏尉迟部的后裔，玄奘归国后第四年，他十七岁依玄奘出家。二十八岁，即参译《成唯识论》"①。玄奘特别喜欢窥基，经常单独给讲解因明逻辑，使之能够脱颖而出，成为最优秀的学生。有一次玄奘在慈恩寺讲解唯识之学，西明寺僧人园测听了以后，回寺给众僧讲解，水平高于窥基，很受欢迎，"基闻之，惭居其后，不胜怅快，奘勉之曰：'测公虽造疏，未达因明。'遂为讲陈那之论，基大善三支，纵横立破，述义命章，前无与比"（《宋高僧传·唐京兆大慈恩寺窥基》）。玄奘的弟子不仅学习因明，而且研究因明，竞相注疏，窥基著有《因明入正理论疏》，被世人赞为"因明大疏"。自贞观二十一年至开元年间，为《因明正理门论》注疏的著作有十六部左右，比较著名的有弟子神泰的《述记》；为《因明入门理论》注疏的著作有二十部左右，其中以弟子文轨的《庄严疏》和窥基的"大疏"最为流行。玄奘不仅为中国培养了因明弟子，而且为日本、朝鲜培养了因明弟子。日本学僧道昭于唐高宗永徽四年入唐，跟从玄奘学习七年之久，"道昭俗姓船连，河内丹比人，是百济王辰尔的后代，父名惠尺。他在白雉四年（653）五月，随遣唐使赴唐，受教于玄奘三藏，并且傍学禅宗。在唐七年，归国后住元兴寺，盛张法"。智通、智达于唐高宗显庆三年来唐，跟随玄奘、窥基学习，"齐明天皇四年（658）七月，即道昭赴唐后的第五年，智通、智达二人又乘新罗船西航赴唐，跟随玄奘和窥基（慈恩大师）学法相教

① 《中国佛教》（第一辑），知识出版社1980年版，第293页。

义"①。朝鲜则有园测、玄苑、胜庄、顺憬等一批高僧或从玄奘受业，或参与玄奘译事。他们都有因明著述，园测著有《因明理门论疏》，顺憬著有《因明入门理疏》。由于赴唐的日本、朝鲜高僧的努力，使得因明逻辑经由中国传入日本和朝鲜。玄奘有功于因明逻辑在中国的传播，也有功于在日本和朝鲜的传播。

当然，玄奘最重要的贡献在于继承发展因明逻辑思想。具体表现在深入研究的基础上选择传播新因明，而不是古因明和认识论因明，规范了因明学在中国的发展方向。新因明围绕立与破，以逻辑演绎归纳为主，附带论述认识论，"可以权衡立破，可以楷定正邪，可以褒贬是非，可以鉴照现比"（唐释文轨《因明入正理论序疏序》）。他对共比量、自比量、他比量三种比量有整理发展之功。印度的新因明讨论范围限于共比量，玄奘则扩大到自比量、他比量。在印度游学期间，就已对三种比量及其简别方法运用自如，既修改了胜军的比量，又提出并成功论证了其唯识思想。他根据新因明的共比量性质，明确揭示同品、异品概念必须除宗有法。除宗有法意指在因明的论证中，作为论题宗支的主项"有法"，必须排除在论据喻支的喻依之外，"处谓处所，即是一切除宗以外有、无法处。……除宗以外，有、无聚中，有此共许不共许法"（窥基《因明大疏》卷四）。他翻译"因三相"规则时，没有照梵文原译，而是加入了自己的理解。因三相是对陈那九句因中的二、八正因的概括，玄奘翻译"因三相遍是宗法性、同品定有性、异品遍无性时"时，增加了两个"遍"字和一个"定"字，清楚揭示了二、八正因固有的逻辑意义。他把限于共比量过失论拓展到自比量和他比量，丰富充实了新因明的过失理论。尤其是在印度，针对小乘正量部反对"唯识无境"的命题，玄奘提出了

①　杨廷福著:《唐僧取经》，中华书局1981年版，第17—18页。

"真唯识量"的思想,"真故极成色,不离于眼识宗;自许初三摄,眼所不摄故因;犹如眼识喻"(窥基《因明大疏》卷五)。大意是,所缘与能缘、认识对象与认识主体不能分离,二者是同一识体上的"相分"与"见分"关系。其逻辑特点是在共比量上加入真故、自许、极成色等"简别"字眼,增强因明立量的针对性和条件性,使其在同论敌辩论的特殊情况下,才能判断正确与否。虞愚认为,玄奘对于因明逻辑理论的贡献,一是在论题方面区别了宗体与宗依;二是提出了"寄言简别"的方法;三是在立论者生因与论敌的了因中,各分出言、智、义而成六因;四是每一过类分为全分一分,又将全分一分析为自、他、俱;五是宗、因、喻间有体、无体的关系推得三种情况,即宗与因、喻之间定其有体无体的关系,宗与法与因之间定其有无关系,论宗有无体与异喻依有无体之间的关系①。

四、翻译大师

客观地说,玄奘对于中国佛教的贡献不在于建立宗派和佛学理论创新,而在于翻译佛教典籍。玄奘回国时带回大小乘佛教经律论五百二十夹、六百五十七部,他婉言辞谢唐太宗让其还俗出仕的愿望,"察法师堪公辅之寄,因劝罢道,助秉俗务",而专心从事佛经翻译工作,"从西域所得梵本六百余部,一言未译。今知此嵩岳之南少室山北有少林寺……望为国就彼翻译,伏听敕言"(《大慈恩寺三藏法师传》卷六)。玄奘前后勤奋译经19年,每天凌晨即起,安排第二天所须翻译佛经,还制定工作日程,务必当日完成,"法师还慈恩寺,自此之后,专务翻译,无弃寸阴,

---

① 虞愚:《玄奘对因明的贡献》,载《中国社会科学》1981年第1期。

每日自立程课，若昼日有事不充，必兼夜以续之。遇乙之后，方乃停笔。摄经已，复礼佛行道，至三更暂眠，五更复起，读诵梵本，朱点次第，拟明旦所翻"（《大慈恩寺三藏法师传》卷七）。玄奘翻译佛经数量之多、质量之高，空前绝后，"大抵佛经翻译事业，至玄奘已登极峰，再没有佛经翻译家能超过他"[1]。而且，玄奘在"中国译经史上是一位划时代人物，玄奘以前的译作称旧译，玄奘的译作称新译"[2]。

中国的佛经翻译自东汉明帝永平年间始，"遣郎中蔡愔、博士弟子秦景等使往天竺，寻访佛法"（《高僧传·摄摩腾》）。蔡愔等请得摄摩腾和竺法兰来洛阳，建白马寺，译《四十二章经》，"汉地见存诸经，唯此为始也"（《高僧传·竺法兰》）。隋唐之前，译经可分为三个时期，第一时期从汉明帝永平间至西晋末年，译经代表人物为安世高、支楼迦谶。那时的译经文体未定，词不达意，以格义为主，比较牵强附会，"自大法东被，始于汉明，涉历魏晋，经论渐多，而支、竺所出，多滞文格义"。第二时期为东晋十六国，代表人物有道安、鸠摩罗什，开始总结译经理论和实践。道安反对格义，提倡直译，组织翻译佛经，追求经、律、论三者完备译出。鸠摩罗什偏重意译，一改过去朴拙译风和格义译法，"什既率多谙诵，无不究尽，转能汉言，音译流便"。对比胡本与旧经，"以相雠校，其新文异旧者，义皆圆通，众心惬伏，莫不欣赞"（《高僧传·鸠摩罗什》）。第三时期为南北朝，代表人物有昙无谶、真谛。昙无谶译经文辞华丽，不离宗旨；真谛能够保存原本面貌。南北朝译者甚众，既译经又译论、

① 范文澜著：《中国通史简编》（修订本 第三编 第二册），人民出版社1965年版，第578页。

② ［日］镰田茂雄著，郑彭年译：《简明中国佛教史》，上海译文出版社1986年版，第209页。

律，小乘经论日趋完备，大乘经典竞相译出，净土、密宗经典翻译显著增多，佛教戒律也不断传译过来。隋唐的译经是以往译经的继承，臻于完善成熟，目的性更加明确，翻译制度更加健全，且由中国僧人担任主译。玄奘的译经则达到中国佛经翻译史的高峰。

在中国佛经翻译史上，鸠摩罗什、真谛、玄奘和不空是四位公认的翻译大师，而玄奘是大师中的大师。鸠摩罗什为印度人，与其弟子主要译有《大品般若经》《妙法莲华经》《维摩诘经》《阿弥陀经》《金刚经》和《中论》《百论》《十二门论》《大智度论》《成实论》，译经总数为七十四部三百八十四卷；重点介绍龙树中观学派的学说。真谛也是印度人，与其弟子译有《金光明经》《无上依经》《仁王般若经》《广义法门经》和《十七地论》《唯识论》《摄大乘论》《律二十二明了论》，译经三十八部一百一十八卷（《开元释教录》），着力介绍瑜伽行派的唯识学。不空属于唐朝，是斯里兰卡人，与其弟子译有《仁王般若经》《密严经》《大虚空藏菩萨所问经》《文殊师利佛刹功德庄严经》《慈氏菩萨所说大乘缘生稻秆喻经》《大方广如来藏经》和《大乘缘生论》《金刚顶十八会指归》，译经一百一十部一百四十三卷（《贞元录》），主要介绍密教思想。只有玄奘是中国人，译经七十五部一千三百三十五卷，其中《大般若经》六百卷、《大毗婆沙》二百卷和《瑜伽师地论》一百卷，都是长篇经论全集，总数比其他三大译师所译经典的总和还多一倍。自隋朝开皇元年至唐贞元五年的208年间，译师计有54人，共译佛典二千七百十三卷，而玄奘所译经卷占一半以上，为中国佛教译经之最。玄奘的翻译很有质量，既能译解晦涩词句和融化深奥义理，又能补译原著所遗文义或原本中难以领会的伏笔隐义，还能矫正旧译的讹谬，"自前代已来，所译经教，初从梵语倒写文本，次乃回之，顺同此俗，然后笔人观理

文句，中间增损，多坠全言。今所翻传，都由奘旨"。玄奘口头
译出，别人记录，不加润饰，就是一篇美文，时人给予高度评
价，"意思独断，出语成章，词人随写，即可披玩"（《续高僧传·
玄奘》）。

比较其他译师，玄奘的翻译更为全面系统。其他译师只是译
梵为汉，唯有玄奘将中文典籍翻译成梵文。贞观二十一年，由玄
奘主持，召集三十余名道士一起将《老子》译成梵文，还联合一
批高僧将汉人撰写的佛教名著《大乘起信论》译为梵文，"《起
信》一论，文出马鸣，彼土诸僧思承其本，奘乃译唐为梵，通布
五天。斯则法化之缘，东西互举"（《续高僧传·玄奘》）。其他
译师只是翻译印度佛教的某些宗派和佛学的部分内容，唯有玄奘
的翻译，充分反映了公元5世纪前后印度佛学的全貌。当时印度
佛学已分为毗昙、因明、戒律、中观和瑜伽等不同门类，玄奘重
点翻译瑜伽行派和说一切有部论著，同时翻译介绍其他门类的佛
经。在毗昙门类，玄奘译出大乘的《集论》及其注释《杂集论》，
小乘则以《俱舍》为中心，翻译了"一身六足"和《婆沙》诸论，
以及《顺正理》和《显宗》等论。因明门类，玄奘译出《因明正
理门论》《因明入正理论》，介绍有关证明和驳斥的佛家逻辑。戒
律门类，玄奘译出大乘唯一的瑜伽《菩萨戒本》，及其实行的具
体规范《戒羯磨文》。中观门类，玄奘不仅译出《广百论本》，而
且译出《广百论释论》，明确了瑜伽与中观的互相关系。瑜伽门
类，玄奘最重要的成就是糅译印度亲胜、火辨、难陀、德慧、安
慧、净月、护法、胜友、胜子、智月十大论师分别对《唯识三十
颂》所作的注释，编著《成唯识论》，奠定唯识宗的理论基础。

玄奘回国译经的活动可分为三个阶段，第一阶段为自贞观
十九年至二十三年，重点翻译《瑜伽师地论》，"其年五月，创开
翻译《大菩萨藏经》二十卷"，"又复旁翻《显扬圣教论》二十卷"，

"次又翻《大乘对法论》一十五卷"。《瑜伽师地论》相传由弥勒口述、无著记录，是古印度大乘瑜伽行派的根本论书，也是唯识宗的根本论书。同时翻译《大乘百法明门论》《大乘五蕴论》《显扬圣教论》《摄大乘论本》及《摄大乘论世亲释》《摄大乘论无性释》《大乘阿毗达摩杂集论》和《唯识三十论》，基本构建了唯识宗"一本十支"理论框架。第二阶段自高宗永徽元年至显庆四年，约为9年时间，重点翻译说一切有部论著，永徽二年，"于修文殿翻《发智》等论"；显庆二年，"召入大内丽日殿翻《观所缘》等论，又于明德宫翻《大毗婆沙》等论"。说一切有部基本典籍计有七论，称为"一身六足"，其中《发智论》文义俱足，故以身喻之；《集异门足论》《法蕴足论》《识身足论》《界身足论》《品类足论》和《施设足论》义门少，故以足喻之。除《施设足论》，其余六论均为玄奘翻译。《大毗婆沙论》详细论述了《发智论》的分类及其八蕴，一并译出。玄奘还翻译了世亲的《俱舍论》。该论以《杂阿毗昙心论》为基础，广泛吸取和归纳概括说一切有部论著的重要内容，简明扼要，分析精到，词不繁而义显，义虽深而易入，在印度具有较大影响。第三阶段自显庆五年始，为玄奘生前的最后四年，重点翻译《大般若经》，"以显庆五年正月元日创翻大本，至龙朔三年十月末了，凡四处十六会说，总六百卷，般若空宗，此焉周尽"（《续高僧传·玄奘》）。《大般若经》为宣教诸法皆空之义的大乘佛教般若类经典的汇编，规模宏大。初译经时，有人主张采取节译的办法，玄奘先是同意，却招来噩梦，"梵本总有二十万颂，文既广大，学徒每请删略，法师将顺众意，如罗什所翻，除繁去重。作此念已，于夜梦中即有极怖畏事以相警诫"。继而要求一字不落地全译，"觉已惊惧，向诸众说，还依广翻。夜中乃见诸佛菩萨眉间放光，照触己身，心意怡适"；"觉而喜庆，不敢更删，一如梵本"。此时，玄奘已是风烛残年，仍然勉励诸僧，"今年六十有五，必当卒命于此伽蓝。经部甚大，每惧不终，人人努力加勤，勿辞劳苦"（《大慈恩寺三藏法师传》卷十）。读罢令人唏嘘不已，真是可敬可佩！

作为译场组织者，玄奘堪与道安媲美。可惜道安不懂梵文，毕竟稍逊风骚。玄奘主持译场，一开始就重视组织工作，"既承明命，返迹京师，遂召沙门慧明、灵润等以为证义，沙门行友、玄赜等以为缀缉，沙门智证、辩机等以为录文，沙门玄模以证梵语，沙门玄应以定字伪"（《续高僧传·玄奘》）。译场组织严密，分工明确，每译一经，须有多道程序把关。具体而言，一是译主，为译场灵魂和总负责人。译主必须精通华梵，深谙佛理，遇有疑难，能够裁决，拍板定稿。二是证义，为译主助手，审定译文是否切合梵文。如有差异，则由证义与译主商量解决。三是证文，译主诵梵文时，由他注意与原文有无讹误。四是度语，根据梵文字音改记为汉字。五是笔受，将录下的梵文字音译成汉文。六是缀文，主要是整理译文，使之符合汉语习惯。七是参译，既校勘原文是否有误，又将译文回证原文有无歧异。八是刊定，将译文每句每节每章去芜存菁，使之简明扼要。九是润文，对译文进行修辞加工，达到优美流畅。十是梵呗，译文完成后，用梵音念唱，看音调是否协调，修正不和谐的音节，以便僧侣诵读。十一是监护大使，为钦命大臣，监督并审阅译经。其中缀文、证义等职，往往由多人分担，在玄奘译场充当缀文的有九人，证义的有十二人（《开元释教录》）。他们大多是来自全国各大寺院的高僧大德，有的精通梵文，有的熟识汉语，有的兼通梵汉，可谓人才济济，著名的有神昉、嘉尚、普光和窥基，时称门下四哲。窥基经常承担译文的润色、执笔、核文和纂义等职责。玄奘译场严密的组织制度，不仅保证了译文质量，而且成为后世译经组织的范例。

　　作为翻译大师，玄奘不仅有着丰富的翻译实践，更是形成了独特完善的翻译理论。在佛经翻译史上，最早总结翻译经验的是道安，他提出了"五失本"和"三不易"的翻译理论。五失本意指译文与原文在语言形式、语体风格和内容方面存在的五种偏离情况，不能做到忠实于原文；三不易指古与今、创作主体与接受主体以及翻译过程中的接受与转达语境的变化，给译经造成的困难。继之是隋朝的彦琮，"琮久参传译，妙体梵文，此土群师，皆宗鸟迹，至于音字诂训，罕得相符，乃著《辩正论》，以垂翻译之式"。彦琮提出"十条""八备"的译经思想，认为译经应注意十个方面的问题，"粗开要例，则有十条，字声一，句韵二，问答三，名义四，经论五，歌颂六，咒功七，品题八，专业九，异本十，各疏其相，广文如论"。彦琮强调，译经必须与译者个人的道德品质、文化修养、理解能力及文字水平相结合，才能保证译经质量，"经不容易，理藉名贤，常思品藻，终惭水镜。兼而取之，所备者八。诚心爱法，志愿益人，不惮久时，其备一也。将践觉场，先牢戒足，不染讥恶，其备二也。笙晓三藏，义贯两乘，不苦暗滞，其备三也。旁涉坟史，工缀典词，不过鲁拙，其备四也。襟抱平恕，器量虚融，不好专执，其备五也。耽于道术，澹于名利，不欲高衔，其备六也。要识梵言，乃闲正译，不坠彼学，其备七也。薄阅《苍》《雅》，粗谙篆隶，不昧此文，其备八也。八者备矣，方是得人，三业必长，其风靡绝"（《续高僧传·彦琮》）。彦琮的译经要求相当高，尤其是八备，译经史上大概只有玄奘，才能满足所有条件。

　　玄奘翻译理论的创新完善在于变旧译为新译。隋唐之前的佛经翻译一般为天竺高僧口授和中国高僧笔受而成，辗转相传，难免失去原旨。道安通过比较同本异译，主张直译法；鸠摩罗什检讨改变以往音译为主的翻译方法，强调意译法，进而形成了佛经翻译的旧译时代。玄奘则采用音译与意译相结合的方法，使音译与意译融会贯通于译经的全过程，开启了佛经的新译时代，"玄奘于鸠摩罗什旧译之后，开创了新译"[①]。而且，玄奘的译经很正确，"译出中国前此未有的新经典，或舍旧译本，重出新译文"[②]。玄奘翻译理论的完善创新还在于翻译技法的创新，促进译经达到内容与形式的完美统一。国内外学者曾对勘过《集论》与《俱舍论》，认为玄奘运用了六种翻译技巧，即补充法，常常在译文中增加几个字或一两句话，以便读者理解；省略法，在不重要的地方删略少量原文；变位法，改变梵文字的次序；分合法，翻译梵文复合词时或分或合；译名假借法，有时用另一种译名来改译常用的专门术语，让译文的含义更加清晰；代词还原法，即把原文的代名词译成它所代的名词。在于提出了"五不翻"的原则，意指有些梵文名词只能音译，不能意译，而不是省略不翻译，"唐奘法师论五种不翻：一、秘密故，如陀罗尼；二、舍多义故，如薄伽梵具六义；三、此无故，如阎浮树，中夏实无此木；四、顺古故，如阿耨菩提，非不可翻，而摩腾以来常存梵音；五、生善故，如般若尊重，智慧轻浅"（周敦颐《翻译名义序》）。玄奘翻译理论的完善创新更在于明确提出了翻译标准问题，"既须求真，又须喻俗"。求真是要忠实于原文，保留原文风貌；喻俗就是通俗易懂，符合汉语言文化规范，两者相辅相成，不可偏废。求真与喻俗的翻译标准影响深远，与现代"信、达、雅"的要求有着异曲同工之妙。有的学者主张以达意和创立新的文体来评价玄奘的翻译成就，而不是简单地通过区分文与质、直译与意译加以评

---

① ［日］镰田茂雄著，郑彭年译：《简明中国佛教史》，上海译文出版社1986年版，第208页。

② 范文澜著：《中国通史简编》（修订本 第三编 第二册），人民出版社1965年版，第778页。

价，"其实论翻译，都要它能做到达意的地步，玄奘的译文对于这一层是成功了的。他还运用六代以来那种偶正奇变的文体，参酌梵文钩锁连环的方式，创成一种精严凝重的风格，用来表达特别著重结构的瑜伽学说，恰恰调和"①。

毛泽东说过：人是要有一点精神的。玄奘名垂史册的原因很多，既在于创立唯识宗，也在于翻译佛经。最重要的原因是他敢于舍身求法的取经事迹。取经事迹早已超越佛教范围，无论沙漠、冰川，还是高山、盗匪，都阻遏不了玄奘西行取经的坚定决心和顽强意志，充分展示了中华民族追求真理和不屈不挠的奋斗精神，"路出铁门、石门，躬乘沙岭、雪岭，历天险而志逾慷慨，遭凶贼而神弥厉勇"（《续高僧传·玄奘》）。

---

① 吕澂著：《中国佛学源流略讲》，中华书局1979年版，第339—340页。

第四节　惠能

　　惠能（公元638—719年）是个传奇人物，虽为禅宗六祖，实是禅宗创始人，"凡言禅者，皆本曹溪"（柳宗元《赐谥大鉴禅师碑并序》）。曹溪者，惠能之别号。禅的天竺音译为"禅那"，意译为"弃恶""思惟修"，通常译为禅、"静虑"。禅宗纯粹是中国佛教，惠能完成了佛教中国化。他文化水平很低，"童子引至偈前礼拜。惠能曰'惠能不识字，请上人为读'"（《坛经·行由品》），却是中国佛教史上最具创造力的思想家，认为佛性就在人心之中，"我心自有佛，自佛是真佛。自若无佛心，何处求真佛？"（《坛经·付嘱品》）惠能还是中国佛教史上最具爆发力的革新者，推动佛教平民化和日常生活化，不需坐禅，也不需念经；不需大量布施，也不需烦琐的宗教仪式，更不需累世修行，只需自悟和顿悟，"道由心悟，岂在坐也？经云：'若言如来若坐若卧，是行邪道。'何故？无所从来，亦无所去，无生无灭，是如来清净禅；诸法空寂，是如来清净坐"（《坛经·护法品》）。

一、其人其事

　　《旧唐书》为玄奘立传，却没有单独为惠能立传，只是附于神秀传而作简略介绍。《宋高僧传·唐韶州今南华寺慧能》记载：

"释慧能，姓卢氏"，"贞观十二年戊戌岁生能也"。惠能先世为河北范阳人，唐高祖时，其父谪官到岭南新州，"惠能严父，本贯范阳，左降流于岭南，作新州百姓"。他早年生活艰苦，以樵夫为生，"此身不幸，父又早亡，老母孤遗，移来南海，艰辛贫乏，于市卖柴"。惠能很有佛缘和悟性，听读《金刚经》，便决心学佛向佛，"时有一客买柴，使令送至客店，客收去，惠能得钱，却出门外，见一客诵经，惠能一闻经语，心即开悟。遂问客诵何经，客曰《金刚经》"。32岁那年，他安顿好老母，便去湖北黄梅东山寺，投奔弘忍禅师，"惠能闻说，宿昔有缘，乃蒙一客，取银十两与惠能，令充老母衣粮，教便往黄梅，参礼五祖"（《坛经·行由品》）。

皈依佛门后，惠能的经历可分为东山得法、潜伏世间、广州剃度和曹溪创宗四个阶段。东山得法，系指在东山寺向弘忍学法的经历，可概括为八月春米、四句呈心、三更传法。初见弘忍，惠能便表现出高远的志向，强调此行目的就是学佛悟道，根除无明烦恼，开启真实觉悟，"弟子是岭南新州百姓，远来礼师，惟求作佛，不求余物"。弘忍试探用轻视的口吻问话，"汝是岭南人，又是獦獠，若为堪作佛"。獦獠是对当时生活在南方以行猎为生的少数民族的侮称，意指惠能是未开化、无知识的蛮夷。惠能并不生气，很能忍受，还说出了一番道理，认为人人都有佛性，"人虽有南北，佛性本无南北，獦獠身与和尚不同，佛性有何差别？"弘忍感到惠能可教，安排他去马棚打杂，"这獦獠根性大利，汝更勿言，著槽厂去"；实际是劈柴春米，"惠能退至后院，有一行者，差惠能破柴踏碓"。八个月后的一天，弘忍召集所有弟子，要求各呈表达自性的偈子，且根据偈颂是否悟得佛性而传授衣钵，"汝等各去，自看智慧，取本心般若之性，各作一偈，来呈吾看，若悟大意，付汝衣法，为第六代祖"。由此引出了著名的神秀与惠能呈偈比试事件。神秀是东山寺的大师兄和教授师，公认佛法最高，众僧不敢与他争锋，"神秀上座，现为教授师，必是他得；我辈谩作偈颂，枉用心力"。神秀犹豫再三，带头写了偈颂，"身是菩提树，心如明镜台。时时勤拂拭，勿使惹尘埃"。弘忍看了，当面给予表扬，却不认同，"汝作此偈，未见本性，只到门外，未入门内。如此见解，觅无上菩提，了不可得"。而惠能呈上的是"菩提本无树，明镜亦非台。本来无一物，何处惹尘埃"。弘忍认可惠能的偈颂，半夜三更叫到自己房间单独传授禅宗顿悟法门，"为说《金刚经》，至应无所住而生其心；惠能言下大悟一切万法不离自性"；同时传授禅宗衣钵，"汝为第六代祖，善自护念，广度有情，流布将来，无令断绝"（《坛经·行由品》）。

　　潜伏人间，意指得到衣钵后，没有条件立即弘法，仍在饱尝人间苦难，"惠能于东山得法，辛苦受尽，命似悬丝"。在东山寺期间，弘忍处处给予保护。当发现惠能根性大利时，弘忍故意不理他，让他去干粗活杂活，"经八月余，祖一日忽见惠能，曰：'吾思汝之见可用，恐有恶人害汝，遂不与汝言，汝知之否？'惠能曰：'弟子亦知师意，不敢行至堂前，令人不觉。'"当惠能的偈颂引起众僧注意时，"奇哉，不得以貌取人，何得多时使他肉身菩萨"，弘忍故意贬低并加以掩盖，"祖见众人惊怪，恐人损害，遂将鞋擦了偈，曰：'亦未见性。'众以为然"。当深夜传给衣钵时，弘忍告诫以后只传禅法，不传袈裟信物，"昔达摩大师，初来此土，人未之信，故传此衣，以为信体，代代相承。法则以心传心，皆令自悟自解。自古佛佛惟传本体，师师密付本心。衣为争端，止汝勿传，若传此衣，命如悬丝，汝须速去，恐人害汝"。当惠能不知离开东山寺去向何处时，弘忍一一加以指点，还亲自送行，"惠能启曰：'向甚处去？'祖云：'逢怀则止，遇会则藏。'惠能三更领得衣钵，云：'能本是南中人，素不知此山路，如何出得江口？'五祖言：'汝不须忧，吾自送汝。'祖相送至九江驿"。离开东山寺后，多次受到生命威胁。在大庾岭，"惠能辞违祖已，发足南行。两月中间，至大庾岭，逐后数百人来，欲夺衣钵。一僧俗姓陈，名惠明。先是四品将军，性行粗糙，极意参寻，为众人先，趁及惠能"。幸好惠明受到教化，悟得佛性，使得惠能有惊无险。在曹溪，惠能"又被恶人寻逐"。在四会，"避难猎人队中，凡经一十五载"。惠能的伟大在于，即使遇到艰难，也不改初衷，不忘宣介佛法。他要求惠明，"不思善，不思恶，正与么时，那个是明上座本来面目"。与猎人为伍时，坚持放生和吃蔬，"时与猎人随宜说法。猎人常令守网，每见生命，尽放之。每至饭时，以菜寄煮肉锅。或问，则对曰：但吃肉边菜"（《坛经·行由品》）。

广州剃度，意指东山寺没有剃度，直到十五年后才在广州法性寺得到剃度。惠能没有正式受戒，就成为禅宗祖师，也算是一个奇迹。没有受戒，不表明没有悟禅，惠能在弘忍深夜传法时，即悟得佛法真谛。自我的本性原本是清静的，原本是不生不灭的，原本是自我具足的，原本是不可动摇的，原本是世间万象的本原，"何期自性，本自清净；何期自性，本不生灭；何期自性，本自具足；何期自性，本无动摇；何期自性，能生万法"。公元676年，惠能决定正式出山弘通正法，"一日思惟，时当弘法，不可终遁，遂出至广州法性寺"。惠能不鸣则已，一鸣惊人，"值印宗法师讲《涅槃经》。时有风吹幡动，一僧曰风动，一僧曰幡动，议论不已。惠能进曰：'不是风动，不是幡动，仁者心动。'一众骇然"。印宗见惠能出语非凡，便问其来历，惠能以实相告，亮出禅宗六祖的身份和地位，"印宗延至上席，征诘奥义，见惠能言简理当，不由文字。宗云：'行者定非常人，久闻黄梅衣法南来，莫是行者否？'惠能曰：'不敢。'宗于是作礼，告请传来衣钵，出示大众"。印宗请教弘忍所示法要，惠能告之唯论见性，不必纠缠于禅定解脱，强调佛法为不二之法，佛性是无二之性，"蕴之与界，凡夫见二，智者了达其性无二，无二之性即是佛性"。印宗等听后，大为惊叹，进而为惠能剃度，"印宗闻说，欢喜合掌，言：'某甲讲经，犹如瓦砾；仁者论义，犹如真金。'于是为惠能剃发，愿事为师。惠能遂于菩提树下，开东山法门"（《坛经·行由品》）。据法海《六祖大师法宝坛经略序》，惠能于法性寺受戒，大师云集，盛况空前，其中西京智光律师为授戒师，苏州慧静律师为羯磨师，荆州通应律师为教授师，中天耆多罗律师为说戒，西天密多藏为证戒。

　　曹溪创宗，意指在曹溪宝林寺主持弘法前后三十七年，提出一套创新性的禅学体系。由于法性寺位于城中，不宜行禅，惠能第二年即去曹溪宝林寺。离开法性寺时，印宗等道俗千人相送，通应律师等数百人依止而居。到宝林寺后，韶州刺史韦琚请入城说法三日，授无相戒，"时，大师至宝林，韶州韦刺史与官僚入山，请师出。于城中大梵寺讲堂，为众开缘说法。师升座次，刺史官僚三十余人，儒宗学士三十余人，僧尼、道俗一千余人，同时作礼，愿闻法要"。惠能强调，人心先天具有成佛的自性，只要不受污染，就可直接开悟成佛，"菩提自性，本来清净，但用此心，直了成佛"。惠能在曹溪弘法，声名远播，武则天、唐中宗诏其进京讲佛，"朕请安秀二师，宫中供养。万机之暇，每究一乘。二师推让云：'南方有能禅师，密授忍大师衣法，传佛心印，可请彼问。'今遣内侍薛简，驰诏迎请，愿师慈念，速赴上京"。惠能为保持民间佛教特色，"上表辞疾，愿终林麓"。薛简只得向惠能问法，以便回京复命。其中，提问是否只有修习禅定，才能得道成佛。惠能回答，成佛是人心自悟，与坐禅没有关系，"道由心悟，岂在坐也？"提问佛道是否有光明黑暗之分。光明喻智慧，黑暗喻烦恼，只有通过智慧，才能破开烦恼。惠能指出，这是小乘的观点，佛道不分光明与黑暗，"烦恼即是菩提，无二无别。若以智慧照破烦恼者，此是二乘见解，羊鹿等机；上智大根，悉不如是"。提问何是大乘见解。惠能认为，只要破除二边，就能悟道，"明与无明，凡夫见二；智者了达，其性无二。无二之性，即是实性。实性者，处凡愚而不减，在贤圣而不增；住烦恼而不乱，居禅定而不寂。不断不常，不来不去，不在中间，及其内外，不生不灭，性相如如，常住不迁，名之曰道"。惠能强调，只要显发真性，就能顿悟成佛，"汝若欲知心要，但一切善恶，都莫思量，自然得入清净心体，湛然常寂，妙用恒沙"。薛简"豁然大悟。礼辞归阙，表奏师语"。唐中宗很大度，不勉强，还给予表彰，"并奉磨衲袈裟，及水晶钵，敕韶州刺史修饰寺宇，赐师旧居为国恩寺"（《坛经·护法品》）。

惠能在曹溪弘法多年，度众无量，得旨嗣法者四十三人，悟道超凡者不计其数，最重要的成果却是《坛经》。《坛经》由惠能述其法要，弟子法海、令韬等记录整理集成。中国僧人的说教被称为经的，惠能是第一位，至今还是独此一家。惠能本人十分看重《坛经》，认为以后只传《坛经》，不传衣钵，"吾于大梵寺说法，以至于今，抄录流行，目曰《法宝坛经》。汝等守护，递相传授，度诸群生。但依此说，是名正法。今为汝等说法，不付其衣。盖为汝等信根淳熟，决定无疑，堪任大事。然据先祖达摩大师，付授偈意，衣不合传"。《坛经》全面体现了惠能的禅宗思想。在惠能看来，他所传的是般若智慧，即摩诃般若波罗蜜法。获得般若智慧的基本途径是先要了达真空之理，认识到法无自性，不可执着。众生自性本空，不是空寂，而是要像虚空一样包容万法。心量广大，无论善恶，无所不容，使人的心胸无比开

阔，进而从体空到用空，从本体性空到工夫修养。心既要像虚空
那样无边无际，更要像虚空那样无念无执，无所分别，不断产生
智慧和慈悲，包容看待无情有情及宇宙万物。惠能一生倡导顿悟
直修、明心见性，使禅的意义发生了根本转变。禅不再是一种理
论、方法和具体规范，而是融入大众百姓的日常生活，在人心深
处对于本性自心的体悟。《坛经》在长期流传过程中产生了许多
不同版本，日本学者宇井伯寿归纳了二十种版本，中国学者杨曾
文列了近三十种版本，"真正独立的《坛经》本子仍不外乎敦煌
本（法海本）、惠昕本、契嵩本、宗宝本这四个本子，其余，都
不过是这四种本子中的一些不同翻刻本或传抄本而已"①。《坛经》
时间越晚，字数越多，从唐代敦煌本的一万二千字左右，增加到
元代宗宝本的二万余字。敦煌本成书最早，基本是惠能语录的辑
录，由于下署"兼受无相戒弘法弟子法海集记"，又称法海本。
惠昕本成书于晚唐或宋初，由僧人惠昕改编，全书分上下两卷，
共十一门，一万四千余字。契嵩本又称曹溪原本，据证是宋初僧
人契嵩整理，一卷十品，二万余字。宗宝本由元末僧人宗宝整理
改编，也是一卷十品，二万四千余字。宗宝本文字流畅，包含着
禅宗后期的重要思想，几乎是明代以后唯一的流行本。《坛经》
无论哪个版本，内容编排都是三部分，即惠能自述身世；惠能开
坛授戒，讲解般若禅法；惠能与弟子们的问答及临终嘱托。

二、教外别传

禅宗是教外别传，不立文字，直传佛祖心印。禅宗的创立是
一个历史过程，在印度，可追溯到佛陀。禅宗自称是接受了佛经

---

① 陈秋平、尚荣译注：《金刚经　心经　坛经》，中华书局2010年版，第155页。

之外释迦牟尼直接传授的秘密心法："以心传心，不立文字；直指人心，见性成佛。"在中国，公认的祖师是菩提达摩。禅宗祖统世系源自北宗弘忍弟子法如的信徒，他们撰写《唐中岳沙门释法如禅师行状碑》，确认祖师是达摩，依次传给慧可、僧璨、道信、弘忍和法如。后经禅宗内部长期论辩，最终认定初祖是达摩，二祖是慧可，三祖是僧璨，四祖是道信，五祖是弘忍。中唐之后，南宗成为禅宗正统，惠能被公认是继弘忍之后的六祖，法如则被排除外。达摩侧重以心印心，正式开启禅宗大门；惠能倡导识心见性，终于修成禅宗正果。惠能曾向弟子传授达摩偈意："吾本来兹土，传法救迷情；一华开五叶，结果自然成。"（《坛经·付嘱品》）一华开五叶，意指达摩以下的慧可、僧璨、道信、弘忍和惠能五位是禅宗祖师①。

实际上，在达摩到达中国之时，禅学已初露端倪，比较著名的是志公禅师和善慧大士，他们与达摩并称"梁代三大士"。志公俗姓朱，甘肃兰州人，活动于南北朝齐、梁期间。年少出家，参禅开悟，被梁武帝尊为国师。梁武帝与之时常长谈，请其开示法要。志公所作《十四科颂》，融会大乘义理与禅定工夫，主张不二法门，充满禅宗韵味，"众生与佛无殊，大智不异于愚。何须向外求宝，身田自有明珠。正道邪道不二，了知凡圣同途。迷悟本无差别，涅槃生死一如。究竟攀缘空寂，惟求意想清虚。无有一法可得，翛然自入无余"。善慧大士本名付翕，浙江东阳人，一生以居士身份修行佛道，曾为梁武帝讲解《金刚经》。善慧确实开了禅法进入日常生活、机锋默示的先河。他的偈曰"空手把锄头，步行骑水牛。人从桥上过，桥流水不流"，被后人视作千古禅偈绝唱。

---

① 一华开五叶，另一含意是指曹洞宗、云门宗、法眼宗、沩仰宗和临济宗五个禅宗宗派。

达摩又称达磨，原名菩提多罗，后改为菩提达摩，为南印度人，出身高贵，"法师者，西域南天竺国，是大婆罗门国王第三之子"。他于梁武帝普通年间航海抵达广州，"初达宋境南越，末又北度至魏，随其所止，诲以禅教"（《续高僧传·达磨》）。达摩是佛教史上的闻人，他的神话传说是"一苇以航"，意指达摩曾与梁武帝会晤，两人观点不同，梁武帝信奉小乘佛教，主张自我修行，达摩传授大乘佛教，希望普度众生。达摩不辞而别，梁武帝派人追赶，行至江边，达摩利用一根芦苇渡过长江，北上入魏。他的励志故事是"面壁九年"，意指达摩过江之后，手持禅杖，信步而行，见山朝拜，遇寺坐禅。公元527年，落脚嵩山少林寺，开设道场，广集僧徒，传授禅学。在少林寺的一个石洞中，达摩面对石壁，端端正正坐在那里，两手作弥陀印，双目下视，五心朝天入定。开定后，站起身来作一些运动，待倦怠恢复后，又是坐禅入定，延续九年时间。面壁九年，不仅表明达摩在修行上所付出艰苦努力，更是表明禅宗"以心传心，不立文字"的特征。面壁不是一定要面对墙壁，而是一种修禅方法，只要做到"外止诸缘，内心无喘，心如墙壁"，就能悟道成佛。达摩所崇之经为《楞伽经》，"仁者依行，自然度脱"（《楞伽师资记》），著有《少室六门》，即《心经颂》《破相论》《二种入》《安心法门》《悟性论》《血脉论》，"摩以此法开化魏土，识真之士从奉归悟，录其言诰，卷流于世"。达摩主要弟子有慧可、道育，"此二沙门年虽在后，而锐志高远。初逢法将，知道有归，寻亲事之，经四五载，给供咨接。感其精诚，诲以真法"（《续高僧传·达磨》）。慧可是达摩的真正传人，道育似乎专心于个人修养而较少讲话，其事迹不明。还有一位弟子叫昙林，较多地记录了达摩的禅法理论，"余则弟子昙林记师言行。集成一卷，名之《达摩论》也"（《楞伽师资记》）。

　　达摩认为，人间种种烦恼皆由自心不安、愚痴执着引起的，因而安心是悟道成佛的关键，"三界皆苦，谁而得安？经曰：'有求皆苦，无求乃乐也。'"围绕安心，达摩提出"二入四行"禅法，"然则入道多途，要唯二种，谓理行也"。二入为理入和行入，理入是解决思想认识问题。达摩强调"藉教悟宗"，教指《楞伽经》等佛教经典；宗指真如实相，"如来藏自性清净心"，意指凭借佛教经典，自证自悟佛理。理入要"深信含生同一真性"；要排除无明蔽障，"客尘障故，令舍伪归真"；要通过修心禅观，洞悉自我与他人的差别之相，达到心与超言绝相的佛性、真如实相互相契合的境界，"凝住壁观，无自无他，凡圣等一，坚住不移，不随他教，与道冥符，寂然无为，名理入也"。行入是按照佛教的规定修行，解决日常生活中的实践问题。达摩将修行实践区别为四种情况，"行入四行，万行同摄"。先是报怨行，承认自己修行由多生多世的业力驱使，要想修行证果，就得还清宿债、无有怨言，"初报怨行者：修道苦至，当念往劫，舍本逐末，多起爱憎，今虽无犯，是我宿作，甘心受之，都无怨对。经云：'逢苦不忧，识达故也。此心生时，与道无违，体怨进道故也。'"次是随缘行，将世间万象看作是因缘聚散的结果，随遇而安，不做无谓挣扎，"二随缘行者：众生无我，苦乐随缘，纵得荣誉等事，宿因所构，今方得之，缘尽还无，何喜之有？得失随缘，心无增减，违顺风静，冥顺于法也"。再是无所求行，认清因缘巧合之中没有真正的自我存在，不要执着追求，而应安心无为无求为乐，"三名无所求行：世人长迷，处处贪著，名之为求。道士悟真，理与俗反，安心无为，形随运转"（《续高僧传·达磨》）。后是称法行，就是汇集到一起，行大乘之愿，善度众生，既要行六波罗蜜，又要心无法相，离开此有为相对的境界，"四称法行者，性净之理，目之为法。理此众相斯空，无染无著，无此无彼"；"摄化众生，而不取相"；"为除妄想，修行六度，而无所行是为称法行"（《楞伽师资记》）。

二祖慧可，号神光，"俗姓姬氏，虎牢人"。慧可年轻时，主要学习儒道经典，"光年十五，九经通诵，博涉诗书尤精玄理。每发言说，常人难会"。三十岁接触佛经，出家为僧，"年近三十重览佛书，超然自得。即托洛阳龙门香山寺，依宝静禅师出家。后于永穆寺受戒。年三十二，回香山寺常住，复经八载"①。四十岁时，慧可前往嵩山寺拜达摩为师，"年登四十，遇天竺沙门菩提达磨，游化嵩洛，可怀宝知道，一见悦之，奉以为师，毕命承旨。从学六载，精究一乘，理事兼融，苦乐无滞。而解非方便，慧出神心，可乃就境陶研净秽，埏埴方知，力用坚固，不为缘陵"（《续高僧传·慧可》）。跟随达摩学习，慧可留下了很多故事。"断臂求法"，表明献身佛教的决心和信心，"及至，达摩常端坐壁观，未始与语，光因有感曰：'昔人求道乃忘其身，今我岂有万分之一。'"②当时，正下大雪，慧可立于庭中坚韧不动，以至积雪过膝，"师悯而问曰：'汝久立雪中，当求何事？'光悲泪曰：'惟愿和尚慈悲，开甘露门，广度群品。'师曰：'诸佛无上妙道，旷劫精勤，难行能行，非忍而忍。岂以小德小智，轻心慢心，欲冀真乘，徒劳勤苦。'光闻师诲励，潜取利刀，自断左臂，置于师前"（《景德传灯录》卷三）。达摩知是法器，就留慧可在身边，学习禅法。

另一则是安心的故事，慧可由此悟入禅境。慧可拜师后，要求达摩给予安心。达摩根据大乘空义说明心是个虚妄的假名，种种思考虑念不过是虚妄的作用。达摩没有真的安心，而慧可已然心悟，"光曰：'诸佛法印可得闻乎？'达摩曰：'诸佛法印匪从人

---

① 光明主编：《达摩禅学研究（下册）》，中国大百科全书出版社2003年版，第429页。

② 同上书，第430页。

得。'光曰：'我心未宁，乞师与安。'达摩曰：'将心来，与汝安。'光曰：'觅心了不可得。'达摩曰：'与汝心安竟。'光由是有所契悟。达摩遂易其名曰慧可，并以《楞伽经》授可"①。还有一则故事是达摩向慧可传授衣钵。公元535年，"达摩知时之将至，令门人各言所得"。有的只得到禅法的皮毛，以为不执着于文字，也不离开文字，是道的妙用；有的得到了筋肉，主张见了一次实相，就无须再见了；有的得到了骨头，认为四大本空，五蕴也不是实有，了无一法可得。只有慧可得到了精髓，既明了空的意义，又在心境上离开种种法相，不言不语，默然片刻又退回原地，"唯慧可礼拜后依位而立，得达摩认可，谓可得髓。故将正法眼藏付嘱于可，并授袈裟及僧伽梨宝钵以为法信"（《传法正宗论》）。慧可成为禅宗二祖，实是中国禅宗的始祖，不仅继承了达摩的衣钵，而且有著述问世，"其发言入理，未加铅墨，时或赞之，乃成部类，具如别卷"（《续高僧传·慧可》），其"身佛不二，万法如一"等观念成为惠能的重要思想来源。

三祖僧璨生平资料不详，《续高僧传·慧可》没有列为弟子，禅宗史却认为僧璨是慧可的传钵弟子，"僧璨者，即是大隋三祖。不知何许人，不得姓字。遇可大师，得付心法"。僧璨悟道与慧可安心故事如出一辙，慧可要治心病，僧璨要治身病，都被空性挡了回来。慧可并没有给予治疗，而僧璨已然心悟，身病随之而愈，"有一居士，不说年几，候有十四，及至礼师，不称姓名，云：'弟子身患风疾，请和尚为弟子忏悔。'师云：'汝将罪来，为汝忏悔。'居士曰：'觅罪不可见。'师云：'我今为汝忏悔竟，汝今宜依佛、法、僧宝。'居士问：'但见和尚则知是僧，未审世间何者是佛？云何为法？'师云：'是心是佛，是心是法，法佛无

① 光明主编：《达摩禅学研究（下册）》，中国大百科全书出版社2003年版，第430页。

二，汝知之乎？'居士曰：'今日始知，罪性不在内外中间，如其心然，法佛无二也。'师知是法器而与剃发，云：'汝是僧宝，宜名僧璨。'"僧璨受具二年后，慧可传予衣钵，"师告曰：'如来以大法眼付嘱迦叶，如是展转乃至于我。我今将此法眼付嘱于汝，并赐袈裟以为法信。'"（《祖堂集·慧可》）由于时局动乱和北周武帝灭佛，僧璨只能隐居起来，直到隋朝才正式进驻锡山谷寺，公开弘扬禅法。僧璨著述甚少，只有《信心铭》，四字一句，146句584字，以诗体形式，从历史与现实、祖传与信徒、教义与修持的结合上阐明禅法。其中"至道无难，惟嫌拣择"，"信心不二，不二信心"，已经显示禅宗不假妄修、言下顿悟的特色。有的学者认为，《信心铭》是禅宗第一部经典，为禅宗以文字总结修习经验开了理论先河。僧璨的历史记载甚少，却是禅宗发展史上的重要人物。禅宗自达摩西土东来，慧可断臂求法，僧璨使之中国化，畅行于世；达摩时，人们是遇而未信，慧可时，人们是信而未修，僧璨时，人们是既信又修。僧璨贡献很大，他使禅修从只在达官贵人中弘法，转为在村夫野老中随缘化众；从只在都市城郭建造寺院，转为在深山僻壤中布设道场；从只是居住无常的"头陀行"，转为公开设坛传法，由不立文字，转为著经传教。

四祖道信，"姓司马，未详何人"，一生律己甚严，"初七岁时，经事一师，戒行不纯，信每陈谏，以不见从，密怀齐检，经于五载，而师不知"（《续高僧传·道信》）；禅风极为笃实，长坐不卧修行，"摄心无寐，胁不至席者仅六十年"（《景德传灯录》卷三）。公元592年，道信前往舒州皖山深处礼僧璨为师，"大集群品，普雨正法，会中有一沙弥，年始十四，名道信，来礼师而问师曰：'如何是佛心？'师答曰：'汝今是什么心？'对曰：'我今无心。'师曰：'汝既无心，佛岂有心耶？'又问：'唯愿和尚教某甲解脱法门。'师云：'谁人缚汝？'对曰：'无人缚。'师云：'既无人缚汝，即是解脱，何须更求解脱？'道信言下大悟，在师左右八九年间"（《祖堂集·僧璨》）。道信25岁时，"于吉州受戒侍奉尤谨"。27岁时，僧璨传付衣钵，为禅宗四祖，"师屡试以玄微，知其缘熟，乃付衣法"（《景德传灯录》卷三）。29岁时，收弘忍为徒，携住大林寺，四十年不离身旁，"忽于黄梅路上见一小儿，年七岁，所出言异。师乃问：'子何姓。'子答曰：'姓非常姓。'师曰：'是何姓？'子答：'是佛性。'师曰：'汝勿姓也。'子答曰：'其姓空故。'师谓左右曰：'此子非凡，吾灭度二十年中，大作佛事。'"（《祖堂集·道信》）45岁时，在黄梅县双峰山传法，"蕲州道俗请度江北，黄梅县众造寺，依然山行，遂见双峰有好泉石，即住终志"（《续高僧传·道信》）。65岁时，传授衣钵于弘忍，为禅宗五祖。道信著有《戒法》《入道安心方便法门》，既坚持心性之说，又融入般若学说；既从实相无相角度论证如来藏本来清静、不假他求的本质，又根据万法唯心所变的观念，论证般若性空的道理，结论是众生界即佛界，心悟即佛，心迷即众生。"说我此法，要依《楞伽经》，诸佛心第一。又依《文殊说般若经》，一行三昧，即念佛心是佛，妄念是凡夫。"在佛法实践方面，道信提出五种方便法门，强调平时的一举一动都是在道的境界，都要任运自在，"夫身心方寸，举足下足，常在道场；施为举动，皆是菩提"（《楞伽师资记》）。道信对禅宗更大的贡献是倡导农禅并举，称出家人种地为"出坡"，鼓励僧侣生产劳动，自己养活自己，为佛教发展提供生活保障和内生动力，"努力勤坐，坐为根本。能作三五年，得一口食塞饥疮，即闭门坐，莫谈经，莫共人语"（《传法宝记》）。

五祖弘忍，"姓周氏，家寓淮左浔阳，一云黄梅人也"，年七岁出家，师事道信，"至双峰习乎僧业不遑艰辛。夜则敛容而坐，恬澹自居"（《宋高僧传·唐蕲州东山弘忍》）。弘忍性格内向、少言寡语，宽忍柔和、遇事不争，勤于劳作、专心事佛，"自出家处幽居寺，住度弘愍，怀抱贞纯。缄口于是非之场，融心于色空之境。役力以申供养，法侣资其足焉。调心唯务浑仪，师独明其观照。四议皆是道场，三业咸伪佛事。盖静乱之无二，乃语嘿之恒一"。四议是人的行、住、坐、卧，三业是人的行为、语言、思想。在弘忍看来，道场、佛事与人们的日常生活息息相关，随时随地都可以修心养性，得到解脱。弘忍不重视读经，却重视坐禅，尤为重视在山中静居修行，认为山中清静，远离尘俗事物干扰，更有利于培养高僧大德，进而广布佛教，"大厦之材，本出幽谷，不向人间有也。以远离人故，不被刀斧损斫，一一长成大物，后乃堪为栋梁之用。故知栖神幽谷，远避嚣尘，养性山中，长辞俗事，目前无物，心自安宁，从此道树花，禅林果出也"。道信逝后，弘忍率众到更为幽静的黄梅冯茂山另设道场，开山授法，取名东山寺，创立东山法门，"忍传法，妙法人尊，时号为东山净门。又缘京洛道俗称叹，蕲州东山多有得果人，故曰东山法门也"。弘忍传法注重言传身传，不注重文字著述，"其忍大师，萧然净坐，不出文记，口说玄理，默授与人"；"生不瞩文，而义符玄旨"。由于弘忍传法有道，前来参学人员甚众，"时四方请益，九众师横。虚往实归，月俞千计"。弘忍的思想主旨是"守心"，守住真心和本心，认为众生的心地与佛一样，本来清净无染，具备所有功德，而清净之心容易受到感官世界的干扰，生起妄念。只有通过守心的禅定修行，才能断除执着自我的妄念，达到觉悟成佛，"你坐时，平面端身正坐，宽放身心，尽空际远看一字，自有次第。若初心人攀缘多，且向心中看一字。证后坐时，状若旷野泽中，迥处独一高山，山上露地坐，四顾远看，无有边畔。坐时满世界，宽放身心，住佛境界。清净法身，无有边畔，其状亦如是"。对于禅宗而言，弘忍最大贡献是培养了众多优秀弟子，他自认是十大弟子，"如吾一生，教人无数，好者并亡。后传吾道者，只可十耳"。其中最为著名的是惠能和神秀，弘忍传钵于惠能，而于神秀也是称赞不已，"我与神秀论《楞伽经》，玄理通快，必多利益"（《楞伽师资记》）。

弘忍之后，禅宗分为南北二派，"天下乃散传其道，谓神秀为北宗，惠能为南宗"。北宗坚持"拂尘看净"，主张渐修渐悟，实现拂除客尘烦恼、清净自心的目的。南宗坚持心性本净，主张顿修顿悟，实现"直指人心，见性成佛"。神秀、惠能期间，禅宗南北二派虽然有意见分歧，却能相安无事，互相尊重，"初，神秀同学僧惠能者，新州人也，与神秀行业相埒"；"神秀尝奏则天，请追惠能赴都，惠能固辞。神秀又自作书重邀之，惠能谓使者曰：'吾形貌矬陋，北土见之，恐不敬吾法。又先师以吾南中有缘，亦不可违也。'竟不度岭而死"。神秀"姓李氏，汴州尉氏人。少遍览经史，隋末出家为僧。后遇蕲州双峰山东山寺僧弘忍，以坐禅为业，乃叹伏曰：'此真吾师也。'便往事弘忍，专以樵汲自役，以求其道"（《旧唐书·神秀传》）。弘忍逝后，神秀在当阳玉泉寺传教，宣讲楞伽师渐修法门，信徒甚众，"四海缁徒向风而靡，道誉馨香，普蒙熏灼"。当时北宗盛行于长安、洛阳等地，神秀声名日隆，受到武则天召见，仪式极为隆重。神秀是坐轿进殿，武则天是宫门跪接，还在宫内设道场问道，又在当阳山置度门寺表彰神秀德行，"则天太后闻之，召赴都。肩舆上殿，亲加跪礼。内道场丰其供施，时时问道。敕于昔住山置度门寺，以旌其德"（《宋高僧传·唐荆州当阳山度门寺神秀》）。神秀真是风光无限，被推为东西两京的法主，是武则天、唐中宗和睿宗的国师，"传圣道者不北面，有盛德者无臣礼，遂推为两京法主，三帝国师"（张说《唐玉泉寺大通禅师碑铭并序》）。神秀禀承自道信至弘忍的守真心、息妄念的笃实作风，强调"一切佛法，自心本有；将心外求，舍父逃走"（《景德传灯录》卷四）。围绕"心体清净，体与佛同"，神秀认为，心体有净与染两种功用，两者不即不离。净心是清净觉悟的真如之心，此心生起则解脱快乐，超出轮回；染心是染着烦恼的无明之心，此心生起则众生沉沦于轮回痛苦之中，这实际是大乘有宗一心二门说的翻版。为了摄心，即守住净心，神秀将坐禅与息妄修心相结合，坚持坐禅习定，凝心入定，以住心看净为一种观行方便，并"特奉《楞伽》，递为心要"（张说《唐玉泉寺大通禅师碑铭并序》），形成了结合戒律、重视渐修的修行体系。

中唐之前，北宗一直受到朝廷的青睐和庇护，唐中宗赐神秀谥号为"大通禅师"；唐玄宗敕神秀弟子普寂在都城居住，影响如日中天，远远超过南宗。中唐之后，社会动乱不已，致使依靠皇权支持、与政治联系密切的北宗，不断受到打击，寺院被焚，僧尼逃亡，经籍散佚。北宗失去了朝廷的有力支持，加之南宗的挑战，渐趋衰颓，至于唐末遂断其传承，"至于唐朝总八代，得道获果，有二十四人也"（《楞伽师资记》）。南宗挑战主要表现在公元732年，惠能弟子神会在河南滑台大云寺设无遮大会，与"两京名播，海外知闻"的崇远法师进行了一场关于南北禅宗正傍是非的辩论，"神会今设无遮大会兼庄严道场，不为功德，为天下学道者定宗旨，为天下学道者辨是非"。神会认为北宗"传承是傍，法门是渐"，不仅从衣钵信物上否定北宗的正统地位，而且从禅法上加以否定，"我六代大师，一一皆言单刀直入，直了见性，不言阶渐"（《菩提达摩南宗定是非论》）。神会从佛法与禅宗道统方面打击了北宗，"会之敷演显发能祖之宗风，使秀之门寂寞矣"（《宋高僧传·唐洛京荷泽寺神会》）。随着北宗的湮灭，南宗坚持农禅并作，寄居山水之居，逐渐占据了禅宗的主导地位，影响遍及全国，流向海外。南宗不仅占据主导地位，而且内部不断演进，分派立宗。在祖述惠能的前提下，南宗各派纷纷推出各自独特的修行方式，充满更为鲜活通透的生命力。先是南岳怀让和青原行思两个法系，怀让门下的代表是马祖道一，倡导"即心即佛"，进一步把顿悟落实到现实人心；行思门下的代表是希迁，吸收道家玄学思想，着力参究理与事、心与物的统一关系。次是"五家"，南岳分出沩仰和临济两家，沩仰宗由灵佑和慧寂先后以潭州的沩山和袁州的仰山为基础，弘扬教法，举树宗风；临济宗由义玄常住河北镇州临济禅院，僧徒众多，形成临济一家。临济是五宗中唯一兴起于北方的禅派。青原则分出曹洞、云门和法眼三家，曹洞宗的创立者是江西高安洞山的良价及其在吉水曹山的弟子本寂，云门宗是韶州云门山的文偃，法眼宗是常住金陵清凉寺的文益。后是"七家"，北宋期间，临济宗分出二派，一为黄龙派，由慧南常住江西南昌黄龙山创立；另一为杨歧派，由方会在袁州杨歧山创立。惠能所立禅宗由此称为"五家七宗"。五家之中，沩仰宗至宋失传，云门宗和法眼宗逐渐无闻，只有临济、曹洞二宗延续至今，并传播到日本、朝鲜和越南等国。

三、识心见性

惠能的贡献在于创新发展了禅宗思想。严格地说，惠能之前只有禅学，没有禅宗。惠能弘扬直指人心、见性成佛的思想，真正创立了禅宗。没有创新发展，就不可能创立禅宗，也不可能留下惠能的历史地位。禅宗思想传入中国后，从达摩"二入四行"到弘忍守真心、灭妄念的禅修方法，始终包括般若空观和佛性论两部分内容，般若空观要求排除虚伪妄相，悟入禅定；佛性论主张显发真常，得到解脱。悟空唯恐不透，显真唯恐不实，两者之间障碍重重，实为大乘空宗与大乘有宗的矛盾。惠能的创新是以佛性论为基础，认为本心与妄心存于众生的现实心之中，不可分割和对立，"菩提般若之知，世人本自有之，只缘心迷，不能自悟，须假大善知识，示导见性"（《坛经·般若品》）。从而打通任督两脉，实现了空有两家的融合以及生死与涅槃、世间与出世间的统一，为创立禅宗奠定了坚实的理论基础。惠能对于禅宗的创新，亦称"六祖革命"，内容十分广泛，可概括为"一是即心即佛的佛性说，二是顿悟见性的修行方法，三是不离世间自性自度的解脱论"[①]。

关于佛性论。在惠能看来，人人都有佛性，它存在于众生的心中，"万法尽在自心，何不从自心中，顿见真如本性"（《坛经·般若品》）。本性与自心含义十分相近，都是佛性的代名词，都指与生俱来的未受外缘障蔽的本来面目。差别在于，本性是惠能禅学的形上本体和终极性概念，意指诸法的空寂性，强调是宇宙万物的本原和根据。性为真空，真为非假，空为离相，"识自本心，见自本性，无动无静，无生无灭，无去无来，无是无非，无住无往"（《坛经·付嘱品》）。性"能含万法是大"，什么都在本性之中，"世界虚空，能含万物色像，日月星宿，山河大地，泉源溪涧，草木丛林，恶人善人，恶法善法，天堂地狱，一切大海，须弥诸山，总在空中。世人性空，亦复如是"。自心指的是有情众生，意指主体自身所具有的智慧和本觉性，重在说明主观性的超越依据。本性存于宇宙万物之中，人是万物之一，必然具有万物所备之性。同时，人又不同于山河大地和草木丛林，具有知性和觉性，这就是自心，"万法在诸人性中。若见一切人恶之与善，尽皆不取不舍，亦不染著，心如虚空，名之为大，故曰

---

① 赖永海著：《中国佛性论》，上海人民出版社1988年版，第180页。

'摩诃'"(《坛经·般若品》)。本性与自心的关系是本性决定自心,"心是地,性是王。王居心地上,性在王在,性去王无。性在身心存,性去身心坏"(《坛经·疑问品》)。本性是体,自心是用,"真如即是念之体,念即是真如之用"。自心包括感性认识和理性认识,本性既主导理性认识,也主导感性认识,"真如自性起念,非眼耳鼻舌能念。真如有性,所以起念。真如若无,眼耳色声当时即坏"(《坛经·定慧品》)。

从形上本体而言,本性与自心存在差异,本性主导自心,自心反映本性;从禅法修行而言,本性与自心共存于众生之中,不是差异关系,而是同一关系,都是众生成佛的根源和依据,"汝等听说,令汝等于自身中,见自性有三身佛。此三身佛,从自性生,不从外得"。三身佛是指法身佛、报身佛和化身佛,法身为佛之本体,"何名清净法身佛? 世人性本清净,万法从自性中生。思量一切恶事,即生恶行;思量一切善事,即生善行"。报身为佛之果报身,"自性起一念恶,灭万劫善因。自性起一念善,得恒沙恶尽。直至无上菩提,念念自见,不失本念,名为报身"。化身为佛之种种变化,"何名千百亿化身? 若不思万法,性本如空。一念思量,名为变化。思量恶事,化为地狱,思念善事,化为天堂;毒害化为龙蛇,慈悲化为菩萨;智慧化为上界,愚痴化为下方。自性变化甚多"。惠能认为,众生的本性和自心都有佛性,"向者三身佛,在自性中,世人总有"(《坛经·忏悔品》)。本性和自心内涵丰富,含有般若性,"一切般若智,皆从自性而生,不从外入,莫错用意,名为真性自用"。般若意指认识体悟万物缘起性空的智慧,"何名般若? 般若者,唐言智慧也。一切处所,一切时中,念念不愚,常行智慧,即是般若行。一念愚即般若绝,一念智即般若生"。含有本觉性,意指先天具有的佛性觉悟和智慧,"自色身中,邪见烦恼、愚痴迷妄,自有本觉性,将正见度"。含有善根性，般若智慧与伦理之善紧密相连，"一念善，智慧即生"（《坛经·忏悔品》）。即使罪犯，也存有善根，"高贵德王菩萨白佛言：'犯四重禁，作五逆罪，及一阐提等，当断善根佛性否？'佛言：'善根有二，一者常，二者无常。'佛性非常非无常，是故不断，名为不二；一者善，二者不善，佛性非善非不善，是名不二"（《坛经·行由品》）。含有清静性，本性和自心本源空寂，离却邪见，"《菩萨戒经》云：我本元自性清净。善知识！于念念中，自见本性清净，自修、自行，自成佛道"（《坛经·坐禅品》）。惠能认为众生的本性和自心先天具有智慧、觉悟、道德之性和清净本质，既是赞美人性的高贵，更是坚信和张扬人的主体品格，鼓励人们禅修成佛。

既然众生的本性和自心都有佛性，为什么有的人为智者，有的人为愚人？有的人能够保持自心清静，悟道为佛，有的人却会产生无明妄心，不能成佛？在惠能看来，原因不在于本性和自心不同，而在于迷悟不同，"当知愚人智人，佛性本无差别，只缘迷悟不同，所以有愚有智"。能够觉悟的就是智者，不能觉悟的就是愚人，"不悟即佛是众生；一念悟时，众生是佛"。悟是识得本性和自心，迷是没有识得本性和自心，"若识本心，即本解脱"；"迷人念佛求生于彼；悟人自净其心。所以佛言：'随其心净即佛土净。'"惠能认为，人有差异，"人有两种，法无两般。迷悟有殊，见有迟疾"。对于佛性的理解也会有差异，可分为上根之人与小根之人。上根之人也称大智人、大乘人，更容易理解佛性，小根之人却难以理解，就像雨水容易淹没城池村落，却不会淹没大海，"当知此经功德，无量无边。经中分明赞叹，莫能具说。此法门是最上乘，为大智人说，为上根人说。小根小智人闻，心生不信。何以故？譬如天龙下雨于阎浮提，城邑聚落，悉皆漂流，如漂枣叶。若雨大海，不增不减"。上根之人犹如大海，一习禅法，自会开悟，"若大乘人，若最上乘人，闻说《金刚经》，心开悟解。故知本性自有般若之智，自用智慧，常观照故，不假文字"。小根之人虽有佛性，却被无明妄心遮蔽，"元有般若之智，与大智人更无差别，因何闻法不自开悟？缘邪见障重，烦恼根深，犹如大云覆盖于日，不得风吹，日光不现"。初闻禅法，会茫然不知所措，"小根之人，闻此顿教，犹如草木根性小者，若被大雨，悉皆自倒，不能增长。小根之人，亦复如是"。惠能指出，上根之人与小根之人的差异，并不是佛性的差异，还是迷与悟的差异，"般若之智亦无大小，为一切众自心迷悟不同。迷心外见，修行觅佛，未悟自性，即是小根"。只要直指心源，顿悟见性，小根之人也可成为上根之人，"若开悟顿教，不执外修，但于自心常起正见，烦恼尘劳，常不能染，即是见性"。只要直指心源，顿悟见性，愚人与智人并无差异，愚人就是智人，"愚者问于智人，智者与愚人说法。愚人忽然悟解心开，即与智人无别"（《坛经·般若品》）。

关于顿悟论。在惠能看来，本性和自心是禅修成佛的根据，佛性内在于众生的本性和自心之中，因而修禅成佛只须内向用力，自我解脱，"佛是自性作，莫向身求"（《坛经·疑问品》）。内向用力，不借外力，就是自性自度，"何名自性自度？即自心中邪见烦恼愚痴众生，将正见度。既有正见，使般若智打破愚痴迷妄众生，各各自度。邪来正度，迷来悟度，愚来智度，恶来善度"（《坛经·忏悔品》）。自性自度不必出家为僧，在家也可修行成佛，"若欲修行，在家亦得，不由在寺。在家能行，如东方人心善；在寺不修，如西方人心恶。但心清净，即是自性西方"。自性自度不须追求外在的佛国净土，世上也没有佛国净土，"使君东方人，但心净即无罪。虽西方人，心不净亦有愆。东方人造罪，念佛求生西方；西方人造罪，念佛求生何国？"佛国净土就在众生自心，"凡愚不了自性，不识身中净土，愿东愿西；悟人在处一般。所以佛言：随所住处恒安乐。使君心地但无不善，西方去此不遥。若怀不善之心，念佛往生难到"（《坛经·疑问品》）。自性自度不能只依靠念佛拜佛，"摩诃般若波罗蜜是梵语，此言大智慧到彼岸。此须心行，不在口念。口念心不行，如幻、如化、如露、如电"。更要依靠自心中的佛性充分显现，"口念心行，则心口相应。本性是佛，离性无别佛。何名摩诃？摩诃是大，心量广大，犹如虚空，无有边畔，亦无方圆大小，亦非青黄赤白，亦无上下长短，亦无嗔无喜，无是无非，无善无恶，无有头尾。诸佛刹土，尽同虚空。世人妙性本空，无有一法可得。自性真空，亦复如是"（《坛经·般若品》）。自性自度也不要依靠布施财物。当年，梁武帝见达摩，认为只要造寺度僧，布施设斋，就有功德和能够修行成佛。达摩予以否定，惹得梁武帝不满，二人反目。惠能明确指出："实无功德，勿疑先圣之言。武帝心邪，不知正法。造寺度僧、布施设斋，名为求福，不可将福便为功德。功德在法身中，不在修福。"真正的功德不在做善事，而在修善心，"见性是功，平等是德。念念无滞，常见本性，真实妙用，名为功德"。自性自度，就是在内心修行功德，"善知识！念念无间是功，心行平直是德。自修性是功，自修身是德。善知识！功德须自性内见，不是布施供养之所求也，是以福德与功德别，武帝不识真理，非我祖师有过"（《坛经·疑问品》）。

惠能不仅从否定方面论证自性自度，还从肯定方面加以论证。自性自度要无相忏悔。忏悔不是一个词，而是两个概念，忏是说出前罪，"忏者，忏其前愆。从前所有恶业：愚迷骄诳嫉妒等罪，悉皆尽忏，永不复起，是名为忏"。悔是断除后过，"悔者，悔其后过。从今以后，所有恶业，愚迷骄诳嫉妒等罪，今已觉悟，悉皆永断，更不复作，是名为悔"。只有忏与悔相结合，才能自性自度，否则就是凡夫愚人，"凡夫愚迷，只知忏其前愆，不知悔其后过。以不悔故，前愆不灭，后过又生；前愆既不灭，后过又复生，何名忏悔？"忏悔的内容包括愚昧迷惑，"从前念、今念及后念，念念不被愚迷染。从前所有恶业、愚迷等罪，悉皆忏悔，愿一时销灭，永不复起"。包括骄傲狂妄，"从前念、今念及后念，念念不被骄诳染。从前所有恶业、骄诳等罪，悉皆忏悔，愿一时销灭，永不复起"。包括嫉妒，"从前念、今念及后念，念念不被嫉妒染，从前所有恶业、嫉妒等罪，悉皆忏悔，愿一时销灭，永不复起"。自性自度要发四弘誓愿，一是众生无边誓愿度，意指菩萨誓愿救度一切众生，"心中众生，所谓邪迷心、诳妄心、不善心、嫉妒心、恶毒心，如是等心，尽是众生，各须自性自度，是名真度"。二是烦恼无边誓愿断，意指菩萨誓愿断除一切烦恼，"将自性般若智除却虚妄思想心是也"。三是法门无尽誓愿学，意指菩萨誓愿学知一切佛法，"须自见性，常行正法，是名真学"。四是无上佛道誓愿成，意指菩萨誓愿证得最高菩提，"既常能下心，行于真正，离迷离觉，常生般若，除真除妄，即见佛性；即言下佛道成"。自性自度要无相三皈依，即皈依觉悟、正见和清净的自性三宝，"佛者，觉也；法者，正也；僧者，净也"。皈依正确的觉悟，就会有福报和智慧二者都圆满具足的尊严，"自心皈依觉，邪迷不生，少欲知足，能离财色，名两足尊"；皈依正确的知见，就会有超离恶欲的尊严，"自心皈依正，念念无邪见，以无邪见故，即无人我贡高，贪爱执着，名离欲尊"；皈依清净，就会有在众生中受到敬重的尊严，"自心皈依净，一切尘劳爱欲境界，自性皆不染著，名众中尊"（《坛经·忏悔品》）。

惠能强调，自性自度的关键是顿悟，"我于忍和尚处，一闻言下便悟，顿见真如本性。是以将此教法流行，令学道者顿悟菩提，各自观心，自见本性"。顿悟是惠能佛学革命的重要内容，也是区别其他禅宗代表人物尤其是神秀北宗的显著标志。惠能称之为顿教，"后代得吾法者，将此顿教法门，于同见同行，发愿受持，如事佛故，终身而不退者，定入圣位"。顿悟是指从自心本有的佛性出发，随缘任运，念念无著而豁然悟得菩提智慧，直接契合本性，"故知万法尽在自心，何不从自心中，顿见真如本性？《菩萨戒经》云：'我本元自性清净，若识自心见性，皆成佛道。'《净名经》云：'即时豁然，还得本心。'"顿悟不会有意识地追求什么，也不会有意识地舍弃什么，不追随世俗标准去判断是非、善恶和美丑，"若无尘劳，智慧常现，不离自性。悟此法者，即是无念。无忆无著，不起诳妄，用自真如性，以智慧观照，于一切法，不取不舍，即是见性成佛道"（《坛经·般若品》）。惠能主张顿悟，却没有否认渐修，只是认为佛法没有顿渐之分，众生之根器有利钝之别，根性大利之人能够顿悟，较钝之人需要渐修，"本来正教，无有顿渐，人性自有利钝。迷人渐修，悟人顿契，自识本心，自见本性，即无差别。所以立顿渐之假名"（《坛经·定慧品》）。根性大利之人可以自悟，"不假外求"；较钝之人不能自悟，需要得到他人帮助，"若自不悟，须觅大善知识，解最上乘法者，直示正路"。他人帮助不是输入佛法，而是启发显现自心固有的佛性，"善知识有大因缘，所谓化导令得见性。一切善法，因善知识能发起故。三世诸佛，十二部经，在人性中本自具有，不能自悟，须求善知识，指示方见"。更重要的是，渐修和不能自悟之人最后都是通过自身的顿悟，才能禅修成佛；顿悟是成佛的不二法门，"若一向执谓须他善知识方得解脱者，无有是处。何以故？自心内有知识自悟。若起邪迷，妄念颠倒，外善知识虽有教授，救不可得。若起正真般若观照，一刹那间，妄念俱灭。若识自性，一悟即至佛地"（《坛经·般若品》）。

关于解脱论。在惠能看来，只有识心见性，人生才能得到真正的解脱，"智慧观照，内外明彻，识自本心。若识本心，即本解脱"。解脱是众生本性和自心的解脱，最大特征是无念，"若得解脱，即是般若三昧，即是无念"。般若三昧，意指得到智慧的正定功夫。无念是自心清净，具体指眼、耳、鼻、舌、身、意六门及其六识、六尘的清净，"用即遍一切处，亦不著一切处。但净本心，使六识出六门，于六尘中无染无杂，来去自由，通用无滞，即是般若三昧，自在解脱，名无念行"（《坛经·般若品》）。惠能认为，解脱必须从无入手，进入心物皆空的境界，"我此法门，从上以来，先立无念为宗，无相为体，无住为本。无相者，于相而离相；无念者，于念而无念；无住者，人之本性"。所谓无住为本，就是不执着于一切外境；对于一切事物，不执着于固定的见解，"于世间善恶好丑，乃至冤之与亲，言语触刺欺争之时，并将为空，不思酬害，念念之中，不思前境"；"于诸法上，念念不住，即无缚也。此是以无住为本"。否则，就是有相和自我束缚，"若前念今念后念，念念相续不断，名为系缚"。无相为体，是不执着于一切事物的相状，而不是对眼前的事物视而不见，"外离一切相，名为无相。能离于相，即法体清净。此是以无相为体"。无念为宗，不是要打消一切念想，而是要摈弃二元对立的思维，不执着于好恶、美丑、是非等观念，"于诸境上，心不染，曰无念。于自念上，常离诸境，不于境上生心"。无念是无与念两个概念，"无者，无何事？念者，念何物？无者，无二相，无诸尘劳之心。念者，念真如本性。真如即是念之体，念即是真如之用"。念是产生于自心的般若智慧，不是思想认识和感性认识，"真如自性起念，非眼耳鼻舌能念。真如有性，所以起念，真如若无，眼耳色声当时即坏"。之所以立无念为宗，在于防止有念，"只缘口说见性迷人，于境上有念，念上便起邪见。一切尘劳妄想，从此而生"。在于佛性自有，"自性本无一法可得，若有所得，妄说祸福，即是尘劳邪见"。在于无念就是佛性，"真如自性起念，六根虽有见闻觉知，不染万境，而真性常自在。故经云：能善分别诸法相，于第一义而不动"（《坛经·定慧品》）。

解脱必须以定慧为本，"我此法门，以定慧为本"。戒、定、慧是佛教修行的基本学问和实践纲领，戒是止恶积善；定是止息念虑，使精神集中；慧是理性思维，体认真如本性。佛教一般理解，三者关系是由戒生定，由定发慧。惠能坚持"不二法门"的大乘空宗思想，认为在戒、定、慧中，定慧是根本，而且定慧不可分割，是一体两面，"大众勿迷，言定慧别，定慧一体，不是二"。定与慧是体与用的关系，"定是慧体，慧是定用，即慧之时定在慧，即定之时慧在定。若识此义，即是定慧等学"。就像灯与光的关系，"定慧犹如何等？犹如灯光，有灯即光，无灯即暗，灯是光之体，光是灯之用。名虽有二，体本同一。此定慧法，亦复如是"。如果把定与慧分割开来，禅修就会言行不一，"诸学道人，莫言先定发慧、先慧发定各别。作此见者，法有二相。口说善语，心中不善，空有定慧，定慧不等"。只有定慧一体，才能自悟顿悟，修道成佛，"若心口俱善，内外一如，定慧即等。自悟修行，不在于诤；若诤先后，即同迷人。不断胜负，却增我法，不离四相"（《坛经·定慧品》）。解脱必须融禅修于日常生活，"佛法在世间，不离世间觉；离世觅菩提，恰如求兔角"（《坛经·般若品》）。惠能皈依佛门后长期没有正式出家，是融禅修于世间日常生活的典范。惠能不反对坐禅修行，却反对把坐禅看成是唯一的修行方式，"又有人教坐，看心观静，不动不起，从此置功。迷人不会，便执成颠，如此者众。如是相教，故知大错"（《坛经·定慧品》）。惠能还修正了坐禅和禅定的含义，

"何名坐禅？此法门中，无障无碍，外于一切善恶境界，心念不起，名为坐；内见自性不动，名为禅"。"何名禅定？外离相为禅，内不乱为定。外若著相，内心即乱。外若离相，心即不乱。"（《坛经·坐禅品》）惠能不反对念经，却反对以念经为修行的目的，"汝若念至万部，得其经意，不以为胜，则与吾偕行"（《坛经·机缘品》）。惠能主张在日常生活中修行，"若于一切处，行住坐卧，纯一直心，不动道场，真成净土，此名一行三昧"（《坛经·付嘱品》）；更主张在日常的行为规范中修行，"心平何劳持戒？行直何用修禅？恩则孝养父母，义则上下相怜。让则尊卑和睦，忍则众恶无喧"（《坛经·疑问品》）。

惠能是个奇迹。在隋唐佛教各派创始人中，他的文化程度最低，却创立了禅宗，成为名副其实的思想家；禅宗与儒道文化实现了有机融合，是中国化特色最浓郁、影响最大、流传最久的佛教宗派。惠能识心见性，顿悟成佛，既不要求寻章摘句地理解佛经义理，也不拘泥于静坐习禅的修行功夫，而是将外在于人的法力无边的佛身落入众生的现实生命，将遥远的净土佛国和涅槃世界转化日常衣食住行的心性体验，淡化了佛教的宗教神圣性，实现了禅宗的大众化和世俗化。毛泽东指出，《坛经》是"劳动人民的佛经"，禅宗是劳动人民的宗教，而非贵族及精英的佛经和宗教①。

———————

① 参见广东佛教编辑部编：《中国佛教二千年学术论文集》，第175页。

第五节　韩愈

　　韩愈（公元768—824年）是唐代著名的思想家和文学家。隋唐时期，佛教深入发展和民间道教兴起传播，撼动了儒学的独尊地位，而佛教思想的深刻性、理论体系的完整性和修行方式的简易性，挑战了儒学的思想权威。面对儒学的式微，韩愈挺身而出，一生以复兴儒学为己任，攘斥佛老，"释老之害过于杨墨，韩愈之贤不及孟子。孟子不能救之于未亡之前，而韩愈乃欲全之于已坏之后。呜呼！其亦不量其力，且见其身之危，莫之救以死也！虽然，使其道由愈而粗传，虽灭死万万无恨"（《与孟尚书书》）。韩愈的功绩在于他所领导的古文运动，与复兴儒学相呼应，倡导文以宗经明道，意在革除道衰文弊的社会风气，挽救分裂动乱的政治局面。苏轼认为："自东汉以来，道丧文弊，异端并起，历唐贞观、开元之盛，辅以房、杜、姚、宋而不能救。独韩文公起布衣，谈笑而麾之，天下靡然从公，复归于正，盖三百年于此矣。文起八代之衰，而道济天下之溺；忠犯人主之怒，而勇夺三军之帅：此岂非参天地，关盛衰，浩然而独存者乎？"（《潮州韩文公庙碑》）

一、其人其事

韩愈"字退之，邓州南阳人"。其先世曾居昌黎，当世以郡望称之韩昌黎，又官至吏部侍郎，卒后谥号"文"，后世称之韩吏部或韩文公。韩愈出身官宦世家，"七世祖茂，有功于后魏，封安定王。父仲卿，为武昌令，有美政，既去，县人刻石颂德。终秘书郎"。少年而孤，哥嫂抚养，"愈生三岁而孤，随伯兄会贬官岭表。会卒，嫂郑鞠之"（《新唐书·韩愈传》）。韩愈自叙，"吾少孤，及长，不省所怙，惟兄嫂是依"（《祭十二郎文》）。长兄韩会是个士大夫，道德文章俱优，柳宗元评论是"善清言，有文章，名最高，然以故多谤"（《先君石表阴先友记》）。韩愈的未来发展，深受其兄影响，七岁跟随读书作文，"愈自知读书，日记数千百言，比长，尽能通六经、百家学"（《新唐书·韩愈传》）。韩愈的人格养成，深得其嫂之惠。韩会英年早逝，韩愈与侄儿由嫂子郑氏鞠育成人，寄予厚望，"嫂尝抚汝指吾而言曰：'韩氏两世，惟此而已！'汝时尤小，当不复记忆，吾时虽能记忆，亦未知其言之悲也"。韩愈19岁，辞家赴京应举，"吾年十九，始来京城"（《祭十二郎文》）。

韩愈的仕宦生涯可概括为科举艰难、仕途曲折、功业显著和立言悠远。所谓科举艰难，意指韩愈科举考试不顺利。先是三次落第，韩愈感到狼狈和茫然，写诗云："长安百万家，出门无所之。"（《出门》）第四次科考始擢进士第，韩愈自以为从此仕途通达，可展平生之志，"其小得，盖欲以具裘葛，养穷孤；其大得，盖欲以同吾之所乐于人耳"（《答崔立之书》）。然而，按照唐朝的科举制度，科考及第只是取得做官资格，并不是真正的官员。入仕做官还须通过吏部博文鸿词科的考试，韩愈又是三次铩羽而归，"今有人生二十八年矣"，"四举于礼部乃一得，三选于吏部卒无成，九品之位其可望，一亩之宫其可怀"。多次落第的尴尬和无奈，是常人无法想象的，"遑遑乎四海无所归，恤恤乎饥不得食，寒不得衣"（《上宰相书》）。韩愈自嘲不如进贡于朝廷的小鸟，"余生命之湮厄，曾二鸟之不如？汩东西与南北，亘十年以不居；辱饱食其有数，况策名于荐书"（《感二鸟赋》）。无奈之下，韩愈不得不通过文章干谒方式，连续三次给宰相上书，期望当权者不拘一格选人才，结果是不被理睬，拒之门外。第一次上书后，"向上书及所著文后，待命凡十有九日，不得命"（《复上宰相书》）；第二次上书后，"愈之待命，四十余日矣。书再上，而志不得通。足三及门，而阍人辞焉"（《再上宰相书》）。迫于生计，韩愈29岁时只得走向藩镇，先后在汴州、徐州做幕僚，辅助节度使处理日常政务，"会董晋为宣武节度使，表署观察推官。晋卒，愈从丧出，不四日，汴军乱，乃去依武宁节度使张建封，建封辟府推官"。观察和节度推官毕竟不是官，而是僚。六年后，韩愈通过铨选再入京师，终于踏上仕宦之途，"调四门博士，迁监察御史"（《新唐书·韩愈传》）。

仕途曲折，意指韩愈为官生涯一波三折。尽管韩愈最后官至"吏部侍郎。长庆四年卒，年五十七，赠礼部尚书，谥曰文"，仕宦之途却是曲折坎坷。韩愈当幕僚时，就表现出清正廉直的品格，"操行坚正，鲠言无所忌"。为官后，不改本色，一如既往，因而屡遭贬谪。第一次贬谪是升迁监察御史不久，即上书揭露关中地区大旱，"京畿诸县，夏逢亢旱，秋又早霜，田种所收，十不存一"（《御史台上论天旱人饥状》），试图说服君主缓征粮、税。结果是得罪权贵，"德宗怒，贬阳山令"，后"改江陵法曹参军"。此后是在升迁与贬谪中徘徊，"元和初，权知国子博士，分司东都，三岁为真"。不久被降职地方官，"改都官员外郎，即拜河南令。迁职方员外郎"。由于督察有功,"愈坐是复为博士";又由于作《进学解》,"执政览之,奇其才,改比部郎中、史馆修撰。转考功,知制诰,进中书舍人"。不久又因奏言,"执政不喜",加之有人诬陷被贬,"会有人诋愈在江陵时为裴均所厚,均子锷素无状,愈为文章,字命锷,谤语嚣暴,由是改太子右庶子"。由于参与平叛有功,得到升迁,"及度以宰相节度彰义军,宣慰淮西,奏愈行军司马。愈请乘遽先入汴,说韩弘使叶力。元济平,迁刑部侍郎"。此后遭遇一生最大贬谪差点送命,"宪宗遣使者往凤翔迎佛骨入禁中,三日,乃送佛祠。王公士人奔走膜呗,至为夷法灼体肤,委珍贝,腾沓系路。愈闻恶之,乃上表"(《新唐书·韩愈传》)。惹得宪宗大怒,最后被贬潮州刺史,"一封朝奏九重天,夕贬潮州路八千。欲为圣朝除弊事,肯将衰朽惜残年。云横秦岭家何在?雪拥蓝关马不前。知汝远来应有意,好收吾骨瘴江边"(《左迁至蓝关示侄孙湘》)。韩愈履任潮州,上表哀谢,宪宗后悔,拟重新起用韩愈,却遭人妒忌,只是迁至袁州为官,"帝得表,颇感悔,欲复用之,持示宰相曰:'愈前所论是天爱朕,然不当言天子事佛乃年促耳。'皇甫镈素忌愈直,即奏言:'愈终狂疏,可且内移。'乃改袁州刺史"。由于治理潮州、袁州有功,"召拜国子祭酒,转兵部侍郎";又由于平定镇州之乱有功,"转吏部侍郎"(《新唐书·韩愈传》)。

功业显著,意指无论升迁还是贬谪,韩愈都会造福百姓,建功立业。被贬阳山县令,韩愈深入民间,参加山民耕作和渔猎活动,实行德礼文治,爱民惠政,"有爱在民,民生子多以姓字之"。被贬潮州刺史,韩愈亲率百姓,兴修水利,驱逐鳄鱼,"初,愈至潮,问民疾苦,皆曰:'恶溪有鳄鱼,食民畜产且尽,民以是穷。'数日,愈自往视之,令其属秦济以一羊一豚投溪水而祝之";"祝之夕,暴风震电起溪中,数日水尽涸,西徙六十里，自是潮无鳄鱼患"（《新唐书·韩愈传》）。史书记载有传奇色彩，消除鳄鱼之害，实则不是靠祭祀祝词，而是靠兴修水利。同时，韩愈延师兴学，带头把自己俸禄捐给州学，要求潮州各地置办乡校，"出己俸以为举本，收其赢余，以给学生厨馔"（《潮州请置乡校牒》）。潮州因此成为最具地域特色的礼仪之地，"国家宪章完具，为治日久，守令承奉诏条，违犯者鲜，虽在蛮荒，无不安泰，闻臣所称圣德，惟知鼓舞欢呼，不劳施为，坐以无事"（《潮州刺史谢上表》）。被贬袁州刺史，韩愈积极改变不良风俗，解放奴婢。袁州地区平民的儿女抵给人家做奴婢，超越期限而无力赎回，就由出钱人家没为家奴，"愈至，悉计庸得赎所没，归之父母七百余人。因与约，禁其为隶"。升迁时，更是履职尽责。韩愈升任兵部侍郎，恰逢镇州兵变，讨伐军被困，受命前往宣抚，情势至为危险，"镇州乱，杀田弘正而立王廷凑，诏愈宣抚。既行，众皆危之。元稹言：'韩愈可惜。'穆宗亦悔，诏愈度事从宜，无必入"。而韩愈胆略过人，勇使镇州，感召说服王廷凑，使之解围归顺朝廷，"因曰：'今欲廷凑何所为？'愈曰：'神策六军将如牛元翼者为不乏，但朝廷顾大体，不可弃之，公久围之，何也？'廷凑曰：'即出之。'愈曰：'若尔，则无事矣。'会元翼亦溃围出，廷凑不追。愈归奏其语，帝大悦。转吏部侍郎"（《新唐书·韩愈传》）。韩愈应是称职的吏部高官，他懂得"世有伯乐，然后有千里马。千里马常有，而伯乐不常有"（《马说》）。

立言悠远，意指韩愈一生的功业不在立功，而在立言，"每言文章自汉司马相如、太史公、刘向、扬雄后，作者不世出，故愈深探本元，卓然树立，成一家言。其《原道》《原性》《师说》等数十篇，皆奥衍闳深，与孟轲、扬雄相表里而佐佑《六经》云。至它文造端置辞，要为不袭蹈前人者"（《新唐书·韩愈传》）。韩愈现存诗文700余篇，其中散文约400篇，包括赋、诗、论、说、传、记、颂、赞、书、序、哀辞、祭文、碑志、状、表、杂文等各种体裁，由其弟子李汉编为《昌黎先生集》四十卷；另有《论语注》十卷和《顺宗实录》五卷。韩愈立言丰富而多彩，在学术思想方面，韩愈留下《原道》《原性》《原毁》《原人》《原鬼》，影响深远，开启了新儒学之先声。在史学方面，韩愈有史家的笔力，"去八年十一月，臣在史职，监修李吉甫授臣以前史官韦处厚所撰《先帝实录》三卷，云未周悉，令臣重修。臣与修撰左拾遗沈传师、直馆京兆府咸阳县尉宇文籍等，共加采访，并寻检诏敕，修成《顺宗皇帝实录》五卷。削去常事，著其系于政者，比之旧录，十益六七，忠良奸佞，莫不备书，苟关于时，无所不录"（《进顺宗皇帝实录表状二首》）。在教育方面，韩愈三进国子监做博士，曾任国子监祭酒，招收弟子，亲授学业，留下了论说师道、激励后世和提携人才的文章。著名的有《师说》，比较从师与不从师、为子女择师与自己耻于从师、士大夫与巫匠百工，全面阐述老师的作用及从师的重要性，"古之学者必有师。师者，所以传道、受业、解惑也。人非生而知之者，孰能无惑？惑而不从师，其为惑也，终不解矣"。另一篇是"愈自以才高，累被摈黜，作《进学解》以自喻"，假设国子监先生与学生辩论，阐明进德修业的道理，"国子先生晨入太学，召诸生立馆下，诲之曰：'业精于勤荒于嬉，行成于思毁于随。'"更表达以孟子、荀子为榜样，弘扬儒学、排佛斥老的坚定决心，"昔者孟轲好辩，孔道以明，辙环天下，卒老于行。荀卿守正，大论是弘，逃谗于楚，废死兰陵。是二儒者，吐辞为经，举足为法，绝类离伦，优入圣域"（《旧唐书·韩愈传》）。

韩愈立言的最大功绩在于文学方面，主张继承先秦两汉散文传统，反对专讲声律对仗而忽视内容的骈体文。韩愈的文章气势雄伟，说理透彻，逻辑性强，被尊为"唐宋八大家"之首；韩愈之诗力求新奇，重气势，有独创之功；韩愈以文为诗，把新的古文语言、章法、技巧引入诗坛，扩大了诗的领域，增强了诗的表达功能。唐末杜牧已将韩文与杜诗并列，称为"杜诗韩笔"；后人将韩愈与苏轼的文章并列，称为"韩潮苏海"。苏洵认为："韩子之文如长江大河，浑浩流转，鱼鼋蛟龙，万怪惶惑，而抑遏蔽掩，不使自露，而人望见其渊然之光，苍然之色，亦自畏避，不敢迫视。"（《上欧阳内翰第一书》）韩愈为文的特点是敢于讲真话，"发言真率，无所畏惧"。他敢于在君主面前讲真话，于是有了《御史台上论天旱人饥状》《论淮西事宜状》《论佛骨表》等奏章，敢言"群臣之所未言"的真实情况和观点。他敢于突破儒家的传统观念，显示其尊而不墨守的品格，"孔子必用墨子，墨子必用孔子，不相用不足为孔墨"（《读墨子》）。他敢于冲破社会流俗之见，为李贺科举辩护，"愈与李贺书，劝贺举进士。贺举进士有名，与贺争名者毁之曰：'贺父名晋肃，贺不举进士为是，劝之举者为非。'听者不察也，和而唱之，同然一辞"。韩愈指出："今考之于经，质之于律，稽之以国家之典，贺举进士为可邪？为不可邪？"（《讳辩》）《师说》也是如此，柳宗元评价，"独韩愈不顾流俗、犯笑侮，收召后学，作《师说》，因抗颜而为师"（《答韦中立论师道书》）。他敢于突破传统写法，创新文体。唐代送序之文一般为先叙离情，后缀风景，情致物态，尚似六朝，韩愈则是变化多端，有的送序之文通篇都是议论。近代学者认为："韩昌黎集中无史论，舍《原道》外，议论之文，多归入赠序与书中。"①墓志铭在韩愈那里是形式多样，甚至"一人一样"；哀祭之文也颇具特色，曾国藩认为《祭十二郎文》"究以用韵为宜"，而"韩公如神龙万变，无所不可"（《经史百家杂钞》卷一六）。同前代

---

① 张胜璋著：《林纾古文论综论》，厦门大学出版社2018年版，第54页。

俳谐文字比较，几篇"游戏"之文也是新体。柳宗元特地为《毛颖传》辩护，"仆甚奇其书，恐世人非之，今作数百言，知前圣不必罪俳也"（《与杨诲之书》）。韩愈不仅倡导古文运动，而且积极从事古文写作；古文运动改变了中国文学史的面貌，撰写的古文作品成了后人摹写的范本。

二、攘斥佛老

为了复兴儒学，韩愈高举攘斥佛老的旗帜。儒佛道是影响中华民族最大的文化流派，儒家指导人们的日常生活；佛家既有实用价值，又有修身养性的作用；道家则发挥治病疗伤的功能。韩愈所处中唐时期，明显是佛老张扬，儒学式微，复兴儒学与攘斥佛老是事物的一体两面，复兴儒学必先攘斥佛老，攘斥佛老则为复兴儒学开辟通途。

攘斥佛老并非韩愈首倡，唐初太史令傅奕曾给唐高祖"上疏请除去释教"，认为佛教对于社会政治经济有百害而无一利。傅奕信奉道教，只反佛教。中唐时期，既反佛教也反道教，要求加以限制，却不是赶尽杀绝。唐德宗大历末，"时剑南东川观察使李叔明上言，以佛、道二教，无益于时，请粗加澄汰。其东川寺观，请定为二等：上寺留僧二十一人；上观留道士十四人，降杀以七，皆精选有道行者，余悉令返初。兰若、道场无名者皆废。德宗曰：'叔明此奏，可为天下通制，不唯剑南一道。'"都官员外郎彭偃进行论证说明，认为"出家者皆是无识下劣之流，纵其戒行高洁，在于王者，已无用矣，况是苟避征徭，于杀盗淫秽，无所不犯者乎？"寺庙道观多有藏污纳垢之事，"当今道士，有名无实，时俗鲜重，乱政犹轻。唯有僧尼，颇为秽杂"。寺庙道观给国家财政和社会经济造成危害，"今天下僧道，不耕而食，不织而衣，广作危言险语，以惑愚者。一僧衣食，岁计约三万有余，五丁所出，不能致此。举一僧以计天下，其费可知"。建议寺庙道观交纳税赋，"臣伏请僧道未满五十者，每年输绢四匹；尼及女道士未满五十者，每年输绢二匹；其杂色役与百姓同"。"臣窃料其所出，不下今之租赋三分之一，然则陛下之国富矣，苍生之害除矣。""臣以为此令既行，僧道规避还俗者固已太半。"（《旧唐书·彭偃传》）中唐时期，攘斥佛老也是社会共识。唐肃宗"广德二年八月，道士李国祯以道术见，因奏皇室仙系，宜修崇灵迹。请于昭应县南三十里山顶置天华上宫露台、大地婆父、三皇、道君、太古天皇、中古伏羲娲皇等祠堂，并置扫洒宫户一百户。又于县之东义扶谷故湫置龙堂"。当即遭到昭应县令梁镇上表反对，他列举了修建道观的种种弊端以及李国祯的恶行，要求查处李国祯，"臣伏以国祯等并交结中贵，狡蠹成性，臣虽忘身许国，不惧谗构，终恐贿及豪右，复为奸恶。其国祯等见据状推勘，如获赃状，伏望许臣征收，便充当县邮馆本用"。要求停建寺观，"诚愿沉邺县之巫，安流弊之俗，其所兴两祠土木之功、丹青之役、三六之祭、洒扫之户，谨明宣旨，并以权宜停讫。""其湫既竭，不可更置祠堂，又不当为大地建立祖庙，臣并请停。"（《旧唐书·李国祯传》）

韩愈不是辟佛首创者，却是态度最坚决、观点最鲜明、认识最深刻的人，"其所持排斥佛教之论点，此前已有之，实不足认为退之之创见，特退之所言更较精辟，胜于前人耳"[1]。韩愈从根源上否定佛教，认为儒与佛的关系属于夷夏之防范畴，佛教是野蛮人的宗教，"佛者，夷狄之一法耳。自后汉时始入中国，上古未尝有也"；"假如其身尚在，奉其国命来朝京师，陛下容而接

---

① 陈寅恪：《论韩愈》，载《历史研究》1954年第2期。

之，不过宣政一见，礼宾一设，赐衣一袭，卫而出之于境，不令贰于众也"（《新唐书·韩愈传》）。韩愈担心，如果不防范佛教，我们就可能成为夷族，"今也举夷狄之法而加之先王之教之上，几何其不胥而为夷也？"（《原道》）佛为夷狄，是韩愈高于同时代其他排佛者的识见，"'尊王攘夷'所以为古文运动中心思想也。在退之稍先之古文家如萧颖士、李华、独孤及、梁肃等，与退之同辈之古文家如柳宗元、刘禹锡、元稹、白居易等，虽同有此种潜意识，然均不免认识未清晰，主张不澈底，是以不敢亦不能因释迦为夷狄之人，佛教为夷狄之法，抉其本根，力排痛斥，若退之之所言所行也。退之之所以得为唐代古文运动领袖者，其原因即在于是"①。韩愈强调，佛教传入中国后，贻害无穷，"佛法入中国，尔来六百年。齐民逃赋役，高士著幽禅。官吏不知制，纷纷听其然。耕桑日失隶，朝署时遗贤"（《送灵师》）。

韩愈全方位批判佛教。在政治方面，佛教既不利于国家长治久安，又不利于君主健康长寿。没有佛教之前，君主都很长寿，还出现了尧舜之治，"昔黄帝在位百年，年百一十岁；少昊在位八十年，年百岁；颛顼在位七十九年，年九十八岁；帝喾在位七十年，年百五岁；帝尧在位九十八年，年百一十八岁；帝舜及禹年皆百岁。此时天下太平，百姓安乐寿考，然而中国未有佛也"。商朝和周朝没有佛教，君主也长寿，"其后，殷汤亦年百岁，汤孙太戊在位七十五年，武丁在位五十年，书史不言其寿，推其年数，盖亦俱不减百岁。周文王年九十七岁，武王年九十三岁，穆王在位百年。此时佛法亦未至中国，非因事佛而致此也"。信佛事佛之后，不仅带来政治动乱，导致国运不济，而且君主大多寿命不长，也没有好下场，"汉明帝时始有佛法，明帝在位才

---

① 陈寅恪：《论韩愈》，载《历史研究》1954年第2期。

十八年耳。其后乱亡相继，运祚不长。宋、齐、梁、陈、元魏已下，事佛渐谨，年代尤促。唯梁武帝在位四十八年，前后三舍身施佛，宗庙之祭，不用牲牢，昼日一食，止于菜果，其后竟为侯景所逼，饿死台城，国亦寻灭。事佛求福，乃更得祸。由此观之，佛不足信，亦可知矣"。韩愈所谓事佛君主寿命不长，深深得罪了唐宪宗，差点被处极刑，幸赖裴度等王公大臣援救，才保住性命，"帝大怒，持示宰相，将抵以死。裴度、崔群曰：'愈言讦忤，罪之诚宜。然非内怀至忠，安能及此？愿少宽假，以来谏争。'帝曰：'愈言我奉佛太过，犹可容；至谓东汉奉佛以后，天子咸夭促，言何乖剌邪？愈，人臣，狂妄敢尔，固不可赦。'于是中外骇惧，虽戚里诸贵，亦为愈言，乃贬潮州刺史"（《旧唐书·韩愈传》）。韩愈贬至潮州，唐宪宗给予谅解，但对事佛君主寿命不长一说，仍耿耿于怀。

在经济方面，佛教既破坏社会结构，又损害国家经济。中国原有社会结构为士农工商，即教化民众的儒家知识分子、辛勤劳作的农民、从事制造的工人和经营贸易的商人，而今却多了僧侣和道士两类人员。在封建统治者的大力支持和基层民众的自愿捐赠下，寺庙道观经济迅速发展。由于大兴土木，寺庙和道观劳民伤财和靡费大量人力物力，给国家经济造成极大负担，影响国计民生，"今天下之寺盖无其数，一寺当陛下一宫，壮丽之甚矣，用度过之矣。是十分天下之财而佛有七八"（《旧唐书·辛替否传》）。僧侣和道士让老百姓不堪其负，"古之为民者四，今之为民者六。古之教者处其一，今之教者处其三。农之家一，而食粟之家六；工之家一，而用器之家六；贾之家一，而资焉之家六。奈之何民不穷且盗也？"（《原道》）在文化方面，佛教严重挑战传统的忠孝礼义精神，"佛本夷狄之人，与中国言语不通，衣服殊制，口不道先王之法言，身不服先王之法服，不知君臣之义，父子之情"（《新唐书·韩愈传》）。佛教号称"皈依佛门"，以摆脱现实社会的苦难和束缚，往生西方净土和极乐世界，尤其是要求僧侣信徒抛弃君臣关系和父子关系，实现内心的寂灭，达到涅槃境界。如果任由民众信佛事佛，将导致国不成国，家不成家，彻底破坏社会伦常秩序，"是故君者，出令者也；臣者，行君之令而致之民者也；民者，出粟米、麻丝，作器皿，通货财，以事其上者也。君不出令，则失其所以为君；臣不行君之令而致之民，民不出粟米、麻丝，作器皿，通货财，以事其上，则诛"。韩愈不无揶揄道，佛教的幸运是产生在三代之后，没有受到抵制罢黜，不幸的是没有发生在三代之前，失去了被教正的机会，"呜呼！其亦幸而出于于三代之后，不见黜于禹、汤、文、武、周公、孔子也；其亦不幸而不出于三代之前，不见正于禹、汤、文、武、周公、孔子也"（《原道》）。韩愈态度很鲜明，就是弃绝佛老，"不许度人为僧尼、道士，又不许别立寺观"（《新唐书·韩愈传》）。

韩愈直接批判的是唐宪宗迎接佛骨一事，"今陛下令群僧迎佛骨于凤翔，御楼以观，舁入大内，又令诸寺递加供养"。他认为宪宗不会真的信佛，无非是想为百姓祈福，只是娱乐而已，"臣虽至愚，必知陛下不惑于佛，作此崇奉以祈福祥也。直以丰年之乐，徇人之心，为京都士庶设诡异之观，戏玩之具耳。安有圣明若此，而肯信此等事哉？"他告诉宪宗，实际效果却不是如此，百姓以为皇上信佛，所以跟着信佛，甚至是狂热地信佛，轻则放弃生计，布施钱财，"然百姓愚冥，易惑难晓，苟见陛下如此，将谓真心信佛，皆云：'天子大圣，犹一心信向，百姓微贱，于佛岂合更惜身命？'以至灼顶燔指，十百为群，解衣散钱，自朝至暮，转相放效，唯恐后时，老幼奔波，弃其生业"。重则不顾性命，败坏社会风俗，"若不即加禁遏，更历诸寺，必有断臂脔身以为供养者。伤风败俗，传笑四方，非细事也"。他向宪宗指出，佛骨是不祥之物，怎么能够进入宫廷，"况其身死已久，枯朽之骨，凶秽之余，岂宜以入宫禁？"也不符合圣人的教诲，"孔子曰：'敬鬼神而远之。'"古人祭祀都有程式，先用巫师作法，消除不祥，"古之诸侯吊于其国，必令巫祝先以桃茢祓除不祥，然后进吊"。而迎接佛骨却没有相应的程式，"今无故取朽秽之物，亲临观之，巫祝不先，桃茢不用，群臣不言其非，御史不举其失，臣实耻之"。最后吁请"以此骨付之水火，永绝根本，断天下之疑，绝前代之惑，使天下之人知大圣人之所作为出于寻常万万也"。韩愈是伟岸男子，表示愿意为此承担责任，无怨无悔，"佛如有灵，能作祸祟，凡有殃咎，宜加臣身。上天鉴临，臣不怨悔"（《新唐书·韩愈传》）。

　　对于道教，韩愈也是坚决反对。由于唐朝皇室攀认老子为祖先，韩愈敢于不稍讳避，痛斥力诋，需要很大勇气和胆识。唐朝皇室扶助道教，至玄宗时达到极盛，"尊崇老子以帝号，为之立庙，祀以祖宗之礼。除老子为《道德经》外，更为庄、文、列、庚桑诸子为《南华》《通玄》《冲虚》《洞灵》等经，设崇玄学，以课生徒，同于国子监"[①]。道教的危害类似于佛教，在用人方面甚至有过之而无不及。以王玙为例，因为会道术，在唐玄宗、肃宗期间不断加官晋爵，出将入相，"王玙，少习礼学，博求祠祭仪注以干时。开元末，玄宗方尊道术，靡神不宗。玙抗疏引古今祀典，请置春坛，祀青帝于国东郊，玄宗甚然之，因迁太常博士、侍御史，充祠祭使。玙专以祀事希幸，每行祠祷，或焚纸钱，祷祈福祐，近于巫觋，由是过承恩遇。肃宗即位，累迁太常卿，以祠祷每多赐赉。乾元三年七月，兼蒲州刺史，充蒲、

----

① 陈寅恪：《论韩愈》，载《历史研究》1954年第2期。

同、绛等州节度使。中书令崔圆罢相，乃以玙为中书侍郎、同中书门下平章事"。后"入为太子少保，转少师"（《旧唐书·王玙传》）。类似王玙者不在少数，"玙以祭祀妖致位将相，时以左道进者，往往有之"（《旧唐书·李国祯传》）。韩愈批判道教，认为老子之道是小人之道，不讲仁义，是井蛙之见，"故道有君子小人，而德有凶有吉。老子之小仁义，非毁之也，其见者小也，坐井而观天，曰天小者，非天小也"。老子的无为而治，也是违背规律的，"帝之与王，其号虽殊，其所以为圣一也，夏葛而冬裘，渴饮而饥食，其事虽殊，其所以为智一也。今其言曰：'曷不为太古之无事？'是亦责冬之裘者曰：'曷不为葛之之易也！'责饥之食者曰：'曷不为饮之之易也！'"治国必须积极有为，而不能消极无为，"然则古之所谓正心而诚意者，将以有为也。今也欲治其心而外天下、国家，灭其天常，子焉而不父其父，臣焉而不君其君，民焉而不事其事"（《原道》）。道教更不足言，简直是荒唐，"食粟、衣帛、服仁、行义，以俟死者，二帝三王之所守，圣人未之有改焉者也。今之说者，有神仙不死之道，不食粟，不衣帛，薄仁义以为不足为，是诚何道邪？"（《进士策问十三首》）

　　韩愈真诚攘斥佛老，却有一桩公案需要辨证。韩愈辟佛的同时，与佛徒释子多有交往，特别是被贬潮州时，与大颠和尚往还甚密，以致后人怀疑其辟佛的初衷和建立道统的诚意。欧阳修认为，韩愈被贬潮州后的表现差强人意，"前世有名人，当论事时，感激不避诛死，真若知义者，及到贬所，则戚戚怨嗟，有不堪之穷愁形于文字。其心欢戚无异庸人，虽韩文公不免此累"（《与尹师鲁第一书》）。朱熹指出，韩愈的思想欠缺形上本体，心中没有"主宰"，遇上大颠劝说，心意就不坚定了，"退之晚来觉没顿身己处，如招聚许多人博塞为戏。所与交如灵师、慧师之徒，皆饮酒无赖，及至海上见大颠壁立万仞，自是心服。其言实能外形

骸，以理自胜，不为事物侵乱，此是退之死矣"（《朱子语类》卷
一三七）。韩愈并不讳言与佛徒释子的交往，却表明没有改变信
仰，"有人传愈近少信奉释氏者，此传者之妄也。潮州时有一老
僧号大颠，颇聪明，识道理，远地无可与语者，故自山召至州
郭，留十数日，实能外形骸，以理自胜，不为事物侵乱，与之
语，虽不尽解，要且自胸中无滞碍，以为难得，因与来往"。"非
崇信其法，求福田利益也。"（《与孟简尚书书》）韩愈交游佛徒释
子，不仅没有动摇其辟佛的决心，反而有利于其了解佛教义理，
汲取融汇于自己的道统思想。还是陈寅恪的评价比较客观公允，
"退之从其兄会谪居韶州，虽年颇幼小，又历时不甚久，然其所
居之处为新禅宗之发祥地，复值此新学说宣传极盛之时，以退之
之幼年颖悟，断不能于此新禅宗学说浓厚之环境气氛中无所接受
感发，然则退之道统之说表面上虽由孟子卒章之言所启发，实际
上乃因禅宗教外别传之说所造成，禅学于退之之影响亦大矣哉！
宋儒仅执退之后来与大颠之关系，以为破获赃据，欲夺取其道统
者，似于退之一生经历与其学说之原委犹未达一间也"[1]。

三、定名虚位

韩愈攘斥佛老，既有破又有立。破的方面，认为佛教为夷
狄之法，老子之道为小人之道；立的方面，就是鲜明提出了道统
论。韩愈区别儒道与佛老之道，企图建立一个完整的儒道理论体
系，以抗衡并取代佛老之道，"斯吾所谓道也，非向所谓老与佛
之道也"。韩愈认为，儒道的核心是仁义道德，"博爱之谓仁，行
而宜之之谓义，由是而之焉之谓道，足乎己无待于外之谓德"。

---

[1] 陈寅恪：《论韩愈》，载《历史研究》1954年第2期。

对于道德范畴，儒佛道都给予认同，却有着不同性质的内涵，这就需要定名虚位。儒家与佛老的区别不在于是否使用道德范畴，而在于是否赋予道德以仁义内涵，"仁与义为定名，道与德为虚位"。儒家是仁义之道，老子之道抛弃仁义，"老子之所谓道德云者，去仁与义言之也，一人之私言也"；佛家之道是没有君臣父子，"今其法曰：'必弃而君臣，去而父子，禁而相生养之道。'以求其所谓'清静''寂灭'者"（《原道》）。

最早提出道统概念的是朱熹，"《中庸》何为而作也？子思子忧道学之失其传而作也。盖自上古圣神继天立极，而道统之传有自来矣"（《中庸章句序》），而道统论公认的开创者却是韩愈。对于道统论，历来都是从道与统两个方面理解，前者是逻辑的，后者是历史的。就道而言，道是道统的本质规定。韩愈认为，道的内容就是仁与义，"凡吾所谓道德云者，合仁与义言之也，天下之公言也"（《原道》）。韩愈关于道的认识，继承了孔孟之道。作为道的概念，孔子创立儒家学说，就强调道的存在，"吾道一以贯之"，弟子曾参概括为"夫子之道，忠恕而已矣"（《论语·里仁》）。子贡认为，道是西周的礼乐之道，"文武之道未坠于地，在人。贤者识其大者，不贤者识其小者，莫不有文武之道焉"（《论语·子张》）。作为道的内容，仁与义源于孔子，而孔子更看重仁的概念，"樊迟问仁。子曰：'爱人。'"（《论语·颜渊》）孔子以仁为核心，以义与礼为两翼，仁义礼相辅相成，创立了儒家学派，建构了儒家思想大厦。孟子继承发展了仁的思想，且将义与仁并列，"仁，人心也；义，人路也。舍其路而弗由，放其心而不知求，哀哉！"（《孟子·告子上》）北宋二程评价，"孟子有功于圣门不可言。如仲尼只说一个仁义，孟子开口便说'仁义'"（《河南程氏遗书》卷一八）。荀子从礼的角度继承发展了仁的思想，"治之经，礼与刑，君子以修百姓宁"（《荀子·成相》）。韩愈认为，孔孟之道先是受到杨朱与墨子的挑战，后是受到佛老之道的挑战，后人如果不追根溯源，就不知道从哪里学习真正的儒家之道，"不求其端，不讯其末，惟怪之欲闻"；"后之人虽欲闻仁义道德之说，其孰从而求之？"韩愈反复论述，佛老之道不是儒家之道，必须辨别清楚，"其所谓道，道其所道，非吾所谓道也；其所谓德，德其所德，非吾所谓之德也"（《原道》）。

就统而言，统是道统的传法世系。韩愈认为，先王之道从尧开其端，传到孔子和孟子，一脉相承，"尧以是传之舜，舜以是传之禹，禹以是传之汤，汤以是传之文、武、周公，文、武、周公传之孔子，孔子传之孟轲。轲之死，不得其传焉"。韩愈关于统的认识，也是源于孔孟之道。孔子认为，道的源头在尧舜，规范于周礼，自己负有传承使命，"子畏于匡，曰：'文王既没，文不在兹乎？天之将丧斯文也，后死者不得与于斯文也；天之未丧斯文也，匡人其如予何？'"（《论语·子罕》）朱熹注曰："道之显者谓之文，盖礼乐制度之谓。不曰道而曰文，亦谦辞也。'兹'，此也，孔子自谓。"（《四书章句集注》）孟子赞赏孔子是道统的传承人，认为五百年必有王者兴，"由尧、舜至于汤，五百有余岁。若禹、皋陶，则见而知之；若汤，则闻而知之。由汤至于文王，五百有余岁。若伊尹、莱朱，则见而知之；若文王，则闻而知之。由文王至于孔子，五百有余岁。若太公望、散宜生，则见而知之；若孔子，则闻而知之"（《孟子·尽心下》）。孟子也是以道统传承者自居，"如欲平治天下，当今之世，舍我其谁也？"（《孟子·公孙丑下》）韩愈自谦，没有明确将自己列入道统，实际还是以道统自居，其学生李翱则比附孟子，"孔氏去远，杨朱恣行，孟轲拒之，乃坏于成。戎风混华，异学魁横，兄尝辩之，孔道益明"（《祭吏部韩侍郎文》）。唐末皮日休直接把韩愈当作孟子，"千世之后，独有一昌黎先生，露臂瞋视，诟之于千百人内。其言虽行，其道不胜。苟轩裳之士，世世有昌黎先生，则吾以为孟子矣"（《原化》）。

韩愈倡导道统论，还要廓清儒家内部关系，明确传承谱系。孔子之后，儒家内部出现分化，互相之间也不和谐，"孔子之道，大而能博，门弟子不能遍观而尽识也，故学焉而皆得其性之所近。其后离散，分处诸侯之国，又各以其所能授弟子，原远而末益分"。韩愈认为，儒家内部传承分为子夏，"盖子夏之学，其后有田子方，子方之后，流而为庄周。故周之书，喜称子方之为人"。分为子弓，"荀卿之书，语圣人必曰：'孔子、子弓。'子弓之事业不传，惟《太史公书·弟子传》有姓名字，曰：'馯臂子弓。'子弓受《易》于商瞿"。分为曾子，"孟轲师子思，子思之学，盖出曾子"。韩愈指出，只有孟子得到孔子正传，"自孔子没，群弟子莫不有书，独孟轲氏之传得其宗，故余少而乐观焉"。韩愈强调，学习圣人之道，既不能选择佛老之道，也不能选择非正宗的儒家之道，"故学者必慎其所道"。选择正确，就像航船不离河流，终能驶入大海，"夫沿河而下，苟不止，虽有疾迟，必至于海"。否则，航船就不可能入海，"道于杨、墨、老、庄、佛之学而欲之圣人之道，犹航断港绝潢以望至于海也"（《送王埙秀才序》）。相对而言，韩愈比较尊重荀子，宋朝理学家则是否定荀子，"荀卿才高学陋，以礼为伪，以性为恶，不见圣贤，虽曰尊子弓，然而时相去甚远，圣人之道，至卿不传"（《河南程氏外书》卷十）。韩愈也认为荀子没有得到孔子正传，不能与孟子相提并论，"择焉而不精，语焉而不详"（《原道》）。对于《荀子》一书，"余欲削荀氏之不合者，附于圣人之籍，亦孔子之志欤！孟氏，醇乎醇者也。荀与扬，大醇而小疵"（《读荀子》）。

吊诡的是，韩愈首先举起道统大旗，却没有被后世儒家列入道统序列。宋儒不仅不承认韩愈是道统论的肇始者，更不承认他是孟子之后的继承者，"此道更前后圣贤，其说始备。自尧舜以下，若不生个孔子，后人去何处讨分晓？孔子后若无个孟子，也未有分晓。孟子后数千载，乃始得程先生兄弟发明此理。今看来汉唐以下诸儒说道理见在史策者，便直是说梦！只有个韩文公依稀说得略似耳"（《朱子语类》卷九三）。原因不在于对统的历史理解，而在于对道的内容的不同认识。韩愈以仁义为道的内容，具体化为社会治理图景，"其文，《诗》《书》《易》《春秋》；其法，礼、乐、刑、政；其民，士、农、工、贾；其位，君臣、父子、师友、宾主、昆弟、夫妇；其服，麻、丝；其居，宫室；其食，粟米、蔬果、鱼肉。其为道易明，而其为教易行也。是故以之为己，则顺而祥；以之为人，则爱而公；以之为心，则和而平；以之为天下国家，无所处而不当"（《原道》）。宋儒则以中庸为道的内容，"其见于经，则'允执厥中'者，尧之所以授舜也；'人心惟危，道心惟微，惟精惟一，允执厥中'者，舜之所以授禹也。尧之一言，至矣尽矣！而舜复益之以三言者，则所以明夫尧之一言，必如是而后可庶几也"。在朱熹看来，孔子之后，承继中庸之道的是子思，子思传于孟子，"子思之功于是为大"。其后则失传了，"自是而又再传以得孟氏，为能推明是书，以承先圣之统，及其没而遂失其传焉"。只有北宋二程接续了道统，"然而尚幸此书之不泯，故程夫子兄弟者出，得有所考，以续夫千载不传之绪"（《中庸章句序》）。原因还在于韩愈有着良好愿望，却没有良好成果。韩愈批判佛道，是希望重振儒家思想在社会生活和意识形态的统治地位，重新确立人文信仰和道德价值，把佛道信众从那些虚无缥缈的天堂天国唤回到君臣父子的世俗人间，却没能创立新的理论和学术体系，去替代以思辨取胜的佛教哲学与道家思想。这一任务历史地落在了以程朱为代表的宋朝理学家身上，而韩愈的筚路蓝缕之功不能视而不见，更不能予以否认。

　　韩愈为了论证仁义道德，对于人性问题进行了深入研究。研究人性，也是韩愈攘斥佛老的重要举措。隋唐时期的哲学主题转向了心性问题，佛教天台、华严、唯识诸宗的心性研究已经深入到形上本体和认识论范畴，禅宗更是强调心性关系，主张明心见性，顿悟成佛。而儒家的心性研究，自孟子之后一直处于相对停滞状态，仍然蹒跚于形下的伦理道德范畴，更谈不上形上本体研究。由于儒学的思辨哲学不如佛教，心性研究落后于禅门，使得儒门零乱冷落，儒生趋奔佛门。韩愈要复兴儒学，必须走"复性"之路，再造儒家的人性思想。他从孟子那里拾得人性思想，更从《大学》《中庸》寻找思想资源，运用《大学》"正心诚意"的观念与佛教的治心学说相抗衡，利用《中庸》"天命之谓性，率性之谓道"的论述追问道的本源。尽管韩愈的探索是初浅的，并没有从天命的高度找到道的本源，却开辟道与心性关系的研究路向。朱熹比较韩愈与张载的研究，认为"《原道》言'率性之谓道'，《西铭》连'天命之谓性'说了"（《朱子语类》卷九六）。韩愈提出的道统论，一方面确定圣人所传之道的本质是仁义思想，保证道的内容的正确性；另一方面排列出圣人之道的传承谱系，保证了道的历史连续性。而人性的研究，则为道统论提供哲学基础，自觉回归儒家道统的本体构造。

　　韩愈是在批判基础上构造人性理论。他认为，儒家对待人性有三种观点，"孟子之言性曰：人之性善；荀子之言性曰：人之性恶；杨子之言性曰：人之性善恶混"。三种观点都有偏颇，都是抓住一点不及其余，都不能说明人为什么会由善变恶，或由恶变善，"夫始善而进恶，与始恶而进善，与始也混而今也善恶；皆举其中而遗其上下者也，得其一而失其二也"。三种观点也不能解释许多历史事实，晋国大夫"叔鱼之生也，其母视之，知其必以贿死"；晋朝"杨食我之生也，叔向之母闻其号也，知必灭其宗"；楚国令尹子文从子"越椒之生也，子文以为大戚，知若敖氏之鬼不食也"。韩愈分别批判三种人性论，如果人性是善的，那么，优秀人物的父母一定是优秀的。其实不然，农耕始祖后稷和西周王朝创始人周文王的母亲都很普通平常，而后稷和周文王从小就很优秀，"后稷之生也，其母无灾，其始匍匐也，则岐岐然，嶷嶷然"；"文王之在母也，母不忧，既生也，传不勤，既学也，师不烦"。如果人性是恶的，那么，优秀人物的子女一定是优秀的，而唐尧的儿子朱性傲狠，喜漫游，周文王的儿子管叔和蔡叔共同背叛周朝，制造事端，"人之性果恶乎？尧之朱、舜之均、文王之管蔡，习非不善也，而卒为奸"。至于人性是善恶混合，更说明不了历史事实，舜之父瞽叟和禹之父鲧都是声名狼藉之人，而舜和禹却是圣人，"瞽叟之舜、鲧之禹，习非不恶也，而卒为圣。人之性善恶果混乎？"（《原性》）

儒家的人性研究，不可忘记董仲舒，他明确提出人性有三个品级，即圣人之性、中民之性与斗筲之性，认为"圣人之性不可以名性，斗筲之性又不可以名性。名性者，中民之性"（《春秋繁露·实性》）。韩愈继承发展了董仲舒的性三品论，修正补充了孟子、荀子和杨雄的人性论。他认为，性是先天生成的，情是后天发生的，"性也者，与生俱生也；情也者，接于物而生也"。先天的性是善的，含有五种道德品质，"其所以为性者五：曰仁，曰义，曰礼，曰信，曰智"。后天的情则比较复杂，含有七种情绪，"其所以为情者七：曰喜、曰怒、曰哀、曰惧、曰爱、曰恶、曰欲"。韩愈指出，无论性还是情，都有现实性，可以分为上中下三品，"性之品有上中下三"，"情之品有上中下三"。上品之性是纯善，具备五德，且以仁统率义、礼、智、信，"上焉者之于五也，主于一而行于四"。中品之性是仁德有欠缺，四德也不全，"中焉者之于五，一也不少有焉，则少反焉，其于四也混"。

下品之性是没有仁德，四德也有悖，"下焉者之于五也，反于一而悖于四"。上品之情是七种情绪发而中节，不偏不激，"上焉者之于七也，动而处其中"。中品之情是有过有不及，不能做到无过无不及，"中焉者之于七也，有所甚，有所亡，然而求合其中者也"。下品之情是纵情恣意，无所节制，"下焉者之于七也，亡与甚，直情而行者也"。性三品与情三品互相衔接，互相对立，"情之于性视其品"，上品之性发上品之情，中品之性发中品之情，下品之性发下品之情。韩愈强调，上品之性为善，下品之性为恶，中品之性可以引导转化，"上焉者，善焉而已矣；中焉者，可导而上下也；下焉者，恶焉而已矣"。上品之性与下品之性难以改变，却可以弘扬和约束。弘扬上品之性，使之发扬光大，约束下品之性，使之减少或没有危害，"曰：然则性之上下者，其终不可移乎？曰：上之性，就学而愈明；下之性，畏威而寡罪。是故上者可学，而下者可制也。其品则孔子谓不移也"（《原性》）。韩愈的人性论还不完善，也没有形成体系，却是宋朝理学的先驱和明朝心学的先声。

四、文以明道

韩愈在思想上弘扬儒学，攘斥佛老，在文学上倡导古文，反对骈文，两者互为表里，目的仍然是复兴儒学，"愈之所志于古者，不惟其辞之好，好其道焉尔"（《答李图南秀才书》）。古文是指先秦两汉的散行文字，不同于魏晋南北朝讲究对偶声律的骈体文。古文运动既是一场思想文化的复古运动，更是文体文风的变革运动，要求写出古朴实用的散文，抛弃骈文及其浮辞丽句。韩愈是唐宋古文运动公认的领袖，具有丰富的创作实践，取得了丰硕成果。"退之之古文乃用先秦、两汉之文体，改作唐代当时民间流行之小说，欲藉之一扫腐化僵化不适用于人生之骈体文，作此尝试而能成功者，故名虽复古，实则通今，在当时为最便宣传，甚合实际之文体也。"在诗歌方面，"退之虽不译经偈，但独运其天才，以文为诗，若持较华译佛偈，则退之之诗词旨声韵无不谐当，既有诗之优美，复具文之流畅，韵散同体，诗文合一，不仅空前，恐亦绝后……决非效颦之辈所能企及者矣。后来苏东坡、辛稼轩之词亦是以文为之，此则效法退之而能成功者也"①。更重要的是，韩愈创立了自己的古文理论，为古文运动提供了行动指南。

倡导古文，并非始于韩愈。骈文是一种以字句两两相对而成篇章的文体，起源于汉代，形成并盛行于南北朝，"这种文体讲求对偶和声律，使用很多典故，堆砌词藻，意少词多，在表达思想内容方面受到很多限制"②。当时就有人提出文体复古的主张，西魏苏绰在为君主起草的《大诰》中指出："惟我有魏，承乎周之末流，接秦、汉遗弊，袭魏、晋之华诞，五代浇风，因而未革，将以穆俗兴化，庸可暨乎！"（《北史·苏绰传》）北齐颜之推要求改革文风，"必有盛才重誉，改革体裁者，实吾所希"；主张复古文体，"宜以古之制裁为本，今之辞调为末，并须两存，不可偏弃也"，具体化为"文章当以理致为心肾，气调为筋骨，事义为皮肤，华丽为冠冕"（《颜氏家训·文章》）。中唐尤其是大历贞元时期，复古文体的呼声更为强烈，"大历贞元之间，文字多尚古学，效杨雄、董仲舒之述作，而独孤及、梁肃最称渊奥，儒林推重"（《旧唐书·韩愈传》）。梁肃批评南北朝文体是失道少气，理消言繁，文薄意巧，"其后作者，理胜则文薄，文胜则理消。理消则言愈繁，繁则乱矣；文薄则意愈巧，巧则弱矣。故文本于

① 陈寅恪:《论韩愈》，载《历史研究》1954年第2期。
② 郭沫若著:《中国史稿》，人民出版社1979年版，第309页。

道，失道则传之以气，气不足则饰之以辞，盖道能兼气，气能兼辞，辞不当则文斯败矣"。强调唐朝一直致力于变革文体，现已形成天下大势，"唐有天下几二百载，而文章三变：初则广汉陈子昂以风雅革浮侈，次则燕国张公说以宏茂广波澜，天宝已还，则李员外、萧功曹、贾常侍、独孤常州比肩而出，故其道益炽"（《补阙李君前集序》）。李员外即李华，追慕上古时风，不惜否定屈原，"文章本乎作者，而哀乐系乎时。本乎作者，六经之志也；系乎时者，乐文武而哀幽厉也"。"屈平、宋玉，哀而伤，靡而不返，六经之道遁矣。"（《赠礼部尚书清河孝公崔沔集序》）萧功曹及萧颖士，自称只学先秦两汉文章，不习魏晋南北朝文风，"经术之外，略不婴心"；"平生属文，格不近俗，凡所拟议，必希古人，魏晋以来，未尝留意"（《赠韦司业书》）。独孤常州即独孤及，为梁肃的老师，极力主张文章本乎王道，"风雅之旨归，刑政之本根，忠孝之大伦，皆见于词"（《检校尚书吏部员外郎赵郡李公中集序》）。大历贞元诸子的思想观点成为韩愈古文理论的重要来源，"愈从其徒游，锐意钻仰，欲自振于一代"（《旧唐书·韩愈传》）。

文以明道是韩愈古文理论的灵魂，"君子居其位，则思死其官；未得位，则思修其辞，以明其道。我将以明道也"（《谏臣论》）。在韩愈看来，明道要坚决攘斥佛老，"不塞不流，不止不行。人其人，火其书，庐其居"。明道要弘扬先王之道，"明先王之道以道之，鳏寡孤独废疾者有养也"（《原道》）。先王之道的主体是儒家的仁义之道，"己之道，乃夫子、孟轲、扬雄所传之道也"（《重答张籍书》）。先王之道就是圣人创立的相生相养之道，"古之时，人之害多矣。有圣人者立，然后教之以相生相养之道，为之君，为之师"。相生相养之道包括物质生活和制度文明，物质生活是衣食住行，"驱其虫蛇禽兽而处之中土。寒然后为之衣，饥然后为之食。木处而颠，土处而病也，然后为之宫室"。制度文明是社会伦理秩序和政治经济制度，"为之工以赡其器用，为之贾以通其有无，为之医药以济其夭死，为之葬埋、祭祀以长其恩爱，为之礼以次其先后，为其乐以宣其湮郁，为之政以率其怠倦，为之刑以锄其强梗。相欺也，为之符玺、斗斛、权衡以信之，相夺也，为之城郭、甲兵以守之。害至而为之备，患生而为之防"（《原道》）。韩愈重视明道，却没有忘记为文，"愈之志在古道，又甚好其言辞"（《答陈生师赐书》）。他自己是"性本好文学，因困厄悲愁无所告语，遂得究穷于经传史记百家之说，沉潜乎训义，反复乎句读，砻磨乎事业，而奋发乎文章"（《上兵部李巽侍郎书》）。令人困惑的是，韩愈一生明道的成就并不显赫，而为文的成就却可傲视千古，真是有心栽花花不开，无意插柳柳成荫！

气盛言宜是韩愈古文理论的主干，"气，水也；言，浮物也。水大而物之浮者大小毕浮。气之与言犹是也，气盛则言之短长与声之高下者皆宜"（《答李翊书》）。如果说文以明道强调的是文章的思想内容，那么，气盛言宜关注的则是文章的艺术水准，两者共同构成了韩愈古文理论的主体内容。在韩愈看来，文章必须有气势，有气势才是好文章，"君少气高，为文有气力，务出于奇，以不同俗为志"（《唐故国子助教河东薛君墓志铭》）。韩愈通过评论张旭的书法，"故旭之书，变动犹鬼神，不可端倪，以此终其身而名后世"，说明气势源于专心致志，"苟可以寓其巧智，使机应于心，不挫于气，则神完而守固，虽外物至，不胶于心"；源于对外界事物的细心观察，"观于物，见山水崖谷，鸟兽虫鱼，草木之花实，日月列星，风雨水火，雷霆霹雳，歌舞战斗，天地事物之变，可喜可愕，一寓于书"；源于情志的宣泄和心灵的观照，"窘穷、忧悲、愉佚、怨恨、思慕、酣醉、无聊、喜怒，不平有动于心，必于草书焉发之"(《送高闲上人序》)。韩愈认为，文章的气势与作者的道德品质密切相关，而道德品质的修养是一个逐步完善的过程。作者只有像古人那样，意志坚定，心平气和，不为功名利禄所诱惑，才能写出有气势的文章，"将蕲至于古之立言者，则无望其速成，无诱于势利，养其根而俟其实，加其膏而希其光。根之茂者其实遂，膏之沃者其光晔。仁义之人，其言蔼如也"(《答李翊书》)。

韩愈指出，文章的气势还和作者的艺术品位紧密联系，而培育艺术品位是一个循序渐进的过程。韩愈以自己二十余年的学习进步为例，说明艺术品位的培育分为三个阶段，先是学习古人，务去陈言，"始者，非三代两汉之书不敢观，非圣人之志不敢存。处若忘，行若遗，俨乎其若思，茫乎其若迷。当其取于心而注于手也，惟陈言之务去，戛戛乎其难哉！其观于人也，不知其非笑之为非笑也。如是者亦有年，犹不改"。次是渐有心得，于古书有所取舍，"然后识古书之正伪，与虽正而不至焉者，昭昭然白黑分矣，而务去之，乃徐有得也。当其取于心而注于手也，汩汩然来矣。其观于人也，笑之则以为喜，誉之则以为忧，以其犹有人之说者存也。如是者亦有年"。后是随心所欲，达到自由境界，"然后浩乎其沛然矣。吾又惧其杂也，迎而距之，平心而察之，其皆醇也，然后肆焉。虽然，不可以不养也，行之乎仁义之途，游之乎《诗》《书》之源，无迷其途，无绝其源，终吾身而已矣"(《答李翊书》)。总之，形成气势的好文章，是作者综合素质的集中反映，必然具备本深、形大、行峻和心醇等要素，"夫所谓文者，必有诸其中，是故君子慎其实。实之美恶，其发也不掩，本深而末茂，形大而声宏，行峻而言厉，心醇而气和；昭晰者无疑，优游者有余，体不备不可以为成人，辞不足不可以为成文"(《答尉迟生书》)。

不平则鸣是韩愈古文理论的实践途径，"大凡物不得其平则鸣"。如果说文以明道是文学创作的原则，那么，不平则鸣则是文章创作的途径，揭示文字与现实的关系，反映了时代、社会环境以及作家的生平际遇对于文学创作的重要影响。在韩愈看来，不平则鸣是指打破事物间的平静和平衡后，就会出现各种形式的反应。自然界如此，"草木之无声，风挠之鸣；水之无声，风荡之鸣。其跃也或激之，其趋也或梗之，其沸也或炙之。金石之无声，或击之鸣"。四季变化也是不平则鸣，"维天之于时也亦然，择其善鸣者而假之鸣。是故以鸟鸣春，以雷鸣夏，以虫鸣秋，以风鸣冬。四时之相推敚，其必有不得其平者乎！"人世间更是如此，"人之于言也亦然，有不得已而后言。其歌也有思，其哭也有怀。凡出乎口而为声者，其皆有弗平者乎！"世人不平则鸣，既可以依赖自身的条件，还可以借助外物的帮助，"乐也者，郁于中而泄于外者也，择其善鸣者而假之鸣。金、石、丝、竹、匏、土、革、木八者，物之善鸣者也"（《送孟东野序》）。

韩愈认为，人间不平则鸣最好的手段是文学创作，文章是不平则鸣的精华。文章不是人人会写的，会写文章的是善鸣者，"其于人也亦然。人声之精者为言，文辞之于言，又其精也，尤择其善鸣者而假之鸣"。每个时代都有自己的善鸣者，"其在唐虞，咎陶、禹，其善鸣者也，而假之以鸣。夔不以文辞鸣，又自假于《韶》以鸣。夏之时，五子以其歌鸣。伊尹鸣殷，周公鸣周。凡载于《诗》《书》六艺，皆鸣之善者也"。"汉之时，司马迁、相如、扬雄，最其善鸣者也。""其下魏晋氏，鸣者不及于古，然亦未尝绝也。""唐之有天下，陈子昂、苏源明、元结、李白、杜甫、李观，皆以其所能鸣。"善鸣者，有的歌颂兴国，"秦之兴，李斯鸣之"；有的哀叹亡国，"楚，大国也，其亡也，以屈原鸣"。善鸣者，有的鸣道，孟轲、荀卿"以道鸣者也"；有的鸣术，杨朱、墨翟、韩非、"张仪、苏秦之属,皆以其术鸣"。善鸣者,先有圣人之言,后有荒唐之辞,"周之衰,孔子之徒鸣之,其声大而远。传曰:'天将以夫子为木铎。'其弗信矣乎?其末也,庄周以其荒唐之辞鸣"(《送孟东野序》)。韩愈指出,不平则鸣,包括不幸之鸣和幸运之鸣;无论幸与不幸,都有个人之鸣和家国之鸣。比较而言,不幸之鸣深刻而强烈,更具震撼性,"夫和平之音淡薄,而愁思之声要妙,欢愉之辞难工,而穷苦之言易好也。是故文章之作,恒发于羁旅草野。至若王公贵人,气满志得,非性能而好之,则不暇以为"(《荆谭唱和诗序》)。柳宗元的文章能够流传千古,就在于他不幸的遭遇和痛苦的人生经历,"然子厚斥不久,穷不极,虽有出于人,其文学辞章,必不能自力以致必传于后,如今无疑也。虽使子厚得所愿,为将相于一时,以彼易此,孰得孰失?必有能辨之者"(《柳子厚墓志铭》)。

倡导古文是韩愈古文理论的形式要求,"仆少好学问,自五经之外,百氏之书,未有闻而不求,得而不观者"(《答侯继书》)。倡导古文属于文体改革,而文体改革既是古文运动的直接要求,也是古文运动的重要载体。在韩愈看来,倡导古文必须继承以前的文学遗产,"贪多务得,细大不捐"。从古至今,各个流派、各类文章,都要学习继承,"上规姚姒,浑浑无涯,《周诰》《殷盘》,佶屈聱牙,《春秋》谨严,《左氏》浮夸,《易》奇而法,《诗》正而葩,下逮《庄》《骚》,太史所录,子云、相如,同工异曲,先生之于文,可谓闳其中而肆其外矣"。重点是继承儒家经典,"先生之于儒,可谓有劳矣。沉浸浓郁,含英咀华,作为文章,其书满家"(《进学解》)。即使魏晋南北朝的骈体文也要批判地继承,汲取精华,剔除糟粕,进而实现文体改革,创新散文文体,"韩、柳文实乃寓骈于散,寓散于骈;方散方骈,方骈方散；即骈即散，即散即骈"①。韩愈认为，倡导古文必须创新。创新是学习古人的思想和方法，而不是照搬照抄古人的言辞说法，"或问：'为文宜何师？'必谨对曰：'宜师古圣贤人。'曰：'古圣贤人所为书具存，辞皆不同，宜何师？'必谨对曰：'师其意，不师其辞。'"创新是形成自己的观点和风格，"汉朝人莫不能为文，独司马相如、太史公、刘向、扬雄为之最。然则用功深者，其收名也远。若皆与世沉浮，不自树立，虽不为当时所怪，亦必无后世之传矣"（《答刘岩夫书》）。韩愈指出，倡导古文还要注意文字通顺。文字通顺不是一件容易的事情，韩愈将其与创新并立，"惟古于词必己出，降而不能乃剽贼"，"文从字顺各识职，有欲求之此其躅"（《南阳樊绍述墓志铭》）。

韩愈志向远大，不仅要恢复儒家圣教合一、列圣相传的道统，而且以道统为基础，力主恢复安史之乱前中央集权的政统，努力恢复文以宗经征圣明道的文统。韩愈念兹在兹的是道统，却事与愿违。韩愈在道统方面只能说是有所建树，在政统方面小有成绩，而在文统方面却是大放异彩，"实则传道是后世道学家的事，授业者正是当时文学家的事。所以韩愈于此二者虽有并重，而比较言之，则韩愈于道的方面所窥尚浅，于文的方面所得实深。故韩门弟子与其谓之学道，不如谓之学文"②。

①　顾随著：《诗文丛论》，天津人民出版社1995年版，第228页。
②　郭绍虞著：《中国文学批评史》，百花文艺出版社2008年版，第153页。

夏海 著

国学流变

下

中华书局

第五章　宋朝理学

　　宋朝是先秦儒学的第二次更新，那就是理学。魏晋玄学、隋唐佛学没有也无意撼动孔子和儒学在传统文化中的主导地位，却在逻辑思辨和抽象思维方面构成了挑战。宋朝理学家汲取道家和佛教的合理因素，着力探寻形上本体，建构了庞大精微而又圆融自洽的理学体系。宋朝理学不同于汉朝经学，在于它更加关注阐述儒家经典的义理。宋朝理学的诞生，表明中华文明具有创新发展的内生动力。

第一节　隆宋文韵

　　宋朝（公元960—1279年）是个积贫积弱的年代，文明却高度发达。开国君主推行崇文抑武国策，削弱武将兵权，实施募兵制，而"募兵制是北宋王朝'积弱'的重要原因之一"，又是"'积贫'的主要原因之一"①。积贫积弱使得整个宋朝始终处于异族的压迫和侵扰之中。文明高度发达可谓隆宋文韵，表现在物质方面，公元1000年，中国的经济总量约占世界的22.7%②；1124年，人口总数约为一亿二千六百万③。在精神方面，宋朝文学完成了唐朝开启的古文运动，改骈为散，促进了文化的传播和学术的繁荣；宋词前超汉唐，后迈明清，登峰造极。史学产生了编年体通史杰作《资治通鉴》，记载了从春秋末年到五代周世宗的1362年历史。哲学创立了重在阐发经典义理的新儒学。科学技术则是完善了"四大发明"，造纸术始于汉代，昌盛于宋朝；火药和雕版印刷术发明于唐代，广泛用于宋朝；指南针及胶泥活字印刷则发明于宋朝。陈寅恪在《宋史职官志考正序》中认为："华夏民族之文化，历数千载之演进，造极于赵宋之世。后渐衰微，终必

---

① 《邓广铭治史丛稿》，北京大学出版社2010年版，第65、69页。

② 安格斯·麦迪森著，伍晓鹰译：《世界经济千年史》，北京大学出版社2003年版，第267页。

③ 吴松弟著：《中国人口史（第三卷）》，复旦大学出版社2000年版，第277页。

复振。"

一、北宋南宋

秦汉之后，中国有两个大分裂时期，一是汉末的魏晋南北朝，时长约为369年。二是唐末的五代十国，时长按五代计算，约为53年；按十国计算，约为77年。宋朝建立后，用了二十多年时间，平定南方诸国，基本实现统一。五代的通俗称法为"朱李石刘郭，梁唐晋汉周"，是指唐末宋初在中原地区建立的五个王朝，每个王朝都很短命，53年改换了五个朝代和十三个君主。五代的疆域是后梁最小，后唐最大。先是朱温于公元907年，接受唐哀帝的禅让，建立后梁政权，存续15年；次是李存勖夺得河北后，消灭梁朝，建立后唐，基本统一了黄河流域，存续13年；复是石敬瑭对契丹耶律德光称儿，允诺割让燕云十六州，联合契丹消灭后唐，建立后晋，存续11年；再是后晋与契丹会战，被消灭，契丹改国号为大辽，耶律德光为辽太宗，刘知远则趁后晋灭亡之际在太原建立后汉，迁都开封，存续3年；后是郭威称帝，建立后周，存续9年，其继子柴荣以"十年开拓天下，十年养百姓，十年致太平"为目标，意图统一天下，不幸英年早逝，由幼子柴宗训继位。960年，大将赵匡胤发动陈桥兵变，迫使柴宗训禅让，"召文武百僚，至晡，班定。翰林承旨陶榖出周恭帝禅位制书于袖中，宣徽使引太祖就庭，北面拜受已，乃掖太祖升崇元殿，服衮冕，即皇帝位。迁恭帝及符后于西宫，易其帝号曰郑王，而尊符后为周太后。建隆元年春正月乙巳，大赦，改元，定有天下之号曰宋"（《宋史·太祖纪一》）。宋朝的建立，意味着五代的结束，开启了统一全国的征程。

十国的通俗称法为"吴唐吴越前后蜀，南北两汉闽平楚"，是指唐末藩镇将领在南方先后建立的割据政权，其中有的奉五代为正朔，有的是保境固守，有的则称帝争天下。十国疆域是南平最小，南唐最大。公元902年，淮南节度使杨行密号称吴王，建立吴国，定都扬州。937年，吴国执政者徐知诰，后改名李昪，取代吴国，建立南唐，定都南京。907年，镇海节度使钱镠号称吴越王，建立吴越国，定都杭州。909年，福建观察使王审知在福建被后梁封为闽王，建立闽国。同年，湖南节度使马殷割据湖南全境，被后梁封为楚王，建立楚国；927年，被后唐封为楚国王。蜀国分为前蜀和后蜀。907年，西川节度使王建称帝，建号蜀国，定都成都；925年被后唐李存勖消灭，任孟知祥为西川节度使。934年，孟知祥在成都称帝，建立后蜀国。924年，荆南节度使高季兴依附后唐，在荆州建立南平国。911年，静海、清海节度使刘隐被后梁封为南海王，同年病逝；其弟刘岩于917年称帝，建立南汉政权。951年，后汉刘知远的弟弟和河东节度使刘崇，据河东十二州称帝，仍用后汉的乾祐年号，史称北汉，也是十国中在北方的唯一政权。赵匡胤称帝时，南方仍有后蜀、南唐、吴越、南汉、南楚、闽国以及北汉等割据政权。按照"先易后难，先南后北"的策略，赵匡胤先后平定南方各割据政权。979年，宋太宗亲征，攻灭北汉。太平兴国四年五月，"甲申，继元降，北汉平，凡得州十、县四十、户三万五千二百二十。命祠部郎中刘保勋知太原府"（《宋史·太宗纪一》）。北汉的覆灭，意味着十国结束，基本实现统一，却形成了与辽国对峙的局面。

宋朝延续319年，分为北宋和南宋两个阶段。北宋算是统一的王朝，开国君主赵匡胤行伍出身，跟随后周世宗柴荣南征北战，功绩卓著，升为禁军最高统帅，过程却有点蹊跷，"世宗在道，阅四方文书，得韦囊，中有木三尺余，题云'点检作天子'，异之。时张永德为点检，世宗不豫，还京师，拜太祖检校太傅、殿前都点检，以代永德"。公元970年，赵匡胤一伙谎报军情，以便率领禁军外出，发动兵变，显德"七年春，北汉结契丹入寇，命出师御之。次陈桥驿……夜五鼓，军士集驿门，宣言策点检为天子"；"诸校露刃列于庭，曰'诸军无主，愿策太尉为天子'。未及对，有以黄衣加太祖身，众皆罗拜，呼万岁"（《宋史·太祖纪一》）。南宋是个偏安王朝。1127年，女真族建立的金国，攻入北宋都城开封，俘虏宋徽宗、钦宗及王室、臣僚三千余人回师。同年五月，康王赵构称帝，四月"癸未，至应天府……群臣劝进者益众，命有司筑坛府门之左。五月庚寅朔，帝登坛受命，礼毕恸哭，遥谢二帝，即位于府治。改元建炎"（《宋史·高宗纪一》）。称帝后的十多年间，宋高宗并无定所，辗转流移在建康、越州、杭州等地。1138年，"帝至临安"，"是岁，始定都于杭"（《宋史·高宗纪六》）。史家习称建都临安的为南宋，建都开封的为北宋。南宋疆域东起临安，西至秦岭，北以淮水为界，南抵海南，约为北宋的十分之六；北与金朝对峙，西北与西夏、西辽为邻，西南与吐蕃诸部及大理国接壤。

北宋享国167年，历9帝。赵匡胤作为开国皇帝，具有雄才大略，"五季乱极，宋太祖起介胄之中，践九五之位，原其得国，视晋、汉、周亦岂甚相绝哉？及其发号施令，名藩大将，俯首听命，四方列国，次第削平，此非人力所易致也"。作为宋朝奠基者，他深谋远虑，"在位十有七年之间，而三百余载之基，传之子孙，世有典则。遂使三代而降，考论声明文物之治，道德仁义之风，宋于汉、唐，盖无让焉"（《宋史·太祖纪三》）。赵匡胤最关心的是宋朝的长治久安，而要实现长治久安，则必须以唐末为鉴，集中权力和消除藩镇割据。正史之外有两个故事形象说明赵匡胤是如何集权的，一则是杯酒释兵权。《涑水纪闻》记载，宋朝建立刚过百天，即有昭义军节度使李筠和淮南道节度使李重进叛乱。平叛后，赵匡胤询问长治久安之计，赵普认为："今所以治之，无他奇巧也，惟稍夺其权，制其钱谷，收其精兵，则天下自安矣。"于是，赵匡胤设宴款待石守信等高级将领，酒酣耳热之际，先是说君主不如武将快乐，"我非尔曹之力，不得至此，念尔之德，无有穷已。然为天子亦大艰难，殊不若为节度使之乐。吾今终夕未尝敢安枕而卧也"。次是怕武将有野心，想要黄袍加身，"汝曹虽无心，其如汝麾下之人欲富贵者何？一旦以黄袍加汝之身，汝虽欲不为，不可得也"。后是告诫武将不如放弃兵权，享受荣华富贵和歌女美酒，"人生如白驹之过隙，所谓好富贵者，不过欲多积金银，厚自娱乐，使子孙无贫乏耳。汝曹何不释去兵权，择便好田宅，市之，为子孙立永久之业；多置歌儿舞女，日饮酒相欢，以终其天年。君臣之间，两无猜嫌，上下相安，不亦善乎？"结果是武将"皆再拜谢曰：'陛下念臣及此，所谓生死而肉骨也。'明日，皆称疾，请解军权。上许之，皆以散官就第，所以慰抚赐赉之甚厚，与结婚姻"。另一则是搬去宰相的座椅，以集中行政权力。《宋人轶事汇编》记载，赵匡胤登基后，一次与大臣议事，以眼花看不清为由，让宰相站起来送文书至眼前，随即撤去座位，"自唐以来，大臣见君，列坐殿上。艺祖即位之一日，宰执范质等犹坐，艺祖曰：'我目昏，可自持文书来看。'质等起呈罢，欲复位，已密令去其坐矣"。赵匡胤收走的不是座椅，而是宰相的行政权力。

宋徽宗赵佶纵情享乐，耽于艺术，不理政事，实际是北宋的掘墓人和末代君主，"自古人君玩物而丧志，纵欲而败度，鲜不亡者，徽宗甚焉，故特著以为戒"。公元1011年，宋哲宗驾崩而无子嗣，皇太后向氏主张立赵佶为帝，宰相"谓其轻佻不可以君天下"（《宋史·徽宗纪四》）。由于向太后坚持，赵佶登基为帝，"元符三年正月己卯，哲宗崩，皇太后垂帘，哭谓宰臣曰：'家国不幸，大行皇帝无子，天下事须早定。'章惇厉声对曰：'在礼律当立母弟简王。'皇太后曰：'神宗诸子，申王长而有目疾，次则端王当立。'惇又曰：'以年则申王长，以礼律则同母之弟简王当立。'皇太后曰：'皆神宗子，莫难如此分别，于次端王当立。'"（《宋史·徽宗纪一》）赵佶的失误在于把聪明才智用错了地方，诸事皆有兴趣，唯独对政治和国家管理没有兴趣，"特侍其私智小慧，用心一偏"（《宋史·徽宗纪四》）。他自幼爱好笔墨丹青，所创书法字体瘦挺爽利，侧锋如兰竹，被后人称为"瘦金体"；所画花鸟形神并举，形似以物趣胜，神似以天趣胜，"徽宗皇帝天纵将圣，艺极于神"（《画继》）。赵佶是古代少有的艺术家皇帝，也是真正称得上画家的皇帝，却又是一个昏聩的皇帝。他最大的失误在于用人失当，错用蔡京为相，加速北宋政治腐败；错用童贯为将，违反宦官不领兵的旧例，"疏斥正士，狎近奸谀。于是蔡京以狠薄巧佞之资，济其骄奢淫佚之志。溺信虚无，崇饰游观，困竭民力。君臣逸豫，相为诞谩，怠弃国政，日行无稽。及童贯用事，又佳兵勤远，稔祸速乱。他日国破身辱，遂与石晋重贵同科，岂得诿诸数哉？"失误还在于联金灭辽，不仅没有要回燕云十六州，反而是唇亡齿寒，引狼入室。1127年，北宋灭亡，赵佶被金兵俘虏，押至金国，过着屈辱的生活，"二月丁卯，金人胁帝北行。绍兴五年四月甲子，崩于五国城，年五十有四"（《宋史·徽宗纪四》）。

南宋享国152年，历9帝，没有值得书写的有为之君，只有值得书写的重大事件，主要是绍兴和议。宋高宗赵构建炎登基，颠沛流离十多年后定都杭州，终其一生都是惊魂未定，既没有能力北伐雪耻，更没有心思收复失地，史书委婉评论，"高宗恭俭仁厚，以之继体守文则有余，以之拨乱反正则非其才也"（《宋史·高宗纪九》）。苟且偷生是赵构的人生底色，在登基之后逃跑过程中就表现得淋漓尽致。他不思号召和组织力量抵抗金人南下，反而一年内几次三番奉书乞哀于金国军事首领粘罕，"前者连奉书，愿削去旧号，是天地之间皆大金之国，而尊无二上，亦何必劳师以远涉而后为快战"（《建炎以来系年要录》卷二六）。定都杭州后，赵构内心始终主张求和于金国，还荒唐地搬出孝心的理由，"帝愀然谓宰相曰：'先帝梓宫，果有还期，虽待二三年尚庶几。惟是太后春秋高，朕旦夕思念，欲早相见，此所以不惮屈己，冀和议之速成也。'桧曰：'屈己议和，此人主之孝也。'"为了求和，他一方面重用奸臣秦桧，而秦桧自称"以诚待敌"，"鼎既去，桧独专国，决意议和"。另一方面，在抗金斗争顺利进展的情况下，不惜剥夺抗金将领的军权，绍兴十年"四月，桧欲尽收诸将兵权，给事中范同献策，桧纳之。密奏召三大将论功行赏，韩世忠、张俊并为枢密使，岳飞为副使，以宣抚司军隶枢密院"。为了满足金人议和条件，"十月，兴岳飞之狱"；"十二月，杀岳飞。桧以飞屡言和议失计，且尝奏请定国本，俱与桧大异，必欲杀之"（《宋史·秦桧传》）。绍兴十一年，赵构在秦桧的协助下，终于与金朝签订和议，内容是南宋称臣于金，"世世子孙，谨守臣节"；东起淮水中流，西至大散关以北之地割予金朝；南宋每年向金朝纳银25万两，绢25万匹。绍兴和议的达成，奠定了南宋偏安一隅的基本格局和未来趋势。

另一个事件是崖山之战，南宋灭亡。公元1276年，南宋都城杭州陷落，宋恭帝赵㬎投降元军，宋度宗的杨淑妃在国舅杨亮节的护卫下，带着自己的二个儿子赵昰和赵昺出逃，在金华与大臣陆秀夫、张世杰、文天祥等会合，在福州拥立赵昰登基称帝，是为宋端宗。次年，福州陷落，在逃往雷州途中，帝舟倾覆，宋端宗因落水染病，不久病逝，由弟弟赵昺登基称帝，逃到广东江门的崖山。在崖山，宋朝军队与蒙古军队进行了大规模海战，结果是宋军覆没。比较绍兴和议与崖山之战，如果说绍兴和议是奸臣可恨，那么，崖山之战则是忠臣可嘉。在南宋灭亡的最后过程中，涌现出许多忠臣义士，他们所展示的民族气节和爱国精神，是中华民族的宝贵财富。最为典型的是陆秀夫，他一直追随朝廷南逃，坚贞不屈。当宋端宗病亡而人心动摇时，挺身而出，鼓励士气，"王以惊疾殂，群臣皆欲散去，秀夫曰：'度宗皇帝一子尚在，将焉置之？古人有以一旅一成中兴者，今百官有司皆具，士卒数万，天若未欲绝宋，此岂不可为国耶？'乃与众共立卫王"。当崖山之战失败时，义无反顾，以身殉国，"秀夫度不可脱，乃杖剑驱妻子入海，即负王赴海死，年四十四"（《宋史·陆秀夫传》）。更令人难忘的是文天祥，他在广东、江西两地领导抗击元军，不幸在海丰县的五坡岭兵败被俘，押往元大都囚禁。元帝忽必烈慕其才华人品，多次劝降，甚至许以宰相官职，文天祥明确拒绝，"国亡，吾分一死矣"。在监狱里，文天祥留下了壮怀激烈的《正气歌》；临刑前，写下了《绝笔自赞》："孔曰成仁，孟曰取义。惟其义尽，所以仁至。读圣贤书，所学何事？而今而后，庶几无愧。"（《宋史·文天祥传》）面对南宋末年的忠臣义士，仰天长啸，感慨万千，深深折服于他们的人格魅力，震撼于中华优秀传统文化的伟大力量。

二、共治天下

共治天下，是指宋朝以官僚政治为基础，君主与士大夫共同管理国家，而不是东晋王朝以门阀政治为基础的"王与马，共天下"。"时元帝为琅邪王，与导素相亲善。导知天下已乱，遂倾心推奉，潜有兴复之志。帝亦雅相器重，契同友执。"（《晋书·王导传》）君主与士大夫共治天下，语出宋神宗时枢密使文彦博。

熙宁四年二月戊子，宋神宗在资政殿召对二府大臣议事，讨论是否需要修订有关法规条例，"彦博又言：'祖宗法制具在，不须更张以失人心。'上曰：'更张法制，于士大夫诚多不悦，然于百姓何所不便？'彦博曰：'为与士大夫治天下，非与百姓治天下也。'"（《续资治通鉴长编》卷二二一）君主与士大夫共治天下，是宋朝政治的重要特征，也是儒家梦寐以求的政治理想。

君主就是皇帝，而士大夫则是一个多义词，有时指读书人，有时指士族，有时指将士，主要是指居官有职位的读书人，"国有六职……坐而论道，谓之王公；作而行之，谓之士大夫"（《周礼·冬官》）。郑玄注"王公"为"天子诸侯"，注"士大夫"为"亲受其职，居其官也"。士大夫与士的概念密切相关。在传统社会，士是一个社会阶层，形成于春秋战国时期，"士农工商四民者，国之石民也"（《管子·小匡》）。士处于社会结构的中层，上有贵族大夫，下有庶民百姓，实际发挥着沟通社会上层与基层的桥梁纽带作用。与手工业者、农民、商人相比，士是读书人，掌握文化知识和一技之能，"士朝受业，昼而讲贯，夕而习复，夜而计过无憾，而后即安"（《国语·鲁语下》）。由于士具有文化知识，有可能进入统治者范畴，执掌公共权力，"虽庶人之子孙也，积文学，正身行，能属于礼义，则归之卿相士大夫"（《荀子·王制》）。加之儒家文化鼓励读书人为官从政，"学而优则仕"（《论语·子张》）。读书做官就成了士的人生志愿和价值取向，为官从政的读书人多了，就在政治集团形成了士大夫群体。士不一定能成为士大夫，而士大夫则必然源于士的阶层；读书人不一定能成为官员，而官员则必须是读书人。儒家之所以梦想君主与士大夫共治天下，是因为君主有皇位，士大夫有文化知识和道德人品，两者是平等的，不是主奴关系，"彼以其富，我以吾仁；彼以其爵，我以吾义。吾何慊乎哉？"（《孟子·公孙丑下》）。更因为士大夫的品德高于君主的皇位，两者是师生关系，而不是朋友关系，"以位，则子，君也；我，臣也；何敢与君友也？以德，则子事我者也，奚可以与我友？"（《孟子·万章下》）

君主与士大夫共治天下并非宋朝首创，最早还是汉高祖刘邦提出的，"今天下贤者智能岂特古之人乎？患在人主不交故也，士奚由进！今吾以天之灵，贤士大夫定有天下，以为一家，欲其长久，世世奉宗庙亡绝矣。贤人已与我共平之矣，而不与吾共安利之，可乎？贤士大夫有肯从我游者，吾能尊显之。布告天下，使明知朕意"（《汉书·高帝纪》）。无论打天下，还是治天下，君主都不可能单打独斗，必须依靠团队和集体的力量。刘邦得天下后，必然声称与贤士智能共治天下，目的是巩固和稳定汉朝政权。而贤士智能主要源于士或读书人，无论察举征辟制还是九品中正制，概不例外。凡是有为君主，都会强调与士大夫共治天下，与士大夫共治天下是有为君主的共识。魏武帝曹操在他生命的最后几年连续三次下令求贤，第一次就明确指出："自古受命及中兴之君，曷尝不得贤人君子与之共治天下者乎？"（《三国志·魏书·武帝纪》）汉宣帝则从管理百姓的高度，主张与郡守县令共治天下，"昔汉宣有云：'与我共治天下者，其惟良二千石乎！'是以临下有方者就加玺赠，法苛政乱者恤刑不赦，事简于上，人悦于下"（《晋书·刘波传》）。比较而言，宋朝之前的共治是有局限性的，在范围上，主要是地方官参与共治。北魏孝文帝在太和元年诏书说："今牧民者，与朕共治天下也。宜简以徭役，先之劝奖，相其水陆，务尽地利。使农夫外布，桑妇内勤。"（《魏书·高祖纪上》）在对象上，是治民而不是治国。对于国家大事，尤其皇室内部事务，则容不得臣僚们有半点染指。苏绰认为："前世帝王每称共治天下者，唯良宰守耳，明知百僚卿尹，虽各有司，然其治民之本，莫若宰守之最重也。"（《周书·苏绰传》）无论深度还是广度，宋朝的共治都远胜于其他王朝，北宋史家刘敞不无自豪地评论，"所以明谦让之义，恭听卑之操，使非常之业与士大夫共有也，此乃三王所不及，五帝所难行"（《谕客》）。某种意义上说，在传统社会，只有宋朝基本做到了君主与士大夫共治天下。当然，无论宋朝还是其他王朝，共治都是维护君权的共治，这是传统文化与体制的宿命，无法避免和超越。

宋朝能够共治天下，原因是多方面的。首先在于重文抑武的国策。宋朝开国君臣鉴于唐朝教训和五代十国动乱，把防范武将和藩镇坐大作为治国的基本方略，明确选拔官员必须是有文化有知识之人。乾德四年五月，"上遣右拾遗孙逢吉至成都收伪蜀图书法物。乙亥，逢吉还。所上法物皆不中度"。其中有的法物只有学士陶谷、窦仪才能辨认，宋太祖"叹曰：'宰相须用读书人。'由是益重儒臣"（《续资治通鉴长编》卷七）。不仅朝廷官员要用读书人，而且地方官员也要选用读书人，"五代方镇残虐，民受其祸。朕今选儒臣干事者百余，分治大藩，纵皆贪浊，亦未及武臣一人也"（《续资治通鉴长编》卷一三）。二是在于宽松的政治环境。据传宋太祖留下三条遗训，且刻在石碑上，每一位新登基者都要在不识字的小太监引路前往拜读，其中一条就是"不得杀士大夫及上书言事人"。遗训是否存在，可待考证，而从宋朝政治崇尚宽厚分析，不杀士大夫却是事实。苏东坡"乌台诗案"事发，将被判刑，王安石则以不杀士大夫为由劝诫宋神宗。即使在蔡京、秦桧、韩侂胄、史弥远等权臣或奸臣当道期间，他们气焰嚣张，十分霸道，却没有士大夫因反对他们而遭到直接杀害的。同时，宋朝鼓励士大夫议论时政，宋真宗即位两个月，就"诏御史台告谕内外文武群臣，自今人君有过，时政或亏，军事臧否，民间利害，并许直言极谏，抗疏以闻"（《续资治通鉴长编》卷四一）。

三是在于科举制的不断完善。科举制始于隋唐，却完善于宋朝，真正实现按才能和考试成绩选人用人。唐朝通行一种"行卷"或"温卷"的不成文规定，即举子在应试之前，可向主考官投献自己的诗赋文章，以求得到赞扬，留下好印象，进而在录取时给予关照；宋朝则予以否定，还否定公荐，以防科举中的徇私舞弊，"诏礼部贡举人，自今朝臣不得更发公荐，违者重置其罪。故事：每岁知举官将赴贡院，台阁近臣得保荐抱文艺者，号曰'公荐'，然去取不能无所私，至是禁止"（《续资治通鉴长编》卷四）。宋朝不允许进士与主考官结成座主与门生关系，以防由科举而结成朋党，"诏及第举人不得呼知举官为恩门、师门及自称门生"（《续资治通鉴长编》卷三）。宋朝科举制度的完善，使得官僚政治彻底取代了门阀政治；不讲门第，只问成绩，保证了科举和选人任官的公平公正。四是在于有体制保障。宋朝的皇权确实得到了扩大和拓展，对应的就是相权受到约束。约束相权并不是废弃相权，君主诏敕必须要宰相副署，没有宰相副署，就没有君主政令，"凡制敕所出，必自宰相"（《续资治通鉴长编》卷一八）。宋朝君权与相权的分工是，君主执掌立法权和最后裁决权，宰相负责行政权和执行诏敕权，互相配合，实现共治，"臣历考往古治乱之原，权归人主，政出中书，天下未有不治。权不归人主，则廉级一夷，纲常且不立，奚政之间！政不出中书，则腹心无寄，必转而他属，奚权之揽！此八政驭群臣，所以独归之王，而诏之者必天官冢宰也"（《宋史·洪咨夔传》）。此外，宋朝实行台谏制度，谏诤对象主要是宰相。台谏官职级不高，但允许"风闻言事"，权力甚大，"台谏官本九品青衫，一经亲擢，即权重宰相"（《古今纪要逸编》）。由于皇权、相权及监察权互相制约，重点是制约相权，士大夫只能在维护君权的基础上参与政治，君主尽可放心让士大夫参与政治。

宋朝的共治天下一是表现在士大夫浓厚的家国情怀。他们视公事如家事，官物如己物，有一种主人翁的意识，不再认为治国安邦只是君主或皇族之事，不再认为自己与君主是主奴关系。北宋大臣张方平认为："夫国之所谓大臣者，莫尊乎宰相，君为元首，宰相乃其股肱，动静休戚，义犹一体。"（《上疏一道》）他们以明哲保身为耻，视敢于担当国事为荣。宋真宗朝名相王旦清廉正直，"性冲澹寡欲，奉身至薄，所居陋甚，将死不为宗亲求官"。由于没有进谏真宗所制造的"天书"骗局，"祥符以来，每有大礼，辄奉天书以行"，被同僚比作五代的冯道，"旦得君言听谏从，安于势位而不能以正自终，或比之冯道云"。王旦自己也后悔不已，至其晚年，悒悒不乐。临终前，"遗令削发披缁，盖悔其前之为也"（《皇朝编年纲目备要》卷八）。他们把自己的命运与国家的命运紧密相连，明知不可为而为之，慷慨奔赴国难。公元1275年，元军大举进犯江南，文天祥接到朝廷诏书，毫不犹豫地毁家纾难，准备勤王。行前，"其友止之，曰：'今大兵三道鼓行，破郊畿，薄内地，君以乌合万余赴之，是何异驱群羊而搏猛虎。'天祥曰：'吾亦知其然也。第国家养育臣庶三百余年，一旦有急，征天下兵，无一人一骑入关者，吾深恨于此。故不自量力，而以身徇之，庶天下忠臣义士将有闻风而起者。义胜者谋立，人众者功济，如此则社稷犹可保也。'"（《宋史·文天祥传》）无论何时何地，都不顾个人荣辱安危，苟利于民、补于国者，无不言之为之。范仲淹四居庙堂，五贬州郡，仍然是"不以物喜，不以己悲。居庙堂之高，则忧其民；处江湖之远，则忧其君。是进亦忧，退亦忧，然则何时而乐耶？其必曰：先天下之忧而忧，后天下之乐而乐乎！"（《岳阳楼记》）正是家国情怀，使士大夫自觉自愿地与君主共治天下。

二是表现在士大夫敢于讲话，尤其是讲真话。相比大汉盛唐，宋朝君主的文治武功肯定是稍逊风骚，而宽厚和雅量却是超越历代君主。能否让士大夫自由地讲话，发表真实看法，是衡量共治的真正标准。不让士大夫讲话，就不可能实现共治。宋朝君主鼓励和容忍士大夫讲话，而且是言者无罪。士大夫敢于讲真话的标志，是敢于批评君主，或在君主面前说出不同看法。宋仁宗天圣七年十一月，范仲淹还是一名低级的馆阁之臣，针对刘皇太后在冬受朝和天子率百官上寿一事，不顾个人安危上疏批评，"天子有事亲之道，无为臣之礼；有南面之位，无北面之仪。若奉亲于内，行家人礼可也；今顾与百官同列，亏君体，损主威，不可为后世法"。当时，刘太后听政，权倾显赫不可一世，范仲淹敢于奉"请太后还政"。时任资政殿学士兼翰林侍读学士的晏殊，对范仲淹有推荐之功，"闻之大惧，召仲淹，诘以狂率邀名且将累荐者。仲淹正色抗言曰：'仲淹缪辱公举，每惧不称，为知己羞。不意今日反以忠直获罪门下。'殊不能答"（《续资治通鉴长编》卷一八〇）。北宋的士大夫敢于讲真话，南宋的士大夫也是如此。宋理宗时期，擅权达25年之久、历经宁理两朝的权臣史弥远病死，理宗得以亲政，希望有所更张，"诏求直言"（《宋史·理宗纪一》）。太常少卿徐侨应召，理宗见其衣帽褴褛敝，动情地说："卿可谓清贫。"徐侨问答："臣不贫，陛下乃贫耳。"理宗反问："朕何为贫？"徐侨直言不讳地说出南宋朝政积弊及危急局面，"陛下国本未建，疆宇日蹙；权幸用事，将帅非材；旱蝗相仍，盗贼并起；经用无艺，帑藏空虚；民困于横敛，军怨于掊克；群臣养交而天子孤立，国势阽危而陛下不悟：臣不贫，陛下乃贫耳"。徐侨甚至批评理宗不理国事，耽于享乐，指出国家已是病入膏肓，即使扁鹊也难以救治，"今女谒、阉宦相为囊橐，诞为二竖，以处国膏肓，而执政大臣又无和、缓之术，陛下此之不虑而耽乐是从，世有扁鹊，将望而却走矣"。难能可贵的是，理宗不以为忤,"为之感动改容,咨嗟太息"(《宋史·徐侨传》)。

三是表现在士大夫深入到皇室内部事务参政议政。他们促成宋真宗正常登基。宋太宗晚年立赵恒为太子,遭到皇后和一些大臣的反对,欲立赵元祐为太子。宰相吕端秉承太宗意旨,确保皇位的正常传承。太宗病死,吕端"入宫。后谓曰:'宫车宴驾,立嗣以长,顺也,今将奈何?'端曰:'先帝立太子政为今日,岂容更有异议!'后默然"。赵恒既立,垂帘引见群臣,吕端不放心,恐其有诈,"上既即位,端平立殿下不拜,请卷帘,升殿审视,然后降阶,率群臣拜呼万岁"(《续资治通鉴长编》卷四一)。他们保护宋英宗不被废黜。宋仁宗病故,宋英宗即位。由于英宗病弱,曹太后想垂帘听政,谋求废立,以致英宗与曹太后频生矛盾。富弼、韩琦、文彦博、司马光、欧阳修等大臣坚定站在英宗一边,纷纷上书太后,进行调停,以防废黜。韩琦"因出危言感动太后曰:'臣等只在外见得官家,内中保护,全在太后。若官家失照管,太后亦未安稳。'太后惊曰:'相公是何言!自家更切用心。'琦曰:'太后照管,则众人自然照管矣。'"韩琦的危言使得同僚感到害怕,"同列为缩颈流汗。或谓琦曰:'不太过否?'琦曰:'不如此不得。'"(《续资治通鉴长编》卷一九八)士大夫不仅参与皇帝的拥立,而且还干预嫔妃的丧事。宋仁宗生母不是刘皇后,而是李宸妃。李氏生前,仁宗并不知道,李氏病死,刘太后欲以宫人礼治丧于外。宰相吕夷简奏礼宜从厚,太后很不高兴,"召夷简问曰:'一宫人死,相公云云,何欤?'夷简曰:'臣待罪宰相,事无内外,无不当预。'太后怒曰:'相公欲离间吾母子耶!'夷简从容对曰:'陛下不以刘氏为念,臣不敢言;尚念刘氏,则丧礼宜从厚。'太后悟"。由于李氏丧事处理得当,后来仁宗知道事实真相,也没有对刘太后产生怨恨,而是"遇刘氏加厚"(《宋史·李宸妃传》),从而防止了统治集团内部可能产生的纷争，稳定了政局。士大夫能够参与皇室内部事务，表明宋朝君主对士大夫的信任，更是君主与士大夫共治天下的典型例证。

三、清官形象

清官是传统社会民间对好官的称呼。清官形象由宋朝塑造成形，其典范为包拯。清官一词最早见于《三国志》，意指清贵简要之官职，"耸字世龙，翻第六子也。清虚无欲，进退以礼，在吴历清官"（《三国志·吴书·虞翻传》裴松之注引《会稽典录》）。魏晋南北朝时，官职分为清浊两类，没有褒贬之意，"重忝曹郎，铨管九流，品藻清浊，虽祗慎莫知所寄"（李重《吏部尚书箴序》）。一般而言，清官品级高，岗位重要，通常被门阀世族把持；浊官品级低，从事具体事务，大多由寒门素族担任。魏晋南北朝的清官与宋朝以后的清官，语词相同，语义却有着本质差别。前者叙述客观事实，后者则是价值判断，意指公正清廉、轻徭薄赋、亲政爱民、执法公平、敢于为民请命的官吏。元好问诗云："能吏寻常见，公廉第一难。只从明府到，人信有清官。"（《薛明府去思口号》）

清廉是传统社会对于官吏的基本要求，也是清官的政治品格和道德操守。历代统治者都把清廉作为判断官吏优劣的重要标准，要求官吏能够清正廉洁、勤政爱民。周朝重视廉的概念，"既断以六事，又以廉为本"；在廉洁的基础上考察官吏政绩有六条标准，"以听官府之六计，弊群吏之治。一曰廉善，二曰廉能，三曰廉敬，四曰廉正，五曰廉法，六曰廉辨"（《周礼·天官·冢宰》）。孟子明确将廉洁与腐败相对立，定义为不能以权谋私，"可以取，可以无取，取伤廉"（《孟子·离娄下》）。清的概念最早似乎由孔子阐述，认为清是清醒清白，虽不及仁和智的道德品质重要，却也是官员应当具备的重要品格。子张问孔子，"崔子弑齐君，陈文子有马十乘，弃而违之。至于他邦，则曰：'犹吾大夫崔子也。'违之。之一邦，则又曰：'犹吾大夫崔子也。'违之。何如？子曰：'清矣。'曰：'仁矣乎？'曰：'未知，焉得仁。'"（《论语·公冶长》）庄子将清与廉联系起来，"诸侯之剑，以知勇士为锋，以清廉士为锷，以贤良士为脊，以忠圣士为镡，以豪桀士为夹"（《庄子·说剑》）。史书大量记录官员的清廉事迹，著名的有东汉杨震，"字伯起，弘农华阴人也。震少好学，明经博览，无不穷究"。当他前往东莱任太守的途中，门生部下王密行贿，杨震坚拒，"道经昌邑，故所举荆州茂才王密为昌邑令，谒见，至夜怀金十斤以遗震。震曰：'故人知君，君不知故人，何也？'密曰：'暮夜无知者。'震曰：'天知，神知，我知，子知！'密愧而出"。杨震任涿郡太守时，"性公廉，不受私谒。子孙常蔬食步行"。亲朋好友规劝他应为子女着想，置办些家产，杨震则回答，要留清白而不留财产给子孙，"故旧长者或欲令为开产业，震不肯，曰：'使后世称为清白吏子孙，以此遗之，不亦厚乎！'"（《后汉书·杨震列传》）

史书还频繁出现以"清"为主的词语，赞扬官员及士大夫。赞扬政治品质的有清醇，"更选海内清淳之士，明达国体者，以补其处"（《后汉书·朱穆列传》）；清真，"清真寡欲，万物不能移也"（《世说新语·赏誉》）；清介，"从兄微，清介士也"（《宋书·王僧绰传》）。赞扬政治风格的有清尚，"尚书清尚，敕行整身"（《三国志·蜀书·杨戏传》）；清节，"春秋列国卿大夫及至汉兴将相名臣，怀禄耽宠以失其世者多矣；是故清节之士于是为贵"（《汉书·薛方传》）；清德，"杨公四世清德、海内所瞻"（《后汉书·杨彪列传》）；清操，高诩"以信行清操，知名"（《后汉书·高诩列传》）；清要，"思贞前后为刺史十三郡，其政以清最闻"(《新唐书·尹思贞传》)。赞扬德行高洁之人有清士,"举世混浊,清士乃见"(《史记·伯夷列传》);清人,"寂士清人,能重爱黄老清静,不可阙"(刘向《关尹子书录》)。总之,对于官员和政界而言,"清"是一个好概念,且得到统治者的倡导。晋司马昭认为:"为官长当清,当慎,当勤,修此三者,何患不治乎?"(《三国志·魏书·李通传》)"清"已然成为清官政治文化的重要内容。南朝齐梁时人傅翙任吴县县令,在回答建康县令孙廉所问为官之道时说:"唯勤而清。清则宪纲自行,勤则无事不理。宪纲自行则吏不能欺,事自理则物无疑滞,欲不理得乎?"(《南史·傅翙传》)宋吕本中则将"清"列为官箴之首,"当官之法,唯有三事:曰清,曰慎,曰勤。知此三者,可以保禄位,可以远耻辱,可以得上之知,可以得下之援"(《官箴》)。

史书没有为清官立传,主要为循吏立传,首创于《史记》。司马迁认为,循吏是"奉法循理之吏,不伐功矜能,百姓无称,亦无过行"(《史记·太史公自序》)。循吏也能治理好国家,"法令所以导民也;刑罚所以禁奸也。文武不备,良民惧然身修者,官未曾乱也。奉职循理,亦可以为治,何必威严哉?"(《史记·循吏列传》)循吏有时称为廉吏,"念为廉吏,奉法守职,竟死不敢为非"(《史记·滑稽列传》)。司马迁眼中的循吏具有道家色彩,因而与酷吏相对立,"其术以虚无为本,以因循为用"(《史记·太史公自序》)。《史记》载有郅都、张汤、杜周等十名酷吏,有廉有污,情况不尽相同,却"皆以酷烈为声"。对于酷吏及其所作所为,司马迁总体上不予认同,认为酷吏和严刑峻法的存在,并不表明国家治理得好,而是表明国家没有治理好,"孔子曰:'导之以政,齐之以刑,民免而无耻。导之以德,齐之以礼,有耻且格。'老氏称:'上德不德,是以有德;下德不失德,是以无德。法令滋章,盗贼多有。'太史公曰:信哉是言也！法令者治之具，而非制治清浊之源也。昔天下之网尝密矣，然奸伪萌起，其极也，上下相遁，至于不振。当是之时，吏治若救火扬沸，非武健严酷，恶能胜其任而愉快乎！言道德者，溺其职也"。司马迁指出，只有依靠循吏，实行宽简的法律，才能治理好国家，"故曰：'听讼，吾犹人也，必也使无讼乎。''下士闻道大笑之。'非虚言也。汉兴，破觚而为圜，斫雕而为朴。网漏于吞舟之鱼，而吏治烝烝，不至于奸，黎民艾安"。司马迁强调，治理好国家，不在于酷吏，而在于循吏；不在于法律的严酷，而在于君主的宽厚，"由是观之，在彼不在此"（《史记·酷吏列传》）。

《汉书》记载的循吏已非《史记》中的循吏，具有儒家特征，有时称为良吏，重视政绩与教化。汉宣帝"常称曰：'庶民所以安其田里而亡叹息愁恨之心者，政平讼理也。与我共此者，其惟良二千石乎！'""故二千石有治理效，辄以玺书勉厉，增秩赐金，或爵至关内侯，公卿缺，则选诸所表以次用之。是故汉世良吏，于是为盛，称中兴焉。"（《汉书·循吏传》）隋朝将官民关系政治伦理化，认为循吏之于老百姓，就是父母之于子女，兄之于弟，"古之善牧人者，养之以仁，使之以义，教之以礼，随其所便而处之，因其所欲而与之，从其所好而劝之，如父母之爱子，如兄之爱弟，闻其饥寒为之哀，见其劳苦为之悲，故人敬而悦之，爱而亲之"（《隋书·循吏传》）。唐朝认为循吏关乎政治兴亡，"治者，君也；求所以治者，民也；推君之治而济之民，吏也。故吏良，则法平政成；不良，则王道驰而败矣"。唐"垂祀三百，与汉相埒。致之之术，非循吏谓何？"（《新唐书·循吏传》）有些史书记有良吏，良吏即循吏，"自武德已还，历年三百，其间岳牧，不乏循良。今录其政术有闻，为之立传，所冀表吏而儆不恪也"（《旧唐书·良吏传》）。有些史书记有能吏，能吏在德政方面略输循吏和良吏，"吏州县者多遵唐制。历世既久，选举益严。时又分遣重臣巡行境内，察贤否而进退之。是以治民、理财、决狱、弭盗各有其人，考其德政，虽未足以与诸循、良之列，抑亦可谓能吏矣。作能吏传"（《辽史·能吏传序》）。

正史塑造循吏形象，却没有塑造清官形象。从先秦到清朝，正史中立传的循吏为370多人，加上散见于正史中的其他循吏，总计约为500人。而循吏对于塑造清官的作用不可忽视，它是清官的正史资源。清官形象是正史与文艺作品共同塑造的成果，宋朝定型为具备孝亲、忠君、爱民和清廉的品格。宋以后的文艺作品中经常出现清官的概念及其形象。以元杂剧为例，《包待制智赚灰阑记杂剧》中的赵令史说："我这衙门里问事，真个官清法正，件件依条律的，还有那个清官清如我老爷的。"《包待制陈州粜米杂剧》中范仲淹说："衙内，你保举的两个好清官也。"刘衙内说："学士，我那两个孩儿果然是好清官，实不敢欺。"正史和文艺作品塑造最为成功的清官形象是包拯，"字希仁，庐州合肥人也"。包拯在宋朝以及传统社会并没有发挥多么重要的作用，却是中国历史上名声最大的官员，老百姓称之为"包公"或"包青天"。胡适认为，《宋史》为包拯立传，内容不丰富，却表明包拯是当时颇得民众爱戴的一位官员，"后来民间传说，遂把他提出来代表民众理想中的清官。他却有这种代表资格"。作为神化的清官形象，包拯是以史实为基础，经过宋元明清民间文学作品"层累"造成的。胡适指出，包拯是有福之人，"我曾经替他们取了个名字，叫做'箭垛式的人物'；就同小说上说的诸葛亮借箭时用的草人一样，本来只是干草一扎，身上刺猬也似的插着许多箭，不但不伤皮肉，反而可以立大功，得大名"。包拯是一位典型箭垛式人物，"古来许多精巧的折狱故事，或载在史书，或流传民间，一般人不知道他们的来历，这些故事堆在一两个人的身上。在这些侦探式的清官之中，民间的传说不知怎样选出了宋朝的包拯来做一个'箭垛'，把许多折狱的奇案都射到他身上"，因而"包龙图遂成了中国的歇洛克福尔摩斯了"①。

史书记载，包拯孝亲，进士及第后，由于父母年迈，一直不愿意入仕为官，"始举进士，除大理评事，出知建昌县。以父母皆老，辞不就。得监和州税，父母又不欲行，拯即解官归养。后数年，亲继亡，拯庐墓终丧"。守丧期满，在乡亲们的劝慰下，包拯才勉强出来为官从政，"犹徘徊不忍去，里中父老数来劝勉。久之，赴调，知天长县"。包拯一生担任过很多职务，都能做到忠君。具体表现为建言献策，忠于王事。庆历三年，任监察御史时，"尝建言曰：'国家岁赂契丹，非御戎之策。宜练兵选将，务实边备。'又请重门下封驳之制，及废锢赃吏，选守宰，行考试补荫弟子之法"。皇祐二年，"除天章阁待制、知谏院"，包拯请求免去内廷施予的恩赐，"数论斥权幸大臣，请罢一切内除曲恩"。依次递上唐魏徵的奏疏，供君主借鉴，"又列上唐魏郑公之疏，愿置之坐右，以为龟鉴"；还上书"言天子当明听纳，辨朋党，惜人才，不主先入之说，凡七事；请去刻薄，抑侥幸，正刑明禁，戒兴作，禁妖妄。朝廷多施行之"。"迁谏议大夫、权御史中丞"时，包拯敢于上书，劝诫宋仁宗早立太子，"奏曰：'东宫虚位日久，天下以为忧，陛下持久不决，何也？'"仁宗反问包拯："卿欲谁立？"包拯自我表白，奏立太子不是为了邀功，而是为宋朝的政权稳固，"'臣不才备位，乞豫建太子者，为宗庙万世计。陛下问臣欲谁立，是疑臣也。臣年七十，且无子，非邀福者。'帝喜曰：'徐当议之。'"（《宋史·包拯传》）

包拯能够做到爱民。任三司户部副使，他建议免除老百姓苛

---

① 《胡适文集》（第4卷），北京大学出版社1998年版，第369页。

捐杂税，"秦陇斜谷务造船材木，率课取于民；又七州出赋河桥竹索，恒数十万，拯皆奏罢之"。契丹在边境集结兵马，"命拯往河北调发军食。拯曰：'漳河沃壤，人不得耕，邢、洺、赵三州民田万五千顷，率用牧马，请悉以赋民。'从之"。权知开封府时，他疏浚惠民河，使京师百姓免受洪水之患，"中官势族筑园榭，侵惠民河，以故河塞不通，适京师大水，拯乃悉毁去。或持地券自言有伪增步数者，皆审验劾奏之"。包拯能够做到清廉，"拯性峭直，恶吏苛刻，务敦厚，虽甚嫉恶，而未尝不推以忠恕也。与人不苟合，不伪辞色悦人，平居无私书，故人、亲党皆绝之"。出知端州时，"端土产砚，前守缘贡，率取数十倍以遗权贵。拯命制者才足贡数，岁满不持一砚归"。他保持生活简朴，"虽贵，衣服、器用、饮食如布衣时"。视清廉为家训，传之子孙，"尝曰：'后世子孙仕官，有犯赃者，不得放归本家，死不得葬大茔中。不从吾志，非吾子若孙也。'"包拯更能做到公正执法，从而扬名千古。权知开封府时，"旧制，凡讼诉不得径造庭下。拯开正门，使得至前陈曲直，吏不敢欺"。而且，执法有方。知天长县时，"有盗割人牛舌者，主来诉。拯曰：'第归，杀而鬻之。'寻复有来告私杀牛者，拯曰：'何为割牛舌而又告之？'盗惊服"。包拯是真正的执法之臣，"贵戚宦官为之敛手，闻者皆惮之。人以包拯笑比黄河清，童稚妇女，亦知其名，呼曰'包待制'。京师为之语曰：'关节不到，有阎罗包老。'"（《宋史·包拯传》）

塑造清官形象，民间的积极性高于官府，文艺作品的兴趣大于正规史书。原因在于君主专制和权力不受约束的传统社会，容易产生贪官污吏，却不容易产生清官。作为贪官污吏对立面的清官，可谓凤毛麟角，因而老百姓更渴望清官，文艺作品更愿意塑造和歌颂清官。传统社会清官甚少，却是真实的存在，"既不纯粹出自统治阶级欺骗性的虚构，也不完全是人民群众虚幻理想的产物，而是多少被美化的实际政治现象"①。

四、变法改革

变法改革是历史进步和社会发展的动力。中国历史上发生过多次变法改革，究其类型，可分为根本制度变革。先秦各诸侯国进行的各种改革，都是为了废弃西周的贵族分封制，助力新社会的到来，最后诞生了秦朝的郡县制和君主专制。民族融合变革，北魏孝文帝推动鲜卑等少数民族学习汉文化，促进民族融合和组成中华民族大家庭。治标不治本的变革，即统治者主动实行改革，调整社会政治经济政策，挽救王朝危机，巩固和维护政权。秦汉之后，更多的是治标不治本的变革，以致传统社会王朝可以更替，君主专制却稳如磐石。黑格尔不无贬义地认为："中国的历史从本质上看是没有历史的，它只是君主覆灭的一再重复而已，任何进步都不可能从中产生。"②

在传统社会，变法改革很不容易，诚如鲁迅所言："可惜中国太难改变了，即使搬动一张桌子，改装一个火炉，几乎也要血；而且即使有了血，也未必一定能搬动，能改装。不是很大的鞭子打在背上，中国人自己是不肯动弹的。"③变法改革者几乎没有好下场，历史上著名的变法改革有先秦的商鞅变法、宋朝的王安石变法和明朝张居正改革等。商鞅是先秦法家代表人物，得到秦孝公的信任，在秦国执政近二十年，推行以法治国和奖励耕战的变法措施，"卫鞅说孝公变法修刑，内务耕稼，外劝战死之赏

---

① 戴逸：《论"清官"》，载《人民日报》1964年5月29日。

② 参见［法］阿兰·佩雷菲特著，王国卿等译：《停滞的帝国——两个世界的撞击》，生活·读书·新知三联出版社1995年版，扉页。

③ 《鲁迅全集》（第1卷），新疆人民出版社1995年版，第75页。

罚，孝公善之"（《史记·秦本纪》）。商鞅适应了历史进步潮流，变法改革成就斐然，使得秦国从偏居西北一隅的小国一跃而跻身于富强国家之列，成为战国七雄之一，为秦始皇统一中国提供了精神资源，奠定了物质基础，"孝公用商鞅之法，移风易俗，民以殷盛，国以富强，百姓乐用，诸侯亲服，获楚、魏之师，举地千里，至今治强"（《史记·李斯列传》）。商鞅的变法是成功的，而个人命运是悲惨的。孝公死后，商鞅被通缉逃亡，"秦孝公卒，太子立。公子虔之徒告商君欲反，发吏捕商君。商君亡至关下"。最后被车裂，全家也被杀，"秦发兵攻商君，杀之于郑黾池。秦惠王车裂商君以徇，曰：'莫如商鞅反者！'遂灭商君之家"（《史记·商君列传》）。张居正是明朝政治家，任明穆宗、神宗内阁首辅十余年，政治上推行考成法，整顿吏治；税赋上实施一条鞭法，增强财政收入。考成法与一条鞭法互相配合，取得显著成效，政体为之肃然，行政效率大为提高，"居正为政，以尊主权、课吏职、信赏罚、一号令为主。虽万里外，朝下而夕奉行"（《明史·张居正传》）。财政收入明显增加，府库充盈，"太仓粟可支十年，同寺积金，至四百余万"（《明史纪事本末》卷六一）。张居正生前的改革颇为成功，延长了明朝的国祚，而死后的命运是悲惨的，险遭开棺鞭尸，"诏尽削居正官秩，夺前所赐玺书、四代诰命，以罪状示天下，谓当剖棺戮死而姑免之"。家庭也遭厄运，"其长子礼部主事敬修不胜刑，自诬服寄三十万金于省吾、篆及傅作舟等，寻自缢死"，"其弟都指挥居易，子编修嗣修，俱发戍烟瘴地"（《明史·张居正传》）。王安石被誉为"中国十一世纪伟大的改革家"①，既没有商鞅、张居正幸运，其变法改革是失败的；又比商鞅、张居正幸运，生前身后及其家族

---

① 《列宁全集》（第十卷），人民出版社1988年，第152页。

都能平安无虞。后世评价王安石变法，却是议论纷纷，大都是差评，"南宋以至明清，对王安石变法大多全盘否定，仅有蔡上翔、梁启超等极少数人持肯定立场"①。就差评而言，王安石还是没有摆脱变法改革者没有好下场的魔咒。

宋朝的变法改革更不容易。宋朝是历史上最为理性的王朝，又是权力集中的王朝。为了权力集中于君主，宋朝就把兵权、政权和财权分散，又使分散的权力互相制约，只对君主负责，形成所谓宋朝的家法。宋太宗登上皇位之后，第二天就在大赦诏书中概括了宋朝家法和宋太祖在位17年所有政策措施的微妙用意，即对于任何需要考虑的方面都事先制订了完善的制度，对于需要预防的隐患都有了妥善的准备和安排，"先皇帝创业垂二十年，事为之防，曲为之制，纪律已定，物有其常，谨当遵承，不敢逾越"（《续资治通鉴长编》卷一七）。邓广铭认为，范仲淹、王安石变法失败最深层的原因之一，就"在于它抵触了宋朝的家法"②。宋太祖在开国之初，就处心积虑削夺宰相及方镇手中的兵权、执政权和地方行政权。在兵权方面，鉴于"更历五代，乱亡相踵，未有不由于兵者"，除了"杯酒释兵权"，还废除殿前都点检和侍卫亲军马步兵都指挥司，禁军分别由殿前都指挥司、侍卫马军都指挥司、侍卫步军都指挥司统领，以利于加强君主对军队的控制。同时，实行"更戍法"，禁军的屯驻地点几年更换一次，而将领不随之变动，以防将领与兵士相结合，"凡其制，为什长之法，阶级之辨，使之内外相维，上下相制，截然而不可犯者，是虽以矫累朝藩镇之弊，而其所惩者深矣"（《宋史·兵志一》）。在执政权方面，宋朝最高行政长官是同中书门下平章事，"佐天子，总百官，平庶政，事无不统"（《宋史·职官志一》）。宋太

---

① 顾全芳：《评王安石变法》，载《晋阳学刊》1985年第1期。

② 《邓广铭治史丛稿》，北京大学出版社2010年版，第106页。

祖唯恐宰相权柄过大，采取分化事权的方式削弱相权，兵权归枢密使，"掌军国机务、兵防、边备、戎马之政令，出纳密命，以佐邦治"，财权归盐铁、度支、户部三司使掌握，"总国计，应四方贡赋之入，朝廷不预，一归三司"（《宋史·职官志二》），宰相实际只负责民政。还设有参知政事、枢密副使、三司副使，作为宰相、枢密使和三司使的"副贰"，互相制约，以削弱正职的权力。在地方行政方面，宋朝初期分州和县两级，规定所属各州直接归中央管辖；州的长官称为知州，可直接向君主奏事，取消节度使下辖数州的制度。在各州设置通判，名为知州副手，实为监督、牵制知州。县的长官称知县或县令，由中央派遣。宋朝的家法固然是集中了权力，免除了对君权的威胁，却削弱了军队的战斗力，降低了行政效率，加重了农民负担，造成宋朝的积贫积弱。具体表现为冗员、冗兵和冗费三大社会问题，宋朝立国八十年后，政府官吏人数"十倍于国初"；军队人数增加了二倍，从约40万增至120万；财政支出挥霍浪费，仅郊礼之费，宋真宗景德年间岁支六百万缗，宋仁宗皇祐年间增至一千二百万缗 [1]。朱熹认为，宋朝家法是导致北宋灭亡的主要原因，"本朝鉴五代藩镇之弊，遂尽夺藩镇之权，兵也收了，财也收也，赏罚刑政一切收了。州郡遂日就困弱。靖康之祸，虏骑所过，莫不溃散"（《朱子语类》卷一二八）。

宋朝积贫积弱为变法改革创造了机遇，首先是范仲淹的庆历新政。公元1043年即庆历元年，八月，宋仁宗任命范仲淹为参知政事，富弼为枢密副使，希望依靠他们改革弊政，革新政局，"帝方锐意太平，数问当世事，仲淹语人曰：'上用我至矣，事有先后，久安之弊，非朝夕可革也。'帝再赐手诏，又为之开天章

---

① 参见马和平：《王安石变法新探》，载《哈尔滨学院学报》2003年第3期。

阁，召二府条对"。范仲淹任宰相后，各方寄予厚望，"召还，倚以为治，中外想望其功业"，而自己则"以天下为己任，裁削幸滥，考覆官吏，日夜谋虑兴致太平"（《宋史·范仲淹传》）。他与富弼商议后，上奏《答手诏条陈十事》，认为宋朝积弊已深，必须改革，"历代之政，久皆有弊。弊而不救，祸乱必生"。"我国家革五代之乱，富有四海，垂八十年，纲纪制度，日削月侵，官雍于下，民困于外，夷狄骄盛，寇盗横炽，不可不更张以救之。"范仲淹指出，改革必须抓住关键，"欲正其末，必端其本；欲清其流，必澄其源"。关键就是整顿和澄清吏治，"一曰明黜陟"，严于考核，抵制滥进，改变文武百官不分政绩好坏循例升迁的局面。"二曰抑侥幸"，限制大官僚的恩荫特权，改变恩荫之滥，以省冗官。"三曰精贡举"，改革科举内容与程式，取士先取其德行，次取其功业。"四曰择长官"，加强各级长官的保举和选派，奖励能人，罢免庸才。"五曰均公田"，调整多寡悬殊的外官职田，禁止贪污，督其善政。在整顿吏治中，范仲淹把整顿地方吏治视为重中之重，要求逐级推荐地方官，加强地方责任制；建议由中书、枢密院共同研究遴选转运使、提点刑狱，分赴各地对现有官员进行考察，将那些非才、贪污者一律罢免，"委中书、枢密院先选转运使、提点刑狱、大藩知州；次委两制、三司、御史台、开封府官、诸路监司举知州、通判；知州通判举知县、令。限其人数，以举主多者从中书选除。刺史、县令，可以得人矣"（《宋史·范仲淹传》）。范仲淹还亲自坐镇，检查各路监司的名单，发现有不称职的转运使、提点刑狱，毫不留情，"每见一人姓名，一笔勾之，以次更易"。富弼无不担忧地说："一笔勾之甚易，焉知一家哭矣。"范仲淹回答："一家哭何如一路哭。"（《宋史纪事本末》卷二九）。

围绕整顿改革吏治，庆历新政还涉及经济、军事等多个领域的改革，"六曰厚农桑"，兴修水利，劝课农桑，发展生产，增强国力。"七曰修武备"，召募民兵，辅助正兵，兵农结合，增强军队战斗力。"八曰推恩信"，督责地方执行朝廷敕令等恩政，以使人民感恩戴德。"九曰重命令"，严肃中央政令，颁布后必须坚决贯彻执行，以取信于民。"十曰减徭役"，裁并天下州县设置，以减少赋税，减轻百姓负担。对于庆历新政，宋仁宗基本是支持的，"天子方信向仲淹，悉采用之，宜著令者，皆以诏书画一颁下；独府兵法，众以为不可而止"。然而，由于新政触犯了官僚和权贵的既得利益，遭到强烈反对，指责支持新政的官员为朋党，"及按察使出，多所举劾，人心不悦。自任子之恩薄，磨勘之法密，侥幸者不便，于是谤毁稍行，而朋党之论浸闻上矣"。范仲淹只好自请出京，远离是非之地，"会边陲有警，因与枢密副使富弼请行边。于是，以仲淹为河东、陕西宣抚使，赐黄金百两，悉分遗边将"（《宋史·范仲淹传》）。随着改革派相继离开朝廷，历时一年的庆历新政随之而废，以失败告终。

其次是王安石的熙宁变法。熙宁变法是庆历新政的继续、扩大和深化，"自范文正天章阁一疏不尽行，所以激而为熙宁之急政。吾观范文正之于庆历，亦犹安石之于熙宁也"（《宋大事记讲义》卷一）。熙宁变法更成体系，前后历时近20年，范围更广，规模更大，影响更远。公元1069年即熙宁二年，宋神宗任命王安石为参知政事，"上谓曰：'人皆不能知卿，以为卿但知经术，不晓世务。'安石对曰：'经术正所以经世务，但后世所谓儒者，大抵皆庸人，故世俗皆以为经术不可施于世务尔。'上问：'然则卿所施设以何先？'安石曰：'变风俗，立法度，最方今之急也。'上以为然。于是设制置三司条例司"，作为主持变法的机构，由王安石负责。王安石早年志向远大，"议论高奇，能以辨博济其说，果于自用，慨然有矫世变俗之志"。还是地方官的时候，他就《上仁宗皇帝万言书》，倡言改革变法，"今天下之财力日以困穷，风俗日以衰坏，患在不知法度，不法先王之政故也。法先王之政者，法其意而已。法其意，则吾所改易更革，不至乎倾骇天下之耳目，嚣天下之口，而固已合先王之政矣。因天下之力以生天下之财，收天下之财以供天下之费，自古治世，未尝以财不足为公患也，患在治财无其道尔。在位之人才既不足，而闾巷草野之间亦少可用之才，社稷之托，封疆之守，陛下其能久以天幸为常，而无一旦之忧乎？愿监苟且因循之弊，明诏大臣，为之以渐，期合于当世之变"。史书认为"后安石当国，其所注措，大抵皆祖此书"（《宋史·王安石传》）。

熙宁三年，王安石升任宰相，在全国范围内推行新法，开始大规模的改革运动。变法以理财为中心，以富国强兵为目的，全面推进社会政治经济军事领域的改革，试图缓和内部的阶级矛盾和外部的民族矛盾。在王安石看来，理财是变法改革的当务之急，高于一切，大于一切。熙宁四年二月，"上患陕西财用不足。安石曰：'今所以未举事者，凡以财不足，故臣以理财为方今先急。未暇理财，而先举事，则事难济。臣固尝论天下事如弈棋，以下子先后当否为胜负。'"（《续资治通鉴长编》卷二二〇）三月，"上论庆历中财用未乏，而西事不振。王安石曰：'财用足，然后可以用兵。……方今之事，且搜举人材，理财用，务富安百姓，则寇敌不足论。'"（《续资治通鉴长编》卷二二一）理财的重点是发展农业生产，"又论理财，以农事为急。农以去其疾苦，抑兼并，便趣农为急。此臣所以汲汲于差役之法也"（《续资治通鉴长编》卷二二〇）。农业成为变法的重点，原因在于它始终是传统社会国民经济的基础和具有决定意义的生产部门。在富国方面，主要推出方田均税法，重新丈量全国土地按亩收税，"方田之法，以东、西、南、北各千步，当四十一顷六十六亩一百六十步为一方，岁以九月，令、佐分地计量，验地土肥瘠，定其色号，分为五等，以地之等，均定税数"。青苗法，由官府向农民施贷取息，"青苗法者，以常平籴本作青苗钱，散与人户，令出息二分，春散秋敛"。市易法，由官府垄断若干商业，评定市价，收买货物，并向小工商放贷取息，"市易之法，听人赊贷县官财货，以田宅或金帛为抵当，出息十分之二，过期不输，息外每月更加罚钱百分之二"。免役法，"据家赀高下，各令出钱雇人充役，下至单丁、女户，本来无役者，亦一概输钱，谓之助役钱"。均输法，"以发运之职改为均输，假以钱货，凡上供之物，皆得徙贵就贱，用近易远，预知在京仓库所当办者"。在强兵方面，重点提出减兵置将法，减少招募逃亡农民、饥民当士兵的数目，以防范农民士兵的反抗；在各军常设将官，训练兵士，以强化兵军素质。保甲法，"籍乡村之民，二丁取一，十家为保，保丁皆授以弓弩，教之战阵"（《宋史·王安石传》）。

王安石变法一波三折，阻力重重。变法伊始，王安石就料到其难度，建议宋神宗要辨别小人并加以惩处，"陛下欲以先王之正道胜天下流俗，故与天下流俗相为重轻。流俗权重，则天下之人归流俗；陛下权重，则天下之人归陛下。权者与物相为重轻，虽千钧之物，所加损不过铢两而移。今奸人欲败先王之正道，以沮陛下之所为。于是陛下与流俗之权适争轻重之时，加铢两之力，则用力至微，而天下之权，已归于流俗矣，此所以纷纷也"。然而，改革的阻力比想象更大，伴随着新旧党争，更趋复杂。围绕变法，拥护与反对两派展开了激烈的论辩和斗争。新法颁行不到一年，就遭到同僚反对，"御史中丞吕诲论安石过失十事"，韩琦上书规劝青苗法，"帝感悟，欲从之"，王安石力争不成，以辞职归隐要挟，"帝留之"。反对派首领是司马光，"安石与光素厚，光援朋友责善之义，三诒书反复劝之，安石不乐。帝用光副枢密，光辞未拜而安石出，命遂寝"。由于司马光离职，一大批反对变法的官员相继离开朝廷，以表示不满，"御史刘述、刘琦、钱颛、孙昌龄、王子韶、程颢、张戬、陈襄、陈荐、谢景温、杨绘、刘挚，谏官范纯仁、李常、孙觉、杨宗愈皆不得其言，相继去"。熙宁七年，王安石被罢相，变法受到挫折，"七年春，天下久旱，饥民流离，帝忧形于色，对朝嗟叹，欲尽罢法度之不善者"。"慈圣、宣仁二太后流涕谓帝曰：'安石乱天下。'帝亦疑之，遂罢为观文殿大学士、知江宁府"。次年，王安石再度拜相，仍然得不到更多支持，加之变法派内部分裂严重，新法实在难以推行。王安石心灰意冷，"屡谢病求去，及子雱死，尤悲伤不堪。力请解几务"。一年半之后，再次罢相，"终神宗世不复召，凡八年"（《宋史·王安石传》）。尤其是1085年，神宗病死，幼年皇帝哲宗继立，权力完全掌握在皇太后手中，司马光被启用为相，排挤维护新法的官员，熙宁变法被废弃，最后以失败告终。王安石则背负千载骂名，时人认为是北宋灭亡的罪魁祸首，"蔡京用事二十余年，蠹国害民，几危宗社，人听切齿，而论其罪者，莫知其所本也。盖京以继述神宗为名，实挟王安石以图身利，故推尊安石，加以王爵，配飨孔子庙廷。今日之祸，实安石有以启之"（《宋史·杨时传》）。

五、异族政权

宋朝的积贫积弱不在于国力，而在于军力。在国力方面，无论经济规模还是人口数量，无论社会发展还是文化昌盛，无论学术还是科技，无论城市还是乡村，无论农业还是工商业，都不输大汉盛唐。在军力方面，宋朝虽有庞大的禁军、厢兵和乡兵，却始终处于防守之势，在与异族的对抗和战斗中，始终落在下风。

由于军队无能，军力较弱，宋朝在疆域上从来没有统一过北方，也就没有统一过中国。换言之，宋朝终其一朝，都不是大一统的国家。宋太祖开宝九年，"群臣再奉表请加尊号曰一统太平。上曰：'燕、晋未复，遽可谓一统太平乎？'不许"（《续资治通鉴长编》卷一七）。北宋期间，北方并立着契丹族建立的辽国和党项族建立的西夏政权。南宋偏安于南方，北方先是存在着女真族建立的金国，后是存在着蒙古族建立的元朝。宋朝灭亡与汉唐有着根本的差异，汉唐都亡于国内的农民起义和军阀混战，而宋朝却亡于异族政权，北宋为金国所灭，南宋被元朝吞并。值得关注的是，在宋辽夏金近400年的对峙格局中，表面上是中华大地又一次大分裂，实质上是中华文明又一次大一统。无论战与和，各政权孜孜以求的是华夏的正统地位，始终处于同一的政治与文化语境之中。

辽国由契丹族耶律阿保机建立。契丹是一个历史悠久的民族，相传最初有一男子乘白马沿今老哈河下行，一女子乘小车驾青牛沿今西喇木伦河下行，至二水合流的木叶山相遇，遂结为配偶，生八子，为契丹之始。文献则称契丹源于鲜卑族，"盖炎帝之裔曰葛乌菟者，世雄朔陲，后为冒顿可汗所袭，保鲜卑山以居，号鲜卑氏。既而慕容燕破之，析其部曰宇文，曰库莫奚，曰契丹。契丹之名，昉见于此"（《辽史·世表序》）。契丹为游牧民族，发源于东北地区，早期有八个部落，"悉万丹部、何大何部、伏弗郁部、羽陵部、日连部、匹絜部、黎部、吐六于部等，各以其名马文皮入献天府，遂求为常"（《魏书·契丹国》）。辽国享国218年，历9帝；始建于公元907年，916年建年号，国号为契丹，定都于今内蒙古赤峰市巴林左旗。947年，辽太宗耶律德光率军南下中原，攻占后晋都城汴京，登基称帝，改国号为"大辽"，年号为"大同"；983年更名为"大契丹"。1066年，辽道宗耶律洪基复国号"大辽";1125年被金朝灭亡。辽国强盛时,疆域东到日本海,西至阿尔泰山,北到额尔古纳河、外兴安岭,南至河北中部白沟河,几乎是北宋面积的两倍。契丹为少数民族,辽国也处于北方地区尤其是东北地区,始终没有定鼎中原,却认同中华文明,念念不忘华夏的正统地位。在祖先上,契丹族认为自己是华夏始祖后裔,"考之宇文周之书,辽本炎帝之后,而耶律俨称辽为轩辕后"(《辽史·世表序》)。辽国君主被金国军队俘虏时,还强调自己的正统地位,"奄有大辽,权持正统"(《辽主耶律延禧降表》)。在官制上,辽国融入华夏文明,"契丹近岁兼用燕人治国,建官一同中夏"(《宋史·贾昌朝传》);建立北面官与南面官两套平行的政权机构,"至于太宗,兼制中国,官分南、北,以国制治契丹,以汉制待汉人。国制简朴,汉制则沿名之风固存也。辽国官制,分北、南院。北面治宫帐、部族、属国之政,南面治汉人州县、租赋、军马之事,因俗而治,得其宜矣"(《辽史·百官志》)。在文化上,注重学习儒家文化。辽道宗常听汉人为其讲解《论语》,"至'夷狄之有君',疾读不敢讲。则又曰:'上世獯鬻、猃狁,荡无礼法,故谓之夷。吾修文物彬彬,不异中华,何嫌之有!'卒令讲之"(《松漠纪闻》)。

西夏是由党项族李元昊在西北地区建立的王朝,享国189年,历10帝,前期与北宋、辽国同在,后期与金朝并立。党项属羌族一支,"党项羌,在古析支之地,汉西羌之别种也。魏、晋之后,西羌微弱,或臣中国,或窜山野。自周氏灭宕昌、邓至之后,党项始强"(《旧唐书·党项羌传》)。李元昊少有异志,"数谏其父毋臣宋,父辄戒之曰:'吾久用兵,疲矣。吾族三十年衣锦绮,此宋恩也,不可负。'元昊曰:'衣皮毛,事畜牧,蕃性所便。英雄之生,当王霸耳,何锦绮为?'"袭封其父李德明的官爵后,废除中原王朝赐予的李、赵姓氏,改用党项姓"嵬名",还按照唐宋制度建立一整套从上到下的政权机构，"其官分文武班，曰中书，曰枢密，曰三司，曰御史台，曰开封府，曰翊卫司，曰官计司，曰受纳司，曰农田司，曰群牧司，曰飞龙院，曰磨勘司，曰文思院，曰蕃学，曰汉学。自中书令、宰相、枢使、大夫、侍中、太尉已下，皆分命蕃汉人为之"。公元1038年，李元昊正式称帝，国号大夏，定都于今宁夏银川，辖境东尽黄河，西界玉门，包括今宁夏、甘肃大部、陕西北部和内蒙古一部分。次年遣使上表宋朝，要求承认其帝位的合法性，宋仁宗见表大怒，"诏削夺官爵、互市，揭榜于边，募人能擒元昊若斩首献者，即为定难军节度使"（《宋史·夏国上》）。由此开启了宋朝与西夏以及辽国不断交战的过程。西夏在形式上曾多次向宋、辽称臣，实际却保持着独立地位，形成宋、辽、西夏三朝鼎立的局面。西夏尽管独立，却憧憬中原礼制，"夏之境土，方二万余里，其设官之制，多与宋同。朝贺之仪，杂用唐、宋，而乐之器与曲则唐也"（《宋史·夏国下》）。认同儒家文化，李元昊自称"始文武兴法建礼仁孝皇帝"。其子李谅祚，"嘉祐六年，上书自言慕中国衣冠，明年当以此迎使者。诏许之"。"表求太宗御制诗章隶书石本，且进马五十匹，求《九经》《唐史》《册府元龟》及宋正至朝贺仪，诏赐《九经》，还所献马。"后人乾顺，"建国学，设弟子员三百，立养贤务"。乾顺之子仁孝，"增至三千，尊孔子为帝，设科取士，又置宫学，自为训导"（《宋史·夏国下》）。

金国由女真族完颜阿骨打建立。女真族"之先，出靺鞨氏"，"唐初，有黑水靺鞨、粟末靺鞨"，粟末靺鞨曾建立渤海国，"黑水役属之"。五代时，契丹耶律阿保机"尽取渤海地，而黑水靺鞨附属于契丹"。女真族崛起于白山黑水之间，归附契丹后，"其在南者籍契丹，号熟女直；其在北者不在契丹籍，号生女直。生女直地有混同江、长白山，混同江亦号黑龙江，所谓'白山、黑水’是也”(《金史·世纪》)。生女真逐步发展成一个强大的部落联盟，联盟首领为完颜阿骨打。公元1114年，以阿骨打为首的女真贵族誓师起兵，攻打辽国；次年，仿照汉制，阿骨打称帝，为金太祖，国号大金，定都于今黑龙江阿城南。金朝享国119年，历10帝。1125年消灭辽国，金太宗天会三年，“六月庚申，以获辽主，遣李用和等充告庆使如宋”(《金史·太宗纪》)。1127年消灭北宋，靖康二年“夏四月庚申朔，大风吹石折木。金人以帝及皇后、皇太子北归”(《宋史·钦宗纪》)，从而形成金朝与南宋对峙的局面。金朝消灭了北宋，又试图消灭南宋，同时没有忘记正统地位。金朝统治者始终以为自己代表中国，在《金史》一书中，“中国”一词共出现14次，除3次指中原地区外，其余均指金朝。金朝的首都也是一再南迁，先在会宁府，次迁至燕京，后迁至汴京，以证明其立国的正统性。金朝统治者还反对用种族来区分中国与四夷，主张按文化区分中国与夷狄，区分贵贱尊卑。海陵王完颜亮“一日与翰林承旨完颜宗秀、左参知政事蔡松年语曰：‘朕每读《鲁论》，至于夷狄虽有君，不如诸夏之亡也。朕窃恶之，岂非渠以南北之区分同类之比周而贵彼贱我也。’二子皆唯唯而不对”(《正隆事迹记》)。

辽、夏、金始终是宋朝的心腹之患，宋朝念兹在兹的是如何消灭异族政权，实现天下一统，“天下一家，卧榻之侧，岂容他人鼾睡乎”(《续资治通鉴长编》卷一六)。宋朝与西夏有战有和，有时联合，有时防范，西夏难以大规模进攻宋朝，宋朝能够防御西夏。宋朝的主要对手是辽、金，辽、金是宋朝的主要威胁。宋首先是想通过武力平定。公元979年，宋太宗企图借灭北汉的余威，一举收复燕云十六州，“帝既灭汉，欲乘胜取幽、蓟，诸将以师罢饷匮不欲行，崔翰独曰：‘所当乘者，势也；不可失者，时也。取之易。’帝意决。五月庚子，遂发太原”。结果是七月高粱河战役，"帝大败，死者万余人。甲申，帝引师南还。休哥追至涿州，帝急，乘驴车走免，丧资械不可胜计"。986年即雍熙三年，三月，宋太宗再次起兵三路北伐辽朝，当时边将贺怀浦父子"上言：'契丹主少，母后专政，宠幸用事，请乘其衅以取燕、蓟。'帝信之。于是以曹彬为幽州道行营都部署，崔彦进副之，米信为西北道都部署，杜彦圭副之，出雄州。田重进为定州路都部署，出飞狐。潘美为云、应、朔等州都部署，杨业副之，出雁门"。五月，宋东路军败于涿州西南的岐沟关，辽军乘胜攻入宋境，宋朝蒙受重大损失，辽将"休哥因出兵蹑之，战于岐沟关。彬、信败走，无复行伍，夜渡拒马河，休哥引精兵追及，溺者不可胜计。彬、信南趋易州，方濒沙河而爨，闻休哥引兵复至，惊溃，死者过半，沙河为之不流，弃戈甲如邱山，知幽州行府事刘保勋死之"（《宋史纪事本末》卷一三）。宋太宗两次伐辽失败，使得北宋只能对辽采取守势，放弃夺回燕云十六州的计划。

宋朝不能依靠自己的武力解决问题，就想借助他人平定外犯，不料却是"机关算尽太聪明，反误了卿卿性命"（《红楼梦》第五回）。先是联金灭辽。北宋末年，女真族崛起建国，攻打辽国，连战连捷。与辽弥兵修好一百余年的北宋统治集团，希冀借助金国的力量，夺回燕云十六州。公元1118年即重和元年，二月"庚午，遣武义大夫马政由海道使女真，约夹攻辽"（《宋史·徽宗纪三》）。1120年，双方经过艰苦谈判，签订海上之盟，商定金取辽中京大定府，宋取辽南京析津府，辽亡后，宋将原给辽之岁币转纳于金朝，而金则将燕云十六州归于宋朝。宋徽宗御笔云："据燕京并所管州城，元是汉地，若许复旧，将自来与契丹银绢转交，可往计议。"（《三朝北盟会编》卷四）海上之盟签订后，宋金果然合力灭了辽国，却是宋军连战连败、金军越战越勇的结果。金太祖瞧不起宋军，"我闻中国大将独仗刘延庆将十五万众，一旦不战自溃，中国何足道。我自入燕山，今为我有，中国安得之"（《续资治通鉴长编拾补》卷四六）。战场上的不利，使得北宋失去了落实海上之盟的主动权，在付出更多的岁币绢帛后，只得到了燕云十六州的几座空城。更重要的是，辽国被灭后，失去了屏障，金朝与北宋直接接壤。1126 年，北宋被强大的金兵攻克首都汴京及中原地区，酿成靖康之耻。立国 167 年的北宋宣告灭亡。

后是联蒙灭金。宋朝统治者不长记性，竟然可以犯同样的错误，那就是联蒙灭金。南宋联蒙灭金的决策不是轻易做出的，其间有过不少清醒的认识。公元 1196 年即宋宁宗庆元二年，早在蒙古诸部开始统一的时候，就有人认为："万一鞑靼得志，直犯中原，或虏酋逃遁，逼近边界，或恐中原有豪杰。"次年，卫泾出使金朝归来，进一步表达担忧，"一弱虏灭，一强敌生，犹未足以为喜也"（《历代名臣奏议》卷三五〇）。是否联蒙灭金，宋宁宗、理宗期间，一直存在不同看法，淮西转运使乔行简上书丞相曰："强鞑渐兴，其势已足以亡金。金，昔吾之仇也，今吾之蔽也。古人唇亡齿寒之辙可覆，宜姑与币，使得拒鞑。"起居舍人真德秀曾主张联蒙灭金："今当乘敌之将亡，亟图自立之策，不可乘敌之未亡，姑为自安之计也。夫用忠贤、修政事，屈群策，收众心者，自立之本；训兵戎，择将帅，缮城池，饬戍守者，自立之具。"后来，真德秀否定自己的看法，"臣观蒙古之在今日，无异昔日女真方兴之时，一旦与我为邻，亦必祖述女真已行之故智"（《续资治通鉴》卷一六〇）。然而，尽管南宋对联蒙灭金一直犹豫不决，与蒙古的联合也是一波三折，最后还是走上了联蒙灭金的道路。1233 年，宋蒙双方达成协议，灭金后将河南归还南宋，"冬十月，江海领襄军从大元兵合围金主于蔡州"。次年正月，宋蒙联军分别由南门和西门攻入蔡州城，"戊申，金主完颜守绪传位于宗室承麟。己酉城破，守绪自经死，承麟为乱兵所杀"（《宋史·理宗纪一》）。金国灭亡，对南宋而言，只不过是送走一只暮年的狼，却迎来一只壮年的虎。联蒙灭金后，南宋苟延残喘了46年，被元朝灭亡。

宋朝不能凭武力消灭异族政权，只能通过议和与之共存。由于国防和军队力量薄弱，宋朝在议和过程中始终处于下风，面临被欺侮的窘境。即使最为称道的澶渊之盟，北宋只和辽国争得兄弟关系，而不是君臣关系，遑论其他和议。南宋与金国只能是南宋称臣于金国。公元1004年即宋真宗景德元年，辽朝萧太后和辽圣宗，亲率大军南下深入宋境，"八月庚辰朔，诏皇太妃领西北路乌古等部兵及永兴宫分军，抚定西边；以萧挞凛督其军事。乙酉，宋遣使求和，不许"。九月"辛酉，宋复遣使求和，不许"（《辽史·圣宗纪四》）。萧挞览攻破遂城，生俘宋将王先知，力攻定州，俘宋云州观察使王继忠，"挞览与契丹主及其母并众攻定州，宋兵拒于唐河，击其游骑。契丹驻阳城淀，因王继忠致书于莫州石普以讲和"（《宋史·真宗纪二》）。辽军的攻势使得宋廷朝野震动，欲迁都南逃，"既而契丹围瀛州，直犯贝、魏，中外震骇。参知政事王钦若，江南人也，请幸金陵；陈尧叟，蜀人也，请幸成都"，而宰相寇准坚决反对，"曰：'谁为陛下画此策者，罪可诛也。今陛下神武，将臣协和，若大驾亲征，贼自当遁去。不然，出奇以挠其谋，坚守以老其师，劳佚之势，我得胜算矣。奈何弃庙社欲幸楚、蜀远地，所在人心崩溃，贼乘势深入，天下可复保邪？'遂请帝幸澶州"。宋真宗被迫北上澶州亲征，使得士气受到激励，"帝遂渡河，御北城门楼，远近望见御盖，踊跃欢呼，声闻数十里。契丹相视惊愕，不能成列"。宋军射死辽军首领萧挞览，取得显著战果，"相持十余日，其统军挞览出督战。时威虎军头张瑰守床子弩，弩撼机发，矢中挞览额"。辽军不得已请和，"帝厌兵，欲羁縻不绝而已"（《宋史·寇准传》）。次年一月，双方签订历史上著名的"澶渊之盟"，确定宋辽约为兄弟之国；每年送辽岁币银10万两，绢20万匹；宋辽以白沟河为边界。澶渊之盟并没有确立宋朝的正统地位和大国威望，却结束了宋辽长达25年的战争，带来了百年和平，因而有着积极意义。

宋朝往矣，后人则扼腕叹息，为什么隆宋文韵不能再现大汉雄风和盛唐气象？宋朝留下了深刻而幽远的沉思。国家的真正实力不仅在于经济的繁荣和文化的先进，也在于国防和军事力量的强大。没有强大的国防和军事力量，就不可能有国家的强盛。国家的真正实力不能依靠于外力的相助，只能自力更生。只有在自力更生基础上产生的实力，才有可能借助外力而不被外力借助，否则，就是自毁根基，甚至是亡国灭种。

第二节　理学崛起

　　相对大汉盛唐，宋朝被称为"隆宋"，主要是文化繁荣昌盛，在传统社会达到了登峰造极的高度。学术思想是创立以天理与心性为核心的新儒学，完成了隋唐以来提出的复兴儒学的任务，实现了经学向理学的转变。史学是创设以编年为主的新体裁，司马光的《资治通鉴》是历史上第一部编年体通史；还创设了以记事为主线的史学体裁，袁枢的《通鉴纪事本末》是第一部纪事本末体史书。文学表现在散文方面，唐宋八大家有六家出于宋朝，即欧阳修、王安石、曾巩、苏洵、苏轼、苏辙，成就了韩愈、柳宗元所开启的古文运动。在诗词方面，宋词前无古人，后无来者。在戏曲词话方面，逐渐形成以话本和诸宫调、杂剧、南戏等喜剧样式为代表的通俗叙事文学，是元明清戏曲小说的先导和基础。宋朝文化繁荣昌盛得益于开明的文化政策，即使科举命题，也不以儒家为限，以致司马光上书宋神宗曰："今之举人，发言秉笔，先论性命，乃至流荡忘返，遂入老庄。"（《论风俗札子》）

一、词的世界

　　"诗言志，词言情。"对于唐朝诗的王国，宋朝确实难以为继，只能另辟蹊径，开创词的天地，造就词的世界。词是"曲子词"的简称，"以文写之则为词，以声度之则为曲"（宋翔凤《乐府余论》）。词的起源可追溯至隋代，"盖隋以来，今之所谓曲子者渐兴，至唐稍盛"（王灼《碧鸡漫志》卷一）。词在晚唐五代被视为雕虫小技，却在宋朝大放光芒，完善成熟，达到巅峰，进而可与五七言诗相提并论。词是宋朝最具特色的文学体裁，流派众多，名家辈出。据唐圭璋所编《全宋词》，收录词人1330多家，词作19900多首；孔凡礼《全宋词补辑》，又增录词人百余家，词作4000多首，计1430余家词人和20000余首词作。在中国文学史上，唯一堪与唐诗媲美的是宋词，唐诗宋词是中国古典诗词的双璧和两座高峰。王国维指出："五七律始于齐、梁而盛于唐，词源于唐而大成于北宋。故最工之文学，非徒善创，亦且善因。"①

宋诗不能比肩唐诗，却不是没有亮点。宋诗清除了晚唐五代诗歌的弊端，"宋铲五代旧习，诗有白体、昆体、晚唐体"（方回《送罗寿可诗序》）。所谓白体，是指宋初的诗歌流派，代表人物有李昉、徐铉、王禹偁，他们以白居易的平易、富有情味的诗风为正宗，学习模仿白居易与元稹、刘禹锡等人互相唱和的诗作，内容多为流连光影的闲适生活，风格浅切清雅，"欲知文集里，全似白公诗"（王禹偁《司徒相公挽歌》）。西昆体是指宋初诗坛上声势最盛的一个诗歌流派，欧阳修指出："盖自杨、刘唱和，《西昆集》行，后进学者争效之，风雅一变，谓之昆体，由是唐贤诸诗集几废而不行。"（《六一诗话》）其代表人物有杨亿、刘均、钱惟演，他们师法李商隐，片面追求形式美，讲究音调铿锵、辞藻华丽、声律和谐、对仗工整，内容比较贫乏空虚，缺少真情实意。晚唐体是指宋初模仿贾岛、姚合诗风的一群诗人，他们继承苦吟精神，其中一部分为僧人，着力描绘清邃幽静的山林

① 王国维著：《人间词话》，群言出版社1995年版，第123页。

景色和枯寂淡泊的隐逸生活；另一部分为隐逸之士，代表人物是林逋，倾情抒写隐居不仕、孤芳自赏的心情，"众芳摇落独暄妍，占尽风情向小园。疏影横斜水清浅，暗香浮动月黄昏。霜禽欲下先偷眼，粉蝶如知合断魂。幸有微吟可相狎，不须檀板共金尊"（《山园小梅》）。宋诗形成了以平淡为主题的美学风格。前人论诗，以朝代言，则是唐宋同谓；以诗人言，则是李杜苏黄并列。苏轼崇拜陶渊明，喜欢陶诗的"质而实绮，癯而实腴"（苏辙《子瞻和陶渊明诗集引》）；黄庭坚尊敬杜甫，欣赏杜诗的"平淡而山高水深"（《与王观复书》）。宋诗的平淡比比皆是，宋初王禹偁写的"北山种了种南山，相助力耕岂有偏？愿得人间皆似我，也应四海少荒田"（《畲田词》），平淡之中写出山农自力更生及互相合作的精神。中期梅尧臣写的"梅须逊雪三分白，雪却输梅一段香"（《雪梅》），平淡之中写出梅与雪的各具特色；苏舜钦写的"晚泊孤舟古祠下，满川风雨看潮生"（《淮中晚泊犊头》），平淡之中写出潮涨潮落不同景观。南宋范成大的田园诗融自然风景、农事乡俗和文人闲意于一炉，显示出平淡中和的特征，"昼出耘田夜绩麻，村庄儿女各当家。童孙未解供耕织，也傍桑阴学种瓜"（《四时田园杂兴》）。宋诗创造了自己的艺术手法，"以文字为诗，以才学为诗，以议论为诗"（《沧浪诗话·诗辨》）。宋人借鉴散文的方法，以文为诗，追求诗的散文化，诗人学者化。面对庐山，李白是情不自禁地表达心中的感受，"飞流直下三千尺，疑是银河落九天"（《望庐山瀑布》）；而苏东坡却是理性地思考，"不识庐山真面目，只缘身在此山中"（《题西林壁》）。相对而言，"宋诗中的情感内蕴经过理性的节制，比较温和、内敛，不如唐诗那样热烈、外扬；宋诗的艺术外貌平淡瘦劲，不如唐诗那样色泽丰美；宋诗的长处，不在于情韵而在于思理，它是宋人对生活的深沉思考的文学表现"①。

词是宋朝的骄傲，是古典文学皇冠上的明珠。词体发展到晚唐五代渐趋成熟，形成了以温庭筠为代表的花间词人和冯延巳、李煜为代表的南唐词人，建立了以小令为主的文本体式、以柔情为主的题材取向和以柔软婉丽为主的审美规范。花间词人在内容上多写男女情爱，突出描写女性的姿色、生活情状和内心世界；在艺术上追求文采繁华、轻柔艳丽，充溢着脂香腻粉的气氛。南唐词人冯延巳，曾为南唐宰相，其词通过情境描写男女之情和离别相思，少许花间词人的香艳味。李煜不是好皇帝，却是好词家，在位时主要描写宫廷生活，燕钗环鬟，脂粉香浓、妖艳明丽；亡国后，着力描写国亡家破的不幸，字字血泪，自然率真，意境深沉。王国维认为冯延巳（字正中）开北宋风气，"冯正中词虽不失五代风格，而堂庑特大，开北宋一代风气"②；李后主开阔视野，"词至李后主而眼界始大，感慨遂深，遂变伶工之词而为士大夫之词"③。词与诗都属旧体诗的范畴，却有着显著差异。诗是五七言，词是长短句。长短句的本质是乐句，需要与音乐旋律相配合，不能随心所欲。五七言诗的句法比较固定，长短句词的格式则变化多端，"假如把五七言比作直线，词便是曲线"④。词的格式即词牌，主要源于乐曲的名称，《菩萨蛮》相传是唐代大中初年，女蛮国进贡，她们梳着高髻，戴着金冠，满身璎珞，犹如菩萨，教坊因此谱成《菩萨蛮》曲。源于词中的概念，《忆秦娥》最初一首词的开头两句是"箫声咽，秦娥梦断秦楼月"。

① 莫砺锋、黄天骥主编：《中国文学史》（第三卷），高等教育出版社2003年版，第18页。

② 王国维著：《人间词话》，群言出版社1995年版，第14页。

③ 同上书，第11页。

④ 俞平伯选注：《唐宋词选释·前言》，陕西师范大学出版社2010年版，第5页。

源于词的题目，《踏歌词》咏的是舞蹈，《欸乃曲》咏的是泛舟。词牌又可以有多种分类方法，根据长短规模，词牌可分小令，字数不超58个；中调，字数在59至90个之间；长调，字数在91个以上，最长的达到240个字。根据音乐性质，可分为令、引、慢、三台、序子、法曲、大曲、缠令、诸宫调九种。词牌也称词调，意指填词用的曲调名，清万树撰写的《词律》指明词调660个，加上别体，计1180个词牌；康熙《钦定词谱》更多，词调826个，加上别体，计2306个词牌。

　　宋初词坛因循晚唐五代词体，晏殊、欧阳修之词映照着晚唐五代词的身影。宋词不断变革创新，超越晚唐五代，第一次变革始于柳永，柳永对词的变革在于创体，改变小令词体，大力创作慢词。小令容量有限，而慢词扩充了词的内容涵量，提高了词的表现能力。还在于创意，着意运用日常口语和俚语表现世俗化的市民生活情调，广受市民欢迎，"凡有井水饮处，即能歌柳词"（叶梦得《避暑录语》卷下）。第二次变革是苏轼，提高词的文学地位，认为诗词同源没有高下尊卑之分，"新词，此古人长短句诗也"（《与蔡景繁书》）。诗与词必须相对独立，自成体系，"近却颇作小词，虽无柳七郎风味，亦自是一家"（《与鲜于子骏》）。苏轼不仅从理论上论证词体的重要性与独特性，把词堂堂正正地引入文学殿堂，而且在实践上开拓词境，扩大词的表现功能，使表现女性柔情的词拓展为表现男性豪情的词，可以充分展现创作主体丰富复杂的心灵世界和志趣抱负。第三次变革是周邦彦，周邦彦与苏轼均为元祐词人，生活于宋神宗、哲宗和徽宗三朝，却是"各尽其才力，自成一家"（《碧鸡漫志》卷二），分别影响了南宋词作的发展。周邦彦有节制地抒发情志，其词境的创新在于以赋为词，用铺陈的方法，创作羁旅之役、漂泊流落之词。在咏物之中寄托身世飘零之感、仕途沦落之悲和情场失意之苦，词中充满着"谁识京华倦客"的孤独(《兰陵王》)和"自叹劳生,经年何事,京华信漂泊"的悲伤(《一寸金》)。还在于妙解音律,做到拗怒与和谐的矛盾统一,王国维评论周邦彦之词"文字之外,须兼味其音律";"今其声虽亡,读其词者,犹觉拗怒之中,自饶和婉,曼声促节,繁会相宣,清浊抑扬,辘轳交往。两宋之间,一人而已"(《清真先生遗事》)。第四次变革是辛弃疾,与苏轼并称"苏辛",其词秉承苏轼的抒情范式,内容博大宏阔,风格雄健雅深,确立并发展了词作的豪放一派。辛弃疾最大限度地发挥了词的表现功能,不仅可以抒情言志,而且可以议论说理。苏轼以诗为词,辛弃疾以文为词,举凡议论、说理、经史百家、问答对话,均可入词,无拘无束,汪洋恣肆。面对南宋的屈辱和偏安一隅,辛弃疾平生以英雄自许,渴望成就伟业,"天下英雄谁敌手,曹刘。生子当如孙仲谋"(《南乡子》)。第五次变革是姜夔,与辛弃疾同一时代,都影响了词风的走向和流变,成为南宋后期词坛的盟主。姜夔之词不在于题材的拓展,而在于创新婉约风格的表现艺术,运用暗柳、暗雨、冷香、冷红、冷云、冷月、冷枫等衰落枯败阴冷的意象,营建幽冷悲凉的词境。他还一反词坛雅俗并存的格局,彻底反俗为雅,下字运意,都力求醇雅,进而另立一宗,独领风骚,"鄱阳姜夔出,句琢字炼,归于醇雅。于是史达祖、高观国羽翼之,张辑、吴文英师之于前,赵以夫、蒋捷、周密、陈允衡、王沂孙、张炎、张翥效之于后"(汪森《词综序》)。

宋朝词人和词作虽多,不外婉约与豪放两大风格,而婉约词居于主导地位,"按词大略有二:一体婉约,一体豪放。婉约者欲其辞情蕴藉,豪放者欲其气象恢宏。盖亦存乎其人,如秦少游之作,多是婉约;苏子瞻之作,多是豪放。大抵词体以婉约为正,故东坡称少游为今之词手,后山评东坡词虽极天下之工,要非本色"（张綖《诗余图谱·凡例》）。婉约词特点是语言圆润，清新绮丽，内容比较狭窄，侧重儿女风情，结构深细缜密，重视音律谐婉，具有一种柔婉之美。其代表作是柳永的《雨霖铃（寒蝉凄切）》，选择送别场面，在描写难以割舍的别情时，寄寓了失去知音、远离京师而奔赴他乡的抑郁不平，"寒蝉凄切。对长亭晚，骤雨初歇。都门帐饮无绪，留恋处，兰舟催发。执手相看泪眼，竟无语凝噎。念去去、千里烟波，暮霭沉沉楚天阔。　　多情自古伤离别。更那堪，冷落清秋节。今宵酒醒何处，杨柳岸，晓风残月。此去经年，应是良辰好景虚设。便纵有，千种风情，更与何人说"。豪放词的特点是语词宏博，不拘守音律，创作视野较为广阔，气象恢弘雄放，喜用诗文的手法、句式和字词。其代表作是苏轼的《念奴娇·赤壁怀古》，描绘赤壁附近的壮阔景物，赞美古代英雄人物，抒发作者的理想抱负以及老大无为的感叹。其声飞扬激越，其音悲壮苍凉，"大江东去，浪淘尽，千古风流人物。故垒西边，人道是，三国周郎赤壁。乱石穿空，惊涛拍岸，卷起千堆雪。江山如画，一时多少豪杰。　　遥想公瑾当年，小乔初嫁了，雄姿英发。羽扇纶巾，谈笑间，樯橹灰飞烟灭。故国神游，多情应笑我，早生华发。人生如梦，一尊还酹江月"。苏轼曾与人讨论婉约与豪迈的区别，"东坡在玉堂日，有幕士善歌，因问：'我词何如柳七？'对曰：'柳郎中词，只合十七八女郎，执红牙板，歌杨柳岸，晓风残月。学士词，须关西大汉，铜琵琶，铁绰板，唱大江东去。'东坡为之绝倒"（俞文豹《吹剑录》）。宋词虽分婉约与豪放两派，对于词人而言，却不是那么纯粹，柳永婉约，有的词也豪放，《望海潮（东南形胜）》突出了杭州的雄伟壮观和富丽非凡，"东南形胜，三吴都会，钱塘自古繁华。烟柳画桥，风帘翠幕，参差十万人家。云树绕堤沙，怒涛卷霜雪，天堑无涯。市列珠玑，户盈罗绮竞豪奢"。苏轼豪放，有的词却很婉约，《江城子（十年生死两茫茫）》绵绵情意，痛悼亡妻，"夜来幽梦忽还乡，小轩窗，正梳妆。相顾无言，惟有泪千行。料得年年肠断处，明月夜，短松冈"。词人是现实生活的结合体，不可能一味婉约，也不可能一味豪放。婉约与豪放相杂，才是词人本色。宋词经过几代文人墨客的开拓进取，以及三百多年上自朝廷下至市井的歌唱，造就了"词的世界"，终于可以与"诗的王国"并驾齐驱，共同站立在中国文学史的峰巅。

二、儒学更新

儒学历史上有两次更新和三种形态。原汁原味的儒学是春秋战国的孔孟之道。面对春秋乱世，孔子致力于恢复社会秩序，建立了以仁为核心和义礼为两翼的儒家思想体系。战国时期的孟子从义的方面发展了孔子学说，重视个人的心性修养和自我约束；荀子从礼的角度完善了孔子学说，关注礼法并重和外在规范。先秦儒学本质上属于伦理政治型，缺乏终极依据和形上本体支撑。汉朝一统天下，独尊儒术，对儒学进行第一次更新，建构了儒学第二种形态——经学。经学分为今文经学和古文经学，都是着力注释儒家经典，通过解读经典发挥儒家思想。董仲舒吸收消化阴阳五行学说，主张天人感应，努力为经学提供形上依据，"天人相与之际，甚可畏也。国家将有失道之败，而天乃先出灾害以谴告之；不知自省，又出怪异以警惧之；尚不知变，而伤败乃至"（《汉书·董仲舒传》）。宋朝复兴儒学，对儒学进行第二次更新，造就了儒学第三种形态——理学。理学注重阐发儒家义理，而不是注释经典，实现了汉学向宋学的转变，由汉朝的章句训诂之学转变为宋朝的心性义理之学。

宋朝更新儒学，创设理学，却不废经学。儒家经学发展是一个过程，先秦儒家有六经，即《诗经》《尚书》《仪礼》《乐经》《易经》和《春秋》。秦始皇焚书坑儒，《乐经》失传。汉武帝独尊儒术，建元五年设置五经博士，经学从此成为官方学术。东汉新增《孝经》《论语》为儒家经典。唐朝又增《周礼》《礼记》《公羊传》《穀梁传》和《尔雅》为儒家经典。唐文宗接受郑覃的建议，"经籍讹谬，博士相沿，难为改正。请召宿儒奥学，校定六籍，准后汉故事，勒石于太学，永代作则，以正其阙"（《旧唐书·郑覃传》），于开成年间在国子学立石刻经。宋朝则增加《孟子》，儒家经典最后定格为十三经。宋太宗时，组织学者在"五经"的基础上对《穀梁传》《公羊传》《周礼》《仪礼》《孝经》《论语》《尔雅》进行义疏。宋朝学者治经尤重《易经》《周礼》《春秋》。据《四库全书》经部收录，宋朝学者注释易类56部605卷，春秋类38部689卷，礼类《周礼》10部208卷，约占三类经注的1/3乃至半数①。宋朝理学家注重汲取《易经》的合理因素，无论是周敦颐的《太极图说》还是邵雍的《六十四卦圆图方位图》，无论是张载的气本论还是二程和朱熹的天理论，都试图从宇宙论的高度论证现实世界和人间秩序的真实性，从而使儒学真正成为思辨的哲学。更重要的是，宋朝"理学不仅通过彻底消化汉唐以来的新旧传统，使先秦儒学在更高的理论形态上获得了复兴，成为此后引导整个近世中国前行的思想洪流，而且构成为传统中国迈向包括今天在内的现代化的文化基础"②。

所谓理学，以儒学为基础，汲纳佛、道精义，会通哲学、历史、伦理、教育诸学科，融合本体论、认识论、人性论、政治观、道德观为一体，是一个庞大精微的理论体系。宋朝是儒学更

---

① 参见张国刚、乔治忠等著：《中国学术史》，东方出版中心2002年版，第351—353页。

② 何俊著：《从经学到理学》，上海人民出版社2021年版，"引言"第1页。

新的年代，却不是理学独尊的时期。邓广铭主张区别宋学与理学，还郑重其事地承认其曾经的研究错误，"我在此首先纠正我自己的一个错误提法。由翦伯赞主编，于1962年首次印行的《中国史纲要》，其中的宋辽史部分是由我执笔撰写的，我在这一部分的《两宋的哲学思想》一节中，开头便说道：'支配两宋三百多年的哲学思想是理学，两宋理学是佛教哲学和道家思想渗透到儒家哲学以后出现的一个新儒家学派。'我现在必须说，上面的这几句话是完全说错了的，是亟应加以纠正的"[①]。理学由北宋"五子"肇其端，南宋朱熹集大成，其发展完善是一个漫长的历史过程。根据理学反对者陈亮的记述，理学流派的形成应在南宋前期，"二十年之间，道德性命之说一兴，迭相唱和，不知其所从来。后生小子读书未成句读，执笔未免手颤者，已能拾其遗说，高自誉道，非议前辈以为不足学矣"（《送王仲德序》）。在形成理学流派之前，北宋的许多学者很难归入理学行列；理学流派形成之后，还存在着不同于理学的其他学派。南宋时期，朱熹、张栻、吕祖谦并称东南三贤，相与讲明学术。朱熹是闽学大宗，张栻为湖湘学派主要代表，吕祖谦之学可称为婺学。朱熹是理学大师，陆九渊是心学翘楚，两人不和，陆九渊多次致书辩论。吕祖谦邀约两人在江西上饶鹅湖寺进行辩论，史称"鹅湖之会"。此外，还有浙江之学，分为以陈亮为首的永康之学和以叶适为代表的永嘉之学。理学重在儒家经典和义理阐述，其他学派关注史学和经世致用。然而，无论理学还是其他学派，无论理学代表人物还是其他学者，都尊崇孔子，以复兴儒学为己任。即使与朱熹常有论辩、观点相悖的陈亮，也是孔子的忠实拥趸，"夫子之道即尧舜之道，尧舜之道即天地之道"；"夫子以天地尧舜之道诏天

[①] 《邓广铭治史丛稿》，北京大学出版社2010年版，第129页。

下，故天下以仁义孝悌为常行，虽九夷之陋，南子之邪，阳货之奸，或接夫子之德容，或闻夫子之德音，而犹能迁变，况生乎其邦而浃洽乎圣人之德化邪！"（《汉论》）统括宋朝学术思想全貌，还是以宋学概念为宜，理学概念则可能挂一漏万。宋学与理学不可分割，宋学的最大成果和思想结晶是理学，就其本质而言，宋学就是理学，理学代表宋学；就其范围而言，宋学大于理学，理学从属宋学。

宋朝不是理学独尊的年代，却是理学崛起的时期，理学崛起与儒学更新互为表里，都是为了复兴儒学。理学崛起是复兴儒学的内容，儒学更新是复兴儒学的形式。内容决定形式，儒学更新的本质是理学崛起。理学崛起的源头还要追溯到中唐的韩愈，他明确提出了复兴儒学的历史任务，具体化为建立儒学的道统，"斯吾所谓道也，非向所谓老与佛之道也。尧以是传之舜，舜以是传之禹，禹以是传之汤，汤以是传之文、武、周公，文、武、周公传之孔子，孔子传之孟轲。轲之死，不得其传焉"。为了恢复道统，韩愈提出了以《大学》为纲领的理论体系，既要内圣又要外王，内圣是格物致知诚意正心，外王是修身齐家治国平天下，实现"相生养之道"，即"君者，出令者也。臣者，行君之令而致之民者也。民者，出粟米麻丝，作器皿，通货财以事其上者也"（《原道》）。韩愈弟子李翱则依据《中庸》，主张抑情复性，"昔者，圣人以之传于颜子"；"子思，仲尼之孙，其得祖之道，述《中庸》四十七篇，以传于孟轲"。"呜呼！性命之书虽存，学者莫能明，是故皆入于庄、列、老、释。不知者谓夫子之徒不足以穷性命之道，信之者皆是也。有问于我，我以吾之所知而传焉。"（《复性书上》）韩愈倡导《大学》，李翱追踪《中庸》，为理学崛起提供了重要的思想资源。宋朝理学家虽然看不起韩愈的理论建树，却不否认韩愈的过人之处，"韩愈亦近世豪杰之士，如《原道》中言语虽有病，然自孟子而后，能将许大见识寻求者，才见此人。至如断曰孟氏醇乎醇，又曰荀与杨择焉而不精，语焉而不详，若不是他见得，岂千余年后，便能断得如此分明也"（《河南程氏遗书》卷一）。

南宋黄震概括宋朝理学的发展进程，"宋兴八十年，安定胡先生、泰山孙先生、徂徕石先生，始以其学教授，而安定之徒最盛，继而伊洛之学兴矣。故本朝理学，虽至伊洛而精，实自三先生而始，故晦庵有'伊川不敢忘三先生'之语"（《黄氏日抄·读诸儒书》）。宋朝理学始于胡瑗、孙复、石介。胡瑗之学为"明体达用"，一生教学为主，开设"经义"与"治事"两科，前者重经义传习，讲习儒家经典，后者主实行致用，学习武备、水利、历算等具体技艺。欧阳修评价"自明道、景祐以来，学者有师惟先生暨泰山孙明复、石守道三人，而先生之徒最盛。其在湖州之学，弟子去来常数百人，各以其经转相传授，其教学之法最备，行之数年，东南之士莫不以仁义礼乐为学。庆历四年天子开天章阁，与大臣讲天下事，始慨然诏州县皆立学。于是建太学于京师，而有司请下湖州，取先生之法以为太学法，至今为著令"（《胡先生墓表》）。孙复科举不第，也以教书为生，长于《春秋》之学。孙复与众不同，还推重孟子之后的硕儒名学，"吾之所谓道者，尧、舜、禹、汤、文、武、周公、孔子之道也，孟轲、荀卿、扬雄、王通、韩愈之道也"（《信道堂记》）。对于董仲舒，也是充分肯定，"于时大教颓缺，学者疏阔，莫明大端。仲舒晔然奋起，首能发圣道之本根，新孝武之耳目。上自二帝，下迄三代，其化基治具咸得之于心，而笔之于书"（《董仲舒论》）。石介是孙复的弟子，因讲学于徂徕山下，被称为徂徕先生，以《春秋》和《易》教授弟子。石介最著名的行为是作《怪说》三篇，抨击佛老和西昆体诗文，尤其是从政治、经济和文化上抨击佛教，"夫中国，圣人之所常治也，四民之所常居也，衣冠之所常聚也。而髡发左衽，不士不农，不工不商，为夷者半中国，可怪也！夫中国，道德之所治也，礼乐之所施也，五常之所被也，而汗漫不经之教行焉，妖诞幻惑之说满焉，可怪也！"宋初三先生抨击佛道，批评西昆体，虽然没有直接创设理学，却为濂洛之学的兴起铺平了道路，创设了条件。

"濂洛兴矣"，系指周敦颐、张载、邵雍及程颢、程颐北宋五子，他们是理学的开拓者，"孔孟而后，汉儒止有传经之学，性道微言之绝久矣。元公崛起，二程嗣之，又复横渠诸大儒辈出，圣学大昌。故安定、徂徕卓乎有儒者之规范，然仅可谓有开之必先。若论阐发心性义理之精微，端数元公之破暗也"（《宋元学案·濂溪学案》）。周敦颐因筑于庐山莲花峰下的书堂名"濂溪书堂"，被称为濂溪先生，所创学说称为濂学。二程既受业于周敦颐门下，又传学于朱熹，所以周敦颐又被誉为道学宗主。周敦颐借鉴道家思想，从形上本体论证儒家仁义道德，认为天下万事万物的根源是太极。"无极而太极，太极动而生阳，动极而静，静而生阴。静极复动。一动一静，互为其根；分阴分阳，两仪立焉"。太极产生阴阳，阴阳产生自然界与人世间，"乾道成男，坤道成女。二气交成，化生万物，万物生生而变化无穷焉"。人世间通过圣人产生仁义道德，"惟人也，得其秀而最灵，形既生矣，神发知矣，五性感动而善恶分，万事出矣。圣人定之以中正仁义而主静，立人极焉"。无论自然界还是人世间，追根溯源，"故曰：立天之道曰阴与阳，立地之道曰柔与刚，立人之道曰仁与义"（《太极图说》）。周敦颐提出了天道、人性等概念以及修身目标和修养方法，奠定了理学的基本格局。张载人称横渠先生，所创学派为"关学"。张载认为，宇宙本原是气，"凡不形以上者，皆谓之道，惟是有无相接与形不形处知之为难。须知气从此首，盖为气能一有无，无则气自然生，是道也，是易也"(《横渠易说·系辞上》)。气的本然状态是太虚或太和，不断运动变化，聚则万物生，散则万物逝，"气聚则离明得施而有形，气不聚则离明不得施而无形。方其聚也，安得不谓之客? 方其散也，安得遽谓之无? 故圣人仰观俯察，但云'知幽明之故'，不云'知有无之故'"(《正蒙·太和》)。仁义道德不仅源于人性，而且源于天地自然，"天之生物便有尊卑大小之象，人顺之而已，此所以为礼也。学者有专以礼出于人，而不知礼本天之自然，告子专以义为外，而不知所以行义由内也，皆非也，当合内外之道"(《经学理窟·礼乐》)。张载提出了太和之道、太虚即气、一物两体和心统性情等哲学命题，从各方面论证了理学的重要问题。

邵雍又称邵康节，他从《易经》发展出宇宙论，且用图解来论证阐述其原理。邵雍的图解，名为三层，实为四层，第一层是太极；第二层是两仪，为动与静；第三层是四象，为阴与阳、柔与刚；第四层是八卦，为太阴与太阳，少阴与少阳，太柔与太刚，少柔与少刚。邵雍认为，宇宙运行变化是太极生万物，"太极一也，不动；生二，二则神也。神生数，数生象，象生器"(《皇极经世·观物外篇》)。太极生万物表现为两仪四象抽象的矛盾运动，"天生于动者也，地生于静者也。一动一静交而天地之道尽之矣。动之始则阳生焉，动之极则阴生焉。一阴一阳交而天之用尽之矣。静之始则柔生焉，静之极则刚生焉，一柔一刚交而地之用尽之矣"。两仪四象抽象运动的结果是转化为八卦的具体运动，"太阳为日，太阴为月；少阳为星，少阴为辰。日月星辰交而天之体尽之矣"；"太柔为水，太刚为火；少柔为土，少刚为石，水火土石交而地之体尽之矣"(《皇极经世·观物内篇》)。邵雍的宇宙论具有神秘性，也难以理解，却为理学提供了形上依据和参考。程颢称明道先生，程颐称伊川先生，他们是理学的关键人物，长期在洛阳讲学，所创学派称为"洛学"。二程的基本观点是一致的，那就是理或天理。理为天地万物的根据和法则，"天下物皆可以理照，有物必有则，一物须有一理"。然而，二程在性格上有着很大不同，在学术思想上也存在着差异。程颢不太注重形上与形下的区别，程颐则特别关注两者的区别，认为形下为气，形上为理，理是事物的根据，气为事物的物质内容，"离了阴阳更无道。所以阴阳者是道也。阴阳，气也。气是形而下者，道是形而上者"（《河南程氏遗书》卷一五）。程颢信奉万物一体，注重彰显自己心中的仁义本性，"学者须先识仁。仁者浑然与物同体。义礼知信皆仁也。识得此理，以诚敬存之而已，不须防检，不须穷索"（《河南程氏遗书》卷二上）。程颐则认为，人性是天理在人心的内化，"在天为命，在人为性，论其所主为心，其实只是一个道"（《河南程氏遗书》卷一八）。

朱熹是理学的集大成者，他认真学习吸取北宋五子的学术思想，深入钻研经学、史学和文学，发展完善并创立了理学思想体系，"朱子思想，主要还是沿袭二程，更是沿袭伊川的多"[1]。朱熹区分人性与人心，认为性是理，"问：灵处是心抑是性？曰：灵处只是心，不是性。性只是理"。而心是理加上气之后的体现，"问：知觉是心之灵，固如此，抑气之为耶？曰：不专是气，是先有知觉之理。理未知觉，气聚成形，理与气合，便成知觉。譬如这烛火，是因得这脂膏，便有许多光焰"（《朱子语类》卷五）。宋朝儒学更新的最大成果是朱熹的理学，宋朝儒学复兴的根本标志是朱熹的理学。朱熹不仅是理学集大成者，而且是儒学复兴的完成者。南宋末年，在宋理宗的大力推动下，朱熹的《四书章句集注》被定为官方意识形态，成为儒家必读经典和莘莘学子的圭

---

[1] 钱穆著：《中国思想史》，九州出版社2012年版，第198页。

臬。公元1227年，宋理宗诏曰："朕观朱熹集注《大学》《论语》《孟子》《中庸》，发挥圣贤蕴奥，有补治道。朕励志讲学，缅怀典刑，可特赠熹太师，追封信国公。"（《宋史·理宗纪一》）1241年，复诏"朕惟孔子之道，自孟轲后不得其传，至我朝周敦颐、张载、程颢、程颐，真见实践，深探圣域，千载绝学，始有指归。中兴以来，又得朱熹精思明辨，表里浑融，使《大学》《论》《孟》《中庸》之书，本末洞彻，孔子之道，益以大明于世。朕每观五臣论著，启沃良多，今视学有日，其令学官列诸从祀，以示崇奖之意"（《宋史·理宗纪二》）。朱熹使得儒学再次获得独尊地位，深刻影响了元明清近七百年的历史进程。

三、正统观念

比较大汉盛唐，宋朝很难说是统一的王朝，即使北宋，其疆域面积也只有辽国一半左右；契丹辽国、党项西夏、女真金朝的建立，以及大理、安南的独立，使得宋朝的正统地位受到极大挑战。正统是宋朝社会普遍关注的问题，文人学者纷纷论证阐述正统问题。"宋代以前，只有实际的正统之争，没有正统理论的出现。史学发展到了宋代，才对正统观念作正式的讨论，不能不说是中国史学史上的一大转变或发展。"[1]

正统观念源于《春秋》大一统思想。何休注释"大一统"，"统者始也，总系之辞，夫王者始受命改制，布政教施于天下，自公侯至于庶人，自山川至于草木昆虫莫不一一系于正月，故云政教之始"（《春秋公羊传解诂》）。正统观念强调王朝存在和继承的正当性及其合法性，"《春秋》法五始之要，在乎审己正统而已"

---

[1] 　陈芳明：《宋代正统论的形成背景及其内容》，载《食货》1971年第1期。

（《汉书·王褒传》）。五始是指《春秋》纪事，始以元年、春、王、正月、公即位五事。春秋乱世，诸侯争霸，周王室已成附庸，并不存在大一统的现实。《春秋》的大一统思想，既是对唐尧虞舜及夏商周三代的总结，也是对未来的憧憬，且成为儒学的重要组成部分，孟子见梁惠王，"卒然问曰：'天下恶乎定？'吾对曰：'定于一。'"（《孟子·梁惠王上》）荀子则多次论及大一统，"一天下，财万物"（《荀子·非十二子》）；"文王载百里地而天下一"（《荀子·仲尼》）。儒家认为，《春秋》是孔子为新王立法，《公羊传》所谓文王，只是权假文王，实际是以《春秋》当新王，"制《春秋》之义，以俟后圣。以君子之为，亦有乐乎此也"（《公羊传·哀公十四年》）。汉朝盛行《春秋》公羊学，认为孔子是在为汉朝立法。汉朝实现了大一统，尤其是汉武帝，不仅政治上实现了统一，而且文化上也实现了统一。然而，四百年后却分裂为魏、蜀、吴三国，不再是一统天下，于是产生了正统观念。正统观念是大一统思想的延续和发展，有利于坚持国家的统一和凝聚中华民族的人心。

　　宋朝最早全面论述正统观的是欧阳修，著有《正统论》。"正统之论，起于欧阳子。"（苏轼《正统论中》）欧阳修首先提出衡量正统的标准，就是正当和统一，前者是帝位传承之正，后者是一天下之统，"《传》曰'君子大居正'，又曰'王者大一统'。正者，所以正天下之不正也；统者，所以合天下之不一也"。同时，否定"五德终始说"。依据先秦阴阳家的观点，历史是按照土、木、金、火、水五种德性，从始到终、由终复始的循环运动，"五德从所不胜，虞土、夏木、殷金、周火"（《文选》沈休文《安陆昭王碑文》注引《邹子》），"代火者必将水"（《吕氏春秋·应同》）。西周之后是春秋战国，天下四分五裂，秦始皇统一天下，那秦应是水德。由于秦实行霸道而不是王道，汉儒不承认其正统地位，却又不能否认，只能加一个"闰统"，秦始皇也不称"秦王"，只能称"秦伯"。欧阳修明确表示不同意，"而谓帝王之兴必乘五运者，谬妄之说也，不知其出于何人。盖自孔子殁，周益衰乱，先王之道不明，而人人异学，肆其怪奇放荡之说。后之学者，不能卓然奋力而诛绝之，反从而附益其说，以相结固。故自秦推五胜以水德自名，由汉以来，有国者未始不由于此说。此所谓溺于非圣之学也"。欧阳修认为，坚持正统，是因为王朝的居正与统一不能相结合。唐尧虞舜及夏商周三代既有正当性，又有统一性，不存在正统的问题，"尧舜之相传，三代之相代，或以至公，或以大义，皆得天下之正，合天下于一，是以君子不论也，其帝王之理得而始终之分明故也"。春秋战国之后，正当和统一出现了分离，有的王朝是正当的，却不能统一；有的王朝是统一的，却不具有正当性，"及后世之乱，僭伪兴而盗窃作，由是有居其正而不能合天下于一者，周平王之有吴、徐是也；有合天下于一而不得居其正者，前世谓秦为闰是也。由是正统之论兴焉"（《正统论上》）。欧阳修指出，正统是不连续的，具体指汉末三国、晋末南北朝以及五代十国；评价历史，虽然兼顾居正与一统，却是优先考虑一统，承认秦朝、晋朝、隋朝为正统，"故正统之序，上自尧舜，历夏商周秦汉而绝。晋得之而又绝。隋唐得之而又绝。自尧舜以来，三绝而复续。惟有绝而有续，然后是非公予夺当，而正统明"（《正统论下》）。欧阳修奠定了正统论的基本分析框架，后世所论均没有超出居正与一统的范围。

宋朝不是大一统的王朝，其正统论偏于"居正"，而不是偏于"一统"，以利于论证宋朝的合法性与正当性。一般而言，北宋尚有大一统的感觉，在居正与一统之间，保持了平衡，甚至还偏于一统；南宋偏安一隅，更为敏感，强调居正多于一统。围绕汉末三国谁为正统的评述，充分体现了北宋与南宋正统标准的差异，"宋太祖篡立近于魏，而北汉、南唐迹近于蜀，故北宋诸儒皆有所避而不伪魏。高宗以后偏安江左，近于蜀，而中原魏地全入于金，故南宋诸儒乃纷纷起而帝蜀。此皆当论其世，未可以一格绳也"（《四库全书总目·三国志》）。北宋南宋正统标准的差异，实际反映了北宋南宋所处政治现实和外部环境的差异。司马光基本认同欧阳修的正统观，《资治通鉴》以曹魏年号编年纪事，实际上尊魏抑蜀。湖湘学派代表胡寅则给予批评，认为刘备为汉室之后，具有继统的正当性，"司马氏以昭烈于中山靖王族属疏远，不能纪其世数名位，是非难辨"。"自司马氏至三国，七百余年，固不能详先主之世数，而诸葛公距中山靖王才三百余年，草庐倾盖之时，即称玄德为帝室之胄，岂凭虚无据而云尔哉？"胡寅以不可靠的史料否定秦朝和东晋的正统性，"若始皇明为吕不韦之子，琅琊王睿显著小吏牛金所生，司马氏尚系诸秦晋，不革而正之"。更是否定曹魏的正统性，"乃推奖荀彧，宽宥曹操，至谓操取天下于群盗，非取之于汉室，而抑退蜀之主、相，不少假借，于孔明北伐，又以'入寇'书之，亦独何哉？"（《读史管见》）胡寅还著书以蜀汉的章武、建兴、延熙等年号系事，直至蜀亡，以异于司马光的编年纪事，实际是强调"居正"重于"一统"。南宋朱黼认为尧、舜传位于舜、禹，名为公天下，而舜、禹都是黄帝后裔，实为私天下，"五帝官天下，三王家天下；官以传贤，家以传子。自汉以来有是言也。然以《世本》推之，尧与舜、禹固皆黄帝高阳氏之后。……由是观之，尧、舜之传舜、禹，虽不以天下私其子，固亦岂以天下轻诸人哉！"私天下有利于王朝的稳定和政权的巩固，"不以天下私其子，故将有安天下之心；不以天下轻诸人，故将有以定天下之志。神器，至宝也；天下，至大也。苟不先求之一家而轻授其人，则是途之人皆有觊觎侥幸之心矣"（《纪年备遗》）。朱黼论证私天下，目的是坚持居正的重要性和必要性。

坚持居正，一方面是不以成败论正统，"夫光武以长沙定王之后，诛莽而起南阳；昭烈以中山靖王之后，欲诛魏而起巴蜀：事正相类，其不得为近属固同。若昭烈世次不记，特作史之日，蜀之文献毁灭不存耳。以成败存亡而论去取，非大公至公之论也"（《三国六朝五代纪年总辨》）。胡寅、朱黼主要是针对"正而不统"的蜀汉而言，以批驳司马光的编年纪事。而陈过则比较偏激，推而广之，以解读历史上"统而不正"的秦朝、晋朝和隋朝，认为它们虽是一统天下，事功可观，却因逆取得国而不得居于正统地位，"有正者，其后未必有统，以正之所在而统从之，可也；有统者，其初未必有正，以统之所成而正从之，可乎？以秦、晋及隋概之，羿、莽特其成败有不同耳，顾以其终于伪定而以正归之，殆于不可。故尝为说曰：'有正者不必有统，非汉、唐不与焉，有统者不必有正，虽秦、隋可滥数。夫有正者不责其统，以正之不可废也。有统者终与之正，是不特统与正等，为重于正矣。无统而存其正，统犹以正而存也；无正而与之统，正无乃以统而泯乎！'"（《癸辛杂识·后集》）陈过是把居正的标准凌驾于一统之上，只要居正，蜀汉等正而不统的王朝仍有正统地位，否则，秦、晋、隋等统而不正的王朝就被废黜，夏商周三代之后可当正统的唯汉、唐、宋而已。另一方面，是把统治者的道德品质纳入正统范畴。胡寅批评司马光将曹魏和朱温的后梁置于正统之列，是进退失据，不足为训。在胡寅看来，刘备、诸葛亮的道德品质为三国之冠，李克用始终忠于唐朝，比曹魏和后梁更具有正统性，"司马氏自以谓正闰之际，非所敢知。然蜀、魏分据，则书诸葛亮入寇，是以魏为正矣。梁、晋交争，而书晋兵寇洺州，是以梁为正矣。孟子曰：'今天下地丑德齐，莫能相尚。'先主、武侯纵不为兴复汉室，其人品高贤，固自冠冕三国，乃以曹氏压之。若河东虽出蕃夷，然忠功义烈，盖唐末第一流，而又显然斥为梁寇。地虽数倍，德则不伦，是以成败论事，而不要义理之实，岂所以训哉！"（《读史管见》）

宋朝的正统论还与"夷夏之辨"纠缠在一起。早在孔子，已经提出夷夏之辨，认为夷狄的文明水平不如诸夏，"夷狄之有君，不如诸夏之亡也"（《论语·八佾》），却没有歧视夷狄，而是主张夷狄与诸夏和平相处，"裔不谋夏，夷不乱华"（《左传·定公十六年》）；划分夷狄与诸夏的标准是文化，而不是族群，"孔子之作《春秋》也，诸侯用夷礼则夷之，进于中国则中国之"（韩愈《原道》）。秦汉隋唐时期，中原王朝强盛，虽然看不起夷狄的文明水平，却不强调种族偏见，为夷狄进入留有空间，"其地不可耕而食也，其民不可臣而畜也，是以外而不内，疏而不戚，政教不及其人，正朔不加其国；来则惩而御之，去则备而守之。其慕义而贡献，则接之礼让，羁縻不绝，使曲在彼，盖圣王制御蛮夷之常道也"（《汉书·匈奴传》）。宋朝则批评班固，认为不应该礼让夷狄，"班固谓'其来慕义，则接以礼让'。何者？礼让以交君子，非所以接禽兽夷狄也。纤丽外散，则戎羯之心生，戎羯之心生，则侵盗之本也。圣人饮食声乐不与之共，来朝坐于门外，舌人体委以食之，不使知馨香嘉味也。汉氏习玩骄虏，使其悦燕赵之色，甘太官之珍，服以文绮罗纨，供之则增求，绝之则招怨，是饱豺狼以良肉，而纵其猎噬也"（《新唐书·突厥传》）。宋朝一直感到异族的压迫，对待夷狄，就很不尊重，极力贬低，认为夷狄介于人与禽兽之间，根本不可能接受华夏文明。曾经出使辽国的刘敞，认为"夷狄中国，其天性固异焉。是故谨吾色，毋出于礼，以示不可以淫纵为也；谨吾声，毋出于雅，以示不可以污滥入也；谨吾货，毋出于义，以示不可以贪婪有也"。"彼其还观中国，则若鸟之窥渊，兽之窥丛，虽有攫挐之心者，知不可往焉而止矣。"(《治戎下》)苏轼指出:"夷狄不可以中国之治治也,譬若禽兽然,求其大治,必至于大乱。先王知其然,是故以不治治之。"(《王者不治夷狄论》)宋朝士大夫对待异族的态度,是狭隘的族裔民族主义,并不是他们内心的强大,恰是内心的不自信,担心会危及宋朝的正统地位和他们的正统观念。

宋朝的正统论与道统论有着密切联系。朱熹认为,只有河南二程承接孟子之道,"天运循环,无往不复,宋德隆盛,治教休明,于是河南程氏两夫子出,而有以接乎孟氏之传"(《大学章句序》)。朱熹弟子黄幹则认为是朱熹承接了孟子,强调是在南方承接,多少也是为南宋王朝张目,"窃惟自昔圣贤之生,率五百余年而一遇,孟子既殁,千有五百余年无闻焉。考其世系,则又皆中土之所生,而南方则又无闻焉。历世之久舆地之广,其间岂无闳博俊伟之士而不足以与闻斯道之传?至我本朝,周程张子既相望于一时,而文公复兴于未及百年之后。周子既生于舂陵,而文公复生于新安,岂非治教休明,文武周浃,天运之所开,地灵之所萃,旷古之创见而一代之极盛者欤!"(《徽州朱文公祠堂记》)宋朝尤其是南宋的道统论,除了对道的内涵有着不同理解外,主要在于其政治文化功能。道统由宋承续,意味着宋儒真正掌握了达到治国理想图景的根本原理和正确方法;道统在南宋,意味着南宋失去了中原,却掌握中华文明的形上之理和精神命脉。南宋虽然不能在版图上统一中国,却在文化上居于优越地位,能够傲视异族政权。钱锺书指出,南北朝时期,北齐人自称"华"而称南朝为"夷",但金朝人虽自称"华"而目蒙古为"夷",却并未以"夷"加之于南宋[①]。由此可见,南宋努力争取道统的正当性和文化的优越感,并不是无效劳作,确实产生了效果。

---

① 钱锺书著:《管锥编》(第四册),中华书局1979年版,第1487页。

宋朝强调道统，强化读书人对于宋朝的认同和忠诚。千载不传之道接续于宋儒，彰明于宋朝，极大地增强了读书人对于道统承续的责任心和使命感。只要道统存在，中国就不会灭亡；只要道统存续，中华文明就不会灭亡。南宋关注道统南渡，还是一个好兆头，预言南宋将复兴于东南。朱熹的再传弟子王柏把南宋之政统与道统联系起来，认为南宋必将复兴，"发天地之清淑，导濂洛之洋洋。自龟山之复南，开太宗之世运"（《宋文书院赋》）。宋朝强调道统，说到底是为正统服务的。元顺帝至正三年，启动辽、宋、金史的纂修，南方士大夫杨维桢上书朝廷，极力为宋朝争取正统地位，"道统者，治统之所在也。尧以是传之舜，舜以是传之禹、汤，禹、汤以是传之文、武、周公、孔子。孔子没，几不得其传百有余年，而孟子传焉。孟子没，又几不得其传千有余年，而濂、洛、周、程诸子传焉。及乎中立杨氏，而吾道南矣。既而宋亦南渡矣。杨氏之传，为豫章罗氏、延平李氏，及于新安朱子没，而其传及我朝许文正公。此历代道统之源委也。然则道统不在辽金，而在宋，在宋而后及于我朝。君子可以观治统之所在也"（《正统辨》）。

四、爱国精神

无论北宋还是南宋，都面临异族入侵和异族政权的压迫，北宋稍好一些，算是建立了政治上的平等关系，却不敢君临天下，只能以兄弟相称。澶渊之盟，如果不是辽圣宗年幼，那么，宋真宗可能就要称弟了。南宋偏安一隅，只能建立政治上的不平等关系，对于异族政权是俯首称臣。绍兴和议明确，由金国册封宋高宗赵构为皇帝。中国历来被认为是中央之国，文明最为发达，不要说汉唐，就是魏晋，也都是异族来朝贡，甚至请求册封，最高峰是唐太宗，被异族首领尊为天下的共主。贞观四年"三月甲午，李靖俘突厥颉利可汗以献。四月戊戌，西北君长请上号为'天可汗'"（《新唐书·太宗纪》）。面对宋朝如此孱弱，如此不堪，士大夫感到奇耻大辱，生发起爱国主义热情。爱国本来就是中华民族的优秀文化传统，每逢国家危急存亡之际，爱国精神就会放射出绚丽的光彩。宋朝爱国精神的主要载体是士大夫，却不是士大夫的专利，而是弥漫于整个社会的思潮。

爱国精神由士大夫传唱、歌颂。士大夫传唱歌颂爱国精神的重要途径是文字，尤其诗词歌赋和文学作品。远至屈原，他是一位伟大的爱国者，在诗篇中表达了拳拳爱国之心，"亦余心之所善兮，虽九死其犹未悔"（《离骚》）。近至杜甫，一生四处漂泊，却念念不忘家国情怀。当家国破碎时，他痛心疾首，"国破山河在，城春草木深。感时花溅泪，恨别鸟惊心。烽火连三月，家书抵万金。白头搔更短，浑欲不胜簪"（《春望》）。当收复河山时，他欣喜若狂，"剑外忽传收蓟北，初闻涕泪满衣裳。却看妻子愁何在，漫卷诗书喜欲狂。白日放歌须纵酒，青春作伴好还乡。即从巴峡穿巫峡，便下襄阳向洛阳"（《闻官军收河南河北》）。爱国是士大夫的优秀传统，宋朝更是发扬光大。宋朝大量重用文臣，即使主兵的枢密使也多由士大夫担任；还完善科举制度，创造相对公平的竞争机会，使得政治权力向平民阶层广泛开放，使得一般寒门子弟都可以通过科举入仕为官，以致石介不无自豪地说，"上视汉魏隋唐五代，凡千五百年，其间非无圣神之主、盛明之时，未有如此选人之精、得人之多、进人之速、用人之尽。实为希阔殊尤，旷绝盛事"（《庆历圣德颂序》）。大批文人从政，造就士大夫阶层，他们往往以国家栋梁自居，以天下为己任，意气风发地发表政见，"开口揽时事，论议争煌煌"（欧阳修《镇阳读书》）。在国家面临危机和异族挑衅时，必然激发爱国主义热情。

即使一向注重诗词艺术的婉约词人周邦彦，在听说宋军在永乐城与西夏军战败时，写下《天赐白》讽刺宋将丧师辱国，既讽刺逃亡将领曲真，不如项羽，"舣舟不渡谢亭长，有何面目归江东"；又讽刺徐禧等书生治兵，没有谋略，还狂妄轻敌，终致城陷兵败，"君不见书生镌羌勒兵入，羌来薄城束缚急。蜡丸飞出辞大家，帐下健儿纷雨泣。凿沙到石终无水，扰扰万人如渴蚁"。某种意义上说，爱国是宋朝士大夫人生的主旋律，也是他们诗文创作的主题歌。

宋朝爱国主义高涨与天下的观念变化有着密切关系。宋朝之前，传统社会只有天下观，没有明确的国家与民族概念。天下观念产生于先秦时期，古人认为天是圆的，地是方的，都在华夏文明的光照之下，"溥天之下，莫非王土；率土之滨，莫非王臣"（《诗经·小雅·北山》）。天圆地方，既有中心又有边缘，中心就是中国或诸夏，边缘就是四方或夷狄，中国要影响四方，夷狄要统一于诸夏，"民亦劳止，汔可小康；惠此中国，以绥四方"（《诗经·大雅·民劳》）。中国的概念最早出现在西周初年的何尊青铜器铭文中，"宅兹中国，自之乂民"。大意是，以此地作为天下的中心，统治民众。在周朝文献中，中国有着多种含义，既指京师、王畿之地，又指周天子直接统治的地区；既指中原地区，又指中国国内；既指汉族居住的地区，又指汉族建立的政权。秦汉之后，中国一般指中原政权及其统辖的地区，历代王朝都自称是中国。在传统观念中，只有中国，才是正统。中国又称华夏，如果说中国更多的是一个地域概念，那么，华夏更多的是一个文明概念，"中国有礼仪之大，故称夏；有服章之美，谓之华"（《左传正义》）。大汉盛唐只关注天下，不太关注中国与四方、诸夏与夷狄的边界，反而持有自信和开放的态度，自信表现为"明犯强汉者，虽远必诛"（《汉书·陈汤传》）；开放是唐太宗的"自古皆贵中华，贱夷狄，朕独爱之如一"（《资治通鉴》卷一九八）。
宋朝就没有了自信和开放，而是要严夷夏之防。自安史之乱始，
"夷夏之防亦因而转严，然一种具有悠久传统之观念，往往不易
于短时间完全改变，故有唐后期国人之夷夏观念，犹不如宋人之
严"①。例证是石介的《中国论》，全面论证了夷夏之防，"夫天处
乎上，地处乎下。居天地之中者曰中国，居天地之偏者曰四夷。
四夷外也，中国内也。天地为之平内外，所以限也"。石介认为，
中华文明高度发达，"夫中国者君臣所自立也，礼乐所自作也，
衣冠所自出也，冠婚祭祀所自用也，缞麻丧泣所自制也，果蓏菜
茹所自殖也，稻麻黍稷所自有也"。四夷野蛮没有开化，"东方曰
夷，被发文身，有不火食者矣。南方曰蛮，雕题交趾，有不火食
者矣。西方曰戎，被发衣皮，有不粒食者矣。北方曰狄，衣毛穴
居，有不粒食者矣"。石介主张，中国与四夷最好是互不干扰，
相安无事，"各人其人，各俗其俗，各教其教，各礼其礼，各衣
服其衣服，各居庐其居庐。四夷处四夷，中国处中国，各不相
乱，如斯而已矣。则中国，中国也，四夷，四夷也"。夷夏之防
强化了中国意识，而中国意识的强化，则为爱国提供了明确的对
象和可靠的依据。

　　宋朝的爱国是全民性的。高官宗泽的爱国是感人的。宗泽是
抗金名将，曾被宋钦宗任命为兵马副元帅，协助时为康王的赵构
抗金。一生以还都东京、收复失地为己任，经常遇到挫折，还是
坚韧不拔，临死还念念不忘渡过黄河，抗击金兵，"泽前后请上
还京二十余奏，每为潜善等所抑，忧愤成疾，疽发于背。诸将入
问疾，泽矍然曰：'吾以二帝蒙尘，积愤至此。汝等能歼敌，则我
死无恨。'众皆流涕曰：'敢不尽力！'诸将出，泽叹曰：'出师未

---

① 傅乐成著：《唐代夷夏观念之演变》，台北市联经出版事业公司1977年版，第226页。

捷身先死，长使英雄泪满襟。'翌日，风雨昼晦。泽无一语及家事，但连呼'过河'者三而薨。都人号恸"（《宋史·宗泽传》）。外交官范成大的爱国是苍凉悲壮的。南宋与金朝签订隆兴和议时，没有议定接受国书的仪式，宋孝宗感到后悔，"隆兴再讲和，失定受书之礼，上尝悔之"。为此，范成大被任命为外交使节，出使金朝，索求北宋诸帝陵寝之地，并请更定受书之议，而所奉国书只提及陵寝之事，"迁成大起居郎，假资政殿大学士，充金祈请国信使。国书专求陵寝，盖泛使也。上面谕受书事，成大乞并载书中，不从"。对于如此艰难的外交使命，孝宗都感到惭愧，临行告诉范成大，"朕不败盟发兵，何至害卿！啮雪餐毡，理或有之"（《石湖词校注》）。范成大义无反顾，坚定出使金朝，还秘密草拟更定受书礼仪的奏章，"金迎使者慕成大名，至求巾帻效之。至燕山，密草奏，具言受书式，怀之入"。在进呈国书时，范成大不辱使命，既呈国书，也呈奏章，"初进国书，词气慷慨，金君臣方倾听，成大忽奏曰：'两朝既为叔侄，而受书礼未称，臣有疏。'摺笏出之。金主大骇，曰：'此岂献书处耶？'左右以笏标起之，成大屹不动，必欲书达"。金世宗完颜雍很生气，太子想杀死范成大，"既而归馆所，金主遣伴使宣旨取奏。成大之未起也，金庭纷然，太子欲杀成大，越王止之，竟得全节而归"。尽管金朝最后只同意奉迁陵寝，拒绝更定受书之仪，但范成大在出使过程中展示出的爱国精神仍是可敬可佩，"成大致书北庭，几于见杀，卒不辱命。俱有古大臣风烈，孔子所谓'岁寒，然后知松柏之后凋'者欤？"（《宋史·范成大传》）基层百姓尤其是身处异族统治下的百姓的爱国是感天动地的。南宋楼钥随仲舅汪大猷出使金朝，贺金世宗正旦。在返回途中，夜宿真定府，"道傍老妪三四辈指曰：此我大宋人也，我辈只见得这一次，在死也甘心。因相与泪下"（《北行日录》）。广大百姓表现出的爱国精神，真是刻骨铭心。范成大、楼钥出使金朝时，中原地区的百姓已在金人统治下生活了五六十年，"久习胡俗，态度嗜好与之俱化，最甚者衣装之类其制尽为胡矣"（《揽辔录》）。然而，中原百姓依然记得自己是大宋子民，他们心中依然渴望王师北定，渴望家国一统。范成大艰难地写下了字字皆血泪的诗篇，"州桥南北是天街，父老年年等驾回。忍泪失声询使者，几时真有六军来？"（《州桥》）特地注明州桥在当时汴京旧城，横跨汴河，位于朱雀门与宣德门之间，"南望朱雀门，北望宣德楼，皆旧御路也"，家国之痛，尽在笔端。

宋朝的爱国演化为文人情结。面对积贫积弱的国家，宋朝文人首先表现出忧患意识。千古第一才女李清照的《永遇乐（落日熔金）》是词人饱经忧患离乱的中年生活的真实写照。全词通过在元宵佳节追忆故国盛世，描写而今凄凉寂寞心情，展示家国兴亡的沉痛和忧患。上半阕描写元宵时的景物和矛盾心态，下半阕抒写南渡后今昔盛衰之感，"中州盛日，闺门多暇，记得偏重三五。铺翠冠儿，撚金雪柳，簇带争济楚。如今憔悴，风鬟霜鬓，怕见夜间出去。不如向帘儿底下，听人笑语"。《永遇乐》曾深深感动南宋爱国志士，遗民词人刘辰翁说："余自乙亥上元，诵李易安《永遇乐》，为之涕下。今三年矣。每闻此词，辄不自堪。遂依其声，又托之易安自喻。虽辞情不及，而悲苦过之。"（《永遇乐（璧月初晴）序》）其次表现出抗金复国的理想。张元幹曾入抗金名将李纲幕府，奋战前线。南渡后，因李纲罢相，抗战无望，遂辞官归隐，写下《贺新郎（曳杖危楼去）》。上半阕描写醉中独舞、无人相伴的痛苦；下半阕则是直接抒发报国杀敌的志向，即使隐居，也不会丧失斗志和信心，"十年一梦扬州路。倚高寒，愁生故国，气吞骄虏。要斩楼兰三尺剑，遗恨琵琶旧语。谩暗涩铜华尘土。唤取谪仙平章看，过苕溪，尚许垂纶否？风浩荡，欲飞举"。还表现出报国无门的悲愤抑郁心态。南宋朝廷总体是主和的，造成英雄无路请缨、壮士报国无门的悲剧。绍兴二十四年状元张孝祥，其词《六州歌头（长淮望断）》上半阕描写词人的现实担忧，看到南宋小朝廷偃兵息鼓，没有一点振作北伐的准备；下半阕则抒写词人壮志难酬的悲愤，"念腰间箭，匣中剑，空埃蠹，竟何成？时易失，心徒壮，岁将零"。写南宋卑躬屈膝的辱耻，"渺神京。干羽方怀远，静烽燧，且休兵。冠盖使，纷驰骛，若为情？"最后写中原父老所盼，比照南宋朝廷妥协求和，令人悲愤交加，"闻道中原遗老，常南望，羽葆霓旌。使行人到此，忠愤气填膺，有泪如倾"。

文人的爱国情结酿成了陆游和辛弃疾两杯美酒，醇厚绵长。"陆游字务观，越州山阴人"（《宋史·陆游传》），一生有两大伤痛，一个是唐婉，红颜知己，恩爱夫妻，却被拆散，终生时时追忆，"城上斜阳画角哀，沈园非复旧池台。伤心桥下春波绿，曾是惊鸿照影来"。"梦断香消四十年，沈园柳老不吹绵。此身行作稽山土，犹吊遗踪一泫然。"（《沈园二首》）更大的伤痛是北宋灭亡，终生念念不忘，"朝廷之上，无不以画疆守盟、息事宁人为上策，而放翁独以复仇雪耻，长篇短咏，寓其悲愤"（赵翼《瓯北诗话》卷六）。即使不能直接披挂上阵，斩敌杀首，也在梦中想象抗金上战场，"僵卧孤村不自哀，尚思为国戍轮台。夜阑卧听风吹雨，铁马冰河入梦来"（《十一月四日风雨大作》）。临终绝笔，仍然高扬爱国主义旗帜，指向他一生牵挂的北宋，"死去元知万事空，但悲不见九州同。王师北定中原日，家祭无忘告乃翁"（《示儿》）。辛弃疾"字幼安，齐之历城人"，与陆游一样都是爱国志士和悲剧性人物；不一样之处在于，陆游只是在文章中上战场，在梦中追杀敌人，而辛弃疾却是个武将，能够在万人中取敌首级。绍兴三十二年，受耿京委派，辛弃疾奉表归顺南宋，得到宋高宗表扬，"并以节使印告召京。会张安国、邵进已杀京降金，弃疾还至海州，与众谋曰：'我缘主帅来归朝，不期事变，何以复命？'乃约统制王世隆及忠义人马全福等趋金营，安国方与金将酗饮，即众中缚之以归，金将迫之不及。献俘行在，斩安国于市"。辛弃疾是将军兼一代词宗，"雅善长短句，悲壮激烈，有《稼轩集》行世"（《宋史·辛弃疾传》）。一生充满英雄气，"醉里挑灯看剑，梦回吹角连营。八百里分麾下炙，五十弦翻塞外声，沙场秋点兵。　马作的卢飞快，弓如霹雳弦惊。了却君王天下事，赢得生前身后名。可怜白发生！"（《破阵子（醉里挑灯看剑）》）念兹在兹的是成为统兵将领，在战场博取功名，为民族复仇雪耻，收复失地，"千古江山，英雄无觅，孙仲谋处。舞榭歌台，风流总被，雨打风吹去。斜阳草树，寻常巷陌，人道寄奴曾住。想当年，金戈铁马，气吞万里如虎"（《永遇乐·京口北固亭怀古》）。

宋朝的爱国精神造就了伟大的民族英雄。最伟大的是岳飞，"怒发冲冠，凭栏处，潇潇雨歇。抬望眼，仰天长啸，壮怀激烈。三十功名尘与土，八千里路云和月。莫等闲，白了少年头，空悲切。　靖康耻，犹未雪；臣子恨，何时灭？驾长车，踏破贺兰山缺。壮志饥餐胡虏肉，笑谈渴饮匈奴血。待从头，收拾旧山河，朝天阙"（《满江红（怒发冲冠）》）。"岳飞字鹏举，相州汤阴人"，从二十岁起，先后四次从军。靖康元年第三次从军时，岳母姚氏深明大义，鼓励岳飞从军报国，后演义为"岳母刺字"故事，"飞裂裳以背示铸，有'尽忠报国'四大字，深入肤理"。独立成军后，岳飞领军进行了四次北伐，绍兴四年第一次北伐，大败伪齐李成，收复襄汉六郡，"飞张'岳'字旗与'精忠'旗，金兵一战而溃，庐州平。飞奏：'襄阳等六郡人户阙牛、粮，乞量给官钱，免官私逋负，州县官以招集流亡为殿最。'"绍兴六年七月第二次北伐，收复陕西一带的商州全境和虢州的部分地区，"首遣王贵等攻虢州，下之，获粮十五万石，降其众数万"。绍兴六年十一月第三次北伐，进军至蔡州一带，"奏图蔡以取中原，不许"。绍兴十年第四次北伐，大败兀术，取得郾城、顺昌大捷，进军朱仙镇，"大军在颍昌，诸将分道出战，飞自以轻骑驻郾城，兵势甚锐"。北伐势如破竹，战绩辉煌，"飞大喜，语其下曰：'直抵黄龙府，与诸君痛饮尔！'"却被一心求和的宋高宗和秦桧下令班师，"一日奉十二金字牌，飞愤惋泣下，东向再拜曰：'十年之力，废于一旦。'飞班师，民遮马恸哭，诉曰：'我等戴香盆、运粮草以迎官军，金人悉知之。相公去，我辈无噍类矣。'飞亦悲泣，取诏示之曰：'吾不得擅留。'哭声震野"。班师后，岳飞先是被免去兵权，接着被秦桧诬陷入狱，"兀术遗桧书曰：'汝朝夕以和请，而岳飞方为河北图，必杀飞，始可和。'桧亦以飞不死，终梗和议，己必及祸，故力谋杀之，以谏议大夫万俟卨与飞有怨，风卨劾飞，又风中丞何铸、侍御史罗汝楫交章弹论"。最后酿成千古奇冤，绍兴十一年十二月，"飞坐系两月，无可证者"；"岁暮，狱不成，桧手书小纸付狱，即报飞死，时年三十九"。罪名却是莫须有，"狱之将上也，韩世忠不平，诣桧诘其实，桧曰：'飞子云与张宪书虽不明，其事体莫须有。'世忠曰：'莫须有三字，何以服天下？'"（《宋史·岳飞传》）岳飞虽死，爱国精神不灭。邓广铭认为："象岳飞其人，同样是理所当然地应被称为民族英雄。也同样，不只是属于汉族的民族英雄，而是属于全中华民族历史上的一个民族英雄。"[1]

列宁指出："爱国主义就是千百年来固定下来的对自己祖国的一种最深厚的感情。"[2]爱国，就是热爱自己的祖国，热爱自己的

---

[1]　邓广铭著：《岳飞传》，商务印书馆2015年版，第447页。

[2]　《列宁全集》（第二十八卷），人民出版社1955年版，第168页。

骨肉同胞，热爱自己祖国的大好河山和灿烂文化。爱国不需要理由，不爱国才需要理由；但即使找出种种理由，也都是苍白无力的。在当今时代，宋朝展示出来的爱国精神永世长存，造就的民族英雄名垂千古。

第三节　张载

　　张载（公元1020—1077年）是"关学"的创立者，是宋朝伟大的思想家。关学是以关中为基地，以张载及其弟子以及元明清传承者为主体，而形成的儒家学派。张载的关学与周敦颐的濂学、二程的洛学、朱熹的闽学，以及王安石的新学、苏轼的蜀学，共同建构了宋学大厦。作为思想家，张载认为，气为天地万物的本原和根基，"太虚无形，气之本体。其聚其散，变化之客形尔"（《正蒙·太和》）。气为本体，实质是主张物质为第一性，精神为第二性，进而区别于濂学、洛学和闽学的唯心倾向。在中国思想史上，张载第一次比较完整地论述气一元论的思想，形成了古代唯物论哲学的新阶段。张岱年认为："许多学术史思想史著作认为宋明理学包括两个学派，即以程颢、程颐、朱熹为代表的程朱学派和以陆九渊、王守仁为代表的陆王学派。我认为这是不准确、不全面的。事实上，理学中还有重要学派，即以张载、王廷相、王夫之为代表的学派，可称为张王学派。"[1]

一、其人其事

　　《宋史》为"北宋五子"立传，张载占据一席之地。其名出

---

① 张岱年著:《中国国学传统》，北京大学出版社2016年版，第294页。

自"天行健，君子以自强不息"，"地势坤，君子以厚德载物"（《周易》），"字子厚，长安人"。由于宋朝西北边境经常受到西夏的侵扰，张载年轻时喜欢军事国防，曾计划联络人员，组成武装力量，夺回洮西地区，"少喜谈兵，至欲结客取洮西之地"。此时遇到恩师范仲淹，改变了人生轨迹。张载曾进言《边议九条》军事策略，范仲淹发现他是个可塑造之才，劝其放弃兵事，而以儒家名教为志业，"年二十一，以书谒范仲淹，一见知其远器，乃警之曰：'儒者自有名教可乐，何事于兵。'因劝读《中庸》"（《宋史·张载传》）。张载的人生既为官从政，更研究学问，还聚徒讲学。

在为官从政方面，张载科举出身，两被皇帝召见，三历外仕。曾先后任祁州司法参军、云岩县令和渭州军事判官，"举进士，为祁州司法参军，云岩令"。任县令期间，张载认为"政事以敦本善俗为先"，重视道德教化，倡导尊老爱幼，关心百姓民生，"每月吉，具酒食，召乡人高年会县庭，亲为劝酬，使人知养老事长之义，因问民疾苦，及告所以训戒子弟之意"。张载还被派往浙江宁波审理苗振贪污案，注重以教育为主，惩办为辅，"明州苗振狱起，往治之，末杀其罪"。两被皇帝召见，第一次是熙宁二年，吕公著推荐，宋神宗召见，任崇文院校书，"熙宁初，御史中丞吕公著言其有古学，神宗方一新百度，思得才哲士谋之，召见问治道，对曰：'为政不法三代者，终苟道也。'帝悦，以为崇文院校书"。第二次是熙宁十年，秦凤路守帅推荐，任礼部副职，"吕大防荐之曰：'载之始终，善发明圣人之遗旨，其论政治略可复古。宜还其旧职，以备咨访。'乃诏知太常礼院"。张载是抱病上任，却与礼官发生分歧。当时朝廷拟推行婚冠丧祭之礼，礼官认为古今习俗不同，无法实施，张载却认为可以实施，并指责反对者是"非儒生博士所宜"。由于被孤立，不得已而辞职。此时张载已是病入膏肓，进入了生命的倒计时，"与有司议礼不合，复以疾归，中道疾甚，沐浴更衣而寝，旦而卒"。张载为官清正廉洁，连丧葬费都没有准备，"贫无以敛，门人共买棺奉其丧还。翰林学士许将等言其恬于进取，乞加赠恤，诏赐馆职半赙"（《宋史·张载传》）。

张载为官从政之时，正是王安石变法改革之日。变法引发新旧党之争，王安石为新党首领，司马光为旧党首领。二程追随司马光，极力反对王安石变法，尤其是王安石以《三经新义》为标志的新学。当时，王安石以《三经新义》取士，天下靡然成风，二程认为是大害。程颢指出，"然在今日，释氏却未消理会，大患者却是介甫之学"；"如今日，却要先整顿介甫之学，坏了后生学者"（《河南程氏遗书》卷二上）。程颐认为，王安石新学"今日靡然而同，无有异者"；"其学化革了人心，为害最甚，其如之何"（《河南程氏遗书》卷二下）。张载不与王安石合作，也没有明确表示反对，认为变法改革是必要的，"尧舜而下，通其变而教之也"；"运之无形以通其变，不顿革之，使民宜之也"；"凡变法须是通，'通其变使民不倦'，岂有圣人变法而不通也"（《横渠易说·系辞下》）。他向王安石建议，变法措施要征求大家意见，善与人同，"他日见王安石，安石问以新政，载曰：'公与人为善，则人以善归公；如教玉人琢玉，则宜有不受命者矣。'"（《宋史·张载传》）张载与王安石都尊崇《周礼》，他对王安石的《周官新义》有所肯定，"世学不明千五百年，大丞相言之于书，吾辈治之于己，圣人之言庶可期乎！顾所忧谋之太迫则心劳而不虚，质之太烦则泥文而滋弊，此仆所以未置怀于学者也"（《语录上》）。张载虽然与旧党人物联系比较密切，而对于变法改革，基本采取了中立态度，显示出温和敦厚的儒雅品格。

在研究学问方面，张载博览群书，先是听取范仲淹建议，主攻《中庸》,"载读其书,犹以为未足";接着是遍学儒佛道思想,"又访诸释、老,累年究极其说,知无所得";后是回到原点,皈依儒家经典,"反而求之'六经'"。他研究十分刻苦,夜以继日,"终日危坐一室,左右简编,俯而读,仰而思,有得则识之,或中夜起坐,取烛以书。其志道精思,未始须臾息,亦未尝须臾忘也"(《宋史·张载传》)。他持之以恒、精益求精,其弟子范育介绍,"子张子校书崇文,未伸其志,退而寓于太白之阴,横渠之阳,潜心天地,参圣学之源,七年而道益明,德益尊,著《正蒙书》数万言而未出也,间因问答之言,或窥其一二"(《正蒙序》)。进而形成关学思想体系,"故其学尊礼贵德,乐天安命,以《易》为宗,以《中庸》为体,以孔、孟为法,黜怪妄,辨鬼神"(《宋史·张载传》)。朱熹由衷敬佩张载研究学问的艰苦卓绝精神,"横渠教人道:夜间自不合睡,只为无可应接,他人皆睡了,己不得不睡。他做《正蒙》时,或夜里默坐彻晓,他直是恁地勇,方做得"(《朱子语类》卷九九)。张载不仅关注学问研究,而且重视著书立说,"人言命字极难,辞之尽理而无害者,须出于精义。《易》有圣人之道四,曰以言者尚其辞,必至于圣人,然后其言乃能无敝,盖由精义所自出也,故辞不可以不修"(《横渠易说·系辞上》)。著书立说的过程也是个人心性的修养过程,"学者潜心略有所得,即且志之纸笔,以其易忘,失其良心。若所得是,充大之以养其心,立数千题,旋注释,常改之,改得一字即是进得一字。始作文字,须当多其词以包罗意思"(《经学理窟·义理》)。张载不仅关注形上研究,而且重视形下研究,经世致用,"又论定井田、宅里、发敛、学校之法,皆欲条理成书,使可举而措诸事业"。张载似乎偏好井田制,认为井田制是天下不易之方,"欲养民当自井田始","治天下不由井地,终无由得平。周道止是均平"。还认为推行井田制并不困难,"井田至易行,但朝

廷出一令，可以不笞一人而定"（《经学理窟·周礼》）。更重要的
是，张载言行一致，学以致用，"其家昏丧葬祭，率用先王之意，
而傅以今礼"。（《宋史·张载传》）

　　张载之关学与二程之洛学剪不断、理还乱。张载是二程的
表叔，年龄比二程大十几岁，他们确实在一起讨论过学术。张载
一方面肯定二程的学问，态度十分谦虚，"一夕，二程至，与论
《易》，次日语人曰：'比见二程，深明《易》道，吾所弗及，汝辈
可师之。'"另一方面，表现出充分的自信，"与二程语道学之要，
涣然自信曰：'吾道自足，何事旁求。'"（《宋史·张载传》）关学
与洛学是两种不同的学术思想体系，关学主张气本论，"太虚不
能无气，气不能不聚而为万物，万物不能不散而为太虚。循是出
入，是皆不得已而然也"（《正蒙·太和》）。而洛学宣示理本论，
程颢认为天理是最高的客观存在，"天理云者，这一个道理，更
有甚穷已？不为尧存，不为桀亡。人得之者，故大行不加，穷居
不损，这上头来，更怎生说得存亡加减？是他元无少欠，百理具
备"（《河南程氏遗书》卷二上）。程颐强调理生气，理为第一性，
气是第二性，"凡物之散，其气遂尽，无复归本原之理。天地间
如洪炉，虽生物销铄亦尽，况既散之气，岂有复在？天地造化又
焉用此既散之气？其造化者，自是生气"（《河南程氏遗书》卷
一五）。二程不同意气本论，"又语及太虚，曰：'亦无太虚。'遂
指虚曰：'皆是理，安得谓之虚？天下无实于理者。'"（《河南程
氏遗书》卷三）却极力推崇张载的《西铭》，"《西铭》某得此意，
只是须得佗子厚有如此笔力，佗人无缘做得。孟子以后，未有人
及此。得此文字，省多少言语。且教佗人读书，要之仁孝之理备
于此"（《河南程氏遗书》卷二上）。张载死后，二程弟子游酢认
为张载曾就学于二程兄弟，"先生生而有妙质，闻道甚早，年逾
冠，明诚夫子张子厚友而师之"（《书明道先生行状后》）。程颐

对此不予承认，"表叔平生议论，谓颐兄弟有同处则可，若谓学于颐兄弟则无是事。顷年属与叔删去，不谓尚存斯言，几于无忌惮"（《河南程氏外书》卷一一）。北宋末年，为了争夺学术地位，关学与洛学发生激烈争辩，二程弟子杨时仍然认为关学出自洛学，"横渠之学，其源出于程氏，而关中诸生尊其书，欲自为一家"（《杨龟山集》卷二○）。直至朱熹，才模糊了关学与洛学的界限，张载被认为是宋朝理学的创始人之一。朱熹编辑《伊洛渊源录》，选取了周敦颐、二程兄弟、邵雍、张载以及程、张弟子的传记材料，将张载列于二程之后，确认为宋朝理学形成和发展的重要代表人物。

在聚徒讲学方面，张载继承发展孔子教育思想，一生大部分时间和精力都用于教书育人，"载学古力行，为关中士人宗师，世称为横渠先生"。寻求孔颜之乐，"敝衣蔬食，与诸生讲学，每告以知礼成性、变化气质之道"。道之所存，师之所存，心胸博大，不倚老卖老。当发现二程《易》的学问更好，就自愿放弃师座，"尝坐虎皮讲《易》京师，听从者甚众。一夕，二程至，与论《易》……撤坐辍讲"。在张载看来，教育的目的是培养圣人，"学必如圣人而后已。以为知人而不知天，求为贤人而不求为圣人，此秦、汉以来学者大蔽也"（《宋史·张载传》）。培养圣人先要学会做人，"学者当须立人之性。仁者，人也，当辨其人之所谓人，学者学所以为人"（《语录上》）。逐渐成为贤人或君子，"宁言之不顾，不规规于非义之信；宁身被困辱，不徇人以非礼之恭；宁孤立无助，不失亲于可贱之人，三者知和而能以礼节之也"（《正蒙·有德》）。最后"圣人可以学而至"（《经学理窟·自道》）。学以致圣是一个自然过程，不可加功助长，"故尝谓大可为也，大而化不可为也，在熟而已。盖大人之事，修而可至，化则不可加功，加功则是助长也，要在乎仁熟而已"（《横渠易说·上经》）。

张载认为，教育的根本方法是读书，读书能够增长知识，"所以观书者，释己之疑，明己之未达，每见每知所益，则学进矣，于不疑处有疑，方是进矣"。读书主要是为了明白义理，增进德性，"读书少则无由考校得义精，盖书以维持此心，一时放下则一时德性有懈，读书则此心常在，不读书则终看义理不见"。读书要背诵默记，夜读更有成效，"书须成诵精思，多在夜中或静坐得之，不记则思不起，但通贯得大原后，书亦易记"。读书要专心致志，温故知新，坚持不懈，"某观《中庸》义二十年，每观每有义，已长得一格。六经循环，年欲一观。观书以静为心，但只是物，不入心，然人岂能长静，须以制其乱"（《经学理窟·义理》）。读书要虚心求知，"天地以虚为德。至善者虚也。虚者天地之祖，天地从虚中来"。要择善而从，"天地之道无非以至虚为实，人须于虚中求出实。圣人虚之至，故择善自精"（《语录上》）。张载指出，教育必须从幼儿做起，重视儿童教育，"'蒙以养正'，使蒙者不失其正，教人者之功也"（《正蒙·中正》）；"勿谓小儿无记性，隔日事皆能不忘。故善养子者，必自婴孩始"（《语录上》）。甚至要重视胎教，"所观所求皆学也。长而学固谓之学，其幼时岂可不谓之学？直自在胞胎保母之教，己虽不知谓之学，然人作之而已变以化于其教，则岂不可谓之学"。儿童教育要循序渐进，注意其心理特征，"某只为少小时不学，至今日勉强，有太甚反而有害，欲速不达"（《语录下》）。儿童教育要树立正确的行为标准，"鞠之使得所养，令其和气，乃至长性美。教之便示以好恶有常，至如不欲犬之上堂，则时其上堂而扑之，若或不常，既挞其上堂，又食之于堂，则使孰适从？虽日挞而求不升堂，不可得也，是施之妄。庄生有言，养虎者，不敢以生物与之，为其有杀之之怒；不敢以全物与之，为其有决之之怒。养异类尚尔，况于人乎？故养正者圣人也"（《语录上》）。

张载思想集于著述之中，却在元明时期佚失了《崇文集》等部分著作。明吕柟认为："横渠张子书甚多，今其存者止《二铭》《正蒙》《理窟》《语录》及《文集》；而《文集》又未完，止得二卷于三原马伯循氏。"（《张子抄释》）朱熹编辑的《近思录》，认为张载著有《正蒙》《文集》《易说》《礼乐说》《论语说》《孟子说》《语录》。晁公武的《郡斋读书志》，指出张载著有《横渠春秋说》一卷、《横渠孟子解》十四卷、《正蒙书》十卷、《崇文集》十卷，以及《信闻记》；其《附志》录有《语录》三卷、《横渠易说》十卷和《经学理窟》一卷。《宋史·艺文志》记录张载著有《易说》三卷、《诗说》一卷、《横渠张氏祭仪》一卷、《三家冠婚丧祭礼》五卷、《经学理窟》三卷、《正蒙书》十卷、《张载集》十卷。明万历年间，辑有《张子全书》，"此本不知何人所编"（《四库全书总目·张子全书》）。而顺治刊本认为是明万历年间沈自彰编纂的，"遂求先生全集于文献之家，而乡先达果进予而言曰：先生著作，虽传今古，遍天下，惟吾郡实为大备。前都门芳扬沈太公祖尊先生教，搜索殆遍，寿之木以广其传，至今家弦户诵，衍先生泽使之灵长者，沈公力也"（《张子全书序》）。乾隆刊本也明确"张子撰著，明以前散见他书。万历中都门沈芳扬守凤翔，搜集为《全书》"（《张子全书·附记》）。后人新编了《张载集》，是一个比较完整的张载文集。明末王夫之评论"张子之学，上承孔孟之志，下救来兹之失，如皎日丽天，无幽不烛，圣人复起，未有能易焉者也"（《张子正蒙注序论》）。

二、太虚即气

太虚即气是张载的本体论，"知虚空即气，则有无、隐显、神化、性命通一无二，顾聚散、出入、形不形，能推本所从来，则深于易者也"(《正蒙·太和》)。张载以气为天地万物的本原，而气是物质的，因此他被认为是唯物主义思想家，"张载的哲学体系是唯物主义的"，"从张载开始，中国哲学史上的唯物主义进入一个新的发展阶段，即元气本体论的朴素唯物主义"[①]。以气为本体有两种表现形态，一为气本论，另一为元气本论。两者既有联系又有区别，联系在于都认为气是形上本体。区别在于，就终极存在而言，气本论认为，天地万物无论怎样复杂和繁多，其本质都源于纯粹的气；元气本论则认为是源于元气，一种具有派生能力的特殊之气。就化生万物而言，气本论主张气与万物是直接的聚散关系；元气本论则主张是间接的关系，元气先产生阴阳，阴阳变化而产生万物。就万物差异而言，气本论从外部环境给予解释，认为外部环境影响气的聚散，躁静不同而产生万物；元气本论则从内部入手加以解读，认为元气本身具有清浊、精粗、轻重等对立属性，进而产生不同的万事万物。

　　气是中国思想史上一个古老的哲学概念，产生于先秦时期，"'咸'，感也，柔上而刚下，二气感应以相与"；"天地感而万物化生，圣人感人心而天下和平。观其所感，而天地万物之情可见矣"(《周易·咸卦》)。先秦已用气解释自然界和人类社会，认为周幽王的暴虐以及地震现象都在于天地之气运行不畅，"幽王二年，西周三川皆震。伯阳父曰：周将亡矣！夫天地之气，不失其序；若过其序，民乱之也。阳伏而不能出，阴迫而不能蒸，于是有地震。今三川实震，是阳失其所而镇阴也。阳失而在阴，川源必塞；源塞，国必亡"(《国语·周语上》)。首先把气作为思想范畴的是汉朝的王充，他认为气是宇宙本体，是天地万物原始的物质基础，"天地，含气之自然也"(《论衡·谈天篇》)。王充一

---

① 任继愈主编：《中国哲学史》（第三册），人民出版社1966年版，第197页。

般称气为元气，"万物之生，皆禀元气"（《论衡·谈毒篇》）。王充指出，天地是包涵元气的物质实体，万物是由元气产生的，"天地合气，万物自生"（《论衡·自然篇》）。人是自然界的一部分，也是禀受元气而成，"然则人生于天地也，犹鱼之于渊，虮虱之于人也，因气而生，种类相产。万物生天地之间，皆一实也"（《论衡·物势篇》）。王充强调，人之所以不同于其他万物，在于人有知识智慧，"人，物也。万物之中有智慧者也"（《论衡·辨祟篇》），更在于人所禀的是元气中的精气，"夫人之所以生者，阴、阳气也。阴气主为骨肉，阳气主为精神。人之生也，阴、阳气具，故骨肉坚，精气盛。精气为知，骨肉为强，故精神言谈，形体固守"（《论衡·订鬼篇》）。

南北朝范缜继承了王充的元气自然论，坚决反对佛教的神不灭论，认为万物生灭是自然现象，各自满足自己的本性而已，"陶甄禀于自然，森罗均于独化，忽焉自有，恍尔而无，来也不御，去也不追，乘夫天理，各安其性"（《神灭论》）。驳斥因果报应思想，齐朝竟陵王"子良精信释教，而缜盛称无佛。子良问曰：'君不信因果，何得富贵贫贱？'缜答曰：'人生如树花同发，随风而堕，自有佛帘幌坠于茵席之上，自有关篱墙落于粪溷之中。坠茵席者，殿下是也；落粪溷者，下官是也。贵贱虽复殊途，因果竟在何处。'子良不能屈，然深怪之"。范缜运用元气论较好地论证了形与神的关系，形为第一性，神为第二性，形神不能分离，"神即形也，形即神也，形存则神存，形谢则神灭"。形与神是事物的本质与功能的关系，"形者神之质，神者形之用。是则形称其质，神言其用，形之与神，不得相异"。形与神犹如刀刃与锋利的关系，"神之于质，犹利之于刀，形之于用，犹刀之于利。利之名非刀也，刀之名非利也，然而舍利无刀，舍刀无利。未闻刀没而利存，岂容形亡而神在"（《南史·范缜传》）。张载不仅继承中国思想史上的气本论，而且发展完善了气本论，"如果说，从汉代以来，王充高举'疾虚妄'的旗帜，全面批判了天人感应论；范缜解决了形神关系问题，深刻批判了佛教的神不灭论；柳宗元、刘禹锡进一步阐明了'天人不相预''天人交相胜'的唯物论学说；张载则比较完整地建立了气一元论的理论体系。范缜、柳宗元、刘禹锡都没有批判'一切唯心''万法唯识'的主观唯心论，张载才第一次从思维与存在的根本问题对佛教展开了比较深刻的批判"[①]。

气是形上本体，又称太虚，"气之聚散于太虚，犹冰凝释于水，知太虚即气，则无无"（《正蒙·太和》）。张载很少用太极的概念，即便使用，如同太虚概念，"有两则有一，是太极也"（《易说·说卦》）。张载是在批判佛道过程中论证气本论的，"彼语寂灭者，往而不返；徇生执有者，物而不化"（《正蒙·太和》）。在张载看来，气是天地万物的本体，天地万物都由气生成，大到苍茫无垠的宇宙空间、变化莫测的风雨霜雪、高耸入云的山岭和流动不居的河流，小到空中飞翔的飞鸟、山里潜泳的游鱼，以及花草树木，都由气凝聚而成，气寓于其中，"凡可状，皆有也；凡有，皆象也；凡象，皆气也。气之性本虚而神，则神与性乃气所固有"（《正蒙·乾称》）。张载认为，气有聚与散两种不同的存在方式，聚而为万物，散而为太虚，"太虚不能无气，气不能不聚而为万物，万物不能不散而为太虚。循是出入，是皆不得已而然也"。无论散为太虚，还是聚为万物，都不是道家的有生于无，而是有无混一，有离不开无，无离不开有，"若谓虚能生气，则虚无穷，气有限，体用殊绝，入老氏有生于无自然之论，不识所谓有无混一之常"。更不是佛家的虚无空寂，而是真实的存在，"气聚则离明得施而有形，气不聚则离明不得施而无形。方其聚也，安得不谓之客？方其散也，安得遽谓之无？故圣人仰观俯察，但云'知幽明之故'，不云'知有无之故'"（《正蒙·太和》）。张载指出，气分无形与有形两种不同的表现形式，气是有形的，更是无形的，"所谓气也者，非待其蒸郁凝聚，接于目而后知之。苟健、顺、动、止、浩然、湛然之得言，皆可名之象尔。然则象若非气，指何为象？时若非象，指何为时"（《正蒙·神化》）。无形为道，属形而上者；有形为器，属形而下者，"'形而上'是无形体者也，故形以上者谓之道；'形而下'是有形体者，故形而下者谓之器。无形迹者即道也，如大德敦化是也；有形迹者即器也，见于事实，如礼义是也"。无论形上之道，还是形下之器，都由气统贯其中，"凡不形以上者，皆谓之道，惟是有无相接与形不形处知之为难。须知气从此首，盖为气能一有无，无则气自然生，是道也，是易也"（《横渠易说·系辞上》）。

气是矛盾的对立统一，"一物两体，气也；一故神，两故化，此天所以参也"。在张载看来，两体可以是天与地的形态，"地，物也；天，神也。物无逾神之理，顾有地斯有天，若其配然尔"（《正蒙·参两》）。也可以是虚与实的性能，"两体者，虚实也，动静也，聚散也，清浊也，其究一而已"。实质是阴与阳的关系，"造化所成，无一物相肖者，以是知万物虽多，其实一物；无无阴阳者，以是知天地变化，二端而已"（《正蒙·太和》）。张载认为，气与阴阳不可分割，阴阳运动是气的生命力所在，"两不立则一不可见，一不可见则两之用"；"有两则有一，是太极也。若一则，有两亦在，无两亦一。然无两则安用一？不以太极，空虚而已，非天参也"（《横渠易说·说卦》）。阴阳运动是升与降的有机结合，"气坱然太虚，升降飞扬，未尝止息，易所谓'细缊'，庄生所谓'生物以息相吹''野马'者也！此虚实、动静之机，阴阳、刚柔之始"（《正蒙·太和》）。在气的运动过程中，阴阳发挥着不同的作用，阳是开放发散，阴是封闭凝聚，"阳之德主于遂，阴之德主于闭"。阴阳聚散是互动的，"阴性凝聚，阳性发散；阴聚之，阳必散之，其势均散"。以风云雷电为例，阴阳互动顺畅，则是云升雨降，"阳为阴累，则相持为雨而降；阴为阳得，则飘扬为云而升"。互动不顺畅，就是雷霆风暴，"故云物班布太虚者，阴为风驱，敛聚而未散者也。凡阴气凝聚，阳在内者不得出，则奋击而为雷霆；阳在外者不得入，则周旋不舍而为风；其聚有远近虚实，故雷风有小大暴缓"。互动既有顺畅与不顺畅的区别，又有和谐与不和谐的区别，"和而散，则为霜雪雨露；不和而散，则为戾气曀霾；阴常散缓，受交于阳，则风雨调，寒暑正"（《正蒙·参两》）。张载指出，气的矛盾运动关键在于神与化，"气有阴阳，排行有渐为化，合一不测为神。其在人也，智义利用，则神化之事备矣。德盛者，穷神则智不足道，知化则义不足云"（《正蒙·神化》）。神是清通而无碍，"太虚为清，清则无凝，无凝故神；反清为浊，浊则凝，凝则形。凡气清则通，昏则壅，清极则神"。化是"有道之名"（《正蒙·太和》），具体为"缓则化矣"，"变则化，由粗入精也；化而裁之谓之变，以著显微也"。神与化在气的矛盾运动中有着不同作用，神为体，化为用，"神，天德；化，天道。德，其体；道，其用。一于气而已"（《正蒙·神化》）。神是气之本性，"气之性本虚而神，则神与性乃气所固有，此鬼神所以体物而不可遗也"（《正蒙·乾称》）。

气是宇宙之本原，化生天地万物，"天地之气，虽聚散，攻取百涂，然其为理也顺而不妄。气之为物，散入无形，适得吾体；聚为有象，不失吾常"（《正蒙·太和》）。在张载看来，气化生天地万物是有秩序的，不是混乱的，"生有先后，所以为天序，小大、高下相并而相形焉，是为天秩。天之生物也有序，物之既形也有秩。知序然后经正，知秩然后礼行"（《正蒙·动物》）。气先化生天地，次则万物，再则动植物，后则人类及其伦理道德。张载认为，气通过阴阳运动而产生天地，"地纯阴凝聚于中，天浮阳运旋于外，此天地之常体也"。日月五星也是阴阳天地运行的结果，"恒星不动，纯系乎天，与浮阳运旋而不穷者也；日月五星逆天而行，并包乎地者也。地在气中，虽顺天左旋，其所系辰象随之，稍迟则反移徙而右尔，间有缓速不齐者，七政之性殊也。月阴精，反乎阳者也，故其右行最速；日为阳精，然其质本阴，故其右行虽缓，亦不纯系乎天，如恒星不动"（《正蒙·参两》）。气通过阴阳运动而产生万事万物，"浮而上者阳之清，降而下者阴之浊，其感聚，为风雨，为雪霜，万品之流行，山川之融结，糟粕煨烬，无非教也"（《正蒙·太和》）。气通过阴阳运动而产生动植物，"动物本诸天，以呼吸为聚散之渐；植物本诸地，以阴阳升降为聚散之渐。物之初生，气日至而滋息；物生既盈，气日反而游散。至之谓神，以其伸也；反之为鬼，以其归也"。动植物的区分在于有息与无息，有息为动物，无息为植物，"有息者根于天，不息者根于地。根于天者不滞于用，根于地者滞于方，此动植之分也"。气通过阴阳运动而产生人类，"气于人，生而不离、死而游散者谓魂；聚成形质，虽死而不散者谓魄"。人亦有息，却不同于动物，"盖刚柔相摩、乾坤阖辟之象也"（《正蒙·动物》）。张载指出，气通过阴阳运动产生天地万物，人通过刚柔缓速产生伦理道德，"阴阳者，天之气也，刚柔缓速，人之气也。生成覆帱，天之道也；仁义礼智，人之道也"。天道是损益盈虚，人命是寿夭贵贱，"损益盈虚，天之理也；寿夭贵贱，人之理也"。天道相同，人命相异，天地万物复归于气，"形得之备，气得之偏，道得之同，理得之异。此非学造至约不能区别，故互相发明，贵不碌碌也"（《语录中》）。

三、有心之名

有心之名是张载认识论的全部内容，"由太虚，有天之名；由气化，有道之名；合虚与气，有性之名；合性与知觉，有心之名"（《正蒙·太和》）。张载通过解读《中庸》的"天命之谓性，率性之谓道，修道之谓教"，建构关学思想大厦，排列了"天""道""性""心"四大概念次序。与《中庸》相比，张载增加了心的内容，具有创新发展意义。张载之心是指主体以性为宇宙生成根据的认识结构及其能力，认为心既有感性认识，又有理性认识，还有直觉认识，能够发挥能动作用，认识体悟天、道和性。当然，只有圣人之心，才能尽心知天知道知性，"世人之心，止于闻见之狭。圣人尽性，不以见闻梏其心，其视天下无一物非我，孟子谓尽心则知性知天以此。天大无外，故有外之心不足以合天心"（《正蒙·大心》）。

关于心与性的关系，张载认为是本原与派生的关系，"性，原也；心，派也"（《孟子说》）。性不仅指人性，还包括人在内的天地万物发生和构成的根源，只有与人的知觉结合起来，才能进入心的层次。宋朝理学家并不认同"合性与知觉"的观点，朱熹指出，心自有知觉的含义，不必合性与自觉，"横渠之言大率有未莹处。有心则自有'知觉'，又何合'性与知觉之有'"（《朱子语类》卷六〇）。由于性与心是本原与派生的关系，性自然排序在心之前，张载甚至提出"心小性大"的观点，"性又大于心，方知得性便未说尽性，须有次叙，便去知得性，性即天也"（《语录上》）。宋朝理学家更不认同，批评尤为激烈。程颐主张心与天合一，批评张载割裂了心与天的关系，"体会必以心。谓体会非心，于是有'心小性大'之说。圣人之心，与天为一。或者滞心于智识之间，故自见其小耳"（《程氏粹言》卷二）。朱熹坚持心即性，有的弟子"问：'不当以体会为非心'，是如何？"朱熹答"曰：'此句晓未得。它本是辟横渠心小性大之说。心、性则一，岂有小大！横渠却自说心统性情，不知怎生却恁地说？'"还有的弟子"问：'不当以体会为非心，故有心小性大之说'，如何是体会？"朱熹答"此必是横渠有此语，今其书中失之矣。横渠云'心御见闻，不弘于性'，却做两般说。渠说'人能弘道，非道弘人'。处云：'心能检其性，人能弘道也；性不知检其心，非道弘人也。'此意却好。又不知它当初把此心、性作如何分？横渠说话有差处，多如此"（《朱子语类》卷九七）。程朱的批评自有其道理，却不完全符合张载的原意。张载虽然强调性高于心，却没有否定心的能动作用，心能够认识体悟包括性在内的天地万物的本原和根据，"大其心则能体天下之物"（《正蒙·大心》）。

感是张载思想的重要范畴，不仅具有本体论意义，而且具有认识论意义，"天包载万物于内，所感所性，乾坤、阴阳二端而已，无内外之合，无耳目之引取，与人物蔑然异矣。人能尽性知天，不为蔑然起见则几矣"。在张载看来，感是气的矛盾运动变化，"天地生万物，所受虽不同，皆无须臾之不感，所谓性即天道也"。感以气聚为主要形态，发生在因气聚而有形的物之间，"无所不感者虚也，感即合也，咸也。以万物本一，故一能合异；以其能合异，故谓之感"。天地万物之间能够相感，在于物与物之间的相异，"若非有异则无合"（《正蒙·乾称》）。物与物之间的差异是普遍存在的，"人与动植之类已是大分不齐，于其类中又极有不齐。某尝谓天下之物无两个有相似者，虽则一件物亦有阴阳左右"。即使一个人的两只手也不相同，"譬之人一身中两手为相似，然而有左右，一手之中五指而复有长短，直至于毛发之类亦无有一相似"。兄弟之间也存在很大差异，"至如同父母之兄弟，不惟其心之不相似，以至声音形状亦莫有同者，以此见直无一同者"（《语录中》）。因而感与性有着密切联系，甚至是性的不同称谓，它们都是气的本质特征，"感者性之神，性者感之体。惟屈伸、动静、终始之能一也，故所以妙万物而谓之神，通万物而谓之道，体万物而谓之性"（《正蒙·乾称》）。张载认为，人与物、物与物之间的感是丰富多彩的，既有相同而感，又有相异而感；既有相悦而感，又有相应而感，"感之道不一：或以同而感，圣人感人心以道，此是以同也；或以异而应，男女是也，二女同居则无感也；或以相悦而感，或以相畏而感，如虎先见犬，犬自不能去，犬若见虎则能避之；又如磁石引针，相应而感也。若以爱心而来者自相亲，以害心而来者相见容色自别"（《横渠易说·下经》）。只有圣人之感伟大而光辉，能够感动人心，实质在于求同，"能通天下之志者为能感人心，圣人同乎人而无我，故和平天下，莫盛于感人心"（《正蒙·至当》）。张载指出，感的认识论意义既是感性认识，又是升华为理性认识的重要通道，"至静无感，性之渊源，有识有知，物交之客感尔"（《正蒙·太和》）。一般人由于有碍有蔽，只能是客感客形，"凡物莫不有是性，由通蔽开塞，所以有人物之别，由蔽有厚薄，故有智愚之别"（《性理拾遗》）。圣人则无碍无蔽，能够尽性知天，"客感客形与无感无形，惟尽性者一之"。原因在于圣人由感至通，由两而一，"感而后有通，不有两则无一。故圣人以刚柔立本，乾坤毁则无以见易"（《正蒙·太和》）。

　　张载认识论的重要贡献在于首次将知识区分为闻见之知与德性之知，"见闻之知，乃物交而知，非德性所知"（《正蒙·大心》）。闻见之知类似于感性认识，却不仅仅是感性认识，还有通过感官获得的理性认识；德性之知类似于理性认识，却不仅仅是理性认识，还有先天具备的天德良知，"诚明所知乃天德良知，非闻见小知而已"(《正蒙·诚明》)。张载根据闻见之知与德性之知的区分，将人的知觉也分为两个层次，即耳目知觉与心之知觉，"天之明莫大于日，故有目接之，不知其几万里之高也；天之声莫大于雷霆，故有耳属之，莫知其几万里之远也；天之不御莫大于太虚，故心知廓之，莫究其极也"(《正蒙·大心》)。闻见之知对应于耳目知觉，可以通过耳目等感官认知，"感亦须待有物，有物则有感，无物则何所感！"(《语录上》)也可以通过学习获知，"闻见之善者，谓之学则可，谓之道则不可"(《经学理窟·义理》)。德性之知对应于心之知觉，只有通过心才能体悟，"今盈天地之间者皆物也。如只据己之闻见，所接几何？安能尽天下之物？所以欲尽其心也"。张载还用尽物与穷理来解释闻见之知与德性之知，认为尽物只是闻见之知，穷理才是德性之知，"言尽物者，据其大总。今言尽物且未说到穷理，但恐以闻见之心则不足以尽心"(《语录下》)。耳目之知不可能尽天下之物，"尽天下之物，且未须道穷理，只是人寻常据所闻，有拘管局杀心，便以此为心，如此则耳目安能尽天下之物？尽耳目之才，如是而已。须知耳目外更有物，尽得物方去穷理"。尽物与穷理不是互相分割的，而是有着密切联系，"穷理亦当有渐，见物多，穷理多，如此可尽物之性"(《语录上》)。

张载肯定闻见之知，认为知识源于外界事物，具有唯物倾向，"人本无心，因物为心"(《语录下》)。在张载看来，知识是人的主观认识与客观事物接触的结果，"人谓己有知，由耳目有受也。人之有受，由内外之合也"(《正蒙·大心》)。人的耳目之官与客观世界接触而产生闻见之知。闻见之知有其局限性，首先是不能尽物，阅尽听尽天地万物，"闻见不足以尽物，然又须要他"。同时也不能穷理，即不能将感性认识上升为理性认识，"万物皆有理，若不知穷理，如梦过一生"(《语录上》)，更不能认识天道人性，"知理则能制礼，然则礼出于理之后。今在上者未能穷，则在后者乌能尽！"（《语录下》）张载看到闻见之知的局限性，却承认闻见之知的重要性，强调耳目是认识的起点，"耳目虽为性累，然合内外之德，知其为启之之要也"。张载指出，闻见之知不仅具有感性认识的意义，而且有着社会人生认识的意义，"由象识心，徇象丧心。知象者心"（《正蒙·大心》）。由象识心为正常，徇象丧心为异常，会导致人被物欲控制而扭曲人性和认识判断，进而在处理人际关系和社会事务时会丧失天理的道德价值，"徇物丧心，人化物而灭天理者乎！存神过化，忘物累而顺性命者乎！"徇象丧心，就会像《礼记·乐记》所言，产生悖逆诈伪之心和淫佚作乱之事，"夫物之感人无穷，而人之好恶无节，则是物至而人化物也。人化物也者，灭天理而穷人欲者也。于是有悖逆诈伪之心，有淫佚作乱之事。是故强者胁弱，众者暴寡，知者诈愚，勇者苦怯，疾病不养，老幼孤独不得其所，此大乱之道也"。

　　张载意识到天地万物的无限性与耳目见闻的有限性以及形上本体的超越性与形下之物的具体性矛盾，却没有找到解决办法，从认识的唯物倾向滑向了唯心主义泥沼，抹杀了闻见之知和感官的作用，"不识不知，顺帝之则，有思虑知识，则丧其天矣"（《正蒙·诚明》）。在张载看来，认识形上本体和获得德性之知，必须去除闻见之知和经验感知对象，"格去物，则心始虚明"，虚明之心才能穷尽德性之知，"格物，外物也。外其物则心无蔽，无蔽则虚静，虚静故思虑精明，而知至也"（《礼记说·大学》）。耳目感官不可能认识德性之知，"德性所知，不萌于见闻"（《正蒙·大心》）。张载认为，虚明之心就是神明知觉，"虚明照鉴，神之明也。无远近幽深，利用出入，神之充塞无间也"（《正蒙·神化》）。神明知觉是一种天功，而不是己力，"成吾身者，天之神也。不知以性成身，而自谓因身发智，贪天功为己力，吾不知其知也"（《正蒙·大心》）。张载指出，唯有圣人具备虚明之心和神明知觉，"圣人之神惟天，故能周万物而知。圣人有感无隐，正犹天道之神"（《正蒙·天道》）。唯有圣人无碍无蔽无雍，能够认识形上本体和德性之知，"性者万物之一源，非有我之得私也。惟大人为能尽其道，是故立必俱立，知必周知，爱必兼爱，成不独成。彼自蔽塞而不知顺吾理者，则亦末如之何矣"（《正蒙·诚明》）。唯有圣人穷神知化，一言而尽天地间的道理，"有天德，然后天地之道，可一言而尽"（《正蒙·天道》）；"穷神知化，与天为一，岂有我所能勉哉！乃德盛而自致尔"（《正蒙·神化》）。张载的认识论不仅走向了唯心主义，而且带有明显的神秘主义色彩。

四、民胞物与

民胞物与是张载伦理思想的核心，充满了人道光辉和人性温暖。他从天地万物一体出发，认为天下之人都是我们的同胞兄弟，天下万物都是我们的同类，我们要像对待同胞兄弟那样对待他人及他物，"乾称父，坤称母，予兹藐焉，乃混然中处。故天地之塞，吾其体。天地之帅，吾其性。民吾同胞，物吾与也"。民胞物与的观点出自《西铭》，理想是天人合一，要求人们合天道而行，顺天道而为，实现与天地精神相统一，达到视天下无一物非我的境界。二程极为赞赏《西铭》和民胞物与的观点，程颢认为："仁者，浑然与物同体……《订顽》（横渠《西铭》，旧名《订顽》）意思，乃备言此体，以此意存之，更有何事。"（《宋元学案·明道学案·识仁篇》）程颐指出："《西铭》明理一而分殊，扩前圣所未发，与《孟子》性善养气之论同功，自孟子后盖未之

见。"(《宋史·张载传》)

民胞物与的理论源头根于先秦儒家的仁爱思想。孔子认为，仁的本质是爱人，"樊迟问仁。子曰：'爱人。'"(《论语·颜渊》)爱人是推己及人，互相尊重，互相关爱，互相帮助，"夫仁者，己欲立而立人，己欲达而达人。能近取譬，可谓仁之方也已"(《论语·雍也》)。孟子则区分了仁爱的不同层次和不同对象，对待亲人要亲，对待民众要仁，对待万物要爱，进而破除自我与他人、他物的界限，达到人我无间、天人合一的境界，"君子之于物也，爱之而弗仁；于民也，仁之而弗亲；亲亲而仁民，仁民而爱物"(《孟子·尽心上》)。民胞物与继承了孔孟之道，更是发展了仁爱思想。孔孟只是在伦理学和人类社会范围阐述仁爱思想，"孟子云：'老吾老以及人之老，幼吾幼以及人之幼。'只主张推广人类之同情心，并不言万物一体。孔子言仁，亦指人心言，亦不是说万物一体"①。张载则从哲学和形上本体的高度论证仁爱思想，更具思想的深邃性和冲击力。民胞物与还源于墨子的兼爱思想，"若使天下兼相爱，爱人若爱其身，犹有不孝者乎？视父兄与君若其身，恶施不孝？犹有不慈者乎？视弟子与臣若其身，恶施不慈？故不孝不慈亡有"；"若使天下兼相爱，国与国不相攻，家与家不相乱，盗贼无有，君臣父子皆能孝慈，若此则天下治"(《墨子·兼爱上》)。儒家仁爱与墨子的兼爱有着明显差异，仁爱是爱有差等，以家庭孝亲为出发点，由己及人，由近及远，渐次扩大范围，"弟子入则孝，出则弟，谨而信，泛爱众，而亲仁"(《论语·学而》)。兼爱是无差等，即不分血缘亲疏和等级贵贱，给予每个人的都是无差别之爱；不分你我，不分远近，给予一切人同等的爱护和帮助。张载以儒家仁爱为基础，吸取了

① 钱穆著：《中国思想史》，九州出版社2012年版，第182页。

墨子兼爱的合理因素，从而提出民胞物与的观点，强调人类和自然万物都是天地的子女，人应该爱一切人，爱一切物。由于民胞物与含有兼爱因子，以致程门弟子杨时"疑《西铭》言体而不及用，恐其流于兼爱"。程颐则明确肯定民胞物与，否定其中的兼爱因子，"《西铭》明理一而分殊，墨氏则二本而无分（老幼及人，理一也。爱无差等，本二也）"（《答杨时论西铭书》）。尽管如此，还是难以否认民胞物与留有墨子兼爱思想的痕迹。

民胞物与与张载的人性论有着密切联系，张载的人性论是民胞物与的思想基础。张载人性论的重要贡献是区别天地之性与气质之性，首次提出并全面论证气质之性，"形而后有气质之性，善反之则天地之性存焉。故气质之性，君子有弗性者焉"（《正蒙·诚明》）。程颢也提出过气质概念，"学至气质变，方是有功"。朱熹高度评价气质之性，"此起于张、程，某以为极有功于圣门，有补于后学"，"前此未曾有人说到此"，"故张、程之说立，则诸子之说泯矣"（《朱子语类》卷四）。在张载看来，性的形上本体仍然是气，"性者万物之一源，非有我之得私也"；"天性在人，正犹水性之在冰，凝释虽异，为物一也"（《正蒙·诚明》）。而气有无形与客形之别，无形之气为太虚，客形之气是聚与散相结合，既无形又有形。太虚之无形是绝对的无形，气散之无形是相对的无形，"太虚无形，气之本体。其聚其散，变化之客形尔"（《正蒙·太和》）。牟宗三赞赏客形的概念，"'客形'是横渠自铸之美词。客者过客之客，是暂时义。'客形'者即暂时之形态，或时动中之形态，即皆气之变化所呈之'相'也"[1]。客形是太虚之气聚散分化的结果，是出入于有形无形之气的暂时形态，不是在此形，便是在彼形。在此是有形，对彼便是无形；在彼是有形，对此便

---

① 《牟宗三先生全集》（第5册），联经出版事业有限公司2003年版，第466页。

是无形。有无、彼此之互相对待是客形之气的基本结构，张载称之为一物两体，"太虚之气，阴阳一物也。然而有两体，健顺而已"（《横渠易说·系辞下》）。天地之性属于太虚范畴，为虚与无，没有任何具体规定，都是天地万物产生的根源和贯通于天地万物的共性。气质之性属于客形之气范畴，是每个人的本性，有着具体的规定性，"性通极于无，气其一物尔"（《正蒙·乾称》）；"天所性者，通极于道；气之昏明，不足以蔽之"（《正蒙·诚明》）。

张载认为，作为天地万物存在的根据，天地之性是永恒的，"和乐，道之端乎！和则可大，乐则可久，天地之性，久大而已矣"（《正蒙·诚明》）。天地之性是虚无的，"虚者天地之祖，天地从虚中来"。虚无不仅产生天地，而且产生万物和人类，"万物取足于太虚，人亦出于太虚"（《语录中》）。天地之性是清静的，"太虚为清"（《正蒙·太和》）；"静者善之本，虚者静之本。静犹对动，虚则至一"。天地之性是至善的，"天地以虚为德，至善者虚也"（《语录中》）。由于天地之性是至善的，人就其本性而言，也是至善的，不善则不符合天地之性，"性于人无不善，系其善反不善反而已，过天地之化，不善反者也"。天地之性是除去恶之后的纯善，"纤恶必除，善斯成性矣；察恶未尽，虽善必粗矣"（《正蒙·诚明》）。由于天地之性是虚无的，进而产生世间的伦理道德，"虚则生仁，仁在理以成之"；"虚者，仁之原，忠恕者与仁俱生，礼义者仁之用"；"敦厚虚静，仁之本；敬和接物，仁之用"（《语录中》）。

张载指出，气质之性是太虚之气聚散分化的结果，"形而后有气质之性"。如果说天地之性是纯粹清静的，那么，气质之性则是丰富复杂的，既可指人性，也可指物性，"若草木之生亦可言气质"（《经学理窟·学大原上》）。气质之性是区别不同事物的根据，"天下凡谓之性者，如言金性刚，火性热，牛之性，马之性也，莫非固有"（《性理拾遗》）。对于人性而言，张载的看法似乎有些矛盾，一方面，认为气质之性是中性的，只有刚柔缓急之别，没有善恶之分，"人之刚柔缓急，有才与不才，气之偏也"。另一方面，认为气质之性有善有恶，"性未成则善恶混"。由于天地之性是至善的，也是中正不偏的，善恶相混的人性只能是气质之性，"天本参和不偏，养其气，反之本而不偏，则尽性而天矣"（《正蒙·诚明》）。一方面，认为气质之性是先天的，与生俱来的，"人之气质美恶与贵贱夭寿之理，皆是所受定分"（《经学理窟·气质》）。另一方面，认为气质之性是后天习染而成的，"大凡宽褊者是所禀之气也，气者自万物散殊时各有所得之气，习者自胎胞中以至于婴孩时皆是习也。及其长而有所立，自所学者方谓之学，性则分明在外，故曰气其一物尔。气者在性学之间，性犹有气之恶者为病，气又有习以害之"（《语录下》）。综合分析，张载的气质之性不是中性的，而是善恶混杂，主要表现在物欲方面，"湛一，气之本；攻取，气之欲。口腹于饮食，鼻舌于臭味，皆攻取之性也。知德者属厌而已，不以嗜欲累其心，不以小害大、末丧本焉尔"（《正蒙·诚明》）。

那么，纯一的天地之性如何演化为差异的气质之性呢？古代气本论者一般用"偶"或"遇"的概念加以诠释。王充用的是偶的概念，就像夫妇情动而合气，并不是为了生孩子，"夫天地合气，人偶自生也；犹夫妇合气，子则自生也。夫妇合气，非当时欲得生子，情欲动而合，合而生子矣"。又像耕种庄稼，不能保证所有的种子都能成熟，"天地合气，物偶自生矣。夫耕耘播种，故为之也；乃其成与不熟，偶自然也"（《论衡·物势篇》）。张载则使用了遇的概念，"人一己百，人十己千，如此不至者，犹难罪性，语气可也；同行报异，犹难语命，语遇可也"。有时使用幸会的概念，"富贵贫贱皆命也。今有人，均为勤苦，有富贵者，有终身穷饿者，其富贵者只是幸会也"(《语录上》)。从根源上分析，还是气的运行变化，王充用气的厚薄不同解释人与禽兽以及人与人的差异，"俱禀之气，或独为人，或为禽兽；并为人，或贵或贱，或贫或富；富或累金，贫或乞食；贵至封侯，贱至奴仆；非天禀施有左右也，人物受性有厚薄也"(《论衡·幸遇篇》)。张载则用气的清与昏、通与壅加以说明，认为气质之性源于天地之性，同时可能障蔽天地之性，"凡气清则通，昏则壅，清极则神"(《正蒙·太和》)；"天所性者通极于道，气之昏明不足以蔽之；天所命者通极于性，遇之吉凶不足以戕之。不免乎蔽之戕之者，未之学也"(《正蒙·诚明》)。

在张载看来，太虚之气生成天地万物，天地之性演化为气质之性，是一个自然客观的过程，其中没有意志，不存在任何伦理道德意义，"老子言'天地不仁，以万物为刍狗'，此是也；'圣人不仁，以百姓为刍狗'，此则异矣。圣人岂有不仁？所患者不仁也。天地则何意于仁，鼓万物而已。圣人则仁尔，此其为能弘道也"。天没有意志，人却是有意志和意愿的，"天不能皆生善人，正以天无意也"，"圣人之于天下，法则无不善也"。张载认为，对于人类而言，太虚之气化生万物不是外在的、冷漠的，而是内在的、为我的。人类应该承继太虚之气生生不已的功能而助万物之化育和人性之养成，"一阴一阳是道也，能继继体此而不已者，善也。善，犹言能继此者也；其成就之者，则必俟见性，是之谓圣"。善是人为的，性是修得的，人各以善之积累成就自己而有性，"言继继不已者善也，其成就者性也。仁知各以成性，犹勉勉而不息，可谓善成，而存存在乎性。仁知见之，所谓'曲能有诚'者也。不能见道，其仁知终非性之有也"(《横渠易说·系辞上》)。人生在世，虽然有遇和幸会的偶然性，"贤者在尧舜之世，亦有不得遇者，亦有甚不幸者，亦有命也"。然而，向善去恶全在于人的努力和追求，却不是命定的，也没有遇和幸会因素的影响，"道义则不可言命，是求在我者也"（《语录上》）。

张载否认气质之性的先天性和实存性，为气质之性向善去恶提供了空间。其基本观点是气质之性可以变化，"学者先须变化气质，变化气质与虚心相表里"。变化气质的目的是成为圣人，"致学而可以成圣"（《正蒙·乾称》）。变化气质是一个艰难困苦、玉汝于成的过程，"言有教，动有法；昼有为，宵有得；息有养，瞬有存"（《正蒙·有德》）。关键在于学习，"为学大益，在自求变化气质"（《经学理窟·义理》）。即使气质为恶之人，也可以通过学习，改变气质，向善为好，"如气质恶者，学即能移。今人所以多为气所使而不得为贤者，盖为不知学"（《经学理窟·气质》）。学习要学理，"先从学问理会，以推达于天性也"。学理是为了穷理，"先自其性理会来，以至穷理"（《语录下》）。最后是尽性穷理，"'自明诚'，由穷理而尽性也；'自诚明'，由尽性而穷理也"（《正蒙·诚明》）。学习要学礼，以便去除世俗陋习，"某所以使学者先学礼者，只为学礼则便除去了世俗一副当世习熟缠绕"（《语录下》）。学礼可以滋养德性，"学者且须观礼，盖礼者滋养人德性"（《经学理窟·学大原上》）。学礼是变化气质的重要途径，"至于中礼却从容，如此方是为己之学。《乡党》说孔子之形色之谨亦是敬，此皆变化气质之道也"。学礼中礼，气质自然会变好，"使动作皆中礼，则气质自然全好"（《经学理窟·气质》）。而且，学礼与穷理是统一的，礼是理的外在规范，理是礼的内在本质，学礼就是穷理，"盖礼者理也，须是学穷理，礼则所以行其义"（《语录下》）。通过学礼穷理，变化气质之性，返归于天地之性，"修持之道，既须虚心，又须得礼，内外发明，此合内外之道也"（《经学理窟·气质》）。

张载的人性论为民胞物与提供了坚实的理论基础，也勾勒了理想的社会图景，这就是《西铭》。在《西铭》中，张载从气质之性返回天地之性，把孝悌之道推广至天地万物，希望实现自我与他人、家庭与社会、人类与自然的和谐安宁。宇宙似家庭，天地如父母，人生是子女，社会要有秩序和规范，"夫君者，吾父母宗子。其大臣，宗子之家相也。尊高年，所以长其长，慈孤弱，所以幼吾幼。圣其合德，贤其秀也"。社会要保护帮助弱者，"凡天下之疲癃残疾，茕独鳏寡，皆吾兄弟之颠连而无告者也。于时保之，子之翼也。乐且不忧，纯乎孝者也"。否则，就是不仁不义，违背孝道，"违曰悖德，害仁曰贼。济恶者不才。其践形，唯肖者也"。社会要鼓励倡导孝道，"知化则善述其事，穷神则善继其志。不愧屋漏为无忝，存心养性为匪懈"。尊崇孝道典范，像大禹，通过厌恶美酒来照顾赡养父母，"恶旨酒，崇伯子之顾养"；像虞舜，不懈努力，以使父母欢悦，"不驰劳而底豫，舜其功也"；像曾参，将从父母那里得来的身体完整地归还给父母，"体其受而归全者，参乎！"最后，张载强调，人生应该具有超越性，淡然对待富贵贫贱和生老病死，致力于服务同类，贡献社会，"富贵福泽，将厚吾之生也；贫贱忧戚，庸玉女于成也。存，吾顺事；没，吾宁也"。

张载是个有大格局大气象的思想家，提出了横渠四句：为天地立心，为生民立命，为往圣继绝学，为万世开太平。横渠四句震古烁今，感天动地，是中国知识分子追求的理想人格境界，也是中国知识分子肩负的崇高历史使命，将永远激励中国知识分子以天下为己任，呵护中华民族，开创大同世界。

第四节　程颢程颐

程颢（公元1032—1085年）、程颐（公元1033—1107年），世称"二程"，共创洛学，同为理学奠基者，是宋朝伟大的思想家。二程的思想成就，与自身天性聪颖和勤奋努力密切相关，却不能忽视他们的交往环境。二程父亲程珦与周敦颐是朋友，二程曾前往受教，"与弟颐闻汝南周敦颐论学"（《宋史·程颢传》）。程珦与张载是表兄弟，二程与张载多有学术交往，程颢认为，他的思想观点深受张载的影响，《西铭》"意思，乃备言此体"（《河南程氏遗书》卷二上，本节凡引用《河南程氏遗书》，均简称《遗书》）。二程与邵雍相距不远，后者曾希望传道于二程，未能如愿，却不妨二程对于邵雍人品和学问的尊重，"先生少时，自雄其才，慷慨有大志。既学，力慕高远，谓先王之事为可必致。及其学益老，德益劭，玩心高明，观于天地之运化，阴阳之消长，以达乎万物之变"（《邵尧夫先生墓志铭》）。冯友兰指出："进入北宋到公元十一世纪下半叶，更新的儒家分成两个不同的学派，分别以周敦颐的两个学生，程颢、程颐两兄弟为创始人，他们被称为'二程'。这真是一种历史的可喜巧合，弟弟程颐创立了自己的学派，由朱熹集大成，史称'程朱学派'或'理学'。哥哥程颢创立了另一个学派，由陆象山和王守仁完成，史称'陆王学派'或'心学'。"①

一、其人其事

《宋史》中有"二程"的传记，程颢之传重在生平经历，而程颐之传重在思想观点。二程出身官宦世家，"高祖羽，太宗朝三司使。父珦，仁宗录旧臣后，以为黄陂尉"。其父程珦对二程的影响甚大，史书给予一定介绍，先后知龚州、磁州、汉江，为官清正廉直，不语怪力乱神。尤其是人品高尚，律己甚严，富有同情心，"珦慈恕而刚断，平居与幼贱处，唯恐有伤其意，至于犯义理，则不假也。左右使令之人，无日不察其饥饱寒燠"。善待亲情，持家有方，"前后五得任子，以均诸父之子孙。嫁遣孤女，必尽其力。所得奉禄，分赡亲戚之贫者。伯母寡居，奉养之至。从女兄既适人而丧其夫，珦迎以归，教养其子，均于子侄"。当时，就得到各方赞誉，"时官小禄薄，克己为义，人以为难。文彦博、苏颂等九人表其清节，诏赐帛二百，官给其葬"。程珦也影响了二程对于王安石变法的看法，"熙宁法行，为守令者奉命唯恐后，珦独抗议，指其未便。使者李元瑜怒，即移病归，旋致仕，累转太中大夫"（《宋史·程颢传》）。

程颢科举出身，性格温文尔雅，"颢资性过人，充养有道，和粹之气，盎于面背，门人交友从之数十年，亦未尝见其忿厉之容。遇事优为，虽当仓卒，不动声色"。举进士后，曾任泽州晋城令，很有政绩，"在县三岁，民爱之如父母"。他关注民生，"民税粟多移近边，载往则道远，就籴则价高。颢择富而可任者，预使贮粟以待，费大省"。"度乡村远近为伍保，使之力役相助，患

① 冯友兰著:《中国哲学简史》，新世界出版社2004年版，第243页。

难相恤，而奸伪无所容。凡孤茕残废者，责之亲戚乡党，使无失所。行旅出于其途者，疾病皆有所养。"重视教化，"民以事至县者，必告以孝弟忠信，入所以事其父兄，出所以事其长上"；"乡民为社会，为立科条，旌别善恶，使有劝有耻"。重视教育，"乡必有校，暇时亲至，召父老与之语。儿童所读书，亲为正句读，教者不善，则为易置。择子弟之秀者，聚而教之"。任监察御史，履职尽责，"熙宁初，用吕公著荐，为太子中允、监察御史里行"。他做事十分认真，敢于规劝君主，"前后进说甚多，大要以正心窒欲、求贤育材为言，务以诚意感悟主上。尝劝帝防未萌之欲，及勿轻天下士，帝俯躬曰：'当为卿戒之。'"有一次，规劝很久，以致过了午饭时间，使得君主饥肠辘辘，"神宗素知其名，数召见，每退，必曰：'频求对，欲常常见卿。'一日，从容咨访，报正午，始趋出，庭中人曰：'御史不知上未食乎？'"他与王安石政见不合，"自安石用事，颢未尝一语及于功利。居职八九月，数论时政，最后言曰：'智者若禹之行水，行其所无事也；舍而之险阻，不足以言智。自古兴治立事，未有中外人情交谓不可而能有成者，况于排斥忠良，沮废公议，用贱陵贵，以邪干正者乎？正使侥幸有小成，而兴利之臣日进，尚德之风浸衰，尤非朝廷之福。'遂乞去言职"，却能得到王安石的尊重，"安石本与之善，及是虽不合，犹敬其忠信，不深怒"。程颢也能对王安石作些规劝，"王安石执政，议更法令，中外皆不以为便，言者攻之甚力。颢被旨赴中堂议事，安石方怒言者，厉色待之。颢徐曰：'天下事非一家私议，愿平气以听。'安石为之愧屈"（《宋史·程颢传》）。

程颢一生最大功绩是与其弟程颐共同创立了洛学，"论到宋儒思想入微处，该从程明道开始。上述三家，都不免从外面讲，明道始直指内心"①。洛学是理学的主要流派，深深影响了宋明的思想思潮。程颢自十五六时，"遂厌科举之习，慨然有求道之志"。程颢的学习并不纯粹，而是儒佛道兼而容之，诸子百家综而习之，最后皈依儒学，"泛滥于诸家，出入于老、释者几十年，返求诸'六经'而后得之。秦、汉以来，未有臻斯理者"。程颢对于儒学不彰深为痛惜，原因在于异端横行，"道之不明，异端害之也。昔之害近而易知，今之害深而难辨。昔之惑人也乘其迷暗；今之惑人也因其高明"。"自道之不明也，邪诞妖妄之说竞起、涂生民之耳目、溺天下于污浊，虽高才明智，胶于见闻、醉生梦死，不自觉也。"更在于儒者不争气，儒学无长进，"病学者厌卑近而骛高远，卒无成焉"；"自谓之穷神知化，而不足以开物成务，言为无不周遍，实则外于伦理，穷深极微，而不可以入尧、舜之道。天下之学，非浅陋固滞，则必入于此"。程颢发誓要重振儒学，"是皆正路之蓁芜，圣门之蔽塞，辟之而后可以入道"。最早提出"天理"概念，并以之贯通天人，将形上之道与形下之器联为一体，"教人自致知至于知止，诚意至于平天下，洒扫应对至于穷理尽性，循循有序"（《宋史·程颢传》）。清黄百家评论，"《乐记》已有'灭天理而穷人欲'之语，至先生始发越大明于天下。盖吾儒之与佛氏异者，全在此二字。吾儒之学，一本乎天理。而佛氏以理为障，最恶天理。先生少时亦曾出入老、释者几十年，不为所染，卒能发明孔、孟正学于千四百年无传之后者，则以'天理'二字立其宗也"（《宋元学案·明道学案》）。程颢一生著述甚多，主要是《识仁篇》和《定性书》，后人编有《明道先生文集》。

程颐与程颢是兄弟且生年只差一岁，他个性鲜明，初生牛

① 钱穆著：《中国思想史》，九州出版社2012年版，第185页。

犊不怕虎，年轻时就敢上书朝廷，指出宋朝社会危机，开出救治时政缺失的药方，"年十八，上书阙下，欲天子黜世俗之论，以王道为心"。对待学生，讲究师道尊严，遂有程门立雪故事。进士杨时为了学问，毅然放弃高官厚禄，拜程颢为师，虚心请教。程颢死后，又与朋友游酢拜程颐为师，适逢大雪，遇程颐坐着假睡，只能静候等待，"游、杨初见伊川，伊川瞑目而坐，二人侍立，既觉，顾谓曰：'贤辈尚在此乎？日既晚，且休矣。'及出门，门外之雪深一尺"（《二程语录·侯子雅言》）。类似情况大概不会发生在其兄程颢身上。即使对于君主，程颐也是坚持师道尊严。元丰九年，应诏入京，教君主读书，"寻召为秘书省校书郎，既入见，擢崇政殿说书"（《宋史·程颐传》）。就职时，程颐要求坐着讲学，以示"尊儒重道之心"（《论经筵第三札子》）。还上奏君主，要求重视道统修养，"习与智长，化与心成。今夫人民善教其子弟者，亦必延名德之士，使与之处，以薰陶成性。况陛下春秋之富，虽睿圣得于天资，而辅养之道不可不至。大率一日之中，接贤士大夫之时多，亲寺人宫女之时少，则气质变化，自然而成。愿选名儒入侍劝讲，讲罢留之分直，以备访问，或有小失，随事献规，岁月积久，必能养成圣德"。每次讲解，态度严肃，敢于议论褒贬，无所顾忌，"颐每进讲，色甚庄，继以讽谏"。程颐听说君主洗漱时，怕伤害生物，便给予鼓励，"闻帝在宫中盥而避蚁，问：'有是乎？'曰：'然，诚恐伤之尔。'颐曰：'推此心以及四海，帝王之要道也。'"程颐的个性使其与同事关系紧张，他不仅反对王安石变法，而且与苏轼也是矛盾重重，"苏轼不悦于颐，颐门人贾易、朱光庭不能平，合攻轼。胡宗愈、顾临诋颐不宜用，孔文仲极论之"（《宋史·程颐传》）。苏轼等人认为程颐"经筵陈说，僭横忘分。遍谒贵臣，历造台谏。腾口间乱，以偿恩仇"，要求把他"放还田里，以示典刑"（《伊川先生年谱》)。程颐因而罢去崇政殿说书之职，"久之，加直秘阁，再上表辞。董敦逸复摭其有怨望语，去官"(《宋史·程颐传》)。

从科举而言，程颐没有其兄程颢幸运，嘉祐四年曾参加廷试落第，此后不再参加复试，还表现出高风亮节。按照旧例，程家世代为官，其父程珦享有荫庇子弟当官的特权，而程颐则把每次"任恩子"的机会让给家族中的其他成员。尽管如此，程颐还是被司马光等举荐为官从政，"治平、元丰间，大臣屡荐，皆不起。哲宗初，司马光、吕公著共疏其行义曰：'伏见河南府处士程颐，力学好古，安贫守节，言必忠信，动遵礼法。年逾五十，不求仕进，真儒者之高蹈，圣世之逸民。望擢以不次，使士类有所矜式。'"先"诏以为西京国子监教授，力辞"，后应诏任崇政殿说书。从政之后，程颐仕途不顺，公元1088年即元祐三年，辞去崇政殿说书；1096年，"绍圣中，削籍窜涪州"，交地方官看管。1100年，短暂恢复官职，"徽宗即位，徙峡州，俄复其官，又夺于崇宁"，还下令销毁他的全部著作。1107年，程颐病逝于洛阳伊川，"卒年七十五"(《宋史·程颐传》)。据说，程颐病逝时无人敢去探望送葬，"先生之葬，洛人畏入党，无敢送者，故祭文惟张绎、范域、孟厚及焞四人"(《祭程伊川文》)。仕途坎坷，并不影响程颐潜心于学问和孔孟之道，"颐于书无所不读，其学本于诚，以《大学》《语》《孟》《中庸》为标指，而达于六经。动止语默，一以圣人为师，其不至乎圣人不止也"。以圣人为师，是程颐终生之志，"游太学，见胡瑗问诸生以颜子所好何学，颐因答曰：学以至圣人之道也。圣人可学而至欤？曰：然"。当时，就得到胡瑗师生的青睐，"瑗得其文，大惊异之，即延见，处以学职。吕希哲首以师礼事颐"。张载则称赞二程兄弟，"从十四五时，便脱然欲学圣人，故卒得孔、孟不传之学，以为诸儒倡"。更为可贵的是，程颐把弘扬孔孟之道视为其回馈社会的养育之恩，

"今农夫祁寒暑雨，深耕易耨，播种五谷，吾得而食之；百工技艺，作为器物，吾得而用之；介胄之士，被坚执锐，以守土宇，吾得而安之。无功泽及人，而浪度岁月，晏然为天地间一蠹，唯缀缉圣人遗书，庶几有补尔"（《宋史·程颐传》）。程颐著书较程颢为多，主要有《易传》《经说》《遗书》，后人编有《伊川先生文集》。另有二程共同文集《河南程氏遗书》《河南程氏外书》。

二程从学周敦颐时，周敦颐提出了一个著名论题：寻孔颜乐处，"敦颐每令寻孔、颜乐处，所乐何事。二程之学源流乎此矣"（《宋史·周敦颐传》）。在宋儒那里，孔颜乐处被奉为最高的人格理想和道德境界，意指儒家知识分子那种安贫乐道、达观自信的处世态度和人生境界。孔子的乐处是"饭疏食饮水，曲肱而枕之，乐亦在其中矣。不义而富且贵，于我如浮云"（《论语·述而》）。颜回的乐处是"子曰：'贤哉，回也！一箪食，一瓢饮，在陋巷，人不堪其忧，回也不改其乐。贤哉！回也。'"（《论语·雍也》）二程悟得孔颜乐处的途径不尽相同，程颢比较聪慧，一点就破，还悟到了更多乐趣，"故颢之言曰：'自再见周茂叔后，吟风弄月以归，有"吾与点也"之意。'"（《宋史·周敦颐传》）所谓"吾与点也"，是指孔子曾经询问子路、冉有、公西华、曾皙四个弟子的志向，子路要"强兵"，冉有要"富民"，公西华要使民"知礼"，"'点！尔何如？'鼓瑟希，铿尔，舍瑟而作，对曰：'异乎三子者之撰。'子曰：'何伤乎？亦各言其志也。'曰：'莫春者，春服既成，冠者五六人，童子六七人，浴乎沂，风乎舞雩，咏而归。'夫子喟然叹曰：'吾与点也！'"（《论语·先进》）朱熹解读"曾点之学，盖有以见夫人欲尽处；天理流行，随处充满，无少欠阙。故其动静之际，从容如此。而其言志，则又不过即其所居之位，乐其日用之常。初无舍己为人之意。而其胸次悠然，直与天地万物上下同流，各得其所之妙，隐然自见于言外。

视三子之规规于事为之末者，其气象不侔矣。故夫子叹息而深许之"（《四书章句集注》）。

程颐则是反复讨教，才悟得深意，"侯师圣学于程颐，未悟，访敦颐，敦颐曰：'吾老矣，说不可不详。'留对榻夜谈，越三日乃还。颐惊异之，曰：'非从周茂叔来耶？'其善开发人类此"（《宋史·周敦颐传》）。在程颐看来，孔颜之乐不是物质的，而是精神的。孔子之乐非乐在吃糙米，饮冷水，而颜回之乐，也非乐在一箪食、一瓢饮和在陋巷，"箪瓢陋巷非可乐，盖自有其乐耳。'其'字当玩味，自有深意"（《遗书》卷一二）。程颐认为，孔颜之乐不仅在于乐圣人之道，而且是与道合为一体，不可分割。北宋官员鲜于侁问道："'颜子何以能不改其乐？'正叔曰：'颜子所乐者何事？'侁对曰：'乐道而已。'伊川曰：'使颜子而乐道，不为颜子矣。'"（《河南程氏外书》卷七，本节凡引用《河南程氏外书》一书，均简称《外书》）程颐还区分孔子与颜回不同的乐道程度，"故颜子所事，则曰：'非礼勿视，非礼勿听，非礼勿言，非礼勿动。'仲尼称之，则曰：'得一善则拳拳服膺而弗失之矣。'又曰：'不迁怒，不贰过。''有不善未尝不知，知之未尝复行。'此其好之笃，学之得其道也。然圣人则不思而得，不勉而中；颜子则必思而后得，必勉而后中。其与圣人相去一息，所未至者守之也，非化之也。以其好学之心，假之以年，则不日而化矣"。程颐强烈批评当时的学风，比之颜回，差距甚大，"后人不达，以谓圣本生知，非学可至，而为学之道遂失。不求诸己，而求诸外，以博闻强记、巧文丽辞为工，荣华其言，鲜有至于道者，则今之学，与颜子所好异矣"（《宋史·程颐传》）。

二、自立吾理

自立吾理，是程颢的雄心壮志，"自明吾理，吾理自立"（《遗书》卷二上）。对于程颢而言，自立吾理就是创立洛学，而洛学是宋朝理学的主流学派。宋朝理学的最高思想范畴是天理，而天理则源于洛学，程颢不无自豪地说，"吾学虽有所授受，天理二字却是自家体贴出来"（《上蔡语录》）。最早提出理的概念的是韩非，他认为道与理密切相关，"因天之道，反形之理，督参鞠之，终则有始"（《韩非子·扬权》）。周敦颐认为太极与理是同一的概念，"二气五行，化生万物；五殊二实，二本则一。是万为一，一实万分；万一各正，大小有定"（《通书·理性命》）。张载论及气的动静变化之理，"天地之气，虽聚散，攻取百涂，然其为理也顺而不妄"（《正蒙·太和》）。无论韩非，还是周敦颐、张载，都没有把理作为自己思想的主要范畴。只有二程，将理作为洛学的最高范畴，进而成为宋朝理学的最高范畴。就此而言，二程实际是宋朝理学的创始人。

程颢自立吾理，还是从批判佛教入手。佛教自汉朝传入中国，经过隋唐的本土化，浸润积累，已经深入到社会生活的各个方面。在日常生活层面，信佛是常态，不信是异类，以"佛礼治葬者，相演成习，乃至若有人不用佛礼，则成为可注意之特例"。《宋史·穆修传》专门记载穆修"母死，自负椽以葬，日诵《孝经》《丧记》，不饭浮屠为佛事"[1]。程颐曾批评世俗丧葬仪式中的佛教因素，"道场之用螺钹，盖胡人之乐也，今用之死者之侧，是以其乐临死者也。天竺之人重僧，见僧必饭之，因使作

---

[1] 周晋著：《道学与佛教》，北京大学出版社1999年版，第2页。

乐于前。今乃以为之于死者之前，至如庆祷，亦杂用之，是甚义
理？如此事，被他欺谩千百年，无一人理会者"（《遗书》卷十）。
令程颢更为担忧的是，话禅信佛成了社会风尚，"昨日之会，大
率谈禅，使人情思不乐，归而怅恨者久之。此说，天下已成风，
其何能救？"佛教的厉害之处在于把许多优秀的人才都吸引过去，
而且是越优秀的人才越信佛教，"古亦有释氏盛时，尚只是崇设
像教，其害至小。今日之风，便先言性命道德，先驱了知者。才
愈高明，则陷溺愈深"。佛教不像魏晋玄学，玄学危害只是清谈，
而佛教则伤害儒道，"清谈盛而晋世衰。然清谈为害，却只是闲
言谈，又岂若今日之害道"。今日佛教之害甚于当年杨、墨之害，
"在某，则才卑德薄，无可奈何它。然居今日次第，便有数孟子
亦无如之何。只看孟子时，杨墨之害能有甚？况之今日，殊不足
言。此事盖亦系时之污隆"。程颢认为，佛教的盛行，不仅在于
它有一套高深的理论，更在于儒学本身的停滞，没有新的义理与
之抗衡。即使像司马光那样不为佛法陷溺者，所依持的儒家义理
也不如佛理高深精湛，"今日卓然不为此学者，惟范景仁与君实
尔，然其所执理，有出于禅学之下者"。在批判佛教过程中，程
颢充分认识到自立吾理的重要性，认为自立吾理是清除佛教影响
的根本大计，"今异教之害，道家之说则更没可辟，唯释氏之说衍
蔓迷溺至深。今日是释氏盛而道家萧索。方其盛时，天下之士往往
自从其学，自难与之力争。惟当自明吾理，吾理自立，则彼不必
与争"（《遗书》卷二上）。

　　为了清除佛教的影响，程颢批判了种种模糊认识。有的认
为，佛教是出于公心，"此学，不知是本来以公心求之，后有此
蔽，或本只以利心上得之？"程颢明确予以批驳，佛教始于自利
之心，"本是利心上得来，故学者亦以利心信之"。具体表现在
对待生死的态度，圣人认为生死是自然现象，"天地之间，有生

便有死，有乐便有哀"，而"佛学只是以生死恐动人。可怪二千年来，无一人觉此，是被他恐动也。圣贤以生死为本分事，无可惧，故不论死生。佛之学为怕死生，故只管说不休。下俗之人固多惧，易以利动。至如禅学者，虽自曰异此，然要之只是此个意见，皆利心也"（《遗书》卷一）。佛教之所以有自利之心，在于没有认识到万物一体的道理，"释氏以不知此，去佗身上起意思，奈何那身不得，故却厌恶；要得去尽根尘，为心源不定，故要得如枯木死灰"。"释氏其实是爱身，放不得，故说许多。"如果出于公心，顺天理而行，就不会有生死烦恼，也不会去寻求解脱之道，"人能放这一个身公共放在天地万物中一般看，则有甚妨碍？虽万身，曾何伤？乃知释氏苦根尘者，皆是自私者也"（《遗书》卷二上）。有的认为，儒佛二道心同迹异。程颢批驳，"禅者曰：'此迹也，何不论其心？'曰：'心迹一也，岂有迹非而心是者也？'正如两脚方行，指其心曰：'我本不欲行，他两脚自行。'岂有此理？盖上下、本末、内外，都是一理也"（《遗书》卷一）。

有的认为，佛教体用结合，既有体又有用。程颢批驳，佛教有体而无用，"彼释氏之学，于'敬以直内'则有之矣，'义以方外'则未之有也。故滞固者入于枯槁，疏通者归于肆恣，此佛之教所以为隘也"（《遗书》卷四）。程颢指出，佛教对于个体修身或有益处，却不可"周遍"用来治天下，"佛者一點胡尔，佗本是个自私独善，枯槁山林，自适而已。若只如是，亦不过世上少这一个人。又却要周遍，谓既得本，则不患不周遍。要之，决无此理"（《遗书》卷二上）。佛教只有一管之见，无法与圣人比较，"释氏说道，譬之以管窥天，只务直上去，惟见一偏，不见四旁，故皆不能处事。圣人之道，则如在平野之中，四方莫不见也"（《遗书》卷一三）。佛教的一管之见不是普遍的道理，"佛氏不识阴阳昼夜死生古今，安得谓形而上者与圣人同乎？"（《遗书》

卷一四）程颢强调，佛教危害很大，"杨、墨之害，甚于申、韩；佛、老之害，甚于杨、墨。杨氏为我，疑于仁。墨氏兼爱，疑于义。申、韩则浅陋易见。故孟子只辟杨、墨，为其惑世之甚也。佛、老其言近理，又非杨、墨之比，此所以害尤甚"（《遗书》卷一三）。而且，佛教比道家的危害更大，"杨、墨之害，在今世则已无之。如道家之说，其害终小。惟佛学，今则人人谈之，弥漫滔天，其害无涯"。对于佛教，最好的办法是敬而远之，不学习，不研究，不接触，否则，容易沉溺其中不能自拔，"直须如淫声美色以远之，不尔，则驶驶然入于其中矣"（《遗书》卷一），甚至会变成佛教徒，"今穷其说，未必能穷得他，比至穷得，自家已化而为释氏矣"（《遗书》卷一五）。

自立吾理，程颢首先把理确定为最高思想范畴，建立起以理为形上本体的一元论，"天者，理也；神者，妙万物而为言者也"（《遗书》卷一一）。在程颢看来，天理是形上本体，是天下万事万物存在的根据，"天理云者，这一个道理，更有甚穷已？"天理是个独立的永恒存在，不以人的意志为转移，"不为尧存，不为桀亡。人得之者，故大行不加，穷居不损。这上头来，更怎生说得存亡加减？是佗元无少欠，百理具备"（《遗书》卷二上）。除天理外，其他任何东西都不能成为形上本体，包括张载的气本论，"立清虚一大为万物之源，恐未安，须兼清浊虚实乃可言神。道体物不遗，不应有方所"。程颢认为，天理是自然界和人类社会的普遍规律，"万物皆有理，顺之则易，逆之则难，各循其理，何劳于己力哉？"天理寓于自然界，包括自然之理，"夫天之生物也，有长有短，有大有小。君子得其大矣，安可使小者亦大乎？天理如此，岂可逆哉！"（《遗书》卷一一）天理也寓于人类社会，包括人文之理，"至如言'天讨有罪，五刑五用哉！天命有德，五服五章哉！'此都只是天理自然当如此"（《遗书》

卷二上）。程颢弟子谢良佐解读天理是自然而然的事情，"所谓
天理者，自然底道理，无毫发杜撰。……学者直须明天理为是自
然底道理，移易不得"（《宋元学案·上蔡学案·语录》）。程颢
指出，天理不是静止不动，而是生生不息，"冬至一阳生，而每
遇至后则倍寒，何也？阴阳消长之际，无截然断绝之理，故相搀
掩过。如天将晓，复至阴黑，亦是理也。大抵终始万物，莫盛乎
《艮》，此尽神妙，须尽研究此理"（《遗书》卷二下）。生生不息
是天理的核心，也是天地万物运行的根据，"'生生之谓易'，是
天之所以为道也。天只是以生为道，继此生理者，即是善也。善
便有一个元底意思。'元者善之长'，万物皆有春意，便是'继之
者善也'。'成之者性也'，成却待他万物自成其性须得"。天理生
生不息在于充满运动，演化出丰富多彩的自然界和人类社会，"命
之曰易，便有理。若安排定，则更有甚理？天地阴阳之变，便如
二扇磨，升降盈亏刚柔，初未尝停息，阳常盈，阴常亏，故便不
齐。譬如磨既行，齿都不齐，既不变，便生出万变。故物之不
齐，物之情也。而庄周强要齐物，然而物终不齐也"（《遗书》卷
二上）。

程颢为了说明天理无处不在，将卜筮、祭祀和治病纳入天
理范畴加以考察，认为卜筮能够应验，是因为天理的存在，"蓍
龟虽无情，然所以为卦，而卦有吉凶，莫非有理。以其有是理
也，故以是问焉，其应也如响。若以私心及错卦象而问之，便
不应，盖没此理。今日之理与前日已定之理，只是一个理，故应
也"。鬼神能够享用祭祀，也是因为天理的存在，"至如祭祀之享
亦同。鬼神之理在彼，我以此理向之，故享也。不容有二三，只
是一理也"。画符能治病，还是因为天理的存在，"如处药治病，
亦只是一个理。此药治个如何气，有此病服之即应，若理不契，
则药不应"（《遗书》卷二下）。程颢将心灵感应也纳入天理范畴

加以考察，"杨定鬼神之说，只是道人心有感通"。譬如，"有人平生不识一字，一日病作，却念得一部杜甫诗，却有此理。天地间事，只是一个有，一个无，既有即有，无即无。如杜甫诗者，却是世界上实有杜甫诗，故人之心病及至精一有个道理，自相感通"。又如，"人心在此，托梦在彼，亦有是理，只是心之感通也。死者托梦，亦容有此理"。具体是"有人过江，其妻堕水，意其为必死矣，故过金山寺为作佛事。方追荐次，忽其婢子通传堕水之妻，意度在某处作甚事，是诚死也。及三二日，有渔人撑舟，以其妻还之，乃未尝死也，盖旋于急流中救活。然则其婢子之通传是何也？亦心相感通。既说心有感通，更说甚生死古今之别"（《遗书》卷二上）。程颢当然不相信鬼神之说，却是对种种神异传说以及卜筮祭祀作出理性化解释，无非是强调心与理、心与心之间的相互感通，乃是不容置疑的天理存在。

自立吾理，程颢梳理理与道的关系，认为理与道是同一序列的概念，"其理则谓之道"，"言天之自然者，谓之天道"（《遗书》卷一一）。更梳理理与心的关系，认为"理与心一"（《遗书》卷五）；"心是理，理是心"（《遗书》卷一三）。程颢把心看成是天下万事万物的本原，进而成为陆王心学的先驱。在程颢看来，天理就在人心之中，心是主宰万物的最高存在，"一人之心即天地之心，心一作体。一物之理即万物之理"（《遗书》卷二上）；"先圣后圣，若合符节，非传圣人之道，传圣人之心也；非传圣人之心，传己之心也"（《宋元学案·明道学案》）。程颢把心是理的观念运用于人类社会，提出了"气禀说"，认为性是指生物之性，具有生命属性，"盖上天之载，无声无臭，其体则谓之易，其理则谓之道，其用则谓之神，其命于人则谓之性"。人性离不开气，"性即气，气即性，生之谓也"。就人性的本质而言，人性是善的，"凡人说性，只是说'继之者善'也，孟子言人性善是也。夫所谓'继之者善'也者，犹水流而就下也"。而现实的人性是有善有恶，原因在于气禀不同，"人生气禀，理有善恶，然不是性中元有此两物相对而生也。有自幼而善，有自幼而恶……是气禀有然也"。气禀之性犹如流水，有着三种情况，一种是至善无恶，"有流而至海，终无所污，此何烦人力之为也？"另一种是善多恶少，"有出而甚远，方有所浊"。还有一种是善少恶多，"有流而未远，固已渐浊"。无论善恶，都是人性，无论清浊，都是水，不能说善是人性，不善不是人性；清水是水，浊水不是水，"有浊之多者，有浊之少者。清浊虽不同，然不可以浊者不为水也"。对于浊水与恶人，要加以澄治之功，使之变为清水与好人，"故用力敏勇则疾清，用力缓怠则迟清，及其清也，则却只是元初水也"。善恶集于一人之中，清浊融于一水之间，澄治之功不是好人换恶人，而是恶人转变为好人，也不是清水换浊水，而是浊水转变为清水，"不是将清来换却浊，亦不是取出浊来置在一隅也。水之清，则性善之谓也。故不是善与恶在性中为两物相对，各自出来。此理，天命也。顺而循之，则道也。循此而修之，各得其分，则教也。自天命以至于教，我无加损焉，此舜有天下而不与焉者也"（《遗书》卷一）。

程颢为了回答张载的问题："定性未能不动，犹累于外物，何如？"还写了《定性书》。在程颢看来。张载累于外物而不能定性，是因为将性分为内外两个方面，己性为内，外物为外，外物引诱己性，便使己性迷于外物而不能定，"苟以外物为外，牵己而从之，是以己性为有内外也。且以性为随物于外，则当其在外时，何者为在内？是有意于绝外诱，而不知性之无内外也"。实际上，己性与万物一体，无所谓内外之分。只有无分性之内外，就能做到"动亦定，静亦定，无将迎，无内外"。程颢认为，只有圣人能够做到己性与万物一体，"圣人之喜，以物之当喜；圣人之怒，以物之当怒，是圣人之喜怒，不系于心而系于物也。是则圣人岂不应于物哉？乌得以从外者为非，而更求在内者为是也？"圣人当喜、当怒是理，喜之、怒之是心，心与理合一，在于圣人有大公之心，"夫天地之常，以其心普万物而无心。圣人之常，以其情顺万事而无情。故君子之学，莫若廓然而大公，物来而顺应"。普通人则很难做到己性与万物一体，"苟规规于外诱之除，将见灭于东而生于西也。非惟日之不足，顾其端无穷，不可得而除也。人之情各有所蔽，故不能适道"。普通人分性之内外，原因在于自私和用智，"大率患在于自私而用智。自私则不能以有为为应迹，用智则不能以明觉为自然。今以恶外物之心，而求照无物之地，是反鉴而索照也"。程颢指出，普通人应向圣人学习，心明性定，无分内外，"与其非外而是内，不若内外之两忘也。两忘则澄然无事矣。无事则定，定则明，明则尚何应物之为累哉"。程颢强调，天命、天理、人性、人心都是一回事，没有差异。由于天下万事万物都存在于人心之中，只要在心上反省内求，就可以尽性知天，认识一切事物，"尝喻以心知天，犹居京师往长安，但知出西门便可到长安。此犹是言作两处。若要诚实，只在京师，便是到长安，更不可别求长安。只心便是天，尽之便知性，知性便知天，当处便认取，更不可外求"（《遗书》卷二上）。

自立吾理，必须识仁，"学者须先识仁"（《遗书》卷二上），黄宗羲认为："明道之学，以识仁为主。"（《宋元学案·明道学案》）在程颢看来，仁就是理，理是自然界的形上本体，也是人类社会的形上本体，天地万物都化于绝对的仁之中；礼、义、智、信种种道德，也只是仁的不同表现，"仁者浑然与物同体，义、礼、知、信皆仁也"（《遗书》卷二上）。仁的本体境界是独一无二的，"此道与物无对，大不足以名之。天地之用皆我之用"，诚如孟子所言，"万物皆备于我矣"（《孟子·尽心上》）；又如张载所言，"故天地之塞吾其体，天地之师吾其性。民吾同胞，物吾与也"（《西铭》）。程颢认为，仁与理都是宇宙的根本法则和普遍规律，"'天地之大德曰生'，'天地细缊，万物化醇'，'生之谓性'。万物之生意最可观。此元者善之长也，斯所谓仁也"（《遗书》卷一一）。对于仁体，既要识又要存。先识得此理，再存之于心，及其反身而诚，确实感到心与理合一无二，则不再需要防检和求索，"识得此理，以诚敬存之而已。不须防检，不须穷索。若心懈则有防，心苟不懈，何防之有？理有未得，故须穷索，存久自明，安待穷索？"识与明不同，识是向外穷索此理，明是内心自明此理，明是识的更高层次，而识却是明的前提和基础。程颢更重视识的作用，强调要先识仁。识仁要防止心与理的对立和分离，"须'反身而诚'，乃为大乐。若反身未诚，则犹是二物有对，以己合彼，终未有之，又安得乐？"识仁必须心与理合一，己与仁同在，浑然一体，否则，"医书言手足痿痹为不仁，此言最善名状。仁者，以天地万物为一体，莫非己也。认得为己，何所不至？若不有诸己，自不与己相干。如手足不仁，气已不贯，皆不属己"。识仁必须顺其自然，不费纤毫之力，"'必有事焉而勿正，心勿忘，勿助长'，未尝致纤毫之力，此其存之之道"。识仁必须存仁，存仁久而不仅能明，且能消除旧习，"若存得，便合有得。盖良知良能元不丧失，以昔日习心未除，却须存习此心，久则可夺旧习。此理至约，惟患不能守。既能体之而乐，亦不患不能守也"（《遗书》卷二上）。

程颢强调，识仁必须坚守持敬的修养方法，"涵养须用敬"（《遗书》卷一八）。敬的概念由来已久，在《诗经》《尚书》里，主要是敬天。春秋战国时期，敬是敬德，"敬，德之聚也"（《左传·僖公三十三年》）。敬也与敬鬼神有关，孔子是"敬鬼神而远之"（《论语·雍也》）。孟子则把敬与人的道德品质相联系，"爱人者，人恒爱之；敬人者，人恒敬之"（《孟子·离娄下》）。无论孔子还是孟子，无论先秦时期，还是秦汉之后，敬都没有成为一个重要的思想范畴。宋儒强调修身得道，如何修身得道，二程则用敬的概念提炼升华其修养方法。敬的概念受到周敦颐虚静的思想启发，"圣可学乎？曰：可。曰：有要乎？曰：有。一为要。一者，无欲也。无欲则静虚动直。静虚则明，明则通。动直则公，公则溥。明通公溥，庶矣乎"（《通书·圣学》）。虚静思想其实源于老子，"致虚极，守静笃，万物并作，吾以观其复"（《老子》第十六章）。昌明于佛家，即为"禅定"。二程无疑受到了佛老的影响，却丰富充实了内涵，程颐明确指出，"敬则自虚静，不可把虚静唤做敬"（《遗书》卷一五）。在程颢看来，敬是修身之法，"学者不必远求，近取诸身，只明人理，敬而已矣，便是约处"（《遗书》卷二上）。敬是养心，"吁问：'每常遇事，即能知操存之意，无事时，如何存养得熟？'曰：'古之人耳之于乐，目之于礼，左右起居，盘盂几杖，有铭有戒，动息皆有所养。今皆废此，独有理义之养心耳。但存此涵养意，久则自熟矣。敬以直内是涵养意。'"（《遗书》卷一）敬是循序渐进，从容不迫，"学者须敬守此心，不可急迫，当栽培深厚，涵泳于其间，然后可以自得。但急迫求之，只是私己，终不足以达道"。敬是心无挂碍，"敬须和乐，只是中心没事也"（《遗书》卷二上）。敬是淡泊名利，宁静致远，"某写字时甚敬，非是要字好，只此是学"（《遗书》卷三）。

三、理一分殊

如果说程颢是洛学的创始人，那么，程颐就是洛学的完成者。二程对朱熹产生了重大影响，"《四书章句集注》是朱熹最有代表性的著作之一。朱熹祖述二程的观点和做法，特别是尊崇《孟子》和《礼记》中的《大学》《中庸》，使之与《论语》并列。……四者合起来，代表了由孔子经过曾参、子思传到孟子这样一个儒家道统，而二程和自己则是这一久已中断的道统的继承、发扬者"①。综合而言，对于宋朝理学的形成和发展，程颐的贡献更大，所谓程朱理学，是以二程与朱熹联合命名的。

程颐与程颢二人性格有着明显差异，程颢温文和平，"终日坐，如泥塑人，然接人浑是一团和气。所谓望之俨然，即之也温"（《宋元学案·明道学案》）。程颐严毅庄重，"直是谨严，坐间无问尊卑长幼，莫不肃然"（《外书》卷一二）。《宋元学案》形象生动地记载，"二程随侍太中知汉州，宿一僧寺。明道入门而右，从者皆随之。先生入门而左，独行。至法堂上相会。先生自谓：'此是某不及家兄处。'盖明道和易，人皆亲近；先生严重，人不敢近也"。当然，二程兄弟的差异不在于个人性格，而在于思想学理，程颢注重发挥个体心中的仁义本性，具有主观唯心主义倾向，而程颐注重作为宇宙万物根据和法则的天理，带着客观唯心主义痕迹，进而在本体论、人性论和工夫论方面形成了不同特色。然而，二程思想的同一仍然大于差异，主要在于他们有着共同的思想基础，那就是孔孟之道。宋儒超越汉儒的重要标志就是将"四书"与"五经"并列，甚至将"四书"置于"五经"之上，而二程是首要功臣。关于《大学》，朱熹认为："于是河南程氏两夫子出，而有以接乎孟氏之传。实始尊信此篇而表章之，既又为之次其简编，发其归趣，然后古者大学教人之法，圣经贤传之指，粲然复明于世。"（《大学章句序》）关于《中庸》，孟子"没而遂失其传焉。则吾道之所寄不越乎言语文字之间，而异端

---

① 〔宋〕朱熹撰：《四书章句集注》，中华书局2011年版，"前言"第1页。

之说日新月盛，以至于老、佛之徒出，则弥近理而大乱真矣。然而尚幸此书之不泯，故程夫子兄弟者出，得有所考，以续夫千载不传之绪；得有所据，以斥夫二家似是之非"（《中庸章句序》）。关于《论语》，二程是"读了后直有不知手之舞之足之蹈之者"（《论语序说》）。关于《孟子》，二程认为："孟子有大功于世，以其言性善也。"（《孟子序说》）二程指出："学者当以《论语》《孟子》为本。《论语》《孟子》既治，则《六经》可不治而明矣。读书者当观圣人所以作经之意，与圣人所以用心，圣人之所以至于圣人，而吾之所以未至者，所以未得者，句句而求之，昼诵而味之，中夜而思之，平其心，易其气，阙其疑，则圣人之意可见矣。"（《读论语孟子法》）

　　二程的同一在于拥有共同的话语体系。他们都以天理为基础，建构自己的思想体系，认为天理是宇宙万物的最高存在，程颢说："万物皆只是一个天理。"程颐也说："理则天下只是一个理，故推至四海而准。须是质诸天地，考诸三王而不易之理。"（《遗书》卷二上）认为天理是宇宙万物的普遍规律，程颢说："万物皆有理，顺之则易，逆之则难，各循其理，何劳于己力哉？"（《遗书》卷一一）程颐也说："凡眼前皆是非物，物物皆有理，如火之所以热，水之所以寒。至于君臣父子间皆是理。"（《遗书》卷一九）认为天理是天地万物矛盾对立统一的运动，程颢说："天地万物之理，无独必有对。"（《遗书》卷一一）程颐也说："道无无对，有阴则有阳，有善则有恶，有是则有非，无一亦无三。"矛盾运动会使事物朝着相反方向转化，"有生便有死，有始便有终"（《遗书》卷一五）。他们都以道与器来区分形上本体与形下事物，为本体论建构分析框架。他们认为，有形体的东西是形下之器，无形体的东西是形上之道，程颢说："有形总是气，无形只是道。"（《遗书》卷六）"有形皆器也，无形惟道。"（《程氏粹言》卷一）

程颐也说："阴阳气也。气是形而下者，道是形而上者。"（《遗书》卷一五）认为形上之道与形下之器不可分割，程颢说："彻上彻下，不过如此，形而上为道，形而下为器，须著如此说，器亦道，道亦器。但得道在，不系今与后，己与人。"（《遗书》卷一）程颐也说："离了阴阳，更无道。所以阴阳者是道也，阴阳气也"。（《遗书》卷一五）他们都坚持一元本体论，认为形上本体具有普遍性，贯穿于天下万事万物之中，程颢说："道之外无物，物之外无道，是天地之间无适而非道也。"（《遗书》卷四）"道，一本也。或谓'以心包诚，不若以诚包心；以至诚参天地，不若以至诚体人物'，是二本也。知不二本，便是笃恭而天下平之道。"（《遗书》卷一一）程颐也说："至微者理也，至著者象也。体用一源，显微无间。"（《周易传序》）"至显者莫如事，至微者莫如理，而事理一致，微显一源。"（《遗书》卷二五）

二程的同一还在于共同致力于教书育人，终身热爱教育事业。程颢为官时重视教育，认为"夫为令之职，必使境内之民，凶年饥岁免于死亡，饱食逸居有礼义之训，然后为尽"（《外书》卷一二）。不为官时，便拿出全部精力聚徒讲学，"熙宁五年，太中公告老而归"；"偕居洛城，殆十余年，与弟从容亲庭，日以读书讲学为事，士大夫从游者盈门。自是身益退，位益卑，而名誉高于天下"（《宋元学案·明道学案》）。程颐是"平生诲人不倦，故学者出其门最多，渊源所渐，皆为名士。涪人祠颐于北岩，世称为伊川先生"（《宋史·程颐传》）。他们认为教育的目的是学以致圣，程颢说："古人虽胎教与保傅之教，犹胜今日庠序乡党之教"，"不然，何以古者或同时或同家并生圣人，及至后世，乃数千岁寂寥？"（《遗书》卷二上）程颐也说："学者不学圣人则已，欲学之，须熟玩味圣人之气象，不可只于名上理会。"（《遗书》卷一五）认为教育的作用是劝人向善去恶，培养合格的治国人才，程颢说："善言治天下者，不患法度之不立，而患人材之不成；善修身者，不患器质之不美，而患师学之不明。人材不成，虽有良法美意，孰与行之？师学不明，虽有受道之质，孰与成之？"（《遗书》卷四）程颐也说："人情不修治，则邪恶生，犹道路不修治，则荆棘生。"（《遗书》卷三）认为教育的主要内容是"四书五经"，"仁宗明道初年，程颢及弟颐实生，及长，受业周氏，已乃扩大其所闻，表章《大学》《中庸》二篇，与《语》《孟》并行，于是上自帝王传心之奥，下至初学入德之门，融会贯通，无复余蕴"（《宋史·道学传序》）。重点是道德品行教育，程颐说："志，气之帅。若论浩然之气，则何者为志？志为之主，乃能生浩然之气。志至焉，气次焉，自有先后。"（《遗书》卷一五）认为教学的重要方法是学贵自得，程颐说："大凡学问，闻之知之，皆不为得。得者，须默识心通。学者欲有所得，须是笃，诚意烛理，上知，则颖悟自别。其次，须以义礼涵养而得之。"（《遗书》卷一七）学贵专一，专心于经学，而不能玩物丧志，程颢说："忧子弟之轻俊者，只教以经学念书，不得令作文字。子弟凡百玩好皆夺志。至于书札，于儒者事最近，然一向好著，亦自丧志。如王、虞、颜、柳辈，诚为好人则有之。曾见有善书者知道否？平生精力一用于此，非惟徒废时日，于道便有妨处，足知丧志也。"（《遗书》卷一）学贵坚持，日积月累，程颐说："士之于学也，犹农夫之耕。农夫不耕则无所食，无所食则不得生。士之于学也，其可一日舍哉。"（《遗书》卷一八）

论证二程的同一，并不否定他们之间的思想差异。对于二程而言，差异是进步，表明他们在洛学发展中的不同角色，程颢是创始人，而程颐是完成者；在宋朝理学发展中的不同定位，程颢仅是创始人之一，而程颐既是创始人，又是联系二程与朱熹的桥梁与纽带。最大的差异在于本体论，二程都肯定天理是宇宙万物的形上本体。程颢之理还比较粗糙，只是强调理的自然性，"皆自然而然，非有安排也"（《遗书》卷一一）。程颐之理已经非常精微，既肯定理的自然性，"莫之为而为，莫之致而致，便是天理"（《遗书》卷一八），更强调理之所以然，"凡物有本末，不可分本末为两段事，洒扫应对是其然，必有所以然"（《遗书》卷一五）。认识天理不仅要知其然，而且要知其所以然，"穷物理者，穷其所以然也。天之高，地之厚，鬼神之幽显，必有所以然者。苟曰天惟高耳，地惟厚耳，鬼神惟幽显耳，是则辞而已，尚何有哉！"（《程氏粹言》卷二）朱熹评价"所以然之故，即是更上面一层"（《朱子语类》卷一七），还与弟子反复讨论"自然而然"与"所以然"的关系。一弟子问，"物有当然之则，亦必有所以然之故如何？"朱熹回答，"如事亲当孝，事兄当悌之类，便是当然之则。然事亲如却何须要孝，从兄如何却须要弟，此即所以然之故。如程子云：天所以高，地所以厚。若只言天之高，地之厚，则不是论其所以然矣"。朱熹甚至认为，知其然，还没有认识天理，只有知其所以然，才算认识了天理。知其然，只是了解了事物的皮毛，知其所以然，才算理解了事物的本质。另一弟子问，"凡事固有所当然而不容已者，然又当求其所以然者何故？"朱熹回答："其所以然者，理也，理如此，固不可易。又如人见赤子入井，皆有怵惕、恻隐之心，此其事所当然而不容已者也。然其所以如此者何故？必有个道理之不可易者。""且如为忠为孝，为仁为义，但只据眼前理会得个皮肤便休，都不曾理会得那彻心彻髓之处。"（《朱子语类》卷一八）

程颐首先提出了"理一分殊"的论点，"《西铭》明理一而分殊，扩前圣所未发，与孟子性善养气之论同功，自孟子后盖未之见"（《宋史·张载传》）。在程颐看来，理、道、太极、太虚是同一系列的思想范畴，都是万物的本原和根据，"散之在理，则有万殊，统之在道，则无二致。所以易有太极，是生两仪。太极者，道也；两仪者，阴阳也"(《易序》)。理一分殊是宇宙万物都归于天理，"天下之理一也，涂虽殊而其归则同，虑虽百而其致则一。虽物有万殊，事有万变，统之以一，则无能违也"(《周易程氏传》)。程颐认为，理一分殊是天理通过阴阳的矛盾运动化生万物，而阴阳不是天理，"一阴一阳之谓道，此理固深，说则无可说。所以阴阳者道：既曰气则便有二。言开阖已是感，既二则便有感，所以开阖者道；开阖便是阴阳"。阴阳是器和物质，"阴阳气也。气是形而下者，道是形而上者"(《遗书》卷一五)。由于认为气是形下之器，程颐批驳"太虚即气"的观点，认为太虚即理，"亦无太虚。遂指虚曰：皆是理，安得谓之虚，天下无实于理者"。太虚即道，"离阴阳则无道，阴阳气也，形而下也；道，太虚也，形而上也"。理或道都是无形的，不可以大小而言，"或谓惟太虚为虚。子曰：无非理也。惟理为实。或曰莫大于太虚。曰：有形则有小大，太虚何小大之可言"(《程氏粹言》卷一)。就本体论而言，程颐实际有着"理本气末"的思想倾向；就宇宙论而言，实际有着"理先气后"的思想倾向。程颐指出，理一分殊落实到人类社会，既不能偏于理一，"无分之罪，兼爱而无义"；又不能偏于分殊，"分殊之蔽，私胜而失仁"，而应将理一与分殊两种伦理原则结合起来进行道德实践，"分立而推理一，以止私胜之流，仁之方也。无别而迷兼爱，至于无父之极，义之贼也。子比而同之，过矣。且谓言体而不及用，彼欲使人推而行之，本为用也，反谓不及，不亦异乎？"(《伊川文集》卷九)杨时从仁与义、体与用的角度解读了理一分殊命题，"河南先生言理一而分殊，知其理一所以为仁，知其分殊所以为义。所谓分殊，犹孟子言'亲亲而仁民，仁民而爱物'；其分不同，故所施不能无差等。或曰：如是则体用果离而为二矣？曰：用未尝离体也。且以一身观之，四体百骸皆具，所谓体也。至于用处，则履不可加之于首，冠不可纳之于足，则即体而言，分在其中矣"（《龟山集》卷一一）。

在人性论方面，二程都继承了孟子的心性思想，"尽其心者，知其性也。知其性则知天矣。存其心，养其性，所以事天也。夭寿不贰，修身以俟之，所以立命也"（《孟子·尽心上》）。程颢偏重于继承孟子的心论，提出了心即理的观点；程颐偏重于继承孟子的人性论，明确提出性即理的观点，"性即是理，理则自尧、舜至于涂人，一也"（《遗书》卷一八）。在程颐看来，理是天地万物之理，性也是天地万物之性，"天有五气，故凡生物，莫不具有五性，居其一而有其四"；"虽木植亦兼有五行之性在其中"（《遗书》卷一五）。尤其是一切有生命的东西都具有五行之性，"万物皆有性，此五常性也"（《遗书》卷九）；"凡有血气之类，皆具五常，但不知充而已矣"（《遗书》卷二一下）；"祭先本天性，如豺有祭，獭有祭，鹰有祭，皆是天性"（《遗书》卷二二）。程颐更关注的是人性，坚持人性本善，"问'心有善恶否？'曰：'在天为命，在义为理，在人为性，主于身为心，其实一也。心本善，发于思虑，则有善有不善。'"（《遗书》卷一八）仁义是人性善的标志，"君子所以异于禽兽者，以有仁义之性也。苟纵其心而不知反，则亦禽兽而已"。人性善就是人生而具备仁义礼智信，"圣人因其善也，则为仁、义、礼、智、信以名之，以其施之不同也。故为五者以别之，合而言之皆道也，别而言之亦皆道也。舍此而行，是悖其性也，是悖其道也。而世人皆言性也，道也，与五者异，其亦弗学欤！其亦未体其性也欤！其亦不知道之所存欤！"（《遗书》卷二五）程颐认为，现实中存在着恶人，不是因为性的存在，而是由于才的存在，"性无不善，其所以不善者才也。受于天之谓性，禀于气之谓才，才之善不善由气之有偏正也"（《外书》卷七）。才并非都是不善，而是有善有恶，所禀气清，才则善；气浊，则不善，"性出于天，才出于气。气清则才清，气浊则才浊，譬犹木焉，曲直者性也，可以为栋梁，可以为榱桷者，才也。才则有善与不善，性则无不善"（《遗书》卷一九）。程颐指出，性还与情有着密切关系，性是善的，而情则有善有恶，"问'喜怒出于性否？'曰：'固是，才有生识，便有性，有性便有情。无性安得情？'又问：'喜怒出于外，如何？'曰：'非出于外，感于外而发于中也。'问：'性之有喜怒，犹水之有波否？'曰：'然。湛然平静如镜者，水之性也。及遇沙石，或地势不平，便有湍激；或风行其上，便为波涛汹涌。此岂水之性也哉？人性中只有四端，又岂有许多不善底事？然无水安得波浪，无性安得情也？'"（《遗书》卷一八）情是善还是恶，在于发与未发，未发即是善，发而中节也是善，"喜怒哀乐未发，何尝不善？发而中节，则无往而不善"（《遗书》卷二二）。发而中节是性其情；发而不中节，是情其性，就是恶，"是故觉者约其情使合于中，正其心，养其性。愚者则不知制之，纵其情而至邪僻，梏其性而亡之"（《宋史·程颐传》）。

在工夫论方面，二程都主张持敬的修养方法。程颢偏重于内省，"穷理尽性以至于命，三事一时并了"（《遗书》卷二上）；"穷理、尽性、至命，只是一事。才穷理便尽性，才尽性便至命"（《遗书》卷一八）。程颐偏重于格物致知，既要内省又要外求，既要修养自己的心性，又要外求知识，充实和提高自己。在程颐看来，敬不能混同于静，"才说静，便于释氏之说也。不用静字，只用敬字。才说着静字，便是忘也"（《遗书》卷一八）。敬会使人心中有主，不会为外界的纷扰所困惑，"人心不能不交感万物，亦难为使之不思虑。若欲免此，唯是心有主。如何为主？敬而已矣"（《遗书》卷一五）。弟子吕大临曾问如何克服思虑纷扰，程

682 | 国学流变

颐答之于主敬方式，"昔吕与叔尝问为思虑纷扰，某答以但为心无主，若主于敬，则自然不纷扰。譬如以一壶水投于水中。壶中既实，虽江湖之水，不能入矣"。程颢的工夫论止于"涵养须用敬"，程颐则扩充为"进学在致知"，在持敬的基础上，不仅要格物，而且要集义。程颐认为，持敬必须格物。所谓"格，至也，如'祖考来格'之格。凡一物上有一理，须是穷致其理"（《遗书》卷一八）；"物则事也。凡事上穷极其理则无不通"（《遗书》卷一五）。世界上有两种知识，一种为"闻见之知"，类似感性知识；另一种为"德性之知"，犹如理性知识，"闻见之知，非德性之知。物交物则知之，非内也，今之所谓博物多能者是也。德性之知，不假闻见"（《遗书》卷二五）。德性之知，是先天具有的，容易产生主观偏见；闻见之知是通过感性认识的，容易为外在事物所迷惑。无论德性之知，还是闻见之知，都需要格物致知，是一个渐进与顿悟结合的过程，"若只格一物，便通众理，虽颜子亦不敢如此道。须是今日格一件，明日又格一件，积习既多，然后脱然有贯通处"。程颐指出，持敬必须集义，"敬只是涵养一事，必有事焉，当须集义。只知用敬，不知集义，却是都无事也"。当弟子问如何区别敬与义时，程颐回答，持敬只是知其然，而集义则是知其所以然，"敬只是持己之道，义便知有是有非，顺理而行，是为义也"；"且如欲为孝，不成只守一个孝字？须是知所以为孝之道，所以侍奉当如何，温情当如何，然后能尽孝道也"（《遗书》卷一八）。程颐的涵养工夫，确实比程颢更精密和严谨，既讲持敬，又言格物；既言格物，又论集义，合内外之道，养浩然之气，而敬始终贯穿于工夫的全过程和各个领域，"未有能致知而不在敬者"（《遗书》卷三）。

程颐是个纯粹的学者，由于太纯粹了，容易把历史的发展演绎为逻辑推理过程，而忽视有血有肉的人的存在，或者把人仅仅看成是思想家和政治家逻辑推理的工具。所以程颐竟然会针对妇女说出如此无情的观点，"饿死事极小，失节事极大"（《遗书》卷二二），酿成了无数女性的悲剧。以致鲁迅说道："翻开历史一查，这历史没有年代，歪歪斜斜的每页都写着'仁义道德'几个字。我横竖睡不着，仔细看了半夜，才从字缝里看出字来，满本都写着两个字是'吃人'！"①

———————————

① 《鲁迅全集》（第1卷），新疆人民出版社1995版，第144页。

第五节　朱熹

　　朱熹（公元1130—1200年）是宋朝理学集大成者，是中国伟大的思想家。理学是宋学皇冠上的明珠，是继汉朝经学之后儒家发展的新形态。汉朝经学是章句之学，以注疏儒家经典为宗旨，主要载体是"六经"；理学则是义理之学，以阐发儒家思想为宗旨，主要载体是"四书"。两者殊途同归，都是为往圣继绝学，传承发展儒家思想。朱熹是宋朝造诣最深、影响最大的理学家。造诣最深，意指朱熹以理为最高思想范畴，通过《四书章句集注》，建立了庞大的理学体系，"事事物物，皆有个极，是道理极致"；"总天地万物之理，便是太极"（《朱子语类》卷九四，本节凡引用《朱子语类》一书，均简称《语类》）。影响最大，意指元明清时期，理学被尊奉为官方意识形态；《四书章句集注》被定为科举取士的标准依据；朱熹本人被称为朱子，与孔子并提，享祀孔庙，位列大成殿十二哲，是唯一非孔子亲传的弟子。朱熹不仅是理学的集大成者，而且是儒学的集大成者，"朱子思想极阔大，又极细密。他想把濂溪、康节、横渠、二程种种异见都包容和会，再上通诸孔孟先秦儒，兼及道、释，而组织成一大系统"[1]。

---

[1]　钱穆著：《中国思想史》，九州出版社2012年版，第198页。

一、其人其事

《宋史》在《道学传》中较详细地介绍了朱熹，篇幅明显大于其他宋儒。"朱熹字元晦，一字仲晦，徽州婺源人"，生于官宦之家和书香门第，"父松字乔年，中进士第"，曾任"度支员外郎，兼史馆校勘，历司勋、吏部郎"。朱松因主战而得罪秦桧，英年早逝，"秦桧决策议和，松与同列上章，极言其不可。桧怒，风御史论松怀异自贤，出知饶州，未上，卒"。朱熹孩童时代就表现出异人的天赋，聪明过人，具有强烈的求知欲，"熹幼颖悟，甫能言，父指天示之曰：'天也。'熹问曰：'天之上何物？'松异之"。少有大志，立志要做圣贤，"就傅，授以《孝经》，一阅，题其上曰：'不若是，非人也。'"出类拔萃，想象力丰富，"尝从群儿戏沙上，独端坐以指画沙，视之，八卦也"。青年得志，科举及第，"年十八贡于乡，中绍兴十八年进士第"（《宋史·朱熹传》）。

成年之后，朱熹主要是为官从政，大多为地方官，"熹登第五十年，仕于外者仅九考，立朝才四十日"。23岁任泉州同安县主簿，积极推行善政，"选邑秀民充弟子员，日与讲说圣贤修己治人之道，禁女妇之为僧道者"。48岁知南康军兼管内劝农事，相当于南康知府。时逢大旱，灾害严重，朱熹到任后即着手兴修水利，抗旱救荒，奏乞蠲免星子县税钱，帮助灾民渡过灾荒，"至郡，兴利除害，值岁不雨，讲求荒政，多所全活。讫事，奏乞依格推赏纳粟人"。51岁因"浙东大饥"，被荐任提举两浙东路常平茶盐公事。朱熹履职后迅速采取有力措施解救灾民，召集米商帮助饥民，"熹始拜命，即移书他郡，募米商，蠲其征，及至，则客舟之米已辐凑"。他轻车简从，整顿政风，"熹日钩访民隐，按行境内，单车屏徒从，所至人不及知。郡县官吏惮其风采，至自引去，所部肃然"。革除弊政，谋划长远，"凡丁钱、和买、役法、榷酤之政，有不便于民者，悉厘而革之。于救荒之余，随事处画，必为经久之计"。不避艰险，状告贪官。时任台州知府唐仲友是宰相王淮的姻亲，将升任江西提刑，"熹行部至台，讼仲友者纷然，按得其实，章三上，淮匿不以闻"；"前后六上，淮不得已，夺仲友江西新命以授熹，辞不拜，遂归，且乞奉祠"。61岁任漳州知府，免赋税、播礼教和敦风俗，"奏除属县无名之赋七百万，减经总制钱四百万。以习俗未知礼，采古丧葬嫁娶之仪，揭以示之，命父老解说，以教子弟。土俗崇信释氏，男女聚僧庐为传经会，女不嫁者为庵舍以居，熹悉禁之"。最重要的措施是正经界，抑制土地兼并，减轻农民负担，但由于大地主们的强烈反对而流产，"常病经界不行之害，会朝论欲行泉、汀、漳三州经界，熹乃访事宜，择人物及方量之法上之。而土居豪右侵渔贫弱者以为不便，沮之。宰相留正，泉人也，其里党亦多以为不可行。布衣吴禹圭上书讼其扰人，诏且需后，有旨先行漳州经界。明年，以子丧请祠"。65岁因湖南瑶民造反，任潭州知府、荆湖南路转运副使。朱熹临危受命，以怀柔和教化为主，恩威并举，加以平息，"会洞獠扰属郡，熹遣人谕以祸福，皆降之。申敕令，严武备，戢奸吏，抑豪民"。朱熹还短暂任过朝廷官员，隆兴"三年，陈俊卿、刘珙荐为枢密院编修官"；"淳熙元年，始拜命……主管武夷山冲佑观"。58岁"除直宝文阁，主管西京嵩山崇福宫"。61岁"除熹秘阁修撰，主管南京鸿庆宫。熹再辞，诏：'论撰之职，以宠名儒。'乃拜命"。65岁任焕章阁待制、侍讲，"宁宗即位，赵汝愚首荐熹及陈傅良，有旨赴行在奏事。熹行且辞，除焕章阁待制、侍讲，辞，不许。入对"（《宋史·朱熹传》）。

朱熹为官从政的最大特点是经常请辞官职。请辞理由多种多样，反映了他不求仕进的心境。宋孝宗隆兴三年荐任枢密院编修官，几年后才受命上任，其间是反复请辞，"五年，丁内艰。六年，工部侍郎胡铨以诗人荐，与王庭珪同召，以未终丧辞。七年，既免丧，复召，以禄不及养辞。九年，梁克家相，申前命，又辞。克家奏熹屡召不起，宜蒙褒录，执政俱称之，上曰：'熹安贫守道，廉退可嘉。'特改合入官，主管台州崇道观。熹以求退得进，于义未安，再辞"。淳熙五年任南康知府，"除知南康军，降旨便道之官，熹再辞，不许"。淳熙八年任江西常平茶盐公事，"旋录救荒之劳，除直秘阁，以前所奏纳粟人未推赏，辞"；改任浙东常平茶盐公事，"复以纳粟人未推赏，辞职名"。淳熙十四年，"周必大相，除熹提点江西刑狱公事，以疾辞，不许，遂行"。淳熙十五年，朱熹任直宝文阁，"未逾月再召，熹又辞"。宋光宗期间，"除荆湖南路转运副使，辞"；"除知静江府，辞"；"未几，差知潭州，力辞"。宋宁宗期间，任焕章阁待制、侍讲，先辞不许，"复面辞待制、侍讲，上手札：'卿经术渊源，正资劝讲，次对之职，勿复劳辞，以副朕崇儒重道之意。'遂拜命"。此后，"被命除宝文阁待制，与州郡差遣，辞。寻除知江陵府，辞"。宁宗庆元年间，"熹始以庙议自劾，不许，以疾再乞休致，诏：'辞职谢事，非朕优贤之意，依旧秘阁修撰。'"（《宋史·朱熹传》）

朱熹为官的主要特点是经常上书直言政弊，体现了他忠君爱国之志。直言君主之过。宋孝宗即位之初，朱熹上书批评其不重视儒学，而重视佛道之学，"陛下毓德之初，亲御简策，不过风诵文辞，吟咏情性，又颇留意于老子、释氏之书。夫记诵词藻，非所以探渊源而出治道；虚无寂灭，非所以贯本末而立大中。帝王之学，必先格物致知，以极夫事物之变，使义理所存，纤悉毕照，则自然意诚心正，而可以应天下之务"。隆兴六年，上书批评孝宗亲小人、远贤臣，"今宰相、台省、师傅、宾友、谏诤之臣皆失其职，而陛下所与亲密谋议者，不过一二近习之臣"；"势成威立，中外靡然向之，使陛下之号令黜陟不复出于朝廷，而出于一二人之门，名为陛下独断，而实此一二人者阴执其柄"。上书使得孝宗非常生气，"且云：'莫大之祸，必至之忧，近在朝夕，而陛下独未之知。'上读之，大怒曰：'是以我为亡也。'"朱熹不仅敢于批评孝宗，而且一以贯之，还敢于批评宋宁宗。当宁宗"有旨修葺旧东宫，为屋三数百间，欲徙居之"时，朱熹批评此举会引起上天和老百姓的不满，"此必左右近习倡为此说以误陛下，而欲因以遂其奸心。臣恐不惟上帝震怒，灾异数出，正当恐惧修省之时，不当兴此大役，以咈遣告警动之意；亦恐畿甸百姓饥饿流离、阽于死亡之际，或能怨望忿切，以生他变"。"而四方之人，但见陛下亟欲大治宫室，速得成就，一旦翻然委而去之，以就安便，六军万民之心将有扼腕不平者矣。前鉴未远，甚可惧也。"直言时政之弊。孝宗即位之初，朱熹就上书批评吏治腐败，"今之监司，奸赃狼籍、肆虐以病民者，莫非宰执、台谏之亲旧宾客。其已失势者，既按见其交私之状而斥去之；尚在势者，岂无其人，顾陛下无自而知之耳"。淳熙十五年，朱熹针对时政之弊，上《戊申封事》，提出六项建议，"今天下大势，如人有重病，内自心腹，外达四支，无一毛一发不受病者。且以天下之大本与今日之急务，为陛下言之：大本者，陛下之心；急务则辅翼太子，选任大臣，振举纲纪，变化风俗，爱养民力，修明军政，六者是也"。强调以正心为本，"凡此六事，皆不可缓，而本在于陛下之一心。一心正则六事无不正，一有人心私欲以介乎其间，则虽欲备精劳力，以求正夫六事者，亦将徒为文具，而天下之事愈至于不可为矣"。直言君主要修身养性。淳熙十五年，朱熹赴京进言，有人告知孝宗不喜正心诚意之说，劝其回避这一话题，"是行也，有要之于路，以为‘正心诚意’之论上所厌闻，戒勿以为言。熹曰：‘吾平生所学，惟此四字，岂可隐默以欺吾君乎？’及奏”。由于朱熹坚持以正心诚意来匡正君德，引起宁宗不满，担任焕章阁待制兼侍讲仅四十余日，就被罢免，“熹乃上疏斥言左右窃柄之失，在讲筵复申言之。御批云：‘悯卿耆艾，恐难立讲，已除卿宫观。’”（《宋史·朱熹传》）

朱熹一生为官清廉，“家故贫，少依父友刘子羽，寓建之崇安，后徙建阳之考亭，箪瓢屡空，晏如也。诸生之自远而至者，豆饭藜羹，率与之共。往往称贷于人以给用，而非其道义则一介不取也”。然而，他却经常受到陷害攻击，可见官场之险恶和人心之叵测。任提举浙东茶盐公事时，吏部尚书“郑丙上疏诋程氏之学以沮熹”；监察御史陈贾“面对，首论近日搢绅有所谓‘道学’者，大率假名以济伪，愿考察其人，摈弃勿用。盖指熹也”。任兵部郎官时，“侍郎林栗尝与熹论《易》《西铭》不合，劾熹：‘本无学术，徒窃张载、程颐绪余，谓之道学。所至辄携门生数十人，妄希孔、孟历聘之风，邀索高价，不肯供职，其伪不可掩。’”宋宁宗庆元二年，朱熹已步入人生的倒计时，更是受到全面攻击，还殃及门生弟子，“沈继祖为监察御史，诬熹十罪，诏落职罢祠。门人蔡元定亦送道州编管”。中司何澹“首论专门之学，文诈沽名，乞辨真伪”；谏官刘德秀首论“伪学之罪。‘伪学’之称，盖自此始”；太常少卿胡纮“言‘比年伪学猖獗，图为不轨，望宣谕大臣，权住进拟’”；右言正刘三杰认为朱熹等是“前日之伪党，至此又变而为逆党”；右谏议大夫姚愈危言耸听，“论道学权臣结为死党，窥伺神器”；选人余嚞甚至“上书乞斩熹”。朱熹弟子中有独立见地、不随波逐流者，被迫隐居于山涧田野，“从游之士，特立不顾者，屏伏丘壑”。而曲意逢迎、卑顺懦弱者，则是弃师而去，“依阿巽懦者，更名他师，过门不入，甚至变易衣冠，狎游市肆，以自别其非党"。朱熹去世时，仍有当权者不放心其葬礼，要求当地官员加以限制，"熹既没，将葬，言者谓：四方伪徒期会，送伪师之葬，会聚之间，非妄谈时人短长，则缪议时政得失，望令守臣约束。从之"（《宋史·朱熹传》）。

朱熹身在官场，却不忘学术研究和教育事业，"始，熹少时，慨然有求道之志"。他转益多师，"父松病亟，尝属熹曰：'籍溪胡原仲、白水刘致中、屏山刘彦冲三人，学有渊源，吾所敬畏，吾即死，汝往事之，而惟其言之听。'三人，谓胡宪、刘勉之、刘子翚也。故熹之学既博求之经传，复遍交当世有识之士"。即使科举及第，已在同安任职，还专门拜李侗为师，承袭二程学问，从而奠定了自己学问的基础，"延平李侗老矣，尝学于罗从彦，熹归自同安，不远数百里，徒步往从之"（《宋史·朱熹传》）。李侗师从罗从彦，深得二程之学。向李侗学习，也是朱熹父亲的遗愿，"是时吏部员外郎朱松与侗为同门友，雅重侗，遣子熹从学，熹卒得其传"（《宋史·李侗传》）。朱熹热心教育。任职同安时，就整顿县学，倡建"教思堂"；在文庙大成殿倡建"经史阁"。任职南康时，不仅讲学，"间诣郡学，引进士子与之讲论"；而且重建白鹿洞书院，"访白鹿洞书院遗址，奏复其旧，为《学规》俾守之"。朱熹制定了世界教育史上最早的教育规章制度，即《白鹿洞书院教规》，明确了教育目的、训练科目、学习程序以及修齐治平的道理，成为传统社会后续办学的范例。任职潭州时，在长沙重建岳麓书院，使之成为千年学府，"所至兴学校，明教化，四方学者毕至"。晚年受到党禁迫害，仍然讲学不已，"方是时，士之绳趋尺步、稍以儒名者，无所容其身。……而熹日与诸生讲学不休，或劝以谢遣生徒者，笑而不答"（《宋史·朱熹传》）。

朱熹相与论道，一生多次与名儒大家研究学术，讨论学理。

37岁时，专门赴长沙访问湖湘学派代表张栻，"栻闻道甚早，朱熹尝言：'己之学乃铢积寸累而成，如敬夫，则于大本卓然先有见者也。'"（《宋史·张栻传》）45岁时，婺学代表人物吕祖谦专门访问朱熹的"寒泉精舍"，二人共同摘编了北宋五子著作中的若干条目，汇编成册为《近思录》，权充初学者的入门教材，"朱熹尝言：'学如伯恭，方是能变化气质。'"（《宋史·吕祖谦传》）最重要的一次论道是"鹅湖之会"，应吕祖谦之约，朱熹与陆九渊兄弟相会于江西信州鹅湖寺，试图弥合理学与心学的分歧，"鹅湖之会，论及教人。元晦之意，欲令人泛观博览，而后归之约。二陆之意，欲先发明人之本心，而后使之博览。朱以陆之教人为太简，陆以朱之教人为支离，此颇不合"（《陆九渊集·年谱》）。会后分歧依旧，却不妨碍学人之间的友谊，朱熹仍然邀请陆九渊到白鹿洞书院讲学，"初，九渊尝与朱熹会鹅湖，论辨所学多不合。及熹守南康，九渊访之，熹与至白鹿洞，九渊为讲君子小人喻义利一章，听者至有泣下。熹以为切中学者隐微深痼之病。至于无极而太极之辨，则贻书往来，论难不置焉"（《宋史·陆九渊传》）。

朱熹著书立说，一生著述丰富，"于是竭其精力，以研究圣贤之经训。所著书有：《易本义》《启蒙》《蓍卦考误》《诗集传》《大学中庸章句》《或问》《论语孟子集注》《太极图》《通书》《西铭解》《楚辞集注辩证》《韩文考异》；所编次有：《论孟集议》《孟子指要》《中庸辑略》《孝经刊误》《小学书》《通鉴纲目》《宋名臣言行录》《家礼》《近思录》《河南程氏遗书》《伊洛渊源录》皆行于世。……平生为文凡一百卷，生徒问答凡八十卷，别录十卷"。朱熹现存著作共25种，600余卷，约2000万字，其中《文集》一百卷、《续集》十一卷、《别集》十卷、《语类》一百四十卷。朱熹52岁时，将《大学章句》《中庸章句》《论语集注》《孟子集注》四书合列，首次产生了经学史上"四书"之名,影响深远,"熹没,朝廷以其《大学》《语》《孟》《中庸》训说立于学官"。朱熹一生用力最勤是《四书章句集注》,"朱熹在其后半生中用了大量心血撰写和反复修改《四书》的注释。据他自己说,对《语》《孟》'自三十岁便下工夫',六十七八岁还'改犹未了',前后经过'四十余年理会'。他在七十一岁临死前一天(一说三天)还在修改《大学·诚意》章的注,确实做到了他自己说的'毕力钻研,死而后已'"①。史书将朱熹与孟子并列,给予高度评价,"道之正统待人而后传,自周以来,任传道之责者不过数人,而能使斯道章章较著者,一二人而止耳。由孔子而后,曾子、子思继其微,至孟子而始著。由孟子而后,周、程、张子继其绝,至熹而始著"(《宋史·朱熹传》)。

二、天理人欲

朱熹思想既称为道学,又称为理学。无论道学还是理学,都是为了重建儒学,阐述弘扬儒家思想义理。称为道学,以区别于汉朝以来的经学,"两汉而下,儒者之论大道,察焉而弗精,语焉而弗详,异端邪说起而乘之,几至大坏"。千余年后,北宋五子"上自帝王传心之奥,下至初学入德之门,融会贯通,无复余蕴。迄宋南渡,新安朱熹得程氏正传,其学加亲切焉。……凡《诗》《书》,六艺之文,与夫孔、孟之遗言,颠错于秦火,支离于汉儒,幽沉于魏、晋、六朝者,至是皆焕然而大明,秩然而各得其所"(《宋史·道学传序》)。称为理学,以区别于宋学的其他流派,"北宋时期,王安石的'新学'、苏轼的'蜀学',各在

---

① 〔宋〕朱熹撰:《四书章句集注》,中华书局2011年版,"前言"第1—2页。

不同的方面与理学对峙。南宋时，陈亮、叶适提倡'事功之学'，对理学提出批评"①。朱熹的思想范畴主要是天理和人欲，"有个天理，便有个人欲，盖缘这个天理须有个安顿处"（《语类》卷一三）。

天理是朱熹思想的基础和形上本体，"形而上者，无形无影是此理。形而下者，有情有状是此器"（《语类》卷九五）。在朱熹看来，天理先于天地万物而存在，是天地万物的本原和根据，"未有天地之先，毕竟也只是理。有此理，便有此天地；若无此理，便亦无天地，无人无物，都无该载了。有理，便有气流行，发育万物"。天理又称为太极，太极意指全体之理，而不是具体事物之理，"太极只是天地万物之理。在天地言，则天地中有太极；在万物言，则万物中各有太极"。天理是永恒的，不会因为天地万物的生灭而变化，"且如万一山河大地都陷了，毕竟理却只在这里"（《语类》卷一）。天理不是独立的存在，而是寓于天地万物之中，"太极非是别为一物，即阴阳而在阴阳，即五行而在五行，即万物而在万物，只是一个理而已"。朱熹认为，天理化生天地万物，"自太极至万物化生，只是一个道理包括，非是先有此而后有彼。但统是一个大源，由体而达用，从微而至著耳"（《语类》卷九四）。天理先化生阴阳之气，"太极生阴阳，理生气也。阴阳既生，则太极在其中，理复在气之内也"（《〈太极图说〉解》）。阴阳通过矛盾运动化生五行，"'阳变阴合而生水火木金土。'阴阳气也，生此五行之质。天地生物，五行独先。地即是土，土便包含许多金木之类。天地之间，何事而非五行？五行阴阳，七者滚合，便是生物底材料"（《语类》卷九四）。阴阳通过矛盾运动化生天地万物，"阴阳虽是两个字，然却只是一气之消息，一进

① 张岱年著：《中国国学传统》，北京大学出版社2016年版，第291页。

一退，一消一长。进处便是阳，退处便是阴；长处便是阳，消处便是阴。只是这一气之消长，做出古今天地间无限事来"（《语类》卷七四）。阴阳通过矛盾运动化生人类社会，"问：'子罕言命。若仁义礼智五常皆是天所命。如贵贱死生寿夭之命有不同，如何？'曰：'都是天所命，禀得精英之气，便为圣，为贤，便是得理之全，得理之正。禀得清明者，便英爽；禀得敦厚者，便温和；禀得清高者，便贵；禀得丰厚者，便富；禀得久长者，便寿；禀得衰颓薄浊者，便为愚、不肖，为贫，为贱，为夭。'"（《语类》卷四）

朱熹指出，天理与天地万物是理一分殊的关系，"曰：'如这片板，只是一个道理，这一路子恁地去，那一路子恁地去；如一所屋，只是一个道理，有厅，有堂；如草木，只是一个道理，有桃，有李；如这众人，只是一个道理，有张三，有李四，李四不可为张三，张三不可为李四。如阴阳，《西铭》言理一分殊，亦是如此。'又曰：'分得愈见不同，愈见得理大。'"（《语类》卷六）理一分殊明显带有佛教的痕迹，蕴含着华严宗的"一即一切"和禅宗的"一法遍含一切法"的思想，朱熹也不隐晦，"释氏云：'一月普现一切水，一切水月一月摄'，这是那释氏也窥见得这些道理"（《语类》卷一八）。无论自然界还是人世间，理一分殊都存在着等级差别，"《西铭》大纲是理一而分自尔殊，然有二说。自天地言之，其中固自有分别，自万殊观之，其中亦自有分别，不可认是一理了，只滚做一看。这里各自有等级差别，且如人之一家，自有等级之别"（《语类》卷九八）。人世间是"物物有个分别，如君君、臣臣、父父、子子"；"男正位乎外，女正位乎内，直是有内外之辨。君尊于上，臣恭于下，尊卑大小、截然不可犯"（《语类》卷六八）。君臣、父子、夫妇源自天理，却有着不同的行为规范，是体与用的关系，"问：去岁闻先生曰：'只是一个道理，其分不同'，所谓分者，莫只是理一而其用不同？如君之仁、臣之敬、子之孝、父之慈，与国人交之信之类是也。曰：'其体已略不同，君臣、父子、国人是体，仁、敬、慈、孝与信是用。'"（《语类》卷六）君臣、父子、夫妇及国人各自遵守相应的行为规范，社会便和谐稳定，"至君得其所以为君，臣得其所以为臣，父得其所以为父，子得其所以为子，各得其利，便是和。若君处臣位，臣处君位，安得和乎？"（《语类》卷六八）

朱熹的天理融合了北宋五子的思想。首先继承了二程的思想，认为天下万事万物各有其理，"问：'理是人物同得于天者，如物之无情者，亦有理否？'曰：'固是有理。如舟只可行之于水，车只可行之于陆。'"即使枯萎的事物也有其理，"枯槁之物，谓之无生意，则可；谓之无生理，则不可。如朽木无所用，止可付之爨灶，是无生意矣。然烧甚么木，则是甚么气，亦各不同，这是理元如此"（《语类》卷四）。同时传承了周敦颐、张载气的思想。具体是周敦颐"无极而太极"的思想，"太极动而生阳，动极而静，静而生阴"；"五行一阴阳也，阴阳一太极，太极本无极也"（《太极图说》）。朱熹则将天理与太极相联系，"'无极而太极'，只是说无形而有理。所谓太极者，只二气五行之理，非别有物为太极也"（《语类》卷九四）。张载的太虚思想，"太虚无形，气之本体。其聚其散，变化之客形尔。至静无感，性之渊源"（《正蒙·太和》）。朱熹将天理与太虚相联系，"'由太虚有天之名'，只是据理而言。'由气化有道之名'，由气之化，各有生长消息底道理，故有道之名。既已成物，则物各有理，故曰：'合虚与气有性之名。'"（《语类》卷六〇）二程论及气的问题，却没有成为自己思想的基本范畴，"离了阴阳更无道；所以阴阳者是道也。阴阳，气也。气是形而下者，道是形而上者"（《河南程氏遗书》卷一五）。周敦颐、张载几乎没有论及理的问题，也很少运用理的概念，却有着丰富的气的思想。周敦颐不是气本论者，却重视气的本体意义，"'乾道成男，坤道成女'。二气交感，化生万物，万物生生而变化无穷焉"（《太极图说》）。张载则是地道的气本论者，"气不能不聚而为万物，万物不能不散而为太虚，循是出入，是皆不得已而然也"（《正蒙·太和》）。朱熹实质是把二程的天理论与周敦颐尤其是张载的气本论结合起来，发展完善了天理思想，"天下未有无理之气，亦未有无气之理。气以成形，而理亦赋焉"（《语类》卷一）。

朱熹全面论述了理与气的关系，使得天理思想能够圆融解释自然界和人类社会。两者是形上与形下的关系，理是生物之本，气是生物之具，"天地之间，有理有气。理也者，形而上之道也，生物之本也。气也者，形而下之器也，生物之具也。是以人物之生，必禀此理，然后有性；必禀此气，然后有形"（《答黄道夫书》）。两者是本质与现象的关系，"既有理，便有气；既有气，则理又在乎气之中。周子谓：'五殊二实，二本则一，一实万分，万一各正，大小有定。'自下推而上去，五行只是二气，二气又只是一理；自上推而下来，只是此一个理，万物分之以为体，万物之中又各具一理，所谓'乾道变化，各正性命'，然总又只是一个理"。理与气浑然一体，本质与现象互相缠绕，"此理处处皆浑沦，如一粒粟生为苗，苗便生花，花便结实，又成粟，还复本形。一穗有百粒，百粒个个完全；又将这百粒去种，又各成百粒，生生只管不已，初间只是这一粒分去。物物各有理，总只是一个理"（《语类》卷九四）。两者是先与后的关系，"问：'先有理，抑先有气？'曰：'理未尝离乎气。然理形而上者，气形而下者。自形而上下言，岂无先后！'"理先气后，却不能机械地理解，"问：'有是理便有是气，似不可分先后？'曰：'要之，也先有理。只不可说是今日有是理，明日却有是气，也须有先后。'"

理先气后，也不宜过分地强调它们之间的区别，"或问：'理在先，气在后。'曰：'理与气本无先后之可言。但推上去时，却如理在先，气在后相似。'"两者是有形与无形的关系，理无形不造作，气有形而造作，"然以意度之，则疑此气是依傍这理行。及此气之聚，则理亦在焉。盖气则能凝结造作，理却无情意，无计度，无造作。只此气凝聚处，理便在其中。且如天地间人物草木禽兽，其生也，莫不有种，定不会无种了白地生出一个物事，这个都是气。若理，则只是个净洁空阔底世界，无形迹，他却不会造作；气则能酝酿凝聚生物也。但有此气，则理便在其中"（《语类》卷一）。两者是主与仆的关系，理主宰着气，气为理所驱使，"理不可见，因阴阳而后知。理搭在阴阳上，如人跨马相似，才生五行，便被气质拘定，各为一物，亦各有一性，而太极无不在也"（《语类》卷九四）。

人欲与天理相对立，是朱熹思想的重要范畴，"人之一心，天理存，则人欲亡；人欲胜，则天理灭"（《语类》卷一三）。人欲与人性密切相关，联系着命、心、性和气禀。命即为命令，"天命者，天所赋之正理也"（《四书章句集注》）。心是人的主宰，"问：'形体之动与心相关否？'曰：'岂不相关？自是心使他动。'"性与理相通，"论性要须先识得性是个甚么样物事。性毕竟无形影，只是心中所有底道理是也。程子'性即理也'，此说最好。今且以理言之，毕竟却无形影，只是这一个道理。在人，仁义礼智，性也。然四者有何形状？亦只是有如此道理"（《语类》卷五）。朱熹有着形象比喻，他把命比作君主，心比作官职，性比作职能，气禀比作不同等级，"尝谓命譬如朝廷诰敕。心譬如官人一般，差去做官。性譬如职事一般，郡守便有郡守职事，县令便有县令职事，职事只一般，天生人，教人许多道理，便是付人许多职事。气禀譬如俸给，贵如高官者，贱如官卑者；富如俸厚者，贫如俸薄者；寿如三两年一任又再任者，夭者如不得终任者。朝廷差人作官，便有许多物一齐赴"(《语类》卷四)。

朱熹之命有天命与气命之区别，人欲与命的联系不在于天命，而在于含气之命，"'死生有命'之'命'是带气言之，气便有禀得多少厚薄之不同。'天命谓性'之'命'是纯乎理言之，然天之命所命，毕竟皆不离乎气。但《中庸》此句，乃是以理言之；孟子谓'性也，有命焉'，此'性'是兼气禀食色言之，'命也，有性焉'，此'命'是带气言之，'性善'又是超出气说"(《语类》卷四)。天命纯正至善，"太极只是个极好至善底道理"(《语类》卷九四)；含气之命则有正有偏、有清有浊，清正之命为善，偏浊之命为恶，"人物之生，其赋形偏正固自合下不同，然随其偏正之中，又自有清浊昏明之异"(《语类》卷四)。人欲不属于清正之命，而属于偏浊之命。朱熹之心有道心与人心之区别，人欲与心的联系不在于道心，而在于人心，"'人心惟危，道心惟微'，论来只有一个心，那得有两样？只就他所主而言，那个便唤作人心，那个便唤作道心"(《语类》卷六一)。道心根于性命，人心生于形体，"心之虚灵知觉，一而已矣，而以为有人心、道心之异者，则以其或生于形气之私，或原于性命之正，而所以为知觉者不同，是以或危殆而不安，或微妙而难见耳。然人莫不有是形，故虽上智不能无人心；亦莫不有是性，故虽下愚不能无道心。二者杂于方寸之间，而不知所以治之，则危者愈危，微者愈微，而天理之公卒无以胜夫人欲之私矣"(《中庸章句序》)。人欲不属于道心，而属于人心，且属于含有形气之私的人心。朱熹之性有着天命之性与气质之性的区别，"如有天命之性，便有气质"(《语类》卷四)。天命之性是指天理本身，而天理落实到人生，则与气不能分离，进而成为气质之性，"论天地之性，则专指理言；论气质之性，则以理与气杂而言之"(《答郑子上》)。人欲不属于天命之性，而属于气质之性，且属于不好的气质之性。

　　天理通过气禀的不同逐步演化出人欲，“天地初间只是阴阳之气，这一个气运行，磨来磨去，磨得急了，便拶许多渣滓，里面无处出，便结成个地在中央。气之清者便为天，为日月，为星辰，只在外，常周环运转”（《语类》卷一）。在朱熹看来，天与命、性与理以及道心是同一序列概念，都是纯然至善的，“问：‘性固是理，然性之得名是就人生禀得言之否？’曰：‘继之者善，成之者性，这个理在天地间时，只是善，无有不善者，生物得之，方始名曰性。只是这理，在天则曰命，在人则曰性。’”人性就其本质而言，是善良的，“性即理也，当然之理，无有不善者，故孟子之言性，指性之本而言”（《语类》卷四）。朱熹认为，天理通过阴阳之气的运动而化生天地万物，就像磨面一样，散出的面粉有粗有细，“问‘游气纷扰，合而成质者，生人物之万殊；其阴阳两端，循环不已者，立天地之大义，旧闻履之记先生语云：游气纷扰当横看，阴阳两端当直看，方见得，是否？’曰：‘也似如此，只是昼夜运而无息者便是阴阳之两端，其四边散出纷扰者便是游气，以生人物之万殊。某常言，正如面磨相似，其四边只管层层撒出，正如天地之气运转无已，只管层层生出人物，其中有粗有细，故人物有偏有正，有精有粗。’”（《语类》卷九八）由于气禀不同，产生了不同的无生物、植物、动物和人。无论人还是物，都有性，却不能一视同仁，“人之性论明暗，物之性只是偏塞。暗者可使之明，已偏塞者不可使之通也”。他们的差别是无生物和植物为无情无知者，动物为气蔽塞而不可通者，人为气蔽塞而可通者，“如日月之光，若在露地，则尽见之；若在蔀屋之下，有所蔽塞，有见有不见。昏浊者，是气昏浊了，故自蔽塞，如在蔀屋之下。然在人则蔽塞有可通之理，至于禽兽，亦是此性，只被他形体所拘，生得蔽隔之甚，无可通处”。

气禀的清浊昏明，使得人心和气质之性有善有恶，恶即为人欲，"心有善恶，性无不善；若论气质之性，亦有不善"。禀清气者是圣贤，禀浊气者是愚者或恶人，"但禀气之清者，为圣为贤，如宝珠在清冷水中。禀气之浊者，为愚为不肖，如珠在浊水中"。圣人所禀之气最为纯粹，不学而知，不学而能，"上知生知之资，是气清明纯粹而无一毫昏浊，所以生知安行，不待学而能，如尧、舜是也"。朱熹肯定恶人为善向好的可能，指出死生寿夭是命定的，人无法改变，而智愚、贤不肖虽有命定的因素，却可以通过人的主观努力加以改变，"所谓'明明德'者，是就浊水中揩拭此珠也"（《语类》卷四）。

朱熹的天理人欲之辨是二程思想的延续，"人心，私欲，故危殆；道心，天理，故精微。灭私欲，则天理明矣"（《河南程氏遗书》卷二四）。又发展了二程思想，二程的人心几乎等同于人欲，而朱熹的人心存在着为善为恶两种可能，"只是一人之心，合道理底是天理，徇情欲底是人欲，正当于平分界处理会"（《语类》卷七八）。人心为善是道心，为恶是人欲，"心一也，方寸之间，人欲交杂，则谓之人心；纯然天理，则谓之道心"（《语类》卷一一八）。心有知觉作用，区别在于跟着感觉走还是服从于义理，跟着感觉走，是人心；服从于义理，是道心，"或问人心、道心之别。曰：只是这一个心，知觉从耳目之欲上去，便是人心；知觉从义理上去，便是道心"（《语类》卷七八）。在朱熹看来，天理与人欲互相对立，"或问：'先生言天理人欲，如砚子，上面是天理，下一面是人欲。'曰：'天理人欲常相对。'"天理与人欲不能同时并存，"未有天理人欲夹杂者。学者须要于此体认省察之"。天理与人欲是此消彼长的关系，没有中间道路可求，"人只有个天理人欲，此胜则彼退，彼胜则此退，无中立不进退之理。凡人不进便退也。譬如刘项相拒于荥阳成皋间，彼进得一步，则此退一步；此进一步，则彼退一步"。朱熹认为，存天理灭人欲，不是否认人的正常欲望。人的正常欲望属于天理，而欲望扩张，没有节制，就是人欲，"问：'饮食之间，孰为天理，孰为人欲？'曰：'饮食者，天理也。要求美味，人欲也。'"（《语类》卷一三）朱熹指出，明确天理人欲之辨，是为了加强修身养性，促进求仁而得仁，"克己复礼为仁，言能克去己私，复乎天理，则此心之体无不在，而此心之用无不行也"。仁为"心之德而爱之理"，既是人生必须坚守的最高道德原则，也是人生终身追求的最高道德境界，"盖仁之为道，乃天地生物之心，即物而在。情之未发，而此体已具，情之既发，而其用不穷。诚能体而存之，则众善之源，百行之本，莫不在是，此孔门之教，所以必使学者汲汲于求仁也"（《仁说》）。

朱熹的天理人欲之辨，本质上是为社会政治服务的，目的是要维护传统的三纲五常伦理秩序，"三纲五常终变不得，君臣依旧是君臣，父子依旧是父子"（《语类》卷二四）。在朱熹看来，三纲五常是天理在人世间的显现，"宇宙之间，一理而已。天得之而为天，地得之而为地，而凡生于天地之间者，又各得之以为性。其张之为三纲，其纪之为五常，盖皆此理之流行，无所适以不在"（《读大纪》）。三纲五常是永恒的，"君臣父子，定位不易，事之常也。君令臣行，父传子继，道之经也"（《甲寅行宫便殿奏札一》）。朱熹认为，三纲五常不仅是天理的显现，而且是人之本心的显现，"盖天下万事，本于一心，而仁者，此心之存之谓也。此心既存，乃克有制；而义者，此心之制之谓也"（《送张仲隆序》）。三纲五常不仅是天理道心的显现，而且是社会历史发展的必然要求，"三纲五常，礼之大体，三代相继，皆因之而不能变。其所损益，不过文章制度小过不及之间，而其已然之迹，今皆可见。则自今以往，或有继周而王者，虽百世之远，所因所革，亦不过此，岂但十世而已乎！"（《四书章句集注》）当有人"问十世所因损益"时，朱熹坚定地回答："纲常千万年磨灭不得。只是盛衰消长之势，自不可已，盛了又衰，衰了又盛，其势如此。圣人出来，亦只是就这上损其余，益其不足。"（《语类》卷二四）朱熹指出，"圣贤千言万语，只是教人明天理，灭人欲"（《语类》卷一二）。如何明天理、灭人欲，维护三纲五常呢？就是要"克己复礼为仁"（《论语·颜渊》）。朱熹给予解读，"仁者，本心之全德。克，胜也。己，谓身之私欲也。复，反也。礼者，天理之节文也。为仁者，所以全其心之德也。盖心之全德，莫非天理，而亦不能不坏于人欲。故为仁者必有以胜私欲而复于礼，则事皆天理，而本心之德复全于我矣"（《四书章句集注》）。

三、格物致知

史书评价朱熹思想的主旨是"以格物致知为先，明善诚身为要"（《宋史·道学传序》），而格物致知和明善诚身皆源自儒家经典《大学》。宋朝理学家极为推崇《大学》，"子程子曰：'大学，孔氏之遗书，而初学入德之门也。'于今可见古人为学次第者，独赖此篇之存，而《论》《孟》次之。学者必由是而学焉，则庶乎其不差矣"。朱熹认为，《大学》是教人之法，"外有以极其规模之大，而内有以尽其节目之详者也"（《大学章句序》）。朱熹一生用力最勤的是《大学》，重新编定了《大学》的章节次序，分为经一章，传十章，还补充增写了"格物致知"章，"右传之五章，盖释格物、致知之义，而今亡矣。闲尝窃取程子之意以补之"。具体是："所谓致知在格物者，言欲致吾之知，在即物而穷其理也。盖人心之灵，莫不有知，而天下之物，莫不有理。惟于理有未穷，故其知有不尽也。是以大学始教，必使学者即凡天下之物，莫不因其已知之理而益穷之，以求至乎其极。至于用力之久，而一旦豁然贯通焉，则众物之表里精粗无不到，而吾心之全体大用无不明矣。此谓物格，此谓知之至也。"（《四书章句集注》）

格物致知是朱熹的认识论，"格物，是物之上穷其至理。致知，是吾心无所不知"（《语类》卷一五）。朱熹的认识论与本体论一脉相承，格物致知与性和心的概念密切相关，"《大学》首三句说一个体统，用力处却在致知、格物。天之赋于人物者谓之命，人与物受之者谓之性，主于一身者谓之心，有得于天而光明正大者谓之明德"（《语类》卷一四）。在朱熹看来，性属于形上本体，"性即太极之全体"（《答严时亨》）。性与理区别在于性是人化之理，理是形上之理，"性只是理，以其在人所禀，故谓之性"（《答陈卫道》）。天理落实到人间，化为仁义道德之性，"性即理也，天以阴阳五行化生万物，气以成形而理亦赋焉，犹命令也。于是人物之生因各得其所赋之理，以为健顺五常之德，所谓性也"（《四书章句集注》）。心不是形上本体，而是认识主体，"心者，人之神明，所以具众理而应万事者也。性即心之所具之理，而天又理之所从以出者也。人有是心，莫非全体，然不穷理，则有所蔽而无以尽乎此心之量。故能极其心之全体而无不尽者，必其能穷夫理而无不知者也。既知其理，则其所从出，亦不外是矣。以《大学》之序言之，知性则物格之谓，尽心则知至之谓也"（《四书章句集注》）。

朱熹认为，心可区分为神明之心与五脏之心，神明之心属于精神范畴，五脏之心属于物质范畴，"问：'人心形而上下如何？'曰：'如肺肝五脏之心，却是实有一物；若今学者所论操舍存亡之心，则自是神明不测。故五脏之心受病，则可用药补之；这个心则非昌蒲、茯苓所可补也。'"人的身体和五脏之心只是神明之心

寄居之地，就像县衙只是县令的办公之地，"此非心也，乃心之
神明升降之舍。人有病心者，乃其舍不宁也。凡五脏皆然，心岂
无运用，须常在躯壳之内，譬如此建阳知县，须常在衙里，始管
得这一县也"（《语类》卷五）。在心与身的关系上，心主宰身，
而不是身主宰心；在心与物的关系上，心决定物，而不是物决定
心，"夫心者，人之所以主乎身者也，一而不二者也，为主而不
为客者也，命物而不命于物者也"（《观心说》）。心又可区别为
人心与道心，弟子蔡沈加以解释，"心者人之知觉，主于中而应
于外者也。指其发于形气者而言，则谓之人心；指其发于义理者
而言，则谓之道心"（《书集传》）。主宰人身的应是道心，而不
是人心，人心也应服从于道心，"必使道心常为一身之主宰，而
人心每听命焉，则危者安，微者著，而动静云为自无过不及之差
矣"（《中庸章句序》）。朱熹指出，心与性是认识主体与认识客
体的关系，"灵处只是心，不是性。性只是理"（《语类》卷五）。
两者不能混淆，"心与性自有分别。灵底是心，实底是性。灵便
是那知觉底。如向父母则有那孝出来，向君则有那忠出来，这
便是性。如知道事亲要孝，事君要忠，这便是心"（《语类》卷
一六）。心有认识作用，就是知性和悟理，"虚明不昧，便是心；
此理具足于中，无少欠缺，便是性"。心主宰的不是性和理，而
是人的情绪，属于体与用的关系，"履之问未发之前心、性之别，
曰：'心有体用，未发之前是心之体，已发之际乃心之用，如何指
定说得？盖主宰运用底便是心，性便是会恁地做底理。性则一定
在这里，到主宰运用却在心；情只是几个路子，随这路子恁地做
去底却又是心。'"（《语类》卷五）

朱熹正确区分了认识主体与认识客体，"所觉者，心之理也；
能觉者，气之灵也"（《语类》卷五），认为人心具备认知能力，
"人之一身，知觉运用，莫非心之所为，则心者固所以主于身，

而无动静语默之间者也"(《答钦夫仁说》)。隐约悟出了感性认识
与理性认识的区别，认为人的认识不能停留在感觉经验，而要升
华为理性认识，"格谓至也，所谓实行到那地头。如南剑人往建
宁，须到得郡厅上，方是至，若只到建阳境上，即不谓之至也"
(《语录》卷一五)。似乎承认了经验和感性认识的重要价值，强
调认识不能离开具体事物，"遇事接物之间，各须一一去理会始
得。不成是精底去理会，粗底又放过了；大底去理会，小底又不
问了。如此，终是有欠缺。但随事遇物，皆一一去穷极，自然分
明"(《语类》卷一五)。甚至批评张载不重视见闻感觉，"张子此
说，是说圣人尽性事。如今人理会学，须是有见闻，岂能舍此？
先是于见闻上做工夫到，然后脱然贯通"(《语类》卷九八)。在
朱熹看来，人的认知方法是格物。格是指人的认识，"格，尽也，
须是穷尽事物之理"；物是指天地万物，"天下之事皆谓物"，以
及耳目口鼻舌等感官接触到的事物，"眼前凡所应接底都是物"。
格物的范围无所不包，上穷碧落下黄泉，"上而无极太极，下而
至于一草一木一昆虫之微，亦各有理。一书不读，则阙了一书道
理。一事不穷，则阙了一事道理。一物不格，则阙了一物道理。
须著逐一件与他理会过"(《语类》卷一五)。朱熹认为，格物的
目的是穷理，因为"事事物物，皆有个极，是道理之极至。蒋元
进曰，如君之仁，臣之敬，便是极。曰，此是一事一物之极，总
天地万物之理，便是太极。太极本无此名，只是个表德"(《语
类》卷九四)。格物必须穷理，既要认识事物的形式，更要认识
事物的内容；既要认识事物的现象，更要认识事物的本质，"若
是穷得三两分，便未是格物。须是穷尽得到十分，方是格物"
(《语类》卷一五)。

　　朱熹指出，穷理不离具体事物，"人多把这道理作一个悬空
底物，《大学》不说穷理，只说个格物，便是要人就事物上理会，

如此方见得实体。所谓实体，非就事物上见不得"。也不能像佛教那样空谈心性，"格物，不说穷理，却言格物。盖言理，则无可捉摸，物有时而离；言物，则理自在，自是离不得。释氏只说见性，下梢寻得一个空洞无稽底性，亦由他说，于事上更动不得"（《语类》卷一五）。穷理的范围也是无所不包，任何事物都要去认识，"虽草木，亦有理存焉。一草一木岂不可以格？如麻麦稻粱，甚时种，甚时收，地之肥，地之硗，厚薄不同，此宜植某物，亦皆有理"（《语类》卷一八）。穷理的重点是天理人伦，"格物之论，伊川意虽谓眼前无非是'物'，然其格之也，亦须有缓急先后之序，岂遽以为存心于一草木器用之间而忽然悬悟也哉？且如今为此学而不穷天理、明人伦、讲圣言、通世故，乃兀然存心于一草木一器用之间，此是何学问？如此而望有所得，是炊沙而欲其成饭也"（《答陈仲齐》）。因此，"所谓格物云者，河南夫子所谓或读书讲明义理，或尚论古人，别其是非，或应接事物而处其当否，皆格物之事也"（《答赵民表》）。穷理既要知其然，又要知其所以然，更要知其所当然，"格物是穷得这事当如此，那事当如彼，如为人君便当止于仁，为人臣便当止于敬"。知其当然，就是认识事物之善恶是非，"格物二字最好，物谓事物也，须穷极事物之理，到尽处便有一个是、一个非，是底便行，非底便不行"。进而为人的行为提供准则和依据，"自家知得这个道理，处之而各得其当便是"（《语类》卷一五）。朱熹尤为重视知其当然的认识论意义，认为只有格事事物物之当然，才能穷尽终极之天理，"圣人未尝言理一，多只言分殊。盖能于分殊中事事物物、头头项项理会得其当然，然后方知理本一贯。不知万殊各有一理，而徒言理一，不知理一在何处？圣人千言万语教人，学者终身从事，只是理会这个，要得事事物物、头头件件各知其所当然。只此便是理一矣"（《语类》卷二七）。

　　致知是朱熹认识论的重要组成部分，是比格物更重要的认识环节。如果说格物还有感性认识的地位，具有唯物因素，那么，致知则排除了感觉经验，将认识转化为自我省察，充溢着唯心色彩，"大凡道理皆是我自有之物，非从外得，所谓'知'者便只是知得我底道理，非是以我之'知'去知彼道理也"（《语类》卷一七）。在朱熹看来，尽管格物与致知都是不可或缺的认识环节，两者的差异却是显著的。格物区分了认识主体与客体，致知则没有进行区分，只是认识主体，"致知，是自我而言；格物是就物而言，若不格物，何缘得知？"格物是认识外部事物，致知是认识内心世界，"格物只是就事上理会；知至，便是此心透彻"。格物是认识形下之器，致知是认识形上本体，"格物是零细说；致知是全体说"。格物运用归纳方法，致知运用演绎方法，"格物，是逐物格将去；致知，则是推得渐广"（《语类》卷一五）。格物是渐进的认识，致知是顿悟的认识，"穷理之学诚不可以顿进，然必穷之以渐，俟其积累之多而廓然贯通，乃为识大体耳。今以穷理之学不可顿进而欲先识夫大体，则未知所谓大体者果何物耶"（《答王子合》）。朱熹认为，格物与致知虽是两个不同的认识环节，却不能绝然分开，"'致知、格物，一胯底事。'先生举左右指来比并"。格物与致知是认识的一体两面，"致知、格物，只是一事，非是今日格物，明日又致知。格物，以理言也；致知，以心言也"。格物与致知的目标具有同一性，"致知、格物，便是'志于道'"，都是要认识天命与性，"格物、致知，是极粗底事；'天命之谓性'，是极精底事。但致知、格物，便是那'天命之谓性'底事。下等事，便是上等工夫"。格物与致知不能分离，所以致知在格物，格物的尽头是致知，"问：'格物是格物与人。知物与人之异，然后可作工夫。'曰：'若作致知在格物论，只是胡说！既知人与物异后，待作甚合杀。格物，是格尽此物。如有一物，凡十瓣，已知五瓣，尚有五瓣未知，是为不尽。如一镜焉，一半明，一半暗，是一半不尽。格尽物理，则知尽。'"从而认识众物之表里精细，彰显吾心之全体大用，"譬如婴儿学行，今日学步，明日又步，积习既久，方能行。天地万物莫不有理。手有手之理，足有足之理，手足若不举行，安能尽其理！格物者，欲究极其物之理，使无不尽，然后我之知无所不至。物理即道理，天下初无二理"（《语类》卷一五）。

朱熹指出，致知是要认识自我和内心世界，"致知乃本心之知。如一面镜子，本全体通明，只被昏翳了，而今逐旋磨去，使四边皆照见，其明无所不到"。认识自我是演绎推理的过程，推广已知之理，使之覆盖同类以致其极，"致知工夫，亦只是且据所已知者，玩索推广将去，具于心者，本无不足也"（《语类》卷一五）。无论致知还是知至，都是认识主体内心的活动，"致知，则理在物，而推吾之知以知之也；知至，则理在物，而吾心之知已得其极也"（《语类》卷一六）。致知是要认识真知，穷极事物之理，"致知所以求为真知。真知，是要彻骨都见得透"。所谓真知，就是事物的第一义和本质规定，如在朝廷，"须着进君子，退小人，这是第一义。有功决定着赏，有罪决定着诛。更无小人可用之理，更无包含小人之理。惟见得不破，便道小人不可去，也有可用之理。这都是第二义、第三义，如何会好！若事事穷得尽道理，事事占得第一义，做甚么刚方正大！"又如为学，"决定是要做圣贤，这是第一义，便渐渐有进步处。若便道自家做不得，且随分依稀做些子，这是见不破。所以说道：'不以舜之所以事尧事君，贼其君者也；不以尧之所以治民治民，贼其民者也。'谓吾身不能者，自贼者也"。致知是要存天理灭人欲，"'孩提之童，莫不知爱其亲；及其长也，莫不知敬其兄。'人皆有是知，而不能极尽其知者，人欲害之也。故学者必须先克人欲以致其知，则无不明矣。'致'字，如推开去。譬如暗室中见些子明处，便寻从此明处去，忽然出到外面，见得大小大明。人之致知，亦如此也"。只要人欲在，心就会被蒙蔽，就不可能实现致知，"知者，吾自有此知。此心虚明广大，无所不知，要当极其至耳。今学者岂无一斑半点，只是为利欲所昏，不曾致其知。孟子所谓四端，此四者在人心，发见于外。吾友还曾平日之见其有此心，须是见得分明，则知可致。今有此心而不能致，临事则昏惑，有事则胶扰，百种病根皆自此生"（《语类》卷一五）。

朱熹的认识论既有认识又有实践，这就是知与行的关系，"方其知之而行未及之，则知尚浅。既亲历其域，则知之益明，非前日之意味"。如果说格物致知属于知的范畴，那么实践则属于行的范畴。朱熹对于知与行的概念，有着多种表述，有时称为致知与力行的关系，"致知、力行，用功不可偏。偏过一边，则一边受病"。有时称为穷格与操存的关系，"如穷格工夫，亦须铢积寸累，工夫到后，自然贯通。若操存工夫，岂便能常操。其始也，操得一霎，旋旋到一食时；或有走作，亦无如之何。能常常警觉，久久自能常存，自然光明矣"。有时称为穷理与涵养的关系，"涵养中自有穷理工夫，穷其所养之理；穷理中自有涵养工夫，养其所穷之理，两项都不相离。才见成两处，便不得"。在朱熹看来，知与行、认识与实践密切相关，"知、行常相须，如目无足不行，足无目不见"。两者甚至是一回事，知中有行，行中有知，"圣贤说知，便说行。《大学》说'如切如磋，道学也'；便说'如琢如磨，自修也'。《中庸》说'学、问、思、辨'，便说'笃行'。颜子说'博我以文'，谓致知、格物；'约我以礼'，谓'克己复礼'"（《语类》卷九）。知与行互相促进，相得益彰，"知与行，工夫须着并到。知之愈明，则行之愈笃；行之愈笃，则知之益明"（《语类》卷一四）。人生既要重视知，又要重视行，两者不可偏废，"操存涵养，则不可不紧。进学致知，则不可不宽"。知与行不可偏废，却不要求齐头并进，应根据自身的实际情况，坚持补短板，"若知有未至，则就知上理会，行有未至，则就行上理会"（《语类》卷九）。

朱熹认为，知与行是先后关系，知在先，行在后，"论先后，知为先"；"问致知涵养先后。曰：'须先致知而后涵养。'"知先行后是常识，如同人走路，先要知路，尔后行路，"如人行路，不见，便如何行。今人多教人践履，皆是自立标致去教人"（《语类》卷九）。知先行后是要明白义理，"事事都有个极至之理，便要知得到。若知不到，便都没分明；若知得到，便着定恁地做，更无第二着、第三着"（《语类》卷一五）。知先行后是要明白是非标准，"人为学，须是要知个是处，千定万定。知得这个彻底是，那个彻底不是，方是见得彻，见得是，则这心里方有所主。且如人学射，若志在红心上，少间有时只射得那帖上；志在帖上，少间有时只射得那垛上；志在垛上，少间都射在别处去了"。只有明白了义理和是非标准，实践才有正确方向，行为才能走上正道，"若讲得道理明时，自是事亲不得不孝，事兄不得不弟，交朋友不得不信"。而明白义理和是非标准，就必须在穷理上狠下功夫，"痛理会一番，如血战相似，然后涵养将去"。朱熹指出，尽管知先行后，却是行重于知，实践重于认识，"论轻重，行为重"（《语类》卷九）；"致知力行，论其先后，固然以致知为先，然论其轻重，则当以力行为重"（《答程正思》）。行是知的目的，致知是为了实践，"为学之实固在践履，苟徒知而不行，诚与不学无异"（《答曹元可》）。行比知艰难，认识不易，实践更难，"虽要致知，然不可恃。《书》曰：'知之非艰，行之惟艰。'工夫全在行上"（《语类》卷一三）。行也是检验真知和诚意的标准，"欲知知之真不真，意之诚不诚，只看做不做如何。真个如此做底，便是知至、意诚"(《语类》卷一五)。知轻行重，是要反对关门求知，"不是块然守定这物事在一室，关门独坐便了，便可以为圣贤。自古无不晓事情底圣贤，亦无不通变底圣贤，亦无关门独坐底圣贤。圣贤无所不通，无所不能"(《语类》卷一一七)。

朱熹关于知与行的思想，包含着明明德的内容。明明德要去除人欲，充分彰显人性中固有的善性，"明德者，人之所得乎天，而虚灵不昧，以具众理而应万事者也。但为气禀所拘，人欲所蔽，则有时而昏；然其本体之明，则有未尝息者。故学者当因其所发而遂明之，以复其初也"(《四书章句集注》)。明明德是大人之学的目的，也是格物致知和诚意正心的过程，"是以圣人施教，既已养之于小学之中，而后开之以大学之道。其必先之以格物致知之说者，所以使之即其所养之中，而因其所发以启其明之之端也。继之以诚意、正心，修身之目者，则又所以使之因其已明之端，而反之于身，以致其明之之实。夫既有以启其明之之端，而又有以致其明之之实，则吾之所得于天而未尝不明者，岂不超然无有气质物欲之累，而复得其本体之全哉。是则所谓明明德者，而非有所作为于性分之外也"(《大学或问》)。包含着明善与诚身的内容。明善是格物致知，诚身是诚意正心。圣人不需要明善诚身，"诚者，真实无妄之谓，天理之本然也。诚之者，未能真实无妄，而欲其真实无妄之谓，人事之当然也。圣人之德，浑然天理，真实无妄，不待思勉而从容中道，则亦天之道也"。普通人则必须明善诚身，"未至于圣，则不能无人欲之私，而其为德不能皆实。故未能不思而得，则必择善，然后可以明善；未能不勉而中，则必固执，然后可以诚身，此则所谓人之道也。不思而得，生知也。不勉而中，安行也。择善，学知以下之事。固执，利行以下之事也"(《四书章句集注》)。包含着内圣与外王的内容。内圣是格物、致知、诚意、正心，外王是齐家、治国、平天下，连接内圣与外王的纽带则是修身。修身要注意情感的控制，不能走向一偏之极端，"然常人之情惟其所向而不加审焉，则必陷于一偏而身不修矣"。身不修则会影响齐家，"溺爱者不明，贪得者无厌，是则偏之为害，而家之所以不齐也"。齐家建立在修身的基础上，只有身修，才能齐家，"身修，则家可教矣；孝、弟、慈，所以修身而教于家者也；然而国之所以事君事长使众之道不外乎此。此所以家齐于上，而教成于下"。治国要求统治者兴孝、兴悌和恤孤，"言此三者，上行下效，捷于影响，所谓家齐而国治也"。平天下则是人人敬老，人人爱幼，无处不均匀，无人不饱暖，"亦可以见人心之所同，而不可使有一夫之不获矣。是以君子必当因其所同，推以度物，使彼我之间各得分愿，则上下四旁均齐方正，而天下平矣"（《四书章句集注》）。

朱熹对于儒门，有重建之功；对于中华文明，有发展之功，是孔子之后传统社会影响最广泛而深远的思想家。孔子创立的儒家思想由于缺乏形上本体依据，其道德实践则难以超越功利世界而升华为道德自律与自觉，仁义礼智信往往容易疏于形式，成为小人求取利禄的敲门砖和大盗手中的窃国利器。朱熹则通过论证天理与人性，为儒家思想提供了形上本体，夯实了理论基础，使儒学焕发了生机与活力，进而影响了元明清社会的发展和中国的历史进程。

第六章　明朝心学

　　明朝心学是在宋朝理学范围内进一步推动儒学发展，是儒学第二次更新的另一种理论形态。程朱理学坚持性即理，"问：灵处是心，抑是性？曰：灵处只是心，不是性。性只是理"（《朱子语类》卷五）。王阳明心学主张心即理，"心即性，性即理。下一'与'字，恐未免为二。此在学者善观"（《传习录上》）。明朝心学产生于传统社会变革前夕，实际有着早期思想启蒙作用。

第一节　明朝未明

明朝（公元1368—1644年）处于中国传统社会晚期，是一个欲说还休的时代。欲说的是，明朝是汉唐之后又一个大一统王朝，朱元璋是继刘邦之后又一个农民皇帝，立国长达276年。无论时间还是空间，都有理由如日中天、光芒四射，再造汉唐般的盛世；还休的是，明朝未明，只是个平凡的朝代，并没有造就如汉唐般的盛世，却留下了更加专制集权的政治。具体表现为怠政的君主，最为怠政的是明神宗，在位47年，竟然有20多年不上朝理政，不见朝廷大臣，"因循牵制，晏处深宫，纲纪废弛，君臣否隔"，无怪乎"论者谓明之亡，实亡于神宗"（《明史·神宗本纪》）。表现为可恶的宦官，最为可恶的是明熹宗时的魏忠贤。一个毫无学识的宦官竟官至司礼监秉笔太监，让封疆大吏为其请立生祠，出行"所过，士大夫遮道拜伏，至呼九千岁"（《明史·魏忠贤传》）。怠政君主和可恶宦官的根源却在于朱元璋，"只可惜他私心太重。废宰相，使朝无重臣，至后世，权遂入于阉宦之手。重任公侯伯的子孙，开军政腐败之端。他用刑本来严酷，又立锦衣卫，使司侦缉事务，至后世，东厂、西厂、内厂，遂纷纷而起。这都不能不归咎于诒谋之不臧。其封建诸子于各地，则直接引起了靖难之变"[1]。

---

[1]　吕思勉著：《中国通史》，上海古籍出版社2009年版，第425页。

一、元明时代

明朝之前有个元朝，立国不足一百年，却是意义非凡。它是中国历史上第一个由少数民族建立的全国性政权，结束了隋唐之后370余年多个政权并存对峙和分裂割据的局面，真正统一了全国。其疆域广阔，"起朔漠，并西域，平西夏，灭女真，臣高丽，定南诏，遂下江南，而天下为一，故其地北逾阴山，西极流沙，东尽辽左，南越海表"。幅员超迈汉、唐，"自封建变为郡县，有天下者，汉、隋、唐、宋为盛，然幅员之广，咸不逮元"；"东南所至不下汉、唐，而西北则过之"（《元史·地理志一》）。

各民族联系更加紧密。元朝是中国历史上又一次民族大迁徙、大融合时期，蒙古人、西域和中亚各族纷纷向中原和南方迁徙，汉族也有迁居到周边少数民族地区的。各民族长期比邻而居，广泛交错杂居，促进了民族融合，元朝则给予有效管理，"盖岭北、辽阳与甘肃、四川、云南、湖广之边，唐所谓羁縻之州，往往在是，今皆赋役之，比于内地"。尤其是设置乌思藏宣慰司，使得西藏地区正式纳入中央政府的直接管辖之下；设置澎湖巡检司，是中国政府对台湾地区实施行政管理的重要标志。地方政制有所创新，表现为行中书省的设置，逐渐由临时性的中央派出机构定型为地方最高行政机构，民事、军事无所不管，"行中书省，凡十一，秩从一品。掌国庶务，统郡县，镇边鄙，与都省为表里"（《元史·百官志七》）。元朝统治者为蒙古孛儿只斤氏，远由元太祖成吉思汗建立。公元1206年，成吉思汗统一蒙古各部落，建立大蒙古国。实由元世祖忽必烈建立，1260年，忽必烈即蒙古国大汗汗位；1271年，取《易经》"大哉乾元"之意，正式改国号为大元，历时98年，传五世11帝。成吉思汗名铁木真，最

大的功绩是统一蒙古草原，"元年丙寅，帝大会诸王群臣，建九
游白旗，即皇帝位于斡难河之源。诸王群臣共上尊号曰成吉思皇
帝"。成吉思汗在位22年，发动大规模的扩张战争，西征中亚及
欧洲东中部地区，与其子弟建立了一个横跨欧亚大陆的帝国，除
元朝外，还建立了钦察、察合台、窝阔台、伊利四大汗国。史书
评价成吉思汗，"帝深沉有大略，用兵如神，故能灭国四十，遂
平西夏。其奇勋伟迹甚众，惜乎当时史官不备，或多失于记载
云"（《元史·太祖纪》）。

忽必烈最大的功绩是统一中国，首先平定阿里不哥之乱，避
免了蒙古族内部的分裂。阿里不哥是忽必烈的弟弟，几乎同时即
大汗位，"中统元年，世祖即位于开平。阿里不哥亦僭号于和林
城西按坦河"。四年后，阿里不哥战败投降，"至元元年正月，遣
使乞降。帝预敕近边，和籴以饷其众。秋七月庚子，阿里不哥
与玉龙答失、阿速带、昔里吉至京师，入谒。帝熟视无言，既
而哭，阿里不哥亦哭。帝曰：'试据理言之，我兄弟二人孰应嗣
大位。'阿里不哥曰：'昔日我为是，今日汗为是耳。'"（《新元
史·阿里不哥传》）然后是消灭南宋，实现全国统一。公元1267
年即至元四年，八月，忽必烈麾师南下，与南宋展开决战，"阿
术略地至襄阳，俘生口五万、马牛五千。宋人遣步骑来拒，阿术
率骑兵败之"（《元史·世祖纪三》）。至元十三年二月，宋恭帝
投降，"行中书省右丞相伯颜等，以宋主㬎举国内附，具表称贺"
（《元史·世祖纪六》）。至元十六年二月，元军在广东崖山歼灭
南宋残部，统一战争结束。史书认为"世祖度量弘广，知人善任
使，信用儒术，用能以夏变夷，立经陈纪，所以为一代之制者，
规模宏远矣"（《元史·世祖纪十四》）。

明朝享国276年，历17朝和16帝，明英宗朱祁镇为正统、天
顺两朝皇帝。明太祖朱元璋定都南京，明成祖朱棣迁都北京。

明朝可分为初期、中期和后期，初期为洪武至永乐朝，约为56年，奠定政治经济基础；中期为洪熙至弘治朝，约为84年，政治经济获得发展；后期为正德至崇祯朝，约为138年，政治出现危机，明朝走向衰亡。开国皇帝朱元璋，出身贫苦农民家庭，曾经出家为僧，元顺帝"至正四年，旱蝗，大饥疫。太祖时年十七，父母兄相继殁，贫不克葬。里人刘继祖与之地，乃克葬，即凤阳陵也。太祖孤无所依，乃入皇觉寺为僧"。后参加农民起义军。公元1352年即至正十二年，朱元璋加入郭子兴领导的红巾军，屡立战功，备受器重和信任，"闰三月甲戌朔入濠见子兴。子兴奇其状貌，留为亲兵。战辄胜。遂妻以所抚马公女，即高皇后也"。郭子兴病故后，朱元璋统率郭部，于至正十六年攻占南京，"改集庆路为应天府"（《明史·太祖本纪一》）。先后消灭同为起义者的陈友谅和张士诚，统一江南地区；同时开展北伐，消灭元朝势力，定都南京。1368年即洪武元年，"春正月乙亥，祀天地于南郊，即皇帝位。定有天下之号曰明，建元洪武"。同年八月，徐达占领元大都，元顺帝北遁，"庚午，徐达入元都，封府库图籍，守宫门，禁士卒侵暴，遣将巡古北口诸隘"（《明史·太祖本纪二》）。朱元璋称帝后，政治上废止宰相制，加强君主专制，又重视依法治国，洪武六年，"诏刑部尚书刘惟谦详定《大明律》"；"三十年，作《大明律》诰成。御午门，谕群臣曰：'朕仿古为治，明礼以导民，定律以绳顽，刊著为令。'"（《明史·刑法志一》）经济上轻徭薄赋，"洪武二十年命国子生武淳等分行州县，随粮定区。区设粮长四人，量度田亩方圆，次以字号，悉书主名及田之丈尺，编类为册，状如鱼鳞，号曰鱼鳞图册"。鼓励农耕，恢复生产发展，"二十六年核天下土田，总八百五十万七千六百二十三顷，盖骎骎无弃土矣"（《明史·食货志一》）。吏治上严惩贪官。朱元璋出身贫苦，对于贪官深恶痛绝，惩治手段严酷。洪武二十五年颁布的反腐教材《醒贪简要录》，规定官吏贪赃银六十两以上的斩首示众；还创设"剥皮揎草"酷刑，即将贪官的皮剥下来，填塞以稻草和石灰，挂在官府案桌旁，以警示继任官吏不要重蹈覆辙。同时，大肆诛杀功臣，洪武十三年，"左丞相胡惟庸谋反，及其党御史大夫陈宁、中丞涂节等伏诛"（《明史·太祖本纪二》）；二十六年二月乙酉，"凉国公蓝玉以谋反，并鹤庆侯张翼、普定侯陈桓、景川侯曹震、舳舻侯朱寿、东莞伯何荣、吏部尚书詹徽等皆坐诛。己丑，颁《逆臣录》于天下"（《明史·太祖本纪三》）。"胡惟庸和蓝玉的关联人犯被杀的称为胡党、蓝党，人数在四万人左右。"① 如果说惩治贪官是为了老百姓，那么，诛杀功臣则完全是为了巩固朱家政权。由于诛杀功臣太多，直接导致了朱棣谋反篡位时，朝廷已无可派之将；间接导致了明朝未能再造汉唐般的盛世。

朱棣是篡位皇帝，却是有作为的皇帝。公元1398年，朱元璋去世。由于太子朱标早死，由孙子朱允炆即位，年号建文。建文帝实行削藩政策，"周王橚有罪，废为庶人，徙云南"；建文元年"夏四月，湘王柏自焚死。齐王榑、代王桂有罪，废为庶人"。削藩危及时为燕王的朱棣，建文元年"秋七月癸酉，燕王棣举兵反"（《明史·恭闵帝本纪》），最后挥军南下，攻占南京，史称"靖难之役"。1402年，朱棣登基，"秋七月壬午朔，大祀天地于南郊，奉太祖配。诏：'今年以洪武三十五年为纪，明年为永乐元年。建文中更改成法，一复旧制。'"朱棣即位后，最令人非议的是诛杀建文朝旧臣，建文四年六月乙丑，"大索齐泰、黄子澄、方孝孺等五十余人，榜其姓名曰奸臣"；"丁丑，杀齐泰、黄子澄、方孝孺，并夷其族。坐奸党死者甚众"（《明史·成祖本纪一》）。其

---

① 吴晗著：《朱元璋传》，人民出版社1965年版，第245页。

中最为惨烈的是方孝孺之死，"成祖怒，命磔诸市。孝孺慨然就死，作绝命词曰：'天降乱离兮孰知其由，奸臣得计兮谋国用犹。忠臣发愤兮血泪交流，以此殉君兮抑又何求？呜呼哀哉兮庶不我尤！'时年四十有六"。"弟孝友与孝孺同就戮，亦赋诗一章而死。妻郑及二子中宪、中愈先自经死，二女投秦淮河死。"方孝孺之死，不仅株连九族，还旁及学生，谓"诛十族"，被杀者达870余人，"宗族亲友前后坐诛者数百人。其门下士有以身殉者，卢原质、郑公智、林嘉猷，皆宁海人"（《明史·方孝孺传》）。成祖最值得称道的功绩是开疆拓土，南方是征讨安南，永乐四年，"秋七月辛卯，朱能为征夷将军，沐晟、张辅副之，帅师分道讨安南"；"诏曰：'安南皆朕赤子，惟黎季犛父子首恶必诛，他胁从者释之，罪人既得，立陈氏子孙贤者。'"第二年"六月癸未，以安南平，诏天下。置交阯布政司"。北方是五次亲征漠北，打击元朝的残余势力，维护国家统一。永乐八年第一次北伐，"春正月辛未，召宁阳侯陈懋随征漠北"；"六月甲辰，阿鲁台伪降，命诸将严阵以待，果悉众来犯。帝自将精骑迎接，大败之，追北百余里。丁未，又败之。己酉，班师"（《明史·成祖本纪二》）。永乐二十二年第五次北伐，"春正月甲申，阿鲁台犯大同、开平，诏群臣议北征，敕边将整兵俟命"；"夏四月戊申，皇太子监国。己酉，发京师"；六月"甲子，班师，命郑亨等以步卒西会于开平"。朱棣也在第五次亲征回朝途中病逝，秋七月，"庚寅，至榆木川，大渐。……辛卯，崩，年六十有五"（《明史·成祖本纪三》）。对外是郑和下西洋，永乐三年"夏六月己卯，中官郑和帅舟师使西洋诸国"（《明史·成祖本纪二》）。郑和先后七次率领庞大的舰队出海远航，远至东非的索马里地区，扩大了明朝对南洋、西洋的影响力。史书评价："六师屡出，漠北尘清。至其季年，威德遐被，四方宾服，受朝命而入贡者殆三十国。幅陨之

广，远迈汉、唐。成功骏烈，卓乎盛矣。然而革除之际，倒行逆施，惭德亦曷可掩哉。"（《明史·成祖本纪赞》）

明朝还有一个特点，就是多荒唐皇帝。荒唐的明英宗朱祁镇，充分信任宦官王振，"帝方倾心向振，尝以先生呼之。赐振敕，极褒美。振权日益积重，公侯勋戚呼曰翁父。畏祸者争附振免死，赇赂辏集"。受王振蛊惑，在没有作好准备的情况下，御驾亲征蒙古部落瓦剌，结果明军大败，英宗在土木堡被俘，史称"土木之变"，"壬戌始次土木，瓦剌兵追至，师大溃。帝蒙尘，振乃为乱兵所杀"（《明史·王振传》）。英宗发动"夺门之变"，复辟，二度登基，诛杀明代宗时期的功臣，腥风血雨，"杀于谦、王文，籍其家。陈循、江渊、俞士悦谪戍，萧镃、商辂除名"（《明史·英宗后纪》）。他念念不忘王振，"用太监刘恒言，赐振祭，招魂以葬，祀之智化寺，赐祠曰精忠"（《明史·王振传》）。史书认为，英宗是明朝由盛变衰的转折点，"明自正统以来，国势浸弱"（《明史·武宗本纪赞》）。荒唐的明武宗朱厚照，即位之初，就微服出行，自觅淫乐，英国公张懋上奏劝谏，"迩者忽闻宴闲之际，留心骑射，甚至群小杂沓，径出掖门，游观苑囿，纵情逸乐，臣等闻之，不胜惊惧"。他宠信太监刘瑾等"八虎"，正德元年"冬十月丁巳，户部尚书韩文帅廷臣请诛乱政内臣马永成等八人，大学士刘健、李东阳、谢迁主之。戊午，韩文等再请，不听。以刘瑾掌司礼监，丘聚、谷大用提督东、西厂，张永督十二团营兼神机营，魏彬督三千营，各据要地。刘健、李东阳、谢迁乞去，健、迁是日致仕"。又听信刘瑾之言，营建豹房，里面藏有许多乐户、美女，供武宗日夜作乐，"然耽乐嬉游，昵近群小，至自署官号，冠履之分荡然矣"。开始罢朝怠政，"陛下近日以来，视朝太迟，免朝太多，奏事渐晚，游戏渐广"（《明通鉴》卷四一）。后来就经常住在豹房和宣府的镇国府，不留恋象征权力和地位、应该上朝议事的紫禁城。

荒唐的明世宗朱厚熜,在位早期,尚能有所作为,后期则是崇信道教,迷信方士,好长生不死之术,为自己和父母加封道号,"帝上皇天上帝尊号、宝册,寻加上高皇帝尊谥圣号以配,嵩乃奏庆云见,请受群臣朝贺"(《明史·严嵩传》)。杖死敢于谏言的大臣,"太仆卿杨最谏服丹药,予杖死"(《明史·世宗本纪一》)。宠信奸臣严嵩父子,"心益喜嵩,累进吏部尚书、谨身殿大学士、少傅兼太子太师"。而严嵩"无他才略,惟一意媚上,窃权罔利";"嵩握权久,遍引私人居要地";"嵩窃政二十年,溺信恶子,流毒天下,人咸指目为奸臣"(《明史·严嵩传》)。嘉靖多年不视朝,尤其是嘉靖二十一年发生壬寅宫变,"冬十月丁酉,宫人谋逆伏诛"(《明史·世宗本纪一》),朱厚熜即迁离大内移居西苑,设醮炼丹,养生修道,二十余年不回大内,置朝政于不顾,致使"百余年富庶治平之业,因以渐替"(《明史·世宗本纪二》)。荒唐的明神宗朱翊钧,早期在张居正的辅佐下,实现了"万历中兴"。后期则是长期怠政,竟然几十年不上朝议政,"台省空虚,诸务废堕,上深居二十余年,未尝一接见大臣,天下将有陆沉之忧"(《明史·神宗本纪二》)。怠政导致官员空缺,朝政不能正常运转,"部、寺大僚十缺六七,风宪重地空署数年,六科止存四人,十三道止存五人"(《明神宗实录》卷五六三)。世宗和神宗的荒唐将明朝推向万劫不复的深渊,"明自世宗而后,纲纪日以陵夷,神宗末年,废坏极矣。虽有刚明英武之君,已难复振"(《明史·熹宗本纪赞》)。加之明熹宗朱由校的荒唐,不仅宠信宦官魏忠贤,而且宠信乳母客氏,让他们共同秽乱朝政,"光宗崩,长孙嗣立,是为熹宗。忠贤、客氏并有宠。未逾月,封客氏奉圣夫人,荫其子侯国兴、弟客光先及忠贤兄钊俱锦衣千户"。更荒唐的是,明熹宗不务政事,喜好木匠之活,"帝性机巧，好亲斧锯髹漆之事，积岁不倦。每引绳削墨时，忠贤辈辄奏事。帝厌之，谬曰：'朕已悉矣，汝辈好为之。'忠贤以是恣威福惟己意"（《明史·魏忠贤传》）。明朝荒唐皇帝多，带来了灾难性的后果。公元1644年，末代皇帝朱由检不得不在煤山自缢身亡，崇祯十七年三月"乙巳，贼犯京师，京营兵溃。丙午，日晡，外城陷。是夕，皇后周氏崩。丁未，昧爽，内城陷。帝崩于万岁山，王承恩从死"（《明史·庄烈帝本纪二》）。明朝之所以未能再造汉唐盛世，荒唐皇帝多，也是一个重要原因。

二、废止宰相

由于胡惟庸案，洪武十三年，朱元璋实施了一项重要的政治改革，废止宰相制，"罢中书省，废丞相等官，更定六部官秩，改大都督府为中、左、右、前、后五军都督府"（《明史·太祖本纪二》）。钱穆认为："中国传统政治，到明代有一大改变，即是宰相之废止。"甚至认为，废止宰相是君主专制的标志，"倘使我们说，中国传统政治是专制的，政府由一个皇帝来独裁，这一说法，用来讲明清两代是可以的。若论汉、唐、宋诸代，中央政府的组织、皇权相权是划分的，其间比重纵有不同，但总不能说一切由皇帝专制。到了明太祖洪武十三年，据正史记载，因胡惟庸造反，明太祖受了这个教训，从此就废止了宰相，不再设立。他并说以后他的子孙也永远不准再立宰相。所以明代政治是没有宰相的，清代也没有"①。

公元前221年，秦始皇统一中国，就面临着组织管理庞大国家的问题，涉及中央政府的组织、宰相的设置以及君权与相权的

———————
① 钱穆著：《中国历代政治得失》，生活·读书·新知三联书店2001年版，第102—103页。

关系。中央政府组织涉及机构设置和职权分配，秦汉实行三公九卿制度，三公是丞相、太尉和御史大夫；九卿是太常、光禄、卫尉、太仆、廷尉、鸿胪、宗正、司农、少府，合掌具体的行政事务。汉朝的九卿制度已开始变革，主要是尚书省的设置，尚书原为少府的属官，职责是收发文书。汉武帝时，尚书职权始扩大，"案尚书本汉承秦置，及武帝游宴后庭，始用宦者主中书"。汉成帝时更为重视，组织开始健全，"建始四年，罢中书宦者，又置尚书五人，一人为仆射，而四人分为四曹，通掌图书秘记章奏之事，各有其任"。至于东汉，尚书的组织与职能日臻完善，"后汉光武以三公曹主岁尽考课诸州郡事，改常侍曹为吏曹，主选举祠祀事，民曹主缮修功作盐池园苑事，客曹主护驾羌胡朝贺事，二千石曹主辞讼事，中都官曹主水火盗贼事，合为六曹，并令仆射二人，谓之八座。尚书虽有曹名，不以为号。灵帝以侍中梁鹄为选部尚书，于此始见曹名"（《晋书·职官志》）。东汉的尚书已发展成为全国政治的中枢，"今陛下之有尚书，犹天之有北斗也。斗为天喉舌，尚书亦为陛下之喉舌"；"尚书出纳王命，赋政四海，权尊势重，责之所归"（《后汉书·李固列传》）。汉朝尚书之分曹办事，实为后世六部制度之滥觞，而灵帝任命梁鹄，更是促成六部制度的形成。

隋唐实行三省六部制度，三省为中书省、门下省和尚书省，"唐初，始合三省，中书主出命，门下主封驳，尚书主奉行"（《困学纪闻注》卷一三）。六部为吏部、户部、礼部、兵部、刑部和工部，尚书省即"都堂居中，左右分司。都堂之东有吏部、户部、礼部三行，每行四司，左司统之。都堂之西，有兵部、刑部、工部三行，每行四司，右司统之。凡二十四司，分曹共理，而天下之事尽矣"（《通志二十略·职官略》）。隋唐之后，六部是中央政府组织变化最少的机构，却有地位高低和权力大小的差异。宋朝的六部地位高于隋唐，"宋制以仆射行宰相之任，而六曹各治其事。故《宋史·职官志》列六部于诸卿之首，不隶尚书省，与初设三省之制异矣"。六部的权力却小于隋唐，原因在于六部职权与其他机构交叉重叠，经常被其他机构侵夺。譬如，兵部职权常与枢密院矛盾重复，"枢密与中书，对持文武二柄，实自宋始"；元丰中"考定旧制，以军国机务，不宜分隶有司，宜以亲信大臣专司其事，遂仍置知枢密院事。其细务则归之兵部诸曹"（《续通志》卷一三〇）。明朝的六部由于尚书直接隶属天子，能够独立对外发布政令，无论地位还是职权都高于隋唐和宋朝，"明初罢丞相，析中书省之政归六部。殿阁大学士只备顾问，鲜所参决"（《续通志》卷一三五）。根据《明史·职官志》，吏部"尚书掌天下官吏选授、封勋、考课之政令，以甄别人才，赞天子治，盖古冢宰之职，视五部为特重"；户部尚书"掌天下户口田赋之政令"；礼部"尚书掌天下礼仪祭祀宴飨、贡举之政令"；兵部"尚书掌天下武卫官军选授简练之政令"；刑部"尚书掌天下刑名及徒隶、勾覆、关禁之政令"；工部"尚书掌天下百官山泽之政令"。清朝沿袭六部制度，却不能对各省督抚直接发布命令，地位和职权均不能与明朝相提并论。

秦汉实行三公九卿制度，丞相是枢纽，地位最高。丞相有时为一人，有时为两人，其地位在一人之下，万人之上；职责是受君主之命，统领百官，无所不包，无所不管，拥有治理国家的完整权力，丞相"掌丞天子，助理万机"（《汉书·百官公卿表》）。荀子详细论述了丞相的地位和作用，"相者，论列百官之长，要百事之听，以饰朝廷臣下百吏之分，度其功劳，论其庆赏，岁终奉其成功以效于君。当则可，不当则废。故君人劳于索之，而休于使之"（《荀子·王霸》）。丞相的设置，引发了君权与相权的矛盾。君权与相权的关系也是传统社会君臣关系的缩影。传统社会是君权不断得到强化，相权逐步被削弱，君臣关系则沿着坐—
站—跪的轨迹发展。明清时期，君主专制登峰造极，群臣上朝须
跪地，毫无尊严和独立人格可言。

从秦朝到唐朝，君与臣是坐着的关系。君主对大臣们待之以
礼；大臣谒见时，要赐座；大臣病了，要亲自去探视。与大臣能
够平起平坐，讨论国家大事。君主与丞相虽然是坐着的关系，君
权与相权却发生着变化。相对而言，秦汉时期的相权大，唐朝的
相权比较小。秦汉时期的丞相主持外朝，有决定国家政策的权
力。国家决策分为"内朝"与"外朝"，内朝以皇帝为核心，外
朝以丞相为首脑，共同决定国家大政方针，"周礼有外朝。干宝
注曰：'礼，司徒府中有百官朝会殿，天子与丞相决大事，是外
朝之存者。'"（《后汉书·百官志》李贤注）由于丞相权力较大，
皇帝感到不易控制，汉朝就开始逐步削弱相权，主要是以内朝压
制外朝，以近臣代替大臣；演化路径是先以尚书代替丞相，接着
以中书代替尚书，后以门下分散中书之权，"西汉以丞相总百官，
而九卿分治天下之事。光武中兴，身亲庶务，事归台阁，尚书始
重，而西汉公卿稍以失职矣。及魏武佐汉，初建魏国，置秘书
令，典尚书奏事。文帝受禅，改秘书为中书，有令有监，而亦不
废尚书，然中书亲近，而尚书疏外矣。东晋以来，天子以侍中常
在左右，多兴之议政事，不专任中书，于是又有门下，而中书权
始分矣。降及南北朝，大体皆循此制"（《文献通考·职官考》）。
最后在唐朝形成三省制度，即中书省、门下省和尚书省。相权由
三个部门共同主持，具体分工是中书省发布政令，门下省复核政
令，尚书省执行政令。唐朝的三省制虽然集中了君权，却没有否
定相权的存在，君与臣仍然是坐着的关系。

在宋朝，君与臣是站着的关系。宋太祖撤去宰相座椅，改君
臣同坐为君坐臣站，此后大臣奏事再无平坐之理，君臣之间高下

分明。与此相联系的是，相权进一步削弱。宋太祖鉴于五代十国的经验教训，既收地方之权于中央，又收中央之权于君主。宋朝沿袭唐代的三省制，保留了相权，但相权的内容和形式都发生了变化。在形式上，中书省在皇宫，单独取旨，称政事堂，门下、尚书两省则在皇宫外面，宋朝真正的宰相只有中书，"宋初参用唐五代之制，尚书门下并列于外，别置中书禁中为政事堂"（《续通志》卷一三〇）。在内容上，相权实际已经丧失，一方面没有过问军事的权力，"宋初循唐五代之制，置枢密院，与中书对持文武二柄，号为二府"；"国朝革五代之弊，文武二柄，未尝专付一人"（《宋史·职官志》）。另一方面没有议政的权力，唐代的相权虽然分散，却属于合议制，仍然享有参议朝政的权力。宋朝的丞相已无议政之权，所有政务先以公文方式即札子请旨，得到皇帝旨意后才拟定具体办法，再送皇帝审定。丞相已不是一个权力机构，而是一个办理文书的组织，"旧制，宰相上殿，命坐。有军国大事则议之，常从容赐茶而罢。自余号令除拜，刑赏废置，事无巨细，熟状拟定，进入。上于禁中亲览，批纸尾，用御宝，可其奏，谓之划印，降出奉行而已。唐室至五代不改其制。国初，范质、王溥、魏仁溥在相位，自以前朝宰相，且惮太祖英睿，请具札子，面取进止，朝退各疏其所得圣旨，同署字以志之。尽禀承之方，免差误之失，帝从之。自是奏御浸多，或至旰昃。于今遂为定式"（《宋朝事实类苑》卷二七）。

明朝君与臣是跪着的关系。元朝君与臣已经开始跪着的关系，明朝将其定格成型，明确要求在朝贺的典礼时，群臣都要跪着，大臣上奏时要跪喊"启禀万岁"。《大明会典》规定："凡百官奏事皆跪，有旨令起即起。"从法律角度要求臣子见皇帝必须下跪，臣子的膝盖没法不软了，逐渐丢失了气节，越来越像奴才而不像官员。跪拜制度影响了君权与相权的关系，宋朝没有废除相权，却是有名无实；明朝则废除了相权，也废除了中书、门下两省，尚书省只剩下个空壳，设有长官，具体事务改由六部分别负责。为了辅助皇帝处理众多政务，明代首创了内阁，成员是大学士，"内阁之职同于古相，而所不同者，主票拟而身不与其事"（《续文献通考·职官考》）；内阁大学士的职责是"奉陈规诲，点检题奏，票拟批答，以平允庶政"。内阁制在明朝有一个发展过程，明太祖时，"备顾问而已"。明成祖时，开始参与政务，"特简解缙、胡广、杨荣等直文渊阁，参预机务。阁臣之预务自此始"。明仁宗时，内阁渐成实体，"以杨士奇、杨荣东宫旧臣，升士奇为礼部侍郎，华盖殿大学士，荣为太常卿，兼谨身殿大学士，阁职渐崇"。明代宗时，内阁权力加重，"六部承奉意旨，靡所不领，而阁权益重"。嘉靖之后，内阁实际成了行政中枢，"世宗时，三殿成，改华盖为中极，谨身为建极，阁衔因之。嘉靖以后，朝位班次，俱列六部之上"（《明史·职官志》）。清朝沿袭明制，也不设立丞相一职，相权全部集中于皇权，君主绝对专制。

三、宦官干政

宦官干政是传统社会政治的一大祸害，明朝走向了巅峰，"奄宦之祸历汉、唐、宋而相寻无已，然未有若有明之为烈也"。黄宗羲认为，明之前的宦官只是干预朝政，而明朝的宦官是把持朝政，内阁及六部已沦为宦官的附庸，"汉、唐、宋有干与朝政之奄宦，无奉行奄宦之朝政。今夫宰相六部，朝政所自出也。而本章之批答，先有口传，后有票拟。天下之财赋，先内库而后太仓。天下之刑狱，先东厂而后法司。其他无不皆然，则是宰相六部，为奄宦奉行之员而已"。明朝宦官干政已成痼疾，很难疗治。末代皇帝崇祯先是清除宦官，后又不得不依靠宦官，直至明朝覆亡，"汉、唐、宋之奄宦，乘人主之昏而后可以得志。有明则格局已定，牵挽相维，以毅宗之哲王，始而疑之，终不能舍之，卒之临死而不能与廷臣一见，其祸未有若是之烈也"（《明夷待访录·奄宦》）。

宦官制度是传统社会一种特有的畸形制度。尽管古希腊、罗马、埃及都有过役使阉人的历史，而就规范完备、时间久远、人数众多而言，中国宦官制度是世界上绝无仅有的。宦官是指那些专供君主及其家族、皇亲国戚役使的，被阉割而失去生殖能力的男子。宦官的存在，首先是为了保证皇族血统的纯正。传统社会君主是"后宫佳丽三千人"，只能用宦官去服务，以便获得男子的劳动力，又不会同女性发生关系，"中人之性，可以上下"（《南史·恩倖传》）。随着君主专制的发展，宦官逐渐成为一种不可忽视的政治力量。宦官似乎起源于夏商周时期，《六经》已有记载，"昏椓靡共"（《诗经·大雅·召旻》）。郑玄注曰："昏、椓皆奄人也，皆其官名也。椓，椓毁阴者也。"（《毛诗笺》）早期的宦官可能来自罪犯或战俘，"墨者使守门，劓者使守关，宫者使守内，刖者使守囿，髡者使守积"（《周礼集传》卷五）。西周时，宦官称为"宫正、宫伯、宫人、内宰、阍人、寺人"，主要负责皇宫中的内部事务，"阍人，掌守王宫之中门之禁"；"寺人，掌王之内人及女宫之戒令，相道其出入之事而纠之"（《周礼注疏》卷七）。春秋战国时期，已有宦官干政的记录，齐桓公不听管仲之言，宠信宦官竖刁（亦作"竖刀"），"公曰：'竖刀如何？'对曰：'自宫以适君，非人情，难亲。'管仲死，而桓公不用管仲言"。齐桓公死后，竖刁伙同他人赶走太子，"冬十月乙亥，齐桓公卒。易牙入，与竖刀因内宠杀群吏，而立公子无诡为君。太子昭奔宋"（《史记·齐太公世家》）。秦始皇统一中国，重用宦官赵高，更是干政的范例。秦始皇死后，赵高勾结李斯篡改遗诏，拥立公子胡亥登基，加速秦朝灭亡，"高乃与公子胡亥、丞相斯阴谋破去始皇所封书赐公子扶苏者，而更诈为丞相斯受始皇遗诏沙丘，立子胡亥为太子。更为书赐公子扶苏、蒙恬，数以罪，赐死"（《史记·秦始皇本纪》）。

先秦时期，宦官干政是个别现象，也是个人行为。真正的宦官干政始于汉朝，唐朝和明朝不能幸免。吊诡的是，开国君主均注意到宦官干政的危害性，刘邦鉴于赵高专权的教训，宫中尽量少用宦官。宦官属于少府统辖，有"中书谒者、黄门、钩盾、尚方、御府、永巷、内者、宦者八官令丞。诸仆射、署长、中黄门皆属焉"（《汉书·百官公卿表》）。东汉开始，宫中皆使用宦官，"中兴之初，宦官悉用阉人，不复杂调他士。至永平中，始置员数，中常侍四人，小黄门十人"（《后汉书·宦者列传》）。汉朝宦官干政发生在东汉时期，特点是宦官与外戚互相争权作乱。自汉章帝之后，皇帝都是年幼即位，皇太后临朝称制，大都依靠外戚。于是，宦官组成集团，挟制皇帝与外戚进行斗争，祸国殃民，为害甚巨。宦官干政始于汉和帝，"章和二年二月壬辰，即皇帝位，年十岁。尊皇后曰皇太后，太后临朝"（《后汉书·和帝纪》）。窦太后安排兄弟窦宪等执掌国家政治中枢，和帝则伙同宦官郑众等夺回权力。郑众被封为大长秋、剿乡侯，破例准许其养子继承爵位，开宦官可以世袭爵位之先例，"和帝即祚幼弱，而窦宪兄弟专总权威，内外臣僚，莫由亲接，所与居者，唯阉宦而已。故郑众得专谋禁中，终除大憝，遂享分土之封，超登宫卿之位。于是中官始盛焉"。汉安帝十三岁登基，邓太后临朝，"以女主临政，而万机殷远，朝臣国议，无由参断帷幄，称制下令，不出房闱之间，不得不委用刑人，寄之国命"。而宦官权力日益扩大，"手握王爵，口含天宪"（《后汉书·宦者列传》）。汉顺帝是宦官拥立登基的，"十一月丁巳，京师及郡国十六地震，是夜，中黄门孙程等十九人共斩江京、刘安、陈达等，迎济阴王于德阳殿西钟下，即皇帝位，年十一"（《后汉书·顺帝纪》）。汉桓帝时，由于诛杀手握重兵的外戚梁冀有功，宦官单超等五人同日封侯，"内外协同，漏刻之间，桀逆枭夷，斯诚社稷之祐，臣下之力，宜班庆赏，以酬忠勋。其封超等五人为县侯"（《后汉书·桓帝纪》）。汉灵帝则称宦官"张常侍是我公，赵常侍是我母"（《后汉书·宦者列传》），杀死外戚何进，"八月戊辰，中常侍张让、段珪等杀大将军何进"（《后汉书·灵帝纪》）。东汉后期，宦官权势熏天，"举动回山海，呼吸变霜露，阿旨曲求，则光宠三族；直情忤意，则参夷五宗。汉之纲纪大乱矣"（《后汉书·宦者列传》）。

唐朝初期，注意限制宦官干政，"贞观中，太宗定制，内侍省不置三品官，内侍是长官，阶四品。至永淳末，向七十年，权未假于内官，但在阁门守御，黄衣廪食而已"。唐玄宗重用宦官，队伍十分庞大，"玄宗在位既久，崇重宫禁，中官稍称旨者，即授三品左右监门将军，得门施棨戟"；"大率宫女四万人，品官黄衣已上三千人，衣朱紫衣者千余人"。唐朝宦官干政始于唐德宗，特点是授予宦官兵权，使宦官与藩镇、武将互相争斗作乱，"德宗避泾师之难，幸山南，内官窦文场、霍仙鸣拥从。贼平之后，不欲武臣典重兵，其左右神策、天威等军，欲委宦者主之。乃置护军中尉两员、中护军两员，分掌禁兵，以文场、仙鸣为两中尉，自是神策亲军之权，全归于宦者矣。自贞元之后，威权日炽，兰锜将臣，率皆子蓄；藩方戎帅，必以赂成；万机之与夺任情，九重之废立由己"。唐德宗之后，唐宪宗、敬宗遭宦官毒害而死，唐穆宗、文宗、武宗、宣宗、懿宗、僖宗、昭宗，皆由宦官拥立登基，"王守澄，元和末宦者。宪宗疾大渐，内官陈弘庆等弑逆。宪宗英武，威德在人，内官秘之，不敢除讨，但云药发暴崩。时守澄与中尉马进潭、梁守谦、刘承偕、韦元素等定册立穆宗皇帝。长庆中，守澄知枢密事"。唐文宗会同宰相李训，"欲尽诛宦官"，酿成"甘露之变"，不仅没有成功，反而被宦官仇士良所诛，"士良等率禁兵五百余人，露刃出东上阁门，逢人即杀，王涯、贾悚、舒元舆、李训等四人宰相及王璠、郭行余等十一人，尸横阙下。自是权归士良与鱼弘志"。唐昭宗想联合朝臣及藩镇削弱宦官势力，结果反被宦官禁锢，"季述矫诏以皇太子监国，遂废昭宗。居东内，夺传国宝授太子。昭宗以何皇后宫数人随行，幽于东宫"（《旧唐书·宦官传》）。唐朝宦官之所以能够废立皇帝，在于手握兵权，"唐中叶以后，倚兵戎，定祸乱，而观军容，监军属之貂珰，是宦官得以窃将之权也"（《文献通考·职官考》）。

明朝初期，更注意限制宦官干政，"明太祖既定江左，鉴前代之失，置宦者不及百人。迨末年颁《祖训》，乃定为十有二监及各司局，稍称备员矣。然定制，不得兼外臣文武衔，不得御外臣冠服，官无过四品，月米一石，衣食于内庭。尝镌铁牌置宫门曰：'内臣不得干预政事，预者斩。'敕诸司不得与文移往来。有老阉供事久，一日从容语及政事，帝大怒，即日斥还乡"。明太祖还规定，"内臣不许读书识字"。然而，明成祖朱棣就开始允许宦官干政，"盖明世宦官出使、专征、监军、分镇、刺臣民隐事诸大权，皆自永乐间始"。明宣宗允许宦官读书识字，"宣宗设内书堂，选小内侍，令大学士陈山教习之，遂为定制。用是多通文墨，晓古今，逞其智巧，逢君作奸"。明朝宦官机构庞大，人员众多，设有二十四衙门，其中宫廷内设有司礼、内官、御用、司设、御马等十二监，惜薪、钟鼓、宝钞、混堂等四司以及兵仗、银作等八局。明末宦官人数达数万人。明朝宦官最大特点是全面把持朝政，权力涉及社会政治经济军事各个领域，而不像汉、唐宦官只把持某一领域或某个环节的朝政。司礼监太监有权"批红",为皇帝代管诏书,实权常在内阁宰辅之上。特务组织东厂、西厂、锦衣卫等也交由宦官掌管,监军、采办、矿监、税监遍布天下。明朝宦官之祸"数传之后,势成积重,始于王振,卒于魏忠贤。考其祸败,其去汉、唐何远哉"(《明史·宦官传序》)。具体为"英之王振,宪之汪直,武之刘瑾,熹之魏忠贤,太阿倒握,威福下移。神宗矿税之使,无一方不罹厥害"(《明史·职官志》)。

王振作为明英宗的司礼太监,"狡黠得帝欢,遂越金英等数人掌司礼监,导帝用重典御下,防大臣欺蔽。于是大臣下狱者不绝,而振得因以市权"。王振的祸害有党同伐异,党同是"工部郎中王祐以善谄擢本部侍郎,兵部尚书徐晞等多至屈膝。其从子山、林至荫都督指挥。私党马顺、郭敬、陈官、唐童等并肆行无忌"。伐异是"侍讲刘球因雷震上言陈得失,语刺振。振下球狱,使指挥马顺支解之。大理少卿薛瑄、祭酒李时勉素不礼振。振摭他事陷瑄几死,时勉至荷校国子监门。御史李铎遇振不跪,谪戍铁岭卫。驸马都尉石璟詈其家阉,振恶贱己同类,下璟狱"。贪污受贿,"振擅权七年,籍其家,得金银六十余库,玉盘百,珊瑚高六七尺者二十余株,他珍玩无算"。最大的祸害是怂恿英宗亲征瓦剌,以致英宗被俘。

汪直"为人便黠",是明宪宗的西厂首领,"明年设西厂,以直领之,列官校刺事"。他行事张扬,"直每出,随从甚众,公卿皆避道。兵部尚书项忠不避,迫辱之,权焰出东厂上"。又诬陷忠良,"直乃任锦衣百户韦瑛为心腹,屡兴大狱"。比较而言,汪直的祸害不及王振、刘瑾和魏忠贤,原因在于他经常受到正直大臣牵制,"大学士商辂与万安、刘珝、刘吉奏其状";"辂口数直罪甚悉,因言:'臣等同心一意,为国除害,无有先后。'珝慷慨泣下。……帝不得已，罢西厂，使怀恩数直罪而宥之，令归御马监，调韦瑛边卫，散诸旗校还锦衣。中外大悦"。汪直还有功于边防，"直年少喜兵。陈钺讽直征伏当加，立边功自固。直听之，用抚宁侯朱永总兵，而自监其军。师还，永封保国公，钺晋右都御史，直加禄米"（《明史·宦官传》）。

刘瑾在明武宗时期，先是执掌钟鼓司，"武宗即位，掌钟鼓司，与马永成、高凤、罗祥、魏彬、丘聚、谷大用、张永并以旧恩得幸，人号'八虎'，而瑾尤狡狠"。执掌钟鼓司时，刘瑾千方百计讨明武宗欢喜，很快升任内官监掌印太监，"日进鹰犬、歌舞、角抵之戏，导帝微行。帝大欢乐之，渐信用瑾，进内官监，总督团营"。后来刘瑾受到弹劾，"帝大怒，立命瑾掌司礼监"。刘瑾最大的祸害是与内外廷结成阉党，掌握官员的升降贬黜，权倾天下，"是时，内阁焦芳、刘宇，吏部尚书张彩，兵部尚书曹元，锦衣卫指挥杨玉、石文义，皆为瑾腹心。变更旧制，令天下巡抚入京受敕，输瑾赂。延绥巡抚刘宇不至，逮下狱。宣府巡抚陆完后至，几得罪，既赂，乃令试职视事。都指挥以下求迁者，瑾第书片纸曰'某授某官'，兵部即奉行，不敢复奏"（《明史·宦官传》）。史书认为："明代阉宦之祸酷矣，然非诸党人附丽之，羽翼之，张其势而助之攻，虐焰不若是其烈也。中叶以前，士大夫知重名节，虽以王振、汪直之横，党与未盛。至刘瑾窃权，焦芳以阁臣首与之比，于是列卿争先献媚，而司礼之权居内阁上。"（《明史·阉党传序》）

魏忠贤"少无赖，与群恶少博，不胜，为所苦，恚而自宫"。入宫后，与明熹宗的乳母客氏"深相结"。"忠贤不识字，例不当入司礼，以客氏故，得之。"魏忠贤更是结党营私，"当此之时，内外大权一归忠贤。内竖自王体乾等外，又有李朝钦、王朝辅、孙进、王国泰、梁栋等三十余人，为左右拥护。外廷文臣则崔呈秀、田吉、吴淳夫、李夔龙、倪文焕主谋议，号'五虎'。武臣则田尔耕、许显纯、孙云鹤、杨寰、崔应元主杀僇，号'五彪'。又吏部尚书周应秋、太仆少卿曹钦程等，号'十狗'。又有'十孩儿''四十孙'之号。而为呈秀辈门下者，又不可数计"。魏忠贤生前风光无限，人称"九千九百岁"；督抚大臣争相为魏忠贤颂德立祠。明熹宗死后，"嘉兴贡生钱嘉征劾忠贤十大罪：一并帝，二蔑后，三弄兵，四无二祖列宗，五克削藩封，六无圣，七滥爵，八掩边功，九朘民，十通关节"（《明史·宦官传》）。崇祯帝果断处置魏忠贤，"慨然太息曰：'忠贤不过一人耳，外廷诸臣附之，遂至于此，其罪何可胜诛。'"（《明史·阉党传序》）非得说明亡于宦官，那是不公道的，但宦官之祸是明亡的重要因素，却是不争的事实。

四、一条鞭法

张居正改革是中国历史上较为成功的改革。张居正少年成名，"少颖敏绝伦。十五为诸生。巡抚顾璘奇其文，曰：'国器也。'"二十三岁"成进士，改庶吉士"。张居正有勇有谋，"勇敢任事，豪杰自许。然沉深有城府，莫能测也"。科举及第后即上奏《论时政疏》，系统阐述其改革政治的主张。公元1572年即隆庆六年，明穆宗病逝，年仅10岁的明神宗朱翊钧即位，时年47岁的张居正担任内阁首辅，辅佐明神宗开启了万历新政，走上了改革之路。张居正的改革以富国强兵为目的，以吏治和赋税改革为重点，全面进行政治经济军事改革。

在吏治方面，主要是实施考成法，万历元年，张居正即上书要求推行考成法，"臣等窃闻尧之命舜曰，'询事考言，乃言底可绩。'皋陶之论治曰：'率作兴事，钦哉，屡省乃成。'盖天下之事，不难于立法，而难于法之必行；不难于听言，而难于言之必效。若询事而不考其终，兴事而不加屡省，上无综核之明，人怀苟且之念，虽使尧舜为君，禹皋为佐，恐亦难以底绩而有成也"。因而必须实行考成法，"事不考成，何由底绩？这所奏，都依议行。其节年未完事件，系紧要的，着该部、院另立期限，责令完报。若不系钱粮紧要及年远难完的，明白奏请开除，毋费文移烦扰"。具体化为明确职责，"查得《大明会典》内一款：'凡六科每日收到各衙门题奏本状，奉圣旨者，各具奏目，送司礼监交收；又置文簿，陆续编号，开具本状，俱送监交收。'又一款：'凡各衙门题奏过本状，俱附写文簿，后五日，各衙门具发落日期，赴科注销，过期稽缓者，参奏。'又一款：'凡外在司、府衙门，将每年完销过两京六科移行勘合，填写簿，送各科收贮，以备查考，钦此。'及查见行事例，在六科，则上下半年仍具奏目缴本；在部院，则上下半月，仍具手本，赴科注销"。张居正通过明确职责，意图以六科控制六部，再以内阁控制六科。对于要办的事情，从内阁到六科，从六科到六部，层层考核，件件落实。各衙门分置三本账，一本记载一切发文、收文、章程、计划，这是底册，"请自今伊始，申明旧章，凡六部都察院，遇各章奏，或题奉明旨，或覆奏钦依，转行各该衙门，俱先酌量道里远近，事情缓急，立定程期，置立文簿存照，每月终注销"。底册除去例行公事无须查考的，再造同样的两本账簿，其中一本送各科备注，另一本送内阁查考，"除通行章奏不必查考者，照常开具手本外，其有转行覆勘，提问议处，催督查核等项，另造文册二本，各注紧关略节，及原立程限，一本送科注销，一奉送内阁查考。该科照册内前件，逐一附簿候查，下月陆续完销，通行注簿，每于上下半年缴本，类查簿内事件，有无违限未销。如有停阁稽迟，即开列具题候旨，下各衙门诘问，责令对状"（《万历起居注·万历元年》)。明神宗批准考成法的改革，万历元年"冬十一月庚辰，命诸司立程限文簿，以防稽缓"(《明史·神宗本纪一》)。作为万历新政的开篇之作，考成法取得重大成功，提高了行政效率，奠定了富国强兵的基础，"居正为政，以尊主权、课吏职、信赏罚、一号令为主。虽万里外，朝下而夕奉行"(《明史·张居正传》)。

西谚讲："人的一生中唯一确定的事情就是死亡与税收。"赋税与国家相伴相生，是维护国家稳定的经济基础。中国的赋税可以追溯到上古时期，"自虞夏时，贡赋备矣"(《史记·夏本纪》)。夏代称赋税为贡法，商代称助法，周代称彻法，"夏后氏五十而贡，殷人七十而助，周人百亩而彻，其实皆什一也"(《孟子·滕文公上》)，其实质都是抽取十分之一税率的地租。赋与税原本是两个概念，赋产生于春秋时期，是诸侯国向臣属本身征收的军役和军用品，"君为主，敝邑以赋，与陈、蔡从，则卫国之愿也"(《左传·隐公四年》)。税则是对臣属土地征收的财物，"税谓公田什一，及工商衡虞之入也"(《汉书·食货志》)。后来，军赋也从土地征收，赋与税逐渐混同。赋税有广义和狭义之分，狭义的是指地、丁两税，广义的则指田赋税和盐、铁、酒、茶及交易、牙行、典当、契约上的各项杂征。春秋战国时期，赋税包括田赋、口赋、徭役和工商税收，田赋在自报田亩的基础上计亩征收，口赋即人头税，徭役有屯戍和力役，工商税收有关市税和山泽税。传统社会实际依靠赋和役两种方式征用社会资源，"有田则有赋，有丁即有役"，赋的征收对象是田，役的征收对象为丁。无论有多少种税，田赋始终是传统社会税收的主要来源。一般而言，皇朝之初，都实行轻徭薄赋，皇朝末期则是苛捐杂税，赋役沉重，史称秦朝末年"田租口赋，盐铁之利，二十倍于古"(《汉书·食货志》)。汉初，田赋是"十五税一"；汉文帝时，甚至是"三十税一"。东汉末年，则是"今汉民或百一而税，可谓鲜矣，然豪强富人占田逾侈，输其赋太半。官收百一之税，民收太半之赋"（《汉纪》卷八）。

　　传统社会的赋税不是一成不变的。先秦管仲是中国历史上赋税改革第一人，公元前680年左右，推行"案田而税"（《管子·大匡》），即土地不分公田、私田，一律按田地数量或亩产多少以及好坏肥瘠分等纳税。按田而税的改革加速了井田制的崩溃，促进了土地私有制的发展，还壮大了齐国国力，"相地而衰征，则民不移"（《国语·齐语六》）。三国韦昭注曰："相，视也。衰，差也。视土地之美恶及所生出，以差征赋之轻重也。移，徙也。"唐朝杨炎是中国历史上赋税改革的重要人物。唐初实行均田制，赋税则是租庸调、户税和地税。租庸调属国税，计丁征收；户税和地税属于财产税，主要部分是土地税。所谓租庸调，是"有田则有租，有家则有调，有身则有庸"（《陆宣公集》卷二二）。租是田租，课户每丁纳粟二石；调是户税，视丁户所在乡村出产，取绫绢或布；庸是徭役，每丁每年无偿服役二十天，不服劳役者，以物品代纳。"（武德）七年三月二十九日始定均田赋税，凡天下丁男给田一顷，笃疾、废疾给四十亩，寡妻妾三十亩。若为户者加二十亩。所授之田，十分之二为世业，余以为口分。世业之田，身死当承户者授之；口分则收入官，更以给人。每丁岁入粟二石。调则随乡土所产，绫绢绝各二丈，布加五分之一。输绫、绢、绝者，兼调绵三两；输布者，麻三觔。凡丁，岁役二旬。若不役，则收其佣，每日三尺。有事而加役者，旬有五日免其调，三旬则租调俱免，通正役不过五十日。"（《唐会要·租税上》）唐中期尤其是安史之乱，农民土地被兼并，均田制被破坏，租庸调已失去存在基础，而原来作为辅助的户税和地税则在国家岁入中占有很大比重。公元779年，唐德宗继位，任命杨炎为宰相。杨炎是著名的理财专家，认为"财赋者，邦国大本，而生人之喉命，天下治乱轻重系焉"。任职次年，建议推行两税法，"炎疾其敝，乃请为'两税法'以一其制"。两税法不立田制，不限占田，"凡百役之费，一钱之敛，先度其数而赋于人，量出制入。户无主客，以见居为簿；人无丁中，以贫富为差。不居处而行商者，在所州县税三十之一，度所取与居者均，使无侥幸。居人之税，秋、夏两入之，俗有不便者三之。其租、庸、杂徭悉省，而丁额不废"（《新唐书·杨炎传》）。两税法改税丁为税户，是赋税史上的重要改革，成为此后历朝统治者遵循的基本税制原则。

张居正推行一条鞭法，是传统社会成功的赋税改革。张居正不是一条鞭法的创始者，却是成功的推行者。所谓一条鞭法，实质是徭役方法的改进。明朝的徭役有力差和银差两种方式，力差是要民众直接为国家办事；银差是要民众出钱，由政府雇佣人员为国家办事。为了完成力差和银差，明朝实施均徭法，即不分商户和民众的能力，轮流负担力差或银差。隆庆初年，江西巡抚刘光济指出，均徭"有此六弊，小民困累已极。且应直之年，役重费繁，力不能胜，大抵人情皆安于目前，既不能积十年之费以待一年之输，是以一年当差，即九年未得苏息，而倾家荡产者相比也"（《差役疏》）。嘉靖四十五年，浙江巡抚庞尚鹏主张废除均徭法，推行一条鞭法，实行赋役合并，一律征银。赋役合并，有利于简化赋役征收的名目和手法，以提高征税效率；一律征银，有利于缓解国库中白银货币之不足。具体是"总括一州县之赋役，量地计丁，丁粮毕输于官。一岁之役，官为金募。力差，则计其工食之费，量为增减；银差，则计其交纳之费，加以增耗。凡额办、派办、京库岁需与存留、供亿诸费，以及土贡方物，悉并为一条，皆计亩征银，折办于官，故谓之一条鞭"（《明史·食货志二》）。

　　张居正不仅是杰出的政治家，而且是出色的理财家，初任首辅即上书免去日讲的赐宴，以省开支，"臣等夙夜皇皇，方切兢惕，岂敢为此饮食宴乐之事，非唯于礼有不可，于心亦实有不安也。且一宴之费，动至数百金，省此一事，亦未必非节财之道"（《辞免筵宴疏》）。张居正注意开源节流，"漕河通，居正以岁赋逾春，发水横溢，非决则涸，乃采漕臣议，督艘卒以孟冬月兑运，及岁初毕发，少罢水患。行之久，太仓粟充盈，可支十年。互市饶马，乃减太仆种马，而令民以价纳，太仆金亦积四百余万"（《明史·张居正传》）。万历五年，终于扭转了财政亏虚状况，岁入白银435万余两，比隆庆时增长74%（《明通鉴》卷六七）。张居正理财既从小处入手，也从大处着眼，万历六年，用三年时间实行清丈土地政策。经过清丈，土地增加近八千亩，"帝用大学士张居正议，天下田亩通行丈量，限三载竣事。用开方法，以径围乘除，畸零截补。于是豪猾不得欺隐，里甲免赔累，而小民无虚粮。总计田数七百一万三千九百七十六顷，视弘治时赢三百万顷"（《明史·食货志一》）。对于一条鞭法，张居正显示出成熟政治家的风采，有条不紊，从容推行。万历四年，要求湖广巡抚推行，"一条编之法，近亦有称其不便者，然仆以为行法在人，又贵因地，此法在南方颇便，既与民宜，因之可也。但须得良有司行之耳"（《答楚按院向明台》）。遇到不同看法，不急于强求一致，"条编之法，有极言其不便者，有极言其便者，有言利害半者。仆思政以人举，法贵宜民，执此例彼，俱非通论。故近拟旨云：'果宜于此，任从其便，如有不便，不必强行。'"（《答少宰杨二山言条编》）万历五年，张居正已确信一条鞭法的积极意义，"条编之法，近旨已尽事理，其中言不便，十之一二耳。法当宜民，政以人举，民苟宜之，何分南北"（《答总宪李渐庵言驿递条编任怨》）。万历九年，张居正下决心全面推行一条鞭法，"立法颇为简便。嘉靖间，数行数止，至万历九年乃尽行之"（《明史·食货志二》）。张居正由此与一条鞭法紧密相连，成为中国赋税制度史上的重要事件，既继承了唐朝的"两税法"，又开启了清朝"摊丁入亩"改革的先声。更重要的是，张居正的改革为万历三大征奠定了基础，"缓解了明王朝的统治危机。到张居正死时，户部太仓储银超过600万两，京师储粮达700万石，是隆庆年间的三倍。同时，'海内肃清'，边疆稳定"①。

五、资本主义萌芽

宋朝社会经济发展居于世界领先地位，元朝未能恢复到宋朝水平。明朝尤其是中后期，社会经济有了很大发展，农业和手工业技术提高，规模扩大，商品化趋势不断加强。道路畅通，商贸往来频繁，逐步形成全国性大市场。海外贸易屡禁不止，隆庆元年，不得不开放海禁，在漳州府的月港设督饷馆，允许民间与南洋诸国自由贸易，民间海外贸易取得了某种程度的合法地位。明朝中后期，无论农业还是手工业，无论国内商业还是海外贸易，无论城市还是农村，整体水平都已超越宋朝。仅以人口为例，官方统计，明初人口为6500万左右，明末无大变化，而学者估计，明末人口已超过1亿。人口增长，从一个侧面反映了社会经济的发展水平和规模。更重要的是，明朝中后期的社会经济已经孕育出资本主义萌芽。

按照一般理解，资本主义是一种以生产资料私有制为基础的社会制度，是内源于封建社会而又高于封建社会的一种生产关

---

① 《简明中国历史读本》，中国社会科学出版社2012年版，第363页。

系和社会形态。资本主义产生的基本条件是存在着大量自由的劳动力以及巨额货币和生产资料转化为资本，从而使得资本所有者能够通过购买劳动力，追求最大限度的剩余价值。资本主义萌芽是指封建社会后期的一些手工工场，拥有资金和原料的工场主雇佣具有自由身份的劳动力，适应市场需求而进行生产。明朝中后期，自然经济占据统治地位，却不能否认资本主义萌芽破土而出。资本主义生产方式的重要条件是劳动者与土地相分离，以及自由雇佣劳动。明朝中后期显然具备了这一重要条件，赋役不均和土地兼并使得大批自耕农破产，失去土地而沦为雇佣劳动力。明孝宗弘治二年人口统计5000余万，反而比明太祖洪武二十六年减少1000多万（《明孝宗实录》卷二一）。自明太祖至明孝宗，已近百年稳定，按理应该增加人口，统计却是减少人口，原因在于土地兼并，大量人口逃亡。实际并不是人口的真正减少，而是有地农民的减少，失地农民以及自由劳动力增多。土地兼并，流民增加，当然是封建社会固有矛盾的暴露，却为资本主义萌芽的产生创造了条件。明朝中后期，农民对封建国家的依附关系有所松弛，使得他们有可能到市场上去出卖自己的劳动力。

　　资本主义萌芽首先表现在农业方面。农业生产力的提高，是产生资本主义萌芽的基础。由于复种、育种、施肥等技术的普遍使用，明朝的粮食产量显著提高，当时农业最发达的太湖地区，水稻亩产约为2.3石。水稻种植自嘉靖年间在北方获得稳定推广，总体提高了全国粮食产量。同时，产于美洲的玉米、甘薯和马铃薯等粮食作物先后传入中国，不仅提高了粮食单位面积产量，甘薯"亩可得数千斤，胜种五谷几倍"（陆耀《甘薯录》），还相应地扩大土地面积，使得原本种植粮食作物的耕地，改种棉花、蚕桑、烟草、花生等经济作物。经济作物收入高于粮食作物，浙江湖州每亩桑田出售桑叶可获利5两白银，高于水稻收入的两倍

（《涌幢小品·蚕报》）。而经济作物的种植，推动了农产品的商品化。商品经济的发展，必然使得小农经济发生两极分化，"土田不重，操赢交捷，起落不常。能者方成，拙者乃毁；东家已富，西家已贫。高下失均，锱铢共竞，互相凌夺，各自张皇"（《天下郡国利病书》）。一部分农民贫困破产而沦为雇工，以出卖劳动力为生；另一部分农民由于善于经营而逐渐富裕起来，上升为富农。富农通过雇工，从事农副产品加工和生产经营活动，获取雇工的剩余价值。雇工的工钱不按实物计算，而是以银两发放，"长年每一名，工银五两，吃米五石五斗，平价五两五钱，盘费一两，农具三钱，柴酒一两二钱，通计十三两"（张履祥《补农书》）。农村雇工虽然有长工与短工、常年性与季节性之别，"吴农治田力穑，夫耕妇馌，犹不暇给，雇倩单工，以襄其事。以岁计曰长工，以月计曰忙工"（《古今图书集成》卷六七六），却蕴含着资本主义生产关系的因素。

资本主义萌芽表现在手工业方面。"资本主义生产方式开始于手工业，只是到后来才使农业从属于自己。"[1]手工业是封建社会孕育资本主义萌芽的主要母体，工场主或商人资本以低价雇佣工人，生产手工业产品，供应市场，谋取利润，"大户张机为生，小户趁织为活。每晨起，小户百数人，嗷嗷相聚玄庙口，听大户呼织，日取分金为饔飧计"（《西台漫记》卷四）。明朝中后期，棉纺、丝织、冶铁、制瓷、印刷等行业都有了新的发展，形成许多地域性的手工业中心。苏州是丝织业中心，松江是棉纺织业中心，芜湖是染业中心，景德镇是瓷业中心，佛山是铁器业中心，山西是煤矿业中心。在棉纺、丝织手工场，嘉靖四十五年，江苏吴县盛泽镇出现了有织机数十台、雇工数十名的手工工场，专

---

① 《马克思恩格斯全集》（第26卷，第三册），人民出版社1974版，第443页。

门生产丝织物品。万历二十九年，苏州"东城机户名隶官籍。佣工之人，计日受值，各有常主"（乾隆《元和县志》卷十）。资本主义萌芽在棉纺、丝织手工业最为典型，"机户出资，机工出力"（《明神宗实录》卷三六一）。机户拥有资本和织机，通过雇佣工人赚取剩余劳动价值，迅速发家致富。万历时期的吏部尚书张瀚说其先祖在成化末年以白银一锭购买机床一张，后增至二十余张，最后富至数万金，规模扩大数十倍（《松窗梦语》）。在陶瓷手工工坊，既有官窑又有民窑，嘉靖十九年，江西景德镇拥有大量民窑，均雇工从事陶瓷生产。在冶炼手工工坊，也是官营民营并存。广东韶关、惠州和福建东平的民营矿业发达，雇工人数多，经营规模大，生产分工细，每个矿场雇工少则百人，多者千人，生产铁丝、铁锁和铁锅，远销国内外。在榨油手工工坊，万历十七年，嘉兴石门镇有20多家榨油作坊，雇工800余人。

资本主义萌芽表现在商业方面。资本主义萌芽不仅脱胎于工场作坊，而且脱胎于商业流通。马克思认为："商业流通是资本的起点。商品生产和发达的商品流通，即贸易，是资本产生的历史前提。"①明朝中后期，商业发达，流通活跃，商人拥有雄厚资本，足迹遍及全国各地。最为著名的是晋商和徽商，"富室之称雄者，江南则推新安，江北则推山右。新安大贾，鱼盐为业，藏镪有至百万者，其它二三十万则中贾耳。山右或盐，或丝，或转贩，或窖粟，其富甚于新安"（《五杂组》卷四）。商品种类齐全，景泰二年，北京大兴、宛平两县制定的《收税则例》所列举的应税商品达230余种，包括食品、服装、日用杂货以及各类奢侈品（《明会典》卷三五）。商品市场完善，农村集市、城市市场以及区域市场已形成网络。农村集市原为自然经济的组成部分，是

① 马克思：《资本论》（第一卷），人民出版社1975年版，第167页。

小生产者产品流通的场所，此时已能发挥某些商品的集散作用。城市人口集中，零售业以及饮食业、服务业更是发达。区域市场反映一定的社会分工，促进不同区域特色产品的交换与流通。商品流通促进商人资本的发展。嘉靖以后，不但沿海苏、浙、闽、粤的商人资本较大规模地参与国内外的经营组织，而且内地徽、赣、晋、川、陕的商人资本也参与了商贸活动。各地商人把一部分社会资本用于商品流通，泉州海商"入海而贸夷，差强赀用"（《闽书·风俗志》），芜湖染商所染织物"遍于吴、越、荆、梁、燕、豫、鲁、齐之间"（《太函集》卷三五）。商人资本也用于手工业工场，江右商人"其货之大者摘叶为茗，伐楮为纸，坯土为器，自行就荆湖吴越间为国家利"（《饶州府志》卷四），闽商则是"货湖丝者往往染翠红而归织之"（《闽部疏》）。商人资本还用于农业生产，即商人租地种植茶叶、果木和蔬菜，且把农产品的种植、加工和运销联合起来，统一经营。这是更加鲜明的资本主义萌芽，摆脱了土地权力的约束，仅凭资本的权力进行生产、经营和销售。

资本主义萌芽表现在海外贸易方面。明朝虽有海禁政策，民间却不断违禁，商人用瓷器、丝织品换取南洋的香料、染料、药材和珠宝，欧洲商人也不断来到中国，正德九年，葡萄牙人首次来到广东屯门进行贸易；嘉靖三十二年，葡萄牙人入据澳门，使之成为晚明对外贸易的中心。正德十四年，西班牙人来到吕宋；嘉靖四十四年，占领吕宋，作为在东方进行贸易的根据地。葡萄牙人、西班牙人用胡椒、苏木、象牙、檀香等货物以及白银，换取明朝的生丝和瓷器。明朝在海外贸易中始终处于出超地位，欧洲和日本的商人则不得不用白银来支付，处于贸易逆差。明朝中期，国内白银产品约二三十万两，不足以应付市场流通的需要。而海外贸易输入了大量白银，"有学者统计，1572年到1821

年，大约有2亿比索的西班牙银币流入中国。1530年到1570年，流入中国的白银主要来源于日本，每年流入约53万两；16世纪末至17世纪初，每年从美洲流入中国的白银数量约为57吨至86吨"[1]。白银的流入，深刻改变了金融行业，发生了货币史上具有里程碑意义的大事，就是唐朝以来一直流行于民间的白银，终于取代明朝的法定货币"大明宝钞"，成为通行的主要货币。市场上的任何商品一般都以银两作为计量的标准。白银货币化，加速了农业、手工业的商品化进程，也加速了资本主义萌芽的产生过程。

资本主义萌芽表现在城市方面。明朝推行海禁政策，"尽力求利，商贾之所为；开边启衅，帝王之深诫。今珍奇异产，中国岂无。朕悉闭绝之，恐此途一开，小人规利，劳民伤财，为害甚大"（《明太祖实录》卷一四四），却不否定朝贡政策，先是在太仓黄渡设置市舶司，后改置宁波、泉州、广州三个市舶司，规定宁波通日本，泉州通琉球，广州通占城、暹罗、西洋诸国。朝贡政策促进了沿海城市发展，宁波、泉州、广州都是当时最繁华的城市。商品经济的发展，更是推进了城市全方位的崛起和繁荣，北方有北京、济南、太原，南方有广州、桂林，西部有重庆、成都，东部有南京、苏州、杭州。对于资本主义萌芽，城市最大作用是促进商品和资本的流通，特别是沿海城市，一方面把进口货内销，还将本地生产的商品远销其他地区；另一方面又吸收内地的土货出口，或将农副产品运回沿海城市加工，然后销往海内外。城市的发展密切了沿海与内地、南方与北方的经济联系。城市方面的表现既指大中城市的发达，又指市镇尤其是江南市镇的兴起。明朝中后期，与棉纺丝织业繁盛相关，江南地区涌现出大

---

[1] 《简明中国历史读本》，中国社会科学出版社2012年版，第367页。

批工商业市镇，平均每年增长一至二倍以上。在苏杭地区，许多市镇从一个小小的村落迅速发展成为地方贸易中心，甚至成为数千或万户人口的大市镇。明朝江南市镇有别于传统市镇，传统市镇以农副产品交易为主要特征和发展动力，而江南市镇则是奠基于手工业和商业活动。手工业是江南市镇的基础，商业贸易是江南市镇的基本功能，工商业并举是江南市镇发展的强大动力。张瀚曾描述杭州的工商特质，"桑麻遍野，茧丝绵苎之所出，四方咸取给焉。虽秦、晋、燕、周大贾，不远数千里，而求罗绮缯币者，必走浙之东也"（《松窗梦语》）。明朝中后期城市的勃兴以及手工业、商业的发达，催生了以中小商人和手工业者为主体的市民阶层，而市民阶层与资本和自由劳动力有着天然的联系。

然而，明朝中后期的资本主义萌芽未能正常发展，更谈不上健康茁壮成长。究其原因，是多方面的，其中一个原因应当引起重视，这就是传统社会政府与工商业边界不清，官办与民办混杂，政府过多干预经济活动，对盐、铁、酒等行业实行专卖专营，造就了庞大的官办企业，控制了大量的人力、物力和财力，势必束缚市场经济的发展，挤压民办企业的生存空间，阻碍新的生产关系和经营方式的发展成熟。

第二节　心学启蒙

明朝君主专制，且实行特务政治，却挡不住商品经济发展、城市社会形成和市民阶层崛起，明朝中后期呈现以个性解放为核心的早期启蒙思潮。王阳明心学冲破了程朱理学的罗网，呼唤着个性解放。李贽是个性解放的标志性人物，"夫道者，路也，不止一途；性者，心所生也，亦非止一种已也。有仕于土者，乃以身之所经历者而欲人之同往，以己之所种艺者而欲人之同灌溉。是以有方之治而驭无方之民也，不亦昧于理欤"（《焚书·论政篇》）。个性解放化为狂狷精神，自觉弘扬主体意识。王畿认为，狂者侧重于主体表现的自由，"狂者之意，只要做圣人，其行有不掩，虽是受病处，然其心思光明超，不作些子盖藏回护，亦便是得力处"。狷者侧重于主体表现的意志，"狷者虽能谨守，未办得必做圣人之志，以其知耻不苟，可使激发开展，以入于道，故圣人思之"（周汝登《圣学宗传》卷一四）。狂狷精神会导致不同的人生境界，狂者犹如水上漂浮的葫芦，触着便动，捺着便转，无拘无束，自由自在；狷者就像水上行舟，有舵在手，坦荡前行，无险不破，无岸不登。

一、小说风流

文学艺术史上素有"唐诗宋词元曲明清章回小说"的说法，

概述了不同时代的文学艺术特色。唐朝是诗的王国，宋朝是词的世界，元朝是曲艺花开，明清是小说高峰。唐诗、宋词、元曲、明清小说，是我国古代文学艺术宝库四颗璀璨的明珠。小说是一种以刻画人物形象为中心，通过完整的故事情节和环境描写来反映社会生活的文学体裁。人物、情节和环境是小说的三要素，环境既指自然环境又指社会环境；情节一般包括开端、发展、高潮、结局四个部分，有的还有序幕和尾声。按语言形式，可区分为文言小说和白话小说。小说与诗歌、散文、戏剧并称为四大文学体裁。

唐诗宋词前面已有介绍，元曲是文学艺术史上的一朵奇葩，包括散曲、杂剧和南戏。散曲，元人称为"乐府"或"今乐府"，是韵文的一种新兴形式，既可以像诗词一样抒情写景，又是杂剧的重要组成部分。散曲源于民间的俗谣俚曲，分小令和套数，小令是散曲的基本单位，名称来自唐代的酒令；套数融合发展了唐宋以来大曲、鼓子词、传踏、诸宫调和赚词的联缀方式。现存元代小令3800多首，套数470余套。真正的传世之作还是出自名家之手，马致远的《天净沙·秋思》是其中的代表作，"枯藤老树昏鸦，小桥流水人家，古道西风瘦马。夕阳西下，断肠人在天涯"。散曲是北方少数民族的胡曲番乐与汉族地区原有音乐相结合的产物，充满生机与活力，使得宋词相形失色，被晾在了一边。徐渭认为："今之北曲，盖辽金北鄙杀伐之音，壮伟狠戾，武夫马上之歌，流入中原，遂为民间之日用。宋词既不可被弦管，南人亦遂尚此，上下风靡。"（《南词叙录》）杂剧是在金院本和诸宫调的基础上，吸收其他艺术形式，将唱、白、科即套数、宾白、舞蹈动作结合在一起，形成的一种新的综合性戏剧艺术。杂剧适应了城市底层居民的娱乐需求，前期以北京为中心，是杂剧的鼎盛时期，著名的剧作家有关汉卿、王实甫，前者的名剧为

《窦娥冤》，后者的名剧为《西厢记》。后期杂剧创作中心转向杭州，处于衰微状态，杂剧作家和作品数量有所减少，创作质量也不太高。元杂剧的诞生具有重要意义，填补了我国文学艺术史上戏剧的空白。与古希腊悲喜剧相比，中国戏剧的成熟比较晚，直至元杂剧，中国才算有了成熟的戏剧形式。南戏产生于温州，曾在南宋时流行，祝允明认为："南戏出于宣和之后，南渡之际，谓之温州杂剧。"(《猥谈》)元末南戏吸取杂剧的一些元素，复又兴盛，为明清传奇奠定了基础。无论散曲还是杂剧、南戏，故事情节一般是相同的模式和大团圆结局，恶人终将受到惩罚，正义必然得到彰显，这反映了中华民族乐观的心理特征。

明朝不是小说创作的高峰，却是小说创作的繁盛期。四大古典小说名著中的《水浒传》《三国演义》和《西游记》都是成书于明朝，长篇世情小说《金瓶梅》和短篇小说集"三言""二拍"，也是成书于明朝。明朝小说创作繁盛，根本原因在于城市的繁荣和手工业、商业的发展，直接原因则在于市民阶层及市民化读者群的形成。明朝文学艺术创作适应市民生活、情趣和形象的需要，呈现出市民化倾向。即便像诗歌这样高雅艺术，也不能不歌唱都市生活和赞美城市繁华景象，也不能不欣羡金钱和美色，甚至高歌恣情纵乐，在俗世的追欢逐笑中寻求人生的乐趣。小说属于通俗文学，更是广泛而深刻地表现市井生活，塑造了众多商人和手工作坊主的形象。《金瓶梅》已将商人作为小说的主人公；"三言""两拍"则淋漓尽致地表现市井中的种种角色，他们或极尽奢侈，或克勤克俭，或历尽艰险，或经营有道。小说作者并不贬低市井各种角色，反而时时流露出同情、理解和赞美的笔触。明朝小说创作繁盛，还在于思想观念的变化。传统观念一向认为诗文是正宗，属于雅文学，小说、戏曲属于俗文学，被视为鄙野之语，甚至是淫邪之辞。明初朱元璋制定了压制通俗文学的政策，明中叶之后,以李梦阳为代表的前七子和以王世贞为代表的后七子明确肯定通俗文学的价值,李梦阳第一次将《西厢记》与《离骚》并列;嘉靖年间,一批名士将《水浒》与《史记》同举。明后期的李贽认为,一代有一代的文章,《西厢记》《水浒传》是"古今至文",还将《水浒传》与《史记》、杜诗等并列为宇宙内"五大部文章"(《焚书·童心说》);袁宏道则将词、曲、小说与《庄子》《离骚》《史记》《汉书》同举,认为《水浒传》《金瓶梅》为"逸典"。雅与俗观念的变化,为小说创作的繁盛奠定了思想基础。明朝小说创作或庄或谐以及表面的离经叛道,实际并不否定传统的教化理论,而是渗透着正统的道德观念。明朝小说的影响广泛,清钱大昕认为可与儒、释、道三教相提并论,"古有儒、释、道三教,自明以来,又多一教,曰小说。小说演义之书,未尝自以为教也,而士大夫、农、工、商贾,无不习闻之,以至儿童、妇女不识字者,亦皆闻而如见之,是其教较之儒、释、道而更广也"(《正俗》)。

小说繁盛于明朝,却有着悠久历史。小说概念源于庄子,"夫揭竿累,趣灌渎,守鲵鲋,其于得大鱼难矣,饰小说以干县令,其于大达亦远矣"(《庄子·外物》)。大意是,拿着小竿细绳在小沟旁守着小鱼,那么想钓到大鱼就很难了。把浅陋的言词修饰一番,妄想去追求美名,对于领悟大道而言就差得太远了。小说意指一些低微的言论,是其本来含义。东汉桓谭认为,小说是治身理家的短书,不是为政化民的大道,"若其小说家,合丛残小语,近取譬论,以作短书,治身理家,有可观之辞"(《新论》)。最具代表性的看法是班固,他虽然承认小说家为诸子百家之一,却认为小说不登大雅之堂,"小说家者流,盖出于稗官,街谈巷语,道听途说者之所造也";甚至认为小说家不入流,无益于治国安邦(《汉书·艺文志》)。小说创作的历史也十分久远,萌芽于先秦，当时诸子百家所载的种种传说和寓言故事，已具小说元素。潜流于两汉，尤其是历史著作一般都有人物形象和社会背景以及完整的叙述结构。雏形于魏晋南北朝，出现了文人笔记和《世说新语》，记载了许多短小精悍的故事，提供一些轶事、掌故和素材。形成于唐朝，产生了说话艺术，以听众为对象，演述古今故事和市井生活。即使宫廷之中，也有说话艺术，"每日上皇与高公亲看扫除庭院，芟薙草木，或讲经、论议、转变、说话，虽不近文律，终冀悦圣情"（郭湜《高力士外传》）。进而形成话本小说，将说话艺术中的故事转化为文字记录，使得小说脱离历史领域而成为文学创作。繁荣于宋元，话本经过文人加工转变为话本小说，情节比较完整，由入话、正话和结尾三个部分组成；题材比较广泛，"有灵怪、烟粉、传奇、公案，兼朴刀、杆棒、妖术、神仙"。烟粉即爱情故事，既是话本小说的着力点，也是听众和读者的兴奋点，"烟粉奇传，素蕴胸次之间；风月须知，只在唇吻之上"（《醉翁谈录·小说开辟》）。鼎盛于明清，小说成为独立的文学体裁，作者的主体意识已经觉醒，在宋元话本小说的基础上形成章回小说，其特点是分章叙事、分回标目，每回故事相对独立，段落整齐，但又前后勾连、首尾相接，将全书构成统一的整体。小说的鼎盛在明朝的表现是名著迭出，美不胜收。

《三国演义》的作者为罗贯中，是我国第一部长篇章回小说。罗贯中创作的主要依据是陈寿的《三国志》，现存最早的嘉靖本即署"晋平阳侯陈寿史传，后学罗本贯中编次"；价值取向是尊刘贬曹，依据于朱熹以蜀汉的年号编写的《通鉴纲目》。全书描写了从东汉末年到魏、蜀、吴三国鼎立时期的故事，"文不甚深，言不甚俗，事纪其实，亦庶几乎史。盖欲读诵者人人得而知之，若《诗》所谓里巷歌谣之义也"（《三国志通俗演义序》）。以汉亡为引线，以晋国一统为结局，以魏、蜀、吴三国兴衰为主线，创作了明君刘备、奸雄曹操、贤相诸葛亮和良将关羽等众多鲜活形象。全书以描写战争为主，写了40余次战役和上百个战斗场面，歌颂了魏、蜀、吴三国争战中人物的智慧与勇敢，尤重于歌颂智慧，"关、张、赵云之流，虽有万人之敌，而无运筹之才；孙乾、糜竺、简雍之辈，乃白面书生，寻章摘句小儒，非经纶济世之士，岂能共成霸业！"（《李笠翁批阅三国》卷七）《三国演义》也是历史演义的开山之作。历史演义，系指用通俗的语言将战争兴废、朝代更替的历史题材，组织、敷演成完整的故事，以此表明一定的政治思想、道德观念和美学理想。杨尔曾认为，罗贯中是历史演义小说的鼻祖，"一代肇兴必有一代之史，而有信史，有野史，好事者丛取而演之，以通俗谕人，名曰演义。盖自罗贯中《水浒传》《三国传》始也"（《东西两晋演义序》）。由于《三国演义》的成功，当时读者是"争相誊录，以便观览"，以致形成了一个创作历史演义的传统，"自罗贯中氏《三国志》一书，以国史演为通俗演义，汪洋百余回，为世所尚，嗣是效颦者日众，因而有《夏书》《商书》《列国》《两汉》《唐书》《残唐》《南北宋》诸刻，其浩瀚与正史分签并架"（《新列国志叙》）。据不完全统计，明清时期的历史演义小说有二百种左右，都深受罗贯中创作的影响，却没有一部能够超越《三国演义》。

《水浒传》的作者比较复杂，一般认为是施耐庵所作；版本也很复杂，可区分为繁本与简本，无论繁本还是简本，都有不同回本的区别，短则70回，多则120回。如果说《三国演义》演绎了历史，那么，《水浒传》则是塑造了英雄传奇。两者相同之处在于人物与题材都有一定的历史依据，"淮南盗宋江等犯淮阳军，遣将讨捕，又犯京东、河北，入楚海州界，命知州张叔夜招降之"（《宋史·徽宗纪》）。差异在于，前者源于讲史的话本，后者由公案的话本演绎而成；前者描写一代兴废和朝代更替，后者塑造一批传奇式的英雄；前者注重依傍史实，后者虚构多于史实。《水浒传》以忠义为价值取向，着力描写北宋末年宋江等108条好汉在山东梁山泊聚义的故事。《水浒传》的情节结构以单线纵向进行，上半部以人为单元，下半部以事为顺序，连环勾锁，层层推进。其最大艺术成就是成功塑造了一系列超伦绝群而又神态各异的英雄形象，金圣叹认为："独有《水浒传》，只是看不厌，无非为他把一百八个人性格都写出来。"（《读第五才子书法》）作者善于把人物置身于真实的历史环境，紧扣人物身份、经历和遭遇来刻画人物的性格，诚如明叶昼所言，"《水浒传》文字，妙绝千古，全在同而不同处有辨。如鲁智深、李逵、武松、阮小七、石秀、呼延灼、刘唐等众人，都是急性的，渠形容刻画来，各有派头，各有光景，各有家数，各有身份，一毫不差，半些不混，读去自有分辨，不必见其姓名，一睹事实，就知某人某人也"（容与堂本《水浒传》回评）。《水浒传》在文学艺术史上有着重要地位，它和《三国演义》一起，促成小说在文学领域获得了独立地位，奠定了我国古代长篇小说的形式和风格，形成中华民族特有的审美心理和鉴赏习惯。

　　《西游记》的作者为吴承恩，是一部根据宋元以来唐僧取经故事而创作的神魔小说，讲述了孙悟空出世，跟随菩提祖师学艺以及大闹天宫后的故事；描写了孙悟空与唐僧、猪八戒、沙僧和白龙马西行取经，路上历经艰险，降妖除魔，经历了九九八十一难，终于到达西天，见到如来佛祖，最后成圣成佛的故事。《西游记》亦真亦幻，具备充分的小说要素，环境是天上地下、龙宫冥府、仙地佛境、险山恶水；形象多为身奇貌异，似人似怪，神通广大，变幻莫测；故事则是上天入地，翻江倒海，降魔除怪，祭宝斗法。作者以诡异的想象、极度的夸张，突破时空，突破生死，突破神、人、物的界限，创造了一个光怪陆离、神奇奇幻的境界；将奇人、奇事和奇境熔于一炉，构筑了统一和谐的艺术整体。《西游记》既不是直接地抒写现实生活，又不类于史前的神话传说，却在神幻奇异的故事之中和诙谐滑稽的笔墨之处，蕴含着深刻的哲理。作者主观上想通过塑造孙悟空的艺术形象来宣扬"明心见性"和心学思想，维护传统社会的正常秩序，客观上却张扬了人的自我价值和对于人性美的追求。《西游记》隐喻了"魔以心生，亦以心摄"的思想主旨，明谢肇淛认为："《西游记》曼衍虚诞，而其纵横变化，以猿为心之神，以猪为意之驰，其始之放纵，上天下地，莫能禁制，而归于紧箍一咒，能使心猿驯伏，至死靡他，盖亦求其放心之喻，非浪作也。"（《五杂组》卷一五）

《金瓶梅》作者为"兰陵笑笑生"，不知其真实姓名与身份，此书是一部世情小说，描述了西门庆及其家庭生活的故事，全面而生动地刻画了西门庆的复杂性格，及其与众妻妾之间的矛盾表现。小说的历史背景设置在北宋，所抒写的都是晚明奢侈浮华、违礼逾制的社会风气。《金瓶梅》是第一部文人独立创作的白话长篇小说，书名是由小说中的潘金莲、李瓶儿、庞春梅三人的名字合成，重点描写市井生活，洋溢着浓厚的市民意识。与其他几部长篇小说相比，《金瓶梅》取材于当时的社会现实，而不是历史题材或神话故事；所描写的是家庭生活中的日常琐事，而不是王朝兴衰、英雄争霸等宏大叙事；其形象都是生活中的平凡人物，而不是帝王将相、英雄豪杰和神仙鬼怪。谢肇淛称赞《金瓶梅》，"其中朝野之政务，官私之晋接，闺闼之媟语，市里之猥谈，与夫势交利合之态，心输背笑之局，桑中濮上之期，尊罍枕席之语，驵狯之机械意智，粉黛之自媚争妍，狎客之从谀逢迎，奴佁之稽唇淬语，穷极境象，骇意快心"（《金瓶梅跋》）。《金瓶梅》描写普普通通的社会、琐琐碎碎的家事和平平凡凡的人物，标志着明朝小说创作进入了一个更加贴近现实和直面人生的新阶段，在白话长篇小说发展史上具有重要意义。《金瓶梅》描写世情却不世俗，具有社会价值。它展现了一幅封建末世的社会人情画，既揭示了封建专制腐朽而日暮途穷，又描述了明朝中后期商人的艰难崛起，以及与封建势力相勾结的丑态。腐朽的必然死亡，新兴的却是前途渺茫，因而清张潮评价"《金瓶梅》是一部哀书"（《幽梦影》）。

二、心学波浪

　　明朝小说风流，学术思想也是亮点纷呈，那就是在理学的长河中，心学掀起了波浪，引发了早期启蒙思潮，标志着传统社会已处于大变革的前夜，近代社会已躁动在传统社会的母腹之中。世界各个文明体系都或迟或早出现过思想启蒙，有的思想启蒙是文明自身发展的结果，有的是自身文明与外来文明交互影响的成就，而明朝的思想启蒙基本是中华文明自身演进的必然成果。在思想层面，以王阳明心学为先导，明朝中后期一大批思想家倡导个性解放，要求解除天理的教条束缚，尊崇自然合理的人性情欲。阳明后学何心隐认为，情欲是人性的组成部分，"性而味，性而色，性而声，性而安佚，性也。乘乎其欲者也。而命则为之御焉。是故君子性而性乎命者，乘乎其欲之御于命也，性乃大而不旷也"（《寡欲》）。在政治层面，出现了批判君主专制的声音。黄宗羲的《明夷待访录》借赞颂三代之治，呼吁尊重人的自然权利，提倡普通士人参政议政，被誉为17世纪中国的"民权宣言"。在经济层面，则是批判"重农抑商"观念，主张工商皆本和士农工商平等，"世儒不察，以工商为末，妄议抑之。夫工固圣王之所欲来，商又使其愿出于途者，盖皆本也"（《明夷待访录·财计三》）)。

明朝是心学发展的高峰，由陈献章肇其始，认为诚为形上本体，于人则为人之本心。心之所有和万物之本质，都在于诚，"夫天地之大，万物之富，何以为之也？一诚所为也。盖有此诚，斯有此物；则有此物，必有此诚。诚在人何所？具于一心耳，心之所有者此诚，而为天地者此诚也"（《无后论》）。陈献章是明代儒学发展史上的关键人物，促进了明初以来程朱理学转向心学，"原夫明初诸儒，皆朱子门人之支流余裔。师承有自，矩矱秩然。曹端、胡居仁笃践履，谨绳墨，守儒先之正传，无敢改错。学术之分，则自陈献章、王守仁始"（《明史·儒林传》）。弟子湛若水善其后，更加重视心的概念，论述心无物与有物的不同状态，认为无物之心为本体，"吾尝观吾心于无物之先矣，洞然而虚，昭然而灵。虚者心之所以生也，灵者心之所以神也。吾常观吾心于有物之后矣，窒然而塞，惯然而昏。塞者心之所以死也，昏者心之所以物也。其虚焉灵焉，非由外来也，其本体也。其塞焉昏焉，非由内往也，欲蔽之也。其本体固在也，一朝而觉焉，蔽者彻，虚而灵者见矣"（《求放心篇》）。进一步阐述心、性、情的关系，心是虚廓，性是其理，情是性之发，心是性之地，"夫至虚者，心也，非性之体也。性无虚实，说甚灵耀。心具生理，故谓之性。性触物而发，故谓之情。发而中正，故谓之真情，否则伪矣。道也者，中正之理也，其情发于人伦日用，不失其中正焉，则道矣。勿忘勿助，其间则中正处也。此正情复性之道也"（《明儒学案·甘泉学案·论学书》）。王阳明是心学集大成者，以心为形上本体，阐述"心即理"的观念，强调"心外无物，心外无事，心外无理"；提出致良知学说，倡导理性的自得与独断，突破了程朱理学的教条束缚，为早期启蒙思潮开辟了通途；宣扬人人都可以成圣的思想，一定程度上消解了社会各阶层的意识形态界限，为基层民众和新兴阶层提升精神境界提供了路径。

　　明朝心学属于儒学范畴，是理学的一个流派，却以反对理学的面目呈现于世，令人错愕不已。心学的远端可追溯到孟子，在先秦儒家中，全面而系统论述心性问题的是孟子。《孟子》一书运用"性"的概念有37次，而运用"心"的概念有121次。孟子言性善，"人性之善也，犹水之就下也。人无有不善，水无有不下"。性与心密切相关，人性善具体化为四心，"恻隐之心，人皆有之；羞恶之心，人皆有之；恭敬之心，人皆有之；是非之心，人皆有之"。孟子之心具有认知功能，"心之官则思，思则得之，不思则不得也"。更是一颗道德之心，汇集了自然之性与社会之性，"故曰，口之于味也，有同耆焉；耳之于声也，有同听焉；目之于色也，有同美焉。至于心，独无所同然乎？心之所同然者何也？谓理也，义也。圣人先得我心之所同然耳。故理义之悦我心，犹刍豢之悦我口"（《孟子·告子上》）。唐君毅认为，孟子的刍豢之喻说明心不仅能统摄生命之欲，而且能统摄义理之性，"唯曰此'心'之能统摄'自然生命之欲'，孟子之'即心言性'之说，乃能统摄告子及以前之'即生言性'之说；而后孟子之以'即心言性'代'即生言性'，乃有其决定之理由可说也"①。孟子心论由本心、存心、养心和尽心四部分组成。本心是指人性本善，朱熹注释"恻隐、羞恶、辞让、是非，情也；仁、义、礼、智，性也。心，统性情者也"（《四书章句集注·孟子集注》）。存心，要求人在成长过程中保持本心，不为物欲和功名利禄所诱惑，"大人者，不失其赤子之心者也"（《孟子·离娄下》）。养心是保持本心的方法，要减少私心和欲望，"养心莫善于寡欲。其为人也寡欲，虽有不存焉者，寡矣；其为人也多欲，虽有存焉者，

---

① 　唐君毅著：《中国哲学原论》，台北学生书局1989年版，第39页。

寡矣"(《孟子·尽心下》)。尽心是孟子心论的目的，就是要知性事天，"尽其心者，知其性也。知其性，则知天矣。存其心，养其性，所以事天也。夭寿不贰，修身以俟之，所以立命也"(《孟子·尽心上》)。孟子心论蕴含着王阳明心学的全部要素，王阳明心学发掘了孟子的思想资源，弘扬光大了孟子的心论。

心学的近端可追溯到南宋的陆九渊。陆九渊是心学的创始人，是与朱熹齐名的思想家。朱熹虽然与陆九渊有着不同的思想观点，却充分肯定陆九渊的学术价值，"南渡以来，八字着脚，理会着实工夫者，惟某与陆子静二人而已"(《陆九渊集·年谱》)。陆九渊心学"因读《孟子》而自得之"(《陆象山语录》)。其基本范畴是本心，几乎是孟子本心的翻版，"孟子曰：'所不虑而知者，其良知也。所不学而能者，其良能也。此天之所与我者，我固有之，非由外铄我也。'故曰'万物皆备于我矣，反身而诚，乐莫大焉'，此吾之本心也"(《与曾宅之书》)。本心就是仁义礼智之心，"问：'如何是本心？'先生曰：'恻隐，仁之端也；羞恶，义之端也；辞让，礼之端也；是非，智之端也。此即是本心。'"弟子傅季鲁认为，本心是陆九渊学问的主旨，"先生之道，精一匪二，揭本心以示人，此学门之大致"。另一个基本范畴是宇宙，陆九渊自小就关注宇宙问题，"因宇宙字义，笃志圣学"(《陆九渊集·年谱年谱》)。宇宙在时空上是无限的，"宇宙无际，天地开辟，本只一家。往圣之生，地之相去千有余里，世之相后千有余岁，得志行乎中国，若合符节，盖一家也"(《与罗春伯》)。宇宙所含只是一个理，宇宙无限，理也无限，"塞宇宙一理耳，学者之所以学，欲明此理耳。此理之大，岂有限量？程明道所谓有憾于天地，则大于天地者矣，谓此理也"(《与赵咏道》)。宇宙所含之理就是仁义道德之理，"此理在宇宙间，未尝有所隐遁，天地之所以为天地者，顺此理而无私焉耳。人与天地并立而为三极，安得自私而不顺此理哉？"（《与朱济道》）圣贤不能违背宇宙之理，"此理塞宇宙，古先圣贤常在目前，盖他不曾用私智"（《与张辅之》）；鬼神不能违背宇宙之理，"此理充塞宇宙，天地鬼神且不能违异，况于人乎"（《与吴子嗣》）。陆九渊指出，宇宙与本心是同一关系，"宇宙便是吾心，吾心即是宇宙。千万世之前，有圣人出焉，同此心同此理也。千万世之后，有圣人出焉，同此心同此理也。东南西北海有圣人出焉，同此心同此理也"（《杂著》）。心与理也是同一关系，"四端者，即此心也，天之所以与我者，即此心也。人皆有是心，心皆具是理，心即理也"（《与李宰》）。王阳明直接继承了陆九渊的心学概念，更是发展完善了陆九渊的心学思想。

明朝中后期心学能够掀起波浪，在于有社会需求。程朱理学官方化之后，丧失了发展活力，呈现出许多弊端。南宋末年，程朱理学已经取得官方地位，元朝又有进一步发展。至元八年，理学学者许衡"以为集贤大学士，兼国子祭酒，亲为择蒙古弟子俾教之"。教学内容是程朱理学，"少者则令习拜跪、揖让、进退、应对，或射，或投壶，负者罚读书若干遍。久之，诸生人人自得，尊师敬业，下至童子，亦知三纲五常为生人之道"（《元史·许衡传》）。皇庆二年，进一步提高程朱理学地位，程颢、程颐、朱熹从祀于孔子（《元史·祭祀志五》）；还明确程朱理学为科举取士的标准依据，"考试程式：蒙古、色目人，第一场经问五条，《大学》《论语》《孟子》《中庸》内设问，用朱氏章句集注"，"汉人、南人，第一场明经经疑二问，《大学》《论语》《孟子》《中庸》内出题，并用朱氏章句集注，复以己意结之，限三百字以上"（《元史·选举志一》）。明朝正式确立程朱理学的官方地位。明初科举取士是程朱理学与古注疏并用，"《四书》义主朱子集注；经义：《诗》主朱子集传，《易》主程朱传义，《书》主蔡氏传及古注疏，《春秋》主左氏、公羊、榖梁、胡氏、张洽传，《礼记》主古注疏"

（《明史纪事本末》卷一四）。永乐年间，完成了《五经大全》《四书大全》《性理大全》，标志着程朱理学官方化过程的完成，占据了国家意识形态的核心地位。嘉靖年间，明确科举取士只用程朱理学，不再使用古注疏，"朕历览近代诸儒，惟朱熹之学醇正可师，祖宗设科取士，经书义一以朱子传注为主。比年各处试录文字，往往诡诞支离，背戾经旨。此必有一等奸伪之徒，假道学之名，鼓其邪说，以惑士心，不可不禁。礼部便行与各该提学官及学校师生，今后若有创为异说，诡道背理，非毁朱子者，许科道官指名劾奏"（《典故纪闻》卷一七）。程朱理学官方化，固然有利于统一思想，维护传统社会秩序，却带来了学术专制，凡是违背程朱理学的新思想，都被指为异端邪说，严重阻碍了学术思想的发展；形成了八股教条，科举考试变成一种陈式和套路，脱离现实的生命体验和道德践履；造就了伪善人格，程朱理学蜕变为一些士人追名逐利的工具。王阳明认为："惟世之所号称贤士大夫者，乃始或有以之而相讲究，然至考其立身行己之实，与其平日家庭之间，所以训督期望其子孙者，则又未尝不汲汲焉惟功利之为务。"（《书黄梦星卷》）心学的兴起，正是适应了社会对程朱理学僵化的不满，起到了解放思想的作用。

　　明朝中后期心学能够掀起波浪，还在于王阳明弟子众多和门生遍布。黄宗羲认为："阳明之学，得门人而益彰。"（《章格庵先生行状》）王阳明的弟子和门生之间不免有分歧，却都有功于心学的传播和发扬光大。具体可分为浙中王门，代表人物有徐爱。正德三年举进士后，曾与王阳明同舟归越，舟中所记王阳明论语，为《传习录》开头部分，最能体现阳明早期学术宗旨，"吾师之教，谓人之心有体有用，犹之水木有根源，有枝叶流派。学则如培浚溉疏"。"故心德者，人之根源也，而不可少缓；文章名业者，人之枝叶也，而非所汲汲。学者先须辨此，即是辨义理之分。"(《明儒学案·浙中王门学案一》)王畿号龙溪，是浙中王门优异者，充分阐述先天正心之学，"正心，先天之学也；诚意，后天之学也"；"吾人一切世情嗜欲皆从意生。心本至善，动于意始有不善。若能在先天心体上立根，则意所动自无不善，世情嗜欲自无所容，致知工夫自然易简省力"(《明儒学案·浙中王门学案二》)。钱德洪是浙中王门有影响者，全面论述后天诚意之学，"昔者吾师之立教也，揭诚意为《大学》之要，指致知格物为诚意之功。门弟子闻言之下，皆得入门用力之地。用功勤者，究极此知之体，使天则流行，纤翳无作，千感万应，而真体常寂，此诚意之极也。故诚意之功，自初学用之，即得入手；自圣人用之，精诣无尽"。黄宗羲评论王畿与钱德洪以及先天正心与后天诚意之学，"龙溪从见在悟其变动不居之体，先生只于事物上实心磨炼。故先生之彻悟不如龙溪，龙溪之修持不如先生。乃龙溪竟入于禅，而先生不失儒者之矩矱，何也？龙溪悬崖撒手，非师门宗旨所可系缚，先生则把缆放船，虽无大得，亦无大失耳"(《明儒学案·浙中王门学案一》)。

江右王门倾向于笃实用功，"姚江之学，唯江右为得其传，东廓、念庵、两峰、双江其选也"；"阳明一生精神俱在江右，亦其感应之理宜也"。其代表人物有邹守益，为学宗旨在戒惧，"戒惧于事，识事而不识念；戒惧于念，识念而不识本体。本体戒惧，不睹不闻，常规常矩，常虚常灵"。戒惧的核心是敬，意指通过功夫使良知本体保持其精明无杂之本来面目，"圣门要旨，只在修己以敬。敬也者，良知之精明而不杂以尘俗也。戒慎恐惧，常精常明，则出门如宾，承事如祭"(《明儒学案·江右王门学案一》)。欧阳德是江右王门年少者，为学多讲格物，强调知觉与良知的区别，"某尝闻知觉与良知，名同而实异。凡知视、知听、知言、知动，皆知觉也，而未必其皆善。良知者，知恻隐、知羞恶、知恭敬、知是非，所谓本然之善也。本然之善，以知为体，不能离知而别有体"。主张心与物、良知与理合一，"视听喜怒之外，更有何物？盖古之言视听喜怒者，有见于神通天地万物而为言；后之言视听喜怒者，有见于形对天地万物而为言。通则一，对则二，不可不察也"（《明儒学案·江右王门学案二》）。罗洪先是江右王门佼佼者，坚持主静体仁思想，"盖人生而静未有不善，不善动之妄也。主静以复之，道斯凝而不流矣。神发为知，良知者静而明也，妄动以杂之，几始失而难复矣。故必有收摄保聚之功，以为充达长养之地，而后定静安虑由此以出，必于家国天下感无不正，而未尝为物所动，乃可谓之格物"（《明儒学案·江右王门学案三》）。

泰州王门布衣之士多，特立独行者多，行侠仗义者多，传承阳明心学，只尊实践，不尚玄远。泰州王门除创始人王艮曾师事阳明，其余皆自有传授，非王门中人，泰州王门也可称为泰州学派。泰州王门是影响最大的心学学派，"上自师保公卿，中及疆吏、司道、牧令，下逮士庶、樵陶、农吏，几无辈无之。考诸贤所出之地，几无省无之，先贤黄梨洲谓阳明之学得心斋而风行天下，于斯可证"（《心斋先生弟子师承表序》）。更重要的是，泰州王门将阳明心学导入了早期启蒙思潮。其代表人物王艮号心斋，出身社会底层的盐户，却志向远大，"学者有求为圣人之志，始可与言学"，坚持良知现成，要在日常生活体悟良知、彰显良知，"问'庄敬持养工夫'。曰：'道一而已矣。中也，良知也，性也，一也。识得此理，则现现成成，自自在在。即此不失，便是庄敬；即此常存，便是持养。真不须防检。不识此理，庄敬未免着意，才着意便是私心。'"（《明儒学案·泰州学案一》）主张"百姓日用之学"，开启儒学世俗化运动，"多指百姓日用，以发明良知之学。大意谓百姓日用条理处，即是圣人条理处"（《王心斋先

生年谱》）。何心隐原名梁汝元，是泰州王门的奠基者，被捕入
狱而死，"三月间，见祁门所缉汝元票，有以'盗犯'缉汝元也，
有以'逆犯'缉汝元也，有以'妖犯'缉汝元也"（《上赣州蒙军
门书》）。他倡导寡欲和育欲，承认人的欲望合理性，不否定发展
人的欲望，"声色、臭味、安逸之乘于耳、目、鼻、口、四肢……
尽乎其性于命之至焉者也"（《原学原讲》）。黄宗羲认为，何心
隐已非传统社会所能束缚，"泰州之后，其人多能以赤手搏龙蛇，
传至颜山农、何心隐一派，遂复非名教之所能羁络矣"（《明儒学
案·泰州学案一》）。颜山农、何心隐一脉还孕育出早期启蒙思潮
的代表人物李贽，李贽之师为王艮之子王襞，"心斋之子东崖公，
贽之师。东崖之学，实出自庭训"（《续焚书·储瓘》）。李贽尊
崇阳明心学，"余自幼倔强难化，不信道，不信仙释"；"不幸年
逼四十，为友人李逢阳、徐用检所诱，告我龙溪先生语，示我阳
明先生书，乃知得道真人不死，实与真佛真仙同，虽倔强，不得
不信之矣"（《阳明先生道学钞》）。又继承王艮的百姓日用之学，
"穿衣吃饭，即是人伦物理。除却穿衣吃饭，无伦物矣"（《答邓
石阳》）。更是吹响了早期启蒙号角，"盖自量心上无邪，身上无
非，形上无垢，影上无尘。古称不愧不怍，我实当之。是以堂堂
之阵、正正之旗，日与世交战而不败者，正兵在我故也"（《与周
友山书》）。

三、书院存毁

中华民族历来重视教育尤其是学校教育，夏商周三代已开设
学校，目的是明人伦，"设为庠序学校以教之。庠者，养也；校
者，教也；序者，射也。夏曰校，殷曰序，周曰庠；学则三代共
之，皆所以明人伦也。人伦明于上，小人亲于下"（《孟子·滕文

公上》)。儒家十分关注教育,孔子提出"有教无类"思想,是中国创办私学第一人,"孔子以诗书礼乐教"(《史记·孔子世家》)。孟子则把教育视为人生乐事之一,"得天下英才而教育之"(《孟子·尽心上》)。明朝是传统教育发展最为成熟的时期。明太祖推行文教治国政策,"治国以教化为先,教化以学校为本",建立健全官学体制,"学校有二:曰国学,曰府、州、县学"(《明史·选举志一》),希望通过学校教育,既能为国家培养人才,又能恢复以儒家礼教为主导的华夏传统。同时,更多私学色彩的书院虽然屡遭禁毁,却在明中后期蓬勃发展。书院最本质的特征是自由讲学,历来是学者传播思想、昌明学术之地,也是新思想新学术的孕育诞生之地。

明初战乱甫定,即大兴学校,形成中央国学、地方儒学和社学三级体制。中央国学即国子监,是最高学府,国子监的前身是国子学。明代之前,国子学与国子监是两个不同的机构,前者专司育才,后者专司选才。"国子学之设自明初乙巳始。洪武元年令品官子弟及民俊秀通文义者,并充学生。"洪武十四年,国子学改称国子监,将育才与选才的职能合一,"初,改应天府学为国子学,后改建于鸡鸣山下。既而改学为监,设祭酒、司业及监丞、博士、助教、学正、学录、典籍、掌馔、典簿等官。分六馆以馆诸生,曰率性、修道、诚心、正义、崇志、广业"。永乐元年,北京设立国子监,明代国学由此有南监、北监两所。除国子监外,中央学校"又有宗学、社学、武学"、医学、阴阳学(《明史·选举志一》)。地方儒学包括府学、州学、县学以及边疆地区的卫学。洪武二年,明太祖谕曰:"复我中国先王之治,宜大振华风,以兴治教。今虽内设国子监,恐不足以尽延天下之俊秀,其令天下郡县,并建学校,以作养士类。"(《太祖实录》卷四六)于是,各地大力兴办儒学,"府设教授,州设学正,县设教谕,各一。俱设训导，府四，州三，县二。生员之数，府学四十人，州、县以次减十"。洪武十五年，"颁学规于国子监，又颁禁例十二条于天下，镌立卧碑，置明伦堂之左。其不遵者，以违制论"。社学是官学的最低层面，专门教育15岁以下的民间幼童，"自洪武八年，延师以教民间子弟，兼读《御制大诰》及本朝律令。正统时，许补儒学生员。弘治十七年，令各府、州、县建立社学，选择明师，民间幼童十五以下者送入读书，讲习冠、婚、丧、祭之礼"。明朝建构了中央国学、地方儒学和社学三位一体的庞大网络，空前普及了教育，"盖无地而不设之学，无人而不纳之教，庠声序音，重规叠矩，无间于下邑荒徼，山陬海涯。此明代学校之盛，唐宋以来所不及也"(《明史·选举志一》)。

明朝"选举之法，大略有四：曰学校，曰科目，曰荐举，曰铨选。学校以教育之，科目以登进之，荐举以旁招之，铨选以布列之，天下人才尽于是矣"。然而，"荐举盛于国初，后因专用科目而罢。铨选则入官之始，舍此蔑由焉"。真正关系密切的是学校与科举。明初，学校和科举都是选官途径，"府、州、县学诸生入国学者，乃可得官，不入者不能得也。入国学者，通谓之监生，举人曰举监，生员曰贡监，品官子弟曰荫监，捐赀曰例监"。而且，只有入国学者，才能参加科举，"科举必由学校，而学校起家可不由科举"(《明史·选举志一》)。宣德之后，选官逐渐向科举倾斜，科举进身比学校贡举得官相对容易且优越，"迨制科日盛，内外要重之司皆归之；而举贡之在太学者，循资待选，年老始博一官，又积久不迁；于是与进士判若天渊矣"(《明会要》卷四八)。明中叶之后，国学中的监生全都以科举为目标，学校仅仅是教学读书的地方和科举的演练之所，不再是选官的途径，也不再直接为国家输送人才，"明制，科目为盛，卿相皆由此出，学校则储才以应科目者也"。明朝的科举制度基本同于唐、

宋，"科目者，沿唐、宋之旧"。考试内容和方法稍有变化，"稍
变其试士之法，专取四子书及《易》《书》《诗》《春秋》《礼记》
五经命题试士"；"其文略仿宋经义，然代古人语气为之，体用排
偶，谓之八股，通谓之制义"。考试程序是"三年大比，以诸生
试之直省，曰乡试。中式者为举人。次年，以举人试之京师，曰
会试。中式者，天子亲策于廷，曰廷试，亦曰殿试"。考试结果
"分一、二、三甲以为名第之次。一甲止三人，曰状元、榜眼、
探花，赐进士及第。二甲若干人，赐进士出身。三甲若干人，赐
同进士出身。状元、榜眼、探花之名，制所定也。而士大夫又通
以乡试第一为解元，会试第一为会元，二、三甲第一为传胪云"
（《明史·选举志二》）。

　　一般而言，学校教育比较规范，容易统一思想，却带来了
思想禁锢和学术氛围不活跃的问题。明朝官学以程朱理学为准
绳，非"四书五经"不谈，非宋朝理学不谈，更是压制了思想进
步。即使儒家经典，也是只读"四书"，而不谈"六经"，"世之
治举业者，以'四书'为先务，视六经可缓。以言《诗》，非朱
子之传义弗敢道也，以言《礼》，非朱子之家礼弗敢行也"；"言
不合朱子，率鸣鼓百面攻之"（朱彝尊《道传录序》）。由于与科
举密切相关，学校教育成了追名逐利的工具，"天下之人惟知此
物可以取科名，享富贵，此之谓学问，此之谓士人，而他书一切
不观"（《日知录》卷一六），反而阻碍了学校教育的发展。明中
叶之后，官学呈现出衰微之象，而具有私学色彩的书院应运而勃
兴。学校"末流之弊，逐功利而迷本真，乃反甚于汉唐。贤士大
夫欲起而维之，不得不修濂、洛、关、闽之余业，使人知所向
往，于是通都大邑，所在皆有书院"（《首善书院记》）。书院的
兴起与官学的衰敝成反比关系，书院兴则官学衰，官学衰则书院
兴。不仅明朝如此，宋朝也是如此，可谓是规律性现象。北宋年

间，官学并不发达，尤其是宋初八十年，中央官学只有国子监，地方官学没有发展，于是迎来了书院的发展兴盛，全国建有37所书院。南宋年间，官学或有名无实，"中兴以来，建太学于行都，行贡举于诸郡，然奔竞之风胜，而忠信之俗微。亦惟荣辱升沉，不由学校，德行道艺，取决糊名。工雕篆之文，无进修之志。视庠序如传舍，目师儒如路人，季考月书，尽成文具"（《宋史·选举志三》）。或成为名利场所，"所谓太学者，但为声利之场，而掌其教事者，不过取其善为科举之文，而尝得隽于场屋者耳。士之有志于义理者，既无所求于学，其奔趋辐凑而来者，不过为解额之滥、舍选之私而已。师生相视漠然如行路之人。间相与言，亦未尝开之以德行道艺之实。而月书季考者，又只以促其嗜利苟得、冒昧无耻之心，殊非国家之所以立学教人之本意也"（朱熹《学校贡举私议》）。南宋官学的数量和质量都有问题，所以书院发达，建有136所，占宋朝学校总数的78.6%，几乎取代了官方的教育机构。

书院是传统社会一种独特的教育组织形式，多为私学性质，由著名学者创建或主持，既是教育机构，又是学术研究机构。书院并非明朝首创，而是始于唐玄宗时期，开元"十一年，置丽正院修书学士；光顺门外，亦置书院。十二年，东都明福门外亦置丽正书院。十三年改丽正修书院为集贤殿书院"。当时是官办书院，不以教学为主，而是藏书校书的地方以及咨询顾问的场所，"掌刊缉经籍。凡图书遗逸、贤才隐滞，则承旨以求之。谋虑可施于时，著述可行于世者，考其学术以闻。凡承旨撰集文章、校理经籍，月终则进课于内，岁终则考最于外"（《新唐书·百官志二》）。私人创建书院也在唐朝，"遂宁县，唐贞观九年建"张九宗书院（《（嘉庆）四川通志》卷七九）。私人书院一般以讲学为主。据志书记载，唐朝还有"在吉水县，唐通判刘庆霖建以讲学"

的皇寮书院；"在漳州府，唐陈珦与士民讲学处"的松州书院；"在德安县，唐义门陈衮即居左建立，聚书千卷，以资学者，子弟弱冠，皆令就学"的义门书院；"在奉新县，唐罗靖、罗简讲学之处"的梧桐书院。书院作为一种独立的教育组织，一般认为始于公元940年即南唐升元四年，在江西庐山白鹿洞建立学馆，以当时的国子监九经教授李善道为主持，负责教学，称之为"庐山国学"或"白鹿洞国庠"，从而由私人读书治学之所转变为聚徒讲学的书院。

书院制度完善定型于宋朝。原因在于北宋的官学不够发达。当时声著全国的有江西庐山白鹿洞书院、河南商丘的应天府书院、湖南衡阳的石鼓书院和长沙岳麓书院，号称"天下四大书院"，影响深远广泛。南宋官学形同虚设，书院的数量、规模、地位、作用和影响远远超过官学，成为当时的主要教育机构。原因还在于宋朝理学兴起，名师硕儒辈出。他们为了传播自己的思想，书院便成了重要场所和主要载体，朱熹重建白鹿洞书院，曾邀请陆九渊讲"义利"之说；张栻主持过岳麓书院，初步奠定湖湘学派规模；吕祖谦创建丽泽书院，强调学贵创新，"今以为学自初至长，多随所熟为之，皆不出于窠臼。唯出窠臼外，然后有功"（《丽泽书院讲义》）。在制度建设方面，朱熹主持制定的《白鹿洞书院教条》是后世书院的范本，明确了教学方针，"父子有亲，君臣有义，夫妇有别，长幼有序，朋友有信。右五教之目，尧舜使契为司徒，敬敷五教，即此是也。学者学此而已"。提出了为学、修身、处事、接物的基本原则与方法，认为"其所以学之之序，亦有五焉，其别如左：博学之，审问之，慎思之，明辨之，笃行之"。修身之要是"言忠信，行笃敬，惩忿窒欲，迁善改过"。处事之要是"正其义，不谋其利；明其道，不计其功"。接物之要是"己所不欲，勿施于人；行有不得，反求诸己"。

　　书院起自唐朝，清朝光绪二十七年即公元1901年，下诏将书院改为学堂，延续千年左右，形成了比较完整的书院制度。在功能方面，书院主要是教学与研究，兼有奉祀和藏书的功能。在组织管理方面，书院的主持一般称为山长，或称洞主、教授、院长，不同地区、不同历史阶段使用不同的名称。书院初创，组织机构比较简单，主持人既是组织管理的负责者，又是日常教学的承担者。随着书院的发展，事务的繁杂，一般会增加管理人员。白鹿洞书院除洞主外，还设有副讲、堂长、管干、典谒、经长、学者、引赞、火夫、采樵、门斗等机构人员，分工负责书院的日常教学、管理和生活服务等各项事务（《白鹿洞志》）。在教学与研究方面，书院既是一个学校教育机构，又是一个学术研究团体，既担负教学任务，又担负着学术研究和传播学术思想的任务。教学与学术研究紧密结合，是书院的突出特点，又是区别于官学的重要标志。朱熹、陆九渊、王阳明既将自己的学术思想和研究成果传授给学生，又于书院从事撰著工作，或先成书作为讲授教材，或先讲授而后成书，甚至将学生的笔记汇编成《语录》。书院教学强调学生自学，"书用你自去读，道理用你自去究索"；"只凭听人言语，看人文字，终是无得于己"（《朱子语类》卷一三、一一六）。盛行"讲会"制度。书院讲学有传授式的学术讲授和论辩式的学术讲会两种形式，前者是书院讲学的基本方式，以院内学生为主，目的在于讲授学术基本思想或重点阐发经义；后者则是不同学派之间的学术讨论会，目的在于论证阐发一个学派的义蕴，或辨析不同学派的异同，或论辩学派观点之真伪，或交流研究之新意。最著名的讲会就是朱熹和陆九渊的"鹅湖之会"。讲会由四方学者自由参加，对于推动学术研究、发展学术思想、树立学术风气有着重要作用。

　　明朝书院发展过程比较曲折，前期官学发达，书院沉寂。明中叶之后，官学衰蔽，心学兴起，书院既得到很大发展，又是屡遭禁毁。创办书院最积极的是王阳明，他讲学20多年，所到之处开设书院，宣扬心学。其中有名的为龙田书院、贵阳书院、濂溪书院、稽山书院、敷文书院，"正嘉之际，王守仁聚徒于军旅之中，徐阶讲学于端揆之日，流风所被，倾动朝野。于是搢绅之士，遗佚之老，联讲会，立书院，相望于远近"（《明史·顾宪成等传赞》）。另一个积极者是湛若水，他讲学52年，"生平所致，必建书院"（《明史·湛若水传》）。四次遭禁毁，第一次是嘉靖十六年，御史游居敬上书，弹劾王阳明、湛若水私创伪学，皇帝下诏"毁其书院"，主要是禁毁南京的讲学书院。第二次是嘉靖十七年，吏部尚书许赞上书，要求禁毁全国的书院，尤其是以王阳明为主的讲学书院。第三次是万历七年，张居正把持朝政，为了强化官学，采取禁毁书院的政策，"夫昔之同志者，仆亦尝周旋其间，听其议论矣。然窥其微处，则皆以聚党贾誉，行经捷举。所称道德之说，虚而无当，庄子所谓'其嗌言者若哇'，佛氏所谓'蛤蟆禅'耳。而其徒侣众盛，异趋为事。大者摇撼朝廷，爽乱名实，小者匿蔽丑秽，趋利逃名。嘉隆之间，深被其祸，今犹未殄。此主持世教者所深忧也"（《答南司成屠平石论为学》）。第四次是天启七年，由魏忠贤一手操纵，矛头直指东林书院，殃及其他书院。东林书院由顾宪成于万历三十二年在无锡创立，拥护程朱理学而反对阳明心学。东林书院严于君子小人、是非正邪之辨，坚持"风声雨声读书声声声入耳，家事国事天下事事事关心"，积极参与社会政治活动，"讲习之余，往往讽议朝政，裁量人物，朝士慕其风者，多遥相应和"（《明史·顾宪成传》），逐步发展为东林学派，在政治上形成东林党人，影响朝政20多年。天启七年，魏忠贤操纵禁毁东林书院，"秋七月壬戌，毁首善书院"；"丁巳、癸亥三京察，尚书李三才、顾宪成等削籍。八月壬

午，毁天下东林讲学书院"（《明史·熹宗本纪》）。还残杀东林
党人，"逮逮及左光斗、魏大中、周朝瑞、袁化中、顾大章等六
人，至牵入熊廷弼案中，掠治死于狱"（《明史·魏忠贤传》）。
明朝书院存毁，有时关乎学术思想和学校教育，更多的却是关乎
政治。

四、第一次西学东渐

明朝中后期，中国迎来了第一次大规模的中西文化接触与
交流。明朝之前也有中西文化交流，譬如，作为基督教一支的景
教，曾传入唐朝，但只是个别情况。只有在明朝中后期，西学东
渐才形成社会思潮，与资本主义萌芽、早期启蒙一起成为传统社
会即将崩裂的先兆。中华文明原本在相对独立的地理环境中自主
生长演化，虽然受到印度文明的挑战，与佛教有过深入的交流沟
通，最终吸纳消化融合了佛教学术思想。禅宗的诞生表明佛教不
再是外来文明，而是中华文明的有机组成部分，这说明中华文明
具有了宽广的包容力、强大的融合力和旺盛的生命力。西学东
渐，使得中华文明又一次面临外来文明的挑战，能否像吸纳佛教
文明那样，交流沟通和消化融合西方文明的合理因素，再创中华
文明的辉煌，始终是摆在中国人面前的一份考卷。答题的过程将
会是艰难而曲折的。

西学东渐首先产生于欧洲各国对于中国市场的渴望。明朝
正值西方地理大发现时期，哥伦布发现了美洲新大陆，达·伽马
开辟了通往亚洲的新航路。地理大发现和资本主义原始积累驱
动着欧洲人寻找中国市场。当时进入中国的主要是葡萄牙人和西
班牙人，明人称之为"佛朗机"。正德十三年，葡萄牙"遣使臣
加必丹末等贡方物，请封，始知其名"。嘉靖二年，葡萄牙人入

侵广东"新会之西草湾";二十六年,"犯漳州之月港、浯屿";"二十八年,又犯诏安"。葡萄牙人还借口商船遭遇风暴,请求借澳门晾晒货物,入据澳门,并修筑定居点,侵犯我国的领土主权,"其市香山澳、壕镜者,至筑室建城,雄踞海畔,若一国然,将吏不肖者反视为外府矣。壕镜在香山县南虎跳门外"。澳门甚至成为中国与东南亚各国贸易的中心,"先是,暹罗、占城、爪哇、琉球、浡泥诸国互市,俱在广州,设市舶司领之。正德时,移之高州之电白县。嘉靖十四年,指挥黄庆纳贿,请于上官,移之壕镜,岁输课二万金,佛郎机遂得混入。高栋飞甍,栉比相望,闽、粤商人趋之若鹜。久之,其来益众。诸国人畏而避之,遂专为所据"。葡萄牙人在澳门还从事中日之间的中介贸易。继葡萄牙人之后,西班牙人也来到亚洲,占据菲律宾南部诸岛,"万历中,破灭吕宋,尽擅闽、粤海上之利,势益炽。至三十四年,又于隔水青州建寺,高六七丈,闳敞奇闳,非中国所有"。西班牙人以马尼拉为中心,从事中国到拉丁美洲的远洋贸易。葡萄牙人和西班牙人进入中国属侵略行径,主要目标是贸易获利,尊崇商业信用,"盖番人本求市易,初无不轨谋";"其人长身高鼻,猫睛鹰嘴,拳发赤须,好经商";"市易但伸指示数,虽累千金不立约契,有事指天为誓,不相负"(《明史·佛朗机传》)。

伴随着西方商船贸易,开启了西学东渐的航程。英国历史学家汤因比认为:葡萄牙及西班牙首先掀起了征服世界的浪潮,他们不只是为了各自的利益,而且也为了宣扬基督教,且他们传教的热情是无比的狂热。明朝西学东渐过程中,耶稣会发挥了重要作用,是中西文化交流的纽带和桥梁。耶稣会是天主教的一支,由西班牙人圣依纳爵·罗耀拉于公元1534年创立于巴黎,旨在反对欧洲的宗教改革运动,维护教皇权威。耶稣会要求会士严守"三愿",即绝财、绝色、绝意,无条件效忠教宗,执行其委派的一切任务。嘉靖三十一年，耶稣会士方济各·沙勿略来到广东海域的上川岛，却未能进入内地。方济各·沙勿略为耶稣会创始人，是葡萄牙派往亚洲的天主教传教士，也是最早来到东方传教的耶稣会士，曾在日本山口和丰后水道沿岸等地传教。由于明朝海禁尚严，无法进入内地传教。第一位进入中国内地的教士是罗明坚，万历七年，被派到中国澳门，学习汉语。后随葡萄牙商船到广州传教，住肇庆天宁寺，不久驱回澳门。万历十一年，与利玛窦一起到肇庆建堂传教；十三年，应两广总督之邀去杭州传教；十六年，从澳门经里斯本返回罗马。著有《天主圣教实录》，首先使用"天主"一词，为西方人最早用汉文所写的教义纲要。罗明坚被称为西方汉学之父，却没有在华传教史上留下重大影响。明朝中后期，来到中国的西方传教士有500余人，大多知识渊博，品德也高尚，"其国人东来者，大都聪明特达之士，意专行教，不求禄利。其所著书多华人所未道，故一时好异者咸尚之"（《明史·意大里亚传》）。西方传教士既将西方先进的科学技术文化传入中国，使中国对西方文化有了一定了解；又通过信函及翻译的方式，将中国文化主要是儒家经典传入欧洲，掀起了"中国风潮"，有利于西方人了解中国。从这个意义上说，西学东渐的过程也是中学西渐的过程。李约瑟指出："看来没有一件事足以和17世纪时耶稣会士的入华相比，这批欧洲人既充满了宗教热情，又精通随文艺复兴和资本主义兴起而发展起来的大多数学科"；"即使说他们把欧洲的科学和数学带到中国只是为了传教，但由于当时东西两大文明仍互相隔绝，这种交流作为两大文明之间文化联系的最高范例，仍然是永垂不朽的"[①]。

明朝的西学东渐，就欧洲人而言，利玛窦是个核心人物，发

---

① ［英］李约瑟:《中国科学技术史》（第三卷），科学出版社、上海古籍出版社2018年版，第440、465页。

挥了关键作用。利玛窦1552年10月生于意大利马切拉答城，少时聪慧，青年时进罗马学院度过五年大学生活，学习天文学、地理学、应用数学、欧几里得几何学、音乐理论和透视学等近代科学。1576年，他自愿申请到东方传教，次年获准，由罗马启程，取道葡萄牙，于1578年到达印度卧亚，攻读四年神学。万历十年即1582年，八月，抵达澳门，"利玛窦始泛海九万里，抵广州之香山澳，其教遂沾染中土"。次年九月，获两广总督郭应聘许可，入抵肇庆，于高要城东小市筑室而居。在肇庆期间，利玛窦建起第一所西文图书馆，且与当地官绅交游融洽。1589年，继任的两广总督排斥教会，被迫移迁韶州。1595年来到南昌，受到建安王、乐安王及江西官员的欢迎，写下《西国记法》，由此蜚声全国。1599年迁居南京，大力传播西方科学技术，深得士大夫好感，其"天文学家"称号也因之名噪大江南北。1601年初，利玛窦抵达北京，"至二十九年入京师，中官马堂以其方物进献，自称大西洋人"。进贡方物包括时画天主圣像、古画天主圣像等宗教物品，各色玻璃、自鸣钟、映五彩玻璃石、大西洋琴、玻璃器皿等西方工业产品。他还绘制了《坤舆万国全图》，"万历时，其国人利玛窦至京师，为《万国全图》，言天下有五大洲。第一曰亚细亚洲，中凡百余国，而中国居其一。第二曰欧罗巴洲，中凡七十余国，而意大里亚居其一。第三曰利未亚洲，亦百余国。第四曰亚墨利加洲，地更大，以境土相连，分为南北二洲。最后得墨瓦腊泥加洲为第五。而域中大地尽矣"。《万国全图》颠覆了传统的天圆地方观念，让中国人第一次比较正确地认识了世界概貌和地球知识。明神宗看到贡物十分高兴，"帝嘉其远来，假馆授粲，给赐优厚"。于是让其定居北京，"玛窦安之，遂留居不去，以三十八年四月卒于京"（《明史·意大里亚传》）。

利玛窦在华生活28年，其中在京生活10年，传播了大量的西方科学文化知识。传播基督教是利玛窦工作的重点，传播科学是工具，传播基督教才是目的。然而，利玛窦删去了人人平等的思想以及耶稣被钉死在十字架和童贞女之子等内容，给基督教披上儒家思想的外衣，演绎成类似于儒教的伦理体系，使得基督教思想能够在中国大地滋生、蔓延。同时，他重视与官员和士大夫交流，"公卿以下重其人，咸与晋接"（《明史·意大里亚传》），注意在他们中间发展信教者。在利玛窦的影响下，当时北京已有200人左右信奉天主教，取得了很大成功。在传播科学技术方面，利玛窦是复杂的，既有中世纪托勒密体系中的天文学和宇宙观，又有体现毕达哥拉斯精神的数理科学，还有反映欧洲文艺复兴后期的地理学和天文学思想。利玛窦向中国输入了西方天文学理论，主要有"四元行论""九重天学说""地圆学说"以及"日体大于地、地体大于月"等知识。利玛窦还在各地制作天文学仪器，普及天文学知识。利玛窦输入了西方地理学知识，介绍实地测量经纬度、地名的译定、五大洲的概念和地带的分类等最新地理学知识。最为重要的输入是《坤舆万国全图》，这是中国历史上第一幅世界地图，先后被十二次刻印。利玛窦输入了西方数学知识，影响最大的莫过于《几何原本》《同文算指》。《同文算指》介绍的西方笔算，至今仍在应用。徐光启评价《几何原本》，"此书为益，能令学理者祛其浮气，练其精心；学事者资其定法，发其巧思，故举世无一人不当学"（《几何原本杂议》）。利玛窦输入了罗马字注音，解决了中国音韵学分析"音素"和测定"字音"的困难，开辟了音韵学研究新途径。利玛窦不仅输入西方科学知识，而且输入公理化、系统化、符号化的思维方法和科学精神，对于传统社会而言，无疑有着解放思想的意义。

更重要的是，他创立了"利玛窦规矩"的传教策略，使得西学在中国传播成为可能与现实，也是后来传教者遵从的规则。"利

玛窦规矩"的精神内核是适应而不是违背中国社会文化特点进行
传教。具体化为一是争取士大夫同情的上层路线。利玛窦初入中
国，穿的是和尚服装，自称"西僧"，没有引起重视。公元1594
年，他改换儒服，自称儒生，行秀才礼，努力钻研儒家典籍，因
而赢得士大夫好感，与许多士大夫成为朋友，"自是四方人士，
无不知有利先生者。诸博雅名流，亦无不延颈愿望见焉"（徐光
启《跋二十五言》）。据初步统计，利玛窦在华期间，上自大学
士、各部高官，下至士大夫，与之交游的中国人士为130人左
右。由于他们处于全国各地，其中不少人身居要职，帮助利玛窦
扩大了影响力。有的关系甚至深入到内阁，延续到死后。利玛窦
在南京认识叶向高，叶氏后来官至内阁首辅。利玛窦死后，正是
叶氏向明神宗进言，"赐葬西郭外"（《明史·意大里亚传》）。与
利玛窦交往的很多士大夫乐于为传教士的著作撰写序跋，仅见于
《天学初函》丛书中的名家序跋就不下数十篇，"若其他各书序跋，
汇而辑之，可以作天主教之《弘明集》"①。二是尊重中国的礼仪
习俗。祭祖敬孔是传统社会重要且沿袭久远的传统仪式，利玛窦
采取了包容和理性客观的态度，认为祭祖是中国人用来维系孝道
的习俗，即使从基督教立场而言，不能理解为偶像崇拜，也不是
非排斥不可的异教仪式。敬孔是中国官员和士大夫"为了感谢他
在书中传下来的崇高学说，使这些人能得到功名和官职。他们并
不念什么祈祷文，也不向孔子求什么"②。利玛窦的尊重，使得中
国教徒在需要参加祭祖和敬孔仪式时，不会有情感上的尴尬和宗
教上的阻滞。三是理念上的融通。利玛窦还用儒家经典的天、上
帝来称呼天主教的天主，认为二者是名异实同。"利玛窦规矩"

① 《陈垣学术论文集》（第一集），中华书局1980年版，第210页。
② 《利玛窦全集》（第一册），光启出版社、辅仁大学出版社联合发行，1986年版，第85页。

是成功的，使得西学东渐范围广泛且效果显著，中西文化第一次交流平等而和平，绝不像清朝后期第二次交流那么血腥而残酷。

就中国人而言，西学东渐不能忘记徐光启、李之藻、杨廷筠明末天主教"三大柱石"。"徐光启，字子先，上海人。万历二十五年举乡试第一，又七年成进士。由庶吉士历赞善。从西洋人利玛窦学天文、历算、火器，尽其术。遂遍习兵机、屯田、盐策、水利诸书"。崇祯"四年春正月，光启进《日躔历指》一卷、《测天约说》二卷、《大测》二卷、《日躔表》二卷、《割圜八线表》六卷、《黄道升度》七卷、《黄赤距度表》一卷、《通率表》一卷。是冬十月辛丑朔，日食，复上测候四说。其辩时差里差之法，最为详密。"（《明史·徐光启传》）李之藻为杭州人，万历年间进士，与利玛窦交往甚密，万历三十八年入天主教。去世前一年即1629年，编刻了我国第一部西学译著丛书《天学初函》，收集明末西学译著文献20种、52卷，其中宗教、科学各10种。杨廷筠也是杭州人，万历二十年进士，曾任监察御史；万历三十九年改信天主教。他们采用类似于拟同的思维方式学习接受西方文化。所谓拟同，是指认知主体将已有的概念格式运用于客体，并赋予客体以认知性和价值性意义的过程。这个过程不必要求主体自身的认知架构发生变化，就能适应其环境，顺利地将新异的认知对象纳入其认知架构。拟同思维方式就像佛教初来的格义方法，减少了西学东渐的阻力，也减轻了士大夫学习接受西方文化的心理压力。拟同思想的主要办法就是西学圣学化和天学儒教化，努力将西方科技文化纳入圣学体系。徐光启认为周孔之教包括六艺，也包括数学，"我中夏自黄帝命隶首作算，以佐容成，至周大备；周公用之，列于学官以取士。宾兴贤能，而官使之。孔门弟子身通六艺者，谓之升堂入室。使数学可废，则周孔之教舛矣"（《刻同文算指序》）。他们努力证明西学本身就是圣学一部分的价值意义，不仅无害于圣学，反而有益于圣学道脉。徐光启相信西学可以补儒驱佛，即补益王化，左右儒术，救治佛法；杨廷筠则反复说明西学不是邪教，无害于大一统的社会秩序。他们还具有开放的文化心态，希望中华文明对西学兼收并蓄，在中西文化的相互激荡砥砺中进行综合创新。李之藻强调"借异己之物，以激发本来之真性"，达到"终实相生"的创造性成果（《代疑编序》）。

明神宗虽有荒唐举动，对于西学东渐却是无为而治，耐人寻味。万历四十四年，当朝臣要求禁止天主教，遣送耶稣会士出京，"帝纳其言，至十二月令丰肃及迪我等俱遣赴广东，听还本国。命下久之，迁延不行，所司亦不为督发"（《明史·意大里亚传》）。由于明末政治腐败以及清兵入关，明朝中后期西学东渐以及第一次中西文化交流受到重大挫折，明朝文化未能完成近代化转型，中国失去了一次走向世界进而塑造世界格局的重要历史机遇，令人扼腕叹息。

第三节　王阳明

　　王阳明（公元1472—1529年）是心学集大成者，是中国伟大的思想家。他以"破心中贼"为目的，倡导致良知思想，建立健全了心学体系。王阳明心学是传统社会儒学发展的最后一座高峰，也是明清时期最有声望的思想学派，甚至对东南亚国家尤其是日本产生了重要影响。孙中山指出："日本的旧文明皆由中国传入，五十年前维新诸豪杰，沉醉于中国哲学大家王阳明的'知行合一'说。"[1]在立功方面，王阳明文武双全，率兵镇压过农民起义，也平定了宁王朱宸濠发动的叛乱，"比任疆事，提弱卒，从诸书生扫积年逋寇，平定孽藩。终明之世，文臣用兵制胜，未有如守仁者也"（《明史·王守仁传》）。在立德方面，王阳明对自己一生的道德品质和操守气节充满自信。嘉靖七年十一月二十九日，王阳明病逝于今江西大余县青龙港舟中。临终之际，弟子"问：'何遗言？'先生微哂曰：'此心光明，亦复何言！'顷之，瞑目而逝"（《王阳明年谱》，本节凡引用此书，均简称《年谱》）。清王世禛认为王阳明是三立完人，"王文成公为明第一流人物，立德、立功、立言，皆踞绝顶"（《池北偶谈》卷九）。

---

[1] 《普通高中课程标准实验教科书：演讲与辩论读本〈语文选修〉》，人民教育出版社2009年版，第2页。

一、其人其事

《明史》有王阳明传，篇幅也不短，主要记载其平定南赣和宁王之乱；《年谱》记载则比较全面。综合分析，"王守仁，字伯安，余姚人"（《明史·王守仁传》），祖籍是琅琊。"先生尝筑阳明洞，洞距越城东南二十里，学者咸称阳明先生云。"王阳明于明宪宗成化八年生于官宦之家，是书香门第，高祖"精《礼》《易》，尝著《易微》数千言"；曾祖、祖父"两世皆赠嘉议大夫、礼部右侍郎，追赠新建伯"。父亲王华"字德辉，别号实庵，晚称海日翁，尝读书龙泉山中，又称龙山公。成化辛丑，赐进士及第第一人，仕至南京吏部尚书"（《年谱》）。王华十分孝顺，"性孝，母岑年逾百岁卒。华已年七十余，犹寝苫疏食，士论多之"（《明史·王守仁传》）。良好的家庭使得王阳明有了良好的人生基础和成长环境，王阳明能够成为"三立"完人，家庭因素不可忽视。

王阳明人生辉煌，道路却坎坷曲折。少时天赋异禀，带有神话色彩，意指王阳明是母亲怀胎十四个月才出生，祖母梦见祥瑞，"是为九月三十日，太夫人郑娠十四月。祖母岑梦神人衣绯玉云中鼓吹，送儿授岑，岑警寤，已闻啼声。祖竹轩公异之，即以云名"。王阳明5岁时还不能开口说话，后得神僧相助，"先生五岁不言。一日与群儿嬉，有神僧过之曰：'好个孩儿，可惜道破。'竹轩公悟，更今名，即能言"。少年客居京师时，"一日，与同学生走长安街，遇一相士。异之曰：'吾为尔相，后须忆吾言：须拂领，其时入圣境；须至上丹台，其时结圣胎；须至下丹田，其时圣果圆。'先生感其言，自后每对书辄静坐凝思"。他胸怀大志，认为读书是要做圣贤，"尝问塾师曰：'何为第一等事？'

塾师曰：'惟读书登第耳。'先生疑曰：'登第恐未为第一等事，或读书学圣贤耳。'龙山公闻之笑曰：'汝欲做圣贤耶？'"即使会试落第，也能平静对待，明孝宗弘治六年"春，会试下第。缙绅知者咸来慰谕。宰相李西涯戏曰：'汝今岁不第，来科必为状元，试作来科状元赋。'先生悬笔立就。诸老惊曰：'天才！天才！'"同时，劝诫其他落第者以平和之心对待此事，"同舍有以不第为耻者，先生慰之曰：'世以不得第为耻，吾以不得第动心为耻。'识者服之"。他意欲治平天下，15岁寓京师，"出游居庸三关，即慨然有经略四方之志：询诸夷种落，悉闻备御策；逐胡儿骑射，胡人不敢犯。经月始返"。当时社会有动乱，就想献计朝廷，被父亲劝阻，"时几内石英、王勇盗起，又闻秦中石和尚、刘千斤作乱，屡欲为书献于朝。龙山公斥之为狂，乃止"（《年谱》）。

中年为官正直。王阳明28岁"登弘治十二年进士"，开始走上仕宦之路，"使治前威宁伯王越葬，还而朝议方急西北边，守仁条八事上之。寻授刑部主事。决囚江北，引疾归。起补兵部主事"。为官期间，"王守仁始以直节著"（《明史·王守仁传》）。敢于抗争权宦刘瑾，"是时武宗初政，奄瑾窃柄。南京科道戴铣、薄彦徽等以谏忤旨，逮系诏狱。先生首抗疏救之"。结果遭到廷杖，被贬贵州，"疏入，亦下诏狱。已而廷杖四十，既绝复生。寻谪贵州龙场驿驿丞"。贬谪途中，刘瑾派人暗杀，屡遇险境，"先生至钱塘，瑾遣人随侦。先生度不免，乃托言投江以脱之。因附商船游舟山，偶遇飓风大作，一日夜至闽界。比登岸，奔山径数十里，夜扣一寺求宿，僧故不纳。趋野庙，倚香案卧，盖虎穴也。夜半，虎绕廊大吼，不敢入。黎明，僧意必毙于虎，将收其囊；见先生方熟睡，呼始醒，惊曰：'公非常人也！不然，得无恙乎？'邀至寺"。而且，贵州龙场是蛮荒之地，"龙场在贵州西北万山丛棘中，蛇虺魍魉，蛊毒瘴疠，与居夷人鴃舌难语，可通语者，皆中土亡命"（《年谱》）。王阳明能够入乡随俗，与民同乐，得到乡民认可和善待，"守仁因俗化导，夷人喜，相率伐木为屋，以栖守仁"。王阳明不仅敢于抗争权宦，而且敢于抗争君主。宁王作乱，王阳明迅速平定，"凡三十五日而贼平"。明武宗受到佞幸之臣蛊惑，竟然大造声势，要象征性地亲自平叛，"帝时已亲征，自称威武大将军，率京边骁卒数万南下。命安边伯许泰为副将军，偕提督军务太监张忠、平贼将军左都督刘晖将京军数千，溯江而上，抵南昌"。他们想让武宗亲自擒获宁王，以满足其虚荣心，王阳明则是"乘忠、泰未至，先俘宸濠，发南昌。忠、泰以威武大将军檄邀之广信。守仁不与，间道趋玉山，上书请献俘，止帝南征。帝不许"。由此得罪武宗君臣，终武宗一朝，王阳明的平叛之功没有得到朝廷封赏，"大臣亦多忌其功。会有言国哀未毕，不宜举宴行赏者"（《明史·王守仁传》）。

王阳明曾经做过县令以及朝廷官员，"瑾诛，量移庐陵知县，入觐，迁南京刑部主事，吏部尚书杨一清改之验封。屡迁考功郎中，擢南京太仆少卿，就迁鸿胪卿"。晚年官至"南京兵部尚书"，"兼左都御史，总督两广兼巡抚"。其一生事功都集中在军事方面，南赣平乱，"初，朝议贼势强，发广东、湖广兵合剿。守仁上疏止之，不及。桶冈既灭，湖广兵始至。及平浰头，广东尚未承檄。守仁所将皆文吏及偏裨小校，平数十年巨寇，远近惊为神"（《明史·王守仁传》）。平叛宁王，双方在鄱阳湖决战三日，宁王战败被俘，"擒斩三千，落水二万余，衣甲器械财物与浮尸横十余里。余贼数百艘逃溃，乃分兵追剿。戊午，及于昌邑，大破之。至吴城，复斩擒千余，死水中殆尽。己未，得槐等报，各擒斩复千余。盖自起兵至破贼，曾不旬日，纪功凡一万一千有奇"（《年谱》）。平定广西少数民族动乱，"诸瑶为患积年，初尝用兵数十万，仅得一田州，旋复召寇。守仁片言驰谕，思、田稽首。至八寨、断藤峡贼，阻深岩绝冈，国初以来未有轻议剿者，今一举荡平，若拉枯朽"(《明史·王守仁传》)。

王阳明之所以军功卓著，在于他一直重视军事边防。年少游居庸三关，即议边事，习骑射，且"梦谒伏波将军庙，赋诗曰：'卷甲归来马伏波，早年兵法鬓毛幡。云埋铜柱雷轰折，六字题文尚不磨。'"26岁寓京师，"是年先生学兵法。当时边报甚急，朝廷推举将才，莫不遑遽。先生念武举之设，仅得骑射搏击之士，而不能收韬略统驭之才。于是留情武事，凡兵家秘书，莫不精究。每遇宾宴，尝聚果核列阵势为戏"。28岁科举及第，仍然关注边务，"先生未第时尝梦威宁伯遗以弓剑。是秋钦差督造威宁伯王越坟，驭役夫以什伍法，休食以时，暇即驱演'八阵图'。事竣，威宁家以金帛谢，不受；乃出威宁所佩宝剑为赠，适与梦符，遂受之。时有星变，朝廷下诏求言，及闻达虏猖獗，先生复命上边务八事，言极剀切"(《年谱》)。王阳明虽是文臣，武功却不弱，有人"轻守仁文士，强之射。徐起，三发三中。京军皆欢呼，忠、泰益沮"。在平乱过程中，始终坚持攻心为上，招抚为主。平定南赣之乱，"守仁以桶冈险固，移营近地，谕以祸福。贼首蓝廷凤等方震恐，见使至大喜，期仲冬朔降"。平定广西之乱，王阳明"奏闻于朝，陈用兵十害，招抚十善"。使得思恩、田州土酋卢苏、王受"二人遣使乞降，守仁令诣军门。……亲入营，抚其众七万"(《明史·王守仁传》)。平乱之后，重视教化工作，着力改善民风，"先生谓民风不善，由于教化未明。今幸盗贼稍平，民困渐息，一应移风易俗之事，虽未能尽举，姑且就其浅近易行者，开导训诲。即行告谕，发南、赣所属各县父老子弟，互相戒勉，兴立社学，延师教子，歌诗习礼"(《年谱》)。

王阳明留名青史，主要不是事功，而在于心学思想，"其为教，专以致良知为主。谓宋周、程二子后，惟象山陆氏简易直捷，有以接孟氏之传。而朱子《集注》《或问》之类，乃中年未定之说。学者翕然从之，世遂有'阳明学'云"（《明史·王守仁传》）。王阳明创立心学是一个艰难的思想蜕变过程，钱德洪谓之三变，"少之时，驰骋于辞章；已而出入二氏；继乃居夷处困，豁然有得于圣贤之旨：是三变而至道也"（《刻文录叙说》）。先是学习朱子之学，18岁偕夫人返回余姚，船过广信，请教名儒娄谅，学习朱熹格物致知之学，"先生始慕圣学。先生以诸夫人归，舟至广信，谒娄一斋谅，语宋儒格物之学，谓'圣人必可学而至'，遂深契之"。21岁时，发生了中国思想史上著名的"守仁格竹"故事，开始怀疑朱熹学说，"先生始侍龙山公于京师，遍求考亭遗书读之。一日思先儒谓'众物必有表里精粗，一草一木，皆涵至理'，官署中多竹，即取竹格之；沉思其理不得，遂遇疾"。次是转向辞章之学。格竹失败后，"先生自委圣贤有分，乃随世就辞章之学"。又认为辞章之学是小道，不是安身立命之地，先生27岁"自念辞章艺能不足以通至道，求师友于天下又不数遇，心持惶惑。一日读晦翁上宋光宗疏，有曰：'居敬持志，为读书之本，循序致精，为读书之法。'乃悔前日探讨虽博，而未尝循序以致精，宜无所得；又循其序，思得渐渍洽浃，然物理吾心终若判而为二也。沉郁既久，旧疾复作，益委圣贤有分"。再是转向佛老之学，"偶闻道士谈养生，遂有遗世入山之意"。30岁"游九华，作《游九华赋》，宿无相、化城诸寺"。31岁"是年先生渐悟仙、释二氏之非"，认为"老佛害道，由于圣学不明；纲纪不振，由于名器太滥"。34岁遇到湛若水，"时为翰林庶吉士，一见定交，共以倡明圣学为事"。后是龙场悟道。37岁在贵阳龙场，"忽中夜大悟格物致知之旨，寤寐中若有人语之者，不觉呼跃，从者皆惊。始知圣人之道，吾性自足，向之求理于事物者误也。乃以默记《五经》之言证之，莫不吻合，因著《五经臆说》"。38岁被"提学副使席书聘主贵阳书院。是年先生始论'知行合一'"（《年谱》）。

王阳明创立心学从格竹开始，也就是从批判朱熹格物致知之学开始，"众人只说'格物'要依晦翁，何曾把他的说去用！我着实曾用来。初年与钱友同论做圣贤要格天下之物，如今安得这等大的力量：因指亭前竹子，令去格看。钱子早夜去穷格竹子的道理，竭其心思至于三日，便致劳神成疾。当初说他这是精力不足，某因自去穷格，早夜不得其理，到七日，亦以劳思致疾，遂相与叹圣贤是做不得的，无他大力量去格物了"（《传习录下》）。朱熹是客观唯心主义者，明确划分认识主体与客体的界限，"盖人之心灵，莫不有知，而天下之物，莫不有理"。认识主体只有通过格物致知，才能认识客体和天理，"是以大学始教，必使学者即凡天下之物，莫不因其已知之理而益穷之，以求至乎其极"（《四书章句集注》）。王阳明则在龙场悟出了主观唯心主义的道理，穷理无须向外格物，只须内求己心，"及在夷中三年，颇见得此意思，乃知天下之物本无可格者；其格物之功，只在身心上做；决然以圣人为人人可到，便自有担当了。这里意思，却要说与诸公知道"（《传习录下》）。朱熹毕竟是理学集大成者，其思想已成为官学和意识形态，这是王阳明无法回避的现实，"独于朱子之说有相抵牾，恒疚于心，切疑朱子之贤，而岂其于此尚有未察？"因而提出了朱熹晚年思想与中年不同的观点，"及官留都，复取朱子之书而检求之，然后知其晚岁固已大悟旧说之非，痛悔极艾，至以为自诳诳人之罪，不可胜赎。世之所传《集注》《或问》之类，乃其中年未定之说，自咎以为旧本之误，思改正而未及，而其诸《语类》之属，又其门人挟胜心以附己见，固于朱子平日之说犹有大相谬戾者，而世之学者局于见闻，不过持循讲习于此"。进而编著《朱子晚年定论》刊行于世。王阳明由此统一了他与朱熹的思想，心安理得地指出："予既自幸其说之不谬于朱子，又喜朱子之先得我心之同然，且慨夫世之学者徒守朱子中年未定之说，而不复知求其晚岁既悟之论，竞相呶呶，以乱正学，不自知其已入于异端，辄采录而裒集之，私以示夫同志，庶几无疑于吾说，而圣学之明可冀矣！"（《朱子晚年定论序》）

王阳明心学集中于《王阳明全集》。王阳明生前主张不立文字，晚年同意弟子整理其部分文字公之于世。先是弟子徐爱辑录所闻先生言论，撰序刊刻，为《传习录》。次是薛侃和陆澄刊刻《传习录上》，计129条，其中徐爱所录14条，薛侃录35条，陆澄录80条，称虔刻本。再是弟子南大吉编辑《传习录》下册，与《传习录上》合并为《续刻传习录》，称南刻本。《续刻传习录》即今《传习录上》和《传习录中》。后是钱德洪等编辑《传习续录》即《传习录下》，计124条。最早的《王阳明全集》刊行于王阳明去世后四十三年，称为隆庆谢氏刻本，分为六大类：一为《语录》三卷，即《传习录》上、中、下三卷，附录《朱子晚年定论》；二为《文录》五卷；三为《别录》十卷；四为《外集》七卷；五为《续编》六卷；六为《附录》七卷。凡三十八卷，名《王文成公全书》。

二、心即理

王阳明思想概言之就是心学。王阳明认为，心学与圣人密切相关，"圣人之学，心学也"。心学的源头远至唐尧虞舜，"尧、舜、禹之相授受，曰：'人心惟危，道心惟微，惟精惟一，允执厥中。'此心学之源也"。心学的核心是仁，"中也者，道心之谓也；道心精一之谓仁，所谓中也"。孔孟发扬光大了心学，"孔孟之学，惟务求仁，盖精一之传也"。为了维护心学，保持心学的纯粹，孔子强调吾道一以贯之，"当时之弊，固已有外求之者，故子贡致疑于多学而识，而以博施济众为仁。夫子告之以一贯，而教以能近取譬，盖使之求诸其心也"。孟子则批评异端邪说，"迨于孟氏之时，墨氏之言仁，至于摩顶放踵，而告子之徒又有'仁内义外'之说，心学大坏。孟子辟义外之说，而曰：'仁，人心也。学问之道无他，求其放心而已矣。'"（《象山文集序》）王阳明自视甚高，认为自己是圣人心学真正继承者，"洙、泗之传，至孟氏而息；千五百余年，濂溪、明道始复追寻其绪；自后辨析日详，然亦日就支离决裂，旋复湮晦。吾尝深求其故，大抵皆世儒之多言有以乱之"（《朱子晚年定论序》）。

心即理是王阳明心学的理论基础，"心即理也。天下又有心外之事，心外之理乎？"（《传习录上》）心的概念源于孟子，"人皆有不忍人之心。先王有不忍人之心，斯有不忍人之政矣"（《孟子·公孙丑上》）。心即理的命题则源于陆九渊，"人皆有是心，心皆具是理，心即理也"（《与李宰书》）；"心，一心也；理，一理也。至当归一，精义无二，此心此理，实不容有二"（《与曾宅之书》）。在王阳明看来，孟子之后儒学最大的问题是将心与理割裂开来，没有掌握圣人之心学的真谛，"盖王道息而伯术行，功利之徒，外假天理之近似以济其私，而以欺于人，曰：天理固如是。不知既无其心矣，而尚何有所谓天理者乎？自是而后，析心与理而为二，而精一之学亡"。一般儒者是不知吾心即物理，"世儒之支离，外索于刑名器数之末，以求明其所谓物理者，而不知吾心即物理，初无假于外也"。佛老之学则不知物理即吾心，"佛、老之空虚，遗弃其人伦事物之常，以求明其所谓吾心者，而不知物理即吾心，不可得而遗也"。只有到了北宋周敦颐和二程，才接近了圣人之学，"至宋周、程二子，始复追寻孔、颜之宗，而有'无极而太极''定之以仁义中正而主静'之说，动亦定、静也定，无内外，无将迎之论，庶几精一之旨矣"。陆九渊的思想虽然有缺陷，也不够完善，其心即理的观点，则是最接近圣人之学，可谓得孟子之真传，"自是而后，有象山陆氏，虽其纯粹和平若不逮于二子，而简易直截，真有以接孟氏之传。其议论开辟时有异者，乃其气质意见之殊，而要其学之必求诸心，则一而已"（《象山文集序》）。王阳明充分肯定陆九渊的贡献，"象山辩义利之分，立大本，求放心，以示后学笃实为己之道，其功宁可得而尽诬之"，"故仆尝欲冒天下之讥，以为象山一暴其说，虽以此得罪无恨"（《答徐成之》）；承认自己心即理的思想来自孟子和陆九渊，"故吾尝断以陆氏之学、孟氏之学也"（《象山文集序》）。

心即理是王阳明思想的基本命题，"身之主宰便是心，心之所发便是意，意之本体便是知，意之所在便是物"；"所以某说无心外之理，无心外之物"。在王阳明看来，人心就是天理，"所谓汝心，却是那能视、听、言、动的，这个便是性，便是天理。有这个性，才能生这性之生理，便谓之仁。这性之生理，发在目，便会视，发在耳，便会听，发在口，便会言，发在四肢，便会动；都只是那天理发生。以其主宰一身，故谓之心。这心之本体，原只是个天理，原无非礼。这个便是汝之真己，这个真己是躯壳的主宰"（《传习录上》）。王阳明更多从伦理的角度论证心即理的命题，认为天理就是人们心中与生俱来的善性，人们的伦理活动和政治行为都是以心为依据，由心延伸而拓展充实，"心之体，性也，性即理也。故有孝亲之心，即有孝之理；无孝亲之心，即无孝之理矣。有忠君之心，即有忠之理，无忠君之心，即无忠之理矣。理岂外于吾心邪？"（《答顾东桥书》）当弟子提问只求之于心，许多社会伦理道德就会显现不出来时，"爱问：'至善只求诸心，恐于天下事理有不能尽。'如事父之孝，事君之忠，交友之信，治民之仁，其间有许多理在，恐亦不可不察。'"王阳明解疑释惑道："此说之蔽久矣，岂一语所能悟。今姑就所问者言之。且如事父不成，去父上求个孝的理？事君不成，去君上求个忠的理？交友、治民不成，去友上、民上求个信与仁的理？都只在此心。心即理也。此心无私欲之蔽，即是天理，不须外面添一分。以此纯乎天理之心，发之事父便是孝，发之事君便是忠，发之交友、治民便是信与仁。只在此心去人欲，存天理上用功便是"（《传习录上》）。黄宗羲赞誉王阳明的学术贡献，"先生以圣人之学，心学也。心即理也"；"此其立言之大旨，不出于是。而或者以释氏本心之说颇近于心学，不知儒释界限只一理字。……先生点出心之所以为心，不在明觉而在天理，金镜已坠而复收，遂使儒释疆界渺若山河。此有目者所共睹也"（《明儒学案·姚江学案》）。

心即理建立了本体意识和形上思维，这是王阳明对孟子思想的超越，更是对传统心学作出的重大贡献。在王阳明看来，心是宇宙的最高存在，又是世界的本原和起源，更是人世间最本质的因素，贯穿于人活动的方方面面和全部过程。没有心，便没有宇宙和世界，也没有人的活动，"心外无物，心外无事，心外无理，心外无义，心外无善。吾心之处事物，纯乎理而无人伪之杂谓之善，非在事物有定所之可求也。处物为义，是吾心之得其宜也。义非在外可袭而取也"（《与王纯甫》）。作为本体的心，王阳明又称之为"灵明"，"先生曰：'你看这个天地中间，甚么是天地的心？'对曰：'尝闻人是天地的心。'曰：'人又甚么教做心？'对曰：'只是一个灵明。可知充天塞地中间，只有这个灵明。人只为形体自间隔了。我的灵明便是天地鬼神的主宰。天没有我的灵明，谁去仰他高？地没有我的灵明，谁去俯他深？鬼神没有我的灵明，谁去辨他吉凶灾祥？天地、鬼神、万物，离却我的灵明，便没有天地、鬼神、万物了；我的灵明离却天地、鬼神、万物，亦没有我的灵明。如此，便是一气流通的，如何与他间隔得？'又问：'天地鬼神万物千古见在，何没了我的灵明，便俱无了？'曰：'今看死的人，他这些精灵游散了，他的天地万物尚在何处？'"（《传习录下》）"南镇观花"的故事，则是形象地论证存在就是被感知，说明心和灵明对于天地万物的绝对性和唯一性，"先生游南镇，一友指岩中花树问曰：'天下无心外之物，如此花树，在深山中自开自落，于我心亦何相关？'先生曰：'你未看此花时，此花与汝心同归于寂，你来看此花时，则此花颜色一时明白起来。便知此花不在你的心外。'"（《传习录下》）

心即理统一了心与性。朱熹认为，人心和人性是两回事，性为理，是抽象的，"问：灵处是心，抑是性？曰：灵处只是心，不是性。性只是理"。而心是具体的，和其他事物一样，是理加上气之后的体现，"问：知觉是心之灵，固如此，抑气之为邪？曰：不专是气，是先有知觉之理。理未知觉，气聚成形，理与气合，便成知觉。譬如这烛火，是因得这脂膏，便有许多光焰"（《朱子语类》卷五）。王阳明不认同心与性的分离，当弟子引用朱熹的"人之所以为学者，心与理而已"时，王阳明批评道："心即性，性即理。下一'与'字，恐未免为二。此在学者善观之"。在王阳明看来，心与性是合一的，"经，常道也。其在于天谓之命，其赋于人谓之性，其主于身谓之心。心也，性也，命也，一也"（《尊经阁记》）。心包摄一切，统率耳目口鼻和意、知、物，"耳目口鼻四肢，身也。非心安能视听言动？心欲视听言动无耳目口鼻四肢亦不能。故无心则无身，无身则无心。但指其充塞处言之谓之身，指其主宰处言之谓之心，指心之发动处谓之意，指意之灵明处谓之知，指意之涉着处谓之物，只是一件"（《传习录下》）。王阳明认为，朱熹将心与性分离，实际是将心与理分离，

"朱子所谓'格物'云者，在即物而穷其理也。即物穷理，是就事事物物上求其所谓定理者也，是以吾心而求理于事事物物之中，析'心'与'理'而为二矣"。如果心与性、心与理分离，就会引入歧途，以为孝之理不在吾心而在亲之身，"夫求理于事事物物者，如求孝之理于其亲之谓也。求孝之理于其亲，则孝之理其果在于吾之心邪？抑果在于亲之身邪？假而果在于亲之身，则亲没之后，吾心遂无孝之理欤？"（《传习录中》）恻隐之理不在吾心，而在孺子之身，"见孺子之入井，必有恻隐之理，是恻隐之理果在于孺子之身欤？抑在于吾心之良知欤？其或不可以从之于井欤？其或可以手而援之欤？是皆所谓理也，是果在于孺子之身欤？抑果出于吾心之良知欤？"王阳明强调，朱熹的分离是错误的，"以是例之，万事万物之理，莫不皆然。是可以知析心与理为二之非矣。夫析心与理而为二，此告子'义外'之说，孟子之深辟也"。格物致知不是要分离心与理，而是将心与理合一，"若鄙人所谓致知格物者，致吾心之良知于事事物物也。吾心之良知，即所谓天理也。致吾心良知之天理于事事物物，则事事物物皆得其理矣。致吾心之良知者，致知也。事事物物皆得其理者，格物也。是合心与理而为一者也"（《答顾东桥书》）。

心即理贯穿于人生和社会政治领域，就是明德亲民，"大学之道，在明明德，在亲民，在止于至善"（《礼记·大学》）。在王阳明看来，明明德是要发挥光大人性之善，"是乃根于天命之性，而自然灵昭不昧者也。是故谓之明德"。明明德有大人与小人之分，"大人者，以天地万物为一体者也，其视天下犹一家，中国犹一人焉。若夫间形骸而分尔我者，小人矣"。尽管明明德有大人小人之分，而仁心却是大人和小人共同具有的，"大人之能以天地万物为一体也，非意之也，其心之仁本若是，其与天地万物而为一也。岂惟大人，虽小人之心，亦莫不然。彼顾自小之耳。是故见孺子之入井，而必有怵惕恻隐之心焉。是其仁之与孺子而为一体也。孺子犹同类者也，见鸟兽之哀鸣觳觫而必有不忍之心焉，是其仁之与鸟兽而为一体也"。明明德的要害是去除私欲，"是故苟无私欲之蔽，则虽小人之心，而其一体之仁，犹大人也。一有私欲之蔽，则虽大人之心，而其分隔隘陋，犹小人矣。故夫为大人之学者，亦惟去其私欲之蔽，以自明其明德"。明明德与亲民是体与用的关系，只有明明德，才能亲民和治平天下，"明明德者，立其天地万物一体之体也；亲民者，达其天地万物一体之用也。故明明德必在于亲民，而亲民乃所以明其明德也。是故亲吾之父，以及人之父，以及天下人之父，而后吾之仁实与吾之父、人之父、与天下人之父而为一体矣。实与之为一体而后孝之明德始明矣"。"君臣也、夫妇也、朋友也，以至于山川鬼神鸟兽草木也，莫不实有以亲之，以达吾一体之仁。然后吾之明德始无不明，而真能以天地万物为一体矣。夫是之谓明明德于天下，是之谓家齐国治而天下平。"明德亲民的最高境界是止于至善，也就是良知境界，"至善者，明德、亲民之极则也。天命之性，粹然至善，其灵昭不昧者，此其至善之发见，是乃明德之本体，而即所谓良知者也"（《大学问》）。

三、致良知

致良知是王阳明平定宁王之乱后全部思想的结晶。他50岁时，居江西，"是年先生始揭致良知之教"；"自经宸濠、忠泰之变，益信良知真足以忘患难，出生死，所谓考三王，建天地，质鬼神，俟后圣，无弗同者"（《年谱》）。致良知思想的产生，则与朱熹的格物致知之学有关。朱熹认为，修身养性先要向外格事事物物，进而"即物穷理"。王阳明龙场悟道后，认为良知自我完具，不假外求，只须内求，"先儒解格物为格天下之物，天下之物如何格得？且谓一草一木亦皆有理，今如何去格？纵格得草木来，如何反来诚得自家意？"（《传习录下》）

儒家的理想人格是圣人和君子，格物致知的目的也是成人成圣。儒家认为人人可以成圣，孟子说"人皆可以为尧舜"；"尧舜之道，孝弟而已矣。子服尧之服，诵尧之言，行尧之行，是尧而已矣"（《孟子·告子下》）。荀子也说"涂之人可以为禹"；"凡禹之所以为禹者，以其为仁义法正也。然则仁义法正有可知可能之理，然而涂之人也，皆有可以知仁义法正之质，皆有可以能仁义法正之具，然则其可以为禹明矣"（《荀子·性恶》）。对于如何成人成圣，孟子与荀子却发生了分歧，孟子是思以成圣，"心之官则思。思则得之，不思则不得也。此天之所与我者，先立乎其大者，则其小者弗能夺也"（《孟子·告子上》）。其方法为存心养性，"存其心，养其性，所以事天也"（《孟子·尽心上》）。荀子是学以成圣，"吾尝终日而思矣，不如须臾之所学也；吾尝跂而望矣，不如登高之博见也"（《荀子·劝学》）。其方法为化性起伪，"凡性者，天之就也，不可学，不可事；礼义者，圣人之所生也，人之所学而能，所事而成者也。不可学、不可事而在人者，谓之性；可学而能、可事而成之在人者，谓之伪，是性伪之分也"（《荀子·性恶》）。思以成圣认为道德的根源不能从外部去寻找，必须从生命内部探求，因而思是确立道德生命的根本途径；学以成圣则认为道德生命必须借助外部力量才能确立，因而学是确立道德生命的主要途径。王阳明承继了思以成圣的路径，从思以成圣的角度解读格物致知，得出了致良知的结论，建立起心学的修身论，"近来信得致良知三字，真圣门正法眼藏。往年尚疑未尽，今自多事以来，只此良知无不具足。譬之操舟得舵，平澜浅濑，无不如意，虽遇颠风逆浪，舵柄在手，可免没溺之患矣"（《年谱》）。

王阳明从小就立志做圣人。在王阳明看来，圣人犹如人是完人，金是足赤，"圣人之所以为圣，只是其心纯乎天理而无人欲之杂。犹精金之所以为精，但以其成色足而无铜铅之杂也。人到纯乎天理方是圣，金到足色方是精"。圣人虽有分量不同，却无成色不同，"然圣人之才力，亦有大小不同，犹金之分两有轻重"；"分两虽不同，而足色则同，皆可谓之精金"。所以人人都可以学做圣人，都可以成为圣人，"以夷、尹而厕之尧、孔之间，其纯乎天理同也"；"故虽凡人而肯为学，使此心纯乎天理，则亦可为圣人。犹一两之金比之万镒，分两虽悬绝，而其到足色处可以无愧，故曰'人皆可以为尧、舜'者以此"（《传习录上》）。王阳明以镜子为喻，说明圣人与常人的差别在于有无尘埃，圣人之镜无尘埃，常人之镜有尘埃，"圣人之心如明镜，纤翳自无所容，自不消磨刮。若常人之心，如斑垢驳蚀之镜，须痛刮磨一番，尽去驳蚀，然后纤尘即见，才拂便去，亦不消费力。到此已是识得仁体矣。若驳蚀未去，其间固自有一点明处，尘埃之落，固亦见得，才拂便去。至于堆积于驳蚀之上，终弗之能见也"。王阳明指出，学做圣人，就是要拂去尘埃，廓清心体，"学者欲为圣人，必须廓清心体，使纤翳不留，真性始见，方有操持涵养之地"（《年谱》）。而廓清心体的方法不是静坐思虑，而是致良知，清除私念和私欲，"俟其心意稍定，只悬空静守，如槁木死灰，亦无用。须教他省察克治"；"如去盗贼，须有个扫除廓清之意。无事时，将好色、好货、好名等私欲逐一追究搜寻出来，定要拔去病根，永不复起，方始为快。常如猫之捕鼠，一眼看着，一耳听着，才有一念萌动，即与克去，斩钉截铁，不可姑容，与他方便。不可窝藏，不可放他出路，方是真实用功，方能扫除廓清。到得无私可克，自有端拱时在"（《传习录上》）。

致良知思想是孟子良知与《大学》致知的结合。孟子以良知论证人性善，"人之所不学而能者，其良能也；所不虑而知，其良知也。孩提之童无不知爱其亲者，及其长也，无不知敬其兄也。亲亲，仁也；敬长，义也；无他，达之天下也"（《孟子·尽心上》）。《大学》强调致知是修身的重要环节，"欲修其身者，先正其心；欲正其心者，先诚其意；欲诚其意者，先致其知；致知在格物"。在良知方面，王阳明沿袭了孟子的良知概念中的孝道和性善内容，"心自然会知，见父自然知孝，见兄自然知弟，见孺子入井自然知恻隐"（《传习录上》）。同时，发展完善了良知概念，认为良知不仅是孝道和性善，而且是绝对本体，等同于易，是一个统贯天人、包罗物我的最高范畴，"良知即是易，其为道也屡迁，变动不居，周流六虚，上下无常，刚柔相易，不可为典要，惟变所适。此知如何捉摸得？见得透时，便是圣人"（《传习录下》）。良知是天理之昭明灵觉，"良知只是一个天理自然明觉发见处，只是一个真诚恻怛，便是他本体"（《传习录中》）。良知还连通着天命之性与万物一体之仁，"是其一体之仁也，虽小人之心，亦必有之。是乃根于天命之性，而自然灵昭不昧者也，是故谓之明德"；"故夫为大人之学者，亦惟去其私欲之蔽，以自明其明德，复其天地万物一体之本然而已耳"（《大学问》）。在致知方面，王阳明主要继承了《大学》的致知概念，认为致知是彰显良知本体，"然在常人，不能无私意障碍，所以须用致知格物之功，胜私复理。即心之良知更无障碍，得以充塞流行，便是致其知。知致则意诚"（《传习录上》）。致知是去除气禀物欲对良知的遮蔽，"人心是天渊。心之本体无所不该，原是一个天，只为私欲障碍，则天之本体失了。心之理无穷尽，原是一个渊，只为私欲窒塞，则渊之本体失了"（《传习录下》）。致知是推致良知于事事物物，致良知是格物，格物是正念头，"致知云者，非若后儒所谓充广其知识之谓也,致吾心之良知焉耳";"今于良知所知之善恶者,无不诚好而诚恶之,则不自欺其良知而意可诚也已。然欲致其良知,亦岂影响恍惚而悬空无实之谓乎?是必实有其事矣。故致知必在于格物"(《大学问》)。

致良知的关键是诚意。朱熹区别心与理,所以要求先格事物之理,然后获得普遍之天理,"所谓致知在格物者,言欲致吾之知,在即物而穷其理也"(《大学章句·补格物传》)。在事物之理升华为普遍天理的过程中,朱熹强调敬的作用,"人能存得敬,则吾心湛然,天理粲然,无一分着力处,亦无一分不着力处"(《朱子语类》卷一二)。王阳明不同意朱熹割裂心与理、物理与天理的联系,认为诚意能使心与理、物理与天理合一,而朱熹的《大学》新本是"先去穷格事物之理,即茫茫荡荡都无着落处,须用添个'敬'字方才牵扯得向身心上来,然终是没根源。若须用添个敬字,缘何孔门倒将一个最紧要的字落了,直待千余年后要人来补出?正谓以诚意为主,即不须添敬字。所以提出个'诚意'来说,正是学问的大头脑处"。王阳明以孝心与行孝的关系进一步说明诚意的重要性,凸显了主体选择道德行为的主动性和自觉性,"此心若无人欲,纯是天理,是个诚于孝亲的心,冬时自然思量父母的寒,便自要去求个温的道理;夏时自然思量父母的热,便自要去求个清的道理。这都是那诚孝的心发出来的条件。却是须有这诚孝的心,然后有这条件发出来"。王阳明所谓的诚意,就是要避免功利之心,纯乎天理之心,"所以谓之圣,只论精一,不论多寡。只要此心纯乎天理处同,便同谓之圣。若是力量气魄,如何尽同得?后儒只在分两上较量,所以流入功利。若除去了比较分两的心,各人尽着自己力量精神,只在此心纯天理上用功,即人人自有,个个圆成。便能大以成大,小以成小,不假外慕,无不具足。此便是实实落落明善诚身的事"(《传习录上》）。

　　致良知的前提是良知。没有良知，致良知无从谈起，也失去了目标。孟子是良知概念的创立者，他以孩童自然而然爱父母、敬兄长为例论证良知的实存性。王阳明是良知的拥趸，认为良知是先天内在于人的道德之心，"此便是良知，不假外求。若良知之发，更无私意障碍，即所谓'充其恻隐之心，而仁不可胜用矣'"（《传习录上》）。在《孟子》一书中，良知概念只出现过一次，并没有展开和论证，而王阳明则充分论证和发挥良知思想。王阳明认为，良知是天理之昭明灵觉处，昭明灵觉是指良知与心、性、灵合而为一，"惟乾问：'知如何是心之本体？'先生曰：'知是理之灵处。就其主宰处说，便谓之心；就其禀赋处说，便谓之性；孩提之童无不知爱其亲，无不知敬其兄，只是这个灵能不为私欲遮隔。充拓得尽，便完完是他本体，便与天地合德。'"（《传习录上》）王阳明的良知与心同一，也具有本体和形上意义，即良知是天地的本原，没有良知，就没有天地。"良知是造化的精灵。这些精灵，生天生地，成鬼成帝，皆从此出，真是与物无对。人若复得他完完全全，无少亏欠，自不觉手舞足蹈，不知天地间更有何乐可代。"（《传习录下》）王阳明在与弟子讨论中指出："良知本体原来无有，本体只是太虚。太虚之中，日月星辰，风雨露雷，阴霾饐气，何物不有？而又何一物得为太虚之障？人心本体亦复如是。太虚无形，一过而化，亦何费纤毫气力？德洪功夫须要如此，便是合得本体功夫。"（《年谱》）

　　更重要的是，王阳明把良知理解为是非之心，认为是非之心任何人都是具备的，古往今来都是相通的，"是非之心，不虑而知，不学而能，所谓良知也。良知之在人心，无间于圣愚，天下古今之所同也"（《传习录中》）。甚至认为良知的根本就是有是非之心，而是非之心就是要好善恶恶。好善恶恶是知善知恶进而为善去恶的基础，是人类生存的基本活动方式，"良知只是个是非之心，是非只是个好恶。只好恶就尽了是非，只是非就尽了万事万变"（《传习录下》）。王阳明指出，好善恶恶和是非之心，必须要有诚意，"为学功夫有浅深，初时若不着实用意去好善恶恶，如何能为善去恶？这着实用意便是诚意"（《传习录上》）。凡是能够诚意地好善恶恶，便达到了圣人境界，"人但得好善如好好色，恶恶如恶恶臭，便是圣人"（《传习录下》）。黄宗羲解读是非之心，"所谓知善知恶者，非意动于善恶从而分别之为知，知亦只是诚意中之好恶，好必于善，恶必于恶，孰是孰非而不容已者，虚灵不昧之性体也"（《明儒学案·姚江学案》）。有了是非之心，就有了修身尺度和人生指南，"尔那一点良知，是尔自家底准则。尔意念着处，他是便知是，非便知非，更瞒他一些不得"；"良知原是完完全全，是的还他是，非的还他非，是非只依着他，更无有不是处。这良知还是你的明师"（《传习录下》）。有了是非之心，就有行为规范和价值准则，"夫学贵得之心。求之于心而非也，虽其言之出于孔子，不敢以为是也，而况其未及孔子者乎？求之于心而是也，虽其言之出于庸常，不敢以为非也，而况其出于孔子者乎？"（《传习录中》）在良知和是非面前，即使孔子也要尊崇。王阳明的心学敢于否定权威，确实具有张扬个性和解放思想的意蕴。

致良知的目的是内圣外王。如果说良知是先天的道德价值理念，那么，致良知就是修身理念与行为、过程与结果的集合，以达到内圣外王的目的。在内圣方面，王阳明认为，致良知要格物，而格物不是为了即物穷理，而是为了正其本心，"格者，正也，正其不正以归于正之谓也。正其不正者，去恶之谓也。归于正者，为善之谓也，夫是之谓格"（《大学问》）。由于人之本心是正的，只有意念起时才会有善恶之分，所以正心的实质不是端正本心，而是端正意念，"盖心之本体本无不正，自其意念发动而后有不正。故欲正其心者，必就其意念之所发而正之"（《大学问》）。端正意念，就是要恢复心之本体，"如今念念致良知，将此障碍窒塞一齐去尽，则本体已复，便是天渊了"（《传习录下》）。在外王方面，王阳明认为，致良知是要治平天下，"心者身之主也，而心之虚灵明觉，即所谓本然之良知也。其虚灵明觉之良知，应感而动者谓之意，有知而后有意，无知则无意矣。知非意之体乎？意之所用，必有其物，物即事也。如意用于事亲，即事亲为一物；意用于治民，即治民为一物；意用于读书，即读书为一物；意用于听讼，即听讼为一物：凡意之所用，无有无物者，有是意即有是物，无是意即无是物矣"（《答顾东桥书》）。在内外结合方面，王阳明认为，致良知统摄了儒家修身的全部内容，不仅统摄了内圣，而且统摄了外王，使内圣与外王成为一个有机的整体，"此正详言明德、亲民、止至善之功也。盖身、心、意、知、物者，是其工夫所用之条理，虽亦各有其所，而其实只是一物。格、致、诚、正、修者，是其条理所用之工夫，虽亦皆有其名，而其实只是一事"（《大学问》）。

四、知行合一

知行合一是王阳明心学的重要组成部分。如果说致良知是王阳明晚年思想的成熟用语，更能洞见心学本体之全体大用，那么，知行合一就是贯穿王阳明一生的生命行动准则，是自龙场创立心学体系之初，使其理论至臻圆融而一以贯之的不二法门。知行合一与致良知的表达方式不同，而本质上却可互相诠释，"吾良知二字，自龙场已后，便已不出此意。只是点此二字不出。于学者言，费却多少辞说。今幸见出此意。一语之下，洞见全体，直是痛快，不觉手舞足蹈。学者闻之，亦省却多少寻讨工夫。学问头脑，至此已是说得十分下落"（《刻文录叙说》）。龙场悟道后，王阳明前往贵阳文明书院讲学，"自龙场延公于文明书院，以教诸士。当是时，不惟贵阳诸士得闻所未闻，而文襄公之学亦由此深造远诣，至今贵阳称善教者必曰文襄。则阳明公切磨之功，固不可诬"（《（嘉靖）贵州通志》卷一一）。钱德洪认为，先生"居贵阳时，首与学者为'知行合一'之说"（《刻文录叙说》）。知行合一是王阳明创立心学的标志，也是王阳明心学体系的基础。王阳明中年之后很少提及知行合一，原因在于知行合一已经融入致良知这一更为简洁凝练的命题。良知是知，致良知是行，致良知就是知行合一，诚如明儒刘宗周所言："良知为知，见知不囿于闻见；致良知为行，见行不滞于方隅。即知即行，即心即物，即动即静，即体即用，即工夫即本体，即下即上，无之不一。"（《明儒学案·师说》）

知与行既是认识论，更是实践论，在中国学术思想发展史上有着重要地位。最早的认识是《尚书》提出的"知易行难"。北宋程颐认为知难行亦难，"故人力行，先须要知，非特行难，知亦难也。《书》曰：'知之非艰，行之惟艰。'此固是也，然知之亦自艰"（《河南程氏遗书》卷一八）。程颐不仅认为知难行难，而且提出知先行后的观点，"君子之学，必先明诸心，知所养，然后力行以求至，所谓自明而诚也"（《河南程氏文集》卷八）。朱熹作了比较全面的论述，认为知与行都很重要，不可偏废，"致知、力行，用功不可偏。偏过一边，则一边受病"。同时认为知先行后，知轻行重，"论先后，当以致知为先；论轻重，当以力行为重"（《朱子语类》卷九）。无论知易行难还是知难行难，无论知先行后还是知轻行重，都把知与行作了区分，认为知与行是两件事。唯有王阳明独树一帜，明确提出知行合一的观点，"某尝说知是行的主意，行是知的功夫；知是行之始，行是知之成。若会得时，只说一个知，已自有行在。只说一个行，已自有知在"（《传习录上》）。王阳明进一步指出，包括学、问、思、辨在内的知的各个环节都是行的范围，"盖学之不能以无疑，则有问，问即学也，即行也；又不能无疑，则有思，思即学也，即行也；又不能无疑，则有辨，辨即学也，即行也。辨既明矣，思既慎矣，问既审矣，学既能矣，又从而不息其功焉，斯之谓笃行。非谓学、问、思、辨之后而始措之于行也"（《传习录中》）。

　　知行合一的思想前提是心即理，"求理于吾心，此圣门知、行合一之教"。在王阳明看来，由于理寓于天地万物之中，容易使人以为心与理是两回事，"心虽主乎一身，而实管乎天下之理；理虽散在万事，而实不外乎一人之心。是其一分一合之间，而未免已启学者心、理为二之弊。此后世所以有'专求本心，遂遗物理'之患，正由不知心即理耳。夫外心以求物理，是以有暗而不达之处；此告子义外之说，孟子所以谓之不知义也"。王阳明认为，分割心与理，必然分割知与行，"心，一而已，以其全体恻怛而言谓之仁，以其得宜而言谓之义，以其条理而言谓之理；不可外心以求仁，不可外心以求义，独可外心以求理乎？外心以求理，此知、行之所以二也"（《答顾东桥书》）。分割知与行，就是被私欲蒙蔽了，"爱因未会先生知行合一之训，与宗贤、惟贤往复辩论。未能决，以问于先生。先生曰：'试举看。'爱曰：'如今人尽有知得父当孝，兄当弟者，却不能孝，不能弟，便是知与行分明是两件。'先生曰：'此已被私欲隔断，不是知行的本体了。未有知而不行者，知而不行，只是未知。'"（《传习录上》）王阳明强调，知与行必须合一，"知行工夫本不可离；只为后世学者分作两截用功，失却知、行本体，故有合一并进之说，真知即所以为行，不行不足谓之知"（《答顾东桥书》）。

知行合一是批判知行脱节。作为道德价值和实践，知与行客观上容易出现知而不行和行而不知两种常见的脱节现象；如果主观上被私欲所蒙蔽，则会出现严重的知与行脱节问题。知行合一既批判客观可能存在的知行脱节，更批判主观导致的知行脱节问题。在王阳明看来，古人已经批判了行而不知，"古人所以既说一个知，又说一个行者，只为世间有一种人，懵懵懂懂的任意去做，全不解思惟省察，也只是个冥行妄作。所以必说个知，方才行得是"。古人也批判了知而不行，"又有一种人，茫茫荡荡悬空去思索，全不肯着实躬行，也只是个揣摸影响。所以必说一个行，方才知得真。此是古人不得已补偏救弊的说话"（《传习录中》）。王阳明认为，知行合一主要是为了批判纠正当时存在的知行脱节问题，"以为必先知了然后能行，我如今且去讲习讨论做知的工夫，待知得真了方去做行的工夫，故遂终身不行，亦遂终身不知"（《传习录上》）。知行脱节，一方面给读书人造成了危害，"记诵之广，适以长其敖也；知识之多，适以行其恶也；闻见之博，适以肆其辩也；辞章之富，适以饰其伪也"。另一方面给社会风气造成了危害，"相矜以知，相轧以势，相争以利，相高以技能，相取以声誉"（《传习录中》）。王阳明极力倡导知行合一，就是为了匡救时弊，"逮其后世，功利之说日浸以盛，不复知有明德亲民之实。士皆巧文博词以饰诈，相规以伪，相轧以利，外冠裳而内禽兽，而犹或自以为从事于圣贤之学。如是而欲挽而复之三代，呜呼其难哉！吾为此惧，揭知行合一之说，订致知格物之谬，思有以正人心、息邪说，以求明先圣之学"（《书林司训卷》）。知行合一还要纠正言行不一，"如今一说话之间，虽只讲天理，不知心中倏忽之间已有多少私欲。盖有窃发而不知者，虽用力察之，尚不易见，况徒口讲而可得尽知乎？今只管讲天理来顿放着不循，讲人欲来顿放着不去，岂格物致知之学？后世之学，其极至，只做得个义袭而取的工夫"(《传习录上》)。言行一致，就不能投机取巧，必须自始至终地为善，自始至终地去恶，"今焉于其良知所知之善者，即其意之所在之物而实为之，无有乎不尽。于其良知所知之恶者，即其意之所在之物而实去之，无有乎不尽"(《大学问》)。

知行合一是恢复知行本体。"圣贤教人知行，正是要复那本体，不是着你只恁的便罢。"(《传习录上》)王阳明从主观方面看待知行本体，认为知行本体不仅仅是知行合一，而是知行本一，"知之真切笃实处即是行，行之明觉精察处即是知"(《答顾东桥书》)。真切笃实和明觉精察都具有主观性，只要满足这些主观条件，知就是行，行就是知。知行本体更强调主观的作用，实质是要求知统率着行，行统一于知。王阳明在与徐爱舟中论学时反复加以论证，先是以《大学》说明知行本体，"故《大学》指个真知行与人看，说'如好好色，如恶恶臭'。见好色属知，好好色属行，只见那好色时已自好了，不是见了后又立个心去好。闻恶臭属知，恶恶臭属行。只闻那恶臭时已自恶了，不是闻了后别立个心去恶"。接着以孝悌说明知行本体，"就如称某人知孝，某人知弟，必是其人已曾行孝，行弟，方可称他知孝知弟。不成只是晓得说些孝弟的话，便可称为知孝弟"。最后以疼痛、寒冷和饥饿说明知行本体，"又如知痛，必已自痛了方知痛；知寒，必已自寒了；知饥，必已自饥了。知行如何分得开？此便是知行的本体，不曾有私意隔断的。圣人教人必要是如此，方可谓之知，不然只是不曾知"。知行本体的基础还是心，心是知行本体的主宰，知与行都是由心所生，随心而行，"如意在于事亲即事亲便是一物，意在于事君即事君便是一物，意在于仁民爱物即仁民爱物便是一物，意在于视听言动即视听言动便是一物"(《传习录上》)。

知行合一是要在意念上为善去恶。王阳明有一句名言叫做

"破山中贼易，破心中贼难"（《与杨仕德薛尚谦书》），这说明在道德实践中，善的知比善的行更重要，恶的念头比恶的行为更难清除。王阳明主张知行合一，就是因为知行分离，容易使人轻视知而重视行，不注意从思想上克服不善的念头，最终导致了恶的行为，"今人学问，只因知行分作两件，故有一念发动，虽是不善，然却未曾行，便不去禁止"。知行合一，就是要在思想源头上树立善的理念，清除恶的念头，尤其是一念发动时就要为善去恶，"我今说个知行合一，正要人晓得，一念发动处便即是行了。发动处有不善，就将这不善的念克倒了，须要彻根彻底，不使那一念不善潜伏在胸中，此是我立言宗旨"（《传习录下》）。知行合一，要扫除私欲，荡涤声色货利，"问：'声色货利恐良知亦不能无。'先生曰：'固然，但初学用功，却须扫除荡涤，勿使留积，则适然来遇，始不为累，自然顺而应之。良知只在声色货利上用功，能致得良知精精明明，毫发无蔽，则声色货利之交，无非天则流行矣。'"知行合一，要控制调节人的情感。人的情感本身无善恶，有所执着即是恶，"喜、怒、哀、惧、爱、恶、欲谓之七情。七情俱是人心合有的，但要认得良知明白"；"七情顺其自然之流行，皆是良知之用，不可分别善恶，但不可有所着。七情有着，俱谓之欲，俱为良知之蔽。然才有着时，良知亦自会觉。觉即蔽去，复其体矣"（《传习录下》）。知行合一，更要坚持儒家的常道和扩充仁义礼智之心，"通人物，达四海，塞天地，亘古今，无有乎弗具，无有乎弗同，无有乎或变者也，是常道也。其应乎感也，则为恻隐，为羞恶，为辞让，为是非；其见于事也，则为父子之亲，为君臣之义，为夫妇之别，为长幼之序，为朋友之信。是恻隐也，羞恶也，辞让也，是非也；是亲也，义也，序也，别也，信也，一也。皆所谓心也、性也、命也"（《尊经阁记》）。

王阳明心学强调人的自律和主观能动性，一定程度上克服了心与理、知与行以及学问与道德、主观与客观分离的矛盾和困难，延续丰富了孟子心学一脉，造就了儒学发展的高峰。同时，王阳明过于强调心的能量和作用，把主观能动性推至极端，又陷入了新的矛盾漩涡。他晚年提出的四句教："无善无恶心之体，有善有恶意之动，知善知恶是良知，为善去恶是格物"，与其心即理和致良知思想构成了巨大张力，进而引起了弟子及其后学的争论和分裂。尽管如此，王阳明心学的理论和实践价值不容忽视，心即理，强调人在道德行为中的主体性，要求人们对自己负责，自觉地做一个有道德的人；致良知，突出良知的优先性，要求人们在做人做事过程中始终坚守端正本心，凸显诚意的修身方法，既不要为物欲所惑，更不要为知识所蔽；知行合一，主张思想意识对于实践行动的决定性，要求人们在"一念发动处"就要为善去恶，以实现人生的圆满。

第四节　黄宗羲

黄宗羲（公元1610—1695年）是明末清初著名的思想家，与王夫之、顾炎武并称为明末清初"三大儒"。黄宗羲批判继承王阳明心学，早年师从刘宗周，信奉心学，认为心是天地万物的根源，"泛穷天地万物之理，则反之约也甚难，散殊者无非一本，吾心是也，仰观俯察，无非使吾心体之流行，所谓反说约也"（《孟子师说》卷四）。晚年兼治史学，通经致用，批判心学的空洞迂腐，"尝谓明人讲学，袭语录之糟粕，不以六经为根柢，束书而从事于游谈。故问学者必先穷经，经术所以经世。不为迂儒，必兼读史"（《清史稿·黄宗羲传》）。清全祖望评价黄宗羲的学术思想贡献，"自明中叶以后，讲学之风已为极敝，高谈性命，束书不观，其稍平者则为学究，皆无根之徒耳。先生始谓：学必源本于经术而后不为蹈虚；必证明于史籍，而后足以应务；元元本本，可据可依，前此讲堂锢疾，为之一变"（《证人书院记》）。认为黄宗羲的学问博大精深，"以濂洛之统，综会诸家；横渠之礼教，康节之数学，东莱之文献，艮斋、止斋之经制，水心之文章，莫不旁推交通，连珠合璧，自来儒林所未有也"（《梨洲先生神道碑文》）。

一、其人其事

史书记载，"黄宗羲，字太冲，余姚人"，号南雷，也称梨洲先生。出身官宦人家，其父黄尊素为万历年间进士，著名东林党人；天启年间，官至御史，因得罪魏忠贤，冤死狱中，"尊素为杨、左同志，以劾魏阉死诏狱"。他为父报仇，性格刚烈。明思宗惩治魏党，黄宗羲19岁草疏入京讼冤，"思宗即位，宗羲入都讼冤。至则逆阉已磔，即具疏请诛曹钦程、李实"。对簿公堂，铁椎三击，一击是"会庭鞫许显纯、崔应元，宗羲对簿，出所袖锥锥显纯，流血被体；又殴应元，拔其须归祭尊素神主前"。二击是"追杀牢卒叶咨、颜文仲，盖尊素绝命于二卒手也"。三击是"时钦程已入逆案，实疏辨原疏非己出，阴致金三千求宗羲弗质。宗羲立奏之，谓'实今日犹能贿赂公行，其所辨岂足信？'于对簿时复以锥锥之"。黄宗羲为父报仇事迹感天动地，"狱竟，偕诸家子弟设祭狱门，哭声达禁中。思宗闻之，叹曰：'忠臣孤子，甚恻朕怀。'"（《清史稿·黄宗羲传》）黄宗羲的一生可概括为三变，"初锢之为党人，继指之为游侠，终厕之于儒林。其为人也，盖三变而至今"（《蕉廊脞录》卷七）。

所谓"初锢之为党人"，是指明朝末年从事反对奄宦逆党的斗争。为父报仇，是反对奄宦逆党的具体行动。为了继续反对奄宦逆党，崇祯三年，黄宗羲经友人介绍参加复社，是社中活跃人物，还在家乡组织过"梨洲复社"。复社是明末以江南士大夫为核心的政治文学团体，注重反映社会现实，揭露权奸宦官，同情民生疾苦，讴歌抗清斗争，抒发报国豪情，称之为"小东林""嗣东林"。崇祯十一年，黄宗羲与东林后裔顾杲等撰写《留都防乱公揭》，声讨阉党余孽阮大铖，"其恶愈甚，其焰愈张，歌儿舞女充溢后庭，广厦高轩照耀街衢，日与南北在案诸逆交通不绝，恐吓多端"。要求驱逐阮大铖，"戊寅，南都作《防乱揭》攻阮大铖。东林子弟推无锡顾杲居首，天启被难诸家推宗羲居首"。崇祯十七年春，清军入关；五月，南京弘光政权建立，阮大铖伺机而起，为兵部侍郎，即报《公揭》之仇，编《蝗蝻录》，诬东林党为蝗、复社为蝻。据《公揭》署名，将顾杲、黄宗羲等逮捕，欲全部杀掉，"大铖恨之刺骨，骤起，遂按揭中一百四十人姓氏，欲尽杀之。时宗羲方上书阙下而祸作，遂与杲并逮。母氏姚叹曰：'章妻、滂母乃萃吾一身耶？'"次年五月，清军攻下南京，弘光政权覆灭，黄宗羲乘乱脱身返回家乡余姚，躲过党祸一劫，"驾帖未行，南都已破，宗羲踉跄归"（《清史稿·黄宗羲传》）。

继之为游侠，是指1644年明亡之后，黄宗羲参与南明的抗清复明活动。顺治二年闰六月，南明鲁王朱以海起兵浙东抗清，黄宗羲积极响应，变卖家产，招募家乡青壮年，组织"世忠营"，"会孙嘉绩、熊汝霖奉鲁王监国，画江而守。宗羲纠里中子弟数百人从之，号世忠营。授职方郎，寻改御史，作监国鲁元年大统历颁之浙东"。顺治三年五月，指挥"火攻营"渡海抵乍浦城下，因力量悬殊兵败，"至是孙嘉绩以营卒付宗羲，与王正中合军得三千人"，"遂渡海屯潭山，由海道入太湖，招吴中豪杰，直抵乍浦，约崇德义士孙奭等内应。会清师纂严不得前，而江上已溃"。兵败之后，黄宗羲与残部不得已退居四明山结寨而守，由于部下扰民，被当地山民毁寨驱赶，还被清廷通缉，又避居化安山，"宗羲入四明山结寨自固，余兵尚五百人，驻兵杖锡寺。微服出访监国，戒部下善与山民结。部下不尽遵节制，山民畏祸，潜爇其寨，部将茅翰、汪涵死之。宗羲无所归，捕檄累下，携子弟入剡中"。顺治六年，"闻鲁王在海上，仍赴之，授左副都御史"。同年冬，前往日本讨兵反清，未成而归，"是年监国由健跳至瀚洲，复召之，副冯京第乞师日本。抵长崎，不得请，为赋《式微》之章以感将士。自是东西迁徙无宁居"。顺治七年至十一年，黄宗羲遭受清廷三次通缉，仍坚持抗清，持鲁王密信联络金华等地义军，派人入海向鲁王报清军将攻舟山之警，"弟宗炎坐与冯京第交通，刑有日矣，宗羲以计脱之。甲午，张名振间使至，被执，又名捕宗羲。丙申，慈水寨主沈尔绪祸作，亦以宗羲为首。其得不死，皆有天幸，而宗羲不慑也"（《清史稿·黄宗羲传》）。

　　厕之于儒林，是指顺治十年之后，黄宗羲以明朝遗老自居，潜心学问，教书授徒，直至去世，"其后海上倾覆，宗羲无复望，乃奉母返里门，毕力著述，而四方请业之士渐至矣"。黄宗羲的学术思想不是始于抗清失败，而是早有积累。为父报仇后，即发愤读书，"归，益肆力于学。愤科举之学锢人，思所以变之。既，尽发家藏书读之，不足，则钞之同里世学楼钮氏、澹生堂祁氏，南中则千顷堂黄氏、绛云楼钱氏，且建续钞堂于南雷，以承东发之绪"。他遵从父命，拜师明末大儒刘宗周，得蕺山之学，"山阴刘宗周倡道蕺山，以忠端遗命从之游"（《清史稿·黄宗羲传》）；影响甚大，"羲幼遭家难，先师蕺山先生视羲如子，扶危定倾，日闻绪言"，"间有发明，一本之先师，非敢有所增损其间"（《明儒学案·自序》）。黄宗羲推崇刘宗周，认为慎独是其思想核心，"以慎独为宗。儒者人人言慎独，唯先生始得其真"（《明儒学案·蕺山学案》）。慎独源自实践体验，"夫先师宗旨，在于慎独，其慎独之功，全在'意为心之主宰'一语，此先师一生辛苦体验而得之者"（《答恽仲昇论子刘子节要书》）。慎独既是本体又是工夫，把天与人、理与气、心与性合并归一，"先生宗旨为慎独。始从主敬入门，中年专用慎独工夫。慎则敬，敬则诚。晚年愈精微愈平实，本体只是些子，工夫只是些子。仍不分此为本体，彼为工夫。亦并无这些子可指，合于无声无臭之本然。从严毅清苦之中，发为光风霁月，消息动静，步步实历而见。故发先儒之所未发者"（《子刘子行状》）。刘宗周学生甚多，黄宗羲与他们的差别在于抗清事功，"故蕺山弟子如祁、章诸子皆以名德重，而御侮之功莫如宗羲"；还在于兄弟皆有才情，"弟宗炎、宗会，并负异才，自教之，有'东浙三黄'之目"。即使在抗清时，也不忘学问，朝见鲁王时，"日与吴钟峦坐舟中，正襟讲学，暇则注授时、泰西、回回三历而已"。黄宗羲无书不读，知识广博，"上下古今，穿穴群言，自天官、地志、九流百家之教，无不精研"。为撰写《明文海》，"阅明人文集二千余家，自言与十朝国史相首尾"。研究范围包括史学、经学、天文、历算、章律、诗文杂著。一生著述为50余种、300多卷，"所著《易学象数论》六卷、《授书随笔》一卷、《律吕新义》二卷、《孟子师说》二卷。文集则有《南雷文案》《诗案》。今共存《南雷文定》十一卷、《文约》四卷。又著《明儒学案》六十二卷，叙述明代讲学诸儒流派分合得失颇详;《明文海》四百八十二卷"；"又《深衣考》一卷、《今水经》一卷、《四明山志》九卷、《历代甲子考》一卷、《二程学案》二卷，辑《明史案》二百四十四卷，又《明夷待访录》一卷，皆经世大政。顾炎武见而叹曰:'三代之治可复也!'天文则有《大统法辨》四卷、《时宪书法解新推交食法》一卷、《圜解》一卷、《割圜八线解》一卷、《授时法假如》一卷、《西洋法假如》一卷、《回回法假如》一卷。其后梅文鼎本《周髀》言天文，世惊为不传之秘，而不知宗羲实开之。晚年又辑《宋元学案》，合之《明儒学案》，以志七百年儒苑门户"（《清史稿·黄宗羲传》）。

更重要的是，抗清复明失败后，黄宗羲始终以遗民自居，坚持不仕清朝，展示了坚贞不屈的品格，"故遗民者，天地之元气也。然士各有分，朝不坐，宴不与，士之分亦止于不仕而已"（《谢时符先生墓志铭》）。康熙十六年，"戊午，诏征博学鸿儒，掌院学士叶方蔼寓以诗，敦促就道"（《清史稿·黄宗羲传》）。黄宗羲以诗作答，认为治理国家和恢复学术的责任在当权者，而不在诸遗老，表达了不出仕的意愿，"牧豕海上老，所嗟非隐沦。斯民方憔悴，何以返夏殷？圣学将坠地，何以辨朱纁。其责在公等，学优而仕勤。危举天下溺，岂徒门人亲。勿令吾乡校，窃议东海滨"（《次叶讱庵太史韵》）。康熙十七年，清廷征召博学鸿儒，叶方蔼面奏清圣祖，请黄宗羲出山并转交吏部办理。弟子陈锡嘏闻之曰："是将使先生为叠山、九灵之杀身也"①，代师力辞。康熙十八年，"方蔼奉诏同掌院学士徐元文监修《明史》，将征之备顾问，督抚以礼来聘，又辞之"（《清史稿·黄宗羲传》）。黄宗羲自己未去修史，却同意弟子万斯同等入局修史，还送《大事记》《三史抄》并作诗送行。康熙十九年，明史馆总裁徐元文请黄宗羲之子黄百家入局修史，黄宗羲自比商末之臣伯夷、叔齐，饿死不仕新朝，儿子却可以去参与修史，"昔闻首阳二老，托孤于尚父，遂得三年食薇，颜色不坏。今我遣子从公，可以置我也"（黄炳垕《黄宗羲年谱》卷下）。康熙二十九年，黄宗羲已是80岁高龄，清圣祖仍希望他能入仕新朝，"徐乾学侍直，上访及遗献，复以宗羲对，且言：'曾经臣弟元文推荐，惜老不能来。'上曰：'可召至京，朕不授以事。即欲归，当遣官送之。'乾学对以笃老无来意，上叹息不置，以为人材之难"（《清史稿·黄宗羲传》）。

　　作为遗民，黄宗羲忠于前朝的决心坚定不移。在成书于康熙二年的《明夷待访录》中，他自比商纣王的叔父箕子，明确表达不仕新朝的意愿，"然乱运未终，亦何能为'大壮'之交，吾虽老矣，如箕子之见访，或庶几焉。岂因'夷之初旦，明而未融'，遂秘其言也！"（《题辞》）作为遗民，黄宗羲坚持不仕清朝，却

① 叠山即宋谢枋得，宋亡入闽，强征入都，不食而死。九灵疑为戴良，元末明初浦江人，字叔能，号九灵山人。明初屡召不出，隐居四明山，后自杀。

同意弟子及儿子入局修史，还对修史提出意见建议，"宗羲虽不
赴征车，而史局大议必咨之。《历志》出吴任臣之手，总裁千里
遗书，乞审正而后定。尝论《宋史》别立《道学传》，为元儒之
陋，《明史》不当仍其例。朱彝尊适有此议，得宗羲书示众，遂
去之"（《清史稿·黄宗羲传》）。作为遗民，黄宗羲念念不忘明
朝，着力于整理编写关于明代的著作。其中有记录南明抗清的
《行朝录》《海外恸哭记》《弘光实录钞》，怀念故友的《思旧录》，
表彰东林志士的《幸存录》《汰存录》，反映明朝学术思想的《明
文海》《明儒学案》。还收集明人的碑传墓志，记载明人的事迹，
以表达对亡国士大夫的怀念之情，"余多叙事之文，尝读姚牧庵、
元明善集，宋、元之兴废，有史书所未详者，于此可考见。然牧
庵、明善皆在廊庙，所载多战功；余草野穷民，不得名公臣卿之
事以述之，所载多亡国之大夫，地位不同耳，其有裨于史氏之缺
文一也"（《南雷文定凡例四则》）。作为遗民，黄宗羲临终前对
死看得很通透，"年纪到此可死；自反平生虽无善状，亦无恶状，
可死；于先人未了，亦稍稍无谦，可死；一生著述未必尽传，自
料亦不下古之名家，可死。如此四可死，死真无苦矣"（《与万承
勋书》）。嘱咐家人丧事从简，死后次日即"用棕棚抬至圹中，一
被一褥，不得增益"（《梨洲末命》）；遗体"安放石床，不用棺椁，
不作佛事，不做七七，凡鼓吹、巫觋、铭旌、纸幡、纸钱一概不
用"（《黄宗羲年谱》卷下）。全祖望认为，丧事从简的原因在于
"公自以身遭家国之变，期于速朽，而不欲明言，其故耳"（《梨
洲先生神道碑文》）。要求在其墓前望柱镌刻："不事王侯，持子
陵之风节。诏钞著述，同虞喜之传文。"（《梨洲末命》）子陵即东
汉严光，与光武帝刘秀是同学。刘秀称帝后，严光变姓隐居，屡
征不就。虞喜为晋朝人，历惠、怀至成帝，屡辟不就，博学好
古，专心经传，著有《安天论》《志林》。严光和虞喜都是余姚人，

黄宗羲以两位乡贤为榜样，以示一世的清白。

二、理气为一

黄宗羲的哲学观并没有特别之处，只是杂糅了理学与心学的哲学观点，经常显现出矛盾。理气为一是黄宗羲的基本思想，"自其浮沉升降者而言，则谓之气，自其浮沉升降不失其则者而言，则谓之理。盖一物而两名，非两物而一体也"（《明儒学案·学正曹月川先生端》）。理气为一具有黄宗羲特色，批评改造了程朱理学和陆王心学，既不赞同理为本体，也不赞同心为本体，认为"盈天地皆气"；"理不可见，见之于气；性不可见，见之于心；心即气也"（《孟子师说》卷二）。还批评改造了明儒的理气二元论，明初理学家曹端用活人骑马和人驭马来解释"理驭气"。黄宗羲指出："先生之辨，虽为明晰，然详以理驭气，仍为二之。气必待驭于理，则气为死物。"（《明儒学案·学正曹月川先生端》）薛瑄把理与气比喻为日光与飞鸟的关系，黄宗羲则认为，理与气不可分，日光与飞鸟不可以比喻为理与气的关系，"理为气之理，无气则无理"（《明儒学案·河东学案》）。

气是天地万物的本源，"天地之间只有一气充周，生人生物，人禀是气以生"（《孟子师说》卷二）。在黄宗羲看来，天地万物统一于气，"夫大化之流行，只有一气充周无间。时而为和，谓之春；和升而温，谓之夏；温降而凉，谓之秋；凉升而寒，谓之冬。寒降而复为和，循环无端，所谓生生之为易也。圣人即从升降之不失其序者，名之为理……皆以气为之，《易传》曰：'一阴一阳之为道。'盖舍阴阳之气，亦无从见道矣"（《与友人论学书》）。气本为一，分而有阴阳动静，"通天地，亘古今，无非一气而已。气本一也，而有往来阖辟升降之殊，则分之为动静。有动静则不得不分之为阴阳。然此阴阳之动静也，千条万绪，纷纭胶輵，而卒不克乱，万古此寒暑也，万古此生长收藏也"（《宋元学案·濂溪学案》）。阴阳二气与太极是一种共生关系，而不是先后关系，"弟以为一阴一阳之为道，道即太极也。离阴阳无从见道。所谓《易》有太极，是生两仪，此为作《易》者言之。因两仪而见太极，非有先后次第也。宗兄之意，是先有太极，而后分之为阴阳。当其未分阴阳之时，不知太极寄于何所？有物先天地，无形本寂寥，能为万象主，不遂四时凋。此二氏之言也，《易》岂有是乎？"（《再答忍庵宗兄书》）太极包蕴阴阳，阴阳寓于太极，两者互相依存，共生共荣，"其言太极也，统三百八十四爻之阴阳，即为两仪；统六十四卦之纯阳纯阴，阳卦多阴，阴卦多阳，即为四象；四象之分布，即为八卦。故两仪四象八卦，生则俱生，无有次第"（《万公择墓志铭》）。如果把太极与阴阳两气看成是先后次第关系，那就容易坠入佛老无中生有的泥坑，"佛氏明心见性，以为无能生气，故必推原于生气之本，其所谓本来面目，父母未生前……离气以求心性，吾不知所明者何心，所见者何性也？"（《孟子师说》卷二）

黄宗羲认为，理气为一却有着各自特色。气无处不在，虚空中充满着气，天地混沌之时也充满着气，"盖不知盈宇宙间一气也。即使天地混沌，人物销尽，只一空虚，亦属气耳。此至真之气，本无终始，不可以先后天言。故曰：'一阴一阳之谓道。'若谓别有先天在形气之外，不知此理安顿何处？盖佛氏以气为幻，不得不以理为妄。世儒分理气为二，而求理于气之先，遂堕佛氏障中"（《明儒学案·太常王塘南先生时槐》）。气无始终，理寓于其中也无始终。气是理的载体，理不能离开气孤立存在，也不能先于气而存在。理气相依共存于宇宙之中，"夫所谓理者，气之流行而不失其则者也，太虚中无处非气，则亦无处非理"（《明儒学案·宪使胡庐山先生直》)。理与气不同,气是天地万物的本源,理是气运行变化背后的法则和规律;天地间充满着气,理不过是气的条理而已,"天地之间,只有气,更无理,所谓理者,以气自有条理,故立此名耳"。气是实体,理不是实体,也不是具体事物,"故气有万气,理只一理,以理本无物也。宋儒言理能生气,亦只误认理为一物"(《明儒学案·肃敏王浚川先生廷相》)。理与气发挥着不同的主宰作用,气为具体,理为抽象;气为应然,理为所以然,共同推动天地万物的发展变化。"天地间只有一气,其升降往来即理也。人得之以为心,亦气也。气若不能自主宰,何以春而必夏、必秋、必冬哉!草木之荣枯,寒暑之运行,地理之刚柔,象纬之顺逆,人物之生化,夫孰使之哉?皆气之自为主宰也。以其能主宰,故名之曰理。其间气之有过不及,亦是理之当然,无过不及,便不成气矣。气既能主宰而灵,则理亦有灵矣。"(《明儒学案·恭简魏庄渠先生校》)理气是无限与有限的统一,对于宇宙而言,理与气的变化运动是无限的,"盖以大德敦化者言之,气无穷尽,理无穷尽,不特理无聚散,气亦无聚散也"。对于人类社会而言,理与气却是有限的,理气组成的具体事物都是暂时的,终究会被其他事物所替代,"以小德川流者言之,日新不已,不以已往之气为方来之气,亦不以已往之理为方来之理,不特气有聚散,理亦有聚散也"(《明儒学案·文清薛敬轩先生瑄》)。理气与太极乃至无极相互依存,"莫知其所以然而然,是即所谓理也,所谓太极也。以其不紊而言,则谓之理;以其极至而言,则谓之太极。识得此理,则知一阴一阳即是为物不贰也。其曰无极者,初非别有一物依于气而立,附于气而行"。因而太极说与理气论互通互补,"天地之间,一气而已,非有理而后有气,乃气立而理因之寓也。就形下之中而指其形而上者,不得不推高一层,以立至尊之位。故谓之太极而实无太极之可言，所谓'无极而太极'也"（《宋元学案·濂溪学案》）。

黄宗羲依据理气为一，论证心与性、性与情不可分割为二，"心即气之聚于人者，而性即理之聚于人者，理气是一，则心性不得是二；心性是一，性情又不得是二。使三者于一分一合之间终有二焉，则理气是何物？心与性情又是何物？天地间既有个合气之理，又有个离气之理；既有个离心之性，又有个离性之情，又乌在其为一本也乎？"（《明儒学案·师说》）理气于人就是心性，心即气，理即性，理不离气，性不离心，理气心性互相交织，"夫在天为气者，在人为心，在天为理者，在人为性。理气如是，则心性亦如是，决无异也"。理气的内在逻辑是气为先，心性的内在逻辑是心为先。人禀赋天之气而生，开始只有一心，心的动静变化，会有仁义道德，便是性，"人受天之气以生，只有一心而已，而一动一静，喜怒哀乐，循环无已，当恻隐处自恻隐，当羞恶处自羞恶，当恭敬处自恭敬，当是非处自是非，千头万绪，感应纷纭，历然不能昧者，是即所谓性也。初非别有一物立于心之先，附于心之中也"（《明儒学案·文庄罗整庵先生钦顺》）。黄宗羲坚持理与气、心与性一元论，反对区分理气为二、心性为二，以及区分气质之性与义理之性，"耳目口鼻，是气之流行者。离气无所为理，故曰性也。然即谓是性，则理气浑矣，乃就气中指出其主宰之命，这方是性。故于耳目口鼻之流行者，不竟谓之为性也。纲常伦物之则，世人以此为天地万物公共之理，用之范围世教，故曰命也。所以后之儒者穷理之学，必从公共处穷之。而吾之所有者唯知觉耳，孟子言此理是人所固有，指出性真，不向天地万物上求，故不谓之命也。顾以上段是气质之性，下段是义理之性，性有二乎？"（《孟子师说》卷七）反对时称"江右大儒"罗钦顺的性体心用、性公心私观点，"先生以为天性正于受生之初，明觉发于既生之后，明觉是心而非性。信如斯言，则性体也，心用也；性自人生以上，静也，心是感物而动，动也；性是天地万物之理，公也，心是一己所有，私也。明明先立一性以为此心之主，与理能生气之说无异。于先生理气之论，无乃大悖乎？"岂理气是理气，心性是心性，二者分，天人遂不可相通乎？"（《明儒学案·文庄罗整庵先生钦顺》）反对心与身判为二物，气质与心身一分为二，"无待于变化，理不能离气以为理，心不能离身以为心。若气质必待变化，是心亦须变化也。今日心之本来无病，由身之气质而病，则身与心判然为二物矣。孟子言陷溺其心者为岁，未闻气质之陷其心也。盖横渠之失，浑气质于性；先生之失，离性于气质，总由看习不清楚耳"。气的运动变化会有过或不及，人所禀赋的气质也会有所偏颇，而气质是善的，总会回归于中正，"夫气之流行，不能无过不及，故人之所禀，不能无偏。气质虽偏，而中正者未尝不在也"（《明儒学案·太仆吕巾石先生怀》）。

　　理气为一既不是气本论也不是理本论，这是黄宗羲的高明之处。然而，黄宗羲并没有把气的物质性贯彻到底，而是把意志和知觉看成是气的表现形式，"志即气之精明者是也"；"知者，气之灵者"（《孟子师说》卷二）。气具有灵明，"气既能主宰而灵"（《明儒学案·恭简魏庄渠先生校》）。气分为精气与粗气，"精者生人，粗者生物"。精气本身具有知觉和理义，人禀精气而生，天然就有灵明知觉和仁义礼智，"恻隐羞恶辞让是非，合下具足"。人能够成为宇宙之主宰，就在于人有知觉和理义，"宇宙一团生气，聚于一人，故天下归之"（《孟子师说》卷四）；"盈天地间无所谓万物，万物皆因我而名"（《孟子师说》卷七）。不仅人得精气而生，天也由精气形成，"四时行，百物生，其间主宰谓之天。所谓主宰者，纯是一团虚灵之气"（《孟子师说》卷五）。黄宗羲认为，人性善实质是气本善，性不过名称而已。气本善，使气具有精神品格，"亦以人之气本善，故加以性之名耳。如人有恻隐之心，亦只是气。因其善也，而谓之性。人死则其气散，更何性之可言？然天下之人，各有恻隐，气虽不同，而理则一也"（《明儒学案·肃敏王浚川先生廷相》）。气沟通天人关系，实质是理在沟通，"人与天虽有形色之隔，而气未尝不相通。知性知天，同一理也"（《孟子师说》卷七）。气沟通人与天地万物的关系，实质是心在沟通，"言我与天地万物一气流通，无有碍隔，故人心之理，即天地万物之理，非二也。若有我之私未去，堕落形骸，则不能备万物矣。不能备万物，而徒向万物求理，与我了无干涉，故曰理在心，不在天地万物，非谓天地万物竟无理也"（《明儒学案·宪使胡庐山先生直》）。黄宗羲指出，无论理与气还是心与气，气都不是真正的主宰，而是理与心，"人身虽一气之流行，流行之中，必有主宰。主宰不在流行之外，即流行之有条理者。自其变者而观之谓之流行，自其不变者而观之谓之主宰。养气者使主宰常存，则血气化为义理；失其主宰，则义理化为血气，所差在毫厘之间。黝在胜人，舍在自胜，只在不动心处着力。使此心滞于一隅，而堵塞其流行之体，不知其主宰原来不动，又何容费动手脚也。只是行所无事，便是不动心"（《孟子师说》卷二）。

黄宗羲从理气为一出发，论证心性合一，最后还是突出心的作用，回归王阳明心学，"盈天地皆心也，变化不测，不能不万殊。心无本体，工夫所至，即其本体。故穷理者，穷此心之万殊，非穷万物之万殊也"（《明儒学案序》）。黄宗羲赞同心即理的观点，认为人心具备万理，而非客观事物各具一理，不以心求理，而求之于天地万物，就是残害人性，"仁义之性，与生俱来，率之即是。若必欲求之于天地万物，以己之灵觉不足恃，是即所谓戕贼也"（《孟子师说》卷六）。在黄宗羲看来，任何时候都要坚持心即理，反对性即理，认认真真地存心养心，"先儒未尝不以穷理为入手，但先儒以性即理也，是公共的道理，而心是知觉，知得公共的道理，而后可以尽心，故必以知性先于尽心，顾其所穷，乃天地万物之理，反失却当下恻隐、羞恶、辞让、是非之心之理矣。人心为气所聚，其枢纽至微，勿忘勿助，此气常存，稍涉安排，则霍然而散，不能自主。故必须存，存得恰好处便是养，不是两件工夫。《易》言'成性存存'，可知是一也。天下之理，皆非心外之物，所谓存久自明而心尽矣"。黄宗羲认为，不仅要存心养心，而且要尽心。尽心是一种主体的实践活动，目的是完善形上道德本体。尽心是一心而非二心，是实心而非虚心，"孟子所谓扩充、动心忍性、强恕而行，皆是所以尽心。性是空虚无可想像，心之在人，恻隐、羞恶、辞让、是非，可以认取。将此可以认取者推致其极，则空虚之中，脉络分明，见性而不见心矣。如孺子入井而有恻隐之心，不尽则石火电光，尽之则满腔恻隐，无非性体也"（《孟子师说》卷七）。黄宗羲指出，不仅要尽心，而且要求放心，"盖人之为人，除恻隐、羞恶、辞让、是非之心，更无别心，其憧憧往来，起灭万变者，皆因外物而有，于心无与也。故言'求放心'，不必言'求理义之心'；言'失其本心'，不必言'失其理义之心'，则以心即理也"。求放心只是一心，只是实心而非虚心，"先儒之求放心者，大概捐耳目，去心智，反观此澄湛之本体。澄湛之体，堕于空寂，其应事接物，仍俟夫念头起处，辨其善恶而出之，则是求放心大段无益也。且守此空寂，商贾不行，后不省方，孟子何必又言'义，人路'乎！盖此心当恻隐时自能恻隐，当羞恶时自能羞恶，浑然不著，于人为惺惺独知，旋乾转坤，俱不出此自然之流动，才是心存而不放，稍有起炉作灶，便是放心"（《孟子师说》卷六）。

三、《明儒学案》

《明儒学案》是黄宗羲的重要史学著作，也是明代的儒家学术思想史。宋朝之前，中国没有专门的学术思想史研究，宋朝之后，开启了"学案"方式研究学术思想史的历史，肇始者为南宋朱熹，著有《伊洛渊源录》，以北宋二程为中心，溯源探流，排列了宋朝理学谱系。学案研究集大成者则是黄宗羲，所著《明儒学案》上起明初方孝孺，下迄明末刘宗周，涵盖明代儒学所有代表人物。相比《伊洛渊源录》，《明儒学案》体例已臻完善，是名副其实的"为学作史"和学术思想史，在儒学史以及中国学术思想史编纂领域占有重要的历史地位。

明初也有人编著学术思想史，即周汝登的《圣学宗传》以及孙奇逢的《理学宗传》。比较而言，《圣学宗传》只为表彰自身学术主张，胸襟相对偏狭；《理学宗传》则缺乏宗旨而不得要领，"从来理学之书，前有周海门《圣学宗传》，近有孙钟元《理学宗传》，诸儒之说颇备。然陶石篑《与焦弱侯书》云：海门意谓身居山泽，见闻狭陋，尝愿博求文献，广所未备，非敢便称定本也。且各家自有宗旨，而海门主张禅学，扰金银铜铁为一器，是海门一人之宗旨，非各家之宗旨也。钟元杂收，不复甄别，其批注所及，未必得其要领，而其闻见亦犹之海门也。学者观羲是书，而后知两家之疏略"（《明儒学案凡例》）。在编著《明儒学案》过程中，黄宗羲重视突出案主的治学宗旨，以区别不同案主的学术思想特点，认为宗旨是案主的得力与学者入门之处，没有宗旨就会成为无头脑的学问，"大凡学有宗旨，是其人之得力处，亦是学者之入门处。天下之义理无穷，苟非定以一二字，如何约之使其在我！故讲学而无宗旨，即有嘉言，是无头绪之乱丝也。学者而不能得其人之宗旨，即读其书，亦犹张骞初至大夏，不能得月氏要领也。是编分别宗旨，如灯取影"（《明儒学案发凡》）。黄宗羲注重案主的治学宗旨，却不是为了突出门户之见，而是尽量收录程朱理学与陆王心学的不同学说以及不同观点。在选材上做到兼收并蓄，"学问之道，以各人自用得著者为真。凡倚门傍户，依样葫芦者，非流俗之士，则经生之业也。此编所列，有一偏之见，有相反之论，学者于其不同处，正宜着眼理会，所谓一本而万殊也。以水济水，岂是学问？"在资料上务求其全，旨在正确反映案主的精神面貌，"每见抄先儒语录者，荟撮数条，不知去取之意谓何？其人一生之精神未尝透露，如何见其学术！是编皆从全集纂要钩玄，未尝袭前人之旧本也"。《明儒学案》体例完善，结构规范，首尾一贯。卷首辑录刘宗周关于明代理学家的论述二十余则，以示立论所宗，此后"以有所授受者，分为各案；其特起者，后之学者不甚著者，总列诸儒之案"（《明儒学案凡例》）。依次列出十七个学案。在各学案前，均有作者绪论，提纲挈领，介绍案主治学宗旨。其后为案主本传，记录一生学行。案主文集、语录等资料选辑，则置于卷末。

《明儒学案》强调不争门户，却是明朝本位论，认为明朝的儒学发展超迈前代，"尝谓有明文章事功，皆不及前代，独于理学，前代之所不及也。牛毛茧丝，无不辨晰，真能发先儒之所未发。程、朱之辟释氏，其说虽繁，总是只在迹上；其弥近理而乱真者，终是指他不出。明儒于毫厘之际，使无遁影。陶石篑亦曰：若以见解论，当代诸公，尽有高过者。与羲言不期而合"（《明儒学案发凡》）。更张扬王阳明的心学学脉。《明儒学案》计有六十三卷，其中二十六卷阐述王阳明心学，某种意义可言说是王学史或心学史。黄宗羲年轻时就是"王粉"，师从刘宗周，当"越中承海门周氏之绪，援儒入释，姚江之绪几坏。宗羲独约同学六十余人力排其说"(《清史稿·黄宗羲传》)。黄宗羲认为明朝学术由陈献章开其端,至王阳明而大盛,"向使先生与文成不作,则濂、洛之精蕴,同之者固推见其至隐,异之者亦疏通其流别,未能如今日也。或者谓其近禅,盖亦有二,圣学久湮,共趋事为之末,有动察而无静存,一及人生而静以上,便邻于外氏,此庸人之论,不足辨也";"先生之学,自博而约,由粗入细,其于禅学不同如此"(《明儒学案·文恭陈白沙先生献章》)。对于王阳明推崇备至,"自姚江指点出'良知人人现在,一反观而自得',便人人有个作圣之路。故无姚江,则古来之学脉绝矣"(《姚江学案序》)。然而,黄宗羲不是简单地照搬照抄王阳明心学,而是修正地继承。明末清初,王阳明心学受到广泛指责,试图以天理的威严抑制个体心灵的随意性,以笃实的修养工夫来克治王学末流的空疏、玄虚之弊,黄宗羲认同并信奉王阳明心学,他是从内部对王学进行补偏救弊,"梨洲不是王学的革命家,也不是王学的承继人,他是王学的修正者"[1]。

黄宗羲始终坚持心即理、心外无物的基本理念,"《易》言'穷理尽性以至于命',穷理者尽其心也,心即理也,故知性知天随之矣;穷理,则性与命随之矣。孟子之言,即《易》之言也"。"天下之理,皆非心外之物,所谓存久自明而心尽矣"(《孟子师说》卷七)。黄宗羲虽然提出"盈天地间皆气也"的命题,由于他明言"心即气",两者并无矛盾。黄宗羲坚决驳斥王学"阳儒阴释"的观点,维护王阳明儒学的地位,"或者以释氏本心之说,颇近于心学,不知儒释界限只一理字。释氏于天地万物之理,一切置之度外,更不复讲,而止守此明觉;世儒则不恃此明觉,而求理于天地万物之间,所为绝异。然其归理于天地万物,归明觉

---

① 梁启超著:《中国近三百年学术史》,中华书局2020年版,第96页。

于吾心，则一也"。黄宗羲正确概括了朱熹思想，认为朱熹讲理散于万物，其方法则强调外来闻见，"宋儒之后，学者以知识为知，谓人心之所有者，不过明觉，而理为天地万物之所公共，故必穷尽天地万物之理，然后吾心之明觉，与之浑合而无间。说是无内外，其实全靠外来闻见，以填补其灵明者也"。又概括了王阳明思想，认为王阳明讲理在心中，认识只是用吾心先天之理去对待事物，"先生以圣人之学，心学也。心即理也。故于致知格物之训，不得不言'致吾心良知之天理于事事物物，则事事物物皆得其理'。夫以知识为知，则轻浮而不实，故必以力行为功夫。……不得不言知行合一。此其立言之大旨"。比较而言，黄宗羲明显尊王抑朱，"向外寻理，终是无源之水，无根之木，总使合得，本体上已费转手，故沿门乞火与合眼见暗，相去不远。先生点出心之所以为心，不在明觉而在天理，金镜已坠而复收，遂使儒释疆界渺若山河，此有目者所共睹也"（《明儒学案·文成王阳明先生守仁》）。

尽管黄宗羲坚守心学基本理念，却质疑"致良知"思想。致良知是王阳明的思想主旨，"吾教人致良知，在格物上用功，却是有根本的学问"（《传习录下》）。黄宗羲认为王阳明没有详细阐发致良知思想，也没有与学者及门人弟子作深入交流切磋，容易引起误解和产生歧义，"'致良知'一语，发自晚年，未及与学者深究其旨，后来门下各以意见搀和，说玄说妙，几同射覆，非复立言之本意"。致良知思想本身也存在缺陷。由于突出良知本体的优先性，容易轻视乃至取消后天工夫。黄宗羲则将道德实践工夫置于更本原的地位，尽量裁抑直悟良知的话题，反对玄化、悬空致良知，认为致良知实质是行良知，强化工夫实践的作用，"先生致之于事物，致字即是行字，以救空空穷理"（《明儒学案·姚江学案》）。对于王门后学误解误传致良知思想，更是猛烈批判，"阳明先生之学，有泰州、龙溪而风行天下，亦因泰州、龙溪而渐失其传。泰州、龙溪时时不满其师说，益启瞿昙之秘而归之师，盖跻阳明而为禅矣。然龙溪之后，力量无过于龙溪者，又得江右为之救正，故不至十分决裂。泰州之后，其人多能以赤手搏龙蛇，传至颜山农、何心隐一派，遂复非名教之所能羁络矣"（《明儒学案·泰州学案》）。黄宗羲肯定江右王学，视其为王学之正宗，"大体倾向于良知经锻炼后方可恃任，主张归寂主静、收摄保聚等修养方法，与直任先天良知的王龙溪绝不类"①。

　　黄宗羲对于王学的修正，主要贡献不在于批判质疑，而在于纠偏补正。仍以"致良知"为例，黄宗羲为防止空谈本体、流于空疏的弊端，重新梳理了本体与工夫的关系，认为本体不是独立存在的，而是寓于工夫之中，工夫就是本体存在的状态，"心无本体，工夫所至，即其本体"（《明儒学案序》）。工夫离不开客观事物和感觉经验，"世人之心，离了事物更无泊处，只得徇于耳目"。工夫也离不开日常生活和实践，"道无形体。精义入神，即在洒扫应对之内"；"规矩熟而巧生，巧即在规矩之中，犹上达即在下学之中。学者离却人伦日用，求之人生以上，是离规矩以求巧也"（《孟子师说》卷七）。工夫是一个过程，积久才能见到本体，"苟非工夫积久，能见本体"（《移史馆论不宜立理学传书》）。格物属于工夫范畴，格物不易，工夫难做，"夫心以意为体，意以知为体，知以物为体，意之为心体，知之为意体，易知也；至于物之为知体，则难知也"。格物沟通知与物，是工夫深化的过程，也是不易的事情，应把道德的主体认知贯彻落实到道德行为之中，"家国天下固物也，吾知亦有离于家国天下之时，知不可离，物有时离，如之何物为知体乎？人自形生神发之后，

---

①　张学智著：《明代哲学史》，北京大学出版社2000年版，第160页。

方有此知，此知寄于喜怒哀乐之流行，是即所谓物也。仁、义、礼、智，后起之名，故不曰理而曰物，格有通之义，证得此体分明，则四气之流行，诚通诚复，不失其序，依然造化，谓之格物。未格之物，四气错行，溢而为性情之喜怒哀乐，此知之所以贸乱也。故致知之在格物，确乎不易"（《答万充宗论格物书》）。刘述先认为，黄宗羲尚能"守住心性之学的阵脚，不至于完全走样，他之成为心性之学的最后一位大师，是因为在这方面还有相当造诣"①。

黄宗羲编纂《明儒学案》，直接目的是反对修《明史》另立"道学"传，"道学一门所当去也"（《移史馆论不宜立理学传书》）。元朝修《宋史》，在"儒林"列传之外增列"道学"，并尊"道学"于"儒林"之上。而"道学"传所收学者大多属于程朱一脉，陆九渊一系仅列入"儒林"。清初开"明史馆"修明史，总裁徐乾学提出修史条议，认为明人讲学最多，成化、弘治之后，学术宗旨不同，主张仿照《宋史》，在列传中独立"道学"，拟将程朱一脉的学者归于"道学"，陆王一脉的学者归入"儒林"。对于徐乾学条议，馆臣们议论纷纷，有着不同看法，有的主张立道学传，彭孙通建议"自今纂修《明史》，合无照《宋史》例，将明儒学术醇正、与程朱吻合者编为《道学传》，其他有功传注及学未大醇者，仍入之《儒林传》中"（《明史立道学忠义二传奏》）。有的反对立道学传，费密认为《宋史》分儒林与道学二传，导致经学熄灭降而为经义，道学偷安流为俗学，"儒林则所谓章句之儒，道学则所谓得不传之学者也。儒林与道学分而古人传注笺解义疏之学无复遗种，此亦古今经术升降绝续之大端也"（《汉学商兑》卷上）。朱彝尊上书反对，认为"儒林足以包道学，

①　刘述先著：《黄宗羲心学的定位》，台湾允晨文化实业公司1986年版，第168页。

道学不可以统儒林",建议大儒可按其事迹入于列传,小儒可统一归入儒林传(《史馆上总裁第五书》)。黄宗羲绝仕清朝,但修史兹事体大,于是撰写《移史馆论不宜立理学传书》,建议不要列道学传,"夫《十七史》以来,止有儒林"。鉴于黄宗羲的学术地位,其论"《宋史》别立《道学传》,为元儒之陋,《明史》不当承其例。时朱彝尊方有此议,汤睢州出公书示众,遂去之"(钱林《黄宗羲传》)。

编纂《明儒学案》的间接目的是为统一儒林,避免儒家分裂,"一切总归儒林,则学术之异同皆可无论,以待后之学者择而取之"(《移史馆论不宜立理学传书》)。在黄宗羲看来,三代以上只有儒的称谓,统天地人三者为儒,儒包括了圣贤,指称的是成德之名。儒学无比崇高,"儒者之学,经纬天地"(《赠编修弁玉吴君墓志铭》);仁义之道立为人极,"天地以生物为心,仁也;其流行次序万变而不紊者,义也。仁是乾元,义是坤元,乾坤毁则无以为天地矣。故国之所以治,天下之所以平,舍仁义更无他道"(《孟子师说》卷一)。《史记》有《孔子世家》,为孔子弟子及孟子立传,旨在传播儒家思想。黄宗羲认为,《后汉书》始立"儒林"与"文苑",使得儒学内部分裂;《宋史》又在"儒林"之外另立"道学",使儒学更加支离;明儒又将道学进一步分为理学与心学,从而使得儒学呈现为"儒林""文苑""理学""心学"四足鼎立的格局,不利于儒学的统一和全面发展,"奈何今之言心学者,则无事乎读书穷理;言理学者,其所读之书不过经生之章句,其所穷之理不过字义之从违。薄文苑为词章,惜儒林于皓首,封己守残,摘索不出一卷之内。其规为措注,与纤儿细士不见长短!"(《留别海昌同学序》)黄宗羲反对分裂儒学,倡导儒学心与理、文与道以及通经与致用的统一,以开放的心态理解儒学,承认为学各有师说,治学宗旨不尽相同,"非尊德性则不成问学,非道问学则不成德性，故朱子以复性言学，陆子戒学者束书不观，周、程以后，两者固未尝分也。未尝分，又何容姚江、梁溪之合乎？此一时教法稍有偏重，无关于学脉也"（《复秦灯岩书》）。《明儒学案》不是明代心学史，而是明代儒学史；《宋元学案》不是宋元理学史，而是宋元儒学史。全祖望指出，黄宗羲"晚年，于《明儒学案》外，又辑《宋儒学案》《元儒学案》，以志七百年来儒苑门户"（《梨洲先生神道碑文》），彰显吞吐百家、汇纳众流、一统儒林的气魄和胸襟。

四、《明夷待访录》

《明夷待访录》是黄宗羲的重要政治著作，与顾炎武的《日知录》、王夫之的《黄书噩梦》一并被称为早期启蒙之书。侯外庐称之为17世纪中国的《人权宣言》，《明夷待访录》"前于罗梭的《民约论》三十多年，类似《人权宣言》，尤以《原君》《原臣》《原法》诸篇明显地表现出民主主义思想"[①]。明夷即《周易》第三十六卦，离下坤上，离代表日，坤代表地，日入地中，光明被掩盖。"此卦日入地中，'明夷'之象，施之于人事，暗主在上，明臣在下。不敢显其明智，亦'明夷'之义也"（《周易正义》）。《彖传》解释"明入地中，明夷。内文明而外柔顺，以蒙大难，文王以之。利艰贞，晦其明也。内难而能正其志，箕子以之"。箕子身负经世之才，却不被商纣王任用，反而遭到迫害。周代商后，箕子以遗民隐居，周武王拜访，希望得到治国之道。箕子不仕周朝，却贡献了九项治理天下的法则。黄宗羲自比箕子，不仕清朝，却愿意为天下苍生贡献治国之道，以待未来的王者，"吾

---

① 侯外庐著：《中国早期启蒙思想史》，人民出版社1956年版，第155页。

虽老矣，如箕子之见访，或庶几焉。岂因'夷之初旦，明而未融'，遂秘其言也！"（《明夷待访录题辞》）

　　黄宗羲目睹了明王朝的没落和灭亡，为了总结反思明朝诸多制度存在的种种弊端，著有《留书》和《明夷待访录》，前者表达了朦胧启蒙性质的反清民族主义思想，后者则从反清民族主义扩大到批判整个君主专制制度，是具有明显民主启蒙性质的民本思想。黄宗羲44岁撰成《留书》，54岁完成《明夷待访录》，"癸巳秋，为书一卷，留之箧中。后十年，续有《明夷待访录》之作，则其大者多采入焉，而其余弃之。甬上万公择谓尚有可取者，乃复附之《明夷待访录》之后，是非余之所留也，公择之所留也"（《留书题辞》）。两书具有传承关系，前者是后者的草稿，后者是前者的完成稿。前者原有八篇，其中《田赋》《制科》《将》三篇并入后者，现存《文质》《封建》《卫所》《朋党》《史》五篇。《明夷待访录》是对《留书》的提升和深化，既像《留书》那样反思一些具体问题，又对政治问题进行根本性总结，即"条具为治大法"（《明夷待访录题辞》）。《明夷待访录》由《题辞》和13个话题21篇组成，分别为《原君》《原臣》《原法》《置相》《学校》《取士（上下）》《建都》《方镇》《田制（一、二、三）》《兵制（一、二、三）》《财计（一、二、三）》《胥吏》《奄宦（上、下）》。一般认为，前三篇为黄宗羲的政治哲学，具有总纲性质；后面皆为具体社会政治制度构想，内容涉及政治、经济、文化、军事以及朝廷与地方的关系、土地制度、财计制度、兵制、胥吏和奄宦等问题。《明夷待访录》的"最高原理出于《孟子》之'贵民'与《礼运》之'天下为公'。其政治哲学之大要在阐明立君所以为民与君臣乃人民公仆之二义"[1]。顾炎武"读之再三，于是知天下之未尝无人，百

---

① 萧公权著：《中国政治思想史》，商务印书馆2011年版，第582页。

王之敝可以复起，而三代之盛可以徐还也。天下之事，有其识者未必遭其时，而当其时者或无其识，古之君子所以著书，待后有王者起，得而师之"（《顾宁人书》）。

民主君客是黄宗羲政治思想的亮点，是对传统民本思想的超越，"天下为主，君为客"。在黄宗羲看来，人性自私自利，"有生之初，人各自私也，人各自利也。天下有公利而莫或兴之，有公害而莫或除之"。自私自利是人之常情，古今无不如此，"岂古之人有所异哉？好逸恶劳，亦犹夫人之情也"。黄宗羲的人性论突破了孔孟界限，趋向于荀子的性恶论。黄宗羲认为，由于人的自私自利，就会产生公与私的利害矛盾，古代之君主能够克服私利和情欲，为天下谋利益和除弊害，"有人者出，不以一己之利为利，而使天下受其利，不以一己之害为害，而使天下释其害"。古代君主因此而非常辛苦，也不符合人之常情，"此其人之勤劳必千万于天下之人，夫以千万倍之勤劳而己又不享其利，必非天下之人情所欲居也"。所以古代人一般不愿做君主，许由、务光力辞君主之位，尧、舜做了以后就主动让位，大禹开始不愿做，做了以后又无法退出，"故古之人君，量而不欲入者，许由、务光是也；入而又去之者，尧、舜是也；初不欲入而不得去者，禹是也"。古人不愿做君主，做了之后却能坚持公天下。后世君主则反之，他们自私自利，为自己谋利益，使天下受其害，"后之为人君者不然，以为天下利害之权皆出于我，我以天下之利尽归于己，以天下之害尽归于人，亦无不可。使天下之人不敢自私，不敢自利，以我之大私为天下之公"。进而把天下作为私产，由自己以及子孙后代独自享用，"始而惭焉，久而安焉，视天下为莫大之产业，传之子孙，受享无穷。汉高帝所谓某业所就，孰于仲多者，其逐利之情不觉溢之于辞矣"。黄宗羲指出，古代君主能够公天下，后世君主却是私天下，究其原因在于颠倒老百姓与君主的关系，"此无他，古者以天下为主，君为客，凡君之所毕世而经营者，为天下也。今也以君为主，天下为客，凡天下之无地而得安宁者"。君主能够公天下，必须摆正君与民的关系，老百姓是主人，自己是客人；必须明确自己的职责是公天下，而不是私天下，从而再现尧、舜治世，"是故明乎为君之职分，则唐、虞之世，人人能让，许由、务光非绝尘也；不明乎为君之职分，则市井之间，人人可欲，许由、务光所以旷后世而不闻也。然君之职分难明，以俄顷淫乐不易无穷之悲，虽愚者亦明之矣"（《原君》）。

民主君客必须批判君主专制，"天下之大害者，君而已矣"。君主之害在打江山时，表现为大肆杀戮，"是以其未得之也，屠毒天下之肝脑，离散天下之子女，以博我一人之产业，曾不惨烈，曰：'我固为子孙创业也。'"在守江山时，是残酷地榨取民脂民膏，"其既得之也，敲剥天下之骨髓，离散天下之子女，以奉我一人之淫乐，视为当然，曰：'此我产业之花息也。'"（《原君》）设官置相是为了防止君主专制，"有明之无善治，自高皇帝罢宰相始也。原夫作君之意，所以治天下也。天下不能一人而治，则设官以治之。是官者，分身之君也"（《置相》）。必须批判维护君主专制的观念，那就是鄙陋小儒认为君尊臣卑天经地义，即使暴君也不应讨伐，讨伐暴君会导致无数民众被残害的血肉之躯如同腐鼠一样轻贱。"而小儒规规焉以君臣之义无所逃于天地之间，至桀、纣之暴，犹谓汤、武不当诛之，而妄传伯夷、叔齐无稽之事，使兆人万姓崩溃之血肉，曾不异夫腐鼠。"鄙陋小儒的观念是不顾老百姓死活，也要维护君主一己之私利，"岂天下之大，于兆人万姓之中，独私一人一姓乎？"鄙陋小儒的观念会导致后世君主鄙视圣人及圣人之言，不择手段地维护自己的皇位，"是故武王，圣人也；孟子之言，圣人之言也。后世之君，欲以如父如天之空名，禁人之窥伺者，皆不便于其言，至废孟子而不立。

非导源于小儒乎！"必须批判君主把天下当作私产的做法。把天下当私产，就会引发无数人的觊觎之心，"虽然，使后之为君者果能保此产业，传之无穷，亦无怪乎其私之也。既以产业视之，人之欲得产业，谁不如我？"把天下当私产，皇位就不可能传之久远，"摄缄縢，固扃鐍，一人之智力，不能胜天下欲得之者之众，远者数世，近者及身"。把天下当私产，祸乱必然殃及子孙，"其血肉之崩溃，在其子孙矣。昔人愿世世无生帝王家，而毅宗之语公主，亦曰：'若何为生我家！'痛哉斯言！"（《原君》）毅宗即崇祯皇帝。史书记载更加悲痛惨烈，崇祯帝"长平公主，年十六，帝选周显尚主。将婚，以寇警暂停。城陷，帝入寿宁宫，主牵帝衣哭。帝曰：'汝何故生我家！'以剑挥斫之，断左臂，又斫昭仁公主于昭仁殿"（《明史·公主传》）。

否定"君为臣纲"，是黄宗羲政治思想的另一亮点，"盖天下之治乱，不在一姓之兴亡，而在万民之忧乐"。在黄宗羲看来，君臣都是在管理国家，只是分工不同，"缘夫天下之大，非一人之所能治，而分治之以群工"。君臣是共治天下，犹如共同抬大木头，"夫治天下犹曳大木然，前者唱邪，后者唱许。君与臣，共曳木之人也"。没有贵贱尊卑之分，只有尽职不尽职而已，"若手不执绋，足不履地，曳木者唯娱笑于曳木者之前，从曳木者以为良，而曳木之职荒矣"。君臣都是老百姓的公仆，尤其是人臣必须明确，自己为官从政不是为了君主，而是为了老百姓，"故我之出而仕也，为天下，非为君也；为万民，非为一姓也"。黄宗羲否定君臣是父子关系，"或曰：臣不与子并称乎？曰：非也。父子一气，子分父之身而为身。故孝子虽异身，而能日近其气，久之无不通矣；不孝之子，分身而后，日远日疏，久之而气不相似矣。君臣之名，从天下而有之者也"。否定人臣要察言观色奉承君主，"有人焉，'视于无形，听于无声'，以事其君，可谓之臣乎？曰：否”。更否定以牺牲生命来侍奉君主，“杀其身以事其君，可谓之臣乎？曰：否”。否则，人臣就成了宦官和宫女，“不然，而以君之一身一姓起见，君有无形无声之嗜欲，吾从而视之听之，此宦官宫妾之心也。君为己死而为己亡，吾从而死之亡之，此其私昵者之事也。是乃臣不臣之辨也”(《原臣》)。

黄宗羲认为，后世君臣都忘记了自己职责，君主是私天下，选人用人为一己之私，是选用奴才而不是大臣，“嗟乎！后世骄君自恣，不以天下万民为事。其所求乎草野者，不过欲得奔走服役之人。乃使草野之应于上者，亦不出夫奔走服役，一时免于寒饿，遂感在上之知遇，不复计其礼之备与不备，跻之仆妾之间而以为当然”。人臣则为君而不为天下，“世之为臣者昧于此义，以谓臣为君而设者也。君分吾以天下而后治之，君授吾以人民而后牧之，轻天下人民为人君囊中之私物”。人臣之忧虑都是为了君主，而不是为百姓，“今以四方之劳扰，民生之憔悴，足以危吾君也，不得不讲治之牧之之术。苟无系于社稷之存亡，则四方之劳扰，民生之憔悴，虽有诚臣，亦以为纤芥之疾也”。人臣一旦为君不为民，即使忠心耿耿，也是背离为臣之道，“为臣者轻视斯民之水火，即能辅君而兴，从君而亡，其于臣道固未尝不背也”。黄宗羲指出，真正的为臣之道是君臣共治天下，“臣之与君，名异而实同耶”。为臣之道是追随公天下的君主，不追随私天下的君主，“吾以天下万民起见，非其道，即君以形声强我，未之敢从也，况于无形无声乎？非其道，即立身于其朝，未之敢许也，况于杀其身乎？”为臣之道是君之师友，而非君之仆妾，“吾无天下之责，则吾在君为路人。出而仕于君也，不以天下为事，则君之仆妾也；以天下为事，则君之师友也”。为臣之道是要实现三代之治，而不是后世之乱，“是故桀、纣之亡，乃所以为治也；秦政、蒙古之兴，乃所以为乱也；晋、宋、齐、梁之兴亡，无与于治乱者也"（《原臣》）。

坚持法治是黄宗羲政治思想又一亮点，"即论者谓有治人无治法，吾以谓有治法而后有治人"。在黄宗羲看来，"三代以上有法，三代以下无法"。有法与无法的判别标准是公天下还是私天下，公天下即谓有法，"二帝、三王知天下之不可无养也，为之授田以耕之；知天下之不可无衣也，为之授地以桑麻之；知天下之不可无教也，为之学校以兴之，为之婚姻之礼以防其淫，为之卒乘之赋以防其乱。此三代以上之法也，因未尝为一己而立也"。私天下就是无法，"后之人主，既得天下，唯恐其祚命之不长也，子孙之不能保有也，思患于未然以为之法。然则其所谓法者，一家之法而非天下之法也。是故秦变封建而为郡县，以郡县得私于我也；汉建庶孽，以其可以藩屏于我也；宋解方镇之兵，以方镇之不利于我也。此其法何曾有一毫为天下之心哉，而亦可谓之法乎？"三代之法公天下，是无法之法，"三代之法，藏天下于天下者也。山泽之利不必其尽取，刑赏之权不疑其旁落。贵不在朝廷也，贱不在草莽也。在后世方议其法之疏，而天下之人不见上之可欲，不见下之可恶，法愈疏而乱愈不作，所谓无法之法也"。后世之法私天下，是非法之法，"后世之法，藏天下于筐箧者也。利不欲其遗于下，福必欲其敛于上；用一人焉则疑其自私，而又用一人以制其私；行一事焉则虑其可欺，而又设一事以防其欺。天下之人共知其筐箧之所在，吾亦鳃鳃然日唯筐箧之是虞，故其法不得不密。法愈密而天下之乱即生于法之中，所谓非法之法也"（《原法》）。

黄宗羲认为，天下治乱必须回归古代圣王的公天下之法，"即论者谓天下之治乱不系于法之存亡。夫古今之变，至秦而一尽，至元而又一尽。经此二尽之后，古圣王之所恻隐爱人而经营者，荡然无具。苟非为之远思深览，一一通变，以复井田、封建、学校、卒乘之旧，虽小小更革，生民之戚戚终无已时也"。对于非法之法，必须加以变革，恢复三代无法之法，"论者谓一代有一代之法，子孙以法祖为孝。夫非法之法，前王不胜其利欲之私以创之，后王或不胜其利欲之私以坏之。坏之者，固足以害天下，其创之者，亦未始非害天下者也。乃必欲周旋于此胶彼漆之中，以博宪章之余名，此俗儒之剿说也"。黄宗羲指出，法治优于人治，人治受制于法治。人治受制于非法之法，即使能臣，终不能摆脱服务于君主一人，"自非法之法桎梏天下人之手足，即有能治之人，终不胜其牵挽嫌疑之顾盼，有所设施，亦就其分之所得，安于苟简，而不能有度外之功名"。人治受制于无法之法，能臣就能有所作为，庸臣也不会为害天下，"使先王之法而在，莫不有法外之意存乎其间。其人是也，则可以无不行之意；其人非也，亦不至深刻罗网，反害天下"（《原法》）。法治优于人治在于其公正性，必须依靠学校的议政作用，"学校，所以养士也。然古之圣王，其意不仅此也，必使治天下之具皆出于学校，而后设学校之意始备"；"天子之所是未必是，天子之所非未必非，天子亦遂不敢自为非是，而公其非是于学校"（《学校》）。

黄宗羲确是明末清初的启蒙者，其政治思想对于近代社会确实发挥过启蒙作用。然而，黄宗羲的政治思想仍属于传统的民本范畴，没有超越孟子"民贵君轻"思想界限，没有冲破维护君权的牢笼，更没有真正迈入现代民主的世界，不宜评价过高，"若稍有牵合附会，则最易导国民以不正确之观念，而缘'郢书燕说'以滋弊"[1]。黄宗羲的政治思想只是近代中国进行社会革命的一种思想资源，不可能也没有成为指导中国近代化的思想理论。

[1] 《梁启超史学论著四种》，岳麓书社1997版，第85页。

第五节　王夫之

王夫之（公元1619—1692年）是明末清初著名的思想家和"三大儒"之一。王夫之反对心学，"是以不百年而陆子静之异说兴，又二百年而王伯安之邪说熹"，却没有回归程朱理学，而是崇尚张载，认为张载思想不仅是儒学的正统，而且是理学的正脉，"张子之学，上承孔、孟之志，下救来兹之失，如皎日丽天，无幽不烛，圣人复起，未有能易焉者也"（《正蒙注·序论》）。他坚持元气本体论，"阴阳二气充满太虚，此外更无他物，亦无间隙，天之象，地之形，皆其所范围也"（《正蒙注·太和》）；主张历史进化论，"洪荒无揖让之道，唐、虞无吊伐之道，汉、唐无今日之道，则今日无他年之道者多矣"（《周易外传·系辞上传》）；批判君主专制，"一姓之兴亡，私也，而生民之生死，公也"（《读通鉴论·敬帝》）。清末谭嗣同认为王夫之是近代思想的先驱，"万物昭苏天地曙，要凭南岳一声雷"（《论六艺绝句》）。

一、其人其事

史书记载，"王夫之，字而农，衡阳人"，别号姜斋，晚年"归衡阳之石船山，筑土室曰观生居，晨夕杜门，学者称船山先生"。明末清初著名的儒者有李颙、孙奇逢、黄宗羲和顾炎武，王夫之人品学问不输于他们，却是默默无闻，"当是时，海内硕儒，推容城、盩厔、余姚、昆山。夫之刻苦似二曲，贞晦过夏峰，多闻博学，志节皎然，不愧黄、顾两君子。然诸人肥遁自甘，声望益炳，虽荐辟皆以死拒，而公卿交口，天子动容，其著述易行于世"。原因在于"夫之窜身瑶峒，声影不出林莽，遂得完发以殁身"。死后声名逐渐彰显，"后四十年，其子敂抱遗书上之督学宜兴潘宗洛，因缘得入《四库》，上史馆，立传《儒林》"（《清史稿·王夫之传》）。与黄宗羲、顾炎武相同的是，王夫之始终拒绝与清朝合作；不同的是，他始终没有剃发。

王夫之出身书香门第，其父王朝聘为天启辛酉年进士，曾学于大儒伍学父，又问道于邹守益。王夫之从小聪慧过人，6岁跟随兄长完成了十三经的学习，"余自束发受业经义"，阅"经义亦数万首"（《夕堂永日绪论序》）。涉猎广泛，其子王敂介绍，"自少喜从人间问四方事，至于江山险要，士马食货，典制沿革，皆极意研究。读史读注疏，于书志年表，考驳异同，人之所忽，必详慎搜阅之，而更以闻见证之"（《大行府君行述》）。王夫之一生经历可分为三个阶段，第一阶段是参加明朝科举，十分不顺。在乡试环节，就三次落第，崇祯六年即公元1633年，赴武昌参加乡试，落第；崇祯九年，第二次参加乡试，落第；崇祯十二年，第三次参加乡试，又落第。崇祯十五年，第四次参加乡试，终于成功，为湖广乡试第五名。乡试成功，却迎来了明朝的穷途末路，已不可能参加会试。王夫之曾北上参加会试，由于李自成军克承天，张献忠军攻陷蕲水，道路受阻，不得已从南昌返回家乡。崇祯十七年，明朝覆亡，王夫之从此以明朝遗民自居，与科举绝缘，也是与仕途诀别，进入了人生的新阶段。在此期间发生的一件事情，颇能说明王夫之的忠孝品格和倔强刚毅精神。崇祯十六年十月，张献忠军攻克衡阳，拘押了王夫之的父亲。为救父亲，

"夫之自引刀遍刺肢体，舁往易父。贼见其重创，免之，与父俱归"（《清史稿·王夫之传》）。

第二阶段是投身反清复明运动，徒劳无功。王夫之是忠诚的遗民，"凭君写取千茎雪，犹是先朝未死人"（《六十自定稿》）。自顺治元年清兵攻下北京起，南明的弘光、隆武、永历政权相继建立，最后都被清廷镇压，王夫之每次闻讯都作《悲愤诗》一百韵，先后共四百韵，第一次是为崇祯自缢而作。《悲愤诗》抒发了思念故国之情以及痛斥清朝的残酷统治。反清复明，王夫之不仅有想法，而且付诸行动。顺治三年，他只身来到设在湘阴的南明都御史湖北巡抚章旷军中上书，指画兵食，请调和南北矛盾，协同作战，联合农民军一起抗清，因督师防溃变，未被采纳。顺治四年四月，与好友夏汝弼投奔刚刚建立的南明永历政权，因大雨而未达；五月，清军攻陷衡州，父亲、叔叔、叔母及二兄在战乱中死亡，其父王朝聘临死前嘱其子抗清到底。顺治五年十月，与夏汝弼、管嗣裘举兵衡山方广寺，失败后至肇庆投奔永历政权。顺治七年，至梧州任永历朝行人司行人介子，"明王驻桂林，大学士瞿式耜荐之，授行人"。由于永历政权腐败，加之权臣王化澄当道甚至迫害，"时国势阽危，诸臣仍日相水火。夫之说严起恒救金堡等，又三劾王化澄，化澄欲杀之"。顺治八年，王夫之离开永历政权，回到衡州，从此不再参与任何政治活动。顺治九年，农民军孙可望招其入毂，王夫之没有回应；康熙十七年，吴三桂称帝衡州，其党以劝进表来属，王夫之则婉言拒绝，"夫之曰：'亡国遗臣，所欠一死耳，今安用此不祥之人哉！'遂逃入深山，作《袚禊赋》以示意。三桂平，大吏闻而嘉之，嘱郡守馈粟帛，请见，夫之以疾辞"（《清史稿·王夫之传》）。顺治九年之后，尽管不再参与政治活动，但王夫之念兹在兹的仍然是自己的遗民身份。康熙三十年深秋，他称船山为吾山，以顽石自喻，表示坚贞不屈的品格，"船山，山之岑有石如船，顽石也，而以之名"（《船山记》）。74岁作《鹧鸪天·自题画像》："把镜相看认不来，问人云此是姜斋。龟于朽后随人卜，梦未圆时莫浪猜。　　谁笔仗，此形骸，闲愁输汝两眉开，铅华未落君还在，我自从天乞活埋"。自书墓志铭，"抱刘越石之孤忠，而命无从致；希张横渠之正学，而力不能企。幸全归于兹丘，固衔恤以永世"（《自题墓石》），皆表明其誓死忠于明朝的决心。

第三阶段是归隐山泉，潜心学问，成就斐然。王夫之的学术生涯与政治生涯不是决然分离的，在反清复明过程中就开始了学术研究。学问宗旨可概括为其晚年自题堂联"六经责我开生面"，即借解释经书并结合时代，创建一套别开生面的富有哲理批判精神的儒学体系，具体路径是回归宋朝理学，"夫之论学，以汉儒为门户，以宋五子为堂奥。其所作《大学衍》《中庸衍》，皆力辟致良知之说，以羽翼朱子"（《清史稿·王夫之传》）。在王夫之看来，北宋五子及朱熹皆有功于儒学复兴，"宋自周子出，而始发明圣道之所繇，一出于太极阴阳人道生化之终始，二程子引而伸之，而实之以静一诚敬之功，然游、谢之徒，且歧出以趋于浮屠之蹊径。故朱子以格物穷理为始教，而檠括学者于显道之中"。由于程朱后学沉溺于训诂，导致理学发展到有明一代，心学一脉大盛，"乃其一再传而后，流为双峰、勿轩诸儒，逐迹摄影，沉溺于训诂。故白沙起而厌弃之，然而遂启姚江王氏阳儒阴释诬圣之邪说"。王夫之认为，回归宋朝理学，必须坚决批判王阳明心学，认为其学违背儒学真谛，其后学流于空疏与狂妄，且与政治腐败互为表里，最终酿成国破家亡，"其究也，为刑戮之民，为阉贼之党皆争附焉，而以充其无善无恶、圆融理事之狂妄，流害以相激而相成，则中道不立、矫枉过正有以启之也"。王夫之指出，回归宋朝理学，必须尊崇张载。张载之学后世不彰，在于张载素位隐居，门人弟子太少，"学之兴于宋也，周子得二程子而道著，程子之道广，而一时之英才辐辏于其门；张子教学于关中，其门人未有殆庶者。而当时矩公耆儒如富、文、司马诸公，张子皆以素位隐居而末繇相为羽翼，是以其道之行，曾不得与邵康节之数学相与颉颃，而世之信从者寡，故道之诚然者不著"。然而，只有张载之学，才能抗衡陆王心学，"使张子之学晓然大明，以正童蒙之志于始，则浮屠生死之狂惑，不折而自摧，陆子静、王伯安之蕞然者，亦恶能傲君子以所独知，而为浮屠作率兽食人之怅乎！"(《正蒙注·序论》)

王夫之著述十分丰厚，"所著书三百二十卷，其著录于《四库》者，曰《周易稗疏》《考异》，《尚书稗疏》，《诗稗疏》《考异》，《春秋稗疏》。存目者，曰《尚书引义》《春秋家说》"(《清史稿·王夫之传》)。存世著述约有73种，400余卷，主要是《周易稗疏》四卷、《周易考异》一卷、《周易外传》七卷、《周易内传》六卷及《周易内传发例》一卷，《诗经稗疏》四卷、《诗经考异》一卷及《诗广传》五卷，《尚书稗疏》四卷、《尚书引义》六卷，《春秋家说》三卷、《春秋稗疏》二卷、《春秋世论》五卷及《续春秋左氏传博议》，《礼记章句》，《四书稗疏》一卷、《四书考异》一卷、《读四书大全说》十卷及《四书训义》三十八卷，《说文广义》，《思问录》内外篇各一卷，《噩梦》《俟解》《老子衍》《黄书》，《庄子通》及《庄子解》三十三卷，《读通鉴论》，《宋论》十五卷，《张子正蒙注》九卷，《相宗络索》。王夫之著述首先刊载于《四库全书》，由于受考据之风影响，所著录的只是几部考据作品。道光十九年，湖南学者邓显鹤与欧阳兆熊、邹汉勋开始搜集编校刊布王夫之遗书。道光二十二年首刻《船山遗书》18种，150卷，为守遗经书屋版，咸丰四年毁于太平军之手。同治三年，曾国藩嘱其弟曾国荃重刻《王船山遗书》，56种，288卷，为金陵节署本。

至此，王夫之思想得以广为流传，影响日渐扩大。

王夫之的发现及其思想流播是一个传奇。明末清初，王夫之隐居不出，潜心学问与著述，罕为世人所知。当时名流著作偶尔涉及王夫之者，只有诗文作者，仅见于钱澄之的《田园诗集》及陆陇其的《三鱼堂日记》。康熙三十一年，刘献廷游湖北湖南，闻王夫之学行，始作杂记表彰，"其学无所不窥，于六经皆有发明。洞庭之南，天地元气，圣贤学脉，仅此一线耳"（《广阳杂记》）。此后，湖广学政潘宗洛撰《船山先生传》，既感慨又崇敬，"明之支藩，播迁海澨，先生非不知其无能为也，犹间关跋涉，发谠论，攻憸邪，终摈不用，隐而著书，其志有足悲者。以先生之才，际我朝之兴，改而图仕，何患不达？而乃终老于船山，此所谓前明之遗臣者乎！及三桂之乱，不肖劝进，抑又可谓我朝之贞士也哉！"曾国藩则赞赏王夫之人品和学问，"荒山敝榻，终岁孜孜，以求所谓育物之仁，经邦之礼。穷探极论，千变而不离其宗；旷百世不见知，而无所于悔。先生殁后，巨儒迭兴，或攻良知捷获之说，或辨易图之凿，或详考名物、训诂、音韵，正《诗集传》之疏，或修补三礼时享之仪，号为卓绝。先生皆已发之于前，与后贤若合符契。虽其著述太繁，醇驳互见，然固可谓博文约礼，命世独立之君子已"（《王船山遗书序》）。王夫之的发现及其思想传播，得益于以曾国藩为代表的湖湘士大夫集团。晚清湖湘士人不仅挖掘王夫之的思想资源，而且推动其从祀孔庙。早在道光年间，以邓显鹤为首的湖南士人就筹划为王夫之建立私祠，而郭嵩焘等不满足于私祠，谋求从官方层面将王夫之推入孔庙。光绪二年，郭嵩焘提请从祀孔庙，被清朝礼部驳回；光绪二十年，湖北学政孔祥霖提请从祀，又被驳回。光绪三十三年，御史赵启霖奏请将王夫之、顾炎武、黄宗羲三儒一并入祀，引起朝野广泛争议；次年正值清廷预备立宪的紧要关头，而三人学说与立宪精神遥相符合，最后在张之洞的坚持下，慈禧太后发出上谕，准予王夫之、顾炎武、黄宗羲入祀孔庙享祭。美国学者裴士锋认为，在鸦片战争之后百年来的重大历史时刻，一代代湖南人推陈出新，救亡图存，从师夷派、洋务派到维新派再到革命派，"王夫之比其他任何人或历史事件更有资格作为现代湖南人性格的原型，在许多人眼中，王夫之是在他们血液里事先植下改革、革命因子的共同先祖"①。

二、虚空皆气

明末清初思想家普遍批判反思王阳明心学的流弊，一般都是回归程朱理学，王夫之却是特立独行，成了张载的拥趸。他认为程朱理学与陆王心学是水与火的关系，很难决出胜负，"其以朱子格物、道问学之教争贞胜者，犹水之胜火，一盈一虚而莫适有定"。只有张载之学，才能战胜陆王心学。王夫之还超越理学，从儒学史的角度为张载定位，把张载喻为孟子，称颂其拨乱反正之功；喻为匠人之绳墨和射人之彀率，赞誉其为后世儒学的范式和标准，"呜呼！孟子之功不在禹下，张子之功又岂非疏浚水之歧流，引万派之归墟，使斯人去昏垫而履平康之坦道哉！是匠者之绳墨也，射者之彀率也，虽力之未逮，养之未熟，见为登天之难不可企及，而志于是则可至焉，不志于是未有能至者也"（《正蒙注·序论》）。

王夫之继承张载的自然观，全面接受"太虚即气"的理念，提出虚空皆气的观点，"虚空者，气之量。气弥沦无涯而希微不形，则人见虚空而不见气。凡虚空皆气也。聚则显，显则人谓

---

① ［美］裴士锋著，黄中宪译：《湖南人与现代中国》，社会科学文献出版社2015年版，第4页。

之有，散则隐，隐则人谓之无"。虚空皆气是要"辟佛老而正人心"。先是批判老子无中生有的思想，"本无二气，由动静而生，如老氏之说也"。王夫之认为，老子把天地看成是一个真空口袋，动而生气，那么，谁在鼓动呢？"老氏以天地如橐籥，动而生风，是虚能于无生有，变幻无穷；而气不鼓动则无，是有限矣，然则孰鼓其橐籥令生气乎？"实际上，虚空本身就是气，"不知动静所生之阴阳，为寒暑、润燥、男女之情质，乃固有之蕴，其絪缊充满在动静之先。动静者即此阴阳之动静，动则阴变于阳，静则阳凝于阴，一震、巽、坎、离、艮、兑之生于乾、坤也；非动而后有阳，静而后有阴"。次是批判佛教宇宙要寂灭的思想，"释氏以灭尽无余为大涅槃"（《正蒙注·太和》）。王夫之指出，佛教把客观世界看成是虚幻不真，容易惑世欺民，"释氏以真空为如来藏，谓太虚之中本无一物，而气从幻起以成诸恶，为障碍真如之根本，故斥七识乾健之性、六识坤顺之性为流转染污之害源"，这是"昧其所以生，则不知其所以死，妄欲销陨世界以为大涅槃，彼亦乌能销陨之哉，徒有妄想以惑世诬民而已"（《正蒙注·神化》）。虚空皆气还要批判陷于佛者的陆王心学，"若陆子静及近世王伯安，则屈圣人之言以附会之，说愈淫矣"。批判朱熹之学，"朱子以其言既聚而散，散而复聚，讥其为大轮回。而愚以为朱子之说反近于释氏灭尽之言，而与圣人之言异"。批判陷于老者的玄学，"如王弼注《易》及何晏、夏侯湛辈，皆其流也"。批判陷于佛老的其他学说，"若王安石、吕惠卿及近世王畿、李贽之属，则又合佛、老以淆圣道，尤其淫而无纪者也"（《正蒙注·太和》）。王夫之在批判佛老学说及其影响的过程中建立了自己的自然观和元气本体论。

王夫之认为气是形上本体和天地之源，"太虚不能无气，气不能不聚而为万物。万物不能不散而为太虚。循是出入，是皆不得已而然也。气之聚散，物之死生，出而来，入而往，皆理势之自然，不能已止者也。不可据之以为常，不可挥之而使散，不可挽之而使留，是以君子安生安死，于气之屈伸无所施其作为，俟命而已矣"（《正蒙注·太和》）。在王夫之看来，虚空就是宇宙。宇宙无始无终，无边无际，意指时空构成的无限存在，"上天下地曰宇，往古来今曰宙。虽然，莫为之郛郭也。惟有郛郭者，则旁有质而中无实，谓之空洞可矣，宇宙其如是哉！宇宙者，积而成乎久大者也。二气缊缊，知能不舍，故成乎久大"（《思问录·内篇》）。充溢于宇宙之间就是气，"人之所见为太虚者，气也，非虚也。虚涵气，气充虚，无有所谓无者"。王夫之认为，太虚表现为太和缊缊。所谓太和，"和之至也"，太和是天地万物生存的条件，它不是等同而是合同，万物并行而互不悖害，"阴阳异撰，而其缊缊于太虚之中，合同而不相悖害，浑沦无间，和之至矣"。缊缊意指太和处于一种阴阳未分、混沌无间的状态，"缊缊，太和未分之本然"；"阴阳未分，二气合一，缊缊太和之真体，非目力所及，不可得而见也"。太虚的本质特征是运动变化，"气化者，气之化也。阴阳具于太虚缊缊之中，其一阴一阳，或动或静，相与摩荡，乘其时位以著其功能，五行万物之融结流止、飞潜动植，各自成其条理而不妄"。进而产生天地万物，"太和缊缊为太虚，以有体无形为性，可以资广生大生而无所倚，道之本体也。二气之动，交感而生凝滞而成物我之万象"。王夫之指出，太虚的运动变化是物质不灭，"生非创有，而死非消灭"，是物质存在形态的互相转化，"故曰往来，曰屈伸，曰聚散，曰幽明，而不曰生灭"（《正蒙注·太和》）。

王夫之从自然界春夏生长、秋冬潜藏，以及从薪柴、油、汞等引火加热后转化为另一种物质形态的实例，试图证明物质永恒不灭的原理，"以天运物象言之，春夏为生，为来，为伸，秋冬为杀，为往，为屈，而秋冬生气潜藏于地中，枝叶槁而根本固荣，则非秋冬之一消灭而更无余也。车薪之火，一烈已尽，而为焰，为烟，为烬，木者仍归木，水者仍归水，土者仍归土，特希微而人不见尔。一甑之炊，湿热之气，蓬蓬勃勃，必有所归；若盦盖严密，则郁而不散。汞见火则飞，不知何往，而究归于地。有形者且然，况其绝缊不可象者乎"（《正蒙注·太和》）。王夫之由元气不灭改造了儒家"诚"的思想范畴，剥去其神秘外衣，而赋予其唯物内容。"太虚，一实也。故曰：'诚者，天之道也。'"（《思问录·内篇》）"诚也者，实也。实有之，固有之也。无有弗然，而非他有耀也。"（《尚书引义·洪范》）《中庸》的"诚者，物之终始，不诚无物"，属于主观信念，王夫之将其颠倒过来，强调诚即实有，是客观真实存在。客观世界不能凭空产生，也不能凭空消失，却可以通过人的感官经验加以认识，"夫诚者，实有者也，前有所始，后有所终也。实有者，天下之公有，有目所共见，有耳所共闻也"（《尚书引义·说命上》）。王夫之通过释诚提出"实有"概念，具有重要理论意义，相当于抽象出了一般的"物质"范畴。王夫之强调诚为物之本，"诚，则形，形，乃著明，有成形于中，规模条理未有而有，然后可著见而明示于天下。故虽视不可见，听不可闻，而为物之体，历然矣；当其形也，或谓之'言语道断'，犹之可也；谓之'心行路绝'，可乎？心行路绝，则无形；无形者，不诚者也。不诚，非妄而何"（《思问录·内篇》）。

王夫之批判朱熹受到佛教影响，却不否认宋朝理学思想，认为理是一种不以人的意志为转移的客观必然性及其秩序，"理者，天之所必然者也"（《正蒙注·神化》）。在王夫之看来，理是普遍存在的，于自然界，是指事物的内在规律；于人类社会，是指人伦道德法则和规范，"一则天地万物已然之条理，一则健顺五常、天以命人而人受为性之至理"(《读四书大全说·泰伯》)。理不是单一的，而是多样的，任何事物都有其内在之理，"理者，天之昭著之秩序也。时以通乎变化，义以贞其大常，风雨露雷无一成之期，而寒暑生杀终于大信。君子之行藏刑赏，因时变通而协于大中，左宜右有，皆理也"(《正蒙注·诚明》)。王夫之对理进行了唯物改造，注入气的因子，认为理与气互相为体，无分先后。气是理的载体，理离不开气；理是气运动变化的秩序条理，也是气自身运动的规律，"气者，理之依也。气盛则理达，天积其健盛之气，故秩叙条理，精密变化而日新"(《思问录·内篇》)。理不能孤立存在，也不能超越于气而存在。天地万物之理只能寓于气中，依赖于气而存在，气也含有理，"天下岂别有所谓理？气得其理之谓理也。气原是有理底，尽天下之间，无不是气，即无不是理也"。王夫之批判朱熹将理与气分开的做法，"将理气分作二事，则是气外有理矣"(《读四书大全说·告子上》)。对于"理一分殊"，则批判朱熹将天地万物统一于精神的天理，认为虚无不可能产生实体，"子生于父母，而实有其子；物生于天地，而实有其物。然则先儒之以月落万川为拟者误矣。川月非真，离月之影，而川固无月也"(《尚书引义·泰誓上》)。王夫之指出，在天地万物之中，理与气有着不同的地位和作用，它们是一般与个别的关系，理是一般的共相，隐藏于事物内部，是气的条绪节文，而气是个别的具体事物，能够显现理的存在与作用，"理本非一成可执之物，不可得而见；气之条绪节文，乃理之可见者也。故其始之有理，即于气上见理"(《读四书大全说·离娄上》)。王夫之有时将理与气解读为体与用的关系，气是体，理是用，"理只是以象二仪之妙，气方是二仪之实"(《读四书大全说·告子上》)。

为了论证客观世界的唯物和真实存在，王夫之提出了"天下惟器"的观点，"盈天地之间皆器矣"。在王夫之看来，道与器是不同的，"故卦也、辞也、象也，皆书之所著也，器也；变通以成象辞者，道也"。道是抽象的，显现事物的一般法则，为天地万物形成的根据及其所遵循的规则，"'道'谓化育运行之大用。自其为人物所必由者，则谓之道"。器是具体的，呈现事物的个别特质，含有象数，即有形的象及其规定性的数，道通过象数显现出来，"引阴阳之灵爽以前民用者，莫不以象数为其大司。夫象数者，天理也，与道为体，道之成而可见者也"。器具有特殊性，形状、变化、数量均不相同，动能各异，需谨慎使用，"天下之器，其象各异，而用亦异，要其形质之宜，或仰而承，或俯而覆，或微而至，或大而容，或进而利，或退而安，要惟酌数之多寡以善刚柔之用"。器有表里，相协为一，"且盈天地之间，则皆有归矣。有其表者，有其里者，则有其著者。著者之于表里，使其二而可以一用，非既已二而三之也。盈天地之间，何非其著者之充哉？"器的表里各有独特功能，发挥着不同作用，"器有其表者，有其里者，成表里之各用，以合用而底于成"。王夫之认为，道与器不可分离，"无其器则无其道"。犹如聪明、睿智、仁义、中和、大公至正、利用、厚生、正德，皆离不开耳、目、心、人、事、礼乐、刑赏、水火金木、谷蓏丝麻和君臣父子，"故聪明者耳目也，睿智者心思也，仁者人也，义者事也，中和者礼乐也，大公至正者刑赏也，利用者水火金木也，厚生者谷蓏丝麻也，正德者君臣父子也。如其舍此而求诸未有器之先，亘古今，通万变，穷天穷地，穷人穷物，而不能为之名，而况得有其实乎？"道家与佛家不懂道与器不可分离的道理，不是把道当成虚无，就是把道看作寂灭。无论虚无还是寂灭，道都离不开器，也不能先于器而存在，"老氏瞀于此，而曰道在虚，虚亦器之虚也。释氏瞀于此，而曰道在寂，寂亦器之寂也。淫词炙輠，不能离乎器，然且标离

器之名以自神，将谁欺乎？"(《周易外传·系辞上传》)

　　王夫之坚持道与器不可分离，反对象外有道，"天下无象外之道。何也？有外，则相与为两，即甚亲，而亦如父之于子也；无外，则相与为一，虽有异名，而亦若耳目之于聪明也。父生子而各自有形，父死而子继；不曰道生象，而各自为体，道逝而象留。然则象外无道，欲详道而略象，奚可哉？"反对器外有道，以道居于形器之外而支配运用形器，是把二气未分状态当作独立实体，必然导出先天说，认为道或理先于天地而存在；反对以道主器，将器看作实物，置道于其中以鼓动器，是以器之表里为真实，以二气未分状态为虚妄，必然导出以虚空为道的橐籥说，"若夫悬道于器外以用器，是缊与表里异体；设器而以道鼓动于中，是表里真而缊者妄矣。先天之说，橐籥之喻，其于《易》之存人以要天地之归者，又恶足以知之"(《周易外传·系辞上传》)。王夫之还从形上与形下论证道与器的关系，认为形上之道与形下之器密不可分，"据器而道存，离器而道毁"(《周易外传·大有》)。然而，形上之道与形下之器具有不同特征，形上是未形而隐，形下则是成形可见；道是未形可见的一般法则，器是有形可见的具体事物。道与器不是两个并存的事物或实体，而是同一事物的两个方面，道是一般法则，器是具体特征，道的本质只有通过器才能彰显和得到确定，"'形而上'者，当其未形而隐然有不可逾之天则，天以之化，而人以为心之作用，形之所自生，隐而未见者也。及其形之既成而形可见，形之所可用以效其当然之能者，如车之所以可载，器之所以可盛，乃至父子之有孝慈、君臣之有忠礼，皆隐于形之中而不显。二者则所谓当然之道也，形而上者也。'形而下'即形之已成乎物而可见可循者也。形而上之道隐矣，乃必有其形，而后前乎所以成之者之良能著，后乎所以用之者之功效定。故谓之'形而上'而不离乎形。道与器不相离"。在解读"形而上者谓之道，形而下者谓之器"时，王夫之似乎更加重视器的地位与作用，"'谓之'者，从其谓而立之名也。'上下'者，初无定界，从乎所拟议而施之谓也。然则上下无殊畛，而道器无易体，明矣。天下惟器而已矣。道者器之道，器者不可谓之道之器也。无其道则无其器，人类能言之"；"无其器则无其道，人鲜能言之，而固其诚然者也"。王夫之重视器的地位与作用，原因在于强调实有的概念以及客观世界的真实存在，"是故调之而流动以不滞，充之而凝实而不馁，而后器不死而道不虚生。器不死，则凡器皆虚也；道不虚生，则凡道皆实也。岂得有坚郛峙之以使中屡空也？岂得有庞杂窒之而表里不亲邪？故合二以一者，既分一为二之所固有矣"（《周易外传·系辞上传》）。

三、气化日新

王夫之肯定客观世界的真实存在，同时肯定客观世界的运动变化。运动变化不是简单地重复和往复循环，而是气化日新，进步发展，"天地之德不易，而天地之化日新"。无论是自然界，还是人类社会，都在不断变化日新；无论有感觉还是无感觉，天地万物始终处于吐故纳新、新陈代谢的变化之中。譬如，风雷"今日之风雷非昨日之风雷，是以知今日之日月非昨日之日月也"。又如水火日月，"江河之水，今犹古也，而非今水之即古水。灯烛之光，昨犹今也，而非昨火之即今火。水火近而易知，日月远而不察耳"。再如人的身体，"爪发之日生而旧者消也，人所知也。肌肉之日生而旧者消也，人所未知也。人见形之不变而不知其质之已迁，则疑今兹之日月为邃古之日月，今兹之肌肉为初生之肌肉，恶足以语日新之化哉！"（《思问录·外篇》）

气化日新蕴含着丰富的辩证法思想。在王夫之看来，气化日新就是运动，其载体是阴阳二气，是阴阳二气的气化日新，"太极动而生阳，动之动也；静而生阴，动之静也，废然无动而静，阴恶从生哉？一动一静，阖辟之谓也。由阖而辟，由辟而阖，皆动也，废然之静，则是息矣"（《思问录·内篇》）。太虚本性是运动变化，"太虚者，本动者也"（《周易外传·系辞下传》）。阴阳二气充满太虚，本性也是运动变化，"虚空即气，气则动者也"（《正蒙注·参两》）。运动生成天地万物，"动静互涵，以为万变之宗"（《易经外传·震》）。王夫之认为，运动和气化日新的根源在于事物存在着矛盾，根本矛盾是阴阳二气，"天地之化，人物之生，皆具阴阳二气"（《正蒙注·参两》）。矛盾具有普遍性，"故夫天下之赜，天下之动，事业之广，物宜之繁，典礼之别，分为阴，分为阳，表里相待而二，二异致而一存乎其人，存乎德行。德行者，所以一之也"（《周易外传·系辞上传》）。矛盾具有对立性，"凡物，非相类则相反"；"错者，同异也；综者，屈伸也。万物之成，以错综而成用"。同异是矛盾，屈伸也是矛盾，天地万物都是相反相成，在错综复杂的矛盾之中而互相联结和相互依赖，"或始同而终异，或始异而终同，比类相观，乃知此物所以成彼物之利。金得火而成器，木受钻而生火，惟于天下之物知之明，而合之，离之，消之，长之，乃成吾用"（《正蒙注·动物》）。矛盾具有统一性，矛盾对立而有机地结合成一个整体，"一之体立，故两之用行"；"非有一，则无两也"。犹如水之有冰汤，皆统一于水，"如水唯一体，则寒可为冰，热可为汤，于冰汤之异，足知水之常体"（《正蒙注·太和》）。矛盾对立而不能分离，对立而失去一方，另一方则不能孤立存在，"非阴阳判离，各自孳生其类。故独阴不成，孤阳不生"（《正蒙注·参两》）。矛盾既对立又互相渗透，"如男阳也，而非无阴；女阴也，而亦非无阳，以至于草木鱼鸟，无孤阳之物，亦无孤阴之物"。

矛盾既可以一分为二，又可以合二而一，"合二以一者，既分一为二之所固有"。一分为二是指矛盾的对立斗争，"相反相仇则恶"；"阴阳异用，恶不容已"；"刚柔、寒温、生杀，必相反而相为仇"。合二而一是指矛盾的同一和谐，"阴得阳，阳得阴，乃遂其化，爱不容已"。王夫之论证矛盾运动，认为阴阳之始本一，因动静而分为两，最后又合阴阳于一。一分为二是矛盾的运动，合二而一是矛盾的归宿，"互以相成，无终相敌之理"（《正蒙注·太和》）。

王夫之指出，矛盾运动是绝对的，静止是相对的，静止是运动的一种存在方式，正在推动着气化日新，"方动即静，方静旋动；静即含动，动不舍静。善体天地之化者，未有不如此者也"（《思问录·外篇》）。离开阴阳二气，就没有动静，"误解太极图者，谓太极本未有阴阳，因动而始生阳，静而始生阴。不知动静所生之阴阳，为寒暑、润燥、男女之情质，乃固有之蕴，其缊缊充满在动静之先。动静者即此阴阳之动静"。天地万物运动变化是阴阳二气的动静，而"阴阳一太极之实体，唯其富有充满于虚空，故变化日新"；"阴阳之消长隐见不可测，而天地人物屈伸往来之故尽于此"（《正蒙注·太和》）。运动变化为内成和外生两种方式。内成是事物自身内部发生变化，"一芽之发，渐为千章之木；一卵之化，积为吞舟之鱼"（《周易内传·益》），特点是"日新而不爽其故"，"质日代而形如一"（《思问录·外篇》）。外生是此事物变为彼事物，旧事物被新事物所代替，"生者外生"，"外生变而生彼"（《周易外传·系辞上传》），特点是"谢故以生新"（《周易外传·革》）。运动变化不是一蹴而就，而是日积月累的过程，表现为生成、发展和衰亡。旧事物灭亡，新事物产生，循环往复，以至无穷，"胚胎者，阴阳充，积聚定，其基也；流荡者，静燥往来，阴在而阳感也；灌注者，有形有情，本所自生，同类牖纳，阴阳之施予而不倦者也。其既则衰减矣，基量有穷，予之而不能多受也。又其既则散灭矣，衰减之穷，予而不茹，则推故而别致其新也"。新旧交替、生死更迭是自然现象，既不要贪生，也不要怕死，既不要生之欢喜，也不要死之恐惧，"愚者不知死之必生，故患死；巧者知生之必死，则且患生。所患者必思离之，离而闪烁规避其中者，老之以反为用也。离而超忽游泆其外者，释之以离钩为金鳞也。其为患也均，而致死其情以求生也亦均"。某种意义上说，死更有利于生，"由致新而言之，则死亦生之大造矣"（《周易外传·无妄》）。

气化日新就是"世益降，物益备"的历史进化论，"今之所非，前之所是，今之所是，后之所非；时移势易，而是非然否亦相反相谢而因乎化"（《庄子解》）。王夫之运用气化日新观察社会政治领域，必然得出历史不断进步发展的结论。不同的时代，有着不同的统治方略和领导方法，远在蒙昧时代不存在着禅让之道，尧舜时代也不会像商汤对夏桀、文武对殷纣的吊民伐罪之举，"洪荒无揖让之道，唐、虞无吊伐之道，汉唐无今日之道，则今日无他年之道者多矣"（《周易外传·系辞上传》）。在王夫之看来，人类发展从蒙昧、野蛮走向文明发达。远古有个蒙昧野蛮时代，人类茹毛饮血，没有君臣之分，夫妇、父子之别，"燧、农以前，我不敢知也，君无适主，妇无适匹，父子、兄弟、朋友不必相信而亲，意者其仅颖光之察乎？昏垫以前，我不敢知也，鲜食艰食相杂矣，九州之野有不粒不火者矣，毛血之气燥，而性为之不平"（《诗广传·周颂》）。那时的人类不会用火，也不会耕种，"唐虞以前，无得而详考也，然衣裳未正，五品未清，婚姻未别，丧祭未修，狌狌猱猱，人之异于禽兽无几也"（《读通鉴论·唐太宗》）。王夫之认为，中国社会到了黄帝、尧、舜时代，才脱离蒙昧和野蛮，进入了文明社会，其中农业生产是文明基础，后稷功莫大矣，"轩辕之治，其犹未宣乎？《易》曰'黄帝、尧、舜垂衣裳而天下治'，食之气静，衣之用乃可以文。烝民之听治，后稷立之也"（《诗广传·周颂》）。唐尧虞舜之后，社会迈进了夏商周三代之治。对于三代之治，儒家一般给予赞颂，要求法先王，厚古薄今。王夫之肯定历史进步，却指出三代之治不可知，"如唐虞三代之中国也，既人力所不通，而方彼之盛、此之衰而不能征之，迨此之盛则彼又衰，而弗能述以授人，故亦蔑从知之也"（《思问录·外篇》）。也不是理想社会，"三代沿上古之封建，国小而君多，聘享征伐一取之田，盖积数千年之困敝，而暴君横取，无异今川、广之土司，吸龁其部民，使鹄面鸠形，衣百结而食草木；三代圣王，无能疾出其民于水火，为撙节焉以渐苏其生命，十一者，先王不得已之为也"。王夫之强调，"后世之不足以法三代"，否则就是"泥古过高而菲薄方今，以蔑生人之性"（《读通鉴论·唐太宗》）。

历史进步不是直接的，而是在离合动乱循环中发展的，"天下之势，一离一合，一治一乱而已。离而合之，合者不继离也；乱而治之，治者不继乱也"（《读通鉴论·齐武帝》）。在王夫之看来，治乱原因复杂，既有天灾又有人祸，上古时期天灾为主，后世则是人祸为主，"上世之乱在天灾，而物乘天之灾以逼人；中古之乱在人事，而君率兽以害人之生；后世之乱在人心，而行禽之行、言禽之言以乱性"（《四书训义》）。无论治乱，都要坚持法治，"今云乱极而治，犹可言也；借曰治极而乱，其可乎？乱若生于治极，则尧舜禹之相承，治已极矣，胡弗即报以永嘉、靖康之祸乎？方乱而治，人生治法未亡，乃治。方治而乱，人生治法弛，乃乱"（《思问录·外篇》）。王夫之认为，历史治乱更替可分为三个阶段，"盖尝上推数千年中国之治乱以迄于今，凡三变矣"。第一变发生在唐虞至三代，国家政权已经建立，文明秩序已经形成，天下形式已合而内容未合，"商、周以上，有不可考者。而据三代以言之，其时万国各有其君，而天子特为之长，王畿之外，刑赏不听命，赋税不上供，天下虽合而固未合也。王者以义正名而合之。此一变也。而汤之代夏，武之代殷，未尝一日无共主焉"。第二变发生在春秋战国至宋朝，社会治乱进入一合一离时期。春秋战国为一合一离之始，"及乎春秋之世，齐、晋、秦、楚各据所属之从诸侯以分裂天下；至战国而强秦、六国交相为从衡，叔王朝秦，而天下并无共主之号，岂复有所谓统哉！此一合一离之始也"。此后是离合交替，其中有苟合和乍合，"汉亡，而蜀汉、魏、吴三分；晋东渡，而十六国与拓拔、高氏、宇文裂土以自帝；唐亡，而汴、晋、江南、吴越、蜀、粤、楚、闽、荆南、河东各帝制以自崇。土其土，民其民，或迹示臣属而终不相维系也，无所统也。六国离，而秦苟合以及汉；三国离，而晋乍合之，非固合也。五胡起，南北离，而隋苟合之以及唐；五代离，而宋乃合之。此一合一离之局一变也"。第三变是宋朝之后，社会处于长期的统一局面，"至于宋亡以迄于今，则当其治也，则中国有共主；当其乱也，中国并无一隅分据之主。盖所谓统者绝而不续，此又一变也"。王夫之指出，第二变的特征是治时有共主，乱时天下分裂。治与合各有特点，汉、唐是完美的治世和统一；秦灭六国而一统，隋灭陈朝而并天下，却由于君主残暴，社会没有实现真正的稳定，只能称其为"苟合"。晋朝统一后即发生八王之乱，隐伏着严重的分离危机，只能称其为"乍合"。第三变的特征是治时有共主，乱时无分离之主。比较第二变，第三变的乱并不表现为分裂，而是表现为异族统治。王夫之把异族政权看作是乱而不治，实际是其民族偏见的反映，"夫统者，合而不离、续而不绝之谓也。离矣，而恶乎统之？绝矣，而固不相承以为统。崛起以一中夏者，奚用承彼不连之系乎？"（《读通鉴

论·叙论一》)

王夫之根据理与势分析框架研究认识历史。在他看来，理是事物固有的本质，"理者，物之固然，事之所以然也"（《正蒙注·至当》）；"万物皆有固然之用，万事皆有当然之则，所谓理也。乃此理也，唯人之所可必知，所可必行，非人之所不能知、不能行，而别有理也"（《四书训义》）。势与理不可分离，"势者事之所因，事者势之所就，故离事无理，离理无势"（《尚书引义·武成》）。如果说理偏重说明事物发展的内在规律，那么，势则主要反映事物外部的发展趋势。势是一种不可阻挡、不可抗拒的趋向和态势，"一动而不可止者，势也"（《读通鉴论·宋孝武帝》）。势还有量的规定性，"强弱之分者，势也"（《尚书引义·立政周官》）；"凡言势者，皆顺而不逆之谓也；从高趋卑，从大包小，不容违阻之谓也"。王夫之认为，理与势互相依赖，"言理势者，犹言理之势也，犹凡言理气者，谓理之气也"；"故其始之有理，即于气上见理；迨已得理，则自然成势，又只在势之必然处见理"（《读四书大全说·离娄上》）。理与气的关系主要是说明自然界的生成、变化和发展，而理与势的关系主要是说明社会历史领域的演化发展。在社会历史领域，势之难易根源于理之顺逆，理顺则势易，理逆则势难，"势之难易，理之顺逆为之也，理顺斯势顺矣，理逆斯势逆矣"；"理之顺即势之便也。攻以此攻，守以此守，无二理也，无二势也。势处于不顺，则事虽易而必难。事之已难，则不能豫持后势而立可久之法以昭大信于天下，所必然也"（《尚书引义·武成》）。理与势相辅相成，理作用于势，"大德大贤宜为小德小贤之主，理所当尊，尊无歉也。小德小贤宜听大德大贤之所役，理所当卑，卑斯安也。而因以成乎天子治方伯、方伯治诸侯、诸侯治卿大夫之势。势无不顺也"。势也能反作用于理，"'小役大，弱役强'，势也。势既然而不得不然，则即此为理矣"(《读四书大全说·离娄上》)。

王夫之理势论既有理论探索，又有实际运用。王夫之指出，国家的治乱存亡以及制度的承袭因革，"皆理势之必有"(《读通鉴论·五代上》)。就历史演进而言，夏商周三代的分封制是历史的进步，"天之使人必有君也，莫之为而为之。故其始也，各推其德之长人、功之及人者而奉之，因而尤有推以为天子。人非不欲自贵，而必有奉以为尊，人之公也。安于其位者习于其道，因而有世及之理，虽愚且暴，犹贤于草野之罔据者。如是者数千年而安之矣"。春秋战国时期，分封制演变为诸侯之间"强弱相噬而尽失其故，至于战国，仅存者无几"。尤其是分封制固化了社会阶层，窒息了社会生机，"古者诸侯世国，而后大夫缘之以世官，势所必滥也。士之子恒为士，农之子恒为农，而天之生才也无择，则士有顽而农有秀；秀不能终屈于顽，而相乘以兴，又势所必激也"。秦始皇统一中国，废除分封制，实行郡县制，理顺势成，又是一次历史的进步，"郡县之制，垂二千年而弗能改矣，合古今上下皆安之，势之所趋，岂非理而能然哉？"(《读通鉴论·秦始皇》)就朝代更替而言，商汤灭夏桀，武王灭商纣，是"惟因理以得势"，即"汤、文之为此者以循理，而势已无不得矣"(《尚书引义·武成》)。刘邦灭项羽是乘势而得理，"向令汉高不乘时以夷项氏，宁可使山东之民涂炭于喑噁叱咤之主而不恤耶？"(《读四书大全说·尽心下》)朝代更迭各有不同的理与势，"帝王之受命，其上以德，商、周是已；其次以功，汉、唐是已"(《宋论·太祖一》)。就历史事件而言，治乱、强弱以及兴亡是不断变化的，需要以理成势或因势成理，"项羽之强也而可使弱，弱者亦何不可使强也。曹操虑袁绍之难平，而卒与争衡者周瑜之一隅；苻坚荡慕容、姚氏之积寇，而一败不支于谢玄之一旅。时之所兴，势之所凑，人为之效其羽翼，天为之长其聪明，燎原之

火，一爝未灭，而猝已焚林，讵可量耶？"（《读通鉴论·后汉光武帝》）

四、天下之公

天下之公是王夫之的政治观，"以天下论者，必循天下之公，天下非一姓之私也"（《读通鉴论·叙论一》）。王夫之高度肯定郡县制对于分封制的进步性，具有公天下意义，"郡县者，非天子之利也，国祚所以不长也；而为天下计，则害不如封建之滋也多矣。呜呼！秦以私天下之心而罢侯置守，而天假其私以行其大公，存乎神者之不测，有如是夫！"然而，秦朝治国理念不是天下之公，而是为一家之姓，"秦之所灭者，六国耳，非尽灭三代之所封也。则分之为郡，分之为县，俾才可长民者皆居民上以尽其才，而治民之纪，亦何为而非天下之公乎？"由于秦朝治国为私非为公，即使有好的体制，也只能二世而亡，"若夫国祚之不长，为一姓言也，非公义也。秦之所以获罪于万世者，私己而已矣。斥秦之私，而欲私其子孙以长存，又岂天下之大公哉！"秦亡"未可为郡县咎也"（《读通鉴论·秦始皇》）。

王夫之继承和发挥了传统的民本思想，"长民者，固以保民为道者也"（《读通鉴论·五代下》），天下之公的主要内容就是仁义治国，"以仁守天下，以义经天下，阅千古而莫能易者也"（《尚书引义·立政周官》）。在王夫之看来，天下之公有着三个不同层次，即"一人之正义""一时之大义"和"天下之通义"。一人之正义属于政治伦理中具体的君臣关系，一时之大义属于特殊历史时期的政治伦理，天下之通义则是人的生命高于一切的政治伦理。王夫之认为，天下之通义是公，与之相比，一时之大义为私；与一时之大义相比，一人之正义为私。一人之正义必须服从一时之大义，而两者皆需服从天下之通义，"有一人之正义，有一时之大义，有古今之通义；轻重之衡，公私之辨，三者不可不察。以一人之义，视一时之大义，而一人之义私矣；以一时之义，视古今之通义，而一时之义私矣。公者重，私者轻矣，权衡之所自定也。三者有时而合，合则亘千古、通天下，而协于一人之正，则以一人之义裁之，而古今天下不能越。有时而不能交全也，则不可以一时废千古，不可以一人废天下"（《读通鉴论·孝武帝》）。在正常情况下，王夫之坚持君礼臣忠的君臣之义，反对臣下犯上作乱，更反对臣下篡权夺位。然而，当君臣之义与人的生命发生矛盾时，王夫之则会轻君臣义，重人的生命，认为生民之命高于一姓天下之兴亡，天下之通义高于一人之正义和一时之大义，"天下者，非一姓之私也，兴亡之修短有恒数，苟易姓而无原野流血之惨，则轻授他人而民不病。魏之授晋，上虽逆而下固安，无乃不可乎！"（《读通鉴论·晋》）在战乱频仍、杀人盈野的乱世，王夫之甚至认为，谁能保护百姓，谁就可以当君主，"苟有知贵重其民者，君子不得复以君臣之义责之，而许之以为民主可也"（《读通鉴论·唐僖宗》）；"宁丧天下于庙堂，而不忍使无知赤子窥窃弄兵以相吞啮也"（《读通鉴论·梁敬帝》）。

王夫之政治观的基础是人性论，"天地之生人为贵"（《思问录·内篇》）。王夫之对人性的看法是唯物的，性即气即理，没有离开气的纯乎理的性，"夫性即理也，理者理乎气而为气之理也，是岂于气之外别有一理以游行于气中者乎？"（《读四书大全说·告子上》）在王夫之看来，人性源于天性，"即天分其一真无妄之天道以授之，而成乎所生之性者也，天命之谓性也"（《四书训义》）。天命之性与气质之性是同一的，"质者，性之府也；性者，气之纪也；气者，质之充而习之所能御者也。然则气效于习，以生化乎质，而与性为体，故可言气质中之性；而非本然之性以外，别有一气质之性也"。王夫之虽然运用程朱理学的命题和范畴，却注入了气一元论的内容，"所谓'气质之性'者，犹言气质中之性也。质是人之形质，范围著者生理在内；形质之内，则气充之。而盈天地间，人身以内人身以外，无非气者，故亦无非理者。理行乎气之中，而与气为主持分剂者也，故质以函气，而气以函理"，"是气质中之性，依然一本然之性也"（《读四书大全说·阳货》）。王夫之认为，人性不是单纯的，而是自然与道德双重属性的统一体，"天以其阴阳五行之气生人，理即寓焉而凝之为性。故有声色臭味以厚其生，有仁义礼智以正其德，莫非理之所宜。声色臭味，顺其道则与仁义礼智不相悖害，合两者而互为体也"（《正蒙注·诚明》）。王夫之指出，人的自然之性与道德之性不同，要用道德之性节制自然之性，不可任意为用，"天地之帅成吾之性，而吾之性既立，则志壹动气，斟酌饱满，以成乎人道之大用，而不得复如天地之帅以为帅。故喜怒哀乐有权，而生杀不可以无心为用"（《思问录·内篇》）。

王夫之通过关系把握人性，首先是天人关系。人性源于天性，"故天日命于人，而人日受命于天，故曰性者生也，日生而日成之也"（《尚书引义·太甲二》）。天既赋予人形气，又赋予人之生理，"天之与人者，气无间断，则理亦无间断，故命不息而性日生"（《读四书大全说·告子上》）。归根到底，还是气的絪缊变化，"在天而天以为象，在地而地以为形，在人而人以为性，性在气中，屈伸通于一，而裁成变化存焉"（《正蒙注·太和》）。其次是人与动物的关系，人和动物都源于自然界，动物仍然留在自然界，而人却超越自然界而成就人类社会，他们差别在于动物只有天明而没有己明，仅凭本能生活，而人既有天道和先天的本能，又有人道和后天获得的本领，既有物质生活，又有精神生活，"禽兽有天明而无己明，去天近，而其明较现。人则有天道

（自注：命）而抑有人道（自注：性），去天道远，而人道始持权
也"（《读四书大全说·季氏》）。差别还在于人有人文精神。天
生人而培育人，圣人教人农耕文明，使人脱离自然界，与动物相
分离，"于是而人之异于禽兽者，粲然有纪于形色之日生而不紊。
故曰：思文后稷，克配彼天。天成性也，文昭质也。来牟率育而
大文发焉，后稷之所以为文，而文相天矣"（《诗广传·周颂》）。
人文的核心是仁义。人和动物都有情感，以情感维系彼此之间的
某种亲缘或上下等级关系，是顺其自然，但人"有仁，故亲亲。
有义，故敬长。秩叙森然，经纶不昧，引之而达，推行而恒，返
诸心而夔夔齐栗，质诸鬼神而无贰尔心，孟子之所谓良知良能
则如此也"。人是主动行仁义，而非被动行仁义，这是人与动物
最大的区别，"则待天机之动而后行，非能尽夫人之所以异于禽
兽者矣。天道不遗于禽兽，而人道则为人之独"（《思问录·内
篇》）。后是心与性的关系，实际是知识论与人性论的关系。人的
本性内涵于心，具有认知和实践能力，由心发出并通过感觉与客
观对象接触，能够认识和改造客观世界，"原于天而顺乎道，凝
于形气，而五常百行之理无不可知，无不可能，于此言之则谓之
性。人之有性，函之于心而感物以通，象著而数陈，名立而义
起，习其故而心喻之。形也，神也，物也，三相遇而知觉乃发。
故由性生知，以知知性，交涵于聚而有间之中，统于一心，由此
言之则谓之心"（《正蒙注·太和》）。因而人是世界上最秀灵的，
"气之所至，神必行焉，性必凝焉，故物莫不含神而具性，人得
其秀而最灵者尔"（《正蒙注·乾称》）。

王夫之还论证理与欲的关系，认为天理与人欲不可分割，"必
寓于人欲以见"，"终不离欲而别有理也"。在王夫之看来，程朱
理学分割天理与人欲，是佛老无欲、绝欲思想的反映，"离欲而
别为理，其唯释氏为然。盖厌弃物则，而废人之大伦矣。今云

'然后力求所以循天理'，则是离欲而别有所循之理也，非释氏之诐辞哉！"灭人欲就是灭人道，就不可能存在天理，"使不于人欲之与天理同行者，即是以察夫天理，则虽若有理之可为依据（自注：老之重玄，释之见性）。而总于吾视听言动之感通而有其贞者，不相交涉。乃断弃生人之大用，芟薙无余，日中一食而后不与货为缘，树下一宿而后不与色相取，绝天地之大德，蔑圣人之大宝，毁裂典礼，亏替节文，己私炽然，而人道以灭，正如雷龙之火，愈克而愈无已也"（《读四书大全说·梁惠王下》）。王夫之认为，孔子注重天理，却不否定人欲，"孔颜之学，见于六经、四书者，大要在存天理。何曾只把这人欲做蛇蝎来治，必要与他一刀两断，千死千休？"包括饮食起居在内的人欲，都是人生不可或缺的组成部分，"且如其余之'日月至'者，岂当其未至之时，念念从人欲发，事事从人欲做去耶？此不但孔门诸贤，即如今寻常非有积恶之人，亦何尝念念不停，唯欲之为汲汲哉？既饱则不欲食矣，睡足则不欲寝矣"（《读四书大全说·雍也》）。王夫之指出，天理与人欲统一于人性之中，"天理充周，原不与人欲相为对垒。理至处，则欲无非理。欲尽处，理尚不得流行"。理与欲犹如鱼与水、食与饀的关系，没有水，就养不了鱼，没有食，人就会饿死，人欲比天理更基础，"如凿池而无水，其不足以畜鱼者与无池同；病已疗而食不给，则不死于病而死于饀"（《读四书大全说·宪问》）。普通人有欲望，圣贤也有欲望。天理是抽象的，人欲是具体的，只能在人欲中认识天理，"圣人有欲，其欲即天之理。天无欲，其理即人之欲。学者有理有欲，理尽则合人之欲，欲推即合天之理。于此可见，人欲之各得，即天理之大同；天理之大同，无人欲之或异"（《读四书大全说·里仁》）。只能在人欲中实践天理，弘扬仁义道德，"行天理于人欲之内，而欲皆从理，然后仁德归焉"（《读四书大全说·宪问》）。

　　王夫之通过人性提出了自己的政治思想，强调天道就是人心，"知天道之在人心，非君子徒为之说以诱人于善也"（《读通鉴论·晋安帝》）。统治者不能违背天道人心，顺应天道人心就吉祥，否则会遇到凶险，"《书》曰惠迪吉，从逆凶，与孟子顺受其正之说，相为表里，莫非命也，则天无时无地而不命于人，故无时无地不当顺受，无时无地不以惠迪得吉，从逆得凶"（《读四书大全说·先进》）。在王夫之看来，治国安邦必须把道统与治统结合起来，道统为圣人之物，治统为天子之法，两者都是治国安邦的重要手段，"天下所极重而不可窃者二：天子之位也，是谓治统；圣人之教也，是谓道统"。治统发生动乱，就是天灾人祸，"治统之乱，小人窃之，盗贼窃之，夷狄窃之，不可以永世而全身；其幸而数传者，则必有日月失轨、五星逆行、冬雷夏雪、山崩地坼、雹飞水溢、草木为妖、禽虫为孽之异，天地不能保其清宁，人民不能全其寿命，以应之不爽"。道统失其秩序，就会得罪于天，甚至是亡国灭族，"道统之窃，沐猴而冠，教猱而升木，尸名以徼利，为夷狄盗贼之羽翼，以文致之为圣贤，而恣为妖妄，方且施施然谓守先王之道以化成天下；而受罚于天，不旋踵而亡"（《读通鉴论·晋成帝》）。道统为治统的基础，具有根本意义，治统与道统合一，就能治平天下；治统乱而道统存，即使改朝换代，也能保持住道统。道统就是儒家之统，"儒者之统，与帝王之统并行于天下，而互为兴替。其合也，天下以道而治，道以天子而明；及其衰，而帝王之统绝，儒者犹保其道以孤行而无所待，以人存道，而道不可亡"。只要儒者在，就不用担忧道统的存续，"是故儒者之统，孤行而无待者也；天下自无统，而儒者有统。道存乎人，而人不可以多得，有心者所重悲也。虽然，斯道亘天垂地而不可亡者也，勿忧也"（《读通鉴论·宋文帝》）。

　　王夫之依据天人关系论证治统思想，强调"天下以道而治”。在王夫之看来，天生养万物，既是自然界的根基，又是人类社会的根源，“天之德，无大不届，无小不察，周流六虚，肇造万有，皆其神化”（《周易内传·乾》）。人要尊天，不能违背天道，“尊无与尚，道弗能逾，人不得违者，惟天而已”（《尚书引义·泰誓中》）。也不能获罪于天。获罪于天，既会受到天谴，又会被老百姓抛弃，“劳民力，殚国帑，以黩圣而嚣然自大，则获罪于天，天灾之，人夺之，圣人之教，明明赫赫，岂有爽乎？”获罪于天就是违反道统，不以道治国，“夫使先王之果于此三宫而兴教化也，然亦偶有便于此也，一学宫，而庠、序、校异矣；一大乐，而夏、濩、武异矣；一大礼，而忠、质、文异矣。若夫百王不易、千圣同原者，其大纲，则明伦也，察物也；其实政，则敷教也，施仁也；其精意，则祗台也，跻敬也，不显之临，无射之保也；此则圣人之道统，非可窃者也”（《读通鉴论·晋成帝》）。王夫之认为，尊天就是尊民，“举天而属之民，其重民也至矣。虽然，言民而系之天，其用民也尤慎矣”。从天出发就是从民出发，不违天就是不违民，“故可推广而言之曰：天视听自民视听，以极乎道之所察；固可推本而言之曰：民视听自天视听，以定乎理之所存。之二说者，其归一也，而用之者不一。展转以绎之，道存乎其间矣”。违背天道与民意，就必须加以纠正，“由乎人之不知重民者，则即民以见天，而莫畏匪民矣。由乎人之不能审于民者，则援天以观民，而民之情伪不可不深知而慎用之矣”（《尚书引义·泰誓中》）。王夫之指出，尊天尊民，不能集权于君主，“秦汉以降，封建易而郡县壹，万方统于一人，利病定于一言，臣民之上达难”（《尚书引义·立政周官》）。这是王夫之政治论最闪亮的部分，既有反对专制的含义，又有现代民主的意蕴。为了反对专制，王夫之主张无为而治，“夫古之天子，未尝任独断也，虚静以慎守前王之法，虽聪明神武，若无有焉，此之谓无为而治。守典章以使百工各钦其职，非不为而固无为也。诚无为矣，则有天子而若无；有天子而若无，则无天子而若有"（《读通鉴论·晋成帝》）。

王夫之不仅论述道统和治统，而且论述正统问题，认为正统是合与德的统一，时间与空间的一致，政权疆域广大及历史延续相结合，"统之为言，合而并之之谓也，因而续之之谓也。而天下之不合与不续也多矣"。在王夫之看来，正统是以公为正，"天下之生，一治一乱。当其治，无不正者以相干，而何有于正？当其乱，既不正矣，而又孰为正？有离，有绝，固无统也，而又何正不正邪？以天下论者，必循天下之公，天下非夷狄盗逆之所可尸，而抑非一姓之私也"（《读通鉴论·叙论一》）。王夫之认为，君臣关系只是一时的，而夷夏之防、汉族与周边少数民族的关系则是永久的大问题，"天下之大防二：中国、夷狄也，君子、小人也。非本未有别，而先王强为之防也"（《读通鉴论·晋哀帝》）；"不以一时之君臣，废古今夷夏之通义也"。由于处于明清易代的特殊历史时期，王夫之将正统论与华夏夷狄论联系起来，其政治哲学始终带有强烈的汉族情绪，具有民族狭隘性和理论上的局限性，"为天下所共奉之君，君令而臣共，义也；而夷夏者，义之尤严也。五帝、三王，劳其神明，殚其智勇，为天分气，为地分理，以绝夷于夏，即以绝禽于人，万世守之而不可易，义之确乎不拔而无可徙者也"（《读通鉴论·晋安帝》）。他批判宋濂修《元史》，以元为正统，开乱天下之大防的先河，"舍人而窥天，舍君天下之道而论一姓之兴亡，于是而有正闰之辨，但以混一者为主。故宋濂作史，以元为正，而乱大防，皆可托也"（《读通鉴论·齐武帝》）。王夫之还以东晋大将桓温北伐中原为例说明其正统论，认为桓温统一中国的举措是正确的，即使桓温功成篡位，也比氏族人苻氏建立的前秦政权占据中原为好，"呜呼！天下之大防，人禽之大辨，五帝、三王之大统，即令桓温功成而篡，犹贤于戴异类以为中国主"（《读通鉴论·晋成帝》）。对于王夫之的正统论，应辩证地认识，正确地取舍。

王夫之生前汲汲无名，死后名望不断上升，甚至入祀孔庙，确实是个奇迹。王夫之的奇迹关键不在于机遇，而在于其学术思想的前瞻性以及穿透时空感。中国传统社会的巨变实始于明清之际，当时已经提出了中国向何处去以及未来发展的图景问题。王夫之虽然隐居林野，却能站在时代的高度，写下超越同辈和基本符合历史走向的答案。无怪乎学界认为，王夫之的学术思想是明末清初哲学及学术的最高峰。

第七章　清朝朴学

清朝朴学沿袭汉朝经学和宋朝理学，更加尊崇孔子和儒学的主导地位。朴学在学术思想上没有什么创新发展，而在研究方法上有了突破，具备了现代科学研究的众多要素。由于清朝严酷的文化政策，朴学某种意义上可说是清朝士大夫和学术思想界的无奈选择。清朝已处传统社会末期，朴学缺乏学术思想创新，很难在社会变革转型的关键时期发挥思想引领和理论指导作用，不能不说是一件历史憾事。

第一节　清朝落日

　　清朝（公元1644—1911年）是中国历史上继元朝之后又一个少数民族建立的统一王朝，也是中国传统社会最后一个王朝。清朝是辉煌与悲歌的统一体。马克思指出："一个人口几乎占人类三分之一的大帝国，不顾时势，安于现状，人为地隔绝于世并因此竭力以天朝尽善尽美的幻想自欺。这样一个帝国注定最后要在一场殊死的决斗中被打垮：在这场决斗中，陈腐世界的代表是激于道义，而最现代的社会的代表却是为了获得贱买贵卖的特权——这真是任何诗人想也不敢想的一种奇异的对联式悲歌。"[1]

　　清朝的辉煌在于它缔造了康雍乾盛世，把传统社会推向巅峰。当时的经济总量为世界第一，人口占世界的三分之一，农业、手工业、贸易和城市发展都达到了世界先进水平。法国狄德罗主编《百科全书》的"中国"条目中，盛赞"中国民族，其历史的悠久，文化、艺术、智慧、政治、哲学的趣味，无不在所有民族之上"。更在于它完成了统一大业，奠定了中国辽阔的疆域，确立了统一的多民族的世界大国格局，"中国之一统始于秦，塞外之一统始于元，而极盛于我朝。自古中外一家，幅员极广，未有如我朝者也"（《清世宗实录》卷八三）。悲歌在于盛世之后，

---

[1] 《马克思恩格斯文集》（第2卷），人民出版社2009年版，第632页。

中国急速地坠入落后挨打的悲惨境地，传统社会的落幕是如此不堪，清朝落日充满了中华民族的血泪和屈辱。更在于悲歌的种子孕育于盛世，康雍乾三代君主对于世界变局的无知，不是开放迎接西方的工业革命，而是闭关锁国，自绝于世界；对于历史趋势的愚昧，不是开明走向民主与法治的坦途，而是倒退为更加集权的君主专制。清朝无力完成传统社会向近代化转型，只能是辉煌与悲歌并存。

一、前期后期

清朝由满洲人建立，而满洲是女真的后裔。宋朝期间，女真曾入主中原，建立金朝，与南宋对峙。明朝时女真分为建州、海西和野人三部，长期活动在东北地区。女真崛起的关键人物是建州女真首领爱新觉罗·努尔哈赤，史称清太祖，征服海西女真和野人女真，统一女真社会，改女真为满洲，"稍长，定三姓之乱，众奉为贝勒，居长白山东俄漠惠之野俄朵里城，号其部族为满洲。满洲自此始"。1616年，努尔哈赤在今辽宁新宾正式称汗，建立后金政权，"天命元年丙辰春正月壬申朔，上即位，建元天命，定国号曰金。诸贝勒大臣上尊号曰覆育列国英明皇帝"（《清史稿·太祖本纪》）。清朝的奠基人物是皇太极，为努尔哈赤第八子，史称清太宗，基本征服了漠南、漠北、漠西的蒙古部族。1636年，皇太极称帝，改国号为大清，"崇德元年夏四月乙酉，祭告天地，行受尊号礼，定有天下之号曰大清，改元崇德，群臣上尊号曰宽温仁圣皇帝"。皇太极为清朝由地方性政权转变为全国性政权夯实了基础，"论曰：'太宗允文允武，内修政事，外勤讨伐，用兵如神，所向有功。虽大勋未集，而世祖即位期年，中外即归于统一，盖帝之诒谋远矣。'"（《清史稿·太宗本纪》）清朝建立的台面人物是福临，为皇太极第九子，史称清世祖。1644年，清军入关，福临迁都北京，即皇帝位，年号顺治。顺治元年，"冬十月乙卯朔，上亲诣南郊告祭天地，即皇帝位，遣官告祭太庙、社稷。初颁时宪历"（《清史稿·世祖本纪》）。因而清朝存续时间有三种看法，自努尔哈赤建立后金政权算，为296年；自皇太极改国号为大清算，为276年；自清军入关算，为268年。

由于努尔哈赤、皇太极建立的是地方性政权，只有到了福临称帝北京，才算是全国性政权，一般认为清朝从1644年开始，前后历10帝。清朝的历史可分为前期和后期两大时间段①。前期部分是1840年以前的历史，相继在位的有顺治、康熙、雍正、乾隆、嘉庆五帝；后期部分是1840年之后的历史，先后有道光、咸丰、同治、光绪、宣统五帝，道光是横跨前期和后期的皇帝。清朝前期与后期之分，更重要的意义还在于区分了中国古代社会与近代社会。清前期洋溢着辉煌，最大的辉煌是统一大业。顺治先后消灭了李自成的大顺军、张献忠的大西军以及南明弘光政权。顺治二年五月，"丙申，多铎师至南京，故明福王朱由崧及大学士马士英遁走太平，忻城伯赵之龙、大学士王铎、礼部尚书钱谦益等三十一人以城迎降。兴平伯高杰子元照、广昌伯刘良佐等二十三人率马步兵二十三万余人先后来降"。"闰六月甲申，阿济格败李自成于邓州，穷追至九江，凡十三战，皆大败之。自成窜九宫山，自缢死，贼党悉平。"顺治三年十一月，"己巳，豪格师至南部，时张献忠列寨西充，鳌拜等兼程进击，大破之，斩献忠于阵，复分兵击余贼，破一百三十余营。四川平"（《清史稿·世祖本纪》）。福临统一中国的过程，充满了腥风血雨。尤其是"留发不留头，留头不留发"政策，强迫其他民族改变风俗习惯，野

---

① 此分期依据中国社会科学院历史研究所《简明中国历史读本》编写组编的《简明中国历史读本》（中国社会科学出版社2012年版）。

蛮而落后，"京城内外限旬日，直隶、各省地方自部文到日亦限旬日，尽令剃发。遵依者为我国之民，迟疑者同逆命之寇，必置重罪"（《清世祖实录》卷一七）。

康熙平定三藩之乱，维护国家统一。所谓三藩，是指驻镇云南、贵州的平西王吴三桂，驻镇广东的平南王尚可喜和驻镇福建的靖南王耿精忠。他们手握重兵，雄踞一方，逐渐成为分裂割据的军阀势力。康熙十二年开始撤藩，三月"壬午，平南王尚可喜请老，许之；请以其子之信嗣封镇粤，不许，令其撤藩还驻辽东"。"秋七月庚午，平西王吴三桂疏请撤藩。许之。丙子，嗣靖南王耿精忠疏请撤藩。许之。"十二月壬子，吴三桂率先发难，点燃三藩之乱的战火，"杀云南巡抚朱国治，贵州提督李本深、巡抚曹申吉俱降贼，总督甘文焜死之"。康熙临危不乱，统筹全局，调兵遣将，剿抚兼施，经过八年的艰苦斗争，终于消灭三藩。康熙二十年十一月癸亥，"报王师于十月二十八日入云南城，吴世璠自杀，传首，吴三桂析骸，示中外，诛伪相方光琛，余党降，云南平"。收复台湾，完成国家统一。康熙二十二年五月，"甲子，命施琅征台湾"。"闰六月戊午，施琅克澎湖"；八月"戊辰，施琅疏报师入台湾，郑克塽率其属刘国轩等迎降，台湾平"（《清史稿·圣祖本纪》）。收复台湾后，朝廷曾发生"弃留之争"，有的大臣主张"宜迁其人，弃其地"，而施琅认为"弃之必酿成大祸，留之诚永固边围"（《恭陈台湾弃留利害疏》）。康熙采纳施琅主张，二十三年"夏四月己酉，设台湾府县官，隶福建行省"。亲征噶尔丹，促进国家西部的统一。康熙二十九年三月癸卯，"噶尔丹兵侵喀尔喀，迭诏谕解不从，兵近边塞"。秋七月，"癸卯，上亲征，发京师"；"八月乙未朔，日有食之。抚远大将军裕亲王福全大败噶尔丹于乌兰布通，噶尔丹以喇嘛济隆来请和，福全未即进师。上切责之。乙丑，上还京。丙子，噶尔丹以誓书来献。上曰:'此虏未足信也。其整师待之。'"康熙三十四年,噶尔丹卷土重来,犯上作乱,"三十五年丙子春正月甲午,下诏亲征噶尔丹";三十六年"二月丁亥,上亲征噶尔丹,启銮"。最终平定噶尔丹之乱,夏四月"甲子,费扬古疏报闰三月十三日噶尔丹仰药死,其女钟齐海率三百户来降。上率百官行拜天礼。敕诸路班师"(《清史稿·圣祖本纪》)。

雍正平定罗卜藏丹津武装叛乱,加强对青海的管理。雍正元年八月,"庚午,常寿疏报行抵青海,谕和罗卜藏丹津,不从。诏年羹尧备兵"。二年甲辰春正月,"丁亥,命岳钟琪为奋威将军,专征青海"。二月戊午,"岳钟琪兵至青海,擒阿尔布坦温布等三虏,收抚逃散部落"。三月庚辰,"岳钟琪师抵贼巢,罗卜藏丹津遁,获其母阿尔泰喀屯,青海平"(《清史稿·世宗本纪》)。雍正三年,"编其部落为四,旗二十九,后又增置土司四十。设西宁办事大臣以统辖之"(《清史稿·地理志》)。平定阿尔布巴之乱,维护国家藏区的统一。雍正五年,阿尔布巴叛乱;六年,颇罗鼐平定战乱,擒获阿尔布巴,被任命为总理西藏事务。十二月"丁酉,以定藏功封颇罗鼐为贝子,理后藏事,拣选噶隆二人理前藏事,赏其兵丁银三万两"(《清史稿·世宗本纪》)。西藏从此设立驻藏大臣正副二人,任期三年。雍正还在西南地区大规模推行改土归流,废除土司制度,分别设立府、厅、州、县,委派流官进行管理。雍正四年,鄂尔泰上书曰:"云、贵大患无如苗、蛮。欲安民必制夷,欲制夷必改土归流。""改流之法:计擒为上,兵剿次之。令其自首为上,勒献次之。""疏入,上深然之。"(《清史稿·鄂尔泰传》)五年闰三月"癸酉,乌蒙、镇雄两土府改设流官"。七年"五月戊午,湖南保靖、桑植、永顺三土司改流设府县"(《清史稿·世宗本纪》)。改土归流使得西南少数民族地区的政制与内地保持一致,有利于加强朝廷对西南边疆的统治。

　　乾隆平准平回，统一天山南北。乾隆二十年俘获准噶尔部首领达瓦齐，击败准噶尔叛军。春正月丁丑，以班第为定北将军，阿睦尔撒纳为定边左副将军，由乌里雅苏台出北路；以永常为定西将军、萨喇勒为定边右副将军，由巴里坤出西路，约期会于博罗塔拉河。清军长驱直入，顺利抵达伊犁，六月"甲子，以班第等奏阿睦尔撒纳与各头目往来诡秘，擅杀达瓦齐众宰桑，图据伊犁。温旨令即行入觐。戊辰，获达瓦齐，准部平"。九月，阿睦尔撒纳公开叛乱，"入觐，至乌陇古，叛，掠额尔齐斯台站。丙子，准噶尔头目阿巴噶斯等叛。起永常为内大臣，仍办定西将军事"。清廷再次出兵，乾隆二十二年平定准噶尔叛乱，阿睦尔撒纳患病在他国死亡，巩固了清政府对西北边疆地区的统治。同年，天山以南地区的回部发生叛乱，企图建立割据政权。二十三年春正月，"癸丑，命雅尔哈善为靖逆将军，额敏和卓、哈宁阿为参赞大臣，顺德讷、爱隆阿、玉素布为领队大臣，征回部"。二十四年，"秋七月己酉朔，兆惠等奏喀什噶尔、叶尔羌回众迎降。布拉呢敦、霍集占遁巴达克山。命阿里衮等率兵攻巴尔楚克。庚戌，谕兆惠等追捕布拉呢敦、霍集占"。冬十月，"庚子，富德奏巴达克山素勒坦沙献霍集占首级，全部投诚。命宣谕中外"（《清史稿·高宗本纪》）。天山南北的广大地区都归于清朝统治。康雍乾时期，清朝通过一系列军事征战和政治改革，完成了统一大业，奠定了中国的辽阔疆域。东起台湾、库页岛，西迄帕米尔、巴尔喀什湖，北及外兴安岭、萨彦岭，南达南沙群岛的曾母暗沙。领土之广大，民族之众多，管理之有效，都达到了前所未有的高度，这是清朝对中华民族的重大历史贡献。

　　1840年爆发的中英鸦片战争，是中国近代史的开端，也是清朝后期的开始。清后期写满了屈辱，主权沦丧，国势衰危，西方列强先后发动了5次大的侵华战争，都是清朝战败，被迫签订一系列不平等条约。第一次鸦片战争，清军失败。道光二十二年即1842年，中英签订《南京条约》，秋七月"癸亥，耆英等请与英兵官定约，钤御宝"（《清史稿·宣宗本纪》）。这是中国近代史上第一个丧权辱国的不平等条约，"英人要求各款：一、索烟价、商欠、兵费银二千一百万；一、索香港为市埠，并通商广州、福州、厦门、宁波、上海五口；一、英官与中国官用敌体礼；余则划抵关税、释放汉奸等款"（《清史稿·邦交志二》）。在随后签订的《虎门条约》中，又加上了对中国主权造成严重伤害的内容。譬如，英人享有治外法权，在中国犯罪，不受中国法律制裁。鸦片战争后，美、法趁火打劫，相继签订不平等的中美《望厦条约》、中法《黄埔条约》。1856年至1860年，英法列强发动第二次鸦片战争，攻占北京，焚掠圆明园，清政府被迫签订不平等的《天津条约》和《北京条约》。美俄则以调解人的名义，先后胁迫清政府签订中美《天津条约》、中俄《天津条约》。在第二次鸦片战争期间，俄国先后强迫清政府签订中俄《瑷珲条约》《北京条约》和《中俄勘分西北界约记》，共掠走150多万平方公里的中国领土。

第三次是1883年，中法战争爆发。1885年6月，清政府与法国签订《中法新约》，不仅承认法国对越南的占领，而且规定凡中国在广西、云南开通商埠，修筑铁路，须向法人"商办相助"。第四次是1894年，中日爆发甲午战争，清军战败。1895年4月，清政府在日本马关签订《马关条约》，"认朝鲜独立，割辽南及台湾，赔款二万万，且许以内地通商、内河行轮、制造土货等事"（《清史稿·邦交志六》）。第五次是1900年6月，由英、美、德、日、俄、法、意、奥组成的"八国联军"，发动侵华战争，攻占北京。次年9月，清政府被迫签订《辛丑条约》，"全权大臣奕劻、李鸿章与十一国公使议订和约十二款成"（《清史稿·德宗本纪》)。条约规定：惩办"得罪"列强的各级官员；明令禁止民间各种反侵略组织；在北京东交民巷设立使馆区，中国人不准在使馆区内居住；撤毁大沽炮台以及北京至天津海口的各个炮台；各国可在北京至山海关间的铁路沿线十二处驻兵；赔款白银4.5亿两，从1902年1月算起，分39年还清，加上利息，共9.8亿两白银。清后期，中国一步步沦为半殖民地半封建社会，面临被列强瓜分的严重民族危机。

二、垂帘听政

慈禧垂帘听政，是清朝落日的一块阴云。晚清70年，慈禧的影响约为半个世纪，清后期的屈辱以及发生的一系列事件，都与她脱不了干系。慈禧是咸丰皇帝奕詝之妃和同治皇帝载淳的生母，"孝钦显皇后，叶赫那拉氏，安徽徽宁池广太道惠徵女。咸丰元年，后被选入宫，号懿贵人。四年，封懿嫔。六年三月庚辰，穆宗生，进懿妃。七年，进懿贵妃。十年，从幸热河。十一年七月，文宗崩，穆宗即位，与孝贞皇后并尊为皇太后"(《清史稿·孝钦显皇后传》)。

垂帘听政也称后妃临朝称制，主要指在皇帝年幼的情况下，由皇太后执掌最高决策权、代为处理政事的制度。它是君主专制与后宫制度相结合的产物，是传统社会特有的一种皇权统治形式，对封建王朝的治乱盛衰有着重要影响。据正史不完全统计，传统社会临朝称制的女主约为40人，其中秦国1人，西汉4人，东汉6人，北魏2人，唐代2人，宋代9人，辽代3人，元代11人，清代2人[①]。垂帘听政概念首见于唐高宗和武则天期间，"时

———————

① 参见朱子彦：《垂帘听政制度述论》，载《学术月刊》1998年第2期。

帝风疹不能听朝，政事皆决于天后。自诛上官仪后，上每视朝，天后垂帘于御座后，政事大小皆预闻之，内外称为'二圣'。帝欲下诏，令天后摄国政"（《旧唐书·高宗纪》）。而事实却产生于秦国，"自古虽主幼时艰，王家多衅，必委成冢宰，简求忠贤，未有专任妇人，断割重器，唯秦芈太后始摄政事"。当时，秦昭王年幼，朝政大权掌握于宣太后之手，"太后，昭王母也，号宣太后。昭王立，年少，宣太后自知事，以同母弟魏冉为将军，任政，封为穰侯，太后摄政，始于此也"（《后汉书·皇后纪序》）。汉朝四百余年，后妃临朝称制较为普遍。西汉的典型是吕后，司马迁将其列入"本纪"之中，在形式和权力方面，与皇帝当政基本相似，而在公文格式方面有所变动，"天子之言一曰制书，二曰诏书。制书者，谓为制度之命也，非皇后所得称。今吕太后临朝行天子事，断决万机，故称制诏"（《汉书·高后纪》颜师古注）。东汉王朝，皇帝大多短命夭亡，因无子嗣，皇统中断，一般由太后与外戚定策宫闱，立年幼的外藩之子为帝，以便后妃临朝称制，"东京皇统屡绝，权归女主，外立者四帝，临朝者六后，莫不定策帷帟，委事父兄"（《东汉会要·母后称制》）。东汉的典型是和熹邓太后，执掌朝政达20多年，奠定了后妃临朝称制的基本模式，"少帝即位，太后即代摄政，临前殿，朝群臣，太后东面，少帝西面。群臣奏事上书，皆为两通，一诣后，一诣少帝"（《后汉书·皇后纪下》）。其实群臣上书奏事，一诣少帝是象征性的，真正处理政事乃是太后。邓太后还可穿着天子衮冕谒拜宗庙，代替皇帝祭祀祖宗，"永初七年正月初入太庙，斋七日，赐公卿百僚各有差。庚戌，谒宗庙，率命妇群妾相礼仪。与皇帝交献亲荐，成礼而还"（《后汉书·和熹邓皇后列传》）。

唐朝虽有垂帘之制，武则天甚至因此而称帝，篡夺唐朝政权，却没有成为合法的国家典制，且屡遭朝廷大臣的反对。当唐高宗拟下诏逊位于武则天，中书令郝处俊极力反对，"《礼经》云：'天子理阳道，后理阴德。'然则帝之与后，犹日之与月、阴之与阳，各有所主，不相夺也。若失其序，上则谪见于天，下则祸成于人。昔魏文帝著令，崩后尚不许皇后临朝，奈何遂欲自禅位于天后？况天下者，高祖、太宗之天下，非陛下之天下。正合谨守宗庙，传之子孙，不可持国与人，有私于后"。当韦皇后也想效法武则天，垂帘听政乃至称帝，大臣桓彦范上奏劝谏唐中宗，"不宜令皇后往正殿干外朝"(《大唐新语》卷二)。宋代先后有9位太后临朝称制，建立了比较规范的垂帘听政制度，"乾兴元年，真宗即位，辅臣请与皇太后权同听政。礼院议：自四月内东门小殿垂帘，两府合班起居，以次奏事，非时召学士亦许至小殿"(《宋史·礼志二十》)。宋真宗临终前，遗诏云嗣君宋仁宗年幼，朝廷军国大事由皇后裁决。大臣们遂商定皇太后垂帘之仪，"于是请帝与太后五日一御承明殿，帝位左，太后位右，垂帘决事"。在称谓上，有别于皇帝。皇帝下诏或殿见群臣自称"朕"，而太后称制只能称"吾"，"有司请制令称'吾'，以生日为长宁节，出入御大安辇，鸣鞭侍卫如乘舆。令天下避太后父讳。群臣上尊号曰应元崇德仁寿慈圣太后，御文德殿受册"。在服饰上，也有别于皇帝。皇帝谒太庙时，穿十二章衮服，而太后只能穿十章衮服，"明道元年冬至，复御文德殿。有司陈黄麾仗，设宫架、登歌、二舞。明年，帝亲耕籍田，太后亦谒太庙，乘玉辂、服袆衣、九龙花钗冠，斋于庙。质明，服衮衣，十章，减宗彝、藻，去剑，冠仪天，前后垂珠翠十旒，荐献七室"(《宋史·章献明肃刘皇后传》)。宋朝的垂帘听政制度更是严密防范后妃专权，即皇太后只能以垂帘听政的形式行使摄政权力，而绝不容许取代皇帝的地位，成为真正的一国之君和臣民之主。在宋朝士大夫的观念中，唯有皇帝和朝廷才是国家统治的正宗，而后妃垂帘听政"自非国家令典"，也"非国家盛事"(《续资治通鉴长编》卷一一五、三九六)。光宗末年，吴太后垂帘仅一日，其侄吴琚便"言于后曰'垂帘可暂不可久'，后遂以翌日撤帘"(《宋史·外戚传》)。

慈禧垂帘听政达到了后妃临朝称制的高峰，也是传统社会最后的一道"风景"。慈禧在同治、光绪年间先后三次垂帘听政。第一次是咸丰帝死后，慈禧、慈安两太后与恭亲王奕䜣发动辛酉政变，"是时，怡亲王载垣、郑亲王端华、协办大学士尚书肃顺等以文宗遗命，称'赞襄政务王大臣'，擅政，两太后患之"。"恭亲王奕䜣留守京师，闻丧奔赴，两太后为言载垣等擅政状。九月，奉文宗丧还京师，即下诏罪载垣、端华、肃顺，皆至死，并罢黜诸大臣预赞襄政务者。授奕䜣议政王，以上旨命王大臣条上垂帘典礼。"咸丰十一年即1861年，"十一月乙酉朔，上奉两太后御养心殿，垂帘听政。谕曰：'垂帘非所乐为，惟以时事多艰，王大臣等不能无所禀承，是以姑允所请。俟皇帝典学有成，即行归政。'"第一次垂帘历时十一年，同治十二年"二月，归政于穆宗"。第二次是同治帝死后，没有子嗣，慈禧决定立其妹之子四岁的载湉为光绪帝。于是以皇帝年幼为由，再度临朝称制，同治"十三年十二月，穆宗崩，太后定策立德宗，两太后复垂帘听政。谕曰：'今皇帝绍承大统，尚在冲龄，时事维艰，不得已垂帘听政。'"光绪七年三月，慈安病故，朝政大权落入慈禧一人之手，"孝贞皇后既崩，太后独当国"。光绪十三年，载湉17岁，开始亲政。实际是两年后，慈禧才撤帘归政，"太后命以次年正月归政。醇亲王奕譞及王大臣等奏请太后训政数年，德宗亦力恳再三，太后乃许之。王大臣等条上训政典礼，命如议行。请上徽号，坚不许。十五年，德宗行婚礼。二月己卯，太后归政"。第二次垂帘历时十五年，虽然归政于光绪，慈禧退居颐和园，实际仍在操纵朝廷军政大权，"上事太后谨，朝廷大政，必请命乃行"。第三次是光绪二十四年六月，光绪帝重用康有为、梁启超，发布《明定国是诏》，进行维新变法。不久，慈禧发动戊戌政变，拘禁光绪帝，处死谭嗣同等变法人士，"顾以国事日非，思变法救亡，太后意不谓然，积相左。上期以九月奉太后幸天津阅兵，讹言谓太后将勒兵废上；又谓有谋围颐和园劫太后者。八月丁亥，太后遽自颐和园还宫，复训政。以上有疾，命居瀛台养疴"。第三次垂帘听政历时十一年，光绪"三十四年十月，太后有疾。上疾益增剧。壬申，太后命授醇亲王载沣摄政王。癸酉，上崩于瀛台。太后定策立宣统皇帝，即日尊为太皇太后。甲戌，太后崩，年七十四"（《清史稿·孝钦显皇后传》）。

同治、光绪年间的垂帘听政，名义上包括慈安皇太后，实际是以慈禧为核心，她是同治、光绪两朝真正的最高统治者。咸丰十一年十一月，同治帝谕内阁，"现在一切政务仰蒙两宫皇太后躬亲裁制，慈怀冲挹，深恐于批揽章奏，未能周详。嗣后各直省及各路军营摺报应行降旨各件，于呈递两宫皇太后慈览，发交议政王军机大臣后，该王大臣等悉心详议，于当日召见时恭请谕旨，再行缮拟。于次日恭呈母后皇太后圣母皇太后阅定钦发"（《清穆宗实录》卷六）。在礼仪体制上，按照咸丰十一年十一月由礼亲王世铎领衔议定"垂帘章程十一条"执行。其主要内容规定：召见内外臣工的地点设在养心殿；其时，由两宫皇太后与同治帝共同召见；在两宫皇太后前面垂帘；召见时，从各位王、大臣中轮流选派一人，引领被召见人进见。"垂帘章程十一条"后来被编入《大清会典事例》，具有法律效力。其中最重要的规定是，凡召见内外臣工，"两宫皇太后、皇帝同御养心殿，太后前垂帘。或召某臣进见，议政王、御前大臣番领之"。凡引见外官，"则御养心殿前殿，议政王、御前大臣率侍卫等按班分立，太后前垂帘设案，进各员衔名，豫拟谕旨，分别录注。皇帝前设案，各长官依例进绿头签,议政王等奉陈案上,引见如常仪"。凡人事任免,"皇太后简单内某名钤印,已,授王大臣传旨"。凡要降旨批答的各省、各路军事折报,"议政王等请旨缮拟后,次日呈阅颁行"。凡大臣请安的奏折,"并具三分以进"。垂帘礼仪体制,更多是展示皇太后的权力。即使归政于光绪帝,慈禧仍在临朝称制,由听政改为训政,"光绪六年,慈安皇太后薨,慈禧皇太后始专垂帘,制十三年归政,德宗以时艰尚棘,凡召见、引见,仍升座训政,设纱屏以障焉"(《清史稿·礼志七》)。垂帘听政的场所一般在养心殿,"殿约长二百尺,宽一百五十尺,以乌木为之,一切辅饰皆黄建绒。偏左置长案,铺黄缎。孝钦后入殿升宝座,两旁有孔雀毛所制之翣各一柄。皇帝之座在左,大臣皆跪于案前,面孝钦。殿后有若暖阁者,约长二十尺,宽十八尺,围以雕栏,约高二尺,可容一人出入,登陛六级,即至此处。后有小屏,宝座后有屏风,长二十尺,高十尺"(《清稗类钞·宫苑类》)。

慈禧垂帘听政既有偶然性又有必然性。偶然性在于同治帝即位时年仅六岁,御史董元醇上奏请求两宫皇太后垂帘听政,"窃以事贵从权,理宜守经。何为从权?现值天下多事之秋,皇帝冲龄践祚,所赖一切政务皇太后宵旰思虑,斟酌尽善,此诚国家之福也。臣以为即宜明降谕旨,宣示中外,使海内咸知圣躬虽幼,皇太后暂时权理朝政,左右并不能干预,庶人心益加敬畏,而臣工俱不敢稍肆其蒙蔽之术。俟数年后,皇上能亲裁庶务,再躬理万机,不亦善乎;虽我朝向无太后垂帘之仪,而审时度势,不得不为此通权达变之举"[1]。必然性在于咸丰帝羸弱多病,在世时慈禧已有批答奏章之权力和从政的实践,尤其是临终前留给了两枚

① 《清代档案史料丛编》(第1辑),中华书局1978年版,第83页。

代表皇权的印章，为发动"辛酉政变"创造了条件。更在于慈禧"心思灵敏，实过于人，其热心政权，亦独禀特性。其天资之卓绝，性情之坚毅，加以一生经历之多，艰难困苦，险阻备尝，此其所以成为伟人也。年十六岁时，五经成诵，通满文，廿四史亦皆浏览，尝有史臣在旁讽诵，故能通古今治乱之大势，又能诗善书画，有此聪明学问，故能久揽大权"①。慈禧听政时虽有"同治中兴"，启动了清末新政，却久居垂帘，贪恋权力，镇压了戊戌变法，酿成了甲午战败和庚子之乱，签订了众多不平等条约。慈禧没有能力实现由传统社会向近代化的转型，而是使中国坠入半殖民地半封建社会的深渊。史书评论："及文宗末造，孝贞、孝钦两皇后躬收政柄，内有贤王，外有名将相，削平大难，宏赞中兴。不幸穆宗即世，孝贞皇后崩，孝钦皇后听政久，稍稍营离宫，修庆典，视圣祖奉孝庄皇后、高宗奉孝圣皇后不逮十之一，而世顾窃窃然有私议者，外侮迭乘，灾祲屡见，非其时也。不幸与德宗意旨不协，一激而启戊戌之争，再激而成庚子之乱。晚乃壹意变法，怵天命之难谌，察人心之将涣，而欲救之以立宪，百端并举，政急民烦，陵土未干，国步遂改。综一代之兴亡，系于宫闱。呜呼！岂非天哉？岂非天哉？"（《清史稿·后妃传论》）

三、闭关锁国

邓小平指出："如果从明朝中叶算起，到鸦片战争，有三百多年的闭关自守，如果从康熙算起，也有近二百年。长期闭关自守，把中国搞得贫穷落后，愚昧无知。"②闭关自守即闭关锁国，是清朝对外关系的基本国策，也是清后期屈辱和落后挨打的根本

---

① ［英］濮兰德著，陈冷汰译：《慈禧外纪》，紫禁城出版社2010年版，第8页。

② 《邓小平文选》（第三卷），人民出版社1994年版，第90页。

原因。闭关锁国严格限制对外经济、文化、科学的交流，尤其是限制海外贸易往来，其中最严重的是海禁，次为一口通关，再为其他限制性政策。清朝的闭关锁国发生于世界大变局之时，更显得愚昧落后。1640年，英国开始了资产阶级革命；美国于1775年进行了独立战争；法国于1789年爆发了大革命，欧美各国不约而同地走上了资本主义发展道路，开始了全球范围的扩张，跃上了世界文明进程的制高点，"诸欧治定功成，其新政新法新学新器，绝出前古，横被全球"[①]。

　　闭关锁国盛于清朝，却始于明朝。明朝以嘉靖二年即1523年为界，分为前后两期。前期第一阶段是明初30年实行海禁政策，洪武四年即1371年，"禁濒海民不得私出海"；十四年十月，"禁濒海民私通海外诸国"；二十七年正月，"禁民间用番香番货"，"敢有私下诸番互市者，必置之重法"；三十年四月，"申禁人民，无得擅出海与外国互市"（《明太祖实录》卷七四、一三九、二三一、二五二）。第二阶段约120年，准许朝贡贸易。朝贡贸易实质不是贸易，而是政治外交的补充，"薄来而情厚则可，若其厚来而情薄，是为不可"（《明太祖谕高丽国王诏》）。洪武十六年制定勘合制度，逐渐与30余国实行定期定员贸易，规定最短以一年或三年、五年为一贡，长的十年一贡，船不得超过三艘，人数不得超过二百，分别由宁波、泉州、广州三市舶司管领，"凡外夷贡者，皆设市舶司领之。许带他物，官设牙行与民贸易，谓之互市。是有贡舶，即有互市，非入贡即不许其互市矣"。后期120余年，关闭宁波、泉州、广州三市舶司，断绝海上交通，停止一切对外活动（《续文献通考》卷二六）。明永乐年间，虽有郑和下西洋的壮举，却不准民间私人出海和对外贸易，严令"原有

[①] 《康有为政论集》，中华书局1981年版，第298页。

海船者，悉改为平头船，所在有司，防其出入"(《明成祖实录》卷二七)。隆庆年间，明穆宗曾宣布解除海禁，允许民间私人"贩东、西二洋"；还在福建漳州月港设置督饷馆，向海商征收饷税。学界认为，隆庆开关是明朝第一次真正意义上的对外开放，突破了朝贡贸易的樊笼。但终明一朝，基本实行闭关锁国政策。

　　清朝建立后继承了明朝的做法，实行闭关锁国政策；清后期则被迫对外开放，受尽屈辱。清初实行严格的海禁政策。顺治十二年即1655年，清廷下达海禁令；十三年又下海禁令，"今后凡有商民船只私自下海，将粮食货物等项与逆贼贸易者，不论官民，俱奏闻处斩，货物入官，本犯家产尽给告发之人，其该管地方文武各官不行盘缉，皆革职从重治罪。地方保甲不行举首，皆处死。凡沿海地方口子，处处严防，不许片帆入口，一贼登岸"。十七年下达迁海令，强迫从山东到广东沿海居民内迁30至50里，不准商船渔舟出海，"若将人口军器出境及下海者绞。因而走泄事情者斩。其拘该官司及守把之人，通同夹带，或知而故纵者，与犯人同罪(至死减等)。失觉察者，官减三等，罪止杖一百，军兵又减一等"(《(康熙朝)大清会典》卷一一八)。康熙年间，曾短暂开放海禁，康熙二十三年，"始开江、浙、闽、广海禁，于云山、宁波、漳州、澳门设四海关，关设监督"。康熙五十六年正月，却下令禁止对南洋贸易，重启海禁政策。乾隆二十二年进一步强化海禁政策，关闭江、浙、闽三海关，只准粤海关一口贸易，"寻又申禁洋船不准收泊浙海，有驶至者，仍令回粤贸易纳税"(《清史稿·食货志六》)。

　　清朝的闭关锁国达到了荒唐可笑的地步，乾隆和嘉庆是典型。乾隆五十六年即1793年，英国派马戛尔尼出使中国，带来了天体运行仪、地球仪及各种类型的武器，"能显示欧洲先进的科学技术，并能给皇帝陛下的崇高思想以新启迪的物品"①。马戛尔尼觐见乾隆，却因为礼仪问题发生分歧。清廷理解"西洋人用布扎腿"，"跪拜不便"，仍要求行跪拜礼，"叩见时暂时松解，行礼后再行扎缚，亦属甚便"，最终达成折中意见，改行免冠屈一膝之礼。乾隆对此很是不满，责怪"此等无知外夷"，居然"妄自骄矜"，是地方官"过于优待"而惯坏的。因而对英方提出的改善贸易条件、增设通商口岸的要求，均给予严词拒绝。乾隆致英王第一道敕谕，认为"至尔国王表内恳请派一尔国之人住居天朝，照管尔国买卖一节。此则与天朝体制不合，断不可行"。第二道敕谕指出："所有尔使臣恳请向浙江宁波、珠山及直隶天津地方泊船贸易之处，皆不可行"；宣称"天朝物产丰盈，无所不有，原不藉外夷货物以通有无。特因天朝所产茶叶、瓷器、丝斤，为西洋各国及尔国必需之物，是以加恩体恤，在澳门开设洋行，俾得日用有资，并沾余润。今尔国使臣于定例之外多有陈乞，大乖仰体天朝加惠远人、抚育四夷之道"（《清高宗实录》卷一四三二、一四三四、一四三五）。嘉庆二十一年，英国又派阿美士德率团使华，嘉庆事先谕令务必将使团的礼节"调习娴熟"，方许入觐。由于阿美士德不肯就范，嘉庆竟然不肯会见使团，令其即日回国；在给英王的敕谕中进一步关闭了国门，"尔国距中华过远，遣使远涉，良非易事。且来使于中国礼仪不能谙习，重劳唇舌，非所乐闻。天朝不宝远物，凡尔国奇巧之器，亦不视为珍异"。"嗣后毋庸遣使远来，徒烦跋涉。"（《清仁宗实录》卷三二〇）对待英国使团，乾隆、嘉庆充分展示了自己的愚昧无知、顽固保守、虚妄自大和故步自封。面对世界范围工业革命历史性的大变动、大转折，清朝统治者却茫然无知，毫无准备，甚至强化了闭

---

① ［法］阿兰·佩雷菲特著，王国卿等译：《停滞的帝国——两个世界的撞击》，生活·读书·新知三联书店1995年版，第85页。

关锁国的错误政策，最终导致中国长期落后挨打局面。康雍乾盛世已经埋下了清后期屈辱的种子。

　　明朝和清前期实际没有真正的对外开放和贸易往来。对于民间往来，坚持闭关锁国；对于官方往来，朝贡贸易实质是"厚往薄来"的赏赐贸易。通商不是为了对外贸易，而是当作怀柔手段，促使外夷归附，"国家四海之大，何所不有，所以准通洋船者，特系怀柔远人之道。乃该夷来文内，有与天朝有益之语。该督等不但当行文笔统驳饬，并宜明切晓谕，使知来广贸易实为夷众有益起见，天朝并不藉此些微远物也"（《清高宗实录》卷六四九）。即使开放通商口岸，也是官方垄断的贸易，而不是自由贸易。明朝采取牙行的方式控制对外贸易，即每当外国贡舶到达港口时，牙行便前来看货，并将货物报官，待官员抽分之后，才由牙行带领内商前来贸易。牙行是外商与内商的买卖中介人，评定货价，介绍卖方，然后在买卖过程中收取行佣钱；职责是维持秩序，主持公正，以免出现短少尺寸斤两、货物以假冒真，发生欺骗冲突争吵殴斗等现象（邵松年《海虞文征》卷二一）。清朝则采取公行制度控制对外贸易。公行制度是在广州洋货行基础上，于康熙五十九年组成的垄断外商来华贸易、经营对外贸易和外交活动的机构。公行是清政府与外商的联系媒介，清朝官员不能和外商见面，外商的大班、二班即负责商业贸易的外交官，也不能会见清朝官员，一切事物均需由公行居间传达沟通。又是中外商人联系的媒介，"行商是中国政府承认的唯一机构，从中国散商贩卖的货物只有经过行商才能运出中国，由行商抽一笔手续费，并以行商名义报关"[①]。

　　明清闭关锁国有着深厚的社会根源。政治上是害怕反抗力

---

①　姚贤镐编：《中国近代对外贸易史资料》（第一册），中华书局1962年版，第189页。

量与海外势力相结合，不利于治国安邦。明初的海禁是为了防范倭寇与张士诚、方国珍的海上势力联合颠覆政权。清初的海禁是害怕郑成功与内地反清力量相结合。康熙时的海禁，先是怕汉人出海与南洋华侨建立海外反清势力，"海外有吕宋、葛喇巴等处，常留汉人，自明代以来有之，此即海贼之薮也"。后是怕西方洋人支持汉人的反清斗争，"海外如西洋等国，千百年后，中国必受其累"；告诫子孙"国家承平日久，务需安不忘危"（《清圣祖实录》卷二七〇）。经济上反映了传统的"重农抑商"政策。历代统治者无不重视农业，抑制国内工商业的发展，更是遏制海外贸易，"人皆言农桑衣食之本，然弃本逐末，鲜有救其敝者。先王之时，野无不耕之民，室无不蚕之女，水旱无虞，饥寒不至。自什一之涂开，奇巧之技作，而后农桑之业废，一农执末而百家待食，一女事织而百夫待衣，欲人无贫，得乎？朕思足食在于禁末作，足衣在于禁华靡"（《明太祖实录》卷一七五）。也反映了自给自足的小农经济。农业经济始终是传统社会财政收入的主要来源，鸦片战争之前，清政府每年的财政收入为四千余万两白银，而乾隆十八年的关税只有四百三十三万四千零五两白银，约占总额的1/10（《（乾隆朝）大清会典》卷一六）。与欧美国家着力发展工商业的做法相反，明清统治者认为兴商不合祖宗之法，对国家无利，千方百计予以打压。思想上是坐井观天看世界，认为中国是世界的中心，自誉"天朝上国"，周边都是"夷狄蛮貊"之众。明万历年间，利玛窦来华绘制《舆地山海全图》，许多官僚士大夫看到中国不在图的中央，就认为是"邪说惑众"，"肆谈无忌"。即使到乾隆年间，还是对世界地图和中国位置模糊不清，"大地东西七万二千里，南北如之。中土居大地之中，瀛海四环。其缘边滨海而居者，是谓之裔；海外诸国亦谓之裔。裔之为言边也"（《清朝文献通考》卷二九三）。

　　明清闭关锁国在当时虽有一定合理性，总体而言却是个错误，结果是灾难性的，拉开了中国与欧美各国在各方面的差距，不仅带来了清后期的屈辱，而且导致了中国的长期落后，不得不奋起直追。农业方面，是中国最为自豪的行业。1840年，中国仍然是传统的耕作模式，"人均粮食为200公斤左右。而在英国，每个农场都有一部蒸汽机；在美国，人均粮食约为1000公斤"①。工业方面，中国还只有手工业者，没有近代化的机器和工人，而英国1800年有321台机器，共5210马力；1815年为15000台机器，共375000马力；1840年，英国已基本完成工业革命。乾嘉年间，中国产铁"20000吨左右，最多时不到25000吨。这个数字不及法国的十分之一，不及英国的四十分之一，仅相当于德国的十分之一"②。军事方面，欧美已进入热兵器时代，"清廷还坚持'枪箭并重，不可偏废'的迂腐观念，远远落后于时代发展，使清军……远远落后于西方国家军队"③。更大的差距在于科学技术。据1975年出版的《自然科学大事年表》，明朝以前，世界上重要的发明和重大科学成就约有300项，其中中国为175项，占总数的57%。明朝"中国与西欧国家在手工业生产和技术也是各有优势，总的来说，两者也是处在同一个水平线上"④。然而，综观18世纪末19世纪初期的中国科学技术，已全面落后于西方，"在近代科学的园地里仍然是空白一片；在传统科学的发展中，则由于中西文化交流的中断而陷入停滞"。"整个中国科学技术在封建专制主义的严重束缚下，走进了死胡同。在西方科学技术普遍繁荣的年代，中国科学技术却陷入了停滞状态，这对中国历史的发

① 徐伟新、刘德福著：《落日的辉煌》，人民出版社2016年版，"导语"第13页。
② 郝侠君等主编：《中西500年比较》，中国工人出版社1989年版，第254页。
③ 刘子明著：《中国近代军事史研究》，江西人民出版社1994年版，第14页。
④ 郝侠君等主编：《中西500年比较》，中国工人出版社1989年版，第8页。

展，就不能不是一个极大的悲剧。"①

四、洋务运动

洋务运动是清朝的自救运动。19世纪60年代至90年代，洋务派以自强和求富为口号，希望学习利用西方军事装备、机器生产和科学技术挽救清朝的统治，结果失败了。即使失败，也有着积极意义。就思想认识而言，洋务运动是中国真正开始睁眼看世界，是真正开始梦碎"天朝上国"的虚幻，是真正开始承认中国"技不如人"和"器不如人"。一般认为，洋务运动始于奕䜣上奏的《通筹夷务全局酌拟章程六条折》，1861年1月即咸丰十年十二月，"己巳，始置总理各国通商事务衙门，命恭亲王奕䜣、桂良、文祥管理。以崇厚充三口通商大臣，薛焕兼办上海等处通商事务。准旗人学习外国语言文字"（《清史稿·文宗本纪》）。

实际上，洋务运动应始于鸦片战争，源于中西船坚炮利的巨大差距。第一次鸦片战争失败，已经意识到"器不如人"。琦善详细调查英军武器和舰船，认为在武器方面，"该夷现在所用飞炮子内藏放火药，所至炸裂焚烧，不独为我军所无，亦该夷兵械中向所未见。经此次猖獗之后，我师势必益形气馁"。在舰船方面，当时清军战舰的动力是人力，火炮配备也只有十门左右，而英军是蒸汽动力，火炮无数，"再现到嘆咕唎夷船式样，长圆共三种。其至大者……舱中分设三层，逐层有炮百余位"；"其每层前后，又各设有大炮，约重七八千斤。炮位之下设有石磨盘，中具机轴，只须转移磨盘，炮即随其所向。其次则中分二层，吃水较浅，炮亦不少。又其次据称名为'火焰船'"。"其后梢两旁，

---

① 郝侠君等主编：《中西500年比较》，中国工人出版社1989年版，第247页。

内外俱有风轮，中设火池，上有风斗。火乘风起，烟气上熏，轮盘即激水自转，无风无潮，顺水逆水，皆能飞渡。"（《筹办夷务始末（道光朝）》卷一二）第二次鸦片战争后，李鸿章更是明确指出，"西人专恃其枪炮轮船之精利，故能横行于中土，中国向用之弓矛小枪小炮……不敌彼轮机兵船，是以受制于西人"（《筹办夷务始末（同治朝）》卷八六）。开明的官员深为西方的船坚炮利所忧患，胡林翼前往安徽安庆看望湘军，策马登上制高点龙山观察，"喜曰：'此处俯视安庆，如在釜底，贼虽强，不足平也。'既复驰至江滨，忽见二洋船鼓轮西上，迅如奔马，疾如飘风。文忠变色，不语，勒马回营，中途呕血，几至坠马。文忠前已得疾，自是益笃。不数月，薨于军中。盖粤贼必灭，文忠已有成算。及见洋人之势方炽，则膏肓之症，着手为难，虽欲不忧而不得也"（薛福成《庸庵笔记》）。鸦片战争使得许多人认识到要防范和抵御欧美列强入侵中国，首先必须学习利用西方的科学技术和工业生产能力。作为思想观念，最早由魏源于十九世纪四十年代提出，"是书何以作？曰为以夷攻夷而作，为以夷款夷而作，为师夷长技以制夷而作"（《海国图志·原叙》）。作为政策建议，最早由曾国藩于咸丰十年十一月提出，"目前资夷力以助剿济运，得纾一时之忧；将来师夷智以造炮制船，尤可期永远之利"（《筹办夷务始末（咸丰朝）》卷七一）。

洋务运动是有限的改革和变法图强，只是在器物层面学习西方。即便如此，也是阻力重重，先后发生了三次论争。第一次论争是同文之争，即京师同文馆是否增设天文算学馆。同文馆创办于1862年，是洋务运动的一项重要举措，初为一所外语学校，隶属于总理各国事务衙门，重点培养外语翻译和洋务人才，"欲悉各国情形，必先谙其语言文字，方不受人欺蒙"（《筹办夷务始末（同治朝）》卷八）。同治五年即1866年，奕䜣上奏朝廷，认为"洋人制造机器、火器等件，以及行船、行军，无一不自天文、算学中来"，如"不从根本上用着实功夫，即习学皮毛，仍无裨于实用"，要求在同文馆增设"天文算学馆"，招收科甲正途人员学习。奕䜣的奏折是要向西方学习科学技术，引起以理学名臣倭仁为代表的保守派反对，触发了第一次中学与西学关系以及是否向西方学习的争论。先是由山东道监察御史张盛藻上奏，认为招收科甲正途人员学习天文算学，会使这些"读孔孟之书、学尧舜之道"的人员，学机巧而入歧途（《筹办夷务始末（同治朝）》卷四七）。接着倭仁亲自出马，以中西文化"本末"论和"夷夏之防"的观念为思想基础，反对科甲正途人员学习西方科学技术，"六年，同文馆议考选正途五品以下京外官入馆肄习天文算学，聘西人为教习。倭仁谓根本之图，在人心不在技艺，尤以西人教习为不可；且谓必习天文算学，应求中国能精其法者，上疏请罢议"。同文馆官司一直打到慈禧那里，最后以倭仁失败而告终，"于是诏倭仁保荐，别设一馆，即由倭仁督率讲求。复奏意中并无其人，不敢妄保"（《清史稿·倭仁传》）。同文馆得以增设天文算学馆。京师同文馆的设立是洋务运动的一个重要标志，而增设天文算学馆表明向西方学习又向前迈进了一步，从学外语到学自然科学知识。

第二次论争是派遣留美学生及其内部管理。派遣留美学生是洋务运动的深入发展，由国内学习西学转向走出国门学习西学。派遣留美学生的创意源于容闳，他毕业于美国耶鲁大学，是第一位获得美国学位的中国人。同治十年七月，曾国藩正式上奏建议公派留学生，"窃臣国藩上年在天津办理洋务，前任江苏巡抚丁日昌奉旨来津会办，屡与臣商榷，拟选聪颖幼童送赴泰西各国书院学习军政、船政、步算、制造诸书，计十余年，业成而归，使西人擅长之技，中国皆能谙悉，然后可以渐图自强"。初步计划

"每年以三十名为率，四年计一百二十名，分年搭船赴洋在外国肄习，十五年后按年分起挨次回华。计回华之日，各幼童不过三十岁上下，年力方强，正可及时报效"（《拟选聪颖子弟赴泰西各国肄业折》）。同治十一年七月，第一批30名赴美幼童，由陈兰彬、容闳率领于上海启航。陈兰彬原为刑部主事，容闳原为江苏候补同知，二人分别任命为"幼童出洋肄业局"正、副委员。由于出身和经历不同，在如何管理留美学生的问题，陈兰彬与容闳发生论争。在学习方面，陈兰彬要求增加中学内容，认为容闳是"偏重西学，致幼童中学荒疏"。容闳则主张"学成种种专门学术，毕业归来，能为祖国效力"。在育人方面，陈兰彬等担心幼童会被西方文明所同化，不能做驯服的大清子民，"此等学生，若更令其久居美国，必致全失其爱国之心。他日纵能学成归国，非特无益于国家，亦且有害于社会"。容闳则认为，幼童受到美国文化影响是自然而然的事情，不可归咎于学生（容闳《西学东渐记》）。陈兰彬与容闳之争表面是如何管理留学生的问题，实际是如何对待西学的问题。尽管从同治十一年到光绪元年，派出了四批各30名幼童赴美留学，却没有按照计划十五年后分批学成回国。由于不同论争，留美计划中途搁浅。光绪七年即1881年，所有留美学生一律无条件地回国，其中只有两人完成大学学业，60多人还在大学学习，其余则是中学生而已。

第三次论争是修建铁路之争。最早认识铁路重要性的是李鸿章。同治十一年即1872年，他在给丁日昌的信中强调修铁路可以增强国家实力和提高国防能力，"中土若竞改驿递为电信，土车为铁路，庶足相持"（《朋僚函稿》）。1874年，李鸿章在奏折中提出如果"有内地火车铁路，屯兵于旁，闻警驰援，可以一日千数百里，则统帅尚不至于误事"（《详议海防折》）。修建铁路之争发生于光绪六年即1880年。当时，刘铭传应诏进京，上奏认为俄国之所以要挟我，日本之所以轻视我，就在于中国守一隅之见，独图苟安。一旦下发修筑铁路的诏书，"显露自强之机，则声势立振，彼族闻之，必先震聋，不独俄约易成，日本窥伺之心亦可从此潜消矣"。而且，修筑铁路好处甚多，尤有利于国防和军事，"自强之道，练兵造器，固宜次第举行，然其机括则在急造铁路。铁路之利于漕务、赈务、商务、矿务，以及行旅、厘捐者，不可殚述，而于用兵一道尤为急不可缓之图"。"惟铁路一开，则东西南北呼吸相通，视敌所驱，相机策应，虽万里之遥，数日而至，虽百万之众，一呼而集，无征调仓皇之虑，无转输艰阻之虞。且兵合则强，兵分则弱。"（《刘壮肃公奏议·筹造铁路以图自强折》）李鸿章明确表示支持刘铭传的提议，认为修铁路有九个方面的好处，即利国计、利军政、利京师、利民生、利转运者、利邮政者、利矿物、利轮船招商者、利行旅者，强调"铁路为富强要图，亟宜试办"（《妥议铁路事宜折》）。对于刘铭传、李鸿章的提议，保守派极力加以反对，通政使司参议刘锡鸿是其中的代表。他曾经出使德国，任过驻英副使，却反对修建铁路，"火车实西洋利器，而断非中国所能仿行也"；还从清朝财政匮乏、火车扰乱民生、修路滋生腐败和丧失主权等方面具体提出了25条反对理由，"不可行者八，无利者八，有害者九"（《仿造西洋火车无利多害折》）。修建铁路之争，最后以搁置刘铭传、李鸿章奏议结束。1881年2月，清廷下谕"迭据廷臣陈奏，佥以铁路断不宜开。不为无见。刘铭传所奏，着毋庸议"（《议复张家骧争止铁路片》）。

　　洋务运动阻力重重，毕竟还是轰轰烈烈地开展起来，富有成效。首先表现在认同洋务概念，"咸丰初年，国家方讳言洋务，若于官场言之，必以为其人非丧心病狂，必不至是。以是虽有其说，而不敢质之于人，不谓不及十年而其局大变也。今则几于人人皆知洋务矣"（王韬《弢园文录外编》）。具体表现在编练新式军队，"道、咸以后，海禁大开，德宗复立海军，内江外海，与水师并行。而练军、陆军又相继以起"（《清史稿·兵志一》）。练军为近代陆军的前身，是指同治元年，清政府从绿营中抽调精壮，装备洋枪洋炮，聘请英法军官施以相应的军事训练。"是年于天津创练洋枪队。二年，以直隶额兵酌改练军。四年，兵部、户部诸臣会议选练直隶六军，始定练军之名。各省练军乃踵行之。"（《清史稿·兵志三》）而最早装备西式武器采用西法教练的却是湘军和淮军，李鸿章在给曾国藩的信中指出，"鸿章尝往英法提督兵船，见其大炮之精纯，子药之细巧，器械之鲜明，队伍之雄整，实非中国所能及。其陆军虽非所长而每攻城劫营，各项军火皆中土所无，即浮桥云梯炮台，别具精工妙用，亦未曾见"。"深以中国军器远逊外洋为耻，日戒谕将士，虚心忍辱，学得西人一二秘法，期有增益。"（《上曾中堂》）清朝还建立了近代海军，"中国初无海军，自道光年筹海防，始有购舰外洋以辅水军之议。同治初，曾国藩、左宗棠诸臣建议设船厂、铁厂。沈葆桢兴船政于闽海，李鸿章筑船坞于旅顺，练北洋海军，是为有海军之始"（《清史稿·兵志七》）。

二是表现在创立工矿企业。其中以官办的军工企业为多，"清代以弧矢定天下，而威远攻坚，亦资火器。故京营有火器营鸟枪兵之制，屡命各省防军参用枪炮。初皆前膛旧制，继购欧洲新器，其后始命各省设局制造"（《清史稿·兵志十一》）。咸丰十一年即1861年，创办安庆内军械所；1862年，创办上海洋炮局；1863年，创办苏州洋炮局；1865年，创办江南制造局和金陵机器局；1866年，创办福州船政局；1867年，创办天津机器局；1873年，创办轮船招商局；1893年，创办汉阳铁厂。至光绪十年即1884年，所建军工企业遍及18个省份，30余家，主要生产枪炮、火药、子弹、水雷、轮船、炮弹。洋务运动不仅创建了官办企业，而且促进了民族资本和商办民用企业的发展。工业企业必须成龙配套，军工企业必然带动民用企业发展。官方也支持商办民用企业发展，李鸿章发现"洋机器于耕织、刷印、陶埴诸器皆能制造，有裨民生日用，原不专为军火而设"。于是，"自同治十三年海防议起，鸿章即历陈煤铁矿必须开挖，电线铁路必应仿设，各海口必应添洋学、格致书馆，以造就人才"（《复郭筠仙星使》）。洋务期间先后创办了上海轮船招商局、台湾基隆煤矿、直隶开平煤矿、上海发昌机器厂、广东继昌隆缫丝厂、上海机器织布局、兰州织呢局等，1894年中国商办工矿企业已达七八十家之多[①]，初步构筑了中国大机器工业的基石，发展了民族资本主义工业。三是表现在兴办新式学堂，除同治帝于1862年8月批准设立的"京师同文馆"外，1866年，左宗棠在福建设立了船政学堂，是国内最早的海军学校。1876年，丁日昌在福州开办电气学塾，李鸿章在天津设立电气水雷局；1877年，南京设立水雷电学馆。到甲午战争前，洋务派设立的外语、军事、实业等新式学堂不下30所。与此同时，还选派留学生。除幼童赴美留学外，1876年，李鸿章选派7人到德国留学，学习军事。1871年，李鸿章与沈葆桢选派福建船政学堂30名学生到欧洲留学；此后分别派出第二批10名和第三批34名学生赴英法等国留学。

谁料，1894年爆发的中日甲午战争，北洋水师全军覆没，中国战败，签订屈辱的《马关条约》，由此宣告单纯重视器物层面变革的洋务运动失败。严复曾经做了小结，"海禁大开以还，所兴发者亦不少矣：译署一也，同文馆二也，船政三也，出洋肄业四也，轮船招商五也，制造六也，海军七也，海署八也，洋操九

---

① 参见孙毓棠编：《中国近代工业史资料》，科学出版社1957年版，第1166—1169页。

也，学堂十也，出使十一也，矿务十二也，邮电十三也，铁路
十四也。拉杂数之，盖不止一二十事。此中大半皆西洋以富以强
之基，而自吾人之行之，则淮橘为枳，若存若亡，不能实收其
效"（《原强》）。洋务运动的失败，表明中国的近代化必须超越器
物层面，拓展为更为广阔的社会政治经济文化改革。

五、农民起义

农民起义是传统社会经常遇到的政治问题，次数多，规模
大，通常意味着失去土地的农民，起义反抗既成的社会秩序和政
治统治。农民起义既是旧王朝的掘墓人，又是新王朝的助产师；
既是传统社会进行自我调节的动力，又是传统社会破坏性最大的
力量。纵观中国历史，回避不了农民起义问题。清朝的农民起义
主要就是洪秀全领导的太平天国运动，虽然没有终结清朝的统
治，却给了它致命性的打击，为推翻清朝打下了基础，"秀全以
匹夫倡革命，改元易服，建号定都，立国逾十余年，用兵至十余
省，南北交争，隐然敌国。当时竭天下之力，始克平之，而元气
遂已伤矣。中国危亡，实兆于此"（《清史稿·洪秀全传》）。

毛泽东指出：地主阶级对于农民的残酷的经济剥削和政治压
迫，迫使农民发动"总计大小数百次的起义，都是农民的反抗运
动，都是农民的革命战争。中国历史上的农民起义和农民战争的
规模之大，是世界历史上所仅见的"[1]。传统社会发生如此多的农
民起义，根源在于君主专制政体，"如果说，秦以前的一个时代
是诸侯割据称雄的封建国家，那么，秦始皇统一中国以后，就建
立了专制主义的中央集权的封建国家"[2]。具体原因是，君主专制

---

[1] 《毛泽东选集》（第二卷），人民出版社1991年版，第625页。

[2] 同上书，第624页。

必然使君主骄奢淫逸。他们把全国的财富当成其私产，把臣民看作其奴仆，进而"敲剥天下之骨髓，离散天下之子女，以奉我一人之淫乐"（《明夷待访录·原君》）。其中的典型是秦始皇和隋炀帝。秦始皇统一中国后，在全国修建离宫，"关中计宫三百，关外四百余"。不仅要享尽人间荣华，还要在阴间继续奢侈，忙于修建骊山墓，"坟高五十余丈，周回五里余"。坟内"以水银为百川江河大海，机相灌输，上具天文，下具地理；以人鱼膏为烛，度不灭者久之"，且"宫观百官奇器珍怪徙藏满之"（《史记·秦始皇本纪》）。坟的周围还有许多地面建筑和庞大的兵马俑陪葬坑，耗费了惊人的物力财力和人力。隋炀帝是有过之而无不及，即位后"无日不治宫室"（《资治通鉴》卷一八一）。他筑西苑二百余里，上建楼台亭阁，苑内有十余里的人工海，海中有蓬莱、方丈、瀛洲等仙岛，还安置栽种从全国各地征集来的草木花石以及珍禽异兽。秋冬花草凋谢则剪绫彩为花叶，"常如阳春"；池沼中也布满绫制的荷芰菱芡。迷楼更是"千门万牖，上下金碧"，"工巧之极，自古无有"（《隋炀帝迷楼记》）。隋炀帝还玩出花样，"靡有定居"。据统计，他在位十二年，居京时间不到一年，"每出游幸，羽仪填街溢路，亘二十余里"，"从行宫掖，常十万人"（《隋书·食货志》），不知浪费了多少民脂民膏。

君主专制必然导致官僚机构膨胀。为了实现权力集中，需要设置各种官吏和政府机构管理"兵、刑、钱、谷"等社会政治经济事务。据《通典》《续通典》记载，每个封建王朝有品级的官，少者数千，多者数万，加上属吏多达十几万，乃至三四十万。唐宪宗元和时，官吏约为36.8万人。当时纳税户为144万，每七户供养两名官吏，以致宰相哀叹，自汉以来，冗官"未有多于今者"（《新唐书·李吉甫传》）。君主专制必然使军费骤增。军队是君主专制的有力工具，历朝历代都建立了庞大的武装力量，隋唐时期为60万左右，唐玄宗天宝之后，"宿兵常八十余万"。宋朝增至116万余，军费达四千八百万缗；南渡以后，幅员既少，而耗费更多。廖刚疏言，唐"刘晏以一千二百万贯供中原之兵而有余，今以三千六百万贯供川陕一军而不足。川陕兵数六万八千四百四十九人，内官员万一千七员，兵士所给钱比官员不及十分之一，则冗员在官不在兵"（《廿二史札记》卷二五）。君主专制必然造成土地兼并。传统社会没有领主世袭领地，自耕农始终是君主专制的根基，为君主专制提供税源和兵源，而占有小块土地的自耕农经济地位不稳定，经不起天灾人祸的打击，每个王朝后期都会出现自耕农破产，地主乘机兼并土地。土地越来越集中于地主和官僚手中，而农民则越来越多地失去土地，"至秦则不然，用商鞅之法，改帝王之制，除井田，民得卖买，富者田连阡陌，贫者亡立锥之地"（《汉书·食货志》）。众多破产农民不得已走上起义造反的道路。土地兼并是传统社会的顽疾，也是迫使农民起义的重要原因。君主专制必然带来流民问题。土地兼并，造就大批失地农民，其中一部分转化为佃农，依附于地主，另一部分则游离出生产领域而成为流民，在社会上游荡逐食。汉武帝元封四年，仅关东一带就有流民二百多万（《汉书·石庆传》）。流民一般都会成为农民起义队伍的重要组成部分，或成为起义的主体。西晋王朝就是在各族流民的起义中被推翻的。官逼民反是君主专制政体的必然趋势，也是任何封建王朝无法摆脱的宿命。

据史书记载，历史上最早的农民起义是秦末陈胜吴广起义，他们的口号是"伐无道，诛暴秦"。"陈胜者，阳城人也，字涉。吴广者，阳夏人也，字叔。陈涉少时，尝与人佣耕，辍耕之垄上，怅恨久之，曰：'苟富贵，无相忘。'庸者笑而应曰：'若为庸耕，何富贵也？'陈涉太息曰：'嗟乎，燕雀安知鸿鹄之志哉！'"

秦二世元年即公元前209年，朝廷征发闾左贫民屯戍渔阳，遇大雨误期，"失期，法皆斩。陈胜、吴广乃谋曰：'今亡亦死，举大计亦死，等死，死国可乎？'陈胜曰：'天下苦秦久矣。'"于是揭竿而起，"数日，号令召三老、豪杰与皆来会计事。三老、豪杰皆曰：'将军身被坚执锐，伐无道，诛暴秦，复立楚国之社稷，功宜为王。'陈涉乃立为王，号为张楚"（《史记·陈涉世家》）。陈胜、吴广起义失败了，却从根本上动摇了秦朝的统治。除此之外，历史上较为著名的农民起义，先是汉末张角领导的黄巾起义，他们的口号是"苍天已死，黄天当立；岁在甲子，天下大吉"。张角创立太平道，"自称'大贤良师'，奉事黄、老道，畜养弟子，跪拜首过，符水咒说以疗病，病者颇愈，百姓信向之。角因遣弟子八人使于四方，以善道教化天下，转相诳惑。十余年间，众徒数十万，连结郡国"。东汉末年，政治黑暗，农民破产，到处流亡，汉灵帝光和七年即184年，张角举起义旗，"皆着黄巾为摽帜，时人谓之'黄巾'"，"所在燔烧官府，劫略聚邑，州郡失据，长吏多逃亡。旬日之间，天下响应，京师震动"（《后汉书·皇甫嵩列传》）。黄巾起义只战斗了九个月就失败了，却给了东汉王朝致命一击，最终形成了三国鼎立局面。

次是唐末的黄巢起义，他们的口号是"天补均平"。"黄巢，曹州冤句人，本以贩盐为事。"先是跟随王仙芝起义，"乾符中，仍岁凶荒，人饥为盗，河南尤甚。初，里人王仙芝、尚君长聚盗，起于濮阳，攻剽城邑，陷曹、濮及郓州"。唐僖宗乾符五年即878年，王仙芝兵败被杀，"朝廷以王铎代为招讨。五年八月，收复荆州，斩仙芝首献于阙下"。黄巢被推举为义军领袖，"号冲天大将军"。880年十二月，唐僖宗逃亡四川，黄巢率军进入长安，"贼巢僭位，国号大齐，年称金统，仍御楼宣赦，且陈符命曰：'唐帝知朕起义，改元广明，以文字言之，唐已无天分矣。

"唐"去"丑""口"而安"黄",天意令黄在唐下,乃黄家日月也。土德生金,予以金王,宜改年为金统。'"884年六月,"黄巢入泰山,徐帅时溥遣将张友与尚让之众掩捕之。至狼虎谷,巢将林言斩巢及二弟邺、揆等七人首,并妻子皆送徐州。是月贼平"(《旧唐书·黄巢传》)。黄巢起义持续近十年,沉重打击了唐朝的统治。起义提出的"平均"要求,是传统社会农民起义由前期的反对皇权残酷的徭役剥削,转向了后期追求均贫富的社会理想。

再是明末的李自成起义,他们的口号是"均田免赋",民歌之为"迎闯王,不纳粮"。"李自成,米脂人,世居怀远堡李继迁寨。父守忠,无子,祷于华山,梦神告曰:'以破军星为若子。'已,生自成。""自成不好酒色,脱粟粗粝,与其下共甘苦。"崇祯元年即1628年,李自成参与甘肃兵变;崇祯六年,在陕西投奔闯王高迎祥,称"闯将";崇祯九年,高迎祥被杀,"于是贼党乃共推自成为闯王矣";崇祯十四年,攻克洛阳,"有营卒勾贼,城遂陷,福王常洵遇害";崇祯"十六年春,陷承天","自成自号奉天倡义大元帅"。崇祯十七年一月,"自成称王于西安,僭国号曰大顺,改元永昌,改名自晟。追尊其曾祖以下,加谥号,以李继迁为太祖"。同年三月十九日,李自成攻入北京,崇祯帝"天未明,皇城不守,鸣钟集百官,无至者。乃复登煤山,书衣襟为遗诏,以帛自缢于山亭,帝遂崩",明朝灭亡。四月二十九日,李自成被吴三桂联合清军击败,匆忙在北京称帝,"自成被冠冕,列仗受朝",然后逃亡西安。次年在湖北通城九宫山被杀,"秋九月,自成留李过守寨,自率二十骑略食山中,为村民所困,不得脱,遂缢死。或曰村民方筑堡,见贼少,争前击之,人马俱陷泥淖中,自成脑中钼死"(《明史·流贼传》)。李自成起义前后十六年,结束了明王朝的统治,但最终还是失败了。

太平天国是清后期由洪秀全领导的农民战争所建立的政权，开始于1851年的金田起义，结束于1864年的天京陷落，前后历时13年。他们的口号是"天下一家，共享太平"。太平天国起义是传统社会最后一次大规模的农民起义，却开创了不少农民起义的先例，是中国历史上第一次在南方兴起而波及全国的农民起义。是第一次借助西方宗教作为号召的农民起义，"秀全尝患病，诡云病死七日而苏，能知未来事。谓：'上帝召我，有大劫，惟拜上帝可免。'凡会中人男称兄弟，女称姊妹，欲人皆平等，托名西洋教"（《清史稿·洪秀全传》）。是第一次提出全套治国安邦方略的农民起义，建都天京后颁布《天朝田亩制度》，确定"凡天下田，天下人同耕"的原则，追求的理想是"有田同耕，有饭同食，有衣同穿，有钱同使，无处不均匀，无人不饱暖"。是第一次受到中外势力共同镇压的农民起义，同治元年十月，谕"所有借师助剿，即著薛焕会同前次呈请各绅士与英法两国迅速筹商，克日办理。但于剿贼有裨，朕必不为遥制。其事后如有必须酬谢之说，亦可酌量定议，以资联络"（《筹办夷务始末（同治朝）》卷四）。太平天国的领导者是洪秀全，"广东花县人。少饮博无赖，以演卜游粤、湘间。有朱九畴者，倡上帝会，亦名三点会，秀全及同邑冯云山师事之。九畴死，众以秀全为教主"（《清史稿·洪秀全传》）。

太平天国的历程先是金田起义，"秀全既出狱，秀清率众迎归，招集亡命，贵县秦日纲、林凤祥，揭阳海盗罗大纲、衡山洪大全皆来附，有众万人。冯云山读书多智计，为部署队伍、攻守方略。以岁值丁未，应'红羊'之谶，遂乘势倡乱于金田"，开始与清廷对立以及和清军作战。咸丰元年十二月初十，即1851年1月11日，洪秀全自号"天王，纵火焚其墟，尽驱众分扰桂平、贵、武宣、平南等县，入象州"。次是永安建制。1851年秋，太平军攻占广西永安州，分封诸王，"秀全自为天王，妻赖氏为后，建元天德。以秀清为东王，军事皆取决，萧朝贵西王，冯云山南王，韦昌辉北王，石达开翼王，洪大全天德王；秦日纲、罗亚旺、范连德、胡以晃等四十八人任丞相、军师伪职"。1852年4月，冯云山战死于广西全州；8月，萧朝贵战死于湖南长沙。再是定都南京。1853年3月19日，太平军攻占江宁，宣布定都金陵，改名天京，正式建立与清朝相对峙的农民政权，"秀全既破金陵，遂建伪都，拥精兵六十余万。群上颂称明代后嗣，首谒明太祖陵，举行祀典。其祝词曰：'不肖子孙洪秀全得光复我大明先帝南部疆土，登极南京，一遵洪武元年祖制。'军士夹道呼汉天子者三，颁登极制诰。大封将卒，王分四等，侯为五等"（《清史稿·洪秀全传》）。

又是天京事变。对于太平天国而言，天京事变是灾难性的，杀死了东王、北王，逼走了翼王。1856年，太平军攻破清军的"江南大营"，解天京三年之围，内部却发生分裂。杨秀清自恃有功，"阴谋自立，胁秀全过其宅，令其下呼万岁。秀全不能堪，因召韦昌辉密图之"。韦昌辉谋杀杨秀清，"既见秀清，语以人呼万岁事，昌辉佯喜拜贺，秀清留宴。酒半，昌辉出不意，拔佩刀刺之，洞胸而死"。同时，诛杀杨秀清党翼，"东党殆尽，前后死者近三万人"。韦昌辉自认为诛灭东王有功，另有所图，被洪秀全诛杀，"率其党围攻伪天王府，秀全兵拒败之。昌辉遁，渡江为逻者所获，缚送金陵磔之，夷其族"。石达开为避免继续内讧，率数千人马远走西征，"还走安徽，约陈玉成、李秀成偕行，二人不从，益不能还金陵。于是始起事诸悍党略尽"。后是天京陷落。1864年6月初，"洪秀全以金陵危急，服毒死"；6月中旬，湘军攻克天京，"国荃饬诸军发太平门地雷，塌城垣二十余丈，前敌总兵李臣典、朱洪章等九人先登，诸将分门合力，攻克江宁省城，获伪玉玺二方，金印一方"(《清史稿·洪秀全传》)。轰轰烈烈的太平天国运动，横扫了半个中国，最终在腥风血雨中落幕。

马克思指出，农民"不能代表自己，一定要别人来代表他们。他们的代表一定要同时是他们的主宰，是高高站在他们上面的权威，是不受限制的政府权力，这种权力保护他们不受其他阶级侵犯，并从上面赐给他们雨水和阳光"[1]。纵观传统社会历史发展，农民队级不是先进生产力的代表，不可能提出符合历史前进方向的奋斗目标。即便起义成功，也只能是黄袍加身，坐上龙椅，实现封建王朝的再次轮回。这是历史的必然逻辑，没有人能够抗拒和违背。

---

[1] 《马克思恩格斯文集》(第2卷)，人民出版社2009年版，第567页。

第二节 朴学无奈

清朝社会思潮可概括为思想贫乏、学术昌盛和文化繁荣。在思想方面，清朝没有产生真正的思想家，即使明末清初"三大儒"，仍徘徊在传统的思想范畴，没有超越性的发现和创新，甚至还不如宋朝理学和明朝心学对形上本体的探索及其理论体系的圆融自洽。在学术方面，考据发达，朴学盛行，围绕儒家经典，以小学为先导，对历史典籍进行周密而全面的考订。考据和朴学，不仅是学术景观，更是清朝的一种社会思潮。在文化方面，清朝继承历代王朝聚书、编书的传统，搜索典籍，编纂图书，取得辉煌成就。最大的成就是乾隆年间编纂《四库全书》，收书3500多部、7.9万卷，几乎囊括了清中叶以前所有重要的文献典籍，并在特定的视野中加以系统部勒，从而构成了中国古代最为宏大的文献典籍。任何时代，思想都是社会思潮的灵魂，而学术不过方法而已，文化则是表现形式。钱穆不无遗憾地说："一大批晚明遗老，他们成学著书，都已在清代，他们的精神意气，实在想为此后中国学术思想界另辟一新天地。而清代的高压政权，已使这些思想嫩芽，不能舒展长成，而全归夭折了。此后遂完全走入古经籍之考据训诂中作逃避现实之畸形发展，这是最可惋惜的"[1]。

---

[1] 钱穆著：《中国思想史》，九州出版社2012年版，第238—239页。

一、红楼一梦

毛泽东指出：中国"工农业不发达，科学技术水平低，除了地大物博，人口众多，历史悠久，以及在文学上有部《红楼梦》等等以外，很多地方不如人家，骄傲不起来"①。在伟人眼中，《红楼梦》在世界文学中属于顶级水平，而在明清章回小说中，《红楼梦》无疑是巅峰之作。明朝小说名著多，有《三国演义》《水浒传》《西游记》和《金瓶梅》，清朝小说名著少，却达到了巅峰，《红楼梦》是中外文化史上最优秀的古典小说之一。当然，清朝也不是没有小说名著，蒲松龄的《聊斋志异》，以志怪传奇为特征，描写了一个个美丽聪慧的花妖狐魅和志诚清狂的书生，映射社会现实的黑暗，发泄作者愤世嫉俗的情感。吴敬梓的《儒林外史》，是一部杰出的讽刺小说，冷静解剖了旧时文人或崇高或卑微或超脱或无奈的灵魂，无情地鞭挞科举的弊害，辛辣地讽刺那些一味醉心猎取功名富贵的儒生的丑态。比较而言，清朝小说迈入了独创期，结束了明朝改编旧故事的路子，领悟到了小说的文学特征，那就是面对现实人生，取材于近世传闻和当代新事，将平凡的生活变成真实而有审美内蕴的小说世界。

《红楼梦》尚有众多不解之谜，甚至作者是谁还有不同意见。目前基本认定《红楼梦》前八十四作者为曹雪芹，"曹霑，号雪芹"，"工诗画，为荔轩通政文孙。所著《红楼梦》小说，称古今平话第一"（李放《八旗画录》）。荔轩为江宁织造曹寅之号，曹雪芹为曹寅之孙。曹雪芹的书稿约成于乾隆十九年即1754年，名为《石头记》，存八十回；乾隆五十六年，高鹗补写四十回，"《红

---

① 《毛泽东文集》（第七卷），人民出版社1999年版，第43页。

楼梦》一百二十回，汉军曹霑著，高鹗补"（恩华《八旗艺文编
目》）。程伟元、高鹗将曹雪芹的八十回和高鹗的四十回合成一个
完整的故事，以木活字排印，书名为《红楼梦》，通称程甲本。
次年，程伟元、高鹗又对程甲本做了一些"补遗订讹""略为修
辑"的工作，重新排印，通称程乙本，使《红楼梦》得以广泛传
播。《红楼梦》一面世就产生重大影响，"可谓不胫而走者矣"（程
伟元《红楼梦序》）；很快风靡于世，"始出，家置一编，皆曰此
曹雪芹书；而曹雪芹何许人？不尽知也"（西清《桦叶述闻》卷
八）。"余以乾隆、嘉庆间入都，见人家案头必有一本《红楼梦》。"
（郝懿行《晒书堂笔录》）乾嘉年间，已是"开谈不说《红楼梦》，
读尽诗书也枉然"（得舆《京都竹枝词》）。邹弢记载一则故事，
反映两位读书人由于对林黛玉和薛宝钗的不同看法，以致拳脚
相加，"己卯春，余与伯谦论此书，一言不合，遂相龃龉，几挥
老拳，而毓仙排解之。于是两人誓不共谈《红楼》。秋试同舟，
伯谦谓余曰：'君何为泥而不化耶？'余曰：'子亦何为窒而不通
耶？'一笑而罢"（《三借庐笔谈》）。

　　"满纸荒唐言，一把辛酸泪。"（《红楼梦》第一回，本节凡引
用《红楼梦》，只注明回数）《红楼梦》的辛酸与作者身世密切相
关。曹雪芹出生钟鸣鼎食之家，曾祖母为康熙帝乳娘，曾祖父曹
玺做过康熙帝伴读和御前侍卫，因而获得了江宁织造的肥缺，江
宁织造是设在南京的机构，负责宫中所需的一切衣服、缎匹、封
诰等特级珍贵织品的采买工作。而且，江宁织造的职位可以世
袭，曹玺子曹寅、孙曹颙以及过继孙曹頫都继任了江宁织造。曹
家在江南世代为官，是名门望族，也是诗书之家，曹玺少好学，
深沉有大志；曹寅更是诗人、学者兼藏书家，"曹寅，字楝亭，
汉军正白旗人，世居沈阳，工部尚书玺子。累官通政使、江宁织
造。有楝亭诗文词钞"（《清史稿·曹寅传》）。曹雪芹身世可谓

"生于繁华，终于沦落"，可能于康熙五十四年即1715年在南京出生。南京是繁华之都，曹家是富贵之家，曹雪芹应有一个幸福的童年。不意好景不长，雍正五年即1727年，曹家被抄，曹雪芹身为罪家之子，随家押回北京。此时，曹家实际已经败落，据新任江宁织造隋赫德的奏折，曹家除了房屋、田亩和人口，几乎没有钱财，"余则桌、椅、床、杌、旧衣、零星等件及当票百余张外，并无别项，与总督所查册内仿佛"（《细查曹頫房地产及家人情形折》）。雍正也感到凄切，"止银数两，钱数千，质票值千金而已。上闻之恻然"（《永宪录续编》）。曹雪芹自此"举家食粥"，贫困潦倒，世态炎凉，寄居北京西山郊区。友人敦敏以诗描述曹雪芹旧恨加新愁的窘境，"碧水青山曲径遐，薜萝门巷足烟霞。寻诗人去留僧舍，卖画钱来付酒家。燕市哭歌悲遇合，秦淮风月忆繁华。新愁旧恨知多少，一醉酕醄白眼斜"。国家不幸诗人幸，家族不幸雪芹幸。人生的悲哀，世道的无情，感伤的思绪，梦幻的破灭，曹雪芹把这些悲剧体验、诗化情感和探索精神通过"家庭琐事，闺阁闲情"全部镕铸于伟大的《红楼梦》中，"据我看来，第一件，无朝代年纪可考，第二件，并无大贤大忠、理朝廷、治风俗的善政，其中只不过几个异样女子，或情或痴，或小才微善，我纵然抄去，也算不得一种奇书"（第一回）。

《红楼梦》原名《石头记》，是无才补天的顽石在人间的传记，"无才可去补苍天，枉入红尘若许年；此系身前身后事，倩谁记去作奇传"（第一回）。顽石幻化为贾宝玉，他不是作者自传，也不是写实人物，而是意象化的小说人物，是作者心灵的映象。贾宝玉性格特征属于"天分中生成一段痴情"，不是好色之痴情，"如世之好淫者，不过悦容貌，喜歌舞，调笑无厌，云雨无时，恨不能尽天下之美女供我片时之趣兴，此皆皮肤滥淫之蠢物耳"（第五回），而是真心之痴情，就是对于女性的尊重和呵护，对于女性美丽的欣赏和不幸的同情，"女儿是水做的骨肉，男人是泥的骨肉。我见了女儿便清爽；见了男子，便觉浊臭逼人"（第二回）。王国维认为："《红楼梦》一书与任何喜剧相反，彻头彻尾之悲剧也。"[①]《红楼梦》是一部悲剧小说，贾宝玉经历了人生、爱情和家族悲剧，终于感悟到世事人情不过是"假作真时真亦假，无为有处有还无"，诚如跛脚道人诠释《好了歌》，"可知世上万般，好便是了，了便是好；若不了，便不好；若要好，须是了"（第一回）。《红楼梦》表面的悲剧是爱情婚姻悲剧，"厚地高天，堪叹古今情不尽；痴男怨女，可怜风月债难酬"。贾宝玉与林黛玉、薛宝钗的爱情婚姻悲剧是《红楼梦》的主线，林黛玉性情，是一个美丽而才华横溢的少女，与贾宝玉有着"木石前盟"；薛宝钗理智，是一个美丽而性格温顺的少女，与贾宝玉有着"金玉良缘"。贾宝玉与林黛玉、薛宝钗都有着千丝万缕的联系，梦游太虚幻境，"更可骇者，早有一位女子在内，其鲜艳妩媚，有似乎宝钗；风流袅娜，则又如黛玉"。然而，贾宝玉遇到的悲剧是"可叹停机德，堪怜咏絮才。玉带林中挂，金簪雪里埋"。贾宝玉没有得到爱情的林黛玉，却得到了婚姻的薛宝钗，"都道是金玉良缘，俺只念木石前盟。空对着，山中高士晶莹雪；终不忘，世外仙姝寂寞林。叹人间，美中不足今方信；纵然是齐眉举案，到底意难平"（第五回）。

围绕爱情婚姻悲剧，曹雪芹演绎到了极致，真是千红一哭，万艳同悲。他写贾府"四春"，才选凤藻宫的元春，嫁入深宫，终无意趣，"望家乡，路远山高。故向爹娘梦里相寻告：儿命已入黄泉，天伦呵，须要退步抽身早！"迎春误嫁"中山狼"，被折磨至死，"金闺花柳质，一载赴黄粱"。探春"才自精明志自

---

① 《王国维文集》（第一卷），中国文史出版社1997年版，第10页。

高，生于末世运偏消"，远嫁他乡，"清明涕送江边望，千里东风一梦遥"。惜春"勘破三春景不长"，出家为尼，"可怜绣户侯门女，独卧青灯古佛傍"。他写大观园的其他女主，史湘云富贵出身而性格爽朗乐观，却是父母早亡，"富贵又何为？襁褓之间父母违"；而且，婚后好景不长，转眼间夫妻离散，"展眼吊斜辉，湘江水逝楚云飞"。李纨是终身守寡，恪守妇道，却不免被人取笑和看不起，"如冰水好空相妒，枉与他人作笑谈"。妙玉自幼遁入空门，最后还是落入泥污之中，"欲洁何曾洁，云空未必空；可怜金玉质，终陷淖泥中"（第五回）。他写大观园的女仆，最为悲惨的是晴雯。她出身低微，却酷似林黛玉，王夫人"便问凤姐道：'上次我们跟了老太太进园逛去，有一个水蛇腰，削肩膀儿，眉眼又有些像你林妹妹的。'"（第七十四回）晴雯因王夫人的不满和被人陷害，逐出大观园，"四五日水米不曾沾牙，如今现从炕上拉了下来，蓬头垢面，两个女人才架起来去了。王夫人吩咐：只许把他贴身衣服撂出去，余者好衣服留下，给好丫头们穿"（第七十七回）。晴雯的悲剧是"霁月难逢，彩云易散。心比天高，身为下贱。风流灵巧招人怨。寿夭多因毁谤生，多情公子空牵念"（第五回）。

《红楼梦》潜隐的悲剧是贾府由盛而衰的悲剧。贾宝玉是贾府的继承人，是贾家兴旺的希望所在。贾府上下期盼他走一条科举荣身之路，以便立身扬名，光宗耀祖。警幻仙姑之所以引导贾宝玉梦游太虚幻境，原因在于贾府宁荣二公的托付。他们看到了贾府衰败趋势，希望警幻仙姑能够引导贾宝玉走上仕途，遏制衰亡，振兴贾府，"今日原欲往荣府去接绛珠，适从宁府经过，偶遇宁荣二公之灵，嘱吾云：'吾家自国朝定鼎以来，功名奕世，富贵流传，已历百年，奈运终数尽，不可挽回！我等之子孙虽多，竟无可以继业者。惟嫡孙宝玉一人，禀性乖张，用情怪谲，虽聪明灵慧，略可望成，无奈吾家运数合终，恐无人规引入正。幸仙姑偶来，可望先以情欲声色等事警其痴顽，或能使彼跳出迷人圈子，入于正路，亦吾兄弟之幸矣。'如此嘱吾，故发慈心，引彼至此"。不意贾宝玉却不属于所托之人，"歌毕，还又歌副歌。警幻见宝玉甚无趣味，因叹：'痴儿竟尚未悟。'"他不愿意接受家族的安排，而要反其道而行之，力图挣脱家族家庭强加于他的名缰利锁，不肯念书，不愿走仕途经济的人生道路。他喜欢林黛玉，一个重要原因就是她从来不说仕途经济的"混账话"。贾府没有继承人，衰败是必然趋势，《红楼梦》因而充满了末世感，王熙凤的判词是"凡鸟偏从末世来"，探春的判词是"生于末世运偏消"（第五回）。《脂砚斋重评石头记》常有"末世"的批语，在第二回冷子兴演说时的夹批中反复提醒读者，"记清此句，可知书中之荣府已是末世了"，"作者之意愿只写末世"，"此已是贾府之末世"。在第十八回，脂评批语有"又补出当日宁荣在世之事，所谓此是末世之时也"。无论贾府，还是史、王、薛三大家族，最终只能是树倒猢狲散，"为官的，家业雕零；富贵的，金银散尽；有恩的，死里逃生；无情的，分明报应；欠命的，命已还；欠泪的，泪已尽：冤冤相报自非轻，分离聚合皆前定。欲知命短向前生，老来富贵也真侥幸。看破的，遁入空门；痴迷的，枉送了性命。好一似食尽鸟投林，落了片白茫茫大地真干净"（第五回）。

　　《红楼梦》内容丰富，包罗万象，囊括无遗，内聚着传统社会的物质、制度和精神文化。不同人阅读，会有不同的看法，"单是命意，就因读者的眼光而有种种：经学家看见《易》，道学家看见淫，才子看见缠绵，革命家看见排满，流言家看见宫闱秘事"[①]。以蔡元培为代表的索隐派红学，着力探寻真事隐去的究

① 《鲁迅全集》（第7卷），新疆人民出版社1995年版，第610页。

竟，索解出其所隐藏的秘密，认为《红楼梦》表面写的家事，实质映射的是明清尤其是清朝的宫闱史。以胡适为代表的考证派红学，认为《红楼梦》写的是曹雪芹家事，即自康熙至乾隆年间历任清朝江宁织造百余年的曹家家族史。曹雪芹生活于康雍乾时期，从社会思潮分析，他从国家的兴衰感受到了盛世的危机，从贾宝玉和林黛玉、薛宝钗的爱情婚姻悲剧，体悟到了封建王朝的衰败趋势。因此，毛泽东认为《红楼梦》不仅是一部文学作品，而且是一部社会历史书籍，"《红楼梦》可以读，是一部好书。读《红楼梦》不是读故事，而是读历史，这是一部历史小说"。"不读一点《红楼梦》，你怎么知道什么叫封建社会。"①在毛泽东看来，《红楼梦》实质反映了封建王朝的衰败和没落，"我国家长制度的不能巩固是早已开始了。贾琏是贾赦的儿子，不听贾赦的话。王夫人把凤姐笼络过去，可是凤姐想各种办法来积攒自己的私房。荣国府的最高家长是贾母，可是贾赦、贾政各人有各人的打算。可以看出家长制度是在不断分裂中"②。曹雪芹的世界观是传统守旧的，而创作态度是现实主义的，无意之中做了封建王朝衰亡覆灭的预警人，"曹雪芹写《红楼梦》还是想'补天'，想补封建制度的'天'。但是《红楼梦》里写的都是封建家族的衰落。可以说是曹雪芹的世界观和他的创作发生矛盾"③。

二、考据盛行

考据是清朝社会思潮的象征，也是清朝学术思想的主要成就。所谓考据，亦称朴学，主要是对古籍加以整理、校勘、注

---

① 董学文著：《毛泽东和中国文学》，春风文艺出版社1994年版，第275、273页。

② 徐中远著：《毛泽东晚年读书纪实》，中央文献出版社2012年版，第89页。

③ 刘汉民编写：《毛泽东的读书生活》，长江文艺出版社1992年版，第149页。

疏、辑佚。梁启超称考据是清朝社会思潮的正统派，"其全盛运动之代表人物，则惠栋、戴震、段玉裁、王念孙、王引之也，吾名之曰正统派"；"正统派之中坚，在皖与吴。开吴者惠，开皖者戴"。惠栋"其弟子有江声、余萧客，而王鸣盛、钱大昕、汪中、刘台拱、江藩等皆汲其流"。戴震"在乡里，衍其学者，有金榜、程瑶田、凌廷堪、三胡——匡衷、培翚、春乔——等。其教于京师，弟子之显者，有任大椿、卢文弨、孔广森、段玉裁、王念孙。念孙以授其子引之"。"惠、戴齐名，而惠尊闻好博，戴深刻断制。惠仅'述者'，而戴则'作者'也。受其学者，成就之大小亦因以异，故正统派之盟主必推戴。"①

　　考据的特征为"为考证而考证，为经学而治经学"。根本方法在于证据，具体化为"一、凡立一义，必凭证据；无证据而以臆度者，在所必摈。二、选择证据，以古为尚。以汉唐证据难宋明，不以宋明证据难汉唐；据汉魏可以难唐，据汉可以难魏晋，据先秦西汉可以难东汉。以经证经，可以难一切传记。三、孤证不为定说。其无反证者姑存之，得以续证渐信之，遇有力之反证则弃之。四、隐匿证据或曲解证据，皆以为不德。五、最喜罗列事项之同类者，为比较的研究，而求得其公则。六、凡采用旧说，必明引之，剿说认为大不德。七、所见不合，则相辩诘，虽弟子驳难本师，亦所不避，受之者从不以为忤。八、辩诘以本问题为范围，词旨务笃实温厚。虽不肯枉自己意见，同时仍尊重别人意见。有盛气凌轹，或支离牵涉，或影射讥笑者，认为不德。九、喜专治一业，为'窄而深'的研究。十、文体贵朴实简洁，最忌'言有枝叶'。当时学者，以此种学风相矜尚，自命曰'朴学'"②。朴学要求在大量例证的比勘审核中，归纳提炼出可信的

————————

① 梁启超著：《清代学术概论》，中华书局2016年版，第6—7页。

② 同上书，第69—70页。

结论；范围极为广泛，涉及文字、音韵、训诂、目录、版本、校勘、辨伪、辑佚、注释、名物、典制、天算、金石、地理、职官、乐律等众多学科门类。通过考据，真伪莫辨的古籍得以辨明，章简错乱的古籍得以订正，艰涩难懂的古籍得以明白晓畅。清朝朴学为总结整理中国传统文化奠定了一个坚实的基础。

清朝学术思想发展似可分为三个阶段，王国维注重横向比较和西学影响，认为"国初之学大，乾嘉之学精，而道咸以来之学新"[①]。皮锡瑞关注纵向发展和传统承袭，指出"国朝经学凡三变。国初，汉学方萌芽，皆以宋学为根柢，不分门户，各取所长，是为汉、宋兼采之学。乾隆以后，许、郑之学大明，治宋学者已鲜。说经皆主实证，不空谈义理。是为专门汉学。嘉、道以后，又由许、郑之学导源而上，《易》宗虞氏以求孟义，《书》宗伏生、欧阳、夏侯，《诗》宗鲁、齐、韩三家，《春秋》宗《公》《谷》二传。汉十四博士今文说，自魏、晋沦亡千余年，至今日而复明。实能述伏、董之遗文，寻武、宣之绝轨。是为西汉今文之学"（《经学历史·经学复盛时代》）。无论哪一种分类，朴学都是清朝学术思想的重要阶段，且形成和鼎盛于康熙至嘉庆时期。朴学的形成和鼎盛是社会政治经济文化众多因素作用的结果，其中最重要的因素是清朝的文化政策。清朝作为少数民族入主中原，为了收服和笼络汉族尤其是读书人的人心，不得不采取崇儒重道的文化政策。顺治十年，颁谕礼部，"国家崇儒重道，各地方设立学官，令士子读书，各治一经，选为生员，岁试、科试入学肄业，朝廷复其身，有司接以礼，培养教化，贡明礼，举孝廉，成进士，何其重也"（《清世祖实录》卷七四）。康熙强化尊儒政策，倡导"敦孝弟以重人伦，笃宗族以昭雍睦，和乡党以息

---

① 王国维著:《观堂集林》，河北教育出版社2001年版，第720页。

争讼，重农桑以足衣食，尚节俭以惜财用，隆学校以端士习，黜异端以崇五学，讲法律以儆愚顽，明礼让以厚风俗，务本业以定民志，训子弟以禁非为，息诬告以全良善，诫窝逃以免株连，完钱粮以省催科，联保甲以弭盗贼，解仇忿以重身命"（《（康熙朝）大清会典》卷五四）。强调尊儒就是崇尚程朱理学，"宋儒朱子，注释群经，阐发道理，凡所著作及编纂之书，皆明白精确，归于大中至正，经今五百余年，学者无敢疵议。朕以为孔孟之后，有裨斯文者，朱子之功，最为弘巨"（《清圣祖实录》卷二四九）。坚持道统与治统合一，"朕惟天生圣贤，作君作师，万世道统之传，即万世治统之所系也"；"道统在是，治统亦在是矣。历代贤哲之君，创业守成，莫不尊崇表章，讲明斯道"（《日讲四书解义序》）。

顺治至嘉庆时期的崇儒尊道政策，固然有利于儒学的传承，却也禁锢着读书人的头脑，那就是利用权力凸显理学正统，以便贬斥异端；道统与治统合一，加强了对知识分子的控制。更重要的是，清朝屡兴"文字狱"，使得知识分子在思想活跃和义理发挥方面噤若寒蝉，不得不埋首故纸堆，在考据方面寻找学术思想的栖身之地。钱穆指出："前期一百七十余年中，正值清政权鼎盛之际，清儒在异族政权严厉统治下，于刀绳牢狱交相威胁之艰难环境中，虽有追怀故国之思，而慑于淫威，绝不敢有明目张胆之表示。途穷路绝之余，不得不沉下心情，切实作反省研寻功夫。而多数学者被迫走上考据训诂的消极道路，终生于丛碎故纸堆中，追求安身立命之所。"[1]尽管清朝朴学取得了超迈汉学、宋学的研究成果，却缺少灵魂和宗教般信仰，"经学本来带宗教气味，中寓极浓重的人生理想，但清儒经学则不然，清儒经学，其

---

[1] 钱穆著：《中国学术思想史论丛》（卷八），安徽教育出版社2004年版，第1页。

实仍还是一种史学，只是变了质的史学，是在发展路上受了病的史学。经学在外面是准则的，在内面是信仰的，因此治经学者必带几许宗教心情和道德情味"。儒学是联系人生的，清朝朴学却不联系人生，"他们看中《论语》，但似并不看重孔子。他们只看重书本，但似不著重书本里所讨论的人生"。即使联系人生，也是躲得远远的，只在字面上训诂解读，"他们所研究的几部经籍，只是他们批评的对象，他们并不敢批评经籍本身，却批评那些经籍的一切版本形式和文字义训。所谓文字义训，亦只是文字的训诂注释，尤其是在与人生道义与教训无关的方面。换言之，是那些隔离人生较远的方面"。在联系人生方面，朴学远不及汉学，"东汉经学还有儒生气，清儒经学则只有学究气，更无儒生气。总之是不沾着人生"。儒学联系人生，实际是联系社会政治经济文化现实，清朝朴学就是不联系现实生活，"他们治《尚书》，并不是为的政治楷模；治《诗经》，并不是为的文学陶冶；治《春秋》，并不是为的人事褒贬；治《易经》，并不是为的天道幽玄。他们只如史学家般为几部古书作校勘与注释的整理工作。再换言之，他们只是经学，而非儒学"①。

清朝朴学缺乏义理阐述，更没有思想创新，却取得了丰硕的学术成就。在研究方法方面，清朝朴学倡导求实精神，钱大昕认为"通儒之学，必自实事求是始"（《卢氏群书拾补序》）。洪亮吉称赞邵晋涵治学"推求本原，实事求是"（《邵学士家传》）。阮元强调自己的研究只是"实事求是"而已。求实精神具体化为重视证据，凡立一说必重实证，无证不言。证据不仅包括实证，而且包括书证。实证是指亲身实践，所得出的结果与文献参证。书证则表现为以经解经、以经证经，戴震自谓"仆之学不外以字考

---

① 钱穆著：《中国学术思想史论丛》（卷八），安徽教育出版社2004年版，第3页。

经，以经考字"（陈焕《说文解字注跋》）。钱大昕称"《论语》之
文与《礼经》相表里，以经证经，可以知辞达之义矣"（《潜研堂
文集·答问六》）。朴学倡导知识积累，戴震认为"事物之理，必
就事物剖析至微而后理得"（《孟子字义疏证》卷下），主张"凡
植禾稼卉木，畜鸟兽虫鱼，皆务知其性"（《孟子字义疏证》卷
中）。其弟子王念孙作《广雅疏证》，把"花草竹木、鸟兽虫鱼，
皆购列于所居，视其初生与其长大，以校对昔人所言形状"（刘
盼遂编《高邮王氏父子年谱》）。倡导知识积累，推动了传统学术
从注重伦理道德转向重视知识探索，从包罗万象的道统转向分门
别类的具体学科。朴学倡导古书通例归纳法，钱大昕认为："读古
人书，先须寻其义例，乃能辨其句读，非可妄议。"（《潜研堂文
集·答问八》）凌廷堪指出："《仪礼》十七篇，礼之本经也。其
节文威仪，委曲繁重。骤阅之如治丝而棼，细绎之皆有经纬可分
也；乍睹之如入山而迷，徐历之皆有涂径可跻也。是故不得其经
纬涂径，虽上哲亦苦其难；苟其得之，中材固可以勉而赴焉。经
纬涂径之谓何？例而已矣。"（《礼经释例序》）江藩强调古书通例
方法重要性，"凡一书必有本书之大例，有句例，有字例。学者
读时，必先知其例之所存，斯解时不失其书之文体"。"注家亦有
例"，"至于诸子各史，皆有大例。学者欲读其书，宜先知其例，
书例既明，则其义可依类而得矣"（《经解入门》卷六）。清朝朴
学运用归纳法已是相对普遍和娴熟，并使之充分客观化和规律
化。李约瑟给予高度评价，"在中国人过去的时代精神中，显然
没有任何东西能够阻止人们去发现那些符合最严格的考据原则、
精确性和逻辑推理知识"①。

---

① ［英］李约瑟著：《中国科学技术史》（第一卷），科学出版社、上海古籍出版社
　1990年版，第147页。

　　清朝朴学倡导小学研究方法。小学原为经学的附庸，朴学使之蔚然大观，成为一门独立学科。在朴学家看来，小学是治经的基础，也是治经的必由之路。惠栋治经必"识字审音，乃知其义"（《清儒学案·研溪学案》）；戴震断言"自昔儒者，其结发从事，必先小学"（《六书论序》）；钱大昕认为"六经皆载于文字者也，非声音则经之文不正，非训诂则经之义不明"（《小学考序》）；王鸣盛更称"无小学自然无经学"（《蛾术编》卷一）。小学包括文字、音韵和训诂。在文字方面，戴震的《方言疏证》《尔雅文字考》开其先，邵晋涵的《尔雅正义》、王念孙的《广雅疏证》继其后，汇成一股考文证字的潮流。尤其段玉裁的《说文解字注》，为《说文》所载各字逐一详细作注，阐明每字的音韵训诂，全面阐发《说文》在考订文字、声音、训诂领域的学术价值。他们对于《尔雅》《方言》《说文解字》等古代字书进行了认真的整理、注释和疏解，创立了一些研究词义的方法，为汉语训诂学的发展开拓了新的门径。在音韵方面，朴学家的最大贡献是建立了古韵分部体系。顾炎武的《音学五书》，在宋人郑庠以六部分类的基础上，析古韵为十部，引导后来的音韵学家走上了较为科学的道路。江永的《古音标准》分为十三部，段玉裁的《六书音韵表》分为十七部，孔广森分为十八部，王念孙分为二十一部，逐步趋于精密。在训诂方面，王念孙的《读书杂志》是一部重要著作，在音韵上，注重音义近通之词语，指明因声求义之途径，为释词和探索词源指明了方向；在词汇上，注重阐明词的多义性和词汇组成方式，阐明古今方法与词性差异，为辨别词义、纠正误解提供了理论基础。

　　清朝朴学的主要工作是：经书的笺注，史料的搜集鉴别，辨伪，辑佚，校勘，文字训诂，音韵，算学，地理，金石，方志之编纂，类书之编纂，丛书之校刻。具有思想意义的研究成果是经学，清朝编纂的儒家经典是：《易》有《易经通注》《日讲易经解义》《周易折中》；《书》有《日讲书经解义》《书经传说汇纂》；《诗》有《诗经传说汇纂》；《春秋》有《春秋传说汇纂》；《礼》有《日讲礼记解义》；《孝经》有《孝经衍义》；四书有《日讲四书解义》，以及《御纂朱子全书》。更重要的成果是群经辨伪，阎若璩的《尚书古文疏证》，引经据古，认为梅赜本《古文尚书》是伪作，"晚出于魏晋间之书，盖不古不今，非伏非孔，而欲别为一家之学者也"。胡渭的《易图明辨》，博采众长，全面批判宋易图书先天诸说，力图还《周易》之本来面目，"九图乃希夷、康节、刘牧之象数，非《易》之所谓象数也"（《象数流弊》）。毛奇龄的《诗传诗说驳议》，深入辨析，认为《子贡诗传》《申培诗说》是伪作，"《诗传》，子贡作；《诗说》，申培作。向来无此书，至明嘉靖中，庐陵中丞郭相奎（子章）家忽出此二书，以为得之黄文裕（佐）秘阁石本，然究不知当时所为石本者何如也"。万斯大的《周官辨非》，力通诸经，认为现存《周礼》非周公所作，"吾考鲁史克有言：先君周公制《周礼》曰则以观德，德以处世，事以度功，功以食民。今观《周礼》无此言，则知周公之《周礼》已亡，而今之所传者，后人假托之书也"。毛奇龄通过考订，认为《周礼》虽非周公所作，却不可称为伪书，当为"战国人书，而其礼则多是周礼"（《经学通论·三礼》）。姚际恒的《礼记通论》，根据考证，认为《中庸》是抄袭《孟子》，非春秋时之书；内容不符孔门宗旨，却与佛老相契合。陈确的《大学辨》，通过考证，认为《大学》非先秦作品，不是孔子、曾子所作，"《大学》首章，非圣经也。其传十章，非贤传也"。关于《四书章句集注》，毛奇龄比较朱熹注释与"四书"文本，指出错误有三十类数百处之多，予以全面否定。清朝朴学的群经辨伪，既打击了程朱理学，又推动了汉学复兴。

三、文字狱

文字狱概念首见龚自珍诗："避席畏闻文字狱，著书都为稻粱谋。"(《咏史》)与之相近的概念是文祸，即文字之祸，源于赵翼的《明初文字之祸》。文字狱是清朝文化政策的重要组成部分，也是影响清朝学术思想发展的关键因素。所谓文字狱，系指传统社会统治者从作者的诗文中摘取字句，罗织罪名而造成的冤狱。文字狱钳制思想，践踏学术，严重阻碍学术思想的繁荣和社会历史的进步。鲁迅称之为虐政，清朝"后来脍炙人口的虐政是文字狱"[①]。

文字狱是君主专制政治的必然产物，也是专制君主用以震慑官吏和知识分子的重要手段。在传统社会屡见不鲜，历朝历代都有发生，而清朝的文字狱尤为酷烈。令人匪夷所思的是，清朝的文字狱不是发生在清后期衰落之际，而是发生在康雍乾盛世。康雍乾的百余年间，文字狱愈演愈烈，康熙、雍正时的文字狱，主要打击对象是具有反清思想的士大夫或政治上的反对势力，获罪的多为官吏和上层知识分子。乾隆时的文字狱，大多没有明显的政治倾向，纯属深文周纳，滥杀无辜，获罪的多为下层知识分子。鲁迅认为："并非反动的还不少。有的是卤莽；有的是发疯；有的是乡曲迂儒，真的不识讳忌；有的则是草野愚民，实在关心皇家。而运命大概很悲惨，不是凌迟、灭族，便是立刻杀头，或者'斩监候'，也仍然活不出。"[②]清朝思想贫乏和朴学盛行，很大原因在于文字狱。士大夫和知识分子在文字狱的淫威下，惴惴不安，提心吊胆，不敢议论当时的社会问题，也不敢编写清朝忌

---

① 《鲁迅全集》(第2卷)，新疆人民出版社1995年版，第647页。

② 同上书，第588页。

讳的历史，研究著述只能躲进故纸堆里，逃避现实，远离政治，养成烦琐考据的学风。清朝文字狱窒息了思想，摧残了人才，禁锢了明清之际兴起的早期启蒙思想，扼杀了西学东渐传入的民主和科学精神，进而不断拉大了中国与西方在社会进步和科技发展方面的差距，使中国不得不走向半殖民地半封建社会。

　　古代文字狱形式多样，事件纷纭，令人眼花缭乱。根据致祸文字运用范围，约可分为四类，先是史案。文字诞生之后，首要任务是记事，"于是就有专门记事的史官。文字就是史官必要的工具，古人说：'仓颉，黄帝史。'"①史祸滥觞于春秋时期，齐国不知名字的两名兄弟史官，如实记录权臣崔杼弑庄公的事件，相继被崔杼杀死，"大史书曰：'崔杼杀其君。'崔子杀之。其弟嗣书，而死者二人。其弟又书，乃舍之。南史氏闻大史尽死，执简以往。闻既书矣，乃还"（《左传·襄公二十五年》）。汉代之后，史祸时有发生，影响较大的是北魏左光禄大夫崔浩主编《国书》，详细无遗地记录了拓跋氏先世之事，被诬为"暴露国恶"。北魏太武帝大怒，"世祖即位，左右忌浩正直，共排毁之"，"真君十一年六月诛浩"（《魏书·崔浩传》）。不仅处死崔浩，而且灭族达数百人之多。次是诗文案。尺牍诗文属于"私下文字"，明清时期因私下文字得祸，已为常事。康熙末年，翰林院庶吉士徐骏为刑部尚书徐乾学之子，绝无反清的念头，写有诗云："明月有情还顾我，清风无意不留人。"（《履园丛话》）雍正时被怨家告发，曲解明月指明朝，清风指清朝，认为是思念明代，不念本朝，出语诋毁，大逆不道。结果徐骏被斩首，"刑部等衙门议奏，原任庶吉士徐骏，狂诞居心，悖戾成性，于诗文稿内，造为讥讪悖乱之言，应照大不敬律，拟斩立决，将文稿尽行烧毁。从之"（《清

---

① 《鲁迅全集》（第2卷），新疆人民出版社1995年版，第607页。

世宗实录》卷九九）。

再是奏章案。奏章表笺是臣子对君主的上书，大多依例或应诏而行。汉宣帝时，司隶校尉盖宽饶上奏批评宠信宦官，用刑过严，"是时上方用刑法，信任中尚书宦官，宽饶奏封事曰：'方今圣道浸废，儒术不行，以刑余为周召，以法律为《诗》《书》。'"奏章似有讽劝汉宣帝禅让的意思，"又引《韩氏易传》言：'五帝官天下，三王家天下，家以传子，官以传贤，若四时之运，功成者去，不得其人则不居其位。'"引起汉宣帝不满，"书奏，上以宽饶怨谤终不改，下其书中二千石。时执金吾议，以为宽饶指意欲求禅，大逆不道"。最后，盖宽饶被迫自刎，"宽饶引佩刀自刭北阙下，众莫不怜之"（《汉书·盖宽饶传》）。后是科场案。科场案中的文字狱只占少数，大多是徇私舞弊案。文字狱一般发生在考官出题和应试人答卷两个环节。雍正四年，礼部侍郎查嗣庭主持江西乡试，所出试题为《诗经》的"百室盈止，妇子宁止"。雍正认为，查嗣庭以"止"为题，含意恶毒，是将"正"字砍了头。于是将查嗣庭投入监狱，死后被枭首示众，亲属流放，"雍正初，查嗣庭、汪景祺坐文字谤讪见法"（《清史稿·王国栋传》）；"侍郎查嗣庭为隆科多所荐，坐悖逆诛死"（《清史稿·隆科多传》）。

一般认为，历史上最早且比较典型的文字狱是西汉的杨恽案。杨恽是司马迁的外孙，家世显贵，"恽母，司马迁女也"。汉宣帝时，杨恽官"为平通侯，迁中郎将"，后被人举报，免为庶人。杨恽不满朝廷处置，"恽宰相子，少显朝廷，一朝晻昧语言见废，内怀不服"。高调张扬，大置产业，交结宾客，"恽既失爵位，家居治产业，起室宅，以财自娱"。引发友人西河太守孙会宗的告诫，劝其低调生活，闭门思过，"为言大臣废退，当阖门惶惧，为可怜之意，不当治产业，通宾客"。杨恽见孙会宗信后，写下著名的《报孙会宗书》，虽然承认自己的行为不当，却又强调"夫人情所不能止者，圣人弗禁"。信中有诗曰："田彼南山，芜秽不治。种一顷豆，落而为萁。人生行乐耳，须富贵何时！"（《汉书·杨恽传》）被曲解为对汉宣帝和朝廷百官的怨恨之情，"山高而在阳，人君之象也；芜秽不治，言朝廷之荒乱也。一顷百亩，以喻百官也；言豆者，贞实之物，当在囷仓，零落在野，喻己见放弃也。萁曲而不直，言朝臣皆谄谀也"（《汉书·杨恽传》颜师古注引"张晏曰"）。恰好时逢日食，一个专管养马的官员乘机诬告，"会有日食变，驺马猥佐成上书告恽'骄奢不悔过，日食之咎，此人所致'"。汉宣帝竟然相信诬告，派人抓了杨恽，查抄其家，"章下廷尉案验，得所予会宗书，宣帝见而恶之"。结果是杨恽被腰斩，家人流放，友人牵连免官，"廷尉当恽大逆无道，要斩。妻子徙酒泉郡。谭坐不谏正恽，与相应，有怨望语，免为庶人。召拜成为郎，诸在位与恽厚善者，未央卫尉韦玄成、京兆尹张敞及孙会宗等，皆免官"（《汉书·杨恽传》）。宋罗大经认为"杨子幼以'南山种豆'之句杀其身，此诗祸之始也"（《鹤林玉露》）。

比较悲剧的文字狱是苏轼案。苏轼是千古第一文人，具有诗词文赋、书法绘画多方面的艺术才华，尤其是"器识之闳伟，议论之卓荦，文章之雄隽，政事之精明，四者皆能以特立之志为之主，而以迈往之气辅之"。"仁宗初读轼、辙制策，退而喜曰：'朕今日为子孙得两宰相矣。'神宗尤爱其文，宫中读之，膳进忘食，称为天下奇才。"然而，深得君主喜欢的苏轼，竟遭遇了历史上最为著名的文字狱，即乌台诗案。宋神宗元丰二年，时任御史上表弹劾苏轼，认为其移知湖州的谢恩表中用语暗藏讥刺朝政，随后又牵连出大量诗文为证。此案由监察御史告发，后至御史台受审，而御史台又称"乌台"，故为乌台诗案。"徙知湖州，上表以谢。又以事不便民者不敢言，以诗托讽，庶有补于国。御史李定、舒亶、何正臣摭其表语，并媒蘖所为诗以为讪谤，逮赴台狱，欲置之死，锻炼久之不决。"（《宋史·苏轼传》）具体情况是，元丰二年，苏轼由徐州调任湖州知州，四月到任，在《湖州谢上表》写道："陛下知其愚不适时，难以追陪新进，察其老不生事，或能牧养小民。"秋七月，监察御史们接连上表，认为谢表中的两句话是攻击朝政，反对新法。舒亶更是肆无忌惮，引证苏轼诗文，捕风捉影，"至于包藏祸心，怨望其上，讪讟谩骂，而无复人臣之节者，未有如轼也。盖陛下发钱以本业贫民，则曰'赢得儿童语音好，一年强半在城中'；陛下明法以课试群吏，则曰'读书万卷不读律，致君尧舜知无术'；陛下兴水利，则曰'东海若知明主意，应教斥卤变桑田'；陛下谨盐禁，则曰'岂是闻韶解忘味，尔来三月食无盐'。其他触物即事，应口所言，无一不以讥谤为主"（《监察御史里行舒亶札子》）。神宗批示，台吏皇甫僎携吏卒急驰湖州抓捕苏轼，"僎促轼行，二狱卒就直之。即时出城登舟，郡人送者雨泣，拉一太守如驱犬鸡"（孔平仲《谈苑》卷一）。当年十二月，大理寺初判为"当徒二年，会赦当原"（《续资治通鉴长编》卷三〇一）。最后，还是"神宗独怜之，以黄州团练副使安置"（《宋史·苏轼传》），轰动一时的乌台诗案草草了结。

比较恶劣的是明初文字狱。开国皇帝朱元璋出身贫寒，当过和尚，登基后特别担心文人士子会以文字讥讽自己，尤其忌讳"生""光""则"等字眼，"杭州教授徐一夔贺表有'光天之下，天生圣人，为世作则'等语，帝览之大怒，曰：'生者僧也，以我尝为僧也。光则薙发也，则字音近贼也。'遂斩之"。因而酿造了多起文字狱，令人啼笑皆非，悲彻痛心，"明祖通文义，固属天纵。然其初学问未深，往往以文字疑误杀人，亦已不少。《朝野异闻录》，三司卫所进表笺，皆令教官为之，当时以嫌疑见法者：浙江府学教授林元亮，为海门卫作《谢增俸表》，以表内'作则垂宪'诛。北平府学训导赵伯宁，为都司作《万寿表》，以'垂子孙而作则'诛。福州府学训导林伯璟，为按察使撰《贺冬表》，以'仪则天下'诛。桂林府学训导蒋质，为布、按作《正旦贺表》，以'建中作则'诛。常州府学训导蒋镇，为本府作《正旦贺表》，以'睿性生知'诛。澧州学正孟清，为本府作《贺冬表》，以'圣德作则'诛。陈州学训导周冕，为本州作《万寿表》，以'寿域千秋'诛。怀庆府学训导吕睿，为本府作《谢赐马表》，以'遥瞻帝扉'诛。祥符县学教谕贾翥，为本县作《正旦贺表》，以'取法象魏'诛。亳州训导林云，为本府作《谢东宫赐宴笺》，以'式君父以班爵禄'诛。尉氏县教谕许元，为本府作《万寿贺表》，以'体乾法坤，藻饰太平'诛。德安府学训导吴宪，为本府作《贺立太孙表》，以'永绍亿年，天下有道，望拜青门'诛。盖'则'音嫌于'贼'也，'生知'嫌于'僧'也，'帝扉'嫌于'帝非'也，'法坤'嫌于'发髡'也，'有道'嫌于'有盗'也，'藻饰太平'嫌于'早失太平'也"（赵翼《廿二史札记》卷三二）。

　　更为酷烈的是清前期文字狱。就其数量而言，清代文字狱在160—170起，比历史上其他朝代文字狱总数还要多。就涉案规模之庞大和惩处结果之严酷而论，与历史上其他朝代文字狱相比较也是首屈一指[①]。学者研究认为："清代文字狱，主要集中在前期，历顺治、康熙、雍正、乾隆四代君王，绵延一百三十余年，无论就时间之长，案件之多，还是规模之大，株连之广，花样之翻新，手段之残忍来看，在中国封建时代，都是没有前例的。"[②]

---

① 参见张兵、张毓洲：《清代文字狱研究述评》，载《西北师大学报（社会科学版）》2010年第3期。

② 周宗奇：《文字狱纪实·序》，中国友谊出版社1993年版，第11页。

清朝文字狱还有法律依据，"凡造谶纬、妖书、妖言及传用惑众者皆斩。被惑人不坐，不及众者流三千里，合依量情分坐。若他人造传、私有妖书隐藏不送官者，杖一百，徒三年"。"凡坊肆市卖一应淫词小说……严禁，务搜版书，尽行销毁。有仍行造作刻印者，系官革职，军民杖一百，流三千里；市卖者杖一百，徒三年；买看者杖一百。该管官弁不行查出者，交与该部按次数分别议处。"（《钦定台规》）据不完全统计，康熙朝文字狱约为11起，其中"明史案"最为残酷。"明史案"始于顺治十八年，浙江湖州富户庄廷鑨购买明天启年间内阁大学士朱国祯未完成的《明史》和《列朝诸臣传》，召集各方人才，补写崇祯和南明史事，编成《明史辑略》，奉弘光、隆武、永历为正朔，不写清朝年号，结果被人告，发酿成大狱。康熙二年正月，清兵关闭湖州城门，大肆搜捕有关人员，株连无辜，"名士伏法者二百二十一人，庄、朱皆富人，卷端罗列诸名士，盖欲借以自重。故老相传，二百余人中，多半不与编纂之役，甚矣，盛名之为累也"（陈康祺《郎潜纪闻》）。

雍正朝文字狱约为25起，处置都非常奇葩。其中钱名世案，没有杀人，只是羞辱。钱名世是"康熙四十二年一甲三人进士，官至侍讲"。他喜欢阿谀奉承，当年羹尧炙手可热时，投诗献媚，"（雍正四年）三月，大学士九卿等奏食侍讲俸之钱名世，作诗投赠年羹尧，称功颂德，备极谄媚"（蒋良骐《东华录》）。年羹尧事发，"应革职，交与刑部从重治罪"（《凌霄一士随笔》）。雍正认为："钱名世谄媚性成，作为诗词，颂扬奸恶，措词悖缪，自取罪戾。今既败露，益足以彰圣祖知人之明。但其所犯尚不至于死。伊既以文词谄媚奸恶，为名教所不容，朕即以文词为国法，示人臣之炯戒。"具体处置是"将钱名世革去职衔，发回原籍。朕书'名教罪人'四字，令该地方官制匾额，张挂钱名世所居之宅"(《清世宗实录》卷四二）。乾隆朝文字狱约为135起，占清朝文字狱的80%左右，"因文字而罹祸的人士，也遍及全国各个阶级和阶层"①。其中胡中藻《坚磨生诗钞》案，乾隆意在打击朋党。胡中藻是乾隆六年进士，曾以内阁学士衔提督陕西、广西学政，他还是雍正宠臣鄂尔泰的学生。对于胡中藻诗文，乾隆亲自进行批判，"如其集内所云'一世无日月'；又曰'又降一世夏秋冬'，三代而下，享国之久，莫如汉唐，宋明皆一再传而多故，本朝定鼎以来，承平熙、皞，盖远过之。乃曰'又降一世'，是尚有人心者乎！又曰'一把心肠论浊清'，加浊字于国号之上，是何肺腑！""又曰'相见请看都益背，谁知生色属裘人'，此非谓旗裘之人而何？""至若'老佛如今无病病，朝门闻说不开开'之句，尤为奇诞。朕每日听政，召见臣工，何乃有朝门不开语？""《进呈南巡》诗则曰'三才生后生今日'，天地人为三才，生于三才之后，是为何物，其指斥之意可胜诛乎！又曰'天所照临皆日月，地无道里计西东，诸公五岳诸侯渎，一百年来颊首同'，盖谓岳渎蒙羞，颊首无奈而已，谤讪显然。"(《清稗类钞·狱讼类》)。结局是胡中藻即行处斩，鄂尔泰被撤出贤良祠，其侄甘肃巡抚鄂昌赐令自尽。

清朝在大兴文字狱的同时，十分重视文化建设，最著名是编纂大型类书《古今图书集成》和大型丛书《四库全书》。即使重视文化建设，也含有钳制思想和践踏学术的色彩。鲁迅指出："文字狱不过是消极的一方面。积极的一面，则如钦定四库全书，于汉人的著作，无不加以取舍，所取的书，凡涉及金、元之处者，又大抵加以修改，作为定本。"②

---

① 赵秉忠著：《清史新论》，辽宁教育出版社1992年版，第97页。

② 《鲁迅全集》（第2卷），新疆人民出版社1995年版，第594页。

四、第二次西学东渐

明朝之前，中华文明一直在相对独立的地理环境中自主生长变化，虽然遇到过外来的佛教文明以及本土的异族文化挑战，却都在"以夏变夷"的框架加以消解，既为中华文明补充了新鲜养分，增强了自身的活力和生命力，又使佛教文明和异族文化成为中华文明的有机组成部分。佛教文明甚至发展成为与儒家、道家鼎足而立的中华主体文化之一。随着哥伦布于15世纪末发现新大陆，欧洲国家开始向全世界扩张，中国相对独立的地理环境不断被解构，逐渐与世界各国连成一体。明朝中后期，中华文明遇到了全新的异质的西方文明，"从明中叶至清末，中西文明有两次大规模的接触和交流，特别是后一次的接触，引发和加速了中华文明由传统农业文明向近代工业文明的转型"[①]。

第一次西学东渐和中西文明全方位交流发生于明末和清前期，总体和平而平等。明朝末期，以利玛窦为代表的西方传教士向中国输入西学，囊括欧洲古典名著和文艺复兴之后的神学、哲学、数学、天文、机械、军事、物理、法律、逻辑、语言、文学艺术等方面的最新成就。意大利传教士艾儒略认为西学有六个科目，"极西诸国，总名欧逻巴者，隔于中华九万里，文字语言经传书籍，自有本国圣贤所纪。其科目考取，虽国各有法，小异大同，要之尽于六科"，即文科、理科、医科、法科、教科和道科，道科为神学。当时他们输入中国有七千余部西学著作，"除方物外有装潢图书7000余部，重复者不入，纤细者不入。书笈见顿香山澳，俾一朝得献明廷，当宁必发仪部及词林，与西来诸儒翻译

[①] 楼宇烈主编:《中华文明史》(第四卷)，北京大学出版社2006年版，第10页。

雠订"(《代疑编》)。明末西学东渐，西书七千部是代表，利玛窦来华是标志性事件，他于1605年编辑出版的《乾坤体义》被《四库全书》编纂者称为"西学传入中国之始"。明末已形成和运用"西学"概念，并初步意识到中西文化的差异，涉及"有主"与"无主"、"营生"与"营死"以及"太极"与"反太极"的关系，"近有大西国夷航海而来，以事天之学倡，其标号甚尊，其立言甚辨，其持躬甚洁。辟二氏而宗孔子，世或喜而信之，且曰圣人生矣。奈详读其书则可异焉。孔子言事人而修庸行，彼则言事帝而存幻想；孔子言知生而行素位，彼则言如死而邀冥福；孔子揭太极作主宰，实至尊而至贵，彼则判太极属依赖，谓最卑而最贱"(陈侯光《辨学刍言》)。尽管明末传入了大量西学知识，对于明末社会的影响却是有限的，只在少数的士大夫阶层流传，或深藏皇宫。只有天文学、数学和地理学有所作用，具体表现为明末一刻再刻的《山海舆地全图》、中外学者交相称赞的《几何原本》以及修历之事和《崇祯历书》的编撰。

　　明清鼎革之后，清朝没有中断第一次西学东渐的进程，而两者却存在着差异。明末统治者是无为而治，清前期统治者尤其康熙是积极干预；明末有教内"三大柱石"的士大夫，西学东渐史是传教士与士大夫的互动关系，而清前期却没有类似虔诚信教的士大夫，是传教士与君主的互动关系。无论哪一种互动关系，焦点都是接受还是反对西学的问题。当时西学在中国赖以立足的是其科学技术知识，首先是天文历法知识。清初围绕德国传教士汤若望制历授时，展开了一场激烈的接受西学还是反对西学的论争，最后以接受西学历法而告一段落。"汤若望，初名约翰亚当沙耳，姓方白耳氏，日耳曼国人。"汤若望明末已参与历法修改，"设局修改历法，光启为监督，汤若望被征入局掌推算"。按照惯例，清朝取代明朝之后，应颁布新历。当时钦天监仍因袭大统历推算制历，汤若望则指出钦天监历书之谬误。于是，摄政王多尔衮"命汤若望修正历法。七月，礼部启请颁历，王言：'治历明时，帝王所重。今用新法正历，以敬迓天休，宜名《时宪历》，用称朝廷宪天义民之至意。自顺治二年始，即用新历颁行天下。'"汤若望的幸运是，准确预测了当年的日食，而依据大统历和回回历的预测，均有差误，"八月丙辰朔，日有食之。王令大学士冯铨与汤若望率钦天监官赴观象台测验，惟新法吻合，大统、回回二法时刻俱不协"。汤若望被委以钦天监监正，使其成为中国历史上第一位任此重要职务的西方传教士，"世祖定鼎京师，十一月，以汤若望掌钦天监事"（《清史稿·汤若望传》）。对于汤若望的新法新历，安徽歙县官人杨光先"上书，谓非所宜用"，将其所著《摘谬论》递呈礼部，指斥新法新历违背中华大法，犯有十个方面的错误，"斥所奉天主教为妄言惑众"。康熙即位，"四辅臣辅政，颇右光先，下礼、吏二部会鞫。康熙四年，议政王等定谳，尽用光先说，谴汤若望，其属官坐死。遂罢新法，复用《大统术》"。杨光先被任命为钦天监监正之职，于天文历算却是个门外汉，所进之历差错甚多，"是时朝廷知光先学术不胜任，复用西洋人南怀仁治理历法"。康熙九年，清廷决定恢复西洋新法新历，"候气为古法，推历亦无所用，嗣后并应停止，请将光先夺官，交刑部议罪"（《清史稿·杨光先传》）。

康熙是明清两朝对于西学最感兴趣和最有学习热情的皇帝，曾向来华传教士学习代数、几何、天文、医学等科技知识，"圣祖尝言当历法争议未已，己所未学，不能定是非，乃发愤研讨，卒能深造密微，穷极其阃奥。为天下主，虚己励学如是。呜呼，圣矣！"而且，能够任用西方传教士办理历法和地理方面的事务。康熙八年，任命比利时传教士南怀仁为钦天监"监副"，负责历法，十三年加太常寺卿，十七年加通政使司通政使，二十年，"南怀仁官监正久，累加至工部侍郎"（《清史稿·南怀仁传》）。康熙四十六年，委任传教士雷孝恩、白晋、杜德美运用经纬图法、三角测量法及梯形投影技术绘制中国地图，"谕传教西士分赴蒙古各部、中国各省，遍览山水城郭，用西学量法，绘画地图。并谕部臣，选派干员，随往照料。并咨各省督抚将军，札行各地方官，供应一切要需"（《正教奉褒》）。康熙五十六年，全图告成，名之为《皇舆全览图》，具有世界先进水平。然而，康熙并没有把学习西方科技知识的个人行为转化为国家行为，还是属于把西学深藏于皇宫的行为。

康熙更多关注的是政教关系，决不允许任何挑战皇权的企图和行为。康熙八年，发布了禁教令，"其天主教除南怀仁照常自行外，恐直隶各省复立堂入教，仍着严行晓谕禁止"（《清圣祖实录》卷二八）。由于西方传教士在中俄签署平等的《尼布楚条约》以及收复台湾和雅克萨战役中发挥积极而重要的作用，使得康熙改变了对天主教的政策，明确把天主教与邪教加以区别。康熙三十一年决定弛禁，下达宽教敕令，"西洋人治理历法，用兵之际修造兵器，效力勤劳，且天主教并无为恶乱行之处，其进香之人，应仍照常行走，前部议奏疏，着掣回销毁，尔等与礼部满堂官、满学士会议具奏"（《正教奉褒》）。史称"康熙容教令"，是天主教入华百余年来首次得到朝廷允准，原本应对西学东渐产生重大而积极的意义，却遇上了清朝与罗马教廷的礼仪之争，核心为是否允许中国天主教徒参加敬孔祭祖仪式。经过反复交涉，康熙五十四年，罗马教廷粗暴拒绝清朝合理要求，颁布谕令《自登基之日》，禁止中国教徒敬孔祭祖；五十八年，康熙看到教皇谕令的正式译稿，愤然朱批："览此条约，只可说得西洋人等小人如何言得中国之大理"；"今见来臣告示，竟与和尚道士异端小教相同"；"以后不必西洋人在中国行教，禁止可也，免得多事"（《清代档案史料选编·与罗马使节关系文书》)。康熙的朱批表面上是禁止天主教在中国传播，实际是给明末清初第一次西学东渐画上了句号。此后乾隆遣令马戛尔尼英国使团回国，嘉庆不见阿美士德英国使团，无非是康熙朱批的余波而已。第一次西学东渐的影响是有限的，"自明徐光启、李之藻等广译算学、天文、水利诸书，为欧籍入中国之始，前清学术，颇蒙其影响，而范围亦限于天算"①。西学没有对传统文化构成实质性挑战和威胁，更没有唤醒知识分子的文化危机感。

第二次西学东渐和中西文明全方位交流发生于清后期。如果说第一次西学东渐是和平而平等的，那么，第二次西学东渐则是血腥而残酷的。1840年鸦片战争，以中国战败和签订不平等的《南京条约》告终。清后期，列强不断入侵，中华民族面临生死存亡危机，"洎乎道光己亥，禁烟衅起，仓猝受盟，于是畀英以香港，开五口通商。嗣后法兰西、美利坚、瑞典、那威相继立约，而德意志、和兰、日斯巴尼亚、义大里、奥斯马加、葡萄牙、比利时均援英、法之例，订约通商，海疆自此多事矣"。"中国逼处强邻，受祸尤烈。"（《清史稿·邦交志一》）在西方船坚炮利威逼下，不仅向中国输入商品以及邪恶的鸦片，而且向中国输入西方文化，开始对传统文化构成实质性的挑战和威胁，"新文明之势力，方挟风鼓浪，蔽天而来，叩吾关而窥吾室，以吾数千年之旧文明当之，乃如败叶之遇疾风，无往而不败衄"②。中国近代新式学堂最早由西人创办，突破了以科举考试为目的的传统书院教育。1834年，英籍妇女温斯特在其寓所建"澳门女塾"。到1860年，基督教在华办的各类学校约为50所，天主教的学校

① 梁启超著：《清代学术概论》，中华书局2016年版，第145页。
② 《胡适教育文选》，开明出版社1992年版，第1—2页。

应不少于基督教的数目。近代知识谱系和学科分类最早由西人引进，消解了中国传统的经、史、子、集分类方法。1879年在澳门创办的"马礼逊学堂"，教学科目设有中文、英文、体育、算术、几何、生理、地理、化学、代数、机械等课程；1873年由英国长老教会教士创办的山东"登州蒙养学堂正斋"，开设的课程含有测绘学、代数备旨、航海法、声、光、电、地石学、化学、动植物学、微积分、天文揭要、富国策、万国通鉴[①]。近代新闻事业最早也是由西人开创，1815年8月5日，伦敦会士米怜在马六甲创办第一份以中国人为读者对象的中文报刊《察世俗每日统计传》；1822年9月12日，天主教会在澳门创《蜜蜂华报》，是第一份在中国土地上出现的外文报刊。到19世纪末，中国已有12份报纸，基本由外人操办，集中于上海等地。

对待第二次西学东渐，总的倾向是在服务服从于救亡图存的前提下学习借鉴西学，约可分为两个阶段，第一阶段是1840年鸦片战争惨败，时人深感"器不如人"，以自强和求富为口号，重视学习西方的科学技术，却不重视学习西方的思想理念和人文精神以及社会科学，仍然认为"该夷人除炮火以外，一无长技"，仍然没有意识到中西方文化不仅在自然科学方面有差距，而且在社会科学和人文科学方面也存在着差距。中体西用概括了时人对于西学的基本态度，道光进士冯桂芬于1816年指出："以中国之声明文物为原本，辅以诸国富强之术，不更善之又善者哉！"（《盛世危言·教养》）学习西方科学技术的具体实践是洋务运动，表现形式是翻译西学著作和选派留学生，"于是上海有制造局之设，附以广方言馆，京师亦设同文馆，又有派学生留美之举，而目的专在养成通译人才，其学生之志量，亦莫或逾此。故数十年

---

① 参见郭卫东：《中土基督》，云南人民出版社2001年版，第209、216页。

中，思想界无丝毫变化。惟制造局中尚译有科学书二三十种"[1]。第二阶段是1894年中日甲午战争，大清王朝被蕞尔小国日本打败，真是奇耻大辱，从而宣告了洋务运动的终结和中体西用观念的破产。时人普遍感到应以更加开放开明的态度对待西学东渐，不仅要在"用"的层面学习西方的自然科学和船坚炮利，而且要在"体"的层次学习运用西方的社会科学、人文精神和思想理念，"览西人宫室之瑰丽，道路之整洁，巡捕之严密，乃始知西人治国有法度，不得以古旧之夷狄视之"（《康南海自编年谱》）。概言之，甲午惨败，时人要求全面学习西方，在政治上的表现是戊戌变法。1898年，康有为等维新派与光绪皇帝联手，以"保国、保种、保教"为旗帜，发动了轰轰烈烈的百日维新运动，"上虽亲政，遇事仍承太后意旨，久感外侮，思变法图强，用有为言，三月维新，中外震仰。唯新进骤起，机事不密，遂致害成"（《清史稿·康有为传》）。戊戌变法在政治上失败了，却留下了积极的文化意义，这是中国历史上第一次大规模资产阶级思想启蒙运动，是中国近代史上第一次思想解放运动，"斯时智慧骤开，如万流潏沸，不可遏抑"（《清议报》第二十七册）。在学术思想上的表现就是接受西方进化论思想。1898年，严复翻译出版赫胥黎的《天演论》，系统介绍达尔文的进化论，认为物竞天择、弱肉强食是万古不易的天演规律，"其一篇曰：物竞。又其一曰：天择。物竞者，物争自存也。天择者，存其宜种也。……此所谓天演之学"（《原强》）。强调中国已处在"弱肉"之命运，如再不自强，必将亡国灭种。《天演论》在全国起到振聋发聩的作用，引发了社会意识观念的深刻变化。梁启超认为，进化论进入中国后，社会意识观念从保守主义转向进步主义；从"以为文明世界在于

---

[1] 梁启超著:《清代学术概论》，中华书局2016年版，第145页。

古时，日趋而日下"，转向"以为文明世界在于他日，日进而日盛"（《南海康先生传》）。第二次西学东渐的影响是巨大的，西学大规模的输入，撼动着传统文化的根基。面对强势的西学，中华文明不仅没有做到"以夏变夷"，而且遇到了"以夷变夏"的危机。

第三节　顾炎武

顾炎武（公元1613—1682年）是明末清初著名的思想家和"三大儒"之一。"三大儒"既有同一又有差异，同一在于他们都是明末清初思想启蒙学者；差异在于黄宗羲、王夫之留在了宋学阵营，而顾炎武回归汉学，是清学开山之祖。顾炎武反对心学，认为王阳明心学是魏晋玄学清谈的继续，均造成了天下混乱，"五胡乱华，本于清谈之流祸，人人知之。孰知今日之清谈，有甚于前代者。昔之清谈谈老庄，今之清谈谈孔孟，未得其精而已遗其粗，未究其本而先辞其末。不习六艺之文，不考百王之典，不综当代之务，举夫子论学论政之大端一切不问，而曰'一贯'，曰'无言'。以'明心见性'之空言，代修己治人之实学。股肱惰而万事荒，爪牙亡而四国乱，神州荡覆，宗社丘墟"（《日知录》卷七）。他倡导复兴经学，"然愚独以为理学之名，自宋人始有之。古之所谓理学，经学也，非数十年不能通也"（《与施愚山书》）。梁启超指出："'经学即理学'一语，则炎武所创学派之新旗帜也"；"所谓理学家者，盖俨然成一最尊贵之学阀而奴视群学。自炎武此说出，而此学阀之神圣，忽为革命军所粉碎，此实四五百年来思想界之一大解放也"[1]。

---

① 梁启超著：《清代学术概论》，中华书局2016年版，第15页。

一、其人其事

史书记载，"顾炎武，字宁人，原名绛，昆山人。明诸生。生而双瞳，中白边黑。读书目十行下"（《清史稿·顾炎武传》）。明亡，改名炎武，学者称为亭林先生。顾炎武从小过继给去世的堂伯为嗣，由堂伯母王贞孝抚养成人。王氏"辽东行太仆寺少卿讳宇之孙女，太学生讳述之女"，是一位伟大女性，其人品言行对顾炎武影响极大。她十七岁守寡，忠贞如一，"有女冠持梵行甚严，请见贞孝。贞孝不与见，曰：'吾义不见门以外人。'"她勤劳好学，重视教育顾炎武，"吾母居别室中，昼则纺绩，夜观书至二更乃息。次日平明起，栉纵问安以为常。尤好观《史记》《通鉴》及本朝政纪诸书，而于刘文成、方忠烈、于忠肃诸人事，自炎武十数岁时即举以教"。她忠于明朝，不仕清朝。听闻昆山、常熟被清兵攻占，"遂不食，绝粒者十有五日"；"遗言曰：'我虽妇人，身受国恩，与国俱亡，义也。汝无为异国臣子，无负世世国恩，无忘先祖遗训，则吾可以瞑于地下。'"（《先妣王硕人行状》）

顾炎武从小受到良好教育，4岁入塾学习，6岁嗣母教其读《大学》，9岁读《周易》。另一位影响他的人是其嗣祖顾绍芾，"先祖书法盖逼唐人。性豪迈不群；然自言少时日课钞古书数纸，今散亡之余，犹数十帙"。顾炎武年方10岁，顾绍芾就要求其学习"古兵家《孙子》《吴子》诸书及《左传》《国语》《战国策》《史记》"；11岁学习《资治通鉴》，还告诫说："凡作书者莫病乎其以前人之书改窜而为自作也。班孟坚之改《史记》，必不如《史记》也；宋景文之改《旧唐书》，必不如《旧唐书》也；朱子之改《通鉴》，必不如《通鉴》也。"（《钞书自序》）顾炎武14岁取得诸生资格，进入县学。自入县学为生员后，他开始了长达14年的科举争逐，均未及第。崇祯三年，顾炎武18岁，到南京参加应天乡试，认识归庄并加入复社；崇祯十二年，最后一次赴试，依旧名落孙山。此时明朝行将灭亡，顾炎武也认识到"八股之害，等于焚书；而败坏人材，有甚于咸阳之郊"（《日知录》卷一六），于是弃绝科举之路，退而读书，讲求经世之学，"历览二十一史、十三朝实录、天下图经、前辈文编说部，以至公移邸抄之类，有关于民生之利害者随录之"（全祖望《亭林先生神道表》）。他告别明中叶以后风靡士林的学风，即"舍多学而识以求一贯之方，置四海之困穷不言，而终日讲危微精一之说"（《与友人论学书》），树立务求实用的治学精神，着手撰写《天下郡国利病书》及《肇域志》。

公元1644年，明朝灭亡，顾炎武投入抗清复明斗争中。撰写"乙酉四论"，即《军制论》《形势论》《田功论》《钱法论》，从军事战略、兵力来源和财政整顿等方面为南明弘光政权献计献策。顺治二年，弘光政权覆灭，顾炎武与友人归庄、吴其沆投笔从戎，参加佥都御史王永祚为首的一支义军。义军攻取苏州时失败，顾炎武潜回昆山，协助县令守城拒敌，"昆山令杨永言起义师，炎武及归庄从之"。不数日昆山失守，死难者多达四万，顾炎武生母被砍断右臂，两个弟弟被杀。明宗室鲁王朱以海"授为兵部司务，事不克，幸而得脱"。同年闰六月，明宗室唐王朱聿键在福州称帝，年号隆武，经大学士路振飞推荐，"唐王以兵部职方郎召，母丧未赴"（《清史稿·顾炎武传》），只能"梦在行朝执戟班"（《延平使至》）。此后四五年间，曾参与策动吴胜兆举义反正，事情败露，清廷大肆搜捕同案诸人，受害者40余人，顾炎武有幸逃脱。顾炎武还东至海上，北至江阴，仆仆往来，奔走于各股抗清力量之间，"每从淮上归，必诣洞庭告振飞之子泽溥，或走海上，谋通消息"（邓之诚《清诗纪事》），意图纠集各路义军伺机而起，却是一再受挫。即使如此，顾炎武自比精卫，抗清斗志不减，"万事有不平，尔何空自苦，长将一寸身，衔木到终古。我愿平东海，身沉心不改，大海无平期，我心无绝时。呜呼！君不见，西山衔木众鸟多，鹊来燕去自成窠"（《精卫》）。

在参与抗清复明斗争的过程中，顾炎武还遭遇了家族风波。崇祯末年，顾炎武嗣祖及兄长先后去世，又逢吴中大旱，不得已曾将祖产800亩田贱价典给昆山豪族叶方恒。其堂叔为争夺遗产，与蓄意侵吞家产的叶氏内外勾结，几次洗劫或纵火焚烧在昆山千灯的故居和在常熟语濂泾的住所。顺治七年，叶氏企图加害，顾炎武为了避祸，只得"稍稍去鬓毛，改容作商贾"（《流转》），离开昆山出走，更名为商人蒋山佣，奔波于苏州与绍兴之间。出走期间，家中世仆陆恩背叛主人，投靠叶氏，图谋以"通海"罪名控告顾炎武，欲置之于死地。顺治十二年，顾炎武回到昆山，秘密处决陆恩，而叶氏与陆氏家人私下绑架关押顾炎武，胁迫令其自裁。在友人的帮助下，此案得以移交松江府审理，最后以"杀有罪奴"的罪名结案，判顾炎武坐牢一年。顺治十三年春，顾炎武出狱，叶氏仍不甘心，竟派刺客跟踪追杀，还指示歹徒洗劫其家。顺治十四年，顾炎武晋谒明孝陵，独身北走，行遍大半个中国。他善于理财，先在山东章丘县垦田自给，之后弃去，由门人辈管理田产。此后每到一处，便置房屋和地产，一生没有困乏的时候，还借数千两白银给在京城做官的外甥徐乾学和徐元文，"炎武自负用世之略，不得一遂，所至辄小试之。垦田于山东长白山下，畜牧于山西雁门之北、五台之东，累致千金"。是年，返回昆山将家产悉数变卖，"遂去家不返"（《清史稿·顾炎武传》）。康熙七年，卜居于陕西华阴县，还置田五十亩以自给。

顾炎武45岁时，开始孑然一身北游中国二十余年，"遍游黄河以北各省，舍诸华阴，以财力主南北各名都汇券交通，广兴耕牧，垦荒生聚"（黄嗣艾《南雷学案》卷五）。晚年定居于陕西华阴，认为"秦人慕经学，重处士，持清议，实他邦所少；而华阴缩毂关河之口，虽足不出户，亦能见天下之人，闻天下之事，一旦有警，入山守险，不过十里之遥；若有志四方，则一出关门，亦有建瓴之便"。北游期间，他手不释卷，研学不辍，遇到险要之地，详细勘察，如与书本不一致，就加以核对校正；行走在平原大道，则在马背默诵经典的注解疏证，"生平精力绝人，自少至老，无一刻离书。所至之地，以二骡二马载书，过边塞亭障，呼老兵卒询曲折，有与平日所闻不合，即发书对勘；或平原大野，则于鞍上默诵诸经注疏"。北游期间，他多交朋友，虚怀若谷，"又广交贤豪长者，虚怀商榷，不自满假。作《广师篇》云：'学究天人，确乎不拔，吾不如王寅旭；读书为己，探赜洞微，吾不如杨雪臣；独精《三礼》，卓然经师，吾不如张稷若；萧然物外，自得天机，吾不如傅青主；坚苦力学，无师而成，吾不如李中孚；险阻备尝，与时屈伸，吾不如路安卿；博闻强记，群书之府，吾不如吴志伊；文章尔雅，宅心和厚，吾不如朱锡鬯；好学不倦，笃于朋友，吾不如王山史；精心六书，信而好古，吾不如张力臣。至于达而在位，其可称述者，亦多有之，然非布衣之所得议也。'"北游期间，他始终以明朝遗民自居，寄托故国哀思。多次不辞跋涉之苦，步行至南京孝陵哭吊明太祖；至北京昌平长陵哭吊明成祖，思陵哭吊明思宗，"遍历关塞，四谒孝陵，六谒思陵"。累拒仕清，"康熙十七年，诏举博学鸿儒科，又修《明史》，大臣争荐之，以死自誓"（《清史稿·顾炎武传》）。康熙十九年，夫人去世，顾炎武在灵位前痛哭祭拜，作诗表达遗民的坚定节操，读来令人肃然起敬，"贞姑马鬣在江村，送汝黄泉六岁孙。地下相烦告公姥，遗民犹有一人存"（《悼亡》其四）。

　　顾炎武学问渊博，于经史百家、音韵训诂、金石考古、方志舆地，乃至社会政治、经济文化方面均有涉猎，且著述宏富，今可考见者有50余种，代表作为《日知录》，"尤为精诣之书，盖积三十余年而后成。其论治综核名实，于礼教尤兢兢。谓风俗衰，廉耻之防溃，由无礼以权之，常欲以古制率天下"。他于崇祯年间就开始积累资料，康熙九年初刻时只有八卷，卷首语曰："愚自少读书，有所得辄记之，其有不合，时复改定。或古人先我而有者，则遂削之。积三十余年，乃成一编。取子夏之言，名曰'日知录'，以正后之君子。"此后不断增补修订，最终成三十二卷。顾炎武对音韵深有研究，考订古音，离析唐音，分古韵为十部，在阐明音学源流和分析古韵部目上，承前启后，被誉是古音学的奠基者，"精韵学，撰《音论》三卷，言古韵者，自明陈第，虽创辟榛芜，犹未邃密。炎武乃推寻经传，探讨本原。又《诗本音》十卷，其书主陈第诗无协韵之说，不与吴棫本音争，亦不用棫之例，但即本经之韵互考，且证以他书，明古音原作是读，非由迁就，故曰本音。又《易音》三卷，即《周易》以求古音，考证精确。又《唐韵正》二十卷、《古音表》二卷、《韵补正》一卷，皆能追复三代以来之音，分部正帙而知其变"。对国家制度典礼、行政区划以及水利田赋深有研究，"凡国家典制、郡邑掌故、天文仪象、河漕兵农之属，莫不穷原究委，考正得失，撰《天下郡国利病书》百二十卷；别有《肇域志》一编，则考索之余，合图经而成者"。顾炎武"又撰《金石文字记》《求古录》，与经史相证"，"又以杜预《左传集解》时有阙失，作《杜解补正》三卷"。其他著作"有《二十一史年表》《历代帝王宅京记》《营平二州地名记》《昌平山水记》《山东考古录》《京东考古录》《谲觚》《菰中随笔》《亭林文集》《诗集》等书，并有补于学术世道。清初称学有根柢者，以炎武为最"（《清史稿·顾炎武传》）。

顾炎武对清代学术思想的影响是巨大的，被誉为清代"开国儒宗"，主要是因为他倡导复兴经学的诸种努力，强调通经致用，一扫明末空谈心性之弊，开创清初儒学务实之风气，"古之圣人所以教人之说，其行在孝、弟、忠、信，其职在洒扫、应对、进退，其文在《诗》《书》《礼》《易》《春秋》，其用之身在出处、去就、交际，其施之天下在政令、教化、刑罚。虽其和顺积中而英华发外，亦有体用之分，然并无用心于内之说"（《日知录》卷一八）。还被誉为清学开山之祖，确是不刊之论。在清学范围上，乾嘉诸儒思想学术主要集中在经学的笺释、史料之搜补鉴别、辨伪、辑佚、校勘、文字训诂、音韵、算学、地理、金石、方志之编纂、类书之编纂和丛书之校刻等十三个领域。除辑佚、编纂类书外，其他领域基本源自顾炎武的研究，"亭林的著述，若论专精完整，自然比不上后人。若论方面之多，气象规模之大，则乾嘉诸老，恐无人能出其右。要而论之，清代许多学术，都由亭林发其端，而后人衍其绪"①。在研究方法上，顾炎武注重对经史百家进行分门别类研究，"凡经义史学、官方吏治、财赋典礼、舆地艺文之属，一一疏通其源流，考正其谬误"（潘耒《日知录序》），为清代学者开辟了治学方向，促进了清代学术门类发生分化，推动了乾嘉诸儒对各门学问作专门而精深的研究。尤其是考证法，即由训诂考据引出义理的方法，"列本证、旁证二条。本证者，诗自相证也。旁证者，采之他书也。二者俱无，则宛转以审其音，参错以谐其韵"（《毛诗古音考·自序》）。包括重辑纂、明流变、善归纳、求证佐和躬实察等方法，演变为乾嘉时期的考据学，为乾嘉学者所遵循。《四库全书总目》认为："炎武学有本原，博赡而能通贯。每一事必详其始末，参以证佐，而后笔之于

---

① 梁启超著：《中国近三百年学术史》，中华书局2020年版，第127页。

书，故引据浩繁，而抵牾者少。"（《四库全书总目·日知录》）在著书体例上，也影响了不少清代学者，钱大昕仿照《日知录》，著《十驾斋养新录》，于小学、经学、史学、典制、职官、氏族、金石、舆地、天文、历算、辞章之学，皆造其微。赵翼撰《陔余丛考》，分门别类对各门学科详加探究，考竟源流；还撰《廿二史札记》，自云"或以比顾亭林《日知录》，谓身虽不仕，而其言有可用者，则吾岂敢"（《廿二史札记小引》）。梁启超指出："清学皆宗炎武，文亦宗之。其所奉为信条者，一曰不俗，二曰不古，三曰不枝。盖此种文体于学术上之说明，最为宜矣。"[①]

二、博学有耻

顾炎武既是经师，更是人师，把为学与做人镕铸于一炉，在道德理想和文化实践两个方面为后世读书人树立了不朽的人格典型。顾炎武的为学与做人宗旨可概括为博学有耻，即"博学于文"和"行己有耻"。博学于文意指为学要广博，内容包括身边小事乃至国家天下之大事；行己有耻则是指做人，要体现日常生活之中，"愚所谓圣人之道者如之何？曰'博学于文'，曰'行己有耻'。自一身以至于天下国家，皆学之事也；自子臣弟友以至出入、往来、辞受、取与之间，皆有耻之事也。耻之于人大矣！不耻恶衣恶食，而耻匹夫匹妇之不被其泽，故曰：万物皆备于我矣，反身而诚。呜呼！士而不先言耻，则为无本之人；非好古而多闻，则为空虚之学。以无本之人，而讲空虚之学，吾见其日从事于圣人而去之弥远也"（《与友人论学书》）。时人给予高度评价，认为既是为学与做人的准则，又是疗治社会之病的良药，"特拈博学、

① 梁启超著：《清代学术概论》，中华书局2016年版，第94—95页。

行己二事以为学鹄，确当不易，真足砭好高无实之病"（张尔岐《答顾亭林书》）。

博学于文源于孔子，"君子博学于文，约之以礼，亦可以弗畔矣夫"（《论语·雍也》）。顾炎武给予解释和发挥，强调为学的目的在于做人，做人先要修身立命，而修身立命离不开礼的规范和约束，"夫子尝言：'博学于文，约之以礼。'而刘康公云：'民受天地之中以生，所谓命也，是以有动作礼义威仪之则，以定命也。'然则君子之为学，将以修身，将以立命，舍礼其何由哉？"（《与毛锦衔》）重视学问与礼义的关系，礼义所得与为学密切相关。只有为学，才能知礼守礼，"'学问之道无他，求其放心而已矣。'然则但求放心，可不必于学问乎？与孔子之言'吾尝终日不食，终夜不寝，以思，无益，不如学也'者，何其不同邪？他日又曰：'君子以仁存心，以礼存心'，是所存者非空虚之心也。夫仁与礼，未有不学问而能明者也。孟子之意盖曰：能求放心，然后可以学问"（《日知录》卷七）。更重视学问与实践的关系，于日用伦常中知礼守礼，"外仁、外礼、外事以言心，虽执事亦知其不可。执事之意必谓仁与礼与事即心也，用力于仁，用力于心也；复礼，复心也；行事，行心也。则元之不解犹昨也，谓之不学可也"（《日知录》卷一八）。在顾炎武看来，博学于文的文是广义的，既包括文献知识，又包括社会实际知识；既包括修养身心之学，又包括治平天下之学；既包括社会科学学问，又包括自然科学学问，"君子博学于文，自身而至于家、国、天下，制之为度数，发之为音容，莫非文也"。不同的文有不同的作用，"'经纬天地曰文。'与弟子之学《诗》《书》六艺之文，有深浅之不同矣"。主要是与人伦道德相联系的礼义礼节礼仪，"孔子曰：'伯母、叔母疏衰，踊不绝地；姑姊妹之大功，踊绝于地，知此者！由文矣哉！由文矣哉！'《记》曰：'三年之丧，人道之至

文者也。'又曰:'礼减而进,以进为文;乐盈而反,以反为文。'
《传》曰:'文明以止,人文也。观乎人文以化成天下。'故曰:'文
王既没,文不在兹乎!'"(《日知录》卷七)

　　顾炎武认为,博学于文必须多闻多见。只有多闻多见,才能
守之以简约与卓越,"扬子有云:'多闻则守之以约,多见则守之
以卓。少闻则无约也,少见则无卓也。'此其语有所自来,不可
以其出于子云而废之也。世之君子苦博学明善之难,而乐夫一超
顿悟之易,'滔滔者天下皆是也',无人而不论学矣,能弗畔于
道者谁乎?"(《与友人论学书》)顾炎武不因杨雄受道家影响而
否定其正确的见解,展示了开阔的为学胸襟。博学于文必须重视
历史源流,"惟君子为能通天下之志,盖必自其发言始也";"不
学古而欲稽天,岂非不耕而求获乎!"(《日知录》卷二)任何经
典都非一时之作,而是表现为一个历史演进过程,譬如《诗经》,
"《二南》也,《豳》也,小、大《雅》也,皆西周之诗也,至于
幽王而止。其余十二国风,则东周之诗也,王者之迹熄而诗亡,
西周之诗亡也。诗亡而列国之事迹不可得而见,于是晋之《乘》、
楚之《梼杌》、鲁之《春秋》出焉,是之谓《诗》亡然后《春秋》
作也。《周颂》,西周之诗也。《鲁颂》,东周之诗也。成、康之世,
鲁岂无诗,而今亦已亡矣。故曰诗亡,列国之诗亡也。其作于天
子之邦者,以《雅》以《南》,以《豳》以《颂》,则固未尝亡也"
(《日知录》卷三)。治经也要重视历史源流,"且经学自有源流,
自汉而六朝而唐而宋,必一一考究,而后及于近儒之所著,然后
可以知其异同离合之指。如论字者必本于《说文》,未有据隶楷
而论古文者"(《与人书四》)。博学于文必须广求证据,"一二先
达之士知余好古,出其所蓄,以至兰台之坠文,天禄之逸字。旁
搜博讨,夜以继日,遂乃抉剔史传,发挥经典"(《金石文字记
序》)。潘耒评价顾炎武治学,"有一疑义,反复参考,必归于至

当。有一独见，援古证会，必畅其说而后止"(《日知录序》)。博学于文必须博览群经，会通百家，"昔者汉之五经博士，各以家法教授：《易》有施、孟、梁邱、京氏；《尚书》欧阳、大小夏侯；《诗》齐、鲁、韩、毛；《礼》大、小戴；《春秋》严、颜，不专于一家之学。晋、宋已下，乃有博学之士会粹贯通。至唐时立九经于学官，孔颖达、贾公彦为之《正义》，即今所云疏者是也。排斥众说，以申一家之论，而通经之路狭矣"。明朝以来，通经之路更狭窄了，"试问百年以来，其能通十三经注疏者几人哉？以一家之学，有限之书，人间之所共有者，而犹苦其难读也，况进而求之儒者之林，群书之府乎？然圣人之道，不以是而中绝也"(《与友人论易书》)。博学于文必须多交朋友，开放学习，不可面墙而坐，既不出门又不交流，死读书读死书，"独学无友，则孤陋而难成；久处一方，则习染而不自觉。不幸而在穷僻之域，无车马之资，犹当博学审问，古人与稽，以求其是非之所在，庶几可得十之五六"(《与人书一》)。

顾炎武指出，博学于文要反对没有真才实学的文人，"唐宋以下，何文人之多也！固有不识经术，不通古今，而自命为文人者矣"。这些文人学识浅薄，"韩文公《符读书城南》诗曰：'文章岂不贵，经训乃菑畬。潢潦无根源，朝满夕已除。人不通古今，马牛而襟裾。行身陷不义，况望多名誉。'"没有见识，"而宋刘挚之训子孙，每曰：'士当以器识为先，一号为文人，无足观矣。'"文人华而不实，"然则以文人名于世，焉足重哉。此扬子云所谓'摛我华，而不食我实'者也"(《日知录》卷一九)。博学于文要反对空疏清谈，避免误国害身，"五胡乱华，本于清谈之流祸，人人知之。孰知今日之清谈有甚于前代者"。"昔王衍妙善玄言，自比子贡。及为石勒所杀，将死，顾而言曰：'呜呼！吾曹虽不如古人，向若不祖尚浮虚，戮力以匡天下，犹可不至今日。'今之君子，得不有愧乎其言？"（《日知录》卷七）而真正的儒学是面向社会现实，注重实践的，"夫《春秋》之作，言焉而已，而谓之行事者，天下后世用以治人之书，将欲谓之空言而不可也。愚不揣，有见于此，故凡文之不关于六经之指、当世之务者，一切不为"（《日知录》卷一九）。博学于文要反对利禄之学，"凡今之所以为学者，为利而已，科举是也。其进于此，而为文辞著书一切可传之事者，为名而已，有明三百年之文人是也"。追求利他之学，"君子之为学也，非利己而已也，有明道淑人之心，有拨乱反正之事，知天下之势之何以流极而至于此，则思起而有以救之"（《与潘次耕札》）。利禄之学使人只学应试之文，而不读圣贤之书，"今以书坊所刻之义，谓之时文，舍圣人之经典、先儒之注疏与前代之史不读，而读其所谓时文"，不利于培养真才实学，也不利于踏实做学问，"五尺童子能诵数十篇而小变其文，即可以取功名，而钝者至白首而不得遇"（《生员论中》）。

行己有耻也源于孔子，"行己有耻，使于四方，不辱君命，可谓士矣"（《论语·子路》）。顾炎武坚持"行己有耻"理念，反复引用孔孟言论加以论证，"故夫子之论士，曰：'行己有耻。'《孟子》曰：'人不可以无耻，无耻之耻，无耻矣。'又曰：'耻之于人大矣，为机变之巧者，无所用耻焉。'所以然者，人之不廉而至于悖礼犯义，其原皆生于无耻也"。在顾炎武看来，耻在礼义廉耻四维中最为重要，"'礼义廉耻，国之四维；四维不张，国乃灭亡。'善乎，管生之能言也"，"然而四者之中，耻尤为要"。顾炎武认为，廉耻是做人的根基，"礼义，治人之大法；廉耻，立人之大节。盖不廉则无所不取，不耻则无所不为。人而如此，则祸败乱亡亦无所不至"。廉耻更是做官的根基，"况为大臣，而无所不取，无所不为，则天下其有不乱，国家其有不亡者乎？"廉耻也是古人治军的依据，"古人治军之道，未有不本于廉耻者。《吴子》曰：'凡制国治军，必教之以礼，励之以义，使有耻也。夫人有耻，在大足以战，在小足以守矣。'《尉缭子》言：'国必有慈孝廉耻之俗，则可以死易生。'"顾炎武指出，官员和读书人不能无耻，否则国家没有希望，"故士大夫之无耻，是谓国耻"。历史上既有知耻之人，也有无耻之徒，不能不慎重对待，"吾观三代以下，世衰道微，弃礼义，捐廉耻，非一朝一夕之故。然而松柏后凋于岁寒，鸡鸣不已于风雨，彼昏之日，固未尝无独醒之人"。《颜氏家训》记载了一个官员媚于外族当权，恬不知耻，"齐朝一士夫尝谓吾曰：'我有一儿，年已十七，颇晓书疏。教其鲜卑语及弹琵琶，稍欲通解。以此伏事公卿，无不宠爱。'吾时俯而不答。异哉，此人之教子也！若由此业自致卿相，亦不愿汝曹为之"。顾炎武感叹："嗟乎，之推不得已而仕于乱世，犹为此言，尚有《小宛》诗人之意。彼阉然媚于世者，能无愧哉？"（《日知录》卷一三）

顾炎武不仅全面阐述了行己有耻的理念，而且坚定地践履行己有耻，主要是秉承嗣母遗愿，坚守遗民身份，坚决不仕清朝。具体表现在拒绝参修《明史》。康熙七年，翰林院掌院学士熊赐履邀请参修，"辛亥岁夏在都中。一日孝感熊先生招同舍甥原一饮，坐客惟余两人。熊先生从容言：久在禁近，将有开府之推，意不愿出。且议纂修明史，以遂长孺之志。而前朝故事，实未谙悉，欲荐余佐其撰述"。顾炎武以容易产生门户之争为由加以婉拒，"曰：即老先生亦不当作此。数十年以来门户分争，元黄交战，啧有烦言，至今未已。一入此局，即为后世之人吹毛索垢，片言轻重，目为某党，不能脱然于评论之外矣。"（《记与孝感熊先生语》）还以介子推出逃和屈原为楚而死的典故加以强调，"辛亥之夏，孝感特柬相招，欲吾佐之修史，我答以果有此命，非死则逃。原一在坐与闻，都人士亦颇有传之者，耿耿此心，终始不变！"（《答次耕书》）康熙十七年，朝中又传出邀请参修《明史》，顾炎武致信内阁学士叶方蔼再次拒绝，理由是为了保全嗣母名节，甚至不惜以性命相抗拒，"去冬韩元少书来，言曾欲与执事荐及鄙人，已而中止。顷闻史局中复有物色及之者。无论昏耄之资，不能黾勉从事，而执事同里人也，一生怀抱，敢不直陈之左右。先妣未嫁过门，养姑抱嗣，为吴中第一奇节，蒙朝廷旌表。国亡绝粒，以女子而蹈首阳之烈。临终遗命，有'无仕异代'之言，载于志状，故人人可出而炎武必不可出矣。记曰：'将贻父母令名，必果；将贻父母羞辱，必不果。'七十老翁何所求？正欠一死！若必相逼，则以身殉之矣！一死而先妣之大节愈彰于天下，使不类之子得附以成名，此亦人生难得之遭逢也"（《与叶讱庵书》）。

顾炎武拒修《明史》，还表现在不愿向明史馆提供自己的著作。当弟子潘耒提出要求时，他先是用诗的形式，以存稿尚未付梓、先人遗语待死后而传的理由加以婉拒，"年来行止类浮萍，虽有留书未杀青。世事粗谙身已老，古音方奏客谁听。儿从死父传楹语，帝遣生徒受壁经。投笔听然成一笑，春风绿草满阶庭"（《次耕书来言时贵有求观余所著书者答示》）。后是用信的方式，以年事高记忆力差为由再次婉拒，且亮明前朝遗老身份，"大家续孟坚之作，颇有同心；巨源告延祖之言，实为邪说。展读来札，为之怆然！吾昔年所蓄史事之书，并为令兄取去，令兄亡后，书既无存，吾亦不谈此事。久客北方，后生晚辈益无晓习前朝之掌故者。令兄之亡十七年矣，以六十有七之人，而十七年不谈旧事，十七年不见旧书。衰耄遗忘，少年所闻，十不记其一二。又当年牛、李、洛、蜀之事，殊难置喙。退而修经典之业，假年学《易》，庶无大过。不敢以草野之人，追论朝廷之政也"（《答次耕

书》)。顾炎武与黄宗羲都以明朝遗民身份，拒绝参修《明史》，
但浓烈的家国情怀，使得他们还是关注《明史》的编撰。黄宗羲
曾对徐乾学的《修史条议》提出不同意见，建议删去"道学传"；
还对《明史》的"历志"进行审阅修改，"某故于历议之后，补
此一段，似亦不可少也。来书谓去其繁冗者，正其谬误者，某之
所补，似更繁冗。顾关系一代之制作，不得以繁冗而避之也。以
此方之前代，可以无愧"（《答万贞一论明史历志书》）。顾炎武拒
修的态度更坚决，曾对潘耒参修《明史》感到伤心，后来还是给
予支持，对修撰工作提出建议。他给外甥徐元文写信，"窃意此
番纂述，止可以邸报为本，粗具草稿，以待后人，如刘昫之《旧
唐书》可也"；"惟是奏章是非同异之论，两造并存，而自外所闻，
别用传疑之例，庶乎得之"（《与公肃甥书》）。他给潘耒写信，
"今之修史者，大段当以邸报为主，两造异同之论，一切存之，
无轻删抹，而微其论断之辞，以待后人之自定，斯得之矣"（《与
次耕书》）。

三、经学即理学

经学即理学，是全祖望概括的命题，"古今安得别有所谓理
学者？经学即理学也。自有舍经学以言理学者，而邪说以起。不
知舍经学则其所谓理学者禅学也"（《亭林先生神道表》），却深
得顾炎武学术的精髓，揭示了顾炎武思想的核心。经学即理学，
意在剥离宋朝理学和明朝心学中的禅学，复兴古代的经学，"夫
子述六经，后来者溺于训诂，未害也。濂洛言道学，后来者借以
谈禅，则其害深矣"（《日知录》卷七）。经学即理学，具有理论
创新意义，上矫宋明理学末流，下启清代朴学之路，在学术上是
"法古用夏"，在世风上是"拨乱涤污"，对于清朝学术思想发展，

发挥了筚路蓝缕之功。经学即理学，既是本原之学，又是务实之学，"鄙俗学而求六经，舍春华而食秋实，则为山覆篑，当加进往之功，祭海先河，尤务本原之学"（《与周籀书书》），还是未来之学，"窃欲待一治于后王，启多闻于来学，而六艺之精微罔析，群言之浩博靡穷"（《与友人书》）。

梁启超指出，综观清朝学术思想史，"其影响及于全思想界者，一言蔽之，曰：'以复古为解放。'第一步，复宋之古，对于王学而得解放。第二步，复汉唐之古，对于程朱而得解放。第三步，复西汉之古，对于许郑而得解放。第四步，复先秦之古，对于一切传注而得解放"①。经学即理学，是区别明末清初"三大儒"的重要标志。当国家衰乱、民族危难之际，针对晚明王学流于空疏、极盛而弊的状况，黄宗羲、王夫之和顾炎武作出了同样的反思选择，积极进行理论探索，力图有所创新，使得文化传统不至于断绝，善良风俗不至于沦丧。王夫之自比汉末管宁，道出了三儒共同的心声，宣示了三儒共同的节操，"管宁在辽东，专讲诗书、习俎豆，非学者勿见，或以宁为全身之善术，岂知宁者哉？""天下不可一日废者，道也；天下废之，而存之者在我。故君子一日不可废者，学也。"三儒认为："见之功业者，虽广而短；存之人心风俗者，虽狭而长。一日行之习之，而天地之心，昭垂于一日；一人闻之信之，而人禽之辨，立达于一人。"三儒坚持弘扬道德，昌明学术，坚信"君子自竭其才以尽人道之极致者，唯此为务焉。有明王起，而因之敷其大用。即其不然，而天下分崩、人心晦否之日，独握天枢以争剥复，功亦大矣"（《读通鉴论·汉献帝》）。他们在学术思想尤其是哲学思辨虽无创造和新的建树，却作出了不同的路径选择，黄宗羲不愿复古，留在了明

---

① 梁启超著：《清代学术概论》，中华书局2016年版，第9页。

朝心学阵营，发挥纠偏补正的作用；王夫之复宋之古，没有选择程朱一脉，而是尊尚张载之学；顾炎武最为彻底，不仅复西汉之古，而且复先秦之古，会通群经众典，博采历代经说，不蹈一家门户，超迈森严壁垒，进而开创了清代学术思想新局面。

经学既有古文今文之分，又有汉学宋学之别。汉朝有古文经学与今文经学之分，西汉依据汉初隶书本《五经》，盛行今文经学，偏重于"微言大义"；东汉依据汉武帝时发现的古文经典，盛行古文经学，偏重于"名物训诂"。汉末，郑玄、王肃混合古今，遍注群经，不论家法师法，自创一家之言，基本弥合了古文今文之分。顾炎武倾向于古文经学，却不忽视今文经学，"五经得于秦火之余，其中固不能无错误。学者不幸而生乎二千余载之后，信古而阙疑，乃其分也。近世之说经者，莫病乎好异。以其说之异于人，而不足以取信，于是舍本经之训诂，而求之诸子百家之书。犹未足也，则舍近代之文，而求之远古。又不足，则舍中国之文，而求之四海之外"。对于古文今文经典，顾炎武能够做到一视同仁。研究《尚书》，兼收并蓄，"汉时《尚书》，今文与古文为二"；"今之《尚书》，其今文、古文皆有之，三十三篇固杂取伏生、安国之文，而二十五篇之出于梅赜，《舜典》二十八字之出于姚方兴，又合而一之"（《日知录》卷二）。考订《春秋》，无论《公羊》还是《左传》《穀梁》，都是批评误者，表彰正者，没有门户之见，"若鄙著《日知录·春秋》一卷，且有一二百条，如'君氏卒''禘于太庙，用致夫人'，当从左氏；'夫人子氏薨'，当从《穀梁》；'仲婴齐卒'，当从《公羊》；而'三国来媵'，则愚自为之说"（《答俞右吉书》）。《易》《诗》《礼》诸经，也能持是非之平，不立古文今文门户。对于古文与今文家，顾炎武能够做到不偏不倚。《日知录·卦爻外无别象》，既批评今文学家荀爽，又批评古文学家虞翻。《日知录·司空》批评古文学家孔安国，而《日知录·荅戮于社》则引用孔安国之语以论证其"古人以社为阴主"的观点。即使对于郑玄、王肃，《日知录》也各有褒贬。

学术界对于汉学与宋学之别，存在很大争议。一般认为，汉学是指西汉学术思想的主流，即今文经学与古文经学，注重经典的注释和训诂。宋学是指宋、元、明时期学术思想的主流，即"性命义理"之学，包括程朱理学和陆王心学，注重经典的义理和阐释。顾炎武倾向于汉学，批评宋学多于批判汉学。《日知录·孔子论易》批评陈抟、邵雍，"观之者浅，玩之者深矣。其所以与民同患者，必于辞焉著之，故曰'圣人之情见乎辞'。若'天一地二''易有太极'二章皆言数之所起，亦赞《易》之所不可遗，而未尝专以象数教人为学也。是故'出入以度，无有师保，如临父母'，文王、周公、孔子之《易》也；希夷之图，康节之书，道家之《易》也。自二子之学兴，而空疏之人、迂怪之士举窜迹于其中以为《易》，而其《易》为方术之书，于圣人寡过反身之学去之远矣"。《日知录·鸿渐于陆》批评朱熹"'上九，鸿渐于陆，其羽可用为仪，吉。'安定胡氏改'陆'为'逵'。朱子从之，谓合韵，非也。《诗》'仪'字凡十见，皆音牛何反，不得与'逵'为叶，而云路亦非可翔之地，仍当作'陆'为是"。《日知录·大原》又批评朱熹，"'薄伐猃狁，至于大原。'毛、郑皆不详其地。其以为今太原阳曲县者，始于朱子，而愚未敢信也，古之言大原者多矣，若此诗则必先求泾阳所在，而后大原可得而明也"。《日知录·朱子晚年定论》批评王阳明，"王文成所辑《朱子晚年定论》，今之学者多信之，不知当时罗文庄已尝与之书而辩之矣"。《日知录·心学》批评程颐，"《中庸章句》引程子之言曰：'此篇乃孔门传授心法。'亦是借用释氏之言，不无可酌"。《下学指南序》则批评陆九渊，"象山则自立一说，以排千五百年之学者，而其所谓'收拾精神，扫去阶级'，亦无非禅之宗旨矣"。尽管顾炎武对汉唐旧注及宋明传说，都能详加疏通，一一考明，但其学术思想倾向于汉学和古文经学，则是毫无疑问的。

顾炎武批判最力的是王阳明心学，认为心学不符合孔孟之道，"《论语》一书言心者三，曰'七十而从心所欲，不逾矩'；曰'回也，其心三月不违仁'；曰'饱食终日，无所用心'。乃'操则存，舍则亡'之训，门人未之记，而独见于《孟子》。夫未学圣人之操心，而骤语夫从心，此即所谓饱食终日，无所用心，而且昼之所为有牿亡之者矣"。孔孟之道只有好学，没有好心，"古有学道，不闻学心；古有好学，不闻好心。心学二字，六经、孔孟所不道"。心学不符合尧、舜之道，"近世喜言心学，舍全章本旨而独论人心、道心，甚者单撰道心二字，而直谓即心是道，盖陷于禅学而不自知，其去尧、舜、禹授受天下之本旨远矣"。心学实为释老方外之学，"心不待传也，流行天地间，贯彻古今而无不同者，理也。理具于吾心而验于事物。心者，所以统宗此理而别白其是非。人之贤否，事之得失，天下之治乱，皆于此乎判。此圣人所以致察于危微精一之间，而相传以执中之道，使无一事之不合于理，而无有过不及之偏者也。……禅学以理为障，而独指其心曰'不立文字，单传心印'。……圣贤之学，自一心而达之天下国家之用，无非至理之流行，明白洞达，人人所同，历千载而无间者"。心学犹如晋王衍以老庄杂糅孔孟之清谈，以及王安石以《周礼》《诗经》《尚书》为新说，都会扰乱天下，祸国殃民，"以一人而易天下，其流风至于百有余年之久者，古有之矣。王夷甫之清谈，王介甫之新说，其在于今，则王伯安之良知是也。孟子曰：'天下之生久矣。一治一乱。'拨乱世反之正，岂不在于后贤乎"（《日知录》卷一八）。

顾炎武不仅批判心学理论，而且批判心学方法，尤其是讲学之风，"聚宾客门人之学者数十百人，譬诸草木，区以别矣，而一皆与之言心言性，舍多学而识，以求一贯之方，置四海之困穷不言，而终日讲危微精一之说，是必其道之高于夫子，而其门弟子之贤于子贡，桃东鲁而直接二帝之心传者也。我弗敢知也"（《与友人论学书》）。他不仅批判王阳明，而且批判其后学，认为心学危害学术思想，殃及世道人心，导致天下大乱，"故王门高第为泰州、龙溪二人。泰州之学一传而为颜山农，再传而为罗近溪、赵大洲。龙溪之学一传而为何心隐，再传而为李卓吾、陶石篑。昔范武子论王弼、何晏二人之罪深于桀、纣，以为一世之患轻，历代之害重，自丧之恶小，迷众之罪大。而苏子瞻谓李斯乱天下，至于焚书坑儒，皆出于其师荀卿高谈异论而不顾者也"。特别是批判李贽的离经叛道，"自古以来，小人之无忌惮而敢于叛圣人者，莫甚于李贽"；"然推其作俑之由，所以敢于诋毁圣贤而目标宗旨者，皆出于阳明、龙溪禅悟之学"（《日知录》卷一八）。不仅批判陆王心学，而且批判程朱理学，"今之言学者必求诸《语录》，《语录》之书始于二程，前此未有也。今之语录几于充栋矣。而淫于禅学者实多，然其说盖出于程门"（《下学指南序》）。经学即理学的命题，实则是对程朱理学的严肃批判。

批判是为了重建。顾炎武的目的是要重建经学，"夫天子失官，学在四夷，使果有残编断简，可以裨经文而助圣道，固君子之所求之，而惟恐不得者也。若乃无益于经，而徒为异以惑人，则其于学也，亦谓之异端而已"（《日知录》卷二）。在顾炎武看来，重建经学，应尊经而明道，"钱氏谓：'古人之于经传，敬之如神明，尊之如师保，谁敢僭而加之评骘？'"尊经不能妄自改经，"评骘之多自近代始"，"句读之不析，文理之不通，俨然丹黄甲乙，衡加于经传，是之谓非圣者无法，是之谓侮圣人之言，而世方奉为金科玉条，递相师述。学术日颓，而人心日坏，其祸有不可胜言者"(《日知录》卷一八)。妄自改经，造成古书舛讹，"乃近代之人，其于读经卤莽灭裂，不及昔人远甚，又无先儒为之据依，而师心妄作，刊传记未已也，进而议圣经矣；更章句未已也，进而改文字矣。此陆游所致慨于宋人，而今且弥甚"(《日知录》卷二)，且败坏学风，"万历间，人多好改窜古书，人心之邪，风气之变，自此而始"，"此皆不考古而肆臆之说，岂非小人而无忌惮者哉！"(《日知录》卷一八)顾炎武赞赏郑玄治经态度和方法，作诗云："六经之所传，训诂为之祖。仲尼贵多闻，汉人犹近古。礼器与声容，习之疑可睹。大哉郑康成，探赜靡不举。六艺既该通，百家亦兼取。至今三礼存，其学非小补。后代尚清谈，土苴斥邹鲁。哆口论性道，扪籥同矇瞽。"(《述古》)郑玄治经严谨，"或改其音而未尝变其字，'子贡问乐'一章，错简明白，而仍其本文不敢移也，注之于下而已。所以然者，述古而不自专，古人之师传，固若是也"。宋儒却不如此，"径以其所自定者为本文，而以错简之说注于其下，已大破拘挛之习。后人效之，《周礼》五官互相更易，彼此纷纭，《召南》《小雅》且欲移其篇第"(《答李子德书》)。由于治经严谨认真，郑玄经常能够校正诸经，"汉人注经左氏解经，多不得圣人之意。元凯注传，必曲为之疏通，殆非也。郑康成则不然，其于二《礼》之经及子夏之传，往往驳正"(《日知录》卷二七)。

顾炎武指出，重建经学，应稽古而明经。顾炎武是典范，他稽考典籍，训诂经解，对于诸经传注，无不详加校理考订；历代经说，一一予以稽验考明。首先是对诸经真伪进行考证。《尚书》是诸经中真伪疑问最多的经典，顾炎武通过考证，认为《尚书》不仅有两汉《今文尚书》和孔壁《古文尚书》的对立；在《古文尚书》中，又有东汉杜林在西州所得之《漆书古文尚书》、东晋梅赜所献之《伪古文尚书》以及西汉张霸所献之《百二篇尚书》

的区别，因而既不可轻信，也不能盲从，"《孟子》曰：'尽信书则不如无书。'于今日而益验之矣"（《日知录》卷二）。次是对经典文字进行考订，强调"读九经自考文始，考文自知音始"（《答李子德书》）。唐玄宗读《尚书·洪范》"无偏无颇，遵王之义"，认为下文都协韵，只有"颇"与"义"不协，便下敕改为"陂"字。顾炎武通过《易象传》"鼎耳革，失其义也；覆公𫗧，信如何也"和《礼记·表记》"仁者，右也；道者，左也；仁者，人也；道者，义也"，证明古人读"义"为"我"，"义"字正与"颇"字协韵，唐玄宗的改动是错误的。再是对经传史事进行考订。《周易》中的"十翼"由谁而作，疑问较多，汉代古文学家认为是孔子所作，今文学家则不同意。宋代欧阳修等认为《系辞》《文言》以下皆非孔子所作。顾炎武对《周易》经传作了详细辨析，相信"十翼"应为孔子所作，且主张恢复朱熹所定古文《易》之次序，"惜乎，朱子定正之书竟不得见于世，岂非此经之不幸也夫？"（《日知录》卷一）

四、通经致用

通经致用是顾炎武为学做人的目的，"君子之为学，以明道也，以救世也。徒以诗文而已，所谓雕虫篆刻，亦何益哉！"（《又与人书二十五》）顾炎武通经致用思想的缘由在于社会变革。明末清初，朝代鼎革，顾炎武作为明朝遗民，誓死不仕清朝，以手中纸笔为武器，学以致用，曲线救国。缘由在于学风消极。明朝末年，无论理学还是心学，都已严重脱离社会现实，变为空洞说教和空疏无用之学，顾炎武力图改变理学和心学的疏空之弊，而且取得显著成效，清丁寿昌指出："自亭林出而知求之注疏，证之史传，可谓卓识。但蹊径初开，说犹未畅，此后儒者知尚实学，不为空言，我朝经学直接汉唐，先生创始之功不可没矣"（《日知录集释》）。缘由在于家学渊源。嗣祖教育孩时顾炎武，"士当求实学，凡天文、地理、兵农、水土，及一代典章之故不可不熟究"（《三朝纪事阙文序》）。缘由在于学脉必然。儒学本身就是经世致用之学，"孔子之删述六经，即伊尹、太公救民于水火之心，而今之注虫鱼、命草木者，皆不足以语此也，故曰：'载之空言，不如见之行事。'"（《与人书三》）

顾炎武不仅倡导，而且积极践履通经致用。中年之前，顾炎武似不谙世事，放纵于风花雪月，"伏念炎武自中年以前，不过从诸文士之后，注虫鱼，吟风月而已。积以岁月，穷探古今，然后知后海先河，为山覆篑，而于圣贤六经之指、国家治乱之源、生民根本之计渐有所窥，未得就正有道"（《与黄太冲书》）。中年以后，先是参加复社活动，与志同道合者关心国家大事；次是参加抗清复明活动；后是北游中国，做实地考察，积累资料为经世致用服务。顾炎武通经致用的方法还是运用纸笔，探究经世致用学问。学以经世，主要是服膺三代之治，依据古典资料，为治平天下提供理论支持。明末撰写的《肇域志》《天下郡国利病书》，分别指出各地地理情况及地方利病之所在，显然是为了经世致用，"崇祯己卯，秋闱被摈，退而读书。感四国之多虞，耻经生之寡术，于是历览二十一史以及天下郡县志书，一代名公文集及章奏文册之类，有得即录，共成四十余帙。一为舆地之记，一为利病之书"（《天下郡国利病书序》）。入清后撰写的《日知录》分上篇经术、中篇治道和下篇博闻，更能反映顾炎武的经世用心，"若其所欲明学术，正人心，拨乱世，以兴太平之事，则有不尽于是刻者"（《初刻日知录自序》）。顾炎武多次向友人表白《日知录》经世致用的目的，他期待王者，"有王者起，将以见诸行事，以跻斯世于治古之隆，而未敢为今人道也"（《与人书二十五》）。

期待后学，"意在拨乱涤污，法古用夏，启多闻于来学，待一治于后王，自信其书之必传，而未敢以示人也"（《与杨雪臣》）。

经世致用表现在对《五经》的探究和解读上。顾炎武从究名物、辨史事、明经义入手，以探求先民制作之原，体察往圣开成之道，洞悉古今通变之由，进而致用于明道救世和治平天下。他认为，《易》以道化，藏往知来，于天道人事都有帮助，"《易》于天道之消息，人事之得失，切实示人，学者玩索其义，处世自有主张"（《与任钧衡》）。学《易》有益于寡过杜渐，修养身心，"《易》六十四卦，三百八十四爻，一言以蔽之，曰'不恒其德，或承之羞'。夫子所以思得见夫有恒也；有恒然后可以无大过"（《日知录》卷一）。更有益于窥其大道，得其大同，"圣人所闻所见，无非《易》也"；"六十四卦三百八十四爻，皆所以告人行事，所谓'拟之而后言，议之而后动'者也"（《与人书二》）。《诗》以道志，具有教化淳民、淳厚人心的功能，"舜曰：'《诗》言志。'此《诗》之本也。《王制》：'命太师陈《诗》以观民风。'此《诗》之用也。《荀子》论《小雅》曰：'疾今之政以思往者，其言有文焉，其声有哀焉。'此《诗》之情也。故《诗》者，王者之迹也"（《日知录》卷二一）。学《诗》可以知礼仪，"君子所以事天者如之何？亦曰'仪刑文王'而已；其'仪刑文王'也如之何？为人君止于仁，为人臣止于敬，为人子止于孝，为人父止于慈，与国人交止于信而已"。学诗可以知廉耻，"'岂不尔思，畏子不敢'，民免而无耻也。'虽速我讼，亦不女从'，有耻且格也"。学《诗》可以返璞归真，"民之质矣，日用饮食"，"是故有道之世，人醇，工庞，商朴，女童，上下皆有嘉德，而至治馨香感于神明矣。然则祈天永命之实，必在于观民。而斫雕为朴，其道何由？则必以厚生为本"（《日知录》卷三）。

《书》以道事，鉴古知今，经邦济世。学《书》可以明兴亡，

"自古国家承平日久，法制废弛，而上之令不能行于下，未有不亡者。纣以不仁而亡，天下人人知之，吾谓不尽然"。"然则论纣之亡，武之兴，而谓'以至仁伐至不仁'者，偏辞也，未得为穷源之论也。"学《书》可以知取天下之路径，"以关中并天下者，必先于得河东。秦取三晋，而后灭燕、齐；苻氏取晋阳，而后灭燕；宇文氏取晋阳，而后灭齐。故西伯戡黎，而殷人恐矣"。学《书》可以知治天下的秘诀，"人主坐明堂而临九牧，不但察群心之向背，亦当知四国之忠奸。故嘉禾同颖，美侯服之宣风，厎贡厥棐，戒明王之慎德，所谓'敬识百辟享'也"（《日知录》卷二）。《礼》以道行，为天地之序，人伦之常，能够移风易俗，纲纪社会，"郊社之礼，所以仁鬼神也；射乡之礼，所以仁乡党也；食飨之礼，所以仁宾客也。亲亲而仁民，仁民而爱物，而天下之大经毕举而无遗矣"。学《礼》可以为后世之鉴，"古先王之为后世戒也至矣。欲其出而见之也，故亡国之社以为庙屏；欲其居而思之也，故子卯不乐，稷食菜羹，而太史奉之，以为讳恶。此君子安而不忘危，存而不忘亡之义也"（《日知录》卷六）。学《礼》可以承天道以治人情，"礼者，本于人心之节文，以为自治治人之具，是以孔子之圣，犹问礼于老聃，而其与弟子答问之言，虽节目之微，无不备悉，语其子伯鱼曰：'不学礼，无以立。'《乡党》一篇，皆动容周旋中礼之效。然则周公之所以为治、孔子之所以为教，舍礼其何以焉？"（《仪礼郑注句读序》）《春秋》重道义，为圣人性命之义，"夫子之文章莫大乎《春秋》。《春秋》之义，尊天王，攘夷翟，诛乱臣贼子，皆性也，皆天道也。故胡氏以《春秋》为圣人性命之文"（《日知录》卷七）。学习《春秋》，可以知治人之道，"夫《春秋》之作，言焉而已，而谓之行事者，天下后世用以治人之书，将欲谓之空言而不可也"（《日知录》卷一九）。

顾炎武认为，通经致用是内圣与外王的统一，"三代之世，凡民之俊秀皆入大学，而教之以治国平天下之事。孔子之于弟子也，四代之礼乐以告颜渊，五至三无以告子夏，而又曰'雍也可使南面'，然则内而圣，外而王，无异道矣"。五至三无是礼乐的具体化，五至是指志诗礼乐哀，三无即志气充满天地，无声之乐，无礼之礼，无服之丧。顾炎武引用《周易》乾卦九二爻辞加以论述，"其系《易》也曰：九二曰'见龙在田，利见大人'"。乾为天，象征君主，九二居中得正，内圣外王是"君德也，故曰'师也者，所以学为君也'"。内圣外王要求君主日常言行诚信而谨慎，"子曰'龙德而正中者也'，庸言之信，庸行之谨，闲邪存其诚，善世而不伐，德博而化"。要求君主以学聚问辨进德，以宽居仁行修业，"君子学以聚之，问以辨之，宽以居之，仁以行之"（《日知录》卷六）。通经致用必须反对功利之学，"君子之为学也，非利己而已也，有明道淑人之心，有拨乱反正之事，知天下之势之何以流极而至于此，则思起而有以救之"（《与潘次耕札》）。士大夫的职责应是关心国家安危和天下治乱，学以致用，期以救世，"今日者拯斯人于涂炭，为万世开太平，此吾辈之任也。仁以为己任，死而后已"。然而，明朝读书人却不是为了通经致用，而是追名逐利，"凡今之所以为学者，为利而已，科举是也。其进于此，而为文辞著书一切可传之事者，为名而已，有明三百年之文人是也"（《病起与蓟门当事书》）。读书人追名逐利与科举密切相关，所以要改革科举制，主要是废除生员，"废天下之生员而官府之政清，废天下之生员而百姓之困苏，废天下之生员而门户之习除，废天下之生员而用世之材出"（《生员论中》）。废除生员，并不是废除科举，而是改良科举，另辟征召和选举之路网罗人才，"吾所谓废生员者，非废生员也，废今日之生员也。请用辟举之法，而并存生儒之制，天下之人，无问其生员与否，皆得举而荐之于朝廷，则我之所收者，既已博矣"(《生员论下》)。废除生员，并不是废除生员制度，而是限名额，重实学，使得生员不滥，"请一切罢之，而别为其制。必选夫五经兼通者而后充之，又课之以二十一史与当世之务而后升之。仍分为秀才、明经二科，而养之于学者，不得过二十人之数，无则阙之。为之师者，州县以礼聘焉，勿令部选。如此而国家有实用之人，邑有通经之士，其人材必盛于今日也"(《生员论上》)。

通经致用不在于学术，而在于政治。明末清初"三大儒"都主张经世济时，关注的焦点不是学术，而是政治。在政治理论方面，超迈前人，振聋发聩，发挥了早期启蒙作用。梁启超指出：《明夷待访录》"此等论调，由今日观之，固甚普通甚肤浅，然在二百六七十年前，则真极大胆之创论也。故顾炎武见之而叹，谓'三代之治可复'。而后此梁启超、谭嗣同辈倡民权共和之说，则将其书节钞。印数万本，秘密散布，于晚清思想之骤变，极有力焉"①。三儒的政治思想都有启蒙作用，却存在着差异，顾炎武是最坚决和彻底的，"黄顾二家同主学以致用，而其思想之根本态度有异。梨洲受王学之影响，亭林并朱陆亦隐加抨击。故两家同为道学之反动，而后者更为彻底。二家并生明清之际，处相同历史环境之中，故其政论亦复大体相近。然梨洲申民本之义以攻击君主专制，亭林求矫正过度集权之流弊，而无取于贵民之说。此殆由梨洲缘阳明以上接孟子，亭林则注重实际政事之利病，而无意为原理上之探索发挥"②。顾炎武区分了亡国与亡天下，亡国是指国家丧失主权而灭亡，也就是朝代更替，换个皇帝和国号；亡天下则是社会道德沦丧，文化崩溃，不仅是亡国，而且是灭种，"有亡国，有亡天下。亡国与亡天下奚辨？曰：易姓改号，谓之

---

① 梁启超著：《清代学术概论》，中华书局2016年版，第27页。

② 萧公权著：《中国政治思想史》，商务印书馆2011年版，第601页。

亡国。仁义充塞，而至于率兽食人，人将相食，谓之亡天下"。
保国是当官的职责，保天下关乎黎民百姓和民族文化，每个老百
姓都有责任，"是故知保天下，然后知保其国。保国者，其君其
臣肉食者谋之；保天下者，匹夫之贱与有责焉耳矣"（《日知录》
卷一三）。梁启超将其概括升华为"天下兴亡，匹夫有责"，永远
地激励每一个中国人为保卫中华民族和中华文明而奋斗。

顾炎武政治思想最大亮点是反对君主专制，"人君之于天下，
不能以独治也"（《日知录》卷六）。在顾炎武看来，天下之权应
归天下之人，君主只是执行天下之权而已，"所谓天子者，执天
下之大权者也。其执大权奈何？以天下之权寄之天下之人，而
权乃归之天子"（《日知录》卷九）。君主执行天下之权，必须出
于公心，才能汇集百姓之私以成就公天下，"自天下为家，各亲
其亲，各子其子，而人之有私，固情之所不能免矣，故先王弗
为之禁。非惟弗禁，且从而恤之。建国亲侯，胙土命氏，画井分
田，合天下之私以成天下之公，此所以为王政也"（《日知录》卷
三）。而且，天下之权不能集中于君主，必须分权于朝廷大臣和
地方官员，"自公卿大夫至于百里之宰，一命之官，莫不分天子
之权，以各治其事，而天子之权乃益尊"。如果君主专制集权，
不能分权于百官，就会出现法多现象，天下之权归于法而官员无
所作为，"后世有不善治者出焉，尽天下一切之权而收之在上。
而万几之广，固非一人之所能操也，而权乃移于法，于是多为之
法以禁防之。虽大奸有所不能逾，而贤智之臣亦无能效尺寸于法
之外，相与兢兢奉法，以求无过而已"。君主集权，必然导致权
不归守令而归于胥吏，"于是天子之权不寄之人臣，而寄之吏胥。
是故天下之尤急者，守令亲民之官，而今日之尤无权者，莫过于
守令。守令无权，而民之疾苦不闻于上，安望其致太平而延国命
乎！"（《日知录》卷九）权归胥吏，必然导致滥用职权和法律，

最后是国破人亡，"天子之所恃以平治天下者，百官也。故曰'臣作朕股肱耳目'，又曰'天工人其代之'。今夺百官之权而一切归之吏胥，是所谓百官者虚名，而柄国者吏胥而已。郭隗之告燕昭王曰：'亡国与役处。'吁，其可惧乎！秦以任刀笔之吏而亡天下，此固已事之明验也"（《日知录》卷八）。

顾炎武认为，天下之权归于天下之人，就要实行分封制与郡县制、中央集权与地方分权有机结合，"知封建之所以变而为郡县，则知郡县之敝而将复变。然则将复变而为封建乎？曰不能。有圣人起，寓封建之意于郡县之中，而天下治矣"。分封之弊在于诸侯权力太大，对中央构成威胁，春秋战国之际废除封建是历史的必然，"封建之废，固自周衰之日，而不自于秦也。封建之废，非一日之故也，虽圣人起，亦将变而为郡县"。郡县之弊在于中央集权和君主专制，"古之圣人以公心待天下之人，胙之土而分之国；今之君人者尽四海之内为我郡县犹不足也。人人而疑之，事事而制之，科条文簿，日多于一日；而又设之监司，设之督抚，以为如此，守令不得以残害其民矣。不知有司之官凛凛焉救过之不给，以得代为幸，而无肯为其民兴一日之利者，民乌得而不穷，国乌得而不弱？率此不变，虽千百年而吾知其与乱同事，日甚一日者矣"。今日之郡县制弊端已是登峰造极，非改革不可，"方今郡县之弊已极，而无圣人出焉。尚一一仍其故事，此民生之所以日贫，中国之所以日弱而益趋于乱也"。分封与郡县各有利弊，"封建之失，其专在下；郡县之失，其专在上"。改革是废两者之弊，兴两者之利，在中央集权与地方分权之间取得平衡，"然则尊令长之秩，而予之以生财治人之权，罢监司之任，设世官之奖，行辟属之法，所谓寓封建之意于郡县之中，而二千年以来之敝可以复振。后之君苟欲厚民生，强国势，则必用吾言矣"（《郡县论一》）。

顾炎武指出，天下之权归天下之人，还必须注重人心风俗，"论世而不考其风俗，无以明人主之功"（《日知录》卷一三）；"人君为国之存亡计者，其可不致审于民俗哉！"（《日知录》卷六）人心风俗建设不易，毁弃容易，"目击世趋，方知治乱之关必在人心风俗，而所以转移人心，整顿风俗，则教化纪纲为不可缺矣。百年必世养之而不足，一朝一夕败之而有余"（《与人书九》）。建设人心风俗，不能否定清议的作用，"天下风俗最坏之地，清议尚存，犹足以维持一二。至于清议亡而干戈至矣"。清议属于道德建设，能够对法治建设发挥辅助作用，"古之哲王所以正百辟者，既已制官刑儆于有位矣，而又为之立闾师，设乡校，存清议于州里，以佐刑罚之穷。'移之郊遂'，载在《礼经》；'殊厥井疆'，称于《毕命》"（《日知录》卷一三）。建设人心风俗，必须教以人伦之道，"夫子所以教人者，无非以立天下之人伦，而孝弟，人伦之本也。慎终追远，孝弟之实也。甚哉！有子、曾子之言似夫子也。是故有人伦，然后有风俗，有风俗，然后有政事，有政事，然后有国家。先王之于民，其生也，为之九族之纪，大宗小宗之属以联之；其死也，为之疏衰之服、哭泣殡葬虞附之节以送之；其远也，为之庙室之制、禘尝之礼、鼎俎笾豆之物以荐之；其施之朝廷，用之乡党，讲之庠序，无非此之为务也。故民德厚而礼俗成，上下安而暴慝不作"（《华阴王氏宗祠记》）。建设人心风俗，必须坚持礼教传统，"自今以往，以著书传后学，以勤俭率子弟，以礼俗化乡人，数年之后，叔度、彦方之名，翕然于关右，岂玉堂诸子之所敢望哉"；反对忽视礼教，"今之讲学者甚多，而平居雅言无及之者。值此人心陷溺之秋，苟不以礼，其何以拨乱而返之正乎？"（《答汪苕文》）

顾炎武留名后世，不仅在于学问，更在于其精神和品格。他的精神是忠贞不贰，始终以明朝遗民自居，誓死不仕清朝，"戊午大科诏下，诸公争欲致之。先生豫令诸门人之在京者辞曰：'刀绳具在，无速我死。'"（《亭林先生神道表》）他的品格是生平律己甚严，有一次外甥徐乾学兄弟请他吃饭，入座不久，顾炎武便起还寓。大家劝其终席张灯送还，他严正地说："古人饮酒卜昼不卜夜。世间惟淫奔、纳贿二者皆夜行之，岂有正人君子而夜行者乎！"（江藩《国朝汉学师承记》卷八）顾炎武将为学与做人紧密结合，以致梁启超赞叹："我生平最敬慕亭林先生为人"，"至于他的感化力所以能历久常新者，不徒在其学术之渊粹，而尤在其人格之崇峻"①。

---

① 　梁启超著：《中国近三百年学术史》，中华书局2020年版，第113、129页。

第四节 戴震

戴震（公元1724—1777年）是清朝思想家和著名的考据学家。他精于考据，也精于义理，"仆自十七岁，有志闻道。谓非求之六经孔孟不得，非从事于字义、制度、名物，无由以通其语言……为之卅余年，灼然知古今治乱之源在是"（《与段若膺论理书》）。戴震看重的是思想家身份，"仆生平论述最大者，以《孟子字义疏证》一书。此正人心之要"（《与段玉裁书》）。然而，历史开了个玩笑，戴震留名青史的却是考据学家身份，"经之至者，道也。所以明道者，其词也。所以成词者，未有能外小学文字者也。由文字以通乎语言，由语言以通乎古圣贤之心志"（《古经解钩沉序》）。钱穆不无遗憾地说："可惜东原在当时，是一位最受人崇敬的考据学家，那时经学考据学风正如日方中，而东原言义理三书……并未为其同时及后学所看重。东原在思想史上，也是及身而止，并无传人。"①

一、其人其事

史书有戴震传，侧重于记录其学问学术。"戴震，字东原，

---

① 钱穆著：《中国思想史》，九州出版社2012年版，第268页。

休宁人"(《清史稿·戴震传》),因出生那天雷声震天,取名为震。他自幼聪明,过目成诵,"读书好深湛之思,少时塾师授以《说文》,三年尽得其节目"。10岁受《大学章句》至"右经一章",反复追问塾师,既要知其然,又要知其所以然,表现出严谨的治学精神和考据意识,"问其塾师曰:'此何以知为孔子之言而曾子述之?又何以知为曾子之意而门人记之?'师应之曰:'此先儒朱子所注云尔。'又问:'朱子何时人?'曰:'南宋。'又问:'孔子、曾子何时人?'曰:'东周。'又问:'周去宋几何时?'曰:'几二千年。'又问:'然则朱子何以知其然?'师无以应"(《戴东原先生墓志铭》)。年轻时好学,"年十六七,研精注疏,实事求是,不主一家"(《清史稿·戴震传》)。

他师从名家,成绩优异,"与郡人郑牧、汪肇龙、方矩、程瑶田、金榜从婺源江永游,震出所学质之永,永为之骇叹"。江永精通三礼,旁通天文地理以及音韵之学,戴震全部学习掌握,"永精《礼》经及推步、钟律、音声、文字之学,惟震能得其全"(《清史稿·戴震传》)。跟随江永后,戴震广泛交友,"与吴县惠栋、吴江沈彤为忘年友";性格耿直,学业精进,"性特介。年二十八补诸生,家屡空,而学日进"。在筹算、名物、训诂研究方面成果丰硕,先后著有《筹算》《考工记图注》《勾股割圜记》以及《六书论》《尔雅文字考》《屈原赋注》《毛诗补传》。乾隆十九年,避难入京,学者相重,"以避仇入都,北方学者如献县纪昀、大兴朱筠,南方学者如嘉定钱大昕、王鸣盛,余姚卢文弨,青浦王昶,皆折节与交"。钱大昕推荐其协助礼部高官著书,"尚书秦蕙田纂《五礼通考》,震任其事焉"。《勾股割圜记》在秦蕙田的帮助下全文刊载,纪昀则帮助他刻印《考工记图注》,戴震由此名震京师。二十一年,戴震为吏部尚书王安国之子王念孙授课,王念孙后来成为最知名的学生。二十二年,戴震自京南下,与惠栋交游。惠栋是吴派大师，戴震是皖派大师，两人交游具有学术意义，拓展了戴震的视野和思路。惠栋学识渊博，崇尚汉学，"汉人通经有家法，故有五经师。训诂之学，皆师所口授，其后乃著竹帛。所以汉经师之说，立于学宫，与经并行。五经出于屋壁，多古字古言，非经师不能辨"（《九经古义·述首》）。而戴震学问精于惠栋，"戴学所以异于惠学者，惠仅淹博，而戴则识断且精审也。章炳麟曰：'戴学分析条理，彡密严瑮，上溯古义，而断以己之律令。'"①

戴震科举不顺，"乾隆二十七年，举乡试"；二十八年会试落第，前往江西瑞州，撰著《凤仪书院碑记》；三十三年，应直隶总督方观承之聘，前往河北保定，撰著《直隶河渠书》。三十四年，会试落第，前往山西被聘修《汾州府志》；三十六年，又不第，继续修《汾阳县志》。三十七年，自汾阳入京，会试又不中，前往浙东金华书院讲学，开始撰著《孟子字义疏证》。三十八年，由于四库馆总裁于敏中推荐，受诏入京任《四库全书》纂修官，"诏开四库馆，征海内淹贯之士司编校之职，总裁荐震充纂修"。同年，戴震第六次参加会试落第。此后在乾隆四十年终于恩推及第，"四十年，特命与会试中式者同赴殿试，赐同进士出身，改翰林院庶吉士"。四库馆纂修期间，戴震负责天文地理算学书籍以及语言文字类书籍的校勘，经常为同行释疑解惑，"震以文学受知，出入著作之庭。馆中有奇文疑义，辄就咨访"。戴震履职尽责，废寝忘食，"震亦思勤修其职，晨夕披检，无间寒暑。经进图籍，论次精审"，从《永乐大典》辑出《仪礼识误》三卷，将《仪礼集释》厘订为三十卷，还把散见于《永乐大典》各部的《九章算术》《海岛算经》《孙子算经》《五曹算经》《夏侯阳算经》

---

① 梁启超著：《清代学术概论》，中华书局2016年版，第55页。

等算学书籍辑出，各加按语，写出提要，列入《四库全书》。"所校《大戴礼记》《水经注》尤精核。又于《永乐大典》内得《九章》《五曹算经》七种，皆王锡阐、梅文鼎所未见。震正讹补脱以进，得旨刊行。四十二年，卒于官，年五十有五。"校勘《水经注》，归纳出订正经、注的三原则，得到乾隆帝褒扬，死"后十余年，高宗以震所校《水经注》问南书房诸臣曰：'戴震尚在否？'对曰：'已死。'上惋惜久之"（《清史稿·戴震传》）。

　　史书记载戴震的学术学问，集中在考据方面，也是其所以至道的学问，"震为学精诚解辨，每立一义，初若创获，乃参考之，果不可易。大约有三：曰小学，曰测算，曰典章制度"。在小学方面，"有《六书论》三卷，《声韵考》四卷，《声类表》四卷，《方言疏证》十卷"。戴震的贡献在于重现转注之学，"汉以后转注之学失传，好古如顾炎武，亦不深省。震谓：'指事、象形、谐声、会意四者为书之体，假借、转注二者为书之用。一字具数用者为假借，数字共一用者为转注。初、哉、首、基之皆为始，邛、吾、台、予之皆为我，其义转相注也。'"贡献在于恢复古音，"自汉以来，古音浸微，学者于六书之故，靡所从入。顾氏《古音表》，入声与《广韵》相反。震谓：'有入无入之韵，当两两相配，以入声为枢纽。真至仙十四韵，与脂、微、齐、皆、灰五韵同入声；东至江四韵及阳至登八韵，与支、之、佳、咍、萧、宵、肴、豪、尤、侯、幽十一韵同入声；浸至凡九韵之入声，则从《广韵》，无与之配。鱼、虞、模、歌、戈、麻六韵，《广韵》无入声，今同以铎为入声，不与唐相配。而古音递转及六书谐声之故，胥可由此得之。'皆古人所未发"。在测算方面，有"《原象》一卷、《迎日推策记》一卷、《句股割圜记》三卷、《历问》一卷、《古历考》二卷、《续天文略》三卷、《策算》一卷"。戴震的贡献在于纠正人们的误解，"自汉以来，畴人不知有黄极，西人入中国，始云赤道极之外又有黄道极，是为七政恒星右旋之枢，诧为《六经》所未有"。戴震指出，中国古代已认识黄极，还形成了黄极的观念。换言之，黄极观念并非由西方输入，"西人所云赤极，即《周髀》之正北极也，黄极即《周髀》之北极璇玑也。《虞书》'在璇玑玉衡，以齐七政'，盖设璇玑以拟黄道极也。黄极在柱史星东南，上弼、少弼之间，终古不随岁差而改。赤极居中，黄极环绕其外，《周髀》固已言之，不始于西人也"（《清史稿·戴震传》）。

在典章制度方面，"震所著典章制度之书未成。有《诗经二南补注》二卷、《毛郑诗考》四卷、《尚书义考》一卷、《仪经考正》一卷、《考工记图》二卷、《春秋即位改元考》一卷、《大学补注》一卷、《中庸补注》一卷、《孟子字义疏证》三卷、《尔雅文字考》十卷、《经说》四卷、《水地记》一卷、《水经注》四十卷、《九章补图》一卷、《屈原赋注》七卷、《通释》三卷、《原善》三卷、《绪言》三卷、《直隶河渠书》一百有二卷、《气穴记》一卷、《藏府算经论》四卷、《葬法赘言》四卷、《文集》十卷"（《清史稿·戴震传》）。一般认为，戴震的典章制度可分为考据与义理两个部分，《原善》《绪言》和《孟子字义疏证》属于义理之书和至道之书，不是考据之书和所以至道之书，"皆标举古义，以刊正宋儒，所谓由故训而明理义者，盖先生至道之书"（凌廷堪《戴东原先生事略状》）。钱穆认为，"晚明儒，始正式要从个人心性转移到身世事功。船山、习斋可作代表。然那时早已在满洲部族政权高压之下，此派思潮无法畅流，以下便转入博古考据的道路。到乾、嘉时代，算戴东原还能在思想上重申前绪。东原思想，还是与王、颜相似，这是清代思想界一大趋向，无人可以自外。东原思想备见于其所著《原善》《绪言》《孟子字义疏证》之三书"[1]。《孟

---

① 钱穆著：《中国思想史》，九州出版社2012年版，第257页。

子字义疏证》是戴震最主要的义理之作，集中反映其反理学的思想。

戴震的学术学问实际是考据之学与义理之学并重，两者有着密切联系，"震之学，由声音、文字以求训诂，由训诂以寻义理。谓：'义理不可空凭胸臆，必求之于古经。求之古经而遗文垂绝，今古悬隔，必求之古训。古训明则古经明，古经明则贤人圣人之义理明，而我心之同然者，乃因之而明。义理非他，存乎典章制度者也。彼歧古训、义理而二之，是古训非以明义理，而义理不寓乎典章制度，势必流入于异学曲说而不自知也。'"（《清史稿·戴震传》）由于戴震既重考据又重义理，后人研究总结其学术学问，大都提出"分期说"，共同勾勒出的形象是早年致力于考据研究，晚年始进行义理探究，"先生之为学，自其早岁稽古综核，博闻强识，而尤长于论述。晚益窥于性与天道之传，于老、庄、释氏之说，入人心最深者，辞而辟之，使与《六经》、孔孟之书截然不可以相乱。盖其学之本末次第，大略如此"（洪榜《戴先生行状》）。戴震早年与晚年的学术分期是客观存在，大都没有异义。异义在于早年与晚年的学术价值取向，是否存在着早年拥护程朱理学，晚年反对程朱理学，从而使得"考据学家戴东原与思想家戴东原之间始终存在着一种矛盾紧张的状态"①。有的为了维护戴震，故意淡化其价值取向，认为戴震义理之学只是考据之学的延伸和继续，"夫戴氏论性道，莫备于其论《孟子》之书，而所以名其书者曰《孟子字义疏证》焉耳。然则非言性命之旨也，训故而已矣，度数而已矣"（江藩《国朝汉学师承记》卷六）。甚至提出让后人去评价其义理之学的价值取向，"理义固先生晚年极精之诣，非造其境者，亦无由知其是非也。其书

---

① 余英时著：《论戴震与章学诚》，生活·读书·新知三联书店2005年版，第135页。

具在，俟后人之定论云尔"（《戴东原先生事略状》）。有的坚持
考据与义理两不相涉的立场，主张《孟子字义疏证》"可不必载。
性与天道不可得闻，何图更于程朱之外复有论说乎，戴氏所可传
者不在此"（《国朝汉学师承记》卷六）。

　　反对者均肯定戴震考据学，批评其义理之学。翁方纲认为：
"近日休宁戴震，一生毕力于名物象数之学，博且勤矣，实亦考
订之一端耳。乃其人不甘以考订为事，而欲谈性道以立异于程
朱"；"反目朱子性即理也之训，谓入于释、老真宰真空之说，竟
敢刊入文集"（《理说驳戴震作》）。章学诚比较全面地评价了戴
震，指出他背叛了朱熹，其早年的考据学问源于朱熹，"戴君学
术，实自朱子道问学而得之，故戒人以凿空言理，其说深探本
原，不可易矣"（《书朱陆篇后》）。晚年的义理思想，则是"其人
于朱子盖已饮水而忘源"（《文史通义·朱陆》）。戴震之所以背叛
朱熹，在于心术未醇，"戴君学问，深见古人大体，不愧为一代巨
儒，而心术未醇，颇为近日学者之患，故余作《朱陆》篇正之"。
戴震心术未醇，一是表现在素养不高，听不得不同意见，"及戴
著《论性》《原善》诸篇，于天人理气，实有发前人所未发者；
时人则谓空说义理，可以无作，是固不知戴学者矣。戴见时人之
识如此，遂离奇其说曰：'余于训诂、声韵、天象、地理四者，如
肩舆之隶也。余所明道，则乘舆之大人也。当世号为通人，仅堪
与余舆隶通寒温耳。'言虽不为无因，毕竟有伤雅道，然犹激于
世无真知己者，因不免于已甚耳，尚未害于义也"。二是表现在
固执于考据才能明义理，否定通过文辞明义理，"其自尊所业，
以谓学者不究于此，无由闻道。不知训诂名物，亦一端耳。古人
学于文辞，求于义理，不由其说，如韩、欧、程、张诸儒，竟不
许以闻道，则亦过矣。然此犹自道所见，欲人惟己是从，于说尚
未有欺也"。三是表现在自欺，没有知之为知之、不知为不知的

正确态度，"其于史学义例、古文法度，实无所解，而久游江湖，耻其有所不知，往往强为解事，应人之求，又不安于习故，妄矜独断。……又谓修志贵考沿革，其他皆可任意，此则识解渐入庸妄，然不过自欺，尚未有心于欺人也"。四是表现在欺人，戴震曾在宁波道署冯家执教，"故为高论，出入天渊，使人不可测识。人询班、马二史优劣，则全袭郑樵讥班之言，以谓己之创见。又有请学古文辞者，则曰：'古文可以无学而能。'""盖其意初不过闻大兴朱先生辈论为文辞不可有意求工，而实未尝其甘苦。又觉朱先生言平淡无奇，遂恢怪出之，冀耸人听，而不知妄诞至此，见由自欺而至于欺人，心已忍矣。然未得罪于名教也。"更是集中表现在得罪名教，贬低朱熹，"顾以训诂名义，偶有出于朱子所不及者，因而丑贬朱子，至斥以悖谬，诋以妄作，且云：'自戴氏出，而朱子徼幸为世所宗，已五百年，其运亦当渐替。'此则谬妄甚矣"（《书朱陆篇后》）。戴震是不幸的，后世褒贬不一，毁誉参半；又是有幸的，其学术学问后继有人，"震卒后，其小学，则高邮王念孙、金坛段玉裁传之；测算之学，则曲阜孔广森传之；典章制度之学，则兴化任大椿传之：皆其弟子也"（《清史稿·戴震传》）。

二、唯求其是

戴震是朴学大师，朴学又称考据学。所谓考据，是研究语言和历史的一种考证方法，即根据事实考核和例证，提供可信的资料，作出一定的结论。考据方法主要是训诂、校勘和资料收集整理。乾嘉年间，朴学达到峰巅，称之为乾嘉学派。戴震是乾嘉学派的代表人物，集考据之大成，学识渊博，精通天文、历算、历史、地理和训诂，以《广韵》为底本，创立古韵九类二十五部学说和阴、阳、人对转理论。戴震考据学的主要原则是"唯求其是",唯求其是也是戴震治学的基本精神,"知十而皆非真,不若知一之为真知也"(段玉裁《娱亲雅言序》)。凌廷堪概述考据学与义理学的差异就是唯求其是,"昔河间献王实事求是。夫实事在前,吾所谓是者,人不能强辞而非之;吾所谓非者,人不能强辞而是之也;如六书、九数及典章制度之学是也。虚理在前,吾所谓是者,人既可别持一说以为非;吾所谓非者,人亦可别持一说以为是也;如理义之学是也"(《戴东原先生事略状》)。唯求其是也是戴震区别于其他学派的重要标志,"嘉定光禄王君鸣盛尝言曰:'方今学者,断推两先生,惠君之治经求其古,戴君求其是,究之,舍古亦无以为是。'王君博雅君子,故言云然。其言先生之学,期于求是,亦不易之论"(洪榜《戴先生行状》)。

清朝朴学要而言之,可分为徽派和吴派。徽派崇尚唯求其是,"江戴之学,兴于徽歙,所学长于比勘,博征其材,约守其例,悉以心得为凭。且观其治学之次第,莫不先立科条,使纲举目张,同条共贯,可谓无信不征矣"①。吴派慕古追汉,"惠派治学方法,吾得以八字蔽之,曰:'凡古必真,凡汉皆好。'其言'汉经师说与经并行',意盖欲尊之使侪于经矣。王引之尝曰:'惠定宇先生考古虽勤,而识不高,心不细,见异于今者则从之,大都不论是非。'可谓知言"②。徽派的学术成就高于吴派。戴震是徽派朴学大师,惠栋是吴派朴学大师,二人有着密切联系,"东吴惠定宇先生栋,自其家三世传经,其学信而好古……从学之士甚众。先生于乾隆乙亥岁北上京师,见惠于扬州,一见订交"(《戴先生行状》)。二人都尊崇汉学,贬低宋学,"惠、戴诸儒,为汉学大宗,已尽弃宋诠,独标汉帜矣!"(皮锡瑞《经学历史·经

① 刘师培著:《清儒得失论》,吉林出版社2017年版,第242页。
② 梁启超著:《清代学术概论》,中华书局2016年版,第47页。

学复盛时代》）均主张治学由文字、音韵入手，惠栋家法是"经之义存乎训，识字审音，乃知其义"（《清儒学案·研溪学案》）；戴震则力主"由字以通其词，由词以通其道"（《与是仲明论学书》）。钱穆甚至认为，结识惠栋是戴震由尊宋而反宋，由考据学家转变为义理学者的关节点[①]。

然而，惠栋更加尊崇汉学，乃至泥古保守，"汉有经师，宋无经师，汉儒浅而有本，宋儒深而无本。有师与无师之异，浅者勿轻疑，深者勿轻信，此后学之责"（《趋庭录》）。认为宋学犹如郢书燕说，多为穿凿附会，胡乱解释经书的片言只语，从中寻找所谓的微言大义，"郢人有遗燕相国书者，夜书，火不明，因谓持烛者曰举烛，云而过书举烛，举烛非书意也。燕相受书而说之曰举烛者，尚明也者，举贤而任之。燕相白王，大说，国大治。治则治矣，非书意也。今世学者多似此类。家君曰：宋人不好古而好臆说，故其解经皆燕相之说书也"（《郢书燕说》）。他立志复兴汉学，认为汉学更接近于孔孟之道的本来面目，且有师法家法承传，"是故古训不可改也，经师不可废也"；"余家四世传经，咸通古义"（《九经古义·述首》）。惠栋过于尊崇汉学，进而泥古不化，只知搜集材料，不知阐述义理，章学诚予以批评，"风尚所趋，但知聚铜，不解铸釜；其下焉者，则沙砾粪土，亦曰聚之而已"（《与邵二云书》）。戴震尊崇汉学，却不拘泥于汉学，重视义理作用，"有义理之学，有文章之学，有考核之学。义理者，文章、考核之源也。孰乎义理，而后能考核，能文章"。强调考据的目的是为了明义理，而不是为考据而考据，否则，就会把轿夫混作坐轿之人，"六书、九数等事，如轿夫然，所以异轿中人也。以六书、九数等事尽我，是犹误认轿夫为轿中人也"（《戴东

---

① 钱穆著：《中国近三百年学术史》，商务印书馆1997年版，第343—349页。

原集序》)。戴震是真正的考据学派。对于清朝朴学，梁启超多批评惠栋而褒扬戴震，"清代学术，论者多称为'汉学'。其实前此顾、黄、王、颜诸家所治，并非'汉学'；后此戴、段、二王诸家所治，亦并非'汉学'。其'纯粹的汉学'，则惠氏一派，洵足当之矣。夫不问'真不真'，惟问'汉不汉'，以此治学，安能通方？"①

钱大昕将戴震的治学宗旨概括为"实事求是，不偏主一家"(《戴先生震传》)，这是唯求其是的另一表述方式。在戴震看来，唯求其是，必须求得十分之见，不能停留在假设阶段，"凡仆所以寻求于遗经，惧圣人之绪言暗汶于后世也。然寻求而获，有十分之见，有未至十分之见。所谓十分之见，必征之古而靡不条贯，合诸道而不留余议，巨细毕究，本末兼察。若夫依于传闻以拟其是，择于众说以裁其优，出于空言以定其论，据于孤证以信其通，虽溯流可以知源，不目睹渊泉所导；循根可以达杪，不手披枝肄所歧，皆未至十分之见也"。因为有未至十分之见，就要破除迷信，实事求是地评价前人的著作和学说，"以此治经，失'不知为不知'之意，而徒增一惑，以滋识者之辨之也。先儒之学，如汉郑氏、宋程子、张子、朱子，其为书至详博，然犹得失中判。其得者，取义远，资理闳"；"其失者，即目未睹渊泉所导，手未披枝肄所歧者也"(《与姚孝廉姬传书》)。戴震认为，唯求其是，既要破人蔽又要破己蔽，学者当"不以人蔽己，不以己自蔽。不为一时之名，亦不期后世之名。有名之见，其蔽二：非掊击前人以自表襮，即依傍昔儒以附骥尾"。"私智穿凿者，或非尽掊击以自表襮，积非成是而无从知，先入为主而惑以终身；或非尽依傍以附骥尾，无鄙陋之心，而失与之等。"(《答郑丈用牧

---

① 梁启超著：《清代学术概论》，中华书局2016年版，第49页。

书》）破除人蔽，要立志于闻道和明道，不要迷信于前人和权威，"志存闻道，必空所依傍。汉儒训诂，有师承，有时亦傅会。晋人傅会凿空益多。宋人则恃胸臆为断，故其袭取者多谬，而不谬者反在其所弃"。"宋以来儒者，以己之见硬坐为古圣贤立言之意，而语言文字实未之知。其于天下之事也，以己所谓理强断行之，而事情原委隐曲实未能得，是以大道失而行事乖。……以自为于心无愧，而天下受其咎，其谁之咎？不知者且以躬行实践之儒归焉不疑。"（《与某书》）破除己蔽，要坚持十分之见，传信不传疑，"既深思自得而近之矣，然后知孰为十分之见，孰为未至十分之见。如绳绳木，昔以为直者，其曲于是可见也；如水准地，昔以为平者，其坳于是可见也。夫然后传其信，不传其疑，疑则阙，庶几治经不害"（《与姚孝廉姬传书》）。

戴震指出，唯求其是，既要重视考据又要重视义理。传统儒学治经无非两种方法，要么像汉朝那样偏重考据，要么像宋朝那样偏重义理，戴震则批评两种偏向，"震自愧学无所就，于前儒大师不能得所专主，是以莫之能窥测先生涯涘。然病夫六经微言，后人以歧趋而失之也。言者辄曰：有汉儒经学，有宋儒经学，一主于故训，一主于理义。此诚震之大不解也者"。批评后儒分割训诂与义理，离开训诂，义理容易流于邪说；离开义理，训诂也无所用，"彼歧故训、理义二之，是故训非以明理义，而故训胡为？理义不存乎典章制度，势必流入异学曲说而不自知，其亦远乎先生之教矣"（《题惠定宇先生授经图》）。主张训诂考据与义理相结合，治经应循序渐进，先由文字通语言，后由语言而通圣人的义理，"譬之适堂坛之必循其阶，而不可以躐等"（《古经解钩沉序》）。戴震自谓是结合了考据与义理，力避宋儒之弊，"仆自十七岁时，有志闻道，谓非求之六经、孔、孟不得，非从事于字义、制度、名物，无由以通其语言。宋儒讥训诂之学、轻语言文字，是欲渡江而弃舟楫，欲登高而无阶梯也。为之卅余年，灼然知古今治乱之源在是"（《与段若膺论理书》）。明确提出训诂与义理兼顾的观点，"所谓理义，苟可以舍经而空凭胸臆，将人人凿空得之，奚有于经学之云乎哉？惟空凭胸臆之卒无当于贤人圣人之理义，然后求之古经……然后求之故训"。训诂与义理之间存在着典章制度，训诂考据的对象是典章制度，而义理又存在于典章制度之中，通过考据弄清典章制度，也就能够明白义理，"贤人圣人之理义非它，存乎典章制度者是也。松崖先生之为经也，欲学者事于汉经师之故训，以博稽三古典章制度，由是推求理义，确有据依"（《题惠定宇先生授经图》）。

　　戴震学术学问的着力点应是训诂考据，认为汉儒训诂虽有讹误，却不能否定考据的重要性，"士生千载后，求道于典章制度而遗文垂绝。今古悬隔，时之相去殆无异地之相远，仅仅赖夫经师故训乃通，无异译言以为之传导也者，又况古人之小学亡，而后有故训，故训之法亡，流而为凿空。数百年已降，说经之弊，善凿空而已矣。虽然，经自汉经师所授受，已差违失次，其所训释，复各持异解"。反对离开经书、空谈义理，"后之论汉儒者，辄曰故训之学云尔，未与于理精而义明。则试诘以求理义于古经之外乎？若犹存古经中也，则凿空者得乎？"（《古经解钩沉序》）戴震深受顾炎武影响，主张言必有征，孤证不立，"每一事必详其始末，参以证佐，而后笔之于书，故引据浩繁，而抵牾者少"（《四库全书总目·日知录》）。余廷灿评戴震治学是"有一字不准六经，一字解不通贯群经，即无稽者不信，不信者必反复参证而后即安，以故胸中所得，皆破出《传》《注》重围，不为歧旁骈枝所惑，而壹秉古经，以求归至是"（《戴东原先生事略》）。譬如，《尚书·尧典》"光被四表，格于上下"。《孔传》释"光"为"充"，蔡沈《书集传》释"光"为"显"，众说纷纭，莫衷一是。

戴震遍阅《尔雅》《说文》《礼记》，从字形、字音、字义方面反复推敲，发现古代"横"与"桄"通用，指出"'横'转写为'桄'，'桄'误脱为'光'，故'光被四表'即'横被四表'"。又如，《诗经·周颂·敬之》是成王自戒并告诫群臣的话，《毛诗序》认定篇首为敬之之辞，是"群臣进戒嗣王也"。戴震却不以为然，"行文之体，有先言已而顺达其意者，亦有先言其意而以已承接之者，故说经贵知其文理也"（《诗经考》）。林义光受戴震启发，通过考据，认为不是群臣进戒嗣王，而是嗣王告诫群臣，"按诗言'维予小子'，又言'示我显德行'，则是嗣王告群臣，非群臣戒嗣王也"（《诗经注析》）。再如，《诗经·周南·关雎》："关关雎鸠，在河之洲。"戴震认为训诂不可因诗附会，不可缘辞生训，不可误入为考证而考证的泥沼，"雎鸠，或谓之鹗，性好峙，所谓鹗立"；"诗但兴于和鸣，不必泥其物类也"（《诗经考》）。

　　戴震的考据学具有先进性，已然迈入了现代科学的思想方法范围。具体表现为归纳法，即"论据互证"，意指在考据中尽可能全面地收集各种相关文献版本中的具体用法和相关佐证材料作为论据，相互印证，以保证其结论的准确性。戴震坚持孤例不证，即使"众说"也要辨其真伪，从音韵学角度还原古代语境，从考证角度纠正古代经典在历代传承中产生的错误，从天文历法角度解释古代经典涉及的自然现象，从历史地理学角度解读古代经典涉及的人文地理现象，整体考察，融会贯通，鲜明地显现出归纳法的思想特征。表现为公理化方法，即"心通理义"，意指以人们普遍认同的道理作为思考的出发点，由此推演出各种层次的"理"以及作为事物价值判断标准的"义"，"心之所同然者始谓之理，谓之义；则未至同然，存乎其人之意见，非理也，非义也"。戴震以公理为思考的出发点，主张分门别类研究各种事物的道理，"理者，察之而几微必区以别之名也，是故谓之分理；

在物之质，曰肌理，曰腠理，曰文理；得其分则有条不紊，谓之条理"。进而达到"就其自然，明之尽无几微之失焉"的境界。这种考据符合公理化方法的思想特征。表现为科学的数学化观念，即"由数入理"，意指通过天文历法中的测算考察"理"的基本性质和特点，"理"不是"物"而是"则"，揭示事物之间的基本关系。戴震批评程朱理学把"理"视为"有如一物"的现象，从天文历法的测算活动中意识到理就是必然，就是规律，"实体实事，罔非自然，而归于必然，天地、人物、事为之理得矣"（《孟子字义疏证》卷上）。遗憾的是，戴震囿于经学传统和直观体验思维，没有也不可能将其考据中的科学方法因素转化为现代意义上的学术研究，"无论归纳法、公理化方法还是科学数学化的观念，在他的思想体系中实际上处于'术'的位置，并没有达到基本原理或者说'道'的层次"；"戴震并没有将归纳法、公理化方法和科学的数学化观念运用到对义理之学的研究中去，而是在义理之学的观念和方法上固守经学传统，这就阻碍了他的研究活动进一步向近代科学研究范式的转化"[1]。

三、以理杀人

戴震在考据方面看不起程朱理学，在义理方面更是反对程朱理学。以理杀人是反对程朱理学的响亮口号，"酷吏以法杀人，后儒以理杀人，浸浸乎舍法而论理，死矣，更无可救矣！"（《与某书》）戴震认为，程朱理学混杂着释老思想，"盖程子朱子之学，借阶于老、庄、释氏，故仅以理之一字易其所谓真宰真空者而余无所易。其学非出于荀子，而偶与荀子合，故彼以为恶者，

---

① 王前：《从思维方式角度看戴震的考据学与科学的关系》，载《科学文化评论》2021年第3期。

此亦咎之；彼以为出于圣人者，此以为出于天。出于天与出于圣人岂有异乎！”程朱理学湮灭了孔孟之道，“《六经》、孔、孟而下，有荀子矣，有老、庄、释氏矣，然《六经》、孔、孟之道犹在也。自宋儒杂荀子及老、庄、释氏以入《六经》、孔、孟之书，学者莫知其非，而《六经》、孔、孟之道亡矣”（《孟子字义疏证》卷上。以下引用此书，均简称《疏证》）。

戴震反对程朱理学的思想集中于《疏证》，“今人无论正邪，尽以意见误名之曰理，而祸斯民，故《疏证》不得不作”（《与段若膺书》）。当有人对《疏证》反理学的观点提出异议时，戴震回信重申其反理学观点，“然仆之私心期望于足下，犹不在此。程朱以理为如有物焉，得于天而具于心，启天下后世人人凭在己之意见而执之曰理，以祸斯民。更淆以无欲之说，于得理益远，于执其意见益坚，而祸斯民益烈”（《答彭进士允初书》）。《疏证》是戴震的得意之作，肩负着构建新义理学的历史使命。戴震以道统继承者自居，欲以恢复孔孟之道，“孟子辩杨墨，后人习闻杨、墨、老、庄、佛之言，且以其言汩乱孟子之言，是又后乎孟子者之不可已也。苟吾不能知之亦已矣，吾知之而不言，是不忠也，是对古圣人贤人而自负其学，对天下后世之仁人而自远于仁也。吾用是惧，述《孟子字义疏证》三卷。韩退之氏曰：‘道于杨、墨、老、庄、佛之学而欲之圣人之道，犹航断港绝潢以望至于海也。故求观圣人之道，必自孟子始。’呜呼，不可易矣！”（《疏证序》）《疏证》引起了学界的争论和不同意见，焦循给予肯定，“循读东原戴氏之书，最心服其《孟子字义疏证》。说者分别汉学宋学，以义理归之宋。宋之义理诚详于汉，然训故明乃能识羲文周孔之义理。宋之义理，仍当以孔之义理衡之，未容以宋之义理即定为孔子之义理也”（《寄朱休承学士书》）。但更多的是批评和反对意见，方东树指责戴震混淆程朱理学对象，是异端邪说，“程朱所严辨理、欲，指人主及学人心术邪正言之，乃最吃紧本务，与民情同然好恶之欲迥别。今移此混彼，妄援立说，谓当通遂其欲，不当绳之以理，言理则为以意见杀人，此亘古未有之异端邪说"（《汉学商兑》卷上）。姚鼐甚至咒其断子绝孙，"其人生平不能为程朱之行，而其意乃欲与程朱争名，安得不为天之所恶。故毛大可、李刚主、程绵庄、戴东原率皆身灭嗣绝，此殆未可以为偶然也"（《再复简斋书》）。

人伦日用是戴震反理学的出发点，"古贤圣之所谓道，人伦日用而已矣"。在戴震看来，人伦日用与仁义礼是事物与规则的关系，人伦日用是日常的物质生活，而仁义礼是物质生活的规则，也就是社会生活所遵循的道德规范，"于是而求其无失，则仁义礼之名因之而生。非仁义礼有加于道也，于人伦日用行之无失，如是之谓仁，如是之谓义，如是之谓礼而已矣"（《疏证》卷下）。戴震认为，道不离事，理在事中，"《诗》曰：'天生烝民，有物有则；民之秉彝，好是懿德。'孔子曰：'此诗者，其知道乎！'孟子申之曰：'故有物必有则，民之秉彝也，故好是懿德。'以秉持为经常曰则，以各如其区分曰理，以实之于言行曰懿德。物者，事也；语其事，不出乎日用饮食而已矣；舍是而言理，非古贤圣所谓理也"（《疏证》卷上）。不能把事物及其规则区分为形上与形下的关系，"宋儒合仁义礼而统谓之理，视之'如有物焉，得于天而具于心'，因以此为'形而上'，为'冲膜无朕'；以人伦日用为'形而下'，为'万象纷罗'"。如果区分人伦日用与仁义礼为形上与形下关系，就会落入释老的窠臼，"盖由老、庄、释氏之舍人伦日用而别有所谓道，遂转之以言夫理"。戴震指出，由于道德源于人伦日用，仁的原则就是要关心民生和老百姓衣食住行，"仁者，生生之德也；'民之质矣，日用饮食'，无非人道所以生生者。一人遂其生，推之而与天下共遂其生，仁也"

（《疏证》卷下）。不关心民生和老百姓的衣食住行，就是不仁，"人之生也，莫病于无以遂其生。欲遂其生，亦遂人之生，仁也；欲遂其生，至于戕人之生而不顾者，不仁也"（《疏证》卷上）。人伦日用的本质是仁义礼，"就人伦日用，究其精微之极至，曰仁，曰义，曰礼，合三者以断天下之事，如权衡之于轻重，于仁无憾，于礼义不忒，而道尽矣"。而仁义礼的本质是生生之德，关心民生和老百姓衣食住行，"自人道溯之天道，自人之德性溯之天德，则气化流行，生生不息，仁也。由其生生，有自然之条理，观于条理之秩然有序，可以知礼矣；观于条理之截然不可乱，可以知义矣。在天为气化之生生，在人为其生生之心，是乃仁之为德也；在天为气化推行之条理，在人为其心知之通乎条理而不紊，是乃智之为德也。惟条理，是以生生；条理苟失，则生生之道绝。凡仁义对文及智仁对文，皆兼生生、条理而言之者也"（《疏证》卷下）。

趋利避害是戴震的人性论，也是反理学的理论基础，"凡血气之属，皆知怀生畏死，因而趋利避害；虽明暗不同，不出乎怀生畏死者同也"。在戴震看来，天地万物都由气构成，血气是人与动物的共性，"气运而形不动者，卉木是也；凡有血气者，皆形能动者也"。人与动物都趋利避害，却有着差别，人有道德情志，而动物只有知觉，"禽兽知母而不知父，限于知觉也；然爱其生之者及爱其所生，与雌雄牝牡之相爱，同类之不相噬，习处之不相啮，进乎怀生畏死矣。一私于身，一及于身之所亲，皆仁之属也；私于身者，仁其身也；及于身之所亲者，仁其所亲也；心知之发乎自然有如是。人之异于禽兽亦不在是"。即使知觉，人与动物也存在着差别，"知觉运动者，统乎生之全言之也，由其成性各殊，是以本之以生，见乎知觉运动也亦殊"（《疏证》卷中）。人与动物还表现在形体气质不同，即才的不同，"才者，人与百物各如其性以为形质，而知能遂区以别焉，孟子所谓'天之降才'是也。气化生人生物，据其限于所分而言谓之命，据其为人物之本始而言谓之性，据其体质而言谓之才。由成性各殊，故才质亦殊。才质者，性之所呈也；舍才质安睹所谓性哉"。更重要的差别是德性，人与动物的差别不在于形体，而在于德性。而且，人的形体与德性一起成长，"试以人之形体与人之德性比而论之。形体始乎幼小，终乎长大；德性始乎蒙昧，终乎圣智，其形体之长大也，资于饮食之养，乃长日加益，非复其初；德性资于学问，进而圣智，非复其初明矣"。人的德性需要通过学习才能养成，"人之初生，不食则死；人之幼稚，不学则愚。食以养其生，充之使长，学以养其良，充之至于贤人圣人"。犹如宝玉需要通过加工保养才能成器，"才虽美，譬之良玉，成器而宝之，气泽日亲，久能发其光，可宝加乎其前矣；剥之蚀之，委弃不惜，久且伤坏无色，可宝减乎其前矣"（《疏证》卷下）。

戴震认为，人性是人区别于动物的本质属性，"性者，分于阴阳五行以为血气、心知、品物，区以别焉，举凡既生以后所有之事，所具之能，所全之德，咸以是为其本，故《易》曰：'成之者性也。'"人与物的最大区别在于人有血气心知。血气心知是指人的情感与欲望，"人之血气心知，原于天地之化者也。有血气，则所资以养其血气者，声、色、臭、味是也。有心知，则知有父子，有昆弟，有夫妇，而不止于一家之亲也，于是又知有君臣，有朋友；五者之伦，相亲相治，则随感而应为喜、怒、哀、乐。合声、色、臭、味之欲，喜、怒、哀、乐之情，而人道备"。人的情与欲和性与命有着密切联系，"'欲'根于血气，故曰性也，而有所限而不可逾，则命之谓也。仁义礼智之懿不能尽人如一者，限于生初，所谓命也，而皆可以扩而充之，则人之性也"。人不能因为欲根于性而放纵欲望，也不能因为有命而不发奋努力，"谓犹云'藉口于性'耳；君子不藉口于性以逞其欲，不藉口于命之限而不尽其材"。孟子言性善，并不否认人的生理欲望，"孟子之所谓性，即口之于味、目之于色、耳之于声、鼻之于臭、四肢于安佚之为性；所谓人无有不善，即能知其限而不逾之为善，即血气心知能底于无失之为善；所谓仁义礼智，即以名其血气心知，所谓原于天地之化者之能协于天地之德也"。孟子的人性善是情与欲、性与命的统一，"此荀扬之所未达，而老、庄、告子、释氏昧焉而妄为穿凿者也"，也是宋儒不理解的地方，"后儒未详审文义，失孟子立言之指，不谓性非不谓之性，不谓命非不谓之命"（《疏证》卷中）。

戴震指出，血气心知可分为欲、情、知三个层次，"人生而后有欲，有情，有知，三者，血气心知之自然也。给于欲者，声色臭味也，而因有爱畏；发乎情者，喜怒哀乐也，而因有惨舒；辨于知者，美丑是非也，而因有好恶"。情、欲、知来源不同，"声色臭味之欲，资以养其生；喜怒哀乐之情，感而接于物；美丑是非之知，极而通于天地鬼神"。根据不同，"声色臭味之爱畏以分，五行生克为之也；喜怒哀乐之惨舒以分，时遇顺逆为之也；美丑是非之好恶以分，志虑从违为之也；是皆成性然也"（《疏证》卷下）。在欲的层面，人与动物既相同又有差别，"人与物同有欲，欲也者，性之事也"；"人与物同有欲，而得之以生也各殊"。在情的层面，人与动物既相同又有差别，"人与物同有觉，觉也者，性之能也"；"人与物同有觉，而喻大者大，喻小者小也各殊"。在知的方面，人与动物只有差别没有相同之处，"欲不失之私，则仁；觉不失之蔽，则智；仁且智，非有所加于事能也，性之德也"。人生的变化先是天地之常，"人生而静，天之性也；感于物而动，性之欲也"。"本阴阳五行以为血气心知，方其未感，湛然无失，是谓天之性，非有殊于血气心知也。是故血气者，天地之化；心知者，天地之神；自然者，天地之顺；必然者，天地之常。"进而是人物之常，"生生，仁也，未有生生而不条理者，条理之秩然，礼至著也；条理之截然，义至著也；以是见天地之常。三者咸得，天下之懿德也，人物之常也"。最高境界是天道人道合一，"是故在天为天道，在人，咸根于性而见于日用事为，为人道"（《原善》卷上）。治平天下只不过为了满足人的情与欲而已，"天下之事，使欲之得遂，情之得达，斯已矣。惟人之知，小之能尽美丑之极致，大之能尽是非之极致。然后遂己之欲者，广之能遂人之欲；达己之情者，广之能达人之情。道德之盛，使人之欲无不遂，人之情无不达，斯已矣"（《疏证》卷下）。

戴震充分论述理与欲的关系，否定程朱理学关于天理与人欲对立的观点，"循理者非别有一事，曰'此之谓理'，与饮食男女之发乎情欲者分而为二也，即此饮食男女，其行之而是为循理，行之而非为悖理而已矣"（《绪言》卷下）。在戴震看来，情和欲与理都是不可分割的，"理也者，情之不爽失也。未有情不得而理得者也。……天理云者，言乎自然之分理也。自然之分理，以我之情絜人之情，而无不得其平是也"（《疏证》卷上）。戴震坚决反对分割理与欲的关系，"理欲之分，人人能言之"；痛斥以理杀人，"尊者以理责卑，长者以理责幼，贵者以理责贱，虽失，谓之顺，卑者、幼者、贱者以理争之，虽得，谓之逆。于是下之人不能以天下之同情、天下所同欲达之于上；上以理责其下，而在下之罪，人人不胜指数。人死于法，犹有怜之者；死于理，其谁怜之"（《疏证》卷上）。也反对割裂情与理的关系，"圣人之道，使天下无不达之情，求遂其欲而天下治。后儒不知情之至于纤微无憾是谓理。而其所谓理者，同于酷吏之所谓法"（《与某书》）。戴震认为，理与欲是自然与必然的关系，欲是自然，属于人的生理需要，理是必然，属于满足人欲的行为法则，"欲者，血气之

自然，其好是懿德也，心知之自然"；"由血气之自然，而审察
之以知其必然，是之谓理义；自然之与必然，非二事也。就其自
然，明之尽而无几微之失焉，是其必然也。如是而后无憾，如是
而后安，是乃自然之极则"（《疏证》卷上）。人有欲望不可怕，
可怕的是有私心，与理对立的不是欲望，而是私心，"无私，仁
也；不蔽，智也；非绝情欲以为仁，去心知以为智也。是故圣贤
之道，无私而非无欲；老、庄、释氏，无欲而非无私；彼以无欲
成其自私者也；此以无私通天下之情，遂天下之欲者也"（《疏证》
卷下）。戴震指出，天理与人欲的关键不在于否定人欲，而在于
如何运用天理节制人欲，"天理者，节其欲而不穷人欲也。是故
欲不可穷，非不可有；有而节之，使无过情，无不及情。可谓之
非天理乎！"（《疏证》卷上）天理节制人欲，就是要去私、去偏、
去蔽，"欲之失为私，私则贪邪随之矣；情之失为偏，偏则乖戾
随之矣；知之失为蔽，蔽则差谬随之矣。不私，则其欲皆仁也，
皆礼义也；不偏，则其情必和易平恕也；不蔽，则其知乃所谓聪
明圣智也"（《疏证》卷下）。

四、气化流行

气化流行是戴震的自然观和形上思维，"道，犹行也；气化
流行，生生不息，是故谓之道。《易》曰：'一阴一阳之谓道。'洪
范：'五行，一曰水，二曰火，三曰木，四曰金，五曰土。'行亦
道之通称"（《疏证》卷中）。气化流行反映了戴震哲学思想中的
唯物倾向，认为宇宙间的人和物都是阴阳二气化生而成。由于所
得阴阳二气有曲与全的不同，人性与物性虽由气构成，却有着差
异，"天道，五行、阴阳而已矣，分而有之以成性。由其所分，
限于一曲，惟人得之也全。曲与全之数，判之于生初。人虽得乎

全，其间则有明暗厚薄，亦往往限于一曲，而其曲可全。此人性之与物性异也"。人与物差异在于人具有能动性，既能遵守又能背离自然规律和社会行为法则，"五行、阴阳者，天地之事能也，是以人之事能与天地之德协。事与天地之德协，而其见于动也亦易。与天地之德违，则遂己之欲，伤于仁而为之；从己之欲，伤于礼义而为之"（《原善》卷上）。

气化流行包括"理在气中"的本体论，"天地、人物、事为，不闻无可言之理者也"。在戴震看来，气是天地万物的本原，"古人言性，但以气禀言，未尝明理义为性，盖不待言而可知也"。当有人问："孟子专举'理义'以明'性善'，何也？"戴震明确回答，除了气为本原之外，没有任何其他本原，理也不是本原，"孟子明人心之通于理义，与耳目鼻口之通于声色臭味，咸根诸性，非由后起。后儒见孟子言性，则曰理义，则曰仁义礼智，不得其说，遂于气禀之外增一理义之性，归之孟子矣"。理就是天地万物之理，在天地万物之外没有理的存在。程朱理学把理从天地万物抽象出来，认为理在气先，主宰着气，是永恒的存在，由此颠倒了理气关系，"举凡天地、人物、事为，求其必然不可易，理至明显也。从而尊大之，不徒曰天地、人物、事为之理，而转其语曰'理无不在'，视之'如有物焉'，将使学者皓首茫然，求其物不得"。戴震认为，理是天地万物之必然和事物之规律，与天地万物紧密相连，"实体实事，罔非自然，而归于必然，天地、人物、事为之理得矣。夫天地之大，人物之蕃，事为之委曲条分，苟得其理矣，如直者之中悬，平者之中水，圆者之中规，方者之中矩，然后推诸天下万世而准"。对于天地万物之理只能遵守，不能违悖，"《易》称'先天而天弗违，后天而奉天时；天且弗违，而况于人乎，况于鬼神乎'"。只可信奉，不可怀疑，"《中庸》称'考诸三王而不谬，建诸天地而不悖，质诸鬼神而无疑，百世以俟圣人而不惑’”（《疏证》卷上）。戴震指出，天地万物之必然和事物之规律就是善，具体化为仁义礼，"善：曰仁，曰礼，曰义，斯三者，天下之大衡也"。仁是化生天地万物的原动力，礼化生万物而有条理，义化生万物而不乱秩序，"生生者，仁乎！生生而条理者，礼与义乎！何谓礼？条理之秩然有序，其著也；何谓义？条理之截然不可乱，其著也"。仁义礼既是自然界的运行规律，又是人类社会的行为法则，"上之见乎天道，是谓顺；实之昭为明德，是谓信；循之而得其分理，是谓常。道，言乎化之不已也；德，言乎不可渝也；理，言乎其详致也；善，言乎知常、体信、达顺也；性，言乎本天地之化，分而为品物者也"（《原善》卷上）。

某种意义上说，戴震不太认同理的概念，反复强调孔子和孟子很少言及理，"《六经》、孔、孟之言及传记群籍，理字不多见"。理是愚人之见和宋儒的创造，"今虽至愚之人，悖戾恣睢，其处断一事，责诘一人，莫不辄曰理者，自宋以来始相习成俗，则以理为‘如有物焉，得于天而具于心’，因以心之意见当之也"。理的概念的运用，并不是真正的以理服人，而是靠地位和权势，"于是负其气，挟其势位，加以口给者，理伸；力弱气慑，口不能道辞者，理屈。呜呼，其孰谓以此制事，以此制人之非理哉！"（《疏证》卷上）在论述理气之辨时，戴震认为，《六经》只谈气，没有谈理，"《易》言‘一阴一阳’，《洪范》言‘初一曰五行’，举阴阳，举五行，即赅鬼神；《中庸》言鬼神之‘体物而不可遗’，即物之不离阴阳五行以成形质也。由人物溯而上之，至是止矣"。理气之辨不是孔孟之道，而是宋儒的浅陋之见，"《六经》、孔、孟之书不闻理气之辨，而后儒创言之，遂以阴阳属形而下，实失道之名义也"。尤其是太极概念，宋儒与孔子的理解完全不同，"后世儒者纷纷言‘太极’，言‘两仪’，非孔子赞《易》太极两仪之本指也"。孔子的太极意指阴阳气化，太极即阴阳，是万物的本原，"孔子以太极指气化之阴阳，承上文'明于天之道'言之，即所云'一阴一阳之谓道'，以两仪四象，八卦指《易》画"。而宋儒则将阴阳理解为两仪，太极是阴阳的本原，"后世儒者以两仪为阴阳，而求太极于阴阳之所由生，岂孔子之言乎！"（《疏证》卷中）

在论述理欲之辨时，戴震指出，宋儒存天理、灭人欲，不符合孟子的本意，"孟子言'养心莫善于寡欲'，明乎欲不可无也，寡之而已"。在孔、孟那里，没有理欲之辨，只有正邪之辨。理欲之辨也是宋儒的浅陋创见，"谓'不出于正则出于邪，不出于邪则出于正'，可也；谓'不出于理则出于欲，不出于欲则出于理'，不可也。欲，其物；理，其则也。不出于邪而出于正，犹往往有意见之偏，未能得理。而宋以来之言理欲也，徒以为正邪之辨而已矣，不出于邪而出于正，则谓以理应事矣。理与事分为二而与意见合为一，是以害事"。否定人欲，必然不仁，"然使其无此欲，则于天下之人，生道穷促，亦将漠然视之"。在论述理情之辨时，戴震强调，先儒不否定情的存在，也不分割情与理的关系，"诚以弱、寡、愚、怯与夫疾病、老幼、孤独，反躬而思其情，人岂异于我！盖方其静也，未感于物，其血气心知，湛然无有失，故曰'天之性'；及其感而动，则欲出于性。一人之欲，天下人之同欲也，故曰'性之欲'。好恶既形，遂己之好恶，忘人之好恶，往往贼人以逞欲。反躬者，以人之逞其欲，思身受之之情也。情得其平，是为好恶之节，是为依乎天理。古人所谓天理，未有如后儒之所谓天理者矣"（《疏证》卷上）。宋儒浅陋，才会有理情之辨，"古人之学在行事，在通民之欲，体民之情，故学成而民赖以生。后儒冥心求理，其绳以理严于商、韩之法，故学成而民情不知，天下自此多迂儒"（《与某书》）。无论理气之辨，还是理欲、理情之辨，戴震似乎都不太认同理的概念。

为了论证气化流行，戴震全面解读了《易传》"形而上者谓之道，形而下者谓之器"。解读十分认真，做足了功课。先从文字考据入手，"古人言辞，'之谓''谓之'有异"，之谓是名称之辨，"凡曰'之谓'，以上所称解下，如《中庸》'天命之谓性，率性之谓道，修道之谓教'，此为性、道、教言之，若曰性也者天命之谓也，道也者率性之谓也，教也者修道之谓也；《易》'一阴一阳之谓道'，则为天道言之，若曰道也者，一阴一阳之谓也"。"谓之"是名实之辨，"凡曰'谓之'者，以下所称之名辨上之实，如《中庸》'自诚明谓之性，自明诚谓之教'，此非为性教言之，以性教区别'自诚明''自明诚'二者耳。《易》'形而上者谓之道，形而下者谓之器'，本非为道器言之，以道器区别其形而上形而下耳"。戴震认为，程朱理学却把"谓之"理解为"之谓"，认为形而上就是道，形而下就是器，"朱子云：'阴阳，气也，形而下者也；所以一阴一阳者，形而上者也；道即理之谓也。'朱子此言，以道之称惟理足以当之"。而且，他们还把道与器、形上与形下截然分开，"程子云：'惟此语截得上下最分明，元来止此是道，要在人默而识之。'后儒言道，多得之此"。进而使道或理脱离具体的器，成为宇宙的本原。戴震指出，道或理就是阴阳之气，只有气才是天地万物的本原，"气化之于品物，则形而上下之分也，形乃品物之谓，非气化之谓。《易》又有之：'立天之道，曰阴曰阳。'直举阴阳，不闻辨别所以阴阳而始可当道之称，岂圣人立言皆辞不备哉？一阴一阳，流行不已，夫是之谓道而已"。道与器不过是气化生天地万物前后两个互相联系的阶段，形而上之道，是万物成形之前的混沌状态；形而下之器，是万物成形之后的客观世界，"形谓已成形质，形而上犹曰形以前，形而下犹曰形以后。阴阳之未成形质，是谓形而上者也，非形而下明矣。器言乎一成而不变，道言乎体物而不可遗。不徒阴阳非形而下，如五行水火木金土，有质可见，固形而下也，器也；其五行之气，人物咸禀受于此，则形而上者也"（《疏证》卷中）。

气化流行也包括"生生不息"的宇宙论，"道，犹行也"，"阴阳五行，道之实体也"。在戴震看来，道不离气，气必流行，道就是阴阳五行之气循环往复不断地运行演变，化生为自然界和人类社会，"举阴阳则赅五行，阴阳各具五行也；举五行即赅阴阳，五行各有阴阳也。《大戴礼记》曰：'分于道谓之命，形于一谓之性。'言分于阴阳五行以有人物，而人物各限于所分以成其性"。戴震认为，自然界和人类社会都是气化流行的结果。气化生物生人，是从一本之气到自然万殊的过程，"阴阳五行之运而不已，天地之气化也，人物之生生本乎是，由其分而有之不齐，是以成性各殊"。在气化流行过程中，阴阳五行不断杂糅，分而不齐，产生了不同事物，各具特殊性以区别于其他事物，构成丰富多彩的自然界和千姿百态的人类社会，"气化生人生物以后，各以类滋生久矣。然类之区别，千古如是也，循其故而已矣。在气化曰阴阳，曰五行，而阴阳五行之成化也，杂糅万变，是以及其流形，不特品物不同，虽一类之中又复不同。凡分形气于父母，即为分于阴阳五行，人物以类滋生，皆气化之自然"。戴震指出，人类社会和自然界虽然都是气化流行的结果，却有着本质的不同，这就是人有血气心知。阴阳五行之气是道的实体，人从阴阳五气分得的血气心知，是性的实体。血气心知属于气禀气质范畴，是人之为人的标准，"阴阳五行，道之实体也；血气心知，性之实体也。有实体，故可分；惟分也，故不齐。古人言性惟本于天道如是"（《疏证》卷中）。

气化流行还包括"血气心知"的认识论，"有血气，则有心知，有心知，则学以进于神明，一本然也"。在戴震看来，阴阳之气是人的认识基础，"阳之精气曰神，阴之精气曰灵，神灵者，品物之本也"。血气属于感性认识，心知属于理性认识，"血气心知，有自具之能：口能辨味，耳能辨声，目能辨色，心能辨夫理义。味与声色，在物不在我，接于我之血气，能辨之而悦之；其悦者，必其尤美者也。理义在事情之条分缕析，接于我之心知，能辨之而悦之；其悦者，必其至是者也"。感性认识与理性认识是神与灵、施与受的关系，"盖耳之能听，目之能视，鼻之能臭，口之知味，魄之为也，所谓灵也，阴主受者也；心之精爽，有思辄通，魂之为也，所谓神也，阳主施者也。主施者断，主受者听，故孟子曰：'耳目之官不思，心之官则思。'是思者，心之能也"。感性认识具有现实性，必须上升为理性认识，才能把握事物的本质，"精爽有蔽隔而不能通之时，及其无蔽隔，无弗通，乃以神明称之"。戴震认为，人的认识犹如火光之照，具有局限性和差异性，不仅有大小、远近之别，"凡血气之属，皆有精爽。其心之精爽，巨细不同，如火光之照物，光小者，其照也近，所照者不谬也，所不照斯疑谬承之，不谬之谓得理；其光大者，其照也远，得理多而失理少"。而且有明暗之别，"且不特远近也，光之及又有明暗，故于物有察有不察；察者尽其实，不察斯疑谬承之，疑谬之谓失理。失理者，限于质之昧，所谓愚也"。无论远近还是明暗，最后获得的认识结果都存在着差异。

戴震指出，人的先天认识能力只存在着微小差异，"以心知言，昔者狭小而今也广大，昔者暗昧而今也明察，是心知之得其养也，故曰：'虽愚必明。'"人的认识能力依靠后天的培养，如果重视培养，就会由愚转智，"人之血气心知，其天定者往往不齐，得养不得养，遂至于大异。苟知问学犹饮食，则贵其化，不贵其不化。记问之学，入而不化者也。自得之，则居之安；资之深，取之左右逢其源，我之心知，极而至乎圣人之神明矣"。培养途径是学习，"惟学可以增益其不足而进于智，益之不已，至乎其极，如日月有明，容光必照，则圣人矣。此《中庸》'虽愚必明'，《孟子》'扩而充之之谓圣人'"。培养的目的是升华为理性认识，达到心之神明，"神明之盛也，其于事靡不得理，斯仁义礼智全矣。故理义非他，所照所察者之不谬也。何以不谬？心之神明也"。心之神明，是人区别于动物的重要标志，"人之异于禽兽者，虽同有精爽，而人能进于神明也。理义岂别若一物，求之所照所察之外；而人之精爽能进于神明，岂求诸气禀之外哉！"戴震强调，判断认识正确与否的标准是同然和大家的共识，"心之所同然始谓之理，谓之义；则未至于同然，存乎其人之意见，非理也，非义也。凡一人以为然，天下万世皆曰'是不可易也'，此之谓同然"。同然和共识属于主观范畴，虽没有看到客观实践的作用，却有着反对一言堂和个人专断的积极意义。阻碍正确认识的是私和蔽，"天下古今之人，其大患，私与蔽二端而已。私生于欲之失，蔽生于知之失"（《疏证》卷上）。获得正确认识，必须去私去蔽，"去私莫如强恕，解蔽莫如学"（《原善》卷下）。

"满招损，谦受益，时乃天道。"（《尚书·大禹谟》）戴震的为学为人有很多启示，最大的启示就是为人要低调，谦虚谨慎。戴震在考据和义理方面都有一番成就，奈何当时及后世骂名不绝于耳。原因之一是其为人张扬，狂妄自负。当时之江藩评价："东原毅然以第一人自居。"（《国朝汉学师承记》卷三）王鸣盛认为："吉士为人，信心自是，眼空千古。"（《蛾术编·记录四》）后世王国维评价"东原学问才力固自横绝一世，然其自视过高，骛名亦甚"（《聚珍本戴校水经注跋》）；余嘉锡认为"戴氏虽经学极精，而其为人专己自信"（《四库提要辨证》）。戴震之事迹昭示学者，不仅要做好学问，而且要把人做好，更要重视修养谦虚低调的品格。

第五节　曾国藩

　　曾国藩（公元1811—1872年）是晚清理学家和政治家。尽管他是洋务运动创始人，却固守传统文化，没有学习汲取西方学术思想养分，迈入近代文化范围，"读经、读史、读专集、讲义理之学，此有志者万不可易者也"（《致诸位老弟书》）。尽管曾国藩是程朱理学的忠实信徒，却没有囿于儒学范畴，而是一生三变，"其学问初为翰林词赋"；"在京官时，以程朱为依归，至出而办理团练军务，又变而为申韩。尝自称欲著挺经，言其刚也。咸丰七年，在江西军中丁外艰，闻讣奏报后，即奔丧回籍，朝议颇不为然。左恪靖在骆文忠幕中，肆口诋毁，一时哗然和之，文正亦内疚于心，得不寐之疾。予荐曹镜初诊之，言其岐黄可医身病，黄老可医心病，盖欲以黄老讽之也"；"此次出山后，一以柔道行之，以至成此巨功，毫无沾沾自喜之色"（欧阳兆熊、金安清《水窗春呓》卷上）。尽管曾国藩没有学术思想的创新和建树，却是传统文化的忠实践行者，应当在学术思想史上占据一席之地。

一、其人其事

　　史书以高官大臣身份为曾国藩作长篇传记，"曾国藩，初名子城，字涤生，湖南湘乡人"。其出身既不是官宦之家，也不是书香门第，而是普通的农民家庭。祖父曾玉屏文化少而有见识，父亲曾麟书长期从事私塾教育，二人对曾国藩影响较大，"家世农。祖玉屏，始慕向学。父麟书，为县学生，以孝闻"（《清史稿·曾国藩传》）。其中祖父影响最大，他平时神情威严，一家人都惧怕，却赋予曾国藩强者品格，"古来豪杰皆以此四字为大忌。吾家祖父教人，亦以懦弱无刚四字为大耻。故男儿自立，必须有倔强之气"（《致沅弟》）。父亲43岁考取秀才，是一个落寞的文弱书生，受到祖父斥责时，能够保持和颜悦色，"其责府君也尤峻，往往稠人广坐，壮声诃斥；或有所不快于他人，亦痛绳长子。竟日嘻嘻，诘数愆尤。间作激宕之辞，以为岂少我耶？举家耸惧，府君则起敬起孝，屏气负墙，蹴踖徐进，愉色如初"（《台洲墓表》）。而于曾国藩，则教以耕读，寄予厚望，撰联"有子孙有田园，家风半耕半读，但以箕裘承祖泽；无官守无言责，世事不闻不问，且将艰巨付儿曹"（《苌楚斋三笔》卷五）。

史书重点记载曾国藩事功，没有记载其成长经历。曾国藩的成长过程富有传奇色彩，早年科考并不顺利。由于父亲是塾师，曾国藩入学较早，五岁启蒙，六岁进家塾。他天赋不高，有一次在家夜读，一篇短文读了多遍，也背不下来。一个小偷正想等其入睡后行窃，实在憋不住了，只能跳进屋子说这么笨还读什么书，却将短文背诵一遍，扬长而去。这件事固然是传说，但天赋不高却得到了曾国藩的印证，"国藩愚陋，自八岁侍府君于家塾，晨夕讲授，指画耳提，不达则再诏之，已而三复之；或携诸途，呼诸枕，重叩其所宿惑者，必通彻乃已"（《台洲墓表》）。府试也加以佐证，曾国藩先后七次参加府试，均名落孙山。道光十三年即1833年，才勉强考取秀才，还是倒数第二名。道光十二年府试，曾国藩遭遇人生第一次重大挫折，被湖南省学政悬牌批评其考卷浅薄，只能以佾生注册，中了"半个秀才"，"第一次壬辰年发佾生，学台悬牌，责其文理之浅"（《致沅弟》）。道光十四年，参加乡试，考取第三十七名举人；次年参加会试，连续两次落榜。道光十八年，时来运转，再次参加会试，终于以第三十八名成功登第；殿试位列三甲第四十二名，赐同进士出身。尤其是朝考，作《顺性命之理论》，发挥出色，得一等第三名。道光帝喜欢其文，文章依据程朱理学较好地阐述了人在天地之中应取的态度，拔为第二名。五月初二日引见，改翰林院庶吉士。从此踏上了仕宦之途，开始了为期12年的京官生涯。

曾国藩的仕途一帆风顺。自道光十八年即1838年会试及第，此后十年七迁，从七品一直升至二品，"国藩，道光十八年进士。二十三年，以检讨典试四川，再转侍读，累迁内阁学士、礼部侍郎，署兵部"（《清史稿·曾国藩传》）。道光二十年，散馆考试，名列二等十九名，授翰林院检讨。道光二十三年，钦命四川乡试正考官；八月，补授翰林院侍讲；十二月，充文渊阁校理。二十四年，转补翰林院侍读。二十五年三月，任会试同考官；五月，升詹事府右春坊右庶子；九月，转补左庶子，升翰林院侍讲学士；十二月，补日讲起居注官。二十六年，充文渊阁直阁事。二十七年，大考二等，升任内阁学士，兼礼部侍郎衔。二十八年，稽察中书科事务。二十九年正月，授礼部右侍郎；六月署兵部左侍郎。次年六月，署工部左侍郎。对于仕途顺遂，曾国藩不是欣喜若狂，而是诚惶诚恐，"孙荷蒙皇上破格天恩，升授内阁学士兼礼部侍郎衔。由从四品骤升二品，超越四级，迁擢不次，惶悚实深"（《与祖父书》）。

仕途顺遂的原因不在于圆滑世故，更不在于阿谀奉承，而在于理学滋养。道光二十年，曾国藩逛京城琉璃厂，购得一套《朱子全书》，进而与程朱理学结下终身之缘。为了捍卫程朱理学，他批判陆王心学，"自陆象山氏以本心为训，而明之余姚王氏乃颇遥承其绪。其说主于良知。谓'吾心自有天则，不当支离而求诸事物'。夫天则诚是也，目巧所至，不继之以规矩准绳，遂可据乎？"（《书〈学案小识〉后》）更是批判致良知思想，"今王氏之说，曰'致良知'而已，则是任心之明，而遂曲当乎万物之分，果可信乎？""今乃以即物穷理为支离，则是吾心虚悬一成之知于此，与凡物了不相涉，而谓皆当乎物之分，又可信乎？"（《答刘孟容》）他批判乾嘉学派以汉学矫宋学之空疏，是"名目自高，诋毁日月，亦变而蔽者也"。对于"诸儒务为浩博，惠定宇戴东原之流，钩研诂训，本河间献王'实事求是'之旨，薄宋儒为空疏"，曾国藩很不以为然，"夫所谓'事'者非'物'乎？'是'者非'理'乎？'实事求是'非即朱子所称'即物穷理'者乎？"（《书〈学案小识〉后》）

在于师友扶持。京官之前，曾国藩只是一个普通农家子弟，交友范围狭窄，格局和眼界皆有限。入京为官进入翰林院，曾国藩结交了许多新朋友，多为气质不俗之士，"京师为人文渊薮，不求则无之，愈求则愈出。近来闻好友甚多"。往来揖让，每每领略清风逸气，"余之益友，如倭艮峰之瑟僴，令人对之肃然。吴竹如、窦兰泉之精义，一言一事，必求至是。吴子序、邵蕙西之谈经，深思明辨。何子贞之谈字，其精妙处，无一不合，其谈诗尤最符契"。"冯树堂、陈岱云之立志，汲汲不遑，亦良友也。镜海先生，吾虽未尝执贽请业，而心已师之矣。"交友不是为了图取虚名，而是为了提升自己，"予不欲先去拜别人，恐徒标榜虚声。盖求友以匡己之不逮，此大益也；标榜以盗虚名，是大损也。天下有益之事，即有足损者寓乎其中，不可不辨"。京城之友确有大益，他们帮助和促进曾国藩开阔眼界，"兄少时天分不甚低，厥后日与庸鄙者处，全无所闻，窃被茅塞久矣。及乙未到京后，始有志学诗、古文并作字之法，亦泊无良友"。"现在朋友愈多，讲躬行心得者则有镜海先生、艮峰前辈、吴竹如、窦兰泉、冯树堂，穷经知道者则有吴子序、邵蕙西，讲诗文字而艺通于道者则有何子贞，才气奔放则有汤海秋，英气逼人、志大神静则有黄子寿；又有王少鹤、朱廉甫、吴莘畬、庞作人，此四君者……虽所造有浅深，要皆有志之士，不甘居于庸碌者也。"他们帮助和促进曾国藩学问精进，"近年得一二良友，知有所谓经学者、经济者，有所谓躬行实践者。始知范韩可学而至也，马迁、韩愈亦可学而至也，程朱亦可学而至也"。他们帮助和促进曾国藩立志自新，"慨然思尽涤前日之污，以为更生之人，以为父母之肖子，以为诸弟之先导"（《致诸位老弟书》）。

在于修身磨炼。曾国藩入京后立下学作圣人之志，"君子之立志也，有民胞物与之量，有内圣外王之业，而后不忝于父母之生，不愧为天地之完人。故其为忧也，以不如舜不如周公为忧也，以德不修学不讲为忧也"。学作圣人的方法是"日课"制度。所谓日课，即每天从起床到睡觉，都要以圣人标准要求自己，时时刻刻监督检查自己的一言一行。日课有十二条内容，一是主静：无事时整齐严肃，心如止水；应事时专一不杂，心无旁骛。二是静坐：每日须静坐，体验静极生阳来复之仁心，正位凝命，如鼎之镇。三是早起：黎明即起，决不恋床。四是读书不二：书未看完，决不翻看其他，每日须读十叶。五是读史：每日至少读《二十三史》十叶，即使有事亦不间断。六是谨言：出言谨慎，时时以"祸从口出"为念。七是养气：气藏丹田，修身养性。八是保身：节劳节欲节饮食，随时将自己当作养病之人。九是日知其所亡：每日记下茶余偶读一篇，分为德行门、学问门、经济门、艺术门。十是月无忘所能：每月作诗文数首，不可一味耽搁，否则最易溺心丧志。十一是作字：早饭后习字半小时，凡笔墨应酬，皆作为功课看待，决不留待次日。十二是夜不出门：临功疲神，切戒切戒。日课十二条律己甚严，近乎自戕。学作圣人的标志是向倭仁学习，坚持记日记。倭仁是"每日有日课册，一日之中一念之差、一事之失、一言一默，皆笔之于书。书皆楷字，三月则订一本。自乙未年起，今三十本矣。盖其慎独之严，虽妄念偶动，必即时克治，而著之于书"。曾国藩"自十月初一日起，亦照艮峰样，每日一念一事皆写之于册，以便触目克治，亦写楷书"（《致诸位老弟书》）。曾国藩每天都记日记，积极内省和躬行，逝世前四天写道："余精神散漫已久，凡遇应了结之件，久不能完；应收拾之件，久不能检，如败叶满山，全无归宿。通籍三十余年，官至极品，而学业一无所成，德行一无可许：老大徒伤，不胜悚惶惭赧！"

在于忠诚直谏。"咸丰初，广西兵事起，诏群臣言得失。奏陈今日急务，首在用人，人才有转移之道，有培养之方，有考察之法。上称其剀切明辨。"忠诚直谏是敢于批评君主。咸丰元年五月，"深痛内外臣工诒谀欺饰，无陈善责难之风。因上《敬陈圣德预防流弊》一疏，切指帝躬"（《清史稿·曾国藩传》）。奏疏语词激烈，锋芒直指咸丰皇帝，批评他苟于小节，疏于大计，"臣每于祭祀侍仪之顷，仰瞻皇上对越肃雍，跬步必谨，而寻常莅事，亦推求精到，此敬慎之美德也。而辨之不早，其流弊为琐碎，是不可不预防"。批评他徒尚文饰，不求实际，"又闻皇上万几之暇，颐情典籍；游艺之末亦法前贤，此好古之美德也。而辨之不细，其流弊徒尚文饰，亦不可不预防"。批评他出尔反尔，刚愎自用，"臣又闻皇上娱神淡远，恭己自怡，旷然若有天下而不与焉者，此广大之美德也。然辨之不精，亦恐厌薄恒俗而长骄矜之气，尤不可以不防"。奏疏结尾有点警告味道，意指如果不听谏言，将会骄矜处世，不喜欢直言者，而喜欢奸佞之臣，"昔禹戒舜曰：'无若丹朱傲。'周公戒成王曰：'无若殷王受之迷乱。'舜与成王，何至如此！诚恐一念自矜，则直言日觉其可憎，佞谀日觉其可亲，流弊将靡所底止。臣之过虑，实类乎此"（《敬陈圣德三端预防流弊疏》）。据野史记载，咸丰看到奏疏后，十分恼怒，将其扔在地上，声言要撤职严办曾国藩，幸亏左右大臣规劝，才没有给予处分，却写下大段文字为自己辩解。忠诚直谏是敢于为民请命。同年十二月，曾国藩又"奏为备陈民间疾苦，仰副圣主爱民之怀事"。一是反映赋税问题，"银价太昂，钱粮难纳也"，造成"百姓怨愤，则抗拒而激成巨案"。"虽闾阎不无刁悍之风，亦由银价之倍增，官吏之浮收，差役之滥刑，真有日不聊生之势。"二是反映治安问题，"盗贼太众，良民难安也"，而官府却是隐瞒案件，"或报盗而不获，则按限而参之；或上司好粉饰，则目为多事而斥之。不如因循讳饰，反得晏然无事"，导致"愈酿愈多，盗贼横行，而良民更无安枕之日"。三是反映司法问题，"冤狱太多，民气难伸也"。司法腐败，使得"一家久讼，十家破产，一人沉冤，百人含痛，往往有纤小之案，累年不结，颠倒黑白，老死囹圄，令人闻之发指者"。奏疏最后写道："此三者皆目前之急务。其盗贼太众、冤狱太多二条，求皇上申谕外省，严饬督抚务思所以更张之。其银价太昂一条，必须变通平价之法。"（《备陈民间疾苦疏》）咸丰皇帝重视此疏，批示有关部门研究办理。

曾国藩事功主要表现在平定太平天国运动。咸丰二年十一月，曾国藩被任命为湖南团练大使，组建地方武装，以平定太平天国农民起义，"三年，粤寇破江宁，据为伪都，分党北犯河南、直隶，天下骚动。而国藩已前奉旨办团练于长沙"。于是他组建湘军，"取明戚继光遗法，募农民朴实壮健者，朝夕训练之。将领率用诸生，统众数不逾五百，号'湘勇'。腾书遝迹，虽卑贱与钧礼。山野材智之士感其诚，莫不往见，人人皆以曾公可与言事"。经过11年的战争，同治三年七月，湘军攻克太平天国之都，"江宁平，天子褒功，加太子太傅，封一等毅勇侯，赏双眼翎。开国以来，文臣封侯自是始。朝野称贺，而国藩功成不居，粥粥如畏"。次则表现在追剿捻匪。"捻匪者，始于山东游民相聚，其后剽掠光、固、颍、亳、淮、徐之间，捻纸燃脂，故谓之'捻'。有众数十万，马数万，蹂躏数千里，分合不常。捻首四人，曰张总愚、任柱、牛洪、赖文光。"同治五年，曾国藩奉旨进驻周家口，以钦差大臣身份督师剿捻。开始采取"重点防务、坚壁清野和画河圈围"政策，没有成功；后来在周口西至漯河建立起"沙河百里防线"，先是"官军阵斩任柱，赖文光走死扬州，以东捻平，加国藩云骑尉世职"，终是"大破贼于茌平。张总愚赴水死，而西捻平。凡防河之策，皆国藩本谋也。是年授武英殿大学士，调直隶总督"（《清史稿·曾国藩传》）。历史对于曾国藩的事功褒贬不一，毁誉参半，章太炎一言以尽之，"曾国藩者，誉之则为'圣相'，谳之则为'元凶'"（《检论·杂志》）。

　　曾国藩学术思想主要见于《答刘孟容书》《书〈学案小识〉后》和《顺性命之理论》，散见于书信、日记和奏折的一些片段论述。他没有留下鸿篇巨制，也没有留下学术思想专著，却留下了2000余万字的文集，其中有130多万字的日记、近1500封家书和2000多份奏折。曾国藩一生用功最多的是诗文，"惟古文与诗二者用力颇深，探索颇苦，而未能介然用之，独辟康庄，古文尤确有依据，若遽先朝露，则寸心所得遂成广陵之散"（《谕纪泽纪鸿》），留下了320多首诗和140多篇文章，还编选了《经史百家杂钞》《十八家诗钞》。曾国藩的诗文注重气势，"大抵作字及作诗古文，胸中须有一段奇气盘结于中，而达之笔墨者，却须遏抑掩蔽，不令过露，乃为深至"（《求阙斋日记类钞》）；偏爱气势雄奇的阳刚之美，"雄奇以行气为上，造句次之，选字又次之"。

然而，"未有字不雄奇而句能雄奇，句不雄奇而气能雄奇者。是文章之雄奇，其精处在行气，其粗处全在造句选字也"（《谕纪泽》）。曾国藩思想和文字的精华首在家书，记录其修身、齐家、治国、平天下的种种实践和思考，内容涉及治国、治军和治家各个方面，涵盖政治、经济、社会、文化、家庭各个领域。家书既是家人之间的通信集，也可看作是曾国藩的学术思想著作，"其论学兼综汉、宋，以谓先王治世之道，经纬万端，一贯之以礼"（《清史稿·曾国藩传》）。

二、理学信徒

"一宗宋儒"，是曾国藩学术思想的鲜明特征；理学是其人生信条，也是其思想的主要内容。他在平定太平天国运动中，举起理学大旗，强调"自唐虞三代以来，历世圣人扶持名教，敦叙人伦，君臣、父子、上下、尊卑，秩然如冠履之不可倒置"。痛斥太平天国运动"崇天主之教"，"所谓耶苏之说、《新约》之书，举中国数千年礼义人伦、诗书典则，一旦扫地荡尽。此岂独我大清之变，乃开辟以来名教之奇变，我孔子孟子之所痛哭于九泉"。他号召读书人维护名教，"凡读书识字者，又乌可袖手安坐，不思一为之所也"（《讨粤匪檄》）。冯友兰认为："曾国藩所保卫的中国传统文化，主要是宋明道学。他是一个道学家，但不是一个空头道学家。"①

曾国藩一生宗奉理学。早年于长沙岳麓书院学习，是其研习理学的开端。中年科举入京，得到深造的机会，内圣与外王相结合，形成了经世致用的思想，"经以穷理，史以考事。舍此二者，

---

① 冯友兰著：《中国哲学史新编》（第六册），人民出版社2007年版，第76页。

更别无学矣"（《致澄弟温弟沅弟季弟》）。晚年从事军政活动，鼓吹义理经济，"经济之学，即在义理内"（《求阙斋日记类钞》）。容闳回忆参与曾国藩幕府的盛况，"当时各处军官，聚于曾文正大营中者，不下二百人，大半皆怀期而来。总督幕府中亦有百人左右，幕府外更有候补之官员。怀才之士子，凡法律、算学、天文、机械等专家，无不毕集。几于举全国人才之精华汇集于此"（《西学东渐记》）。

道光十四年，曾国藩考取秀才后，就学于岳麓书院，师从掌门欧阳厚均。欧阳厚均是忠实的程朱理学信徒，曾建崇圣祠，供祀朱熹、张栻，立朱熹手书"忠孝廉节"于讲堂。在教学上，坚持以诚为本，要求学生"立圣贤志，读圣贤书"，"勿为习染，勿为气拘"[①]。岳麓书院倡导"立诚有物"的师训，使曾国藩终身受益。诚是理学最重要的思想范畴，"诚者，物之终始，不诚无物"（《礼记·中庸》）；周敦颐认为"诚者，圣人之本，百行之源也"（《通书》）；朱熹指出"诚者，真实而无妄之谓"（《四书章句集注》）。道光二十四年三月《与弟书》中，曾国藩附录《五箴》和《养身要言》，强调以诚为本，不自欺即以诚待己，不欺人即以诚待人，"内有整齐思虑，外而敬慎威仪。泰而不骄，威而不猛。右礼所以养心也"（《养身要言》）。要求对人对事保持恭肃之心，"谁人可慢？何事可弛？弛事者无成，慢人者反尔。纵彼不反，亦长吾骄。人则下女，天罚昭昭"（《居敬箴》）。告诫自己谨言慎语，不要闲言碎语，"巧语悦人，自扰其身。闲言送日，亦搅女神。解人不夸，夸者不解。道听途说，智笑愚骇。骇者终明，谓女实欺"（《谨言箴》）。

道光十八年，科举及第进入京城，师从大儒唐鉴。唐鉴字镜

---

① 杨布生著：《岳麓书院山长考》，华东师大出版社1986年版，第197页。

海，湖南善化人，官居太常寺卿，以研究理学享誉于世。他要求曾国藩宗奉程朱理学，"至唐镜海先生处，问检身之要、读书之法，先生言当以《朱子全书》为宗。时余新买此书，问及，因道此书最宜熟读，即以为课程，身体力行，不宜视为浏览之书"。唐鉴告诫曾国藩，学问分为义理、考据和文章三个部分，义理就是程朱理学，是做人做事的根基，必须全力用功；考据之学琐碎而不得大义，文章则必须以义理为基础，两者不必多用功夫，从而将曾国藩从辞赋之学拽了出来，奔向义理之学。唐鉴认为，陆陇其、张履祥为清代理学传道之首，曾国藩就认真阅读他们的著作，"唐先生言，国朝诸大儒，推张杨园、陆稼书两先生最为正大笃实，虽汤文正犹或少逊，李厚庵、方望溪文章究优于德行"；"读杨园《近古录》，真能使鄙夫宽，薄夫敦"。创办湘军之后，戎马倥偬，曾国藩仍以倡导理学为己任，深入阅研《朱子全集》《理学宗传》和《宋元学案》；还对理学中的元气派张载产生兴趣，出资整理出版王夫之遗著，"先生著书三百余卷，道光庚子、辛丑间，其裔孙王半帆刻二百余卷，邓湘皋、邹叔绩经纪其事。咸丰四年贼破湘潭，板毁无存。同治二年，沅甫弟捐资，全数刊刻，开局于安庆。三年移于金陵，欧阳小岑经纪其事。四年冬毕工刷样本，来请予作序。余以《礼记章句》为先生说经之最精者，拟细看一遍，以便作序，因以考校对者之有无错误"（《求阙斋日记类钞》）。对于王夫之思想的认同，某种意义上也是认同宋朝理学，直到去世前夕，他还在阅读《王船山年谱》。综观曾国藩学术生涯，主旨是程朱理学，学习研究践行理学是贯穿其一生的灵魂。

曾国藩一生公务繁忙，没有更多的精力从事学术研究；对于理学的重要范畴和基本理论，也没有重大发现和创新建树，只是较好继承了程朱理学。在本体论方面，坚持理本论，理是天地万物的本源，"其理本同一源"（《答刘孟容》）。大千世界，芸芸众生莫不源于理，"我与民物，其大本乃同出一源"；即使人类，也源于理，"凡人之生，皆得天地之理以成性，得天地之气以成形"（《谕纪泽纪鸿》）。对于理本论，曾国藩没有程朱理学的哲学论证，而是直接把气与理等同起来，赋予道德属性。气分为仁气和义气，庆赏刑罚的根源在于仁义，"传曰：'天地温厚之气，始于东北而盛于东南，此天地之盛德气也，此天地之仁气也。' '天地严凝之气，始于西南而盛于西北，此天地之尊严气也，此天地之义气也。'斯二气者，自其后而言之，因仁以育物，则庆赏之事起；因义以正物，则刑罚之事起；中则治，偏则乱"。由于气和理是道德范畴，就和性、命的范畴联系起来。气之清浊与厚薄是区分人与物、圣人与常人的依据，"太和絪缊，流行而不息，人也，物也，圣人也，常人也，始所得者均耳。人得其全，物得其偏。圣人者，既得其全，而其气质又最清且厚，而其习又无毫发累，于是曲践乎所谓仁义者，夫是之谓尽性也"。"常人者，虽得其全，而气质拘之，习染蔽之，好不当则贼仁，恶不当则贼义，贼者日盛，本性日微，盖学问之事自此兴也。"由于气和理是道德范畴，理一分殊，落实到人世间，就是各得其分，"乃若其分，则纷然而殊矣。亲亲与民殊，仁民与物殊，乡邻与同室殊。亲有杀，贤有等，或相倍蓰，或相什佰，或相千万，如此其不齐也"。如果不能各得其分，就会像杨朱无君、墨翟无父，导致天下大乱，"不知其分而妄施焉，过乎仁，其流为墨；过乎义，其流为杨。生于心，害于政，其极皆可以乱天下，不至率兽食人不止"（《答刘孟容》）。

在认识论方面，曾国藩坚持格物穷理观，"'格物'之说，聚讼千年，泊无定论。国藩以为人心当丽事物以求知，不可舍事物而言知。朱子曰'至也'是也。其曰穷至事物之理，欲其极处无不到。则于格字求之太深，反多一障耳"(《笔记二十七则》)。
在曾国藩看来，格物是为了穷理，即穷存心之理和性命之理，"格
者，即物而穷其理也。如事亲定省，物也；究其所以当定省之理，
即格物也。事兄随行，物也；究其所以当随行之理，即格物也。
吾心，物也；究其存心之理，又博究其省察涵养以存心之理，即
格物也。吾身，物也；究其敬身之理，又博究其立齐坐尸以敬身
之理，即格物也。每日所看之书，句句皆物也；切己体察，穷究
其理，即格物也。此致知之事也"。格物的范围无所不包，"物
者何？即所谓本末之物也。身、心、意、知、家、国、天下皆物
也，天地万物皆物也，日用常行之事皆物也"。曾国藩认为，学
者不仅要格物，而且要诚意，"然则既自名为读书人，则《大学》
之纲领，皆己身切要之事明矣。其条目有八，自我观之，其致功
之处，则仅二者而已：曰格物，曰诚意"。格物是认知功夫，诚
意是实践功夫，"格物，致知之事也；诚意，力行之事也"。"所
谓诚意者，即其所知而力行之，是不欺也。知一句便行一句，此
力行之事也。"学者必须将格物与诚意、认识与实践结合起来，
只有两者结合，才能下学上达，"此二者并进，下学在此，上达
亦在此"。否则，就不是学者，"《大学》之纲领有三：明德、新
民、止至善，皆我分内事也。若读书不能体贴到身上去，谓此三
项与我身了不相涉，则读书何用？虽使能文能诗，博雅自诩，亦
只算得识字之牧猪奴耳！岂得谓之明理有用之人也乎？"(《致澄
弟温弟沅弟季弟》)曾国藩强调，无论格物还是诚意，都是为了
明诚复性。所谓明诚，"不欺者也。不欺者，心无私著也"(《求
阙斋日记类钞》)。复性即常人恢复失去的人性之善，"人性本善，
自为气禀所拘，物欲所蔽，则本性日失，故须学焉而后复之，失
又甚者，须勉强而后复之"(《笔记二十七则》)。努力做一名君
子，"凡民之中有君子人者，率常终身幽默，暗然退藏。彼岂与

人异性？诚见乎其大，而知众人所争者之不足深较也"。"君子之道，自得于中，而外无所求。饥冻不足于事畜而无怨；举世不见是而无闷。自以为晦，天下之至光明也。"（《养晦堂记》）

在性与命方面，曾国藩以人伦纲常为前提，将性与命两个范畴并列，"尝谓性不虚悬，丽乎吾身而有宰；命非外铄，原乎太极而成名。是故皇降之衷，有物斯以有则；圣贤之学，惟危惕以惟微"。在曾国藩看来，性与命是天、地、人三才的大本大原，"盖自乾坤奠定以来，立天之道曰阴与阳，静专动直之妙，皆性命所弥纶；立地之道曰柔与刚，静翕动辟之机，悉性命所默运。是故其在人也，纲缊化醇，必无以解乎造物之吹嘘。真与精相凝，而性即寓于肢体之中。含生负气，必有以得乎乾道之变化。理与气相丽，而命实宰乎赋畀之始"。曾国藩认为，性与命不仅是天地万物的本原，而且是天地万物的主宰，"以身之所具言，则有视、听、言、动，即有肃、乂、哲、谋。其必以肃、乂、哲、谋为范者，性也；其所以主宰乎五事者，命也"。性与命还具有鲜明的道德属性，"以身之所接言，则有君、臣、父、子，即有仁、敬、孝、慈。其必以仁、敬、孝、慈为则者，性也；其所纲维乎五伦者，命也"。曾国藩强调，性与命就是理，"性浑沦而难名，按之曰理，则仁、义、礼、智，德之赖乎扩充者，在吾心已有条不紊也。命于穆而不已，求之于理，则元、亨、利、贞，诚之贯乎通复者，在吾心且时出不穷也"。所谓顺性命，就是存天理，遵从自然规律和伦理法则，"有条不紊，则践形无亏，可以尽己性，即可以尽人物之性，此顺乎理者之率其自然也；时出不穷，则泛应曲当，有以立吾命，即有以立万物之命，此顺乎理者之还其本然也"。否则，就是逆天理而不知性命，"彼乎持矫揉之说者，譬杞柳以为杯棬，不知性命，必致戕贼仁义，是理以逆施而不顺矣。高虚无之见者，若浮萍遇于江湖，空谈性命，不复求诸形色，是理以惝恍而不顺矣"。顺性命，既是圣人尽性之极，又是常人复性之功，"惟察之以精，私意不自蔽，私欲不自挠，惺惺常存，斯随时见其顺焉。守之以一，以不贰自惕，以不已自循，栗栗惟惧，斯终身无不顺焉。此圣人尽性立命之极，亦即中人复性知命之功也夫！"（《顺性命之理论》）曾国藩的性命并重论，意在维护封建人伦纲常和宗法等级秩序，难怪道光帝如此欣赏，为其官运亨通开辟了通途。

曾国藩宗奉程朱理学，却不封闭保守，而是开明开放，能兼容并蓄，博取百家。他主张兼容陆王心学，认为陆王心学也是儒学的重要组成部分，不能因为心学有所偏颇而视为异端，"孔孟之学，至宋大明，然诸儒互有异同，不能屏绝门户之见"；"朱子主'道问学'，何尝不洞达本原？陆子主'尊德性'，何尝不实征践履"；"当湖学派极正，而象山、姚江亦江河不废之流"（《复颍州府夏教授书》）。曾国藩对王阳明的道德功业表示钦佩，"大率明代论学，每尚空谈，惟阳明能发为事功"（《复朱兰》）。尤其钦佩王阳明静之修身功夫，"'静'字工夫要紧，大程夫子是三代后圣人，亦是'静'字工夫足。王文成亦是'静'字有工夫，所以他能不动心"（《求阙斋日记类钞》）。主张兼容汉学，认为宋学和汉学都是儒学的有机组成部分，宋学"在孔门为德行之科"，汉学"在孔门为文学之科"。宋学可以涵养道德，完善人格；汉学可以开智发蒙，提供方法，两者是本与末的关系，"以研寻义理为本，考据名物为末"。宋学是儒学的高级层次，汉学是儒学的初级功夫，两者不可分割，不可偏废。没有汉学初级功夫，便不可能进入宋学的高级层次；若停留在初级功夫，便掌握不了儒学的精髓和要义。宋学是至圣之道，汉学是入圣门径，两者缺一不可，"其或多士之中，质性所近，师友所渐，有偏于考据之学，有偏于辞章之学，亦不必遽易前辙，即二途皆可入圣人之道。其文经史百家，其业学问思辨，其事始于修身，终于济世，百川异派，何必同哉？同达于海而已矣"（《劝学篇示直隶士子》）。只有把宋学与汉学结合起来，才能由博返约，臻于至圣，"故尝谓江氏《礼书纲目》，秦氏《五礼通考》，可以通汉宋二家之结，而息顿渐诸说之争"（《复夏炘》）。

三、政治短视

曾国藩不是一个严格意义上的思想家，却是一位成功的政治家，实现了"封侯拜相"。作为朝廷大臣，他履职尽责，屡上奏折，反映民间疾苦，"我皇上爱民之诚，足以远绍前徽。特外间守令，或玩视民瘼，致圣主之德意不能达于民，而民间之疾苦不能诉于上，臣敢一一缕陈之"（《备陈民间疾苦疏》）。关注官场风气，"以臣观之，京官之办事通病有二：曰退缩，曰琐屑；外官之办事通病有二：曰敷衍，曰颟顸。……有此四者，习俗相沿，但求苟安无过，不求振作有为，将来一有艰巨，国家必有乏才之患。"（《应诏陈言疏》）敢于格君主之非，"臣窃观皇上生安之美德，约有三端。而三者之近似，亦各有其流弊，不可不预防其渐，请为我皇上陈之"（《敬陈圣德三端预防流弊疏》）。作为湘军统帅，他平定太平天国运动，"初，官军积习深，胜不让，败不救。国藩练湘军，谓必万众一心，乃可办贼，故以忠诚倡天下"。作为封疆大吏，他深得民众拥护，"同治十三年，薨于位，年六十二。百姓巷哭，绘像祀之"。曾国藩被誉为晚清中兴第一功臣，"至功成名立，汲汲以荐举人才为己任，疆臣阃帅，几遍海内。以人事君，皆能不负所知。呜呼！中兴以来，一人而已"（《清史稿·曾国藩传论》）。

政治家的成功，必定有思想理论指导。曾国藩也不例外，"论曰：国藩事功本于学问，善以礼运"（《清史稿·曾国藩传论》）。礼是曾国藩政治思想的基础，规范人们的思想行为，"先王之制礼也，人人纳于轨范之中"（《江宁府学记》）。礼的核心是仁义，"先王之制礼也，因人之爱而为之文饰以达其仁，因人之敬而立之等威以昭其义，虽百变而不越此两端"；"恩谊之笃如彼，名分之严若此，皆礼之精意，祖仁本义，又非仅考核详审而已"（《书〈仪礼释官〉后》）。礼是仁的外在形式，仁是礼的内在本质，"昔仲尼好语求仁，而雅言执礼。孟氏亦仁礼并称，盖圣王所以平物我之情，而息天下之争，内之莫外于仁，外之莫急于礼"（《王船山遗书序》）。礼的内容无所不包，涵盖人间万象，"先王之道，所谓修己治人、经纬万汇者，何归乎？亦曰礼而已矣"；"而秦尚书蕙田，遂纂《五礼通考》，举天下古今幽明万事，而一经之以礼，可谓体大而思精矣"（《圣哲画像记》）。社会政治经济乃至民间日用，都是礼关注的范围，"鄙意由博乃能返约，格物乃能正心，必从事于《礼经》，考核于三千三百之详，博稽乎一名、一物之细，然后本末兼该，源流毕贯，虽极军旅战争、食货凌杂，皆礼家所应讨论之事"（《复夏炘》）。礼的方法不是强制而是教化，"既长则教之冠礼，以责成人之道；教之昏礼，以明厚别之义；教之丧祭，以笃终而报本"（《江宁府学记》）。

礼学经世是曾国藩的政治原则，"盖古之学者，无所谓经世之术也，学礼焉而已。《周礼》一经，自体国经野，以至酒浆廛市，巫卜缮稿、夭鸟蛊虫，各有专官，察及纤悉"（《孙芝房侍讲刍论序》）。曾国藩将抽象的只有形上意义的礼转化为具有实践意义的礼。礼学经世意指礼上承义理，下通人间万象，就是经济之术和治世之术，"古之君子之所以尽其心，养其性者，不可得而见。其修身、齐家、治国、平天下，则一秉乎礼。自内焉者言之，舍礼无所谓道德；自外焉者言之，舍礼无所谓政事。故六官经制大备，而以《周礼》名书。春秋之世，士大夫知礼、善说辞者，常足以服人而强国"（《笔记二十七则》）。礼学经世不能停留在理论，而要落实到行动；不能停留在上层，而要落实到基层和民间，"圣人非不知浮文末节无当于精义，特以礼之本于太一，起于微眇者，不能尽人而语之。则莫若就民生日用之常事为之制，修焉而为教，习焉而成俗"（《江宁府学记》）。礼学经世还要与时俱进，因时变易。曾国藩尤其重视军礼，认为"今十七篇独无军礼，而江氏永、秦氏蕙田所辑，乃仅以兵制、田猎、车战、舟师、马政等类当之，使先王行军之礼无绪可寻。……古礼残阙若此，则其他虽可详考，又奚足以经纶万物？"因此，"军礼既居五礼之一，吾意必有专篇细目如戚元敬所纪各号令者，使伍两卒旅有等而不干坐作，进退率循而不越"（《复刘蓉》）。由于曾国藩将礼的思想灌输到湘军的训练作战之中，使得湘军这支没有国家军饷的地方军队具有相当强的战斗力，为挽救清朝建立了功勋。

政治家的成功，必定有心中的偶像。曾国藩选择历史上三十余位圣贤和名人，作为崇拜对象，"故书籍之浩浩，著述者之众，若江海然，非一人之腹所能尽饮也。要在慎择焉而已。余既自度其不逮，乃择古今圣哲三十余人，命儿子纪泽图其遗像，都为一卷，藏之家塾。后嗣有志读书取足于此，不必广心博骛，而斯文之传，莫大乎是矣"。曾国藩的选择具有鲜明的道统色彩，却不同于传统的道统观。传统的道统观是单一的，独尊于儒家，主要由韩愈和朱熹排列。韩愈与朱熹的差别在于孟轲之后由谁承继道统，韩愈认为由他承继，而朱熹认为先由周敦颐、北宋二程承继，后由其承继。曾国藩则另行构筑了中华文明的道统，眼界更加开阔，胸襟更为宽广，不仅包括儒家，而且涵盖释家和道家，"姚姬传氏言学问之途有三：曰义理，曰词章，曰考据。戴东原氏亦以为言。如文、周、孔、孟之圣，左、庄、马、班之才，诚不可以一方体论矣"。曾国藩的道统不是单一的排行，而是分科的排序，"至若葛、陆、范、马，在圣门则以德行兼政事也，周、程、张、朱，在圣门则德行之科也，皆义理也。韩、柳、欧、曾、李、杜、苏、黄，在圣门则言语之科也，所谓词章者也。许、郑、杜、马、顾、秦、姚、王，在圣门则文学之科也，顾、秦于杜、马为近，姚、王以许、郑为近，皆考据也。此三十二子者，师其一人，读其一书，终身用之，有不能尽"。曾国藩非常虔诚，要求子孙对于圣哲顶礼膜拜，"俎豆馨香，临之在上，质之在旁"（《圣哲画像记》）。当然，曾国藩也不能免俗，他仍然尊崇儒家，认为自己是道统的传人，"自孔孟在时，老庄已鄙弃礼教，杨墨之指不同，而同于贼仁。厥后众流歧出，载籍焚烧，微言中绝，人纪紊焉。汉儒掇拾遗经，小戴氏乃作记，以存礼于什一。又千余年，宋儒远承坠绪，横渠张氏乃作《正蒙》，以讨论为仁之方。船山先生注《正蒙》数万言，注《礼记》数十万言，幽以究民物之同原，显以纲维万事，弭世乱于未形。其于古昔明体达用，盈科后进之旨，往往近之"（《王船山遗书序》）。

政治家的成功，必定注重经世致用。曾国藩强调，"讲究之法，不外学问二字。学于古，则多看书籍；学于今，则多觅榜样；问于当局，则知其甘苦；问于旁观，则知其效验。勤习不已，才自广而不觉矣"（《劝诫委员四条》）。唐鉴不太注重经世致用，认为经济不过是一种历史知识，没有独立的地位，"经济之学，即在义理内"；"经济不外看史，古人已然之迹，法戒昭然；历代典章，不外乎此"（《求阙斋日记类钞》）。曾国藩出于唐门，却不拘于唐门，试图以经济之实弥补义理之虚，提出孔门四科的观点，将经济从义理中分离出来，别立一科，"为学之术有四：曰义理、曰考据、曰辞章、曰经济。义理者，在孔门为德行之科，今世目为宋学者也。考据者，在孔门为文学之科，今世目为汉学者也。辞章者，在孔门为言语之科，从古艺文及今世制义诗赋皆是也。经济者，在孔门为政事之科，前代典礼、政书，及当世掌故皆是也"（《劝学篇示直隶士子》）。曾国藩首重义理，次为经济，再为辞章和考据。经济作为专门研究关系国计民生的学问，地位有了显著提高，囊括了当时全部的军国大政，"天下之大事宜考究者凡十四宗：曰官制，曰财用，曰盐政，曰漕务，曰钱法，曰冠礼，曰昏礼，曰丧礼，曰祭礼，曰兵制，曰兵法，曰刑律，曰地舆，曰河渠"。曾国藩能够以发展的观点看待历史和现实，认为研究治国之术，"皆以本朝为主，而历溯前代之沿革本末，衷之以仁义，归之于易简。前世所袭误者，可以自我更之；前世所未及者，可以自我创之。其为苟且者，知将来之必敝；其至当者，知将来之必因。所谓虽百世可知也"（《求阙斋日记类钞》）。熊十力比较曾国藩与王阳明，认为后者的个人才干、智慧高于前者，而事功却不及前者，原因在于王阳明重内轻外，逐本弃末，而曾国藩能够本末兼备，"若乃涤生，三十二圣哲画像记，以义理、考据、经济、词章四科并重。其为学规模，具见于此，其精神所注，亦具见于此。但虽主四科并重，而自己力之所攻，终贵乎专。涤生于经济，盖用功尤勤"。"其全副精神都在致实用，求实学。故其成就者众，足以康济一时，而收效与阳明迥异者，唯其精神所专注不同故也。"①

近代以来，政治家的成功，必定关注西学问题。曾国藩经历了第一次鸦片战争和第二次鸦片战争，不能不对西学作出反应。学界一般认为他是"中体西用"的开创者，"不自觉地在思想文化上迈出了'中学为体、西学为用'的步履，并努力付诸实践，

---

① 熊十力：《与贺昌群书》，载《天然》第1卷第7期。

发动了开启中国近代化步伐的洋务运动"[①]。毫无疑问，曾国藩是传统文化的坚定维护者，"臣窃闻国贫不足患，惟民心涣散，则为患甚大。自古莫富于隋文之季，而忽致乱亡，民心去也；莫贫于汉昭之初，而渐致乂安，能抚民也"（《备陈民间疾苦疏》）。同时，他能清醒认识到中西科技及船坚炮利方面的差距，"外国技术之精，为中国所未逮。如舆图、算法、步天测海、制造机器等事，无一不与造船练兵相为表里……精通其法，仿效其意，使西人擅长之事，中国皆能究知，然后可以徐图自强"（《奏带陈兰彬至江南办理机器片》）。因而提出"师夷智"的重要观点，"抑臣窃有请者，驭夷之道，贵识夷情"；"无论目前资夷力以助剿济运，得纾一时之忧。将来师夷智以造炮制船，尤可期永远之利"（《遵旨复奏借俄兵助剿发逆并代运南漕折》）。师夷智主要是学习西方的自然科学，而不包括西方的人文学术思想，虽然有着明显的局限性，却不自觉地为西学东渐打开了国门，促进了传统文化的嬗变，"曾国藩为西学东渐拓开门洞，而西学东渐之后，向西方追求真理的人们开始走出了传统。……剧变的时代，使曾国藩不自觉地成了传统文化嬗变的历史中介"[②]。师夷智的奏折"是曾氏两千多道奏折中最具价值的一道。事实上，历史学家也已经公认，它是启动近代中国洋务运动的第一份重要文献。如此说来，这道不到两千字的奏折，便具有历史里程碑的意义"[③]。曾国藩是洋务运动的先锋，1861年，设立安庆内军械所，为当时中国第一个近代化的军事工厂；1862年，组织人马制造出中国第一艘

① 熊吕茂、肖高华：《论曾国藩传统文化观向近代文化观的演变》，载《文史博览》2005年第1期。

② 梁霖：《浅论曾国藩与中国传统文化的嬗变——在经世之学的延伸中为西学东渐开门洞者》，载《南京社会科学》1998年第6期。

③ 《唐浩明评点曾国藩奏折》，岳麓书社2004年版，第152—153页。

木壳轮船——"黄鹄"号；1865年，创建江南制造总局，制造了中国第一艘大型新式兵船——"恬吉"号，使江南制造总局成为当时中国最大的近代军事企业。为了学习西方先进科学技术，曾国藩重视翻译工作，"翻译一事系制造之根本，洋人制器出于算学，其中奥妙皆有图说可寻。……故虽日习其器，究不明夫用器与制器之所以然"（《筹办夷务始末（同治朝）》卷六一）。重视购买机械和选派留学生，"及廷议购机轮，置船械，则力赞其成，复建议选学童习艺欧洲"（《清史稿·曾国藩传》）。

就现实和功利而言，曾国藩是一位成功的政治家；就本末和理想而言，曾国藩却不是一位成功的政治家。他身处传统社会末期，对于封建专制制度的认识，是保守而目光短浅的，既没有达到他所尊敬的王夫之的高度，更没有受到西方文化中的民主和法治精神的影响。从这个意义上说，曾国藩是政治上短视和地道的保皇派，集中体现在死心塌地维护清王朝统治和君主专制制度。据有关专家研究，在组建湘军和带兵打仗过程中，曾国藩曾有四次被人劝进，推翻清王朝，都遭到拒绝。第一次是咸丰三年，曾国藩将衙门从长沙移至衡州府，以钦差大臣身份反客为主，变帮办为主办，组建湘勇二万人，成了名副其实的三军统帅。此时，湘潭秀才王闿运效仿汉初蒯通，闯进湘军指挥部，建议他既不助朝廷，也不助太平军，拥兵自重，蓄势自立。曾国藩没有采纳，也没有斥责。第二次是咸丰十年六月，王闿运前往驻扎在安徽祁门的两江总督衙门，再次兜售他的蒯通之计，曾国藩微笑不语，只是用手指蘸着茶水不停地在桌面上写下一连串"狂妄"两字。杨度有诗记录了其师王闿运的劝进，"更有湘潭王先生，少年击剑学纵横。游说诸侯成割据，东南带甲为连衡。曾胡却顾咸相谢，先生笑起披衣下"（《湖南少年歌》）。第三次是咸丰十一年八月，咸丰去世，当时的湘军集团高层酝酿劝进，先是胡林翼送来一封信，说左宗棠近日游湘阴老家神鼎山，做了一副嵌字联："神所依凭，将在德矣；鼎之轻重，似可问焉。"曾国藩明白用意，将联语的"似"字改为"未"字，退回原信。后是彭玉麟悄悄递上一张纸条，写道"东南半壁无主，涤丈岂有意乎？"野史记载，恰好此时有人进来，曾国藩只得将纸条吞进肚子。第四次是同治三年六月，湘军攻下南京，因与朝廷产生矛盾，以曾国荃为首的湘军高官建议效仿宋太祖赵匡胤黄袍加身。曾国藩一言不发，写下一副对联，表示无意造反，"倚天照海花无数，流水高山我自知"[①]曾国藩不仅没有推翻清王朝的任何行动，而且没有推翻封建专制制度的任何思想念头，始终是传统社会的忠臣孝子。

四、道德楷模

曾国藩不是政治上的完人，却是道德上的楷模。科举及第，入京为官，师从唐鉴、倭仁，约30岁时立下学作圣人之志，"不为圣贤，便为禽兽；莫问收获，但问耕耘"（《坐右为联语以自箴》）。此后一生坚持修身养性，甚至到了严苛的程度，"昨夜，梦人得利，甚觉艳羡。醒后痛自惩责，谓好利之心至形诸梦寐，何以卑鄙若此！方欲痛自湔洗，而本日闻言尚怦然欲动，真可谓下流矣！"晚年更是细思省悟人生的各个方面，在感叹人生渺小短暂的同时，强调自省自律。同治元年四月十一日，夜读《论语》、朱子、《孟子》、陶诗后，"静中细思，古今亿万年无有穷期，人生其间，数十寒暑，仅须臾耳。大地数万里不可纪极，人于其中寝处游息，昼仅一室耳，夜仅一榻耳。古人书籍，近人

① 参见唐浩明著：《冷月孤灯》，广东人民出版社2016年版，第2—5页。

著述，浩如烟海，人生目光之所能及者，不过九牛之一毛耳。事变万端，美名百途，人生才力之所能办者，不过太仓之一粒耳。知天之长而吾所历者短，则遇忧患横逆之来，当少忍以待其定；知地之大而吾所居者小，则遇荣利争夺之境，当退让以守其雌；知书籍之多而吾所见者寡，则不敢以一得自喜，而当思择善而约守之；知事变之多而吾所办者少，则不敢以功名自矜，而当思举贤而共图之。夫如是，则自私自满之见，可渐渐蠲除矣"（《求阙斋日记类钞》）。

曾国藩事功源于学问，修身和成就道德楷模也源于学问，核心是诚。诚是儒家的一个重要思想范畴，也是人类社会必须具备的一种品质。先秦儒家论述诚的概念，既是天道又是人道，孔子没有运用诚的概念，而是通过信来阐述诚的意蕴，视诚为人的道德品质，"人而无信，不知其可也。大车无輗，小车无軏，其何以行之哉？"（《论语·为政》）孟子明确提出了诚的概念，认为诚既是自然规律，又是做人的道理，"诚者，天之道也；思诚者，人之道也。至诚而不动者，未之有也。不诚，未有能动者也"（《孟子·离娄上》）。王阳明认为，《大学》的主旨和内圣外王最重要的环节是诚意，"大学之要，诚意而已矣"（《大学古本序》）。《中庸》则把诚作为基本范畴和中心概念加以论证，认为诚是天道，更是圣人之道，"诚者，不勉而中，不思而得，从容中道，圣人也"。宋儒升华了诚的范畴，深入论述了诚之所以然，即诚何以具有天道性质和伦理属性。周敦颐通过对《中庸》《周易》的研究，建立了诚的本体论，认为诚源于天道，"'大哉乾元，万物资始'，诚之源也"。诚的内容是至善，"'乾道变化，各正性命'，诚斯立焉，纯粹至善者也。故曰：'一阴一阳之谓道，继之者善也，成之者性也。'"诚的作用是继善成性，"元、亨，诚之通；利、贞，诚之复。大哉《易》也，性命之源乎！"天道之诚落实到人类社会，就是人间万象的本源，"诚者，圣人之本"；
"诚，五常之本，百行之源也"（《通书》）。朱熹将诚视作天理的
本质，"诚者，真实无妄之谓，天理之本然也。诚之者，未能真
实无妄，而欲其真实无妄之谓，人事之当然也"。且从理一分殊
的角度丰富了诚的内容，诚化生万物，万物各具诚之本性，"至
诚无息者，道之体也，万殊之所以一本也。万物各得其所者，道
之用也，一本之所以万殊也"（《四书章句集注》）。

诚是天道与人道的中介，就天道而言，诚体现了天理和万物
化生的乾元变化，是人类社会伦理道德的根源；就人道而言，坚
持诚之道，就是践履体现天道意志的伦理准则和道德规范。曾国
藩全面继承了儒家诚的思想，"窃以为天地之所以不息，国之所以
立，贤人之德业之所以可大、可久，皆诚为之也。故曰：'诚者，
物之终始，不诚无物。'"（《复贺长龄》）运用于个人修养，就是
要无私不欺，达到灵明的境界，"是故诚者，不欺者也。不欺者，
心无私着也。无私着者，至虚者也，是故天下之至虚，天下之至
诚者也。当读书则读书，心无着于见客也。当见客则见客，心无
着于读书也。一有着则私也。灵明无着，物来顺应，未来不迎，
当时不杂，既过不恋，是之谓虚而已矣，是之谓诚而已矣"（《求
阙斋日记类钞》）。运用于政治与学术，就是要振衰救弊，实现圣
学王道，曾国藩在给一位前辈的信中，检讨自己不诚，"盖尝抉
剔平生之病源，养痈藏瘤，百孔杂出，而其要在不诚而已"。指
出当时学界和政界之不诚，"今之学者，言考据则持为骋辩之柄，
讲经济则据为猎名之津，言之者不怍，信之者贵耳，转相欺谩，
不以为耻。至于仕途积习，益尚虚文，奸弊所在，蹈之而不怪，
知之而不言。彼此涂饰，聊以自保，泄泄成风，阿同骇异。故每
私发狂议，谓今日而言治术，则莫若综核名实；今日而言学术，
则莫若取笃实践履之士，物穷则变，救浮华者莫如质。积玩之

后，振之以猛，意在斯乎？"强调要以存诚内省治理学界和政界不诚之风，"国藩以兹内省……中夜以思，汗下如溜。顷观先生所为楹帖'道在存诚'云云，旨哉！其暗然君子之言乎？果存诚而不自欺，则圣学王道，又有他哉？"（《复贺长龄》）曾国藩还将诚之道运用于外交，"夷务本难措置，然根本不外孔子忠、信、笃、敬四字。笃者，厚也。敬者，慎也。信，只不说假话耳"（《复李鸿章》）。

关键是居敬和主静，这是宋朝理学家提升道德境界的重要修养方法。周敦颐倡导主静，"圣人定以中正仁义，而主静，人极立而三才位焉"；程朱理学主张居敬，"又问：'敬莫是静否？'曰：'才说静，便入于释氏之说也。不用静字，只用敬字。才说着静字，便是忘也。'"（《河南程氏遗书》卷一八）程朱以居敬取代主静，是因为主静容易误入佛老歧途。曾国藩则认为，儒家之静与佛老之静是不同的，"净明心地，自是儒先教指。二氏虽亦明心，而释以御神为主，可静不可动；老以守气为主，能逸不能劳。明净略同，善用其明净之心则异"（《复赵烈文》）。静与敬密切相关，静是敬的结果，一个人能居敬，真诚地践行儒家的伦理道德规范，则自然能静。甚至可以说，主静就是居敬，居敬就是主静，两者是一而二和二而一的关系，"自濂溪揭'主静'之旨，程朱亦常以'静'字垂教，苟其遗弃伦物而于静中别求端倪者，或不免误入歧途。若习静以涵养此心，则即《大学》所云'定静安虑'者，又何歧趋之有？朱子注《中庸》首章有云：'自戒惧而约之，以至于至静之中，无少偏倚，而其守不失。'此数语者，谓之主静可也，谓之居敬也亦可。盖不善言'静'，恐入生熙之门，善言'静'，犹是存养之道。言岂一端，夫各有所当也"（《复陈艾》）。

程朱以居敬取代主静，不仅因为主静容易误入佛老歧途，而且因为静修容易"身如枯木,心如死灰",把一切都忘了,也就无所谓天理了,"盖人活物也,又安得为槁木死灰?既活,则须有动作,须有思虑"。"敬以直内,则须君则是君,臣则是臣,凡事如此,大小大直截也。"(《河南程氏遗书》卷二上)曾国藩则认为,儒家之静并非枯寂,而是动中之静,是天地之仁德的表征。人能与天地合德,自然能够入静。静是未发之中的安静,"'神明则如日之升,身静则如鼎之镇。'此二语,可守者也。惟心到静极时,所谓未发之中,寂然不动之体,毕竟未体验出真境来"。静是发而中节谓之和的安静,"意者只是闭藏之极,逗出一点生意来,如冬至一阳初动时乎?贞之固也,乃所以为元也。蛰之坏也,乃所以为启也。谷之坚实也,乃所以为始播之种子也。然则不可以为种子者,不可谓之坚实之谷也。此中无满腔生意,若万物皆资始于我心者,不可谓之至静之境也"。静是将主体心灵消融于仁义礼智的安静,"然则静极生阳,盖一点生物之仁心也。息息静极,仁心不息,其参天两地之至诚乎?颜子三月不违,亦可谓洗心退藏。我辈求静,欲异乎禅氏入定冥然罔觉之旨,其必验之此心"。静不是佛老的枯木死灰,而是居敬修持,蕴含生生不息的动力,"有所谓一阳初动,万物资始者,庶可谓之静极,可谓之未发之中寂然不动之体也。不然,深闭固拒,心如死灰,自以为静,而生理或几乎息矣。况乎其并不能静也,有或扰之,不且憧憧往来乎?深观道体,盖阴先于阳,信矣。然非实由体验得来,终掠影之谈也"(《求阙斋日记类钞》)。

曾国藩著有《居敬箴》,他结合天地人三才,强调敬的必要性,敬的内容是主一无适、专心致志和对人恭敬,"天地定位,二五胚胎。鼎焉作配,实曰三才。俨恪斋明,以凝女命。女之不庄,伐生戕性"。曾国藩认为,时时居敬,遵守儒家伦理道德规范,既能内圣又能外王,"主敬则身强。敬之一字,孔门持以教人，春秋士大夫亦常言之，至程朱则千言万语不离此旨。内而专静纯一，外而整齐严肃，敬之工夫也；出门如见大宾，使民如承大祭，敬之气象也；修己以安百姓，笃恭而天下平，敬之效验也"。时时居敬，长期修持，还可心泰神安，强健身体，"敬字切近之效，尤在能固人肌肤之会、筋骸之束。庄敬日强，安肆日偷，皆自然之征应，虽有衰年病躯，一遇坛庙献祭之时、战阵危急之际，亦不觉神为之悚，气为之振，斯足知敬能使人身强矣。若人无众寡，事无大小，一一恭敬，不敢懈慢，则身体之强健，又何疑乎？"（《谕纪泽纪鸿》）曾国藩著有《主静箴》，表达了儒家之静的气象。儒家之静是心灵之静，是每临大事有静气之静，是专一于道德理想而不为生死利害所撼动的静气，更是一种大无畏精神，"斋宿日观，天鸡一鸣。万籁俱息，但闻钟声。后有毒蛇，前有猛虎。神定不慑，谁敢余侮？岂伊避人，日对三军。我虑则一，彼纷不纷。驰骛半生，曾不自主。今其老矣，殆扰扰以终古"。曾国藩指出，主静的目的是居敬，为了恪守儒家之义理，"每日不拘何时，静坐四刻，体验来复之仁心。正位凝命，如鼎之镇"（《课程十二条》）。曾国藩一生都在居敬和主静，将两者统一于自己的修身养性之中。道光二十四年三月初十日，在"与弟书"中附录《居敬箴》和《主静箴》。咸丰十年九月初八日记："睡后，思八年所定'敬、恕、诚、静、勤、润'六字课心课身之法，实为至要至该。吾近于'静'字欠工夫耳。"同治九年二月十一日记："一心履薄临深，畏天之鉴，畏神之格；两眼沐日浴月，由静而明，由敬而强。"（《求阙斋日记类钞》）

贵在有恒。曾国藩能够成为千古圣贤和道德楷模，最重要的因素是有恒心，数十年如一日坚持修身养性。没有恒心，他不可能在为官从政和戎马倥偬之余，留下2000万字的文稿；没有恒心，他不可能在繁忙的公务之余，写下近1500封家书；没有恒心，他不可能在夜深人静的时候，留下 150 万字的日记。梁启超认为，正是有恒心，成就了曾国藩的三不朽，"曾文正在军，每日必填日记数条，读书数页，围棋一局。……终身以为常。自流俗人观之，岂不以为区区小节，无关大体乎！而不知制之有节，行之有恒，实为人身品格第一大事。善观人者，每于此觇道力焉"（《新民说·论自治》）。曾国藩著有《有恒箴》，自我批评 28 岁以前不够有恒，立志今后必须有恒，"自吾识字，百历洎兹。二十有八载，则无一知。曩者所忻，阅时而鄙。故者既抛，新者旋徙。德业之不常，曰为物牵。尔之再食，曾未闻或愆。黍黍之增，久乃盈斗。天君司命，敢告马走"。他还自我批评 46 岁之前不够有恒，"四十六岁以前作事无恒，近五年深以为戒，现在大小事均尚有恒"。曾国藩把没有恒心看作是人生的可耻，"余生平坐无恒之弊，万事无成。德无成，业无成，已可深耻矣。迨办理军事，自矢靡他，中间本志变化，尤无恒之大者，用为内耻"。没有恒心，还是三耻之一，"余生平有三耻：学问各途，皆略涉其涯涘，独天文算学，毫无所知，虽恒星五纬亦不识认，一耻也；每作一事，治一业，辄有始无终，二耻也；少时作字，不能临摹一家之体，遂致屡变而无所成，迟钝而不适于用，近岁在军，因作字太钝，废阁殊多，三耻也"（《谕纪泽》）。

曾国藩认为，读书须有恒，"盖士人读书，第一要有志，第二要有识，第三要有恒。有志则断不甘为下流；有识则知学问无尽，不敢以一得自足，如河伯之观海，如井蛙之窥天，皆无识者也；有恒则断无不成之事。此三者缺一不可"。学问须有恒，"学问之道无穷，而总以有恒为主。兄往年极无恒，近年略好，而犹未纯熟。自七月初一起，至今则无一日间断，每日临帖百字，钞书百字，看书少亦须满二十页，多则不论"。"虽极忙，亦须了本日功课，不以昨日耽搁而今日补做，不以明日有事而今日预做。"（《致澄弟温弟沅弟季弟》）做事须有恒，"人生惟有常是第一美德。余早年于作字一道，亦尝苦思力索，终无所成。近日朝朝摹写，久不间断，遂觉月异而岁不同。可见年无分老少，事无分难易，但行之有恒，自如种树畜养，日见其大而不觉耳"（《谕纪泽》）。修身更须有恒，曾国藩以"求阙"命名书房，从青年到老年，一生都在反省和自责自己的缺点，咸丰七年十二月，自责自己无恒，"我生平坐犯无恒的弊病，实在受害不小。当翰林时，应留心诗字，则好涉猎它书以纷其志；读性理书时，则杂以诗文各集以歧其趋。在六部时，又不甚实力讲求公事。在外带兵，又不能竭力专治军事，或读书写字以乱其志意。坐是垂老而百无一成，即水军一事，亦掘井九仞而不及泉。弟当以为鉴戒"（《致沅弟》）同治八年八月，自责自己德行学问不够，"念生平所作事错谬甚多，久居高位而德行学问一无可取，后世将讥议交加，愧悔无及"（《求阙斋日记类钞》）。

曾国藩忠实践行传统文化，是集大成者，"文正之在中国，则虽极伟大，也不过为中国正统人物中之一人。呜呼！斯真中国教育之特色，中国文化之特色也"①。曾国藩在立功方面，是个颇有争议的历史人物，而在立德立言方面，几无争议，可谓道德文章冠冕一代。曾国藩的背影是落寞的，而他的人格却是伟岸的，梁启超认为："曾文正者，岂惟近代，盖有史以来不一二睹之大人也已；岂惟我国，抑全世界不一二睹之大人也已"。"其一生得力在立志，自拔于流俗。而困而知，而勉而行，历百千艰阻而不挫屈，不求近效，铢积寸累。受之以虚，将之以勤，植之以刚，贞之以恒，帅之以诚，勇猛精进，坚苦卓绝。如斯而已，如斯而已。"（《曾文正公嘉言钞序》）

①　萧一山著:《曾国藩传》，东方出版社2009年版，第25页。

余 论

　　1840年鸦片战争，标志着中国进入近代社会，开始了翻天覆地的社会变革转型，李鸿章称之为"三千年未有之大变局"。清后期以来的社会变革转型是全方位的，梁启超概括为"三变"，"第一期，先从器物上感觉不足"，所以要变器物，于是有了洋务运动；"第二期，是从制度上感觉不足"，所以要变制度，于是有了戊戌变法和辛亥革命；"第三期，便是从文化根本上感觉不足"，所以要变文化，于是有了新文化运动，"觉得社会文化是整套的，要拿旧心理运用新制度，决计不可能，渐渐要求全人格的觉悟"（《五十年中国文化概论》）。变器物、变制度发生在清后期，而变文化则发生在民国时期。无论发生在什么时期，就学术思想而言，中国的社会变革转型始终面临着如何处理中学与西学的关系问题，始终存在着"中西之争"。汤一介认为："所谓'中西古今之争'无非是说中国文化面临着三个相互联系的问题：如何对待西方文化；如何看待我国本民族的固有文化；在现时代如何创建我国自身的新文化。"①明末至清嘉庆年间，中学无疑占据着主导地位；清后期则是中学逐步衰落，西学强势进入，形成"中体西用"格局；清末至民国初期，西学逐步占据主动和全面

----

① 汤一介、李中华主编：《中国儒学史·总序》，北京大学出版社2011年版，第55页。

优势，具体表现为新文化运动。

一、中体西用

明朝中后期，西学东渐形成了"西学"概念，也产生了"中西之争"，以徐光启为代表的一批士大夫，文化心态比较开放，不仅接受了西学，而且自身还成了基督徒。他们希望"借异己之物，以激发本来之真性"，达到"终实相生"的创造性成果（李之藻《代疑篇序》）。徐光启真诚地相信天主教有助于礼儒驱佛，有助于从内心加强道德约束，以弥补儒家自律的不足，"臣尝论古来帝王之赏罚、圣贤之是非，皆范人于善，禁人于恶，至详极备。然赏罚是非，能及人之外行，不能及人之中情。又如司马迁所云颜回之夭、盗跖之寿，使人疑于善恶之无报。是以防范愈严，欺诈愈甚，一法立，百弊生。空有愿治之心，恨无必治之术"；"必欲使人尽为善，则诸陪臣所传事天之学，真可以补益王化，左右儒术，救正佛法者也"（《辨学章疏》）。

为了减少文化差异对于西学东渐的障碍，他们根据陆九渊的"东海西海，心同理同"的哲学观念，采取类似于拟同的思维方式，在不改变认知主体原有知识架构的前提下，学习接受西方文化，赋予其认知性和价值性意义，然后纳入自身的知识架构。传统文化非常关注人与人、人与社会之间的道德关系，使得士大夫在接受西学时，往往以道德化的认知架构去阐释天主教的意义。徐光启在为万历年间南京教案的天主教辩护时，按照儒家义理去解读天主教的昭事上帝、灵魂救赎、迁善改过以及天堂地狱荣赏苦报，将天主教教义概括为"其说以昭事上帝为宗本，以保救身灵为切要，以忠孝慈爱为工夫，以迁善改过为入门，以忏悔涤除为进修，以升天真福为作善之荣赏，以地狱永殃为作恶之苦报"(《辨学章疏》)。他们怀抱会通中西文化成果以求超越西学的高远之志,"臣等愚心以为欲求超胜,必须会通"(徐光启《历书总目表》)。而会通的前提是要虚心学习西方文化,只有学懂弄通,才能会通,才能超胜西学,"必若博求道艺之士,虚心扬榷,令彼三千年增修渐进之业,我岁间拱受其成"(徐光启《简平仪说序》)。当时会通的榜样是"三大柱石"之一杨廷筠,他既有强烈的宗教意识,又有深厚的儒学修养。在他看来,天主教的根本义理都可用儒学加以解说,"其言语文字更仆未易详,而大指不越两端:曰钦崇一天主万物之上,曰爱人如己。夫钦崇天主即吾儒'昭事上帝'也,爱人如己即吾儒'民我同胞'也。而又曰一、曰上,见主宰之权至尊无对,一切非鬼而祭皆属不经,即夫子所谓'获罪于天,无所祷也'。其持论可谓至大、至正、而至实矣"[1]。孝是儒学的根基,杨廷筠认为事亲与事天、孝敬父母与崇拜天主是一致的,"即云'父母生我',而天又赐衣食以全父母之生'师保成我',而天又赋灵性以受师保之成,恩不更大乎?故儒教以为大父母而西国以为一真主,不可不认,不可不感,即不可不事。事者如子之事父母,故曰:'事亲如事天。'"[2]

同时,明末拒斥西学的知识分子也大有人在,其思想观点集中体现于徐昌治编辑的反西学《破邪集》。他们竭力彰显中学与西学的差异,进而否定西学。其中陈侯光的《辨学刍言》是一部比较中西文化之专著,正文共五章,分别为"西学辨一",讨论中西"祭论"之异同;"西学辨二",讨论"爱论"之异同;"西学辨三",讨论"德论"之异同;"西学辨四",讨论"主论"之异同;"西学辨五",讨论"理论"之异同。全书以东庠居士与客问

---

[1] 黄兴涛、王国荣编:《明清之际西学文本》,中华书局2013年版,第172页。

[2] [比]钟鸣旦著,香港圣神研究中心译:《杨廷筠——明末天主教儒者》,社会科学文献出版社2002年版,第40页。

答的方式进行比较,"大西有利玛窦者,言航海数万里而至中华,以天主之教倡,复引《诗》《书》所称上帝为证,其友庞、毕、艾、龙辈相与阐绎焉,著书数十种,世之疑信者半。有客过东庠居士,东庠居士问客曰……"。关于祭天,认为天主教教义是自诬诬人,一派胡言乱语。东庠居士问:"自古迄明,郊天飨帝,孰得而行之?"客答:"天子也。"东庠居士说:"玛窦令穷檐蔀屋,人人祀天,僭孰甚焉。且上帝不可形形,不可像像,玛窦执彼土耶稣为天帝,散发披枷,绘其幻相,渎孰甚焉。夷书亦云道家所塑上帝俱人类耳,人恶得为天皇帝耶?在道家则讥之,在彼教则崇之,抑何相矛盾也。且彼谓耶稣即上帝,是禹汤文武周公孔子所昭事者,诬耶稣也,诬禹汤文武周公孔子也,适所以自诬也。"关于德论,认为天主教教义逻辑混乱,不能自圆其说。客问:"子言忠君爱亲,皆善德耳,然赐我以作德之性者,非天主乎?中华第言修德,而不知瞻仰天帝,以祈慈父之佑,故成德者鲜。"东庠居士回答:"作德之性,未暇深言,即玛窦所说天主者,先自矫乱,余岂无征而谭。""况玛窦谓天主能造天地万物,无一不中其节,则初造生人之祖自当神圣超群,何男曰亚党,女曰阨袜,即匪类若此?""我中华溯盘古氏开辟以来,如伏羲、神农、黄帝、尧、舜,世有哲王以辅相天地,未闻不肖如亚党、阨袜者也。且洪荒以渐而平,民始得所,亦未闻初极乐而后反苦者也。立言先自矫乱,欲中华士昧心以相从,吾子过矣。"

《破邪集》中的"德清后学许大受"所著《圣朝佐辟》反对"以西灭儒",反对"舍华从夷",拒绝西学的态度更为坚决。他认为西学有十大问题:"一辟诳世",斥传教士"欺天罔俗"之弊;"二辟诬天",证明儒学之天"实非夷之所谓天";"三辟裂性",证明儒学之性"实非夷之所谓性";"四辟贬儒",斥"夷人之敢于非圣""敢背先师";"五辟反伦",斥传教士之贬抑"人伦";"六辟废祀"，斥传教士之"皆不祀先"；"七辟窃佛诃佛种种罪过"，斥传教士贬抑佛学；"八辟夷所谓善之实非善"，证明儒学之善非夷之所谓善；"九辟夷技不足尚，夷货不足贪，夷占不足信"，证明传教士所谓制器亦逊于中国；"十辟行私历，攘瑞应，谋不轨，为千古未闻之大逆"，证明传教士所谓历法亦逊于中国。许大受提出以非常手段和严刑峻法解决中西之争，绝不允许西学在民间传播，"伏愿蒿目时艰之大人豪杰，忧深虑远，密画而断行之，将省直夷种渠魁，如艾、龙辈，或毙之杖下，或押出口外，而取津吏之回文，疏之朝廷，永永不许再入，入则戮其津吏及押夷者。其在某邑某村之祖其说而风靡者，先以保甲捕党，后以勒石铭功，下令曰：有敢怙终者罪死！若矜子敢尔，察以师儒，又请悉毁其书，且将其书各一册印钤贮库，使民间咸知邪说缪书止有此数，使此后之邪说不得如前篇所称彼国有七千部夷书未来中国之讹言，而别添纰说以贻将来不可穷诘之祸。其有衿绅泯庶憬然改弦者，乐与更始，则乱庶遄已矣"。

与明末相比，且不说康熙最后下达的"禁教令"，清前期对待西学的认知和态度实际是倒退的，集中表现在"西学中源"说，认为传教士输入中国的西学，都是窃自中国或从中国传入西方而不断发展起来的；西方天文学和数学就是中国古代"周髀盖天之学"传入西方后发展而成的。如此荒诞的认知，竟然得到康熙的认同和提倡，"古人历法流传西土，彼土之人习而加精焉"（《三角形论》）；即使数学，"西洋算法亦善，原系中国算法，彼称为阿尔珠巴尔者，传自东方之谓也"（《东华录》）。上有所好，下必甚焉。梅文鼎是当时著名的天文学家和数学家，著有天文数学著作七十余种，却反复颂扬康熙的错误观点，"御制《三角形论》言西学实源中法，大哉王言，著撰家皆所未及"（《雨坐山窗得程偕柳书寄到吴东岩诗扇依韵和之》）；"伏读圣制《三角形论》，谓古人历法流传西土，彼土之人习而加精焉尔，天语煌煌，可息诸家聚讼"（《上孝感相国》）；"伏读御制《三角形论》，谓众角辏心以算弧度，必古算所有，而流传西土。此反失传，彼则能守之不失而踵事加详。至哉圣人之言，可以为治历之金科玉律矣！"梅文鼎还论证中源西传的途径和方式，认为是西人得到中国先贤的"指授"，"以开其知觉之路"，而且给出了时间、地点和方式，使得"西学中源"说臻于完善（《历学疑问补》）。阮元为著名实学家，也大力推行"西学中源"说，著有《畴人传》。1882年，查继亭重刻时认为："俾世之震惊西学者，读阮氏、罗氏之书而知地体之圆，辨自《曾子》；九重之度，昉自《天问》；三角八线之设，本自《周髀》；蒙气之差，得自后秦姜岌；盈朒二限之分，肇自齐祖冲之；浑盖合一之理，发自梁崔灵恩；九执之术，译自唐瞿昙悉达；借根方之法，出自宋秦九韶；元李冶天元一术，西法虽微，究其原，皆我中土开之。"（重刻《畴人传》后跋）西学中源说十分荒诞，实质是文化上的闭关锁国思想，以虚幻的自信满足了时人保守封闭的心理，消耗了中国人接受西学的创造性，使得知识分子埋首于西学中源伪命题的论证中，进而阻滞了中华文明的创新发展。

晚清除了倭仁等顽固保守派外，绝大部分士大夫已经认识到西学的优势。倭仁是晚清理学名家和三朝元老，在同文馆设置过程中，他坚持"立国之道，尚礼义不尚权谋；根本之图，在人心不在技艺"（《清史列传·倭仁》），担心"变夏为夷"，坚决反对知识分子学习西方科学技术。客观地说，鸦片战争后，只是认识到西学在自然科学方面的优势；甲午战争后，才认识到西学的全面优势。总体认识仍徘徊于"中体西用"，"新旧兼学，四书五经、中国史事、政书、地图为旧学；西政、西艺、西史为新学。旧学为体，新学为用"（张之洞《劝学篇·外篇》）。学术思想界对于中学与西学关系的认识复杂而曲折。龚自珍被称为"近代思想"之先驱，已经注意到西人进入中国，却没有注意到西学的优势，更没有议论中学与西学的关系，"自儒生薄夫艺事，泰西之客捣其虚，古籍霾于中秘，智计之士屏弗见。于是测步之器，中西同实而异名，巧捷之用，西人攘中以成法"（《阮尚书年谱第一序》）。因而"'西学'并未进入龚自珍视野，龚并未主动去解决儒、西关系问题。所以他只是近代儒学之'清道夫'"①。魏源是近代中国"睁眼看世界"的士大夫代表，著有《海国图志》。魏源睁眼看世界，不仅看西方的科技，而且看西方的政事。他介绍瑞士，认为是"西土之桃花源"，原因在于政治上的民主，"皆推择乡官理事，不立王侯，如是者五百余年，地无鸣吠，西土羡之"（《海国图志·大西洋·瑞士国》）。介绍英国，详述议会民主体制，"其乡绅之会，则各邑士民所推选者，议国大小事，每年征赋若干，大臣贤否，筹画藩属国事宜，斟酌邻国和战，变置律例，舌辩之士尽可详悉妥议奏闻。其五爵之会亦如之。遇国有大臣擅权，其乡绅即禁止纳饷。计乡绅六百五十八人，自每年十二月至次年四五月，皆云集焉。若乡绅有罪，惟同僚能监禁之。英国之人自立，悉赖此乡绅。苟或加害，则众皆协力抗拒"（《海国图志·大西洋·英吉利国广述》）。介绍美国的总统任期制，"国制，首领之位，以四年为限，华盛顿在位二次，始末八年"（《海国图志·外大西洋》）。魏源视野不窄，格局却有限，并没有跳出"中体西用"的分析框架，仍然立根于中学，"兴礼以维新，经正而民兴，当可事半功倍"（《礼记别录考》）。学习仍处在器物层面，"夷之长技三：一战舰，二火器，三养兵练兵之法"（《筹海篇》），这不能不说是一件憾事。

---

① 张耀南著:《中国儒学史》（近代卷），北京大学出版社2011年版，第77页。

冯友兰指出："魏源所认识的'夷之长技'主要是在物质文明方面。……他也注意到美国的宪法'可垂奕世而无弊'，但只是附带提起，并没有把政治改革提出来。这也是当时先进人物觉醒到这一步，要进一步地觉醒还需要第二次打击，那就是1894年的中日甲午之战。"①首先超越"中体西用"框架的是郭嵩焘，他是中国首位驻外使节，曾出使英国、法国，眼界比较开阔，认为西学也有体与用、本与末的关系，"嵩焘窃谓西洋立国有本有末，其本在朝廷政教，其末在商贾，造船、制器相辅以益其强，又末中之一节也。故欲先通商贾之气，以立循用西法之基，所谓其本未遑，而姑务其末者"（《条议海防事宜疏》）。主张不仅要学习西方的器物，而且要学习西方的制度，"鄙人常论办理洋务之节要三：上焉者力求富强之术"；"凡为富强，必有其本。人心风俗政教之积，其本也。以今日之人心风俗而求富强，果有当焉否耶？贤如幼帅，于此亦未能深察也"（《复姚彦嘉》）。郭嵩焘进而提出中华复兴三百年理念，认为器物西化，三五十年可见成效，而制度西化，必然是一个漫长的过程，"故尝论泰西勤求武事，万难及其百一。然有贤者起，竭三十年之力为之，亦可望有成效。制造之精，竭五十年之力为之，亦庶几什一望见其涯略。若此者，其源皆在学校。学校之起，必百年而后有成。用其百年之力，以涤荡旧染；又用其百年之力，尽一世之人才而磨砻之；又用其百年之力，培养渐积以使之成。以今日人心风俗言之，必有圣人接踵而起，垂三百年而始有振兴之望"（《郭嵩焘日记》）。

清后期真正跳出"中体西用"框架是在甲午战争之后，代表人物是康有为。康有为是戊戌变法的领袖和灵魂人物，政治上

---

① 冯友兰著：《中国哲学史新编》（下卷），商务印书馆2020年版，第329页。

主张向西方学习，采取君主立宪制度，"自兹国事付国会议行"；"采择万国律例，定宪法公私之分"（《戊戌政变记》）。在学术思想方面，康有为认为中西差距的根源不在器物和制度，而在文化层面，"泰西之所富强，不在炮械军兵，而在穷理劝学"（《上清帝第二书》）。而且，文化差距是全方位的，"泰西之强，不在军兵炮械之末，而在其士人之学、新法之书。凡一名一器，莫不有学：理则心伦生物，气则化光电重，业则农工商矿，皆以专门之学为之。此其所以开辟地球，横绝宇内也"（《读日本书目志书后》）。对于中学，他批评缺少竞争，"中国自古一统，环列皆小蛮夷，故于外无争雄竞长之心，但于下有防乱弭患之意"。批评科举制度，"以八股取士，以年劳累官，务困智名勇功之士，不能尽其学。一职而有数人，一人而兼数职，务为分权掣肘之法，不能尽其才"。批评社会停滞不前，"道路极塞，而散则易治。上下极隔，而尊则易威。国朝因用明制，故数百年来大臣重镇，不闻他变"。"若使地球未辟，泰西不来，虽后此千年率由不变可也。"（《戊戌政变记》）康有为是批评中学与赞颂西学同举，"然且地球之国，启自泰西，其政学、律例、风俗，皆出于希腊、罗马。而法为罗马之宗邦，美开民主之新义，百余年来，为地球今古万岁转轴之枢，凡有三大端焉：一自倍根创新学而民智大开，易守旧而日新；一自哥伦布辟新地而地球尽辟，开草昧而文明；一自巴力门倡民权而君民共治，拨乱世而升平。故近今万国史学关涉重大，尤非旧史可比哉！"（《日本书目志》卷四）康有为又是始终一贯地尊孔，意在"援中入西"和"以西化中"，"若夫人有自主之权，此又近孔、孟之义。《论语》曰：我不欲人之加诸我也，吾亦欲无加诸人。言己有主权，又不侵人之主权也。孔子曰：匹夫不可夺志也。又曰：己欲立而立人，己欲达而达人。己有立达之权，又使人人有之也。孟子曰：天之生斯民也，使先知觉后知，使先觉觉后觉也。人人直接于天而有主权，又开人人自主之权也。其他天爵自尊，藐视大人，出处语默，进退屈伸，皆人自主之。《易》曰：确乎不拔。《礼》曰：强立不反，贵自主也"（《驳张之洞劝戒文》）。人是会变的，民国初期，康有为却成了保皇派领袖，而他的援中入西、以西化中的思维方式，实际构成了此后中国学术界处理中学与西学关系的"主流学问框架"。

二、新文化运动

1911年，孙中山领导辛亥革命，推翻了帝制，建立了共和，中国进入了新纪元。政治建设与文化建设从来不是同步的，共和的建立并没有终结中西之争，反而掀起了更大的浪潮，首先是新文化运动。新文化运动是民国初期一些先进知识分子发起的反对封建主义的学术思想运动，其基本内容是"四个提倡、四个反对"，即提倡民主，反对专制；提倡科学，反对迷信；提倡新道德，反对旧道德；提倡新文学，反对旧文学。新文化运动意义重大，是中国近代史上一场前所未有的启蒙运动和空前深刻的思想解放运动，被誉为"中国的文艺复兴和启蒙运动"。

新文化运动开始的标志是1915年陈独秀在上海创办《青年杂志》。《青年杂志》创刊号实际树起了科学与民主的大旗，"国人而欲脱蒙时代，羞为浅化之民也，则急起直追，当以科学与人权并重"[1]。次年9月，《青年杂志》第2卷更名为《新青年》，面貌日渐清晰。"自第二卷，欲益加策励，勉副读者诸君属望，因更名为《新青年》"；"嗣后内容，当较前尤其精彩。此不独本志之私幸，亦读者诸君文字之缘也"（《新青年》［通告］2卷［号］）。

---

[1] 《陈独秀文集》（第一卷），人民出版社2013年版，第95页。

1917年，蔡元培出任北京大学校长，聘请陈独秀任北京大学文科学长，《新青年》随之迁往北京，第3卷改在北京编辑。《新青年》虽然是陈独秀独力创办的杂志，却不是个人的刊物，而是志同道合者的团体刊物。迁入北京后，以北京大学为基地，著名学者和社会名流不断加入，"如胡适、周作人、吴稚晖、鲁迅、钱玄同、陈独秀、刘半农、苏曼殊、蔡元培、沈尹默、任鸿隽、唐俟、马君武、陈大齐、顾孟余、陶孟和、马寅初"（重印《新青年》杂志通启）；还有在《新青年》第2卷中渐露峥嵘的李大钊、杨昌济、高一涵、陶履恭、吴虞，等等。《新青年》作者和编辑队伍的充实，实质是壮大了新文化运动阵营。1920年春，陈独秀因从事实际政治活动而南下，《新青年》随其迁回上海，后又迁至广州，1922年7月出满9卷后休刊。

新文化运动则早于《新青年》而告一段落，于五四运动期间转向"问题与主义"之争。1917年"十月革命一声炮响，给我们送来马克思列宁主义"①，从而引起了李大钊与胡适的论争。1918年10月，李大钊在《新青年》5卷5号发表了《庶民的胜利》《布尔什维克的胜利》，热情讴歌俄国十月革命，"人道的钟声响了，自由的曙光现了，试看将来的环球，必是赤旗的世界"。主张以马克思列宁主义作为中国革命的指导思想。胡适则不同意李大钊的观点，于1919年7月在《每周评论》第31号发表"多研究些问题，少谈些主义"论文，挑起问题与主义之争。李大钊于《每周评论》第35号发表《再论问题与主义》，与胡适开展争论；胡适又写了《三论问题与主义》《四论问题与主义》，对李大钊进行答辩。这是新文化运动内部关于"如何改造中国社会"不同主张的一次理性探讨，"1916年6月中，陈独秀被捕，我接办《每周

---

① 《毛泽东选集》（第四卷），人民出版社1991年版，第1471页。

评论》，方才有不能不谈政治的感觉"。那时，"国内的'新'分子闭口不谈具体的政治问题，却高谈什么无政府主义与马克思主义。我看不过了，忍不住了，——因为我是一个实验主义的信徒，——于是发愤要想谈政治"①。更是西方不同思想理论对于中国知识界产生的不同反响，已经超越中西之争，需要另行深入研究。

新文化运动对于中学与西学及其相互关系的认识，集中体现在两个口号上。一个口号是民主和科学，表明新文化运动崇尚西学，反对中学，"要拥护那德先生，便不得不反对孔教、礼法、贞节、旧伦理、旧政治。要拥护赛先生，便不得不反对旧艺术、旧宗教。要拥护德先生要拥护赛先生，便不得不反对国粹和旧文学"。"我们现在认定只有这两位先生，可以救治中国政治上、道德上、学术上、思想上一切的黑暗。"②另一个口号是"打倒孔家店"，表明新文化运动是要否定中学和传统文化的现实意义。新文化运动中并没有明确提出打倒孔家店的口号，是胡适后来概括的，"我给各位中国少年介绍这位'四川省只手打孔家店'的老英雄——吴又陵先生"③。吴虞认为："儒教不革命，儒教不转轮，吾国遂无新思想，新学说，何以造新国民？悠悠万事，惟此为大已！"④胡适认为吴虞"是中国思想界的一个清道夫"，积极评价他和陈独秀在反孔与否定中学方面的贡献，"这是吴先生的精神。吴先生和我的朋友陈独秀是近年来攻击孔教最有力的两位健将。他们两人，一个在上海，一个在成都，相隔那么远，但精神上很

① 胡适：《我的歧路》，载《努力》周报1922年第7号。
② 陈独秀：《"新青年"罪案之答辩书》，载《新青年》6卷1号。
③ 胡适：《吴虞文集序》，载《晨报》1921年6月20日。
④ 吴虞：《儒家主张阶级制度之害》，载《新青年》3卷4号。

有相同之点"。陈独秀和吴虞都认为"孔子之道不合现代生活"①。

新文化运动反对中学和肯定西学都走了极端，现在看来是不正确的。对于中学，吴稚晖用了谩骂的口吻，"这国故的臭东西，他本同小老婆吸鸦片相依为命。小老婆吸鸦片又同升官发财相依为命。国学大盛，政治无不腐败。因为孔孟老墨便是春秋战国乱世的产物"。"什么叫做国故，与我们现今的世界有什么相关，他不过是世界一种古董，应保存的罢了。"②对于西学，胡适推崇之至，是要毫无保留地接受，"曾有三派的主张：一是抵抗西洋文化，二是选择折衷，三是充分西化。我说抗拒西化在今日已成过去，没有人主张了。但所谓选择折衷的议论，看上去非常有理，其实骨子里只是一种变相的保守论。所以我主张全盘的西化，一心一意走上世界化的路"③。

新文化运动反对中学，是为了维护共和，有着特定的时代背景。辛亥革命建立了共和，基础相当脆弱，很快就被袁世凯篡夺了革命果实。袁世凯为了复辟称帝，首先打出尊孔的招牌。辛亥革命原本已宣布学校"废止读经"，袁世凯上任后即令教育部通电全国，规定孔子诞辰日举行纪念活动。1912年9月，发布政令，宣称中华"立国"，以孝、悌、忠、信、礼、义、廉、耻为人道之"大经"，要求全国"恪循礼法"。1913年6月，发布政令，称孔子为"万世师表"，认为"国家强弱存亡之所系，惟此礼义廉耻之防"，只有"宗仰时圣"，才能遏制"横流"，规循"正规"（《尊孔祀孔令》）。同年11月，再次下令尊孔，称孔子之道如日月经天，江河行地，永世不衰，"现值新邦肇造，允宜益致尊崇"（《尊孔告令》）。1914年元月，授意"政治会议"通过祀天祀孔

① 胡适：《吴虞文集序》，载《晨报》1921年6月20日。
② 《吴稚晖学术论著》，上海出版合作社1925年版，第124页。
③ 《胡适文集》（第11卷），北京大学出版社1998年版，第167页。

两个决议案，规定"以夏正春秋两丁为祀孔之日"，由总统与地方长官分别在北京和各地主祭。1915年2月，制颁《教育纲要》，通令全国学校恢复"尊孔读经"，要求"各学校均应崇奉古圣贤以为师法，宜尊孔以端其基，尚孟以致其用"。康有为本来就反对共和，主张君主立宪，与袁世凯遥相呼应，力主建立孔教，促进孔学宗教化，孔子之道"凡为人者，不能不行之道"；欲不亡中国，"必自至诚至敬，尊孔子为教主始也"①。"康有为们"不仅要求孔学宗教化，而且要求孔学国教化，"中国数千年来奉为国教者，孔子也"（《孔教会序》）。1913年8月，陈焕章、严复、梁启超等上书参政两院，声称中国的"一切典章制度、政治法律，皆以孔子之经义为根据，一切义理、学术、礼俗、习惯，皆以孔子之教化为依归，此孔子为国教教主之由来也"。所以请求"中国当仍奉孔教为国教"（《请定孔教为国教》）。在朝野尊孔复古势力的通力合作下，袁世凯利令智昏，冒天下之大不韪，于1915年12月复辟称帝，半年后在全国的一片讨伐声中失败而惊恐去世。

对于尊孔复古、反对共和的势力，新文化运动予以坚决而有力的反击。他们认为，孔学与独夫民贼关系密切。历代独夫民贼尊孔，原因在于孔学有被利用的价值，易白沙指出："孔学以何因缘被彼野心家所利用，甘作滑稽之傀儡，是不能不归咎孔子之自身"，孔子极尊君权，易演成"独夫专制"之弊；孔子讲学不许问难，易演成"思想专制"之弊；孔子但重作官，不重谋食，易入"民贼牢笼"（《孔子评议》）。陈独秀则着力批判孔子的等级观念，"三纲之根本义，阶级制度是也。所谓名教，所谓礼教，皆以维护此别尊卑、明贵贱制度者也"（《吾人最后之觉悟》）。等级观念必然导致奴隶道德，"缘此而生金科玉律之道德名词，曰

---

① 《康有为政论集》，中华书局1981年版，第800页。

忠，曰孝，曰节，皆非推己及人之主人道德，而为已属人之奴隶道德也"(《一九一六》)。等级制度及奴隶道德必然为专制政治所利用，成为维护君主统治的巨大绳索。陈独秀指出，袁世凯能够复辟帝制，原因在于尊孔思想的嚣张，"袁世凯之废共和复帝制，乃恶果非恶因；乃枝叶之罪恶，非根本之罪恶。若夫别尊卑，重阶级，主张人治，反对民权之思想之学说，实为制造专制帝王之根本恶因"。要根除复辟帝制的现象，必须从思想上铲除帝制思想和孔子之道，"吾国思想界不将此根本恶因铲除净尽，则有因必有果，无数废共和复帝制之袁世凯，当然接踵应运而生，毫不足怪"。陈独秀警告世人："袁世凯未死"，必将出现"袁世凯二世"！①

新文化运动认为，孔学不是宗教。陈独秀指出，宗教重在灵魂之救济，皆"出世之教"。而孔子不事鬼不知死，厉行忠信，皆"入世之教"。所谓人性与天道的学说，属哲学，非宗教，因而孔子是孔子，宗教是宗教，国家是国家，义理各别，勿能强作一谈。儒学"绝无宗教之实质与仪式，是教化之教，非宗教之教"(《驳康有为致总统总理书》)。陈独秀强调，儒学仅为三教九流之一的思想学派，如果加以宗教化，就是思想专制，为害无穷，"今效汉武之术，罢黜百家，独尊孔氏，则学术思想之专制，其湮塞人智，为祸之烈，远在政界帝王之上"。如果加以宗教化，就会产生许多无法解决的社会政治矛盾，甚至发生宗教战争，"今乃专横跋扈，竟欲以四万万人各教徒共有之国家，独尊祀孔氏。……呜呼！以国家之力强迫信教，欧洲宗教战争，殷鉴不远"(《宪法与孔教》)。认为宪法是现代民主精神的体现，而孔学是封建思想的集中代表，不能列入宪法。李大钊指出，宪法

---

① 陈独秀：《袁世凯复活》，载《新青年》2卷4号。

是现代国民之"血气精神"的结晶，而"孔子者，数千年前之残骸枯骨也"；宪法是现代国民"自由之证券"，而"孔子者，历代帝王专制之护符也"。如果将孔教入于宪法，那宪法就将成为"孔子之纪念碑"，就是"陈腐死人之宪法"，"护持偶像权威之宪法"。李大钊强调，专制与自由不能相容，孔子及孔教决不能列入宪法，否则，"其宪法将为萌芽专制之宪法，非为孕育自由之宪法也；将为束制民彝之宪法，非为解放人权之宪法也；将为野心家利用之宪法，非为平民百姓日常享用之宪法也"（《孔子与宪法》）。

新文化运动反对中学，是为了更好地输入、学习和传播西方文化，有利于反帝反封建的爱国救亡图存斗争。他们反对运用孔子的伦理思想抵制西方的民主思想，反对以孔子思想为一统的文化专制主义，提倡思想自由和学术民主。他们认为中学与西学是截然对立的，只有西学，才能救治中国政治与道德、思想和学术的一切黑暗。陈独秀代表《新青年》杂志同人指出："但是追本溯源，杂志同人本来无罪，只因为拥护那德莫克拉西（Democracy）和赛因斯（Science）两位先生，才犯了这几条滔天的大罪。""大家平心细想，本志除拥护德赛两先生之外，还有别项罪案没有呢？若是没有，请你们不用专门非难本志，要有气力有胆量来反对德赛两先生，才算是好汉，才算是根本的办法。"陈独秀强调："若因为拥护这两位先生，一切政府的压迫，社会的攻击笑骂，就是断头流血，都不推辞。"（《本志罪案之答辩书》）然而，新文化运动期间，始终存在着中学与西学、旧派与新派、欧化派与国粹派的论争。1918年4月，国粹派发表文章，认为自周孔以来儒家思想就是中华文明的"国基"，而西方文明的输入，遂使"国基丧失"，"精神界破产"，人们思想陷入混乱矛盾之中。国粹派指出，孔子之道是人们达于高洁、幸福之"唯一可能之道"，必有"支配全世界之时"。一战后欧洲人已开始反思西方文明之"真价",在精神上"非学"孔子之道不可,否则,西方文明不日"必将瓦解"。国粹派一方面大肆吹捧孔教旧文化是"文明之中心""文化之结晶体",另一方面是大骂西方文明的输入,"直与猩红热、梅毒等输入无异"①。

对于国粹派的言论,新文化运动给予了猛烈抨击和批驳。针对国粹派主张孔教和传统文化是国基或国是的观点,陈独秀认为先应当确定什么是"国是","或是仍用中国的老法子,或是改用西洋的新法子,这个国是,不可不首先决定"。今日中国已采用立宪共和政体,就不能反对民权,倡导尊君的孔教和专制政治,"守旧的或革新的国是,倘不早早决定,政治上社会上的矛盾、紊乱、退化,终久不可挽回"②。陈独秀指出,孔教和传统文化决不能成为国是或国基,"万一不安本分,妄欲建立西洋式之新国家,组织西洋式之新社会,以求适今世之生存。则根本问题,不可不首先输入西洋式社会国家之基础,所谓平等人权之新信仰。对于与此新社会、新国家、新信仰不可相容之孔教,不可不有彻底之觉悟、猛勇之决心。否则,不塞不流,不止不行"③。鲁迅则发表小说《狂人日记》,血泪控诉封建礼教,坚决批判国粹派维护纲常名教的谬论,"我翻开历史一查,这历史没有年代,歪歪斜斜的每叶上都写着'仁义道德'几个字。我横竖睡不着,仔细看了半夜,才从字缝里看出字来,满本都写着两个字是'吃人'!"④针对国粹派认为西方文化是功利主义,只有孔教和传统文化"重义轻利"。陈独秀认为,西方文化的功利主义不仅有物

① 伧父:《迷乱之现代人心》,载《东方杂志》1918年第4期。
② 陈独秀:《今日中国之政治问题》,载《新青年》5卷1号。
③ 陈独秀:《宪法与孔教》,载《新青年》2卷3号。
④ 鲁迅:《狂人日记》,载《新青年》4卷5号。

质文明，而且有精神文明，是与民主自由等现代政治概念相联系的功利主义。功利主义与贪功图利不是一回事，功利主义是"以有功于国有利于群为目的"。如果反对这种功利，实际是有害的，"功之反为罪，利之反为害，'东方'记者倘反对功利主义，岂赞成罪害主义者乎？"①针对国粹派以中学融合西学的观点，即"尽力输入西洋学说，使其融合于吾固有文明之中"。陈独秀认为，中国古代曾有"民视民听，民贵君轻"的思想，但这些思想"皆以君主之社稷——即君主祖遗之家产——为本位。此等仁民爱民为民之民本主义，皆自根本上取消国民之人格，而与以人民为主体、由民主义之民主政治，绝非一物"。两者绝无融合会通之余地，"盖国体既改共和，无君矣，何谓君道？无臣矣，何谓臣节？无君臣矣，何谓君为臣纲？如何融合，如何会通？"②

三、学衡派

新文化运动告一段落后，并没有结束"中西之争"，而是形成了学衡派与新青年派之争。学衡派以南京高等师范即后来的中央大学为基地，以《学衡》杂志为载体，新青年派是围绕《新青年》杂志而形成的学派，曾经是新文化运动的主力。学衡派与新青年派分别阐述自己对于中学与西学以及两者关系的论点，互相发生激烈论争。一般认为，学衡派的学术思想观点偏于保守，而新青年派则比较激进，"想中央大学在九年前为南高，当时我在北大服务。南高以稳健保守自持，北大以激烈改革为事，这两种

---

① 陈独秀：《再质问"东方杂志"记者》，载《新青年》6卷2号。
② 同上。

不同之学风,即为彼时南北两派学者之代表"①。

《学衡》杂志创刊于1922年,中间停刊一年,延续出版至1933年,历时11年,计79期。《学衡》的宗旨是"论究学术,阐求真理。昌明国粹,融化新知。以中正之眼光,行批评之职事。无偏无党,不激不随"(《学衡》1922年1月创刊号)。《学衡》学术圈来源广泛,人数众多,既有传统的硕学大儒,又有脚踏东西文化的"海归","据笔者统计,《学衡》的著译者大约有110多人,大多是东南地区乃至全国学术界、教育界和文艺界的著名人士。其中有公认的国学大师康有为、梁启超、王国维、陈寅恪、柳诒徵、汤用彤等;有著名的诗人、翻译家、词学曲学大家、古典文学研究专家如陈三立、丘逢甲、黄节、赵熙、林思进、程颂万、曾朴、朱祖谋、吴梅、汪国垣、叶恭绰、姚华、王易、徐英、朱自清、浦江清、顾随、刘永济、吴芳吉、邵祖平、王越、缪钺、赵万里、萧涤非、刘朴、胡士莹等;有杰出的教育家、自然科学家、人文科学社会科学和哲学专家如梅光迪、郭秉文、刘伯明、胡先骕、吴宓、缪凤林、景昌极等等"②。《学衡》与《新青年》都是综合性大型同人刊物,其内部成员的立场观点不尽相同,都是派中有派的统一战线,对外却形成不同的风格和特征,《学衡》相对保守稳健,《新青年》比较激进革命,两者论争就难以避免。有一次,胡适参加族侄胡梦华婚礼,学衡派的成员也应邀参加,双方竟在婚宴上唇枪舌剑,争执起来,"这时梅、柳、吴和胡先骕诸位老师在东大创设《学衡月刊》,思想新猷,提倡人文主义修养,注重通才教育,闳中肆外,笃实光辉,号称东南学派。同

---

① 曹伯言整理:《胡适日记全编》(第5册),安徽教育出版社2001年版,第121—122页。

② 徐传礼:《关于学衡派和新青年派论争的再认识》,载《中国现代文学研究丛刊》1995年第3期。

北京大学陈独秀、胡适之为首的提倡文学革命，矛盾对立，遇机辩论，互补相下。在青年会婚仪喜堂上，吾家博士适之叔展开文学革命观点，梅吴二师捧出希腊大师苏格拉底、柏拉图、亚里士多德，以示当时名遍国内的杜威、罗素，未必青出于蓝，更不足言后来居上。接着柳师还提出子不学的孟轲助阵，你来我往，针锋相对。适之叔单枪匹马，陷入重围。杏佛师拔刀相助，雄辩热烈。事后淑贞与我研究，认为他们的雄辩，引经据典，俱有根柢，给我们的婚礼增添了佳话。吾家博士主张文学革命，提倡白话，开创新风气。光迪老师坚持白话应提倡，文言亦不可废，也是不朽之论"①。

学衡派的理论倾向是弘扬以儒家为核心的传统文化精神，维护中华民族的文化身份和精神家园。胡先骕认为，中华民族最伟大的成就，就是能在数千年中创造和保持一种非宗教的以道德为根据的人文主义②。柳诒徵指出，人伦是中华文明的根本精神，"中华文化的根本，便是从天性出发的人伦，本乎至诚，这种精神方能造就中国这么大的国家，有过数千年光荣的历史"③。吴宓强调，人伦精神核心乃在于理想人格，"中华民族之道德精神，实寄任于圣人君子之理想人格"。理想人格内涵是：内圣外王，德行兼备；诚意正心修身齐家治国平天下；富贵不能淫，贫贱不能移，威武不能屈；穷则独善其身，达则兼济天下。理想人格是"中华民族之元气"，一旦澌灭消散，中华民族徒存虚名，终归被淘汰；反之，理想人格犹存，中国可弱而不可亡，必有复兴之时④。陈寅恪将理想人格之精神概括为独立与自由的品格，"士

① 胡昭仰：《胡梦华传略》，载《绩溪文史资料》1988年第2辑。
② 胡先骕：《说今日教育之危机》，载《学衡》1922年第4期。
③ 柳诒徵：《对于中国文化之管言》，载《国风》第4卷第7期。
④ 参见郑师渠：《古今事无殊，东西迹岂两》，载《近代史研究》1998年第4期。

之读书治学，盖将以脱心志于俗谛之桎梏，真理因得以发扬。思想而不自由，毋宁死耳。斯古今仁圣所同殉之精义，夫岂庸鄙之敢望？先生以一死见其独立自由之意志，非所论于一人之恩怨，一姓之兴亡。呜呼！树兹石于讲舍，系哀思而不忘。表哲人之奇节，诉真宰之茫茫。来世不可知也，先生之著述，或有时而不章。先生之学术，或有时而可商。惟此独立之精神，自由之思想，历千万祀，与天地而同久，共三光而永光"（《王观堂先生纪念碑铭》）。

学衡派充分肯定孔子和儒家思想。他们认为，新文化运动把当时社会的一切腐败黑暗都归罪于孔子，认为只要抛弃孔子及其学说，中国就可以繁荣昌盛。这是太看得起孔子，而不是看不起孔子。他们指出，中国近世腐败黑暗的根源非但不是孔子思想学说，而是违背悖逆孔子之道造成的。那些不遵循孔子之道的鸦片之病夫、污秽之官吏、无赖之军人、托名革命之盗贼、附会民治之名流政客和地痞流氓，才是腐败黑暗的真正病源。所以"建设新社会新国家焉，则必须先使人人知所以为人。而讲明为人之道，莫孔子之教若矣"①。学衡派肯定传统的人伦观念，柳诒徵认为，中国文化的中心是人伦，"讲两个人的主义"。仁的美德也是讲"二人"，无不从双方立言，即"以己之心，度人之心，己所不欲，勿施于人"。进而析为五伦观念之中，"以为妇之助夫，天职也；夫之助妇，亦天职也：父母之助子女，更天职也。天职所在，不顾一身，虽苦不恤，虽劳不怨。于是此等仁厚之精神，充满于社会，流传至数千年，而国家亦日益扩大而悠久，此皆古昔圣哲立教垂训所赐。非欧美所可及也"②。中国的人伦精神是以二人主义为基础的五伦观念，它是整个中国文化的出发点，也是中

---

① 柳诒徵：《论中国近世之病源》，载《学衡》1922年第3期。

② 柳诒徵：《明伦》，载《学衡》1924年第26期。

国文化之树万古常青的精神本原。学衡派肯定传统的修身论,认为内省是修身不可或缺的主要办法。缪凤林指出,以胡适为代表的接受杜威实用主义影响的新青年派,认为内省法不如实验法可靠,而像"受""想""欲""念""惭""愧""贪""嗔"等许多心理现象是无法通过行为动作完全表现出来,更不能以实验方法加以解决,只有靠内省,其独特作用是无法替代的①。学衡派强调反躬自省,却不否定外在的修养方法,"存养省察之外,尤宜广求胜缘:多读圣书,一也;博聆善言,二也;亲近善士,三也;非礼勿视,四也;非礼勿听,五也。内因外缘,分道渐进,善日长而恶日消。消之至极,至于无恶。长之至极,至于至善"②。

学衡派辩证肯定传统的礼乐精神,认为礼乐产生于"节文以求其当"与"分界以免其争",通过一定的规范节制人们过分的行为,消除争夺而达到和谐。礼与乐既有联系又有区别,联系在于双方都兼含对方的因素。区别在于礼主异,乐合同;在于礼偏于消极、理智、秩序,乐偏于积极、情感、和谐。礼乐有着不同的内容和作用,一方面是"节制得当之德",包括庄、敬、俭、宜、称、中正、无邪、撙节;另一方面是"和谐免争之德",包括别、异、序、亲、同、辞让、恭顺、论伦无患、欣喜欢爱。儒家所称述的礼乐,大抵集成于周代,距今三千年,时移世易,既有过时的东西,又有现实的意义,"然其良法美意,足为今日之参稽者,亦颇不甚少";"其变者自变,不变者自不变耳"③。学衡派辩证肯定传统的人性论,认为人性有善有恶,"人类善恶二元之天性不易";"吾确信人性二元之说,以为此乃百道德之基本,主此说者谓人性既非纯善,又非纯恶。兼具二者,故人性有

---

① 缪凤林:《阐性——从孟荀之唯识》,载《学衡》1924年第26期。
② 缪凤林:《人道论发凡》,载《学衡》1925年第46期。
③ 吴昌极:《消遣问题〈礼乐教育之真谛〉》,载《学衡》1924年第31期。

善有恶，亦善亦恶，可善可恶"。进而肯定克己复礼的思想，"克己者，所以去人性中本来之恶，而复礼者，所以存人性中本来之善"；肯定程朱理学以理制欲的思想，"人能以理制欲，即谓之能克己，而有坚强之意志。不能以理制欲，则意志毫无，终身随波逐流，堕落迷惘而已"[①]。学衡派的善恶二元人性论，政治上是要反对新青年派崇尚的卢梭激进思想，反对卢梭的绝对自由理念，主张权利要有义务的调节；文学上是要否定极端的浪漫主义和写实主义，"自表面观之，所谓写实主义与自然主义者似与浪漫主义相反，而为针砭社会罪恶之利器，实则不过浪漫主义之变相。浪漫主义否定人文之要素，而以随顺内心之冲动为宗旨，写实主义与自然主义亦然。不过浪漫主义以为人性本善，写实主义与自然主义则以人性本恶耳，写实主义之偏，与浪漫主义等"[②]。

学衡派肯定孔学和传统文化，新青年派则反对孔学和传统文化，原因在于学衡派对传统文化抱有"了解之同情"。陈寅恪指出："凡著中国古代哲学史者，其对于古人之学说，应具了解之同情，方可下笔。盖古人著书立说，皆有所为而发。故其所处之环境，所受之背景，非完全明了，则其学说不易评论，而古代哲学家去今数千年，其时代之真相，极难推知。吾人今日可依据之材料，仅为当时所遗存最小之一部，欲藉此残余断片，以窥测其全部结构，必须备艺术家欣赏古代绘画雕刻之眼光及精神，然后古人立说之用意与对象，始可以真了解。所谓真了解者，必神游冥想，与立说之古人，处于同一境界，而对于其持论所不得不如是之苦心孤诣，表一种之同情，始能批评其学说之是非得失，而无隔阂肤廓之论。"[③]在没有充足证据的情况下，学衡派一般不轻易

---

① 吴宓：《我之人生观》，载《学衡》1923年第16期。

② 胡先骕：《文学之标准》，载《学衡》1924年第31期。

③ 陈寅恪：《冯友兰〈中国哲学史〉上册审查报告》，载《学衡》1931年第74期。

疑古，王国维强调二重史证，"吾辈生于今日，幸于纸上之材料外，更得地下之新材料。由此种材料，我辈固得据以补正纸上之材料，亦得证明古书之某部分全为实录，即百家不雅驯之言，亦不无表示一面之事实。此二重证据法，惟在今日始得为之"①。而新青年派总体否定传统文化，即使像胡适主张整理国故，学习研究传统文化，目的却是"捉妖""打鬼"，是为了证明传统文化"也不过如此"。有的学者指出，"抱定'化神奇为腐朽'的宗旨来整理国故，必然难得细心体会中国文化的长处。五四文化人大都有此倾向，劈头就是'中国文学不发达的原因'，或者'如何研究这疮痍满体的中国文学'。提问题的方式和角度已经决定了中国文学的位置"②。否定的主要方法是"疑古"，其代表人物是古史辨派顾颉刚，他提出层累地造成的古史的观点，"中国人向来有个'历史退化观'的谬见，以为愈古的时代愈好，愈到后世愈不行，这种观念根深蒂固地种在每个国人的脑海中，使大家对于当世的局面常抱悲观，而去幻想着古代的快乐。目前我国民族文化的不易进步，这也是一个大原因。海通以来，西洋的新科学和新史学输入到中国，使国人的思想上受了很大的刺激，开始发现过去历史观念的错误，于是对古史传说，便渐渐开始怀疑了"③。

学衡派尊崇传统文化，却不是那种"不通西洋语言文字之人。坐此为能力所限，而稗贩、破碎、笼统、肤浅、错误诸弊，皆不能免"④。学衡派代表人物中有相当一部分具有留美经历，梅

① 参见黄永年：《论王静安先生"二重证据法"的历史地位》，载《黄永年文史论文集》，中华书局2015年版，第406页。

② 陈平原著：《中国现代学术的建立》，北京大学出版社1998年版，第226页。

③ 顾颉刚著：《当代中国史学》（上册），上海古籍出版社2002年版，第122—123页。

④ 梁启超著：《清代学术概论》，中华书局2016年版，第147页。

光迪1911年赴美，先后在威斯康星大学、芝加哥的西北大学、哈佛大学学习；吴宓1917年赴美攻读新闻学、西洋文学达十年之久；胡先骕于1912年和1923年，两度赴美学习深造；刘伯明于辛亥革命后赴美攻读哲学和教育学，先后获硕士和哲学博士学位；汤用彤留学于汉姆林大学、哈佛大学，获哲学硕士学位。一般认为，民国初期的保守主义是自本自根的，事实并非如此，"以《学衡》杂志为代表的现代保守主义者则服膺新人文主义宗师白璧德"①。白璧德是美国哈佛大学教授和新人文主义的创始人。新人文主义主张尊重人性，反对功利主义，不断提升人的思想境界。白璧德坚持批判精神，既批判美国社会，又批判美国现代文学，还批判欧洲近代人道主义传统，认为"批评家的任务便是与其所处的时代搏斗，并赋予这个时代在他看来所需要的东西"②。对于欧洲近代人道主义传统，白璧德既批判培根的科学人道主义，"因为追求自然之道而对人道不屑一顾"，又批判卢梭的情感人道主义，不惜牺牲美德以摆脱各种形式的束缚，"自我愉悦的思想对所有的束缚都很敏感，他们会把自己身上的腰带和吊袜带都当成束缚自身的镣铐锁链"③。白璧德主张用新人文主义去取代或修正培根和卢梭的人道主义。

白璧德新人文主义能够得到学衡派的认同和赞赏，最根本的原因在于它暗合学衡派自身的理论倾向，这就是对西方近代文化的批判和对中国传统文化的同情、留恋和褒扬。"白璧德教授给

---

① 段怀清著：《新人文主义思潮——白璧德在中国·序》，江西高校出版社2009年版，第7页。

② 参见张源著：《从"人文主义"到"保守主义"》，生活·读书·新知三联书店2009年版，第43页。

③ 参见段怀清著：《新人文主义思潮——白璧德在中国》，江西高校出版社2009年版，第198、201页。

我许多影响，主要的是因为他的若干思想和我们中国传统思想颇多暗合之处。"原因在于白璧德对于中国文化深有研究，且给予高度评价，"一个显然正确的观点是，孔子曾经被称为东方的亚里士多德"，远东"有佛教伟大的宗教运动"和"儒家伟大的人文运动"，还有早期道教对人文主义和宗教思想作出的自然主义的平衡①。原因在于梅光迪、吴宓、汤用彤是白璧德的学生，他们从老师那里找到西方思想家批判西方文化的实例，有利于展开他们对西方文化的批判。梅光迪反对美国实用主义的"真理天定"论，是打着进化论的旗号，所谓顺应"世界潮流"与"社会需要"，实质有悖于学问良知。认为西方近代笃信创造与自由，如果过分追求，就会导致诡辩蜂起。像卢梭、托尔斯泰、尼采等人的学说本来没有多大价值，却能风靡一时，原因在于没有"审其本体之价值"，"以众人之好尚为归"②。吴宓不反对西方近代科学，却反对科学万能，认为科学是把双刃剑，如果"用之不慎"，则"为杀人之利器耳"。批判卢梭宣扬人性纯善的一元人性论，认为是极端的利己主义，对社会危害很大③。胡先骕受白璧德的影响，着重批判西方功利主义及其对中国的影响，认为功利主义是西方文化的恶果，对中国危害无穷④。学界普遍认为，学衡派"等中国知识分子吸引到白璧德身边的，似乎也正是白璧德人文主义思想体系当中所勾勒出来的从孔子到亚里士多德、从耶稣到佛陀之间的世界范围内的人文思想图谱"；"而这种世界范围内的人文思想图谱，不仅让那些坚守中国古代思想传统的现代知识分子所喜欢，更让那些急于反击五四新文化运动的现代知识分子们感受到

---

① 段怀清著：《白璧德与中国文化》，首都师范大学出版社2006年版，第214、92页。
② 梅光迪：《现今西洋人文主义》，载《学衡》1922年第8期。
③ 吴宓：《我之人生观》，载《学衡》1923年第16期。
④ 胡先骕：《白璧德中西人文教育论》，载《学衡》1922年第3期。

了来自于异域思想的启迪和民族文化复兴的希望"①。

　　学衡派与新青年派的论争已矣,《学衡》杂志与《新青年》杂志也已成为历史陈迹。然而,中西之争并未终结;融合中西,创建新学或再造文明,更是任重道远。历史已经表明,无论中学还是西学,都不能全盘肯定,也不能全盘否定,而应肯定中有否定,否定中有肯定,区分精华与糟粕,汲取精华,剔除糟粕。中华文明必须坚持开放包容,坚持创新发展,而创建新学或再造文明,诚如陈寅恪所言:"窃疑中国自今日以后,即使能忠实输入北美或东欧之思想,其结局当亦等于玄奘唯识之学,在吾国思想史上,既不能居最高之地位,且亦终归于歇绝者。其真能于思想上自成系统,有所创获者,必须一方面吸收输入外来之学说,一方面不忘本来民族之地位。此二种相反而适相成之态度,乃道教之真精神,新儒家之旧途径,而二千年吾民族与他民族思想接触史之所昭示者也。"②从而促进中华文明浴火重生,光耀千秋,不仅泽被华夏,而且泽被寰球。

① 段怀清著:《白璧德与中国文化》,首都师范大学出版社2006年版,第16—17页。
② 陈寅恪:《冯友兰〈中国哲学史〉下册审查报告》,载《金明馆丛稿二编》,生活·读书·新知三联书店2001年版,第284—285页。

主要参考书目

1. 〔魏〕王弼注，楼宇烈校释:《老子道德经注》，中华书局 2011 年版。

2. 杨伯峻译注:《论语译注》，中华书局 2009 年版。

3. 〔清〕王先慎撰，钟哲点校:《韩非子集解》，中华书局 1998 年版。

4. 张世亮、钟肇鹏、周桂钿译注:《春秋繁露》，中华书局 2012 年版。

5. 韩敬译注:《法言》，中华书局 2012 年版。

6. 〔汉〕杨雄撰，〔宋〕司马光集注，刘韶军点校:《太玄集注》，中华书局 1998 年版。

7. 黄晖撰:《论衡校释》，中华书局 2018 年版。

8. 〔魏〕王弼著，楼宇烈校释:《王弼集校释》，中华书局 1980 年版。

9. 〔晋〕郭象注，〔唐〕成玄英疏，曹础基、黄兰发点校:《南华真经注疏》，中华书局 1998 年版。

10. 〔晋〕释道安原著，胡中才译注:《道安著作译注》，宗教文化出版社 2010 年版。

11. 〔南朝梁〕释慧皎著，朱恒夫、王学钧、赵益注译:《高僧传》，陕西人民出版社2013年版。

12.〔唐〕道宣撰，郭绍林点校:《续高僧传》，中华书局2014年版。

13.〔宋〕程颢、程颐撰，潘富恩导读:《二程遗书》，上海古籍出版社2000年版。

14.〔宋〕张载撰，〔明末清初〕王夫之注，汤勤福导读:《张子正蒙》，上海古籍出版社2000年版。

15.〔宋〕朱熹撰:《四书章句集注》，中华书局2011年版。

16.〔明〕王守仁著，吴光、钱明、董平、姚延福编:《王阳明全集》，上海古籍出版社2011年版。

17.〔明末清初〕黄宗羲撰，孙卫华导读注译:《明夷待访录》，岳麓书社2021年版。

18.〔明末清初〕王夫之著，舒士彦点校:《读通鉴论》，中华书局2013年版。

19.〔明末清初〕顾炎武著，黄坤解读:《日知录》，国家图书馆出版社2021年版。

20.〔清〕戴震著:《孟子字义疏证》，中华书局1961年版。

21.唐浩明评点:《曾国藩家书》，华夏出版社2011年版。

22.唐浩明评点:《曾国藩奏折》，岳麓书社2004年版。

23.梁启超著:《清代学术概论》，中华书局2016年版。

24.梁启超著:《中国近三百年学术史》，中华书局2020年版。

25.章太炎讲演，曹聚仁整理:《国学概论》，中华书局2016年版。

26.陈寅恪撰:《唐代政治史述论稿》，上海古籍出版社1997年版。

27.吕思勉著:《中国通史》，上海古籍出版社2009年版。

28.胡适著:《中国哲学史大纲》，上海古籍出版社2019年版。

29. 冯友兰著：《中国哲学简史》，新世界出版社2004年版。

30. 任继愈主编：《中国哲学史》，人民出版社1979年版。

31. 侯外庐、赵纪彬、杜国庠著：《中国思想通史》，人民出版社1957年版。

32. 钱穆著：《中国思想史》，九州出版社2012年版。

33. 钱穆著：《国学概论》，商务印书馆1997年版。

34. 钱穆著：《中国历代政治得失》，生活·读书·新知三联书店2001年版。

35. 张岱年著：《中国哲学大纲》，中国社会科学出版社1982年版。

36. 张岱年著：《中国国学传统》，北京大学出版社2016年版。

37. 《简明中国历史读本》，中国社会科学出版社2012年版。

38. 袁行霈、严文明、张传玺、楼宇烈等主编：《中华文明史（精装本）》，北京大学出版社2006年版。

39. 袁行霈主编：《中国文学史》，高等教育出版社2014年版。

40. 汤一介、李中华主编：《中国儒学史》，北京大学出版社2011年版。

41. 汤一介著：《郭象与魏晋玄学》，北京大学出版社2000年版。

42. 萧公权著：《中国政治思想史》，商务印书馆2011年版。

43. 曾繁康著：《中国政治制度史》，华冈出版有限公司1979年版。

44. 南怀瑾著：《历史的经验》，复旦大学出版社2002年版。

45. 夏海著：《论语与人生》，北京大学出版社2007年版。

46. 夏海著：《老子与哲学》，生活·读书·新知三联书店2016年版。

47. 夏海著：《韩非与法治》，中华书局2021年版。

48. 叶秀山、王树人总主编:《西方哲学史》,凤凰出版社、江苏人民出版社2004年版。

49.［古希腊］色诺芬著,吴永泉译:《回忆苏格拉底》,商务印书馆1984年版。

50.［古希腊］柏拉图著,郭斌和、张竹明译:《理想国》,商务印书馆1986年版。

51.［古希腊］亚里士多德著,吴寿彭译:《形而上学》,商务印书馆1959年版。

52.［古希腊］亚里士多德著,吴寿彭译:《政治学》,商务印书馆1981年版。

53.［德］黑格尔著,贺麟、王太庆译:《哲学史讲演录（第一卷）》,商务印书馆2011年版。

54.［德］黑格尔著,王造时译:《历史哲学》,上海书店出版社2006年版。

55.［德］卡尔·雅斯贝斯著,魏楚雄、俞新天译:《历史的起源与目标》,华夏出版社1989年版。

56.［德］卡尔·雅斯贝斯著,王德峰译:《时代的精神状态》,上海译文出版社2013年版。

57.［德］夏瑞春编,陈爱政等译:《德国思想家论中国》,江苏人民出版社1995年版。

58.［美］乔治·霍兰·萨拜因著,盛葵阳、崔妙因译:《政治学说史》,商务印书馆1986年版。

后 记

　　《国学流变》定稿之时，正是夜深人静。回想两年来的研究著述，真是勤苦，犹如韩愈自况："焚膏以继晷，恒兀兀以穷年。先生之业，可谓勤矣。"（《进学解》）眼见书稿静安桌前，所有的勤苦都转化为欣慰和乐趣。毕竟天上不会掉馅饼，有耕耘就会有收获，这才是人生的真谛！

　　书稿付梓之际，特别想说的是感谢的话。

　　感谢西北大学及其哲学学院，感谢王亚杰书记和李波、张学广院长。他们曾经邀请设立名家工作室，重点研究国学和传统文化，从而拟定了写作《国学流变》的计划。他们还邀请作相关讲座，有利于理清思路和进行写作。

　　感谢北京大学政府管理学院李景鹏先生，他是我的博士生导师，一直关心、支持和指导我的国学研究；感谢中山大学哲学系冯达文先生，他是我的大学老师，以其深厚的传统文化学养指点我的书稿写作。

　　感谢复旦大学哲学学院何俊教授，他是著名的国学研究专家，每有新的书稿，我都要请他指谬，他总是认真审读，不吝赐教。

　　感谢中央党校徐伟新、王杰教授，中国国际友好联络会辛旗先生，《人民政协报》王小宁女士，太和智库彭彬哥先生，中山大学李萍教授，广东社科院田丰先生，广州市人大刘悦伦先生，他们或是我的友人，或是大学同学。《国学流变》初稿完成后，我即请审读和指谬，他们给予鼓励，且反馈了中肯的意见建议。

感谢中华书局，他们一如既往地关注我的写作，继续出版我的研究成果。中华书局是出版国学和传统文化书籍的重镇，享誉海内外，能在中华书局出书，我深感荣幸。在出版过程中，中华书局的领导给予了关心支持；责编吴麒麟先生更是履职尽责，确保出版发行顺利，谨致以诚挚的谢意。

说到出版，还要感谢党建读物出版社的王英利先生和中国税务出版社的王静波先生，他们一直关心我的研究著述和出版工作，提供了有益帮助。感谢郝英明先生，他对书稿进行了认真校对；感谢张漪、曲政阳、林立志先生，他们不仅帮助打印了书稿，而且做了初步编辑和许多校对工作。

家是人生最温馨的地方。感谢我的夫人和家人，她们的亲情和关爱，是我研究著述的不竭动力。夫人是大学教授，具有良好的文化素养和坚实的学术功底，更是经常指点写作和审读书稿，受益匪浅，令人愉悦。

研究国学，重建国学，是我人生的自觉选择，也是我离开工作岗位后的安身立命之地。我将坚持不懈地深入研究，继续著述，努力传承国学和弘扬中华优秀传统文化，为坚守和呵护中华民族的精神家园贡献绵薄之力。

2023年8月中旬定稿于京城